9급 공무원

조리직

국어 / 한국사 / 사회 / 위생관계법규

전과목 **한권합격**

(주)시대고시기획

조리직 공무원 소개

조리직 공무원이란?

조리직 공무원은 주로 학교나 교정시설 등에 있는 급식실에서 근무하며, 음식의 요리, 급식, 주방기구 정돈과 위생상 청결을 유지하는 일을 하게 되는 공무원입니다.

조리직 공무원의 업무

학교, 교정시설
급식실 근무

요리, 급식, 주방기구
정리 정돈

취사장
위생관리 업무

응시자격

① 「지방공무원법」 제31조에서 규정한 결격사유가 없어야 하며, 「지방공무원법」 제66조(정년)에 해당되지 않아야 하고, 「지방공무원 임용령」 제65조(부정행위자 등에 대한 조치) 및 「부패방지 및 국민권익위원회의 설치와 운영에 관한 법률」 제82조(비위면직자 등의 취업제한) 등 기타 관계법령에 의하여 응시자격이 정지되지 아니한 자(적용 기준일 : 면접시험일)

② 거주지 제한 조건
- 시험에 응시하는 연도 1월 1일 이전부터 면접 최종일까지 응시하고자 하는 지역에 주민등록이 된 사람
- 시험에 응시하는 연도 1월 1일 이전에 3년 이상 거주했던 이력이 있는 사람

응시연령

시험명	응시연령
공개경쟁임용시험(일반직 9급)	18세 이상
경력경쟁임용시험(일반직 9급)	

필기시험

① 제1 · 2차 시험(병합실시) : 선택형 필기시험

- 배점 및 문항 형식 : 매 과목당 100점 만점, 과목당 20문항, 4지 선택형

② 제3차 시험 : 면접시험(제1 · 2차 시험 합격자에 한함)

③ 시험 구분(2023년 기준)

<table>
<tr><th colspan="2">구분</th><th>공개경쟁임용시험</th><th>경력경쟁임용시험</th></tr>
<tr><td colspan="2">시험과목</td><td>국어, 한국사, 위생관계법규</td><td>사회, 위생관계법규</td></tr>
<tr><td rowspan="4">지역별
모집인원</td><td>전라남도</td><td>-</td><td>일반 : 12명
보훈청 : 1명
특성화 및 마이스터고 : 2명</td></tr>
<tr><td>경상남도</td><td>일반 : 5명
보훈청 : 1명
저소득 : 2명</td><td>-</td></tr>
<tr><td>경상북도</td><td>일반 : 2명
보훈청 : 2명</td><td>일반 : 2명</td></tr>
<tr><td>충청남도</td><td>-</td><td>일반 : 25명</td></tr>
</table>

응시에 필요한 자격증(2023년 기준)

자격증	종목(응시에 필요한 자격증)
기능장	조리기능장
산업기사	조리산업기사(한식, 중식, 일식, 양식, 복어)
기능사	조리기능사(한식, 중식, 일식, 양식, 복어)

※ 폐지된 자격증으로서 국가기술자격법령 등에 의하여 그 자격이 계속 인정되는 자격증은 채용시험 응시대상 자격증으로 인정함

※ 위 내용은 2023년 공고문을 기준으로 한 것으로 선발예정인원을 포함한 세부내용이 변경될 수 있으므로 반드시 최신 공고문을 확인하시기 바랍니다.

구성과 특징

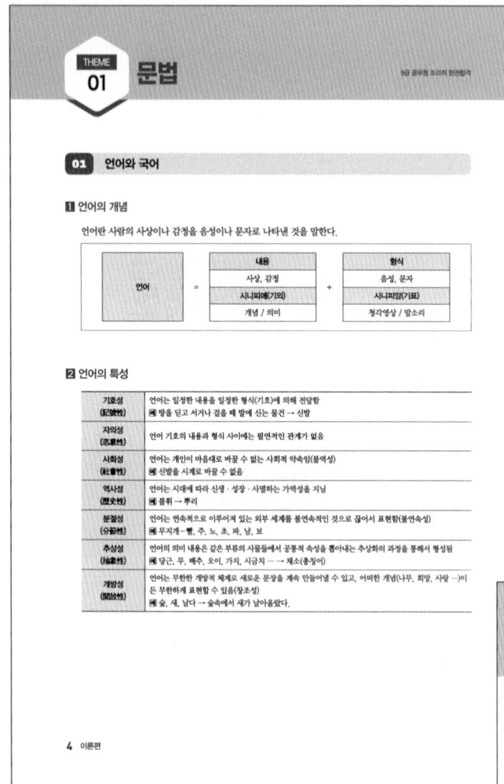

THEME 01 문법

9급 공무원 조리직 한권합격

01 언어와 국어

1 언어의 개념

언어란 사람의 사상이나 감정을 음성이나 문자로 나타낸 것을 말한다.

언어	=	내용	+	형식
		사상, 감정		음성, 문자
		시니피에(기의)		시니피앙(기표)
		개념 / 의미		청각영상 / 말소리

2 언어의 특성

기호성(記號性)	언어는 일정한 내용을 일정한 형식(기호)에 의해 전달함 예 땅을 딛고 서거나 걸을 때 발에 신는 물건 → 신발
자의성(恣意性)	언어 기호의 내용과 형식 사이에는 필연적인 관계가 없음
사회성(社會性)	언어는 개인이 마음대로 바꿀 수 없는 사회적 약속임(불역성) 예 신발을 시계로 바꿀 수 없음
역사성(歷史性)	언어는 시대에 따라 신생 · 성장 · 사멸하는 가역성을 지님 예 불휘 → 뿌리
분절성(分節性)	언어는 연속적으로 이루어져 있는 외부 세계를 불연속적인 것으로 끊어서 표현함(불연속성) 예 무지개 – 빨, 주, 노, 초, 파, 남, 보
추상성(抽象性)	언어의 의미 내용은 같은 부류의 사물들에서 공통적 속성을 뽑아내는 추상화의 과정을 통해서 형성됨 예 당근, 무, 배추, 오이, 가지, 시금치 … → 채소(총칭어)
개방성(開放性)	언어는 무한한 개방적 체계로 새로운 문장을 계속 만들어낼 수 있고, 어떠한 개념(나무, 희망, 사랑 …)이든 무한하게 표현할 수 있음(창조성) 예 숲, 새, 날다 → 숲속에서 새가 날아올랐다.

4 이론편

이론편

THEME 핵심이론

국어, 한국사, 사회 과목의 핵심이론을 단원별로 정리하여 효율적인 학습이 가능하도록 구성하였습니다.

더 알아보기

꼭 알아두어야 할 보충 내용과 심화 내용을 정리하여 기본은 물론 심화 학습도 가능하도록 구성하였습니다.

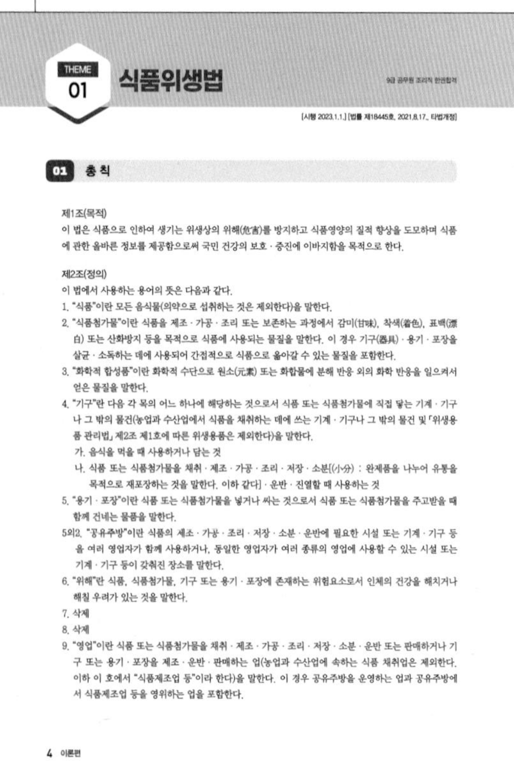

THEME 01 식품위생법

9급 공무원 조리직 한권합격

[시행 2023.1.1.] [법률 제18445호, 2021.8.17., 타법개정]

01 총 칙

제1조(목적)
이 법은 식품으로 인하여 생기는 위생상의 위해(危害)를 방지하고 식품영양의 질적 향상을 도모하며 식품에 관한 올바른 정보를 제공함으로써 국민 건강의 보호 · 증진에 이바지함을 목적으로 한다.

제2조(정의)
이 법에서 사용하는 용어의 뜻은 다음과 같다.
1. "식품"이란 모든 음식물(의약으로 섭취하는 것은 제외한다)을 말한다.
2. "식품첨가물"이란 식품을 제조 · 가공 · 조리 또는 보존하는 과정에서 감미(甘味), 착색(着色), 표백(漂白) 또는 산화방지 등을 목적으로 식품에 사용되는 물질을 말한다. 이 경우 기구(器具) · 용기 · 포장을 살균 · 소독하는 데에 사용되어 간접적으로 식품으로 옮아갈 수 있는 물질을 포함한다.
3. "화학적 합성품"이란 화학적 수단으로 원소(元素) 또는 화합물에 분해 반응 외의 화학 반응을 일으켜서 얻은 물질을 말한다.
4. "기구"란 다음 각 목의 어느 하나에 해당하는 것으로서 식품 또는 식품첨가물에 직접 닿는 기계 · 기구나 그 밖의 물건(농업과 수산업에서 식품을 채취하는 데에 쓰는 기계 · 기구나 그 밖의 물건 및 「위생용품 관리법」 제2조 제1호에 따른 위생용품은 제외한다)을 말한다.
   가. 음식을 먹을 때 사용하거나 담는 것
   나. 식품 또는 식품첨가물을 채취 · 제조 · 가공 · 조리 · 저장 · 소분[(小分) : 완제품을 나누어 유통을 목적으로 재포장하는 것을 말한다. 이하 같다] · 운반 · 진열할 때 사용하는 것
5. "용기 · 포장"이란 식품 또는 식품첨가물을 넣거나 싸는 것으로서 식품 또는 식품첨가물을 주고받을 때 함께 건네는 물품을 말한다.
5의2. "공유주방"이란 식품의 제조 · 가공 · 조리 · 저장 · 소분 · 운반에 필요한 시설 또는 기계 · 기구 등을 여러 영업자가 함께 사용하거나, 동일한 영업자가 여러 종류의 영업에 사용할 수 있는 시설 또는 기계 · 기구 등이 갖춰진 장소를 말한다.
6. "위해"란 식품, 식품첨가물, 기구 또는 용기 · 포장에 존재하는 위험요소로서 인체의 건강을 해치거나 해칠 우려가 있는 것을 말한다.
7. 삭제
8. 삭제
9. "영업"이란 식품 또는 식품첨가물을 채취 · 제조 · 가공 · 조리 · 저장 · 소분 · 운반 또는 판매하거나 기구 또는 용기 · 포장을 제조 · 운반 · 판매하는 업(농업과 수산업에 속하는 식품 채취업은 제외한다. 이하 이 호에서 "식품제조업 등"이라 한다)을 말한다. 이 경우 공유주방을 운영하는 업과 공유주방에서 식품제조업 등을 영위하는 업을 포함한다.

4 이론편

위생관계법규 분권 구성

위생관계법규를 분권으로 구성하여 학습의 편의성을 높였습니다. 또한 최신 개정법령을 반영하여 학습에 도움이 될 수 있도록 하였습니다.

문제편

예상문제

관련 기출문제를 완벽하게 분석하여 출제 가능성이 높은 예상문제를 단원별로 수록하였습니다.

상세한 해설

혼자서도 학습할 수 있도록 자세하고 친절한 해설을 덧붙였습니다.

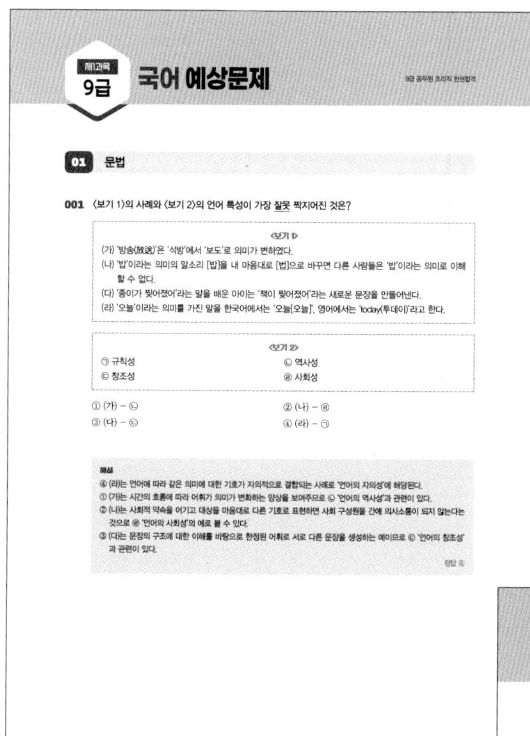

제1과목 9급 국어 예상문제

9급 공무원 조리직 한권합격

01 문법

001 〈보기 1〉의 사례와 〈보기 2〉의 언어 특성이 가장 잘못 짝지어진 것은?

〈보기 1〉
(가) '방송(放送)'은 '석방'에서 '보도'로 의미가 변하였다.
(나) '밥'이라는 의미의 말소리 [밥]을 내 마음대로 [법]으로 바꾸면 다른 사람들은 '밥'이라는 의미로 이해할 수 없다.
(다) '종이가 찢어졌어'라는 말을 배운 아이는 '책이 찢어졌어'라는 새로운 문장을 만들어낸다.
(라) '오늘'이라는 의미를 가진 말을 한국어에서는 '오늘[오늘]', 영어에서는 'today(투데이)'라고 한다.

〈보기 2〉
㉠ 규칙성 ㉡ 역사성
㉢ 창조성 ㉣ 사회성

① (가) – ㉡ ② (나) – ㉣
③ (다) – ㉢ ④ (라) – ㉠

해설
④ (라)는 언어에 따라 같은 의미에 대한 기호가 자의적으로 결합되는 사례로 '언어의 자의성'에 해당된다.
① (가)는 시간의 흐름에 따라 어휘가 의미가 변화하는 양상을 보여주므로 ㉡ '언어의 역사성'과 관련이 있다.
② (나)는 사회적 약속을 어기고 대상을 마음대로 다른 기호로 표현하면 사회 구성원들 간에 의사소통이 되지 않는다는 것으로 ㉣ '언어의 사회성'의 예로 볼 수 있다.
③ (다)는 문장의 구조에 대한 이해를 바탕으로 한정된 어휘로 서로 다른 문장을 생성하는 예이므로 ㉢ '언어의 창조성'과 관련이 있다.

정답 ④

378 문제편

최신 기출(복원)문제

2023년 기출(복원)문제(국어, 한국사, 사회, 위생관계법규)를 수록하여 출제경향을 파악하고 시험에 대비할 수 있도록 하였습니다.

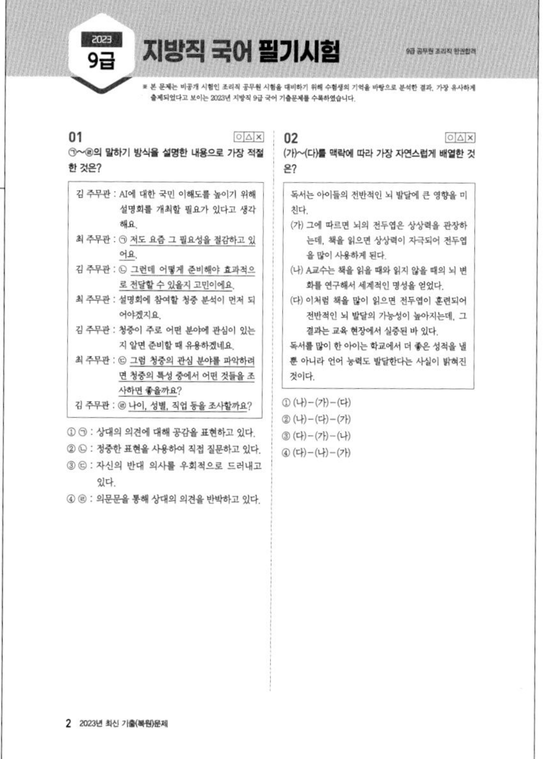

2023 9급 지방직 국어 필기시험

9급 공무원 조리직 한권합격

※ 본 문제는 비공개 시험인 조리직 공무원 시험을 대비하기 위해 수험생의 기억을 바탕으로 분석한 결과, 가장 유사하게 출제되었다고 보이는 2023년 지방직 9급 국어 기출문제를 수록하였습니다.

01 ○△×
㉠~㉣의 말하기 방식을 설명한 내용으로 가장 적절한 것은?

김 주무관 : AI에 대한 국민 이해도를 높이기 위해 설명회를 개최할 필요가 있다고 생각해요.
최 주무관 : ㉠ 저도 요즘 그 필요성을 절감하고 있어요.
김 주무관 : ㉡ 그런데 어떻게 준비해야 효과적으로 전달할 수 있을지 고민이에요.
최 주무관 : 설명회에 참여할 청중 분석이 먼저 되어야겠지요.
김 주무관 : 청중이 주로 어떤 분야에 관심이 있는지 알면 준비할 때 유용하겠네요.
최 주무관 : ㉢ 그럼 청중의 관심 분야를 파악하려면 청중의 특성 중에서 어떤 것들을 조사하면 좋을까요?
김 주무관 : ㉣ 나이, 성별, 직업 등을 조사할까요?

① ㉠ : 상대의 의견에 대해 공감을 표현하고 있다.
② ㉡ : 정중한 표현을 사용하여 직접 질문하고 있다.
③ ㉢ : 자신의 반대 의사를 우회적으로 드러내고 있다.
④ ㉣ : 의문문을 통해 상대의 의견을 반박하고 있다.

02 ○△×
(가)~(다)를 맥락에 따라 가장 자연스럽게 배열한 것은?

독서는 아이들의 전반적인 뇌 발달에 큰 영향을 미친다.
(가) 그에 따르면 뇌의 전두엽은 상상력을 관장하는데, 책을 읽으면 상상력이 자극되어 전두엽을 많이 사용하게 된다.
(나) A교수는 책을 읽을 때와 읽지 않을 때의 뇌 변화를 연구해서 세계적인 명성을 얻었다.
(다) 이처럼 책을 많이 읽으면 전두엽이 훈련되어 전반적인 뇌 발달의 가능성이 높아지는데, 그 결과는 교육 현장에서 실증된 바 있다.
독서를 많이 한 아이는 학교에서 더 좋은 성적을 낼 뿐 아니라 언어 능력도 발달한다는 사실이 밝혀진 것이다.

① (나)–(가)–(다)
② (나)–(다)–(가)
③ (다)–(가)–(나)
④ (다)–(나)–(가)

2 2023년 최신 기출(복원)문제

목 차

2023년 최신 기출(복원)문제

이론편

제1과목 국어

제2과목 한국사

제3과목 사회

문제편

책속의 책

조리직 최적화 학습방법

회독별 학습방법

1회독 개념 공부

Check1 처음부터 모든 내용을 억지로 암기하려 하지 말고, 전체적인 흐름을 훑어보는 식으로 학습한다.

Check2 핵심이론을 공부한 후 해당 부분의 예상문제를 풀어보며 출제 유형을 파악한다.

2회독 적용 풀이

Check1 전반적인 내용을 본격적으로 암기하며 아는 내용과 모르는 내용을 분별해 나간다.

Check2 핵심이론과 틀린 문제의 해설을 서로 연계하여 학습하면서 놓치는 부분이 없도록 한다.

Check3 문제편을 다시 풀어보면서 취약한 부분과 보완해야 할 내용을 체크하고, 최신 기출(복원)문제를 풀어보면서 출제경향을 파악한다.

3회독 실전 풀이

Check1 1, 2회독 과정에서 틀렸거나 헷갈렸던 문제는 핵심이론으로 돌아가 집중적으로 학습한다.

Check2 유사한 유형의 기출문제를 풀어보면서 이론을 문제풀이에 적용할 수 있는지 확인해본다.

TIP+ 3회독 단계에서는 완벽하게 이해하지 못한 이론들을 집중적으로 학습해야 한다. 따라서 자신만의 암기장을 만들어 암기되지 않은 이론들을 옮겨 적고 반복 암기하도록 한다.

조리직 공무원 한권합격

2023년

최신 기출(복원)문제

2023 9급 지방직 국어 필기시험

※ 본 문제는 비공개 시험인 조리직 공무원 시험을 대비하기 위해 수험생의 기억을 바탕으로 분석한 결과, 가장 유사하게 출제되었다고 보이는 2023년 지방직 9급 국어 기출문제를 수록하였습니다.

01

○△×

㉠~㉣의 말하기 방식을 설명한 내용으로 가장 적절한 것은?

> 김 주무관 : AI에 대한 국민 이해도를 높이기 위해 설명회를 개최할 필요가 있다고 생각해요.
> 최 주무관 : ㉠ 저도 요즘 그 필요성을 절감하고 있어요.
> 김 주무관 : ㉡ 그런데 어떻게 준비해야 효과적으로 전달할 수 있을지 고민이에요.
> 최 주무관 : 설명회에 참여할 청중 분석이 먼저 되어야겠지요.
> 김 주무관 : 청중이 주로 어떤 분야에 관심이 있는지 알면 준비할 때 유용하겠네요.
> 최 주무관 : ㉢ 그럼 청중의 관심 분야를 파악하려면 청중의 특성 중에서 어떤 것들을 조사하면 좋을까요?
> 김 주무관 : ㉣ 나이, 성별, 직업 등을 조사할까요?

① ㉠ : 상대의 의견에 대해 공감을 표현하고 있다.
② ㉡ : 정중한 표현을 사용하여 직접 질문하고 있다.
③ ㉢ : 자신의 반대 의사를 우회적으로 드러내고 있다.
④ ㉣ : 의문문을 통해 상대의 의견을 반박하고 있다.

02

○△×

(가)~(다)를 맥락에 따라 가장 자연스럽게 배열한 것은?

> 독서는 아이들의 전반적인 뇌 발달에 큰 영향을 미친다.
> (가) 그에 따르면 뇌의 전두엽은 상상력을 관장하는데, 책을 읽으면 상상력이 자극되어 전두엽을 많이 사용하게 된다.
> (나) A교수는 책을 읽을 때와 읽지 않을 때의 뇌 변화를 연구해서 세계적인 명성을 얻었다.
> (다) 이처럼 책을 많이 읽으면 전두엽이 훈련되어 전반적인 뇌 발달의 가능성이 높아지는데, 그 결과는 교육 현장에서 실증된 바 있다.
> 독서를 많이 한 아이는 학교에서 더 좋은 성적을 낼 뿐 아니라 언어 능력도 발달한다는 사실이 밝혀진 것이다.

① (나)–(가)–(다)
② (나)–(다)–(가)
③ (다)–(가)–(나)
④ (다)–(나)–(가)

03

○△×

㉠~㉣을 설명한 내용으로 적절하지 <u>않은</u> 것은?

- ㉠ <u>지원은</u> 자는 동생을 깨웠다.
- 유선은 도자기를 ㉡ <u>만들었다</u>.
- 물이 ㉢ <u>얼음이</u> 되었다.
- ㉣ <u>어머나</u>, 현지가 언제 이렇게 컸지?

① ㉠ : 동작의 주체를 나타내는 주어이다.
② ㉡ : 주어와 목적어를 요구하는 서술어이다.
③ ㉢ : 서술어를 꾸며주는 부사어이다.
④ ㉣ : 문장의 다른 성분과 직접적으로 관련을 맺지 않는 독립어이다.

04

○△×

㉠~㉣과 바꿔 쓸 수 있는 유사한 표현으로 적절하지 <u>않은</u> 것은?

- 서구의 문화를 ㉠ <u>맹종하는</u> 이들이 많다.
- 안일한 생활에서 ㉡ <u>탈피하여</u> 어려운 일에 도전하고 싶다.
- 회사의 생산성을 ㉢ <u>제고하기</u> 위해 노력하자.
- 연못 위를 ㉣ <u>부유하는</u> 연잎을 바라보며 여유를 즐겼다.

① ㉠ : 무분별하게 따르는
② ㉡ : 벗어나
③ ㉢ : 끌어올리기
④ ㉣ : 헤엄치는

05

○△×

(가)와 (나)를 이해한 내용으로 적절하지 <u>않은</u> 것은?

(가) 청산(靑山)은 내 뜻이오 녹수(綠水)ᄂᆞᆫ 님의 정(情)이 / 녹수(綠水) ㅣ 흘너간들 청산(靑山)이야 변(變)ᄒᆞᆯ손가 / 녹수(綠水)도 청산(靑山)을 못 니저 우러 녜여 가ᄂᆞᆫ고.

(나) 청산(靑山)ᄂᆞᆫ 엇뎨ᄒᆞ야 만고(萬古)애 프르르며 / 유수(流水)ᄂᆞᆫ 엇뎨ᄒᆞ야 주야(晝夜)애 긋디 아니ᄂᆞᆫ고 / 우리도 그치디 마라 만고상청(萬古常靑)호리라.

① (가)는 ‘청산’과 ‘녹수’의 대조를 활용하여 화자가 처한 상황을 제시하고 있다.
② (나)는 시각적 심상과 청각적 심상을 활용하여 주제를 강조하고 있다.
③ (가)와 (나) 모두 대구를 활용하여 시상을 전개하고 있다.
④ (가)와 (나) 모두 설의적 표현을 활용하여 화자의 정서를 드러내고 있다.

06

다음 글의 중심내용으로 가장 적절한 것은?

교환가치는 거래를 통해 발생하는 가치이며, 사용가치는 어떤 상품을 사용할 때 느끼는 가치이다. 전자가 시장에서 결정된다는 점에서 객관적이라면, 후자는 개인에 따라 다르다는 점에서 주관적이다. 상품에는 사용가치와 교환가치가 섞여 있는데, 교환가치가 아무리 높아도 '나'에게 사용가치가 없다면 해당 상품을 구매하지 않을 것이다.

하지만 이 같은 상식이 통하지 않는 경우를 종종 볼 수 있다. 예를 들어 보자. 인터넷 커뮤니티에서 백만 원짜리 공연 티켓을 판매하는데, 어떤 사람이 "이 공연의 가치는 돈으로 환산할 수 없어요." 등의 댓글들을 보고서 애초에 관심도 없던 이 공연의 티켓을 샀다. 그에게 그 공연의 사용가치는 처음에는 없었으나 많은 댓글로 인해 사용가치가 있을 것으로 잘못 판단한 것이다. 안타깝게도, 그는 그 공연에서 조금도 만족하지 못했다.

이 사례에서 볼 때 건강한 소비를 위해서는 구매하려는 상품의 사용가치가 어떤 과정을 거쳐 결정된 것인지 곰곰이 생각해봐야 한다. '나'에게 얼마나 필요한가에 대한 고민 없이 다른 사람들의 말에 휩쓸려 어떤 상품의 사용가치가 결정될 때, 그 상품은 '나'에게 쓸모없는 골칫덩이가 될 수 있다.

① 사용가치보다 교환가치가 큰 상품을 구매해야 한다.
② 상품을 구매할 때 사용가치와 교환가치를 두루 고려해야 한다.
③ 상품에 대한 다른 사람들의 평가를 반영해서 상품을 구매해야 한다.
④ 상품을 구매할 때 사용가치가 자신의 필요에 의해 결정된 것인지 신중하게 따져야 한다.

07

㉠~㉣ 중 어색한 곳을 찾아 수정하는 방안으로 가장 적절한 것은?

조선 후기에 서학으로 불린 천주학은 '학(學)'이라는 말에서도 짐작할 수 있듯이 ㉠ 종교적인 관점에서보다 학문적인 관점에서 받아들여졌다. 당시의 유학자 중 서학 수용에 적극적인 이들까지도 서학을 무조건 따르자고 ㉡ 주장하지는 않았는데, 서학은 신봉의 대상이 아니라 분석의 대상이었기 때문이다. 그들은 조선 사회를 바로잡고 발전시키기 위해 새로운 학문과 지식이 필요하다고 생각했지만, 외부에서 유입된 사유 체계에는 양명학이나 고증학 등도 있어서 서학이 ㉢ 유일한 대안은 아니었다. 그들은 서학을 검토하며 어떤 부분은 수용했지만, 반대로 어떤 부분은 ㉣ 지향했다.

① ㉠ : '학문적인 관점에서보다 종교적인 관점에서'로 수정한다.
② ㉡ : '주장하였는데'로 수정한다.
③ ㉢ : '유일한 대안이었다'로 수정한다.
④ ㉣ : '지양했다'로 수정한다.

08

○△×

다음 글의 맥락을 고려할 때 빈칸에 들어갈 말로 가장 적절한 것은?

> 능숙한 필자와 미숙한 필자는 글쓰기 과정 중 '계획하기'에서 뚜렷한 차이를 보인다. 전자는 이 과정에 오랜 시간 공을 들이는 반면, 후자는 그렇지 않다. 글쓰기에서 계획하기는 글쓰기의 목적 수립, 주제 선정, 예상 독자 분석 등을 포함한다. 이 중 예상 독자 분석이 중요한 이유는 [　　　] 때문이다. 글을 쓸 때 독자의 수준에 비해 너무 어려운 개념과 전문용어를 사용한다면 독자가 글을 이해하기 어렵게 된다. 글쓰기는 필자가 글을 통해 자신의 메시지를 독자에게 전달하는 행위라는 점을 고려하면 계획하기 단계에서 반드시 예상 독자를 분석해야 한다.

① 계획하기 과정이 글쓰기 전체 과정의 첫 단계이기

② 글에 어려운 개념이나 전문용어를 어느 정도 포함해야 하기

③ 필자의 메시지를 독자에게 효과적으로 전달하는 데 도움이 되기

④ 독자의 배경지식 수준을 고려해야 글의 목적과 주제가 결정되기

09

○△×

다음 시를 이해한 내용으로 적절하지 <u>않은</u> 것은?

> 사랑을 잃고 나는 쓰네
>
> 잘 있거라, 짧았던 밤들아
> 창밖을 떠돌던 겨울 안개들아
> 아무것도 모르던 촛불들아, 잘 있거라
> 공포를 기다리던 흰 종이들아
> 망설임을 대신하던 눈물들아
> 잘 있거라, 더 이상 내 것이 아닌 열망들아
>
> 장님처럼 나 이제 더듬거리며 문을 잠그네
> 가엾은 내 사랑 빈집에 갇혔네
>
> －기형도, 「빈집」－

① 대상들을 호명하며 안타까운 심정을 표현하고 있다.

② '빈집'은 상실감으로 공허해진 내면을 상징하고 있다.

③ 영탄형 어조를 활용해 이별에 따른 정서를 부각하고 있다.

④ 글 쓰는 행위를 통해 잃어버린 사랑의 회복을 열망하고 있다.

10

○△×

다음 글을 이해한 내용으로 가장 적절한 것은?

> 반드시 갚는 조건임을 강조하면서 그는 마치 성경책 위에다 오른손을 얹고 말하듯이 엄숙한 표정을 했다. 하마터면 나는 잊을 뻔했다. 그가 적시에 일깨워 주었기 망정이지 안 그랬더라면 빌려주는 어려움에만 골똘한 나머지 빌려줬다 나중에 돌려받는 어려움이 더 클 거라는 사실은 생각도 못 할 뻔했다. 그렇다. 끼니조차 감당 못 하는 주제에 막벌이 아니면 어쩌다 간간이 얻어걸리는 출판사 싸구려 번역 일 가지고 어느 해가※에 빚을 갚을 것인가. 책임이 따르는 동정은 피하는 게 상책이었다. 그리고 기왕 피할 바엔 저쪽에서 감히 두말을 못하도록 야멸치게 굴 필요가 있었다.
>
> "병원 이름이 뭐죠?" "원 산부인과입니다." "지금 내 형편에 현금은 어렵군요. 원장한테 바로 전화 걸어서 내가 보증을 서마고 약속할 테니까 권 선생도 다시 한번 매달려 보세요. 의사도 사람인데 설마 사람을 생으로 죽게야 하겠습니까. 달리 변통할 구멍이 없으시다면 그렇게 해 보세요."
>
> 내 대답이 지나치게 더디 나올 때 이미 눈치를 챈 모양이었다. 도전적이던 기색이 슬그머니 죽으면서 그의 착하디착한 눈에 다시 수줍음이 돌아왔다. 그는 고개를 좌우로 흔들어 보였다.
>
> "원장이 어리석은 사람이길 바라고 거기다 희망을 걸기엔 너무 늦었습니다. 그 사람은 나한테서 수술 비용을 받아 내기가 수월치 않다는 걸 입원시키는 그 순간에 벌써 알아차렸어요."
>
> −윤흥길, 「아홉 켤레의 구두로 남은 사내」에서−

※ 해가(奚暇) : 어느 겨를

① 서술자가 등장인물의 심리를 전지적 위치에서 전달하고 있다.

② 서술자가 등장인물이 되어 다른 등장인물의 행동을 진술하고 있다.

③ 서술자가 주인공으로서 유년 시절을 회상하며 갈등 원인을 해명하고 있다.

④ 서술자가 주관을 배제하고 외부 관찰자의 시선으로 사건을 이야기하고 있다.

11

○△×

다음 대화를 분석한 내용으로 적절하지 않은 것은?

> 은지 : 최근 국민 건강 문제와 관련해 '설탕세' 부과 여부가 논란인데, 나는 설탕세를 부과해야 한다고 생각해. 그러면 당 함유 식품의 소비가 감소하게 되고, 비만이나 당뇨병 등의 질병이 예방되니까 국민 건강 증진에 도움이 되기 때문이야.
>
> 운용 : 설탕세를 부과하면 당 소비가 감소한다고 믿을 만한 근거가 있니?
>
> 은지 : 세계보건기구 보고서를 보면 당이 포함된 음료에 설탕세를 부과하면 이에 비례해 소비가 감소한다고 나와 있어.
>
> 재윤 : 그건 나도 알아. 그런데 설탕세 부과가 질병을 예방한다는 것은 타당하지 않아. 여러 연구 결과를 보면 당 섭취와 질병 발생은 유의미한 상관관계가 없어.

① 은지는 첫 번째 발언에서 화제를 제시하고 있다.

② 운용은 은지의 주장에 반대하고 있다.

③ 은지는 두 번째 발언에서 자신의 주장에 대한 근거를 제시하고 있다.

④ 재윤은 은지가 제시한 주장의 근거를 부정하고 있다.

12

○△×

㉠~㉣에 들어갈 단어로 적절하지 않은 것은?

- 우리 회사는 올해 최고 수익을 창출해서 전성기를 (㉠)하고 있다.
- 그는 오래 살아온 자기 명의의 집을 (㉡)하려 했는데 사려는 사람이 없다.
- 그들 사이에 (㉢)이 심해서 중재자가 필요하다.
- 제가 부족하니 앞으로 많은 (㉣)을 부탁드립니다.

① ㉠ : 구가(謳歌)　② ㉡ : 매수(買受)
③ ㉢ : 알력(軋轢)　④ ㉣ : 편달(鞭撻)

13

○△×

밑줄 친 단어의 쓰임이 올바르지 않은 것은?

① 이 일은 정말 힘에 부치는 일이다.
② 그와 나는 전부터 알음이 있던 사이였다.
③ 대문 앞에 서 있는데 대문이 저절로 닫혔다.
④ 경기장에는 걷잡아서 천 명이 넘게 온 듯하다.

14

○△×

㉠~㉢의 한자 표기로 올바른 것은?

- 복지부 ㉠ 장관은 의료시설이 대도시에 편중된 문제에 대해 대책을 마련하라고 지시하였다.
- 박 주무관은 사유지의 국유지 편입으로 발생한 주민들의 피해를 ㉡ 보상하는 업무를 맡고 있다.
- 김 주무관은 이 팀장에게 부서 운영비와 관련된 ㉢ 결재를 올렸다.

	㉠	㉡	㉢
①	長官	補償	決裁
②	將官	報償	決裁
③	長官	報償	決濟
④	將官	補償	決濟

15

○△×

다음 글에서 추론한 내용으로 적절하지 않은 것은?

> 우리는 개별적으로 고립된 채 살아가는 존재일 수 없다. 사회 속에서 여럿이 모여 '복수(複數)'의 상태로 살아갈 수밖에 없는 존재라는 것이다. 복수의 상태로 살아가는 우리는 종(種)적인 차원에서 보면 보편적이고 동등한 존재이다. 그러나 우리는 각각 유일무이성을 지닌 '단수(單數)'이기도 하다. 즉 모든 인간은 개인으로서 고유한 인격체라는 특수성을 지닌다. 사회 속에서 우리는 보편적 복수성과 특수한 단수성을 겸비한 채 살아가고 있는 셈이다. 바로 이러한 이유로 우리는 다원적 존재이다. 이러한 존재들로 구성된 다원적 사회에서는 어떠한 획일화도 시도되어서는 안 된다. 우리가 이 같은 사회에서 살아가기 위해서는 타인을 포용하는 공존의 태도가 필요하다. 공동체 정화 등을 목적으로 개별적 유일무이성을 제거하는 것은 우리가 살아가는 사회의 다원성을 파괴하는 일이다.

① 우리는 고립된 상태에서 '단수'로 살아가는 존재가 아니다.

② 우리는 다원성을 지닌 존재로서 포용적으로 공존해야 한다.

③ 개인의 유일무이성을 보존하려는 제도는 개인의 보편적 복수성을 침해한다.

④ 개인의 특수한 단수성을 제거하려는 시도는 사회의 다원성을 파괴하는 결과로 이어질 수 있다.

16

○△×

다음 글을 이해한 내용으로 적절하지 않은 것은?

> 매우 치라 소리 맞춰, 넓은 골에 벼락치듯 후리쳐 딱 붙이니, 춘향이 정신이 아득하여, "애고 이것이 웬일인가?" 일자(一字)로 운을 달아 우는 말이, "일편단심 춘향이 일정지심 먹은 마음 일부종사 하잤더니 일신난처 이 몸인들 일각인들 변하리까? 일월같은 맑은 절개 이리 힘들게 말으시오."
>
> "매우 치라." "꽤 때리오." 또 하나 딱 부치니, "애고." 이자(二字)로 우는구나. "이부불경 이내 마음 이군불사와 무엇이 다르리까? 이 몸이 죽더라도 이 도령은 못 잊겠소. 이 몸이 이러한들 이 소식을 누가 전할까? 이왕 이리 되었으니 이 자리에서 죽여 주오."
>
> "매우 치라." "꽤 때리오." 또 하나 딱 부치니, "애고." 삼자(三字)로 우는구나. "삼청동 도련님과 삼생연분 맺었는데 삼강을 버리라 하소? 삼척동자 아는 일을 이내 몸이 조각조각 찢겨져도 삼종지도 중한 법을 삼생에 버리리까? 삼월삼일 제비같이 훨훨 날아 삼십삼천 올라가서 삼태성께 하소연할까? 애고애고 서러운지고."
>
> -「춘향전」에서-

① 동일한 글자를 반복함으로써 리듬감을 조성하고 있다.

② 숫자를 활용하여 주인공이 처한 상황을 제시하고 있다.

③ 등장인물 간의 대화를 통해 주인공의 내적 갈등이 해결되고 있다.

④ 유교적 가치를 담고 있는 말을 활용하여 주인공의 의지를 드러내고 있다.

17

○△×

다음 글을 이해한 내용으로 적절하지 않은 것은?

고소설의 유통 방식은 '구연에 의한 유통'과 '문헌에 의한 유통'으로 나눌 수 있다. 구연에 의한 유통은 구연자가 소설을 사람들에게 읽어 주는 방식으로, 글을 모르는 사람들과 글을 읽을 수 있지만 남이 읽어 주는 것을 선호하는 이들을 대상으로 이루어졌다. 구연자는 '전기수'로 불렸으며, 소설 구연을 통해 돈을 벌던 전문적 직업인이었다. 하지만 이 방식은 문헌에 의한 유통에 비해 시간과 공간의 제약이 많아서 유통 범위를 넓히는 데 뚜렷한 한계가 있었다.

문헌에 의한 유통은 차람, 구매, 상업적 대여로 나눌 수 있다. 차람은 소설을 소유하고 있는 사람에게 직접 빌려서 보는 것으로, 알고 지내던 개인들 사이에서 이루어졌다. 구매는 서적 중개인에게 돈을 지불하고 책을 사는 것인데, 책값이 상당히 비쌌기 때문에 소설을 구매할 수 있는 사람은 그리 많지 않았다. 상업적 대여는 세책가에 돈을 지불하고 일정 기간 동안 소설을 빌려 보는 것이다. 세책가에서는 소설을 구매하는 것보다 훨씬 적은 비용으로 빌려 볼 수 있었기 때문에 경제적으로 넉넉하지 않은 사람도 소설을 쉽게 접할 수 있었다. 이로 인해 조선 후기 사회에서 세책가가 성행하게 되었다.

① 전기수는 글을 모르는 사람들에게 소설을 구연하였다.

② 차람은 알고 지내던 사람에게 대가를 지불하고 책을 빌려 보는 방식이다.

③ 문헌에 의한 유통은 구연에 의한 유통에 비해 시간과 공간의 제약이 적었다.

④ 조선 후기에 세책가가 성행한 원인은 소설을 구매하는 비용보다 세책가에서 빌리는 비용이 적다는 데 있다.

18

○△×

다음 글을 이해한 내용으로 가장 적절한 것은?

『삼국사기』는 본기 28권, 지 9권, 표 3권, 열전 10권의 체제로 되어 있다. 이 중 열전은 전체 분량의 5분의 1을 차지하며, 수록된 인물은 86명으로, 신라인이 가장 많고, 백제인이 가장 적다. 수록 인물의 배치에는 원칙이 있는데, 앞부분에는 명장, 명신, 학자 등을 수록했고, 다음으로 관직에 있지는 않았으나 기릴 만한 사람을 실었다.

반신(叛臣)의 경우 열전의 끝부분에 배치되어 있다. 이들을 수록한 까닭은 왕을 죽인 부정적 행적을 드러내어 반면교사로 삼는 데에 있었으나, 그 목적에 부합하지 않는 내용이 있어 흥미롭다. 가령 고구려의 연개소문은 반신이지만, 당나라에 당당히 대적한 민족적 영웅의 모습도 포함되어 있다. 흔히 『삼국사기』에 대해, 신라 정통론에 기반해 있으며, 유교적 사관에 따라 당시의 지배 질서를 공고히 하고자 했다고 평가한다. 하지만 연개소문의 사례에서 볼 수 있듯 『삼국사기』는 기존 평가와 달리 다면적이고 중층적인 역사 텍스트라고 할 수 있다.

① 『삼국사기』 열전에 고구려인과 백제인도 수록되었다는 점은 이 책이 신라 정통론을 계승하지 않았다는 것을 보여준다.

② 『삼국사기』 열전에 수록된 반신 중에는 이 책에 대한 기존 평가를 다르게 할 수 있는 사례가 있다.

③ 『삼국사기』 열전에는 기릴 만한 업적이 있더라도 관직에 오르지 못한 사람은 수록되지 않았다.

④ 『삼국사기』의 체제 중에서 열전이 가장 많은 권수를 차지한다.

19

○△×

다음 글에서 추론한 내용으로 적절하지 <u>않은</u> 것은?

> 프랑스에서 의무교육 제도를 실시하면서 정규학교에 입학하기 어려운 지적장애아, 학습부진아를 가려내고자 하였다. 이에 기초 학습 능력 평가를 목적으로, 1905년 최초의 IQ 검사가 이루어졌다. 이 검사를 통해 비로소 인간의 지능을 구체적으로 수치화하고 객관적으로 비교할 수 있게 되었다.
>
> 이후 오랫동안 IQ가 높으면 똑똑한 사람, 그렇지 않으면 머리가 좋지 않고 학습에도 부진한 사람으로 판단했다. 물론 IQ가 높은 아이는 그렇지 않은 아이에 비해 읽기나 계산 등 사고 기능과 관련된 과목에서 높은 성취도를 보이는 경우가 많다. 이는 IQ 검사가 기초 학습에 필요한 최소 능력인 언어 이해력, 어휘력, 수리력 등을 측정하기 때문이다. 학습의 기초 능력을 측정하는 IQ 검사에서 높은 점수를 받은 아이는 동일한 능력을 측정하는 학업 평가에서도 높은 점수를 받을 가능성이 크다. 하지만 문제는 IQ 검사가 인간의 지능 중 일부만을 측정한다는 점이다.

① 최초의 IQ 검사는 학습 능력이 우수한 아이를 고르기 위해 시행되었다.

② IQ 검사가 만들어지기 전에는 인간의 지능을 수치로 비교할 수 없었다.

③ IQ가 높은 아이라도 전체 지능은 높지 않을 수 있다.

④ IQ가 높은 아이가 읽기 능력이 좋을 확률이 높다.

20

○△×

다음 글에서 추론한 내용으로 적절하지 <u>않은</u> 것은?

> 한글은 소리를 나타내는 표음문자여서 한국어 문장을 읽는 데 학습해야 할 글자가 적지만, 한자는 음과 상관없이 일정한 뜻을 나타내는 표의문자여서 한문을 읽는 데 익혀야 할 글자 수가 훨씬 많다. 이러한 번거로움에도 한글과 달리 한자가 갖는 장점이 있다. 한글에서는 동음이의어, 즉 형태와 음이 같은데 뜻이 다른 단어가 많아 글자만으로 의미를 파악하지 못하는 경우가 많다. 하지만 한자는 그렇지 않다. 예컨대, 한글로 '사고'라고만 쓰면 '뜻밖에 발생한 사건'인지 '생각하고 궁리함'인지 구별할 수 없다. 한자로 전자는 '事故', 후자는 '思考'로 표기한다. 그런데 한자는 문맥에 따라 같은 글자가 다른 뜻으로 쓰이지는 않지만 다른 문장성분으로 사용되기도 해 혼란을 야기한다. 가령 '愛人'은 문맥에 따라 '愛'가 '人'을 수식하는 관형어일 때도, '人'을 목적어로 삼는 서술어일 때도 있는 것이다.

① 한문은 한국어 문장보다 문장성분이 복잡하다.

② '淨水'가 문맥상 '깨끗하게 한 물'일 때 '淨'은 '水'를 수식한다.

③ '愛人'에서 '愛'의 문장성분이 바뀌더라도 '愛'는 동음이의어가 아니다.

④ '의사'만으로는 '병을 고치는 사람'인지 '의로운 지사'인지 구별할 수 없다.

2023 9급

지방직 한국사 필기시험

※ 본 문제는 비공개 시험인 조리직 공무원 시험을 대비하기 위해 수험생의 기억을 바탕으로 분석한 결과, 가장 유사하게 출제되었다고 보이는 2023년 지방직 9급 한국사 기출문제를 수록하였습니다.

01

○△×

밑줄 친 '주먹도끼'가 사용된 시대에 대한 설명으로 옳은 것은?

> 이 유적은 경기도 연천군 한탄강 언저리에 넓게 위치하고 있다. 이곳에서 아슐리안 계통의 주먹도끼가 다량으로 출토되어 더욱 많은 관심이 집중되었다. 이곳에서 발견된 주먹도끼는 그 존재 유무로 유럽과 동아시아 문화가 나뉘어진다고 한 모비우스의 학설을 무너뜨리는 결정적 증거가 되었다.

① 동굴이나 바위 그늘, 강가의 막집 등에서 살았다.
② 내부에 화덕이 있는 움집이 일반적인 주거 형태였다.
③ 토기를 만들어 음식을 조리하거나 식량을 저장하였다.
④ 구릉에 마을을 형성하고 그 주변에 도랑을 파고 목책을 둘렀다.

02

○△×

(가) 군사 조직에 대한 설명으로 옳은 것은?

> 고려 정부는 몽골과 강화를 맺고 개경으로 환도하였다. 대몽 항전에 적극적이었던 (가) 은/는 개경 환도를 반대하고 반란을 일으켰다. 이어 진도로 근거지를 옮기면서 항쟁을 전개하였다.

① 포수, 사수, 살수의 삼수병으로 편제되었다.
② 윤관의 건의로 편성된 기병 중심의 부대였다.
③ 도적을 잡기 위해 설치한 야별초에서 시작되었다.
④ 양계 지방에서 국경 지역 방어를 맡았던 상비적인 전투부대였다.

03

○△×

다음과 같은 주장을 한 인물은?

> 일단 강화를 맺고 나면 저 적들의 욕심은 물화를 교역하는 데 있습니다. …(중략)… 저들이 비록 왜인이라고 하나 실은 양적(洋賊)입니다. 강화의 일이 한번 이루어지면 사학(邪學)의 서적과 천주의 상(像)이 교역하는 가운데 섞여 들어갈 것입니다.

① 박규수 ② 최익현
③ 김홍집 ④ 김윤식

04

○△×

다음에서 설명하는 신문은?

> • 서재필이 정부 지원을 받아 창간하였다.
> • 한글판을 발행하여 서양의 문물과 제도를 소개하였다.
> • 영문판을 발행하여 국내 사정을 외국인에게도 전달하였다.

① 제국신문 ② 독립신문
③ 한성순보 ④ 황성신문

05

○△×

(가), (나)에 들어갈 왕의 업적으로 옳은 것은?

> 삼국의 역사서로는 고구려에 『유기』가 있었는데, 영양왕 때 이문진이 이를 간추려 『신집』 5권을 편찬하였다. 백제에서는 (가) 시기에 고흥이 『서기』를, 신라에서는 (나) 시기에 거칠부가 『국사』를 편찬하였다.

① (가) – 국호를 남부여로 바꾸었다.

② (가) – 동진으로부터 불교를 받아들여 공인하였다.

③ (나) – 화랑도를 국가적 조직으로 개편하였다.

④ (나) – 병부를 처음으로 설치하여 군권을 장악하였다.

06

○△×

다음 문화재와 이를 통해 알 수 있는 내용의 연결이 옳지 않은 것은?

① 사택지적비 – 백제가 영산강 유역까지 영역을 확장하였다.

② 임신서기석 – 신라에서 청년들이 유교 경전을 공부하였다.

③ 충주 고구려비 – 고구려가 5세기에 남한강 유역까지 진출하였다.

④ 호우명 그릇 – 5세기 초 고구려와 신라가 밀접한 관계를 맺고 있었다.

07

○△×

밑줄 친 '곽재우'에 대한 설명으로 옳지 않은 것은?

> 여러 도에서 의병이 일어났다. …(중략)… 도내의 거족(巨族)으로 명망 있는 사람과 유생 등이 조정의 명을 받들어 의(義)를 부르짖고 일어나니 소문을 들은 자들은 격동하여 원근에서 이에 응모하였다. …(중략)… 호남의 고경명 · 김천일, 영남의 곽재우 · 정인홍, 호서의 조헌이 가장 먼저 일어났다.
>
> –『선조수정실록』–

① 홍의장군이라 칭하였다.

② 의령을 거점으로 봉기하였다.

③ 행주산성에서 일본군을 크게 무찔렀다.

④ 익숙한 지리를 활용한 기습 작전으로 일본군에 타격을 주었다.

08

○△×

다음과 같은 취지로 전개된 운동에 대한 설명으로 옳은 것은?

> 지금 우리들은 정신을 새로이 하고 충의를 떨칠 때이니, 국채 1,300만 원은 우리 대한 제국의 존망에 직결된 것입니다. 이것을 갚으면 나라가 보존되고 이것을 갚지 못하면 나라가 망할 것은 필연적인 사실이나, 지금 국고에서는 도저히 갚을 능력이 없으며, 만일 나라에서 갚지 못한다면 그때는 이미 삼천리 강토는 내 나라 내 민족의 소유가 못 될 것입니다.
>
> –『대한매일신보』–

① 조선 형평사를 조직하였다.

② 조선 물산 장려회를 조직하였다.

③ 신사 참배 거부 운동을 전개하였다.

④ 1907년 대구에서 시작되어 전국으로 확산되었다.

09

○△×

(가), (나)에 들어갈 말을 바르게 연결한 것은?

> 조선시대 과거 제도에는 문과 · 무과 · 잡과가 있었는데, 이 가운데 문과를 가장 중시하였다. 『경국대전』에 따르면 문과 시험 업무는 (가) 에서 주관하고, 정기 시험인 식년시는 (나) 마다 실시하는 것이 원칙이었다.

	(가)	(나)
①	이조	2년
②	이조	3년
③	예조	2년
④	예조	3년

10

○△×

다음 원칙이 발표된 이후에 있었던 사실로 옳지 않은 것은?

> • 조선의 민주 독립을 보장한 삼상 회의 결정에 의하여 남북을 통한 좌우 합작으로 민주주의 임시 정부를 수립할 것
> • 토지 개혁에 있어서 몰수, 유조건 몰수, 체감매상 등으로 토지를 농민에게 무상으로 나누어 주며, …(중략)… 민주주의 건국 과업 완수에 매진할 것
> • 입법 기구에 있어서는 일체 그 권능과 구성 방법 운영에 관한 대안을 본 합작 위원회에서 작성하여 적극적으로 실행을 기도할 것

① 3 · 15 부정선거에 대항하여 4 · 19 혁명이 일어났다.

② 친일파를 청산하기 위한 「반민족행위처벌법」이 공포되었다.

③ 제헌 국회에서 대통령에 이승만, 부통령에 이시영을 선출하였다.

④ 임시 민주 정부 수립을 논의하기 위해 제1차 미 · 소 공동 위원회가 개최되었다.

11

○△×

밑줄 친 '그'에 대한 설명으로 옳은 것은?

> 그는 화엄종을 중심으로 교종을 통합하고 해동 천태종을 창시하여 선종까지 포섭하려 하였다. 그러나 그의 사후에 교단은 다시 분열되었고, 권력층과 밀착되어 타락하는 양상까지 나타났다.

① 이론적인 교리 공부와 실천적인 수행을 아우를 것을 주장하였다.

② 참선과 독경은 물론 노동에도 힘을 쓰자고 하면서 결사를 제창하였다.

③ 삼국시대 이래 고승들의 전기를 정리하여 『해동고승전』을 편찬하였다.

④ 백련사를 결성하여 극락왕생을 기원하는 참회와 염불 수행을 강조하였다.

12

○△×

(가) 시기에 있었던 사실로 옳지 않은 것은?

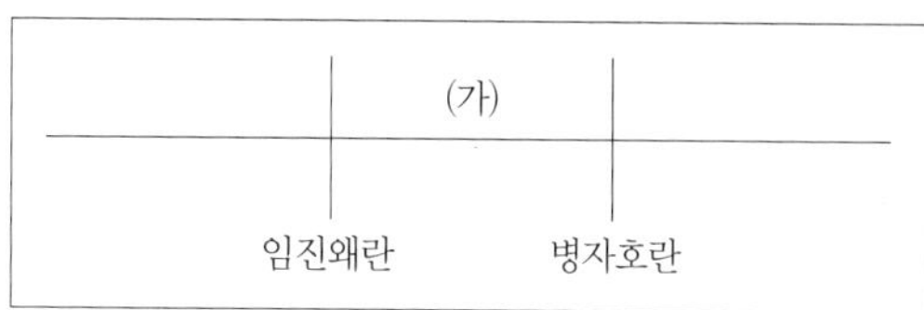

① 인조반정이 발생하였다.

② 영창 대군이 사망하였다.

③ 강홍립이 후금에 항복하였다.

④ 청에 인질로 끌려갔던 봉림 대군이 귀국하였다.

13

여름 휴가를 맞아 강화도로 답사 여행을 떠나고자 한다. 다음 중 유적(지)과 주제의 연결이 옳지 않은 것은?

유적(지)	주제
① 외규장각	동학 농민 운동
② 고려궁지	대몽 항쟁
③ 고인돌	청동기 문화
④ 광성보	신미양요

14

조선시대 붕당의 상황에 대한 설명으로 옳지 않은 것은?

① 선조 대 – 사림이 동인과 서인으로 분열하였다.
② 광해군 대 – 북인이 집권하였다.
③ 인조 대 – 남인이 정권을 독점하였다.
④ 숙종 대 – 서인이 노론과 소론으로 갈라졌다.

15

조선 세종 대에 있었던 사실로 옳지 않은 것은?

① 갑인자를 주조하였다.
② 화통도감을 설치하였다.
③ 역법서인 『칠정산』을 편찬하였다.
④ 간의를 만들어 천체를 관측하였다.

16

다음과 같은 강령을 발표한 단체의 활동으로 옳은 것은?

> 一. 우리는 정치적, 경제적 각성을 촉진함
> 一. 우리는 단결을 공고히 함
> 一. 우리는 기회주의를 일체 부인함

① 조선 민립 대학 기성회를 창립하였다.
② 파리 강화 회의에 대표를 파견하였다.
③ 6 · 10 만세 운동을 사전에 계획하였다.
④ 광주 학생 항일 운동이 일어나자 조사단을 파견하였다.

17

다음 글을 쓴 인물에 대한 설명으로 옳은 것은?

> 세상에서 동명왕의 신이(神異)한 일을 많이 말한다. …(중략)… 지난 계축년 4월에 『구삼국사』를 얻어 「동명왕 본기」를 보니 그 신기한 사적이 세상에서 얘기하는 것보다 더하였다. 그러나 처음에는 믿지 못하고 귀신이나 환상이라고만 생각하였는데, 두세 번 반복하여 읽어서 점점 그 근원에 들어가니 환상이 아닌 성스러움이며, 귀신이 아닌 신성한 이야기였다.

① 사실의 기록보다 평가를 강조한 강목체 사서를 편찬하였다.
② 단군부터 고려 충렬왕 때까지의 역사를 서사시로 기록하였다.
③ 단군신화와 전설 등 민간에서 전승되는 자료를 광범위하게 수록하였다.
④ 김부식의 『삼국사기』에 동명왕의 신이한 사적이 생략되어 있다고 평하였다.

18

○△×

1910년대에 있었던 사실로 옳은 것은?

① 중국 화북 지방에서 조선 독립 동맹이 결성되었다.
② 만주에서 참의부, 정의부, 신민부 등 3부가 조직되었다.
③ 임병찬이 주도한 독립 의군부는 항일 운동을 전개하였다.
④ 조선 혁명군이 양세봉의 지휘 아래 영릉가에서 일본군을 격파하였다.

19

○△×

다음 주장을 한 인물에 대한 설명으로 옳은 것은?

> 우리 조선의 역사적 발전의 전 과정은 가령 지리적 조건, 인종학적 골상, 문화 형태의 외형적 특징 등 다소의 차이는 인정되더라도, 다른 문화 민족의 역사적 발전 법칙과 구별되어야 하는 독자적인 것이 아니다. 세계사적인 일원론적 역사 법칙에 의해 다른 민족과 거의 같은 궤도로 발전 과정을 거쳐왔다.

① 민족정신으로서 조선 국혼을 강조하였다.
② 민족주의 사학을 계승하여 조선의 얼을 강조하였다.
③ 마르크스 유물 사관을 바탕으로 한국사를 연구하였다.
④ 진단 학회를 조직하여 문헌 고증을 중시하는 실증주의 사학을 정립하였다.

20

○△×

6 · 25 전쟁 중 있었던 사실로 옳지 않은 것은?

① 국군과 유엔군이 인천 상륙 작전을 감행하였다.
② 대통령 직선제를 포함한 발췌 개헌안이 국회에서 통과되었다.
③ 이승만 정부가 북한 송환을 거부하는 반공 포로를 석방하였다.
④ 미국이 한반도를 미국의 태평양 지역 방위선에서 제외한다는 애치슨 선언을 발표하였다.

서울시 사회 필기시험

※ 본 문제는 비공개 시험인 조리직 공무원 시험을 대비하기 위해 수험생의 기억을 바탕으로 분석한 결과, 가장 유사하게 출제되었다고 보이는 2023년 서울시 9급 사회 기출문제를 수록하였습니다.

01 ○△×

〈보기〉에 나타난 사회 · 문화 현상을 보는 관점에 대한 설명으로 가장 옳은 것은?

보기

우리나라에서 중요한 시험을 앞두고 포크를 선물 받은 사람은 포크의 의미를 정답을 잘 찍으라는 의미로 이해하고 고맙게 생각한다. 그러나 우리나라 문화에 익숙하지 않은 외국인이 포크를 선물로 받는다면 포크의 상징을 제대로 이해하지 못할 것이다.

① 사회문제를 병리적 현상으로 본다.
② 상황에 대한 주관적 의미 부여를 강조한다.
③ 사회가 본질적으로 변동을 지향한다고 본다.
④ 사회문화 현상을 사회 구조적 측면에서 바라본다.

02 ○△×

〈보기〉의 그림은 복수 정당제의 유형 A, B의 일반적 특징을 비교하여 나타낸 것이다. 이에 대한 설명으로 가장 옳은 것은?

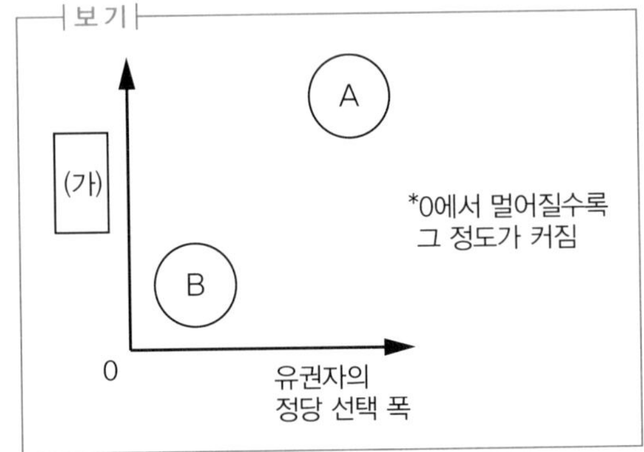

① A는 B에 비해 정당 간 대립 시 중재가 용이할 수 있다.
② B는 A에 비해 정책 실패에 대한 책임 소재가 불분명하다.
③ B는 A에 비해 국정에 다양한 국민의 의견을 반영하기에 용이하다.
④ (가)에는 '다수당의 횡포 가능성'이 들어갈 수 있다.

03

○△×

〈보기〉의 (가), (나)에 나타난 개인과 사회의 관계를 바라보는 관점과 일치하는 설명으로 가장 옳은 것은?

보기

(가) 사람들은 저마다 좋은 옷을 고르고 맛있는 음식을 찾아다닌다. 단지 유행이란, 사람들에게 많이 선택된 옷과 음식에 붙여진 이름일 뿐이다.

(나) 세상에 같은 사람은 하나도 없지만, 집단의 선망은 유행이라는 형태로 나타나 사람들에게 같은 옷을 입게 하고 같은 음식을 먹게 한다.

① (가)는 사회는 하나의 유기체로서 개인의 행동을 구속한다고 본다.

② (가)는 개인의 자율성이 사회 규범의 구속성보다 우선한다고 본다.

③ (나)는 개인의 속성이 사회의 속성을 결정한다고 본다.

④ (나)는 사회는 개인들 간 자발적인 계약에 의해 형성된다고 본다.

04

○△×

〈보기〉는 국제관계를 바라보는 갑(甲), 을(乙)의 관점이다. 이에 대한 설명으로 가장 옳은 것은?

보기

• 갑(甲) : 국제 사회는 보편적인 가치나 질서에 의해서 지배되는 것이 아니고 오로지 힘에 의해 주도될 뿐이야.

• 을(乙) : 국제관계에서는 국가 간 상충되는 이해의 조화가 가능하고, 국가 간 합의를 통해 공동의 이익을 실현할 수 있어.

① 갑은 국제 사회가 보편적인 선(善)에 의해 지배되고 있다고 본다.

② 갑은 국제 사회에서 국가보다 초국가적 행위 주체의 역할이 중요하다고 본다.

③ 을은 주권 불가침의 원칙이 국력에 따라 차별적으로 적용된다고 본다.

④ 갑과 달리 을은 국가들이 국제 규범을 통해 국제 사회의 무정부 상태를 극복할 수 있다고 본다.

05

○△×

〈보기 1〉의 A~D에 대한 설명으로 가장 옳은 것을 〈보기 2〉에서 모두 고른 것은?

보기 1

〈근대 민법의 3대 원칙〉		〈근대 민법 3대 원칙의 수정〉
소유권 절대의 원칙	→	A
B	→	계약 공정의 원칙
C	→	D

보기 2

ㄱ. A에 따르면 공공복리를 위하여 개인의 소유권을 법률로써 제한할 수 있다.

ㄴ. B에 의해 사회적 이익에 반하거나 불공정한 계약은 법적 효력이 없다.

ㄷ. B와 C는 모두 현대 민법에서도 기본 원리로 작용한다.

ㄹ. D는 자신에게 고의나 과실 없이는 책임을 부담하지 않는다는 원칙이다.

① ㄱ, ㄴ

② ㄱ, ㄷ

③ ㄴ, ㄹ

④ ㄷ, ㄹ

06

○△×

〈보기〉의 대중문화에 관한 글에서 밑줄 친 ㉠~㉣에 대한 설명으로 가장 옳지 않은 것은?

보기

㉠ 산업화 과정에서 직장을 찾아 농촌에서 도시로 이동한 대규모 인구층을 대중이라 부른다. 미개발된 도시에서 살며 열악한 작업환경에서 일하는 이들은 인간다운 삶을 살기 위한 최소한의 요구를 하게 되었으며, ㉡ 사회적 발언권의 확대와 함께 문화 향유에 대한 요구도 커졌다. 한편, 근대 기술의 발달로 등장한 ㉢ 대중 매체들이 이들의 문화적 욕구를 충족시킬 기반을 제공했으며, 이에 따라 문화·예술 생산자들은 대중을 주목하여 ㉣ 문화 상품 생산에 뛰어들었다.

① ㉠에서는 소품종 대량 생산이 주로 이루어졌다.

② ㉡은 대중 민주주의 형성의 토대가 되었다.

③ ㉢은 일방향 소통방식보다는 쌍방향 소통방식이 주로 이루어졌다.

④ ㉣에서는 예술성보다 상업성을 더 중요하게 생각하였다.

07

○△×

〈보기〉는 우리나라 지방자치단체의 종류와 기관을 구분한 것이다. 이에 대한 설명으로 가장 옳은 것은?

보기

종류	기관	해당 기관의 활동 사례
A	C	㉠ ㅇㅇ광역시 의회는 예산결산특별위원회를 열어 ㅇㅇ광역시 예산안을 심의하였다.
	D	㉡ ㅇㅇ광역시장은 지역사회통합돌봄서비스 시설을 확장하기로 하였다.
B	C	△△도 ◎◎시 의회는 반려견 화장터 설립 허가를 반대하는 내용의 ㉢ 주민청원을 심사하였다.
	D	△△도 ㉣ ◎◎시장은 지역 축제 활성화를 위해 대형 꽃밭을 조성하기로 하였다.

① A 지방자치단체장은 B 지방자치단체장과 달리 주민의 선거를 통해 선출된다.

② C는 집행 기관, D는 의결 기관이다.

③ ㉢은 주민의 청구권을 보장하기 위한 제도이다.

④ ㉠은 지방자치단체 사무의 관리 및 집행권, ㉣은 조례안 제출권을 가진다.

08

○△×

일탈 현상에 대한 원인을 〈보기〉와 같이 분석한 이론에 대한 설명으로 가장 옳은 것은?

보기

급격한 사회 변동기에는 새로운 사회 규범 체계가 아직 자리 잡지 못해 가치와 규범의 혼란이 초래되고 그 결과 범죄가 많이 일어나게 된다. 또한, 사회 제도의 기능이 약화되면서 개인에 대한 사회 통제가 약화되고 사람들의 열망이 제한을 받지 않게 되면서 일탈과 범죄가 증가하게 된다.

① 일탈의 대책으로 사회 규범의 통제력 회복을 강조한다.

② 일탈 행동을 규정하는 기준은 존재하지 않는다고 본다.

③ 일탈 행동은 타인과의 상호작용 과정을 통해 일탈 행동을 정당화하는 동기나 가치관을 내면화함으로써 학습된다고 본다.

④ 일탈 행동을 줄이기 위해서는 문화적 목표 달성을 위한 제도적 수단의 확대가 필요하다고 본다.

09

〈보기〉는 질문 (가)~(다)를 통해 사회 불평등 현상을 설명하는 이론 A, B를 비교한 것이다. 이에 대한 설명으로 가장 옳지 않은 것은? (단, A와 B는 각각 계급론과 계층론 중 하나이다.)

보기

질문 \ 이론	A	B
(가)	예	아니요
(나)	아니요	예
(다)	예	예

① A가 계층론이면 (가)에 '사회 계층 구조를 불연속적으로 보는가?'가 들어갈 수 있다.
② A가 계층론이면 (나)에 '자신의 계급에 대한 강한 계급 의식을 가지는가?'가 들어갈 수 있다.
③ B가 계급론이면 (가)에 '현대 사회의 지위 불일치 현상을 설명하기 쉬운가?'가 들어갈 수 있다.
④ (다)에 '경제적 요인을 사회 불평등 현상의 원인으로 고려하는가?'가 들어갈 수 있다.

10

〈보기〉의 형사 절차 (가)~(마)에 대한 설명으로 가장 옳은 것은?

보기

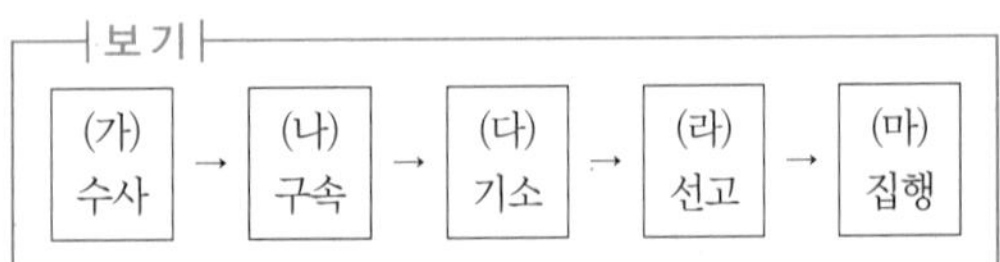

① (가)는 피해자의 고소를 통해서만 개시된다.
② (나) 이후 피의자는 검사에게 구속 적부 심사를 청구할 수 있다.
③ (다) 이후 공판 과정에서 피고인의 유죄는 판사가 증명해야 한다.
④ (라)는 판사에 의해, (마)는 검사의 지휘로 이루어진다.

11

〈보기〉의 A~C는 각각 조세부과 방식을 나타낸 것이다. 이에 대한 설명으로 가장 옳은 것은?

보기

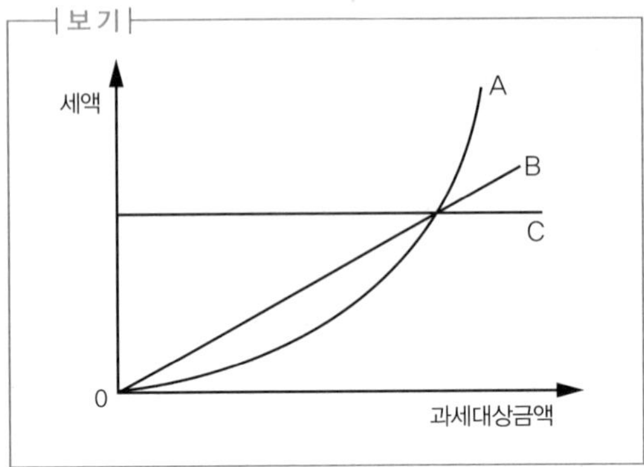

① C는 비례세이다.
② A와 B는 둘 다 누진세이다.
③ A와 B 중 A가 고소득층에 더 유리하다.
④ 우리나라의 부가가치세는 B형태로 부과된다.

12

〈보기〉의 사례에 대한 법적 판단으로 가장 옳은 것은?

보기

- 갑(甲, 만 16세)은 법정 대리인의 동의 없이 고가의 스마트폰을 매매하는 계약을 판매자 을(乙, 만 35세)과 체결하였다. 을(乙)은 다음날 갑(甲)이 미성년자임을 알게 되었다.
- 병(丙, 만 17세)은 법정 대리인의 동의 없이 자신의 용돈으로 참고서를 구매하는 계약을 서점 운영자인 정(丁, 만 43세)과 체결하였다.

① 갑의 법정 대리인은 갑의 동의를 얻어야 계약을 취소할 수 있다.
② 을은 갑에게 계약의 취소 여부에 대한 확답을 촉구할 수 있다.
③ 갑과 달리 병은 미성년자임을 이유로 계약을 취소할 수 없다.
④ 병이 정과 체결한 계약은 단순히 권리만을 얻거나 의무만을 면하는 행위에 해당한다.

13

○△×

〈보기〉의 ㉠, ㉡에 대한 분석으로 가장 옳은 것은? (단, X재는 수요 법칙을 따르며, 성인과 청소년 간 재판매는 불가능하다.)

보기

A기업은 최근 성인과 청소년에게 동일하게 받던 X재 가격을 ㉠ 성인에게는 5% 인상하고, ㉡ 청소년에게는 5% 인하하였다. 이후 X재의 판매 수입 변화를 살펴보니 성인과 청소년 각각에서 모두 증가한 것으로 나타났다.

① ㉠에게서 나타난 X재 수요의 가격 탄력성은 1이다.
② X재 수요의 가격 탄력성은 ㉡에 비해 ㉠이 더 크다.
③ 가격 변경 후 ㉠과 달리 ㉡의 소비량은 증가한다.
④ 가격 변경 전에 비해 가격 변경 후 X재의 판매량은 증가한다.

14

○△×

〈보기〉의 문화를 이해하는 태도 (가), (나)에 대한 설명으로 가장 옳은 것은?

보기

(가) 오리엔탈리즘(Orientalism)이란 유럽이 동양과 서양을 문맹과 문명, 야만과 지성으로 나누는 이분법적 틀을 말한다. 이 틀에 따르면 서양의 관점에서 동양은 미지의 신비로운 곳이며, 문명화되지 않은 야만사회로 간주해서 더 합리적이고 이성적인 서구문명이 미개한 동양을 문명화시키고 지배하는 것이 정당화된다.

(나) 같은 옷이라도 영어로 표기하면 더 비싸게 인식되는 것으로 나타났다. '편한 검정 면바지'보다는 '블랙 코튼 이지 팬츠'를, 또 그보다는 'black cotton easy pants'의 가격을 더 높게 평가하였다.

① (가)는 각 사회의 맥락에서 그 문화를 이해한다.
② (나)는 자기 문화의 주체성을 상실하고 전통문화를 잃어버리게 될 수 있다.
③ (나)는 국수주의로 흐르거나 문화 제국주의로 변질될 수 있다.
④ (가)와 달리 (나)는 특정 문화에 대한 편견을 가지고 다른 문화를 평가한다.

15

〈보기〉의 정치 참여 집단 A~C에 대한 설명으로 가장 옳은 것은? (단, A~C는 각각 정당, 이익집단, 시민단체 중 하나이다.)

보기

A와 B는 모두 대의 민주주의를 가능하게 하는 본질적인 제도인 공직 선거에 영향력을 행사한다. 사회가 다원화되면서 A만으로는 다양한 이해관계를 정치 과정에 모두 반영하기 어려워졌다. 이에 시민은 자신들의 특수한 이익을 실현하고자 B를 조직하여 공직 선거에 후보자를 추천하는 A에 영향력을 행사하기도 한다. 한편, 시민은 공익 추구를 목표로 자발적으로 조직한 단체인 C에 가입하여 활동하며 정치 과정에 영향력을 행사하기도 한다.

① A는 당정 협의회를 구성하여 행정부와 의회를 매개한다.
② B는 선거에서 제시한 공약 실천에 대한 국민의 평가를 받아 정치적 책임을 진다.
③ C는 정권 획득을 위해 정책적 대안을 제시한다.
④ C와 달리 B는 정부 정책에 대한 감시와 비판의 기능을 수행한다.

16

〈보기〉의 헌법 기관 A에 대한 설명으로 가장 옳은 것은?

보기

A는 특정 기관 100m 이내에서 야외 집회와 시위를 일률적으로 금지한 현행법에 대해 ㉠ 헌법불합치결정을 내렸다.

① A의 장(長)은 탄핵 심판의 대상이 될 수 있다.
② A는 명령이나 규칙이 헌법이나 법률에 위반되는 여부가 재판의 전제가 된 경우 최종 심사권을 갖는다.
③ ㉠인 경우 즉시 해당 법률의 효력이 상실된다.
④ ㉠의 결정은 재판관 9명의 만장일치제로 시행된다.

17

〈보기〉는 노동시장의 수요 · 공급 곡선을 나타낸 것이다. 정부가 임금의 하한선을 P_1으로 설정하여 규제할 경우 노동시장을 분석한 것으로 가장 옳은 것은?

보기

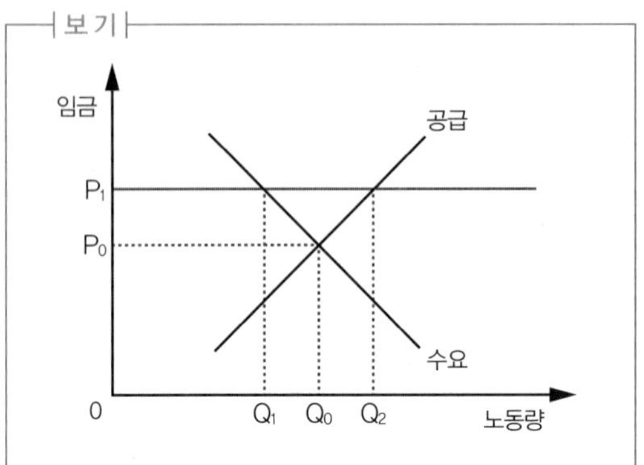

① 실업의 규모는 Q_0-Q_1이다.
② 규제 후 소비자 잉여는 감소한다.
③ 규제 전과 규제 후의 총잉여 크기는 같다.
④ 규제 후 고용량은 Q_0과 Q_2 사이에서 결정된다.

18

〈보기〉는 갑(甲)국과 을(乙)국이 X재와 Y재 각각 1단위를 생산하는 데 필요한 노동자 수를 나타낸 것이다. 이에 대한 분석으로 가장 옳은 것은? (단, 갑국과 을국은 노동만을 생산 요소로 사용하며, 교역에 따른 운송비는 발생하지 않는다.)

보기

	X재	Y재
갑국	20명	30명
을국	40명	30명

① 갑국은 X, Y재 생산 모두 절대 우위에 있다.
② X재 1단위 생산의 기회비용은 갑국이 을국보다 크다.
③ Y재 1단위 생산의 기회비용은 갑국이 을국의 2배이다.
④ 양국이 비교 우위에 있는 재화에 특화 후 1:1로 교환하면 을국은 이익이 발생하지 않는다.

19

○△×

〈보기〉의 자료에 대한 분석 및 추론으로 가장 옳은 것은?

보기

- 갑(甲)국은 무역 호황으로 인해 외화 유입이 크게 증가하였고, 이에 따라 국내의 물가 수준도 가파르게 상승하였다. 갑국의 중앙은행은 ㉠ 물가 안정을 위한 통화 정책을 시행하고자 한다.
- 을(乙)국은 국제 정세 불안으로 인한 소비와 투자 심리 위축으로 실물 경제가 침체에 빠졌다. 이에 따라 을국 정부는 ㉡ 소비세 감면 등 각종 세제 혜택을 늘려 소비와 투자를 진작시키고 경기를 회복하고자 한다. 이에 을국 중앙은행도 ㉢ 이에 부응하는 정책을 준비 중이다.

① 국공채 매각은 ㉠에 해당하는 수단이다.
② ㉡은 긴축 재정 정책에 해당한다.
③ 지급 준비율 인상은 ㉢에 해당할 수 있다.
④ ㉠은 갑국의 실질 GDP 증가 요인, ㉡은 을국의 실질 GDP 감소 요인이다.

20

○△×

〈보기〉의 기본권의 유형 A~C에 대한 설명으로 가장 옳은 것은? (단, A~C는 각각 자유권, 사회권, 청구권 중 하나이다.)

보기

질문	예	아니요
소극적 · 방어적 성격의 권리인가?	A	B, C
(가)	B	A, C

① (가)에는 ‘다른 기본권 보장의 전제 조건이 되는 권리인가?’가 들어갈 수 있다.
② (가)가 ‘기본권 보장을 위한 수단적 성격의 권리인가?’라면, B는 C와 달리 국가의 존재를 전제로 하는 권리이다.
③ B가 교육을 받을 권리를 포함한다면, (가)에 ‘실질적 평등의 실현을 위해 등장한 현대적 권리인가?’가 들어갈 수 있다.
④ A는 B, C와 달리 헌법에 열거되어야 보장되는 권리이다.

2023 9급

조리직 위생관계법규 필기시험

9급 공무원 조리직 한권합격

※ 본 문제는 비공개 시험인 조리직 공무원 시험을 대비하기 위해 수험생의 기억을 바탕으로 분석하여 최신 경향에 맞춰 실제 문제와 최대한 유사하게 출제한 기출복원문제로, 실제 시험과 다소 차이가 있을 수 있습니다.

01

○△×

「식품위생법」상 집단급식소에 종사하는 조리사와 영양사가 받아야 할 교육 주기와 시간으로 옳은 것은?

① 1년마다 6시간

② 2년마다 10시간

③ 3년마다 6시간

④ 3년마다 10시간

02

○△×

「식품위생법」상 식품의약품안전처장이 조리사 면허를 반드시 취소하여야 하는 경우로 옳은 것은?

① 보수 교육을 받지 아니한 경우

② 면허를 타인에게 대여하여 사용하게 한 경우

③ 업무정지기간 중에 조리사의 업무를 하는 경우

④ 위생과 관련한 중대한 사고 발생에 직무상의 책임이 있는 경우

03

○△×

「식품위생법」 벌칙 규정상 다음 괄호 안에 들어가야 할 질병으로 옳지 않은 것은?

> (　)에 해당하는 질병에 걸린 동물을 사용하여 판매할 목적으로 식품 또는 식품첨가물을 제조 · 가공 · 수입 또는 조리한 자는 3년 이상의 징역에 처한다.

① 탄저병　② 광견병

③ 소해면상뇌증　④ 가금 인플루엔자

04

○△×

「학교급식법」 시행규칙상 학교급식의 영양관리기준에 따른 식단작성 시 고려해야 할 사항으로 옳지 않은 것은?

① 가급적 자연식품과 계절식품을 사용할 것

② 전통 식문화(食文化)의 계승 · 발전을 고려할 것

③ 단순한 종류의 식품과 조리방법을 잘 활용할 것

④ 염분이나 식품첨가물 등을 과다하게 사용하지 않을 것

05

○△×

「식품위생법」에서 규정하고 있는 내용으로 옳지 않은 것은?

① 공유주방 위생관리책임자는 2년마다 식품위생에 관한 교육을 받아야 한다.

② 공유주방에서 조리 · 판매하는 업소의 위생등급 유효기간은 위생등급을 지정한 날부터 2년으로 한다.

③ 식품의약품안전처장은 인증 유효기간 연장신청을 받았을 때에는 안전관리인증기준에 적합하다고 인정하는 경우 3년의 범위에서 그 기간을 연장할 수 있다.

④ 식품의약품안전처장은 등록한 식품을 제조 · 가공 또는 판매하는 자에 대하여 식품이력추적관리기준의 준수 여부 등을 3년마다 조사 · 평가하여야 한다.

06

○△×

「식품 등의 표시·광고에 관한 법률」상 식품, 식품첨가물 또는 축산물에 표시해야 할 사항이 아닌 것은?

① 성분명 및 함량
② 가격 관련 바코드
③ 보관방법 또는 취급방법
④ 조사처리(照射處理) 표시

07

○△×

「국민건강증진법」상 용어의 정의로 옳은 것은?

① 건강관리－개인 또는 집단이 균형된 식생활을 통하여 건강을 개선시키는 것
② 영양개선－개인 또는 집단이 건강에 유익한 행위를 지속적으로 수행함으로써 건강한 상태를 유지하는 것
③ 보건교육－집단이 일상생활 중 신체의 근육을 활용하여 에너지를 소비하는 모든 활동을 자발적으로 적극 수행하도록 장려하는 것
④ 국민건강증진사업－보건교육, 질병예방, 영양개선, 신체활동장려, 건강관리 및 건강생활의 실천 등을 통하여 국민의 건강을 증진시키는 사업

08

○△×

「식품위생법」 시행규칙상 위탁급식영업자와 그 종업원의 준수사항으로 옳지 않은 것은?

① 동물의 내장을 조리하면서 사용한 기계·기구류 등을 세척하고 살균해야 한다.
② 폐기용 표시를 명확하게 하여 보관하는 경우를 제외하고는 배식하고 남은 음식물을 다시 사용해서는 안 된다.
③ 이물이 검출되지 않도록 필요한 조치를 하여야 하고, 소비자로부터 이물 검출 등 불만사례 등을 신고 받은 경우 그 내용을 기록하여 2년간 보관하여야 한다.
④ 물수건, 숟가락, 젓가락, 식기, 찬기, 도마, 칼, 행주 그 밖에 주방용구는 기구 등의 살균·소독제, 열탕, 자외선살균 또는 전기살균의 방법으로 소독한 것을 사용하여야 한다.

09

○△×

「학교급식법」 시행규칙상 학교급식의 위생·안전관리기준에 관한 내용으로 옳은 것은?

① 조리된 식품은 매회 1인분 분량을 섭씨 영하 18도 이하에서 144시간 이상 보관해야 한다.
② 급식시설에서 조리한 식품은 온도관리를 하지 아니하는 경우에는 조리 후 3시간 이내에 배식을 마쳐야 한다.
③ 해동은 냉장해동(20℃ 이하), 전자레인지 해동 또는 흐르는 물(15℃ 이하)에서 실시하여야 하며 해동된 식품은 반드시 냉장보관한다.
④ 가열조리 식품은 중심부가 65℃(패류는 75℃) 이상에서 2분 이상으로 가열되고 있는지 온도계로 확인하고, 그 온도를 기록·유지하여야 한다.

10

○△×

「어린이 식생활안전관리 특별법」 시행령상 구청장이 어린이 식품안전보호구역을 지정할 때 미리 조사할 사항으로 옳지 않은 것은?

① 통학하는 학생 수
② 학교 주변에 설치된 식품자동판매기의 개수
③ 학교 안에서 판매하고 있는 주요 식품의 종류
④ 즉석판매제조 · 가공업이나 제과점영업을 하는 업소의 개수

11

○△×

「식품위생법」상 집단급식소에서 근무하는 조리사의 직무에 해당하지 않는 것은?

① 구매식품의 검수 지원
② 집단급식소의 운영일지 작성
③ 급식설비 및 기구의 위생 · 안전 실무
④ 집단급식소에서의 식단에 따른 조리업무

12

○△×

「국민영양관리법」상 국가 및 지방자치단체가 지역사회의 영양문제에 관한 연구를 위해 실시해야 할 조사로 옳지 않은 것은?

① 급식소의 위생조사
② 영양상태 조사
③ 식생활 행태 조사
④ 식품 및 영양소 섭취조사

13

○△×

「식품위생법」 시행규칙상 위생검사를 요청할 수 있는 식품위생검사기관을 모두 고르면?

> ㉠ 보건환경연구원
> ㉡ 한국보건산업진흥원
> ㉢ 지방식품의약품안전청
> ㉣ 식품의약품안전평가원

① ㉠, ㉣　　② ㉠, ㉡
③ ㉠, ㉡, ㉢　　④ ㉠, ㉢, ㉣

14

○△×

「식품위생법」 시행규칙상 건강진단을 받지 않아도 되는 사람으로 옳은 것은?

① 식품을 제조하는 일에 직접 종사하는 사람
② 식품을 조리하는 일에 직접 종사하는 사람
③ 식품을 운반하는 일에 직접 종사하는 사람
④ 완전 포장된 식품을 판매하는 일에 종사하는 사람

15

○△×

「식품위생법」상 벌칙 중에서 과태료 부과 대상에 해당되는 것을 모두 고르면?

> ㉠ 관계 공무원이 부착한 게시문을 함부로 제거한 자
> ㉡ 위생관리책임자 선임 · 해임 신고를 하지 아니한 자
> ㉢ 소비자로부터 이물 발견의 신고를 접수하고 이를 거짓으로 보고한 자
> ㉣ 검사기한 내에 검사를 받지 아니하거나 자료 등을 제출하지 아니한 영업자

① ㉠, ㉡　　② ㉡, ㉢
③ ㉠, ㉣　　④ ㉡, ㉣

16

「학교보건법」상 학교의 식품위생에 관한 설명으로 옳지 않은 것은?

① 학교의 장은 식품위생을 적절히 유지 · 관리하기 위하여 개선이 필요한 경우에는 행정적 · 재정적 지원을 할 수 있다.

② 학교의 장은 식품위생을 적절히 유지 · 관리하기 위하여 연 2회 이상 점검하고 그 결과를 기록 · 보존 및 보고하여야 한다.

③ 학교의 장은 식품위생 점검 결과가 기준에 맞지 않을 경우, 지체 없이 시설의 보완 등 필요한 조치를 하고 이를 교육부장관 및 교육감에게 보고한다.

④ 학교의 장은 식품위생 점검 결과 및 보완 조치를 학교 인터넷 홈페이지 또는 교육부장관이 운영하는 공시 관련 홈페이지를 통하여 공개하여야 한다.

17

「농수산물의 원산지 표시 등에 관한 법률」 시행령상 일반음식점영업을 하는 자가 농산물을 조리하여 판매하는 경우 원산지 표시 대상이 아닌 것은?

① 쇠고기 포장육

② 누룽지에 사용하는 쌀

③ 배추김치의 원료인 배추

④ 가공두부에 사용하는 콩

18

「국민영양관리법」 시행규칙상 영양소 섭취기준에 포함되어야 하는 내용을 모두 고르면?

> ㉠ 국민의 생애주기별 1일 식사 구성안
> ㉡ 국민의 생애주기별 영양소 요구량
> ㉢ 영양소 섭취기준 활용을 위한 식사 모형
> ㉣ 건강증진을 위한 올바른 식생활 및 영양관리의 실천

① ㉠, ㉣　　② ㉠, ㉡

③ ㉠, ㉡, ㉢　　④ ㉠, ㉢, ㉣

19

「식품위생법」 시행규칙상 소분하여 판매할 수 있는 식품은?

① 전분

② 어육 제품

③ 체중조절용 조제식품

④ 레토르트식품과 통조림 제품

20

「식품위생법」 시행령상 식품위생교육의 대상이 아닌 사람은?

① 식품운반업자

② 식용얼음판매업자

③ 용기 · 포장류제조업자

④ 즉석판매제조 · 가공업자

2023 9급 지방직 국어 정답 및 해설

01	02	03	04	05	06	07	08	09	10
①	①	③	④	②	④	④	③	④	②
11	12	13	14	15	16	17	18	19	20
②	②	④	①	③	③	②	②	①	①

01 ★☆☆ 답 ①

출제 영역 비문학>화법

정답해설

① 최 주무관은 AI에 대한 국민 이해도를 높이기 위해 설명회를 개최할 필요가 있다는 김 주무관의 의견에 대하여 '저도 요즘 그 필요성을 절감하고 있어요.'라고 말하며 공감을 표현하고 있다.

오답해설

② 김 주무관은 '어떻게 준비해야 효과적으로 전달할 수 있을지 고민'이라고 말하며 최 주무관의 의견을 듣고 싶다는 생각을 간접적으로 표현하고 있다. 직접적으로 질문하고 있지 않다.

③ 최 주무관은 '그럼 청중의 ~ 조사하면 좋을까요?'라며 청중 분석에 대한 구체적인 방안을 묻고 있다. 자신의 반대 의사를 우회적으로 드러낸 것이 아니다.

④ 김 주무관은 '나이, 성별, 직업 등을 조사할까요?'라며 질문 형식으로 자신의 의견을 내고 있다. 이는 자신의 답변에 확신을 얻기 위한 것으로 상대의 의견을 반박하고 있는 것은 아니다.

02 ★★☆ 답 ①

출제 영역 비문학>글의 순서 파악

정답해설

(나) 독서가 뇌 발달에 끼치는 영향에 대한 A교수의 연구를 소개하고 있으므로 '독서는 아이들의 전반적인 뇌 발달에 큰 영향을 미친다.'며 화제를 제시한 첫 문장 다음에 위치하는 것이 적절하다.

(가) 글의 내용을 보았을 때 '그에 따르면~'의 '그'는 (나)의 A교수이다. 따라서 (나)의 뒤에 위치하는 것이 적절하다.

(다) 접속어 '이처럼' 뒤에 책을 많이 읽으면 전두엽이 훈련되어 뇌 발달의 가능성이 높아진다는 내용이 제시되었다. '이처럼'은 병렬적 상황에 쓰이는 접속어이기 때문에 (다)의 앞에도 독서와 전두엽의 관계에 대한 내용이 나와야 한다. (가)에서 '책을 읽으면 상상력이 자극되어 전두엽을 많이 사용하게 된다'고 관련 내용을 설명하고 있으므로 (다)는 (가) 뒤에 위치하는 것이 적절하다.

03 ★★☆ 답 ③

출제 영역 문법>통사론

정답해설

③ '물이 얼음이 되었다.'에서 '얼음이'는 부사어가 아니고, 서술어 '되다'를 보충해 주는 보어이다. 보어는 '되다', '아니다' 앞에 오는 문장 성분이다.

오답해설

① '지원은 자는 동생을 깨웠다.'에서 '지원은'은 서술어 '깨우다'를 실행하는, 동작의 주체를 나타내는 주어이다.

② '유선은 도자기를 만들었다.'에서 '만들었다'는 주어의 움직임을 나타내는 서술어이다. 서술어는 주어와 목적어를 요구한다.

④ '어머나, 현지가 언제 이렇게 컸지?'에서 '어머나'는 문장에서 다른 성분과 밀접한 관계없이 독립적으로 쓰는 독립어로, 생략되어도 문장이 성립한다.

The 알아보기

문장 성분의 종류

- 주성분 : 문장의 골격을 이루는 필수적인 성분으로, 주어, 서술어, 목적어, 보어가 있다.
  예 철수가 집에서 밥을 먹는다. → 철수가 : 주어, 밥을 : 목적어, 먹는다 : 서술어
  철수는 학생이 아니다. → 학생이 : 보어
- 부속 성분 : 주성분의 내용을 꾸며 뜻을 더하여 주는 문장 성분으로, 관형어, 부사어가 있다.
  예 철수가 입은 옷이 너무 이상하다. → 입은 : 관형어, 너무 : 부사어
- 독립 성분 : 문장의 주성분이나 부속 성분과 직접적인 관련을 맺지 않고 따로 떨어져 있는 성분으로, 독립어가 있다.
  예 아, 벌써 여름이구나! → 아 : 독립어

04 ★★☆

답 ④

출제 영역 어휘>한자어

정답해설

④ '부유하다(浮遊하다)'는 '물 위나 물속, 또는 공기 중에 떠다니다.'라는 뜻이다. '헤엄치다'는 '사람이나 물고기 따위가 물속에서 나아가기 위하여 팔다리를 젓거나 지느러미를 움직이다.'라는 뜻으로, ㉣과 바꿔 쓸 수 있는 유사한 표현이 아니다.

오답해설

① '맹종하다(盲從하다)'는 '옳고 그름을 가리지 않고 남이 시키는 대로 덮어놓고 따르다.'라는 뜻이다. 따라서 '무분별하게 따르는'은 ㉠과 바꿔 쓸 수 있는 유사한 표현이다.

② '탈피하다(脫皮하다)'는 '껍질이나 가죽을 벗기다.', '일정한 상태나 처지에서 완전히 벗어나다.'라는 뜻이다. 따라서 '벗어나'는 ㉡과 바꿔 쓸 수 있는 유사한 표현이다.

③ '제고하다(提高하다)'는 '수준이나 정도 따위를 끌어올리다.'라는 뜻이다. 따라서 '끌어올리기'는 ㉢과 바꿔 쓸 수 있는 유사한 표현이다.

05 ★★☆

답 ②

출제 영역 고전 문학>고전 운문

정답해설

② (나)는 '청산(靑山)', '프르르며', '유수(流水)' 등 시각적 심상을 활용하여 항상 푸르른 청산과 밤낮으로 흐르는 유수처럼 학문 수양에 끊임없이 정진하겠다는 의지를 강조하고 있다. 하지만 청각적 심상은 나타나지 않는다.

오답해설

① (가)는 변하지 않는 '청산(靑山)'과 변하는 '녹수(綠水)'를 대조하여, 임에 대한 '나'의 변함없는 사랑을 나타내고 있다.

③ (가)는 '청산(靑山)은 내 뜻이오 녹수(綠水)ㄴ 님의 정(情)이'에서 대구를 활용하여 시상을 전개하였고, (나)는 '청산(靑山)ᄂᆞᆫ 엇뎨ᄒᆞ야 만고(萬古)애 프르르며 / 유수(流水)ᄂᆞᆫ 엇뎨ᄒᆞ야 주야(晝夜)애 긋디 아니ᄂᆞᆫ고'에서 대구를 활용하여 시상을 전개하였다. '대구'는 비슷하거나 동일한 어구를 짝을 맞추어 형식상 대칭을 이루게 하여 내용을 강조하는 방법이다.

④ (가)는 '청산(靑山)이야 변(變)ᄒᆞᆯ손가'에서 설의적 표현을 활용하여 '임'에 대한 변함없는 사랑을 나타내고 있다. (나)는 '유수(流水)ᄂᆞᆫ 엇뎨ᄒᆞ야 주야(晝夜)애 긋디 아니ᄂᆞᆫ고'에서 설의적 표현을 활용하여 유수는 그치지 않고 밤낮으로 흐른다는 의미를 전하고 있다.

작품 해설

(가) 황진이, 「청산은 내 뜻이오~」

- 갈래 : 평시조, 단시조
- 성격 : 감상적, 상징적, 은유적
- 주제 : 임을 향한 변함없는 사랑
- 특징
  - 시어의 대비를 통하여 주제를 강조함
  - 임에 대한 마음을 자연물에 대입함

(나) 이황, 「청산ᄂᆞᆫ 엇뎨ᄒᆞ야~」

- 갈래 : 평시조, 연시조
- 성격 : 관조적, 교훈적, 한정가
- 주제 : 끊임없는 학문 수양에 대한 의지
- 특징
  - 총 12수로 이루어진 연시조 「도산십이곡」 중 제11곡
  - 생경한 한자어를 많이 사용한 강호가도의 대표적 작품
  - 설의법, 대구법 등을 사용하여 주제를 강조함

06 ★☆☆

답 ④

출제 영역 비문학>사실적 읽기

정답해설

④ 제시글의 첫 번째 문단에서는 교환가치와 사용가치를 설명하며 교환가치가 아무리 높아도 '나'에게 사용가치가 없다면 상품을 구매하지 않는다고 하였다. 이어서 두 번째 문단에서는 댓글로 인해 공연 티켓의 사용가치를 잘못 판단한 사례를 제시하였고, 마지막 세 번째 문단에서 건강한 소비를 위해서는 구매하려는 상품의 사용가치를 곰곰이 생각해봐야 한다고 하였다. 즉, 제시글은 상품을 구매할 때 사용가치를 생각해야 한다고 주장하는 글이다. 따라서 제시글의 중심내용으로는 '상품을 구매할 때 사용가치가 자신의 필요에 의해 결정된 것인지 신중하게 따져야 한다.'가 가장 적절하다.

오답해설

① 제시글에서 사용가치보다 교환가치가 큰 상품을 구매해야 한다는 내용은 나타나지 않는다.

② 제시글 세 번째 문단의 내용을 볼 때 제시글은 상품을 구매할 때 사용가치를 고려해야 함을 주장하고 있다. 따라서 '상품을 구매할 때 사용가치와 교환가치를 두루 고려해야 한다.'는 중심내용으로 적절하지 않다.

③ 제시글 세 번째 문단의 '다른 사람들의 말에 ~ 골칫덩이가 될 수 있다'라는 내용을 볼 때 다른 사람의 말에 휩쓸려 상품을 구매하면 나에게 쓸모없는 물건이 될 수 있다 하였다. 따라서 '상품에 대한 다른 사람들의 평가를 반영해서 상품을 구매해야 한다.'는 중심내용으로 적절하지 않다.

07 ★★☆

답 ④

출제 영역 비문학>작문

정답해설

④ 제시글에서 '그들은 서학을 검토하며 어떤 부분은 수용했지만' 뒤에 '반대로'를 덧붙였다. 따라서 '반대로' 뒤에는 '수용하다'와 상반되는 내용이 나와야 한다. ㉣의 '지향하다'는 '어떤 목표로 뜻이 쏠리어 향하다.'라는 뜻으로, '수용하다'와 반대되는 의미가 아니다. 따라서 '지향하다'를 '더 높은 단계로 오르기 위하여 어떠한 것을 하지 아니하다.'라는 뜻의 '지양하다'로 수정하는 것이 적절하다.

오답해설

① 천주학의 '학(學)'은 '학문'을 뜻한다. 따라서 ㉠을 '학문적인 관점에서보다 종교적인 관점에서'로 수정하는 것은 적절하지 않고, 기존의 '종교적인 관점에서보다 학문적인 관점에서'가 오는 것이 적절하다.

② 당시에 서학은 옳다고 믿고 받아들이는, 신봉의 대상이 아니라 분석의 대상이었다. 따라서 서학 수용에 적극적인 이들도 무조건 따르자고 주장하지 않았을 것이다. 이에 따라 ㉡을 '주장하였는데'로 수정하는 것은 적절하지 않고, 기존의 '주장하지는 않았는데'가 오는 것이 적절하다.

③ 외부에서 유입된 사유 체계에는 '양명학'이나 '고증학' 등도 있다고 하였다. 따라서 ㉢을 '유일한 대안이었다'로 수정하는 것은 적절하지 않고, 기존의 '유일한 대안은 아니었다'가 오는 것이 적절하다.

08 ★☆☆

답 ③

출제 영역 비문학>추론적 읽기

정답해설

③ 빈칸의 뒤에 나오는 '글쓰기는 필자가 ~ 예상 독자를 분석해야 한다.'라는 문장을 볼 때 글쓰기는 자신의 메시지를 독자에게 전달하는 행위이므로 계획하기 단계에서 예상 독자를 분석해야 함을 알 수 있다. 따라서 '예상 독자 분석이 중요한 이유'가 나와야 하는 빈칸에는 '필자의 메시지를 독자에게 효과적으로 전달하는 데 도움이 되기'가 들어가는 것이 적절하다.

오답해설

① 계획하기 과정이 글쓰기 과정 중 첫 단계라는 내용은 나타나지 않는다. 따라서 '계획하기 과정이 글쓰기 전체 과정의 첫 단계이기'는 빈칸에 들어갈 말로 적절하지 않다.

② 제시글의 '글을 쓸 때 독자의 수준에 ~ 어렵게 된다.'라는 문장을 볼 때 독자의 수준에 비하여 어려운 개념과 전문용어를 사용하면 독자가 글을 이해하기 어렵게 된다. 즉, 독자의 수준에 따라 어려운 개념과 전문용어를 포함할 수도 있고, 포함하지 않을 수도 있다. 이에 따라 '글에 어려운 개념이나 전문용어를 어느 정도 포함해야 하기'는 빈칸에 들어갈 말로 적절하지 않다.

④ 제시글의 '글쓰기에서 ~ 포함한다.'라는 문장을 볼 때 '계획하기'에 글쓰기의 목적 수립과 주제 선정이 포함된다. 독자의 배경지식 수준과 글의 목적 수립, 주제 선정과의 관련성은 나타나지 않으므로 '독자의 배경지식 수준을 고려해야 글의 목적과 주제가 결정되기'는 빈칸에 들어갈 말로 적절하지 않다.

09 ★★☆ 답 ④

출제 영역 현대 문학>현대 시

정답해설

④ 작품 속 화자는 사랑을 잃고 나서 글 쓰는 행위를 통해 사랑을 잃은 후의 절망과 공허한 마음을 나타내고 있다. 잃어버린 사랑의 회복을 열망하는 마음은 드러나지 않는다.

오답해설

① 작품 속 화자는 '짧았던 밤, 겨울 안개, 촛불, 흰 종이, 눈물, 열망' 등 사랑을 할 때 접했던 대상들을 호명하며 이별에 대한 안타까운 심정을 드러내고 있다.

② 작품 속 화자는 사랑을 잃은 뒤 가엾은 자신의 사랑을 '빈집'에 가두었다. '빈집'은 사랑을 잃은 절망적인 공간이자, 사랑을 잃은 화자의 공허한 내면을 상징한다.

③ 작품에서는 '~들아' 등 부르는 말과 '나는 쓰네', '빈집에 갇혔네'처럼 어미 '-네'를 반복적으로 사용하며 영탄적 어조를 활용해 이별에 따른 공허함과 절망감을 부각하고 있다.

작품 해설

기형도, 「빈집」

- 갈래 : 자유시, 서정시
- 성격 : 애상적, 비유적, 독백적
- 주제 : 사랑을 잃은 공허함과 절망
- 특징
  - 영탄적 어조를 사용하여 화자의 감정을 부각
  - 대상을 열거하며 화자의 상실감을 강조
  - 사랑을 잃은 화자의 공허함과 절망적 내면을 빈집으로 형상화함

10 ★☆☆ 답 ②

출제 영역 현대 문학>현대 소설

정답해설

② 작품의 서술자는 등장인물인 '나'이다. 작품에서 '나'는 '그는 마치 성경책 위에다 오른손을 얹고 말하듯이 엄숙한 표정을 했다.', '도전적이던 기색이 ~ 수줍음이 돌아왔다.', '그는 고개를 좌우로 흔들어 보였다.'처럼 다른 등장인물 '그'의 행동을 진술하고 있다. 즉 이 작품은 주인공이 아닌 '나'가 작품 속 서술자가 되어 주인공을 관찰하여 서술하는 1인칭 관찰자 시점을 취하고 있다.

오답해설

① 작품의 서술자는 등장인물인 '나'로 '그'와의 대화나 행동, 표정 등을 통하여 그의 심리를 추측할 뿐 전지적 위치에서 심리를 전달하고 있지 않다.

③ 작품의 서술자인 '나'는 작품의 주인공이 아니라 관찰자이다. 또한 작품에서 유년 시절의 회상이나 갈등 원인의 해명은 나타나지 않는다.

④ 작품의 서술자인 '나'는 관찰자로 '그'의 행동을 진술하고 있기는 하지만 작품 외부에서 바라보고 있는 것은 아니다. 작품에서 '나'는 '그'에 대하여 '끼니조차 감당 못 하는 ~ 빚을 갚을 것인가.'처럼 주관적인 판단을 내리고 있다.

The 알아보기

소설의 시점

- 시점 : 작품 속에서 서술자가 사건이나 대상을 바라보는 시각이나 관점
- 시점의 종류

구분	사건의 내부적 분석	사건의 외부적 분석
서술자 '나' → 1인칭 시점	1인칭 주인공 시점	1인칭 관찰자 시점
제3의 인물 → 3인칭 시점	전지적 작가 시점	작가(3인칭) 관찰자 시점

- 1인칭 주인공 시점
  - '나'가 자신의 이야기를 서술하는 시점. '나'는 이야기의 주인공이자 서술자
  - 주인공의 내면 심리를 제시하는 데 효과적이며 독자에게 신뢰감과 친근감을 줌
- 1인칭 관찰자 시점
  - 주인공이 아닌 '나'가 작품 속 서술자가 되어 주인공을 관찰하여 서술
  - 인물의 심리나 내면에 개입할 수 없어 서술자가 관찰한 그대로 제시

- 전지적 작가 시점
  - 서술자가 전지전능한 신과 같은 위치에서 모든 것을 다 아는 상태로 서술
  - 서술자는 각 등장인물의 내면과 심리까지 묘사 · 설명 · 제시함
- 작가(3인칭) 관찰자 시점
  - 서술자가 외부 관찰자의 위치에서 사건과 대상을 관찰하여 전달하는 시점
  - 객관적으로 사건과 대상을 전달하므로 인물의 내면 심리 묘사와 명확한 해설은 어려움

작품 해설

윤흥길, 「아홉 켤레의 구두로 남은 사내」

- 갈래 : 세태 소설, 중편 소설
- 성격 : 비판적, 사실적, 현실 고발적
- 주제 : 산업화로 소외된 계층의 삶과 그에 대한 연민
- 특징
  - 상징적 소재와 관련된 행위로 인물의 심리와 성격을 드러냄
  - 사실적 문체를 통해 현실의 모순을 예리하게 지적함

11 ★☆☆ 답 ②

출제 영역 비문학>화법

정답해설

② 운용은 설탕세를 부과하면 당 소비가 감소한다는 은지의 발언에 대하여 믿을 만한 근거가 있냐고 질문하고 있다. 은지의 주장에 반대하는 것은 아니다.

오답해설

① 은지는 첫 번째 발언에서 '설탕세 부과 여부'라는 화제를 제시하고 있다.

③ 은지는 두 번째 발언에서 설탕세를 부과하면 당 소비가 감소한다는, 자신의 주장에 대한 근거로 '세계보건기구 보고서'를 인용하고 있다.

④ 재윤은 '설탕세 부과가 ~ 타당하지 않아.', '여러 연구 결과를 ~ 유의미한 상관관계가 없어.'라고 말하며 은지가 제시한 주장의 근거를 부정하고 있다.

12 ★★☆ 답 ②

출제 영역 어휘>한자어

정답해설

② 買受(×) → 買售(○) : 자기 명의의 집을 다른 사람에게 팔려고 하는 것이므로 ㉡에는 '물건을 팔고 사는 일.'을 뜻하는 '買售(살 매, 팔 수)', '賣買(팔 매, 살 매)'가 적절하다.

※ 買受(살 매, 받을 수) : 물건을 사서 넘겨받음

오답해설

① 謳歌(노래할 구, 노래 가) : 여러 사람이 입을 모아 칭송하여 노래함 / 행복한 처지나 기쁜 마음 따위를 거리낌 없이 나타냄. 또는 그런 소리

③ 軋轢[삐걱거릴 알, 수레에 칠 력(역)] : 수레바퀴가 삐걱거린다는 뜻으로, 서로 의견이 맞지 아니하여 사이가 안 좋거나 충돌하는 것을 이르는 말

④ 鞭撻(채찍 편, 매질할 달) : 채찍으로 때림 / 종아리나 볼기를 침 / 경계하고 격려함

13 ★☆☆ 답 ④

출제 영역 문법>한글 맞춤법

정답해설

④ 걷잡아서(×) → 겉잡아서(○) : '경기장에는 겉으로 보기에 천 명이 넘게 온 듯하다.'라는 뜻이므로 '겉으로 보고 대강 짐작하여 헤아리다.'라는 뜻의 '겉잡다'를 쓰는 것이 적절하다. '걷잡다'는 '한 방향으로 치우쳐 흘러가는 형세 따위를 붙들어 잡다. / 마음을 진정하거나 억제하다.'라는 뜻이다.

오답해설

① 부치는(○) : '모자라거나 미치지 못하다.'라는 뜻의 '부치다'를 썼으므로 적절하다.

② 알음(○) : '사람끼리 서로 아는 일 / 지식이나 지혜가 있음 / 신의 보호나 신이 보호하여 준 보람 / 어떤 사정이나 수고에 대하여 알아주는 것'이라는 뜻의 '알음'을 썼으므로 적절하다.

③ 닫혔다(○) : '열린 문짝, 뚜껑, 서랍 따위가 도로 제자리로 가 막히다. / 하루의 영업이 끝나다. / 굳게 다물어지다.'라는 뜻의 '닫히다'를 썼으므로 적절하다.

14 ★★☆ 답 ①

출제 영역 어휘>한자어

정답해설

① ㉠ 長官(길 장, 벼슬 관) : 국무를 나누어 맡아 처리하는 행정 각부의 우두머리
㉡ 補償(기울 보, 갚을 상) : 남에게 끼친 손해를 갚음 / 국가 또는 단체가 적법한 행위에 의하여 국민이나 주민에게 가한 재산상의 손실을 갚아 주기 위하여 제공하는 대상 / 신체적으로나 정신적으로 열등함을 의식할 때, 다른 측면의 일을 잘 해냄으로써 그것을 보충하려는 마음의 작용
㉢ 決裁(결정할 결, 마를 재) : 결정할 권한이 있는 상관이 부하가 제출한 안건을 검토하여 허가하거나 승인함

오답해설

㉠ 將官(장수 장, 벼슬 관) : 군사를 거느리는 우두머리 / 준장, 소장, 중장, 대장을 통틀어 이르는 말 / 대장, 부장(副將), 참장을 통틀어 이르는 말 / 조선 말기에, 각 군영에 속한 종구품 초관(哨官) 이상의 군직
㉡ 報償(갚을 보, 갚을 상) : 남에게 진 빚 또는 받은 물건을 갚음 / 어떤 것에 대한 대가로 갚음 / 행위를 촉진하거나 학습 분위기를 조성하기 위하여 사람이나 동물에게 주는 물질이나 칭찬
㉢ 決濟(결정할 결, 건널 제) : 일을 처리하여 끝을 냄 / 증권 또는 대금을 주고받아 매매 당사자 사이의 거래 관계를 끝맺는 일

15 ★★☆ 답 ③

출제 영역 비문학>추론적 읽기

정답해설

③ 제시글에서는 우리는 '사회 속에서 여럿이 모여 복수의 상태로 살아갈 수밖에 없는 존재'이며 동시에 '각각 유일무이성을 지닌 단수'라고 하였다. 또한 '개별적 유일무이성을 제거하는 것은 우리가 살아가는 사회의 다원성을 파괴하는 일'이라고 설명하였다. 하지만 개인의 유일무이성을 보존하려는 제도가 복수성을 침해하는지의 여부는 제시글에 나타나 있지 않다. 따라서 개인의 유일무이성을 보존하려는 제도는 개인의 보편적 보수성을 침해한다는 내용은 적절하지 않다.

오답해설

① 제시글의 '우리는 개별적으로 고립된 채 살아가는 존재일 수 없다.', '사회 속에서 여럿이 ~ 존재라는 것이다.'라는 문장을 볼 때 우리는 고립된 상태에서 '단수'로 살아가는 존재가 아니라는 내용은 적절하다.

② 제시글의 '바로 이러한 이유로 우리는 다원적 존재이다.', '우리가 이 같은 ~ 태도가 필요하다.'라는 문장을 볼 때 우리는 다원성을 지닌 존재로서 포용적으로 공존해야 한다는 내용은 적절하다.

④ 제시글의 '공동체 정화 등을 ~ 다원성을 파괴하는 일이다.'라는 문장을 볼 때 개인의 특수한 단수성을 제거하려는 시도는 사회의 다원성을 파괴하는 결과로 이어질 수 있다는 내용은 적절하다.

16 ★★☆ 답 ③

출제 영역 고전 문학>고전 산문

정답해설

③ 작품에는 춘향을 "매우 치라."라는 말과 매를 맞으며 서러워하는 춘향의 말이 제시되어 있다. 작품의 주인공 '춘향'은 '이도령'에 대한 굳은 절개를 드러내고 매를 맞는 자신의 상황에 대해 한탄하고 있을 뿐, 대화를 통하여 내적 갈등을 해결하고 있지 않다.

오답해설

① '일편단심, 일부종사, 일신난처, 일각인들, 일월 같은', '이부불경, 이군불사, 이 몸이, 이왕 이리 되었으니, 이 자리에서', '삼청동, 삼생연분, 삼강을, 삼척동자, 삼종지도, 삼생에, 삼월삼일, 삼십삼천, 삼태성께'처럼 동일한 글자를 반복하여 리듬감을 조성하고 있다.

② '일자(一字)', '이자(二字)', '삼자(三字)' 등 숫자를 활용하여 주인공 '춘향'이 매를 맞는 상황과 매를 맞으면서도 '이도령'에 대한 절개를 지키려는 모습을 제시하고 있다.

④ '일부종사(한 남편만을 섬김)', '이부불경(두 남편을 공경할 수 없음)', '이군불사(두 임금을 섬기지 않음)', '삼종지도(여자가 따라야 할 세 가지 도리)' 등 유교적 가치를 담고 있는 말을 활용하여 '이도령'에 대한 절개를 지키려는 춘향의 의지를 드러내고 있다.

작품 해설

작자 미상, 「춘향전」
- 갈래 : 판소리계 소설, 염정 소설
- 성격 : 서사적, 운문적, 풍자적, 해학적
- 주제 : 신분을 초월한 남녀 간의 사랑과 정절, 부도덕하고 부패한 지배층 비판
- 특징
  - 서술자의 작중 개입이 나타남
  - 언어유희, 반어법, 과장법, 직유법 등을 사용하여 해학과 풍자를 드러냄
  - 실학사상, 평등사상, 사회개혁, 자유연애, 지조 · 정절 등의 사상적 특징이 드러남

17 ★★☆

답 ②

출제 영역 비문학>사실적 읽기

정답해설

② 제시글 두 번째 문단의 '차람은 소설을 소유하고 ~ 이루어졌다.'라는 문장을 볼 때 차람은 알고 지내던 사람에게 책을 빌려 보는 방식임을 알 수 있다. 하지만 대가를 지불했는지의 여부는 제시글에 나타나지 않는다. 따라서 차람은 알고 지내던 사람에게 대가를 지불하고 책을 빌려 보는 방식이라고 이해한 것은 적절하지 않다.

오답해설

① 제시글 첫 번째 문단의 '구연에 의한 유통은 ~ 이들을 대상으로 이루어졌다.'라는 문장을 볼 때 전기수는 글을 모르는 사람들에게 소설을 구연하였다고 이해한 것은 적절하다.

③ 제시글 첫 번째 문단의 '하지만 이 방식은 ~ 뚜렷한 한계가 있었다.'라는 문장을 볼 때 구연에 의한 유통은 문헌에 의한 유통보다 시간과 공간의 제약이 많았다. 따라서 문헌에 의한 유통은 구연에 의한 유통에 비해 시간과 공간의 제약이 적었다고 이해한 것은 적절하다.

④ 제시글 두 번째 문단의 '세책가에서는 소설을 구매하는 것보다 ~ 소설을 쉽게 접할 수 있었다.', '이로 인해 ~ 성행하게 되었다.'라는 문장을 볼 때 조선 후기에 세책가가 성행한 원인은 소설을 구매하는 비용보다 세책가에서 빌리는 비용이 적다는 데 있다고 이해한 것은 적절하다.

18 ★★★

답 ②

출제 영역 비문학>사실적 읽기

정답해설

② 제시글 두 번째 문단의 '흔히 『삼국사기』에 대해 ~ 평가한다.'라는 문장을 볼 때, 『삼국사기』에 대하여 신라 정통론에 기반해 있고, 유교적 사관에 따라 당시의 지배 질서를 공고히 하고자 했다는 평가가 있음을 알 수 있다. 그런데 '가령 고구려의 ~ 영웅의 모습도 포함되어 있다.'라는 문장을 볼 때 반신인 연개소문에 민족적 영웅의 모습이 포함된 것은 '유교적 사관에 따라 당시의 지배 질서를 공고히 하고자 했다'는 기존의 평가와는 다른 모습이다. 따라서 『삼국사기』 열전에 수록된 반신 중에는 이 책에 대한 기존 평가를 다르게 할 수 있는 사례가 있다고 이해한 것은 적절하다.

오답해설

① 제시글 첫 번째 문단의 '이 중 열전은 ~ 백제인이 가장 적다.'라는 문장과 두 번째 문단의 '연개소문' 예시를 통하여 『삼국사기』 열전에 고구려인과 백제인이 수록되었음을 알 수 있다. 하지만 『삼국사기』에 고구려인과 백제인이 수록되었다는 것만으로는 이 책이 신라 정통론을 계승하지 않았다고 단정할 수는 없다. 또한 제시글 두 번째 문단의 '흔히 『삼국사기』에 대해 ~ 평가한다.'라는 문장을 보면 『삼국사기』는 신라 정통론에 기반해 있다는 평을 받는다. 이러한 점을 볼 때 『삼국사기』 열전에 고구려인과 백제인도 수록되었다는 점은 이 책이 신라 정통론을 계승하지 않았다는 것을 보여준다고 이해한 것은 적절하지 않다.

③ 제시글 첫 번째 문단의 '수록 인물의 배치에는 ~ 기릴 만한 사람을 실었다.'라는 문장을 볼 때, 관직이 없더라도 기릴 만한 점이 있으면 수록될 수 있었다. 따라서 『삼국사기』 열전에는 기릴 만한 업적이 있더라도 관직에 오르지 못한 사람은 수록되지 않았다고 이해한 것은 적절하지 않다.

④ 제시글 첫 번째 문단의 '『삼국사기』는 본기 28권 ~ 되어 있다.'라는 문장을 볼 때 가장 많은 권수를 차지하는 것은 '본기'이다. 따라서 『삼국사기』의 체제 중에서 열전이 가장 많은 권수를 차지한다고 이해한 것은 적절하지 않다.

19 ★★☆ 답 ①

출제 영역 비문학>추론적 읽기

정답해설

① 제시글 첫 번째 문단의 '프랑스에서 의무교육 제도를 ~ 가려내고자 하였다.', '이에 기초 학습 능력 평가를 ~ 이루어졌다.'라는 문장을 볼 때 IQ 검사는 지적장애아, 학습부진아를 가려내고자 만들어졌다. 따라서 최초의 IQ 검사는 학습 능력이 우수한 아이를 고르기 위해 시행되었다고 추론한 것은 적절하지 않다.

오답해설

② 제시글 첫 번째 문단의 '이 검사를 통해 ~ 비교할 수 있게 되었다.'라는 문장을 볼 때 IQ 검사가 만들어진 이후에야 인간의 지능을 구체적으로 수치화하였음을 알 수 있다. 따라서 IQ 검사가 만들어지기 전에는 인간의 지능을 수치로 비교할 수 없었다고 추론한 것은 적절하다.

③ 제시글 두 번째 문단의 '하지만 문제는 ~ 측정한다는 점이다.'라는 문장을 볼 때 IQ 검사는 인간의 지능 중 일부만 측정한다는 것을 알 수 있다. 따라서 IQ가 높은 아이라도 전체 지능은 높지 않을 수 있다고 추론한 것은 적절하다.

④ 제시글 두 번째 문단의 '이는 IQ 검사가 ~ 측정하기 때문이다.'라는 문장을 볼 때 IQ 검사가 언어 이해력, 어휘력 등을 측정한다는 것을 알 수 있다. 언어 이해력과 어휘력 등은 읽기 능력과 관련이 있으므로 IQ가 높은 아이가 읽기 능력이 좋을 확률이 높다고 추론한 것은 적절하다.

20 ★★★ 답 ①

출제 영역 비문학>추론적 읽기

정답해설

① 제시글의 '그런데 한자는 ~ 혼란을 야기한다.'라는 문장을 볼 때 '한자'는 문맥에 따라 다른 문장성분으로 사용되기도 한다는 것을 알 수 있다. 하지만 제시글에 한문은 한국어 문장보다 문장성분이 복잡하다는 내용은 나타나지 않는다. 따라서 한문은 한국어 문장보다 문장성분이 복잡하다고 추론한 것은 적절하지 않다.

오답해설

② 제시글은 '愛人'은 문맥에 따라 '愛'가 '人'을 수식하는 관형어일 때도, '人'을 목적어로 삼는 서술어일 때도 있다고 하였다. 즉 '愛人'은 '사랑하는 사람' 또는 '사람을 사랑하다'라는 뜻이 될 수 있는데, '愛人'이 '사랑하는 사람'일 때 '愛'는 '人'을 수식하는 관형어가 되고, '愛人'이 '사람을 사랑하다'일 때 '愛'는 '人'을 목적어로 삼는 서술어가 된다. 따라서 이를 바탕으로 '淨水'가 '깨끗하게 한 물'일 때 '淨'은 '水'를 수식한다고 추론한 것은 적절하다. 만일 '淨水'가 '물을 깨끗하게 하다'라면 '淨'은 '水'를 목적어로 삼는 서술어일 것이다.

③ 제시글의 '한글에서는 동음이의어 ~ 경우가 많다.'라는 문장을 볼 때 '동음이의어'는 형태와 음은 같지만 뜻이 다른 단어이다. 이어서 '그런데 한자는 ~ 혼란을 야기한다.'라는 문장을 볼 때, 한자는 문장성분이 달라져도 뜻은 달라지지 않기 때문에 동음이의어가 아니다. 따라서 '愛人'에서 '愛'의 문장성분이 바뀌더라도 '愛'는 동음이의어가 아니라고 추론한 것은 적절하다.

④ 제시글의 '한글에서는 동음이의어 ~ 경우가 많다.'라는 문장을 볼 때 한글은 글자만으로 의미를 파악하지 못하는 경우가 많음을 알 수 있다. 또한 제시글은 한글로 '사고'라고만 쓰면 '뜻밖에 발생한 사건'인지 '생각하고 궁리함'인지 알 수 없다고 예시를 제시하였다. 이러한 내용을 볼 때 한글로 적힌 '의사'만으로는 '병을 고치는 사람'인지 '의로운 지사'인지 구별할 수 없다고 추론한 것은 적절하다.

지방직 한국사 정답 및 해설

01	02	03	04	05	06	07	08	09	10
①	③	②	②	③	①	③	④	④	④
11	12	13	14	15	16	17	18	19	20
①	④	①	③	②	④	④	③	③	④

01 ★☆☆

답 ①

출제 영역 선사 시대와 국가의 형성>선사 시대

정답해설

제시문의 주먹도끼가 발견된 시대는 구석기 시대이다. 구석기 시대에는 주먹도끼, 슴베찌르개, 찍개 등의 뗀석기를 사용하였으며, 연천 전곡리에서 동아시아 최초로 구석기 시대의 전형인 아슐리안형 주먹도끼가 출토되어 동아시아에는 찍개 문화만 존재하였다는 기존의 학설을 뒤집었다.

① 구석기 시대에는 동굴이나 바위 그늘, 강가의 막집에서 거주하였고 이동생활을 주로 하였다.

오답해설

② 신석기 시대에는 정착 생활이 이루어지면서 움집이 발전하였으며, 그 구조는 상부와 하부로 나누어 볼 수 있는데, 상부 구조에는 집의 벽과 지붕이 있으며, 하부 구조로는 집터(움, 아래로 판 구멍)와 내부 시설(화덕자리, 저장구덩이, 기둥구멍 등) 등이 있었다.

③ 신석기 시대에는 빗살무늬 토기를 이용해 음식을 조리하거나 곡식을 저장하였다.

④ 청동기 시대에는 구릉에 마을을 형성하고 주변에 도랑을 파고 목책을 둘러 방어 시설을 갖추었다.

02 ★★☆

답 ③

출제 영역 중세>정치사

정답해설

제시문에 있는 '개경 환도를 반대하고 반란', '진도로 근거지를 옮기면서 항쟁' 등을 볼 때 (가)의 군사 조직은 고려 무신 집권기에 조직된 '삼별초'라는 것을 알 수 있다.

③ 삼별초는 무신 집권기에 최우가 만든 사병 조직이었다. 최우는 강화도 천도 이후 도둑을 단속하기 위해 야별초를 조직하였다. 이후 군사의 수가 많아져 좌별초와 우별초로 나누어 구성하였고, 몽골의 포로로 잡혀 있다 탈출한 자들로 구성된 신의군과 함께 삼별초라 하였다. 고려 무신 정권 해체 이후, 강화도에 있던 고려 조정은 몽골과 강화를 맺고 개경으로 환도하였는데, 삼별초는 이에 반발하여 배중손의 지휘에 따라 진도로 이동하여 대몽 항쟁을 전개하였다.

오답해설

① 조선 선조 때의 훈련도감은 유성룡의 건의로 설치되었으며 임진왜란 때 왜군의 조총에 대항하기 위하여 조총으로 무장한 부대로서 포수, 사수, 살수의 삼수병으로 편제되었다.

② 별무반은 고려 숙종 때 여진과의 1차 접촉에서 패한 뒤 윤관의 건의로 편성된 군사 조직으로 기병인 신기군, 승병인 항마군, 보병인 신보군으로 편성된 특수 부대였다.

④ 고려는 북계와 동계의 양계로 설정한 국경 지역에 병마사를 파견하고 상비적인 전투부대 주진군을 지방군으로 편성하여 외적의 침입에 대비하였다.

03 ★★☆

답 ②

출제 영역 근대>정치사

정답해설

제시문은 최익현이 쓴, '도끼를 가지고 궐 앞에 엎드려 화친에 반대하는 상소'라는 의미의 '지부복궐척화의소' 중 일부이다. 최익현은 일본이 강화도 조약 체결을 요구하자, 일본과 화의를 맺는 것은 서양과 화친을 맺는 것과 다름없다는 왜양일체론에 입각한 논리를 담은 상소를 올리며 반대하였다.

② 최익현은 일본이 강화도 조약 체결을 요구하자 일본과 서양은 같으므로 개항할 수 없다는 '왜양일체론(倭洋一體論)'을 주장하며 개항을 반대하였다.

오답해설

① 박규수는 평양에서 통상을 요구한 미국 상선을 침몰시킨 제너럴셔먼호 사건 당시 평안도 관찰사였던 인물이지만, 후에는 열강의 침략을 피하기 위해 문호를 개방해야 한다고 주장하였다(통상 개화파).

③ 김홍집은 온건 개화파로 2차 수신사로 일본에 파견되었다가 조선책략을 가지고 들어왔으며, 통리기무아문에서 활동하였고, 군국기무처에서 총재를 역임하면서 갑오개혁을 추진하였다.

④ 김윤식은 온건 개화파로, 영선사로 청에 건너가 근대식 무기 제조법과 군사 훈련법을 습득하고 귀국 후 근대식 무기 제조 공장 기기창을 설치하였다.

The 알아보기

위정척사 운동의 전개

시기	내용
1860년대	• 통상 반대 운동(이항로, 기정진) • 흥선 대원군의 통상 수교 거부 정책 지지(척화주전론)
1870년대	• 개항 반대 운동(최익현) • 일본과 서양은 같으므로 개항할 수 없음(왜양일체론)
1880년대	• 개화 반대 운동(이만손, 홍재학) • 유생들의 집단적 상소 운동, 척사 상소(홍재학), 영남 만인소(이만손)
1890년대	• 항일 의병 운동(유인석, 이소응) • 일본 침략이 심화되자 반침략 · 반외세 운동 전개

04 ★☆☆ 답 ②

출제 영역 근대>문화사

정답해설

제시문의 '서재필이 창간', '한글판 발행', '영문판 발행' 등으로 보아 '독립신문'을 설명하고 있음을 알 수 있다.

② 서재필이 창간한 독립신문은 우리나라 최초의 민간 신문이다(1896). 한글판과 영문판을 발행하였으며 국민의 근대적 민권 의식을 고취하고, 외국인에게 국내의 사정을 소개하였다.

오답해설

① 제국신문은 이종일이 발행한 순 한글 신문이다(1898). 서민층과 부녀자를 대상으로 민중을 계몽하고 자주 독립 의식을 고취하며 교육과 실업의 발달을 강조하였다.

③ 한성순보는 박문국에서 발행한 최초의 근대적 신문이다(1883). 순 한문으로 쓰였으며 개화 정책의 취지를 설명하고 국내외 정세를 소개하는 관보적 성격을 띠었다.

④ 황성신문은 국한문 혼용체로 발행(1898)된 신문으로 을사늑약이 체결되자 장지연의 논설 「시일야방성대곡」을 게재하여 조약의 부당성을 비판하였다.

The 알아보기

개항 이후 언론의 발달

신문	내용
한성순보(1883)	최초의 근대 신문, 순 한문 사용, 10일마다 발간, 국내외 정세 소개
독립신문(1896)	서재필 창간, 우리나라 최초의 민간 신문, 정부의 지원, 최초의 한글 신문, 한글판과 영문판 두 종류 발행
제국신문(1898)	이종일 발행, 민중 계몽과 자주 독립 의식 고취, 순 한글로 간행, 주로 서민층과 부녀자 대상
황성신문(1898)	국 · 한문 혼용, 일제의 침략 정책과 매국노 규탄, 을사늑약 체결에 맞서 장지연의 논설 「시일야방성대곡」을 게재하여 조약의 부당성 비판
대한매일신보(1904)	양기탁, 베델이 발행, 순 한글, 국한문, 영문판 등 세 종류로 발행, 항일 운동 적극 지원, 국채 보상 운동 주도
만세보(1906)	국한문 혼용, 천도교 기관지, 민중 계몽, 여성 교육

05 ★★☆ 답 ③

출제 영역 고대>정치사

정답해설

제시문은 삼국 시대의 역사서를 소개하고 있다. 삼국 시대의 역사서로는 고구려 영양왕 때 이문진이 편찬한 『신집』 5권, 백제 근초고왕 때 고흥이 편찬한 『서기』, 신라 진흥왕 때 거칠부가 편찬한 『국사』 등이 있다.

③ 거칠부가 『국사』를 편찬한 시기는 신라 진흥왕 때이다. 진흥왕은 화랑도를 공인하여 국가적 조직으로 개편하였다. 그 외 업적으로는 불교 정비, 황룡사 건립, 한강 유역 차지(단양 적성비, 북한산비 건립), 대가야 정복(창녕비 건립), 함경도 지역까지 진출(마운령비, 황초령비 건립) 등이 있다.

오답해설

① 고흥이 『서기』를 편찬한 시기는 백제 근초고왕 때이다. 백제의 수도를 사비(부여)로 천도하고 국호를 남부여로 변경한 왕은 성왕이다.

② 백제에서 동진의 마라난타로부터 불교를 받아들이고 공인한 왕은 침류왕이다.

④ 신라에서 병부를 처음으로 설치하여 군권을 장악한 왕은 법흥왕이다.

06 ★★☆ 답 ①

출제 영역 고대>문화사

정답해설

① 사택지적비는 백제 의자왕 때 대좌평을 역임했던 사택지적이 남긴 비석이다. 비석에는 사람이 늙어가는 것을 탄식하여, 불교에 귀의하고 사찰을 건립하였다는 내용의 글이 새겨져 있다.

오답해설

② 신라 중대에 세워진 것으로 추정되는 임신서기석에는 충도와 유교 도덕에 대한 실천을 맹세하는 내용이 새겨져 있다. 이를 통하여 신라의 청년들이 유교 경전을 공부하였음을 알 수 있다.

③ 충주 고구려비는 고구려 장수왕 때 세워진 것으로, 이를 통하여 당시 고구려가 남한강 유역까지 장악하였음을 알 수 있다.

④ 호우명 그릇은 경주의 호우총에서 발굴되었다. 바닥에 '廣開土地好太王(광개토지호태왕)'이라는 글씨가 새겨져 있어 고구려에서 온 것임을 알 수 있으며, 이를 통하여 5세기 초 당시 고구려와 신라가 밀접한 관계를 맺고 있었음을 파악할 수 있다.

07 ★★★ 답 ③

출제 영역 근세>정치사

정답해설

제시문은 『선조수정실록』에 수록된 임진왜란(1592) 당시 활약한 의병에 대한 내용이다. 임진왜란이 일어나자 각지에서 의병이 일어났는데 전직 관리, 유학자, 승려 등이 익숙한 지형과 그에 맞는 전술을 활용하여 적은 병력임에도 왜군에게 큰 타격을 주었다. 이 중 곽재우는 경상도 의령 지역에서 수천 여 명의 의병을 이끌고 항전한 의병장이다.

③ 임진왜란 때 조명 연합군의 공격으로 후퇴하던 왜군은 행주산성을 공격하였다. 전라 순찰사였던 권율은 서울 수복을 위해 북상하다가 행주산성에서 왜적을 크게 쳐부수어 승리하였다. 이를 행주 대첩(1593.2.)이라 한다.

오답해설

① 곽재우는 여러 전투에서 붉은 옷을 입고 활약하여 '홍의장군'이라 불렸다.

② 곽재우는 경상도 의령을 거점으로 봉기하였다.

④ 곽재우를 비롯한 임진왜란 당시 의병들은 지리에 밝은 이점과 향토 조건을 이용한 전술을 활용하여 왜군에 타격을 주었다.

08 ★☆☆ 답 ④

출제 영역 근대>경제사

정답해설

제시문은 1907년 2월 대한매일신보에 발표된 국채 보상 운동 취지서의 내용을 담고 있다. 국채 보상 운동은 일본에서 도입한 차관 1,300만 원을 갚아 경제적 자주권을 지키려 한 운동이다. 김광제, 서상돈의 제안으로 대구에서 시작되었다가 전국으로 확산되었다.

④ 국채 보상 운동은 1907년 김광제, 서상돈의 제안으로 대구에서 시작되었다. 이후 서울에서 조직된 국채 보상 기성회를 중심으로 전국적으로 확산되었다.

오답해설

① 일제 강점기 때 백정들은 사회적 차별을 타파하기 위해 조선 형평사를 조직하고 형평 운동을 전개하였다(1923).

② 물산 장려 운동은 민족 경제의 자립을 목적으로 한 운동으로 토산품 애용 · 근검 · 저축 · 생활 개선 등을 목적으로 조만식의 주도로 평양의 조선 물산 장려회가 발족되면서(1920) 시작되었고, 이후 서울에서 조선 물산 장려회가 조직되면서(1923) 전국으로 확산되었다.

③ 1930년대 일제는 황국 신민화 정책을 시행하고 내선 일체를 내세워 신사 참배 등을 강요하였다. 이에 개신교 등을 중심으로 신사 참배 거부 운동이 전개되었다.

09 ★★☆

답 ④

출제 영역 근세>정치사

정답해설

④ 조선 시대의 과거 시험은 실무를 맡았던 6조 중 '예조'에서 주관하였다. 과거 시험은 문과 · 무과 · 잡과로 구성되었고 양인 이상 응시할 수 있었다. 과거는 시험 시기에 따라 3년마다 실시하는 정기 시험인 '식년시'와 부정기 시험인 '별시'로 구분하였다.

오답해설

'이조'는 과거 시험이 아니라 현직 문관의 인사를 담당하였다.

The 알아보기

조선 시대 6조의 역할

이조	문관 인사
호조	호구, 조세
예조	외교, 교육, 과거 총괄
병조	무관 인사, 국방, 봉수
형조	법률, 소송, 노비
공조	토목, 건축, 수공업, 파발

10 ★★★

답 ④

출제 영역 현대>정치사

정답해설

제시문은 좌우 합작 운동에 따른 '좌우 합작 7원칙'의 내용을 담고 있다. 광복 이후 좌 · 우 대립이 격화되면서 분단의 위기감을 느낀 중도파 세력들은 여운형, 김규식이 중심이 되어 1946년 7월에 좌 · 우 합작 위원회를 수립하였다. 이 위원회는 모든 조직이 하나로 통합되어, 중도적 사상의 통일 정부를 수립하는 것을 목표로 삼고 1946년 10월 좌 · 우 합작 7원칙을 합의하여 제정하였다.

④ 광복 직후 모스크바 삼국 외상 회의의 결정에 따라 1946년 3월 덕수궁 석조전에서 미 · 소 공동 위원회가 개최되었다. 따라서 1946년 10월에 이루어진 '좌우 합작 7원칙 발표' 이전에 있었던 일이다.

오답해설

① 3 · 15 부정선거에 대항한 4 · 19 혁명은 1960년에 일어난 사건이다.

② 제헌 국회는 「반민족행위처벌법」을 제정하고 반민족행위 특별 조사 위원회를 구성하였다(1948).

③ 5 · 10 총선거를 통해 구성된 제헌 국회는 제헌 헌법을 제정하였으며 이를 바탕으로 대통령에 이승만, 부통령에 이시영을 선출하고 대한민국 정부 수립을 선포하였다(1948).

11 ★★☆

답 ①

출제 영역 중세>문화사

정답해설

제시문의 '화엄종을 중심으로 교종을 통합', '해동 천태종을 창시' 등을 통하여 '그'가 '의천'임을 알 수 있다.

① 의천은 교종과 선종의 통합 운동을 뒷받침하기 위한 사상적 바탕으로 이론의 연마와 실천을 강조하는 교관겸수를 제시하였다.

오답해설

② 독경과 선 수행, 노동에 고루 힘쓰자는 결사 운동을 제창한 인물은 지눌이다.

③ 삼국시대의 승려 30여 명의 전기를 수록한 『해동고승전』을 편찬한 인물은 각훈이다.

④ 백련사를 결성하고 사회 개혁을 강조하며 자신의 행동에 대한 진정한 참회를 강요하는 법화 신앙을 강조한 인물은 요세이다.

12 ★★☆ 답 ④

출제 영역 근대 태동기>정치사

정답해설

④ 임진왜란은 1592년에 일어났고 병자호란은 1636년에 일어났다. 병자호란의 결과로 소현 세자와 봉림 대군이 청에 포로로 끌려갔다가 1645년 귀국해 소현 세자는 죽고 봉림 대군은 세자로 책봉되었다. 이후 1649년 봉림 대군은 효종으로 즉위하였다.

오답해설

① 광해군의 중립 외교 정책과 영창 대군 사사 사건, 인목 대비 유폐 문제를 빌미로 서인 세력이 반정을 주도하여 광해군이 폐위되고 인조가 즉위하였다(1623).

② 광해군 때 선조의 아들 중 유일한 정비의 소생인 영창 대군을 왕으로 옹립하려 역모를 꾸몄다는 7서의 옥이 발생하여 영창 대군이 강화도에 유배되었다. 이후 광해군은 왕위를 위협할 요소를 제거하기 위해 영창 대군을 살해하였다(1614).

③ 광해군은 명의 요청으로 강홍립 부대를 파견하였다(1619). 그러나 명과 후금 사이에서 중립 외교 정책을 추진하여 후금과의 사르후 전투에서 무모한 싸움을 계속하지 않고 투항하도록 명령하였다.

13 ★★☆ 답 ①

출제 영역 시대 통합>지역사

정답해설

① 1866년 병인양요 때 강화도에 침입한 프랑스군은 퇴각 과정에서 외규장각의 조선 왕조 의궤 등 문화유산을 약탈해 갔다. 동학 농민 운동의 주 격전지는 충청도와 전라도였다.

오답해설

② 고려궁지는 고려가 몽골의 침입에 대항하여 개경에서 강화도로 천도한 시기(1232~1270) 때 사용하던 궁궐터이다. 몽골이 고려를 침략하자, 정권을 장악하고 있던 최우는 몽골과의 장기 항쟁을 위해 강화도로 천도(1232)하였고, 이로부터 1270년 개경으로 환도할 때까지 약 40여 년간 고려 왕궁이 강화도에 있었다.

③ 강화도 부근리, 삼거리, 오상리 등의 지역에는 청동기 시대 지배층 군장의 무덤인 고인돌 160여 기가 분포되어 있다. 세계에서 고인돌이 가장 밀집되어 있는 동북아시아 중에서도 우리나라는 그 중심에 있으며, 고창 · 화순 · 강화 고인돌 유적이 함께 유네스코 세계 유산으로도 등재되어 있다.

④ 강화도 광성보는 신미양요 때 가장 치열한 격전지였다. 제너럴 셔먼호 사건을 구실로 미국의 로저스 제독이 함대를 이끌고 강화도를 공격하여 신미양요가 발생하였다(1871). 미군은 강화도 덕진진을 점거하고 광성보로 진격하였고, 조선군은 어재연을 중심으로 맞서 싸웠으나 수많은 사상자를 내며 패배하였다.

14 ★★★ 답 ③

출제 영역 근대 태동기>정치사

정답해설

③ 인조(1623~1649)는 서인이 주도한 반정으로 왕위에 올랐다. 인조 대에는 서인의 우세 속에서 서인과 남인은 서로 학문적 입장을 인정하는 토대 위에서 상호 비판적인 공존 체제를 유지하였다.

오답해설

① 선조(1567~1608) 즉위 이후 사림이 중앙 정계에 대거 진출하여 정국을 주도하였다. 사림 세력 내 이조 전랑직을 두고 대립과 갈등이 심화되었으며, 왕실의 외척이자 기성 사림의 신망을 받던 심의겸 중심의 세력은 서인으로, 당시 신진 사림의 지지를 받던 김효원 중심의 세력은 동인으로 분당하였다.

② 광해군(1608~1623) 시기에는 북인이 집권하여 정계에서 밀려 있던 서인 세력이 인조반정을 일으켜 광해군이 폐위되었고 인조가 왕위에 올랐다.

④ 숙종(1674~1720)은 상황에 따라 한 당파를 일거에 내몰고 상대 당파에게 정권을 모두 위임하는 편당적인 인사 관리로 환국의 빌미를 제공하였다. 경신환국(1680) 이후 남인이 몰락하고 서인이 집권하였는데, 남인의 처분을 두고 서인이 강경한 입장의 노론과 온건한 입장의 소론으로 나뉘었다.

The 알아보기

붕당 정치의 전개

선조~광해군	• 동인이 정여립 모반 사건을 계기로 남인과 북인으로 분화 • 광해군 때 북인 집권
인조~효종	인조반정 후 서인 집권 → 서인 · 남인 상호 비판적 공존
현종	두 차례 예송 발생 → 서인과 남인 대립 심화
숙종	• 환국 전개 → 3사의 언론 기능 변질, 남인 몰락, 서인이 노론과 소론으로 분화 • 붕당 간 보복과 탄압으로 일당 전제화 경향
영조~정조	• 탕평책으로 붕당 간 세력 균형 및 붕당 타파 • 영조(완론탕평) : 붕당을 없애자는 논리에 동의하는 탕평파를 중심으로 정국을 운영, 서원 대폭 정리 • 정조(준론탕평) : 시파 · 벽파의 갈등 경험 후 강한 탕평책 추진, 척신과 환관 제거, 권력에서 소외되었던 소론 일부와 남인 계열도 중용

15 ★☆☆ 답 ②

출제 영역 시대 통합>문화사

정답해설

② 고려 우왕 때 최무선의 건의로 화약과 화포 제작을 위한 화통도감이 설치되었다(1377).

오답해설

① 세종의 명으로 금속 활자인 갑인자가 주조되어 조선의 금속 활자 인쇄술이 한층 더 발전하였다.

③ 세종 때 중국의 수시력과 아라비아의 회회력을 참고로 내편(內篇)과 외편(外篇)으로 이루어진 역법서 『칠정산』을 편찬하였다.

④ 세종은 이천과 장영실에게 간의를 제작하고 실험하도록 지시하였고, 간의 제작에 성공하자 경복궁 경회루 북쪽에 간의대를 세우고 대간의를 설치해 천체 관측 업무를 수행하였다. 간의는 천체를 관측하기 위한 전문 관측기구이다.

16 ★☆☆ 답 ④

출제 영역 일제 강점기>정치사

정답해설

제시문은 신간회의 행동 강령이다. 신간회는 1920년대 중반 정우회 선언(1926)을 계기로 사회주의 세력과 민족주의 세력이 연대하여 결성된 좌 · 우 합작 단체이다(1927).

④ 1929년 광주 학생 항일 운동이 일어나자 신간회는 광주에 조사단을 파견하고 일제의 학생 운동 탄압에 항의하였다. 그리고 사건의 진상 보고를 위한 민중 대회를 열어 이를 전국적인 항일 운동으로 확산시키려고 하였다. 그러나 이 계획은 사전에 일본 경찰에 발각되어 신간회 간부들이 체포되었고, 민중 대회는 열리지 못하였다.

오답해설

① 이상재 등이 중심이 된 조선 교육회의 제안으로 경성에서 조선 민립 대학 기성 준비회가 조직되었다(1922). 이를 바탕으로 출범한 조선 민립 대학 기성회(1923)는 '한민족 1천만 한 사람이 1원씩'이라는 구호를 내걸고 전국적인 모금 운동을 벌였다(민립 대학 설립 운동).

② 대한민국 임시 정부는 파리 강화 회의에 김규식을 파견하여 독립 청원서를 제출하는 등 외교 활동을 전개하였다(1919).

③ 순종의 국장일에 사회주의자들과 학생들이 대규모 만세 운동을 준비하였으나, 사회주의자들이 사전에 일제에 발각되면서 학생들을 중심으로 6 · 10 만세 운동을 전개하였다(1926).

The 알아보기

신간회

창립	• 비타협적 민족주의 세력과 사회주의 계열이 연대하여 창립(1927) • 회장 이상재, 부회장 홍명희 선출
활동	• 민족 단결, 정치적 · 경제적 각성 촉구, 기회주의자 배격 • 민중 계몽 활동으로 순회 강연, 야학 등 전개 • 농민 · 노동 · 여성 · 형평 운동 등 지원 • 광주 학생 항일 운동 지원(조사단 파견, 대규모 민중 대회 계획)
해소	민중 대회 사건으로 간부 대거 구속 → 타협적 민족주의와의 협력으로 갈등 발생, 코민테른 노선 변화 → 해소론 대두 → 해소(1931)
의의	• 민족주의 계열과 사회주의 계열의 민족 연합 • 일제 강점기 최대의 합법적인 반일 사회단체
행동 강령	• 우리는 정치적, 경제적 각성을 촉진함 • 우리는 단결을 공고히 함 • 우리는 기회주의를 일체 부인함

17 ★★★ 답 ④

출제 영역 중세>문화사

정답해설

제시문은 이규보가 쓴 『동명왕편』의 서문이다. 『동명왕편』은 한국 문학 최초의 서사시로, 고구려를 건국한 동명왕의 업적을 칭송하고 고려가 고구려를 계승하였다는 점을 수록하여 고려인의 자부심을 표현하였다.

④ 이규보는 『동명왕편』 서문에서 김부식이 『삼국사기』를 편찬할 때 동명왕의 신이한 사적을 생략하였다고 비판하였다.

오답해설

① '강목체'는 사실에 대한 '강', 자세한 사실 경위에 대한 '목'의 순서로 사건을 서술하는 형식으로 평가를 강조한다는 특징이 있다. 고려 충숙왕 때 민지가 우리나라 최초의 강목체 역사서 『본조편년강목』을 편찬하였다(1317).

② 충렬왕 때 이승휴가 쓴 『제왕운기』는 단군부터 충렬왕까지의 역사를 서사시로 서술하였다(1287). 중국과 우리나라의 역사를 병렬적으로 서술하여 우리 역사만의 독자성을 강조하였고, 단군의 고조선 건국 이야기를 수록하여 고조선을 한국사에 포함시켰다.

③ 『삼국유사』는 고려 충렬왕 때 승려 일연이 저술한(1281) 역사서이다. 불교사를 중심으로 왕력과 함께 기이(紀異)편을 두어 전래 기록을 광범위하게 수록하였으며, 특히 단군을 우리 민족의 시초로 여겨 단군왕검의 건국 설화를 수록하였다.

18 ★★☆ 답 ③

출제 영역 일제 강점기>정치사

정답해설

③ 임병찬은 고종의 밀지를 받고 국내 잔여 의병 세력과 유생을 규합하여 독립 의군부를 조직하고(1912) 대한제국의 회복을 목표로 조직적인 항일 투쟁을 전개하였다. 독립 의군부는 조선 왕조를 부활시킨다는 복벽주의를 추구하며 일본 총리와 조선 총독에게 국권 반환 요구서를 제출하고 국권 회복을 위해 끝까지 저항할 것임을 알렸다.

오답해설

① 조선 독립 동맹은 화북 조선 청년 연합회를 확대 · 개편하여 김두봉이 결성하였고, 그 산하에 조선 의용대 화북 지대를 개편한 조선 의용군(1942)을 두었다.

② 만주 지역의 독립군 부대들은 대한민국 임시 정부 소속의 군정부로서 중국 지안을 중심으로 압록강 접경을 관할한 참의부(1924), 하얼빈 이남의 남만주를 관할한 정의부(1924), 북만주를 관할한 신민부(1925) 등 3부가 성립되었다.

④ 양세봉이 이끄는 조선 혁명군은 남만주 일대에서 중국 의용군과 연합 작전을 전개하여 영릉가 전투에서 일본군을 격파하였다(1932).

19 ★★★ 답 ③

출제 영역 일제 강점기>문화사

정답해설

제시문은 백남운이 쓴 『조선사회경제사』의 일부이다. 제시문에서 우리 조선의 역사적 발전이 '세계사적인 일원론적 역사 법칙에 의해 다른 민족과 거의 같은 궤도로 발전 과정을 거쳐 왔다.'는 내용을 통해 사적 유물론을 바탕으로 한 백남운의 주장임을 알 수 있다.

③ 백남운은 일제의 식민 사관을 비판하면서 마르크스의 유물 사관을 바탕으로, 사적 유물론의 원리를 적용하여 주체적으로 역사를 해석함으로써 한국사를 세계사적 보편성 위에 체계화하는 과정에서 식민 사학의 정체성론을 비판하였다.

오답해설

① 민족정신으로서 '조선 혼(魂)'을 강조하며 『한국통사』, 『한국독립운동지혈사』 등을 저술한 인물은 '박은식'이다.

② 민족주의 사학을 계승하여 조선의 '얼'을 강조하며 『조선사연구』 등을 저술한 인물은 '정인보'이다.

④ 이병도, 손진태, 이윤재 등은 문헌 고증의 방법을 통해 한국사를 실증적으로 연구하는 진단 학회를 조직하고(1934), 『진단학보』를 발행하였다.

The 알아보기

일제 강점기 민족 사학의 전개

민족주의 사학	박은식	• 민족정신을 '조선 혼(魂)'으로 강조 • 『한국통사』, 『한국독립운동지혈사』
	신채호	• 민족주의 역사학의 기반 확립, 고대사 연구 • 『독사신론』, 『조선상고사』, 『조선사연구초』
	정인보	• '얼' 강조 • 「5천 년간 조선의 얼」(동아일보 연재) → 『조선사연구』
	문일평	• 심(心) 사상(조선심) • 역사학의 대중화에 관심
사회 · 경제 사학	백남운	• 유물 사관에 바탕 • 『조선사회경제사』, 『조선봉건사회경제사』
실증 사학	손진태, 이병도	• 문헌 고증의 방법으로 한국사를 연구 • 진단 학회 조직, 『진단학보』 발행

20 ★★☆

답 ④

출제 영역 현대>정치사

정답해설

④ 애치슨 선언은 미 국무 장관인 애치슨이 한국을 미국의 태평양 방위선에서 제외한다는 내용을 포함하여 발표한 것으로, 6 · 25 전쟁 발발의 원인을 제공하였다(1950.1.).

오답해설

① 국군과 유엔군은 인천 상륙 작전(1950.9.) 성공으로 서울을 수복하고 압록강까지 진격하였다.

② 6 · 25 전쟁 중 자유당은 이승만 대통령의 재선을 위해 부산 지역에 비상계엄을 선포하고 대통령 간선제를 직선제로, 국회 단원제를 양원제(내각 책임제)로 고치는 개헌안을 국회에 제출하여 토론 없이 기립 표결로 통과시키는 제1차 개헌(발췌 개헌)을 단행하였다(1952.7.).

③ 휴전 협정이 진행 중이던 시기에 이승만은 모든 포로를 중립국에 넘긴 다음 남한과 북한 가운데 하나를 선택하게 한다는 협정에 반발하여 전국 8개 포로수용소(부산 거제리, 부산 가야리, 광주, 논산, 마산, 영천, 부평, 대구)의 반공 포로를 석방하였다(1953.6.).

2023 9급 서울시 사회 정답 및 해설

01	02	03	04	05	06	07	08	09	10
②	①	②	④	②	③	③	①	①	④
11	12	13	14	15	16	17	18	19	20
④	③	③	②	①	①	②	③	①	③

01 ★☆☆ 답 ②

출제 영역 사회 · 문화>사회 · 문화 현상의 이해

정답해설

〈보기〉는 상징적 상호작용론의 관점에 대한 설명이다.

② 우리나라에서 중요한 시험을 앞두고 잘 찍으라는 의미로 포크를 선물하는 현상은 포크에 상징을 부여하여 개인 간의 상호작용이나 개개인의 주관적인 의미 해석에 초점을 두는 관점으로 상징적 상호작용론에 해당한다.

오답해설

① 사회문제를 병리적 현상으로 보는 관점은 기능론에 해당한다.

③ 사회가 본질적으로 변동을 지향한다고 보는 관점은 갈등론에 해당한다.

④ 사회문화 현상을 사회 구조적 측면에서 이해하는 것은 거시적(기능론, 갈등론) 관점에 해당한다.

02 ★☆☆ 답 ①

출제 영역 정치와 법>다양한 정치 주체의 역할과 참여

정답해설

A는 다당제, B는 양당제이다.

① 다당제는 실질적으로 경쟁할 수 있는 정당이 세 개 이상이 존재하여 정당 간 대립 시 중재가 용이할 수 있다. 이에 비해 양당제는 양당 간 대립 시 중재가 어렵다.

오답해설

② 다당제는 양당제에 비해 정책 실패에 대한 책임 소재가 불분명하다.

③ 다당제는 양당제에 비해 국정에 다양한 국민의 의견을 반영하기에 용이하다.

④ 다수당의 횡포로 소수의 이익을 무시할 가능성이 높은 것은 양당제이므로 (가)에 '다수당의 횡포 가능성'은 들어갈 수 없다.

03 ★☆☆ 답 ②

출제 영역 사회 · 문화>개인과 사회의 관계

정답해설

(가)는 사회 명목론, (나)는 사회 실재론이다.

② 사회 명목론은 사회는 실제로 존재하지 않으며, 개인의 자율성이 사회 규범의 구속성보다 우선한다고 본다.

오답해설

① 사회유기체설은 사회 실재론과 관련된 사상이다.

③ 개인의 속성이 사회의 속성을 결정한다고 보는 관점은 사회 명목론에 해당한다.

④ 사회계약설은 사회 명목론과 관련된 사상이다.

The 알아보기

개인과 사회의 관계

시기	사회 실재론	사회 명목론
기본 입장	• 사회가 개인의 외부에 실체로서 존재한다고 봄 • 사회는 개인의 총합 이상의 존재로 독자적 특성을 지니고 있다고 봄	• 실재하는 것은 개인뿐임 • 사회는 개인들의 집합체에 붙여진 이름에 불과하다고 봄

시기	사회 실재론	사회 명목론
주요 내용	• 개인의 사고 및 행위는 실재하는 사회에 의해 규제되고 구속됨 • 사회 현상을 분석할 때 사회 구조나 사회 제도를 중심으로 분석해야 함(개인보다 사회 강조) • 개인은 사회 없이 존재할 수 없으며, 단지 사회 구성 요소의 일부에 불과함 • 사회 문제의 발생 원인은 사회에 있으며, 해결방안 역시 사회 구조 및 제도적으로 접근해야 함	• 개인은 자유 의지에 따라 사고하고 행위를 하는 자유롭고 독립적인 존재임 • 개인적 특성을 통해 사회의 특성을 파악할 수 있다고 봄(개인과 구별되는 사회의 독자적 특성 부정) • 개인은 사회 없이 존재할 수 있으며, 사회는 개개인의 총합에 불과함 • 사회 문제의 발생 원인은 개인에 있으며, 해결방안 역시 개인적 차원에서 접근해야 함
관련 사상	사회유기체설, 전체주의	사회계약설, 개인주의
한계	• 사회를 위해 개인의 희생을 정당화할 수 있음(전체주의 우려) • 인간의 자유 의지에 따른 사고나 행위의 결과를 설명하기 어려움	• 개인에 대한 사회 제도 및 구조의 영향력을 간과함 • 개인의 사고나 행위만으로 설명하기 어려운 사회 현상이 존재함

04 ★☆☆

답 ④

출제 영역 정치와 법>국제관계와 한반도

정답해설

국제관계를 갑(甲)은 현실주의적, 을(乙)은 자유주의(이상주의)적 관점에서 설명한다.

④ 을의 자유주의적 관점은 국제법, 국제기구의 중요성을 강조하며 국가들이 국제 규범을 통해 국제 사회의 무정부 상태를 극복할 수 있다고 본다.

오답해설

① 국제 사회가 보편적인 선(善)에 의해 지배되고 있다고 보는 것은 자유주의적 관점이다.

② 현실주의적 관점에서 국가는 국제정치에서 가장 중요한 행위자이며, 힘의 우위 확보를 위해 국력 강화를 강조한다. 따라서 현실주의적 관점은 국제 문제의 해결 과정에서 초국가적 행위 주체의 역할을 간과한다.

③ 주권 불가침의 원칙이 국력에 따라 차별적으로 적용된다고 보는 것은 현실주의적 관점이다.

The 알아보기

국제관계를 바라보는 관점

구분	현실주의	자유주의(이상주의)
사상적 배경	홉스의 인간관	계몽주의
전제	국제관계는 힘의 논리에 따라 결정	국제관계는 윤리와 도덕규범에 따라 상호의존하고 공존
문제 해결	군사력, 경제력 등	국제법, 국제기구, 국제 여론 등
평화 유지 및 안보	군사 동맹을 통한 세력 균형 : 국가 간 세력 균형을 유지함으로써 국가 이익을 추구하려는 원리	집단 안보 체제 : 국가의 안전을 군비 증강이나 동맹에서 구하지 않고, 국제 사회의 다수 국가가 연대·상호의존하는 체제
한계	복잡한 국제관계를 정치적 권력관계로 한정하며 국제 사회의 상호의존성 경시	국제관계에 실재하는 힘의 논리 및 자국의 이익을 우선시하는 현실을 간과

05 ★★☆

답 ②

출제 영역 정치와 법>민법의 기초 이해

정답해설

A는 소유권 공공복리의 원칙, B는 사적 자치의 원칙(계약 자유의 원칙), C는 과실 책임의 원칙(자기 책임의 원칙), D는 무과실 책임의 원칙이다.

ㄱ. 소유권 공공복리의 원칙은 개인의 소유권도 공공복리를 위하여 필요한 경우에 한하여 법률로써 제한될 수 있는 상대적 권리임을 의미한다.

ㄷ. 근대 민법 원칙의 수정은 기존의 민법 원칙을 수정·보완하는 것으로 근대 민법의 3대 원칙은 현대 민법에서도 기본 원리로 적용된다.

오답해설

ㄴ. 사회적 이익에 반하거나 불공정한 계약이 법적 효력 없는 것은 계약 공정의 원칙에 대한 설명이다.

ㄹ. 자신에게 고의나 과실 없이는 책임을 부담하지 않는다는 원칙은 과실 책임의 원칙에 대한 설명이다.

06 ★☆☆ 답 ③

출제 영역 사회 · 문화>현대 사회의 다양한 문화 양상

정답해설

〈보기〉는 산업화 과정에서 나타난 대중문화의 특징을 설명한다.

③ 산업사회에는 근대 기술의 발달로 신문, 라디오, 텔레비전 등 전통적인 대중 매체가 등장하였고, 일방향 소통방식이 주로 이루어졌다.

07 ★★☆ 답 ③

출제 영역 정치와 법>지방자치

정답해설

A는 광역자치단체, B는 기초자치단체, C는 의결 기관(지방의회), D는 집행 기관(지방자치단체장)이다.

③ 주민청원은 주민이 조례나 규칙의 제 · 개정 및 폐지, 지방자치단체가 마련해 주기를 바라는 사항이나 불만을 문서로 작성하여 제출하는 것으로 주민의 청구권을 보장하기 위한 제도이다.

오답해설

① A 지방자치단체장과 B 지방자치단체장은 모두 선거를 통해 선출된다.

② C는 의결 기관, D는 집행 기관이다.

④ 지방자치단체 사무의 관리 및 집행권과 조례안 제출권은 지방자치단체장의 권한이다.

08 ★☆☆ 답 ①

출제 영역 사회 · 문화>일탈 행동의 이해

정답해설

〈보기〉는 뒤르켐의 아노미 이론에 대한 설명이다.

① 뒤르켐의 아노미 이론은 급격한 사회 변동기에 기존의 사회 규범이 무너지면서 그를 대체할 새로운 규범이 확립되지 않아 혼란스러운 상태, 즉 아노미로 인해 일탈 행동이 증가하므로 이를 줄이기 위해서는 사회 규범의 통제력과 회복, 새로운 가치관의 확립 등이 강조된다.

오답해설

② 일탈 행동을 규정하는 기준이 존재하지 않는다고 보는 것은 낙인 이론에 해당한다.

③ 일탈 행동은 타인과의 상호작용 과정을 통해 일탈 행동을 정당화하는 동기나 가치관을 내면화함으로써 학습된다고 보는 것은 차별적 교제이론에 해당한다.

④ 일탈 행동을 줄이기 위해서는 문화적 목표 달성을 위한 제도적 수단의 확대가 필요하다고 보는 것은 머튼의 아노미 이론에 해당한다.

09 ★★☆ 답 ①

출제 영역 사회 · 문화>사회 불평등 현상의 이해

정답해설

① 계층론은 '사회 계층 구조를 불연속적으로 보는가?'라는 질문에 '아니요'라고 답해야 한다. 사회 계층 구조를 불연속적으로 보는 것은 계급론이다.

The 알아보기

계급론과 계층론

구분	계급론	계층론
서열화 기준	생산수단의 소유 여부에 따라 지배 계급(자본가)과 피지배 계급(노동자)으로 구분 → 일원론	경제적 계급, 사회적 지위, 정치적 권력 소유 여부 등 다양한 사회적 희소가치에 따라 상층, 중층, 하층으로 구분 → 다원론
학자	칼 마르크스(K. Marx)	막스 베버(M. Weber)
특징	• 자본가(유산자)와 노동자(무산자)의 대립 • 불연속적 · 이분법적으로 계급을 구분 • 사회 이동의 가능성이 매우 제한적 • 같은 계급에 속한 사람들 간 계급의식이 강조 • 계급 간 생산 수단을 둘러싼 갈등 · 대립 관계가 사회 변혁의 원동력이 된다고 봄	• 각 계층의 구분은 단순한 분류의 의미 • 복합적 · 연속적으로 계층을 상층, 중층, 하층으로 구분 • 계급론보다 사회 이동의 가능성이 높음 • 동일 계층에 속한 사람들 간의 계층 의식이 낮음 • 현대 사회의 지위 불일치 현상을 설명하는 데 적합

10 ★★☆

답 ④

출제 영역 정치와 법>형사절차와 인권 보호

정답해설

④ 선고는 판사에 의해, 선고된 형이 확정될 경우 검사의 지휘에 따라 집행된다.

오답해설

① 수사는 고소 및 고발, 현행범의 체포, 범인의 자수, 수사 기관의 인지 등에 의해서 개시된다.

② 구속 이후 피의자는 구속의 적법성과 필요성을 심사하여 자신을 석방해 줄 것을 법원에 청구할 수 있다.

③ 공판 과정에서 피고인의 유죄는 검사가 증명해야 한다.

11 ★★☆

답 ④

출제 영역 경제>경기변동과 경제 안정화 방안

정답해설

A는 누진세, B는 비례세, C는 정액세(역진세)이다.

④ 우리나라의 부가가치세는 과세대상금액에 상관없이 동일한 세율을 적용하는 비례세 형태로 부과된다.

오답해설

① C는 과세대상금액에 상관없이 세액이 일정하므로 정액세이다.

② A는 누진세, B는 비례세이다.

③ 누진세는 과세대상금액이 커질수록 높은 세율을 적용하여, 고소득층에 누진세를 적용하면 세금 부담은 증가한다.

12 ★★☆

답 ③

출제 영역 정치와 법>재산관계와 법

정답해설

③ 범위를 정하여 처분이 허락된 재산(예 용돈)의 처분행위는 미성년자도 단독으로 할 수 있는 법률행위이다. 따라서 병은 미성년자라는 이유로 계약을 취소할 수 없다.

오답해설

① 미성년자가 법정 대리인의 동의를 얻지 않고 한 행위는 취소할 수 있다.

② 거래 상대방인 을은 미성년자 갑이 아직 능력자가 되지 못한 경우이므로 그의 법정 대리인에게 확답을 촉구할 수 있다.

④ 병이 정과 체결한 계약은 상호 권리와 의무가 발생한다.

13 ★★★

답 ③

출제 영역 경제>시장균형과 자원 배분의 효율성

정답해설

③ 수요 법칙은 다른 조건이 일정할 때 상품의 가격이 상승하면 수요량은 감소하고 상품의 가격이 하락하면 수요량이 증가하는 것을 말한다. X재는 수요 법칙을 따르므로 ㉡ 청소년은 상품의 가격이 하락하여 수요량이 증가한다.

오답해설

① 성인은 상품의 5% 가격 인상 후 판매 수입이 증가하였으므로 수요가 비탄력적이다. 즉, 수요의 가격 탄력성이 1보다 작다.

② 청소년은 상품의 5% 가격 인하 후 판매 수입이 증가하였으므로 수요가 탄력적이다. 성인은 상품의 수요가 비탄력적이므로 청소년의 수요의 가격 탄력성이 더 크다.

④ 〈보기〉에 제시된 자료만으로 구체적인 X재의 판매량을 알 수 없다.

14 ★☆☆

답 ②

출제 영역 사회 · 문화>문화의 이해

정답해설

문화 절대주의 중 (가)는 자문화 중심주의, (나)는 문화 사대주의에 해당한다.

② 문화 사대주의는 타문화를 숭상 · 동경하여 자문화를 평가 절하하여 자기 문화의 주체성을 상실하고 전통문화를 잃어버리게 될 수 있다.

오답해설

① 각 사회의 맥락에서 그 문화를 이해하는 것은 문화 상대주의에 해당한다.

③ 국수주의로 흐르거나 문화 제국주의로 변질될 수 있는 것은 자문화 중심주의에 해당한다.

④ 자문화 중심주의와 문화 사대주의 모두 문화 절대주의로, 특정 문화에 대한 편견을 가지고 다른 문화를 평가한다.

15 ★★☆ 답 ①

출제 영역 정치와 법>다양한 정치 주체의 역할과 참여

정답해설

A는 정당, B는 이익집단, C는 시민단체이다.

① 정당은 정치적 견해가 같은 사람들이 정권의 획득·유지를 위해 자발적으로 조직한 단체로 당정 협의회를 구성하여 행정부와 의회를 매개하는 역할을 한다.

오답해설

② 정당은 선거에서 제시한 공약 실천에 대한 국민의 평가를 받아 정치적 책임을 진다.

③ 정당은 정권 획득을 위해 정책적 대안을 제시한다.

④ 시민단체와 이익집단 모두 정부 정책에 대한 감시와 비판의 기능을 수행하며 정치 과정에 영향력을 행사한다.

16 ★★★ 답 ①

출제 영역 정치와 법>우리나라의 국가 기관

정답해설

① 헌법재판소의 장은 고위공무원이 직무집행에서 헌법이나 법률을 위반한 이유로 국회의 탄핵소추 의결을 거쳐 헌법재판소에서 심판하는 탄핵 심판의 대상이 된다.

오답해설

② 명령이나 규칙이 헌법이나 법률에 위반되는 여부가 재판의 전제가 된 경우 최종 심사권은 대법원의 권한이다.

③ 헌법불합치결정은 법에 합치되지 아니하나 잠정적으로 적용하는 것을 의미한다. 위헌결정의 법률 효력은 그 결정이 있은 날로부터 즉시 상실한다.

④ 헌법재판소는 재판관 7인 이상의 출석으로 사건을 심리하고, 법률의 위헌 결정은 재판관 6인 이상의 찬성이 있어야 한다.

17 ★★☆ 답 ②

출제 영역 경제>시장균형과 자원 배분의 효율성

정답해설

〈보기〉는 최저임금제에 대한 그래프이다. 최저임금제는 정부가 균형가격보다 높은 수준에서 임금 하한선을 정하고, 이보다 낮은 임금 수준에서 거래하지 못하도록 규제하는 정책을 말한다.

② 균형 수준(P_0, Q_0)에서 최저임금제도 시행 후 임금(P_1)이 상승하고 고용량(Q_1)이 감소하면서 소비자잉여는 감소한다.

오답해설

① 실업의 규모는 $Q_1 - Q_2$이다.

③ 총잉여는 시장의 균형 수준(P_0, Q_0)에서 최대이며, 규제 후 사회적 후생 손실이 발생하여 총잉여는 감소한다.

④ 규제 후 고용량은 Q_1이다.

18 ★★★ 답 ③

출제 영역 경제>무역 원리와 무역 정책

정답해설

X, Y재 1단위 생산의 기회비용

구분	X재	Y재
갑국	$\frac{2}{3}$	$\frac{3}{2}$
을국	$\frac{4}{3}$	$\frac{3}{4}$

③ Y재 1단위 생산의 기회비용은 갑국이 $\frac{3}{2}$으로 을국 $\frac{3}{4}$의 2배이다.

오답해설

① 갑국은 X재 생산에 절대 우위가 있지만, Y재는 갑국과 을국 생산비가 동일하다.

② X재 1단위 생산의 기회비용은 갑국 $\frac{2}{3}$, 을국 $\frac{4}{3}$이므로 갑국이 을국보다 작다.

④ 갑국은 X재, 을국은 Y재에 비교우위가 있다. 을국의 Y재 1단위 생산의 기회비용은 $\frac{3}{4}$이므로, 교환비율이 1:1이라면 무역을 통해 이익이 발생한다.

19 ★★☆

답 ①

출제 영역 경제>경기변동과 경제 안정화 방안

정답해설

갑(甲)국은 경기 과열, 을(乙)국은 경기 침체 상황이다.

① 경기 과열 시 국공채를 매각하여 통화량은 감소하고 이자율을 인상하는 통화정책을 시행하여야 한다.

오답해설

② 소비세 감면 등 각종 세제 혜택을 늘리는 정책은 확대 재정 정책에 해당한다.

③ 을국은 경기 부양을 위해 지급 준비율을 인하하는 정책을 시행하여야 한다.

④ ㉠은 갑국의 실질 GDP 감소 요인, ㉡은 을국의 실질 GDP 증가 요인이다.

20 ★★☆

답 ③

출제 영역 정치와 법>기본권의 보장과 제한

정답해설

〈보기〉에 제시된 자료로 알 수 있는 것은 A는 자유권이다.

③ 교육을 받을 권리는 사회권이며, 실질적 평등의 실현을 위해 등장한 현대적 권리에 해당한다.

오답해설

① 다른 기본권 보장의 전제 조건이 되는 기본권은 평등권이므로 제시된 기본권에 해당하지 않는다.

② '기본권 보장을 위한 수단적 성격의 권리인가?' 질문에 답이 '예'라면 B는 청구권이 되고 자동적으로 C는 사회권이다. 그러나 청구권과 사회권 모두 국가의 존재를 전제로 하는 권리이다.

④ A는 자유권으로 구체적인 내용이 헌법에 열거되지 않아도 보장되는 포괄적 성격을 지닌다.

01	02	03	04	05	06	07	08	09	10
①	③	②	③	①	②	④	③	①	④
11	12	13	14	15	16	17	18	19	20
②	①	④	④	④	①	④	③	③	②

01 ★☆☆

답 ①

출제 영역 식품위생법

정답해설

식품의약품안전처장은 식품위생 수준 및 자질의 향상을 위하여 필요한 경우 조리사와 영양사에게 교육(조리사의 경우 보수교육을 포함)을 받을 것을 명할 수 있다. 다만, 집단급식소에 종사하는 조리사와 영양사는 1년마다 교육을 받아야 한다(식품위생법 제56조 제1항). 또한 조리사와 영양사의 교육시간은 6시간으로 한다(동법 시행규칙 제84조 제3항).

02 ★★☆

답 ③

출제 영역 식품위생법

정답해설

③ 조리사 면허를 받을 수 없는 결격사유의 어느 하나에 해당하게 된 경우와 업무정지기간 중에 조리사의 업무를 하는 경우는 면허를 취소하여야 한다(식품위생법 제80조 제1항).

The 알아보기

조리사 면허취소(식품위생법 제80조 제1항)

식품의약품안전처장 또는 특별자치시장 · 특별자치도지사 · 시장 · 군수 · 구청장은 조리사가 다음의 어느 하나에 해당하면 그 면허를 취소하거나 6개월 이내의 기간을 정하여 업무정지를 명할 수 있다. 다만, 조리사가 제1호 또는 제5호에 해당할 경우 면허를 취소하여야 한다.

1. 제54조(결격사유)의 어느 하나에 해당하게 된 경우
2. 제56조(교육)에 따른 교육을 받지 아니한 경우
3. 식중독이나 그 밖에 위생과 관련한 중대한 사고 발생에 직무상의 책임이 있는 경우
4. 면허를 타인에게 대여하여 사용하게 한 경우
5. 업무정지기간 중에 조리사의 업무를 하는 경우

조리사 면허 결격사유(식품위생법 제54조)

다음의 어느 하나에 해당하는 자는 조리사 면허를 받을 수 없다.

1. 「정신건강증진 및 정신질환자 복지서비스 지원에 관한 법률」 제3조 제1호에 따른 정신질환자. 다만, 전문의가 조리사로서 적합하다고 인정하는 자는 그러하지 아니하다.
2. 「감염병의 예방 및 관리에 관한 법률」 제2조 제13호에 따른 감염병 환자. 다만, 같은 조 제4호 나목에 따른 B형 간염환자는 제외한다.
3. 「마약류관리에 관한 법률」 제2조 제2호에 따른 마약이나 그 밖의 약물 중독자
4. 조리사 면허의 취소처분을 받고 그 취소된 날부터 1년이 지나지 아니한 자

03 ★★★

답 ②

출제 영역 식품위생법

정답해설

다음의 어느 하나에 해당하는 질병에 걸린 동물을 사용하여 판매할 목적으로 식품 또는 식품첨가물을 제조 · 가공 · 수입 또는 조리한 자는 3년 이상의 징역에 처한다(식품위생법 제93조 제1항).

- 소해면상뇌증(狂牛病)
- 탄저병
- 가금 인플루엔자

04 ★★☆ 답 ③

출제 영역 학교급식법

정답해설

③ 곡류 및 전분류, 채소류 및 과일류, 어육류 및 콩류, 우유 및 유제품 등 다양한 종류의 식품을 사용하고, 다양한 조리방법을 활용한다(학교급식법 시행규칙 제5조 제2항).

05 ★★☆ 답 ①

출제 영역 식품위생법

정답해설

① 위생관리책임자는 매년 식품위생에 관한 교육을 받아야 한다(식품위생법 제41조의2 제8항).

오답해설

② 「식품위생법」 제47조의2 제5항
③ 「식품위생법」 제48조의2 제3항
④ 「식품위생법」 제49조 제5항

06 ★★★ 답 ②

출제 영역 식품 등의 표시 · 광고에 관한 법률

정답해설

식품, 식품첨가물 또는 축산물에 표시해야 할 사항(식품 등의 표시 · 광고에 관한 법률 제4조 제1항 제1호)

- 제품명, 내용량 및 원재료명
- 영업소 명칭 및 소재지
- 소비자 안전을 위한 주의사항
- 제조연월일, 소비기한 또는 품질유지기한
- 그 밖에 소비자에게 해당 식품, 식품첨가물 또는 축산물에 관한 정보를 제공하기 위하여 필요한 사항으로서 총리령으로 정하는 사항
  - 식품유형, 품목보고번호
  - 성분명 및 함량
  - 용기 · 포장의 재질
  - 조사처리(照射處理) 표시
  - 보관방법 또는 취급방법
  - 식육(食肉)의 종류, 부위 명칭, 등급 및 도축장명
  - 포장일자, 생산연월일 또는 산란일

07 ★☆☆ 답 ④

출제 영역 국민건강증진법

정답해설

④ 국민건강증진법 제2조 제1호

오답해설

① "건강관리"란 개인 또는 집단이 건강에 유익한 행위를 지속적으로 수행함으로써 건강한 상태를 유지하는 것을 말한다(국민건강증진법 제2조 제5호).
② "영양개선"이라 함은 개인 또는 집단이 균형된 식생활을 통하여 건강을 개선시키는 것을 말한다(국민건강증진법 제2조 제3호).
③ "보건교육"이라 함은 개인 또는 집단으로 하여금 건강에 유익한 행위를 자발적으로 수행하도록 하는 교육을 말한다(국민건강증진법 제2조 제2호).

08 ★★☆ 답 ③

출제 영역 식품위생법

정답해설

③ 식품제조 · 가공업자 및 식품첨가물제조업자와 그 종업원의 준수사항에 해당한다. 식품제조 · 가공업자 및 식품첨가물제조업자는 이물이 검출되지 아니하도록 필요한 조치를 하여야 하고, 소비자로부터 이물 검출 등 불만사례 등을 신고 받은 경우 그 내용을 기록하여 2년간 보관하여야 하며, 이 경우 소비자가 제시한 이물과 증거품(사진, 해당 식품 등을 말함)은 6개월간 보관하여야 한다. 다만, 부패하거나 변질될 우려가 있는 이물 또는 증거품은 2개월간 보관할 수 있다(식품위생법 시행규칙 별표 17 제1호).

오답해설

① · ② · ④ 식품위생법 시행규칙 별표 17 제8호 위탁급식영업자와 그 종업원의 준수사항

09 ★☆☆ 답 ①

출제 영역 학교급식법

오답해설

② 급식시설에서 조리한 식품은 온도관리를 하지 아니하는 경우에는 조리 후 2시간 이내에 배식을 마쳐야 한다(학교급식법 시행규칙 별표 4).

③ 해동은 냉장해동(10℃ 이하), 전자레인지 해동 또는 흐르는 물(21℃ 이하)에서 실시하여야 하며 해동된 식품은 즉시 사용한다(학교급식법 시행규칙 별표 4).

④ 가열조리 식품은 중심부가 75℃(패류는 85℃) 이상에서 1분 이상으로 가열되고 있는지 온도계로 확인하고, 그 온도를 기록 · 유지하여야 한다(학교급식법 시행규칙 별표 4).

10 ★★★

답 ④

출제 영역 어린이 식생활안전관리 특별법

정답해설

특별자치시장 · 특별자치도지사 · 시장 · 군수 또는 구청장은 어린이 식품안전보호구역을 지정하려면 미리 다음의 사항을 조사해야 한다(어린이 식생활안전관리 특별법 시행령 제3조 제2항).

- 학교 및 학교 주변에 설치된 식품자동판매기의 개수 및 종류
- 학교 안에서 판매하고 있는 주요 식품의 종류 등
- 통학하는 학생 수
- 학교 주변에서 어린이 기호식품을 조리 또는 진열 · 판매하는 영업소의 수 및 종류

11 ★☆☆

답 ②

출제 영역 식품위생법

정답해설

② 영양사의 직무이다(식품위생법 제52조 제2항).

The 알아보기

집단급식소에서 근무하는 조리사와 영양사의 직무

조리사의 직무 (식품위생법 제51조)	영양사의 직무 (식품위생법 제52조)
• 집단급식소에서의 식단에 따른 조리업무[식재료의 전(前)처리에서부터 조리, 배식 등의 전 과정을 말함] • 구매식품의 검수 지원 • 급식설비 및 기구의 위생 · 안전 실무 • 그 밖에 조리 실무에 관한 사항	• 집단급식소에서의 식단 작성, 검식(檢食) 및 배식 관리 • 구매식품의 검수(檢受) 및 관리 • 급식시설의 위생적 관리 • 집단급식소의 운영일지 작성 • 종업원에 대한 영양 지도 및 식품위생교육

12 ★★☆

답 ①

출제 영역 국민영양관리법

정답해설

국가 및 지방자치단체는 지역사회의 영양문제에 관한 연구를 위하여 다음의 조사를 실시할 수 있다(국민영양관리법 제13조 제1항, 시행령 제3조).

- 식품 및 영양소 섭취조사
- 식생활 행태 조사
- 영양상태 조사
- 그 밖에 영양문제에 필요한 조사로서 다음의 사항(대통령령으로 정하는 사항)
  - 식품의 영양성분 실태조사
  - 당 · 나트륨 · 트랜스지방 등 건강 위해 가능 영양성분의 실태조사
  - 음식별 식품재료량 조사
  - 그 밖에 국민의 영양관리와 관련하여 보건복지부장관, 질병관리청장 또는 지방자치단체의 장이 필요하다고 인정하는 조사

13 ★★☆

답 ④

출제 영역 식품위생법

정답해설

식품위생검사기관(식품위생법 시행규칙 제9조의2)

- 식품의약품안전평가원
- 지방식품의약품안전청
- 보건환경연구원

14 ★☆☆

답 ④

출제 영역 식품위생법

정답해설

건강진단을 받아야 하는 사람은 식품 또는 식품첨가물(화학적 합성품 또는 기구 등의 살균 · 소독제는 제외)을 채취 · 제조 · 가공 · 조리 · 저장 · 운반 또는 판매하는 일에 직접 종사하는 영업자 및 종업원으로 한다. 다만, 완전 포장된 식품 또는 식품첨가물을 운반하거나 판매하는 일에 종사하는 사람은 제외한다(식품위생법 시행규칙 제49조 제1항).

15 ★★★ 답 ④

출제 영역 식품위생법

정답해설

ⓒ 위생관리책임자 선임 · 해임 신고를 하지 아니한 자는 300만 원 이하의 과태료를 부과한다(식품위생법 제101조 제3항 제1의3호).

ⓓ 검사기한 내에 검사를 받지 아니하거나 자료 등을 제출하지 아니한 영업자는 500만 원 이하의 과태료를 부과한다(식품위생법 제101조 제2항 제1의3호).

오답해설

ⓐ 관계 공무원이 부착한 게시문을 함부로 제거한 자는 3년 이하의 징역 또는 3천만 원 이하의 벌금에 처한다(식품위생법 제97조 제9호).

ⓑ 소비자로부터 이물 발견의 신고를 접수하고 이를 거짓으로 보고한 자는 1년 이하의 징역 또는 1천만 원 이하의 벌금에 처한다(식품위생법 제98조 제2호).

16 ★★☆ 답 ①

출제 영역 학교보건법

정답해설

① 교육부장관이나 교육감은 환경위생과 식품위생을 적절히 유지 · 관리하기 위하여 필요하다고 인정하면 관계 공무원에게 학교에 출입하여 점검을 하거나 점검 결과의 기록 등을 확인하게 할 수 있으며, 개선이 필요한 경우에는 행정적 · 재정적 지원을 할 수 있다(학교보건법 제4조 제5항).

오답해설

② 학교보건법 제4조 제2항

③ 학교보건법 제4조 제4항

④ 학교보건법 제4조 제6항

17 ★★☆ 답 ④

출제 영역 농수산물의 원산지 표시 등에 관한 법률

정답해설

식품접객업 및 집단급식소 중 대통령령으로 정하는 영업소나 집단급식소를 설치 · 운영하는 자(휴게음식점영업, 일반음식점영업, 위탁급식영업을 하는 영업소나 집단급식소를 설치 · 운영하는 자)가 다음으로 정하는 농수산물이나 그 가공품을 조리하여 판매 · 제공(배달을 통한 판매 · 제공을 포함)하는 경우에 그 농수산물이나 그 가공품의 원료에 대하여 원산지(쇠고기는 식육의 종류를 포함)를 표시하여야 한다. 다만, 원산지인증의 표시를 한 경우에는 원산지를 표시한 것으로 보며, 쇠고기의 경우에는 식육의 종류를 별도로 표시하여야 한다(농수산물의 원산지 표시 등에 관한 법률 제5조 제3항 제1호, 시행령 제3조 제5항, 시행령 제4조).

- 쇠고기(식육 · 포장육 · 식육가공품을 포함)
- 돼지고기(식육 · 포장육 · 식육가공품을 포함)
- 닭고기(식육 · 포장육 · 식육가공품을 포함)
- 오리고기(식육 · 포장육 · 식육가공품을 포함)
- 양고기(식육 · 포장육 · 식육가공품을 포함)
- 염소(유산양을 포함)고기(식육 · 포장육 · 식육가공품을 포함)
- 밥, 죽, 누룽지에 사용하는 쌀(쌀가공품을 포함하며, 쌀에는 찹쌀, 현미 및 찐쌀을 포함)
- 배추김치(배추김치가공품을 포함)의 원료인 배추(얼갈이배추와 봄동배추를 포함)와 고춧가루
- 두부류(가공두부, 유바는 제외), 콩비지, 콩국수에 사용하는 콩(콩가공품을 포함)
- 넙치, 조피볼락, 참돔, 미꾸라지, 뱀장어, 낙지, 명태(황태, 북어 등 건조한 것은 제외), 고등어, 갈치, 오징어, 꽃게, 참조기, 다랑어, 아귀, 주꾸미, 가리비, 우렁쉥이, 전복, 방어 및 부세(해당 수산물가공품을 포함)
- 조리하여 판매 · 제공하기 위하여 수족관 등에 보관 · 진열하는 살아있는 수산물

18 ★★★ 답 ③

출제 영역 국민영양관리법

정답해설

ⓐ, ⓑ, ⓒ 국민영양관리법 시행규칙 제6조 제1항

오답해설

ⓓ 식생활 지침에 포함되는 내용이다(국민영양관리법 시행규칙 제6조 제2항).

The 알아보기

영양소 섭취기준과 식생활 지침의 주요 내용(국민영양관리법 시행규칙 제6조)

영양소 섭취기준	식생활 지침
• 국민의 생애주기별 영양소 요구량(평균 필요량, 권장 섭취량, 충분 섭취량 등) 및 상한 섭취량 • 영양소 섭취기준 활용을 위한 식사 모형 • 국민의 생애주기별 1일 식사 구성안 • 그 밖에 보건복지부장관이 영양소 섭취기준에 포함되어야 한다고 인정하는 내용	• 건강증진을 위한 올바른 식생활 및 영양관리의 실천 • 생애주기별 특성에 따른 식생활 및 영양관리 • 질병의 예방 · 관리를 위한 식생활 및 영양관리 • 비만과 저체중의 예방 · 관리 • 영양취약계층, 시설 및 단체에 대한 식생활 및 영양관리 • 바람직한 식생활문화 정립 • 식품의 영양과 안전 • 영양 및 건강을 고려한 음식 만들기 • 그 밖에 올바른 식생활 및 영양관리에 필요한 사항

19 ★☆☆ 답 ③

출제 영역 식품위생법

정답해설

소분 · 판매 불가능 식품(식품위생법 시행규칙 제38조 제1항)

- 어육 제품
- 특수용도식품(체중조절용 조제식품 제외)
- 통 · 병조림 제품
- 레토르트식품
- 전분
- 장류 및 식초(제품의 내용물이 외부에 노출되지 않도록 개별 포장되어 있어 위해가 발생할 우려가 없는 경우 제외)

20 ★☆☆ 답 ②

출제 영역 식품위생법

정답해설

식품위생교육의 대상(식품위생법 시행령 제27조)

- 식품제조 · 가공업자
- 즉석판매제조 · 가공업자
- 식품첨가물제조업자
- 식품운반업자
- 식품소분 · 판매업자(식용얼음판매업자 및 식품자동판매기영업자 제외)
- 식품보존업자
- 용기 · 포장류제조업자
- 식품접객업자
- 공유주방 운영업자

조리직 공무원 한권합격

이론편

제1과목 국어

제2과목 한국사

제3과목 사회

합격의 공식
SD에듀

제1과목

국어

문법

01 언어와 국어

1 언어의 개념

언어란 사람의 사상이나 감정을 음성이나 문자로 나타낸 것을 말한다.

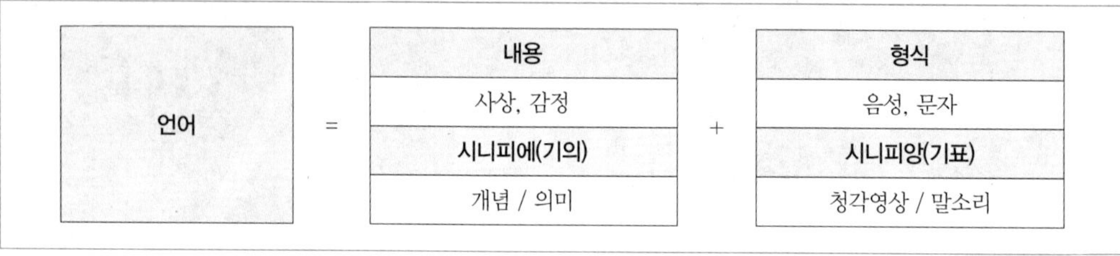

2 언어의 특성

기호성(記號性)	언어는 일정한 내용을 일정한 형식(기호)에 의해 전달함 예 땅을 딛고 서거나 걸을 때 발에 신는 물건 → 신발
자의성(恣意性)	언어 기호의 내용과 형식 사이에는 필연적인 관계가 없음
사회성(社會性)	언어는 개인이 마음대로 바꿀 수 없는 사회적 약속임(불역성) 예 신발을 시계로 바꿀 수 없음
역사성(歷史性)	언어는 시대에 따라 신생 · 성장 · 사멸하는 가역성을 지님 예 불휘 → 뿌리
분절성(分節性)	언어는 연속적으로 이루어져 있는 외부 세계를 불연속적인 것으로 끊어서 표현함(불연속성) 예 무지개－빨, 주, 노, 초, 파, 남, 보
추상성(抽象性)	언어의 의미 내용은 같은 부류의 사물들에서 공통적 속성을 뽑아내는 추상화의 과정을 통해서 형성됨 예 당근, 무, 배추, 오이, 가지, 시금치 … → 채소(총칭어)
개방성(開放性)	언어는 무한한 개방적 체계로 새로운 문장을 계속 만들어낼 수 있고, 어떠한 개념(나무, 희망, 사랑 …)이든 무한하게 표현할 수 있음(창조성) 예 숲, 새, 날다 → 숲속에서 새가 날아올랐다.

더 알아보기

자의성의 근거

↔ – 한국 : 책 – 미국 : book[bʊk]
– 중국 : 书[shū] – 일본 : 本[ほん]

- 언어마다 같은 내용을 표현하는 형식이 다르다.
- 동음어와 동의어가 존재한다.
  예 동음어(말[言]–말[馬]–말[斗]), 동의어(키–신장, 책방–서점)
- 의성어나 의태어도 언어에 따라 달리 표현한다.
  예 돼지 울음 소리 : 한국–꿀꿀, 미국–오잉크오잉크(oink oink)
- 역사성의 사례를 분석해 보면 같은 언어라도 지역마다 같은 내용을 표현하는 형식이 다르다.
- 언어의 형식과 내용의 변화가 따로따로 일어난다.

3 언어의 기능

표현적 기능	화자가 어떤 문제에 대해 자신의 감정이나 태도를 언어로 표현하는 기능. 감정적 의미 중시 예 • (요청) 어서 출발하시지요. • (호감) 난 그 영화가 참 재미있었어. • (확신) 영실은 공부를 열심히 하는 것 같다.
정보 전달적 기능	어떤 사실이나 정보, 지식 등을 알려 주는 기능 예 이 약을 드시면 기침이 멈추고 열이 내릴 거예요.
지령적 기능	청자에게 특정 행위를 야기하거나 금지시키는 기능. 명령 · 청유 · 의문 · 평서 형식(감화적 기능) 예 • (명령문–직접적) 어서 학교에 가거라. • (평서문–간접적) 여기는 금연 장소입니다.
친교적 기능	화자 · 청자의 유대 관계를 확보하는 기능. 대부분의 인사말(사교적 기능) 예 • 오늘은 날씨가 참 화창하군요. • 진지 잡수셨습니까?
표출적 기능	화자가 의사소통을 전제로 하지 않고 거의 본능적으로 사용하는 기능 예 으악! / 에구머니나! / 어이쿠!
미적 기능	말과 글을 되도록 듣기 좋고, 읽기 좋고 효과적으로 전달되도록 표현하는 기능. 시에서 주로 사용 예 (대구) 콩 심은 데 콩 나고 팥 심은 데 팥 난다.

4 국어의 특질

국어는 계통상 알타이어, 형태상 첨가어(교착어, 부착어)에 속한다.

음운상 특질	• 자음의 파열음 계열은 삼중 체계(= 삼지적 상관속, ㅂ ㅃ ㅍ / ㄷ ㄸ ㅌ / ㄱ ㄲ ㅋ / ㅈ ㅉ ㅊ)를 형성함 예 불[火]－뿔[角]－풀[草] • 다른 언어에 비해 마찰음(ㅅ, ㅆ, ㅎ)의 수가 적음 • 음절의 끝소리 규칙, 모음조화, 자음 동화, 두음 법칙, 구개음화, 활음조 등이 있음 • 음상(音相)의 차이로 인해 어감을 다르게 만들 뿐만 아니라 의미가 분화되는 경우가 있음 예 어감이 달라지는 경우 : 빙빙－삥삥－핑핑 / 의미가 분화되는 경우 : 맛－멋, 덜다－털다
어휘상 특질	• 국어의 어휘는 고유어, 한자어, 외래어의 삼중 체계를 이루고 있음 • 외래어 중 차용어, 특히 한자어가 많음 • 음성 상징어(의성어 · 의태어)와 색채어 및 감각어가 발달함 • 상하 관계가 중시되던 사회 구조의 영향으로 높임말이 발달함(다만, 높임법 자체는 문법상의 특질임) • 단어에 성(性)과 수(數)의 구별이 없고, 관사나 관계 대명사가 없음
문법상 특질 (구문상 특질)	• '주어＋목적어＋서술어 / 주어＋보어＋서술어'의 어순을 지녀서 서술어가 문장의 맨 끝에 옴 • 단어 형성법이 발달되어 있음 • 수식어는 피수식어 앞에 옴 예 아름다운 혜은이가 매우 좋다. • 문장 성분을 생략하는 일이 많음. 특히 조사와 주어가 자주 생략됨 예 "언제 일어났니?" / "조금 전에." • 문장 내에서 문장 성분의 순서를 비교적 자유롭게 바꿀 수 있음 • 교착어(첨가어, 부착어)인 까닭에 문법적 관계를 나타내는 조사와 어미가 발달되어 있음

5 어휘의 양상

방언	• 그 말을 사용하는 구성원들 간에 유대감을 돈독하게 해주고 표준어로 표현하기 힘든 정서와 느낌을 표현할 수 있음 • 지역에 따른 지역 방언과 연령 · 성별 · 사회 집단 등에 따른 사회 방언이 있음
은어	• 어떤 폐쇄적 집단에 속한 사람들이 다른 집단으로부터 자신을 방어하려는 목적으로 발생한 어휘 • 일반 사회에 알려지게 되면 즉시 변경되어 새로운 은어가 나타나는 것이 원칙 예 쫄쫄이(술), 토끼다(달아나다), 왕초(우두머리), 심마니(산삼 캐는 사람), 데구레(웃옷) 등
속어	비속하고 천박한 느낌을 주는 말(= 비속어, 비어)로, 비밀 유지의 기능이 없다는 점에서 은어와 구별됨 예 삥(돈), 사발(거짓말), 쌩까다(모른 척하다), 쪼가리(이성 친구) 등
금기어	불쾌하고 두려운 것을 연상하게 하여 입 밖에 내기를 주저하는 말 예 천연두
완곡어	금기어 대신 불쾌감을 덜 하도록 만든 말 예 천연두 → 마마, 손님
관용어	둘 이상의 단어들이 결합하여 특별한 의미로 사용되는 관습적으로 굳어진 말 예 발 벗고 나서다(적극적으로 나서다)

02 음운론

더 알아보기

문법의 기본단위

음운	사람들이 같은 음이라고 생각하는 추상적인 소리로 말의 뜻을 구별하여 주는 소리의 가장 작은 단위
음절	한 번에 발음할 수 있는 소리의 최소 단위
형태소	뜻을 가진 가장 작은 말의 단위
단어	자립할 수 있는 말이나 이에 준하는 말 또는 자립형태소에 붙어서 쉽게 분리할 수 있는 말
어절	문장을 구성하고 있는 각각의 마디. 문장 성분의 최소 단위로 띄어쓰기의 단위가 됨
구	둘 이상의 단어가 모여 절이나 문장의 일부분을 이루는 토막. 종류에 따라 명사구, 동사구, 형용사구, 관형사구, 부사구 따위로 구분함
절	주어와 서술어를 갖추고 있으나 독립적으로 쓰이지 못하는 단어의 집합체
문장	생각이나 감정을 완결된 내용으로 표현하는 언어의 최소 형식. 단 내용상 의미가 끝나야 하고, 형식상 의미가 끝났음을 알리는 표지가 있어야 함

1 자음(子音)

발음할 때 허파에서 나온 공기의 흐름이 목, 입, 혀 따위의 발음 기관에 의해 구강 통로가 좁아지거나 완전히 막혀 공기의 흐름에 장애를 받아 나는 소리를 말한다.

조음 방법 \ 조음 위치			양순음(兩脣音)	치조음(齒槽音)	경구개음(硬口蓋音)	연구개음(軟口蓋音)	후음(喉音)
안울림소리(無聲音)	파열음(破裂音)	예사소리	ㅂ	ㄷ		ㄱ	
		된소리	ㅃ	ㄸ		ㄲ	
		거센소리	ㅍ	ㅌ		ㅋ	
	파찰음(破擦音)	예사소리			ㅈ		
		된소리			ㅉ		
		거센소리			ㅊ		
	마찰음(摩擦音)	예사소리		ㅅ			ㅎ
		된소리		ㅆ			
울림소리(有聲音)	비음(鼻音)		ㅁ	ㄴ		ㅇ	
	유음(流音)			ㄹ			

2 모음(母音)

성대의 진동을 받은 소리가 목, 입, 코를 거쳐 나오면서 그 통로가 좁아지거나 완전히 막히거나 하는 따위의 장애를 받지 않고 나는 소리를 말한다.

(1) 10개의 단모음(單母音)

발음할 때 입술이나 혀가 고정되어 움직이지 않는 모음이다.

혀의 높이 \ 혀의 위치 / 입술 모양	전설 모음		후설 모음	
	평순	원순	평순	원순
고모음(高母音)	ㅣ	ㅟ	ㅡ	ㅜ
중모음(中母音)	ㅔ	ㅚ	ㅓ	ㅗ
저모음(低母音)	ㅐ		ㅏ	

(2) 11개의 이중 모음(二重母音)

발음할 때 입술이나 혀가 움직이는 모음이다.

상향식 이중 모음	ㅣ(j)+단모음	ㅑ, ㅕ, ㅛ, ㅠ, ㅒ, ㅖ
	ㅗ/ㅜ(w)+단모음	ㅘ, ㅝ, ㅙ, ㅞ
하향식 이중 모음	단모음+ㅣ(j)	ㅢ

3 음운의 변동

음운의 변동이란 두 음운이 만났을 때 발음을 좀 더 쉽고 간편하게 하거나 표현의 강화 효과를 위해 일어나는 현상을 말한다.

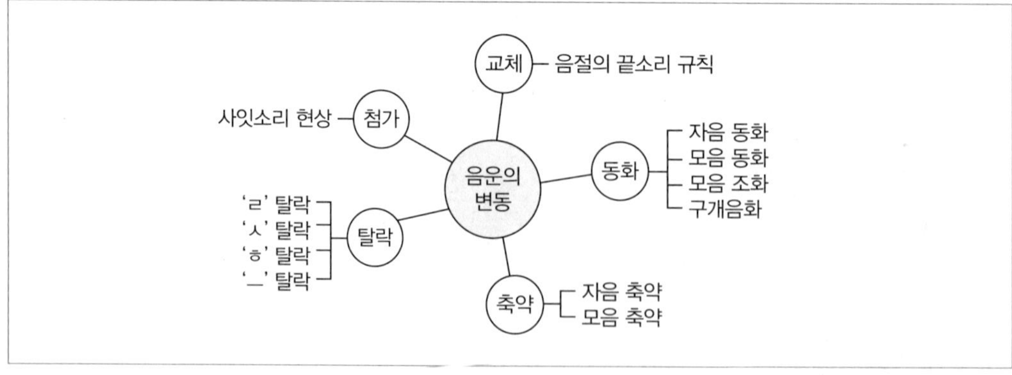

<table>
<tr><td>음절의 끝소리 규칙</td><td colspan="2">음절의 끝에서 발음되는 자음은 'ㄱ, ㄴ, ㄷ, ㄹ, ㅁ, ㅂ, ㅇ'의 일곱 개뿐이므로, 나머지 자음이 음절의 끝에 오면 일곱 개의 자음 중의 하나로 바뀌어 발음됨
예 잎[입], 값[갑], 꽃[꼳], 부엌[부억]</td></tr>
<tr><td rowspan="2">자음 동화</td><td>비음화</td><td>파열음 'ㄱ, ㄷ, ㅂ'이나 유음 'ㄹ'이 비음인 'ㄴ, ㅁ'의 앞이나 뒤에서 각각 비음인 'ㄴ, ㅁ, ㅇ'으로 변하는 현상
예 국물[궁물], 믿는[민는], 밥만[밤만]</td></tr>
<tr><td>유음화</td><td>비음인 'ㄴ'이 앞이나 뒤에 오는 유음 'ㄹ'의 영향으로 유음인 'ㄹ'로 바뀌는 현상
예 칼날[칼랄], 신라[실라]</td></tr>
<tr><td>모음 동화</td><td colspan="2">• 'ㅏ, ㅓ, ㅗ, ㅜ'의 뒤 음절에 전설 모음 'ㅣ'가 오면 전설 모음 'ㅐ, ㅔ, ㅚ, ㅟ'로 바뀌는 현상('ㅣ' 모음 역행 동화 현상이 대표적)
예 남비 → 냄비, 풋나기 → 풋내기, 멋장이 → 멋쟁이
• 모음 동화로 변한 발음은 대체로 표준 발음으로 인정하지 않음
예 아기[애기(×)], 아지랑이[아지랭이(×)]</td></tr>
<tr><td>모음 조화</td><td colspan="2">양성 모음('ㅏ, ㅗ')은 양성 모음끼리, 음성 모음('ㅓ, ㅜ, ㅡ')은 음성 모음끼리 어울리려는 현상
예 깎다 : 깎아, 깎아서, 깎았다 / 찰찰－철철(의성 · 의태부사에서 가장 뚜렷함)</td></tr>
<tr><td>구개음화</td><td colspan="2">끝소리가 'ㄷ, ㅌ'인 형태소가 모음 'ㅣ'나 'ㅑ, ㅕ, ㅛ, ㅠ'로 시작되는 형식형태소와 만나 구개음인 [ㅈ, ㅊ]으로 바뀌어 소리 나는 현상
예 굳이[구지], 해돋이[해도지]</td></tr>
<tr><td rowspan="2">축약</td><td>자음 축약</td><td>'ㅎ'+'ㄱ, ㄷ, ㅂ, ㅈ' → 'ㅋ, ㅌ, ㅍ, ㅊ'
예 좋다[조타], 좋고[조코], 잡히다[자피다], 놓지[노치]</td></tr>
<tr><td>모음 축약</td><td>두 모음이 한 모음으로 되는 현상
예 가리어 → 가려, 보아서 → 봐서</td></tr>
<tr><td rowspan="2">탈락</td><td>자음 탈락</td><td>• 'ㄹ' 탈락 : 합성이나 파생의 과정에서 'ㄹ'이 탈락하거나, 용언의 활용 과정에서 어간의 끝 받침 'ㄹ'이 탈락하는 현상
예 － 합성 · 파생 : 불+삽 → 부삽, 솔+나무 → 소나무, 바늘+질 → 바느질
－ 용언의 활용 과정 : 울+는 → [우는], 살+는 → [사는]
• 'ㅎ' 탈락 : 'ㅎ'이 모음으로 시작하는 어미나 접미사 앞에서 탈락하는 현상
예 넣어[너어], 놓을[노을], 좋은[조은], 많아서[마나서], 끓이다[끄리다]</td></tr>
<tr><td>모음 탈락</td><td>• 'ㅡ' 탈락 : 'ㅡ'가 다른 모음 앞에서 탈락하는 현상
예 크+어서 → 커서, 쓰+어라 → 써라, 담그+아도 → 담가도
• 동일 모음 탈락 : 똑같은 모음이 반복될 때 하나가 탈락하는 현상
예 가+아서 → 가서, 건너+어도 → 건너도, 타+아라 → 타라</td></tr>
<tr><td>된소리되기</td><td colspan="2">두 개의 안울림소리가 만나 뒤의 예사소리(ㄱ, ㄷ, ㅂ, ㅅ, ㅈ)가 된소리(ㄲ, ㄸ, ㅃ, ㅆ, ㅉ)로 바뀌는 현상
예 작다 → [작따], 국밥 → [국빱], 옷고름 → [옫고름] → [옫꼬름]</td></tr>
<tr><td>사잇소리 현상</td><td colspan="2">두 개의 형태소 또는 단어가 합쳐져서 합성 명사를 이룰 때, ① 뒤의 예사소리가 된소리로 변하거나, ② 'ㄴ' 또는 'ㄴㄴ' 소리가 첨가되는 경우
예 ① 밤길[밤낄], 길가[길까], 봄비[봄삐], 등불[등뿔]
② 나뭇잎[나문닙], 집일[짐닐], 아랫니[아랜니], 잇몸(이+몸)[인몸]</td></tr>
<tr><td>활음조 현상</td><td colspan="2">듣기나 말하기에 어렵거나 불편한 소리를 쉽고 편한 소리로 바꾸어 발음하는 현상
예 곤난(困難) → 곤란, 대노(大怒) → 대로, 폐염 → 폐렴, 지이산(智異山) → 지리산</td></tr>
</table>

03 형태론

1 형태소

(1) 형태소(최소 의미 단위)

뜻을 가진 가장 작은 말의 단위로, 더 나누면 뜻을 잃어버린다.

구분	특징	대상	예 철수가 이야기 책을 읽었다.
자립형태소	자립성 있음	체언, 수식언, 감탄사	철수, 이야기, 책
의존형태소	자립성 없음	조사, 어간, 어미, 접사	가, 을, 읽-, -었-, -다
실질형태소	실질적 의미 있음	체언, 수식언, 감탄사, 어간	철수, 이야기, 책, 읽-
형식형태소	실질적 의미 없음	조사, 어미, 접사	가, 을, -었-, -다

(2) 형태소 분류

① 문장에서의 단어와 형태소 분류

하늘이 매우 푸르다.

㉠ 띄어 쓴 단위로 나눈다.

예 하늘이/매우/푸르다

㉡ 조사를 분리한다.

예 하늘/이/매우/푸르다

㉢ 조사 외에도 의미가 있는 것을 또 나눈다.

예 하늘/이/매우/푸르/다

② 형태소 분석 시 유의사항

㉠ 용언의 활용형은 기본형으로 돌려놓고 분석한다.

㉡ 합성어와 파생어는 합성, 파생하기 이전의 형태로부터 분석한다.

㉢ 이름은 하나의 형태소로 취급한다.

㉣ 사이시옷은 형태소로 취급하지 않는다.

㉤ 한자어는 하나하나를 실질형태소이자 의존형태소로 보며, 대응하는 우리말이 없을 때만 자립형태소로 본다.

예 • 남겨진 적도 물리쳤겠네.

남/기/어/지/ㄴ/적/도/물리/치/었/겠/네-12개

• 단팥죽이라도 가져와야지.

달/ㄴ/팥/죽/이/라도/가지/어/오/아야지-10개

2 단어

(1) 단어(최소 자립 형식)

자립할 수 있는 말이나, 자립할 수 있는 형태소에 붙어서 쉽게 분리할 수 있는 말이다.

(2) 단어의 형성

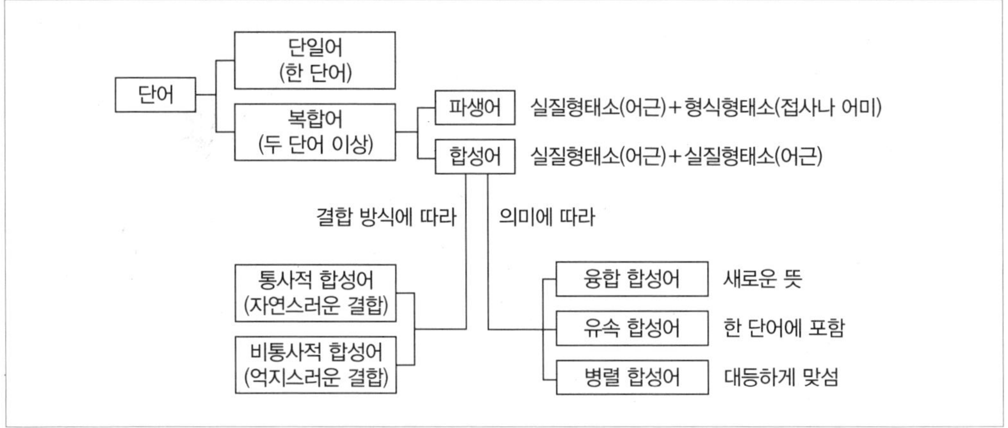

① 단일어 : 하나의 어근으로 된 단어를 말한다. 예 집, 나무, 하늘, 잠자리, 깍두기

② 복합어 : 둘 이상의 어근이나, 어근과 접사의 결합으로 이루어진 단어를 말하며, 파생어와 합성어로 나누어진다.

㉠ 파생어 : 실질형태소(어근)+형식형태소(접사)

예 지붕(집+웅), 맏아들(맏+아들), 핫바지(핫+바지)

접두사	접미사
• 어근의 앞에 붙어서 특정한 뜻을 더하거나 강조하면서 새로운 말을 만드는 역할 • 어근의 품사를 바꾸지는 않음 예 풋고추, 맨손, 시어머니, 헛소리, 덧니 …	• 어근이나 단어의 뒤에 붙어 새로운 말을 만드는 역할 • 어근의 품사를 바꾸기도 함 예 – 명사 파생 : 오줌싸개, 코흘리개 … – 동사 파생 : 사랑하다, 반짝거리다 … – 형용사 파생 : 향기롭다, 좁다랗다 … – 피동사 파생 : 막히다, 갈리다 … – 사동사 파생 : 들추다, 씌우다 … – 부사 파생 : 마주, 낱낱이 …

㉡ 합성어 : 실질형태소(어근)+실질형태소(어근)

예 집안(집+안), 소나무(솔+나무), 높푸르다(높-+푸르다)

기능에 따라	합성명사	예 논밭, 고무신, 볶음밥, 늦잠, 봄비 …
	합성동사	예 힘들다, 떠밀다, 뛰놀다, 붙잡다 …
	합성형용사	예 배부르다, 굳세다, 높푸르다 …
	합성부사	예 곧잘, 또다시, 오래오래, 사이사이 …
의미 관계에 따라	대등합성어	예 손발, 오가다, 여닫다 …
	유속합성어	예 돌다리, 쇠못 …
	융합합성어	예 춘추(나이), 연세, 세월, 밤낮(종일) …

형태에 따라	변화가 없는 경우		예 책가방 : 책+가방
	변화가 있는 경우	탈락	예 활살 → 화살, 말소 → 마소
		첨가	예 조+쌀 → 좁쌀, 대+싸리 → 댑싸리
		ㄹ → ㄷ	예 이틀+날 → 이튿날, 삼질+날 → 삼짇날
		사이시옷	예 나무+잎 → 나뭇잎, 초+불 → 촛불

- 통사적 합성어 : 우리말의 일반적인 단어 배열법과 일치하는 합성어
  예 힘쓰다(힘을 쓰다. 조사 '을'이 생략된 통사적 합성어)
- 비통사적 합성어 : 우리말의 일반적인 단어 배열법과 일치하지 않는 합성어
  예 검푸르다(검다+푸르다, 어미 '다'가 생략된 비통사적 합성어)

3 품사

(1) 품사의 분류

기능상	의미상		특징
체언	명사	사물의 이름을 나타내는 품사 예 고유명사, 보통명사, 자립명사, 의존명사, 가산명사, 불가산명사, 무정명사, 유정명사	• 형태가 변하지 않음 • 문장에서 중심적인 역할을 함 • 조사와 결합하여 쓰이거나 홀로 사용됨
	대명사	사람이나 사물의 이름을 대신 나타내는 품사 예 지시대명사, 인칭대명사	
	수사	사물의 수량이나 순서를 나타내는 품사 예 양수사, 서수사	
수식언	관형사	체언 앞에 놓여서, 그 체언의 내용을 자세히 꾸며 주는 품사 예 지시관형사, 수관형사, 성상관형사	• 문장에서 다른 단어를 꾸며 주는 역할을 함 • 꾸밈을 받는 말 앞에 놓임 • 형태가 변하지 않음
	부사	용언 또는 다른 말 앞에 놓여 그 뜻을 분명하게 하는 품사 예 성분부사, 문장부사	
관계언	조사	체언이나 부사, 어미 등에 붙어 그 말과 다른 말과의 관계를 표시하거나 그 말의 뜻을 도와주는 품사 • 격조사 : 주격, 목적격, 부사격, 호격, 보격, 서술격, 관형격 조사 • 접속조사 : 단어접속조사, 문장접속조사 • 보조사 : 성분보조사, 종결보조사, 통용보조사	• 홀로 쓰일 수 없고 다른 말에 붙어 사용됨 • 자립성이 없지만 다른 말과 쉽게 구분되어 단어로 인정받음 • 형태가 변하지 않음 예외 서술격 조사 '이다'
독립언	감탄사	말하는 이의 본능적인 놀람이나 느낌, 부름, 응답 등을 나타내는 품사 [독립언이나 감탄사가 아닌 것] • 문장 제시어 • 사람이름+호격 • 조사, 문장접속부사 등	• 형태가 변하지 않고, 조사와 결합하지 않음 • 문장에서 다른 말들과 관련이 적음

기능상	의미상		특징
용언	동사	어떠한 사물의 동작이나 작용을 나타내는 품사 예 본동사, 보조동사	• 문장에서 사물이나 사람의 움직임, 상태, 성질을 설명함 • 문장을 끝맺거나 연결하는 역할을 함 • 형태가 변함
	형용사	어떠한 사물의 성질이나 상태, 모양을 나타내는 품사 예 본형용사, 보조형용사	

(2) 실전 품사의 구별

1	물결이 채 가라앉기도 전에 닻을 풀었다. → 부사
	옷을 입은 채 물에 들어갔다. → 의존명사
2	거기에 학생들이 많이 모였다. → 복수 접미사
	소, 말, 돼지, 개 들을 포유동물이라 한다. → 의존명사
3	다른 사람은 조용한데, 철수야. 너 왜 떠들어? → 관형사
	나는 너와 다른 처지에 있다. → 형용사
4	차마 말하지 못할 사정 → 보조적 연결 어미
	그 책을 읽은 지 오래다. → 의존명사
5	그는 만 열여섯 살이다. → 관형사
	조청이 꿀만 못하다. → 부사격 조사('~보다'의 의미로 쓰일 때)
6	소월은 퍽 낭만적인 시인이다. → 명사
	그녀는 낭만적 감정을 누르지 못하였다. → 관형사
7	너는 왜 일은 아니 하고 놀기만 하느냐? → 부사
	공부하지 아니하고 놀기만 하면 쓰나? → 동사
8	옳소, 찬성이오. → 감탄사
	당신 말이 옳소! → 형용사
9	그는 막 집에 도착했나 보다. → 형용사
	그는 어제 해놓은 음식이 상했는지 먹어 보았다. → 동사
10	이 바지는 크니까, 다른 걸로 바꾸어 주세요. → 형용사
	화초가 무럭무럭 큽니다. → 동사

04 문장론

1 문장

(1) 문장의 뜻

① 생각이나 감정을 완결된 내용으로 표현하는 최소의 언어 형식이다.

② 의미상으로 완결된 내용을 갖추고 형식상으로 문장이 끝났음을 나타내는 표지가 있는 것이다.

(2) 문장의 성분

종류	성분	내용
주성분	주어	움직임이나 상태 또는 성질의 주체를 나타냄 예 나는 까치 소리를 좋아했다.
	서술어	주어의 움직임, 상태, 성질을 서술하는 역할을 함 예 나는 까치 소리를 좋아했다.
	목적어	서술어의 동작 대상이 되는 부분임 예 나는 까치 소리를 좋아했다.
	보어	'되다', '아니다' 앞에서 '무엇이'의 내용을 나타냄 예 나는 공무원이 되었다.
부속성분	관형어	체언을 꾸며 줌 예 새 모자를 샀다.
	부사어	• 주로 용언을 꾸며 줌 • 다른 관형어나 부사어, 문장 전체도 꾸밈 • 문장이나 단어를 이어 주는 말들도 포함됨 예 집을 새롭게 고쳤다.
	독립어	다른 문장 성분과 직접적인 관련이 없음 예 아아, 지금은 노래를 할 수가 없다.

(3) 서술어의 자릿수

서술어가 요구하는 필수 성분(주어, 목적어, 보어, 필수 부사어)의 수를 의미한다.

구분	내용
한 자리 서술어	주어+서술어 예 꽃이 피었다.
두 자리 서술어	주어+목적어(보어, 부사어)+서술어 예 • 물이 얼음이 되었다. • 나는 책을 읽었다.
세 자리 서술어	주어+목적어+부사어+서술어 예 나는 꽃을 그녀에게 주었다.

(4) 문장의 종류

① 홑문장 : 주어와 서술어의 관계가 한 번만 이루어진 문장

예 대체 저것은 무엇일까?

② 겹문장 : 주어와 서술어의 관계가 두 번 이상 이루어진 문장

㉠ 안은문장과 안긴문장 : 문장 속에 안겨 하나의 성분처럼 쓰이는 절(節)을 안긴문장이라고 하며, 이러한 절을 포함한 문장을 안은문장이라고 함

명사절을 안은문장	영희가 천재임이 밝혀졌다.
관형절을 안은문장	강아지는 내가 좋아하는 동물이다.
서술절을 안은문장	코끼리는 코가 길다.
부사절을 안은문장	비가 소리도 없이 내린다.
인용절을 안은문장	• 그는 나에게 영화 보러 가자고 말했다. → 간접 인용 • 그가 "오늘 영화 보러 갈래?"라고 물었다. → 직접 인용

㉡ 이어진 문장 : 둘 이상의 홑문장이 연결 어미에 의해 이어진 문장을 뜻함

대등하게 이어진 문장	• 바람이 불고 비가 내렸다.	• 그녀는 갔지만 그는 안 갔다.
종속적으로 이어진 문장	• 눈이 와서 길이 질다.	• 나는 독서실에 가려고 집을 나섰다.

2 문법요소

(1) 높임 표현

주체 높임법	행위의 주체를 높임. 선어말 어미 '-(으)시-' 사용 • 동사에 의한 주체 높임 : 계시다, 잡수시다, 주무시다, 편찮으시다, 돌아가시다 예 아버지께서는 집에 계신다. • 간접 높임 : 높임 대상인 주체의 신체 부분, 소유물, 생각 등을 높여 주체를 높임 예 할머니께서는 귀가 밝으시다. • 제약 : 문장의 주체가 화자보다 높아도 청자보다 낮으면 '-시-'를 안 씀(압존법) 예 할아버지, 아버지가 지금 왔습니다.
객체 높임법	화자가 목적어 · 부사어의 지시 대상인 서술의 객체를 높임. '모시다, 드리다, …' 등의 동사나 부사격 조사 '-께'에 의해 실현됨 예 나는 교수님께 책을 드렸다.
상대 높임법	• 격식체 : 격식체는 격식을 차려 심리적 거리감을 나타내는 표현으로, 높임의 정도에 따라 '하십시오체', '하오체', '하게체', '해라체'로 나눌 수 있음

구분	평서문	의문문	명령문	청유문	감탄문
하십시오체 (아주 높임)	하십니다 합니다	하십니까? 합니까?	하십시오	(하시지요)	–
하오체 (예사 높임)	하(시)오	하(시)오?	하(시)오 하구려	합시다	하는구려
하게체 (예사 낮춤)	하네 함세	하는가? 하나?	하게	하세	하는구먼
해라체 (아주 낮춤)	한다	하니? 하냐?	해라 하렴	하자	하는구나

상대 높임법

• 비격식체 : 비격식체는 정감 있고 격식을 덜 차리는 표현으로, 높임의 정도에 따라 '해요체', '해체'로 나눌 수 있다.

구분	평서문	의문문	명령문	청유문	감탄문
해요체 (두루 높임)	해요 하지요	해요? 하지요?	해요 하지요	해요 하지요	해요 하지요
해체 (두루 낮춤)	해 하지	해? 하지?	해 하지	해 하지	해 하지

(2) 시간 표현

발화시를 중심으로 사건시를 표현	과거	사건시>발화시	예 어제 영화를 봤다.
	현재	사건시=발화시	예 지금 영화를 본다.
	미래	사건시<발화시	예 내일 영화를 볼 것이다.
발화시를 기준으로 동작의 진행 여부를 표현	완료상 : 동작이 완료됨		예 지금 전화를 걸어 버렸어.
	진행상 : 동작이 진행되고 있음		예 지금 전화를 걸고 있어.

(3) 피동 · 사동 표현

① 능동-피동 : 주어가 제 힘으로 행동하는 것을 '능동'이라 하고, 주어가 다른 주체에 의해 동작을 당하는 것을 '피동'이라 한다.

② 주동-사동 : 주어가 직접 동작하는 것을 '주동'이라 하고, 주어가 남에게 어떤 동작을 하도록 시키는 것을 '사동'이라 한다.

피동 표현	**파생적 피동 (단형 피동)**	• 능동사 어간+피동 접미사(-이-, -히-, -리-, -기-) • 명사+접미사 '-되다' 예 도둑이 잡히다. / 철길이 복구되다.
	통사적 피동 (장형 피동)	• 능동사 어간+'-아/-어지다' • 능동사 어간+'-게 되다' 예 운동화 끈이 풀어지다. / 사실이 드러나게 되다.
사동 표현	**파생적 사동 (단형 사동)**	• 주동사 어간+사동 접미사(-이-, -히-, -리-, -기-, -우-, -구-, -추-) • 주동사 어간+'-시키다' 예 책을 읽히다. / 버스를 정차시키다.
	통사적 사동 (장형 사동)	주동사 어간+'-게 하다' 예 책을 읽게 하다.

③ 주동문을 사동문으로 만드는 방법

㉠ 서술어가 자동사인 주동문을 사동문으로 바꾸는 경우

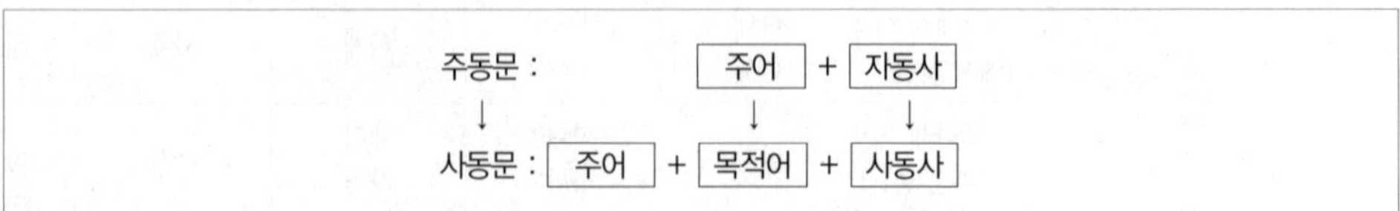

예 얼음이 녹았다. (주동문) → 아이들이 얼음을 녹였다. (사동문)

㉡ 서술어가 타동사인 주동문을 사동문으로 바꾸는 경우

주동문 :		주어	+ 목적어	+ 타동사
↓		↓	↓	↓
사동문 :	주어	+ 부사어	+ 목적어	+ 사동사

예 철수가 옷을 입었다. (주동문) → 엄마가 철수에게 옷을 입혔다. (사동문)

④ 능동문을 피동문으로 만드는 방법

서술어가 타동사인 능동문을 피동문으로 바꾸는 경우

능동문 :	주어	+ 목적어	+ 타동사
↓		╳	↓
피동문 :	주어	+ 부사어	+ 피동사

예 순경이 도둑을 잡았다. (능동문) → 도둑이 순경에게 잡혔다. (피동문)

(4) 부정 표현

주어의 의지나 능력에 따라	'안' 부정문	단순 부정, 상태 부정, 의지 부정 예 나는 여행을 가지 않았다. 예 그는 자고 있지 않다. 예 나는 여행을 안 간다.
	'못' 부정문	상태 부정, 능력 부정 예 그녀는 여행을 못 갔다.
	'말다' 부정문	금지-동사 서술어만 가능, 명령문과 청유문에 가능 예 그 책은 읽지 마라.
문장의 길이에 따라	짧은 부정문	'안', '못'+서술어 예 내 친구는 술을 못 마신다.
	긴 부정문	서술어+'-지 않다', '-지 못하다' 예 내 친구는 술을 마시지 못한다.
중의성 해소 방법	억양, 조사 사용	예 친구들이 오지 않았다. → 친구들이 오지는 않았다. 예 친구들이 다 오지 않았다. → 친구들이 다 오지는 않았다. → 친구들이 다는 오지 않았다.

05 의미론

1 의미의 종류

(1) 중심적 의미와 주변적 의미

중심적 의미	아기의 귀여운 손 (신체)
주변적 의미	• 손이 모자란다. (일손) • 그 사람과 손을 끊겠다. (관계/교류) • 손이 크다. (씀씀이)

(2) 사전적/개념적/외연적/인지적 의미와 함축적/연상적/내포적 의미

① 사전적/개념적/외연적/인지적 의미 : 여성(사람, 남성과 대립되는 말)

② 함축적/연상적/내포적 의미 : 여성(모성본능, 꼼꼼함, 자상함, …)

2 단어 간의 의미 관계

유의 관계	㉠ 말소리는 다르지만 의미가 서로 비슷한 단어끼리의 관계 ㉡ 유의 관계는 실제로는 두 개 이상의 단어들이 무리를 이루고 있는 경우가 더 많음 예 • 가끔–더러–이따금–드문드문–때로–간혹–혹간–간간이–왕왕–종종–자주–수시로–번번히 • 바보–멍텅구리–멍청이–맹추–맹꽁이–머저리–얼간이–밥통–등신–천치–숙맥 • 가난하다–빈곤(貧困)하다–빈궁(貧窮)하다–어렵다–곤궁(困窮)하다–궁핍(窮乏)하다
반의 관계	㉠ 한 개의 의미 요소만 다르고 나머지 의미 요소들은 모두 공통되는 관계 예 • '남자 : 여자', '총각 : 처녀'–'성별'이라는 점에서 대립을 이룬다. • '오다 : 가다'–'이동 방향'이라는 점에서 대립을 이룬다. ㉡ 반의어 중에는 하나의 단어에 여러 개의 단어들이 대립하는 경우도 있다. 예 • 뛰다 : (철수) 걷다, (땅값) 내리다 • 열다 : (서랍) 닫다, (수도꼭지) 잠그다, (자물쇠) 채우다
하의/상하 관계	㉠ 한쪽이 의미상 다른 쪽을 포함하거나 다른 쪽에 포함되는 의미 관계 ㉡ 이때 포함하는 단어가 상의어(上義語 : 일반적, 포괄적), 포함되는 단어가 하의어(下義語 : 개별적, 한정적) 예 • 직업⊃공무원, 작가, 연예인 • 연예인⊃연기자, 가수

3 의미변화의 원인과 갈래

(1) 의미변화의 원인

① 언어적 원인 : 언어 자체의 변화

예 • 생략 : 아침(밥), 머리(카락)

• 민간어원 : 행주치마, 소나기, 임금

② 역사적 원인 : 지식은 바뀌어도 있던 말 그대로 사용함
 예 하늘, 땅, 배
③ 사회적 원인 : 전혀 다른 분야에까지 쓰임
 예 왕, 박사, 도사, 대장, 사령탑, 출혈, 복음, 아버지
④ 심리적 원인 : 금기나 연상작용, 완곡어
 예 지킴(구렁이), 산신령(호랑이), 마마(홍역), 바가지(철모)

(2) 의미변화의 갈래

① 의미의 확장(= 일반화) 예 다리, 영감, 먹다, 세수, 목숨
② 의미의 축소(= 특수화) 예 얼굴, 짐승, 놈, 계집
③ 의미의 이동(= 어의 전성) 예 어리다, 예쁘다, 씩씩하다, 인정, 방송

06 고전문법

1 국어사의 시대 구분

시대 구분	시기	언어 중심지	특징
고대 국어	~10세기	신라(경주)	• 북방의 부여계 언어와 남방의 한계 언어가 나뉘어 있다가 삼국으로 분화됨 • 한글 창제 이전이기 때문에 주로 한자어를 빌려서 우리말을 표기함 • 주요 문학 : 고대 가요, 향가, 설화
중세 국어(전기)	10~14세기/14~15세기	고려(개성)/조선(한양)	• 한자어가 다량 유입됨 • 통일신라가 멸망하고 고려가 건국하면서 언어의 중심지가 중앙 지역으로 옮겨옴 • 주요 문학 : 고려 속요, 경기체가, 가전체 문학, 패관 문학, 시조
중세 국어(후기)	15~16세기	조선(한양)	• 훈민정음 창제로 문자 체계가 확립됨 • 한양이 국어의 중심이 됨 • 주요 문학 : 시조, 악장, 가사, 한문 소설
근대 국어	17~19세기		• 한글 사용 범위가 넓어짐 • 임진왜란으로 인해 실용적인 방향으로 언어가 변화됨 • 주요 문학 : 한글 소설, 사설시조, 장편 가사, 판소리
현대 국어	20세기~현재	한국(서울)	외국어, 특히 영어가 다량으로 유입됨

(1) 고대 국어

고대 국어 시기에는 우리의 문자가 없었기 때문에 고유어를 표기할 때 중국의 한자를 빌려서 표기하였다. 이와 같이 한자를 빌려 고유어를 표기하는 것을 '차자 표기'라고 한다.

서기체 표기	한자를 우리말 어순에 맞게 배열하여 사용하던 한자 차용 방식으로 조사나 어미는 사용하지 않았고 후에 이두로 발전함
이두(吏讀)	우리말 어순에 맞게 쓴 서기체 형태에 조사와 어미까지 표기하여 문장의 의미를 분명하게 표현하는 방식
구결(口訣)	한문 원문을 읽을 때, 의미 파악을 쉽게 할 수 있도록 원문은 그대로 두고 구절 사이에 조사나 어미를 삽입하는 방식
향찰(鄕札)	신라의 향가를 표기하는 데 사용된 방법으로 우리말을 기록할 때 한자의 음과 뜻을 이용하여 문장 전체를 적은 표기법

(2) 중세 국어

- 된소리가 등장하기 시작하였다.
- 'ㆍ, ㅡ, ㅣ, ㅗ, ㅏ, ㅜ, ㅓ' 등 7모음 체계를 가지고 있었다.
- 서로 다른 둘 이상의 자음이 첫소리에 사용되었다.
- 의문문의 종류에 따라 의문형 어미가 달리 쓰였다.
- 모음조화 현상이 잘 지켜졌으나, 후기에는 부분적으로 지켜지지 않았다.
- 성조(聲調)가 있었고, 그것은 방점(傍點)으로 표기되었다.
- 중세 특유의 주체 높임법, 객체 높임법, 상대 높임법 등이 있었다.
- 고유어와 한자어의 경쟁이 계속되었고, 앞 시기에 비해서 한자어의 쓰임이 증가하였다.
- 언문불일치(言文不一致)가 계속되었고, 한글 문체는 아직 일반화되지 못하였다.
- 이웃 나라와 접촉하는 과정에서 중국어, 몽골어, 여진어 등의 외래어가 들어오기도 하였다.

(3) 근대 국어

- 성조가 사라지면서 방점이 완전히 소실되었다(상성은 현대 국어의 장음으로 변함).
- 문자 'ㅸ', 'ㆁ', 'ㆆ', 'ㅿ' 등이 사라지는 등 문자 체계가 변화하였다.
- 'ㅂ'계, 'ㅄ'계 어두 자음군이 사라지면서 된소리로 바뀌었다.
- 음운 'ㆍ'가 완전히 소실되었다(1933년 한글 맞춤법 통일안 때 없어짐).
- 이중 모음이던 'ㅐ'와 'ㅔ'가 단모음화되어 'ㅡ, ㅣ, ㅗ, ㅏ, ㅜ, ㅓ, ㅔ, ㅐ' 등 8개의 단모음 체계를 가졌다.
- 중세의 이어 적기 방식이 현대의 끊어 적기 방식으로 가는 과도기적 표기가 나타났다.
- 주격 조사 '가'가 사용되기 시작했다.
- 모음조화 현상이 파괴되었다.
- 높임의 주격 조사 'ᄭᅴ셔'가 사용되었다.
- 신문물의 어휘가 많이 등장하였다.
- 과거 시제 선어말 어미 '-앗-', '-엇-'이 확립되었다.
- 객체 높임 선어말 어미 '-ᄉᆞᆸ-, -ᄌᆞᆸ-, -ᅀᆞᆸ-'이 객체 높임에 쓰이지 않게 되었다.

2 훈민정음

(1) 초성(자음 17자)

자음은 발음 기관의 모양을 상형하여 'ㄱ, ㄴ, ㅁ, ㅅ, ㅇ'이라는 기본자를 만든 다음 이를 중심으로 각각 획을 더해 가획자를 만들었다. 이체자는 기본자에서 획을 더하여 만든 것이 아니라 새로운 모양으로 만들었다.

제자원리 / 조음위치	기본자	가획자	이체자	기본자의 상형
어금닛소리(牙音)	ㄱ	ㅋ	ㆁ	혀뿌리가 목구멍을 막는 모양
혓소리(舌音)	ㄴ	ㄷ → ㅌ		혀끝이 윗잇몸에 닿는 모양
입술소리(脣音)	ㅁ	ㅂ → ㅍ		입 모양
잇소리(齒音)	ㅅ	ㅈ → ㅊ		이 모양
목소리(喉音)	ㅇ	ㆆ → ㅎ		목구멍 모양
반혓소리(半舌音)			ㄹ	
반잇소리(半齒音)			ㅿ	

(2) 중성(모음 11자)

모음은 성리학에서 말하는 우주의 기본 요소인 삼재(三才), 즉 천(天) · 지(地) · 인(人)을 본떠 기본자인 'ㆍ, ㅡ, ㅣ'를 만들었다. 이 기본자를 합하여 초출자와 재출자를 만들었다. 여기서 초출자란 'ㆍ'와 나머지 기본자 하나를 합하여 만든 글자이고, 재출자란 초출자에 'ㆍ'를 다시 합하여 만든 글자이다.

소리의 성질 / 제자 순서	양성 모음(天)	음성 모음(地)	중성 모음(人)
기본자(基本字)	ㆍ	ㅡ	ㅣ
초출자(初出字)	ㅗ, ㅏ	ㅜ, ㅓ	
재출자(再出字)	ㅛ, ㅑ	ㅠ, ㅕ	

(3) 종성 – 8종성가족용(八終聲可足用)

① 훈민정음 예의 부분에 '종성부용초성(終聲復用初聲) – 종성은 초성을 다시 쓴다.'는 규정이 있다. 즉, 초성과 종성이 음운론적으로 동일하다는 사실에 근거하여 종성을 따로 만들지 않고 초성을 다시 사용한 것이다.

② 훈민정음의 원리를 설명한 훈민정음 해례본에서는 ㄱ, ㄴ, ㄷ, ㄹ, ㅁ, ㅂ, ㅅ, ㆁ 8개의 자음만 종성에 사용한다는 '팔종성가족용(八終聲可足用)'에 대한 언급이 있다.

③ 종성과 관련된 두 가지 규칙을 적용하면 원칙적으로는 종성에 모든 초성을 쓸 수 있지만 실제로는 8개의 초성만을 종성에 사용했다는 뜻이다.

3 글자의 운용법

(1) 이어쓰기(연서법, 連書法)

초성자 두 개를 밑으로 이어 쓰는 방법을 말한다. 순음(ㅁ, ㅂ, ㅍ, ㅃ) 아래에 'ㅇ'을 이어서 'ㅱ, ㅸ, ㆄ, ㅹ'와 같이 입술소리 아래 이어 써서 입술 가벼운 소리 글자를 만드는 방법을 말한다. 이 글자들은 만들어진 글자를 응용하여 만든 것이므로 기본자에는 포함되지 않는다. 참고로 순경음 중에서 우리말에 쓰인 것은 'ㅸ'뿐이고, 나머지는 한자음 표기에 사용되었다.

(2) 나란히쓰기(병서법, 竝書法)

초성이나 종성에서 자음 두 개 또는 세 개를 나란히 쓰는 방법을 말한다. 각자병서와 합용병서로 나눌 수 있다.

① 각자병서(各字竝書) : 같은 자음을 두 개 나란히 쓰는 것으로 ㄲ, ㄸ, ㅃ 등과 같이 전탁음과 동일하다.

② 합용병서(合用竝書) : 서로 다른 자음을 나란히 쓰는 것으로 ㅺ, ㅼ, ㅽ, ㅳ, ㅶ, ㅷ, ㅴ, ㅵ 등이 있다.

(3) 붙여쓰기(부서법, 附書法)

자음에 모음을 붙이는 방법으로 우서법과 하서법으로 나눌 수 있다.

① 우서법(右書法) : 초성+'ㅣ, ㅏ, ㅓ, ㅑ, ㅕ'와 같이 수직으로 뻗은 모음은 오른쪽에 붙여 쓴다.

예 바다 사람

② 하서법(下書法) : 초성+'ㆍ, ㅡ, ㅗ, ㅜ, ㅛ, ㅠ'와 같이 수평으로 뻗은 모음은 자음 아래 붙여 쓴다.

예 구름

(4) 음절이루기(성음법, 成音法)

낱글자를 합하여 음절을 만드는 방법이다. 동국정운식 한자음에서는 반드시 '초성+중성+종성'을 합하여 음절을 만들었지만 고유어는 '초성+중성'으로도 음절을 이룰 수 있다.

(5) 사성(四聲)

소리의 높낮이, 즉 성조를 나타내기 위해 글자의 왼쪽에 점을 찍는 방법이다. 방점은 크게 평성, 상성, 거성, 입성 등이 있다.

종류	방점	소리의 특성
평성	없음	처음과 끝이 한결같이 낮은 소리
상성	2점	처음은 낮으나 끝은 높은 소리
거성	1점	처음과 끝이 한결같이 높은 소리
입성	없음, 1점, 2점	빨리 끝맺는 소리(받침이 ㄱ, ㄷ, ㅂ, ㅅ으로 끝남)

THEME 02 어문규정

01 한글 맞춤법

제1장 총칙

제1항 한글 맞춤법은 표준어를 소리대로 적되, 어법에 맞도록 함을 원칙으로 한다.

제2항 문장의 각 단어는 띄어 씀을 원칙으로 한다.

제3항 외래어는 '외래어 표기법'에 따라 적는다.

제2장 자모

제4항 한글 자모의 수는 스물넉 자로 하고, 그 순서와 이름은 다음과 같이 정한다.

ㄱ(기역)	ㄴ(니은)	ㄷ(디귿)	ㄹ(리을)	ㅁ(미음)
ㅂ(비읍)	ㅅ(시옷)	ㅇ(이응)	ㅈ(지읒)	ㅊ(치읓)
ㅋ(키읔)	ㅌ(티읕)	ㅍ(피읖)	ㅎ(히읗)	
ㅏ(아)	ㅑ(야)	ㅓ(어)	ㅕ(여)	ㅗ(오)
ㅛ(요)	ㅜ(우)	ㅠ(유)	ㅡ(으)	ㅣ(이)

[붙임 1] 위의 자모로써 적을 수 없는 소리는 두 개 이상의 자모를 어울러서 적되, 그 순서와 이름은 다음과 같이 정한다.

ㄲ(쌍기역)	ㄸ(쌍디귿)	ㅃ(쌍비읍)	ㅆ(쌍시옷)	ㅉ(쌍지읒)	
ㅐ(애)	ㅒ(얘)	ㅔ(에)	ㅖ(예)	ㅘ(와)	
ㅙ(왜)	ㅚ(외)	ㅝ(워)	ㅞ(웨)	ㅟ(위)	ㅢ(의)

[붙임 2] 사전에 올릴 적의 자모 순서는 다음과 같이 정한다.

자음 : ㄱ ㄲ ㄴ ㄷ ㄸ ㄹ ㅁ ㅂ ㅃ ㅅ ㅆ ㅇ ㅈ ㅉ ㅊ ㅋ ㅌ ㅍ ㅎ
모음 : ㅏ ㅐ ㅑ ㅒ ㅓ ㅔ ㅕ ㅖ ㅗ ㅘ ㅙ ㅚ ㅛ ㅜ ㅝ ㅞ ㅟ ㅠ ㅡ ㅢ ㅣ

제3장 소리에 관한 것

제1절 된소리

제5항 한 단어 안에서 뚜렷한 까닭 없이 나는 된소리는 다음 음절의 첫소리를 된소리로 적는다.

1. 두 모음 사이에서 나는 된소리

소쩍새	어깨	오빠	으뜸	아끼다
기쁘다	깨끗하다	어떠하다	해쓱하다	가끔
거꾸로	부썩	어찌	이따금	

2. 'ㄴ, ㄹ, ㅁ, ㅇ' 받침 뒤에서 나는 된소리

산뜻하다	잔뜩	살짝	훨씬	담뿍
움찔	몽땅	엉뚱하다		

다만, 'ㄱ, ㅂ' 받침 뒤에서 나는 된소리는, 같은 음절이나 비슷한 음절이 겹쳐 나는 경우가 아니면 된소리로 적지 아니한다.

국수	깍두기	딱지	색시	싹둑(~싹둑)
법석	갑자기	몹시		

제2절 구개음화

제6항 'ㄷ, ㅌ' 받침 뒤에 종속적 관계를 가진 '-이(-)'나 '-히-'가 올 적에는 그 'ㄷ, ㅌ'이 'ㅈ, ㅊ'으로 소리 나더라도 'ㄷ, ㅌ'으로 적는다.(ㄱ을 취하고, ㄴ을 버림)

ㄱ	ㄴ	ㄱ	ㄴ
맏이	마지	핥이다	할치다
해돋이	해도지	걷히다	거치다
굳이	구지	닫히다	다치다
같이	가치	묻히다	무치다
끝이	끄치		

제3절 'ㄷ' 소리 받침

제7항 'ㄷ' 소리로 나는 받침 중에서 'ㄷ'으로 적을 근거가 없는 것은 'ㅅ'으로 적는다.

덧저고리	돗자리	엇셈	웃어른	핫옷
무릇	사뭇	얼핏	자칫하면	뭇[衆]
옛	첫	헛		

제4절 모음

제8항 '계, 례, 몌, 폐, 혜'의 'ㅖ'는 'ㅔ'로 소리 나는 경우가 있더라도 'ㅖ'로 적는다.(ㄱ을 취하고, ㄴ을 버림)

ㄱ	ㄴ	ㄱ	ㄴ
계수(桂樹)	게수	혜택(惠澤)	헤택
사례(謝禮)	사레	계집	게집
연몌(連袂)	연메	핑계	핑게
폐품(廢品)	페품	계시다	게시다

다만, 다음 말은 본음대로 적는다.

게송(偈頌)	게시판(揭示板)	휴게실(休憩室)

제9항 '의'나, 자음을 첫소리로 가지고 있는 음절의 'ㅢ'는 'ㅣ'로 소리 나는 경우가 있더라도 'ㅢ'로 적는다.(ㄱ을 취하고, ㄴ을 버림)

ㄱ	ㄴ	ㄱ	ㄴ
의의(意義)	의이	닁큼	닝큼
본의(本義)	본이	띄어쓰기	띠어쓰기
무늬[紋]	무니	씌어	씨어
보늬	보니	틔어	티어
오늬	오니	희망(希望)	히망
하늬바람	하니바람	희다	히다
늴리리	닐리리	유희(遊戲)	유히

제5절 두음 법칙

제10항 한자음 '녀, 뇨, 뉴, 니'가 단어 첫머리에 올 적에는, 두음 법칙에 따라 '여, 요, 유, 이'로 적는다.(ㄱ을 취하고, ㄴ을 버림)

ㄱ	ㄴ	ㄱ	ㄴ
여자(女子)	녀자	유대(紐帶)	뉴대
연세(年歲)	년세	이토(泥土)	니토
요소(尿素)	뇨소	익명(匿名)	닉명

다만, 다음과 같은 의존명사에서는 '냐, 녀' 음을 인정한다.

냥(兩)	냥쭝(兩-)	년(年)(몇 년)

[붙임 1] 단어의 첫머리 이외의 경우에는 본음대로 적는다.

남녀(男女)	당뇨(糖尿)	결뉴(結紐)	은닉(隱匿)

[붙임 2] 접두사처럼 쓰이는 한자가 붙어서 된 말이나 합성어에서, 뒷말의 첫소리가 'ㄴ' 소리로 나더라도 두음 법칙에 따라 적는다.

신여성(新女性)	공염불(空念佛)	남존여비(男尊女卑)

[붙임 3] 둘 이상의 단어로 이루어진 고유 명사를 붙여 쓰는 경우에도 붙임 2에 준하여 적는다.

한국여자대학	대한요소비료회사

제11항 한자음 '랴, 려, 례, 료, 류, 리'가 단어의 첫머리에 올 적에는, 두음 법칙에 따라 '야, 여, 예, 요, 유, 이'로 적는다.(ㄱ을 취하고, ㄴ을 버림)

ㄱ	ㄴ	ㄱ	ㄴ
양심(良心)	량심	용궁(龍宮)	룡궁
역사(歷史)	력사	유행(流行)	류행
예의(禮儀)	례의	이발(理髮)	리발

다만, 다음과 같은 의존명사는 본음대로 적는다.

리(里) : 몇 리냐?
리(理) : 그럴 리가 없다.

[붙임 1] 단어의 첫머리 이외의 경우에는 본음대로 적는다.

개량(改良)	선량(善良)	수력(水力)	협력(協力)
사례(謝禮)	혼례(婚禮)	와룡(臥龍)	쌍룡(雙龍)
하류(下流)	급류(急流)	도리(道理)	진리(眞理)

다만, 모음이나 'ㄴ' 받침 뒤에 이어지는 '렬, 률'은 '열, 율'로 적는다.(ㄱ을 취하고, ㄴ을 버림)

ㄱ	ㄴ	ㄱ	ㄴ
나열(羅列)	나렬	분열(分裂)	분렬
치열(齒列)	치렬	선열(先烈)	선렬
비열(卑劣)	비렬	진열(陳列)	진렬
규율(規律)	규률	선율(旋律)	선률
비율(比率)	비률	전율(戰慄)	전률
실패율(失敗率)	실패률	백분율(百分率)	백분률

[붙임 2] 외자로 된 이름을 성에 붙여 쓸 경우에도 본음대로 적을 수 있다.

신립(申砬)	최린(崔麟)	채륜(蔡倫)	하륜(河崙)

[붙임 3] 준말에서 본음으로 소리 나는 것은 본음대로 적는다.

국련(국제 연합)	한시련(한국 시각 장애인 연합회)

[붙임 4] 접두사처럼 쓰이는 한자가 붙어서 된 말이나 합성어에서, 뒷말의 첫소리가 'ㄴ' 또는 'ㄹ' 소리로 나더라도 두음 법칙에 따라 적는다.

역이용(逆利用)	연이율(年利率)	열역학(熱力學)	해외여행(海外旅行)

[붙임 5] 둘 이상의 단어로 이루어진 고유 명사를 붙여 쓰는 경우나 십진법에 따라 쓰는 수(數)도 붙임 4에 준하여 적는다.

서울여관	신흥이발관	육천육백육십육(六千六百六十六)

제12항 한자음 '라, 래, 로, 뢰, 루, 르'가 단어의 첫머리에 올 적에는, 두음 법칙에 따라 '나, 내, 노, 뇌, 누, 느'로 적는다.(ㄱ을 취하고, ㄴ을 버림)

ㄱ	ㄴ	ㄱ	ㄴ
낙원(樂園)	락원	뇌성(雷聲)	뢰성
내일(來日)	래일	누각(樓閣)	루각
노인(老人)	로인	능묘(陵墓)	릉묘

[붙임 1] 단어의 첫머리 이외의 경우에는 본음대로 적는다.

쾌락(快樂)	극락(極樂)	거래(去來)	왕래(往來)
부로(父老)	연로(年老)	지뢰(地雷)	낙뢰(落雷)
고루(高樓)	광한루(廣寒樓)	동구릉(東九陵)	가정란(家庭欄)

[붙임 2] 접두사처럼 쓰이는 한자가 붙어서 된 단어는 뒷말을 두음 법칙에 따라 적는다.

내내월(來來月)	상노인(上老人)
중노동(重勞動)	비논리적(非論理的)

제6절 겹쳐 나는 소리

제13항 한 단어 안에서 같은 음절이나 비슷한 음절이 겹쳐 나는 부분은 같은 글자로 적는다.(ㄱ을 취하고, ㄴ을 버림)

ㄱ	ㄴ	ㄱ	ㄴ
딱딱	딱닥	꼿꼿하다	꼿곳하다
쌕쌕	쌕색	놀놀하다	놀롤하다
씩씩	씩식	눅눅하다	눙눅하다
똑딱똑딱	똑닥똑닥	밋밋하다	민밋하다
쓱싹쓱싹	쓱삭쓱삭	싹싹하다	싹삭하다
연연불망(戀戀不忘)	연련불망	쌉쌀하다	쌉살하다
유유상종(類類相從)	유류상종	씁쓸하다	씁슬하다
누누이(屢屢-)	누루이	짭짤하다	짭잘하다

제4장 형태에 관한 것

제1절 체언과 조사

제14항 체언은 조사와 구별하여 적는다.

떡이	떡을	떡에	떡도	떡만
손이	손을	손에	손도	손만
팔이	팔을	팔에	팔도	팔만
밤이	밤을	밤에	밤도	밤만
집이	집을	집에	집도	집만
옷이	옷을	옷에	옷도	옷만
콩이	콩을	콩에	콩도	콩만
낮이	낮을	낮에	낮도	낮만
꽃이	꽃을	꽃에	꽃도	꽃만
밭이	밭을	밭에	밭도	밭만
앞이	앞을	앞에	앞도	앞만
밖이	밖을	밖에	밖도	밖만
넋이	넋을	넋에	넋도	넋만
흙이	흙을	흙에	흙도	흙만
삶이	삶을	삶에	삶도	삶민
여덟이	여덟을	여덟에	여덟도	여덟만
곬이	곬을	곬에	곬도	곬만
값이	값을	값에	값도	값만

제2절 어간과 어미

제15항 용언의 어간과 어미는 구별하여 적는다.

먹다	먹고	먹어	먹으니
신다	신고	신어	신으니
믿다	믿고	믿어	믿으니
울다	울고	울어	(우니)
넘다	넘고	넘어	넘으니
입다	입고	입어	입으니
웃다	웃고	웃어	웃으니
찾다	찾고	찾아	찾으니
좇다	좇고	좇아	좇으니
같다	같고	같아	같으니
높다	높고	높아	높으니
좋다	좋고	좋아	좋으니
깎다	깎고	깎아	깎으니
앉다	앉고	앉아	앉으니
많다	많고	많아	많으니
늙다	늙고	늙어	늙으니
젊다	젊고	젊어	젊으니
넓다	넓고	넓어	넓으니
훑다	훑고	훑어	훑으니
읊다	읊고	읊어	읊으니
옳다	옳고	옳아	옳으니
없다	없고	없어	없으니
있다	있고	있어	있으니

[붙임 1] 두 개의 용언이 어울려 한 개의 용언이 될 적에, 앞말의 본뜻이 유지되고 있는 것은 그 원형을 밝히어 적고, 그 본뜻에서 멀어진 것은 밝히어 적지 아니한다.

(1) 앞말의 본뜻이 유지되고 있는 것

넘어지다	늘어나다	늘어지다	돌아가다
되짚어가다	들어가다	떨어지다	벌어지다
엎어지다	접어들다	틀어지다	흩어지다

(2) 본뜻에서 멀어진 것

드러나다	사라지다	쓰러지다

[붙임 2] 종결형에서 사용되는 어미 '-오'는 '요'로 소리 나는 경우가 있더라도 그 원형을 밝혀 '오'로 적는다.(ㄱ을 취하고, ㄴ을 버림)

ㄱ	ㄴ
이것은 책이오.	이것은 책이요.
이리로 오시오.	이리로 오시요.
이것은 책이 아니오.	이것은 책이 아니요.

[붙임 3] 연결형에서 사용되는 '이요'는 '이요'로 적는다.(ㄱ을 취하고, ㄴ을 버림)

ㄱ	ㄴ
이것은 책이요, 저것은 붓이요, 또 저것은 먹이다.	이것은 책이오, 저것은 붓이오, 또 저것은 먹이다.

제16항 어간의 끝음절 모음이 'ㅏ, ㅗ'일 때에는 어미를 '-아'로 적고, 그 밖의 모음일 때에는 '-어'로 적는다.

1. '-아'로 적는 경우

나아	나아도	나아서
막아	막아도	막아서
얇아	얇아도	얇아서
돌아	돌아도	돌아서
보아	보아도	보아서

2. '-어'로 적는 경우

개어	개어도	개어서
겪어	겪어도	겪어서
되어	되어도	되어서
베어	베어도	베어서
쉬어	쉬어도	쉬어서
저어	저어도	저어서
주어	주어도	주어서
피어	피어도	피어서
희어	희어도	희어서

제17항 어미 뒤에 덧붙는 조사 '요'는 '요'로 적는다.

읽어	읽어요
참으리	참으리요
좋지	좋지요

제18항 다음과 같은 용언들은 어미가 바뀔 경우, 그 어간이나 어미가 원칙에 벗어나면 벗어나는 대로 적는다.

1. 어간의 끝 'ㄹ'이 줄어질 적

갈다 : 가니	간	갑니다	가시다	가오
놀다 : 노니	논	놉니다	노시다	노오
불다 : 부니	분	붑니다	부시다	부오
둥글다 : 둥그니	둥근	둥급니다	둥그시다	둥그오
어질다 : 어지니	어진	어집니다	어지시다	어지오

[붙임] 다음과 같은 말에서도 'ㄹ'이 준 대로 적는다.

마지못하다	마지않다	(하)다마다	(하)자마자
(하)지 마라	(하)지 마(아)		

2. 어간의 끝 'ㅅ'이 줄어질 적

긋다 : 그어	그으니	그었다
낫다 : 나아	나으니	나았다
잇다 : 이어	이으니	이었다
짓다 : 지어	지으니	지었다

3. 어간의 끝 'ㅎ'이 줄어질 적

그렇다 : 그러니	그럴	그러면	그러오
까맣다 : 까마니	까말	까마면	까마오
동그랗다 : 동그라니	동그랄	동그라면	동그라오
퍼렇다 : 퍼러니	퍼럴	퍼러면	퍼러오
하얗다 : 하야니	하얄	하야면	하야오

4. 어간의 끝 'ㅜ, ㅡ'가 줄어질 적

푸다 : 퍼	펐다
뜨다 : 떠	떴다
끄다 : 꺼	껐다
크다 : 커	컸다
담그다 : 담가	담갔다
고프다 : 고파	고팠다
따르다 : 따라	따랐다
바쁘다 : 바빠	바빴다

5. 어간의 끝 'ㄷ'이 'ㄹ'로 바뀔 적

걷다[步] : 걸어	걸으니	걸었다
듣다[聽] : 들어	들으니	들었다
묻다[問] : 물어	물으니	물었다
싣다[載] : 실어	실으니	실었다

6. 어간의 끝 'ㅂ'이 'ㅜ'로 바뀔 적

깁다 : 기워	기우니	기웠다
굽다[炙] : 구워	구우니	구웠다
가깝다 : 가까워	가까우니	가까웠다
괴롭다 : 괴로워	괴로우니	괴로웠다
맵다 : 매워	매우니	매웠다
무겁다 : 무거워	무거우니	무거웠다
밉다 : 미워	미우니	미웠다
쉽다 : 쉬워	쉬우니	쉬웠다

다만, '돕-, 곱-'과 같은 단음절 어간에 어미 '-아'가 결합되어 '와'로 소리 나는 것은 '-와'로 적는다.

돕다[助] : 도와	도와서	도와도	도왔다
곱다[麗] : 고와	고와서	고와도	고왔다

7. '하다'의 활용에서 어미 '-아'가 '-여'로 바뀔 적

하다 : 하여	하여서	하여도	하여라	하였다

8. 어간의 끝음절 '르' 뒤에 오는 어미 '-어'가 '-러'로 바뀔 적

이르다[至] : 이르러	이르렀다
노르다 : 노르러	노르렀다
누르다 : 누르러	누르렀다
푸르다 : 푸르러	푸르렀다

9. 어간의 끝음절 '르'의 '—'가 줄고, 그 뒤에 오는 어미 '-아/-어'가 '-라/-러'로 바뀔 적

가르다 : 갈라	갈랐다
부르다 : 불러	불렀다
거르다 : 걸러	걸렀다
오르다 : 올라	올랐다
구르다 : 굴러	굴렀다
이르다 : 일러	일렀다
벼르다 : 별러	별렀다
지르다 : 질러	질렀다

제3절 접미사가 붙어서 된 말

제19항 어간에 '-이'나 '-음/-ㅁ'이 붙어서 명사로 된 것과 '-이'나 '-히'가 붙어서 부사로 된 것은 그 어간의 원형을 밝히어 적는다.

1. '-이'가 붙어서 명사로 된 것

길이	깊이	높이	다듬이	땀받이
달맞이	먹이	미닫이	벌이	벼훑이
살림살이	쇠붙이			

2. '-음/-ㅁ'이 붙어서 명사로 된 것

걸음	묶음	믿음	얼음	엮음
울음	웃음	졸음	죽음	앎

3. '-이'가 붙어서 부사로 된 것

같이	굳이	길이	높이	많이
실없이	좋이	짓궂이		

4. '-히'가 붙어서 부사로 된 것

밝히	익히	작히

다만, 어간에 '-이'나 '-음'이 붙어서 명사로 바뀐 것이라도 그 어간의 뜻과 멀어진 것은 원형을 밝히어 적지 아니한다.

굽도리	다리[髢]	목거리(목병)	무녀리
코끼리	거름(비료)	고름[膿]	노름(도박)

[붙임] 어간에 '–이'나 '–음' 이외의 모음으로 시작된 접미사가 붙어서 다른 품사로 바뀐 것은 그 어간의 원형을 밝히어 적지 아니한다.

(1) 명사로 바뀐 것

귀머거리	까마귀	너머	뜨더귀
마감	마개	마중	무덤
비렁뱅이	쓰레기	올가미	주검

(2) 부사로 바뀐 것

거뭇거뭇	너무	도로	뜨덤뜨덤
바투	불긋불긋	비로소	오긋오긋
자주	차마		

(3) 조사로 바뀌어 뜻이 달라진 것

나마	부터	조차

제20항 명사 뒤에 '–이'가 붙어서 된 말은 그 명사의 원형을 밝히어 적는다.

1. 부사로 된 것

곳곳이	낱낱이	몫몫이	샅샅이
앞앞이	집집이		

2. 명사로 된 것

곰배팔이	바둑이	삼발이	애꾸눈이
육손이	절뚝발이/절름발이		

[붙임] '–이' 이외의 모음으로 시작된 접미사가 붙어서 된 말은 그 명사의 원형을 밝히어 적지 아니한다.

꼬락서니	끄트머리	모가치	바가지
바깥	사타구니	싸라기	이파리
지붕	지푸라기	짜개	

제21항 명사나 혹은 용언의 어간 뒤에 자음으로 시작된 접미사가 붙어서 된 말은 그 명사나 어간의 원형을 밝히어 적는다.

1. 명사 뒤에 자음으로 시작된 접미사가 붙어서 된 것

값지다	홑지다	넋두리	빛깔
옆댕이	잎사귀		

2. 어간 뒤에 자음으로 시작된 접미사가 붙어서 된 것

낚시	늙정이	덮개	뜯게질
갉작갉작하다	갉작거리다	뜯적거리다	뜯적뜯적하다
굵다랗다	굵직하다	깊숙하다	넓적하다
높다랗다	늙수그레하다	얽죽얽죽하다	

다만, 다음과 같은 말은 소리대로 적는다.

(1) 겹받침의 끝소리가 드러나지 아니하는 것

할짝거리다	널따랗다	널찍하다	말끔하다
말쑥하다	말짱하다	실쭉하다	실큼하다
얄따랗다	얄팍하다	짤따랗다	짤막하다
실컷			

(2) 어원이 분명하지 아니하거나 본뜻에서 멀어진 것

넙치	올무	골막하다	납작하다

제22항 용언의 어간에 다음과 같은 접미사들이 붙어서 이루어진 말들은 그 어간을 밝히어 적는다.

1. '-기-, -리-, -이-, -히-, -구-, -우-, -추-, -으키-, -이키-, -애-'가 붙는 것

맡기다	옮기다	웃기다	쫓기다	뚫리다
울리다	낚이다	쌓이다	핥이다	굳히다
굽히다	넓히다	앉히다	얽히다	잡히다
돋구다	솟구다	돋우다	갖추다	곧추다
맞추다	일으키다	돌이키다	없애다	

다만, '-이-, -히-, -우-'가 붙어서 된 말이라도 본뜻에서 멀어진 것은 소리대로 적는다.

도리다(칼로~)	드리다(용돈을~)	고치다
바치다(세금을~)	부치다(편지를~)	거두다
미루다	이루다	

2. '-치-, -뜨리-, -트리-'가 붙는 것

놓치다	덮치다	떠받치다	받치다	밭치다
부딪치다	뻗치다	엎치다	부딪뜨리다/부딪트리다	
쏟뜨리다/쏟트리다	젖뜨리다/젖트리다	찢뜨리다/찢트리다	흩뜨리다/흩트리다	

[붙임] '-업-, -읍-, -브-'가 붙어서 된 말은 소리대로 적는다.

미덥다	우습다	미쁘다

제23항 '-하다'나 '-거리다'가 붙는 어근에 '-이'가 붙어서 명사가 된 것은 그 원형을 밝히어 적는다. (ㄱ을 취하고, ㄴ을 버림)

ㄱ	ㄴ	ㄱ	ㄴ
깔쭉이	깔쭈기	살살이	살사리
꿀꿀이	꿀꾸리	쌕쌕이	쌕쌔기
눈깜짝이	눈깜짜기	오뚝이	오뚜기
더펄이	더퍼리	코납작이	코납자기
배불뚝이	배불뚜기	푸석이	푸서기
삐죽이	삐주기	홀쭉이	홀쭈기

[붙임] '-하다'나 '-거리다'가 붙을 수 없는 어근에 '-이'나 또는 다른 모음으로 시작되는 접미사가 붙어서 명사가 된 것은 그 원형을 밝히어 적지 아니한다.

개구리	귀뚜라미	기러기	깍두기	꽹과리
날라리	누더기	동그라미	두드러기	딱따구리
매미	부스러기	뻐꾸기	얼루기	칼싹두기

제24항 '-거리다'가 붙을 수 있는 시늉말 어근에 '-이다'가 붙어서 된 용언은 그 어근을 밝히어 적는다. (ㄱ을 취하고, ㄴ을 버림)

ㄱ	ㄴ	ㄱ	ㄴ
깜짝이다	깜짜기다	속삭이다	속사기다
꾸벅이다	꾸버기다	숙덕이다	숙더기다
끄덕이다	끄더기다	울먹이다	울머기다
뒤척이다	뒤처기다	움직이다	움지기다
들먹이다	들머기다	지껄이다	지꺼리다
망설이다	망서리다	퍼덕이다	퍼더기다
번득이다	번드기다	허덕이다	허더기다
번쩍이다	번쩌기다	헐떡이다	헐떠기다

제25항 '-하다'가 붙는 어근에 '-히'나 '-이'가 붙어서 부사가 되거나, 부사에 '-이'가 붙어서 뜻을 더하는 경우에는 그 어근이나 부사의 원형을 밝히어 적는다.

1. '-하다'가 붙는 어근에 '-히'나 '-이'가 붙는 경우

급히	꾸준히	도저히
딱히	어렴풋이	깨끗이

[붙임] '-하다'가 붙지 않는 경우에는 소리대로 적는다.

갑자기	반드시(꼭)	슬며시

2. 부사에 '-이'가 붙어서 역시 부사가 되는 경우

곰곰이	더욱이	생긋이
오뚝이	일찍이	해죽이

제26항 '-하다'나 '-없다'가 붙어서 된 용언은 그 '-하다'나 '-없다'를 밝히어 적는다.

1. '-하다'가 붙어서 용언이 된 것

딱하다	숱하다	착하다
텁텁하다	푹하다	

2. '-없다'가 붙어서 용언이 된 것

부질없다	상없다	시름없다
열없다	하염없다	

제4절 합성어 및 접두사가 붙은 말

제27항 둘 이상의 단어가 어울리거나 접두사가 붙어서 이루어진 말은 각각 그 원형을 밝히어 적는다.

국말이	꺾꽂이	꽃잎	끝장
물난리	밑천	부엌일	싫증
옷안	웃옷	젖몸살	첫아들
칼날	팥알	헛웃음	홀아비
홑몸	흙내	값없다	겉늙다
굶주리다	낮잡다	맞먹다	받내다
벋놓다	빗나가다	빛나다	새파랗다
샛노랗다	시꺼멓다	싯누렇다	엇나가다
엎누르다	엿듣다	옻오르다	짓이기다
헛되다			

[붙임 1] 어원은 분명하나 소리만 특이하게 변한 것은 변한 대로 적는다.

할아버지	할아범

[붙임 2] 어원이 분명하지 아니한 것은 원형을 밝히어 적지 아니한다.

골병	골탕	끌탕	며칠	아재비
오라비	업신여기다	부리나케		

[붙임 3] '이[齒, 虱]'가 합성어나 이에 준하는 말에서 '니' 또는 '리'로 소리 날 때에는 '니'로 적는다.

간니	덧니	사랑니	송곳니
앞니	어금니	윗니	젖니
톱니	틀니	가랑니	머릿니

제28항 끝소리가 'ㄹ'인 말과 딴 말이 어울릴 적에 'ㄹ' 소리가 나지 아니하는 것은 아니 나는 대로 적는다.

다달이(달-달-이)	따님(딸-님)	마되(말-되)
마소(말-소)	무자위(물-자위)	바느질(바늘-질)
부삽(불-삽)	부손(불-손)	싸전(쌀-전)
여닫이(열-닫이)	우짖다(울-짖다)	화살(활-살)

제29항 끝소리가 'ㄹ'인 말과 딴 말이 어울릴 적에 'ㄹ' 소리가 'ㄷ' 소리로 나는 것은 'ㄷ'으로 적는다.

반짇고리(바느질~)	사흗날(사흘~)	삼짇날(삼질~)
섣달(설~)	숟가락(술~)	이튿날(이틀~)
잗주름(잘~)	푿소(풀~)	섣부르다(설~)
잗다듬다(잘~)	잗다랗다(잘~)	

제30항 사이시옷은 다음과 같은 경우에 받치어 적는다.

1. 순우리말로 된 합성어로서 앞말이 모음으로 끝난 경우

(1) 뒷말의 첫소리가 된소리로 나는 것

고랫재	귓밥	나룻배	나뭇가지
냇가	댓가지	뒷갈망	맷돌
머릿기름	모깃불	못자리	바닷가
뱃길	볏가리	부싯돌	선짓국
쇳조각	아랫집	우렁잇속	잇자국
잿더미	조갯살	찻집	쳇바퀴
킷값	핏대	햇볕	혓바늘

(2) 뒷말의 첫소리 'ㄴ, ㅁ' 앞에서 'ㄴ' 소리가 덧나는 것

멧나물	아랫니	텃마당	아랫마을
뒷머리	잇몸	깻묵	냇물
빗물			

(3) 뒷말의 첫소리 모음 앞에서 'ㄴㄴ' 소리가 덧나는 것

도리깻열	뒷윷	두렛일	뒷일
뒷입맛	베갯잇	욧잇	깻잎
나뭇잎	댓잎		

2. 순우리말과 한자어로 된 합성어로서 앞말이 모음으로 끝난 경우

(1) 뒷말의 첫소리가 된소리로 나는 것

귓병	머릿방	뱃병	봇둑
사잣밥	샛강	아랫방	자릿세
전셋집	찻잔	찻종	촛국
콧병	탯줄	텃세	핏기
햇수	횟가루	횟배	

(2) 뒷말의 첫소리 'ㄴ, ㅁ' 앞에서 'ㄴ' 소리가 덧나는 것

곗날	제삿날	훗날	툇마루
양칫물			

(3) 뒷말의 첫소리 모음 앞에서 'ㄴㄴ' 소리가 덧나는 것

가욋일	사삿일	예삿일	훗일

3. 두 음절로 된 다음 한자어

곳간(庫間)	셋방(貰房)	숫자(數字)	찻간(車間)
툇간(退間)	횟수(回數)		

제31항 두 말이 어울릴 적에 'ㅂ' 소리나 'ㅎ' 소리가 덧나는 것은 소리대로 적는다.

1. 'ㅂ' 소리가 덧나는 것

댑싸리(대ㅂ싸리)	멥쌀(메ㅂ쌀)	볍씨(벼ㅂ씨)
입때(이ㅂ때)	입쌀(이ㅂ쌀)	접때(저ㅂ때)
좁쌀(조ㅂ쌀)	햅쌀(해ㅂ쌀)	

2. 'ㅎ' 소리가 덧나는 것

머리카락(머리ㅎ가락)	살코기(살ㅎ고기)	수캐(수ㅎ개)
수컷(수ㅎ것)	수탉(수ㅎ닭)	안팎(안ㅎ밖)
암캐(암ㅎ개)	암컷(암ㅎ것)	암탉(암ㅎ닭)

제5절 준말

제32항 단어의 끝모음이 줄어지고 자음만 남은 것은 그 앞의 음절에 받침으로 적는다.

본말	준말	본말	준말
기러기야	기럭아	어제그저께	엊그저께
어제저녁	엊저녁	가지고, 가지지	갖고, 갖지
디디고, 디디지	딛고, 딛지		

제33항 체언과 조사가 어울려 줄어지는 경우에는 준 대로 적는다.

본말	준말	본말	준말
그것은	그건	그것이	그게
그것으로	그걸로	나는	난
나를	날	너는	넌
너를	널	무엇을	뭣을/무얼/뭘
무엇이	뭣이/무에		

제34항 모음 'ㅏ, ㅓ'로 끝난 어간에 '-아/-어, -았-/-었-'이 어울릴 적에는 준 대로 적는다.

본말	준말	본말	준말
가아	가	가았다	갔다
나아	나	나았다	났다
타아	타	타았다	탔다
서어	서	서었다	섰다
켜어	켜	켜었다	켰다
펴어	펴	펴었다	폈다

[붙임 1] 'ㅐ, ㅔ' 뒤에 '-어, -었-'이 어울려 줄 적에는 준 대로 적는다.

본말	준말	본말	준말
개어	개	개었다	갰다
내어	내	내었다	냈다
베어	베	베었다	벴다
세어	세	세었다	셌다

[붙임 2] '하여'가 한 음절로 줄어서 '해'로 될 적에는 준 대로 적는다.

본말	준말	본말	준말
하여	해	하였다	했다
더하여	더해	더하였다	더했다
흔하여	흔해	흔하였다	흔했다

제35항 모음 'ㅗ, ㅜ'로 끝난 어간에 '-아/-어, -았-/-었-'이 어울려 'ㅘ/ㅝ, ㅘㅆ/ㅝㅆ'으로 될 적에는 준 대로 적는다.

본말	준말	본말	준말
꼬아	꽈	꼬았다	꽜다
보아	봐	보았다	봤다
쏘아	쏴	쏘았다	쐈다
두어	둬	두었다	뒀다
쑤어	쒀	쑤었다	쒔다
주어	줘	주었다	줬다

[붙임 1] '놓아'가 '놔'로 줄 적에는 준 대로 적는다.

[붙임 2] 'ㅚ' 뒤에 '-어, -었-'이 어울려 'ㅙ, ㅙㅆ'으로 될 적에도 준 대로 적는다.

본말	준말	본말	준말
괴어	괘	괴었다	괬다
되어	돼	되었다	됐다
뵈어	봬	뵈었다	뵀다
쇠어	쇄	쇠었다	쇘다
쐬어	쐐	쐬었다	쐤다

제36항 'ㅣ' 뒤에 '-어'가 와서 'ㅕ'로 줄 적에는 준 대로 적는다.

본말	준말	본말	준말
가지어	가져	가지었다	가졌다
견디어	견뎌	견디었다	견뎠다
다니어	다녀	다니었다	다녔다
막히어	막혀	막히었다	막혔다
버티어	버텨	버티었다	버텼다
치이어	치여	치이었다	치였다

제37항 'ㅏ, ㅕ, ㅗ, ㅜ, ㅡ'로 끝난 어간에 '-이-'가 와서 각각 'ㅐ, ㅖ, ㅚ, ㅟ, ㅢ'로 줄 적에는 준 대로 적는다.

본말	준말	본말	준말
싸이다	쌔다	누이다	뉘다
펴이다	폐다	뜨이다	띄다
보이다	뵈다	쓰이다	씌다

제38항 'ㅏ, ㅗ, ㅜ, ㅡ' 뒤에 '-이어'가 어울려 줄어질 적에는 준 대로 적는다.

본말	준말	본말	준말
싸이어	쌔어/싸여	뜨이어	띄어
보이어	뵈어/보여	쓰이어	씌어/쓰여
쏘이어	쐬어/쏘여	트이어	틔어/트여
누이어	뉘어/누여		

제39항 어미 '-지' 뒤에 '않-'이 어울려 '-잖-'이 될 적과 '-하지' 뒤에 '않-'이 어울려 '-찮-'이 될 적에는 준 대로 적는다.

본말	준말	본말	준말
그렇지 않은	그렇잖은	만만하지 않다	만만찮다
적지 않은	적잖은	변변하지 않다	변변찮다

제40항 어간의 끝음절 '하'의 'ㅏ'가 줄고 'ㅎ'이 다음 음절의 첫소리와 어울려 거센소리로 될 적에는 거센소리로 적는다.

본말	준말	본말	준말
간편하게	간편케	다정하다	다정타
연구하도록	연구토록	정결하다	정결타
가하다	가타	흔하다	흔타

[붙임 1] 'ㅎ'이 어간의 끝소리로 굳어진 것은 받침으로 적는다.

않다	않고	않지	않든지
그렇다	그렇고	그렇지	그렇든지
아무렇다	아무렇고	아무렇지	아무렇든지
어떻다	어떻고	어떻지	어떻든지
이렇다	이렇고	이렇지	이렇든지
저렇다	저렇고	저렇지	저렇든지

[붙임 2] 어간의 끝음절 '하'가 아주 줄 적에는 준 대로 적는다.

본말	준말	본말	준말
거북하지	거북지	넉넉하지 않다	넉넉지 않다
생각하건대	생각건대	못하지 않다	못지않다
생각하다 못해	생각다 못해	섭섭하지 않다	섭섭지 않다
깨끗하지 않다	깨끗지 않다	익숙하지 않다	익숙지 않다

[붙임 3] 다음과 같은 부사는 소리대로 적는다.

결단코	결코	기필코	무심코
아무튼	요컨대	정녕코	필연코
하마터면	하여튼	한사코	

제5장 띄어쓰기

제1절 조사

제41항 조사는 그 앞말에 붙여 쓴다.

꽃**이**	꽃**마저**	꽃**밖에**	꽃**에서부터**	꽃**으로만**
꽃**이나마**	꽃**이다**	꽃**입니다**	꽃**처럼**	어디**까지나**
거기**도**	멀리**는**	웃고**만**		

제2절 의존명사, 단위를 나타내는 명사 및 열거하는 말 등

제42항 의존명사는 띄어 쓴다.

아는 **것**이 힘이다.	나도 할 **수** 있다.
먹을 **만큼** 먹어라.	아는 **이**를 만났다.
네가 뜻한 **바**를 알겠다.	그가 떠난 **지**가 오래다.

제43항 단위를 나타내는 명사는 띄어 쓴다.

한 **개**	차 한 **대**	금 서 **돈**	소 한 **마리**
옷 한 **벌**	열 **살**	조기 한 **손**	연필 한 **자루**
버선 한 **죽**	집 한 **채**	신 두 **켤레**	북어 한 **쾌**

다만, 순서를 나타내는 경우나 숫자와 어울리어 쓰이는 경우에는 붙여 쓸 수 있다.

두**시** 삼십**분** 오**초**	제일**과**	삼**학년**
육**층**	1446**년** 10**월** 9**일**	2**대대**
16**동** 502**호**	제1**실습실**	80**원**
10**개**	7**미터**	

제44항 수를 적을 적에는 '만(萬)' 단위로 띄어 쓴다.

십이억 삼천사백오십육만 칠천팔백구십팔	12억 3456만 7898

제45항 두 말을 이어 주거나 열거할 적에 쓰이는 다음의 말들은 띄어 쓴다.

국장 **겸** 과장	열 **내지** 스물	청군 **대** 백군
책상, 걸상 **등**이 있다	이사장 **및** 이사들	사과, 배, 귤 **등등**
사과, 배 **등속**	부산, 광주 **등지**	

제46항 단음절로 된 단어가 연이어 나타날 적에는 붙여 쓸 수 있다.

좀더 큰것	이말 저말	한잎 두잎

제3절 보조 용언

제47항 보조 용언은 띄어 씀을 원칙으로 하되, 경우에 따라 붙여 씀도 허용한다.(ㄱ을 원칙으로 하고, ㄴ을 허용함)

ㄱ	ㄴ
불이 꺼져 **간다.**	불이 꺼져**간다.**
내 힘으로 막아 **낸다.**	내 힘으로 막아**낸다.**
어머니를 도와 **드린다.**	어머니를 도와**드린다.**
그릇을 깨뜨려 **버렸다.**	그릇을 깨뜨려**버렸다.**
비가 올 **듯하다.**	비가 올**듯하다.**
그 일은 할 **만하다.**	그 일은 할**만하다.**
일이 될 **법하다.**	일이 될**법하다.**
비가 올 **성싶다.**	비가 올**성싶다.**
잘 아는 **척한다.**	잘 아는**척한다.**

다만, 앞말에 조사가 붙거나 앞말이 합성 용언인 경우, 그리고 중간에 조사가 들어갈 적에는 그 뒤에 오는 보조 용언은 띄어 쓴다.

잘도 놀아만 **나는구나!**	책을 읽어도 **보고**…….
네가 덤벼들어 **보아라.**	이런 기회는 다시없을 **듯하다.**
그가 올 듯도 **하다.**	잘난 체를 **한다.**

제4절 고유 명사 및 전문 용어

제48항 성과 이름, 성과 호 등은 붙여 쓰고, 이에 덧붙는 호칭어, 관직명 등은 띄어 쓴다.

김양수(金良洙)	서화담(徐花潭)	채영신 씨
최치원 선생	박동식 박사	충무공 이순신 장군

다만, 성과 이름, 성과 호를 분명히 구분할 필요가 있을 경우에는 띄어 쓸 수 있다.

남궁억/남궁 억	독고준/독고 준	황보지봉(皇甫芝峰)/황보 지봉

제49항 성명 이외의 고유 명사는 단어별로 띄어 씀을 원칙으로 하되, 단위별로 띄어 쓸 수 있다.(ㄱ을 원칙으로 하고, ㄴ을 허용함)

ㄱ	ㄴ
대한 중학교	대한중학교
한국 대학교 사범 대학	한국대학교 사범대학

제50항 전문 용어는 단어별로 띄어 씀을 원칙으로 하되, 붙여 쓸 수 있다.(ㄱ을 원칙으로 하고, ㄴ을 허용함)

ㄱ	ㄴ
만성 골수성 백혈병	만성골수성백혈병
중거리 탄도 유도탄	중거리탄도유도탄

제6장 그 밖의 것

제51항 부사의 끝음절이 분명히 '이'로만 나는 것은 '-이'로 적고, '히'로만 나거나 '이'나 '히'로 나는 것은 '-히'로 적는다.

1. '이'로만 나는 것

가붓이	깨끗이	나붓이	느긋이	둥긋이
따뜻이	반듯이	버젓이	산뜻이	의젓이
가까이	고이	날카로이	대수로이	번거로이
많이	적이	헛되이	겹겹이	번번이
일일이	집집이	틈틈이		

2. '히'로만 나는 것

극히	급히	딱히	속히	작히
족히	특히	엄격히	정확히	

3. '이, 히'로 나는 것

솔직히	가만히	간편히	나른히	무단히
각별히	소홀히	쓸쓸히	정결히	과감히
꼼꼼히	심히	열심히	급급히	답답히
섭섭히	공평히	능히	당당히	분명히
상당히	조용히	간소히	고요히	도저히

제52항 한자어에서 본음으로도 나고 속음으로도 나는 것은 각각 그 소리에 따라 적는다.

본음으로 나는 것	속음으로 나는 것
승낙(承諾)	수락(受諾), 쾌락(快諾), 허락(許諾)
만난(萬難)	곤란(困難), 논란(論難)
안녕(安寧)	의령(宜寧), 회령(會寧)
분노(忿怒)	대로(大怒), 희로애락(喜怒哀樂)
토론(討論)	의논(議論)
오륙십(五六十)	오뉴월, 유월(六月)
목재(木材)	모과(木瓜)
십일(十日)	시방정토(十方淨土), 시왕(十王), 시월(十月)
팔일(八日)	초파일(初八日)

제53항 다음과 같은 어미는 예사소리로 적는다.(ㄱ을 취하고, ㄴ을 버림)

ㄱ	ㄴ	ㄱ	ㄴ
-(으)ㄹ거나	-(으)ㄹ꺼나	-(으)ㄹ걸	-(으)ㄹ껄
-(으)ㄹ게	-(으)ㄹ께	-(으)ㄹ세	-(으)ㄹ쎄
-(으)ㄹ세라	-(으)ㄹ쎄라	-(으)ㄹ수록	-(으)ㄹ쑤록
-(으)ㄹ시	-(으)ㄹ씨	-(으)ㄹ지	-(으)ㄹ찌
-(으)ㄹ지니라	-(으)ㄹ찌니라	-(으)ㄹ지라도	-(으)ㄹ찌라도
-(으)ㄹ지어다	-(으)ㄹ찌어다	-(으)ㄹ지언정	-(으)ㄹ찌언정
-(으)ㄹ진대	-(으)ㄹ찐대	-(으)ㄹ진저	-(으)ㄹ찐저
-올시다	-올씨다		

다만, 의문을 나타내는 다음 어미들은 된소리로 적는다.

-(으)ㄹ까? -(으)ㄹ꼬? -(스)ㅂ니까?
-(으)리까? -(으)ㄹ쏘냐?

제54항 다음과 같은 접미사는 된소리로 적는다.(ㄱ을 취하고, ㄴ을 버림)

ㄱ	ㄴ	ㄱ	ㄴ
심부름꾼	심부름군	귀때기	귓대기
익살꾼	익살군	볼때기	볼대기
일꾼	일군	판자때기	판잣대기
장꾼	장군	뒤꿈치	뒷굼치
장난꾼	장난군	팔꿈치	팔굼치
지게꾼	지겟군	이마빼기	이맛배기
때깔	땟갈	코빼기	콧배기
빛깔	빛갈	객쩍다	객적다
성깔	성갈	겸연쩍다	겸연적다

제55항 두 가지로 구별하여 적던 다음 말들은 한 가지로 적는다.(ㄱ을 취하고, ㄴ을 버림)

ㄱ	ㄴ
맞추다(입을 맞춘다. 양복을 맞춘다.)	마추다
뻗치다(다리를 뻗친다. 멀리 뻗친다.)	뻐치다

제56항 '-더라, -던'과 '-든지'는 다음과 같이 적는다.

1. 지난 일을 나타내는 어미는 '-더라, -던'으로 적는다.(ㄱ을 취하고, ㄴ을 버림)

ㄱ	ㄴ
지난겨울은 몹시 춥더라.	지난겨울은 몹시 춥드라.
깊던 물이 얕아졌다.	깊든 물이 얕아졌다.
그렇게 좋던가?	그렇게 좋든가?
그 사람 말 잘하던데!	그 사람 말 잘하든데!
얼마나 놀랐던지 몰라.	얼마나 놀랐든지 몰라.

2. 물건이나 일의 내용을 가리지 아니하는 뜻을 나타내는 조사와 어미는 '(-)든지'로 적는다.(ㄱ을 취하고, ㄴ을 버림)

ㄱ	ㄴ
배든지 사과든지 마음대로 먹어라.	배던지 사과던지 마음대로 먹어라.
가든지 오든지 마음대로 해라.	가던지 오던지 마음대로 해라.

제57항 다음 말들은 각각 구별하여 적는다.

가름	둘로 가름
갈음	새 책상으로 갈음하였다.
거름	풀을 썩힌 거름
걸음	빠른 걸음
거치다	영월을 거쳐 왔다.
걷히다	외상값이 잘 걷힌다.
걷잡다	걷잡을 수 없는 상태
겉잡다	겉잡아서 이틀 걸릴 일
그러므로(그러니까)	그는 부지런하다. 그러므로 잘 산다.
그럼으로(써)(그렇게 하는 것으로)	그는 열심히 공부한다. 그럼으로(써) 은혜에 보답한다.
노름	노름판이 벌어졌다.
놀음(놀이)	즐거운 놀음
느리다	진도가 너무 느리다.
늘이다	고무줄을 늘인다.
늘리다	수출량을 더 늘린다.
다리다	옷을 다린다.
달이다	약을 달인다.
다치다	부주의로 손을 다쳤다.
닫히다	문이 저절로 닫혔다.
닫치다	문을 힘껏 닫쳤다.
마치다	벌써 일을 마쳤다.
맞히다	여러 문제를 더 맞혔다.

목거리	목거리가 덧났다.
목걸이	금목걸이, 은목걸이
바치다	나라를 위해 목숨을 바쳤다.
받치다	우산을 받치고 간다.
	책받침을 받친다.
받히다	쇠뿔에 받혔다.
밭치다	술을 체에 밭친다.
반드시	약속은 반드시 지켜라.
반듯이	고개를 반듯이 들어라.
부딪치다	차와 차가 마주 부딪쳤다.
부딪히다	마차가 화물차에 부딪혔다.
부치다	힘이 부치는 일이다.
	편지를 부친다.
	논밭을 부친다.
	빈대떡을 부친다.
	식목일에 부치는 글
	회의에 부치는 안건
	인쇄에 부치는 원고
	삼촌 집에 숙식을 부친다.
붙이다	우표를 붙인다.
	책상을 벽에 붙였다.
	흥정을 붙인다.
	불을 붙인다.
	감시원을 붙인다.
	조건을 붙인다.
	취미를 붙인다.
	별명을 붙인다.
시키다	일을 시킨다.
식히다	끓인 물을 식힌다.
아름	세 아름 되는 둘레
알음	전부터 알음이 있는 사이
앎	앎이 힘이다.
안치다	밥을 안친다.
앉히다	윗자리에 앉힌다.
어름	두 물건의 어름에서 일어난 현상
얼음	얼음이 얼었다.

이따가	이따가 오너라.
있다가	돈은 있다가도 없다.
저리다	다친 다리가 저린다.
절이다	김장 배추를 절인다.
조리다	생선을 조린다. 통조림, 병조림
졸이다	마음을 졸인다.
주리다	여러 날을 주렸다.
줄이다	비용을 줄인다.
하노라고	하노라고 한 것이 이 모양이다.
하느라고	공부하느라고 밤을 새웠다.
–느니보다(어미)	나를 찾아오느니보다 집에 있거라.
–는 이보다(의존명사)	오는 이가 가는 이보다 많다.
–(으)리만큼(어미)	나를 미워하리만큼 그에게 잘못한 일이 없다.
–(으)ㄹ 이만큼(의존명사)	찬성할 이도 반대할 이만큼이나 많을 것이다.
–(으)러(목적)	공부하러 간다.
–(으)려(의도)	서울 가려 한다.
–(으)로서(자격)	사람으로서 그럴 수는 없다.
–(으)로써(수단)	닭으로써 꿩을 대신했다.
–(으)므로(어미)	그가 나를 믿으므로 나도 그를 믿는다.
(–ㅁ, –음)으로(써)(조사)	그는 믿음으로(써) 산 보람을 느꼈다.

[부록] 문장 부호

문장 부호는 글에서 문장의 구조를 드러내거나 글쓴이의 의도를 전달하기 위하여 사용하는 부호이다. 문장 부호의 이름과 사용법은 다음과 같이 정한다.

1. 마침표(.)

(1) 서술, 명령, 청유 등을 나타내는 문장의 끝에 쓴다.

예 젊은이는 나라의 기둥입니다.

예 제 손을 꼭 잡으세요.

예 집으로 돌아갑시다.

예 가는 말이 고와야 오는 말이 곱다.

[붙임 1] 직접 인용한 문장의 끝에는 쓰는 것을 원칙으로 하되, 쓰지 않는 것을 허용한다.(ㄱ을 원칙으로 하고, ㄴ을 허용함)

예 ㄱ. 그는 “지금 바로 떠나자.”라고 말하며 서둘러 짐을 챙겼다.

ㄴ. 그는 “지금 바로 떠나자”라고 말하며 서둘러 짐을 챙겼다.

[붙임 2] 용언의 명사형이나 명사로 끝나는 문장에는 쓰는 것을 원칙으로 하되, 쓰지 않는 것을 허용한다.(ㄱ을 원칙으로 하고, ㄴ을 허용함)

예 ㄱ. 목적을 이루기 위하여 몸과 마음을 다하여 애를 씀.
ㄴ. 목적을 이루기 위하여 몸과 마음을 다하여 애를 씀

예 ㄱ. 결과에 연연하지 않고 끝까지 최선을 다하기.
ㄴ. 결과에 연연하지 않고 끝까지 최선을 다하기

예 ㄱ. 신입 사원 모집을 위한 기업 설명회 개최.
ㄴ. 신입 사원 모집을 위한 기업 설명회 개최

예 ㄱ. 내일 오전까지 보고서를 제출할 것.
ㄴ. 내일 오전까지 보고서를 제출할 것

다만, 제목이나 표어에는 쓰지 않음을 원칙으로 한다.

예 압록강은 흐른다
예 꺼진 불도 다시 보자
예 건강한 몸 만들기

(2) 아라비아 숫자만으로 연월일을 표시할 때 쓴다.

예 1919. 3. 1. 예 10. 1.~10. 12.

(3) 특정한 의미가 있는 날을 표시할 때 월과 일을 나타내는 아라비아 숫자 사이에 쓴다.

예 3.1 운동 예 8.15 광복

[붙임] 이때는 마침표 대신 가운뎃점을 쓸 수 있다.

예 3 · 1 운동 예 8 · 15 광복

(4) 장, 절, 항 등을 표시하는 문자나 숫자 다음에 쓴다.

예 가. 인명 예 ㄱ. 머리말
예 Ⅰ. 서론 예 1. 연구 목적

[붙임] '마침표' 대신 '온점'이라는 용어를 쓸 수 있다.

2. 물음표(?)

(1) 의문문이나 의문을 나타내는 어구의 끝에 쓴다.

예 점심 먹었어?
예 이번에 가시면 언제 돌아오세요?
예 제가 부모님 말씀을 따르지 않을 리가 있겠습니까?
예 남북이 통일되면 얼마나 좋을까?
예 다섯 살짜리 꼬마가 이 먼고 험한 곳까지 혼자 왔다?
예 지금?
예 뭐라고?
예 네?

[붙임 1] 한 문장 안에 몇 개의 선택적인 물음이 이어질 때는 맨 끝의 물음에만 쓰고, 각 물음이 독립적일 때는 각 물음의 뒤에 쓴다.

예 너는 중학생이냐, 고등학생이냐?

예 너는 여기에 언제 왔니? 어디서 왔니? 무엇 하러 왔니?

[붙임 2] 의문의 정도가 약할 때는 물음표 대신 마침표를 쓸 수 있다.

예 도대체 이 일을 어쩐단 말이냐.

예 이것이 과연 내가 찾던 행복일까.

다만, 제목이나 표어에는 쓰지 않음을 원칙으로 한다.

예 역사란 무엇인가

예 아직도 담배를 피우십니까

(2) 특정한 어구의 내용에 대하여 의심, 빈정거림 등을 표시할 때, 또는 적절한 말을 쓰기 어려울 때 소괄호 안에 쓴다.

예 우리와 의견을 같이할 사람은 최 선생(?) 정도인 것 같다.

예 30점이라, 거참 훌륭한(?) 성적이군.

예 우리 집 강아지가 가출(?)을 했어요.

(3) 모르거나 불확실한 내용임을 나타낼 때 쓴다.

예 최치원(857~?)은 통일 신라 말기에 이름을 떨쳤던 학자이자 문장가이다.

예 조선 시대의 시인 강백(1690?~1777?)의 자는 자청이고, 호는 우곡이다.

3. 느낌표(!)

(1) 감탄문이나 감탄사의 끝에 쓴다.

예 이거 정말 큰일이 났구나!

예 어머!

[붙임] 감탄의 정도가 약할 때는 느낌표 대신 쉼표나 마침표를 쓸 수 있다.

예 어, 벌써 끝났네.

예 날씨가 참 좋군.

(2) 특별히 강한 느낌을 나타내는 어구, 평서문, 명령문, 청유문에 쓴다.

예 청춘! 이는 듣기만 하여도 가슴이 설레는 말이다.

예 이야, 정말 재밌다!

예 지금 즉시 대답해!

예 앞만 보고 달리자!

(3) 물음의 말로 놀람이나 항의의 뜻을 나타내는 경우에 쓴다.

예 이게 누구야! 예 내가 왜 나빠!

(4) 감정을 넣어 대답하거나 다른 사람을 부를 때 쓴다.

예 네!
예 네, 선생님!
예 흥부야!
예 언니!

4. 쉼표(,)

(1) 같은 자격의 어구를 열거할 때 그 사이에 쓴다.

예 근면, 검소, 협동은 우리 겨레의 미덕이다.
예 충청도의 계룡산, 전라도의 내장산, 강원도의 설악산은 모두 국립 공원이다.
예 집을 보러 가면 그 집이 내가 원하는 조건에 맞는지, 살기에 편한지, 망가진 곳은 없는지 확인해야 한다.
예 5보다 작은 자연수는 1, 2, 3, 4이다.

다만, (가) 쉼표 없이도 열거되는 사항임이 쉽게 드러날 때는 쓰지 않을 수 있다.

예 아버지 어머니께서 함께 오셨어요.
예 네 돈 내 돈 다 합쳐 보아야 만 원도 안 되겠다.

(나) 열거할 어구들을 생략할 때 사용하는 줄임표 앞에는 쉼표를 쓰지 않는다.

예 광역시 : 광주, 대구, 대전……

(2) 짝을 지어 구별할 때 쓴다.

예 닭과 지네, 개와 고양이는 상극이다.

(3) 이웃하는 수를 개략적으로 나타낼 때 쓴다.

예 5, 6세기
예 6, 7, 8개

(4) 열거의 순서를 나타내는 어구 다음에 쓴다.

예 첫째, 몸이 튼튼해야 한다.
예 마지막으로, 무엇보다 마음이 편해야 한다.

(5) 문장의 연결 관계를 분명히 하고자 할 때 절과 절 사이에 쓴다.

예 콩 심은 데 콩 나고, 팥 심은 데 팥 난다.
예 저는 신뢰와 정직을 생명과 같이 여기고 살아온바, 이번 비리 사건과는 무관하다는 점을 분명히 밝힙니다.
예 떡국은 설날의 대표적인 음식인데, 이걸 먹어야 비로소 나이도 한 살 더 먹는다고 한다.

(6) 같은 말이 되풀이되는 것을 피하기 위하여 일정한 부분을 줄여서 열거할 때 쓴다.

예 여름에는 바다에서, 겨울에는 산에서 휴가를 즐겼다.

(7) 부르거나 대답하는 말 뒤에 쓴다.

예 지은아, 이리 좀 와 봐.

예 네, 지금 가겠습니다.

(8) 한 문장 안에서 앞말을 '곧', '다시 말해' 등과 같은 어구로 다시 설명할 때 앞말 다음에 쓴다.

예 책의 서문, 곧 머리말에는 책을 지은 목적이 드러나 있다.

예 원만한 인간관계는 말과 관련한 예의, 즉 언어 예절을 갖추는 것에서 시작된다.

예 호준이 어머니, 다시 말해 나의 누님은 올해로 결혼한 지 20년이 된다.

예 나에게도 작은 소망, 이를테면 나만의 정원을 가졌으면 하는 소망이 있어.

(9) 문장 앞부분에서 조사 없이 쓰인 제시어나 주제어의 뒤에 쓴다.

예 돈, 돈이 인생의 전부이더냐?

예 열정, 이것이야말로 젊은이의 가장 소중한 자산이다.

예 지금 네가 여기 있다는 것, 그것만으로도 나는 충분히 행복해.

예 저 친구, 저러다가 큰일 한번 내겠어.

예 그 사실, 넌 알고 있었지?

(10) 한 문장에 같은 의미의 어구가 반복될 때 앞에 오는 어구 다음에 쓴다.

예 그의 애국심, 몸을 사리지 않고 국가를 위해 헌신한 정신을 우리는 본받아야 한다.

(11) 도치문에서 도치된 어구들 사이에 쓴다.

예 이리 오세요, 어머님.

예 다시 보자, 한강수야.

(12) 바로 다음 말과 직접적인 관계에 있지 않음을 나타낼 때 쓴다.

예 갑돌이는, 울면서 떠나는 갑순이를 배웅했다.

예 철원과, 대관령을 중심으로 한 강원도 산간 지대에 예년보다 일찍 첫눈이 내렸습니다.

(13) 문장 중간에 끼어든 어구의 앞뒤에 쓴다.

예 나는, 솔직히 말하면, 그 말이 별로 탐탁지 않아.

예 영호는 미소를 띠고, 속으로는 화가 치밀어 올라 잠시라도 견딜 수 없을 만큼 괴로웠지만, 그들을 맞았다.

[붙임 1] 이때는 쉼표 대신 줄표를 쓸 수 있다.

예 나는—솔직히 말하면—그 말이 별로 탐탁지 않아.

예 영호는 미소를 띠고—속으로는 화가 치밀어 올라 잠시라도 견딜 수 없을 만큼 괴로웠지만—그들을 맞았다.

[붙임 2] 끼어든 어구 안에 다른 쉼표가 들어 있을 때는 쉼표 대신 줄표를 쓴다.

예 이건 내 것이니까—아니, 내가 처음 발견한 것이니까—절대로 양보할 수 없다.

(14) 특별한 효과를 위해 끊어 읽는 곳을 나타낼 때 쓴다.

예 내가, 정말 그 일을 오늘 안에 해낼 수 있을까?

예 이 전투는 바로 우리가, 우리만이, 승리로 이끌 수 있다.

(15) 짧게 더듬는 말을 표시할 때 쓴다.

예 선생님, 부, 부정행위라니요? 그런 건 새, 생각조차 하지 않았습니다.

[붙임] '쉼표' 대신 '반점'이라는 용어를 쓸 수 있다.

5. 가운뎃점(·)

(1) 열거할 어구들을 일정한 기준으로 묶어서 나타낼 때 쓴다.

예 민수 · 영희, 선미 · 준호가 서로 짝이 되어 윷놀이를 하였다.

예 지금의 경상남도 · 경상북도, 전라남도 · 전라북도, 충청남도 · 충청북도 지역을 예부터 삼남이라 일러 왔다.

(2) 짝을 이루는 어구들 사이에 쓴다.

예 한(韓) · 이(伊) 양국 간의 무역량이 늘고 있다.

예 우리는 그 일의 참 · 거짓을 따질 겨를도 없었다.

예 하천 수질의 조사 · 분석

예 빨강 · 초록 · 파랑이 빛의 삼원색이다.

다만, 이때는 가운뎃점을 쓰지 않거나 쉼표를 쓸 수도 있다.

예 한(韓) 이(伊) 양국 간의 무역량이 늘고 있다.

예 우리는 그 일의 참 거짓을 따질 겨를도 없었다.

예 하천 수질의 조사, 분석

예 빨강, 초록, 파랑이 빛의 삼원색이다.

(3) 공통 성분을 줄여서 하나의 어구로 묶을 때 쓴다.

예 상 · 중 · 하위권

예 금 · 은 · 동메달

예 통권 제54 · 55 · 56호

[붙임] 이때는 가운뎃점 대신 쉼표를 쓸 수 있다.

예 상, 중, 하위권

예 금, 은, 동메달

예 통권 제54, 55, 56호

6. 쌍점(:)

(1) 표제 다음에 해당 항목을 들거나 설명을 붙일 때 쓴다.

예 문방사우: 종이, 붓, 먹, 벼루

예 일시: 2014년 10월 9일 10시

예 흔하진 않지만 두 자로 된 성씨도 있다.(예: 남궁, 선우, 황보)

예 올림표(#): 음의 높이를 반음 올릴 것을 지시한다.

(2) 희곡 등에서 대화 내용을 제시할 때 말하는 이와 말한 내용 사이에 쓴다.

예 김 과장: 난 못 참겠다.

예 아들: 아버지, 제발 제 말씀 좀 들어 보세요.

(3) 시와 분, 장과 절 등을 구별할 때 쓴다.

예 오전 10:20(오전 10시 20분)

예 두시언해 6:15(두시언해 제6권 제15장)

(4) 의존명사 '대'가 쓰일 자리에 쓴다.

예 65:60(65 대 60)

예 청군:백군(청군 대 백군)

[붙임] 쌍점의 앞은 붙여 쓰고 뒤는 띄어 쓴다. 다만, (3)과 (4)에서는 쌍점의 앞뒤를 붙여 쓴다.

7. 빗금(/)

(1) 대비되는 두 개 이상의 어구를 묶어 나타낼 때 그 사이에 쓴다.

예 먹이다/먹히다

예 남반구/북반구

예 금메달/은메달/동메달

예 (　　)이/가 우리나라의 보물 제1호이다.

(2) 기준 단위당 수량을 표시할 때 해당 수량과 기준 단위 사이에 쓴다.

예 100미터/초

예 1,000원/개

(3) 시의 행이 바뀌는 부분임을 나타낼 때 쓴다.

예 산에 / 산에 / 피는 꽃은 / 저만치 혼자서 피어 있네

다만, 연이 바뀜을 나타낼 때는 두 번 겹쳐 쓴다.

예 산에는 꽃 피네 / 꽃이 피네 / 갈 봄 여름 없이 / 꽃이 피네 // 산에 / 산에 / 피는 꽃은 / 저만치 혼자서 피어 있네

[붙임] 빗금의 앞뒤는 (1)과 (2)에서는 붙여 쓰며, (3)에서는 띄어 쓰는 것을 원칙으로 하되 붙여 쓰는 것을 허용한다. 단, (1)에서 대비되는 어구가 두 어절 이상인 경우에는 빗금의 앞뒤를 띄어 쓸 수 있다.

8. 큰따옴표(" ")

(1) 글 가운데에서 직접 대화를 표시할 때 쓴다.

예 "어머니, 제가 가겠어요."
"아니다. 내가 다녀오마."

(2) 말이나 글을 직접 인용할 때 쓴다.

예 나는 "어, 광훈이 아니냐?" 하는 소리에 깜짝 놀랐다.

예 밤하늘에 반짝이는 별들을 보면서 "나는 아무 걱정도 없이 가을 속의 별들을 다 헬 듯합니다."라는 시구를 떠올렸다.

예 편지의 끝머리에는 이렇게 적혀 있었다.
"할머니, 편지에 사진을 동봉했다고 하셨지만 봉투 안에는 아무것도 없었어요."

9. 작은따옴표(' ')

(1) 인용한 말 안에 있는 인용한 말을 나타낼 때 쓴다.

예 그는 "여러분! '시작이 반이다.'라는 말 들어 보셨죠?"라고 말하며 강연을 시작했다.

(2) 마음속으로 한 말을 적을 때 쓴다.

예 나는 '일이 다 틀렸나 보군.' 하고 생각하였다.

예 '이번에는 꼭 이기고야 말겠어.' 호연이는 마음속으로 몇 번이나 그렇게 다짐하며 주먹을 불끈 쥐었다.

10. 소괄호(( ))

(1) 주석이나 보충적인 내용을 덧붙일 때 쓴다.

예 니체(독일의 철학자)의 말을 빌리면 다음과 같다.

예 2014. 12. 19.(금)

예 문인화의 대표적인 소재인 사군자(매화, 난초, 국화, 대나무)는 고결한 선비 정신을 상징한다.

(2) 우리말 표기와 원어 표기를 아울러 보일 때 쓴다.

예 기호(嗜好), 자세(姿勢) 예 커피(coffee), 에티켓(étiquette)

(3) 생략할 수 있는 요소임을 나타낼 때 쓴다.

예 학교에서 동료 교사를 부를 때는 이름 뒤에 '선생(님)'이라는 말을 덧붙인다.

예 광개토(대)왕은 고구려의 전성기를 이끌었던 임금이다.

(4) 희곡 등 대화를 적은 글에서 동작이나 분위기, 상태를 드러낼 때 쓴다.

예 현우: (가쁜 숨을 내쉬며) 왜 이렇게 빨리 뛰어?

예 "관찰한 것을 쓰는 것이 습관이 되었죠. 그러다 보니, 상상력이 생겼나 봐요." (웃음)

(5) 내용이 들어갈 자리임을 나타낼 때 쓴다.

예 우리나라의 수도는 (　　　)이다.

예 다음 빈칸에 알맞은 조사를 쓰시오.
민수가 할아버지(　　　) 꽃을 드렸다.

(6) 항목의 순서나 종류를 나타내는 숫자나 문자 등에 쓴다.

예 사람의 인격은 (1) 용모, (2) 언어, (3) 행동, (4) 덕성 등으로 표현된다.

예 (가) 동해, (나) 서해, (다) 남해

11. 중괄호({ })

(1) 같은 범주에 속하는 여러 요소를 세로로 묶어서 보일 때 쓴다.

예 주격 조사 {이
가}

예 국가의 성립 요소 {국민
영토
주권}

(2) 열거된 항목 중 어느 하나가 자유롭게 선택될 수 있음을 보일 때 쓴다.

예 아이들이 모두 학교{에, 로, 까지} 갔어요.

12. 대괄호([ ])

(1) 괄호 안에 또 괄호를 쓸 필요가 있을 때 바깥쪽의 괄호로 쓴다.

예 어린이날이 새로 제정되었을 당시에는 어린이들에게 경어를 쓰라고 하였다.[윤석중 전집(1988), 70쪽 참조]

예 이번 회의에는 두 명[이혜정(실장), 박철용(과장)]만 빼고 모두 참석했습니다.

(2) 고유어에 대응하는 한자어를 함께 보일 때 쓴다.

예 나이[年歲]

예 낱말[單語]

예 손발[手足]

(3) 원문에 대한 이해를 돕기 위해 설명이나 논평 등을 덧붙일 때 쓴다.

예 그것[한글]은 이처럼 정보화 시대에 알맞은 과학적인 문자이다.

예 신경준의 ≪여암전서≫에 "삼각산은 산이 모두 돌 봉우리인데, 그 으뜸 봉우리를 구름 위에 솟아 있다고 백운(白雲)이라 하며 [이하 생략]"

예 그런 일은 결코 있을 수 없다.[원문에는 '업다'임.]

13. 겹낫표(『 』)와 겹화살괄호(≪ ≫)

책의 제목이나 신문 이름 등을 나타낼 때 쓴다.

예 우리나라 최초의 민간 신문은 1896년에 창간된 『독립신문』이다.

예 『훈민정음』은 1997년에 유네스코 세계 기록 유산으로 지정되었다.

예 ≪한성순보≫는 우리나라 최초의 근대 신문이다.

예 윤동주의 유고 시집인 ≪하늘과 바람과 별과 시≫에는 31편의 시가 실려 있다.

[붙임] 겹낫표나 겹화살괄호 대신 큰따옴표를 쓸 수 있다.

예 우리나라 최초의 민간 신문은 1896년에 창간된 "독립신문"이다.

예 윤동주의 유고 시집인 "하늘과 바람과 별과 시"에는 31편의 시가 실려 있다.

14. 홑낫표(「 」)와 홑화살괄호(〈 〉)

소제목, 그림이나 노래와 같은 예술 작품의 제목, 상호, 법률, 규정 등을 나타낼 때 쓴다.

예 「국어 기본법 시행령」은 「국어 기본법」에서 위임된 사항과 그 시행에 필요한 사항을 규정함을 목적으로 한다.

예 이 곡은 베르디가 작곡한 「축배의 노래」이다.

예 사무실 밖에 「해와 달」이라고 쓴 간판을 달았다.

예 〈한강〉은 사진집 ≪아름다운 땅≫에 실린 작품이다.

예 백남준은 2005년에 〈엄마〉라는 작품을 선보였다.

[붙임] 홑낫표나 홑화살괄호 대신 작은따옴표를 쓸 수 있다.

예 사무실 밖에 '해와 달'이라고 쓴 간판을 달았다.

예 '한강'은 사진집 "아름다운 땅"에 실린 작품이다.

15. 줄표(—)

제목 다음에 표시하는 부제의 앞뒤에 쓴다.

예 이번 토론회의 제목은 '역사 바로잡기 – 근대의 설정 –'이다.

예 '환경 보호 – 숲 가꾸기 –'라는 제목으로 글짓기를 했다.

다만, 뒤에 오는 줄표는 생략할 수 있다.

예 이번 토론회의 제목은 '역사 바로잡기 – 근대의 설정'이다.

예 '환경 보호 – 숲 가꾸기'라는 제목으로 글짓기를 했다.

[붙임] 줄표의 앞뒤는 띄어 쓰는 것을 원칙으로 하되, 붙여 쓰는 것을 허용한다.

16. 붙임표(-)

(1) 차례대로 이어지는 내용을 하나로 묶어 열거할 때 각 어구 사이에 쓴다.

예 멀리뛰기는 도움닫기-도약-공중 자세-착지의 순서로 이루어진다.

예 김 과장은 기획-실무-홍보까지 직접 발로 뛰었다.

(2) 두 개 이상의 어구가 밀접한 관련이 있음을 나타내고자 할 때 쓴다.

예 드디어 서울-북경의 항로가 열렸다.

예 원-달러 환율

예 남한-북한-일본 삼자 관계

17. 물결표(~)

기간이나 거리 또는 범위를 나타낼 때 쓴다.

예 9월 15일~9월 25일

예 김정희(1786~1856)

예 서울~천안 정도는 출퇴근이 가능하다.

예 이번 시험의 범위는 3~78쪽입니다.

[붙임] 물결표 대신 붙임표를 쓸 수 있다.

예 9월 15일-9월 25일

예 김정희(1786-1856)

예 서울-천안 정도는 출퇴근이 가능하다.

예 이번 시험의 범위는 3-78쪽입니다.

18. 드러냄표(˙)와 밑줄(____)

문장 내용 중에서 주의가 미쳐야 할 곳이나 중요한 부분을 특별히 드러내 보일 때 쓴다.

예 한글의 본디 이름은 훈민정음이다.

예 중요한 것은 왜 사느냐가 아니라 어떻게 사느냐이다.

예 지금 필요한 것은 지식이 아니라 실천입니다.

예 다음 보기에서 명사가 아닌 것은?

[붙임] 드러냄표나 밑줄 대신 작은따옴표를 쓸 수 있다.

예 한글의 본디 이름은 '훈민정음'이다.

예 중요한 것은 '왜 사느냐'가 아니라 '어떻게 사느냐'이다.

예 지금 필요한 것은 '지식'이 아니라 '실천'입니다.

예 다음 보기에서 명사가 '아닌' 것은?

19. 숨김표(○, ×)

(1) 금기어나 공공연히 쓰기 어려운 비속어임을 나타낼 때, 그 글자의 수효만큼 쓴다.

예 배운 사람 입에서 어찌 ○○○란 말이 나올 수 있느냐?

예 그 말을 듣는 순간 ×××란 말이 목구멍까지 치밀었다.

(2) 비밀을 유지해야 하거나 밝힐 수 없는 사항임을 나타낼 때 쓴다.

예 1차 시험 합격자는 김○영, 이○준, 박○순 등 모두 3명이다.

예 육군 ○○ 부대 ○○○ 명이 작전에 참가하였다.

예 그 모임의 참석자는 김×× 씨, 정×× 씨 등 5명이었다.

20. 빠짐표(□)

(1) 옛 비문이나 문헌 등에서 글자가 분명하지 않을 때 그 글자의 수효만큼 쓴다.

예 大師爲法主□□賴之大□薦

(2) 글자가 들어가야 할 자리를 나타낼 때 쓴다.

예 훈민정음의 초성 중에서 아음(牙音)은 □□□의 석 자다.

21. 줄임표(……)

(1) 할 말을 줄였을 때 쓴다.

예 "어디 나하고 한번……." 하고 민수가 나섰다.

(2) 말이 없음을 나타낼 때 쓴다.

예 "빨리 말해!"
"……."

(3) 문장이나 글의 일부를 생략할 때 쓴다.

예 '고유'라는 말은 문자 그대로 본디부터 있었다는 뜻은 아닙니다. …… 같은 역사적 환경에서 공동의 집단생활을 영위해 오는 동안 공동으로 발견된, 사물에 대한 공동의 사고 방식을 우리는 한국의 고유 사상이라 부를 수 있다는 것입니다.

(4) 머뭇거림을 보일 때 쓴다.

예 "우리는 모두…… 그러니까…… 예외 없이 눈물만…… 흘렸다."

[붙임 1] 점은 가운데에 찍는 대신 아래쪽에 찍을 수도 있다.

예 "어디 나하고 한번......" 하고 민수가 나섰다.

예 "실은...... 저 사람...... 우리 아저씨일지 몰라."

[붙임 2] 점은 여섯 점을 찍는 대신 세 점을 찍을 수도 있다.

예 "어디 나하고 한번…." 하고 민수가 나섰다.

예 "실은... 저 사람... 우리 아저씨일지 몰라."

[붙임 3] 줄임표는 앞말에 붙여 쓴다. 다만, (3)에서는 줄임표의 앞뒤를 띄어 쓴다.

02 표준어 규정

1 단수 표준어

바른 표기	틀린 표기	바른 표기	틀린 표기
-게끔	-게시리	빠-뜨리다	빠-치다
겸사-겸사	겸지-겸지/겸두-겸두	뻣뻣-하다	왜긋다
고구마	참-감자	뽐-내다	느물다
고치다	낫우다	사로-잠그다	사로-채우다
골목-쟁이	골목-자기	살-풀이	살-막이
광주리	광우리	상투-쟁이	상투-꼬부랑이
괴통	호구	새앙-손이	생강-손이
국-물	멀-국/말-국	샛-별	새벽-별
군-표	군용-어음	선-머슴	풋-머슴
길-잡이	길-앞잡이	섭섭-하다	애운-하다
까치-발	까치-다리	속-말	속-소리
꼬창-모	말뚝-모	손목-시계	팔목-시계/팔뚝-시계
나룻-배	나루	손-수레	손-구루마
납-도리	민-도리	쇠-고랑	고랑-쇠
농-지거리	기롱-지거리	수도-꼭지	수도-고동
다사-스럽다	다사-하다	숙성-하다	숙-지다
다오	다구	순대	골집
담배-꽁초	담배-꼬투리 담배-꽁치 담배-꽁추	술-고래	술-꾸러기/술-부대 술-보/술-푸대
담배-설대	대-설대	식은-땀	찬-땀
대장-일	성냥-일	신기-롭다	신기-스럽다
뒤져-내다	뒤어-내다	쌍동-밤	쪽-밤
뒤통수-치다	뒤꼭지-치다	쏜살-같이	쏜살-로
등-나무	등-칡	아주	영판
등-때기	등-떠리	안-걸이	안-낚시
등잔-걸이	등경-걸이	안다미-씌우다	안다미-시키다
떡-보	떡-충이	안쓰럽다	안-슬프다
똑딱-단추	딸꼭-단추	안절부절-못하다	안절부절-하다
매-만지다	우미다	앉은뱅이-저울	앉은-저울
먼-발치	먼-발치기	알-사탕	구슬-사탕
며느리-발톱	뒷-발톱	암-내	곁땀-내

바른 표기	틀린 표기	바른 표기	틀린 표기
명주-붙이	주-사니	앞-지르다	따라-먹다
목-메다	목-맺히다	애-벌레	어린-벌레
밀짚-모자	보릿짚-모자	얇은-꾀	물탄-꾀
바가지	열-바가지/열-박	언뜻	펀뜻
바람-꼭지	바람-고다리	언제나	노다지
반-나절	나절-가웃	얼룩-말	워라-말
반두	독대	열심-히	열심-으로
버젓-이	뉘연-히	입-담	말-담
본-받다	법-받다	자배기	너벅지
부각	다시마-자반	전봇-대	전선/대
부끄러워-하다	부끄리다	쥐락-펴락	펴락-쥐락
부스러기	부스럭지	-지만	-지만서도
부지깽이	부지팽이	짓고-땡	지어-땡/짓고-땡이
부항-단지	부항-항아리	짧은-작	짜른-작
붉으락-푸르락	푸르락-붉으락	찹-쌀	이-찹쌀
비켜-덩이	옆-사리미	청대-콩	푸른-콩
빙충-이	빙충-맞이	칡-범	갈-범

2 복수 표준어

복수 표준어	복수 표준어
가는-허리/잔-허리	불-사르다/사르다
가락-엿/가래-엿	비발/비용(費用)
가뭄/가물	뾰두라지/뾰루지
가엾다/가엽다	살-쾡이/삵
감감-무소식/감감-소식	삽살-개/삽사리
개수-통/설거지-통	상두-꾼/상여-꾼
개숫-물/설거지-물	상-씨름/소-걸이
갱-엿/검은-엿	생/새앙/생강
-거리다/-대다	생-뿔/새앙-뿔/생강-뿔
거위-배/횟-배	생-철/양-철
것/해	서럽다/섧다
게을러-빠지다/게을러-터지다	서방-질/화냥-질
고깃-간/푸줏-간	성글다/성기다
곰곰/곰곰-이	-(으)세요/-(으)셔요

복수 표준어	복수 표준어
관계-없다/상관-없다	송이/송이-버섯
교정-보다/준-보다	수수-깡/수숫-대
구들-재/구재	술-안주/안주
귀퉁-머리/귀퉁-배기	-스레하다/-스름하다
극성-떨다/극성-부리다	시늉-말/흉내-말
기세-부리다/기세(氣勢~)-피우다	시새/세사(細沙)
기승-떨다/기승(氣勝~)-부리다	신/신발
깃-저고리/배내-옷/배냇-저고리	신주-보/독보(櫝褓)
꼬까/때때/고까	심술-꾸러기/심술-쟁이
꼬리-별/살-별	씁쓰레-하다/씁쓰름-하다
꽃-도미/붉-돔	아귀-세다/아귀-차다
나귀/당-나귀	아래-위/위-아래
날-걸/세-뿔	아무튼/어떻든/어쨌든/하여튼/여하튼
내리-글씨/세로-글씨	앉음-새/앉음-앉음
넝쿨/덩굴	알은-척/알은-체
녘/쪽	애-갈이/애벌-갈이
눈-대중/눈-어림/눈-짐작	애꾸눈-이/외눈-박이
느리-광이/느림-보/늘-보	양념-감/양념-거리
늦-모/마냥-모	어금버금-하다/어금지금-하다
다기-지다/다기(多氣~)-차다	어기여차/어여차
다달-이/매-달	어림-잡다/어림-치다
-다마다/-고말고	어이-없다/어처구니-없다
다박-나룻/다박-수염	어저께/어제
닭의-장/닭-장	언덕-바지/언덕-배기
댓-돌/툇-돌	얼렁-뚱땅/엄벙-뗑
덧-창/겉-창	여왕-벌/장수-벌
독장-치다/독판-치다	여쭈다/여쭙다
동자(童子~)-기둥/쪼구미	여태/입때
돼지-감자/뚱딴지	여태-껏/이제-껏/입때-껏
되우/된통/되게	역성-들다/역성-하다
두동-무니/두동-사니	연-달다/잇-달다
뒷-갈망/뒷-감당	엿-가락/엿-가래
뒷-말/뒷-소리	엿-기름/엿-길금
들락-거리다/들랑-거리다	엿-반대기/엿-자박
들락-날락/들랑-날랑	오사리-잡놈/오색-잡놈

복수 표준어	복수 표준어
딴-전/딴-청	옥수수/강냉이
땅-콩/호-콩	왕골-기직/왕골-자리
땔-감/땔-거리	외겹-실/외올-실/홑-실
-뜨리다/-트리다	외손-잡이/한손-잡이
뜬-것/뜬-귀신	욕심-꾸러기/욕심-쟁이
마룻-줄/용총-줄	우레/천둥
마-파람/앞-바람	우지/울-보
만장-판/만장-중(滿場中)	을러-대다/을러-메다
만큼/만치	의심-스럽다/의심-쩍다
말-동무/말-벗	-이에요/-이어요
매-갈이/매-조미(~糙米)	이틀-거리/당-고금
매-통/목-매	일일-이/하나-하나
먹-새/먹음-새	일찌감치/일찌거니
멀찌감치/멀찌가니/멀찍이	입찬-말/입찬-소리
멱통/산-멱/산-멱통	자리-옷/잠-옷
면-치레/외면(外面~)-치레	자물-쇠/자물-통
모-내다/모-심다	장가-가다/장가-들다
모쪼록/아무쪼록	재롱-떨다/재롱-부리다
목판-되/모-되	제-가끔/제-각기
목화-씨/면화-씨	좀-처럼/좀-체
무심-결/무심-중	줄-꾼/줄-잡이
물-봉숭아/물-봉선화	중신/중매
물-부리/빨-부리	짚-단/짚-뭇
물-심부름/물-시중	쪽/편
물추리-나무/물추리-막대	차차/차츰
물-타작/진-타작(~打作)	책-씻이/책(冊~)-거리
민둥-산/벌거숭이-산	척/체
밑-층/아래-층	천연덕-스럽다/천연-스럽다
바깥-벽/밭-벽	철-따구니/철-딱서니/철-딱지
바른/오른[右]	추어-올리다/추어-주다
발-모가지/발-목쟁이	축-가다/축-나다
버들-강아지/버들-개지	침-놓다/침-주다
벌레/버러지	통-꼭지/통-젖
변덕-스럽다/변덕-맞다	파자-쟁이/해자-쟁이
보-조개/볼-우물	편지-투/편지(便紙~)-틀

복수 표준어	복수 표준어
보통-내기/여간-내기/예사-내기	한턱-내다/한턱-하다
볼-따구니/볼-퉁이/볼-때기	해웃-값/해웃-돈
부침개-질/부침-질/지짐-질	혼자-되다/홀로-되다
불똥-앉다/등화-지다/등화(燈火~)-앉다	흠-가다/흠-나다/흠-지다

3 추가 표준어

(1) 2011년 추가 표준어(39개)

① 복수 표준어 : 현재 표준어로 규정된 말 이외에 같은 뜻으로 많이 쓰이는 말이 있어 이를 복수 표준어로 인정한 경우(11개)

추가 표준어	기존 표준어	추가 표준어	기존 표준어
간지럽히다	간질이다	**세간살이**	세간
남사스럽다	남우세스럽다	**쌉싸름하다**	쌉싸래하다
등물	목물	**토란대**	고운대
맨날	만날	**허접쓰레기**	허섭스레기
묫자리	묏자리	**흙담**	토담
복숭아뼈	복사뼈		

② 별도 표준어 : 현재 표준어로 규정된 말과는 뜻이나 어감의 차이가 있어 이를 별도의 표준어로 인정한 경우(25개)

추가 표준어	기존 표준어	추가 표준어	기존 표준어
-길래	-기에	**휭하니**	힁허케
개발새발	괴발개발	**걸리적거리다**	거치적거리다
나래	날개	**끄적거리다**	끼적거리다
내음	냄새	**두리뭉실하다**	두루뭉술하다
눈꼬리	눈초리	**맨숭맨숭/맹숭맹숭**	맨송맨송
떨구다	떨어뜨리다	**바둥바둥**	바동바동
뜨락	뜰	**새초롬하다**	새치름하다
먹거리	먹을거리	**아웅다웅**	아옹다옹
메꾸다	메우다	**야멸차다**	야멸치다
손주	손자(孫子)	**오손도손**	오순도순
어리숙하다	어수룩하다	**찌뿌둥하다**	찌뿌듯하다
연신	연방	**추근거리다**	치근거리다

③ 복수 표기 : 표준어로 인정된 표기와 다른 표기 형태도 많이 쓰여서 두 가지 표기를 모두 표준어로 인정한 경우(3개)

추가 표준어	기존 표준어
택견	태껸
품새	품세
짜장면	자장면

(2) 2014년 추가 표준어(13개)

① 복수 표준어(5개)

추가 표준어	기존 표준어	추가 표준어	기존 표준어
구안와사	구안괘사	**눈두덩이**	눈두덩
굽신	굽실	**삐지다**	삐치다
초장초	작장초		

② 별도 표준어(8개)

추가 표준어	기존 표준어	뜻 차이
개기다	개개다	• 개기다 : (속되게) 명령이나 지시를 따르지 않고 버티거나 반항하다. • 개개다 : 성가시게 달라붙어 손해를 끼치다.
꼬시다	꾀다	• 꼬시다 : '꾀다'를 속되게 이르는 말 • 꾀다 : 그럴듯한 말이나 행동으로 남을 속이거나 부추겨서 자기 생각대로 끌다.
놀잇감	장난감	• 놀잇감 : 놀이 또는 아동 교육 현장 따위에서 활용되는 물건이나 재료 • 장난감 : 아이들이 가지고 노는 여러 가지 물건
딴지	딴죽	• 딴지 : (주로 '걸다, 놓다'와 함께 쓰여) 일이 순순히 진행되지 못하도록 훼방을 놓거나 어기대는 것 • 딴죽 : 이미 동의하거나 약속한 일에 대하여 딴전을 부림을 비유적으로 이르는 말
사그라들다	사그라지다	• 사그라들다 : 삭아서 없어져 가다. • 사그라지다 : 삭아서 없어지다.
섬찟	섬뜩	• 섬찟 : 갑자기 소름이 끼치도록 무시무시하고 끔찍한 느낌이 드는 모양 • 섬뜩 : 갑자가 소름이 끼치도록 무섭고 끔찍한 느낌이 드는 모양
속앓이	속병	• 속앓이 : 1. 속이 아픈 병 또는 속에 병이 생겨 아파하는 일 2. 겉으로 드러내지 못하고 속으로 걱정하거나 괴로워하는 일 • 속병 : 1. 몸속의 병을 통틀어 이르는 말 2. '위장병'을 일상적으로 이르는 말 3. 화가 나거나 속이 상하여 생긴 마음의 심한 아픔
허접하다	허접스럽다	• 허접하다 : 허름하고 잡스럽다. • 허접스럽다 : 허름하고 잡스러운 느낌이 있다.

(3) 2015년 추가 표준어(11개)

① 복수 표준어(4개)

추가 표준어	기존 표준어	추가 표준어	기존 표준어
마실	마을	찰지다	차지다
이쁘다	예쁘다	-고프다	-고 싶다

② 별도 표준어(5개)

추가 표준어	기존 표준어	뜻 차이
꼬리연	가오리연	• 꼬리연 : 긴 꼬리를 단 연 • 가오리연 : 가오리 모양으로 만들어 꼬리를 길게 단 연. 띄우면 오르면서 머리가 아래위로 흔들린다. 예 행사가 끝날 때까지 하늘을 수놓았던 대형 꼬리연도 비상을 꿈꾸듯 끊임없이 창공을 향해 날아올랐다.
의론	의논	• 의론(議論) : 어떤 사안에 대하여 각자의 의견을 제기함 또는 그런 의견 • 의논(議論) : 어떤 일에 대하여 서로 의견을 주고 받음 • '의론되다, 의론하다'도 표준어로 인정함 예 이러니저러니 의론이 분분하다.
이크	이키	• 이크 : 당황하거나 놀랐을 때 내는 소리. '이키'보다 큰 느낌을 준다. • 이키 : 당황하거나 놀랐을 때 내는 소리. '이끼'보다 거센 느낌을 준다. 예 이크, 이거 큰일 났구나 싶어 허겁지겁 뛰어갔다.
잎새	잎사귀	• 잎새 : 나무의 잎사귀. 주로 문학적 표현에 쓰인다. • 잎사귀 : 낱낱의 잎. 주로 넓적한 잎을 이른다. 예 잎새가 몇 개 남지 않은 나무들이 창문 위로 뻗어올라 있었다.
푸르르다	푸르다	• 푸르르다 : '푸르다'를 강조할 때 이르는 말 • 푸르다 : 맑은 가을 하늘이나 깊은 바다, 풀의 빛깔과 같이 밝고 선명하다. • '푸르르다'는 '으' 불규칙 용언으로 분류함 예 겨우내 찌푸리고 있던 잿빛 하늘이 푸르르게 맑아 오고 어디선 지도 모르게 흙냄새가 뭉클하니 풍겨 오는 듯한 순간 벌써 봄이 온 것을 느낀다.

③ 복수 표준형 : 기존의 표준적인 활용형과 용법이 같은 활용형으로 인정한 경우(2개)

추가 표준형	기존 표준형	비고
말아 말아라 말아요	마 마라 마요	• '말다'에 명령형 어미 '-아', '-아라', '-아요' 등이 결합할 때는 어간 끝의 'ㄹ'이 탈락하기도 하고 탈락하지 않기도 함 예 • 내가 하는 말 농담으로 듣지 마/말아. • 얘야, 아무리 바빠도 제사는 잊지 마라/말아라. • 아유, 말도 마요/말아요.
노랗네 동그랗네 조그맣네 …	노라네 동그라네 조그마네 …	• 'ㅎ' 불규칙 용언이 어미 '-네'와 결합할 때는 어간 끝의 'ㅎ'이 탈락하기도 하고 탈락하지 않기도 함 • '그렇다, 노랗다, 동그랗다, 뿌옇다, 어떻다, 조그맣다, 커다랗다' 등등 모든 'ㅎ' 불규칙 용언의 활용형에 적용됨 예 • 생각보다 훨씬 노랗네/노라네. • 이 빵은 동그랗네/동그라네. • 건물이 아주 조그맣네/조그마네.

(4) 2016년 추가 표준어(6개)

① 별도 표준어(4개)

추가 표준어	기존 표준어	뜻 차이
걸판지다	거방지다	걸판지다 [형용사] – 매우 푸지다. 예 술상이 걸판지다. / 마침 눈먼 돈이 생긴 것도 있으니 오늘 저녁은 내가 걸판지게 사지. – 동작이나 모양이 크고 어수선하다. 예 싸움판은 자못 걸판져서 구경거리였다. / 소리판은 옛날이 걸판지고 소리할 맛이 났었지.
		거방지다 [형용사] = 걸판지다(매우 푸지다.) – 몸집이 크다. – 하는 짓이 점잖고 무게가 있다.
겉울음	건울음	겉울음 [명사] – 드러내 놓고 우는 울음 예 꾹꾹 참고만 있다 보면 간혹 속울음이 겉울음으로 터질 때가 있다. – 마음에도 없이 겉으로만 우는 울음 예 눈물도 안 나면서 슬픈 척 겉울음 울지 마.
		• 건울음 [명사] = 강울음 • 강울음 [명사] 눈물 없이 우는 울음, 또는 억지로 우는 울음
까탈스럽다	까다롭다	까탈스럽다 [형용사] – 조건, 규정 따위가 복잡하고 엄격하여 적응하거나 적용하기에 어려운 데가 있다. '가탈스럽다'보다 센 느낌을 준다. 예 까탈스러운 공정을 거치다. / 규정을 까탈스럽게 정하다. / 가스레인지에 길들여진 현대인들에게 지루하고 까탈스러운 숯 굽기 작업은 쓸데없는 시간 낭비로 비칠 수도 있겠다. – 성미나 취향 따위가 원만하지 않고 별스러워 맞춰 주기에 어려운 데가 있다. '가탈스럽다'보다 센 느낌을 준다. 예 까탈스러운 입맛 / 성격이 까탈스럽다. / 딸아이는 사 준 옷이 맘에 안 든다고 까탈스럽게 굴었다. ※ 같은 계열의 '가탈스럽다'도 표준어로 인정함
		까다롭다 [형용사] – 조건 따위가 복잡하거나 엄격하여 다루기에 순탄하지 않다. – 성미나 취향 따위가 원만하지 않고 별스럽게 까탈이 많다.
실뭉치	실몽당이	실뭉치 [명사] 실을 한데 뭉치거나 감은 덩이 예 뒤엉킨 실뭉치 / 실뭉치를 풀다. / 그의 머릿속은 엉클어진 실뭉치같이 갈피를 못 잡고 있었다.
		실몽당이 [명사] 실을 풀기 좋게 공 모양으로 감은 뭉치

② 복수 표준형(2개)

추가 표준형	기존 표준형	비고
엘랑	에는	• 표준어 규정 제25항에서 '에는'의 비표준형으로 규정해 온 '엘랑'을 표준형으로 인정함 • '엘랑' 외에도 'ㄹ랑'에 조사 또는 어미가 결합한 '에설랑, 설랑, -고설랑, -어설랑, -질랑'도 표준형으로 인정함 • '엘랑, -고설랑' 등은 단순한 조사/어미 결합형이므로 사전 표제어로는 다루지 않음 예 • 서울엘랑 가지를 마오. • 교실에설랑 떠들지 마라. • 나를 앞에 앉혀놓고설랑 자기 아들 자랑만 하더라.
주책이다	주책없다	• 표준어 규정 제25항에 따라 '주책없다'의 비표준형으로 규정해 온 '주책이다'를 표준형으로 인정함 • '주책이다'는 '일정한 줏대가 없이 되는대로 하는 짓'을 뜻하는 '주책'에 서술격 조사 '이다'가 붙은 말로 봄 • '주책이다'는 단순한 명사+조사 결합형이므로 사전 표제어로는 다루지 않음 예 이제 와서 오래 전에 헤어진 그녀를 떠올리는 나 자신을 보며 '나도 참 주책이군.' 하는 생각이 들었다.

(5) 2017년 추가 표준어(5개)

① 복수 표준어

추가 표준어	기존 표준어	추가 표준어	기존 표준어
꺼림직하다	꺼림칙하다	**께름직하다**	께름칙하다
추켜올리다	추어올리다	**추켜세우다**	치켜세우다
치켜올리다	추어올리다/추켜올리다		

4 표준 발음법

제1장 총칙

제1항 표준 발음법은 표준어의 실제 발음을 따르되, 국어의 전통성과 합리성을 고려하여 정함을 원칙으로 한다.

제2장 자음과 모음

제2항 표준어의 자음은 다음 19개로 한다.

ㄱ, ㄲ, ㄴ, ㄷ, ㄸ, ㄹ, ㅁ, ㅂ, ㅃ, ㅅ, ㅆ, ㅇ, ㅈ, ㅉ, ㅊ, ㅋ, ㅌ, ㅍ, ㅎ

제3항 표준어의 모음은 다음 21개로 한다.

ㅏ, ㅐ, ㅑ, ㅒ, ㅓ, ㅔ, ㅕ, ㅖ, ㅗ, ㅘ, ㅙ, ㅚ, ㅛ, ㅜ, ㅝ, ㅞ, ㅟ, ㅠ, ㅡ, ㅢ, ㅣ

제4항 'ㅏ ㅐ ㅓ ㅔ ㅗ ㅚ ㅜ ㅟ ㅡ ㅣ'는 단모음(單母音)으로 발음한다.

[붙임] 'ㅚ, ㅟ'는 이중 모음으로 발음할 수 있다.

제5항 'ㅑ ㅒ ㅕ ㅖ ㅘ ㅙ ㅛ ㅝ ㅞ ㅠ ㅢ'는 이중 모음으로 발음한다.

다만 1. 용언의 활용형에 나타나는 '져, 쪄, 쳐'는 [저, 쩌, 처]로 발음한다.

가지어 → 가져[가저]	찌어 → 쪄[쩌]	다치어 → 다쳐[다처]

다만 2. '예, 례' 이외의 'ㅖ'는 [ㅔ]로도 발음한다.

계집[계:집/게:집]	계시다[계:시다/게:시다]
시계[시계/시게](時計)	연계[연계/연게](連繫)
몌별[몌별/메별](袂別)	개폐[개폐/개페](開閉)
혜택[혜:택/헤:택](惠澤)	지혜[지혜/지헤](智慧)

다만 3. 자음을 첫소리로 가지고 있는 음절의 'ㅢ'는 [ㅣ]로 발음한다.

늴리리	닁큼	무늬	띄어쓰기	씌어
틔어	희어	희떱다	희망	유희

다만 4. 단어의 첫음절 이외의 '의'는 [ㅣ]로, 조사 '의'는 [ㅔ]로 발음함도 허용한다.

주의[주의/주이]	협의[혀븨/혀비]
우리의[우리의/우리에]	강의의[강:의의/강:이에]

제3장 음의 길이

제6항 모음의 장단을 구별하여 발음하되, 단어의 첫음절에서만 긴소리가 나타나는 것을 원칙으로 한다.

(1) 눈보라[눈:보라]	말씨[말:씨]	밤나무[밤:나무]
많다[만:타]	멀리[멀:리]	벌리다[벌:리다]
(2) 첫눈[천눈]	참말[참말]	쌍동밤[쌍동밤]
수많이[수:마니]	눈멀다[눈멀다]	떠벌리다[떠벌리다]

다만, 합성어의 경우에는 둘째 음절 이하에서도 분명한 긴소리를 인정한다.

반신반의[반:신바:늬/반:신바:니]　　재삼재사[재:삼재:사]

[붙임] 용언의 단음절 어간에 어미 '-아/-어'가 결합되어 한 음절로 축약되는 경우에도 긴소리로 발음한다.

보아 → 봐[봐:]　　기어 → 겨[겨:]　　되어 → 돼[돼:]
두어 → 둬[둬:]　　하여 → 해[해:]

다만, '오아 → 와, 지어 → 져, 찌어 → 쪄, 치어 → 쳐' 등은 긴소리로 발음하지 않는다.

제7항 긴소리를 가진 음절이라도, 다음과 같은 경우에는 짧게 발음한다.

1. 단음절인 용언 어간에 모음으로 시작된 어미가 결합되는 경우

감다[감:따]－감으니[가므니]　　밟다[밥:따]－밟으면[발브면]
신다[신:따]－신어[시너]　　알다[알:다]－알아[아라]

다만, 다음과 같은 경우에는 예외적이다.

끌다[끌:다]－끌어[끄:러]　　떫다[떨:따]－떫은[떨:븐]
벌다[벌:다]－벌어[버:러]　　썰다[썰:다]－썰어[써:러]
없다[업:따]－없으니[업:쓰니]

2. 용언 어간에 피동, 사동의 접미사가 결합되는 경우

감다[감:따]－감기다[감기다]　　꼬다[꼬:다]－꼬이다[꼬이다]
밟다[밥:따]－밟히다[발피다]

다만, 다음과 같은 경우에는 예외적이다.

끌리다[끌:리다]　　벌리다[벌:리다]　　없애다[업:쌔다]

[붙임] 다음과 같은 복합어에서는 본디의 길이에 관계 없이 짧게 발음한다.

밀-물　　썰-물　　쏜-살-같이　　작은-아버지

제4장 받침의 발음

제8항 받침소리로는 'ㄱ, ㄴ, ㄷ, ㄹ, ㅁ, ㅂ, ㅇ'의 7개 자음만 발음한다.

제9항 받침 'ㄲ, ㅋ', 'ㅅ, ㅆ, ㅈ, ㅊ, ㅌ', 'ㅍ'은 어말 또는 자음 앞에서 각각 대표음 [ㄱ, ㄷ, ㅂ]으로 발음한다.

닦다[닥따]	키읔[키윽]	키읔과[키윽꽈]	옷[옫]
웃다[욷:따]	있다[읻따]	젖[젇]	빚다[빋따]
꽃[꼳]	쫓다[쫃따]	솥[솓]	뱉다[밷:따]
앞[압]	덮다[덥따]		

제10항 겹받침 'ㄳ', 'ㄵ', 'ㄼ, ㄽ, ㄾ', 'ㅄ'은 어말 또는 자음 앞에서 각각 [ㄱ, ㄴ, ㄹ, ㅂ]으로 발음한다.

넋[넉]	넋과[넉꽈]	앉다[안따]	여덟[여덜]
넓다[널따]	외곬[외골]	핥다[할따]	값[갑]
없다[업:따]			

다만, '밟-'은 자음 앞에서 [밥]으로 발음하고, '넓-'은 다음과 같은 경우에 [넙]으로 발음한다.

(1) 밟다[밥:따] 밟소[밥:쏘] 밟지[밥:찌]

밟는[밥:는 → 밤:는] 밟게[밥:께] 밟고[밥:꼬]

(2) 넓-죽하다[넙쭈카다] 넓-둥글다[넙뚱글다]

제11항 겹받침 'ㄺ, ㄻ, ㄿ'은 어말 또는 자음 앞에서 각각 [ㄱ, ㅁ, ㅂ]으로 발음한다.

닭[닥]	흙과[흑꽈]	맑다[막따]	늙지[늑찌]
삶[삼:]	젊다[점:따]	읊고[읍꼬]	읊다[읍따]

다만, 용언의 어간 말음 'ㄺ'은 'ㄱ' 앞에서 [ㄹ]로 발음한다.

맑게[말께]	묽고[물꼬]	얽거나[얼꺼나]

제12항 받침 'ㅎ'의 발음은 다음과 같다.

1. 'ㅎ(ㄶ, ㅀ)' 뒤에 'ㄱ, ㄷ, ㅈ'이 결합되는 경우에는, 뒤 음절 첫소리와 합쳐서 [ㅋ, ㅌ, ㅊ]으로 발음한다.

놓고[노코]	좋던[조:턴]	쌓지[싸치]
많고[만:코]	않던[안턴]	닳지[달치]

[붙임 1] 받침 'ㄱ(ㄺ), ㄷ, ㅂ(ㄼ), ㅈ(ㄵ)'이 뒤 음절 첫소리 'ㅎ'과 결합되는 경우에도, 역시 두 음을 합쳐서 [ㅋ, ㅌ, ㅍ, ㅊ]으로 발음한다.

각하[가카]	먹히다[머키다]	밝히다[발키다]
맏형[마텽]	좁히다[조피다]	넓히다[널피다]
꽂히다[꼬치다]	앉히다[안치다]	

[붙임 2] 규정에 따라 'ㄷ'으로 발음되는 'ㅅ, ㅈ, ㅊ, ㅌ'의 경우에도 이에 준한다.

옷 한 벌[오탄벌]	낮 한때[나탄때]
꽃 한 송이[꼬탄송이]	숱하다[수타다]

2. ㅎ(ㄶ, ㅀ)' 뒤에 'ㅅ'이 결합되는 경우에는, 'ㅅ'을 [ㅆ]으로 발음한다.

닿소[다:쏘]	많소[만:쏘]	싫소[실쏘]

3. 'ㅎ' 뒤에 'ㄴ'이 결합되는 경우에는, [ㄴ]으로 발음한다.

놓는[논는]	쌓네[싼네]

[붙임] 'ㄶ, ㅀ' 뒤에 'ㄴ'이 결합되는 경우에는, 'ㅎ'을 발음하지 않는다.

않네[안네]	않는[안는]
뚫네[뚤네 → 뚤레]	뚫는[뚤는 → 뚤른]

※ '뚫네[뚤네 → 뚤레], 뚫는[뚤는 → 뚤른]'에 대해서는 제20항 참조

4. 'ㅎ(ㄶ, ㅀ)' 뒤에 모음으로 시작된 어미나 접미사가 결합되는 경우에는, 'ㅎ'을 발음하지 않는다.

낳은[나은]	놓아[노아]	쌓이다[싸이다]
많아[마:나]	않은[아는]	닳아[다라]
싫어도[시러도]		

제13항 홑받침이나 쌍받침이 모음으로 시작된 조사나 어미, 접미사와 결합되는 경우에는, 제 음가대로 뒤 음절 첫소리로 옮겨 발음한다.

깎아[까까]	옷이[오시]	있어[이써]
낮이[나지]	꽂아[꼬자]	꽃을[꼬츨]
쫓아[쪼차]	밭에[바테]	앞으로[아프로]
덮이다[더피다]		

제14항 겹받침이 모음으로 시작된 조사나 어미, 접미사와 결합되는 경우에는, 뒤엣것만을 뒤 음절 첫소리로 옮겨 발음한다.(이 경우, 'ㅅ'은 된소리로 발음함)

넋이[넉씨]	앉아[안자]	닭을[달글]
젊어[절머]	곬이[골씨]	핥아[할타]
읊어[을퍼]	값을[갑쓸]	없어[업:써]

제15항 받침 뒤에 모음 'ㅏ, ㅓ, ㅗ, ㅜ, ㅟ' 들로 시작되는 실질 형태소가 연결되는 경우에는, 대표음으로 바꾸어서 뒤 음절 첫소리로 옮겨 발음한다.

밭 아래[바다래]	늪 앞[느밥]	젖어미[저더미]
맛없다[마덥따]	겉옷[거돋]	헛웃음[허두슴]
꽃 위[꼬뒤]		

다만, '맛있다, 멋있다'는 [마싣따], [머싣따]로도 발음할 수 있다.

[붙임] 겹받침의 경우에는, 그중 하나만을 옮겨 발음한다.

넋 없다[너겁따]	닭 앞에[다가페]	값어치[가버치]
값있는[가빈는]		

제16항 한글 자모의 이름은 그 받침소리를 연음하되, 'ㄷ, ㅈ, ㅊ, ㅋ, ㅌ, ㅍ, ㅎ'의 경우에는 특별히 다음과 같이 발음한다.

디귿이[디그시]	디귿을[디그슬]	디귿에[디그세]
지읒이[지으시]	지읒을[지으슬]	지읒에[지으세]
치읓이[치으시]	치읓을[치으슬]	치읓에[치으세]
키읔이[키으기]	키읔을[키으글]	키읔에[키으게]
티읕이[티으시]	티읕을[티으슬]	티읕에[티으세]
피읖이[피으비]	피읖을[피으블]	피읖에[피으베]
히읗이[히으시]	히읗을[히으슬]	히읗에[히으세]

제5장 음의 동화

제17항 받침 'ㄷ, ㅌ(ㄾ)'이 조사나 접미사의 모음 'ㅣ'와 결합되는 경우에는, [ㅈ, ㅊ]으로 바꾸어서 뒤 음절 첫소리로 옮겨 발음한다.

곧이듣다[고지듣따]	굳이[구지]	미닫이[미:다지]
땀받이[땀바지]	밭이[바치]	벼훑이[벼훌치]

[붙임] 'ㄷ' 뒤에 접미사 '히'가 결합되어 '티'를 이루는 것은 [치]로 발음한다.

굳히다[구치다]	닫히다[다치다]	묻히다[무치다]

제18항 받침 'ㄱ(ㄲ, ㅋ, ㄳ, ㄺ), ㄷ(ㅅ, ㅆ, ㅈ, ㅊ, ㅌ, ㅎ), ㅂ(ㅍ, ㄼ, ㄿ, ㅄ)'은 'ㄴ, ㅁ' 앞에서 [ㅇ, ㄴ, ㅁ]으로 발음한다.

먹는[멍는]	국물[궁물]	깎는[깡는]
키읔만[키응만]	몫몫이[몽목씨]	긁는[궁는]
흙만[흥만]	닫는[단는]	짓는[진:는]
옷맵시[온맵씨]	있는[인는]	맞는[만는]
젖멍울[전멍울]	쫓는[쫀는]	꽃망울[꼰망울]
붙는[분는]	놓는[논는]	잡는[잠는]
밥물[밤물]	앞마당[암마당]	밟는[밤:는]
읊는[음는]	없는[엄:는]	

[붙임] 두 단어를 이어서 한 마디로 발음하는 경우에도 이와 같다.

책 넣는다[챙넌는다]	흙 말리다[흥말리다]	옷 맞추다[온맏추다]
밥 먹는다[밤멍는다]	값 매기다[감매기다]	

제19항 받침 'ㅁ, ㅇ' 뒤에 연결되는 'ㄹ'은 [ㄴ]으로 발음한다.

담력[담:녁]	침략[침:냑]	강릉[강능]
항로[항:노]	대통령[대:통녕]	

[붙임] 받침 'ㄱ, ㅂ' 뒤에 연결되는 'ㄹ'도 [ㄴ]으로 발음한다.

막론[막논 → 망논]	석류[석뉴 → 성뉴]	협력[협녁 → 혐녁]
법리[법니 → 범니]		

제20항 'ㄴ'은 'ㄹ'의 앞이나 뒤에서 [ㄹ]로 발음한다.

(1) 난로[날:로] 신라[실라] 천리[철리]
광한루[광:할루] 대관령[대:괄령]

(2) 칼날[칼랄] 물난리[물랄리] 줄넘기[줄럼끼]
할는지[할른지]

[붙임] 첫소리 'ㄴ'이 'ㅀ', 'ㄾ' 뒤에 연결되는 경우에도 이에 준한다.

닳는[달른]	뚫는[뚤른]	핥네[할레]

다만, 다음과 같은 단어들은 'ㄹ'을 [ㄴ]으로 발음한다.

의견란[의:견난]	임진란[임:진난]	생산량[생산냥]
결단력[결딴녁]	공권력[공꿘녁]	동원령[동:원녕]
상견례[상견녜]	횡단로[횡단노]	이원론[이:원논]
입원료[이붠뇨]	구근류[구근뉴]	

제21항 위에서 지적한 이외의 자음 동화는 인정하지 않는다.

감기[감:기](×[강:기])	옷감[옫깜](×[옥깜])
있고[읻꼬](×[익꼬])	꽃길[꼳낄](×[꼭낄])
젖먹이[전머기](×[점머기])	문법[문뻡](×[뭄뻡])
꽃밭[꼳빧](×[꼽빧])	

제22항 다음과 같은 용언의 어미는 [어]로 발음함을 원칙으로 하되, [여]로 발음함도 허용한다.

되어[되어/되여]	피어[피어/피여]

[붙임] '이오, 아니오'도 이에 준하여 [이요, 아니요]로 발음함을 허용한다.

제6장 경음화

제23항 받침 'ㄱ(ㄲ, ㅋ, ㄳ, ㄺ), ㄷ(ㅅ, ㅆ, ㅈ, ㅊ, ㅌ), ㅂ(ㅍ, ㄼ, ㄿ, ㅄ)' 뒤에 연결되는 'ㄱ, ㄷ, ㅂ, ㅅ, ㅈ'은 된소리로 발음한다.

국밥[국빱]	깎다[깍따]	넋받이[넉빠지]
삯돈[삭똔]	닭장[닥짱]	칡범[칙뻠]
뻗대다[뻗때다]	옷고름[옫꼬름]	있던[읻떤]
꽂고[꼳꼬]	꽃다발[꼳따발]	낯설다[낟썰다]
밭갈이[받까리]	솥전[솓쩐]	곱돌[곱똘]
덮개[덥깨]	옆집[엽찝]	넓죽하다[넙쭈카다]
읊조리다[읍쪼리다]	값지다[갑찌다]	

제24항 어간 받침 'ㄴ(ㄵ), ㅁ(ㄻ)' 뒤에 결합되는 어미의 첫소리 'ㄱ, ㄷ, ㅅ, ㅈ'은 된소리로 발음한다.

신고[신:꼬]	껴안다[껴안따]	앉고[안꼬]	얹다[언따]
삼고[삼:꼬]	더듬지[더듬찌]	닮고[담:꼬]	젊지[점:찌]

다만, 피동, 사동의 접미사 '-기-'는 된소리로 발음하지 않는다.

안기다	감기다	굶기다	옮기다

제25항 어간 받침 'ㄼ, ㄾ' 뒤에 결합되는 어미의 첫소리 'ㄱ, ㄷ, ㅅ, ㅈ'은 된소리로 발음한다.

넓게[널께]	핥다[할따]	훑소[훌쏘]	떫지[떨:찌]

제26항 한자어에서, 'ㄹ' 받침 뒤에 연결되는 'ㄷ, ㅅ, ㅈ'은 된소리로 발음한다.

갈등[갈뜽]	발동[발똥]	절도[절또]
말살[말쌀]	불소[불쏘](弗素)	일시[일씨]
갈증[갈쯩]	물질[물찔]	발전[발쩐]
몰상식[몰쌍식]	불세출[불쎄출]	

다만, 같은 한자가 겹쳐진 단어의 경우에는 된소리로 발음하지 않는다.

허허실실[허허실실](虛虛實實)	절절-하다[절절하다](切切-)

제27항 관형사형 '-(으)ㄹ' 뒤에 연결되는 'ㄱ, ㄷ, ㅂ, ㅅ, ㅈ'은 된소리로 발음한다.

할 것을[할꺼슬]	갈 데가[갈떼가]	할 바를[할빠를]
할 수는[할쑤는]	할 적에[할쩌게]	갈 곳[갈꼳]
할 도리[할또리]	만날 사람[만날싸람]	

다만, 끊어서 말할 적에는 예사소리로 발음한다.

[붙임] '-(으)ㄹ'로 시작되는 어미의 경우에도 이에 준한다.

할걸[할껄]	할밖에[할빠께]	할세라[할쎄라]
할수록[할쑤록]	할지라도[할찌라도]	할지언정[할찌언정]
할진대[할찐대]		

제28항 표기상으로는 사이시옷이 없더라도, 관형격 기능을 지니는 사이시옷이 있어야 할(휴지가 성립되는) 합성어의 경우에는, 뒤 단어의 첫소리 'ㄱ, ㄷ, ㅂ, ㅅ, ㅈ'을 된소리로 발음한다.

문-고리[문꼬리]	눈-동자[눈똥자]	신-바람[신빠람]
산-새[산쌔]	손-재주[손째주]	길-가[길까]
물-동이[물똥이]	발-바닥[발빠닥]	굴-속[굴:쏙]
술-잔[술짠]	바람-결[바람껼]	그믐-달[그믐딸]
아침-밥[아침빱]	잠-자리[잠짜리]	강-가[강까]
초승-달[초승딸]	등-불[등뿔]	창-살[창쌀]
강-줄기[강쭐기]		

제7장 음의 첨가

제29항 합성어 및 파생어에서, 앞 단어나 접두사의 끝이 자음이고 뒤 단어나 접미사의 첫음절이 '이, 야, 여, 요, 유'인 경우에는, 'ㄴ' 음을 첨가하여 [니, 냐, 녀, 뇨, 뉴]로 발음한다.

솜-이불[솜:니불]	홑-이불[혼니불]	막-일[망닐]
삯-일[상닐]	맨-입[맨닙]	꽃-잎[꼰닙]
내복-약[내:봉냑]	한-여름[한녀름]	남존-여비[남존녀비]
신-여성[신녀성]	색-연필[생년필]	직행-열차[지캥녈차]
늑막-염[능망념]	콩-엿[콩녇]	담-요[담:뇨]
눈-요기[눈뇨기]	영업-용[영엄뇽]	식용-유[시굥뉴]
백분-율[백뿐뉼]	밤-윷[밤:뉻]	

다만, 다음과 같은 말들은 'ㄴ' 음을 첨가하여 발음하되, 표기대로 발음할 수 있다.

이죽-이죽[이중니죽/이주기죽]	야금-야금[야금냐금/야그먀금]
검열[검:녈/거:멸]	욜랑-욜랑[욜랑뇰랑/욜랑욜랑]
금융[금늉/그뮹]	

[붙임 1] 'ㄹ' 받침 뒤에 첨가되는 'ㄴ' 음은 [ㄹ]로 발음한다.

들-일[들:릴]	솔-잎[솔립]	설-익다[설릭따]
물-약[물략]	불-여우[불려우]	서울-역[서울력]
물-엿[물렫]	휘발-유[휘발류]	유들-유들[유들류들]

[붙임 2] 두 단어를 이어서 한 마디로 발음하는 경우에도 이에 준한다.

한 일[한닐]	옷 입다[온닙따]	서른여섯[서른녀섣]
3 연대[삼년대]	먹은 엿[머근녇]	할 일[할릴]
잘 입다[잘립따]	스물여섯[스물려섣]	1 연대[일련대]
먹을 엿[머글렫]		

다만, 다음과 같은 단어에서는 'ㄴ(ㄹ)' 음을 첨가하여 발음하지 않는다.

6 · 25[유기오]	3 · 1절[사밀쩔]	송별-연[송:벼련]
등-용문[등용문]		

제30항 사이시옷이 붙은 단어는 다음과 같이 발음한다.

1. 'ㄱ, ㄷ, ㅂ, ㅅ, ㅈ'으로 시작하는 단어 앞에 사이시옷이 올 때는 이들 자음만을 된소리로 발음하는 것을 원칙으로 하되, 사이시옷을 [ㄷ]으로 발음하는 것도 허용한다.

냇가[내:까/낻:까]	샛길[새:낄/샏:낄]
빨랫돌[빨래똘/빨랟똘]	콧등[코뜽/콛뜽]
깃발[기빨/긷빨]	대팻밥[대:패빱/대:팯빱]
햇살[해쌀/핻쌀]	뱃속[배쏙/밷쏙]
뱃전[배쩐/밷쩐]	고갯짓[고개찓/고갣찓]

2. 사이시옷 뒤에 'ㄴ, ㅁ'이 결합되는 경우에는 [ㄴ]으로 발음한다.

콧날[콛날 → 콘날]	아랫니[아랟니 → 아랜니]
툇마루[퇻:마루 → 퇸:마루]	뱃머리[밷머리 → 밴머리]

3. 사이시옷 뒤에 '이' 음이 결합되는 경우에는 [ㄴㄴ]으로 발음한다.

베갯잇[베갣닏 → 베갠닏]	깻잎[깯닙 → 깬닙]
나뭇잎[나묻닙 → 나문닙]	도리깻열[도리깯녈 → 도리깬녈]
뒷윷[뒫:뉻 → 뒨:뉻]	

03 외래어 표기법

1 외래어 표기의 기본 원칙(제1장)

(1) 외래어는 국어의 현용 24 자모만으로 적는다(제1항).

(2) 외래어의 1 음운은 원칙적으로 1 기호로 적는다(제2항).
예 f는 ㅍ으로 – 프렌드, 프라이드치킨, 프레시, 프라이팬

(3) 받침에는 'ㄱ, ㄴ, ㄹ, ㅁ, ㅂ, ㅅ, ㅇ'만을 쓴다(제3항).
예 슈퍼마켓, 보닛, 팸플릿, 크로켓, 로봇, 재킷

(4) 파열음 표기에는 된소리를 쓰지 않는 것을 원칙으로 한다(제4항).
예 재즈 카페, 콩트

(5) 이미 굳어진 외래어는 관용을 존중하되, 그 범위와 용례는 따로 정한다(제5항).
예 바나나, 카메라

더 알아보기

- 영어에 '쉬, 쥐, 취, 쉐, 줴, 췌'는 안 쓴다.
  예 프레시, 슈림프, 벤치, 밀크셰이크, 러시, 캐시
- '오우'는 '오'로 표기한다.
  예 옐로, 윈도, 스노보드, 헬로, 팔로
- '우어'는 '워'로 한다.
  예 아워, 타워
- '장음'은 따로 표시하지 않는다.
  예 마케팅, 팀, 루트
- 두 단어가 결합한 경우는 따로 표기한다.
  예 아웃렛, 헤드라이트, 웨딩케이크, 테이크아웃, 위크엔드

2 표기 세칙(제3장)

(1) 파열음

어두에 파열음이 올 경우 표기 원칙에 따라 무성 파열음(k, t, p)은 거센소리(ㅋ, ㅌ, ㅍ)로, 유성 파열음(g, d, b)은 예사소리(ㄱ, ㄷ, ㅂ)로 적는다.

trio[triou] 트리오	double[dʌbl] 더블	bus[bʌs] 버스
robot[rɔbɔt] 로봇	Internet[intərnet] 인터넷	cake[keik] 케이크
tape[teip] 테이프	lipstick[lipstik] 립스틱	napkin[næpkin] 냅킨

다음은 관용을 존중하여 규칙과 다르게 표기하는 경우이다.

hip[hip] 히프	set[set] 세트	bag[bæg] 백

(2) 마찰음

마찰음 [f]는 현행 외래어 표기법 제2장 표기 일람표에 모음 앞에서는 'ㅍ'으로, 자음 앞 또는 어말에서는 '프'로 표기하도록 규정하고 있다. 이는 국어로는 마찰음 [f]를 표기할 수 있는 문자가 없기 때문이다.

fighting[faitiŋ] 파이팅	fantasy[fæntəsi] 판타지
frypan[fraipæn] 프라이팬	graph[græf] 그래프

마찰음 [ʃ]는 영어의 경우 자음 앞에서는 '슈'로, 어말에서는 '시'로 적는다. 모음 앞에서는 뒤따르는 모음에 따라 '샤, 섀, 셔, 셰, 쇼, 슈, 시' 등으로 적는다.

shrimp[ʃrimp] 슈림프	dash[dæʃ] 대시	English[iŋgliʃ] 잉글리시
shopping[ʃɔpiŋ] 쇼핑	leadership[li:dərʃip] 리더십	

(3) 파찰음

국어에서는 'ㅈ, ㅊ' 같은 구개 자음 뒤에서는 이중 모음과 단모음이 구분되지 않는다. 즉, 'ㅈ, ㅊ'을 지닌 단어를 이중 모음으로 발음하든 단모음으로 발음하든 의미상의 변화는 없다. 따라서 외래어를 적을 때에도 'ㅈ'이나 'ㅊ' 뒤에 발음상 구분되지 않는 '쟈, 쥬, 챠' 등의 이중 모음 표기를 하지 않고 단모음으로 적도록 하고 있다.

television[teliviʒən] 텔레비전	juice[dʒuːs] 주스	chance[tʃɑːns] 찬스	chart[tʃɑːt] 차트

(4) 유음

유음 [l]은 어말 또는 자음 앞에서는 받침으로 적으며, 어중에서는 모음 앞에 오거나, 모음이 따르지 않는 비음([m], [n]) 앞에 올 때에는 'ㄹㄹ'로 적는다. 다만 'Hamlet[hæmlit] 햄릿, Henley[henli] 헨리'와 같이 비음([m], [n]) 뒤의 [l]은 모음 앞에 오더라도 'ㄹ'로 적는다.

plaza[plɑːzə] 플라자	clinic[klinik] 클리닉	catalogue[kætəlɔg] 카탈로그
club[klʌb] 클럽		

(5) 단모음

외래어 표기법 제2장 표기 일람표의 국제음성기호와 한글대조표에 의하면 [ə]와 [ʌ]는 '어'로, [æ]는 '애'로, [ɔ]와 [o]는 '오'로 적도록 되어 있다.

terminal[təːrminəl] 터미널	dollar[dalər] 달러	color[kʌlər] 컬러
honey[hʌni] 허니	accessory[æksesəri] 액세서리	talent[tælənt] 탤런트
concert[kɔnsəːt] 콘서트	concept[kɔnsept] 콘셉트	condition[kəndiʃən] 컨디션
control[kəntroul] 컨트롤	collection[kəlekʃən] 컬렉션	

(6) 이중 모음

이중 모음은 각각의 단모음의 음가를 살려서 적는다. 따라서 'spike[spaik] 스파이크, sauna[saunə] 사우나, skate[skeit] 스케이트'와 같이 [ai]는 '아이', [au]는 '아우', [ei]는 '에이' 등으로 적는다. 다만 [ou]는 '오'로, [auə]는 '아워'로 적도록 규정하고 있다.

boat[bout] 보트	pose[pouz] 포즈	shadow[ʃædou] 섀도
window[windou] 윈도	power[pauər] 파워	tower[tauə] 타워

(7) 복합어

복합어는 구성하고 있는 말이 단독으로 쓰일 때의 표기대로 적는다. 이는 복합어를 한 단어로 보아 표기하면 이들이 각각 단독으로 쓰일 때의 표기와 아주 달라지는 경우가 있어서 혼동할 우려가 있으므로 단독으로 쓰일 때의 표기를 살려서 적도록 한 것이다.

outlet[autlet] 아웃렛	make up[meikʌp] 메이크업	headlight[hedlait] 헤드라이트

3 인명 · 지명 표기의 원칙(제4장)

(1) 표기 원칙

외국의 인명, 지명의 표기는 외래어 표기법 제1~3장의 규정을 따르고, 이에 포함되어 있지 않은 언어권의 인명, 지명은 원지음(현지 발음)을 따르는 것을 원칙으로 한다.

Ankara 앙카라	Gandhi 간디

다만, 원지음이 아닌 제3국의 발음으로 통용되고 있는 것과 고유 명사의 번역명이 통용되는 경우에는 관용을 따른다.

Hague 헤이그	Pacific Ocean 태평양

(2) 동양의 인명, 지명 표기

중국의 인명은 과거인과 현대인을 구분하여 '孔子, 孟子'와 같은 과거인은 종전의 한자음대로 '공자, 맹자'로 표기하고, '毛澤東, 張國榮'과 같은 현대인은 원칙적으로 중국어 발음에 따라 '마오쩌둥, 장궈룽'으로 표기하되 필요한 경우 한자를 병기한다. 중국의 지명은 현재 쓰이지 않는 것은 우리 한자음대로 하고, '廣州(광저우), 杭州(항저우)'와 같이 현재 지명과 동일한 것은 중국어 발음에 따라 표기하되 필요한 경우 한자를 병기한다. 일본의 인명 · 지명은 '伊藤博文(이토 히로부미), 札幌(삿포로)' 등과 같이 과거와 현대의 구분 없이 일본어 발음에 따라 표기하는 것을 원칙으로 하되, 필요한 경우 한자를 병기한다.
다만, 중국 및 일본의 지명 가운데 한국 한자음으로 읽는 관용이 있는 것은 이를 허용한다.

東京 도쿄, 동경	上海 상하이, 상해	黃河 황허, 황하

(3) 바다, 섬, 강, 산 등의 표기

바다는 '해(海)'로 통일한다.

홍해	발트해	아라비아해

우리나라를 제외하고 섬은 모두 '섬'으로 통일한다.

타이완섬	코르시카섬	(우리나라 : 제주도, 울릉도)

한자 사용 지역(일본, 중국)의 지명이 하나의 한자로 되어 있을 경우 '강', '산', '호', '섬' 등은 겹쳐 적는다.

온타케산(御岳)	주장강(珠江)	도시마섬(利島)
하야카와강(早川)	위산산(玉山)	

지명이 산맥, 산, 강 등의 뜻이 들어 있는 것은 '산맥', '산', '강' 등을 겹쳐 적는다.

Rio Grande 리오그란데강	Monte Rosa 몬테로사산	Sierra Madre 시에라마드레산맥
Mont Blanc 몽블랑산		

4 꼭 알아야 할 외래어 표기

철자	바른 표기	틀린 표기	철자	바른 표기	틀린 표기
gas	가스	까스	gas range	가스레인지	가스렌지
Catholic	가톨릭	카톨릭	Gogh(화가)	고흐	고호
graph	그래프	그라프	gradation	그러데이션	그라데이션
Greece	그리스	그리이스	glass	글라스	그라스
glove	글러브	글로브	globe	글로브	글러브
Gips	깁스	기브스	narcissism	나르시시즘	나르시즘
nonsense	난센스	넌센스	narration	내레이션	나레이션
navigation	내비게이션	네비게이션	nostalgia	노스탤지어	노스탈지아
knockdown	녹다운	넉다운	nonstop	논스톱	넌스톱
nontitle	논타이틀	넌타이틀	nonfiction	논픽션	넌픽션
news	뉴스	뉴우스	dynamic	다이내믹	다이나믹
dynamite	다이너마이트	다이나마이트	diamond	다이아몬드	다이어몬드
dial	다이얼	다이알	dash	대시	대쉬
début	데뷔	데뷰	dessin	데생	뎃생
desktop	데스크톱	데스크탑	data	데이터	데이타
doughnut	도넛	도너츠	dribble	드리블	드리볼
Las Vegas	라스베이거스	라스베가스	license	라이선스	라이센스
lions	라이온스	라이온즈	lighter	라이터	라이타
rendez-vous	랑데부	랑데뷰	running shirts	러닝셔츠	런닝셔츠
rush hour	러시아워	러쉬아워	lucky	러키	럭키

철자	바른 표기	틀린 표기	철자	바른 표기	틀린 표기
remicon	레미콘	레미컨	lesson	레슨	렛슨
radar	레이더	레이다	range	레인지	렌지
recreation	레크리에이션	레크레이션	referee	레퍼리	레프리
repertory	레퍼토리	레파토리	rent-a-car	렌터카	렌트카
lotion	로션	로숀	royalty	로열티	로얄티
rocket	로켓	로케트	rotary	로터리	로타리
rock and roll	록 앤드 롤 (= 로큰롤)	록앤롤	rheumatism	류머티즘	류마티스
reportage	르포	르뽀	leadership	리더십	리더쉽
rhythm and blues	리듬 앤드 블루스	리듬 앤 블루스	Ringer	링거	링게르
mania	마니아	매니아	massage	마사지	맛사지
Mao Zedong	마오쩌둥	마오저뚱	Malaysia	말레이시아	말레이지아
manicure	매니큐어	매니큐아	mammoth	매머드	맘모스
mansion	맨션	맨숀	muffler	머플러	마후라
Mozart	모차르트	모짜르트	montage	몽타주	몽타지
mystery	미스터리	미스테리	Burberry coat	바바리코트	버버리코트
barbecue	바비큐	바베큐	baton	바통(= 배턴)	바톤
badge	배지	뱃지	balance	밸런스	바란스
Valentine Day	밸런타인데이	발렌타인데이	bonnet	보닛	보넷
body language	보디랭귀지	바디랭기지	bourgeois	부르주아	부르조아
bulldog	불도그	불독	buffet	뷔페	부페
brush	브러시	브러쉬	block	블록	블럭
biscuit	비스킷	비스켓	vision	비전	비젼
The Beatles	비틀스	비틀즈	sash	새시	샤시
sandal	샌들	샌달	chandelier	샹들리에	상들리에
service	서비스	써비스	suntan	선탠	썬탠
sentimental	센티멘털	센티멘탈	sofa	소파	쇼파
showmanship	쇼맨십	쇼맨쉽	show window	쇼윈도	쇼윈도우
shop	숍	샵	shrimp	슈림프	쉬림프
supermarket	슈퍼마켓	수퍼마켓	snack	스낵	스넥
scout	스카우트	스카웃	schedule	스케줄	스케쥴
staff	스태프	스탭	standard	스탠더드	스탠다드
stainless	스테인리스	스텐레스	stewardess	스튜어디스	스튜디스
styrofoam	스티로폼	스티로폴	sponge	스펀지	스폰지
slab	슬래브	슬라브	thinner	시너	신나

철자	바른 표기	틀린 표기	철자	바른 표기	틀린 표기
situation	시추에이션	시츄에이션	symbol	심벌	심볼
symposium	심포지엄	심포지움	Singapore	싱가포르	싱가폴
outlet	아웃렛	아울렛	eye shadow	아이섀도	아이섀도우
Einstein	아인슈타인	아인시타인	accordion	아코디언	어코디언
accent	악센트	엑센트	alcohol	알코올	알콜
enquete	앙케트	앙케이트	encore	앙코르	앵콜
accessory	액세서리	악세사리	accelerator	액셀러레이터	악세레이타
ambulance	앰뷸런스	앰블란스	adapter	어댑터	아답타
emerald	에메랄드	에머랄드	Ethiopia	에티오피아	이디오피아
endorphin	엔도르핀	엔돌핀	Eliot(시인)	엘리엇	엘리어트
orange	오렌지	오랜지	original	오리지널	오리지날
omelet rice	오므라이스	오믈라이스	observer	옵서버	옵저버
yogurt	요구르트	야쿠르트	Indian	인디언	인디안
instant	인스턴트	인스탄트	Zaire	자이르	자이레
genre	장르	쟝르	jazz	재즈	째즈
jacket	재킷	자켓	gesture	제스처	제스추어
jet engine	제트 엔진	젯트 엔진	junior	주니어	쥬니어
juice	주스	쥬스	Jura紀	쥐라기	쥬라기
chart	차트	챠트	champion	챔피언	챔피온
Zürich	취리히	쮜리히	chocolate	초콜릿	초콜렛
cardigan	카디건	가디건	cabaret	카바레	캬바레
carburetor	카뷰레터	카뷰레이터	cassette	카세트	카셋트
counseling	카운슬링	카운셀링	Caesar	카이사르	케사르
cafe	카페	까페	carpet	카펫	카페트
collar	칼라	컬러	column	칼럼	컬럼
caramel	캐러멜	캬라멜	cabinet	캐비닛	캐비넷
cunning	커닝	컨닝	career	커리어	캐리어
conveyor	컨베이어	콘베이어	consortium	컨소시엄	콘소시움
container	컨테이너	콘테이너	control	컨트롤	콘트롤
country	컨트리	컨츄리	color	컬러	칼라
cake	케이크	케익	cognac	코냑	꼬냑
comedy	코미디	코메디	cosmopolitan	코즈모폴리턴	코스모폴리턴
concert	콘서트	컨서트	concept	콘셉트	컨셉트
contact lens	콘택트렌즈	콘텍트렌즈	contest	콘테스트	컨테스트
contents	콘텐츠	컨텐츠	Columbus	콜럼버스	콜롬부스

철자	바른 표기	틀린 표기	철자	바른 표기	틀린 표기
compact	콤팩트	컴팩트	complex	콤플렉스	컴플렉스
conte	콩트	꽁트	coup d' Etat	쿠데타	쿠테타
gongfu	쿵후	쿵푸	Kremlin	크렘린	크레믈린
Christian	크리스천	크리스찬	crystal	크리스털	크리스탈
climax	클라이맥스	클라이막스	target	타깃	타겟
towel	타월	타올	tigers	타이거스	타이거즈
Titanic	타이태닉	타이타닉	tile	타일	타이루
The Times	타임스	타임즈	taboo	터부	타부

04 로마자 표기법

국어의 로마자 표기는 국어의 표준 발음법에 따라 적는 것을 원칙으로 한다(전음법).

1 자음 표기

ㄱ	g (모음 앞)　k (자음 앞 또는 어말)	ㄲ	kk
ㄴ	n	ㄸ	tt
ㄷ	d (모음 앞)　t (자음 앞 또는 어말)	ㄹㄹ	ll
ㄹ	r (모음 앞)　l (자음 앞 또는 어말)	ㅃ	pp
ㅁ	m	ㅍ	p
ㅂ	b (모음 앞)　p (자음 앞 또는 어말)	ㅆ	ss
ㅅ	s	ㅉ	jj
ㅇ	ng	ㅊ	ch
ㅈ	j		
ㅎ	h		

2 표기 원칙

(1) 'ㅢ'는 'ㅣ'로 소리 나더라도 'ui'로 적는다.

광희문 Gwanghuimun

(2) 'ㄱ, ㄷ, ㅂ'은 모음 앞에서는 'g, d, b'로, 자음 앞이나 어말에서는 'k, t, p'로 적는다.

구미 Gumi　　옥천 Okcheon　　월곶[월곧] Wolgot

(3) 'ㄹ'은 모음 앞에서는 'r'로, 자음 앞이나 어말에서는 'l'로 적는다. 단, 'ㄹㄹ'처럼 'ㄹ'이 겹쳐서 발음될 때는 'll'로 적는다.

구리 Guri　　설악 Seorak　　칠곡 Chilgok　　별내[별래] Byeollae

(4) 음운 변화가 일어날 때에는 변화의 결과에 따라 적는다.

① 자음 사이에서 동화 작용이 일어나는 경우

백마[뱅마] Baengma	신문로[신문노] Sinmunno	종로[종노] Jongno

② 'ㄴ, ㄹ'이 덧나는 경우

학여울[항녀울] Hangnyeoul	알약[알략] allyak

③ 구개음화가 되는 경우

해돋이[해도지] haedoji	같이[가치] gachi	굳히다[구치다] guchida

④ 'ㄱ, ㄷ, ㅂ, ㅈ'이 'ㅎ'과 합하여 거센소리로 소리 나는 경우

좋고[조코] joko	놓다[노타] nota	잡혀[자펴] japyeo

다만, 체언에서 'ㄱ, ㄷ, ㅂ' 뒤에 'ㅎ'이 따를 때에는 'ㅎ'을 밝혀 적는다.

묵호 Mukho	집현전 Jiphyeonjeon

(5) 된소리되기는 표기에 반영하지 않는다.

압구정 Apgujeong	낙동강 Nakdonggang	죽변 Jukbyeon

(6) 발음상 혼동의 우려가 있을 때에는 음절 사이에 붙임표(-)를 쓸 수 있다.

중앙 Jungang/Jung-ang	반구대 Bangudae/Ban-gudae
세운 Seun/Se-un	해운대 Haeundae/Hae-undae

(7) 고유명사는 첫 글자를 대문자로 적는다.

부산 Busan	세종 Sejong

(8) 인명은 성과 이름의 순서로 띄어 쓴다. 이름은 붙여 쓰는 것을 원칙으로 하되 음절 사이에 붙임표(-)를 쓰는 것을 허용한다. 그리고 이름에서 일어나는 음운 변화는 표기에 반영하지 않는다.

민용하 Min Yongha (Min Yong-ha)	송나리 Song Nari (Song Na-ri)
한복남 Han Boknam (Han Bok-nam)	

(9) '도, 시, 군, 구, 읍, 면, 리, 동'의 행정 구역 단위와 '가'는 각각 'do, si, gun, gu, eup, myeon, ri, dong, ga'로 적고, 그 앞에는 붙임표(-)를 넣는다. 붙임표(-) 앞뒤에서 일어나는 음운 변화는 표기에 반영하지 않는다. 그리고 '시, 군, 읍'의 행정 구역 단위는 생략할 수 있다.

충청북도 Chungcheongbuk-do	제주도 Jeju-do	의정부시 Uijeongbu-si

(10) 자연 지물명, 문화재명, 인공 축조물명은 붙임표(-) 없이 붙여 쓴다.

남산 Namsan	속리산 Songnisan	금강 Geumgang

(11) 인명, 회사명, 단체명 등은 그동안 써 온 표기를 쓸 수 있다.

(12) 학술연구 논문 등 특수 분야에서 한글 복원을 전제로 표기할 경우, 전자법을 따르고 'ㄱ, ㄷ, ㅂ, ㄹ'은 각각 'g, d, b, l'로 쓴다.

값 gabs	붓꽃 buskkoch	독립 doglib

THEME 03 문학

01 수사법(修辭法)

1 비유법(譬喩法)

(1) 직유법(直喩法)

① 가장 초보적이고 직접적인 비유법

② '~처럼, ~같이, ~듯이, ~인 양' 등의 표현이 들어가는 게 일반적

예 구름에 달 가듯이 가는 나그네, 별처럼 아름다운 새까만 눈동자

(2) 은유법(隱喩法)

① '원관념 = 보조관념'의 방식

② '~은, ~의' 등의 표현으로 쓰는 게 일반적

예 내 마음은 호수, 눈물의 홍수

(3) 대유법(代喩法) : 주로 별명에 쓰임

① **제유법(提喩法)** : 일부분으로 전체를 나타냄

예 사람은 빵만으로 살 수 없다, 왕눈이(눈이 큰 사람), 얼큰이(얼굴이 큰 사람)

② **환유법(換喩法)** : 속성을 통해 본질을 나타냄

예 가방 끈이 길다(학력이 높다), 늑대와 여우(엉큼한 남자와 간사한 여자)

(4) 풍유법(諷諭法, 알레고리) : 속담이나 격언으로 비꼬거나 조롱함

예 빈 수레가 요란하다, 물 건너 온 범

(5) 의인법(擬人法) : 사물을 사람처럼 표현함

예 돌담에 속삭이는 햇살, 웃음 짓는 샘물

(6) 활유법(活喩法) : 사물에 움직임을 줌(의인법을 포함함)

예 구름이 성큼성큼 다가온다, 휘파람을 불며 가는 바람

(7) 의성법(擬聲法) : 의성어(소리흉내말)를 사용하여 표현함

(8) 의태법(擬態法) : 의태어(모양흉내말)를 사용하여 표현함

(9) 중의법(重義法) : 두 가지 이상의 뜻으로 해석되게 함

예 청산리 벽계수야 수이 감을 자랑마라
일도창해하면 돌아오기 어려워라
명월이 만공산하니 쉬어 간들 어떠하리

– 황진이

(벽계수 = 사람 이름 또는 시냇물, 명월 = 밝은 달 또는 황진이의 기명)

(10) 상징법(象徵法) : 원관념 없이 보조관념만으로 표현함

예 바다는 뿔뿔이 / 달어 날랴고 했다. //
푸른 도마뱀떼 같이 / 재재발렀다. //
꼬리가 이루 / 잡히지 않었다. //
흰 발톱에 찢긴 / 산호보다 붉고 슬픈 생채기! //
가까스루 몰아다 부치고 / 변죽을 둘러 손질하여 물기를 시쳤다. //
이 앨쓴 해도에 / 손을 싯고 떼었다. //
찰찰 넘치도록 / 돌돌 굴르도록 //
회동그란히 바쳐 들었다! / 地球는 蓮닢인양 옴으라들고......펴고......

– 정지용, 〈바다〉

2 강조법(强調法)

과장법(誇張法)	원래보다 작게 하거나 크게 하여 부풀려 표현함
영탄법(詠嘆法)	감탄을 통해 표현함
반복법(反復法)	같은 단어나 구절을 반복하여 표현함
점층법(漸層法)	점점 강하거나 크게 표현함
점강법(漸降法)	점점 약하거나 작게 표현함(점층법에 포함하기도 함)
대조법(對照法)	단어나 구절을 반대로 표현함
비교법(比較法)	단어나 구절을 비슷하게 표현함. '~보다, ~에 비하여' 등의 표현 사용
현재법(現在法)	현재 시제로 표현하여 생생한 감동을 주고자 함. 주로 희곡 작품에 쓰임
미화법(美化法)	원래의 것보다 아름답거나 멋지게 표현함
열거법(列擧法)	단어나 구절을 열거함. 나열법이라고도 함
억양법(抑揚法)	칭찬하다 욕하거나 욕하다가 칭찬하는 방법
생략법(省略法)	단어나 구절을 줄여 쓰거나 생략함. 주로 줄임표(...)를 사용
연쇄법(連鎖法)	끝말잇기로 표현함

3 변화법(變化法)

(1) 설의법(設疑法) : 뻔히 아는 결론을 의문으로 표현함

(2) 도치법(倒置法) : 단어나 구절의 앞뒤 순서를 바꿈

(3) 인용법(引用法) : 다른 구절을 인용해서 표현함

① 명인법 : 출처를 밝힘

② 암인법 : 인용한 부분을 밝히지 않음

(4) 대구법(對句法) : 비슷한 단어나 구절을 반복함. 통사구조의 반복

예 바람도 없는 공중에 수직(垂直)의 파문을 내며 고요히 떨어지는 오동잎은
누구의 발자취입니까?
지리한 장마 끝에 서풍에 몰려가는 무서운 검은 구름의 터진 틈으로,
언뜻언뜻 보이는 푸른 하늘은 누구의 얼굴입니까?
꽃도 없는 깊은 나무에 푸른 이끼를 거쳐서, 옛 탑(塔) 위에 고요한 하늘을
스치는 알 수 없는 향기는 누구의 입김입니까?
근원은 알지도 못할 곳에서 나서 돌부리를 울리고, 가늘게 흐르는 작은 시내는
굽이굽이 누구의 노래입니까?
연꽃 같은 발꿈치로 가이 없는 바다를 밟고, 옥 같은 손으로 끝없는 하늘을
만지면서, 떨어지는 해를 곱게 단장하는 저녁놀은 누구의 시(詩)입니까?
타고 남은 재가 다시 기름이 됩니다.
그칠 줄을 모르고 타는 나의 가슴은 누구의 밤을 지키는 약한 등불입니까?

– 한용운, 〈알 수 없어요〉

(5) 반어법(反語法) : 속마음과 반대로 표현하여 시치미를 뗌

예 죽어도 아니 눈물 흘리오리다, (실수했을 때) 잘 한다!

(6) 문답법(問答法) : 묻고 대답하는 방식을 씀

(7) 역설법(逆說法) : 모순어법, 말 자체의 모순, 진리나 교훈을 주고자 함

예 소리 없는 아우성, 캄캄한 대낮, 하얀 어둠, 작은 거인
우리들의 사랑을 위하여서는 이별이, 이별이 있어야 하네.
님은 갔지만 나는 님을 보내지 아니하였습니다.
공즉시색(空卽是色), 색즉시공(色卽是空), 비워야 채운다.

02 고전 문학

1 운문/서정/시가 문학

고대 가요 – 향가 – 향가계 고려 가요 ┬ 고려 속요 – 시조 – 근/현대 시조
└ 경기체가 – 가사 – 창가 – 근/현대시

(1) 고대 가요

① 발생 초기에는 집단 활동이나 의식과 관련된 의식요나 노동요가 창작되었고 후기에는 개인적 서정에 바탕을 둔 서정 시가가 주로 창작되었다.

② 고대 가요는 설화 속에 삽입되어 전하는데, 이는 시가 문학과 서사 문학이 완전히 분리되지 않은 상태를 보여 주는 것이다.

③ 기록 수단이 없어 구전되어 오다가 후대에 한역되어 전하기 때문에 정확한 모습을 알 수 없다.

(2) 향가

① 향가의 개념

㉠ 넓은 의미의 향가 : 중국 한시에 대한 우리나라의 노래이다.

㉡ 좁은 의미의 향가 : 향찰로 기록한 신라 시대의 노래이다.

② 현재 ≪삼국유사≫에 14수, ≪균여전≫에 11수로 모두 25수가 전해진다.

③ 향가의 작가 : 주로 귀족(화랑이나 승려가 대부분), 부녀자도 지음(〈(도)천수대비가〉)

④ 향가의 형식

㉠ 4구체 : 〈서동요〉, 〈풍요〉, 〈헌화가〉, 〈도솔가〉 등 4수

㉡ 8구체 : 〈모죽지랑가〉, 〈처용가〉 등 2수

㉢ 완성형 : 10구체(사뇌가) – 〈찬기파랑가〉, 〈제망매가〉를 비롯한 작품 19수

(3) 한문학

① 한문학이란 중국에서 전래된 한자와 한문학의 영향을 받아 쓰인 작품을 말한다. 당시에는 우리 글자가 없었기 때문에 한문을 이용하여 우리의 사고와 정서를 표현하였다.

② 주요 작품

작품	작가	내용
여수장우중문시	을지문덕	수나라 장군 우중문을 희롱하고 살수대첩을 이룬 오언시
왕오천축국전	혜초	신라 성덕왕 때 혜초가 고대 인도의 5국과 인근 여러 나라를 순례하고 당나라에 돌아와서 그 행적을 적은 글
제가야산독서당	최치원	세상을 멀리하고 산중에 은둔하고 싶은 심정을 노래
추야우중	최치원	자신을 알아주지 않는 세상에 대한 괴로움을 노래
토황소격문	최치원	신라 헌강왕 때 황소를 치기 위하여 지은 격문
화왕계	설총	신라 신문왕 때 설총이 꽃을 의인화하여 지은 우언적(寓言的)인 한문 단편

2 설화 문학

(1) 설화 문학의 종류

구분	신화	전설	민담
전승자의 태도	신성하다고 믿음	진실하다고 믿음	흥미롭다고 믿음
시간과 장소	태초의 신성한 장소	구체적 시간과 장소	막연한 시간과 장소
증거물	포괄적(우주, 국가 등)	개별적(연못, 암석 등)	보편적
주인공과 행위	신적 능력 발휘	비범한 인간, 비극적 결말	평범한 인간, 운명 개척
전승 범위	민족적 범위	지역적 범위	세계적 범위

(2) 주요 작품

갈래	작품	내용
신화	단군 신화	고조선의 성립과 단군의 신이한 출생－고조선
	동명왕 신화	동명왕의 신이한 탄생과 건국 과정－고구려
	박혁거세 신화	신라 시조인 박혁거세의 출생－신라
	수로왕 신화	가락국의 시조인 김수로왕의 출생－가락국
전설 · 민담	온달 설화	바보 온달과 평강 공주의 이야기
	도미 설화	춘향전의 근원설화
	지귀 설화	선덕여왕을 사모한 지귀 이야기
	연오랑세오녀	해와 달이 된 연오랑과 세오녀의 이야기
	귀토지설	별주부전의 근원설화
	방이 설화	흥부전의 근원설화
	효녀 지은 설화	심청전의 근원설화

3 고려 시대의 문학

(1) 향가계 가요

① 신라의 향가에서 고려 가요로 넘어오는 과정에서 생긴 과도기적 형태의 시가를 말한다.

② 주요 작품

작품	작가	연대	형식	내용
도이장가	예종	예종 15년	8구체	예종이 서경(평양)에서 열린 팔관회에 참관하여 고려 초의 공신 김락과 신숭겸 장군의 덕을 찬양한 노래
정과정	정서	의종 20년	10구체의 파격(11행)	임금을 연모하며 자신의 억울함을 하소연한 노래. 악곡명은 '삼진작'이라고 함

(2) 고려 가요

① 귀족층이 향유했던 경기체가와는 달리 평민들이 부르던 민요적 시가를 말한다. 일명 '장가(長歌), 속요(俗謠), 여요(麗謠)'라고도 한다.

② 주요 작품

작품	형식	내용	출전
가시리	4연, 분연체	남녀 간의 애타는 이별의 노래	악장가사 시용향악보
동동	13연, 월령체	월별로 그 달의 자연 경물이나 행사에 따라 남녀 사이의 애정을 읊은 월령체가	악학궤범
만전춘	5연, 분연체	남녀 간의 애정을 대담, 솔직하게 읊은 사랑의 노래	악장가사
사모곡	비연시	어머니의 사랑을 낫에, 아버지의 사랑을 호미에 비유하여 어머니의 사랑이 큼을 나타낸 소박한 노래	악장가사 시용향악보
상저가	비연시	방아를 찧으면서 부른 효도를 주제로 한 노래. 노동요	시용향악보
서경별곡	3연, 분연체	서경을 무대로 여인이 사랑하는 사람을 떠나보내며 이별의 정한을 읊은 노래	악장가사
쌍화점	4연, 분연체	남녀 간의 사랑을 적나라하게 표현한 노래	악장가사
유구곡	비연시	비둘기와 뻐꾸기를 통해 잘못된 정치를 풍자한 노래	시용향악보
이상곡	비연시	남녀 간의 애정을 노골적으로 표현한 노래	악장가사
정석가	6연, 분연체	임금의 만수 무강을 축원한 노래	악장가사 시용향악보
처용가	비연시	신라의 향가 〈처용가〉를 부연해서 부른 축사의 노래	악학궤범 악장가사
청산별곡	8연, 분연체	현실 도피적인 생활상과 실연의 애정이 담긴 노래	악장가사

(3) 경기체가

① 고려 중엽 무신의 난 이후 새롭게 정계에 등장한 신흥 사대부들에 의해 향유된 노래이다.

② 주요 작품

시기	작품	작가	주요 내용
고려 시대	한림별곡	한림 제유	시부, 서적, 명필, 명주(名酒), 화훼, 음악, 누각, 추천 등의 소재를 통해 귀족 생활의 풍류를 노래. 현전하는 경기체가 중 가장 먼저 창작된 작품 (전 8장)
	관동별곡	안축	관동 지방의 절경을 읊은 노래. 이두문이 많이 쓰임 (전 8장)
	죽계별곡	안축	죽계와 순흥의 아름다운 경치를 노래. 이두문이 많이 쓰임 (전 5장)
조선 시대	상대별곡	권근	사헌부의 생활을 읊은 노래 (전 5장)
	화산별곡	변계량	조선의 창업을 찬양한 노래로 세종 때 변계량이 지음 (전 8장)
	불우헌곡	정극인	임금의 은덕, 전원생활의 즐거움, 제자를 기르는 즐거움, 나라의 태평함 등을 노래 (전 6장)
	화전별곡	김구	경상남도 남해의 화전으로 귀양 가서 그곳의 뛰어난 경치를 노래
	도동곡	주세붕	도학이 우리나라에까지 미친 것을 찬양한 노래 (전 9장)
	오륜가	미상	오륜을 내용으로 하여 지은 노래 (전 6연)
	독락팔곡	권호문	빈부귀천을 하늘에 맡기고 일생을 한가롭게 살아가는 멋과 자연의 아름다움을 읊은 노래

(4) 시조

① 고려 중엽에 발생하여 고려 말에 완성된 3장 6구 45자 내외의 정형시를 말한다.

② 시조라는 명칭은 조선 영조 때 명창 이세춘이 '시절가조(時節歌調)'라는 새로운 곡조를 만들어 부른 데서 생긴 이름이다.

③ 주요 작품

작품	작가	주요 내용
이화(梨花)에 월백(月白)ᄒᆞ고	이조년	봄밤에 애상적인 정감을 노래
구름이 무심(無心)ᄐᆞᆫ 말이	이존오	간신 신돈의 횡포를 풍자하는 노래
백설(白雪)이 ᄌᆞ자진 골에	이색	기울어 가는 나라를 바라보며 안타까워하는 노래
춘산(春山)에 눈 녹인 ᄇᆞ람	우탁	늙음에 대해 한탄하는 노래
이 몸이 죽어 죽어	정몽주	고려에 대한 충성심을 드러내는 노래
이런들 엇더ᄒᆞ며	이방원	고려의 충신인 정몽주를 회유하기 위한 노래

(5) 한문학

① 고려 시대에는 과거 제도의 실시, 국자감과 같은 교육기관 설치, 불교의 융성 등으로 한문학이 발달하였으며, 이로 인해 한시도 발달하였다.

② 주요 작품

작품	작가	연대	주요 내용
산거	이인로	고려	산속에 은거하며, 꽃, 골짜기, 두견새 등의 아름다운 풍경을 노래함
동명왕편	이규보	고려 명종	고구려 시조인 동명왕의 영웅적인 행적을 노래한 영웅 서사시
송인	정지상	고려 인종	자연과 인간을 대비하여 임과 이별한 슬픔을 노래함
부벽루	이색	고려 말	인간 역사의 무상함에 대한 한탄과 지난 역사의 회고와 고려 국운(國運) 회복의 소망을 노래함
사리화	이제현	고려 말	탐관오리의 수탈과 횡포에 대한 고발을 노래함

(6) 산문 문학

① 패관문학 : 문인이나 학자들이 항간에 떠도는 이야기를 한문으로 쓴 기록 문학이다.

작품	작가	내용
수이전	박인량	고려 문종 때, 박인량이 지은 우리나라 최초의 설화집. 오늘날은 전하지 않으며 설화 몇 편만이 ≪삼국유사≫에 실려 전함
백운소설	이규보	고려 고종 때, 문인 이규보가 지은 시화(詩話) 및 잡기(雜記). 삼국 시대부터 고종 때까지의 시인들과 그들의 시에 대하여 논하였으며, 소설이라는 명칭을 처음으로 사용함. 홍만종의 ≪시화총림≫에 28편이 전함
파한집	이인로	고려 명종 때, 이인로가 지은 설화 문학집. 시화(詩話), 문담(文談), 기사(紀事), 풍속, 풍물 등을 수록한 책으로 고려사 연구에 귀중한 자료가 됨
보한집	최자	고려 고종 41년에 최자가 지은 시화집. 이인로가 엮은 ≪파한집≫을 보충한 수필체의 시화들을 엮은 책으로 시구(詩句), 취미, 사실(史實), 부도(浮屠), 기녀 등 여러 가지 이야기를 수록함
역옹패설	이제현	고려 말기 1342년에 이제현이 지은 수필집. 역사책에 나오지 않는 이문(異聞), 기사(奇事), 인물평, 경론, 시문, 서화 품평 등을 수록함

② 가전체 문학 : 계세징인(戒世懲人)을 목적으로 사물을 의인화하여 전기(傳記) 형식으로 구성한 산문 문학의 한 갈래이다.

작품	작가	내용
국순전(麴醇傳)	임춘	고려 시대에 지어진 작품으로, 술을 의인화하여 당시 정치 현실을 풍자하고 술로 인한 패가망신을 경계함
공방전(孔方傳)	임춘	고려 고종 때 지어진 작품으로, 돈을 의인화하여 재물만 탐하는 것을 경계함
국선생전(麴先生傳)	이규보	고려 고종 때 지어진 작품으로, 국성(술)의 긍정적인 면을 통해 위국충절의 사회적 교훈이나 군자의 처신을 경계함
저생전(楮生傳)	이첨	고려 말기에 지어진 작품으로, 종이를 의인화하여 위정자들에게 올바른 정치를 권유함
죽부인전(竹夫人傳)	이곡	고려 말기에 지어진 작품으로, 대나무를 의인화하여 남편을 잃고 절개를 지키며 생을 마친 죽부인(대나무)을 통해 현숙하고 절개 있는 여성상을 그림
정시자전(丁侍者傳)	석식영암	고려 말기에 지어진 작품으로, 지팡이를 의인화하여 불교 포교와 지도층의 겸허를 권유한 내용임

4 조선 시대의 문학

(1) 시가 문학

① 악장 : 나라의 제전이나 연례와 같은 국가의 공식적인 행사에서 사용되던 노래 가사이다.

형식	작품	연대	작가	내용
한시체	정동방곡	태조	정도전	태조의 위화도 회군을 찬양
경기체가체	상대별곡	세종	권근	사헌부 소개를 통해 조선 창업의 위대성 찬양
	봉황음	세종	윤회	조선 문물과 왕가의 축수를 노래함
신체	용비어천가	세종	정인지	육조의 위업 찬양, 후대 왕에 대한 권계
	월인천강지곡	세종	세종	석가모니에 대한 찬양
속요체	신도가	태조	정도전	태조의 덕과 한양의 경치를 찬양

② 시조 : 16세기 들어 송순, 정철, 황진이 등에 의하여 문학성이 높은 시조가 창작되었다. 다만, 유학자들은 관념적인 내용을 담고 있는 데 반해 기녀들의 작품은 개인의 정서를 진술하고 아름답게 표현하였다.

㉠ 조선 전기

작품	작가	내용과 주제	
흥망이 유수ᄒᆞ니	원천석	고려의 패망과 역사의 허무함	망국의 슬픔
오백 년 도읍지를	길재	망국의 한과 회고의 정, 고려 왕조 회고	
선인교 나린 물이	정도전	조선 개국 공신의 고려 왕조 회고	
방 안에 혓는 촉불	이개	임과 이별한 슬픔	연군과 우국
천만 리 머나먼 길에	왕방연	유배된 어린 임금에 대한 애절한 마음	
삼동에 뵈옷 닙고	조식	임금의 승하를 애도함	
십 년을 경영ᄒᆞ여	송순	자연애, 자연 귀의	자연 친화
두류산 양단수를	조식	지리산 양단수의 승경 찬미	
지당에 비 ᄲᅮ리고	조헌	적막(寂寞)과 고독(孤獨)	
대쵸볼 불근 골에	황희	추수가 끝난 늦가을 농촌의 풍치 있는 생활상	
동지ㅅᄃᆞᆯ 기나긴 밤을	황진이	임을 기다리는 절실한 그리움	연정
이화우 흣ᄲᅮ릴 제	계량	고독과 그리움	
묏버들 갈히 것거	홍랑	임에게 보내는 사랑, 이별의 슬픔, 임에 대한 그리움	
강호사시가	맹사성	강호에서 자연을 즐기며 임금의 은혜를 생각함	–
오륜가	주세붕	삼강오륜(三綱五倫)의 교훈 강조	
도산십이곡	이황	자연의 관조와 학문 수양의 길을 노래함	
고산구곡가	이이	강학(講學)의 즐거움과 고산(高山)의 아름다움	
훈민가	정철	유교 윤리의 실천 권장	
어부가	이현보	강호에 묻혀 사는 어부(漁父)의 한정(閑情)	

㉡ 조선 후기

작품	작가	내용과 주제	
가노라 삼각산(三角山)아	김상헌	우국지사(憂國之士)의 비분 강개한 심정	우국과 충절
철령 높은 봉을	이항복	임금을 생각하는 신하의 절의, 억울한 심정 호소	
한산섬 달 불근 밤의	이순신	우국충정(憂國衷情)	
만흥(漫興)	윤선도	자연에 묻혀 사는 은사(隱士)의 한정(閑情)	–
어부사시사(漁父四時詞)	윤선도	자연에서 살아가는 여유와 흥취	
오우가(五友歌)	윤선도	오우(五友, 수 · 석 · 송 · 죽 · 월) 예찬	
귓도리 져 귓도리	미상	독수공방(獨守空房)의 외롭고 쓸쓸한 마음	–
창을 내고쟈 창을 내고쟈	미상	마음속에 쌓인 근심과 시름을 해소하려 함	
댁들에 동난지 사오	미상	서민들의 상거래 장면, 현학적 태도에 대한 비판	

더 알아보기

시조집	작가	내용
청구영언	김천택	영조 4년 역대 시조를 수집하여 펴낸 최초의 시조집. 시조 998수와 가사 17편을 분류하고 정리함
해동가요	김수장	영조 39년 883수의 시조를 작가별로 분류하고 각 작가에는 간단한 소전(小傳)을 붙임
가곡원류	박효관 안민영	고종 13년 남창(男唱) 800여 수와 여창(女唱) 170여 수를 곡조별로 분류하여 수록함

③ 가사 : 운문에서 산문으로 넘어가는 과도기적 장르이다.

㉠ 조선 전기 : 임금의 은혜를 잊지 못하는 충신연주지사(忠臣戀主之詞), 벼슬에서 물러나 안빈낙도하는 생활, 자연에 대한 애정 등의 내용이 많다.

작품	작가	연대	내용
상춘곡	정극인	성종	봄의 완상과 안빈낙도
면앙정가	송순	중종	자연을 즐기는 풍류의 정과 임금님의 은혜에 감사
성산별곡	정철	명종	성산의 사계절 풍경과 식영정 주인의 풍류 예찬
사미인곡	정철	선조	연군지정
속미인곡	정철	선조	임금을 그리는 정
관동별곡	정철	선조	관동 지방의 절경 유람, 연군 · 애민의 정
만분가	조위	연산군	귀양살이의 억울함과 연군의 정
관서별곡	백광홍	명종	관서 지방의 아름다운 경치를 노래
규원가	허난설헌	선조	방탕한 생활을 하는 남편으로 인한 여인의 한(恨)

㉡ 조선 후기 : 산문 정신과 서민 의식의 성장이라는 대세의 영향을 받아 작가층이 양반에서 평민층이나 부녀자 계층으로 확대되었다.

작품	작가	연대	내용
선상탄	박인로	선조	임진왜란 후 전쟁의 비애와 태평성대를 희망하는 노래
고공가	허전	순조	농사를 나라의 일에 비유하여 당시 관리들의 행태를 비판하는 노래
고공답주인가	이원익	선조	나라를 다스리는 도리, 고공가의 화답가
누항사	박인로	광해군	자연에서 빈이무원하는 생활을 노래
노계가	박인로	인조	노계의 경치를 노래
농가월령가	정학유	헌종	농촌에서 해야 할 일과 세시풍속을 노래
일동장유가	김인겸	영조	일본을 견문하고 지은 노래
연행가	홍순학	고종	청나라 북경에 가서 보고 들은 것을 노래

④ 잡가 : 조선 후기 하층 계급의 전문 소리꾼들이 시정(市井)에서 부르던 노래로 남녀 간의 애정, 자연의 아름다움과 풍류, 삶의 애환, 해학과 익살 등 세속적, 유흥적, 통속적, 향락적인 성격을 띠었다.

예 〈관동팔경〉, 〈배따라기〉, 〈유산가〉, 〈적벽가〉 등

⑤ 언해(번역 문학) : 훈민정음의 창제를 계기로 불교나 유교의 중요 경전, 문학서에 이르기까지 많은 서적을 번역한 문학을 이른다.

종류	작품	작가	연대	내용
불교 서적	석보상절	수양대군	세종	석가의 일대기를 적은 책
	월인석보	세조	세조	〈월인천강지곡〉을 본문으로 삼고 〈석보상절〉을 주석으로 하여 합본한 책
유교 서적	내훈	소혜왕후	성종	여성의 도리에 대해 간추린 책
	삼강행실도	미상	성종	삼강에 모범이 되는 충신, 효자, 열녀 등의 행실을 그림과 글로 엮은 책

⑥ 민요 : 민중 사이에서 불리던 전통적인 노래를 통틀어 이르는 말로, 서민들의 정서와 삶의 모습이 함축되어 있는 구전 가요이다.

예 논매기 노래, 밀양 아리랑, 시집살이 노래 등

(2) 산문 문학

① 고전 소설 : 갑오개혁(1894년) 이전에 나온 서사 문학으로 설화, 패관 문학, 가전체 문학 등의 영향을 받아 형성되었다. 주제는 주로 착한 사람은 복을 받고 악한 사람은 벌을 받는다는 권선징악과 인과응보의 교훈적·도덕적 내용이 주류를 이룬다.

㉠ 조선 전기

작품	작가	연대	내용
금오신화	김시습	세조	〈용궁부연록〉, 〈남염부주지〉, 〈이생규장전〉, 〈만복사저포기〉, 〈취유부벽정기〉 등 5편이 실린 단편 소설집
원생몽유록	임제	선조	세조의 왕위 찬탈을 소재로 정치권력의 모순을 폭로함

㉡ 조선 후기

분류	작품	작가	내용
판소리 소설	심청전	미상	아버지에 대한 딸의 효성심 〈효녀 지은 설화〉
	흥부전	미상	형제간의 우애 〈방이 설화〉
	춘향전	미상	이몽룡에 대한 성춘향의 지조나 절개 〈열녀 설화〉
우화 소설	장끼전	미상	남존여비(男尊女卑)나 여성의 개가(改嫁) 금지 비판
	토끼전	미상	헛된 욕망에 대한 경계, 위기에서 벗어나는 지혜
사회 소설	홍길동전	허균	적서 차별에 대한 비판
	전우치전	미상	부패한 정치에 대한 비판, 가난한 백성들을 구제
군담 소설	임진록	미상	임진왜란의 치욕에 대한 정신적 위안 및 민족의식 고취
	유충렬전	미상	유충렬의 간난(艱難)과 영웅적 행적
	조웅전	미상	조웅의 영웅적 행적과 충효 사상 실현
	박씨전	미상	박씨 부인의 영웅적 기상과 재주
가정 소설	사씨남정기	김만중	처첩 간의 갈등과 사씨의 고행
	장화홍련전	미상	계모의 흉계로 인한 가정의 비극과 권선징악
염정 소설	운영전	미상	운영과 김 진사의 비극적 사랑
	구운몽	김만중	인간의 부귀공명의 허망함
	춘향전	미상	이몽룡과 성춘향의 신분을 초월한 사랑
	숙향전	미상	온갖 어려움을 극복하고 성취한 남녀 간의 사랑
	옥단춘전	미상	이혈룡과 기생 옥단춘의 사랑
풍자 소설	배비장전	미상	지배층의 위선에 대한 풍자와 폭로
	이춘풍전	미상	위선적인 남성 중심 사회에 대한 비판과 진취적 여성상의 제시
	옹고집전	미상	인간의 참된 도리에 대한 교훈, 권선징악

더 알아보기

박지원의 한문 소설

작품	내용	출전
허생전	무능한 사대부 계층에 대한 비판과 현실에 대한 자각 촉구	열하일기
호질	유학자들의 위선적 행동에 대한 비판	열하일기
양반전	양반의 무능함과 허위의식에 대한 비판	방경각외전
예덕선생전	바람직한 교우의 도와 무실역행(務實力行)하는 참된 인간상	방경각외전
광문자전	신의 있고 허욕을 부리지 않는 삶의 태도 칭송	방경각외전
민옹전	시정 세태에 대한 비판과 풍자	방경각외전
마장전	유생들의 위선적 교우를 풍자	방경각외전
열녀함양박씨전	수절하며 살아가는 여인들의 고통과 열녀 풍속의 문제점 비판	연상각선본

② **판소리** : 대가 고수(鼓手)의 북장단에 맞추어 서사적인 이야기를 소리와 몸짓을 곁들이며 구연하는 우리 고유의 민속 예술 갈래이다.

작품	내용
춘향가	이몽룡과 성춘향의 신분을 초월한 사랑
흥보가	형제간의 우애
심청가	아버지에 대한 심청의 효
수궁가	헛된 욕망에 대한 경계, 위기에서 벗어나는 지혜
적벽가	적벽 대전 영웅들의 무용담과 하층 군사들의 비애

더 알아보기

판소리의 구성

- 창(소리) : 판소리의 주축을 이루는 음악적 요소로, 광대가 가락에 맞추어 부르는 노래
- 아니리(사설) : 판소리에서 창을 하는 중간중간에 가락을 붙이지 않고 이야기하듯 엮어 나가는 사설
- 추임새 : 장단을 짚는 고수가 창의 사이사이에 흥을 돋우기 위하여 삽입하는 소리
- 발림(너름새) : 광대(소리꾼)가 소리의 극적인 전개를 돕기 위하여 몸짓이나 손짓으로 하는 동작
- 더늠 : 명창이 자신의 독특한 방식으로 다듬어 부르는 어떤 마당의 한 대목을 이르는 말

③ **민속극** : 민간에 전해 내려오는 연극으로 일정한 역할을 맡은 배우가 관객들에게 어떠한 내용을 대화나 행동으로 전달하는 전통극이다.

분류	작품	내용
가면극	봉산탈춤	양반에 대한 비판과 풍자
	통영 오광대놀이	양반 사회의 비리와 모순에 대한 비판과 풍자
	양주 별산대놀이	양반에 대한 조롱과 풍자
	수영야류	• 양반 계급의 무능과 허세 조롱 • 봉건 사회의 일부다처제에 따른 가정불화
인형극	꼭두각시놀음	파계승 비판, 처첩 간의 갈등, 양반에 대한 비판

④ **고전 수필** : 고려 시대 초기부터 갑오개혁 이전까지 창작된 수필을 말한다. 고려와 조선 전기의 패관문학이나 조선 후기의 문집들이 모두 한문 수필에 속한다.

분류	작품	작가	연대	내용
궁중 수필	계축일기(癸丑日記)	궁녀	광해군	광해군이 영창대군을 죽이고 인목대비를 폐하여 서궁에 감금했던 사건을 기록한 작품
	한중록(閑中錄)	혜경궁 홍씨	정조~순조	사도세자의 비극적 죽음을 다룬 작품
	인현왕후전(仁顯王后傳)	궁녀	숙종~정조	인현왕후의 폐비 사건을 다룬 작품

분류	작품	작가	연대	내용
일기	산성일기(山城日記)	궁녀	인조	병자호란의 치욕과 남한산성에서의 항쟁을 다룬 작품
	의유당일기(意幽堂日記)	의유당	순조	남편의 부임지 함흥을 갔다가 함흥 주변의 아름다운 경치를 보고 느낀 감상을 적은 작품
	화성일기(華城日記)	이희평	정조	정조의 화성 나들이를 수행하고 기록한 작품
기행	노가재연행록(老稼齋燕行錄)	김창업	숙종	형인 창집(昌集)이 동지사 겸 사은사로 연경(燕京)에 갈 때 자벽군관(自辟軍官)으로 동행하여 귀국한 뒤 지은 작품
	무오연행록(戊午燕行錄)	서유문	정조	서장관으로 북경을 갔다가 보고 들은 것을 기록한 작품
	열하일기(熱河日記)	박지원	정조	청나라 건륭(乾隆) 황제의 70세 생일을 축하하기 위한 외교 사절단으로 갔다가 청나라의 실상을 직접 목격하고 이를 기록한 작품
	을병연행록(乙丙燕行錄)	홍대용	영조	서장관인 숙부 홍억(洪檍)의 자제군관으로 청나라에 다녀오면서 보고 듣고 느낀 바를 날짜별로 기록한 작품
서간	우념재수서(雨念齋手書)	이봉한	영조	일본 통신사의 수행원으로 갔을 때 어머니께 보낸 편지
	한산유찰(韓山遺札)	양주 조씨	영조~정조	문신 이집(李潗)의 집안사람들 사이에서 오고갔던 한글 편지 모음
제문	제문(祭文)	숙종	숙종	숙종의 막내아들 연령군이 세상을 떠나자 그 애통한 심회를 적은 글
	조침문(弔針文)	유씨	순조	바늘을 부러뜨린 심회를 적은 글
기타	규중칠우쟁론기(閨中七友爭論記)	미상	미상	바늘, 자, 가위, 인두, 다리미, 실, 골무 등을 의인화하여 인간 사회를 풍자한 수필
	어우야담(於于野談)	유몽인	광해군	민간의 야담과 설화를 모아 놓은 책

03 현대 문학

1 현대 문학의 흐름

(1) 갑오개혁 이후 가장 크게 나타난 문학 현상 : 구어체(= 일상용어체, 대화체) 문장

① 언문일치 시작(1900년대) : 유길준 〈서유견문〉

② 언문일치 발전(1910년대) : 이광수 〈무정〉

③ 언문일치 완성(1920년대) : 김동인 〈약한 자의 슬픔〉

(2) 1900년대(1894~1908)

① 창가 가사

㉠ 개화 가사와 찬송가의 영향

㉡ 형식 : 초기에 '3 · 4, 4 · 4조'에서 후기에 '6 · 5, 7 · 5, 8 · 5조'로 발전함

㉢ 내용 : 계몽(독립신문), 항일(대한매일신보)

㉣ 최초의 7 · 5조 작품 : 최남선 〈경부철도가〉

② 신소설(원래 뜻은 '고소설'의 반대 개념)

㉠ 내용 : 개화, 계몽, 신교육

㉡ 개념 : 고대 소설에서 근대 소설로의 과도기

㉢ 창작 신소설 : 일반적인 의미의 신소설

- 이인직 : 〈은세계〉, 〈치악산〉, 〈귀의성〉, 〈혈의 누〉
- 이해조 : 〈빈상설〉, 〈구마검〉, 〈자유종〉
- 안국선 : 〈금수회의록〉
- 최찬식 : 〈안의성〉, 〈추월색〉

㉣ 번안 신소설 : 조중환 〈장한몽〉(이수일과 심순애 등장)

㉤ 개작 신소설 : 이해조의 역할

- 〈춘향전〉 → 〈옥중화(獄中花)〉
- 〈흥부전〉 → 〈연(燕)의 각(却)〉
- 〈토끼전〉 → 〈토(兎)의 간(肝)〉
- 〈심청전〉 → 〈강상련(江上蓮)〉

③ 역사전기 소설

㉠ 내용 : 민족주의적 역사의식, 항일구국의 이념

㉡ 대표 작품 : 신채호 〈을지문덕〉

더 알아보기

신소설과 고소설의 비교

공통점		차이점	
• 권선징악적 주제 • 우연성	• 행복한/인위적 결말 • 평면적 인물	• 현실적 제재 • 언문일치로의 접근	• 묘사체로 성숙 • 시간의 역전적 구성

④ 신문

㉠ 한성순보 : 최초 신문, 순한문(1883)

㉡ 독립신문 : 최초 민간 신문, 본격 신문의 시초(1896)

㉢ 매일신문 : 최초 일간 신문

㉣ 제국신문 : 대중 및 부녀자 대상 최초

㉤ 황성신문 : 장지연 〈시일야방성대곡〉 게재

㉥ 만세보 : 이인직 〈혈의 누〉 연재, ≪대한신문≫으로 게재

⑤ 국어 문법서

㉠ 이봉운 ≪국문정리≫ : 최초 음운 문법서

㉡ 지석영 ≪신정국문≫ : 국어 전용 주장, 상소문

㉢ 주시경

- 국어문전음학, 국어문법, 말의 소리, 말모이, 대한국어문법 등을 쓴 어문 민족주의자
- 9품사(임-체언, 엇-형용사, 움-동사, 겻-조사, 잇-접속조사, 언-관형사, 억-부사, 놀-감탄사, 끗-종결어미) 설정

더 알아보기

기타 국어학자

- (외솔) 최현배 : 우리말본, 한글갈, 조선민족갱생의 도, 씨갈(= 품사론), 월갈(= 문장론) 등의 용어 사용
- (눈뫼) 허웅 : 국어학, 국어 음운론, 높임법의 체계화, 삽입모음 '오/우' 밝힘

(3) 1910년대(1908~1919) : 2인 문단시대

① 2인 : (육당) 최남선, (춘원) 이광수

② 신체시

㉠ 최초 작품 : 최남선 〈해에게서 소년에게〉

㉡ 이광수의 신체시 〈우리 영웅〉

③ 근대 최초 장편 소설 : 이광수 〈무정〉(1917)

④ 근대 최초 단편 소설 : 이광수 〈어린 희생〉(1910) 또는 김동인 〈약한 자의 슬픔〉(1919)

⑤ 최초의 근대 자유시 : 주요한 〈불놀이〉(1919)

⑥ 최초의 순문예 동인지 : ≪창조≫(1919)

⑦ 최초의 시 전문 동인지 : ≪장미촌≫(1921)

⑧ 최초의 월간 종합지 : ≪소년≫(1908)

⑨ 김억이 최초로 서구의 상징시를 수용한 잡지 : ≪태서문예신보≫(1918)

(4) 1920년대(1919~1930) : 다수 동인지 문단시대

① 1920년대 3대 동인지 : ≪창조≫, ≪폐허≫, ≪백조≫

② 낭만주의 3대 동인지 : ≪백조≫, ≪폐허≫, ≪장미촌≫

③ 시

㉠ 민요시 운동 : 홍사용, 이상화, 김억, 김소월

㉡ 시조부흥운동을 주도한 단체 : 국민문학파

㉢ 낭만적 · 감상적 경향 위주 : 홍사용, 이상화, 황석우, 박종화

④ 소설 : 사실주의 유행(김동인, 현진건, 이효석 등 3대 단편작가)

⑤ 문단의 대립기 : 절충 '문예공론'

경향파(KAPF, 좌익, 계급진영) ↔ 국민문학파(우익, 민족진영)
《개벽》 《조선문단》

참고 동반자 작가 : 좌익 노선에 동조하는 힘없는 지식인(이효석, 유진오, 채만식, 박화성)

⑥ 신경향파 그룹 : 염군사(1922, 이념 위주)+파스큘라(1923, 예술 위주)

↓

KAPF(1925)

⑦ 작가와 작품

구분	호	이름	작품
시	송아	주요한	〈불놀이〉, 〈아름다운 새벽〉
	안서	김억	〈오다가다〉, 〈비〉, 〈봄은 간다〉
	상아탑	황석우	〈벽모(碧毛)의 묘(猫)〉
	상화	이상화	〈나의 침실로〉, 〈빼앗긴 들에도 봄은 오는가〉
	소월	김정식	〈진달래꽃〉
	만해	한용운	〈님의 침묵〉
소설	금동	김동인	〈감자〉, 〈약한 자의 슬픔〉, 〈배따라기〉
	빙허	현진건	〈운수좋은날〉, 〈빈처〉
	횡보	염상섭	〈표본실의 청개구리〉, 〈삼대〉, 〈만세전〉
	도향	나빈	〈물레방아〉, 〈벙어리 삼룡이〉, 〈뽕〉
	늘봄	전영택	〈화수분〉, 〈소〉
	여심	주요섭	〈사랑손님과 어머니〉

(5) 1930년대(1930~1939) : 사회적 문단 시대, 본격적인 현대문학의 출발

① 시

순수시파(1930)	주지시파(1934)	생명파(1936)	자연파(1939)
시문학	자오선	시인부락, 생리	문장
김영랑, 박용철	김광균, 김기림	서정주, 유치환	박목월, 박두진, 조지훈
음악성, 치밀한 기교, 언어조탁	이미지, 지성, 회화성	생명의식	자연회귀

② 소설

㉠ 장편소설 : 염상섭 〈삼대〉, 〈만세전〉(발표 당시 제목은 '묘지'), 〈두 파산〉

㉡ 역사소설 : 김동인 〈운현궁의 봄〉, 〈젊은 그들〉, 현진건 〈무영탑〉, 박종화 〈금삼의 피〉

㉢ 풍자소설 : 채만식 〈태평천하〉, 〈레디메이드 인생〉, 〈탁류〉, 〈치숙〉, 〈명일〉, 〈소년은 자란다〉

㉣ 해학소설 : 김유정 〈동백꽃〉, 〈봄봄〉, 〈만무방〉, 〈따라지〉, 〈땡볕〉, 〈소낙비〉, 〈금 따는 콩밭〉

㉤ 농촌계몽소설 : 브나로드(V-narod) 운동과 관련

예 심훈 〈상록수〉, 박화성 〈한귀〉, 이무영 〈제1과 제1장〉, 박영준 〈모범경작생〉, 김정한 〈사하촌〉

③ **수필** : 전문 수필가의 등장(김진섭, 이하윤)

④ **희곡** : 극예술 연구회(1931) 창립

⑤ **평론** : 순수비평(김환태)과 주지비평(최재서)

더 알아보기

초현실주의 경향의 작가 – 이상(본명 : 김해경)

- 시 : 〈오감도〉, 〈거울〉, 〈꽃나무〉, 〈이상한 가역반응〉
- 소설 : 〈날개〉, 〈종생기〉, 〈봉별기〉, 〈지주회시〉

(6) 1940년대(1939~1945) : 암흑기 문단시대

① **문학의 공백기** : 창작, 출판의 부재(不在)

② **저항시인(앙가주망, 참여시인)**

㉠ 이육사(남성적, 의지적, 대륙적, 선비정신) : 〈절정〉, 〈청포도〉, 〈광야〉, 〈교목〉, 〈꽃〉

㉡ 윤동주(자아성찰, 순수) : 〈자화상〉, 〈참회록〉, 〈십자가〉, 〈간〉, 〈또 다른 고향〉, 〈서시〉, 〈별 헤는 밤〉, 유고시집 《하늘과 바람과 별과 시》

(7) 1950년대 이후 : 분단 이데올로기의 극복 → 민족문학 지향, 실존적 지각, 지적 탐구정신

① **시**

㉠ 김수영(초기에 후반기 동인의 모더니즘에서 1960년대 이후 참여시로 전환) : 〈풀〉, 〈폭포〉, 〈눈〉

㉡ 송욱 : 〈하여지향〉

㉢ 김춘수('존재와 본질 탐구'에서 '무의미시'로 전환) : 〈꽃〉, 〈꽃을 위한 서시〉, 〈처용단장〉

② **소설**

㉠ 동시묘사법 : 김성한 〈5분간〉

㉡ 광복 당시 분열상의 비극적 국면 묘파 : 선우휘 〈불꽃〉

㉢ 한 인격적 주체가 겪는 도덕적 갈등 : 장용학 〈요한시집〉

㉣ 소외된 인간상을 피학적 어조로 묘사 : 손창섭 〈잉여인간〉

㉤ 당시 빈곤상과 삶의 관계 : 이범선 〈오발탄〉

㉥ 농어촌 서민의 애환 : 오영수 〈갯마을〉

㉦ 삶의 부조리를 인식하고 극복함 : 유주현 〈장 씨 일가〉, 〈신의 눈초리〉

㉧ 민족의 기개 형상화 : 정한숙 〈금당벽화〉

㉨ 토속적 삶의 간고함 : 전광용 〈흑산도〉

㉩ 지식인의 변절적 순응주의 : 전광용 〈꺼삐딴 리〉

㉪ 세속적 삶의 모순을 소설화 : 박경리 〈암흑시대〉

THEME 04

화법·독해

01 화법

1 토의와 토론

(1) 토의(討議) : 여러 사람의 의견을 모으는 말하기

① 목적 : 최선의 해결안 모색

② 종류

심포지엄	전문성	권위적, 학술적, 체계적
포럼	공개성	청중 참여, 사회자 필수, 공청회(公聽會), 공개 토의
패널	대표성	배심원, 이견(異見) 조정, 시사 문제, 공동 토의
원탁토의	다양성	자유롭고 평등한 분위기, 청중 불필요

(2) 토론(討論) : 대립되는 상대방의 의견을 논박하는 말하기

① 목적 : 의사 결정, 의견 일치

② 구성 요소 : 논제, 규칙, 참가자, 청중, 사회자

③ 종류

2인 토론	1 : 1로 말하기
직파 토론	2~3 : 2~3으로 말하기
반대 신문식 토론	주로 법정(法廷)에서의 말하기

(3) 토의(討議)와 토론(討論)의 비교

토의	토론
협동성	대립성
상대방 존중	상대방 논박
과정, 시도, 모색	결정, 일치
2인 이상의 참가, 공동 관심사, 문제 해결 방법	

2 인원에 따른 말하기의 종류

대담(對談)	2인
정담(鼎談)	3인
좌담(坐堂)	4인
방담(放談)	5인 이상

02 독해

1 글의 전개방식

(1) 동태적 범주

① 서사 : 시간+움직임+의미('무엇을'에 중점)
② 과정 : 진행경과를 보여줌('어떻게'에 중점)
③ 인과 : 원인이나 결과를 나타냄

(2) 정태적 범주

① 정의 : 낱말 뜻 풀이, 개념이나 본질 규정. 구체적일수록 잘된 것
② 분류 : 하위요소를 상위요소로 묶음
③ 구분 : 상위요소를 하위요소로 나눔. 역순서 성립함
　예 봄, 여름, 가을, 겨울은 계절이다. – 분류
　　계절에는 봄, 여름, 가을, 겨울이 있다. – 구분
④ 분석 : 한 물체를 구성 요소로 분해함. 역순서 성립 안 됨
　예 소설의 3요소에는 주제, 구성, 문체가 있다.
⑤ 비교 : 유사성에 근거(~보다/~에 비하여/서술어 비슷)
⑥ 대조 : 차이성에 근거(그러나/서술어 반대)
　예 중국의 담벽은 일본의 담벽보다 높다. – 비교
　　중국의 담벽은 높아 폐쇄적인데, 일본의 담벽은 낮아 개방적이다. – 대조
⑦ 예시 : 구체적인 예를 들어 보임
⑧ 유추
　㉠ 전제에 바탕을 둔 추리, 유비추리의 준말. 확장된 비교
　㉡ 알고 있는 사실을 모르는 사실에 적용함, 미루어 짐작함
　　예 인생과 마라톤, 바둑과 전쟁, 창고와 두뇌, 독서와 교향악

2 글의 진술방식(단락의 전개)

구분	유형	내용
설명	해설	잘 모르는 사실을 알기 쉽게 풀어쓴 글
	천체의 온갖 형상, 곧 천물을 관측하기 위하여 설치한 시설을 천문대라 한다. 천문대의 일종인 경주 첨성대는 신라 선덕여왕 때 …(중략)… 통일신라 이전의 건축물인 여러 석탑이 소박한 조형미를 보여주는 데 대하여 통일신라의 석가탑, 다보탑은 아기자기한 기교로써 세련된 조형미를 보여준다. → 글의 전개방식인 정의, 대조, 비교, 예시의 방법을 써서 설명한 글	
묘사	풍경	경치나 장면을 눈에 보이듯 나타낸 글, 감각적/세부적, 사진
	길은 지금 산허리에 걸려 있다. 밤중을 지난 무렵인지 죽은 듯이 고요함 속에서 짐승 같은 달의 숨소리가 손에 잡힐 듯이 …(중략)… 숨이 막힐 지경이다. → 이효석, 〈메밀꽃 필 무렵〉에서 봉평의 산길을 묘사하고 있음	
서사	사건	시간의 흐름에 따른 내용을 서술한 글, 동영상
	만득이네 대문에 일본 깃대와 출정군인의 집이라는 깃발이 만장처럼 처량히 휘날리고, 그 집 사랑에서는 며칠씩 술판이 벌어져도 밀주단속에도 안 걸리고… 그렇게 그까짓 열흘 눈 깜박할 새가 지나가 만득이는 마침내 입영을 하게 됐다. → 박완서, 〈그 여자네 집〉에서 만득이가 징병으로 끌려 나가는 사건	
논증	주장	설득을 뒷받침하기 위한 논리적 증명
	요사이 우리 사회는 터진 봇물처럼 막 흘러드는 외래문명에 정신을 차리지 못할 지경이다. 세계화가 미국이라는 한 나라의 주도 아래에 이루어지고 있다. 일본은 …(중략)… 그 언어로 세운 문화도 사라진다는 것을 의미한다. 우리가 그토록 긍지를 갖고 있는 우리말의 운명은 과연 어떻게 될 것인가. → 최재천, 〈황소개구리와 우리말〉에서 외래문화에 감염된 현실	

THEME 05 어휘

01 고유어

1 단위 관련 우리말

(1) 측량 단위

- 자 : 10치(약 30.3cm)
- 푼 : 0.1치
- 리 : 1,296자(약 372.38m)
- 평 : 사방 6자 평방(3.306m^2)
- 단보 : 300평(= 0.1정보)
- 마장 : 10리가 못 되는 거리
- 마지기 : 한 말의 씨앗을 심을 정도의 넓이(200~300평의 넓이, 밭만을 가리킬 땐 100평)
- 되지기 : 논밭 한 마지기의 1/10

(2) 개수 관련 단위

개수	명칭	의미	개수	명칭	의미
2	손	고등어나 꽁치, 조기 두 마리	20	두름	조기 따위의 물고기를 짚으로 한 줄에 열 마리씩 두 줄로 엮은 것
10	갓	굴비, 비웃(청어) 따위를 묶어 세는 단위. 한 갓은 굴비, 비웃 따위 열 마리	20	제	탕약 스무 첩
10	고리	소주를 사발에 담은 것을 묶어 세는 단위. 한 고리는 소주 열 사발	20	축	오징어 스무 마리
10	꾸러미	달걀 열 개를 묶어 세는 단위	20	쾌	북어를 세는 단위. 한 쾌는 북어 스무 마리
10	뭇	생선을 묶어 세는 단위. 한 뭇은 생선 열 마리	24	쌈	바늘을 묶어 세는 단위. 한 쌈은 바늘 스물네 개
10	섬	부피의 단위. 한 섬은 한 말의 열 배로 약 180L 정도	30	판	계란을 세는 단위. 한 판은 계란 삼십 개
10	말	부피의 단위. 한 말은 한 되의 열 배로 약 18L 정도	50	거리	오이나 가지의 50개. 반 접이라고도 함
10	되	부피의 단위. 한 홉의 열 배로 약 1.8L 정도	100	톳	김을 묶어 세는 단위. 한 톳은 김 100장
10	죽	옷이나 그릇 따위의 열 벌을 묶어 이르는 말	100	접	채소나 과일 따위를 묶어 세는 단위. 한 접은 채소나 과일 백 개를 이름

(3) 길이 단위어

- 리(里) : 약 393m, 보통 4km를 10리라고 한다.
- 마일(mile) : 약 1,609m에 해당한다.
- 길 : 사람 키의 한 길이
- 뼘 : 엄지손가락과 다른 손가락을 완전히 펴서 벌렸을 때의 두 끝 사이의 거리
- 발 : 두 팔을 펴서 벌린 길이

2 어미-새끼

- 가오리-간자미
- 호랑이-개호주
- 곰-능소니
- 고등어-고도리
- 매미-굼벵이
- 소-동부레기, 부룩소, 송치, 어스럭
- 꿩-꺼병이
- 농어-껄떼기
- 조기-꽝다리
- 명태-노가리
- 숭어-동어, 모쟁이
- 잠자리-물송치, 학배기
- 잉어-발강이
- 매-초고리
- 갈치-풀치

3 바람

- 동풍(東風) : 새파람, 샛바람, 강쇠바람, 높새바람, 동부새
- 서풍(西風) : 하늬바람, 가수알바람, 갈바람
- 남풍(南風) : 마파람, 건들마
- 북풍(北風) : 된바람, 덴바람, 호풍(胡風), 삭풍(朔風)

02 주요 관용어 및 속담

1 관용어

곁(을) 주다	다른 사람으로 하여금 자기에게 가까이할 수 있도록 속을 터주다.
귀가 질기다	둔하여 남의 말을 잘 이해하지 못하다.
금(을) 놓다	① 물건을 사고팔 때에 값을 부르다. ② 어떤 대상의 수준이나 정도를 평가하여 규정하다.
눈에 밟힌다	자꾸 생각나다.
두 손 맞잡고 앉다	아무 일도 하지 아니하고 가만히 있다.
땀을 들이다	① 몸을 시원하게 하여 땀을 없애다. ② 잠시 휴식하다.
말길(이) 되다	남에게 소개하는 의논의 길이 트이다.
말소리를 입에 넣다	다른 사람에게 들리지 아니하도록 중얼중얼 낮은 목소리로 말하다.
미립이 트이다	경험에 의하여 묘한 이치를 깨닫게 되다.
미역국을 먹었다	낙방하다, 실패하다.
배알이 뒤틀리다	비위에 거슬려 아니꼽다.
사개(가) 맞다	말이나 사리의 앞뒤 관계가 빈틈없이 딱 들어맞다.
속(을) 주다[터놓다]	마음속에 있는 것을 숨김없이 드러내 보이다.
속이 마르다	① 성격이 꼬장꼬장하다. ② 생각하는 것이 답답하고 너그럽지 못하다.
손이 걸다	① 수단이 좋고 많다. ② 씀씀이가 후하고 크다.
손이 뜨다	동작이 굼뜨다.
입에 발린[붙은] 소리	마음에도 없이 겉치레로 하는 말
입이 달다	입맛이 당기어 음식이 맛있다.
입이 되다	맛있는 음식만 먹으려고 하는 버릇이 있어 음식에 매우 까다롭다.
입이 밭다[짧다]	음식을 심하게 가리거나 적게 먹다.
입이 쓰다	일이 뜻대로 되지 아니하여 기분이 언짢거나 괴롭다.
콧대를 꺾다	자존심을 없애다.
허방(을) 짚다	① 발을 잘못 디디어 허방에 빠지다. ② 잘못 알거나 잘못 예산하여 실패하다.
흘게(가) 늦다	① 흘게가 조금 풀려 느슨하다. ② 성격이나 하는 짓이 야무지지 못하다.
흰 눈으로 보다	업신여기거나 못마땅하게 여기다. = 백안시(白眼視)

2 속담

가난한 집에 자식이 많다	가난한 집에는 먹고 살아 나갈 걱정이 큰데 자식까지 많다는 뜻으로, 이래저래 부담되는 것이 많음을 이르는 말
가난한 집에 제사 돌아오듯	힘든 일이 자주 닥쳐옴을 비유적으로 이르는 말 = 빈즉다사(貧則多事)
가난한 집의 신주 굶듯	가난한 집에서는 산 사람도 배를 곯는 형편이므로 신주까지도 제사 음식을 제대로 받아 보지 못하게 된다는 뜻으로, 줄곧 굶기만 한다는 말
가난할수록 기와집 짓는다	당장 먹을 것이나 입을 것이 넉넉지 못한 가난한 살림일수록 기와집을 짓는다는 뜻으로, 실상은 가난한 사람이 남에게 업신여김을 당하기 싫어서 허세를 부리려는 심리를 비유적으로 이르는 말
가물에 도랑 친다	한창 가물 때 애쓰며 도랑을 치느라고 분주하게 군다는 뜻으로, 아무 보람도 없는 헛된 일을 하느라고 부산스레 구는 것을 비유적으로 이르는 말
가물에 돌 치다	물이 없는 가뭄에 강바닥에 있는 돌을 미리 치워서 물길을 낸다는 뜻으로 무슨 일이든지 사전에 미리 준비해야 함을 비유적으로 이르는 말
구름이 자주 끼면 비가 온다	일정한 징조가 있으면 그에 따르는 결과가 있기 마련임을 비유적으로 이르는 말
까마귀 미역 감듯	① 까마귀는 미역을 감아도 그냥 검다는 데서, 일한 자취나 보람이 드러나지 않음을 비유적으로 이르는 말 ② 일을 처리함에 있어 세밀하지 못하고 거친 것을 비유적으로 이르는 말
깻묵에도 씨가 있다	① 언뜻 보면 없을 듯한 곳에도 자세히 살펴보면 혹 있을 수 있음을 비유적으로 이르는 말 ② 아무리 하찮아 보이는 물건에도 제 속은 있음을 비유적으로 이르는 말
눈 오는 날 거지 빨래한다	눈이 내리는 날은 날씨가 대개 포근함을 이르는 말
달걀 지고 성(城) 밑으로 못 가겠다	무슨 일을 지나치게 두려워하며 걱정하는 사람을 두고 하는 말 = 기우(杞憂)
돼지우리에 주석 자물쇠	격에 맞지 않게 지나친 치장을 한다는 말 = 가게 기둥에 입춘, 개발에 주석 편자, 짚신에 국화 그리기
떼어 놓은 당상	떼어 놓은 당상이 변하거나 다른 데로 갈 리 없다는 데서, 일이 확실하여 조금도 틀림이 없음을 이르는 말
말 갈 데 소 갈 데 다 다녔다	온갖 곳을 다 다녔다는 뜻
미꾸라지가 모래 쑤신다	무슨 일을 했거나 어떤 일이 있었는데 전혀 흔적이 보이지 않음을 이르는 말
바늘 가는 데 실 간다	바늘이 가는 데 실이 항상 뒤따른다는 뜻으로, 사람의 긴밀한 관계를 비유적으로 이르는 말
바람 따라 돛을 단다[올린다]	① 바람이 부는 형세를 보아 가며 돛을 단다는 뜻으로, 때를 잘 맞추어서 일을 벌여 나가야 성과를 거둘 수 있음을 비유적으로 이르는 말 ② 일정한 신념과 주견이 없이 기회나 형편을 엿보다가 조건이 좋은 쪽을 따라 이리저리 흔들리는 모양을 비꼬는 말 = 바람세에 맞추어 돛을 단다.
봄볕은 며느리가 맞게 하고 가을볕은 딸에게 맞게 한다	신선한 가을볕에는 딸을 쬐이고 살갗이 잘 타고 거칠어지는 봄볕에는 며느리를 쬐인다는 뜻으로, 시어머니는 며느리보다 제 딸을 더 아낌을 비유적으로 이르는 말
부처님 가운데 토막	성질이 온순하고 마음이 어진 사람을 비유하는 말
빈대 잡으려고 초가삼간 태운다	큰 손해가 될 것은 생각하지 않고 제게 매우 마땅치 않은 것을 없애기 위해 일을 함을 이르는 말 = 교각살우(矯角殺牛)

삼밭에 쑥대	좋은 환경에서 자란 사람은 그 환경의 영향을 받아 품행이 단정해진다는 뜻 = 마중지봉(麻中之蓬)
서 발 막대 거칠 것이 없다	너무 가난하여 집안에 세간이 아무것도 없다는 뜻
소경 머루 먹듯	좋고 나쁜 것을 분별하지 못하고 이것저것 아무것이나 취하는 모양을 비유적으로 이르는 말 = 들녘 소경 머루 먹듯
수양산 그늘이 강동 팔십 리를 간다	수양산 그늘진 곳에 아름답기로 유명한 강동 땅 팔십 리가 펼쳐졌다는 뜻으로, 어떤 한 사람이 크게 되면 친척이나 친구들까지 그 덕을 입게 됨을 비유적으로 이르는 말
양지가 음지 되고 음지가 양지 된다	세상일이란 돌고 도는 것이어서 처지가 뒤바뀌게 마련임을 비유적으로 이르는 말 = 새옹지마(塞翁之馬)
우물에 가 숭늉 찾는다	성미가 너무 급하여 참고 기다리지 못함을 이르는 말
재미난 골에 범 난다	① 편하고 재미있다고 위험한 일이나 나쁜 일을 계속하면 나중에는 큰 화를 당하게 됨을 이르는 말 ② 지나치게 재미있으면 그 끝에 가서는 좋지 않은 일이 생김을 이르는 말
파방(파장)에 수수엿 장수	기회를 놓쳐 별 볼일 없다는 것을 이르는 말
하룻강아지 범 무서운 줄 모른다	약한 사람이 철없이 강한 사람에게 덤벼들 때 이르는 말 = 당랑거철(螳螂拒轍)

03 한자

1 모양이 비슷한 한자

可	司	可否 가부 (옳을 가, 아닐 부) 司法 사법 (맡을 사, 법 법)
恪	格	恪別 각별 (삼갈 각, 나눌 별) 格式 격식 (격식 격, 법 식)
勘	甚	勘定 감정 (이길 감, 정할 정) 極甚 극심 (극진할 극/다할 극, 심할 심)
腔	空	口腔 구강 (입 구, 속 빌 강) 空間 공간 (빌 공, 사이 간)
坑	抗	坑夫 갱부 (구덩이 갱, 지아비 부) 對抗 대항 (대할 대, 겨룰 항)
誇	洿	誇張 과장 (자랑할 과, 베풀 장) 洿池 오지 (웅덩이 오, 못 지)
括	活	一括 일괄 (한 일, 묶을 괄) 生活 생활 (날 생, 살 활)
攪	覺	攪亂 교란 (흔들 교, 어지러울 란) 覺醒 각성 (깨달을 각, 깰 성)
詭	危	詭辯 궤변 (속일 궤, 말씀 변) 危機 위기 (위태할 위, 틀 기)
喫	契	喫煙 끽연 (먹을 끽, 연기 연) 契約 계약 (맺을 계, 맺을 약)
拿	合	拿捕 나포 (잡을 나, 잡을 포) 合意 합의 (합할 합, 뜻 의)
懦	儒	懦弱 나약 (나약할 나, 약할 약) 儒學 유학 (선비 유, 배울 학)
捺	奈	捺印 날인 (누를 날, 도장 인) 奈落 나락 (어찌 나/어찌 내, 떨어질 락)
撞	童	撞着 당착 (칠 당, 붙을 착/나타날 저) 童謠 동요 (아이 동/땅 이름 종, 노래 요)
鈍	沌	鈍濁 둔탁 (둔할 둔, 흐릴 탁) 混沌 혼돈 (섞을 혼, 엉길 돈)
轢	樂	軋轢 알력 (삐걱거릴 알, 칠 력) 音樂 음악 (소리 음, 노래 악)

頒	分	頒布 반포 (나눌 반, 베 포/펼 포) 分析 분석 (나눌 분, 쪼갤 석)
雹	包	雨雹 우박 (비 우, 우박 박) 包含 포함 (쌀 포, 머금을 함)
徙	徒	移徙 이사 (옮길 이, 옮길 사) 徒步 도보 (무리 도, 걸음 보)
斡	幹	斡旋 알선 (돌 알/주장할 간, 돌 선) 根幹 근간 (뿌리 근, 줄기 간)
冶	治	陶冶 도야 (질그릇 도, 풀무 야) 政治 정치 (정사 정, 다스릴 치)
咽	因	嗚咽 오열 (슬플 오, 목멜 열) 因果 인과 (인할 인, 실과 과)
緩	煖	緩和 완화 (느릴 완, 화할 화) 煖房 난방 (더울 난, 방 방)
凝	疑	凝結 응결 (엉길 응, 맺을 결) 疑心 의심 (의심할 의, 마음 심)
撒	散	撒布 살포 (뿌릴 살, 베 포/펼 포) 擴散 확산 (넓힐 확, 흩을 산)
甦	更	甦生 소생 (깨어날 소, 날 생) 更生 갱생 (다시 갱/고칠 경, 날 생)
燼	盡	灰燼 회신 (재 회, 불탄 끝 신) 消盡 소진 (사라질 소, 다할 진)
悛	俊	改悛 개전 (고칠 개, 고칠 전) 俊傑 준걸 (준걸 준, 뛰어날 걸)
塡	眞	補塡 보전 (기울 보, 메울 전) 眞僞 진위 (참 진, 거짓 위)
嗾	族	使嗾 사주 (하여금 사, 부추길 주) 家族 가족 (집 가, 겨레 족)
澄	登	明澄 명징 (밝을 명, 맑을 징) 登校 등교 (오를 등, 학교 교)
懺	纖	懺悔 참회 (뉘우칠 참, 뉘우칠 회) 纖維 섬유 (가늘 섬, 벼리 유)
萃	醉	拔萃 발췌 (뽑을 발, 모을 췌) 心醉 심취 (마음 심, 취할 취)
奪	準	剝奪 박탈 (벗길 박, 빼앗을 탈) 基準 기준 (터 기, 준할 준)

褒	保	褒賞 포상 (기릴 포, 상줄 상)
		保護 보호 (지킬 보, 도울 호)
肓	妄	膏肓 고황 (기름 고, 명치끝 황)
		妄言 망언 (망령될 망, 말씀 언)
嗅	臭	嗅覺 후각 (맡을 후, 깨달을 각)
		惡臭 악취 (악할 악, 냄새 취)

2 나이 관련 한자

10세 남짓	沖年(충년)
15세	志于學(지우학)
16세	破瓜之年(파과지년), 芳年(방년. 주로 여자)
20세 안팎	弱冠(약관. 주로 남자), 結髮(결발) * 妙齡(묘령) : 20세 안팎의 젊은 여자
30세	而立志(이립지)
32세	二毛(이모. 흰 머리 반 검은 머리 반이었던 '반악'이란 시인을 가리킴)
40세	不惑(불혹)
48세	桑年(상년. 桑의 속자인 桒은 열 십 자 세 개 아래에 木)
50세	知天命(지천명), 艾年(애년)
60세	耳順(이순), 六旬(육순), 回甲(회갑), 華甲(화갑), 還甲(환갑)
70세	古稀(고희), 從心(종심), 稀壽(희수)
70~80세	耄耋(모질)
80세	傘壽(산수)
90세	卒壽(졸수)
100세	期頤之壽(기이지수), 百壽(백수)

더 알아보기

24절기

- 봄(春-춘) : 立春(입춘. 2월 4일경), 雨水(우수), 驚蟄(경칩), 春分(춘분), 淸明(청명), 穀雨(곡우)
- 여름(夏-하) : 立夏(입하. 5월 6일경), 小滿(소만), 芒種(망종), 夏至(하지), 小暑(소서), 大暑(대서)
- 가을(秋-추) : 立秋(입추. 8월 8일경), 處暑(처서), 白露(백로), 秋分(추분), 寒露(한로), 霜降(상강)
- 겨울(冬-동) : 立冬(입동. 11월 8일경), 小雪(소설), 大雪(대설), 冬至(동지), 小寒(소한), 大寒(대한)

04 한자성어

ㄱ

去頭截尾 거두절미	• 去 : 갈 거, 頭 : 머리 두, 截 : 끊을 절, 尾 : 꼬리 미 • 앞뒤의 사설을 제외하고 요점만 말함
居安思危 거안사위	• 居 : 살 거, 安 : 편안 안, 思 : 생각 사, 危 : 위태할 위 • 편안할 때도 닥쳐올 위태로움을 생각하며 대비함
格物致知 격물치지	• 格 : 격식 격, 物 : 물건 물, 致 : 이를 치, 知 : 알 지 • 사물의 이치를 규명하여 자기의 지식을 확고하게 함
隔世之感 격세지감	• 隔 : 사이 뜰 격, 世 : 인간/대 세, 之 : 갈 지, 感 : 느낄/한할 감 • 다른 세대와 같이 많은 변화가 있었음을 비유하는 말
隔靴搔痒 격화소양	• 隔 : 사이 뜰 격, 靴 : 신 화, 搔 : 긁을 소, 痒 : 가려울 양 • 신을 신은 채 가려운 발바닥을 긁음과 같이 애써서 일을 하는데 성과가 좋지 않고, 일의 핵심을 찌르지 못함
牽强附會 견강부회	• 牽 : 이끌/끌 견, 强 : 강할 강, 附 : 붙을 부, 會 : 모일 회 • 억지로 말을 끌어 붙여 자기가 주장하는 조건에 맞도록 함
見利思義 견리사의	• 見 : 볼 견, 利 : 이로울 리/이, 思 : 생각 사, 義 : 옳을 의 • 눈앞의 이익을 보면 의리를 먼저 생각함. 즉, 이익을 보면 그것이 의리에 합당한가를 먼저 생각해야 함
犬馬之勞 견마지로	• 犬 : 개 견, 馬 : 말 마, 之 : 갈 지, 勞 : 일할 로/노 • ① 윗사람에게 바치는 자기의 노력을 낮추어서 하는 말 ② 임금이나 나라에 충성을 다하는 노력
犬馬之誠 견마지성	• 犬 : 개 견, 馬 : 말 마, 之 : 갈 지, 誠 : 정성 성 • 임금이나 나라에 정성으로 바치는 정성, 자신의 정성을 낮추어 이르는 말
見物生心 견물생심	• 見 : 볼 견, 物 : 물건 물, 生 : 날 생, 心 : 마음 심 • 어떠한 실물을 보게 되면 그것을 가지고 싶은 욕심이 생김
見危授命 견위수명	• 見 : 볼 견, 危 : 위태할 위, 授 : 줄 수, 命 : 목숨 명 • 나라의 위태로운 지경을 보고 제 목숨을 바쳐 나라를 위해 싸움
犬兎之爭 견토지쟁	• 犬 : 개 견, 兎 : 토끼 토, 之 : 갈 지, 爭 : 다툴 쟁 • 개와 토끼가 쫓고 쫓기다가 둘 다 지쳐 죽어 제삼자가 이익을 본다는 뜻
結者解之 결자해지	• 結 : 맺을 결, 者 : 놈 자, 解 : 풀 해, 之 : 갈 지 • 일을 맺은 사람이 풀어야 한다는 뜻으로, 일을 벌여 놓은 사람이 끝을 맺어야 한다는 말

結草報恩 결초보은	• 結 : 맺을 결, 草 : 풀 초, 報 : 갚을/알릴 보, 恩 : 은혜 은 • 풀을 엮어서 은혜를 갚는다는 의미로 죽어서도 잊지 않고 은혜를 갚는다는 말
謙讓之德 겸양지덕	• 謙 : 겸손할 겸, 讓 : 사양할 양, 之 : 갈 지, 德 : 덕 덕 • 겸손하고 사양하는 미덕
輕擧妄動 경거망동	• 輕 : 가벼울 경, 擧 : 들 거, 妄 : 망령될 망, 動 : 움직일 동 • 경솔하고 망령되게 행동한다는 뜻으로, 도리나 사정을 생각하지 않고 경솔하게 행동함
傾國之色 경국지색	• 傾 : 기울 경, 國 : 나라 국, 之 : 갈 지, 色 : 빛 색 • 뛰어나게 아름다운 미인
耕者有田 경자유전	• 耕 : 밭 갈 경, 者 : 놈 자, 有 : 있을 유, 田 : 밭 전 • 경작자(농사를 짓는 사람)가 밭을 소유함
鷄卵有骨 계란유골	• 鷄 : 닭 계, 卵 : 알 란/난, 有 : 있을 유, 骨 : 뼈 골 • 계란에도 뼈가 있다는 뜻으로, 복이 없는 사람은 아무리 좋은 기회를 만나도 덕을 못 본다는 말
孤軍奮鬪 고군분투	• 孤 : 외로울 고, 軍 : 군사 군, 奮 : 떨칠 분, 鬪 : 싸움 투 • 수가 적고 도움이 없는 약한 군대가 강한 적과 용감하게 잘 싸움
膏粱珍味 고량진미	• 膏 : 기름 고, 粱 : 기장 량/양, 珍 : 보배 진, 味 : 맛 미 • 기름진 고기와 좋은 곡식으로 만든 맛있는 음식
姑息之計 고식지계	• 姑 : 시어머니 고, 息 : 쉴 식, 之 : 갈 지, 計 : 셀 계 • 당장에 편한 것만 취하는 계책. 임시변통이나 일시 미봉하는 계책
苦肉之計 고육지계	• 苦 : 쓸 고, 肉 : 고기 육, 之 : 갈 지, 計 : 셀 계 • 적을 속이기 위해, 자신의 희생을 무릅쓰고 꾸미는 계책이라는 뜻으로, 어려운 상태를 벗어나기 위해 어쩔 수 없이 꾸며 내는 계책을 이르는 말
孤掌難鳴 고장난명	• 孤 : 외로울 고, 掌 : 손바닥 장, 難 : 어려울 난, 鳴 : 울 명 • ① 혼자의 힘만으로 어떤 일을 이루기 어려움 ② 맞서는 사람이 없으면 싸움이 일어나지 아니함
苦盡甘來 고진감래	• 苦 : 쓸 고, 盡 : 다할 진, 甘 : 달 감, 來 : 올 래/내 • 고생 끝에 낙이 온다는 말
曲學阿世 곡학아세	• 曲 : 굽을 곡, 學 : 배울 학, 阿 : 언덕 아, 世 : 인간/대 세 • 정도(正道)를 벗어난 학문으로 세상 사람에게 아첨함
骨肉相殘 골육상잔	• 骨 : 뼈 골, 肉 : 고기 육, 相 : 서로 상, 殘 : 잔인할/남을 잔 • 같은 혈족끼리 서로 다투고 해하는 것 = 골육상쟁(骨肉相爭, 骨 : 뼈 골, 肉 : 고기 육, 相 : 서로 상, 爭 : 다툴 쟁)
過猶不及 과유불급	• 過 : 지날 과, 猶 : 오히려 유, 不 : 아닐 불, 及 : 미칠 급 • 정도를 지나친 것은 도리어 미치지 못한 것과 같다는 말

瓜田不納履 과전불납리	• 瓜 : 오이 과, 田 : 밭 전, 不 : 아닐 불, 納 : 들일 납, 履 : 신 리/이 • 오이밭에서는 신을 고쳐 신지 말라는 뜻으로, 의심받기 쉬운 행동은 하지 말아야 함을 이르는 말
管鮑之交 관포지교	• 管 : 대롱 관, 鮑 : 절인 물고기 포, 之 : 갈 지, 交 : 사귈 교 • 관중과 포숙의 사귐이란 뜻으로, 우정이 아주 돈독한 친구 관계를 이르는 말 = 수어지교(水魚之交, 水 : 물 수, 魚 물고기 어, 之 갈 지, 交 사귈 교) = 문경지교(刎頸之交, 刎 : 목 벨 문, 頸 목 경, 之 갈 지, 交 사귈 교)
刮目相對 괄목상대	• 刮 : 긁을 괄, 目 : 눈 목, 相 : 서로 상, 對 : 대할 대 • 눈을 비비고 다시 보며 상대방을 대한다는 뜻으로, 남의 학식이나 재주가 놀랄 만큼 갑자기 향상됨을 일컫는 말
矯角殺牛 교각살우	• 矯 : 바로잡을 교, 角 : 뿔 각, 殺 : 죽일 살, 牛 : 소 우 • 뿔을 고치려다 소를 죽인다는 말로, 곧 작은 일에 힘쓰다가 큰일을 망치는 것
巧言令色 교언영색	• 巧 : 공교할 교, 言 : 말씀 언, 令 : 하여금 령/영, 色 : 빛 색 • 교묘하게 꾸며대는 말과 아첨하는 얼굴빛
口蜜腹劍 구밀복검	• 口 : 입 구, 蜜 : 꿀 밀, 腹 : 배 복, 劍 : 칼 검 • 입에는 꿀이 있고 배 속에는 칼이 있다는 뜻으로, 말로는 친한 듯하나 속으로는 해칠 생각이 있음을 이르는 말
口尙乳臭 구상유취	• 口 : 입 구, 尙 : 오히려 상, 乳 : 젖 유, 臭 : 냄새 취 • 입에서 아직 젖내가 난다는 뜻으로, 언어와 행동이 매우 유치함을 일컬음
九牛一毛 구우일모	• 九 : 아홉 구, 牛 : 소 우, 一 : 한 일, 毛 : 터럭 모 • 매우 많은 것 가운데 극히 적은 수
九折羊腸 구절양장	• 九 : 아홉 구, 折 : 꺾을 절, 羊 : 양 양, 腸 : 창자 장 • ① 양의 창자처럼 험하고 꼬불꼬불한 길 ② 세상이 복잡하여 살아가기 어렵다는 말
群鷄一鶴 군계일학	• 群 : 무리 군, 鷄 : 닭 계, 一 : 한 일, 鶴 : 학 학 • 많은 사람 가운데서 뛰어난 인물을 이르는 말
君臣有義 군신유의	• 君 : 임금 군, 臣 : 신하 신, 有 : 있을 유, 義 : 옳을 의 • 임금과 신하 사이에는 의리가 있어야 함
群雄割據 군웅할거	• 群 : 무리 군, 雄 : 수컷 웅, 割 : 벨 할, 據 : 근거 거 • 많은 영웅이 각지에 자리 잡고 서로 세력을 다툼
窮餘之策 궁여지책	• 窮 : 다할 궁, 餘 : 남을 여, 之 : 갈 지, 策 : 꾀/채찍 책 • 막다른 골목에서 그 국면을 타개하려고 생각다 못해 짜낸 꾀
權謀術數 권모술수	• 權 : 권세 권, 謀 : 꾀 모, 術 : 재주 술, 數 : 셈 수 • 목적 달성을 위해서는 수단 · 방법을 가리지 않고 때와 형편에 따라 둘러맞추는 모략이나 술책
勸善懲惡 권선징악	• 勸 : 권할 권, 善 : 착할 선, 懲 : 징계할 징, 惡 : 악할 악 • 착한 행실을 권장하고 악한 행실을 징계함

捲土重來 권토중래	• 捲 : 거둘/말 권, 土 : 흙 토, 重 : 무거울 중, 來 : 올 래/내 • 땅을 말아 일으킬 것 같은 기세로 다시 온다는 뜻으로, 한 번 실패하였으나 힘을 회복하여 다시 쳐들어옴을 이르는 말
橘化爲枳 귤화위지	• 橘 : 귤 귤, 化 : 될 화, 爲 : 할 위, 枳 : 탱자 지 • 귤이 회수를 건너면 탱자가 된다는 뜻으로, 사람도 환경에 따라 기질이 변한다는 말
近墨者黑 근묵자흑	• 近 : 가까울 근, 墨 : 먹 묵, 者 : 놈 자, 黑 : 검을 흑 • 먹을 가까이하면 검어진다는 뜻으로, 나쁜 사람과 사귀면 그 버릇에 물들기 쉽다는 말
金科玉條 금과옥조	• 金 : 쇠 금, 科 : 과목 과, 玉 : 구슬 옥, 條 : 가지 조 • 금옥과 같은 법률이라는 뜻으로, 소중히 여기고 지켜야 할 규칙이나 교훈
金蘭之契 금란지계	• 金 : 쇠 금, 蘭 : 난초 란/난, 之 : 갈 지, 契 : 맺을 계 • 쇠처럼 단단하고 난초 향기처럼 그윽한 사귐을 맺는다는 뜻으로, 친구 사이의 매우 두터운 정을 이르는 말
錦上添花 금상첨화	• 錦 : 비단 금, 上 : 윗 상, 添 : 더할 첨, 花 : 꽃 화 • 좋은 일에 또 좋은 일이 더하여짐을 이르는 말
今昔之感 금석지감	• 今 : 이제 금, 昔 : 예 석, 之 : 갈 지, 感 : 느낄 감 • 지금과 옛날을 비교할 때 차이가 매우 심하여 느껴지는 감정
琴瑟之樂 금슬지락	• 琴 : 거문고 금, 瑟 : 큰 거문고 슬, 之 : 갈 지, 樂 : 즐길 락/낙 • 부부 사이가 다정하고 화목함
錦衣還鄕 금의환향	• 錦 : 비단 금, 衣 : 옷 의, 還 : 돌아올 환, 鄕 : 시골 향 • 비단옷을 입고 고향으로 돌아옴. 즉, 출세를 하여 고향에 돌아가거나 돌아옴
金枝玉葉 금지옥엽	• 金 : 쇠 금, 枝 : 가지 지, 玉 : 구슬 옥, 葉 : 잎 엽 • 임금의 자손이나 집안 또는 귀한 자손을 소중히 일컫는 말
氣高萬丈 기고만장	• 氣 : 기운 기, 高 : 높을 고, 萬 : 일만 만, 丈 : 어른 장 • 씩씩한 기운이 크게 떨침. 우쭐하여 뽐내는 기세가 대단함
其利斷金 기리단금	• 其 : 그 기, 利 : 이로울 리/이 , 斷 : 끊을 단, 金 : 쇠 금 • 절친한 친구 사이
奇想天外 기상천외	• 奇 : 기특할 기, 想 : 생각 상, 天 : 하늘 천, 外 : 바깥 외 • 보통 사람이 쉽게 짐작할 수 없을 정도로 엉뚱하고 기발함
騎虎之勢 기호지세	• 騎 : 말 탈 기, 虎 : 범 호, 之 : 갈 지, 勢 : 형세 세 • 범을 타고 달리는 형세라는 뜻으로, 시작한 것을 도중에 그만둘 수 없음을 이르는 말

ㄴ

落穽下石 낙정하석	• 落 : 떨어질 락/낙, 穽 : 함정 정, 下 : 아래 하, 石 : 돌 석 • 함정에 빠진 사람에게 돌을 던진다는 뜻으로, 위태로운 처지에 있는 사람을 도와주기는커녕 도리어 괴롭힘
爛商討議 난상토의	• 爛 : 문드러질 란/난, 商 : 장사 상, 討 : 칠 토, 議 : 의논할 의 • 낱낱이 들어 잘 토의함
難兄難弟 난형난제	• 難 : 어려울 난, 兄 : 형 형, 難 : 어려울 난, 弟 : 아우 제 • 누구를 형이라 하고 누구를 아우라 하기 어려움. 비슷하여 우열을 가리기 어려움 = 막상막하(莫上莫下, 莫 : 없을 막, 上 : 윗 상, 莫 : 없을 막, 下 : 아래 하) = 백중지세(伯仲之勢, 伯 : 맏 백, 仲 : 버금 중, 之 : 갈 지, 勢 : 형세 세)
南柯一夢 남가일몽	• 南 : 남녘 남, 柯 : 가지 가, 一 : 한 일, 夢 : 꿈 몽 • 덧없는 꿈이나 한때의 헛된 부귀영화
南橘北枳 남귤북지	• 南 : 남녘 남, 橘 : 귤 귤, 北 : 북녘 북, 枳 : 탱자 지 • 강남의 귤을 강북에 옮겨 심으면 탱자나무로 변한다는 뜻으로, 사람은 환경에 따라 착하게도 되고 악하게도 된다는 뜻 = 귤화위지(橘化爲枳, 橘 : 귤나무 귤, 化 : 될 화, 爲 : 할 위, 枳 : 탱자 지)
男負女戴 남부여대	• 男 : 사내 남, 負 : 질 부, 女 : 여자 녀/여, 戴 : 일 대 • 남자는 지고 여자는 인다는 뜻으로, 가난에 시달리는 사람들이 살 곳을 찾아 떠돌아다니는 것을 말함
囊中之錐 낭중지추	• 囊 : 주머니 낭, 中 : 가운데 중, 之 : 갈 지, 錐 : 송곳 추 • 주머니 속의 송곳. 즉, 송곳이 주머니 속에 들어 있어도 그 날카로운 끝을 드러내는 것처럼 재능이 뛰어난 사람은 숨어 있어도 자연히 사람들에게 알려짐을 비유함
囊中取物 낭중취물	• 囊 : 주머니 낭, 中 : 가운데 중, 取 : 가질 취, 物 : 물건 물 • 주머니 속의 물건을 꺼내는 것과 아주 손쉽게 얻을 수 있음을 말함
內憂外患 내우외환	• 內 : 안 내, 憂 : 근심 우, 外 : 바깥 외, 患 : 근심 환 • 나라 안팎의 여러 가지 어려움
內柔外剛 내유외강	• 內 : 안 내, 柔 : 부드러울 유, 外 : 바깥 외, 剛 : 굳셀 강 • 겉으로 보기에는 강하게 보이나 속은 부드러움
盧生之夢 노생지몽	• 盧 : 목로 노/로, 生 : 날 생, 之 : 갈 지, 夢 : 꿈 몽 • ① 인생의 영고성쇠는 한바탕 꿈처럼 덧없다는 뜻 ② 한때의 헛된 부귀영화
勞心焦思 노심초사	• 勞 : 일할 노/로, 心 : 마음 심, 焦 : 탈 초, 思 : 생각 사 • 애를 쓰며 속을 태움
綠衣紅裳 녹의홍상	• 綠 : 푸를 록/녹, 衣 : 옷 의, 紅 : 붉을 홍, 裳 : 치마 상 • 연두저고리와 다홍치마라는 뜻으로, 곱게 차려입은 젊은 아가씨의 복색

論功行賞 논공행상	• 論 : 논할 론/논, 功 : 공 공, 行 : 다닐 행, 賞 : 상줄 상 • 공이 있고 없음이나 크고 작음을 따져 거기에 알맞은 상을 줌
弄瓦之慶 농와지경	• 弄 : 희롱할 롱/농, 瓦 : 기와 와, 之 : 갈 지, 慶 : 경사 경 • 질그릇을 갖고 노는 경사라는 뜻으로, 딸을 낳은 기쁨을 말함
弄璋之慶 농장지경	• 弄 : 희롱할 롱/농, 璋 : 홀 장, 之 : 갈 지, 慶 : 경사 경 • 장(璋)으로 만든 구기를 갖고 노는 경사라는 뜻으로, 아들을 낳은 기쁨을 말함 = 농장지희(弄璋之喜, 弄 : 희롱할 롱/농, 璋 : 홀 장, 之 : 갈 지, 喜 : 기쁠 희)
籠鳥戀雲 농조연운	• 籠 : 대바구니 롱/농, 鳥 : 새 조, 戀 : 그리워할 련/연, 雲 : 구름 운 • 속박당한 몸이 자유를 그리워함
累卵之危 누란지위	• 累 : 여러 루/누, 卵 : 알 란/난, 之 : 갈 지, 危 : 위태할 위 • 층층이 쌓아 놓은 알의 위태로움이라는 뜻으로, 몹시 아슬아슬한 위기 = 누란지세(累卵之勢) = 백척간두(百尺竿頭) = 풍전등화(風前燈火)
累卵之勢 누란지세	• 累 : 여러 루/누, 卵 : 알 란/난, 之 : 갈 지, 勢 : 형세 세 • 층층이 쌓아 놓은 알의 형세라는 뜻으로, 몹시 위태로운 형세
能小能大 능소능대	• 能 : 능할 능, 小 : 작을 소, 能 : 능할 능, 大 : 클/큰 대 • 모든 일에 두루 능함. 남들과 사귀는 수완이 아주 능함

ㄷ

多岐亡羊 다기망양	• 多 : 많을 다, 岐 : 갈림길 기, 亡 : 망할 망, 羊 : 양 양 • 갈림길이 많아 찾는 양을 결국 잃고 말았다는 뜻으로, 학문의 길이 여러 갈래이어서 진리를 찾기가 어려움을 이르는 말
多多益善 다다익선	• 多 : 많을 다, 多 : 많을 다, 益 : 더할 익, 善 : 착할 선 • 많으면 많을수록 좋음
斷金之交 단금지교	• 斷 : 끊을 단, 金 : 쇠 금, 之 : 갈 지, 交 : 사귈 교 • 쇠라도 자를 정도로 강한 교분이라는 뜻으로, 매우 두터운 우정을 말함
斷機之戒 단기지계	• 斷 : 끊을 단, 機 : 틀 기, 之 : 갈 지, 戒 : 경계할 계 • 학문을 중도에서 그만두는 것은 마치 짜던 베의 날을 끊어 버리는 것과 같이 아무런 쓸모가 없음을 경계한 말
簞食瓢飮 단사표음	• 簞 : 소주리 단, 食 : 먹이 사, 瓢 : 바가지 표, 飮 : 마실 음 • 대나무로 만든 밥그릇에 담은 밥과 표주박에 든 물이라는 뜻으로, 청빈하고 소박한 생활을 이르는 말
丹脣皓齒 단순호치	• 丹 : 붉을 단, 脣 : 입술 순, 皓 : 흴 호, 齒 : 이 치 • 붉은 입술과 흰 이라는 뜻으로, 여자의 아름다운 얼굴을 말함

堂狗風月 당구풍월	• 堂 : 집 당, 狗 : 개 구, 風 : 바람 풍, 月 : 달 월 • 서당 개 삼 년에 풍월을 읊는다는 뜻으로, 비록 무식한 사람이라도 유식한 사람들과 오래 사귀게 되면 자연스럽게 견문이 생긴다는 뜻
螳螂拒轍 당랑거철	• 螳 : 사마귀 당, 螂 : 사마귀 랑/낭, 拒 : 막을 거, 轍 : 바퀴자국 철 • 제 역량을 생각하지 않고, 강한 상대나 되지 않을 일에 덤벼드는 무모한 행동거지를 이르는 말
大器晩成 대기만성	• 大 : 클/큰 대, 器 : 그릇 기, 晩 : 늦을 만, 成 : 이룰 성 • 큰 그릇을 만드는 데는 시간이 오래 걸린다는 뜻으로, 크게 될 사람은 성공이 늦다는 말
大義名分 대의명분	• 大 : 클/큰 대, 義 : 옳을 의, 名 : 이름 명, 分 : 나눌 분 • ① 사람으로서 마땅히 지키고 행하여야 할 도리나 본분 ② 어떤 일을 꾀하는 데 내세우는 합당한 구실이나 이유
徒勞無益 도로무익	• 徒 : 무리 도, 勞 : 일할 로/노, 無 : 없을 무, 益 : 더할 익 • 애만 쓰고 이로움이 없음
道聽塗說 도청도설	• 道 : 길 도, 聽 : 들을 청, 塗 : 칠할/길 도, 說 : 말씀 설 • ① 거리에서 들은 것을 남에게 아는 체하며 말함 ② 깊이 생각 않고 예사로 듣고 말함
塗炭之苦 도탄지고	• 塗 : 칠할/길 도, 炭 : 숯 탄, 之 : 갈 지, 苦 : 쓸 고 • 진흙 수렁에 빠지고 숯불에 타는 듯한 고통이라는 뜻으로, 학정에 시달리는 백성들의 어려움을 가리키는 말
東家食西家宿 동가식서가숙	• 東 : 동녘 동, 家 : 집 가, 食 : 밥/먹을 식, 西 : 서녘 서, 家 : 집 가, 宿 : 잘 숙 • 먹을 곳, 잘 곳이 없어 떠돌아다니며 이집 저집에서 얻어먹고 지내는 일 또는 그러한 사람
同價紅裳 동가홍상	• 同 : 한가지 동, 價 : 값 가, 紅 : 붉을 홍, 裳 : 치마 상 • 같은 값이면 다홍치마라는 뜻으로, 같은 값이면 품질이 좋은 것을 택한다는 말
同苦同樂 동고동락	• 同 : 한가지 동, 苦 : 쓸 고, 同 : 한가지 동, 樂 : 즐거울 락/낙 • 괴로움도 즐거움도 함께함
棟樑之材 동량지재	• 棟 : 마룻대 동, 樑 : 들보 량/양, 之 : 갈 지, 材 : 재목 재 • 기둥이나 들보로 쓸 만한 재목이라는 뜻으로, 훌륭한 인재, 한 집안이나 한 나라의 큰일을 맡을 만한 사람을 이르는 말
東問西答 동문서답	• 東 : 동녘 동, 問 : 물을 문, 西 : 서녘 서, 答 : 대답 답 • 묻는 말에 대하여 전혀 엉뚱한 대답을 하는 것
同病相憐 동병상련	• 同 : 한가지 동, 病 : 병 병, 相 : 서로 상, 憐 : 불쌍히 여길 련/연 • 어려운 처지에 있는 사람끼리 서로 가엾게 여김
東奔西走 동분서주	• 東 : 동녘 동, 奔 : 달릴 분, 西 : 서녘 서, 走 : 달릴 주 • 사방으로 이리저리 부산하게 돌아다님
同床異夢 동상이몽	• 同 : 한가지 동, 床 : 평상 상, 異 : 다를 이/리, 夢 : 꿈 몽 • 같은 침상에서 꿈을 다르게 꾼다는 뜻으로, 겉으로는 같이 행동하면서 속으로는 각각 딴생각을 함을 이르는 말

杜門不出 두문불출	• 杜 : 막을 두, 門 : 문 문, 不 : 아닐 불, 出 : 날 출 • 집에만 있고 바깥출입을 아니함
得隴望蜀 득롱망촉	• 得 : 얻을 득, 隴 : 흐릿할 롱/농, 望 : 바랄 망, 蜀 : 나라 이름 촉 • 중국 한나라 때 광무제가 농을 정복한 뒤 촉을 쳤다는 데서 나온 말로, 끝없는 욕심을 이르는 말
登高自卑 등고자비	• 登 : 오를 등, 高 : 높을 고, 自 : 스스로 자, 卑 : 낮을 비 • 높은 곳에 오르려면 낮은 곳에서부터 시작해야 한다는 뜻으로, 모든 일은 순서를 밟아야 함을 이르는 말
燈下不明 등하불명	• 燈 : 등 등, 下 : 아래 하, 不 : 아닐 불, 明 : 밝을 명 • 등잔 밑이 어둡다는 뜻으로, 가까이에서 일어나는 일을 오히려 잘 모른다는 말
燈火可親 등화가친	• 燈 : 등 등, 火 : 불 화, 可 : 옳을 가, 親 : 친할 친 • 가을밤은 시원하고 상쾌하므로 등불을 가까이 하여 글 읽기에 좋음을 이르는 말

ㅁ

磨斧爲針 마부위침	• 磨 : 갈 마, 斧 : 도끼 부, 爲 : 할 위, 針 : 바늘 침 • 아무리 이루기 힘든 일도 끊임없는 노력과 끈기 있는 인내로 성공하고야 만다는 뜻
馬耳東風 마이동풍	• 馬 : 말 마, 耳 : 귀 이, 東 : 동녘 동, 風 : 바람 풍 • 남의 말을 귀담아듣지 않고 흘려버리는 것을 말함
莫上莫下 막상막하	• 莫 : 없을 막, 上 : 윗 상, 莫 : 없을 막, 下 : 아래 하 • 실력에 있어 더 낫고 더 못함이 없이 비슷함
莫逆之友 막역지우	• 莫 : 없을 막, 逆 : 거스를 역, 之 : 갈 지, 友 : 벗 우 • 서로 거스름이 없는 친구라는 뜻으로, 허물이 없이 아주 친한 친구를 이르는 말 = 문경지교(刎頸之交) = 금란지교(金蘭之交) = 단금지교(斷金之交) = 수어지교(水魚之交) = 지란지교(芝蘭之交) = 지기지우(知己之友) = 지음(知音) = 백아절현(伯牙絕絃)
萬頃蒼波 만경창파	• 萬 : 일만 만, 頃 : 이랑 경, 蒼 : 푸를 창, 波 : 물결 파 • 만 이랑과 푸른 물결이라는 뜻으로, 한없이 넓고 푸른 바다를 말함
萬古風霜 만고풍상	• 萬 : 일만 만, 古 : 옛 고, 風 : 바람 풍, 霜 : 서리 상 • 아주 오랜 세월 동안 겪어 온 많은 고생
萬事休矣 만사휴의	• 萬 : 일만 만, 事 : 일 사, 休 : 쉴 휴, 矣 : 어조사 의 • 모든 것이 헛수고로 돌아감

한자성어	풀이
晩時之歎 만시지탄	• 晩 : 늦을 만, 時 : 때 시, 之 : 갈 지, 歎 : 탄식할 탄 • 시기가 늦어 기회를 놓친 것이 원통해서 탄식함을 이르는 말
亡羊補牢 망양보뢰	• 亡 : 망할 망, 羊 : 양 양, 補 : 기울 보, 牢 : 우리 뢰/뇌 • 양을 잃고 우리를 고친다는 뜻으로, 이미 어떤 일을 실패한 뒤에 뉘우쳐도 아무 소용이 없음을 이르는 말 = 소 잃고 외양간 고친다.
望洋之嘆 망양지탄	• 望 : 바랄 망, 洋 : 큰 바다 양, 之 : 갈 지, 嘆 : 탄식할 탄 • 큰 바다를 바라보며 하는 탄식이라는 뜻으로, 제 힘이 미치지 못할 때 하는 탄식을 이르는 말
望雲之情 망운지정	• 望 : 바랄 망, 雲 : 구름 운, 之 : 갈 지, 情 : 뜻 정 • 구름을 바라보며 그리워한다는 뜻으로, 자식이 객지에서 고향에 계신 어버이를 생각하는 마음을 이르는 말
亡子計齒 망자계치	• 亡 : 망할 망, 子 : 아들 자, 計 : 셀 계, 齒 : 이 치 • '죽은 자식 나이 세기'라는 뜻으로, 이미 지나간 쓸데없는 일을 생각하며 애석하게 여긴다는 뜻
麥秀之嘆 맥수지탄	• 麥 : 보리 맥, 秀 : 빼어날 수, 之 : 갈 지, 嘆 : 탄식할 탄 • 고국의 멸망을 한탄함
孟母斷機 맹모단기	• 孟 : 맏 맹, 母 : 어머니 모, 斷 : 끊을 단, 機 : 틀 기 • 맹자가 학업을 중단하고 돌아왔을 때에, 그 어머니가 짜던 베를 잘라서 학문을 중도에 그만둔 것을 훈계한 일을 이르는 말 = 맹모단기지교(孟母斷機之敎)
面從腹背 면종복배	• 面 : 낯 면, 從 : 좇을 종, 腹 : 배 복, 背 : 등/배반할 배 • 겉으로는 순종하는 체하고 속으로는 딴 마음을 먹음
滅私奉公 멸사봉공	• 滅 : 꺼질/멸할 멸, 私 : 사사 사, 奉 : 받들 봉, 公 : 공평할 공 • 사를 버리고 공을 위하여 힘써 일함
明鏡止水 명경지수	• 明 : 밝을 명, 鏡 : 거울 경, 止 : 그칠 지, 水 : 물 수 • 맑은 거울과 고요한 물이라는 뜻으로, 잡념과 허욕이 없는 깨끗한 마음을 비유적으로 이르는 말
名實相符 명실상부	• 名 : 이름 명, 實 : 열매 실, 相 : 서로 상, 符 : 부호 부 • 이름과 실상이 서로 들어맞음
明若觀火 명약관화	• 明 : 밝을 명, 若 : 같을 약, 觀 : 볼 관, 火 : 불 화 • 불을 보는 것처럼 밝게 보인다는 뜻으로, 더 말할 나위 없이 명백함을 이르는 말
命在頃刻 명재경각	• 命 : 목숨 명, 在 : 있을 재, 頃 : 이랑/잠깐 경, 刻 : 새길 각 • 목숨이 경각에 달려있다는 뜻으로, 거의 죽게 되어 곧 숨이 끊어질 지경에 이른다는 것을 말함
矛盾 모순	• 矛 : 창 모, 盾 : 방패 순 • 말이나 행동의 앞뒤가 서로 맞지 않음

目不識丁 목불식정	• 目 : 눈 목, 不 : 아닐 불, 識 : 알 식, 丁 : 고무래/장정 정 • 고무래를 보고도 그것이 고무래 정(丁)자인 줄 모른다는 뜻으로, 아주 까막눈임을 이르는 말 = 낫 놓고 기역 자도 모른다
目不忍見 목불인견	• 目 : 눈 목, 不 : 아닐 불, 忍 : 참을 인, 見 : 볼 견 • 딱한 모양을 눈 뜨고는 차마 볼 수 없음
猫頭懸鈴 묘두현령	• 猫 : 고양이 묘, 頭 : 머리 두, 懸 : 달 현, 鈴 : 방울 령/영 • '고양이 목에 방울 달기'라는 뜻으로, 실행할 수 없는 헛된 논의를 이르는 말
武陵桃源 무릉도원	• 武 : 호반 무, 陵 : 언덕 릉/능, 桃 : 복숭아 도, 源 : 근원 원 • 도연명의 《도화원기(桃花源記)》에 나오는 가상의 선경(仙境)으로 '이상향', '별천지'를 비유적으로 이르는 말
無所不爲 무소불위	• 無 : 없을 무, 所 : 바 소, 不 : 아닐 불, 爲 : 할 위 • 하지 못하는 일이 없음
無爲徒食 무위도식	• 無 : 없을 무, 爲 : 할 위, 徒 : 무리 도, 食 : 밥/먹을 식 • ① 하는 일 없이 헛되이 먹기만 함 ② 게으르거나 능력이 없는 사람
無依無托 무의무탁	• 無 : 없을 무, 依 : 의지할 의, 無 : 없을 무, 托 : 맡길 탁 • 몸을 의지하고 의탁할 곳이 없음
墨守 묵수	• 墨 : 먹 묵, 守 : 지킬 수 • 묵자가 끝까지 성을 지킨다는 뜻으로, 자기의 의견 또는 소신을 굽힘이 없이 끝까지 지키는 것
墨翟之守 묵적지수	• 墨 : 먹 묵, 翟 : 꿩 적, 之 : 갈 지, 守 : 지킬 수 • ① 자기 의견이나 주장을 굽히지 않고 끝까지 지킴 ② 융통성이 없음을 비유
刎頸之交 문경지교	• 刎 : 목 벨 문, 頸 : 목 경, 之 : 갈 지, 交 : 사귈 교 • 서로를 위해서라면 목이 잘린다 해도 후회하지 않을 정도의 사이라는 뜻으로, 생사를 같이 할 수 있는 매우 소중한 벗 = 막역지우(莫逆之友, 莫 : 없을 막, 逆 : 거스를 역, 之 : 갈 지, 友 : 벗 우)
文房四友 문방사우	• 文 : 글월 문, 房 : 방 방, 四 : 넉 사, 友 : 벗 우 • 서재에 꼭 있어야 할 네 벗, 즉 종이, 붓, 벼루, 먹을 말함
門前成市 문전성시	• 門 : 문 문, 前 : 앞 전, 成 : 이룰 성, 市 : 저자 시 • 권세가 크거나 부자가 되어 집 문 앞이 찾아오는 손님들로 마치 시장을 이룬 것 같음
物外閒人 물외한인	• 物 : 물건 물, 外 : 바깥 외, 閒 : 한가할 한, 人 : 사람 인 • 세상의 시끄러움에서 벗어나 한가롭게 지내는 사람
尾生之信 미생지신	• 尾 : 꼬리 미, 生 : 날 생, 之 : 갈 지, 信 : 믿을 신 • 우직하여 융통성이 없이 약속만을 굳게 지킴을 비유적으로 이르는 말
美人薄命 미인박명	• 美 : 아름다울 미, 人 : 사람 인, 薄 : 엷을 박, 命 : 목숨 명 • 미인은 흔히 불행하거나 병약하여 요절하는 일이 많다는 말

未曾有 미증유	• 未 : 아닐 미, 曾 : 일찍 증, 有 : 있을 유 • 지금까지 아직 한 번도 있어 본 일이 없음

ㅂ

博而不精 박이부정	• 博 : 넓을 박, 而 : 말 이을 이, 不 : 아닐 부, 精 : 정할 정 • 널리 알되 능숙하거나 정밀하지 못함
拍掌大笑 박장대소	• 拍 : 칠/어깨 박, 掌 : 손바닥 장, 大 : 클/큰 대, 笑 : 웃음 소 • 손뼉을 치면서 크게 웃음
博學多識 박학다식	• 博 : 넓을 박, 學 : 배울 학, 多 : 많을 다, 識 : 알 식 • 학문이 넓고 식견이 많음
反目嫉視 반목질시	• 反 : 돌이킬/돌아올 반, 目 : 눈 목, 嫉 : 미워할 질, 視 : 볼 시 • 서로 미워하고 질투하는 눈으로 봄 = 백안시(白眼視, 白 : 흰 백, 眼 : 눈 안, 視 : 볼 시)
反哺之孝 반포지효	• 反 : 돌이킬/돌아올 반, 哺 : 먹일 포, 之 : 갈 지, 孝 : 효도 효 • 자식이 성장하여 부모를 봉양함
拔本塞源 발본색원	• 拔 : 뽑을 발, 本 : 근본 본, 塞 : 막힐 색, 源 : 근원 원 • 좋지 않은 일의 근본 원인이 되는 요소를 완전히 없애 버림
拔山蓋世 발산개세	• 拔 : 뽑을 발, 山 : 메 산, 蓋 : 덮을 개, 世 : 인간/대 세 • 힘은 산을 뽑고 기상은 세상을 덮을 만큼 기력의 웅대함을 이르는 말
傍若無人 방약무인	• 傍 : 곁 방, 若 : 같을 약, 無 : 없을 무, 人 : 사람 인 • 마치 제 세상인 것처럼 거리낌 없이 함부로 말하거나 행동함을 이르는 말
背水之陣 배수지진	• 背 : 등/배반할 배, 水 : 물 수, 之 : 갈 지, 陣 : 진 칠 진 • ① 물러설 곳이 없으니 목숨을 걸고 싸울 수밖에 없는 상황 ② 물을 등지고 적과 싸울 진을 치는 진법
背恩忘德 배은망덕	• 背 : 등/배반할 배, 恩 : 은혜 은, 忘 : 잊을 망, 德 : 큰/덕 덕 • 남에게 입은 은덕을 잊고 배반함
百家爭鳴 백가쟁명	• 百 : 일백 백, 家 : 집 가, 爭 : 다툴 쟁, 鳴 : 울 명 • 여러 사람이 서로 자기 주장을 내세우는 일
白骨難忘 백골난망	• 白 : 흰 백, 骨 : 뼈 골, 難 : 어려울 난, 忘 : 잊을 망 • 죽어서 백골이 되어도 잊을 수 없다는 뜻으로, 남에게 큰 은덕을 입었을 때 고마움의 뜻으로 이르는 말

百年大計 백년대계	• 百 : 일백 백, 年 : 해 년/연, 大 : 큰/클 대, 計 : 셀 계 • 먼 장래까지 내다보고 세우는 큰 계획
百年河清 백년하청	• 百 : 일백 백, 年 : 해 년/연, 河 : 물 하, 清 : 맑을 청 • 중국의 황허강(黃河江)이 항상 흐려 맑을 때가 없다는 데서 나온 말로, 아무리 바라고 기다려도 실현될 가능성이 없음을 이르는 말
百年偕老 백년해로	• 百 : 일백 백, 年 : 해 년/연, 偕 : 함께 해, 老 : 늙을 로/노 • 부부가 서로 사이좋고 화락하게 같이 늙음을 이르는 말
白面書生 백면서생	• 白 : 흰 백, 面 : 낯 면, 書 : 글 서, 生 : 날 생 • 희고 고운 얼굴에 글만 읽는 사람이라는 뜻으로, 세상일에 조금도 경험이 없는 사람
百折不屈 백절불굴	• 百 : 일백 백, 折 : 꺾을 절, 不 : 아닐 불, 屈 : 굽힐 굴 • 백 번 꺾여도 굴하지 않는다는 뜻으로, 어떤 어려움에도 굽히지 않음
伯仲之間 백중지간	• 伯 : 맏 백, 仲 : 버금 중, 之 : 갈 지, 間 : 사이 간 • 힘이나 능력 따위가 서로 엇비슷하여 누가 더 낫고 못함을 가리기 힘든 사이 = 백중지세(伯仲之勢) = 난형난제(難兄難弟)
百尺竿頭 백척간두	• 百 : 일백 백, 尺 : 자 척, 竿 : 낚싯대 간, 頭 : 머리 두 • 몹시 어렵고 위태로운 지경 = 풍전등화(風前燈火, 風 : 바람 풍, 前 : 앞 전, 燈 : 등 등, 火 : 불 화)
夫婦有別 부부유별	• 夫 : 지아비 부, 婦 : 며느리 부, 有 : 있을 유, 別 : 나눌/다를 별 • 부부 사이에는 인륜상 각각 직분이 있어 서로 침범하지 못할 구별이 있음을 이르는 말
夫爲婦綱 부위부강	• 夫 : 지아비 부, 爲 : 할 위, 婦 : 며느리 부, 綱 : 벼리 강 • 아내는 남편을 섬기는 것이 근본임을 이르는 말
父爲子綱 부위자강	• 父 : 아비 부, 爲 : 할 위, 子 : 아들 자, 綱 : 벼리 강 • 아들은 아버지를 섬기는 것이 근본임을 이르는 말
夫唱婦隨 부창부수	• 夫 : 지아비 부, 唱 : 부를 창, 婦 : 며느리 부, 隨 : 따를 수 • 가정에서의 부부 화합의 도리를 이르는 말임
附和雷同 부화뇌동	• 附 : 붙을 부, 和 : 화할 화, 雷 : 우레 뢰/뇌, 同 : 한가지 동 • 줏대 없이 남의 의견에 따라 움직임
粉骨碎身 분골쇄신	• 粉 : 가루 분, 骨 : 뼈 골, 碎 : 부술 쇄, 身 : 몸 신 • 뼈가 가루가 되고 몸이 부서진다는 뜻으로, 있는 힘을 다해 노력함을 이르는 말
不立文字 불립문자	• 不 : 아닐 불, 立 : 설 립/입, 文 : 글월 문, 字 : 글자 자 • 불도의 깨달음은 마음에서 마음으로 전하는 것이므로 말이나 글에 의지하지 않는다는 말 = 이심전심(以心傳心, 以 : 써 이, 心 : 마음 심, 傳 : 전할 전, 心 : 마음 심)
不眠不休 불면불휴	• 不 : 아닐 불, 眠 : 잘 면, 不 : 아닐 불, 休 : 쉴 휴 • 자지도 않고 쉬지도 않는다는 뜻으로, 조금도 쉬지 않고 애써 일함을 이르는 말

不問可知 불문가지	• 不 : 아닐 불, 問 : 물을 문, 可 : 옳을 가, 知 : 알 지 • 묻지 않아도 옳고 그름을 가히 알 수 있음
不問曲直 불문곡직	• 不 : 아닐 불, 問 : 물을 문, 曲 : 굽을 곡, 直 : 곧을 직 • 일의 옳고 그름 따지지 아니함
不撓不屈 불요불굴	• 不 : 아닐 불, 撓 : 어지러울 요/뇨, 不 : 아닐 불, 屈 : 굽힐 굴 • 한 번 결심한 마음이 흔들리거나 굽힘이 없음
不撤晝夜 불철주야	• 不 : 아닐 불, 撤 : 거둘 철, 晝 : 낮 주, 夜 : 밤 야 • 어떤 일을 함에 있어 밤낮을 가리지 않음
不恥下問 불치하문	• 不 : 아닐 불, 恥 : 부끄러울 치, 下 : 아래 하, 問 : 물을 문 • 아랫사람에게 묻는 것을 부끄럽게 여기지 아니함
朋友有信 붕우유신	• 朋 : 벗 붕, 友 : 벗 우, 有 : 있을 유, 信 : 믿을 신 • 벗과 벗 사이의 도리는 믿음에 있음을 이르는 말
悲憤慷慨 비분강개	• 悲 : 슬플 비, 憤 : 분할 분, 慷 : 슬플 강, 慨 : 분개할 개 • 슬프고 분한 느낌이 마음속에 가득 차 있음
非一非再 비일비재	• 非 : 아닐 비, 一 : 한 일, 非 : 아닐 비, 再 : 두 재 • 같은 현상이나 일이 한두 번이나 한둘이 아니고 많음
氷炭之間 빙탄지간	• 氷 : 얼음 빙, 炭 : 숯 탄, 之 : 갈 지, 間 : 사이 간 • 얼음과 숯불의 사이라는 뜻으로, 서로 화합할 수 없는 사이를 이르는 말

ㅅ

四顧無親 사고무친	• 四 : 넉 사, 顧 : 돌아볼 고, 無 : 없을 무, 親 : 친할 친 • 의지할 만한 사람이 아무도 없음 = 사고무인(四顧無人, 四 : 넉 사, 顧 : 돌아볼 고, 無 : 없을 무, 人 : 사람 인)
四面楚歌 사면초가	• 四 : 넉 사, 面 : 낯 면, 楚 : 초나라/회초리 초, 歌 : 노래 가 • 한 사람도 도우려는 자가 없이 고립되어 곤경에 처해 있음
沙上樓閣 사상누각	• 沙 : 모래 사, 上 : 윗 상, 樓 : 다락 루/누, 閣 : 집 각 • 모래 위에 지은 다락집이라는 뜻으로, 어떤 사물의 기초가 견고하지 못하여 오래 견디지 못함을 이르는 말
事必歸正 사필귀정	• 事 : 일 사, 必 : 반드시 필, 歸 : 돌아갈 귀, 正 : 바를/정월 정 • 모든 일은 결국에 가서는 반드시 바른길로 돌아감
山紫水明 산자수명	• 山 : 메 산, 紫 : 자줏빛 자, 水 : 물 수, 明 : 밝을 명 • 산은 자줏빛이며 물은 깨끗하다는 뜻으로, 경치가 아름다움을 이르는 말
山戰水戰 산전수전	• 山 : 메 산, 戰 : 싸움 전, 水 : 물 수, 戰 : 싸움 전 • 산에서도 싸우고 물에서도 싸웠다는 뜻으로, 세상의 온갖 고난을 다 겪어 세상일에 경험이 많음을 이르는 말
山海珍味 산해진미	• 山 : 메 산, 海 : 바다 해, 珍 : 보배 진, 味 : 맛 미 • 산과 바다의 온갖 진귀한 산물을 다 갖추어 차린, 매우 맛이 좋은 음식
殺身成仁 살신성인	• 殺 : 죽일 살, 身 : 몸 신, 成 : 이룰 성, 仁 : 어질 인 • 자기 몸을 희생하여 인(仁)을 이룸
三顧草廬 삼고초려	• 三 : 석 삼, 顧 : 돌아볼 고, 草 : 풀 초, 廬 : 농막집 려/여 • 인재를 맞아들이기 위하여 참을성 있게 노력함
三旬九食 삼순구식	• 三 : 석 삼, 旬 : 열흘 순, 九 : 아홉 구, 食 : 밥/먹을 식 • 한 달에 아홉 끼를 먹을 정도로 매우 빈궁한 생활을 이르는 말
三人成虎 삼인성호	• 三 : 석 삼, 人 : 사람 인, 成 : 이룰 성, 虎 : 범 호 • 세 사람이 짜면 범이 거리에 나왔다는 거짓말도 할 수 있다는 뜻으로, 근거 없는 말이라도 여러 사람이 말하면 곧이듣는다는 뜻
桑田碧海 상전벽해	• 桑 : 뽕나무 상, 田 : 밭 전, 碧 : 푸를 벽, 海 : 바다 해 • 뽕나무밭이 푸른 바다가 되었다는 뜻으로, 세상일의 변천이 심함을 비유적으로 이르는 말
塞翁之馬 새옹지마	• 塞 : 변방 새, 翁 : 늙은이 옹, 之 : 갈 지, 馬 : 말 마 • 인생의 길흉화복은 변화가 많아 예측하기 어렵다는 뜻
生口不網 생구불망	• 生 : 날 생, 口 : 입 구, 不 : 아닐 불, 網 : 그물 망 • 산 사람의 목구멍에 거미줄 치지 않는다는 뜻으로, 아무리 곤궁해도 그럭저럭 먹고살 수 있음을 이르는 말

先見之明 선견지명	• 先 : 먼저 선, 見 : 볼 견, 之 : 갈 지, 明 : 밝을 명 • 앞일을 미리 보아서 판단하는 총명함
先公後私 선공후사	• 先 : 먼저 선, 公 : 공평할 공, 後 : 뒤/임금 후, 私 : 사사 사 • 공적인 일을 먼저하고 사사로운 일이나 이익을 뒤로 미룸
善男善女 선남선녀	• 善 : 착할 선, 男 : 사내 남, 善 : 착할 선, 女 : 여자 녀/여 • 성품이 착한 남자와 여자라는 뜻으로, 착하고 어진 사람들을 이르는 말
仙風道骨 선풍도골	• 仙 : 신선 선, 風 : 바람 풍, 道 : 길 도, 骨 : 뼈 골 • 뛰어난 풍채와 골격을 이르는 말
雪膚花容 설부화용	• 雪 : 눈 설, 膚 : 살갗 부, 花 : 꽃 화, 容 : 얼굴 용 • 눈처럼 흰 살갗과 꽃처럼 고운 얼굴이라는 뜻으로, 미인의 용모를 이르는 말
雪上加霜 설상가상	• 雪 : 눈 설, 上 : 윗 상, 加 : 더할 가, 霜 : 서리 상 • 눈 위에 또 서리가 덮인다는 뜻으로, 불행한 일이 잇따라 일어남을 이르는 말
說往說來 설왕설래	• 說 : 말씀 설, 往 : 갈 왕, 說 : 말씀 설, 來 : 올 래/내 • 서로 변론을 주고받으며 옥신각신함
纖纖玉手 섬섬옥수	• 纖 : 가늘 섬, 纖 : 가늘 섬, 玉 : 구슬 옥, 手 : 손 수 • 가냘프고 고운 여자의 손
小貪大失 소탐대실	• 小 : 작을 소, 貪 : 탐할 탐, 大 : 큰 대, 失 : 잃을 실 • 작은 것을 탐하다가 오히려 큰 것을 잃음
束手無策 속수무책	• 束 : 묶을/약속할 속, 手 : 손 수, 無 : 없을 무, 策 : 꾀/채찍 책 • 뻔히 보면서 어찌할 바를 모르고 꼼짝 못함
首丘初心 수구초심	• 首 : 머리 수, 丘 : 언덕 구, 初 : 처음 초, 心 : 마음 심 • 여우도 죽을 때는 제가 살던 굴 쪽으로 머리를 돌린다는 뜻으로, 고향을 그리워하는 마음을 이르는 말 = 호사수구(狐死首丘, 狐 : 여우 호, 死 : 죽을 사, 首 : 머리 수, 丘 : 언덕 구)
壽福康寧 수복강녕	• 壽 : 목숨 수, 福 : 복 복, 康 : 편안 강, 寧 : 편안할 녕/영 • 오래 살고 복되며, 몸이 건강하고 편안함
手不釋卷 수불석권	• 手 : 손 수, 不 : 아닐 불, 釋 : 풀 석, 卷 : 책/말 권 • 손에서 책을 놓지 않는다는 뜻으로, 늘 글을 읽음을 이르는 말
水魚之交 수어지교	• 水 : 물 수, 魚 : 물고기 어, 之 : 갈 지, 交 : 사귈 교 • '물과 물고기의 사귐'이란 뜻으로, 서로 떨어질 수 없는 친한 사이를 일컫는 말
守株待兎 수주대토	• 守 : 지킬 수, 株 : 그루 주, 待 : 기다릴 대, 兎 : 토끼 토 • 고지식하고 융통성이 없어 구습과 전례만 고집함 = 각주구검(刻舟求劍, 刻 : 새길 각, 舟 : 배 주, 求 : 구할 구, 劍 : 칼 검)

脣亡齒寒 순망치한	• 脣 : 입술 순, 亡 : 망할 망, 齒 : 이 치, 寒 : 찰 한 • 입술이 없으면 이가 시리다는 뜻으로, 서로 돕던 이가 망하면 다른 한쪽도 그 영향을 받아 온전하기 어려움을 이르는 말
菽麥不辨 숙맥불변	• 菽 : 콩 숙, 麥 : 보리 맥, 不 : 아닐 불, 辨 : 분별할 변 • 콩인지 보리인지를 분별하지 못한다는 뜻으로, 사리 분별을 못 하고 세상 물정을 잘 모름을 이르는 말
識字憂患 식자우환	• 識 : 알 식, 字 : 글자 자, 憂 : 근심 우, 患 : 근심 환 • 학식이 있는 것이 도리어 근심을 사게 된다는 말
信賞必罰 신상필벌	• 信 : 믿을 신, 賞 : 상줄 상, 必 : 반드시 필, 罰 : 벌할 벌 • 공이 있는 사람에게 반드시 상을 주고, 죄가 있는 사람에게는 반드시 벌을 준다는 뜻으로, 상과 벌을 공정하고 엄격하게 주는 일을 이르는 말
身言書判 신언서판	• 身 : 몸 신, 言 : 말씀 언, 書 : 글 서, 判 : 판단할 판 • 예전에, 인물을 선택하는 데 표준으로 삼던 조건, 즉 신수, 말씨, 문필, 판단력의 네 가지를 이르는 말
神出鬼沒 신출귀몰	• 神 : 귀신 신, 出 : 날 출, 鬼 : 귀신 귀, 沒 : 빠질 몰 • 귀신같이 나타났다가 사라진다는 뜻으로, 자유자재로 문득 나타났다가 문득 없어짐을 비유적으로 이르는 말
十伐之木 십벌지목	• 十 : 열 십, 伐 : 칠 벌, 之 : 갈 지, 木 : 나무 목 • ① 어떤 어려운 일이라도 여러 번 계속하여 끊임없이 노력하면 기어이 이루어 내고야 만다는 뜻 ② 아무리 마음이 굳은 사람이라도 여러 번 계속하여 말을 하면 결국 그 말을 듣게 된다는 뜻
十常八九 십상팔구	• 十 : 열 십, 常 : 떳떳할/항상 상, 八 : 여덟 팔, 九 : 아홉 구 • '열에 아홉'이라는 뜻으로, 거의 예외 없이 대개가 그러함을 이르는 말
十匙一飯 십시일반	• 十 : 열 십, 匙 : 숟가락 시, 一 : 한 일, 飯 : 밥 반 • 여러 사람이 합심하면 한 사람을 돕는 것은 쉽다는 뜻
十日之菊 십일지국	• 十 : 열 십, 日 : 날 일, 之 : 갈 지, 菊 : 국화 국 • 국화는 9월 9일이 절정인데, 지난 9월 10일의 국화라는 뜻으로, 이미 때가 늦었다는 것을 이르는 말
十中八九 십중팔구	• 十 : 열 십, 中 : 가운데 중, 八 : 여덟 팔, 九 : 아홉 구 • '열에 여덟이나 아홉'이라는 뜻으로, 거의 예외 없이 그러할 것이라는 추측을 나타내는 말

ㅇ

阿鼻叫喚 아비규환	• 阿 : 언덕 아, 鼻 : 코 비, 叫 : 부르짖을 규, 喚 : 부를 환 • 여러 사람이 참혹한 지경에 빠져 고통받고 울부짖는 상황을 비유적으로 이르는 말
我田引水 아전인수	• 我 : 나 아, 田 : 밭 전, 引 : 끌 인, 水 : 물 수 • 자기에게만 이롭게 되도록 생각하거나 행동함을 이르는 말 = 자기 논에 물 대기
安分知足 안분지족	• 安 : 편안 안, 分 : 나눌 분, 知 : 알 지, 足 : 발 족 • 편안한 마음으로 제 분수를 지키며 만족할 줄을 앎
安貧樂道 안빈낙도	• 安 : 편안 안, 貧 : 가난할 빈, 樂 : 즐길 락/낙, 道 : 길 도 • 가난한 생활 가운데에서도 편안한 마음으로 도를 즐기며 삶
眼下無人 안하무인	• 眼 : 눈 안, 下 : 아래 하, 無 : 없을 무, 人 : 사람 인 • 사람됨이 교만하여 남을 업신여김을 이르는 말
哀而不悲 애이불비	• 哀 : 슬플 애, 而 : 말 이을 이, 不 : 아닐 불, 悲 : 슬플 비 • 속으로는 슬퍼하지만, 겉으로는 슬픔을 나타내지 아니함
弱肉强食 약육강식	• 弱 : 약할 약, 肉 : 고기 육, 强 : 강할 강, 食 : 밥/먹을 식 • 약한 자는 강한 자에게 먹힌다는 뜻으로, 약한 자는 강한 자에게 지배됨을 비유적으로 이르는 말
羊頭狗肉 양두구육	• 羊 : 양 양, 頭 : 머리 두, 狗 : 개 구, 肉 : 고기 육 • 양의 머리를 내걸고 실상은 개고기를 판다는 뜻으로, 겉은 훌륭해 보이나 속은 그렇지 못한 것을 이르는 말 = 양질호피(羊質虎皮, 羊 : 양 양, 質 : 바탕 질, 虎 : 범 호, 皮 : 가죽 피)
梁上君子 양상군자	• 梁 : 들보 량/양, 上 : 윗 상, 君 : 임금 군, 子 : 아들 자 • 대들보 위에 있는 군자라는 뜻으로, 도둑을 미화하여 점잖게 부르는 말
兩者擇一 양자택일	• 兩 : 두 량/양, 者 : 놈 자, 擇 : 가릴 택, 一 : 한 일 • 둘 가운데 하나를 가려 잡음
漁父之利 어부지리	• 漁 : 고기 잡을 어, 父 : 아비 부, 之 : 갈 지, 利 : 이로울 리/이 • 두 사람이 다투고 있는 사이에 이 일과 아무 관계도 없는 제삼자가 이익을 보게 됨을 이르는 말
語不成說 어불성설	• 語 : 말씀 어, 不 : 아닐 불, 成 : 이룰 성, 說 : 말씀 설 • 하는 말이 조금도 사리에 맞지 아니함
言中有骨 언중유골	• 言 : 말씀 언, 中 : 가운데 중, 有 : 있을 유, 骨 : 뼈 골 • 말 속에 뼈가 있다는 뜻으로, 예사로운 말 속에 깊은 속뜻이 숨어 있음을 비유적으로 이르는 말
言則是也 언즉시야	• 言 : 말씀 언, 則 : 법칙/곧 즉, 是 : 이/옳을 시, 也 : 잇기/어조사 야 • 말인즉 옳음. 곧 이치에 어그러지는 것이 없음을 이르는 말

易地思之 역지사지	• 易 : 바꿀 역, 地 : 땅 지, 思 : 생각 사, 之 : 갈 지 • 처지를 바꾸어서 생각하여 봄
緣木求魚 연목구어	• 緣 : 인연 연, 木 : 나무 목, 求 : 구할 구, 魚 : 물고기 어 • 나무에 올라 물고기를 구한다는 뜻으로, 불가능한 일을 무리해서 굳이 하려 함을 비유적으로 이르는 말
炎凉世態 염량세태	• 炎 : 불꽃 염, 凉 : 서늘할 량/양, 世 : 인간/대 세, 態 : 모습 태 • 권세가 있을 때에는 아첨하여 따르고, 권세가 없어지면 푸대접하는 세속의 형편을 이르는 말
拈華微笑 염화미소	• 拈 : 집을 념/염, 華 : 빛날 화, 微 : 작을 미, 笑 : 웃음 소 • 말로 하지 않고 마음에서 마음으로 전하는 일 = 염화시중(拈華示衆, 拈 : 집을 념/염, 華 : 빛날 화, 示 : 보일 시, 衆 : 무리 중)
五里霧中 오리무중	• 五 : 다섯 오, 里 : 마을 리/이, 霧 : 안개 무, 中 : 가운데 중 • 오 리나 되는 짙은 안개 속에 있다는 뜻으로, 일의 갈피를 잡기 어려움을 이르는 말
寤寐不忘 오매불망	• 寤 : 잠 깰 오, 寐 : 잘 매, 不 : 아닐 불, 忘 : 잊을 망 • 자나 깨나 잊지 못함
吾鼻三尺 오비삼척	• 吾 : 나 오, 鼻 : 코 비, 三 : 석 삼, 尺 : 자 척 • 내 코가 석 자라는 뜻으로, 자기 사정이 급박하여 남을 돌보아 줄 겨를이 없음을 이르는 말
吾不關焉 오불관언	• 吾 : 나 오, 不 : 아닐 불, 關 : 관계할 관, 焉 : 어찌 언 • 나는 그 일에 상관하지 아니함
烏飛梨落 오비이락	• 烏 : 까마귀 오, 飛 : 날 비, 梨 : 배나무 리/이, 落 : 떨어질 락/낙 • 까마귀 날자 배 떨어진다는 뜻으로, 어떤 일이 마침 다른 일과 공교롭게 때가 같아 관계가 있는 것처럼 의심을 받거나 난처한 위치에 서게 됨을 이르는 말
傲霜孤節 오상고절	• 傲 : 거만할 오, 霜 : 서리 상, 孤 : 외로울 고, 節 : 마디 절 • 서릿발이 심한 속에서도 굴하지 아니하고 외로이 지키는 절개라는 뜻으로, 국화를 이르는 말
五十步百步 오십보백보	• 五 : 다섯 오, 十 : 열 십, 步 : 걸음 보, 百 : 일백 백, 步 : 걸음 보 • 조금 낫고 못한 차이는 있지만 본질적으로 차이가 없음을 이르는 말
吳越同舟 오월동주	• 吳 : 성씨 오, 越 : 넘을 월, 同 : 한가지 동, 舟 : 배 주 • 서로 적대적인 관계에 있을지라도 공통의 어려움이나 목적에 대해서는 서로 협력한다는 것을 비유하는 말
烏合之卒 오합지졸	• 烏 : 까마귀 오, 合 : 합할 합, 之 : 갈 지, 卒 : 마칠 졸 • 임시로 모여들어서 규율이 없고 무질서한 병졸 또는 군중을 이르는 말
溫故知新 온고지신	• 溫 : 따뜻할/쌓을 온, 故 : 연고 고, 知 : 알 지, 新 : 새 신 • 옛것을 익히고 그것을 미루어서 새것을 앎
臥薪嘗膽 와신상담	• 臥 : 누울 와, 薪 : 섶 신, 嘗 : 맛볼 상, 膽 : 쓸개 담 • 원수를 갚고자 온갖 고생을 참고 견딤을 이르는 말

外柔內剛 외유내강	• 外 : 바깥 외, 柔 : 부드러울 유, 內 : 안 내, 剛 : 굳셀 강 • 겉으로 보기에는 부드러우나 속은 꿋꿋하고 강함
窈窕淑女 요조숙녀	• 窈 : 고요할 요, 窕 : 으늑할 조, 淑 : 맑을 숙, 女 : 여자 녀/여 • 마음씨가 얌전하고 자태가 아름다운 여자
搖之不動 요지부동	• 搖 : 흔들 요, 之 : 갈 지, 不 : 아닐 부, 動 : 움직일 동 • 흔들어도 꼼짝하지 아니함
龍頭蛇尾 용두사미	• 龍 : 용 룡/용, 頭 : 머리 두, 蛇 : 긴 뱀 사, 尾 : 꼬리 미 • 처음 출발은 야단스러웠으나 끝은 보잘것없이 흐지부지됨을 이르는 말
龍味鳳湯 용미봉탕	• 龍 : 용 룡/용, 味 : 맛 미, 鳳 : 봉새 봉, 湯 : 끓일 탕 • 용 고기로 맛을 낸 요리와 봉새로 끓인 탕이라는 뜻으로, 맛이 매우 좋은 음식을 말함
龍蛇飛騰 용사비등	• 龍 : 용 룡/용, 蛇 : 긴 뱀 사, 飛 : 날 비, 騰 : 오를 등 • 용이 살아 움직이는 것과 같이 아주 활기 있게 잘 쓴 필력을 비유적으로 이르는 말
愚公移山 우공이산	• 愚 : 어리석을 우, 公 : 공평할 공, 移 : 옮길 이, 山 : 메 산 • 어리석게 보이는 일도 꾸준하게 끝까지 한다면 언젠가는 목적을 달성할 수 있다는 뜻
牛溲馬勃 우수마발	• 牛 : 소 우, 溲 : 반죽할 수, 馬 : 말 마, 勃 : 노할 발 • 비천하지만 유용한 재료, 흔하지만 유용한 약재
迂餘曲折 우여곡절	• 迂 : 에돌 우, 餘 : 남을 여, 曲 : 굽을/누룩 곡, 折 : 꺾을 절 • 여러 가지로 뒤얽힌 복잡한 사정이나 변화
優柔不斷 우유부단	• 優 : 넉넉할 우, 柔 : 부드러울 유, 不 : 아닐 부, 斷 : 끊을 단 • 망설이기만 하고 결단력이 없음
牛耳讀經 우이독경	• 牛 : 소 우, 耳 : 귀 이, 讀 : 읽을 독, 經 : 지날/글 경 • '쇠귀에 경 읽기'라는 뜻으로 우둔한 사람은 아무리 가르치고 일러주어도 알아듣지 못한다는 것을 이르는 말
雨後竹筍 우후죽순	• 雨 : 비 우, 後 : 뒤 후, 竹 : 대 죽, 筍 : 죽순 순 • 비가 온 뒤에 여기저기 돋아나는 죽순이라는 뜻으로, 어떤 일이 일시에 많이 일어남을 비유적으로 이르는 말
遠禍召福 원화소복	• 遠 : 멀 원, 禍 : 재앙 화, 召 : 부를 소, 福 : 복 복 • 화를 멀리하고 복을 불러들임
危機一髮 위기일발	• 危 : 위태할 위, 機 : 틀 기, 一 : 한 일, 髮 : 터럭 발 • 여유가 없이 절박한 순간
韋編三絕 위편삼절	• 韋 : 가죽 위, 編 : 엮을 편, 三 : 석 삼, 絕 : 끊을 절 • 공자가 주역을 즐겨 읽어 그 책의 가죽끈이 세 번이나 끊어졌다는 데서 유래된 말로, 책을 열심히 읽음을 이르는 말 = 수불석권(手不釋卷, 手 : 손 수, 不 : 아닐 불, 釋 : 풀 석, 卷 : 책/말 권)

有口無言 유구무언	• 有 : 있을 유, 口 : 입 구, 無 : 없을 무, 言 : 말씀 언 • 입은 있으나 말이 없다는 뜻으로, 변명할 말이 없음을 이르는 말
類萬不同 유만부동	• 類 : 무리 류/유, 萬 : 일만 만, 不 : 아닐 부, 同 : 한가지 동 • ① 비슷한 것이 많으나 서로 같지는 아니함 ② 정도에 넘침. 또는 분수에 맞지 아니함
有名無實 유명무실	• 有 : 있을 유, 名 : 이름 명, 無 : 없을 무, 實 : 열매 실 • 이름뿐이고 그 실상은 없음
有備無患 유비무환	• 有 : 있을 유, 備 : 갖출 비, 無 : 없을 무, 患 : 근심 환 • 미리 준비가 되어 있으면 뒷걱정이 없다는 뜻
唯我獨尊 유아독존	• 唯 : 오직 유, 我 : 나 아, 獨 : 홀로 독, 尊 : 존귀할 존 • 이 세상에 나보다 더 높은 사람이 없다고 뽐냄
有耶無耶 유야무야	• 有 : 있을 유, 耶 : 어조사 야, 無 : 없을 무, 耶 : 어조사 야 • 있는 듯 없는 듯 흐지부지함
流言蜚語 유언비어	• 流 : 흐를 류/유, 言 : 말씀 언, 蜚 : 바퀴/날 비, 語 : 말씀 어 • 아무 근거 없이 널리 퍼진 소문
類類相從 유유상종	• 類 : 무리 류/유, 類 : 무리 류/유, 相 : 서로 상, 從 : 좇을 종 • 같은 무리끼리 서로 왕래하며 사귐
悠悠自適 유유자적	• 悠 : 멀 유, 悠 : 멀 유, 自 : 스스로 자, 適 : 맞을 적 • 속세를 떠나 아무 속박 없이 조용하고 편안하게 삶
隱忍自重 은인자중	• 隱 : 숨을 은, 忍 : 참을 인, 自 : 스스로 자, 重 : 무거울 중 • 밖으로 드러내지 아니하고 참고 감추어 몸가짐을 신중히 함
吟風弄月 음풍농월	• 吟 : 읊을 음, 風 : 바람 풍, 弄 : 희롱할 롱/농, 月 : 달 월 • 바람을 읊고 달을 보고 시를 짓는다는 뜻으로, 시를 짓고 흥취를 자아내며 즐김을 이르는 말
倚閭之望 의려지망	• 倚 : 의지할 의, 閭 : 이문 려, 之 : 갈 지, 望 : 바랄 망 • 어머니가 문에 기대어 자식이 돌아오기를 마음 졸이며 기다리는 것
以管窺天 이관규천	• 以 : 써 이, 管 : 대롱 관, 窺 : 엿볼 규, 天 : 하늘 천 • 대롱을 통해 하늘을 엿본다는 뜻으로, 사람의 견문이 매우 좁음을 이르는 말
以實直告 이실직고	• 以 : 써 이, 實 : 열매 실, 直 : 곧을 직, 告 : 고할 고 • 진실하게 바로 고함
以心傳心 이심전심	• 以 : 써 이, 心 : 마음 심, 傳 : 전할 전, 心 : 마음 심 • 말을 하지 않더라도 마음과 마음이 서로 통함 = 심심상인(心心相印) = 교외별전(教外別傳) = 염화미소(拈華微笑) = 염화시중(拈華示衆)

易如反掌 이여반장	• 易 : 쉬울 이, 如 : 같을 여, 反 : 돌이킬/돌아올 반, 掌 : 손바닥 장 • 손바닥을 뒤집는 것같이 쉽다는 뜻
以熱治熱 이열치열	• 以 : 써 이, 熱 : 더울 열, 治 : 다스릴 치, 熱 : 더울 열 • 열은 열로써 다스린다는 뜻으로, 힘에는 힘으로 추위에는 찬 것으로 대응함을 이르는 말
二律背反 이율배반	• 二 : 두 이, 律 : 법칙 률/율, 背 : 등/배반할 배, 反 : 돌이킬/돌아올 반 • 꼭 같은 근거를 가지고 정당하다고 주장되는 서로 모순되는 두 명제. 또는 그 관계
李下不整冠 이하부정관	• 李 : 오얏 리/이, 下 : 아래 하, 不 : 아닐 부, 整 : 가지런할 정, 冠 : 갓 관 • 오얏나무 밑에서 갓을 고쳐 쓰지 아니한다는 뜻으로, 남에게 의심 살 만한 일은 아예 하지 않는 것이 좋다는 말
耳懸鈴鼻懸鈴 이현령비현령	• 耳 : 귀 이, 懸 : 달 현, 鈴 : 방울 령/영, 鼻 : 코 비, 懸 : 달 현, 鈴 : 방울 령/영 • '귀에 걸면 귀걸이, 코에 걸면 코걸이'라는 뜻으로, 어떤 사실이 이렇게도 저렇게도 해석됨을 이르는 말
益者三友 익자삼우	• 益 : 더할 익, 者 : 놈 자, 三 : 석 삼, 友 : 벗 우 • 사귀어 보탬이 되는 세 가지의 벗으로 정직한 사람, 신의 있는 사람, 학식 있는 사람을 이르는 말
因果應報 인과응보	• 因 : 인할 인, 果 : 실과/열매 과, 應 : 응할 응, 報 : 갚을/알릴 보 • 좋은 일에는 좋은 결과가, 나쁜 일에는 나쁜 결과가 따른다는 뜻
人生無常 인생무상	• 人 : 사람 인, 生 : 날 생, 無 : 없을 무, 常 : 떳떳할/항상 상 • 인생이 덧없음을 이르는 말
仁者無敵 인자무적	• 仁 : 어질 인, 者 : 놈 자, 無 : 없을 무, 敵 : 대적할 적 • 어진 사람은 널리 사람을 사랑하므로 천하에 적대할 사람이 없음
人之常情 인지상정	• 人 : 사람 인, 之 : 갈 지, 常 : 떳떳할/항상 상, 情 : 뜻 정 • 사람이라면 누구나 가지는 보통의 인정 또는 생각
一擧兩得 일거양득	• 一 : 한 일, 擧 : 들 거, 兩 : 두 량/양, 得 : 얻을 득 • 한 가지 일로 두 가지의 이득을 봄 = 일석이조(一石二鳥, 一 : 한 일, 石 : 돌 석, 二 : 두 이, 鳥 : 새 조)
一騎當千 일기당천	• 一 : 한 일, 騎 : 말 탈 기, 當 : 마땅 당, 千 : 일천 천 • 한 기병이 천 사람을 당한다는 뜻으로, 싸우는 능력이 아주 뛰어남을 이르는 말
一刀兩斷 일도양단	• 一 : 한 일, 刀 : 칼 도, 兩 : 두 량/양, 斷 : 끊을 단 • 한칼로 쳐서 두 동강이를 낸다는 뜻으로, 어떤 일을 머뭇거리지 않고 과감히 처리함을 이르는 말
一目瞭然 일목요연	• 一 : 한 일, 目 : 눈 목, 瞭 : 밝을 료/요, 然 : 그럴 연 • 한 번 보고도 분명히 안다는 뜻으로, 잠깐 보고도 환하게 알 수 있음을 이르는 말
一瀉千里 일사천리	• 一 : 한 일, 瀉 : 쏟을 사, 千 : 일천 천, 里 : 마을 리/이 • 어떤 일이 거침없이 빨리 진행됨을 이르는 말

一絲不亂 일사불란	• 一 : 한 일, 絲 : 실 사, 不 : 아닐 불, 亂 : 어지러울 란/난 • 질서나 체계가 정연하여 조금도 흐트러짐이 없음
一魚濁水 일어탁수	• 一 : 한 일, 魚 : 물고기 어, 濁 : 흐릴 탁, 水 : 물 수 • 한 사람의 잘못으로 여러 사람이 그 피해를 입게 됨 = 수어혼수(數魚混水, 數 : 셀 수, 魚 : 고기 어, 混 : 섞을 혼, 水 : 물 수)
一言之下 일언지하	• 一 : 한 일, 言 : 말씀 언, 之 : 갈 지, 下 : 아래 하 • 한마디로 딱 잘라 말함
一葉知秋 일엽지추	• 一 : 한 일, 葉 : 잎 엽, 知 : 알 지, 秋 : 가을/밀치 추 • 한 가지 일을 보고 장차 오게 될 일을 미리 짐작함
一葉片舟 일엽편주	• 一 : 한 일, 葉 : 잎 엽, 片 : 조각 편, 舟 : 배 주 • 한 조각의 작은 배
一日三秋 일일삼추	• 一 : 한 일, 日 : 날 일, 三 : 석 삼, 秋 : 가을/밀지 추 • 하루가 삼 년 같다는 뜻으로, 몹시 애태우며 기다림 또는 매우 지루함을 비유적으로 이르는 말
一場春夢 일장춘몽	• 一 : 한 일, 場 : 마당 장, 春 : 봄 춘, 夢 : 꿈 몽 • 한바탕의 봄꿈처럼 헛된 영화나 덧없는 일이란 뜻으로, 인생의 허무함을 비유하는 말
一進一退 일진일퇴	• 一 : 한 일, 進 : 나아갈 진, 一 : 한 일, 退 : 물러날 퇴 • 한 번 나아갔다 한 번 물러섰다 함
一觸卽發 일촉즉발	• 一 : 한 일, 觸 : 닿을 촉, 卽 : 곧 즉, 發 : 쏠 발 • 조금만 건드려도 곧 폭발할 것 같은 몹시 위험한 상태
日就月將 일취월장	• 日 : 날 일, 就 : 나아갈 취, 月 : 달 월, 將 : 장수/장차 장 • 나날이 다달이 자라거나 발전함 = 일장월취(日將月就) = 일신우일신(日新又日新)
一波萬波 일파만파	• 一 : 한 일, 波 : 물결 파, 萬 : 일만 만, 波 : 물결 파 • 한 사건이 그 사건에 그치지 않고 잇달아 많은 사건으로 번짐
一片丹心 일편단심	• 一 : 한 일, 片 : 조각 편, 丹 : 붉을 단, 心 : 마음 심 • 오로지 한 곳으로 향한, 한 조각의 붉은 마음
一筆揮之 일필휘지	• 一 : 한 일, 筆 : 붓 필, 揮 : 휘두를 휘, 之 : 갈 지 • 한숨에 글씨나 그림을 줄기차게 쓰거나 그림
一攫千金 일확천금	• 一 : 한 일, 攫 : 움킬 확, 千 : 일천 천, 金 : 쇠 금 • 단번에 천금을 움켜쥔다는 뜻으로, 힘들이지 아니하고 단번에 많은 재물을 얻음을 이르는 말
臨渴掘井 임갈굴정	• 臨 : 임할 림/임, 渴 : 목마를 갈, 掘 : 팔 굴, 井 : 우물 정 • 목이 말라야 우물을 판다는 뜻으로, 평소에 준비 없이 있다가 일을 당하여 허둥지둥 서두름을 이르는 말

臨時方便 임시방편	• 臨 : 임할 림/임, 時 : 때 시, 方 : 모 방, 便 : 편할 편 • 필요에 따라 그때그때 정해 일을 쉽고 편리하게 치를 수 있는 수단
臨戰無退 임전무퇴	• 臨 : 임할 림/임, 戰 : 싸움 전, 無 : 없을 무, 退 : 물러날 퇴 • 싸움에 임하여 물러섬이 없음

ㅈ

自家撞着 자가당착	• 自 : 스스로 자, 家 : 집 가, 撞 : 칠 당, 着 : 붙을 착 • 한 사람의 말이나 행동이 앞뒤가 서로 맞지 않고 모순이 됨
自强不息 자강불식	• 自 : 스스로 자, 强 : 강할 강, 不 : 아닐 불, 息 : 쉴 식 • 스스로 힘써 몸과 마음을 가다듬어 쉬지 아니함
自激之心 자격지심	• 自 : 스스로 자, 激 : 격할 격, 之 : 갈 지, 心 : 마음 심 • 자기가 한 일에 대하여 스스로 미흡하게 여기는 마음
自手成家 자수성가	• 自 : 스스로 자, 手 : 손 수, 成 : 이룰 성, 家 : 집 가 • 물려받은 재산이 없이 자기 혼자의 힘으로 집안을 일으키고 재산을 모음
自繩自縛 자승자박	• 自 : 스스로 자, 繩 : 노끈 승, 自 : 스스로 자, 縛 : 얽을 박 • 자기가 만든 줄로 자기 몸을 옭아 묶는다는 뜻으로, 자기가 한 말과 행동에 자기 자신이 옭혀 곤란하게 됨을 비유적으로 이르는 말
自業自得 자업자득	• 自 : 스스로 자, 業 : 업 업, 自 : 스스로 자, 得 : 얻을 득 • 자기가 저지른 일의 결과를 자기가 받음
自中之亂 자중지란	• 自 : 스스로 자, 中 : 가운데 중, 之 : 갈 지, 亂 : 어지러울 란/난 • 같은 패 안에서 일어나는 싸움
自暴自棄 자포자기	• 自 : 스스로 자, 暴 : 사나울 포, 自 : 스스로 자, 棄 : 버릴 기 • 절망 상태에 빠져서 자신을 스스로 포기하고 돌아보지 아니함
自畵自讚 자화자찬	• 自 : 스스로 자, 畵 : 그림 화, 自 : 스스로 자, 讚 : 기릴 찬 • 자기가 그린 그림을 스스로 칭찬한다는 뜻으로, 자기가 한 일을 스스로 자랑함을 이르는 말
作心三日 작심삼일	• 作 : 지을 작, 心 : 마음 심, 三 : 석 삼, 日 : 날 일 • 단단히 먹은 마음이 사흘을 가지 못한다는 뜻으로, 결심이 굳지 못함을 이르는 말
張三李四 장삼이사	• 張 : 베풀 장, 三 : 석 삼, 李 : 오얏 리/이, 四 : 넉 사 • 이름이나 신분이 특별하지 아니한 평범한 사람들을 이르는 말

賊反荷杖 적반하장	• 賊 : 도둑 적, 反 : 돌이킬/돌아올 반, 荷 : 멜/꾸짖을 하, 杖 : 지팡이 장 • 도둑이 도리어 매를 든다는 뜻으로, 잘못한 사람이 아무 잘못도 없는 사람을 나무람을 이르는 말
前途洋洋 전도양양	• 前 : 앞 전, 途 : 길 도, 洋 : 큰 바다 양, 洋 : 큰 바다 양 • 앞길이나 앞날이 크게 열리어 희망이 있음
前無後無 전무후무	• 前 : 앞 전, 無 : 없을 무, 後 : 뒤 후, 無 : 없을 무 • 이전에도 없었고 앞으로도 없음
田園將蕪 전원장무	• 田 : 밭 전, 園 : 동산 원, 將 : 장수/장차 장, 蕪 : 거칠 무 • 논밭과 동산이 황무지가 됨
戰戰兢兢 전전긍긍	• 戰 : 싸울 전, 戰 : 싸울 전, 兢 : 떨릴 긍, 兢 : 떨릴 긍 • 몹시 두려워하여 벌벌 떨면서 조심함
輾轉反側 전전반측	• 輾 : 돌아누울 전, 轉 : 구를 전, 反 : 돌이킬/돌아올 반, 側 : 곁 측 • 누워서 몸을 이리저리 뒤척이며 잠을 이루지 못함
轉禍爲福 전화위복	• 轉 : 구를 전, 禍 : 재앙 화, 爲 : 할 위, 福 : 복 복 • 재앙과 근심, 걱정이 바뀌어 오히려 복이 됨
切磋琢磨 절차탁마	• 切 : 끊을 절, 磋 : 갈 차, 琢 : 다듬을 탁, 磨 : 갈 마 • 학문이나 덕행을 힘써 닦음
切齒腐心 절치부심	• 切 : 끊을 절, 齒 : 이 치, 腐 : 썩을 부, 心 : 마음 심 • 몹시 분하여 이를 갈며 속을 썩임
漸入佳境 점입가경	• 漸 : 점점 점, 入 : 들 입, 佳 : 아름다울 가, 境 : 지경 경 • 들어갈수록 점점 재미가 있음
頂門一鍼 정문일침	• 頂 : 정수리 정, 門 : 문 문, 一 : 한 일, 鍼 : 침 침 • 정수리에 침을 놓는다는 뜻으로, 따끔한 충고나 교훈을 이르는 말
井底之蛙 정저지와	• 井 : 우물 정, 底 : 밑 저, 之 : 갈 지, 蛙 : 개구리 와 • 우물 안 개구리라는 뜻으로, 견문이 좁고 세상 형편에 어두운 사람을 비유적으로 이르는 말 = 좌정관천(坐井觀天, 坐 : 앉을 좌, 井 : 우물 정, 觀 : 볼 관, 天 : 하늘 천)
朝令暮改 조령모개	• 朝 : 아침 조, 令 : 하여금 령/영, 暮 : 저물 모, 改 : 고칠 개 • 아침에 명령을 내렸다가 저녁에 다시 고친다는 뜻으로, 법령을 자꾸 고쳐서 갈피를 잡기가 어려움을 이르는 말
朝不慮夕 조불려석	• 朝 : 아침 조, 不 : 아닐 불, 慮 : 생각할 려/여, 夕 : 저녁 석 • 형세가 절박하여 아침에 저녁 일을 헤아리지 못한다는 뜻으로, 당장을 걱정할 뿐이고, 앞일을 생각할 겨를이 없음을 이르는 말
朝變夕改 조변석개	• 朝 : 아침 조, 變 : 변할 변, 夕 : 저녁 석, 改 : 고칠 개 • 계획이나 결정 따위를 일관성이 없이 자주 고침을 이르는 말

朝三暮四 조삼모사	• 朝 : 아침 조, 三 : 석 삼, 暮 : 저물 모, 四 : 넉 사 • 아침에 세 개, 저녁에 네 개라는 뜻으로, 당장 눈앞에 나타나는 차별만을 알고 그 결과가 같음은 모르는 것을 비유하는 말
鳥足之血 조족지혈	• 鳥 : 새 조, 足 : 발 족, 之 : 갈 지, 血 : 피 혈 • 새 발의 피라는 뜻으로, 매우 적은 분량을 비유하는 말
左顧右眄 좌고우면	• 左 : 왼 좌, 顧 : 돌아볼 고, 右 : 오른쪽 우, 眄 : 곁눈질할 면 • 이쪽저쪽을 돌아본다는 뜻으로, 앞뒤를 재고 망설임을 이르는 말
坐不安席 좌불안석	• 坐 : 앉을 좌, 不 : 아닐 불, 安 : 편안 안, 席 : 자리 석 • 앉아도 자리가 편안하지 않다는 뜻으로, 마음이 불안하거나 걱정스러워서 한군데에 가만히 앉아 있지 못하고 안절부절못하는 모양을 이르는 말
坐井觀天 좌정관천	• 坐 : 앉을 좌, 井 : 우물 정, 觀 : 볼 관, 天 : 하늘 천 • 우물 속에 앉아서 하늘을 본다는 뜻으로, 사람의 견문이 매우 좁음을 이르는 말 = 井底之蛙(정저지와), 井中觀天(정중관천)
左衝右突 좌충우돌	• 左 : 왼 좌, 衝 : 찌를 충, 右 : 오른쪽 우, 突 : 갑자기 돌 • ① 이리저리 닥치는 대로 부딪침 ② 아무에게나 또는 아무 일에나 함부로 맞닥뜨림
主客顚倒 주객전도	• 主 : 임금/주인 주, 客 : 손 객, 顚 : 엎드러질/이마 전, 倒 : 넘어질 도 • 주인과 손의 위치가 서로 뒤바뀐다는 뜻으로, 사물의 경중 · 선후 · 완급 따위가 서로 뒤바뀜을 이르는 말
晝耕夜讀 주경야독	• 晝 : 낮 주, 耕 : 밭 갈 경, 夜 : 밤 야, 讀 : 읽을 독 • 낮에는 농사짓고, 밤에는 글을 읽는다는 뜻으로, 어려운 여건 속에서도 꿋꿋이 공부함을 이르는 말
走馬加鞭 주마가편	• 走 : 달릴 주, 馬 : 말 마, 加 : 더할 가, 鞭 : 채찍 편 • 달리는 말에 채찍을 더한다는 뜻으로, 열심히 하는 사람을 더욱 잘하도록 격려함을 이르는 말
走馬看山 주마간산	• 走 : 달릴 주, 馬 : 말 마, 看 : 볼 간, 山 : 메 산 • 말을 타고 달리면서 산을 바라본다는 뜻으로, 바빠서 자세히 살펴보지 않고 대강 보고 지나감을 이르는 말
晝夜長川 주야장천	• 晝 : 낮 주, 夜 : 밤 야, 長 : 길 장, 川 : 내 천 • 밤낮으로 쉬지 않고 흐르는 시냇물과 같이 늘 잇따름
竹馬故友 죽마고우	• 竹 : 대 죽, 馬 : 말 마, 故 : 연고 고, 友 : 벗 우 • 어릴 때부터 가까이 지내며 자란 친구
竹杖芒鞋 죽장망혜	• 竹 : 대 죽, 杖 : 지팡이 장, 芒 : 까끄라기 망, 鞋 : 신 혜 • 대지팡이와 짚신이란 뜻으로, 먼 길을 떠날 때의 아주 간편한 차림새를 이르는 말
衆寡不敵 중과부적	• 衆 : 무리 중, 寡 : 적을 과, 不 : 아닐 부, 敵 : 대적할 적 • 적은 수효로 많은 수효를 대적하지 못함
衆口難防 중구난방	• 衆 : 무리 중, 口 : 입 구, 難 : 어려울 난, 防 : 막을 방 • 뭇사람의 말을 막기가 어렵다는 뜻으로, 막기 어려울 정도로 여럿이 마구 지껄임을 이르는 말

重言復言 중언부언	• 重 : 무거울 중, 言 : 말씀 언, 復 : 다시 부, 言 : 말씀 언 • 이미 한 말을 자꾸 되풀이 함
指鹿爲馬 지록위마	• 指 : 가리킬 지, 鹿 : 사슴 록/녹, 爲 : 할 위, 馬 : 말 마 • 윗사람을 농락하여 권세를 마음대로 함
支離滅裂 지리멸렬	• 支 : 지탱할 지, 離 : 떠날 리/이, 滅 : 꺼질/멸할 멸, 裂 : 찢을 렬/열 • 이리저리 흩어져 갈피를 잡을 수 없음
至誠感天 지성감천	• 至 : 이를 지, 誠 : 정성 성, 感 : 느낄/한할 감, 天 : 하늘 천 • 지극한 정성에는 하늘도 감동한다는 뜻으로, 무엇이든 지극한 정성으로 하면 어려운 일도 이루어지고 풀린다는 뜻
知彼知己 지피지기	• 知 : 알 지, 彼 : 저 피, 知 : 알 지, 己 : 몸 기 • 적의 사정과 나의 사정을 자세히 앎
指呼之間 지호지간	• 指 : 가리킬 지, 呼 : 부를 호, 之 : 갈 지, 間 : 사이 간 • 손짓하여 부르면 대답할 수 있는 가까운 거리
珍羞盛饌 진수성찬	• 珍 : 보배 진, 羞 : 부끄러울 수, 盛 : 성할 성, 饌 : 반찬/지을 찬 • 성대하게 차린 진귀한 음식
盡人事待天命 진인사대천명	• 盡 : 다할 진, 人 : 사람 인, 事 : 일 사, 待 : 기다릴 대, 天 : 하늘 천, 命 : 목숨 명 • 사람이 할 수 있는 일을 다 하고서 하늘의 뜻을 기다림
進退兩難 진퇴양난	• 進 : 나아갈 진, 退 : 물러날 퇴, 兩 : 두 량/양, 難 : 어려울 난 • 나아갈 수도 물러설 수도 없는 궁지에 빠짐 = 사면초가(四面楚歌) = 진퇴유곡(進退維谷)
進退維谷 진퇴유곡	• 進 : 나아갈 진, 退 : 물러날 퇴, 維 : 벼리 유, 谷 : 골/곡식 곡 • 이러지도 저러지도 못하고 꼼짝할 수 없는 궁지
嫉逐排斥 질축배척	• 嫉 : 미워할 질, 逐 : 쫓을 축, 排 : 밀칠/풀무 배, 斥 : 물리칠 척 • 시기하고 미워하여 물리침

ㅊ

此日彼日 차일피일	• 此 : 이 차, 日 : 날 일, 彼 : 저 피, 日 : 날 일 • 오늘 내일 하며 자꾸 기한을 늦춤
滄海桑田 창해상전	• 滄 : 찰 창, 海 : 바다 해, 桑 : 뽕나무 상, 田 : 밭 전 • 푸른 바다가 변하여 뽕밭이 된다는 뜻으로, 덧없는 세상의 변천을 말함 = 격세지감(隔世之感) = 상전벽해(桑田碧海) = 여세추이(與世推移)
滄海一粟 창해일속	• 滄 : 큰 바다 창, 海 : 바다 해, 一 : 한 일, 粟 : 조 속 • 넓고 큰 바닷속의 좁쌀 한 알이라는 뜻으로, 아주 많거나 넓은 것 가운데 있는 매우 하찮고 작은 것을 이르는 말
千慮一失 천려일실	• 千 : 일천 천, 慮 : 생각할 려/여, 一 : 한 일, 失 : 잃을 실 • 여러 번 생각하여 신중하고 조심스럽게 한 일에도 때로는 실수가 있음
天方地軸 천방지축	• 天 : 하늘 천, 方 : 모 방, 地 : 땅 지, 軸 : 굴대 축 • ① 너무 바빠서 두서를 잡지 못하고 허둥대는 모습 ② 어리석은 사람이 갈 바를 몰라 두리번거리는 모습
泉石膏肓 천석고황	• 泉 : 샘 천, 石 : 돌 석, 膏 : 기름 고, 肓 : 명치끝 황 • 고질병이 되다시피 산수풍경을 좋아함을 이르는 말
千辛萬苦 천신만고	• 千 : 일천 천, 辛 : 매울 신, 萬 : 일만 만, 苦 : 쓸 고 • 천 가지 매운 것과 만 가지 쓴 것이라는 뜻으로, 온갖 어려운 고비를 다 겪으며 심하게 고생함을 이르는 말
天佑神助 천우신조	• 天 : 하늘 천, 佑 : 도울 우, 神 : 귀신 신, 助 : 도울 조 • 하늘이 돕고 신이 도움
天衣無縫 천의무봉	• 天 : 하늘 천, 衣 : 옷 의, 無 : 없을 무, 縫 : 꿰맬 봉 • 하늘나라 사람의 옷은 바느질 자국이 없다는 뜻으로, ① 일부러 꾸민 데 없이 자연스럽고 아름다우면서 완전함을 이르는 말 ② 완전무결하여 흠이 없음을 이르는 말
天人共怒 천인공노	• 天 : 하늘 천, 人 : 사람 인, 共 : 한가지 공, 怒 : 성낼 노/로 • 하늘과 사람이 함께 분노한다는 뜻으로, 누구나 분노할 만큼 증오스럽거나 도저히 용납할 수 없음을 이르는 말
千載一遇 천재일우	• 千 : 일천 천, 載 : 실을 재, 一 : 한 일, 遇 : 만날 우 • 천 년에 한 번 만난다는 뜻으로, 좀처럼 얻기 어려운 좋은 기회를 이르는 말
千篇一律 천편일률	• 千 : 일천 천, 篇 : 책 편, 一 : 한 일, 律 : 법칙 률/율 • 여러 사물이 거의 비슷비슷하여 특색이 없음을 비유하는 말
徹頭徹尾 철두철미	• 徹 : 통할 철, 頭 : 머리 두, 徹 : 통할 철, 尾 : 꼬리 미 • 처음부터 끝까지 투철함
靑雲之志 청운지지	• 靑 : 푸를 청, 雲 : 구름 운, 之 : 갈 지, 志 : 뜻 지 • 출세를 향한 원대한 포부나 높은 이상을 비유하는 말

靑天霹靂 청천벽력	• 靑 : 푸를 청, 天 : 하늘 천, 霹 : 벼락 벽, 靂 : 벼락 력/역 • 맑게 갠 하늘에서 치는 날벼락이라는 뜻으로, 뜻밖에 일어난 큰 변고나 사건을 비유적으로 이르는 말
鐵中錚錚 철중쟁쟁	• 鐵 : 쇠 철, 中 : 가운데 중, 錚 : 쇳소리 쟁, 錚 : 쇳소리 쟁 • 쇠 중에서 소리가 가장 맑다는 뜻으로, 평범한 사람들 중 특별히 뛰어난 사람
靑出於藍 청출어람	• 靑 : 푸를 청, 出 : 날 출, 於 : 어조사 어, 藍 : 쪽 람/남 • 쪽에서 뽑아낸 푸른 물감이 쪽보다 더 푸르다는 뜻으로, 제자나 후배가 스승이나 선배보다 나음을 비유적으로 이르는 말
樵童汲婦 초동급부	• 樵 : 나무할 초, 童 : 아이 동, 汲 : 길을 급, 婦 : 며느리 부 • 땔나무를 하는 아이와 물을 긷는 여자라는 뜻으로, 평범한 사람을 뜻함
草綠同色 초록동색	• 草 : 풀 초, 綠 : 푸를 록, 同 : 한가지 동, 色 : 빛 색 • 서로 같은 처지나 같은 부류의 사람들끼리 어울림을 이르는 말
焦眉之急 초미지급	• 焦 : 탈 초, 眉 : 눈썹 미, 之 : 갈 지, 急 : 급할 급 • 눈썹에 불이 붙음과 같이 매우 다급한 일이나 경우를 비유하는 말
初志一貫 초지일관	• 初 : 처음 초, 志 : 뜻 지, 一 : 한 일, 貫 : 꿸 관 • 처음에 세운 뜻을 끝까지 밀고 나감
寸鐵殺人 촌철살인	• 寸 : 마디 촌, 鐵 : 쇠 철, 殺 : 죽일/감할 살, 人 : 사람 인 • 작고 날카로운 쇠붙이로도 사람을 죽일 수 있다는 뜻으로, 짧은 경구로도 사람을 크게 감동시킬 수 있음을 이르는 말
惻隱之心 측은지심	• 惻 : 슬퍼할 측, 隱 : 숨을 은, 之 : 갈 지, 心 : 마음 심 • 남의 불행을 불쌍히 여기는 마음
七顚八起 칠전팔기	• 七 : 일곱 칠, 顚 : 엎드러질/이마 전, 八 : 여덟 팔, 起 : 일어날 기 • 일곱 번 넘어지고 여덟 번 일어난다는 뜻으로, 여러 번 실패해도 굴하지 않고 다시 일어섬을 비유하는 말
七縱七擒 칠종칠금	• 七 : 일곱 칠, 縱 : 늘어질 종, 七 : 일곱 칠, 擒 : 사로잡을 금 • 제갈공명의 전술로 일곱 번 놓아주고 일곱 번 잡는다는 뜻으로, 마음대로 잡았다 놓아주었다 함을 이르는 말
針小棒大 침소봉대	• 針 : 바늘 침, 小 : 작을 소, 棒 : 몽둥이 봉, 大 : 큰 대 • 작은바늘을 큰 몽둥이라고 한다는 뜻으로, 작은 일을 크게 과장하여 말함을 이르는 말

ㅋ

快刀亂麻 쾌도난마	• 快 : 쾌할 쾌, 刀 : 칼 도, 亂 : 어지러울 란/난, 麻 : 삼 마 • 어지럽게 뒤얽힌 사물을 강력한 힘으로 명쾌하게 처리함을 이르는 말

ㅌ

他山之石 타산지석	• 他 : 다를 타, 山 : 메 산, 之 : 갈 지, 石 : 돌 석 • 다른 산에서 나는 나쁜 돌이라도 자신의 산의 옥돌을 가는 데 도움이 된다는 뜻으로, 하찮은 남의 언행일지라도 자신의 수양에 도움이 될 수 있음을 비유하는 말
卓上空論 탁상공론	• 卓 : 높을 탁, 上 : 윗 상, 空 : 빌 공, 論 : 논할 론/논 • 실현성이 없는 허황된 이론
泰山北斗 태산북두	• 泰 : 클 태, 山 : 메 산, 北 : 북녘 북, 斗 : 말/싸울 두 • ① 태산과 북두칠성을 아울러 이르는 말 ② 세상 사람들로부터 존경받는 사람을 비유적으로 이르는 말
太平烟月 태평연월	• 太 : 클 태, 平 : 평평할 평, 烟 : 연기 연, 月 : 달 월 • 세상이 평화롭고 안락한 때
兎死狗烹 토사구팽	• 兎 : 토끼 토, 死 : 죽을 사, 狗 : 개 구, 烹 : 삶을 팽 • '교토사주구팽(狡兎死走狗烹)'의 준말로, 사냥하러 가서 토끼를 잡으면, 사냥하던 개는 쓸모가 없게 되어 삶아 먹는다는 뜻으로, 필요할 때는 쓰고 필요 없을 때는 야박하게 버리는 경우를 이르는 말

ㅍ

波瀾萬丈 파란만장	• 波 : 물결 파, 瀾 : 물결 란/난, 萬 : 일만 만, 丈 : 어른 장 • 일의 진행이 여러 가지 곡절과 시련이 많고 변화가 심함
破邪顯正 파사현정	• 破 : 깨뜨릴 파, 邪 : 간사할 사, 顯 : 나타날 현, 正 : 바를/정월 정 • 그릇된 생각을 버리고 올바른 도리를 행함
破竹之勢 파죽지세	• 破 : 깨뜨릴 파, 竹 : 대 죽, 之 : 갈 지, 勢 : 형세 세 • 대를 쪼개는 기세라는 뜻으로, 적을 거침없이 물리치고 쳐들어가는 기세를 이르는 말

八方美人 팔방미인	• 八 : 여덟 팔, 方 : 모 방, 美 : 아름다울 미, 人 : 사람 인 • ① 어느 모로 보나 아름다운 미인 ② 여러 방면의 일에 능통한 사람
平地突出 평지돌출	• 平 : 평평할 평, 地 : 땅 지, 突 : 갑자기 돌, 出 : 날 출 • 변변하지 못한 집안에서 뛰어난 인물이 나옴을 비유하여 이르는 말
弊袍破笠 폐포파립	• 弊 : 폐단/해질 폐, 袍 : 도포 포, 破 : 깨뜨릴 파, 笠 : 삿갓 립/입 • 해진 옷과 부러진 갓이라는 뜻으로, 너절하고 구차한 차림새를 말함
抱腹絕倒 포복절도	• 抱 : 안을/던질 포, 腹 : 배 복, 絕 : 끊을 절, 倒 : 넘어질 도 • 배를 안고 몸을 가누지 못할 정도로 몹시 웃음
表裏不同 표리부동	• 表 : 겉 표, 裏 : 속 리/이, 不 : 아닐 부, 同 : 한가지 동 • 겉으로 드러나는 언행과 속으로 가지는 생각이 다름 = 구밀복검(口蜜腹劍) = 양두구육(羊頭狗肉)
風樹之嘆 풍수지탄	• 風 : 바람 풍, 樹 : 나무 수, 之 : 갈 지, 嘆 : 탄식할 탄 • 효도를 다하지 못한 채 어버이를 여읜 자식의 슬픔을 이르는 말
風月主人 풍월주인	• 風 : 바람 풍, 月 : 달 월, 主 : 임금/주인 주, 人 : 사람 인 • 맑은 바람과 밝은 달 등의 자연을 즐기는 사람을 이르는 말
風前燈火 풍전등화	• 風 : 바람 풍, 前 : 앞 전, 燈 : 등 등, 火 : 불 화 • 바람 앞의 등불처럼 매우 위급한 자리에 놓여 있음을 비유하는 말 = 누란지위(累卵之危) = 초미지급(焦眉之急) = 백척간두(百尺竿頭) = 일촉즉발(一觸卽發)
匹夫之勇 필부지용	• 匹 : 짝 필, 夫 : 지아비 부, 之 : 갈 지, 勇 : 날랠 용 • 깊은 생각 없이 혈기만 믿고 함부로 부리는 소인의 용기
匹夫匹婦 필부필부	• 匹 : 짝 필, 夫 : 지아비 부, 匹 : 짝 필, 婦 : 며느리 부 • 평범한 남자와 평범한 여자 = 갑남을녀(甲男乙女) = 장삼이사(張三李四)

ㅎ

夏爐冬扇 하로동선	• 夏 : 여름 하, 爐 : 화로 로/노, 冬 : 겨울 동, 扇 : 부채 선 • 여름의 화로와 겨울의 부채라는 뜻으로, 아무 소용 없는 말이나 재주를 비유하여 이르는 말
下石上臺 하석상대	• 下 : 아래 하, 石 : 돌 석, 上 : 윗 상, 臺 : 대 대 • 아랫돌 빼서 윗돌 괴고, 윗돌 빼서 아랫돌 괴기라는 뜻으로, 임기응변으로 어려운 일을 처리함을 이르는 말
鶴首苦待 학수고대	• 鶴 : 학 학, 首 : 머리 수, 苦 : 쓸 고, 待 : 기다릴 대 • 학의 목처럼 목을 길게 늘여 기다린다는 뜻으로, 몹시 기다림을 이르는 말
邯鄲之夢 한단지몽	• 邯 : 조나라 서울 한, 鄲 : 조나라 서울 단, 之 : 갈 지, 夢 : 꿈 몽 • 한단에서 꾼 꿈이라는 뜻으로, 인생의 부귀영화는 일장춘몽과 같이 허무함을 이르는 말
邯鄲之步 한단지보	• 邯 : 조나라 서울 한, 鄲 : 조나라 서울 단, 之 : 갈 지, 步 : 걸음 보 • 한단에서 걸음걸이를 배운다는 뜻으로, 제 분수를 잊고 무턱대고 남을 흉내 내다가 이것저것 다 잃음을 이르는 말
汗牛充棟 한우충동	• 汗 : 땀 한, 牛 : 소 우, 充 : 채울 충, 棟 : 마룻대 동 • 짐으로 실으면 소가 땀을 흘리고, 쌓으면 들보에까지 찬다는 뜻으로, 가지고 있는 책이 매우 많음을 이르는 말
緘口無言 함구무언	• 緘 : 봉할 함, 口 : 입 구, 無 : 없을 무, 言 : 말씀 언 • 입을 다물고 아무런 말이 없음
含憤蓄怨 함분축원	• 含 : 머금을 함, 憤 : 분할 분, 蓄 : 모을 축, 怨 : 원망할 원 • 분을 품고 원한을 쌓음
含哺鼓腹 함포고복	• 含 : 머금을 함, 哺 : 먹을 포, 鼓 : 북 고, 腹 : 배 복 • 실컷 먹고 배를 두드린다는 뜻으로, 먹을 것이 풍족하여 즐겁게 지냄을 이르는 말
咸興差使 함흥차사	• 咸 : 다/짤 함, 興 : 일 흥, 差 : 다를 차, 使 : 하여금/부릴 사 • 심부름꾼이 가서 소식이 없거나 또는 회답이 더딜 때를 비유하는 말

MEMO

조리직 공무원 한권합격

제2과목

한국사

THEME 01

역사의 이해

1 역사의 의미

(1) 사실로서의 역사

과거에 있었던 사실을 객관적으로 서술하는 것으로 객관적 의미의 역사를 말하며 과거의 모든 사건을 나타낸다(실증주의).

> 역사가는 자기 자신을 죽이고 과거가 본래 어떠했는가를 밝히는 것을 그의 지상 과제로 삼아야 하고, 이때 오직 역사적 사실로 하여금 이야기하게 해야 한다.
>
> – L. V. Ranke –

(2) 기록으로서의 역사

역사가에 의해 조사되어 기록된 과거를 나타내는 것으로 주관적 의미의 역사를 말하며 역사가의 가치관과 같은 주관적 요소가 개입된다(상대주의).

> 역사가와 역사상의 사실은 서로를 필요로 한다. '역사란 무엇인가?'라는 물음에 대한 나의 대답은 결국 다음과 같은 것이 된다. 역사란 역사가와 사실 사이의 부단한 상호작용의 과정이며, 현재의 사회와 과거의 사회 사이의 끊임없는 대화이다.
>
> – E. H. Carr –

더 알아보기

한자의 역사(歷史)라는 말 중에서 역(歷)이란 세월, 세대, 왕조 등이 하나하나 순서를 따라 계속되어 가는 것으로서 '과거에 있었던 사실'이나 '인간이 과거에 행한 것'을 의미하며, 사(史)란 활쏘기에 있어서 옆에서 적중한 수를 계산 · 기록하는 사람을 가리키는 말로서, '기록을 관장하는 사람' 또는 '기록한다'라는 의미로 쓰였다. 한편, 영어에서 역사를 뜻하는 'history'라는 단어의 어원으로 그리스어의 'historia'와 독일어의 'Geschichte'를 들 수 있다. 그리스어의 'history'라는 말은 '탐구' 또는 '탐구를 통하여 획득한 지식'을 의미하며, 독일어의 'Geschichte'라는 말은 '과거에 일어난 일'을 뜻한다.

선사시대와 국가의 형성

01 선사시대

1 우리 민족의 기원

한민족의 특성	한민족의 형성
• 인종상 – 황인종, 언어학상 – 알타이 어족 • 단일 민족의 독자적 농경 문화 형성	• 만주~한반도 중심 분포(구석기시대부터) • 민족의 기틀 형성(신석기시대~청동기시대)

2 우리나라의 선사시대

(1) 구석기 · 신석기시대

구분	구석기시대(약 70만 년 전)	중석기시대	신석기시대(B.C. 8000년경)
유물	• 사냥 도구(주먹도끼, 찍개, 슴베찌르개) • 조리 도구(긁개, 밀개) • 골각기, 뗀석기	잔석기 (이음 도구)	• 간석기(돌괭이, 돌보습 등 농기구) • 토기(이른 민무늬 토기, 덧무늬 토기, 눌러찍기문 토기, 빗살무늬 토기)
경제	약탈 경제(사냥, 채집, 어로)	식물 채취, 물고기 잡이	• 생산 경제(농경 · 목축 시작) • 원시 수공업(가락바퀴, 뼈바늘)
사회 · 생활	• 이동 생활 • 가족 단위 · 무리 사회 • 주술적 의미의 예술품(고래, 물고기 조각) • 동굴, 바위그늘, 막집(전국 분포)	–	• 정착 생활 • 씨족 단위 · 부족 사회, 족외혼 • 원시신앙 발생(애니미즘, 샤머니즘) • 움집 거주(강가와 해안 – 원형 · 방형, 중앙 화덕, 저장 구덩이)

(2) 주요 유적지

구석기시대	중석기시대	신석기시대
• 단양 금굴 : 가장 오래된 구석기 유적지 • 공주 석장리 : 남한에서 발견된 최초의 구석기 유적지, 선각화 발견 • 청원 두루봉 동굴 : 흥수아이 발견 • 종성 동관진 : 한반도에서 최초로 발견된 구석기 유적지 • 연천 전곡리 : 아슐리안형 주먹도끼 발견	• 통영 상노대도 조개더미 • 평양 만달리 • 거창 임불리	• 양양 오산리 : 한반도 최고의 집터 유적지 발견 • 서울 암사동 : 빗살무늬 토기 발견

02 고조선

1 고조선과 청동기 문화

(1) 청동기 · 철기의 사용

구분	청동기시대(기원전 10세기경)	철기시대(기원전 4세기경)
유물	• 청동 제품(비파형동검, 거친무늬 거울) • 간석기(홈자귀, 바퀴날 도끼) • 민무늬 토기, 미송리식 토기, 붉은 간 토기	• 철제 농기구 · 무기 • 청동제의 독자 발전(거푸집 – 세형동검, 잔무늬 거울) • 토기 다양화(검은 간 토기, 덧띠 토기)
경제	농경과 목축 발달(보리, 콩, 벼), 반달돌칼	• 경제 기반 확대 • 중국과 교역 시작(명도전 · 반량전 · 오수전, 붓)
사회 · 생활	• 계급과 목축 발달(군장 사회) • 전문 분업 발생 • 선민 사상 • 움집(장방형, 4~8명 거주, 주춧돌 사용) • 무덤 : 고인돌, 돌널무덤, 돌무지무덤	• 연맹 국가 발전 : 부족장 → 왕 • 바위 그림 : 울주 반구대, 고령 장기리 암각화 • 지상 가옥 : 배산임수 · 밀집 취락 형성 • 무덤 : 널무덤, 독무덤
유적지	평북 의주 미송리 동굴, 경기 여주 흔암리, 충남 부여 송국리, 울산 검단리	

(2) 고조선의 성립(B.C. 2333~B.C. 108)

① 단군과 고조선

㉠ 배경 : 청동기 문화 바탕 → 철기 문화 성장(기원전 4세기)

㉡ 기록 문헌 : 「삼국유사」, 「제왕운기」, 「응제시주」, 「세종실록지리지」, 「동국여지승람」

㉢ 특징 : 구릉 지대 거주, 선민 사상, 농경 사회, 토테미즘, 계급 분화, 사유 재산, 제정 일치

㉣ 주요 유물 : 거친무늬 거울, 미송리식 토기, 북방식 고인돌, 비파형동검

② 정치 발전 : 요령 지방 중심 → 한반도까지 발전

단군과 고조선(B.C. 2333)	위만의 집권(B.C. 194)
• 청동기 문화 배경 • 왕위 세습(기원전 3세기경 부왕, 준왕 등장) • 관직 정비(상, 대부, 장군) • 요령 지방 → 한반도 영토 확장 • 중국(연)과 대립	• 철기 문화의 본격 수용 • 활발한 정복 사업 • 농업 · 상공업 발달 • 중계 무역으로 경제적 이익 독점 • 한의 침략 · 멸망(B.C. 108) → 한 군현 설치

(3) 고조선 사회 : 8조법(「한서」 지리지) → 법 60조항 증가, 풍속 각박(한 군현 설치 후)

살인자 → 사형	개인 생명 중시
상해자 → 곡물 배상	농경 사회, 노동력 중시
절도자 → 노비화, 돈 배상	사유 재산 보호, 노비가 존재하는 계급사회, 화폐 사용
여자의 정절 중시	가부장적 가족 제도 확립

03 여러 나라의 성장

1 국가의 형성

구분	부여	고구려	옥저	동예	삼한
위치	송화강 유역	졸본 지방	함경도 해안	강원 북부 해안	한강 이남
정치	5부족 연맹체 (사출도)	5부족 연맹체 (제가회의)	왕 없음 (군장 지배)		연맹 국가 (목지국)
군장	마가, 우가, 저가, 구가	상가, 고추가, 대로, 패자, 사자, 조의	삼로, 읍군		신지, 견지, 읍차, 부례
경제	농경 · 목축	약탈 경제(부경)	농경, 어업	농경, 방직 기술 발달	벼농사(저수지)
	말, 주옥, 모피	토지 척박 – 양식 부족	어물, 소금	단궁 · 과하마 · 반어피	철(변한)
제천 행사	영고(12월)	동맹(10월), 국동대혈	–	무천(10월)	5월 수릿날, 10월 계절제
혼인	형사취수제	데릴사위제(서옥제), 형사취수제	민며느리제	족외혼	군혼
기타	순장, 1책12법, 흰옷, 우제점복	무예 숭상, 점복	골장제(가족 공동묘), 쌀 항아리	책화	제정분리(소도), 귀틀집, 두레

더 알아보기

연맹국가의 생활 모습

- 고구려에는 큰 산과 깊은 골짜기가 많고 평원과 연못이 없어서 계곡을 따라 살며 골짜기 물을 식수로 마셨다. 좋은 밭이 없어서 힘들여 일구어도 배를 채우기는 부족하였다. 사람들의 성품은 흉악하고 급해서 노략질하기를 좋아하였다.
- 부여에는 구릉과 넓은 못이 많아서 동이 지역 가운데서 가장 넓고 평탄한 곳이다. 토질은 오곡을 가꾸기에는 알맞지만 과일은 생산되지 않았다. 사람들 체격이 매우 크고 성품이 강직 용맹하며 근엄하고 후덕하여 다른 나라를 노략질하지 않았다.
- 옥저는 큰 나라 사이에서 시달리고 괴롭힘을 당하다가 마침내 고구려에게 복속되었다. 고구려는 그 나라 사람 가운데 대인을 뽑아 사자로 삼아 토착 지배층과 함께 통치하게 하였다. 동예는 대군장이 없고 한 대 이후로 후, 읍군, 삼로 등의 관직이 있어서 하호를 통치하였다. 동예의 풍속은 산천을 중요시하여 산과 내마다 구분이 있어 함부로 들어가지 않는다.
- 삼한에서는 5월에 파종하고 난 후 제사를 올렸다. 이때 사람들이 모여 노래하고 춤추고 밤낮을 쉬지 않고 놀았다. 10월에 농사가 끝나면 이와 같이 제사를 지내고 즐긴다.

– 「삼국지」 위서 동이전 –

THEME 03 고대 사회의 발전

01 고대의 정치

1 고대 국가의 성립

(1) 고대 국가의 성격

① 고대 국가의 형성 : 영역 확대 과정에서 경제력과 군사력 성장 → 왕권 강화

② 중앙집권적 고대 국가 형성

구분	고대 국가 형성	율령 반포	불교 발달	영토 확장
고구려	태조왕	소수림왕	소수림왕	광개토대왕, 장수왕
백제	고이왕	고이왕	침류왕	근초고왕
신라	내물왕	법흥왕	눌지왕, 법흥왕	진흥왕

(2) 삼국의 성립

구분	건국 집단	왕	중앙집권국가 기반
고구려	부여계 유이민+압록강 유역 토착민	태조왕	• 옥저 복속, 낙랑 압박 • 고씨의 왕위 세습
백제	고구려계 유이민+한강 유역 토착민	고이왕	• 한 군현과 항쟁, 한강 유역 장악 • 율령 반포, 관등제 정비, 관복제 도입
신라	유이민 집단(박 · 석 · 김)+경주 토착 세력 → 국가 발전의 지연	내물왕	• 낙동강 유역 진출, 왜구 격퇴(호우명 그릇) • 김씨 왕위 세습, 마립간(대군장) 왕호 사용
가야	낙동강 하류의 변한 지역 → 6가야 연맹	미상	• 농경 문화, 철 생산, 중계 무역(낙랑, 왜) • 중앙집권국가로 성장 한계

2 삼국의 발전과 통치 조직

(1) 삼국의 정치적 발전

구분		고구려	백제	신라
부족 연맹 단계		졸본 사회(B.C. 37)	위례 사회(B.C. 18)	6사로 사회(B.C. 57)
고대 국가 형성기	고대 형성	태조왕(1C 후반)	고이왕(3C 중엽)	내물왕(4C 말)
	율령 반포	소수림왕(4C 후반)	고이왕(3C 중엽)	법흥왕(6C 초)
	불교 공인	소수림왕(4C 후반)	침류왕(4C 말)	법흥왕(6C 초)

구분	고구려	백제	신라
정복 활동기	• 광개토대왕 : 신라에 침입한 왜구 격퇴(호우명 그릇), 광개토대왕비 • 장수왕 : 남진 정책, 충주 고구려비 → 나 · 제 동맹	• 근초고왕 : 마한 정복 및 요서 · 산둥 진출, 규슈 진출(칠지도) • 문주왕 : 웅진 천도(475) • 무령왕 : 지방 통제 강화 • 성왕 : 사비 천도(538), 신라와 연합하여 한강 유역을 일시적으로 수복하였으나, 신라의 배신으로 점령지를 빼앗기고 관산성 전투에서 전사	• 지증왕 : 우산국(울릉도) 복속(512, 이사부) • 법흥왕 : 금관가야 정복(532) • 진흥왕 : 한강 유역 장악 및 대가야 정복(562) → 단양 적성비, 4개의 순수비

(2) 삼국 간 항쟁과 대외 관계

구분		삼국의 상호 경쟁		삼국의 대외 관계
4세기	–	근초고왕	백제 전성기 ↔ 고구려 · 신라 동맹	동진 – 백제 – 왜(칠지도) 전진 – 고구려 – 신라
5세기	제1기	광개토대왕 장수왕	• 고구려 전성기 ↔ 신라 · 백제 동맹 • 중원 고구려비	중국(송 · 제) – 백제 – 왜 중국(송 · 제) – 백제 – 신라
6세기	제2기	법흥왕 진흥왕	• 신라 발전기 ↔ 고구려 · 백제 동맹 • 단양 적성비, 4개 순수비	중국(양 · 진) – 백제 – 왜 중국(양 · 진) – 신라
7세기	제3기	무열왕 문무왕	• 삼국 통일기(남북 진영 ↔ 동서 진영) • 고구려와 수 · 당의 전쟁	돌궐 – 고구려 – 백제 – 왜 수 · 당 – 신라

(3) 삼국의 통치 체제

구분	고구려	백제	신라
통치 체제	국왕 중심의 일원적 통치 체제		
관등	10여 관등(형, 사자)	16관등(솔, 덕)	17관등(찬, 나마)
중앙관제	–	6좌평(고이왕) → 22부(성왕)	병부(법흥왕) 등 10부
합의제도	제가회의(대대로)	정사암회의(상좌평)	화백회의(상대등)
지방행정	5부(수도) – 5부(지방, 욕살)	5부(수도) – 5방(지방, 방령)	6부(수도) – 5주(지방, 군주)
특수 구역	3경(국내성, 평양성, 한성)	22담로(지방 요지)	2소경(충주, 강릉)
군사조직	• 지방 행정 조직=군사 조직 • 지방관=군대의 지휘관(백제 – 방령, 신라 – 군주)		

3 대외 항쟁과 신라의 삼국 통일

(1) 대 중국 전쟁

① 고구려와 수 · 당의 전쟁

㉠ 배경 : 중국의 통일 ↔ 고구려의 대 중국 강경책

㉡ 과정 : 고구려의 요서 선공(598, 영양왕) → 수의 30만 대군 침입 → 수의 대패 → 수의 113만 대군 침입 → 살수대첩(612, 을지문덕) → 수의 멸망(618) → 천리장성 축조(연개소문) → 당 태종의 침입 → 안시성 전투(645, 양만춘)

㉢ 의의 : 민족의 방파제 역할(중국의 침입으로부터 민족을 수호)

② 신라의 삼국 통일

㉠ 배경 : 여 · 제 동맹의 신라 압박, 중국의 고구려 침략 실패(살수대첩, 안시성 전투)

㉡ 과정 : 나 · 당 연합 → 백제 멸망(660) → 고구려 멸망(668) → 나 · 당 전쟁 승리(676, 매소성, 기벌포)

㉢ 의의 : 불완전 통일(외세의 협조, 대동강 이남 통일), 자주적 성격(당 축출), 민족 문화 발전의 토대 마련

(2) 고구려와 백제의 부흥 운동

구분	고구려	백제
근거지	한성(재령), 오골성	주류성(서천), 임존성(예산)
중심 인물	안승, 검모잠, 고연무	복신, 도침, 흑치상지
결과	신라의 도움 → 실패, 발해의 건국(대조영)	왜의 지원(백촌강 전투), 나 · 당 연합군에 의해 실패

4 남북국시대의 정치 변화

(1) 통일신라와 발해의 발전

구분	통일신라	발해
7세기	• 무열왕 : 진골 왕위 세습, 백제 정복(660) • 문무왕 : 고구려 멸망(668), 나 · 당 전쟁 승리 → 삼국 통일(676) • 신문왕 : 조직 정비, 관료전 지급, 국학 설립	고왕 : 진 건국(대조영, 698) → 고구려 부흥
8세기	• 성덕왕 : 전제 왕권 안정, 정전 지급 • 경덕왕 : 녹읍제 부활 • 선덕왕 : 내물왕계 왕위 계승, 왕위 쟁탈전 • 원성왕 : 독서삼품과 실시(788)	• 무왕 : 말갈족 통합, 당과 대결(산둥 반도 공격) → 만주~연해주 영토 확보, 일본에 국서 보냄(고구려 계승 의식) • 문왕 : 당과 친교 · 문화 수용, 상경 천도, 체제 정비(3성 6부제)
9세기	• 헌덕왕 : 무열계의 항거(김헌창의 난, 822) • 문성왕 : 장보고의 난(846) • 진성여왕 : 농민 봉기 발생, 최치원의 시무 10조 건의(과거제도와 유교 정치 이념)	선왕 : 해동성국 칭호, 요하 중류 진출, 지방행정조직 정비(5경 15부 62주)

구분	통일신라	발해
10세기	• 견훤 : 후백제 건국(900) • 궁예 : 후고구려 건국(901) • 왕건 : 고려 건국(918), 신라 멸망(935), 후백제 멸망(936)	애왕 : 거란에 멸망(926)

(2) 고대 국가의 통치 체제

구분	고구려	백제	신라	통일신라	발해
관등	10여 관등 (형, 사자)	16관등(솔, 덕)	17관등(찬, 나마)	–	–
수상	대대로	상좌평	상대등	시중	대내상
중앙관제	대대로가 총괄	6좌평 – 22부	병부 등 10부	집사부 14관청	3성 6부
귀족회의	제가회의	정사암회의	화백회의		정당성
수도	5부	5부	6부	–	–
지방	5부(욕살)	5방(방령)	5주(군주)	9주(총관 → 도독)	15부(도독) – 62주(자사)
특수 구역	3경	22담로	2소경(사신)	5소경(사신)	5경
군사 제도	행정과 군사 일원화(방령, 군주)		1서당 6정	9서당 10정	10위

(3) 신라 말기의 정치 변동과 호족 세력의 성장

① 신라 말기의 정치 변동

㉠ 전제 왕권 몰락 : 왕위 쟁탈전 격화, 귀족 연합 정치 운영(시중<상대등) → 지방 반란 빈발(김헌창의 난)

㉡ 농민 사회의 위기 : 대토지 소유 확대, 농민 몰락(노비나 초적으로 몰락) → 신라 정부에 저항

㉢ 호족 세력의 등장 : 지방의 행정 · 군사권 장악(성주, 군주), 경제적 지배력 행사

㉣ 개혁 정치의 시도 : 6두품 출신의 유학생, 선종 승려 중심 → 골품제 사회 비판, 새로운 정치 이념 제시

② 후삼국의 성립

구분	후백제	후고구려
배경	• 견훤(농민 출신) • 군진 · 호족 세력을 토대로 건국(900)	• 궁예 • 초적 · 호족 세력을 토대로 건국(901)
발전	• 완산주(전주)에 건국 • 우수한 경제력을 토대로 군사적 우위 확보 • 중국과 외교 관계 수립	• 국호(후고구려 → 마진 → 태봉) • 도읍지(송악 → 철원) • 관제 정비 : 광평성 설치(국정 총괄) • 9관등제 실시
한계	• 농민에 대한 지나친 조세 부과 • 신라에 적대적, 호족 세력의 포섭에 실패	• 농민에 대한 지나친 조세 부과 • 미륵 신앙을 이용한 전제 정치 도모

02 고대의 경제

1 삼국의 경제 생활

(1) 삼국의 경제 정책

① 농민 지배 정책의 변화

삼국 초기	삼국 간 경쟁기
주변 소국과의 정복 전쟁	피정복민을 노비처럼 지배하던 방식 개선
• 피정복 토지 · 농민의 국가 재원화 → 토산물 징수 • 공물 수취, 전쟁 포로, 식읍	• 정복민에 대한 수취와 대우 개선 • 신분적 차별과 경제적 부담은 존속

② 수취 체제의 정비와 민생 안정책

수취제도 정비	민생 안정책
• 초기 : 농민에게 전쟁 물자 징수, 군사로 동원 → 농민의 토지 이탈 초래 • 수취 정비 : 합리적 세금 부과 → 곡물 · 포, 특산물, 노동력 동원	• 농업 생산력 향상 : 철제 농기구 보급, 우경 장려, 황무지 개간 권장, 저수지 축조 • 농민 구휼 정책 : 부채 노비 발생 → 진대법 시행

③ 경제 활동

상공업	무역
• 수공업 : 노비가 생산(초기) → 관청 수공업 • 상업 : 도시에 시장 형성 → 시장 감독관청 설치	• 공무역 형태 • 고구려(남북조, 북방 민족), 백제(남중국, 왜), 신라(한강 점령 후 당항성을 통하여 중국과 직접 교역)

(2) 귀족과 농민의 경제 생활

구분	귀족의 경제 생활	농민의 경제 생활
경제 기반	• 본래 소유 토지 · 노비+녹읍 · 식읍+전쟁 포로 • 생산 조건 유리 : 비옥한 토지, 철제 농기구, 소 소유+고리대 이용 → 재산 확대	• 척박한 토지 소유, 부유한 자의 토지 경작 • 농기구 변화 : 돌 · 나무 농기구(초기) → 철제 농기구 보급(4 · 5세기)과 우경 확대(6세기)
경제 생활	• 노비 · 농민 동원 : 토지 경작 강요, 수확물의 대부분 수탈 • 고리대금업 → 농민의 토지 수탈, 농민 노비화 • 생활상 : 기와집, 창고, 마구간, 우물, 주방 등을 갖춤 → 풍족 · 화려한 생활(안악 3호분)	• 농민의 부담 : 곡물 · 삼베 · 과실 부담, 노동력 징발, 전쟁 물자 조달 • 자연 재해, 고리대 → 노비 · 유랑민 · 도적으로 전락 • 생활 개선 노력 : 농사 기술 개발, 경작지 개간 → 농업 생산력 향상

(3) 삼국의 무역

① 4세기 이후 발달(공무역 형태)

② 수출품 : 토산물

③ 수입품 : 귀족 용도 사치품

2 남북국시대의 경제적 변화

(1) 통일신라의 경제 정책

구분	수취 체제의 변화	국가의 토지 지배권 재확립
배경	• 피정복민과의 갈등 해소, 사회 안정 추구 • 촌주를 통해 백성 간접 지배(민정문서)	• 왕토 사상 배경 • 국왕의 권한 강화, 농민경제 안정 추구
변화	• 조세 : 생산량의 1/10 징수 • 공물 : 촌락 단위로 특산물 징수 • 역 : 군역과 요역(16세~60세의 남자)	• 귀족 : 녹읍 폐지 → 관료전 지급 → 녹읍 부활 • 농민 : 정전 지급, 구휼정책 강화 – 민정문서

(2) 통일신라의 경제 활동

① 경제력의 신장 : 농업 생산력 증가, 인구 증가, 상품 생산 증가 → 시장(서시 · 남시) 설치

② 무역의 발달(8세기 이후) : 공무역 · 사무역 발달 → 이슬람 상인 왕래(울산항)

③ 통일신라와 발해의 무역 활동

구분	통일신라	발해
무역	• 대당 무역 : 산둥 반도 – 양쯔강 하류 진출(신라방 · 신라소 · 신라관 · 신라원 설치) • 대일 무역 : 초기 무역 제한 → 8세기 이후 발달 • 장보고의 활약 : 청해진 설치 – 남해 · 황해의 해상 무역권 장악 • 국제 무역 발달 : 이슬람 상인 왕래 – 울산항 • 무역로 : 영암, 남양만, 울산항	• 대당 무역(덩저우 – 발해관) • 대일 무역(동해 해로 개척 → 신라 견제 목적)
수출	견직물, 베, 해표피, 금 · 은 세공품	모피, 말, 인삼 등 토산품, 불상, 유리잔, 자기
수입	비단, 책, 귀족의 사치품	비단, 책, 황금 등 귀족의 수요품

(3) 귀족과 농민의 경제 생활

구분	귀족의 경제 생활	농민의 경제 생활
경제 기반	• 녹읍 · 식읍 바탕 → 조세 · 공물 징수, 노동력 동원 • 통일 후 녹읍 폐지, 관료전 지급, 곡식 분배 • 귀족은 세습 토지, 노비, 목장, 섬 소유	• 시비법 미발달, 척박한 토지 → 적은 생산량 • 귀족의 토지 경작 → 생산량의 1/2 납부
경제 생활	• 당, 아라비아에서 사치품 수입 • 호화 별장 소유(금입택, 사절유택)	• 조세 부담 가혹 : 전세, 공물, 부역 부담 가중 • 귀족과 지방 유력자의 농장 확대, 고리대 → 노비, 유랑민, 도적으로 전락 → 진대법 시행(고국천왕) • 향 · 부곡민 : 농민보다 많은 공물 부담 • 노비 : 왕실, 관청, 귀족, 절 등에 소속되어 물품 제작, 일용 잡무 및 주인의 땅 경작

(4) 민정문서

목적	촌락 단위로 호구, 인구 수, 생산물을 조사 · 파악하여 수취체제 확립
조사대상	농민(남녀 모두)과 노비
작성자	촌주가 매년 조사하고, 촌주가 3년마다 작성
호의 등급	인정의 다과에 따라 9등급
인정의 구분	연령별 · 남녀별로 6등급
토지의 종류	연수유답, 촌주위답, 관모전답, 내시령답 등
시기	경덕왕 시기로 추정, 서원경 부근의 4개 촌락에 관한 기록
발견	1933년 일본 도다이사 정창원

(5) 발해의 경제 발달

① 수취 제도 : 조세(곡물 징수), 공물(특산물 징수), 부역 동원

② 귀족의 생활 : 대토지 소유, 화려한 생활(당의 비단 · 서적 수입)

③ 산업의 발달

농업	밭농사 중심, 일부 지방 벼농사, 목축 · 수렵 발달
어업	고기잡이 도구 개량, 숭어, 문어, 대게, 고래 등 포획
수공업	금속 가공업, 직물업, 도자기업 발달, 철 생산 풍부, 구리 제련술 발달
상업	도시와 교통의 요충지에 상업 발달, 현물 화폐 사용, 외국 화폐 유통

④ 대외 무역 : 당 · 신라 · 거란 · 일본 등과 교역

㉠ 대당 무역 : 발해관 설치(산둥 반도의 덩저우), 수출품(모피, 불상, 자기), 수입품(귀족 수요품 – 비단, 책, 황금 등)

㉡ 대일 무역 : 일본과의 외교 관계 중시 – 활발한 무역 활동 전개

03 고대의 사회

1 신분제 사회의 성립

청동기 · 철기시대	• 정복 전쟁 전개 → 정복과 복속의 부족 간 통합 과정 • 지배층 사이의 위계 서열 형성 → 신분제도(귀족, 평민, 천민)로 발전
초기 국가	• 가와 대가 : 호민을 통해 읍락 지배, 관리와 군사력 소유 → 정치 참여 • 호민과 하호 : 호민(경제적 부유층), 하호(농업 종사 평민) • 노비 : 주인에게 예속된 최하층 천민
고대 국가	• 귀족 : 왕족과 부족장 세력으로 편성, 특권 향유(율령 제정, 골품제도) • 평민 : 신분적 자유민(대부분 농민), 정치 · 사회적 제약, 조세 납부 · 노동력 징발 • 천민 : 노비와 집단 예속민 구성, 전쟁 · 세습 · 형벌 · 부채 노비 발생

2 삼국 사회의 모습

(1) 고구려와 백제의 사회 기풍

구분	고구려	백제
사회 기풍	• 산간 지역 입지 → 식량 생산 부족 • 대외 정복 활동 → 상무적 기풍	• 고구려와 비슷(언어, 풍속, 의복), 상무적 기풍 • 세련된 문화(중국과 교류 → 선진 문화 수용)
법률	• 반역자 · 반란자 → 화형 · 참형(가족은 노비) • 항복자 · 패전자 → 사형 • 절도자 → 12배 배상	• 반역자 · 패전자 · 살인자 → 사형 • 절도자 → 귀양, 2배 배상 • 뇌물, 횡령 관리 → 3배 배상, 종신형
지배층	왕족인 고씨와 5부 출신 귀족	왕족인 부여씨와 8성의 귀족
사회 모습	• 자영 농민 : 조세와 병역 · 요역 의무, 진대법 • 천민과 노비 : 피정복민, 몰락 평민, 부채 노비 • 형사취수제 · 서옥제(지배층), 자유 결혼(평민)	• 지배층 : 한문 능숙, 투호 · 바둑 · 장기 즐김 • 일반 백성 : 농민, 천민, 노비도 존재

(2) 신라의 화백회의와 골품제도, 화랑도

화백회의	• 기원 : 신라 초기의 전통을 오랫동안 유지함 • 구성 : 의장인 상대등(이벌찬)과 진골 출신의 대등 • 운영 : 만장일치제 → 집단의 단결 강화와 부정 방지 • 역할 : 귀족 세력과 왕권의 권력 조절 기능 → 귀족들의 왕권 견제(국왕 추대 및 폐위)
골품제도	• 배경 : 각 족장 세력 통합 편제 → 왕권 강화, 통치 기반 구축 • 구분 : 왕족(성골, 진골), 귀족(6, 5, 4두품) • 역할 : 사회 활동과 정치 활동의 범위 제한, 일상 생활 규제(가옥, 복색, 수레 등 구분)
화랑도	• 기원 : 원시 씨족 사회의 청소년 집단 → 국가 조직으로 발전(진흥왕, 원광의 세속 5계) • 구성 : 화랑(지도자, 귀족 중 선발)과 낭도(귀족 – 평민) • 기능 : 계층 간 대립과 갈등 조절 · 완화, 전통 사회 규범 습득

3 남북국시대의 사회

(1) 통일신라의 사회 변화

구분	사회 모습
민족 문화 발전	삼국 상호 간 혈연적 동질성과 문화적 공통성 바탕 → 민족 문화 발전 계기
민족 통합 노력	• 백제와 고구려 옛 지배층에게 신라 관등 부여 • 백제와 고구려 유민 등을 9서당에 편입
전제 왕권 강화	• 영토와 인구 증가 → 국가 경제력 향상 • 신문왕의 일부 진골 귀족 숙청(김흠돌의 난)
신분제의 변화	• 진골 귀족 위주 사회 : 중앙 관청의 장관직 독점, 합의를 통한 국가 중대사 결정 • 6두품 부각 : 학문적 식견과 실무 능력 바탕 → 국왕 보좌, 고위직 진출 한계 • 골품제의 변화 : 하위 신분층(3두품~1두품)은 점차 희미 → 평민과 동등 간주

(2) 발해의 사회 구조

구분	지배층	피지배층
사회 구성	• 고구려계(왕족 대씨, 귀족 고씨 등) • 중앙과 지방의 주요 관직 독점, 노비와 예속민 소유	• 대부분 말갈인 → 일부는 지배층에 편입 • 촌락의 우두머리로 행정 보조
이원적 사회 체제	• 당의 제도와 문화 수용 • 당에 유학생 파견 → 빈공과 응시	고구려나 말갈 사회의 전통 생활 유지

(3) 통일신라 사회의 생활

도시의 발달	귀족과 평민의 생활
• 수도 금성 : 정치와 문화의 중심지, 귀족의 금입택과 민가 밀집, 거대한 소비 도시 • 5소경 : 지방 문화의 중심지, 과거 백제 · 고구려 · 가야의 지배층, 수도에서 이주한 신라 귀족 거주	• 귀족 생활 : 금입택 거주, 노비 · 사병 소유, 대토지와 목장 수입, 고리대업 소득, 불교 후원, 수입 사치품 선호 • 평민 생활 : 자신의 토지를 경작하거나 귀족의 토지를 빌려 경작, 귀족의 부채 노비화

(4) 통일신라 말의 사회 모순

농민의 몰락	• 귀족들의 정권 다툼, 대토지 소유 확대, 자연 재해 빈번 → 자영농 몰락 촉진 • 대토지 소유자의 조세 회피 → 농민 부담 가중
지방 세력 성장	지방 토착 세력과 사원의 대토지 소유 → 신흥 세력으로 등장
농민 봉기 발발	중앙 정부의 기강 극도 문란, 국가 재정의 고갈, 강압적 조세 징수 → 원종 · 애노의 난(889)

04 고대의 문화

1 학문과 사상 · 종교

(1) 한자의 보급과 교육

① 한학의 발달

㉠ 한자의 보급 : 철기시대(경남 창원 다호리에서 붓 출토) → 삼국시대(지배층 사용 – 유교, 불교, 도교의 서적들을 이해)

㉡ 한학의 발달 : 이두와 향찰 사용 → 한문의 토착화, 한문하의 보급

② 역사 편찬과 유학의 보급

구분	고구려	백제	신라	통일신라	발해
교육 기관	• 태학(경서, 역사) • 경당(한학, 무술)	박사 제도 (경전과 기술 교육)	화랑도	• 국학(신문왕) • 독서삼품과 (원성왕)	• 주자감 (유교 경전) • 당의 빈공과 합격

구분	고구려	백제	신라	통일신라	발해
대표적 한문	• 광개토대왕릉비문 • 중원고구려비문 • 을지문덕 5언시	• 개로왕의 국서 • 사택지적비문 • 무령왕릉지석	• 울진봉평신라비 • 진흥왕 순수비 • 임신서기석	• 강수(외교 문서) • 설총(이두 정리) • 최치원(「계원필경」, 「토황소격문」, 「제왕연대력」)	• 정혜공주 묘지 • 정효공주 묘지 • 한시 (양태사, 왕효렴)
역사	「유기」, 「신집」 (이문진, 영양왕)	「서기」 (고흥, 근초고왕)	「국사」 (거칠부, 진흥왕)	「화랑세기」, 「고승전」(김대문)	발해 문자 사용

(2) 불교의 수용

① 불교 사상의 발달

구분	불교의 전래	불교 사상의 발달	
시기	중앙집권체제 정비 무렵	통일신라	발해
과정	• 고구려 : 소수림왕(372) • 백제 : 침류왕(384) • 신라 : 눌지왕~법흥왕(528)	• 원효(「대승기신론소」, 「금강삼매경론」, 「십문화쟁론」) • 의상(「화엄일승법계도」 – 화엄사상 성립) • 혜초(「왕오천축국전」)	• 고구려 불교 계승 • 정효공주 묘지 : 대흥보력효감금륜성법대왕(大興寶曆孝感金輪聖法大王) → 문왕(불교적 성왕 자칭)
주체	왕실, 귀족 주도	불교의 대중화	왕실, 귀족 주도
사상	업설, 미륵불 신앙	아미타 신앙(원효), 관음 사상(의상)	관음 신앙, 법화 신앙
영향	• 새로운 국가 정신 확립 • 왕권 강화의 이념적 토대 • 문화 발전에 기여	삼국 불교 토대+중국과 교류 → 불교 사상의 확대와 본격적 이해 기반 확립	많은 사원과 불상 조성

② 선종의 등장 : 불립문자(不立文字) · 견성성불(見性成佛) → 실천적 경향

구분	교종	선종
시기	신라 중대	신라 하대
내용	교리(경전 연구) → 형식, 권위 중시	참선(개인 수양) → 전통, 권위 부정
지지 기반	중앙 진골 귀족	지방 호족, 6두품
종파	5교	9산
영향	전제 왕권 옹호, 조형 미술 발달	• 조형 미술 쇠퇴, 승탑 · 탑비 발달 • 지방 문화의 역량 증대, 고려 사회 건설의 사상 바탕

(3) 도교와 풍수지리설의 전래

구분	도교의 전래	풍수지리설 전래
내용	• 고구려(사신도, 연개소문의 장려 ↔ 열반종) • 백제(산수무늬 벽돌, 백제 금동 대향로) • 발해(정효공주 묘지의 불로장생)	• 신라 말기 전래(도선) : 신라 정부의 권위 약화 • 고려시대 : 서경 길지설 – 북진 정책의 근거 • 조선시대 : 산송 문제 발생 → 현재까지 계승
영향	• 산천 숭배나 신선 사상과 결합 • 귀족 사회를 중심으로 전래	• 인문지리학설 : 국토의 효율적인 이용과 관련 • 도참 신앙 결합 : 지방 중심의 국토 재편성 주장

2 과학 기술의 발달

구분	발달 내용
천문학	• 농경과 밀접한 관련, 왕의 권위를 하늘과 연결 • 고구려 천문도(고분 벽화의 별자리 그림), 신라 첨성대(현존 세계 최고의 천문대) • 「삼국사기」: 천문 현상 관측 기록(일월식, 혜성 출현, 기상 이변 등)
수학	• 고구려 : 고분의 석실 · 천장의 구조 • 백제 : 정림사지 5층 석탑 • 신라 : 황룡사 9층 목탑, 석굴암의 석굴 구조, 불국사 3층 석탑 · 다보탑
인쇄술	• 인쇄술 : 무구정광대다라니경(현존하는 세계 최고의 목판 인쇄물) • 제지술 : 닥나무 종이 재료 – 통일신라의 기록 문화 발전에 크게 기여
금속 기술	• 고구려 : 우수한 철제 무기와 도구 출토 – 고분 벽화에 묘사 • 백제 : 금속 공예 기술 발달 – 칠지도, 백제 금동 대향로 • 신라 : 금 세공 기술 발달(금관, 금속 주조 기술 발달) – 성덕대왕 신종
농업 기술	• 고구려 : 쟁기갈이, 보습 사용 • 백제 : 수리 시설 축조, 철제 농기구 개량 → 논농사의 발전 • 신라 : 우경 보급 확대, 농기구의 보급(쟁기, 호미, 괭이의 사용)

3 고대인의 자취와 멋

(1) **고분과 고분 벽화** : 굴식돌방무덤에서 벽화 발견 – 패기와 진취성 표출(고구려), 부드럽고 온화한 기풍(백제)

구분		대표적 고분	고분 양식	특징
고구려	초기	장군총	돌무지무덤	7층 계단식 무덤
	후기	강서대묘, 무용총	굴식돌방무덤	벽화 발달(사신도, 사냥 그림)
백제	한성시대	석촌동 고분	돌무지무덤	고구려의 영향
	웅진시대	송산리 고분	굴식돌방무덤	거대한 규모, 사신도 발견
		무령왕릉	벽돌무덤	중국 남조의 영향
	사비시대	능산리 고분	굴식돌방무덤	규모가 작고 세련, 사신도 발견
신라		천마총	돌무지 덧널무덤	목재 덧널, 거대한 규모
통일신라		문무왕릉	수중릉	화장 유행, 불교 영향
		김유신묘	굴식돌방무덤	둘레돌, 12지 신상 조각
발해		정혜공주묘	굴식돌방무덤	모줄임 천장 구조(고구려 고분과 유사), 돌사자상 출토
		정효공주묘	벽돌무덤	묘지(불로장생 · 도교적 성격)와 벽화 발굴

(2) 건축과 탑

① 건축 : 남아 있는 고분과 궁궐터를 통해 건축 양식을 짐작할 수 있음

구분	건축물	시기	특징
고구려	안학궁	장수왕	궁궐 건축 중 가장 큰 규모, 남진 정책의 기상 반영
백제	미륵사	무왕	백제의 중흥 반영, 중앙에 목탑 · 동서에 석탑 배치
신라	황룡사	진흥왕	신라의 팽창 의지, 황룡사 9층 목탑(선덕여왕)
통일신라	불국사	8세기 중엽	불국토의 이상 표현(조화와 균형 감각)
	석굴암		아름다운 비례와 균형의 조형미
	동궁과 월지(안압지)		뛰어난 조경술, 귀족 생활의 화려함
발해	상경 구조	–	당의 수도(장안성) 모방, 외성과 주작대로, 온돌 장치

② 탑 : 부처의 사리를 봉안하여 예배의 주대상으로 삼음

구분	대표적 탑	특징
고구려	–	주로 목탑 건립, 현존하는 탑 없음
백제	익산 미륵사지 석탑	목탑 양식의 석탑, 서탑만 일부 존재
	부여 정림사지 5층 석탑	안정되면서 경쾌한 모습
신라	황룡사 9층 목탑	거대한 규모, 고려시대 몽고 침입으로 소실
	분황사 모전 석탑	벽돌 모양의 전탑 양식 모방
통일신라	감은사지 3층 석탑	장중하고 웅대, 삼국 통일을 달성한 기상 반영
	불국사 3층 석탑	석가탑, 통일신라 석탑 양식의 전형, 높은 예술성과 건축술 반영
	화엄사 4사자 3층 석탑	4마리의 사자가 탑을 이루고 있는 형태, 뛰어난 예술성
	진전사지 3층 석탑	기단과 탑신에 부조로 불상을 조각
	승탑과 탑비	팔각원당형 기본, 선종의 영향 및 지방 호족의 정치적 역량이 성장하였음을 반영
발해	영광탑	누각식 전탑, 동북지역에서 현존하는 가장 오래된 탑

(3) 불상 조각과 공예

① 불상 조각

구분	대표적 불상	특징
고구려	연가 7년명 금동 여래 입상	북조 양식, 고구려의 독창성 가미(강인한 인상과 은은한 미소)
백제	서산 마애 삼존불상	부드러운 자태와 온화한 미소
신라	경주 배리 석불 입상	푸근한 자태와 부드럽고 은은한 미소
	금동 미륵보살 반가 사유상	날씬한 몸매와 그윽한 미소
통일신라	석굴암 본존불과 보살상	균형잡힌 모습과 사실적인 조각
발해	이불병좌상	고구려 양식 계승

② 공예

구분	대표적 공예	특징
백제	백제 금동 대향로	백제 금속 공예 기술의 우수성을 나타냄
	칠지도	백제에서 일본에 보냄, 금으로 상감한 글씨
발해	자기 공예	가볍고 광택, 종류 · 모양 등이 매우 다양, 당에 수출
	벽돌과 기와 무늬	고구려의 영향, 소박하고 힘찬 모습
	상경 석등	발해 석조 미술의 대표, 발해 특유의 웅대한 느낌
통일신라	무열왕릉비 받침돌	거북이가 힘차게 전진하는 생동감 있는 모습
	법주사 쌍사자 석등, 불국사 석등	단아하면서도 균형 잡힌 걸작
	성덕대왕 신종	맑고 장중한 소리, 경쾌하고 아름다운 비천상
	상원사종	우리나라에서 가장 오래된 범종(725)

(4) 글씨, 그림, 음악, 한문학, 향가

글씨	광개토대왕 비문	웅건한 서체
	김생	질박하고 굳센 독자적 서체, 집자비문(고려시대)
	정혜공주와 정효공주 묘지	4 · 6변려체
그림	천마도	경주 황남동 천마총, 신라의 힘찬 화풍
	솔거	황룡사 벽에 그린 소나무 그림
	화엄경 변상도	섬세하고 유려한 모습, 신라 그림의 높은 수준 반영
음악	고구려 왕산악	진의 7현금을 개량하여 거문고 제작, 악곡 지음
	백제	고구려와 비슷, 일본 음악에 영향
	신라 백결 선생	방아타령을 지어 가난한 사람들을 달램
	가야 우륵	가야금을 만들고 12악곡을 지음
한문학	황조가	고구려 유리왕이 이별의 슬픔을 노래
	여수장우중문시	을지문덕이 수의 장수에게 보낸 오언시
향가	구지가	무속 신앙과 관련된 노래
	회소곡	노동과 관련된 노래
	정읍사	민중들은 어려운 생활 속에 그들의 소망을 노래로 표현
	혜성가	10구체 향가, 주술적 성격
	삼대목	진성여왕 시기 대구화상과 위홍이 편찬
설화 문학	에밀레종 설화, 설씨녀 이야기, 효녀 지은 이야기 등	일반 서민들 사이에서 구전

4 일본으로 건너간 우리 문화

백제	고구려	신라	통일신라
• 아직기(한자 교육) • 왕인(천자문과 논어 보급) • 노리사치계(불경과 불상 전달)	• 담징(종이 · 먹의 제조 방법 전달, 호류사의 금당 벽화) • 혜자(쇼토쿠 태자의 스승) • 혜관(불교 전파)	• 배 만드는 기술(조선술) • 제방 쌓는 기술(축제술)	• 원효, 설총, 강수의 불교 · 유교 문화 • 심상의 화엄 사상 – 일본 화엄종 발달에 영향
• 고류사 미륵 반가 사유상 • 호류사 백제 관음상 • 백제 가람 양식	다카마쓰 고분 벽화 (수산리 고분 벽화와 흡사)	한인의 연못	일본에서 파견해 온 사신을 통해 전해짐
야마토 조정 성립(6세기경), 아스카 문화 형성(7세기경)			하쿠호 문화 성립

THEME 04 중세 사회의 발전

01 중세의 정치

1 중세 사회의 성립과 전개

(1) 고려의 성립과 민족의 재통일

① 고려의 성립

구분	후백제	후고구려 → 마진 → 태봉	고려
건국자	견훤(호족+군사)	궁예(초적+호족)	왕건(호족+해상+선종 세력)
수도	완산주(전주)	송악 → 철원	송악
기타	• 중국, 일본 등과 외교 관계 수립 • 신라에 적대적	• 미륵신앙 이용, 전제 정치 도모 • 연호 무태, 골품제를 대신할 신분 제도 모색 • 백성과 신하들의 지지 확보 실패	• 나주 점령 → 후백제 견제 • 호족 세력 포섭, 친 신라 정책

② 중세 사회의 성립

구분	고대 사회	중세 사회	문화의 폭 확대와 질 향상
정치	진골 귀족	호족, 문벌귀족	• 고대 문화의 혈족적 관념과 종교(불교)의 제약에서 탈피 • 유교 사상 발달과 불교의 선종과 교종의 융합 • 대외 문화와의 교류 확대 – 송, 원, 서역 문화 • 지방 문화의 수준 향상 – 지방 세력이 문화의 주인공으로 등장
사회	친족 중심 (골품제, 폐쇄적 사회)	능력 본위 (개방적 사회)	
사상	불교 – 왕권 강화	유교 정치 이념 정립	
문화	귀족 중심 문화	문화의 폭 확대 · 질 향상	
민족의식	민족의식 결여	민족의식 강화 (북진정책)	

(2) 정치 구조의 정비

① 태조(918~943)의 통치 기반 강화

민생 안정	취민유도, 조세 경감(1/10세), 억울한 노비 해방, 흑창 설치
통치 기반 강화	• 관제 정비 : 개국 공신과 호족을 관리로 등용(태봉+신라+중국 제도) • 호족 통합 : 정략 결혼, 호족의 중앙 관리화 및 향직 부여(호장, 부호장 등), 역분전 지급, 사성(賜姓) 정책 • 호족 통제 : 사심관제도(우대), 기인제도(감시) • 통치 규범 정립 : 「정계」와 「계백료서」(관리의 규범), 훈요 10조(후대 왕들에게 정책 방안 제시)

북진 정책 추진	• 고구려 계승자 강조(국호 – 고려, 서경 중시) • 발해 유민 포섭, 북방 영토 확장(청천강~영흥만) • 거란 강경책(만부교 사건, 942)

② 광종(949~975)의 개혁 정치

노비안검법(956) 실시	• 불법적으로 노비가 된 자를 해방 • 호족의 경제적, 군사적 기반 약화 → 왕권 강화 • 조세, 부역 담당자인 양인의 확보 → 국가 재정 기반 강화
과거 제도(958) 실시	신구 세력 교체 → 문치주의, 새로운 관리 선발 기준 마련
백관의 공복 제정	사색 공복(자, 단, 비, 록) → 관료 기강 확립
주현공부법 실시	지방의 주 · 현 단위로 공물과 부역 징수, 국가 수입 증대
공신과 호족 세력 숙청	전제 왕권 확립
칭제 건원(稱帝建元)	황제 칭호, 독자적 연호 사용(光德, 峻豊) – 자주성 표현

③ 성종(981~997)의 유교적 정치 질서의 강화

유교정치 실현	• 6두품 출신의 유학자들이 국정 주도 • 최승로의 시무 28조 채택 : 왕권의 전제화 규제, 행정의 기능 강화
정치 체제 정비	• 지방 세력 견제 : 12목에 지방관 파견, 향리 제도 마련 • 유학 교육 진흥 : 국자감 정비, 과거제 정비, 경학 · 의학 박사의 지방 파견, 문신월과법 시행 • 중앙통치기구 개편 : 당+송+신라+태봉 → 독특한 정치 체제 마련(2성 6부) • 사회정책 : 노비환천법(987) 시행, 의창제도 실시, 상평창 설치(서경 및 12목), 자모상모법, 면재법

2 문벌귀족 사회의 성립과 동요

(1) 문벌귀족 사회의 성립

① 문벌귀족 사회의 전개

㉠ 성격 : 진취적 · 개방적 사회 → 보수적 · 배타적 사회(음서제, 공음전)

㉡ 과정 : 지방 호족 → 문벌귀족 → 무인세력 → 권문세족 → 신진사대부(향리, 과거)

㉢ 영향 : 문벌귀족 사회 동요 → 붕괴(이자겸의 난, 묘청의 서경 천도 운동)

② 문벌귀족 사회의 모순

정치 특권	과거, 음서제 → 고위 관직 독점(중서문하성과 중추원의 재상 등)
경제 특권	과전(관직), 공음전(자손에게 세습), 사전(賜田), 토지 겸병
사회 특권	왕실 및 귀족 상호 간의 중첩적인 혼인 관계 → 왕실 외척의 지위 이용하여 정권 장악

(2) 문벌귀족 사회의 동요

구분	이자겸의 난(1126)	묘청의 서경 천도 운동(1135)
배경	문벌귀족 사회 모순 → 정권 장악 시도	서경파(북진주의) ↔ 개경파(사대주의)
과정	이자겸 · 척준경의 난 → 개경 궁궐 소실 → 내분 · 실패	서경 천도 추진 · 좌절 → 묘청 반란(국호 – 대위국, 연호 – 천개, 군대 – 천견충의군) → 실패
영향	왕실 권위 하락, 문벌귀족 사회의 붕괴 발단(민심 동요)	서경파 몰락, 서경의 지위 격하(분사제도 폐지), 숭문천무 정책의 노골화, 문벌귀족 체제 강화 → 무신정변 발생 원인
의의	문벌귀족 사회의 붕괴 촉진	문벌귀족 사회 내부의 모순 표출

(3) 무신 정권의 성립

① 무신정변(1170)

㉠ 배경 : 지배층의 정치적 분열, 숭문천무 현상 심화, 군인의 경제적 궁핍, 의종의 실정

㉡ 과정 : 무신 정권 수립(정중부의 난, 1170) → 권력 쟁탈전 전개 → 최씨 정권시대 전개(1196~1258)

㉢ 영향 : 무신 독재 정치(중방), 전시과 체제의 붕괴, 사회의 동요(반 무신난, 농민 · 천민의 난)

1170~1174~1179~1183~1196				1196~1258	1258~1271
무신 정권 형성기				확립기	붕괴기
정중부, 이의방	정중부	경대승	이의민	최씨 정권시대	김준, 유경 → 임연, 임유무
중방		도방	중방	교정도감, 정방, 서방, 도방, 삼별초	교정도감, 정방

② 최씨 정권시대(1196~1258) : 4대 60년간(최충헌 → 최우 → 최항 → 최의)

최충헌의 독재(1196~1219)	최우의 정치(1219~1249)
• 봉사 10조의 개혁안 • 무단 독재 기구 : 교정도감(정적 감시), 도방 • 농장 확대(진주 지방), 진강부 설치	• 정방 설치 : 문 · 무 인사권 장악 • 서방 설치 : 문신들의 숙위기구, 문신 등용 • 삼별초 조직 : 사병이면서 공적 임무역할 • 항몽 투쟁 : 강화 천도

③ 사회의 동요

반 무신의 항거	• 동북면 병마사 김보당(1173), 서경 유수 조위총의 난(1174) • 교종 세력의 반발 : 무신 정권의 교종 불교 탄압 → 귀법사, 흥왕사 등 승려들의 난
농민 · 천민의 난	• 망이 · 망소이의 난(1176) : 공주 명학소의 소민들이 일으킨 봉기 → 향 · 소 · 부곡이 소멸되는 계기 • 김사미 · 효심의 봉기(1193) : 경상도 운문과 초전, 신라 부흥을 표방, 농민들의 봉기 • 만적의 난(1198) : 천민들의 신분 해방 운동 • 최광수의 난(1217) : 서경, 고구려 부흥을 표방 • 이연년의 난(1237) : 담양, 백제 부흥을 표방

3 고려 후기의 정치 변동

(1) 원의 내정 간섭

자주성의 시련	인적 · 경제적 수탈
• 여 · 몽 연합군의 일본 원정(1274, 1281) • 영토 축소(쌍성총관부, 동녕부, 탐라총관부) • 관제 격하(2성 → 첨의부, 6부 → 4사, 중추원 → 밀직사) • 내정 간섭(정동행성, 만호부, 다루가치) • 원의 부마국 지위	• 공녀, 매(응방), 특산물 징발 • 몽고풍 유행, 고려양, 조혼 풍속

(2) 공민왕의 개혁 정치

① 공민왕의 개혁 : 14세기 후반 원 · 명 교체기의 혼란 이용

반원 자주 정책(대외)	왕권 강화 정책(대내)
• 친원 세력 숙청, 정동행성 이문소 폐지 • 관제 복구, 몽고풍 일소 • 쌍성총관부 수복, 요동 공략	• 신돈의 등용, 권문세족 억압 • 정방 폐지(신진사대부 등용), 전민변정도감 설치 • 유학 교육 강화 : 성균관, 과거제도 정비

② 신진사대부의 성장

㉠ 출신 배경 : 무신 집권기 이래 과거를 통해 진출한 지방 향리 자제 출신

㉡ 정치 활동 : 성리학 수용, 불교의 폐단 시정 추구, 권문세족의 비리와 불법을 견제

㉢ 성장 한계 : 권문세족의 인사권 독점으로 관직 진출 제한, 경제적 기반 미약

(3) 고려의 멸망

① 정치 상황

구분	대내	대외
배경	고려 사회의 모순 심화	홍건적과 왜구의 침입
정치상황	• 권문세족의 정치 권력 독점, 토지 겸병 확대 • 백성의 생활 궁핍	• 홍건적 침입(개경 함락, 공민왕 피난) • 왜구 침입(전국 해안 지방 황폐화)
영향	신진사대부의 개혁 요구	신흥무인세력 성장

② 조선의 건국

㉠ 배경 : 홍건적과 왜구의 격퇴 과정에서 신흥무인세력 성장(최영, 이성계의 큰 전과)

㉡ 과정 : 요동 정벌론(최영)과 4불가론(이성계) 대립 → 위화도 회군(1388) → 전제 개혁(과전법) → 조선 건국(1392)

㉢ 영향 : 근세 사회의 성립

4 통치 체제의 정비

(1) 중앙의 통치 조직

정치 조직	2성(재부)	• 중서문하성 – 중서성, 문하성 통합 기구(문하시중 : 수상) – 국가 정책 심의 · 결정(재신, 2품 이상), 간쟁 · 봉박 · 서경(낭사, 3품 이하) • 상서성 : 행정업무 집행, 6부(이 · 병 · 호 · 형 · 예 · 공부)
	중추원(추부)	군국 기무 담당(추밀, 2품 이상), 왕명 출납(승선, 3품 이하)
	삼사	국가 회계업무 담당(화폐와 곡식의 출납)
	어사대	감찰 기구(풍속 교정, 관리들의 비리 감찰)
귀족 중심의 정치	귀족 합좌 회의 기구	• 도병마사 : 국방 문제 담당 → 도평의사사(도당)로 개편되어 국정 전반 관장 • 식목도감 : 법의 제정 및 각종 시행 규정의 제정
	대간제도	• 기능 : 어사대의 관원과 중서문하성의 낭사로 구성 → 간쟁, 봉박, 서경 • 성격 : 왕과 고관의 활동을 지원하거나 제약 → 정치 운영에 견제와 균형

(2) 지방행정조직의 정비

5도 양계	편제	• 5도(일반 행정 단위 – 안찰사) – 주 – 군 – 현 – 촌 • 양계(국경 지대, 병마사) – 진(군사적 특수 지역)
	기타	주현<속현 – 향리(호장, 부호장 – 실제 행정 업무 담당)
특수 행정 구역	3경	풍수지리와 밀접(개경, 서경, 동경 → 남경)
	도호부	군사적 방비의 중심지
	향 · 부곡 · 소	하층 양민들의 집단 거주 지역

(3) 군역제도와 군사 조직

중앙군	편제	• 2군(국왕의 친위 부대) : 응양군, 용호군 • 6위(수도 경비와 국경 방어) : 좌우위, 신호위, 흥위위, 금오위, 천우위, 감문위
	기타	• 직업 군인으로 편성 : 군적에 등록, 군인전 지급, 군역 세습 • 상장군, 대장군 등의 무관이 지휘
지방군	주현군(5도)	농병 일치 → 보승 · 정용(전투, 방위), 일품군(노동 : 향리가 지휘)
	주진군(양계)	국방의 주역을 담당한 상비군(좌군, 우군, 초군) → 국경 수비
특수군	광군(정종)	거란 대비
	별무반(숙종)	신보군, 신기군, 항마군 → 여진 정벌
	삼별초	최씨 정권의 사병, 항몽 투쟁
	연호군	왜구 대비, 양천혼성부대

(4) 관리임용제도

과거제도	음서제도
법적으로 양인 이상 응시 가능	공신과 종실의 자손, 5품 이상의 고관 자손
문과(제술과, 명경과), 승과, 잡과(기술관)	가문을 기준
• 능력 중심의 인재 등용 → 유교적 관료 정치 토대 마련 • 무과의 미실시 • 백정(농민)은 주로 잡과에 응시	• 특권적 신분 세습 가능 • 과거 출신자보다 음서 출신자가 더 높이 출세 • 고려 관료 체제의 귀족적 특성을 반영

5 대외 관계의 변화

(1) 고려시대 각국의 상호 관계

고려 초기 각국의 상호 관계	13세기 초 동아시아의 정세
• 고려 : 북진정책과 친송정책 → 거란 견제 • 송과 거란의 관계 : 대립적 • 거란 : 송과 친교 관계를 맺고 있는 고려를 경계 • 정안국(발해 유민이 건국)의 친송 정책 : 거란 자극	• 고려 : 최씨 무신 정권 확립기 • 몽고의 등장 : 칭기즈칸에 의해 통일(1206) • 거란족 : 금의 쇠약을 틈타 대요수국 건설(1216) • 금의 장수 포선만노가 동진국 건설(1216)

(2) 대외 관계의 변화

구분	거란족	여진족	몽고족	홍건적과 왜구
배경	북진정책, 친송정책, 정안국의 친송정책	여진족 통합 → 정주까지 남하	강동성의 역 → 몽고의 지나친 공물 요구	고려 말 정치 기강 문란
전개	• 강동 6주 획득(서희) • 개경 함락, 양규의 선전 • 귀주대첩(강감찬) • 천리장성, 나성 축조	• 동북 9성 축조(윤관) ↓ • 군신관계 요구 · 수용 (이자겸이 수락)	• 강화도 천도(최우) • 처인성 승리(김윤후) • 8만대장경 조판 • 천민과 노비의 저항	• 홍건적 침입(서경, 개경 함락) → 공민왕 복주(안동)까지 피난 • 왜구 격퇴(진포, 홍산, 황산) • 쓰시마 정벌(박위)
특수군	광군 조직	별무반 편성	삼별초 항쟁	화포 제작(화통도감)
영향	고려 · 송 · 거란의 세력 균형 구도 형성	북진정책 좌절	자주성 시련	신흥무인세력 성장

02 중세의 경제

1 경제 정책

(1) 국가 재정의 운영

재정 운영 원칙	국가와 관청 종사자에게 조세 수취 권리가 포함된 토지 지급
재정 운영 근거	토지 대장인 양안과 호구 장부인 호적 작성
재정 운영 관청	• 호부 : 호적과 양안 작성 → 인구와 토지 파악 · 관리 • 삼사 : 재정 관련 사무 담당, 실제 업무는 각 관청이 담당
재정의 지출	녹봉, 일반 비용, 국방비, 왕실 경비, 관청 비용

(2) 수취제도

조세	공물	역	기타
토지를 논 · 밭으로 구분	가구별 포나 토산물 징수	백성의 노동력 무상 동원	특수 생산 종사자
• 비옥도에 따라 3등급으로 구분 • 생산량의 1/10 징수	• 상공(매년) • 별공(필요에 따라 수시)	• 요역(공사) • 군역(군대)	• 어염세(어민) • 상세(상인)
조운 제도(조창 → 개경)	조세<공물 부담	16세에서 60세의 정남	재정에 사용

(3) 전시과제도와 토지 소유

① 토지제도의 정비 : 귀족 사회의 안정적 운영 – 수조권만 지급, 사망 · 퇴직 시 국가 반납

구분	시기	지급 대상	지급 기준	비고
역분전	태조	개국 공신	충성도, 인품	논공행상 성격
시정전시과	경종	직산관	관등, 인품	역분전의 성격
개정전시과	목종	직산관	관등(18관등)	문관 우대
경정전시과	문종	현직 관리	관등(18관등)	공음전 병행

② 토지 종류

전시과	지급 대상	모든 문무 관리 대상 – 관등 기준(18등급)
	지급 내용	전지와 시지의 수조권 지급, 수조권 세습 불가
	지급 원칙	소유권(국가), 수조권(관리), 경작권(농민)
	토지 종류	• 과전 : 문무 관리에게 보수로 지급 • 공음전 : 5품 이상 고위 관리 → 문벌귀족의 세습적인 경제적 기반 • 한인전 : 6품 이하 하급 관료 자제 → 관인 신분의 세습 목적 • 군인전 : 군역 대가(중앙군) → 군역 세습으로 토지 세습 • 구분전 : 하급 관료 · 군인의 유가족 → 생활 대책 마련 • 외역전(향리), 내장전(왕실 경비), 공해전(관청 운영), 사원전(사원)

민전	백성 사유지	• 소유권 보장(매매, 상속, 기증, 임대 가능), 국가에 세금 납부(1/10) • 민전은 전시과와 더불어 고려시대 토지 제도의 근간 형성

③ 전시과의 붕괴

녹과전 지급 (1271, 원종)	• 녹봉을 보충할 목적으로 관리에게 지급한 토지 • 경기8현의 토지 한정
과전법 시행 (1391, 공양왕)	• 권문세족의 토지 몰수 · 재분배, 신진사대부의 경제적 기반 마련 • 경기에 한정하여 전지만 지급

2 경제 활동

(1) 귀족과 농민의 경제 생활

구분	귀족의 경제 생활	농민의 경제 생활
경제 기반	• 상속 받은 토지(공음전 · 공신전 – 1/2 징수)와 노비(솔거 노비, 외거 노비) • 과전(1/10 조세)과 녹봉(1년 2회) • 농장 : 권력과 고리대 → 토지 강탈, 매입 · 개간	• 자영 농민 : 민전 경작 • 소작 농민 : 국 · 공유지, 타인 소유지 경작 • 기타 : 품팔이, 가내 수공업(삼베, 모시, 비단 등)
경제 생활	• 큰 누각 · 지방 별장 소유 • 화려하고 사치스러운 생활 영위	• 경작지 확대 : 진전 · 황무지 개간, 저습지 · 간척지 개간 • 농업 기술 개발 : 수리 시설 발전, 종자 · 농기구 개량, 시비법 · 깊이갈이 발달, 윤작법 · 이앙법 보급 • 고려 후기 : 권문세족의 농장 확대 → 소작인 · 노비 몰락

(2) 상공업 활동

수공업 활동	상업 활동
• 관청 수공업 : 공장과 농민 부역 • 소(所) 수공업 : 먹 · 종이 · 옷감 등 제품을 공물로 납부 • 민간 수공업 : 농촌 가내 수공업 형태 • 사원 수공업 : 기술있는 승려, 노비 활용 • 관청 · 소 수공업 중심(전기) → 사원 · 민간 수공업 발달(후기)	• 도시 : 시전(개경) · 관영 상점(대도시) · 비정기 시장 설치, 경시서 설치 • 지방 : 관아 근처 시장 형성, 행상의 활동 • 사원 : 곡물과 수공업품을 민간인에게 판매 • 고려 후기 : 개경 시전 규모 확대, 항구 · 조운로 · 육상로 중심의 상업 발달, 소금 전매, 벽란도가 상업의 중심지로 떠오름

(3) 농업의 발달

전기	후기
• 휴한농법(휴경지) • 윤작법(2년 3작) 등장	• 심경법, 시비법 발달로 휴경지 감소 • 윤작법 확대 • 이앙법, 목화, 「농상집요」(이암) 전래

(4) 화폐 주조와 고리대의 유행

구분	화폐 주조	보
배경	정부의 재정 확충 및 경제 활동 장악 의도	고리대 성행 → 농민의 토지 상실, 노비화
내용	건원중보, 삼한통보, 해동통보, 해동중보, 활구(은병)	기금 이식 사업(학보, 경보, 팔관보, 제위보 등)
결과	귀족들의 불만, 자급자족적 경제 구조로 유통 부진 → 곡식이나 삼베가 유통의 매개체	농민 생활의 폐해 등 부작용 발생

(5) 무역 활동

대송 무역	• 벽란도(예성강)와 합포(마산)가 국제 무역항으로 번성 • 비단 · 약재 · 책 수입 ↔ 종이 · 인삼 · 나전칠기 · 화문석 수출
거란 · 여진	은 · 말 · 모피 등 수입 ↔ 식량 · 문방구 · 철제 농기구 등 수출
일본	• 송, 거란, 여진에 비해 부진 → 11세기 후반부터 내왕 • 수은 · 유황 수입 ↔ 식량 · 인삼 · 서적 수출
아라비아	• 수은 · 향료 · 산호 수입 • 고려(Corea)의 이름이 서방에 알려짐
원 간섭기	• 공무역과 함께 사무역도 활발 → 상인들의 독자적 무역 활발 • 금 · 은 · 소 · 말의 과도한 유출이 사회 문제화

03 중세의 사회

1 고려의 신분제도

(1) 사회 신분

구분	구성	특징
귀족	왕족, 5품 이상 고위 관료	• 음서와 공음전 혜택, 개경 거주, 중첩된 혼인 관계 유지 • 문벌귀족 → 무신세력 → 권문세족
중류층	잡류(중앙관청의 말단 서리), 남반(궁중 실무 관리), 향리, 군반(하급 장교), 역리, 역관	• 호족 출신 : 향리 편제(호장, 부호장 등), 지방의 실질 지배층, 하층 향리와 구별(통혼 관계, 과거 응시 자격) • 말단 행정직 : 직역 · 토지 세습
양민	일반 농민과 상공업 종사자, 특수 집단민	• 백정 농민 : 과거 응시 가능, 군인 선발 가능, 납세 의무, 민전 경작 • 향 · 소 · 부곡민 : 법적 양민 – 거주 이전 금지, 국자감 입학 금지, 과거 응시 금지 • 역 · 진의 주민 : 육로 교통과 수로 교통에 종사
천민	대다수 노비(가장 천시)	• 노비 지위 : 재산 간주, 매매 · 증여 · 상속의 대상, 일천즉천(종모법) • 종류 : 공노비(입역 노비, 외거 노비), 사노비(솔거 노비, 외거 노비) • 외거 노비 : 농업 종사, 신공 납부, 지위 상승과 재산 증식 가능

(2) 지배층의 변화

구분	문벌귀족	권문세족	신진사대부
출신 배경	호족, 공신, 6두품 계열	문벌귀족, 무신, 친원 세력	하급 관리, 향리
관직 진출	과거<음서	음서, 도평의사사 장악	과거(학자적 관료)
경제 기반	대토지 소유(공음전, 과전)	대농장 소유(부재 지주)	지방 중소 지주
사상 성향	불교 · 유교, 보수적	불교, 보수적	성리학 수용, 진취적 · 개혁적
대외 정책	북진 정책 → 점차 보수 · 사대화	친원 외교	친명 외교

2 백성들의 생활 모습

(1) 농민의 공동 조직, 사회 시책

향도(불교 신앙 조직)	사회시책	사회제도
• 신앙적 성격 : 매향 활동 – 불상 · 석탑 · 사찰 조성 • 농민 조직 발전 : 공동체 생활을 주도 – 마을 노역, 혼례와 상장례, 민속 신앙	• 농번기에 농민 잡역 동원 금지 • 재해 시 조세 · 부역 감면 • 고리대 이자율의 법제화 • 황무지나 진전 개간 – 일정 기간 면세 혜택	• 빈민구제기관 : 흑창, 의창 • 물가조절기관 : 상평창 • 의료기관 : 동서대비원, 혜민국 • 재해대비기구 : 구제도감, 구급도감 • 보 : 제위보, 학보, 광학보, 경보, 팔관보

(2) 법률과 풍속, 가정 생활

법률	• 기본법 : 당률을 참작한 71개조 법률 시행, 대부분 관습법 따름 • 지방관의 사법권 행사, 유교 윤리 강조(반역죄와 불효죄는 중죄)
상장제례	• 정부 : 유교적 의례 권장 • 민간 : 토착 신앙+불교 전통 의식+도교 신앙 풍속 거행
명절	정월 초하루, 삼짇날, 단오, 추석 등
혼인	• 일부일처제(여자 18세, 남자 20세 전후 혼인) • 왕실에서는 근친혼 성행 → 중기 이후 금지령 실시
여성의 지위	• 자녀 균분 상속, 딸도 제사 모심, 출생 순 호적 기재, 사위의 처가 입적 가능 • 사위와 외손자 음서 혜택, 여성의 재가 허용(→ 소생 자식의 사회적 진출 무차별)

3 고려 후기의 사회 변화

(1) 무신 집권기 하층민의 봉기

사회 변화	백성의 저항
• 신분제 동요 → 하층민에서 권력층 가담(이의민) • 무신들 간 대립과 지배 체제의 붕괴 • 백성에 대한 통제력 약화	• 조위총의 반란(서경) • 망이 · 망소이의 봉기, 김사미 · 효심의 봉기 • 만적의 봉기(신분 해방 추구)

(2) 몽고의 침입과 백성의 생활

몽고 침입 시	원 간섭기
• 자력 항쟁으로 충주 다인철소와 처인부곡 승리 • 몽고의 과도한 공물 수탈 • 두 차례 일본 원정에 동원되어 많은 희생	• 친원 세력이 권문세족으로 성장 • 몽고풍 유행, 고려양 전래, 공녀 요구 → 조혼 문제

(3) 왜구의 침략

① 왜구의 침입 : 왜구 침략 격퇴 과정에서 신흥무인세력 성장

㉠ 홍산전투(1376) : 최영

㉡ 황산전투(1380) : 이성계

㉢ 진포대첩(1380) : 나세 · 최무선, 화통도감 설치

㉣ 대마도 토벌(1389) : 박위

② 홍건적의 침입 : 1차 침입 때 이승경 · 이방실 등이, 2차 침입 때 정세운 · 이방실 · 안우 등이 활약

04 중세의 문화

1 유학의 발달과 역사서의 편찬

(1) 유학의 발달

구분	유학 학풍	교육 발달	대표 학자
초기	자주적 · 주체적, 과거제 실시	국자감, 향교 설치	최승로, 김심언
중기	보수적 · 사대적, 문벌귀족 사회 발달	사학 12도 발달	최충, 김부식
무신 집권기	유학 쇠퇴, 문벌귀족 몰락	교육 활동 위축	신진사대부 성장
원 간섭기	성리학 수용, 실천적 기능 강조	관학 진흥	안향, 이제현, 백이정 등
고려 말기	사회 개혁적, 배불론(정도전, 「불씨잡변」)	성균관 부흥	정몽주, 정도전 등

(2) 교육 기관

① 국자감

학부	경사 6학	입학자격
유학부	국자학	3품 이상 자제
	태학	5품 이상 자제
	사문학	7품 이상 자제
기술학부	율학 · 서학 · 산학	8품 이상 자제
	그 외 학문	해당 관청 교육

② 교육 기관의 변화

관학 장려	사학의 융성	관학 진흥책
• 국자감 정비(중앙) : 유학부, 기술학부 • 향교 설치(지방) : 지방 관리와 서민의 자제 교육	사학 12도 융성(최충의 9재 학당 등) → 관학 위축	• 숙종 : 서적포 설치 • 예종 : 국학 7재, 양현고, 청연각, 보문각 설치 • 인종 : 경사 6학 정비, 유학 교육 강화 • 충렬왕 : 섬학전, 문묘 건립 • 공민왕 : 성균관 부흥(순수 유교 교육)

(3) 역사서의 편찬 : 유학의 발달, 유교적인 역사 서술 체계 확립

초기	중기	무신정변 이후	후기
고구려 계승 의식	신라 계승 의식	자주적 역사 의식 (고구려 · 고조선)	성리학적 유교 사관
「7대 실록」 (황주량, 편년체 사서)	「삼국사기」 (김부식, 기전체 사서), 「고금록」(박인량)	「해동고승전」(각훈), 「동명왕편」(이규보), 「삼국유사」(일연), 「제왕운기」(이승휴)	「본조편년강목」(민지), 「사략」(이제현)
자주적 사관의 역사서	보수적이고 합리적인 유교 의식	민족적 자주 의식 +전통 문화 이해	정통 · 대의 명분 중시

2 불교 사상과 신앙

(1) 불교 정책

① 불교 정책 : 호국적 · 현세 구복적 성격 → 국가 보호

태조	광종	성종	현종 이후
불교 국가의 방향 제시	승과제도 실시	유교 정치 이념 채택	국가 보호로 융성
• 훈요 10조 • 연등회 · 팔관회 개최	• 국사 · 왕사제도 설치 • 불교 통합 노력(귀법사 창건) • 천태종 연구(의통, 제관) • 「천태사교의」(제관)	연등회 · 팔관회 폐지	• 현화사 · 흥왕사 건립 • 연등회 · 팔관회 부활 • 초조대장경 조판
• 사원 : 사원전 지급, 승려의 면역 혜택 부여 • 향도 : 불교와 함께 토속 신앙의 면모도 보이며, 불교와 풍수지리설이 융합된 모습도 보임			

② 불교통합운동

구분	천태종(의천)	조계종(지눌)
배경	불교 의식의 폐단 노출(법상종과 화엄종 발달)	선종 부흥과 신앙결사운동 전개(수선사 등)
과정	교종 > 선종	선종 > 교종
중심 사찰	국청사	송광사
결사 운동	백련결사(요세)	정혜결사(지눌)
후원 세력	문벌귀족	무신 정권

구분	천태종(의천)	조계종(지눌)
특징	• 교종 사상의 통합 노력 • 교관겸수, 내외겸전 • 원효의 '화쟁사상' 중시	• 선 · 교 일치 사상 완성 • 정혜쌍수, 돈오점수 • 불교 개혁 운동(독경, 선 수행, 노동)
영향	• 불교의 폐단 시정 대책 미흡 • 의천 사후 교단 분열, 귀족 중심 불교 지속	유 · 불교 사상 일치설(혜심) : 심성 도야 강조 → 성리학 수용 기반 형성

③ 대장경 조판

구분	초조대장경(현종)	속장경(숙종, 의천)	팔만대장경(몽고 침입 시)
배경	• 불교에 대한 이해 체계의 정비, 불교 관련 서적의 체계화 필요성, 호국 불교적 성격 • 경장(부처 설법 결집), 율장(교단 계율 결집), 논장(교리 연구 논문 결집)으로 구성		
조판	• 거란 퇴치 염원 • 불교의 교리 정리	• 교장도감 설치 • 신편제종교장총록 작성(불서 목록) • 장 · 소 간행(대장경 주석서)	• 대장도감 설치(최우) • 몽고 퇴치 염원 • 강화도에서 판각
현재	몽고 침입으로 소실		합천 해인사에 보관

(2) 도교와 풍수지리설

구분	도교	풍수지리설
배경	불로장생 · 현세 구복 추구	도참 사상이 가미되어 크게 유행
내용	• 국가의 안녕과 왕실의 번영 기원(초제 성행) • 팔관회(도교, 민간 신앙, 불교 복합 행사)	• 서경 길지설 : 북진 정책 배경 → 묘청의 서경 천도 운동 • 남경 길지설 : 한양 명당설 → 한양 천도의 근거
영향	불교적 요소 · 도참 사상 수용 → 일관성 결여, 교단 성립 못함	훈요 10조에서 중시, 비보 사찰 건립, 과거를 통해 풍수지리 관리 등용

3 과학 기술의 발달

(1) 천문학과 의학 : 전통 과학 기술 계승, 중국과 이슬람 과학 기술 수용, 국자감의 잡학 교육, 잡과 실시

천문학	• 사천대(서운관) 설치 : 천문과 역법 담당 관청 → 천문 관측 기록 풍부(일식, 혜성 등) • 역법 연구 발전 : 당의 선명력(초기), 원의 수시력(충선왕)
의학	• 태의감 : 의료 업무 담당, 의학 교육 실시, 의과 시행 • 자주적 의학 발달 : 「향약방」, 「향약구급방」 편찬
인쇄술	• 목판 인쇄술 : 대장경 간행 • 금속 인쇄술 : 「상정고금예문」(1234), 「직지심체요절」(1377) • 제지술 : 닥나무 재배 장려, 종이 제조 전담 관서 설치
무기 제조	• 화약 : 최무선(화통도감) → 왜구 격퇴(진포 대첩) • 조선 기술 : 대형 범선 제조, 대형 조운선, 전함 등장

(2) 농업 기술의 발달

권농 정책	토지 개간 장려(광종), 무기의 농기구화(성종)
농업 기술	• 토지 개간과 간척 : 묵은 땅, 황무지, 산지 등 개간 → 해안 지방의 저습지 간척 • 수리 시설 개선 : 벽골제와 수산제 개축, 제언 확충, 해안의 방조제 축조 • 농법 발달 : 시비법 · 녹비법 발달, 이앙법 보급, 2년 3작의 윤작법 보급, 깊이갈이(심경법) • 중국 농법 보급 : 「농상집요」(이암), 목화 전래(문익점)

4 귀족 문화의 발달

(1) 문학의 성장

시기	갈래	특징	대표적 작가 · 작품
전기	한문학	과거제 실시와 문치주의의 영향, 독자적	박인량, 정지상 등
	향가	한시에 밀려 점차 퇴조	「보현십원가」 11수(균여전, 불교 대중화)
중기	한문학	당(시) · 송(산문) 문화를 숭상하는 풍조	최충, 김부식
무신 집권기	수필 문학	문신들의 낭만적 · 현실 도피적 경향	「국순전」(임춘)
		형식보다는 내용에 치중, 현실을 제대로 표현	「동국이상국집」(이규보)
	경기체가	신진사대부, 향가 형식 계승	「한림별곡」, 「관동별곡」, 「죽계별곡」 등
	패관 문학	설화 형식으로 현실 비판	「백운소설」, 「역옹패설」, 「파한집」(이인로), 「보한집」(최자)
후기	가전체 문학	현실을 합리적으로 파악	「국선생전」, 「국순전」, 「죽부인전」
	장가	서민 생활 감정 표현(속요)	「청산별곡」, 「가시리」, 「쌍화점」 등
	한시	유학자를 중심으로 발전	이제현, 이곡, 정몽주

(2) 건축과 조각

건축	궁궐과 사찰 중심, 단아하고 세련된 특성	• 주심포 양식 : 봉정사 극락전, 부석사 무량수전, 수덕사 대웅전 • 다포 양식 : 성불사 응진전(후기 건물 → 조선시대 건축에 영향)
석탑	신라 양식 일부 계승 +독자적 조형미 → 다양한 형태	• 전기 : 개성 불일사 5층 석탑(고구려 양식 계승), 개성 현화사 7층 석탑(신라 양식 계승) • 중기 : 월정사 8각 9층 석탑(다각 다층, 송의 영향), 무량사 5층 석탑(백제 양식 계승) • 후기 : 경천사 10층 석탑(원 모방, 조선 원각사지 10층 석탑의 원형)
승탑	선종 유행과 관련	고달사지 승탑(팔각원당형 계승), 법천사 지광국사 현묘탑
불상	균형미 부족, 시기와 지역에 따라 다양	• 대형 불상 축조 : 광주 춘궁리 철불(하남 하사창동 철조석가여래좌상) • 민심 안정에 대한 소망 반영 : 관촉사 석조보살입상, 안동 이천동 석불 • 전통 양식 계승 : 부석사 소조 아미타여래 좌상(조화와 뛰어난 균형미)

(3) 청자와 공예

자기 공예	• 특징 : 신라 · 발해의 전통+송의 자기 기술 → 독특한 미 완성 • 순수 청자(11세기) → 상감 청자(12~13세기) → 분청 사기의 등장(15세기, 원 간섭기 이후 퇴조) • 도요지 : 강진, 부안
금속 공예	불교 도구 중심 발전 : 은입사 기술 발달(청동 은입사 포류 수금문 정병, 향로)
나전 칠기	경함, 화장품갑, 문방구 → 현재까지 전함

(4) 글씨 · 그림과 음악

서예	• 전기 : 구양순체 유행, 신품 4현(유신, 탄연, 최우, 김생) • 후기 : 송설체(조맹부) 유행, 이암
회화	• 왕실과 귀족의 취미로 발달, 도화원 설치 • 이령(예성강도), 공민왕(천산대렵도 – 원대 북화의 영향), 문인화의 유행 • 불화 : 관음보살도(혜허), 부석사 조사당 사천왕상 · 보살상, 사경화
음악	• 아악(대성악) : 송에서 수입 → 궁중 음악, 전통 음악으로 발전 • 향악(속악) : 고유 음악이 당악의 영향으로 발달, 동동 · 대동강 · 한림별곡

THEME 05

근세 사회의 발전

01 근세의 정치

1 근세 사회의 성립과 전개

(1) 조선의 건국

① 고려 말의 정세

㉠ 배경 : 고려 말 사회 모순(권문세족의 횡포), 홍건적 · 왜구의 침입 → 신진사대부와 신흥무인세력 성장

㉡ 과정 : 명의 철령위 설치 요구 → 요동 정벌론 대두 → 위화도 회군(1388) → 전제 개혁 → 조선 건국(1392) → 국호 · 수도 변경

㉢ 의의 : 근세 사회의 전개(모범적 유교 정치, 능력 존중 사회, 민족 문화의 기반 확립)

② 권문세족과 신진사대부

구분	권문세족	신진사대부
출신	중앙 고관	지방 향리
정계 진출	음서 바탕	과거 바탕
경제 기반	대농장 소유	중소지주
사상	비 유학자, 불교 신봉	성리학자, 불교 배척(정도전)
외교	친원파	친명파
역사 의식	주체성 미약	강한 민족 의식

③ 근세 사회의 특징

정치	• 왕권 중심의 중앙집권적인 관료 체제 마련 • 왕권과 신권의 조화, 모범적인 유교 정치 추구
경제	• 자영농의 증가와 경작권 보장 • 향 · 소 · 부곡의 폐지 • 과전법 실시
사회	• 양인 수의 증가와 권익 신장 • 과거 제도의 정비, 개인의 능력이 보다 존중됨
문화	• 교육 기회 확대 • 정신 문화와 물질 문화의 균형 발전을 통한 민족 문화 발달, 근세 사회로의 전환

(2) 국왕 중심의 통치 체제 정비와 유교 정치의 실현 노력

태조 (1392~1398)	왕조의 기틀 마련	• 조선 국호 제정 • 한양 천도 : 교통과 군사의 중심지, 풍부한 농업 생산력 보유 • 정도전 활약 : 민본적 통치 규범 마련(「조선경국전」), 재상 중심 정치 주장, 성리학 통치 이념 확립(「불씨잡변」)
태종 (1400~1418)	국가 기반 확립	• 개국 공신 세력의 견제와 숙청 : 왕권 확립 • 국왕 중심의 통치 체제 : 의정부 설치, 6조 직계제, 사간원 독립, 신문고 설치 • 경제 기반 안정과 군사력 강화 : 양전 사업 실시, 호패법 시행, 사원전과 사원 노비 몰수 · 제한, 억울한 노비 해방, 사병 폐지
세종 (1418~1450)	유교 정치 문화의 확립	• 유교 정치의 실현 : 집현전의 육성 · 유학자 우대 • 의정부 서사제 실시 : 재상 합의제로 정책을 심의, 왕권과 신권의 조화 추구 • 유교적 의례의 실천 : 유교식 국가 행사, 「주자가례」 장려 • 유교적 민본 사상의 실현 : 왕도 정치 – 인재 등용, 국민 여론 존중 • 국토 확장(압록강~두만강) : 4군 6진 개척(김종서, 최윤덕), 대마도 정벌 • 민족 문화 발전 : 한글 창제, 측우기, 앙부일구 등 과학기구 발명 등
세조 (1455~1468)	왕권의 재확립과 집권 체제의 강화	• 왕권 재확립 : 6조 직계제, 집현전과 경연 폐지, 직전법 실시, 보법 제정 및 5위 · 진관체제 실시 • 「경국대전」 편찬 착수 • 중앙집권과 부국강병 : 권신과 지방 세력 억제(유향소 폐쇄)
성종 (1469~1494)	유교적 집권 체제의 완성	• 홍문관 설치 : 학문 연구(집현전 계승), 왕의 자문 기구 • 학술 연구 : 경연 부활 및 경연 참여의 폭 확대 • 「경국대전」 반포 : 조선의 기본 통치 방향과 이념 제시 • 성리학적 질서 확립 : 사림파 등용, 유향소 부활, 도첩제 폐지 • 관수관급제 실시 : 국가의 토지 지배력 강화 • 편찬사업 : 「동국여지승람」, 「동국통감」, 「동문선」, 「악학궤범」, 「국조오례의」 등

(3) 유교적 통치 이념(성리학 명분론)

정치적	덕치주의와 민본 사상을 바탕으로 하는 왕도 정치 구현
사회적	• 양반 중심의 지배 질서와 가족제도에 종법 사상이 응용 • 신분적으로 양천 구분과 직역의 법제화, 유교적 가부장적 가족 원리 • 성리학적 사회 윤리 확산
경제적	지배층의 농민 지배 허용 – 지주전호제
국제적	평화 추구의 친선 정책으로 국제적 긴장 관계 완화
사상적	불교, 도교, 토속신앙을 배격하고 유교사상으로 흡수하고자 함

2 사림의 대두와 붕당 정치

(1) 훈구와 사림

구분	훈구파	사림파
학통	관학파(근기 지방)	사학파(영남 · 기호 지방)
학문 경향	사장 중심 – 다른 사상도 포용	경학 중심 – 성리학 이외의 사상 배격
정치 체제	부국강병, 중앙집권	왕도 정치, 향촌자치제
역사 의식	자주적 사관(단군 숭상)	중국 중심 세계관(기자 중시)
경제 기반	대농장 소유	향촌의 중소 지주
의의	15세기의 민족 문화 정리	16세기 정치 · 사상 주도

(2) 사림의 정치적 성장

① 사림의 정계 진출

㉠ 중앙 정계 진출 : 전랑과 3사의 언관직 담당(성종, 김종직) → 훈구 세력의 비리 비판

㉡ 사림 등용 배경 : 세력 균형 추구 → 훈구 세력 견제

② 사화와 붕당의 발생

구분	사화	붕당 정치
배경	훈구파(중앙) → 사림파(지방)	사림파 분열(양반 수 증가 → 관직 · 토지 부족)
과정	무오사화 → 갑자사화 → 기묘사화 → 을사사화	4색 붕당 형성(북인, 남인, 노론, 소론)
영향	16세기 이후 정권 장악	정치 활성화 → 정치 기강 문란, 왕권 약화
전개	서원, 향약	지방 농장, 족당, 학파 → 언론

더 알아보기

조선의 4대 사화

무오사화 (1498, 연산군)	• 삼사를 중심으로 결집한 사림과 강력한 왕권을 표방한 훈구와의 갈등 • 김종직의 '조의제문' 사초 수록 문제 • 김일손 등 사림 처벌, 김종직 부관참시
갑자사화 (1504, 연산군)	• 폐비 윤씨 사건 • 사림뿐만 아니라 훈구 세력도 처벌
기묘사화 (1519, 중종)	• 조광조의 급진적인 개혁 정치 • 위훈 삭제 추진 : 훈구 공신들의 반발로 조광조를 비롯한 사림 세력 대거 처벌
을사사화 (1545, 명종)	• 왕위 계승을 둘러싼 외척 간의 갈등 : 윤원형(소윤) 일파 vs 윤임(대윤) 일파 • 윤원형 일파가 윤임 일파를 대거 숙청하고 정국 주도

(3) 조광조의 개혁 정치

정치	• 현량과 실시(사림 등용) • 위훈 삭제 추진(훈구파 제거 시도)
문화	성리학적 질서 추구 : 불교 · 도교 행사 폐지, 소격서 폐지 → 유교식 의례 장려
사회	• 향약 시행 : 향촌 자치 추구 • 소학의 전국적 보급
경제	방납의 폐단 시정 : 수미법 건의

(4) 붕당의 출현과 전개 : 사림의 정계 주도 → 선조 때 정권 장악

① 동 · 서 분당 : 척신 정치의 잔재 청산 방법을 둘러싼 대립 → 이조 전랑 자리 다툼

구분	동인	서인
출신 배경	신진 사림(선조 때부터 정치 참여)	기성 사림(명종 때부터 정치 참여)
정치적 입장	• 철저한 사림 정치 실현 – 수기(修己) 강조 • 지배자의 도덕적 자기 절제 강조 • 원칙 중시	• 척신 정치 개혁에 소극적 – 치인(治人) 강조 • 제도 개혁을 통한 부국 안민 • 현실 중시
학맥	• 김효원 지지 세력 • 이황 · 조식 · 서경덕의 학문 계승	• 심의겸 지지 세력 • 이이 · 성혼의 문인 중심

② 붕당 정치의 전개

초기	동인이 우세한 가운데 정국 운영
동인의 분당	정여립 모반 사건(1589) 계기 → 남인(온건파, 초기 정국 주도)과 북인(급진파, 임진왜란 후 – 광해군)으로 분당
광해군	북인의 정국 주도 → 전후 복구사업, 중립외교정책, 인조 반정으로 몰락(서인 주도)
인조 반정 이후	• 서인 중심으로 정국 운영 → 남인 일부와 연합(서인과 남인의 공존 체제) • 서원 중심으로 모여진 정치적 여론을 중앙정치에 반영 • 친명배금정책, 척화주전론 주장(서인) → 정묘 · 병자호란 초래
효종	북벌운동 추진(서인)
현종	서인과 남인의 정치적 대립 → 기해예송(서인 정권 지속), 갑인예송(남인의 득세)
숙종	경신환국(1680)으로 공존의 틀 붕괴 → 붕당의 변질, 서인이 노론 · 소론으로 분화

더 알아보기

예송논쟁

구분	기해예송 (제1차 예송논쟁, 1659)	갑인예송 (제2차 예송논쟁, 1674)
분쟁 원인	효종의 상 때 자의대비의 복제 문제	효종 비의 상 때 자의대비의 복제 문제
서인	1년설(기년설)	9개월설(대공설)
남인	3년설	1년설
채택	서인(1년설)	남인(1년설)

③ 붕당 정치의 성격

㉠ 정치적, 학문적 경향에 따라 결집 → 정파적, 학문적 성격

㉡ 복수의 붕당이 공존 → 상호 견제와 비판을 통한 정치 운영 형태

㉢ 지방 사림 세력의 정치적 성장 → 정치 참여층의 기반 확대

긍정적인 면	부정적인 면
• 여론을 수렴하여 정국 운영 → 공론의 중시 • 3사의 언관과 이조 전랑의 정치적 비중 증대 → 상대 세력 견제, 자기 세력 확대 • 산림(재야의 공론 주도 지도자) 출현 • 서원, 향교 : 지방 사족의 의견 수렴	• 신하들 간의 파당 형성 → 국론의 분열 • 의리와 명분에 치중 → 현실 문제 경시 • 지배층의 의견만 정치에 반영

3 통치 체제의 정비

(1) 중앙정치조직

① 양반관료 체제 확립

㉠ 「경국대전」 체제 : 문 · 무반 관리의 정치 · 행정 담당 → 경관직(중앙관)과 외관직(지방관)으로 편제

㉡ 18등급의 품계 : 당상관(관서 책임자)과 당하관(실무 담당)으로 구분

※ 정1품부터 종6품까지는 상계, 하계로 나누어져 실제로는 30등급

② 의정부와 6조 체계

의정부	재상 합의제, 국정 총괄	행정의 통일성과 전문성, 효율성의 조화
6조	• 직능에 따라 행정 분담 • 이 · 호 · 예 · 병 · 형 · 공조	
3사	• 사간원(간쟁), 사헌부(감찰), 홍문관(학술 및 언론) • 권력의 독점과 부정 방지 • 경연 : 학문과 정책 토론(왕－신하), 정책 자문 및 정책 협의를 통한 정책 결정 • 서경 : 관리 임명에 대한 동의권(5품 이하), 양사(사간원, 사헌부)의 대간이 담당	
왕권 강화 기구	승정원(국왕 비서 기구), 의금부(국가의 큰 죄인을 다스림)	
문한기구	예문관(국왕 제서, 사초기록 등), 성균관(국립 대학), 교서관(출판, 축문), 승문원(외교문서)	
춘추관	역사서 편찬 및 보관 담당	
한성부	수도의 행정과 치안 담당	

(2) 지방행정조직

① 중앙집권체제 강화

구분	중세 사회	근세 사회
행정 조직	• 5도(행정 – 안찰사) – 주 · 군 · 현 – 속현 • 양계(군사 – 병마사) – 진(진장)	• 8도(관찰사) – 부 · 목 · 군 · 현 – 면 · 리 · 통 • 수령 권한 강화(행정 · 군사 · 사법권 행사)
특징	• 속현(관리 파견 ×)>주현(관리 파견 ○) • 향 · 소 · 부곡 존재	• 모든 군현에 관리 파견 • 향 · 소 · 부곡을 일반 군현으로 승격
향리 지위	향리 지위 강화(지방 세력의 실지적 지배자, 외역전 세습, 문과 응시 허용)	향리 지위 약화(수령의 행정 실무 보좌, 무보수, 문과 응시 제한, 세습직 아전)
지방 통제	사심관, 기인제도	경재소, 지방관 견제(상피제와 임기제)

② 향촌 사회

㉠ 면 · 리 · 통 제도 : 주민 중에서 책임자 선임(면임, 이정, 통주) → 수령의 정령 집행(인구 파악, 부역 징발)

㉡ 양반 중심의 향촌 사회 확립 : 사심관 분화 → 유향소(지방민 자치 허용), 경재소(향청과 중앙 정부 간 연락 기능)

(3) 군역제도와 군사 조직

① 군사 조직 : 양인개병, 농병일치 원칙 → 보법 구성(정군과 보인), 호적제도와 호패제도

중앙군	• 5위(의흥위, 용양위, 호분위, 충좌위, 충무위) • 궁궐과 서울 수비 – 지휘 책임은 문반 관료가 담당 • 정군(현역 군인, 서울 또는 군사적 요충지에 근무), 보인(정군의 군역 경비 부담) • 갑사(시험으로 선발된 직업 군인), 특수병(공신과 고급 관료 자제)
지방군	• 육군(병영), 수군(수영)으로 조직 – 농민 의무병(정병) • 건국 초기 : 국방상 요지인 영 · 진에 소속 · 복무 • 세조 이후 : 진관 체제(군현 단위의 독자적 방위 체제)
잡색군	정규군 외의 예비군(서리, 잡학인, 신량역천인, 노비 등), 평상시 – 본업, 유사시 – 향토 방어

② 교통 · 통신제도 : 봉수제(군사 통신), 역참제(육로), 조운제(수로, 세곡의 수송, 지방 · 조창 → 한양 · 경창)

(4) 관리등용제도

① 과거제도

문과	대과 (문과)	• 식년시(3년마다 실시하는 정기 시험), 부정기 시험(알성시, 증광시 등) • 초시(각 도의 인구 비례 선발) → 복시(33명 선발) → 전시(석차 결정) • 합격자 : 홍패 수여 • 소과에 합격한 생원, 진사에게 응시 자격을 주었으나 후에는 큰 제한이 없어짐
	소과 (생진과)	• 생진과(생원과, 진사과) : 초시(700명) → 복시(100명) • 합격자 : 백패 수여, 성균관 입학하거나 문과 응시 또는 하급 관리
무과		• 무관 선발 시험(병조) – 28명 선발 • 합격자 : 홍패 수여, 선달
잡과		• 해당 관청에서 교육, 기술관 선발(역과–사역원, 율과–형조, 의과–전의감, 음양과–관상감) • 합격자 : 백패 수여

② 고려 · 조선의 과거제도와 음서제도

구분	고려	조선
특징	음서 발달, 무과 없음	음서 제한, 무과 실시
과거제도의 종류	• 문과(제술과, 명경과) • 잡과(의학, 천문학, 음양 지리) • 승과(교종선, 선종선)	• 문과(생진과, 대과) • 잡과(역과, 율과, 의과, 음양과) • 무과(문무 양반제도의 확립)
자격	양인 이상(원칙) · 귀족 독점(실제)	양인 이상(상공업자, 승려, 무당, 노비 등은 응시 불가)
음서제도	5품 이상 귀족 자제 · 귀족적 성격	2품 이상 제한 · 관료적 성격

③ 기타 관리등용 방법

기타 관리등용 방법	인사관리제도
• 취재 : 간단한 시험, 하급 관리 선발(녹사, 서리) • 천거 : 학덕이 높은 자를 추천(기존 관리 대상) • 음서 : 2품 이상의 고관 자제	• 상피제 : 권력의 집중과 부정 방지 • 서경제 : 5품 이하 관리 임명 시 양사(사헌부, 사간원)에서 심사(인사의 공정성 도모) • 근무 평가 : 승진 및 좌천의 자료

4 조선 초기의 대외 관계

(1) 명과의 관계 : 사대 정책 → 왕권의 안정과 국가의 안전 보장

초기	• 요동 정벌 준비, 표전문제, 여진과의 문제로 마찰 • 태종 이후 정상화
사대 정책	• 왕권 안정과 국제적 지위 확보, 조공 무역 • 사절 교환, 문화적 · 경제적 교류 활발
실리 외교	자주적 실리 · 문화 외교, 공무역 성격

(2) 중국 이외의 주변 민족 : 교린 정책 → 회유와 토벌의 양면 정책

① 여진 · 일본과의 관계

구분	강경책	회유책
여진	• 국경에 진 · 보 설치 • 4군 6진 설치(압록강~두만강, 오늘날의 국경선) • 사민정책	• 귀순 장려(관직, 토지 제공) • 국경 무역 허용(경원, 경성에 무역소, 북평관 설치) • 토관제도
일본	쓰시마 토벌(세종, 이종무)	• 3포 개항(1426, 부산포 · 제포 · 염포) • 제한적인 조공 무역 허용(1443, 계해약조)

② 동남아시아와의 관계

㉠ 류큐, 시암, 자와(자바) 등과 교류

㉡ 수입 – 각종 토산품, 수출 – 옷, 문방구 등

㉢ 류큐에 불경, 유교 경전, 범종 등을 전해 주어 문화 발전에 기여

5 양난의 극복과 대청 관계

(1) 임진왜란(1592)

① 전란의 극복과 영향

㉠ 배경 : 조선의 국방력 약화와 국론 분열, 일본 전국시대의 혼란 수습 → 명과 조선 침략

㉡ 과정 : 부산진(정발), 동래성(송상현) 패배 → 충주 탄금대 전투(신립) 패배 → 선조 피난(의주) → 한양과 평양 함락 → 수군 승리와 의병 항쟁 → 명 참전과 전열의 정비 → 명 · 일본 간 화의 교섭 → 화의 결렬 후 정유재란 발발(1597) → 명량해전 승리 → 왜군 철수

㉢ 영향

- 국내 영향 : 인구 격감(기근 · 질병, 일본에 포로), 국가 재정 궁핍, 신분제 동요, 문화재 소실, 사대인식(재조지은) 강화
- 국외 영향 : 일본 문화의 발전(성리학 및 도자기 문화 발달), 여진족 성장 · 명 쇠퇴(명 · 청 교체기)

② 수군의 승리와 의병의 항쟁

수군의 승리	의병의 항쟁
이순신의 남해 제해권 장악	농민 주축, 전직 관리 · 사림 · 승려 지도
• 곡창 지대인 전라도 보존 • 왜군의 수륙 병진 작전 좌절	• 향토 지리에 맞는 전술 구사 • 관군에 편입 • 정인홍, 곽재우, 휴정(서산대사), 유정(사명대사) 등 활약

(2) 호란의 발발과 전개

① 광해군의 전후복구정책

내정 개혁	북인 정권의 수립, 양안·호적의 재작성, 대동법 실시(경기 지역), 군사력 강화, 「동의보감」 편찬, 사고 정비(4대 사고 → 5대 사고)
외교 정책	실리외교의 추진 : 명과 후금 사이에 중립외교

② 정묘호란과 병자호란

구분	정묘호란(1627)	병자호란(1636)
원인	친명배금 정책, 명의 모문룡 군대의 가도 주둔, 이괄의 잔당이 후금에 투항	청의 성립과 군신 관계 요구 → 조선의 거부
경과	후금의 침입 → 정봉수, 이립의의병 활약	청의 침입 → 남한산성에서 항전(주화파와 척화파 대립)
결과	형제 관계 수립	• 군신 관계 수립 • 북벌운동의 전개, 청에 대한 적개심 고조

③ 대북방 운동

구분	북벌론의 대두(17세기)	북학론의 대두(18세기)
배경	• 명분론 → 척화주전론 • 청에 대한 적개심과 문화적 우월감	• 현실론 → 주화파 • 청의 국력 신장과 문물의 발달
전개	효종(군대 양성, 성곽 수리) → 숙종(북벌의 움직임 제기) → 북학론 발전	청의 실체를 인정 → 선진 문물 도입(상업 중시, 대외무역 활성화, 서양의 과학 기술 수용)
영향	서인의 정권 유지 수단 이용(남인 진출 견제) → 5군영 설치(어영청, 총융청, 수어청 등)	박지원, 박제가, 홍대용 등 중상주의 실학자 → 19세기 후반 개화사상 형성에 영향

④ 나선 정벌 : 러시아의 남하 → 청의 원병 요청 → 변급(1654), 신유(1658) 등 두 차례에 걸쳐 조선 총수병의 실력 입증

02 근세의 경제

1 경제 정책

(1) 농본주의 경제 정책

구분	중농정책	상공업의 통제
배경	재정 확충과 민생 안정 방안 추구	사치와 낭비 억제, 농업 피폐화 · 빈부 격차 심화 우려, 사농공상의 차별적 직업관
경제	• 농경지 확대 : 토지 개간 장려, 양전 사업 실시 • 농업 생산력 향상 : 새로운 농법과 농기구 개발 • 농민의 조세 부담 경감	• 유교적 경제관 : 검약 생활 강조, 소비 억제 • 도로와 교통 수단 미비 • 화폐 유통, 상공업 활동, 무역 등 부진
정책	왕도 정치의 우선 과제 – 민생 안정	16세기 이후 국가의 통제력이 약화되면서 국내 상공업과 무역 활발

(2) 과전법의 시행과 변화

구분	과전법	직전법	관수관급제	녹봉제
시기	고려 말(공양왕)	세조	성종	명종
대상	현 · 퇴직 관리 – 사후 반납	현직 관리	현직 관리	현직 관리
배경	권문세족의 대농장 확대 → 재정 궁핍	신진 관료에게 지급할 토지 부족	양반 관료의 수조권 남용	직전법 체제 붕괴
원칙	경기 지역에 한하여 수조권 지급	수신전 · 휼양전 등 폐지	관청에서 직접 수조권 행사하여 관리에게 지급	녹봉만 지급 (수조권 제도 소멸)
목적	신진사대부의 경제 기반 마련	토지 부족의 보완	국가의 토지 지배권 강화	관리의 생활 수단 마련
영향	• 농민의 경작권 인정 • 병작반수 금지 • 수신전 · 휼양전 · 공신전 세습	농장 확대	• 농장 확대 가속화 • 지주전호제 강화 • 명종 때 관수관급제 폐지	• 수조권 지급 제도 소멸 • 농장의 보편화

(3) 수취 체제의 확립

조세	공납	역	기타
토지 소유주 부담	토산물 징수, 호구 기준	16세 이상 정남 대상	–
• 과전법(30두/결, 답험손실법) • 연분9등법 · 전분6등법 (20~4두/결)	• 상공(정기적), 별공 · 진상 (부정기적) • 각종 수공업 제품, 광물, 수산물, 모피, 과실, 약재 등	• 군역 : 정군, 보인 • 요역 : 가호 기준, 공사 동원, 1인/8결, 6일/1년(성종)	• 염전, 광산, 산림, 어장 • 상인 · 수공업자에게 징수
• 조운(조창 → 경창) • 잉류 지역(평안도, 함경도), 제주도 → 자체 소비	생산량 감소, 생산지 변화로 공물 확보 곤란 → 전세<공납 부담	양반 · 서리 · 향리, 성균관 유생 등은 군역 면제	–

(4) 수취제도의 문란 : 유민과 도적 증가 → 임꺽정의 난(1559, 명종)

구분	조세제도(15세기)	농민 부담 가중(16세기)
전세	과전법(30두) → 전분 6등법 · 연분 9등법(20~4두)	지주전호제, 병작반수제 → 몰락 농민 증가
공납	토산물 징수(호구 기준) – 상공, 별공, 진상	방납제의 폐단, 인징, 족징 → 수미법 주장(조광조, 이이)
역	군역과 요역(8결당 – 1인, 1년 – 6일)	군역의 요역화 → 방군수포제 · 대립제
환곡	빈민 구제 목적 – 춘대 추납법(이자 : 1/10)	이자의 고리대화

2 양반과 평민의 경제 활동

(1) 양반 지주의 생활

경제 기반	농장 경영	노비 소유
• 과전, 녹봉 • 자신 소유의 토지와 노비	• 직접 경작(노비) • 소작 경영(농민과 병작반수)	• 솔거 노비 : 가사, 농경, 직조 종사 • 외거 노비 : 신공(포, 돈) 납부
토지 경영 : 비옥한 경상, 충청, 전라 지역에 집중 → 농장 형태 형성	15세기 후반 농장의 증가 → 유랑민들을 노비화시켜 토지를 경작함	재산의 한 형태 : 노비 매매 가능, 노비 신분 세습, 양인과 혼인 통해 소유

(2) 농민 생활의 변화

농업 생산력 증가	농민의 생활
• 중농 정책 : 중국 농업 기술 도입, 개간 장려, 수리 시설 확충, 농서 보급, 양반의 농업 관심 증대 • 농업 기술 개량 : 2년 3작, 모내기 보급, 시비법 발달, 농기구 개량, 목화 · 약초 · 과수 등 작물 재배 확대	• 농민 몰락 : 지주제 확대, 자연 재해, 고리대, 세금 부담 → 소작농 전락, 유민 증가 • 농촌 안정책 : 정부(구황 방법 제시, 호패법 → 오가작통법 강화), 양반(향약 시행)

(3) 상공업 생산 활동

수공업 생산 활동	상업 활동
• 관영 수공업 : 공장안 등록, 16세기 부역제 해이와 상업이 발전함에 따라 관영 수공업 쇠퇴 • 민영 수공업 : 주로 농기구 등 물품 제작, 양반 사치품 생산 • 가내 수공업 : 자급자족 형태로 생활필수품 생산, 무명 생산 증가	• 시전 중심 : 왕실과 관청에 물품 공급, 특정 상품의 독점 판매권 획득(금난전권), 육의전 번성, 경시서 설치(세조 때 평시서로 개칭) • 장시 성장 : 15세기 후반부터 등장하여 서울 근교와 지방에서 증가, 일부 정기 시장으로 정착, 보부상 활동, 16세기 이후 전국적으로 확대 • 화폐 : 저화(태종), 조선통보(세종) 발행 → 유통 부진, 쌀 · 무명 이용 • 무역 : 대외 무역 통제 → 명(공 · 사무역 허용), 여진(무역소 설치), 일본(왜관 중심), 국경 부근 사무역 통제

03 근세의 사회

1 양반 관료 중심의 사회

(1) 양천제도와 반상제도

구분	양천제도의 법제화	반상제도의 일반화
특징	양인과 천민 구분 – 법제적 신분제도	양반과 상민 간의 차별 – 실제적 신분제도
구성	• 양인 : 자유민(과거 응시 가능, 조세 · 국역 의무) • 천민 : 비자유민(개인 · 국가에 소속, 천역 담당)	• 양반과 양반을 보좌하던 중인이 신분층으로 정착 • 신분제도 정착(양반, 중인, 상민, 천민)
성격	• 신분 이동 가능 : 양인의 과거 응시 및 관직 진출, 양반의 노비 · 중인 · 상민화 • 한계 : 고려 사회에 비해 개방된 사회, 신분제 사회 틀 유지의 한계	

(2) 신분구조

구분	구성	특징
양반	문반과 무반	• 문 · 무반의 합칭 → 가족과 가문까지 지칭(신분 명칭으로 고정) • 토지와 노비 소유, 고위 관직 독점(과거 · 음서 · 천거 등), 국역 면제 • 지주층(경제적 측면)이며 관료층(정치적 측면), 관료 지향
중인	기술관, 서리, 향리, 군교, 역리, 서얼 등	• 양반과 상민의 중간 신분(기술관) → 군역 면제, 조선 후기 독립된 신분층 형성 • 서리, 향리, 기술관 : 직역 세습, 동일 신분 간 혼인 • 서얼(중서) : 문과 응시 불가, 무반 등용 가능 • 한품서용법(限品敍用法) : 신분과 직종에 따라 품계를 제한하여 관리를 서용, 기술관과 서얼은 정3품 당하관까지 승진 허용
상민	농민, 수공업자, 상인 등	• 생산 활동 종사(농업, 수공업, 상업 등) → 조세 · 공납 · 역 부담 • 법적으로 자유민으로 과거 응시 가능 → 현실적 곤란 • 신량역천(身良役賤) : 수군, 조례, 나장, 일수, 봉수군, 역졸, 조졸
천인	노비, 창기, 사당, 무당, 백정, 광대 등	• 노비의 지위 : 매매 · 상속 · 증여 대상 → 일천즉천(一賤則賤) • 공노비[국가에 신공 납부(납공 노비), 관청에 노동력 제공(입역 노비)], 사노비(솔거 노비, 외거 노비)

2 사회정책과 사회시설

(1) 사회정책과 사회제도

① 사회정책

농본정책	농민의 몰락 방지
성리학적 명분론 입각	국가의 안정과 재정의 근간 보호 목적
신분 사회 질서의 유지와 농민의 생활 안정 도모	• 양반 지주의 토지 겸병 억제 • 농번기에 잡역 동원 금지, 재해 시 조세 감면

② 사회제도

환곡제	의료 시설
• 국가 운영 : 의창, 상평창 → 빈농 구제 목적 • 양반 지주의 자치적 운영 : 사창 제도 → 양반 중심의 향촌 지배 및 질서 유지가 목적	• 중앙 : 혜민국, 동 · 서 대비원(수도권 내 서민 환자의 구제 · 약재 판매) • 지방 : 제생원(지방민의 구호 및 진료 담당) • 동 · 서 활인서 : 유랑자의 수용과 구휼 담당

(2) 법률제도

형법	• 기본법 : 형법(대명률과 「경국대전」 적용)과 민법(관습법 적용) • 반역죄와 강상죄는 중죄 → 연좌법 적용(가족 연좌, 고을의 호칭 강등과 수령 파면) • 형벌 : 태 · 장 · 도 · 유 · 사의 5종이 기본
민법	• 운영 : 지방관(관찰사, 수령)이 관습법에 의거 처리 • 사례 : 노비 관련 소송(초기) → 산송(山訟) 문제 증대(후기) • 상속 : 종법에 의거, 조상의 제사와 노비의 상속 중시
사법 기관	• 중앙 : 사헌부, 의금부, 형조(법률 · 소송 등 사법에 관한 일), 한성부(수도 치안 담당), 장례원(노비 관련 문제 처리) • 지방 : 지방관(관찰사, 수령)의 사법권 행사 • 재심 청구 : 다른 관청이나 상부 관청에 소송 → 신문고, 격쟁

3 향촌 사회의 조직과 운영

(1) 향촌 사회의 모습

향촌 조직	향촌 자치
• 향(鄕) : 행정 구역상 군 · 현 단위 • 촌(村) : 촌락 · 마을(면 · 리 설치)	• 유향소 : 향촌 양반의 자치 기구 → 수령 보좌, 향리 감찰, 풍속 교정(향안, 향규, 향회) • 경재소 : 중앙 현직 관료의 유향소 통제 → 중앙과 지방의 연락 업무 • 향약 보급 : 향촌 사회 운영 질서 강구 → 지방 사족의 지배력 확보와 유지 수단
군 · 현 아래 면 · 리 설치, 몇 개의 자연 촌락으로 구성, 중앙에서 관리 파견 ×	유향소 변화 : 경재소가 혁파(1603)되며 유향소는 향청으로 명칭 변경

(2) 촌락의 구성과 운영

① 촌락 : 농민 생활의 기본 단위(자연촌 존재, 동 · 이 편제) → 촌락 주민 지배(면리제, 오가작통제)

② 분화 : 신흥 사족의 향촌 이주 → 향촌 사회 촌락의 분화(반촌, 민촌)

구분	반촌	민촌
구성	양반 거주	평민과 천민 구성
생활	친족 · 처족 · 외족의 동족 구성(성씨 다양)	지주의 소작농으로 생활
변화	18세기 이후 동성 촌락으로 발전	18세기 이후 구성원의 다수가 신분 상승

③ 공동체 조직

구분	동계, 동약	두레, 향도
주체	사족	일반 백성
역할	촌락민을 신분적, 사회 경제적으로 지배	자생적 생활 문화 조직 형성, 공동노동조직
변화	동계, 동약은 임진왜란 이후 양반과 평민층이 함께 참여하는 상하 합계의 형태로 전환	

(3) 촌락의 풍습

석전(돌팔매 놀이)	향도계 · 동린계
• 상무정신 함양 • 국법으로 금지하였으나 민간에서 전승	• 농민 주체의 마을 축제 • 양반들이 음사라 규정, 상조 기구로 기능 전환

4 성리학적 사회 질서의 강화

(1) 예학과 보학 : 양반 사대부의 신분적 우월성 강조, 향촌 사회에 대한 지배력 강화

구분	예학	보학
성격	상장 제례 의식 연구 학문 – 종족의 내부 의례 규정	종족(宗族)의 종적 내력과 횡적 관계 기록–족보 편찬
배경	성리학적 도덕 윤리 강조 – 신분 질서의 안정 추구	가족의 내력을 기록하고 암기
영향	• 유교적 가족 제도 확립(가부장적 종법 질서 구현) • 가묘와 사당 건립 • 사림 간 정쟁의 구실로 이용되는 폐단 발생(예송논쟁)	• 종적 내부의 결속 다짐 • 결혼 상대나 붕당 구별의 자료 • 양반문벌제도 강화에 기여

(2) 서원과 향약 : 향촌 사회에서 사림의 지위 강화

구분	서원	향약
기능	• 선현 제사 • 학문 연구, 후진 교육	전통적 향촌 규약(향규 · 계 · 향도)+삼강오륜 =향촌 교화 규약
내용	백운동 서원(최초의 서원) · 소수 서원(사액 서원)	4덕목(덕업상권, 과실상규, 예속상교, 환난상휼)
영향	• 유교 보급, 향촌의 사림 결집 • 학문의 지방 확대 • 사림의 향촌 지배력 강화	• 상민층까지 유교의 예속 · 침투, 백성 교화에 기여 • 향촌 사회의 질서 유지와 치안 담당 • 사림의 지방 자치 구현, 농민 지배력 강화
문제점	• 토호 및 지방 유력자들이 주민을 위협 · 수탈하는 배경 제공 • 향약 간부들의 갈등과 대립으로 풍속과 질서를 해치는 경우 발생	

04 근세의 문화

1 민족 문화의 융성

(1) **발달 배경** : 민족적 · 자주적 성격의 학문 발달 → 민생 안정과 부국강병 추구, 과학 기술과 실용적 학문 중시

(2) 한글의 창제와 편찬 사업

한글 창제	• 배경 : 조선 한자음의 혼란 방지, 피지배층에 대한 도덕적 교화를 통해 양반 중심의 사회 운영에 필요 • 1443년에 「훈민정음」을 창제하여 1446년에 반포 • 보급 – 「용비어천가」, 「월인천강지곡」 등 제작 – 불경, 농서, 윤리서, 병서 등 간행 – 서리 채용 시험에 부과
지도 · 지리서	• 배경 : 중앙집권과 국방 강화 • 지도 : 혼일강리역대국도지도(태종), 팔도도(태종), 동국지도(세조, 양성지 – 최초의 실측지도), 조선방역지도(명종) • 지리서 : 「신찬팔도지리지」(세종, 1432), 「세종실록지리지」(단종, 1454), 「동국여지승람」(성종, 1481), 「신증동국여지승람」(중종, 1530)
윤리 · 의례서, 법전	• 배경 : 유교적 사회 질서 확립(윤리서), 통치 규범의 성문화(법전) • 윤리서 : 「삼강행실도」(세종), 「이륜행실도」(중종), 「동몽수지」(중종, 1517) • 의례서 : 「국조오례의」(성종) • 법전 : 「조선경국전」(정도전), 「경제문감」(정도전), 「경제육전」(조준 · 하륜), 「경국대전」(조선의 기본 법전, 조선 사회의 기본 통치 방향과 이념 제시)

(3) 「조선왕조실록」

정의	조선 태조부터 철종까지의 역사를 편년체로 기록하여 편찬(「태조실록」~「철종실록」)
내용	• 편찬 기관 : 춘추관 내 실록청 • 편찬 자료 : 사초, 각 관청의 문서를 모은 시정기, 「승정원일기」, 「비변사등록」, 「의정부등록」, 「일성록」(정조 이후) 등의 문서를 종합 · 정리하여 편년체로 편찬 • 편찬 과정 : 초초(初草) → 중초(中草) → 정초(正草) → 실록 편찬 후 세초(기밀 누설 방지) •「국조보감」: 역대 왕의 업적 가운데 선정만을 모아 후대 왕들에게 교훈을 주고자 편찬
의의	• 조선시대 각 방면의 역사적 사실을 망라한 역사 기록물 • 유네스코 세계기록유산 등재

(4) 역사서의 편찬

구분	건국 초기	15세기 중엽	16세기
사관	성리학적 사관	자주적 사관, 단군 중시	존화주의적 사관, 기자 중시
편찬 목적	• 왕조의 정통성에 대한 명분 • 성리학적 통치 규범 정착	• 민족적 자각 인식 • 고려 역사를 자주적 재정리	사림의 정치 · 문화 의식 반영
저서	• 「고려국사」(정도전) • 「동국사략」(권근)	• 「고려사」(1451, 기전체) • 「고려사절요」(1452, 편년체) • 「동국통감」(1485, 서거정, 고조선~고려 말의 통사)	• 「동국사략」(1522, 박상) • 「기자실기」(1580, 이이) • 「동몽선습」(1670, 박세무)

2 성리학의 발달

(1) 성리학의 정착

구분	관학파(성균관, 집현전)	사림파(서원, 3사 언관직)
계보	혁명파 사대부(정도전, 권근)	온건파 사대부(정몽주, 길재)
조선 건국 과정	조선 건국에 적극 참여	고려에 대한 충성 주장
학풍	사장 중시(시와 문장)	경학 중시
정치	중앙집권과 부국강병, 현실적인 정치 · 경제	향촌 자치와 왕도 정치, 명분과 의리
사상	• 주례를 국가의 통치 이념으로 중시 • 관대한 사상 정책(민간 신앙까지 포용) • 성리학의 정치 이념 정착 • 자주 의식(단군 숭배)	• 교화에 의한 통치와 성리학적 명분 중시 • 성리학 이외 사상 배척 • 성리학적 이념과 제도의 실천 노력 • 화이 사상(기자 숭상)
의의	15세기 민족 문화 발전에 기여	16세기 이후 관념적 이기론 발전에 기여

(2) 성리학의 융성

① 16세기 사림 : 도덕성과 수신을 중시 → 인간의 심성에 대한 관심 증대

구분	주기론	주리론
학풍	• 기(氣)를 중심으로 세계 이해 • 불교와 노장 사상에 개방적 태도 • 경험적 현실 세계(개혁 사상)	• 이(理)를 중심으로 이론 전개 • 이기이원론 • 도덕적 원리 문제(사회 질서 유지)
학파	서경덕, 조식 → 이이 → 기호 학파(서인)	이언적 → 이황 → 영남 학파(동인)
경제 기반	불우한 산림 처사	향촌 중소 지주 출신
영향	• 심오한 이기 철학의 성립과 왕도적 정치 철학 확립 · 정치 활성화 • 지나친 도덕주의 → 현실적 부국강병책 소홀	

② 성리학의 정착(집대성)

구분	퇴계 이황	율곡 이이
학풍	이기이원론	일원적 이기이원론
저서	「성학십도」, 「주자서절요」	「동호문답」, 「성학집요」
영향	• 도덕적 행위로서의 인간의 심성 중시 • 근본적 · 이상주의적 성격 강함 • 예안향약 • 일본 성리학 발전에 영향	• 현실적 · 개혁적 성격(통치 체제의 정비와 수취 제도의 개혁 제시) • 서원향약, 해주향약 • 조선 후기 북학파 형성에 기여
계승	김성일, 유성룡 → 영남 학파	조헌, 김장생 → 기호 학파

(3) 학파의 형성과 대립

① 학파의 형성

구분	동인	서인
배경	서경덕 학파, 조식 학파, 이황 학파	이이 학파, 성혼 학파
전개	정여립 모반 사건으로 남인 · 북인 분화	인조 반정으로 정국 주도 → 노론 · 소론 분화(경신환국)
	북인(서경덕 · 조식 학파), 남인(이황 학파)	서경덕과 조식 사상, 양명학, 노장 사상 배척

② 학파의 대립

구분	광해군	인조	인조 말엽~효종
학파	북인 집권	서인 집권+남인 공존	서인 산림의 정국 주도
집권	임진왜란 후 집권	인조 반정으로 집권	송시열 등
대립	• 대동법 시행, 은광 개발 • 중립외교 추진 • 성리학의 명분론에 구애받지 않음	• 주자 중심의 성리학 발전 • 친명배청 → 병자호란 초래	• 척화론과 의리 명분론 주류 • 대동법과 호포법 등 정책을 둘러싼 논쟁과 대립

(4) 예학의 발달

예학의 보급 (16세기)	• 16세기 중반 : 생활 규범서(「주자가례」) 출현, 「주자가례」의 학문적 연구 시작 • 16세기 후반 : 성리학을 공부하는 학자들 대부분이 예에 관심을 가짐
예학의 발달 (17세기)	• 양난 이후 유교적 질서의 회복 강조 → 예학 연구 심화(김장생, 정구 등) • 각 학파 간 예학의 차이 → 예송논쟁 발생

3 불교와 민간신앙

(1) 불교의 정비

구분	억불책	진흥책
배경	• 성리학적 통치이념 확립 • 집권 세력의 경제적 기반 확보	• 왕실의 안녕과 왕족의 명복 기원 • 산간 불교화
정비	• 태조 : 도첩제 실시 → 승려의 수 제한 • 태종 : 사원의 토지와 노비 몰수 • 세종 : 교단 정리 – 선교 양종 36개 절만 인정 • 성종 이후 : 사림들의 불교 비판 → 산간 불교화	• 세종 : 내불당 설치, 「월인천강지곡」·「석보상절」 간행 • 세조 : 간경도감 설치(한글로 불경 간행) • 명종 : 불교 회복 정책(보우 중용, 승과 부활) • 임진왜란 때 승병 활약(서산대사, 사명대사)

(2) 도교와 풍수지리설, 민간신앙

도교	풍수지리설	민간신앙
• 소격서 설치, 초제 시행(참성단) • 사림 진출 이후 도교 행사 폐지	• 한양 천도에 반영 • 산송문제(명당 선호) 야기	• 무격신앙, 산신신앙, 삼신 숭배, 촌락제 성행 • 세시 풍속 : 유교 이념과 융합

4 과학 기술의 발달

(1) 천문학 및 역법과 의학

천문학	• 혼의 · 간의(천체 관측), 앙부일구 · 자격루(시간 측정) • 측우기(세계 최초, 강우량 측정), 인지의 · 규형(토지 측량 – 양전과 지도 제작에 활용) • 천문도 제작 : 천상열차분야지도(← 고구려의 천문도 바탕)
역법	「칠정산」(중국 · 아라비아 역법 참고, 서울 기준으로 천체 운동 계산)
의학	민족 의학의 발전 : 「향약집성방」(국산 약재와 치료 방법), 「의방유취」(의학 백과 사전)

(2) 활자 인쇄술과 제지술 : 각종 서적의 국가적 편찬 사업의 추진

활자	• 주자소 설치 : 계미자 주조(태종), 갑인자 주조(세종) • 인쇄 기술 발달 : 식자판을 조립하는 방법 창안 → 인쇄 능률의 향상
제지술	조지서 설치(세종, 다양한 종이의 대량 생산) → 출판 문화의 수준 향상

(3) 농서의 편찬과 농업 기술의 발달

농서 편찬	농업 기술
• 「농사직설」(정초) : 우리의 실정에 맞는 농법 정리(씨앗 저장법, 토질 개량법, 모내기법) • 「금양잡록」(강희맹) : 경기 지방(시흥)의 농사법 정리	• 밭농사 : 2년 3작 보편화 • 논농사 : 벼와 보리의 이모작, 남부 일부 지방에서 모내기, 건경법(건사리), 수경법(물사리) 시행 • 기타 : 농기구 개량, 시비법 발달, 가을갈이의 농사법, 목화 재배와 누에치기의 전국적 확산, 작물 재배

(4) 병서 편찬과 무기 제조

병서 편찬	무기 제조
• 「총통등록」(화약 무기의 제작과 사용법 정리) • 「병장도설」(군사 훈련 지침서) • 「동국병감」(고조선~고려 말까지의 전쟁사 정리)	• 화약 무기 제조(최해산), 화포, 화차(신기전) • 거북선(태종), 비거도선(세종) 제조 → 수군의 전투력 향상

5 문학과 예술

(1) 다양한 문학

구분	15세기	16세기
주체	관료 문인 중심	사림 및 여류 문인 중심
문학 경향	• 격식을 존중하고 질서와 조화 추구 • 관학파의 사장 중시(한문학 발달)	• 개인적 감정과 심성을 표현 • 사림파의 경학 중시(한문학 저조)
한문학	• 자주적 한문학 발달(「동문선」 편찬) • 시조와 악장 문학 발달(가사 출현)	• 흥취와 정신 중요(한시, 가사와 시조 활발) • 여류 문인(신사임당, 허난설헌, 황진이)
설화 문학	• 서민들의 풍속 · 감정 · 역사 의식 • 「필원잡기」(서거정), 「용재총화」(성현), 「금오신화」(김시습)	• 어숙권(패관잡기 – 문벌제도와 적서 차별 비판) • 임제(사회의 모순과 존화의식 비판)
시조 문학	• 새사회 건설 희망 · 진취적 기상(김종서, 남이) • 유교적 충절(길재, 원천석, 사육신)	• 순수한 인간 본연의 감정 노래(황진이) • 자연 속 은둔 생활의 즐거움(윤선도)
악장 · 가사	• 새 왕조 탄생과 업적 찬양(「용비어천가」 등) • 훈민정음 창제로 발전	• 악장과 초기의 가사가 더욱 발전 • 송순(「면앙정가」), 정철(「관동별곡」, 「사미인곡」), 박인로(「누항사」)

(2) 건축, 공예, 그림과 글씨, 음악과 무용

구분	15세기	16세기
건축	• 법적으로 신분별 건물 규모 규제 • 주위 환경과의 조화 중시 • 궁궐 · 관아 · 성곽 · 성문 · 학교 건축 중심	• 서원 건축 중심(가람배치 양식과 주택 양식 결합) • 옥산서원(경주), 도산서원(안동)
공예	분청사기(광주 분원 유명)	순수백자(사대부의 취향과 관련)
	목공예(실용성과 예술성의 조화), 화각 공예, 자개 공예(나전칠기), 자수와 매듭 공예	
그림	• 중국 화풍 수용, 독자적 화풍 개발 • 일본 무로마치 시대에 영향 • 몽유도원도(안견), 고사관수도(강희안) • 화기(신숙주) : 안평대군의 소장품 소개	• 자연속의 서정미 추구(산수화, 사군자 유행) • 이암(영모도), 이정(대나무), 황집중(포도), 어몽룡(매화) • 신사임당(조충도 – 꽃, 나비, 오리), 이상좌(송하보월도)
글씨	안평대군(조맹부체)	양사언(초서), 한호(해서)
음악 · 무용	• 아악 정리(박연), 「악학궤범」 편찬(성현) • 궁중 무용(나례춤, 처용무)	• 속악 발달 • 산대놀이, 꼭두각시놀이 • 서민 무용(농악무, 무당춤, 승무)

THEME 06

근대 태동기 사회의 발전

01 근대 태동기의 정치

1 조선 후기 근대 사회로의 이행

구분	근대 사회의 정의	조선 후기의 근대 태동
정치	민주 정치	각 분야의 근대적 움직임을 수용하지 못함 → 서인의 일당 전제화, 세도정치
사회	평등 사회	봉건적 신분제 사회의 붕괴 → 신분 변동 활발
경제	자본주의 사회	경영형 부농과 임노동자, 도고의 등장, 상품 화폐 경제의 발달
사상	합리적 사고, 평등 사상	실학, 동학, 천주교, 서민 문화 발달, 중국적 세계관 극복(지전설)

2 정쟁의 격화와 탕평 정치

(1) 붕당 정치의 변질

① 붕당 정치의 변질 배경 : 17세기 이후 사회 · 경제적 변화

㉠ 경제 : 상품 화폐 경제의 발달 → 정치 집단의 상업적 이익 독점 욕구 증대

㉡ 정치 : 정치 쟁점 변질(사상 문제 · 예송 논쟁 → 군영 장악 · 군사력과 경제력 확보에 필수)

㉢ 사회 : 지주제와 신분제의 동요 → 양반의 향촌 지배력 약화, 붕당 정치의 기반 붕괴

② 붕당 정치의 과정과 영향

㉠ 과정 : 붕당 간 견제와 균형을 바탕으로 운영(전기) → 빈번한 환국의 발생(숙종) → 일당 전제화의 추세

㉡ 영향 : 왕실과 외척의 정치적 비중 증대, 3사와 이조 전랑의 정치적 비중 감소, 비변사의 기능 강화

(2) 탕평론의 대두

숙종(1674~1720)	영조(1724~1776)	정조(1776~1800)
탕평론 제시	• '탕평교서' 발표 → 탕평파 육성 • 완론 탕평	• 탕평책 계승 → 인재의 고른 기용 • 준론 탕평
• 공평한 인사 관리 → 정치 집단 간 세력 균형 추구 • 노론과 소론의 대립 격화 → 왕위 계승 분쟁	• 산림 존재 부정, 서원 대폭 정리 • 이조 전랑의 후임자 천거제 폐지 • 균역법 실시, 비총제(比總制) 시행 • 군영 정비, 수성윤음 반포 • 악형 폐지, 신문고 부활 • 「속대전」 편찬 • 청계천 준설 사업 추진	• 장용영, 규장각 설치, 초계문신제 시행 • 화성 건설 : 행차 시 격쟁, 상언 시행 • 서얼, 노비 차별 완화 • 신해통공(1791) : 금난전권 폐지 • 「대전통편」 편찬 • 지방통치 개편(수령 권한 강화 – 향약 직접 주관 • 편찬 사업 : 「동문휘고」, 「무예도보통지」, 「탁지지」, 「추관지」, 「홍재전서」 등
명목상 탕평론, 편당적 인사 관리 → 환국 발생의 빌미	왕권 강화에 의한 일시적 탕평 → 노론 우세(이인좌의 난 등)	근본적 문제 해결 미흡(붕당 간 융화와 붕당의 해체 미흡)

더 알아보기

조선 후기의 환국

경신환국 (1680)	• 남인의 영수인 허적의 유악 사건이 발단 • 남인 실각하고 서인이 정권 장악 • 서인의 노 · 소론 분화
기사환국 (1689)	• 소의 장씨의 희빈 승격 문제와 원자 책봉문제로 갈등 • 서인 실각하고 남인이 정권 장악 • 송시열 사사
갑술환국 (1694)	• 인현왕후의 복위운동을 남인이 저지하려 했던 것이 발단 • 남인 실각하고 서인이 정권 장악 → 이후 서인이 정국 주도

3 정치 질서의 변화

(1) 세도 정치의 전개(1800~1863)

① 세도 정치

㉠ 배경 : 정조 사후 정치 세력의 균형 붕괴 → 붕당 정치의 파탄, 유교적 관료 정치의 허구화

㉡ 과정 : 안동 김씨(순조) → 풍양 조씨(헌종) → 안동 김씨(철종)

㉢ 영향 : 특정 가문의 정권 독점, 정치 권력의 사회적 기반 약화 → 정치 질서의 파탄

② 권력 구조

㉠ 정치 집단의 폐쇄화 : 소수 가문의 권력 독점, 정치 권력의 사회적 기반 약화

㉡ 권력 구조의 변화 : 정2품 이상 고위직만 정치적 기능 발휘, 비변사에 권한 집중(의정부 · 6조 기능 약화)

(2) 세도 정치의 폐단

① 체제 유지에 치중

㉠ 사회 변화에 소극적 : 상업 발달과 도시적 번영에만 만족

㉡ 사회 통합 실패 : 새로운 세력(남인, 소론, 지방 선비들)의 정치 참여 배제

② 정치 기강의 문란

㉠ 관직의 매관 매직 : 탐관오리, 향리의 수탈 극심 → 삼정 문란과 농촌 경제의 피폐

㉡ 경제적 수탈 : 상공업자에 대한 수탈 → 상품 화폐 경제의 성장 둔화

㉢ 민란 발생 : 사회적 압제, 경제적 수탈, 사상적 경색, 정치적 문란으로 대대적인 민란 발생

㉣ 세도가의 한계 : 고증학에 치중하여 개혁 의지 상실, 지방 사회의 어려움을 이해하지 못함

③ 조선 후기의 정치 상황

17세기		18세기	19세기
전반(명 · 청 교체기)	후반		
북인 → 서인 · 남인의 공존 → 일당 전제화		탕평책 실시	세도 정치
• 북인 : 중립 외교(광해군) • 서인 → 인조 반정으로 집권 → 친명배금 → 정묘 · 병자호란 → 북벌론(5군영 설치)	• 예송논쟁 → 남인 집권 • 경신환국 → 서인의 일당 전제화 • 정치적 보복 심화 • 정권의 사회 기반 축소	영조, 정조 : 탕평책 → 왕권 강화	• 안동 김씨, 풍양 조씨의 권력 독점 • 삼정의 문란 • 민란 : 홍경래의 난(1811), 임술민란(1862)

4 통치 체제의 변화

(1) 정치 구조의 변화

구분	비변사의 기능 강화	3사의 언론 기능 변질	전랑의 권한 강화
배경	왜구와 여진족의 침입에 대비한 임시기구	공론 반영 → 각 붕당의 이해 관계 대변 기능	중하급 관원에 대한 인사권과 후임자 추천권
변화	• 국방 · 외교 · 내정까지 관장 • 양반의 정치적 지위 강화, 의정부와 6조의 기능 약화, 왕권 약화	상대 세력의 비판, 견제	자기 세력 확대, 상대 세력 견제
혁파	흥선대원군의 개혁 정치 → 의정부와 삼군부의 기능 회복	영조와 정조의 탕평 정치 → 3사의 언론 기능과 전랑의 권한 혁파	

(2) 군사제도의 변화

구분	전기	후기
중앙군	5위(농병일치제, 의무병제)	5군영(상비군제, 용병제)
지방군	영진군(양인개병제)	속오군(양반~노비까지)
방위 체제	진관 체제(세조) → 제승방략 체제(16세기 후반) → 진관 체제 복구(임진왜란 이후)	

(3) 5군영 체제

구분	시기	병종	경제 기반	특징	
훈련도감	선조	용병	삼수미세	핵심 군영, 삼수병 양성	• 임기응변식 설치 • 병종 다양(번상병, 용병) • 상비군제 · 용병제화 → 서인의 군사 기반으로 변질
어영청	인조	번상병	보(군포)	북벌 추진의 중심 군영	
금위영	숙종	번상병	보(군포)	수도 방위	
수어청	인조	속오군	경비 자담	남한산성 일대 방어	
총융청	인조	속오군	경비 자담	북한산성 일대 방어	

(4) 수취 체제의 개편

① 수취제도의 개편

구분	전기	후기
전세	전분 6등법 · 연분 9등법(20~4두)	영정법(1결당 4두)
공납	토산물 징수 · 방납 폐단	대동법(1결당 12두 – 쌀, 옷감, 돈)
역	군역의 요역화(방군수포제, 대립제)	균역법(군포 1필)
영향	농민의 부담 일시 경감 · 지주의 부담 증가, 실제 운영에서 농민 부담이 다시 가중됨	

② 농민 통제책의 강화

구분	향촌 지배 방식의 변화	농민 통제책 강화
전개	사족을 통한 향촌 지배(전기) → 수령과 향리 중심의 지배 체제 변화(후기)	호패법, 오가작통제 강화
영향	농민 수탈 증대	농민들의 향촌 이탈 방지 목적

5 대외 관계의 변화

(1) 청과의 관계

① 관계 변화 : 북벌론 추진(17세기) → 북학론 대두(18세기)

② 국경 문제 야기 : 백두산 정계비(숙종, 1712, 압록강~토문강) → 간도 귀속 분쟁 발생(19세기) → 간도 협약(1909)

(2) 일본과의 관계

① 대일 외교관계 수립

㉠ 국교 재개 : 도쿠가와 막부의 국교 재개 간청 → 포로 교환(사명대사) → 기유약조(광해군, 부산포 개항, 제한 무역)

㉡ 통신사 파견 : 외교 · 문화 사절(조선의 선진 문화를 일본에 전파), 1607~1811년까지 12회에 걸쳐 파견

② 울릉도 · 독도 : 신라(지증왕, 이사부) → 조선(숙종, 안용복) → 19세기 말(울릉도에 관리 파견, 독도까지 관할) → 독도 강탈(러 · 일 전쟁 중)

02 경제 상황의 변동

1 수취 체제의 개편

(1) 농촌 사회의 동요

농촌의 황폐화	제도의 개편
• 양난 이후 농촌 사회 파괴, 토지의 황폐화 • 기근과 질병 만연, 농민의 조세 부담 심각	• 지배층 : 정치적 다툼에 몰두, 민생 문제 등한시 • 정부 : 수취 체제 개편 → 농촌 사회의 안정, 재정 기반 확대 추구

(2) 조세제도의 개편

구분	전세제도	공납제도	군역제도
배경	농경지 황폐화, 전세제도 문란 → 농민 몰락	특산물 · 현물 징수 곤란, 방납 폐단 → 농민의 유망	양인 장정의 납포군화, 군포 징수 폐단 (인징, 족징, 백골징포, 황구첨정)
내용	• 영정법(1결당 4두) • 양전 사업(54만 결 → 140만 결)	• 대동법(1결당 12두 – 쌀, 옷감, 돈) • 양반 지주 반대로 전국적 실시 지연	• 균역법(군포 1필) • 선무군관포(양반), 결작(지주) • 잡세(어장세, 선박세)의 징수
영향	전세율 감소 → 지주 · 자영농 부담 감소	• 공납의 전세화, 조세의 금납화 • 농민 부담 감소, 국가 재정 수입 증가 • 공인 등장(상공업 발달)	농민 부담의 일시적 감소
한계	• 병작농 혜택 미비 • 부가세 징수 증가	• 현물 부담(별공과 진상)의 존속 • 수령 · 아전의 수탈	• 결작의 소작농 전가 • 군적 문란 → 농민 부담 증가

2 서민 경제의 발전

(1) 양반 지주의 경영 변화

구분	양반의 토지 확대	지주전호제의 변화
지주전호 관계	신분적 관계	경제적 관계
변화 배경	토지 개간 주력, 농민의 토지 매입 → 소유 농토의 확대	상품 화폐 경제 발달, 소작인 저항 증가 → 소작제의 변화
토지 경영	지주전호제 경영 일반화 (농민에게 토지를 빌려주고 소작료 수취)	소작인의 소작권 인정, 소작료 인하, 소작료 정액화 대두(도조법)
경제 활동	소작료와 미곡 판매, 물주로서 상인에게 투자, 고리대로 부 축적, 몰락 양반 등장	

(2) 농민 경제의 변화

수취 체제 개편	양반 중심 지배 체제의 유지 목적 → 농촌 사회의 안정에 한계
농민 자구책	• 황폐한 농토 개간, 수리 시설 복구, 농기구 개량과 시비법 개발, 새로운 영농 방법 시도 • 모내기법 확대 : 벼 · 보리의 이모작, 단위 면적당 생산량 증가, 보리 재배 확대
농업 경영 변화	• 광작 농업 : 농민의 경작지 규모 확대, 지주의 직접 경작 토지 확대 • 상품 작물 재배 : 곡물, 면화, 채소, 담배, 약초 등 재배, 특히 쌀의 상품화 활발
지대의 변화	• 소작 쟁의 전개 : 소작권 인정, 소작료의 정액화, 소작료의 금납화 요구 • 타조법(정률 지대, 병작 반수제) · 도조법(정액 지대, 1/3 정도) → 도전법(지대의 금납화)
농민 계층 분화	• 일부 부농화 : 광작 농업, 토지 개간 · 매입 → 부농 성장(지주화) • 농민 몰락 : 광산 · 포구의 임노동자화, 도시 상공업 종사

(3) 민영 수공업과 민영 광산의 발달

구분	민영 수공업	광산의 개발
15세기	관장의 부역 노동	국가가 직접 경영
17세기	• 장인의 등록 기피 • 민간 수공업자(私匠) 대두	• 민간인에게 채굴을 허용하고 세금 징수(설점수세제, 1651) • 은광 개발(대청 무역에서 은의 수요 증가)
18세기 후반	• 민영 수공업 발달(공장안 – 납포장) • 점의 발달(철점, 사기점) • 선대제 수공업 유행(상업 자본>수공업자) • 독립 수공업자 출현(18세기 후반) • 농촌 수공업의 변화(자급자족 → 전문화)	• 금광 개발 활발(상업 자본의 광산 경영 참여) • 잠채 성행 • 광산 경영 : 자본(상인), 경영(덕대), 채굴(혈주와 채굴 · 제련 노동자) → 작업 과정의 분업화

3 상품 화폐 경제의 발달

(1) 사상의 대두

① 상품 화폐 경제의 발달

㉠ 농업 생산력 증대, 수공업 생산 활발 → 상품 유통 활성화

㉡ 부세 및 소작료의 금납화 → 상품 화폐 경제 진전

㉢ 인구의 증가, 농민의 계층 분화 → 인구의 도시 유입

② 상인의 종류

㉠ 관허상인

- 중앙 : 시전상인(육의전 중심, 금난전권 소유), 공인
- 지방 : 보부상(장시를 거점으로 활동)

㉡ 자유상인

- 중앙 : 난전(무허가 상인)
- 지방 : 경강상인(한성), 송상, 유상, 만상, 내상, 객주 · 여각

③ 사상의 활동

공인	대동법 실시로 등장(어용 상인), 국가 수요품 조달, 독점적 도매 상인(도고)으로 활동
송상(개성)	송방(전국적인 유통망) 설치, 인삼 판매, 대외 무역 관여(중계 무역)
경강상인	운송업 · 조선업 종사(조세 · 공물을 경창으로 운반), 한강 · 서남 해안 중심 상권 확대
유상(평양)	청 북경에 파견된 사신을 수행하면서 교역
만상(의주)	청과 무역 활동
내상(동래)	일본과 무역 활동

(2) 장시의 발달

① 장시의 증가

㉠ 과정 : 남부 지방에서 개설 시작(15세기 말) → 전국적 확대(16세기) → 전국에 1천여 개 개설(18세기 중엽)

㉡ 성격 : 지방민의 교역 장소, 정보 교환 장소 → 일부 장시는 상설 시장화, 지역적 시장권 형성

㉢ 종류 : 송파장(경기 광주), 강경장(은진), 원산장(덕원), 마산포장(창원) → 상업 중심지로 발돋움

② 보부상의 활동 : 농촌의 장시를 하나의 유통망으로 연계, 생산자와 소비자를 이어주는 역할 → 보부상단 조합 결성

(3) 포구에서의 상업 활동

포구의 성장	포구 거점 상인
• 변화 : 세곡 · 소작료 운송 기지(전기) → 상업 중심지로 성장(18세기) • 성장 : 포구 간 · 인근 장시와 연계 상거래(초기) → 전국 유통권 형성(선상 활동 활발) • 장시 개설 : 칠성포, 강경포, 원산포 등 포구	• 선상 : 경강상인(미곡 · 소금 · 어물 거래 → 거상 성장) • 객주 · 여각 : 선상의 상품 매매 중개, 운송 · 보관 · 숙박 · 금융업 종사

(4) 대외 무역의 발달

<table>
<tr><th>구분</th><th colspan="2">대청 무역</th><th colspan="2">대일 무역</th></tr>
<tr><td>시기</td><td colspan="2">17세기 중엽부터 활기</td><td colspan="2">17세기 이후 국교 정상화</td></tr>
<tr><td>대표 상인</td><td>만상(의주)</td><td colspan="2">송상(개성)</td><td>내상(동래)</td></tr>
<tr><td>무역 형태</td><td colspan="2">• 개시(공적으로 허용된 무역)
• 후시(사적인 무역)</td><td colspan="2">왜관 개시를 통한 공무역</td></tr>
<tr><td>교역품</td><td colspan="2">• 수입품 : 비단, 약재, 문방구
• 수출품 : 은, 종이, 무명, 인삼</td><td colspan="2">• 수입품 : 은, 구리, 황, 후추
• 수출품 : 인삼, 쌀, 무명</td></tr>
</table>

(5) 화폐 유통

① 화폐의 보급

㉠ 배경 : 상공업 발달 → 금속 화폐(동전)의 전국적 유통

㉡ 과정 : 동전 주조(상평통보, 인조) → 널리 유통(효종) → 전국적 유통(숙종) → 세금과 소작료도 동전으로 대납 가능(18세기 후반)

㉢ 영향 : 교환 매개 수단, 재산 축적 수단 기능 → 상품 화폐 경제 발달, 전황 발생(→ 이익의 폐전론 제기)

② 신용 화폐 등장 : 상품 화폐 경제 진전과 상업 자본의 성장 → 대규모 상거래에 환 · 어음 이용

03 사회의 변동

1 사회 구조의 변동

(1) 신분제의 동요

① 조선 후기 사회 계층의 분화

㉠ 배경 : 조선 후기의 사회 · 경제적 변화(사회 계층 구조의 변질, 지배층의 분열)

㉡ 과정 : 양반층 분화, 중간 계층의 신분 상승 운동, 노비의 해방

㉢ 영향 : 양반 수의 증가, 상민과 노비 수의 감소 → 신분 체제 동요

② 신분제의 동요

구분	양반층 분화	양반 수 증가	중간 계층의 성장	노비 감소
배경	붕당 정치의 변질 → 일당 전제화	부농의 지위 향상과 역 부담 모면 추구	조선 후기의 사회 · 경제적 변화	재정상 · 국방상 목적 해방
과정	• 권반(집권 세력) • 향반(향촌의 토호) • 잔반(빈궁한 생활) • 신향의 등장	• 납속책, 공명첩 • 족보 매입 및 위조	• 서얼(납속책 · 공명첩, 상소운동) • 기술직(소청 운동 전개) • 역관 : 외래 문화 수용의 선구적 역할	• 공노비(입역 노비 → 납공 노비화) • 사노비(납속, 도망 등으로 신분 상승) • 노비종모법 시행
영향	양반층의 자기 도태	• 양반의 사회 권위 하락 • 양반 중심의 신분제 동요	• 규장각 검서관 기용(정조) • 전문직으로서의 역할 부각 • 성리학적 가치 체계 도전	• 공노비 해방(순조, 1801) • 사노비 해방(갑오개혁 → 노비제 폐지)

(2) 가족제도의 변화와 인구의 변동

① 가족제도의 변화

구분	조선 전기~중기	17세기 이후	조선 후기
배경	부계 · 모계 함께 영향	부계 중심의 가족제도 확립	부계 중심의 가족제도 강화
변화	• 남귀여가혼 • 자녀 균분 상속 • 형제들의 제사 분담	• 성리학적 의식과 예절 발달 • 친영제도 정착 • 장자 상속제, 장자 중심 제사	• 양자 입양 일반화 • 부계 위주 족보 적극적 편찬 • 동성 마을 형성(종중 의식)

② 가족 윤리와 혼인 풍습

가족 윤리	혼인 풍습
• 효와 정절 강조 • 과부의 재가 금지 • 효자와 열녀 표창	• 일부일처 기본 → 남자의 축첩 허용 • 서얼의 차별(문과 응시 제한, 제사나 재산 상속 차별) • 혼사는 가장이 결정(법적 연령 – 남자 15세, 여자 14세)

③ 인구의 변동

㉠ 호적 대장 : 3년마다 수정 · 작성 → 공물과 군역 부과의 기준, 남성들만 통계 · 기록

㉡ 지역별 분포 : 경상 · 전라 · 충청도(50%), 경기 · 강원(20%), 평안 · 함경 · 황해(30%)

㉢ 인구 수 : 건국 무렵(550~750만 명) → 임진왜란 전 16세기(1,000만 명) → 19세기 말(1,700만 명 이상)

2 향촌 질서의 변화

(1) 조선 후기 향촌 사회의 변화

구분	내용
배경	• 양반의 권위 약화 : 농촌 사회 분화, 양반의 몰락, 소작농 또는 임노동자로 전락 • 부농층의 등장 : 경제적 능력을 바탕으로 부농층으로 성장하거나 납속책 · 공명첩 등을 이용하여 양반으로 신분 상승 → 관권과 결탁
향촌 사회의 변화	• 구향의 향촌 지배를 위한 노력 : 촌락 단위의 동약 실시, 동족 마을 형성, 문중 중심의 서원 · 사우 건립, 청금록 · 향안 작성 • 신향의 도전 – 관권과 결탁하여 종래의 재지사족이 담당하던 정부의 부세제도 운영에 적극 참여하거나 향임직에 진출하여 향회를 장악 또는 향안에 이름을 올리는 등 향촌 사회에서의 영향력 확대 – 향촌 사회의 주도권을 둘러싼 구향과 신향 사이의 향전(鄕戰) 발생 • 관권의 강화(정부의 향촌 직접 통제) – 수령과 향리의 권한 강화 – 재지사족의 영향력 감소 : 향회는 수령에 의해 좌지우지되는 부세 자문 기구로 전락
결과	세도정치하에서 수령과 향리의 자의적인 농민 수탈 강화

(2) 부농 계층의 대두

신분 상승의 합법화	부농의 향촌 지배 참여
• 합법적 신분 상승 방안 마련(납속, 향직의 매매 등) • 정부의 재정난 해결의 필요성	• 향임직 진출, 정부의 부세제도 운영에 참여 • 수령이나 기존의 향촌 세력과 타협

3 농민층의 변화

(1) 농민층의 분화

① 조선 후기 농민 구성 : 상층(중소 지주층), 대다수의 농민(자영농, 소작농)

② 농민의 사회적 현실

㉠ 정부의 농민 정책 : 각종 의무 부과, 호패법으로 이동 제한 → 한 곳에 정착하여 자급자족적 생활

㉡ 양난 이후 : 국가 재정의 파탄, 관리들의 기강 해이, 대동법과 균역법의 효과 無 → 농민들의 불만 증대

㉢ 농민층의 분화 : 농업 경영을 통하여 부농으로 성장, 상공업 종사, 도시 · 광산 임노동자 전환

(2) 지주와 임노동자

구분	내용
양반 지주	대부분 양반, 상품 화폐 경제의 발달로 이윤 추구 → 광작을 하는 대지주 등장
농민 지주	• 부의 축적 : 농지의 확대, 영농 방법 개선 • 양반 신분 획득 : 재력을 바탕으로 공명첩, 족보 위조 → 향촌 사회에 영향력 증대 기도
임노동자	• 농민 계층의 분화 결과로 출현 – 다수 농민의 토지 이탈 • 국가의 임노동자 고용(부역제 해이), 부농층의 임노동자 고용(1년 계약 품팔이)

4 사회 변혁의 움직임

(1) 사회 불안의 심화

지배 체제의 위기	예언 사상의 대두
• 농민 항거 : 신분제 동요, 지배층의 수탈 심화, 삼정 문란, 농민 의식 성장 → 적극적 항거 운동 • 민심 불안 : 탐관오리 횡포, 자연 재해와 질병, 비기 · 도참설 유행, 이양선 출몰, 도적의 창궐	• 예언 사상 유행 : 비기 · 도참(『정감록』) 등을 이용 → 말세의 도래, 왕조 교체 및 변란 예고 등 낭설 유행 • 미륵신앙 : 현세에서 얻지 못한 행복을 미륵신앙에서 해결하려고 함 • 무격신앙

(2) 천주교의 전파

① 천주교의 도입 : 서학 소개(17세기) → 신앙 발전(18세기 후반, 남인 실학자) → 정부의 탄압

② 정부의 탄압

구분	내용
초기 (1785, 정조)	사교로 규정, 국왕에 대한 권위 도전, 성리학 질서 부정
신해박해 (1791, 정조)	• 진산의 윤지충이 모친의 장례를 화장장으로 치른 일에 대하여 관련자를 사형으로 처결한 사건 • 정조의 관대한 정책, 큰 탄압 없음
신유박해 (1801, 순조)	• 순조 즉위 후 집권한 노론 벽파 세력이 남인 시파를 탄압하기 위해 일으킨 박해 사건 • 이승훈 · 정약종 사형, 정약용 · 정약전 유배 → 시파 몰락, 실학 퇴조
황사영 백서 사건	신유박해 이후 황사영이 군대를 동원하여 조선에서 신앙의 자유를 보장받게 해달라는 서신을 북경에 있는 주교에게 보내려다 발각된 사건
기해박해 (1839, 헌종)	• 벽파 풍양 조씨가 시파인 안동 김씨로부터 권력 탈취 • 정하상 등의 신도들과 서양인 신부들을 처형, 이후 척사윤음 발표

병오박해 (1846, 헌종)	조선인 신부 김대건의 체포를 계기로 발생한 사건
병인박해 (1866, 고종)	• 흥선대원군이 러시아를 견제하기 위하여 프랑스 선교사 등을 정치적으로 이용하여 교섭하려다 실패한 사건 • 9명의 프랑스 선교사와 8천명의 교도를 처형 • 병인양요의 원인이 됨

③ 교세 확장

㉠ 사회 불안 속에서 평등 사상과 내세 신앙 전파 → 일부 백성의 공감

㉡ 조선 교구 설정(1831), 서양인 신부가 몰래 들어와 포교 활동 전개

(3) 동학의 발생

구분	전개 과정	기본 사상
동학 창시	• 최제우(1860년) 창시 • 유 · 불 · 선 사상과 민간신앙 결합	• 성격 : 19세기 후반의 사회상 반영 → 사회 모순 극복, 일본 · 서양의 침략 방어 주장 • 사상 : 시천주와 인내천 사상 → 신분 차별과 노비제도 타파, 여성과 어린이의 인격 존중하는 사회 추구
정부 탄압	신분 질서 부정 → 최제우 처형(혹세무민죄)	
교세 확장	• 최시형의 교리 정리(「동경대전」, 「용담유사」) • 교단 조직 정비, 교세 확장	

(4) 농민의 항거

① 농촌 사회의 피폐

㉠ 배경 : 정치 기강 문란, 탐관오리의 수탈, 삼정 문란 → 농촌 피폐(화전민, 간도 · 연해주 이주, 임노동자 등)

㉡ 과정 : 농민의 의식 각성 · 저항(소청 · 벽서 등 소극적 저항 → 적극적 농민 봉기)

㉢ 영향 : 농민의 자율적 · 적극적 사회 모순의 변혁 시도, 양반 중심의 통치 체제 붕괴

② 농민의 봉기

구분	홍경래의 난(순조, 1811)	임술농민봉기(철종, 1862)
주도	영세 농민, 중소 상인, 광산 노동자 등이 합세	농촌 임노동자, 영세 소작농, 영세 자작농 합세
배경	서북인의 차별 대우와 세도 정치에 대한 반발	세도 정치로 인한 관료의 부패, 양반 지주층의 수탈
경과	가산 봉기 → 한때 청천강 이북 지역 장악	진주 민란 계기 → 전국 확산(함흥~제주)
영향	사회 불안으로 농민 봉기 계속됨, 관리들의 부정과 탐학 여전	• 농민의 사회 의식 성장, 양반 중심의 통치 체제 붕괴 • 안핵사 박규수 파견 • 삼정이정청 설치 → 큰 효과 거두지 못함

04 문화의 새 기운

1 성리학의 변화

(1) 성리학의 교조화 경향

① 성리학의 교조화와 성리학에 대한 비판

구분	성리학의 교조화	성리학에 대한 비판
시기	인조 반정 후 의리 명분론 강화	17세기 후반부터 본격화
배경	주자의 성리학을 절대화	주자 중심의 성리학을 상대화
주장	주자의 본뜻에 충실함으로써 당시의 모순을 해결 가능하다고 생각	6경과 제자백가 등에서 모순 해결의 사상적 기반을 발견하고자 함
영향	성리학의 교조화(사상의 경직성)	서인(노론)의 공격 → 사문난적으로 몰림
대표자	송시열	윤휴, 박세당

② 성리학의 이론 논쟁

이기론 논쟁		호락 논쟁(노론 내부)	
주리론	주기론	충청도 노론(호론)	서울 · 경기 노론(낙론)
도덕적 · 이상적	현실적 · 개혁적	주기론 고집(이이 학통)	주리론도 포괄적으로 이해
이기이원론	일원론적 이기이원론	인물성이론	인물성동론
이황 학파(영남 학파)	이이 학파(기호 학파)	위정척사사상으로 계승	북학사상, 개화사상으로 계승

③ 학문의 분화

구분	붕당	학통	경향
영남 학파(동인)	북인	조식 → 정인홍	절의 중시, 부국강병, 개혁적, 의병장 배출(정인홍, 곽재우), 광해군 때 집권
	남인	이황 → 유성룡	학문의 본원적 연구, 향촌 사회에 영향력 행사
기호 학파(서인)	노론	이이 → 송시열	주자 중심의 성리학 절대시, 정통 성리학 중시, 대의명분 · 민생안정 강조, 정계 · 학계의 주류, 호락 논쟁
	소론	성혼 → 윤증	성리학 이해에 탄력적, 양명학 · 노장 사상 수용 연구, 북방 개척 주장, 실리 주장

(2) 양명학의 수용

구분	수용 초기	연구	강화 학파 형성	한말 계승
시기	16세기 말경	17세기	18세기 초	한말과 일제강점기
내용	• 성리학의 형식화 비판 • 심즉리(心卽理) • 실천성 중시(지행합일) • 치양지설(선험적 지식)	소론 학자들의 본격적 수용	• 일반민을 도덕 실천의 주체로 상정 • 양반 신분제 폐지 주장 • 「존언」, 「만물일치설」 • 가학 형태로 계승	양명학을 계승하여 민족 운동 전개
대표자	서경덕 학파와 종친들 사이에 확산	남언경, 최명길	정제두, 이광려, 이광사 등	이건창, 이건방, 박은식, 정인보 등

2 실학의 발달

(1) 실학의 등장

구분	실학의 태동기	실학의 연구
시기	17세기 전반	18세기
배경	성리학의 현실 문제 해결 능력 상실	고증학과 서양 과학의 영향
성격	민생 안정과 부국강병 목표 → 비판적 · 실증적 논리로 사회 개혁론 제시	
전개	• 이수광(「지봉유설」, 문화 인식의 폭 확대) • 한백겸(「동국지리지」, 우리나라의 역사 지리를 치밀하게 고증)	• 농업 중심의 개혁론(성호 학파) • 상공업 중심의 개혁론(연암 학파) • 실사구시 학파(추사 학파)

(2) 중농 학파와 중상 학파

① 농업 중심의 개혁론(중농 학파) : 경세치용

인물	개혁안	내용
허목	–	• 왕과 6조의 기능 강화와 난전 폐지 및 호포제 반대 주장 • 「동사」(붕당정치 비판, 기전체), 「기언」 등 저술
유형원 (반계)	균전론	• 17세기 후반에 활동한 농업 중심 개혁론의 선구자 • 균전론 : 사 · 농 · 공 · 상 등 신분에 따라 차등을 두어 토지 분배 → 기성 질서의 인정 한계, 신분제적 한계 극복 × • 결부법(수확량 단위) 대신 경무법(면적 단위) 채택 주장 • 양반 문벌제도, 과거제도, 노비제도의 모순 비판 • 병농일치의 군사제도와 사농일치의 교육제도 확립 주장 • 「반계수록」, 「동국여지지」 등 저술
이익 (성호)	한전론	• 유형원의 실학 사상을 계승 · 발전, 성호 학파 형성 • 한전론 : 생계유지에 필요한 최소한도의 토지를 영업전으로 정하여 영업전은 법으로 매매를 금지하고, 나머지 토지만 매매 허용 • 6좀론 : 나라를 좀먹는 여섯 가지의 폐단으로 노비제도, 과거제도, 양반 문벌제도, 사치와 미신, 승려, 게으름을 지적 • 실증적 · 비판적 역사 서술로 중국 중심의 역사관을 비판하고 민족의 주체적 자각을 고취 • 「성호사설」, 「곽우록」 등 저술

인물	개혁안	내용
정약용 (다산)	여전론, 정전론	• 이익의 실학사상을 계승하고 실학을 집대성한 최대의 학자 • 여전론 → 정전론 주장 • 과학과 기술의 중요성을 강조하고 상공업의 발달에도 관심 • 「기기도설」을 참고하여 거중기를 만들어 수원 화성을 쌓는 데 이용, 한강에 배다리(주교) 설치 • 「경세유표」(중앙 행정의 개혁), 「목민심서」(지방 행정의 개혁 방안), 「흠흠신서」(형정의 개선 방안), 「마과회통」 등 500여 권을 저술

② 상공업 중심의 개혁론(중상 학파) : 이용후생

인물	저서	상공업 진흥론	농업 개혁론
유수원	「우서」	• 사농공상의 직업적 평등화와 전문화 추구 • 상인 간 합자를 통한 경영 규모 확대 • 상인이 수공업자 고용(선대제도)	• 농업의 전문화 · 상업화 • 농업 기술 혁신
홍대용	「의산문답」, 「임하경륜」	• 기술 문화의 혁신, 문벌제도 철폐 • 성리학 극복 주장 · 부국강병의 근본 강조 • 중국 중심의 세계관 비판(지전설 제기)	균전제(「임하경륜」)
박지원	「열하일기」, 「과농소초」, 「한민명전의」	• 수레 · 선박 이용 • 화폐 유통의 필요성 강조 • 양반문벌제도의 비생산성 비판	• 한전제 • 영농 방법 혁신, 상업적 농업 장려, 수리 시설의 확충
박제가	「북학의」	• 청과의 적극적 통상 주장 • 수레 · 선박의 이용 • 소비 권장 · 생산 자극 유도 • 생산과 소비와의 관계를 우물물에 비유	–

(3) 실학의 의의와 한계

① 의의 : 과학적 · 객관적인 실증적 학문, 사회개혁적 · 근대지향적 사상, 독자적인 민족 학문, 개화사상으로 계승

② 한계 : 대부분 정치적 권력과 멀었던 계층으로 정책이 현실적으로 반영되기 어려웠고, 전통적 성리학의 한계를 완전히 극복하지 못함

(4) 국학 연구의 확대

① 역사 연구

이익	실증적 · 비판적 역사 서술, 중국 중심의 역사관 비판, 민족의 주체적 자각 고취		
안정복	「동사강목」	영조	고조선~고려 말까지의 역사 서술, 독자적 정통론(단군 – 기자 – 마한 – 통일신라 – 고려), 고증사학의 토대 마련, 편년체
이종휘	「동사」(고구려사)	영조	고대사 연구의 시야를 만주 지방까지 확대, 한반도 중심의 사관 극복에 기여
유득공	「발해고」(발해사)	정조	
한치윤	「해동역사」	순조	500여 종의 중국 및 일본의 자료 참고, 민족사 인식의 폭 확대, 기전체
이긍익	「연려실기술」	순조	조선의 정치와 문화 정리 – 실증적 · 객관적 역사 서술, 기사본말체
김정희	「금석과안록」	고종	북한산비가 진흥왕 순수비임을 고증

② 지리, 국어학 연구 및 백과사전

구분	지리 연구	국어학 연구	백과사전
배경	산업, 문화에 대한 관심 반영	한글의 우수성, 문화적 자아 의식 발현	실학 발달, 문화 인식의 폭 확대
편찬	• 지리서 : 「택리지」(이중환), 「동국지리지」(한백겸), 「아방강역고」(정약용), 「여지도서」, 「대동지지」(김정호) 등 • 지도 : 동국지도(정상기), 대동여지도(김정호), 서양식 지도 전래	• 음운 : 「훈민정음운해」(신경준), 「언문지」(유희) • 어휘 : 「고금석림」(이의봉)	•「지봉유설」(이수광), 「성호사설」(이익), 「오주연문장전산고」(이규경), 「청장관전서」(이덕무), 「임원경제지」(서유구), 「대동운부군옥」(권문해) •「동국문헌비고」(영조)

3 과학 기술의 발달

(1) 서양 문물의 수용

① 과학 기술 발달 배경 : 전통적 과학 기술+서양의 과학 기술 수용

② 서양 문물의 수용

㉠ 사신들의 전래 : 서양 선교사들과 접촉 · 수용 → 세계 지도(곤여만국전도, 이광정), 화포 · 천리경 · 자명종(정두원) 등 전래

㉡ 외국인의 왕래 : 벨테브레이(서양식 대포 제조법 전수), 하멜(「하멜 표류기」, 조선의 사정을 유럽에 전함)

(2) 천문학과 지도, 의학, 기술의 개발

천문학	지전설 대두(이익, 김석문, 홍대용) → 성리학적 세계관 비판의 근거
역법과 수학	• 시헌력 도입(김육), 유클리드 기하학 도입(「기하원본」 도입) •「주해수용」(홍대용, 수학의 연구 성과정리) 저술
지리학	서양 지도(곤여만국전도) 전래 → 세계관의 확대에 기여, 정확한 지도 제작
의학	• 17세기 : 「동의보감」(허준, 전통 한의학 체계 정리), 「침구경험방」(허임, 침구술 집대성) • 18세기 : 「마과회통」(정약용, 홍역 연구 진전, 박제가와 종두법 연구) • 19세기 : 「동의수세보원」(이제마, 사상 의학 확립)
과학 기술	정약용 : 기예론, 거중기 제작(수원 화성), 배다리 설계

(3) 농서의 편찬과 농업 기술의 발달

농서 편찬	농업 기술
• 「농가집성」(신속) : 벼농사 중심의 농법 소개, 이앙법 보급에 공헌 • 「색경」(박세당), 「산림경제」(홍만선), 「해동농서」(서호수) : 상업적 농업 기술 발전에 이바지 • 「임원경제지」(서유구) : 농촌 생활 백과사전	• 논농사 : 이앙법 보급 확대, 수리 시설 개선(당진의 합덕지, 연안의 남대지 등) • 밭농사 : 이랑 간 간격 좁힘, 깊이갈이 일반화(이랑과 고랑의 높이 차 커짐) • 토지의 생산력 증대 : 소를 이용한 쟁기 사용 보편화, 시비법 발달, 가을갈이 보편화 • 경지 면적 확대 : 황무지 개간(내륙 산간 지방), 간척 사업(서해안, 큰 강 유역 저습지)

4 문학과 예술의 새 경향

(1) 서민 문화의 발달

① 서민 문화의 등장 : 경제력 성장과 교육 기회 확대 → 서당 교육의 보편화, 서민의 경제적 · 신분적 지위 향상

② 서민 문화의 발전

구분	전기	후기
주체	양반 중심	중인층과 서민 중심
내용	• 성리학적 윤리관 강조 • 생활 교양 · 심성 수양	• 감정의 적나라한 묘사, 사회 부정 · 비리 고발 • 양반들의 위선적인 모습 비판
배경	비현실적 세계 – 영웅적 존재	현실적 인간 세계 – 서민적 인물

(2) 판소리와 탈놀이, 한글 소설과 사설 시조

판소리	• 서민 문화의 중심, 광대들에 의해 가창과 연극으로 공연 · 판소리 정리(신재효) • 춘향가 · 심청가 · 흥보가 · 적벽가 · 수궁가
탈놀이	• 탈놀이, 산대놀이(도시의 상인이나 중간층의 지원으로 성행) • 당시의 사회적 모순 드러냄, 서민 자신들의 존재 자각에 기여
한글 소설	• 평범한 인물이 주인공, 현실세계 배경 • 홍길동전(서얼 차별 철폐와 탐관오리 응징) • 춘향전(신분 차별의 비합리성 → 인간 평등 의식), 구운몽, 사씨남정기
사설 시조	• 사설 시조 발달(서민 생활상, 남녀 간의 애정 표현, 현실에 대한 비판) • 시조집 정리(「청구영언」, 「해동가요」, 「가곡원류」 → 문학사 정리에 이바지)
한문학	• 정약용 : 삼정의 문란을 폭로하는 한시 • 박지원(「양반전」, 「허생전」) → 양반 생활 비판, 실학 정신 표현, 자유로운 문체 개발
시활동	시사 조직, 풍자 시인(정수동, 김삿갓)

(3) 미술, 서예, 건축, 공예, 음악

① 미술, 서예

미술	• 산수화 유행, 김명국이 일본 화단에 영향을 끼침 • 진경산수화 : 우리의 자연을 사실적으로 묘사, 회화의 토착화(정선 – 인왕제색도, 금강전도) • 풍속화 : 김홍도(서민의 생활 모습), 신윤복(양반 및 부녀자의 풍습, 남녀의 애정) • 강세황(영통골입구도, 서양화 기법), 장승업(강렬한 필법과 채색법 발휘) • 민화 : 민중의 기복적 염원과 미의식 표현, 생활 공간 장식, 한국적 정서가 짙게 반영됨
서예	이광사(동국진체), 김정희(추사체)

② 건축의 변화

건축	• 17세기 : 금산사 미륵전, 화엄사 각황전, 법주사 팔상전 – 다층 건물의 큰 규모, 불교의 사회적 지위 향상, 양반지주층의 경제 성장 반영 • 18세기 : 논산 쌍계사, 부안 개암사, 안성 석남사 – 부농과 상인의 지원, 장식성이 강함 수원 화성(전통+서양) – 공격과 방어를 겸한 성곽, 주변과 조화 • 19세기 : 경복궁의 근정전과 경회루 – 화려하고 장중한 건물, 국왕의 권위 고양

③ 공예, 음악

공예	• 도자기 : 청화 백자(간결 · 소탈하고 준수한 세련미), 옹기(서민들이 주로 사용) • 생활 공예 : 목공예, 화각 공예
음악	• 음악의 향유층 확대 · 다양한 음악 출현 • 양반층(가곡, 시조), 광대 · 기생(판소리, 산조와 잡가), 서민(민요)

THEME 07 근대 사회의 발전

01 외세의 침략적 접근과 개항

1 19세기 제국주의 시대의 세계

(1) 자본주의의 발달과 제국주의의 전개

① 자본주의의 발달

㉠ 자본주의의 발달 : 산업 자본주의 → 독점 자본주의 → 식민지 쟁탈전 격화

㉡ 민족주의의 고양 : 이탈리아와 독일의 통일 → 침략적 · 배타적 민족주의화

② 제국주의의 전개

㉠ 금융 · 독점 자본주의와 침략적 · 배타적 민족주의의 결합 형태 → 사회진화론 영향

㉡ 제국주의 열강들의 세계 정책 대립 → 제1차 세계대전 발발

(2) 제국주의 열강의 식민지 쟁탈 경쟁

구분	아프리카 지역의 분할	아시아 지역의 분할
프랑스	횡단 정책(알제리–사하라사막–마다가스카르 섬)	베트남, 캄보디아, 라오스 통합
영국	종단 정책(3C 정책 : 카이로–케이프타운–켈커타)	인도, 싱가포르 · 말레이 반도 점령
독일	3B 정책(베를린–비잔티움–바그다드) · 영국의 세계 정책(3C)과 충돌	
네덜란드	인도네시아 점령	
미국	하와이 등 태평양 진출, 필리핀 지배 등	

(3) 중국 · 일본의 개항과 근대화 운동

① 중국 · 일본의 개항

구분	중국의 개항	일본의 개항
배경	아편 전쟁(1840)	페리 제독의 개항 요구 – 미 · 일 화친 조약(1854)
개항	난징 조약(1842)	미 · 일 수호 통상 조약(1858)
내용	• 공행의 폐지, 홍콩 할양 • 관세의 자주권 상실 • 치외 법권, 최혜국 대우	• 영사 주재 인정 • 관세의 자주권 상실 • 치외 법권, 최혜국 대우
성격	불평등 조약	

② 중국 · 일본의 근대화 운동

구분	중국의 근대화 운동	일본의 근대화 운동
계기	양무운동(1862~1895)	메이지유신(1868)
기본 정신	중체서용	문명개화론
차이점	서양 문물의 부분적 수용	서양 제도의 적극적 수용
결과	청 · 일 전쟁 패배 → 변법자강운동	청 · 일 전쟁 승리 → 중국과 조선 침략
조선에 영향	온건 개화파(김홍집) → 갑오개혁	급진 개화파(김옥균) → 갑신정변

2 통치 체제의 재정비 노력

(1) 1860년 전후의 조선의 정세

구분	대내적	대외적
배경	세도 정치의 전개	서양 세력의 도전
전개	• 관직 매매 성행, 탐관오리의 수탈, 삼정의 문란 • 항조, 거세 등 소극적 저항 • 민란의 발생(홍경래의 난, 진주 · 개령 민란 등) • 동학 사상의 확산	• 이양선 출몰 : 해안 측량과 탐사(18세기) · 직접적인 통상 요구(19세기) • 천주교의 확산 • 중국과 일본의 문호 개방, 조선에 통상 요구
당면 과제	지배층 수탈로부터 국민의 권익 보호	서양 세력 침략으로부터 국권 수호

(2) 흥선대원군의 정치

① 통치 체제 정비

대내		대외
왕권 강화책	삼정 개혁	쇄국 정책
• 세도 정치 일소, 능력 중심 인재 등용 • 서원 정리(국가 재정 확충, 민생 안정) • 비변사 폐지 – 의정부 · 삼군부 기능 부활 • 경복궁 중건(당백전, 원납전) • 법전 정비(『대전회통』, 『육전조례』)	• 전정 : 양전 사업(은결 색출) • 군정 : 호포제(양반) • 환곡 : 사창제(민간 주도)	• 국방력 강화 • 천주교 탄압 – 병인양요 • 열강의 통상 요구 거절 – 신미양요 • 척화비 건립(1871)
• 전통적인 통치 체제의 재정비, 민생 안정에 기여 • 한계 : 전통적인 체제 내에서의 개혁 정책		• 외세 침략의 일시적 저지에 성공 • 조선의 문호 개방 방해 → 근대화 지연

② 통상 수교 거부 정책

병인박해 (1866.1)	프랑스 세력을 이용하여 러시아 견제 시도 → 교섭 실패 → 9명의 프랑스 선교사와 8,000여 명의 천주교 신자 처형
제너럴셔먼호 사건 (1866.8)	평양 대동강에서 미국 상선 제너럴셔먼호가 통상 요구 → 평양 관민들에게 격침당함
병인양요 (1866)	• 병인박해를 구실로 침략 • 문수산성의 한성근과 정족산성의 양헌수 부대가 프랑스군을 격퇴 • 외규장각 문화재 · 서적 · 병기 등 약탈
오페르트 남연군 묘 도굴 사건(1868)	독일의 통상 요구 → 독일 상인 오페르트의 남연군 묘 도굴 미수 → 통상 수교 거부 의지 강화
신미양요 (1871)	• 제너럴셔먼호 사건을 구실로 미군함 5척 강화도 침입 • 강화도, 초지진, 광성보 등 점령, 광성보의 어재연 부대가 결사항전하여 격퇴 • 수(帥)자기를 포함한 많은 문화재 약탈
척화비 건립	• 신미양요 직후 전국에 건립 • 통상 수교 거부 의지 천명

(3) 개항과 불평등 조약 체제

① 강화도 조약과 부속 조약

구분	강화도 조약(1876)	부속 조약
내용	• 운요호 사건(1875)을 빌미로 문호 개방 요구 → 강화도 조약 체결 • 조선의 자주국 인정 → 청의 종주권 부인 • 부산, 원산, 인천 개항 → 경제, 군사, 정치적 침략 • 연해의 자유 측량권 허용 → 군사적 필요 • 치외 법권 인정 → 주권 침해	• 일본 외교관의 여행 자유 인정 • 일본 거류민 지역(조계) 설정 • 일본 화폐 유통, 상품 수출입의 무관세 • 양곡의 무제한 유출 허용
결과	최초의 근대적 조약, 불평등 조약	일본의 경제적 침략의 토대 구축

더 알아보기

강화도 조약의 부속조약

조 · 일 무역 규칙 (1876)	• 양곡의 무제한 유출 허용 • 일본 수출입 상품 무관세
조 · 일 수호 조규 부록 (1876)	• 일본 화폐 유통 • 개항장에서 거류민 지역(조계) 설정 • 일본인 거류지 제한 설정 : 간행이정(10리) • 일본 외교관 여행 허용
조 · 일 수호 조규 속약 (1882)	• 일본인 거류지 제한 설정(50리 → 1884년 100리로 확대) • 외교관의 내지 여행 허용
조 · 일 통상 장정 (1883)	• 방곡령의 근거 조항 설정(1개월 전 통보) • 관세 규정 • 최혜국 대우

② 서구 열강과의 통상 수교

구분	연도	수교상의 특징
미국	1882	• 대미 수교론 대두(「조선책략」 영향), 서양과 맺은 최초의 조약 • 청의 알선(러시아 견제 목적) • 조 · 미 수호 통상 조약 체결(1882) → 불평등 조약(치외 법권, 최혜국 대우), 거중 조정, 관세 조항 규정
영국, 독일	1883	청의 알선, 최혜국 대우
러시아	1884	조선이 독자적으로 수교, 청과 일본의 러시아 남하 견제로 지연, 최혜국 대우
프랑스	1886	천주교 선교 문제 → 천주교의 신앙의 자유, 선교권 인정

02 근대 의식의 성장과 민족 운동

1 개화 세력의 대두

(1) 개화 사상의 형성

개화 사상의 배경	개화 사상의 형성	개화 세력의 형성
북학 사상	1860~1870년대	1880년대
• 북학파의 사상 계승 • 메이지유신(일본 – 문명 개화론), 양무운동(청 – 중체서용) 영향	• 개화 사상가 등장 • 통상개화론으로 발전	• 정부의 개화 시책과 개혁 운동 추진 • 정부 기구 개편, 해외 시찰단 파견
• 홍대용, 박지원, 박제가 • 「연암집」, 「북학의」 등	• 박규수(양반), 오경석(역관), 유홍기(의원) • 「영환지략」, 「해국도지」 등	• 김옥균, 박영효, 서광범(급진 개화파) • 김홍집, 어윤중, 김윤식(온건 개화파)
• 사상 : 자주적 문호 개방, 서양 문물과 제도 수용 → 근대적 개혁 통한 부국강병 추구 • 한계 : 농민들의 요구인 토지 문제 해결에 대해서는 소극적		

(2) 개화파의 분화

구분	온건 개화파(사대당)	급진 개화파(개화당)
사상 배경	양무운동(청)	메이지유신(일본)
개혁 방법	유교 사상 유지+서양 과학 기술만 수용 → 점진적 개혁(개량적 개화론, 동도서기론)	서양 과학 기술+사상 · 제도까지 수용 → 급진적 개혁(변법적 개화론, 문명개화론)
정치 성향	민씨 정권과 결탁, 청나라와의 관계 중시	청의 내정 간섭과 정부의 친청 정책 비판
활동	갑오개혁 주도(1894)	갑신정변 주도(1884)
대표 인물	김홍집, 김윤식, 어윤중 등	김옥균, 박영식, 홍영식, 서광범 등

2 개화 정책의 추진과 반발

(1) 개화 정책의 추진

배경	• 북학파의 실학 사상 계승 • 청의 양무운동 수용
중심 세력	일부 개화 지식인
내용	• 제도 개편 – 개화 기구 설치 : 통리기무아문(1880)과 12사 설치 – 군제 개편 : 5군영 → 2영(무위영, 장어영), 별기군 창설(신식군대) • 수신사 파견 – 1차 수신사(1876) : 강화도 조약 이후 일본의 개화사상과 근대 문물 시찰, 「일동기유」(김기수) – 2차 수신사(1880) : 김홍집에 의해 「조선책략」 유입 → 미국과의 수교에 영향 – 3차 수신사(1882) : 임오군란에 대한 처리 위해 파견, 박영효, 태극기 최초 사용 • 시찰단 파견 – 조사시찰단(신사유람단, 1881) : 박정양, 어윤중, 홍영식 등을 일본에 파견하여 일본의 각종 산업 시설 시찰, 「문견사건」(박정양) – 영선사(1881) : 김윤식과 유학생들을 청의 톈진에 파견하여 근대 무기제조법, 군사훈련법 등 학습, 정부의 재정적 뒷받침 부족으로 1년 만에 귀국 → 기기창(1883) 설치 – 보빙사(1883) : 민영익, 홍영식, 서광범, 유길준 등을 미국에 파견, 육영공원 설립(1886), 「서유견문」(유길준, 1895)
성격	• 근대적 자주 국가의 수립 추구 • 외세 의존적, 위로부터의 개혁 운동 → 민중의 지지 기반 미약

(2) 위정척사운동의 전개

배경	• 성리학의 주리론 • 존화주의 세계관 바탕
중심 세력	보수적 양반 유생층
내용	• 통상 반대 운동(1860년대) : 척화주전론 – 이항로, 기정진 등 • 개항 반대 운동(1870년대) : 왜양일체론, 개항불가론 – 최익현 등 • 개화 반대 운동(1880년대) : 상소운동 – 이만손의 영남만인소, 홍재학의 만언척사소 • 항일 의병 운동(1890년대 이후)
성격	• 반침략 · 반외세 자주 운동 • 봉건적 · 전통적 지배 체제 고수 → 역사 발전의 역기능 초래, 시대의 흐름에 역행

(3) 임오군란과 갑신정변

구분	임오군란(1882)	갑신정변(1884)
원인	• 개화 세력(민씨) ↔ 보수 세력(흥선대원군) • 곡물의 일본 유출로 인한 민중의 불만 → 구식 군대의 차별 대우	• 개화당(친일 급진파) ↔ 사대당(친청 온건파) • 청 · 프 전쟁 발발로 청군 일부 철수 → 친청 수구 정권 타도(자주 근대 국가 건설 목표)
과정	구식 군인 봉기 → 민씨 세력 처단과 일본 세력 추방 시도 → 대원군 재집권 → 청군 개입 → 실패	우정국 정변 → 개화당 정부 수립(14개 개혁 요강) → 청군 개입 → 실패
조약	• 조 · 일 제물포조약 • 조 · 청 상민수륙무역장정	• 조 · 일 한성조약 • 청 · 일 텐진조약
영향	청군의 조선 주둔, 정치 · 외교 고문 파견 → 민씨 일파의 친청 정책(청의 내정 간섭 심화)	• 최초의 정치 개혁 운동, 근대화 운동 선구 → 개화 세력의 도태(보수 세력의 장기 집권 가능) • 중립화론 대두 : 부들러, 유길준

3 근대적 개혁의 추진

구분	1차 갑오개혁(1894.7)	2차 갑오개혁(1894.12)	3차 개혁(을미개혁, 1895.8)
배경	일본군의 경복궁 점령 → 대원군 섭정	청 · 일 전쟁에서 일본 승리 → 조선에 대한 적극적 간섭	삼국 간섭, 친러 내각 성립 → 을미사변 후 추진
경과	• 제1차 김홍집 내각 • 군국기무처 설치	• 제2차 김홍집 · 박영효 연립 내각 • 독립 서고문과 홍범 14조 반포	• 제4차 김홍집 친일 내각 조직 • 을미개혁 추진
영향	갑신정변과 동학 농민군의 요구 수용	군제 개혁 미비	• 을미의병 발생 • 아관파천으로 개혁 중단
정치	• 개국 연호 사용 • 왕실과 정부의 사무 분리 • 6조제 → 8아문 체제 • 과거제 폐지 • 경무청 설치 • 왕의 관리 인사권 제한	• 청의 간섭과 왕실의 정치 개입 배제 • 내각제 시행 • 지방행정 개편(8도 → 23부) • 중앙행정 개편(8아문 → 7부) • 지방관 권한 축소(사법 · 군사권 배제) • 훈련대 · 시위대 설치, 사관 양성소 설치	• 건양 연호 사용 • 군사 개편(중앙군 – 친위대, 지방군 – 진위대)
경제	• 재정의 일원화(탁지아문 관장) • 왕실과 정부의 재정 분리 • 은본위 화폐, 조세 금납제 • 도량형의 개정 · 통일 시행	탁지부 산하에 관세사, 징세사 설치하여 재정 관련 사무 담당	–
사회	• 신분제 폐지 : 양반과 평민의 계급 타파, 공사 노비제도 폐지, 인신매매 금지 • 조혼 금지, 과부의 재가 허용 • 고문과 연좌법 폐지	• 재판소 설치 • 사법권과 행정권 분리	• 단발령 반포 • 태양력 사용 • 종두법 시행 • 우편 사무 재개
교육	–	• 교육입국조서 발표 • 한성 사범학교 설립 • 외국어 학교 관제 공포	소학교 설치

구분	1차 갑오개혁(1894.7)	2차 갑오개혁(1894.12)	3차 개혁(을미개혁, 1895.8)
한계	• 조선 개화 인사들과 동학 농민층의 개혁 의지 반영 → 근대적 개혁(1차 개혁) • 침략의 발판을 마련하려는 일제의 강요에 의한 개혁 • 일본의 침략적 간섭과 만행, 개혁의 급진성 → 일반 대중이 개혁에 등을 돌림		

4 동학 농민 운동의 전개

(1) 농민층의 동요와 동학의 교세 확장

① 농민층의 동요

열강의 침략 강화	갑신정변 후 청 · 일본, 영국 · 러시아 간의 대립 → 거문도 사건(1885)
국가 재정 악화	배상금 지불과 근대 문물 수용 비용으로 재정 악화
농촌 경제의 피폐	지배층의 억압과 수탈, 외세의 경제 침탈로 인한 농민 생활 궁핍
일본의 경제적 침략	일본 무역 독점(중계 무역 → 일본 상품 판매), 미곡 수탈(立稻先賣) → 방곡령
농민 의식 성장	농촌 지식인과 농민의 정치 · 사회 의식 급성장 → 사회 변혁 욕구 고조

② 동학의 교세 확장

동학의 창시(1860)	정부의 탄압	교단 정비(개항 이후)
몰락 양반 최제우 창시	교조 최제우 처형(혹세무민죄)	최시형의 포교 활동
인간 평등 사상과 사회 개혁 사상 → 농민 요구에 부응	교세의 일시적 위축	• 교단 조직 정비 : 법소, 도소, 포와 주 설치 • 교리 정리 : 「동경대전」, 「용담유사」 편찬 • 포접제 조직 → 농민 세력을 조직적으로 규합

(2) 동학 농민 운동

① 교조 신원 운동

삼례 집회(1892)	서울 복합 상소(1893.2)	보은 집회(1893.3)
• 순수한 교조 신원 운동 • 동학 공인 운동	교도 대표 40여 명이 궁궐 문 앞에 엎드려 교조 신원을 상소	• 탐관오리 숙청, 일본 · 서양 세력 축출 • 척왜양창의, 보국안민, 제폭구민 표방
동학 중심의 종교 운동		농민 중심의 정치 운동으로 전환

② 동학 농민 운동의 전개

구분	1차 봉기(1894.3)	2차 봉기(1894.10)
배경	고부 군수 조병갑의 학정	일본의 경복궁 점령, 일본의 내정 간섭 반발
성격	보국안민(반외세)과 제폭구민(반봉건) 표방	반외세(척왜) 제창
주도	전봉준, 손화중, 김개남 등 주도	전봉준 주도
경과	고부 봉기 → 안핵사 이용태의 농민 봉기자와 주모자 탄압 → 백산 봉기, 4대 강령 발표 → 황토현 전투 승리 → 황룡촌 전투 승리 → 전주성 점령	2차 봉기(논산) → 공주 우금치 전투 패배
결과	• 전주화약 체결 → 집강소 설치(폐정개혁안 실천), 교정청 설치 • 청 · 일본군 파병(톈진 조약) → 청 · 일 전쟁 • 군국기무처 설치 → 1차 갑오개혁 단행	• 순창에서 전봉준 체포 • 잔여 농민군의의병 · 활빈당 참여

더 알아보기

집강소

황룡촌 · 황토현 전투에서 승리한 후 동학 농민군은 폐정개혁안을 제시하며 정부와 전주화약을 체결하였고, 그 결과 집강소가 설치되었다. 집강소는 청 · 일 전쟁 발발 직후에도 운영되었으며, 전주화약을 체결하는 과정에서 동학 농민군은 외세의 개입을 막고자 청 · 일 군대의 철수를 요청하기도 하였다.

③ 동학 농민 운동의 성격 : 반봉건 · 반침략 성격

구분	반봉건 성격	반침략 성격
내용	노비 문서의 소각, 토지의 평균 분작 등	침략적인 일본 세력 축출
영향	갑오개혁에 일정한 영향 → 성리학적 전통 질서의 붕괴를 촉진	동학 농민군의 잔여 세력이 의병 운동에 가담 → 의병 운동과 구국 무장 투쟁의 활성화
한계	근대 사회 건설의 구체적인 방안을 제시하지 못함	

5 독립협회의 활동과 대한제국

(1) 독립협회의 창립과 민중 계몽(1896~1898)

① 독립협회의 창립

㉠ 배경 : 아관파천(1896.2) → 친러파 정권 수립, 열강의 이권 침탈 심화

㉡ 목표 : 자유 민주주의 개혁 사상 보급 → 자주적 독립 국가 수립의 추구(민중 바탕)

㉢ 구성원 : 진보적 지식인(지도부) → 민중 지지 계층(도시 시민층, 학생, 노동자, 부녀자, 천민 등 광범위한 사회 계층 참여)

② 활동 : 민중 계몽 활동(초기) → 정치 활동(후기, 만민공동회) → 보수 세력(황국 협회)의 방해 → 해산(1898)

민중 계몽 운동	• 독립문, 독립관, 강연회 · 토론회 개최, 독립신문 · 잡지 발간 • 정부의 외세 의존적 자세 비판 → 민중에 기반을 둔 정치 · 사회 단체로 발전
자주 국권 운동	• 만민공동회 개최(1898) : 최초의 근대적 민중 대회, 개화 세력과 민중의 결합 의미 → 러시아의 절영도 조차 요구 저지, 한러은행 폐쇄, 군사교련단 · 재정고문단 철수 • 국권과 국익 수호 : 열강의 내정 간섭, 이권 양도 요구, 토지 조차 요구 등에 대항
자유 민권 운동	• 국민 기본권 확보 운동 : 신체 자유권, 재산권, 언론 · 출판 · 집회 · 결사의 자유 주장 • 국민 참정 운동과 국정 개혁 운동 전개 : 의회 설립 추진 → 박정양의 진보 내각 수립
의회 설립 운동	• 관민공동회 개최 : 만민공동회에 정부 대신 참석 → 헌의 6조 결의 • 의회식 중추원 관제 반포 → 역사상 처음으로 의회 설립 단계까지 이르렀으나 보수 세력의 방해로 실패

더 알아보기

헌의 6조

조항	내용
1. 외국인에게 의지하지 말고 관민이 합심하여 황제권을 공고히 할 것	자주 국권 수호
2. 외국과의 이권에 관한 계약과 조약은 해당 부처의 대신과 중추원 의장이 함께 날인하여 시행할 것	국정 개혁 주장
3. 재정은 탁지부에서 전담하여 맡고, 예산과 결산을 국민에게 공포할 것	국정 개혁 주장
4. 중대한 범죄는 공판하고, 피고의 인권을 존중할 것	민권 보장
5. 칙임관(2품 이상 고관)은 정부에 그 뜻을 물어 과반수가 동의하면 임명할 것	국정 개혁 주장
6. 정해진 규정을 실천할 것	개혁 의지

③ 의의 : 민중을 개화 운동과 결합 → 민중에 의한 자주적 근대화 운동 전개

자주 국권 운동	자유 민권 운동	자강 개혁 운동
민족주의 사상	민주주의 사상	근대화 사상
자주 독립 국가 수립	근대 국민 국가 수립	자주적 근대 개혁 단행
만민공동회 개최	관민공동회 개최	민중을 개화 운동과 결합
열강의 내정 간섭과 이권 요구 저지 운동 전개	국민의 자유와 평등 및 국민 주권 확립 추구 – 헌의 6조 결의	근대적 민중 운동 전개

④ 한계 : 이권 수호 운동이 주로 러시아를 대상으로 추진되고, 미국 · 영국 · 일본에 대해서는 우호적

(2) 대한제국의 성립과 광무개혁

① 대한제국의 성립(1897~1910)

㉠ 배경 : 자주 국가 수립의 국민적 자각, 러시아 견제의 국제적 여론, 고종의 환궁

㉡ 과정 : 아관파천 후 고종의 환궁 → 대한제국 성립(국호 – 대한제국, 연호 – 광무, 왕호 – 황제) → 광무개혁 추진

㉢ 영향 : 집권층의 보수적 성향, 국민적 결속 실패, 열강의 간섭 → 성과 미비

② 광무개혁 : 구본신참(舊本新參), 갑오 · 을미개혁의 급진성 비판

정치	• 전제 왕권의 강화 : 대한국 국제 제정(1899) → 독립협회의 정치 개혁 운동 탄압 • 교정소(황제 직속의 입법기구) 설치, 고등재판소를 평리원으로 개칭하고 순회재판소 설치 • 관제 개편 : 23부 → 13도, 황제 자문기구로 중추원 설정 • 해삼위 통상 사무관과 간도 관리사 파견 : 블라디보스토크와 간도 이주 교민 보호 • 한 · 청 통상 조약 체결 : 대등한 주권 국가로서 대한제국이 청과 맺은 근대적 조약
경제	• 양전사업 : 민생 안정과 국가의 재정 확보, 양지아문(1898) · 지계아문(1901) 설치, 지계 발급(근대적 토지 소유권 제도 확립) • 상공업 진흥책 : 근대적 공장과 회사의 설립, 교통 · 통신 · 전기 등 근대적 시설 확충 • 신식 화폐 발행 장정 폐지, 금 본위제 시도, 도량형 개정 • 광산, 홍삼 전매 등의 수입을 내장원으로 이관하여 황실 재정 확충, 양잠 사업
교육	실업 교육 강조 : 실업학교(상공학교 – 1899년, 광무학교 – 1900년), 유학생 파견
군사	군제 개혁 : 시위대(서울)와 진위대(지방)의 군사 수 증가, 무관학교 설립, 원수부 설치(1899)

(3) 간도와 독도 문제

① 간도 문제 발생

㉠ 백두산 정계비 근거 : 청의 철수 요구 ↔ 우리 정부의 간도 소유권 주장(1902) → 간도 관리사 파견(이범윤)

㉡ 간도 협약(1909) : 일본은 남만주 철도 부설권을 얻는 대가로 간도를 청의 영토로 인정

② 일제의 독도 강탈

㉠ 1884년 울릉도 개척령에 따라 육지 주민을 이주시키고 관리 파견

㉡ 러 · 일 전쟁 중 일방적으로 일본 영토로 편입

6 항일 의병 전쟁과 애국 계몽 운동

(1) 항일 의병 전쟁

① 항일 의병 전쟁의 전개

구분	을미의병(1895)	을사의병(1905)	정미의병(1907)
특징	의병 운동 시작	의병 항전 확대	의병 전쟁 전개
배경	을미사변, 단발령	을사조약	고종의 강제 퇴위, 군대 해산
과정	• 유생층 주도(이소응, 유인석 등) • 일반 농민과 동학 농민군의 잔여 세력 참여 • 단발령 철회, 고종의 해산 권고 조칙에 따라 해산	• 평민 의병장 등장(신돌석) • 양반 유생장(민종식, 최익현)	• 해산 군인들 가담 · 의병 전쟁 발전 • 서울진공작전(의병 연합 전선, 이인영, 허위) • 국내진공작전(간도 · 연해주 일대, 홍범도, 이범윤)
목표	• 존화양이를 내세움 • 친일 관리와 일본인 처단	• 국권회복을 전면에 내세움 • 일본 세력과 친일 관료 처단	• 의병의 조직과 화력 강화 • 외교 활동 : 각 영사관에 의병을 국제법상의 교전단체로 승인해줄 것을 요구하는 서신 발송, 독립군 주장

구분	을미의병(1895)	을사의병(1905)	정미의병(1907)
기타	활빈당 조직(농민 무장 조직) : 의적 활동 전개, 대한 사민 논설 게재	을사조약에 대한 저항 – 상소 운동(조병세, 이상설 등) – 순국(민영환, 이한응) – 5적 암살단(나철, 오기호) – 언론 투쟁(장지연 등)	• 남한 대토벌 작전(1909) · 의병 전쟁 위축 → 만주 · 연해주 이동 • 채응언(1915, 한말의 마지막 의병장)

② 항일 의병 운동의 의의

성격	광범위한 사회 계층을 망라한 대표적인 민족 구국 운동
한계	• 일본의 정규군을 제압하기에 미흡 • 외교권 상실로 대외 고립 • 양반 유생층의 전통적 지배 질서 고수
의의	• 국권 회복을 위한 무장 투쟁으로 결사 항전의 정신 표출 • 일제강점하 무장 독립 투쟁의 기반 마련 • 세계 약소국의 반제국주의 독립 투쟁사에 커다란 의의

③ 의사들의 활동

㉠ 장인환, 전명운(1908) : 미국 샌프란시스코에서 미국인 외교고문 스티븐스 처단

㉡ 안중근(1909) : 만주 하얼빈 역에서 초대 통감 이토 히로부미 저격

㉢ 이재명(1909) : 명동성당에서 이완용 처단

(2) 애국 계몽 운동의 전개

① 애국 계몽 단체의 활동 : 개화 자강 계열의 계몽 단체 설립

보안회 (1904)	• 일본의 황무지 개간권 요구 반대 운동 → 성공 • 농광회사 설립, 협동회로 발전
헌정연구회 (1905)	• 국민의 정치 의식 고취와 입헌정체 수립 목적 • 일진회의 반민족적 행위 규탄
대한자강회 (1906)	• 독립협회와 헌정연구회 계승, 윤치호, 장지연 등 중심 • 교육과 산업 진흥 운동 전개, 월보 간행, 강연회 개최, 전국에 지회 설치 • 고종 황제 퇴위에 대해 격렬한 반대 운동 주도
대한협회 (1907)	• 대한자강회 간부들과 천도교 지도자들이 중심 • 교육 보급, 산업 개발, 민권 신장, 행정의 개선 등 주장 • 일제의 한국 지배권 강화로 약화됨 → 친일 성격의 단체로 변질
신민회 (1907~1911)	• 안창호, 양기탁 등 중심의 비밀 결사 단체, 국권 회복과 공화정체의 국민 국가 건설 목표 • 표면적 : 문화 · 경제적 실력 양성 운동(도자기 회사, 태극서관, 대성 · 오산 학교 설립) • 내면적 : 국외 독립군 기지 건설에 의한 실력 양성 운동(삼원보, 밀산부 한흥동) • 105인 사건으로 해산, 남만주 무장 투쟁의 기초

② 애국 계몽 운동의 전개

언론 활동	• 황성 신문 : 장지연의 '시일야방성대곡' • 대한매일신보 : 국채 보상 운동에 참여 → 항일 운동의 선봉적 역할
교육 운동	• 정치와 교육을 결합시킨 구국 운동 전개 • 국민 교육회, 서북 학회, 호남 학회, 기호 흥학회 등의 교육 단체 설립
식산 흥업 운동	• 일제의 경제 침략에 대한 경각심과 근대적 경제 의식 고취 • 상권 보호 운동 전개 : 상업 회의소, 협동 회의소 등 상업 단체 설립 • 근대적 산업 발전 장려 : 상회사, 공장, 농회와 농장, 실업 학교 등 설립 • 국채 보상 운동 전개 : 일제의 경제적 예속화 차단 목적

③ 애국 계몽 운동의 의의

민족 독립 운동의 이념 제시	국권 회복과 근대적 국민 국가 건설을 목표로 제시
민족 독립 운동의 전략 제시	문화 · 경제적 실력 양성, 군사력 양성 목표 제시의 독립전쟁론
민족 독립 운동의 기반 구축	독립 운동의 인재 양성과 경제적 토대 마련, 독립군 기지 건설

03 개항 이후의 경제와 사회

1 열강의 경제 침탈

(1) 개항 이후의 대외 무역

개항 초기	임오군란 후	청 · 일 전쟁 후
불평등 조약에 바탕	조 · 청 상민수륙무역장정 체결	일본의 영향력 강화
• 거류지 무역 : 개항장 10리 이내 무역 제한, 조선 상인의 매개 • 약탈 무역 : 일본 정부의 정책적 지원 • 중계 무역 : 영국산 면직물 판매	• 청 상인 진출 급증 → 청 · 일 간 경쟁 치열 • 일본 상인의 내륙 진출 → 곡물의 대량 반출, 방곡령 선포	일본 상인의 조선 시장의 독점적 지배
일본 상인의 조선 시장 침투	국내 상인 타격, 국내 산업 몰락	조선 상인의 몰락

(2) 열강의 이권 침탈 : 아관파천 이후 극심

철도	일본 상품 수출과 군대를 수송하는 침략의 도구로 이용 → 경인선과 경부선 부설권
광산	청 · 일 전쟁 이후 미국, 일본, 러시아, 독일, 영국 등이 침탈 → 국내 자본 축적 저해
삼림	아관파천 이후 러시아의 삼림 채벌권 독점 → 러 · 일 전쟁 이후 일본으로 넘어감
어업	1880년대 이후 청과 일본이 어업권 침탈

(3) 일본의 금융 지배와 차관 제공, 토지 약탈

금융 지배	• 개항 직후 : 일본 제일은행 → 주요 도시에 지점 설치, 은행 업무 · 세관 업무 등 장악 • 러 · 일 전쟁 후 : 제일은행이 한국의 국고금 취급, 한국 정부의 화폐 발행권 박탈 • 화폐 정리 사업(1905) : 대한제국의 재정과 유통 체계 장악 시도
차관 제공	• 개항 직후 : 일조세 징수권과 해관세 수입을 담보로 차관 제의하여 실현 • 청 · 일 전쟁 후 : 내정 간섭과 이권 획득 목적으로 차관 제의 • 러 · 일 전쟁 후 : 일본의 차관 제공 본격화 → 화폐 정리와 시설 개선의 명목 → 대한제국의 재정 예속
토지 약탈	• 개항 직후 : 고리 대금업 등으로 일본인의 토지 소유 확대 • 청 · 일 전쟁 이후 : 일본인 대자본가 침투 → 대농장 경영(전주, 군산, 나주 지역) • 러 · 일 전쟁 이후 : 토지 약탈 본격화 → 철도 부지와 군용지 확보 구실, 황무지 개간과 역둔토 수용 • 국권 피탈 무렵 : 조선의 식민지화를 위한 기초 사업 → 동양척식주식회사의 특혜

2 경제적 구국 운동의 전개

(1) 경제적 침탈 저지 운동

① 방곡령의 시행(1889)

㉠ 배경 : 일본 상인의 농촌 시장 침투와 지나친 곡물 반출 규제

㉡ 과정 : 함경도, 황해도 등지에서 방곡령 선포 → 조 · 일 통상 장정 규정(실시 1개월 전 통보) 위배를 이유로 배상금 요구

㉢ 결과 : 방곡령 철회 → 조선 정부는 일본에 배상금 지불

② 상권 수호 운동

㉠ 배경 : 청 · 일 상인의 상권 침탈 경쟁 → 시전 상인 · 공인 · 객주 등 국내 토착 상인 몰락

㉡ 과정 : 서울 시전 상인들의 철시, 외국 상점 퇴거 요구, 상권 수호 시위 등

㉢ 결과 : 황국 중앙 총상회(1898) 조직 → 외국인들의 불법적인 내륙 상행위 금지 요구

③ 독립협회의 이권 수호 운동

㉠ 배경 : 아관파천 이후 러시아를 중심으로 열강들의 이권 침탈 심화

㉡ 과정 : 절영도 조차 요구 저지, 한러 은행 폐쇄, 군사 기지 요구 저지, 프랑스와 독일 광산 채굴권 저지

㉢ 결과 : 독립협회 중심 → 열강의 이권 침탈 감소

④ 황무지 개간권 요구 반대 운동

㉠ 배경 : 일본의 황무지 개간권 요구 – 일제의 토지 약탈 음모

㉡ 과정 : 적극적 반대 운동(보안회 활동), 우리 손으로 황무지 개간 주장(농광회사 설립)

㉢ 결과 : 보안회와 국민들의 반대 운동에 부딪쳐 황무지 개간 요구를 철회

⑤ 국채 보상 운동의 전개(1907)

배경	일제의 차관 제공(1,300만 원)에 의한 경제적 예속화 정책 저지
목적	국민의 힘으로 국채를 상환하여 국권을 회복하자는 운동
전개	• 대구에서 시작(서상돈, 김광제 중심)하여 전국으로 확대 • 서울에서 국채보상기성회 조직 • 금주 · 금연, 여성들의 패물 납부 • 대한매일신보, 황성신문, 제국신문 등 언론기관들의 참여
결과	• 일제 통감부의 방해로 실패, 횡령 누명으로 양기탁 구속 → 거족적인 경제적 구국 운동 좌절 • 일제의 강제차관 공급(1908, 2,000만원)

(2) 상업 자본의 육성

① 상업 자본의 변모

시전 상인	• 외국 상인들과 경쟁 과정에서 근대적 상인으로 성장 • 황국중앙총상회 조직 → 독립협회와 상권 수호 운동 전개 • 근대적 생산 공장 경영에 투자
경강 상인	일본인 증기선의 정부 세곡 운반 독점 · 타격 → 증기선 구입으로 일본 상인에 대항
개성 상인	인삼 재배업도 일본에 침탈당함
객주와 보부상	• 외국 상품을 개항장과 내륙 시장에서 유통시켜 이익을 취함 • 자본 축적에 성공한 일부 객주들은 상회사 설립 • 을사조약 이후 일본의 유통 기구에 편입됨

② 상회사의 설립

1880년대 초기	대한제국 시기
동업 조합 형태 또는 근대적 주식 회사	정부의 식산 흥업 정책 → 기업 활동 활발
대동 상회, 장통 회사 등 상회사 설립, 갑오개혁 이전의 회사 수 전국 40여 개	해운 회사, 철도 회사, 광업 회사 설립 → 민족 자본의 토대 구축

(3) 산업 자본과 금융 자본

산업 자본	• 합자 회사 설립 : 유기 공업과 야철 공업 계승 → 조선 유기 상회 설립 • 면직물 공업 : 민족 자본에 의한 대한 직조 공장, 종로 직조사 등
금융 자본	• 조선은행(1896~1901) : 관료 자본 중심의 민간 은행, 국고 출납 대행 • 민간 은행의 설립 : 한성은행(1897), 천일은행(1899)

3 사회 구조와 의식의 변화

(1) 근대적 사회 사상의 발생

구분	조선 후기	개항 이후
중심 세력	실학자	개화파
방향	근대 지향적 사회 사상의 등장	근대 사회 건설의 움직임 등장
내용	사민 평등 의식 토대 → 양반제도의 문제점과 노비제도 개선 주장	• 부국강병 → 양반 신분의 폐지 필요성 인식, 군주권의 제한 • 인권 보장 → 근대적 개혁의 필요성 인식
영향	개화파에 계승 · 발전	위로부터의 사회 개혁 추진

(2) 근대적 사회제도의 형성

구분	갑신정변(1884)	동학 농민 운동(1894)	갑오개혁(1894)
방향	근대 사회 건설 목표	반봉건적 사회 개혁 요구	민족 내부의 근대화 노력
내용	• 문벌 폐지, 인민 평등권 확립 • 지조법 개혁, 행정 기구 개편	• 노비문서 소각, 청상과부의 재가 허용 • 차별적 신분제도 타파 등	• 차별적 신분제도 폐지 • 여성의 지위 향상, 인권 보장
한계	• 보수 세력의 방해와 청의 간섭 • 국민의 지지 부족	• 수구 세력의 방해와 일본의 개입 • 근대적 사회 의식 결여	민권 의식 부족, 민중과 유리
의의	근대화 운동의 선구	양반 중심의 신분제 폐지에 기여	근대적 평등 사회의 기틀 마련

(3) 자유 민권 운동의 전개

독립협회의 활동(1896~1898)	애국 계몽 운동
• 근대적 민중 운동 : 신문 · 잡지 간행, 만민공동회 개최 • 민권 보장 운동 : 국민의 신체 자유와 재산권 보호 • 자주 국권 운동 : 열강의 침탈로부터 국가의 권익 보호 • 정치 개혁 운동 : 언론 자유 운동, 의회 설립 운동	• 독립협회의 운동 계승 • 자유 민권 운동 전개 → 근대 의식과 민족 의식 고취 • 근대 교육 보급 → 근대 지식과 사상의 보편화에 기여, 사회 의식의 전환에 공헌
• 자주적 근대 개혁 사상 정착 • 자유와 평등의 민주주의 사상 확산	• 민주주의 사상을 한 단계 진전시킴 • 독립협회(입헌군주제 지향) → 신민회(공화정체 지향)

(4) 사회 의식의 성장

평민과 천민의 활동	여성들의 사회 진출
각종 사회 활동을 통해서 차별 의식 극복	스스로 사회의 한 구성원이라는 자각
• 독립협회 활동에 참여 → 민족 의식을 가진 사회적 존재로 성장 • 부당한 관리의 처우에 대항 → 상급 기관에 제소 • 관민공동회에서 천인 출신 백정(박성춘)의 연사 → 정부와 국민의 합심 호소 • 국채 보상 운동에 참여, 의병 활동 가담 → 국권 수호 운동의 밑거름이 됨 • 시전 상인이 만민공동회의 회장으로 선출	• 여성의 사회 진출 제한 → 인권과 지위 향상 노력 • 교육받은 여성 → 새로운 여성관 수립, 여성들의 사회 활동과 사회적 역할 추구 • 국권 회복 운동과 국채 보상 운동에 적극 참여 → 남녀평등과 여성의 사회 활동 참여를 발전시키는 계기 • 소학교령 → 남녀 교육의 기회 균등을 규정

04 근대 문화의 형성

1 근대 문물의 수용

(1) 과학 기술의 수용

① 동도서기론과 개화 사상가

㉠ 배경 : 동도서기론 바탕(조선의 정신 문화+서양의 과학 기술) → 부국강병(외세 침략 저지+사회 발전)

㉡ 과정 : 실학자 관심 → 동도서기론 대두 → 서양의 과학 기술 도입과 교육제도의 개혁 인식

㉢ 영향 : 과학 기술과 제도의 도입 ↔ 체계적인 과학 기술보다 단편적이거나 단순한 기술 수용의 한계

② 과학 기술의 수용 과정

흥선대원군 집권기	서양의 무기 제조술에 관심 → 수뢰포 제작, 화륜선 제작
개항 이후	산업 기술 수용에 관심 → 조사시찰단(일본), 영선사(청) 파견
1880년대	서양의 산업 기술 도입에 노력(기계 도입, 외국 기술자 초빙)
1890년대	교육제도 개혁에 관심 → 유학생 파견, 근대적 기술 교육 기관 설립

(2) 근대 시설의 수용

① 민중의 사회 · 경제적 생활 개선 공헌 : 외세의 이권 침탈 · 침략 목적과 연관

② 근대 시설 마련

인쇄술	• 박문국(근대적 인쇄술 도입, 한성순보 발간) • 광인사(근대 기술 서적 발간 – 민간 출판사)
통신	전신(1885, 서울 – 인천), 전화(1898), 우정국(1884), 만국 우편 연합 가입(1900)
전기	한성전기회사 설립, 전등 가설
교통	• 철도 부설(경인선, 경부선, 경의선 – 일본의 군사적 목적으로 부설) • 전차(한성전기회사 – 황실+콜브란)
의료	광혜원(1885, 제중원), 광제원(1900), 대한의원(1907), 자혜의원(1909), 세브란스 병원 설립, 종두법 보급(지석영)
건축	명동성당(고딕식), 독립문(개선문 모방), 덕수궁 석조전(르네상스식)

2 언론기관의 발달, 근대 교육과 국학 연구

(1) 근대 언론기관 : 일제의 신문지법 제정(1907)

구분	연도	특징	활동 내용
한성순보	1883	순한문체, 최초의 신문이나 관보의 형식, 박문국에서 발행	개화파들이 개화 취지 설명
한성주보	1886	국한문 혼용, 최초의 상업 광고 게재	한성순보 계승
독립신문	1896	최초의 민간 신문, 한글과 영문판	자유주의, 민주주의 개혁 사상 보급
제국신문	1898	순한글, 서민과 부녀자 대상	일본의 황무지 개간 요구 반대
황성신문	1898	국한문 혼용, 유생층 대상	장지연의 '시일야방성대곡', 보안회 지원
대한매일신보	1904	양기탁과 영국인 베델 합작, 순한글, 국한문과 영문판	강경한 항일 논설, 국채 보상 운동에 앞장, 의병운동에 호의적
만세보	1906	오세창을 중심으로 한 천도교계 신문	여성 교육과 여권 신장에 관심

(2) 교육의 발흥

구분	정부의 교육 진흥	사립 학교
교육의 시작	• 동문학(1883, 영어 교육) • 육영공원(1886, 상류층 자제, 근대 학문)	원산학사(1883, 근대 학문과 무술 교육)
교육의 발전	• 교육입국조서 반포 • 소 · 중학교, 사범 학교, 외국어 학교 설립 • 교과서 편찬 : 「국민소학독본」, 「심상소학」	개신교 선교사와 민족 운동가 주도 → 근대적 학문 교육과 민족 의식 고취

더 알아보기

근대 교육기관

기관명	설립연도	특징
원산학사	1883	• 함경도 덕원(원산) 주민들이 설립한 최초의 근대식 사립학교 • 근대 학문과 무술교육 실시
동문학	1883	• 묄렌도르프의 건의로 정부가 설립한 외국어 교육기관 • 통역관 양성소
배재학당	1885	• 선교사 아펜젤러가 서울에 설립 • 선교사가 세운 최초의 사립학교이자 한국 최초의 근대식 중등 교육기관
육영공원	1886	• 정부가 설립한 최초의 근대적 관립학교 • 상류층 자제 대상으로 근대 학문 교육(헐버트, 길모어)
경신학교	1886	선교사 언더우드가 서울에 설립한 최초의 전문 실업 교육기관
이화학당	1886	선교사 스크랜턴이 서울에 설립한 최초의 여성 전문 교육기관
정신여학교	1887	선교사 엘레스가 서울에 설립
한성사범학교	1895	교육입국조서 반포 이후 소학교 교관 양성을 위해 설립된 관립학교
숭실학교	1897	선교사 베어드가 평양에 설립한 최초의 지방 사립교육기관
흥화학교	1898	민영환이 서울에 세운 사립학교
순성여학교	1899	• 북촌의 양반집 부인들이 주축이 되어 조직된 찬양회가 설립 • 여성들이 설립한 한국 최초의 사립여학교
점진학교	1899	안창호가 평안남도 강서에 설립한 최초의 남녀공학학교
한성중학교	1900	정부에서 설립한 최초의 근대식 중등 교육기관
서전서숙	1906	이상설이 북간도 지역에 설립한 국외 항일 교육기관
오산학교	1907	신민회 소속의 이승훈이 실력양성운동의 목적으로 정주에 설립
대성학교	1908	신민회 소속의 안창호가 실력양성운동의 목적으로 평양에 설립
신흥강습소	1911	신흥무관학교(1919)의 전신으로, 이시영이 서간도에 독립군 양성을 목적으로 설립

(3) 국학 연구

국어 연구	국사 연구
• 국한문 혼용체 : 유길준의 「서유견문」 • 한글 전용 신문 : 독립신문, 대한매일신보, 제국신문 • 국문 연구소 설립(1907) : 지석영 · 주시경 • 주시경의 「국어문법」 : 민족주의적 입장에서 국어 국문연구 통일 노력	• 근대 계몽 사학 성립(박은식, 신채호 주도) : 민족 영웅전 저술 및 보급, 외국독립 운동사 소개 • 신채호 : 「독사신론」(민족주의 사학의 연구 방향 제시) • 조선 광문회 설립(1910) : 최남선 · 박은식 등 → 민족의 고전 정리 · 간행
• 한계 : 일제의 통제하에서 국권 회복 운동의 일환으로 전개 → 학문적으로는 일정한 한계 • 의의 : 민족 의식과 독립 의지 고취	

3 문예와 종교의 새 경향

(1) 문학의 새 경향

신소설	언문 일치의 문장 → 신식 교육, 여권 신장, 계급 타파 등 계몽 문학의 구실 → 이인직의 「혈의 누」, 이해조의 「자유종」, 안국선의 「금수회의록」 등
신체시	문명 개화, 부국강병 등 노래 - 최남선의 「해에게서 소년에게」
외국 문학	「성경」, 「천로역정」, 「이솝이야기」, 「로빈슨 표류기」, 「걸리버 여행기」 등 → 일부 외국 문학의 분별 없는 수입과 소개로 식민지 문화의 터전 마련

(2) 예술계의 변화

음악	찬송가 소개, 창가 유행(애국가 · 독립가 · 권학가 등) → 민족 의식 고취
미술	서양 화풍 소개, 서양식 유화 도입
연극	• 민속 가면극 성행 • 신극 운동 전개(은세계, 치악산) → 극장 설립(원각사)

(3) 종교 운동의 새 국면

천주교	애국 계몽 운동 전개, 고아원, 양로원 운영 등 사회 사업에 관심
개신교	교육 · 의술 보급 기여, 한글 보급, 미신 타파, 평등사상 전파에 공헌
동학	천도교로 개칭(손병희), 만세보 간행 → 민족 종교로 발전
유교	박은식의 유교구신론 → 실천적 유교 강조
불교	한용운의 불교유신론 → 불교의 자주성과 근대화 추진
대종교	나철 · 오기호 창시 → 단군 신앙 발전, 간도 · 연해주에서 항일 운동 전개(중광단, 북로군정서)

민족의 독립운동

01 일제의 침략과 민족의 수난

1 20세기 전반의 세계

(1) 제1차 세계대전과 전후 처리

① 제1차 세계대전(1914~1918.11)

㉠ 배경 : 식민지 획득 경쟁 → 제국주의 ↔ 제국주의

㉡ 경과 : 사라예보 사건 → 세계대전 확대(동맹국 ↔ 연합국) → 미국 참전 → 러시아의 이탈 → 연합국 승리

㉢ 결과 : 파리강화회의(1919.1) → 베르사유 체제 성립, 패전국의 식민지 독립, 국제 연맹 창설(1920)

② 소련의 세력 확대

㉠ 1917년 11월 혁명 → 소련의 공산주의화

㉡ 1919년 코민테른 결성 → 반제국주의 운동과 약소 민족 독립 운동에 공산주의 세력 침투

(2) 전체주의의 대두와 제2차 세계대전

① 전체주의의 성립

㉠ 배경 : 세계경제공황(미국 → 전세계 확산), 베르사유 체제에 대한 불만

㉡ 과정 : 이탈리아의 파시즘, 독일의 나치즘, 일본의 군국주의

㉢ 영향 : 전체주의 ↔ 민주주의 → 제2차 세계대전 발생

② 제2차 세계대전(1939~1945)

㉠ 원인 : 세계경제공황 → 전체주의 ↔ 자유 민주주의

㉡ 경과 : 독일의 폴란드 침입(1939.9) → 세계대전 확대 → 독일 개전(1941.6) → 태평양 전쟁(1941.12) → 연합국 승리

㉢ 결과 : 대서양 헌장(1941.8.14) → 국제 연합 창설(1945.10), 냉전 체제의 성립과 변화(동 · 서 진영 대립)

(3) 아시아 각국의 민족운동

① 중국

㉠ 신해혁명(1911, 아시아 최초의 공화제 정부), 5 · 4 운동(1919, 반제국 · 반군벌 민족 운동)

㉡ 1차 국 · 공 합작(1924, 군벌 타도), 2차 국 · 공 합작(1937, 항일 투쟁)

② 인도 : 간디의 완전 자치 운동 전개(비폭력 · 불복종 운동), 네루의 완전 독립 민족 운동(독립 전쟁 수행)

③ 오스만 제국 : 케말 파샤의 민족 운동 → 터키 공화국 수립(1923), 근대화 정책 추진
④ 이란 · 이라크 : 영국의 지배에서 탈피 → 독립 국가 성장
⑤ 동남아시아 : 영국, 프랑스, 미국으로부터 독립 운동 전개

2 일제의 침략과 국권의 피탈

(1) 민족 운동의 시련과 항일 운동의 전개

구분	국내	국외
시대상황	일제의 철저한 민족 억압 · 수탈 식민 통치 → 민족의 생존권까지 위협	제국주의 체제하에 전개 → 열강의 우리 독립 노력 외면
주권 피탈 이후	• 비밀 결사 조직 • 3 · 1 운동	• 독립 운동 기지 건설(만주, 연해주) • 독립 전쟁 준비
3 · 1 운동 이후	• 민족 실력 양성 운동 • 민족 문화 보존 · 수호	• 대한민국 임시정부 수립(상하이) • 무장 독립 운동(만주, 연해주)

(2) 국권피탈과정

구분	내용
한일의정서 (1904.2)	• 러 · 일 전쟁 중 체결 • 대한시설강령 : 구체적인 식민지 실천 방침
제1차 한일협약 (1904.8)	고문정치 : 재정고문(메가타), 외교고문(스티븐스) → 내정간섭 강화
가쓰라 · 태프트 밀약 (1905.7)	미국(필리핀 독점) → 일본(조선 독점)
제2차 영 · 일동맹 (1905.8)	영국(인도 독점) → 일본(조선 독점)
포츠머스 강화조약 (1905.9)	러시아(한반도 포기) → 일본(한반도 지배권 국제적 승인)
제2차 한일협약 (을사조약, 1905.11)	• 통감정치 : 이토 히로부미(초대 통감) • 외교권 박탈
한일신협약 (정미7조약, 1907)	• 차관정치 • 군대 해산
한일병합조약 (1910.8)	• 사법권 박탁(1909, 기유각서), 경찰권 박탈(1910) • 총독부 설치, 헌병 무단 통치의 식민 통치 시작

3 민족의 수난

(1) 일제의 식민통치 기관

구분	조선총독부(1910)	중추원 운영
역할	식민 통치의 중추 기관 → 철저한 민족 독립 운동의 탄압 목적	친일 조선 고위 관리 구성 → 조선총독부 자문 기구
성격	현역 일본군 대장이 전권 통치 (입법, 사법, 행정, 군대 통수권)	한국인의 정치 참여 위장 (한국인의 회유 위한 명목상 기구)

(2) 식민 통치 형태의 변화

구분	무단 통치(헌병 경찰 통치)	문화 통치(보통 경찰 통치)	민족 말살 통치
시기	1910~1919	1919~1931	1931~1945
배경	일진회의 합방 건의 – 국권 강탈	3 · 1 운동, 국제적 비난 여론	경제공황의 타개책
전개	• 헌병 경찰제, 태형 · 즉결 심판권, 관리 · 교사의 제복 · 착검 • 언론 · 집회 · 출판 · 결사의 자유 박탈 : 보안법, 신문지법, 출판법 • 일본어 학습, 조선어 수업 축소, 역사 · 지리 교육 금지 • 민족 운동 탄압 : 105인 사건	• 문관 총독 임명 • 보통 경찰제 • 민족 신문 발행 허가 • 교육 기회 확대(초급 학문과 기술 교육에 한정) • 조선어 · 역사 · 지리 교육 허용, 경성제국대학 설립	• 병참 기지화 정책 : 대륙 침략의 전진 기지화 • 민족 말살 통치 : 내선일체, 일선동조론, 황국 신민화 선전 → 국어 · 국사 교육 금지, 창씨 개명 강행 • 신사참배, 궁성요배 강요 • 인적 자원 수탈 : 지원병제, 징병제, 정신대
성격	• 강압적 무단 통치 • 민족 독립 운동 말살 시도	• 민족 분열과 이간 책동 • 민족 근대 의식의 성장 오도	• 한민족의 문화 말살 • 대륙 침략에 필요한 인적 · 물적 수탈

4 경제 수탈의 심화

구분	무단 통치		문화 통치	민족 말살 통치
	토지 약탈	산업 침탈	식량 수탈	대륙 침략과 총동원령
배경	근대적 토지 제도 확립 명분 → 전국 토지 약탈	산업 전반에 걸친 착취	일본의 공업화 정책 → 식량 부족 문제 해결	경제 공황 타개 목적 → 대륙 침략 감행
경제 수탈	토지조사사업 : 기한부 신고제, 토지 침탈(40%), 동양척식주식회사	금융 지배, 회사령(허가제), 전매제, 일본 기업의 독점, 삼림령, 어업령, 공업령	산미증식계획 추진 → 증산량<수탈량	남면북양 정책, 군수 산업 확충, 인적 · 물적 자원 수탈
영향	• 기한부 소작농화 • 해외 이주민 증가	민족 산업 성장 저해	• 농민 몰락(유랑민, 화전민) • 농민의 해외 이주 촉진	한반도 경제가 일제 식민지 체제로 예속

더 알아보기

산미증식계획(1920~1934)

배경	일본의 공업화 → 이촌향도 현상으로 쌀값 폭등, 쌀 부족 현상
내용	• 제1차(1920~1925) : 연간 920만 석을 증산하고, 그중 700만 석을 일본으로 수출 • 제2차(1926~1934) : 1929년 경제 공황과 한국의 쌀 공급이 일본의 쌀값을 폭락시키는 요인으로 작용 → 일본 지주들이 한국의 쌀 수입 반대 → 1934년 중단
결과	• 농업 구조의 변화 : 쌀 중심의 단작형 농업구조 형성, 다양한 상품 작물의 재배 축소 • 식민지 지주제 강화 : 수리조합비, 품종 개량비, 비료 대금 등 증산 비용을 농민들이 지주 대신 부담, 일부 지주는 부 축적 • 농민의 몰락 : 유랑민이나 화전민으로 전락 • 쌀 부족 현상 : 증산된 양보다 훨씬 많은 양의 쌀 수출 → 한국은 만주에서 조, 콩, 수수 등의 잡곡 수입

5 대륙 침략과 총동원령(1930년대)

구분	병참기지화 정책	남면북양 정책	농촌 진흥 운동 전개
배경	경제 공황 극복을 위해 침략 전쟁 확대	세계 경제 공황 후 선진 자본주의 국가들의 보호 무역 정책	일제에 의한 수탈 기반 재조정, 농민의 반발 방지 · 회유
과정	대륙 침략의 병참기지화	면화 재배(남부), 양 사육(북부)	농촌 진흥 운동 → 조선 소작 조정령(1932), 조선농지령(1934) 등
영향	산업 간 불균형(중화학 공업 중심), 한국인 노동자에 대한 가혹한 착취 → 노동쟁의 전개	값싼 원료의 공급지로 삼음	소작료의 증가, 수리 조합비의 소작농 증가 → 소작농의 몰락

더 알아보기

국가총동원법(1938)

- 정부는 전시에 국가총동원법상 필요할 때에는 칙령이 정하는 바에 따라 제국 신민을 징용하여 총동원 업무에 종사하게 할 수 있다(제4조).
- 국가총동원법상 국가총동원이라 함은 전시 또는 전쟁에 준하는 사변의 경우에 국방의 목적을 달성하기 위해 국가의 모든 힘을 가장 유효하게 발휘할 수 있도록 인적 · 물적 자원을 통제 · 운용함을 말한다.

02 독립 운동의 전개

1 3 · 1 운동 이전의 민족 운동

(1) 1910년대 국내의 민족 운동

① 의병 항쟁의 지속 : 일부 의병의 국내 잔류와 항전, 채응언(서북 지방 중심으로 일본군과 헌병대 공격)

② 비밀 결사 조직

신민회	1907	안창호, 양기탁 등 – 문화 · 경제적 실력 양성 운동, 해외 독립군 기지 건설
독립의군부	1912	임병찬(고종의 밀조), 복벽주의 표방, 국권 반환 요구서 제출
대한광복회	1915	군대식 조직(총사령관 – 박상진, 부사령관 – 김좌진), 군자금 모집 활동(의연금 납부), 친일파 차단, 독립 전쟁을 통한 국권 회복, 공화국 수립 목표

(2) 국외의 민족 운동 : 해외 독립 운동 기지 건설

북만주	한흥동 중심(이상설), 밀산부에 독립군 건설
남만주	삼원보 중심(이회영), 경학사(→ 부민단), 신흥 강습소(→ 신흥무관학교)
북간도	용정 중심, 간민회(자치 단체), 중광단(→ 북로군정서군), 서전서숙(이상설), 명동학교(김약연)
연해주	신한촌 중심, 권업회(→ 대한광복군 정부, 1914), 전로 한족회 중앙 총회(→ 대한국민의회)
중국	신한청년당 결성(상하이) → 파리강화회의에 김규식 파견
미주	• 대한인국민회(이승만), 대조선국민군단(박용만), 숭무 학교(멕시코), 흥사단(안창호) 등 • 만주 · 연해주 지역에 독립 운동 자금 지원, 외교 활동을 통한 구국 운동 전개
일본	조선 유학생 학우회, 조선 기독교 청년회, 조선청년독립단 – 2 · 8 독립 선언

2 3 · 1 운동과 대한민국 임시정부

(1) 3 · 1 운동의 전개

① 3 · 1 운동의 태동

세계 질서의 변화	우리 민족의 독립을 향한 움직임
• 세계 질서의 재편 : 미국의 세계 주도권 장악, 사회주의 국가(소련)의 등장 • 정의 · 인도주의 강조 : 윌슨의 민족자결주의 제시, 소련의 식민지 민족 해방 지원 선언	• 파리강화회의에 독립 청원 : 신한청년당(김규식) • 독립 선언 : 대한 독립 선언(무오독립선언, 1918, 만주), 2 · 8 독립 선언(1919, 일본, 조선청년독립단) • 국내 독립 운동의 역량 축적 : 만세 시위 계획

② 3 · 1 운동의 전개 : 33인의 독립 선언 → 국내 · 외 확산(만주, 연해주, 미주, 일본) → 일제의 무력 탄압

준비 단계	확대 단계	해외 확산
• 민족 대표 33인 · 학생 조직 중심 • 독립 선언문 작성, 태극기 제작 · 배포	• 1단계 : 점화기, 비폭력주의 표방 • 2단계 : 도시 확산기, 상인 · 노동자 참가 • 3단계 : 농촌 확산기, 무력 저항 변모	간도와 연해주, 미국 필라델피아, 일본 등에서 만세운동 전개

③ 3 · 1 운동의 의의

㉠ 일제의 통치 방식 변화, 항일 운동의 체계화 · 조직화 · 활성화의 계기 → 대한민국 임시정부 수립

㉡ 독립 전쟁의 활성화, 독립 운동의 주체 확대, 세계 약소 민족의 민족 운동에 영향

(2) 대한민국 임시정부의 수립과 활동

① 임시정부의 수립 과정 : 한성정부 계승+대한국민의회 흡수 → 임시정부 수립(상하이)

임시정부 수립 운동	임시정부의 통합
• 한성정부(국내, 이승만 · 이동휘) • 대한국민의회(연해주, 손병희 · 이승만) • 대한민국 임시정부(상하이, 이승만)	• 배경 : 독립 운동의 체계화와 조직화 필요성 대두 • 정체 : 3권 분립의 민주 공화정 – 의정원, 국무원, 법원 • 독립 노선 : 외교 · 군사 활동 병행

② 헌정 체제의 변화

1차 개헌(1919)	2차 개헌(1925)	3차 개헌(1927)	4차 개헌(1940)	5차 개헌(1944)
대통령 지도제	내각 책임제	집단 지도 체제	주석 지도 체제	주석 · 부주석 체제
이승만	김구	국무 위원(김구)	김구	김구, 김규식

③ 임시정부의 활동

비밀 행정 조직	• 연통제(비밀 행정 조직망) : 정부 문서와 명령 전달, 군자금 송금, 정보 보고 • 교통국(통신 기관) : 정보 수집, 분석 · 교환을 담당
군자금 마련	• 애국공채 발행, 국민 의연금 모집 • 이륭양행(만주)과 백산상회(부산) 협조
군사 활동	• 군무부(군사 업무) · 참모부(군사 지휘) 설치, 군사 관련 법령 제정 • 육군 무관 학교 설립(상하이), 한국광복군 창설(1940)
외교 활동	• 파리위원부 설치(김규식이 대표 → 파리강화회의에 독립 공고서 제출) • 구미위원부 설치(이승만), 한국 친우회 결성(미국 · 영국 · 프랑스) • 인터내셔날 제네바 회의 활동(조소앙 참가 → 한국 민족 독립 결정서 통과)
문화 활동	• 독립신문 발행(기관지), 사료 편찬소 설치(『한일 관계 사료집』 간행) • 민족 교육 실시(인성 학교와 삼일 중학교 설립)

④ 임시정부의 시련

㉠ 배경 : 이념 대립(민족주의 ↔ 사회주의), 독립 운동의 방략 대립(외교독립론, 실력양성론, 무장투쟁론), 일제의 탄압으로 인한 자금난 · 인력난

㉡ 과정 : 국민대표회의 소집(1923) → 개조파(임시정부 개편)와 창조파(새로운 정부 수립)의 대립 → 결렬 → 이승만 탄핵, 박은식 제2대 대통령으로 추대 → 2차 개헌(국무령 중심의 내각 책임제)

개조파		창조파	현상유지파
외교독립론	실력양성론	무장투쟁론	
이승만	안창호	신채호, 이동휘	이동녕, 김구
미국에 구미위원부 설치	교육과 산업 등 민족 실력 양성	임시정부 폐지론 주장	현행 임시정부 유지

㉢ 영향 : 독립 운동 진영의 분열 → 임시정부의 자구 노력(김구, 지도 체제 개편과 한인애국단 조직 등)

3 국내 항일 민족 운동(3 · 1 운동 이후)

(1) 국내 무장 항일 투쟁

천마산대	보합단	구월산대
평북 의주 천마산 거점	평북 의주 동암산 거점	황해도 구월산 거점
• 대일 유격전 전개 • 만주의 광복군 사령부와 협조	• 군자금 모금에 중점 • 임시정부에 송금, 독립 운동에 사용	• 일제의 관리와 밀정 처형 활동 • 친일파 은율 군수 최병혁 처단

(2) 학생 항일 운동(3 · 1 운동 이후)

구분	6 · 10 만세 운동(1926.6.10)	광주 학생 항일 운동(1929.11.3)
배경	사회주의 운동 고조	일제의 식민지 차별 교육과 억압, 신간회의 활동
전개	순종의 인산일 → 만세 시위 → 전국적 확산	한 · 일 학생 간의 충돌 → 전국 확대 · 해외 확산
의의	• 학생이 독립 운동의 주역으로 변화 • 민족주의 · 사회주의 계열의 갈등 극복 계기	• 3 · 1 운동 이후 최대의 항일 민족 운동 • 식민 통치의 부정과 민족 독립 주장으로 확대

(3) 애국 지사들의 활동

① 단독 의거 : 조명하(1928, 타이완 일본 왕족 살해)

② 의열단과 한인애국단

구분	의열단(1919)	한인애국단(1931)
배경	3 · 1 운동 이후 무장 조직체 필요성 절감	국민대표회의 결렬 후 대한민국 임시정부의 침체
조직	• 김원봉, 윤세주 – 만주 길림성 • 신채호의 조선혁명선언에 기초	김구 – 중국 상하이

구분	의열단(1919)	한인애국단(1931)
활동	• 김익상(1921, 조선 총독부 투탄) • 김상옥(1923, 종로 경찰서 투탄) • 김지섭(1924, 일본 도쿄 왕궁에 투탄) • 나석주(1926, 동양척식 주식회사 투탄)	• 이봉창(1932, 일본 국왕 암살 미수) • 윤봉길(1932, 상하이 훙커우 공원 투탄)
의의	• 개별 투쟁 한계 : 중국 혁명 세력과 연대 • 군사 활동 : 중국의 황포 군관 학교 입학, 조선 혁명 간부 학교 설립, 조선의용대 창설 • 정당 활동 : 조선민족혁명당 결성(1935)	• 국제 관심 고조, 한국인의 독립 운동 의기 고양 • 중국 국민당 정부의 임시정부 지원의 계기 → 한국광복군 창설

4 해외 무장 독립 전쟁의 전개

(1) 1920년대 무장 독립 전쟁

① 봉오동 전투와 청산리 전투

구분	봉오동 전투(1920.7)	청산리 전투(1920.10)
주도 부대	대한독립군(홍범도) 주도	북로군정서군(김좌진) 주도
연합 부대	군무도독부군(최진동)+국민회독립군(안무)	대한독립군(홍범도)+국민회독립군(안무)
결과	일본군 1개 대대 공격	일본군 1개 연대 격파

② 독립 전쟁의 시련

간도 참변(1920)	자유시 참변(1921)	미쓰야 협정(1925)
일본군의 간도 교포 무차별 학살	대한독립군단(서일)의 자유시 집결	한국의 독립군 탄압 협정 체결
독립군의 기반 파괴 목적	소련군에 의해 강제 무장 해제	일제와 만주 군벌 간 밀착

③ 독립군 재정비(통합 운동)

3부의 성립	3부의 성격	3부의 통합
• 참의부(1923, 압록강 유역) • 정의부(1924, 남만주 일대) • 신민부(1925, 북만주 일대)	민정 기관(자치 행정)인 동시에 군정 기관(독립군의 작전 담당)	• 1920년대 후반 민족 유일당 운동 • 국민부(1929, 남만주, 조선혁명군) • 혁신의회(1928, 북만주, 한국독립군)

(2) 1930년대 무장 독립 전쟁

① 한 · 중 연합 작전 : 일제의 만주 사변 → 중국 내의 반일 감정 고조

구분	한국독립군의 활약	조선혁명군의 활약
연합	한국독립군(지청천)+중국 호로군	조선혁명군(양세봉)+중국 의용군
활동	쌍성보 전투(1932), 대전자령 전투(1933) 등	영릉가 전투(1932), 흥경성 전투(1933) 등
개편	한국독립군은 이후 임시정부에 합류	양세봉 피살 이후 조선혁명군의 세력 약화

② 만주 지역의 항일 유격 투쟁

구분	동북인민혁명군(1933)	조선의용대(1938)
조직	조선인 공산주의자+중국 공산당 유격대	조선민족혁명당(김원봉)+중국 정부의 지원
전개	• 동북항일연군(1936) : 사회주의 계열 독립군 • 조국광복회(1936) : 반일 민족 전선 실현	• 한국광복군 합류(1940) • 조선의용군에 흡수(조선독립동맹 주도)
활동	항일 유격전 전개, 국내진공작전(보천보 전투)	국민당과 합작, 대일 항전, 첩보 · 암살 활동

더 알아보기

1920~1940년대 무장독립운동

1920년대	1930년대	1940년대
• 무장 독립 전쟁의 본격화 : 봉오동 전투, 청산리 전투 • 경신 참변(간도 참변) 이후 → 대한독립군단 편성하여 자유시로 이동 • 자유시 참변 후 → 참의부 · 정의부 · 신민부 편성 • 한국독립군, 조선혁명군 조직	• 한국독립군+중국 호로군 작전 → 중국 본토로 이동 • 조선혁명군+중국 의용군 작전 → 1930년대 중반 이후 세력 약화 • 조선의용대+중국 국민당 정부군 작전	• 한국광복군 : 신흥 무관 학교 출신 독립군+조선의용대 일부 → 연합군과 연합 작전 전개 • 조선의용군 : 중국 공산당의 팔로군과 연합 작전

(3) 대한민국 임시정부와 한국광복군(1940년대의 독립 전쟁)

① 대한민국 임시정부의 체제 정비

이동 시기의 임시정부	충칭 시기의 임시정부
윤봉길의 의거 이후 일제의 탄압 가중	독립 전쟁을 위한 정부 체제 강화
전시 체제 준비	주석 중심제 헌법 개정
• 초급 간부 양성, 국군 편성 계획 • 의정원의 확대, 군사 위원회 · 참모부 설치 • 군사 특파단 파견(모병 공작, 한국 청년 탈출 공작) • 한국 청년 전지 공작대 조직	• 김구 중심의 단일 지도 체제 • 한국독립당 조직(1940) • 대한민국 건국 강령 발표 : 민주 공화제, 삼균주의(조소앙) • 좌 · 우 통합정부 수립 : 조선혁명당과 통합

② 한국광복군의 결성

창설	활동
• 중 · 일 전쟁 계기(1937)로 창설(1940, 충칭) • 신흥 무관 학교 출신 주축+조선의용대 흡수 통합 • 중국 국민당 정부의 지원	• 대일 · 대독 선전 포고 • 연합군(영국)과 연합 작전(미얀마, 인도 전선) • 국내 진입 작전 계획(국내 정진군 편성)

03 사회 · 경제적 민족 운동

1 사회적 민족 운동의 전개

(1) 사회주의 사상의 유입

① 사회주의 계열의 등장

㉠ 배경 : 독립에 대한 국제적 지원 무산, 레닌의 약소 민족 독립 운동 지원 약속

㉡ 경과 : 3 · 1 운동 이후 국내 유입 → 청년 · 지식인 중심으로 활발하게 보급

㉢ 영향 : 조선공산당 결성, 사회 · 경제 운동의 활성화, 민족 독립 운동 전선의 분화(사회주의 ↔ 민족주의)

② 다양한 사회 운동

청년 운동	여성 운동	소년 운동	형평 운동
3 · 1 운동 이후 많은 청년 단체 조직	3 · 1 운동 때 여성의 적극적 참여와 희생	천도교 소년회(방정환)	갑오개혁 때 신분제가 폐지되었으나 사회적 차별 존속
청소년 품성 도야, 생활 개선 등 민족 실력 양성 운동, 무산 계급의 해방 주장	문맹 퇴치 · 구습 타파, 실력 양성 운동 전개, 무산 계급 여성의 해방 주장	어린이날 제정, 「어린이」 발간	백정에 대한 평등한 대우 요구와 백정 자녀의 교육 문제 해결 촉구
조선청년총동맹(1924)	근우회(1927)	조선소년연합회(1927)	조선 형평사(1923)

(2) 민족 유일당 운동

① 민족 유일당 운동

㉠ 배경 : 민족주의계 내 자치 운동론 대두(이광수, 최린 등), 중국의 국 · 공 합작 등 → 단일화된 민족 운동의 필요성

㉡ 과정 : 한국 독립 유일당 북경 촉성회 창립, 만주 지역의 3부 통합 운동, 6 · 10 만세 운동 전개, 신간회 창립

㉢ 영향 : 민족 유일당 운동으로 발전, 비타협적 민족주의계와 사회주의계 결합

② 신간회(1927~1931)

구분	내용
배경	민족주의계의 분화(민족 개량주의자 ↔ 비타협적 민족주의자), 사회주의계의 위기(1925년 치안유지법)
활동	• 일제강점기 최대의 합법적 항일운동단체(회장 : 이상재, 부회장 : 홍명희) • 조선민흥회(1926) → 정우회 선언 발표(1926) → 신간회 창립(1927) → 해소(1931) • 민중대회 개최, 전국 순회강연 • 농민 · 노동 · 학생운동 지원 : 한국인 본위의 교육 실시 · 착취 기관 철폐 등 주장, 원산 노동자 총파업 지원, 갑산 화전민 학살 사건에 대한 진상 규명 운동 전개 • 광주 학생 항일 운동에 진상 조사단 파견
해소	• 민족주의 계열 내에 타협적 노선 등장, 민족주의 세력과 사회주의 세력의 대립 • 코민테른의 노선 변화

2 민족 실력 양성 운동

(1) 민족 기업의 육성과 물산장려운동

구분	민족 기업의 육성	물산장려운동(1920년대)
배경	민족 자본과 산업 육성 → 민족 경제의 자립 달성 운동	
경과	• 경성 방직 주식 회사(지주 자본) • 평양 메리야스 공장(서민 자본) • 민족계 은행 설립(삼남 은행)	• 1920년 조만식 등 민족 자본가 중심으로 평양에서 시작 • 조선물산장려회 조직(1923), 자작회(1922) 결성 • 일본 상품 배격, 국산품 애용 • 근검 저축, 생활 개선, 금주 · 금연 등
결과	일제 탄압으로 민족 기업 해체 → 일본 기업에 흡수 · 통합, 기업 활동 침체	민족 기업의 생산력 부족, 상인 · 자본가 일부 계급의 이익만 추구, 민중의 외면 등 → 실패

(2) 민립대학 설립운동, 문맹퇴치운동

구분	민립대학 설립운동	문맹퇴치운동
배경	• 일제의 초급 학문과 기술 교육만 허용 • 고등 교육을 통한 민족의 역량 강화	• 한국민의 우민화(문맹자 증가, 민족 역량 약화) • 한글 보급으로 민족 정신과 항일 의식 고취
경과	• 조선교육회 조직(1920, 한규설, 이상재) • 민립대학기성회 조직(1922) → 민립대학 설립운동(1923, 이상재, 조만식)	• 야학 운동(1920년대) • 문자 보급 운동(조선일보), 브나로드 운동(동아일보) • 한글 강습회(조선어 학회)
결과	일제의 경성제국대학 설립(1924)	일제의 문맹퇴치운동 금지(1935)

(3) 농민 운동과 노동 운동

구분	농민 운동(소작 쟁의)	노동 운동(노동 쟁의)
배경	소작민에 대한 수탈 강화 → 농민 생활 파탄	일제의 식민지 공업화 정책 → 열악한 노동 조건
성격	• 1910년대 : 일제의 지주 비호, 농민 지위 하락 • 1920년대 : 생존권 투쟁, 고율 소작료 인하 • 1930년대 : 항일 민족 운동, 식민지 수탈 반대	• 1910년대 : 농업 중심의 산업 구조, 노동자 계급 형성 부진 • 1920년대 : 생존권 투쟁, 임금 인상, 노동 조건 개선 • 1930년대 : 항일 민족 운동, 혁명적 노동 운동 전개
조직	조선농민총동맹(1927) → 농민 조합(1930년대)	조선노동총동맹(1927) → 지하 노동 조합(1930년대)
활동	암태도 소작 쟁의(1923~1924)	원산 노동자 총파업(1929)

3 국외 이주 동포의 활동과 시련

구분	배경	민족 운동	시련
만주 이주 동포	• 조선 후기부터 농민들의 생계 유지 위해 이주 • 국권 피탈 후 정치 · 경제적 이유로 증가	• 대한독립선언서 발표(1918) • 독립 운동 기지 마련 • 무장 독립 전쟁 준비	• 간도 참변(1920) • 미쓰야 협정(1925) • 만보산 사건(1931) 등
연해주 이주 동포	• 러시아의 변방 개척 정책 • 1905년 이후 급증하여 한인 집단촌 형성	• 국외 의병 운동 중심지(13도 의군 결성, 1910) • 권업회 조직(1911) • 대한광복군정부 수립(1914, 이상설) • 대한국민의회 수립(1919, 손병희)	• 자유시 참변(1921) • 볼셰비키 정권의 무장 해제 강요 • 연해주 동포의 중앙 아시아 강제 이주(1937)
일본 이주 동포	• 19세기 말 : 정치적 망명 · 유학생 중심 • 국권 피탈 후 : 몰락 농민들의 산업 노동자 취업 • 1930년대 : 일제의 강제 징용	2 · 8 독립 선언	• 노동력 착취와 민족 차별의 수모 • 관동 대학살(1923)
미주 이주 동포	• 20세기 초 : 하와이 · 멕시코 노동자로 이주 • 국권 피탈 후 : 정치적 망명자, 유학생 다수	• 대한인 국민회 조직(1910) • 대조선국민군단(1914) • 대한민국 임시정부에 대한 지원	기후 조건, 노동 조건 열악

04 민족 문화 수호 운동

1 일제의 식민지 문화 정책

(1) 우민화 교육과 한국사의 왜곡

구분	민족 교육의 탄압	한국사의 왜곡
목적	'동화'와 '차별' 교육 → 황국 신민화 교육 시도	한국사 왜곡 바탕 → 식민 통치 정당화
전개	• 1910년대 : 우민화 정책 – 민족 사립 학교 폐쇄, 실업 교육 중심 • 1920년대 : 유화 정책 – 보통 학교 수 증대, 조선어 필수 과목 지정, 조선 역사 교육 실시 • 1930년대 : 황국 신민화 교육 강화 – 황국 신민 서사 암송, 한글과 한국사 교육 금지	• 민족 고대사 왜곡(단군 조선 부정) • 식민사관 : 한국사의 타율성 · 정체성 · 당파성론 • 일선동조론 강조 •「반도사」 편찬 계획(조선 총독부 중추원), 「조선사」(조선사 편수회), 청구 학보(청구학회) 간행

더 알아보기

일제의 식민지 교육정책

1차 조선교육령 (1911)	• 우민화 교육 • 보통(6년 → 4년) · 실업 · 전문 교육, 일본어 학습 강요
사립학교 규칙 (1911)	지리 · 역사 · 한글 교육 금지
서당 규칙 (1918)	서당 설립 인가제에서 허가제로 변경하고 서당 활동 억압
2차 조선교육령 (1922)	• 한국인의 대학 입학 허용, 고등보통학교 변경 시행(5년) • 보통교육(4년 → 6년), 조선어, 역사 · 지리 교육 허용
경성제국대학 설립 (1924)	민립대학 설립운동의 회유책으로 경성제국대학 설립
3차 조선교육령 (1938)	• 내선일체와 일선동조론 강조 • 보통학교 · 소학교 → 심상소학교, 고등보통학교 → 중학교 • 조선어 : 수의(선택) 과목화
국민학교령 (1941)	소학교 → 국민학교 변경
4차 조선교육령 (1943)	• 전시 교육 체제 • 조선어와 역사 과목 폐지

(2) 일제의 언론 정책과 종교 탄압

언론 탄압	종교 활동의 탄압
• 1910년대 : 신문지법(1907) – 언론 암흑기 • 1920년대 : 동아일보 · 조선일보 신문 창간, 개벽 · 신생활 · 신천지 · 조선지광 잡지 발행 • 1930년대 : 언론 탄압 강화 → 조선 · 동아일보 폐간(1940), 일장기 말소 사건	• 기독교 탄압 : 105인 사건(안악 사건, 1910), 사립 학교 규칙 개정 · 통제(1915), 신사 참배 강요 • 불교 탄압 : 사찰령 공포(1911), 사찰령의 시행규칙으로 포교 규칙 공포(1915), 중앙 학림 폐지(3 · 1 운동 이후) • 천도교와 대종교의 탄압 • 친일적 유교 단체 결성

2 국학 운동의 전개

(1) 국어 연구 : 국문 연구소(1907) → 조선어 연구회(1921) → 조선어 학회(1931) → 한글 학회(1949)

구분	조선어 연구회(1921)	조선어 학회(1931)
인물	장지연, 이윤재, 최현배 등	임경재, 장지영 등
내용	• 한글 연구와 보급 • 「한글」 잡지 발간 • '가갸날' 제정(1926)	• 한글 맞춤법 통일안과 표준어 제정 • 「우리말큰사전」 편찬 시도 • 외래어 표기법 제정
변화	조선어 학회로 확대 개편	조선어 학회 사건으로 해체(1942)

(2) 한국사의 연구

구분	민족주의 사학	사회 · 경제 사학	실증주의 사학
내용	우리 문화의 우수성과 한국사의 주체성 강조	역사 발전의 보편성을 한국사에 적용	객관적 사실에 근거하는 연구를 통해 한국사를 실증적으로 연구
연구	박은식(혼), 신채호(낭가사상), 정인보(얼), 문일평(심), 안재홍 계승	백남운 : 정체성과 타율성을 주장한 식민사관 비판	이병도, 손진태 : 진단학회 창립, 진단학보 발행
한계	민족의 주체성 강조 → 실증성이 약하다는 비판	한국사의 발전을 서양 역사의 틀에 끼워 맞추려 한다는 비판	민족사의 현실 인식을 제대로 하지 못했다는 비판

3 교육 운동과 종교 활동

(1) 민족 교육 운동

① 교육 운동 단체 설립(3 · 1 운동 이후)

㉠ 조선여자교육회 : 순회강연과 토론회 개최, 「여자시론」 간행, 야학 개설 → 여성교육의 대중화

㉡ 조선교육회 : 「신교육」 발간, 한글 강습회 개최, 민립대학 설립운동 주도

② 민족 교육 기관

㉠ 사립 학교 : 근대 지식 보급, 항일 운동의 거점, 민족 의식 고취 → 일제의 통제로 감소

㉡ 개량 서당 : 한국어와 근대적 교과 및 항일적 교재 사용 → 서당 규칙(1918)으로 탄압

㉢ 야학 : 가난한 민중과 그 자녀를 대상 → 1931년 이후 탄압 강화

(2) 과학 대중화 운동

① 안창남의 고국 방문 비행(1922.12) : 과학에 대한 인식 재고에 영향

② 단체의 설립

㉠ 발명 학회 창립(1924) : 김용관 등이 중심 → 「과학 조선」 창간, 과학의 날 제정, 과학의 중요성 계몽 등

㉡ 과학 지식 보급회 설립(1934) : 과학의 생활화, 생활의 과학화 주장, 「과학 조선」 간행 → 과학 대중화 운동 전개

(3) 종교 활동

개신교	신문화 운동, 농촌 계몽 운동, 한글 보급 운동, 신사 참배 거부 운동
천주교	• 고아원 · 양로원 설립, 잡지 「경향」 간행 • 무장 항일 투쟁 전개(의민단 조직 → 청산리 대첩에 참전)
천도교	3 · 1 운동 주도, 잡지 「개벽」 간행
대종교	• 단군 숭배 사상을 통해 민족 의식 고취 • 무장 항일 투쟁에 적극적 참여(중광단 → 북로군정서 확대)
불교	• 3 · 1 운동 주도 • 교육운동 · 사회운동 전개 • 조선불교유신회(1921) 조직 → 불교 정화 운동, 사찰령 폐지, 친일 지주 성토 운동 전개
원불교	박중빈 창시(1916) – 개간 사업, 저축 운동, 생활 개선 운동 전개(남녀 평등, 허례 허식 폐지)

4 문학과 예술 활동

구분	1910년대	1920년대	1930년대 이후
문학	계몽주의 성격 – 이광수(무정), 최남선(신체시)	사실주의 경향 대두, 민족 의식 고취, 신경향파 문학(계급 의식 고취, 카프)	일제의 협박과 탄압 가중, 강렬한 저항 의식, 일제에 협력
음악	창가 유행 – 국권 상실과 망국의 아픔을 노래	서양 음악을 통한 민족 정서 노래 – 홍난파(봉선화), 현제명(고향 생각)	안익태(애국가, 코리아 환상곡), 홍난파, 현제명 등의 친일 활동
미술	–	안중식(전통 회화 계승 · 발전), 프로 예술 동맹 창립(1920년대 중반)	이중섭(서양화), 김은호, 김기창 등의 친일 활동
연극	–	토월회 활동(1922), 신파극 유행, 나운규(아리랑 등)	극예술연구회(1931), 조선 영화령 발표(1940)

THEME 09

현대 사회의 발전

01 대한민국의 수립

1 제2차 세계대전 이후의 세계

(1) 냉전 체제의 형성과 해체

① 냉전의 성립 : 자유주의 진영(미국) ↔ 공산주의 진영(소련) → 그리스에서 공산주의자 반란(1946)

② 냉전의 전개

㉠ 유럽 : 소련의 베를린 봉쇄(1948) → 북대서양 조약 기구(NATO, 1949) ↔ 바르샤바 조약 기구(1955)

㉡ 아시아 : 중국의 공산화, 한국의 6 · 25 전쟁, 베트남 전쟁 등

③ 냉전의 해체

㉠ 냉전 완화 : 흐루시초프의 평화 공존 표방, 닉슨 독트린 발표(1969), 중국의 유엔 가입(1971) 등

㉡ 냉전 종식 : 고르바초프의 개방과 개혁 정책, 동유럽 공산 체제 붕괴, 독일 통일(1990), 소련 해체(1991)

(2) 제3세계의 대두와 유럽의 통합

① 제3세력의 대두

㉠ 아시아 · 아프리카 신생 독립국 : 평화 5원칙 발표 → 비동맹 중립노선 표방

㉡ 반둥회의(1955) : 평화 10원칙 채택(반식민주의, 반인종주의, 민족주의, 평화 공존, 전면 군축 등)

② 유럽 통합 움직임 : 유럽 경제 공동체(EEC, 1958) → 유럽 공동체(EC, 1967) → 유럽 연합(EU, 1993)

2 8 · 15 광복과 분단

(1) 광복 직전의 건국 준비 활동

대한민국 임시정부(충칭, 1940)	조선독립동맹(중국 화북, 1942)	조선건국동맹(국내, 1944)
김구 중심	김두봉 중심	여운형 중심
민족주의 계열	사회주의 계열	좌 · 우 연합 성격
한국광복군+조선의용대 흡수	조선의용군	비밀 결사
대한민국 건국 강령(1941) → 삼균주의 기초(정치 · 경제 · 교육)	항일전쟁 수행(+중국 팔로군), 보통선거, 남녀 평등권 확립	일제의 타도와 민족의 자유와 독립 회복
민주 공화국 건설	민주 공화국 건설	민주주의 국가 건설

(2) 8 · 15 광복과 국토 분단

① 8 · 15 광복

대내	대외
• 우리 민족의 독립 투쟁 • 학생 · 노동 · 농민의 민족 운동 • 민족 실력 양성 운동, 민족 문화 수호 운동 • 무장 독립 투쟁, 외교 활동 등 • 우리나라 독립에 대한 국제적 여론 고조	• 일본의 무조건 항복과 연합군의 승리 • 카이로 회담(1943) : 미 · 영 · 중, 최초로 한국의 독립에 대해 약속 • 얄타 회담(1945) : 미 · 영 · 소, 소련의 대일전 참전 • 포츠담 선언(1945) : 미 · 영 · 중, 일본의 무조건 항복 요구, 카이로 선언 재확인 • 국제 사회의 한국 독립 약속

② 국토 분단

㉠ 한국광복군의 국내 진입 작전 계획 무산

㉡ 소련의 참전 : 얄타 회담(1945.2) → 소련군의 대일전 참전 결의(1945.8) → 소련의 북한 점령

㉢ 북위 38도선 분할 : 일본군의 무장 해제를 명목으로 분할(북 – 소련 군정, 남 – 미국 군정) → 분단의 고착화

(3) 광복 직후 남북한의 정세

남한의 정세	북한의 정세
미군정의 통치	소련군 사령부 설치
• 건국준비위원회와 대한민국 임시정부 부정 • 일제의 총독부 체제 이용 • 우익 세력 지원(한국민주당 중심)	• 공산 정권 수립의 기반 마련 • 민족주의 계열 인사 숙청(조만식 등)
• 조선건국준비위원회 : 여운형 · 안재홍 중심 → 좌 · 우 세력 연합, 조선인민공화국 선포 등 • 한국민주당 : 송진우 · 김성수 등 → 민족주의 우파 세력 중심, 임시정부 지지, 미군정에 적극 참여 • 조선공산당 : 박헌영 중심 → 조선공산당 재건 • 독립촉성중앙협의회 : 이승만 → 국내 정치 활동 재개(한국민주당과 관계 유지) • 한국독립당 : 김구 → 통일정부 수립 활동	• 평남건국준비위원회 : 조만식, 건국 작업 시작 • 인민 위원회 : 소련군의 행정권 · 치안권 행사 • 북조선 임시 인민 위원회(1946) : 토지 개혁, 주요 산업 국유화, 8시간 노동제 실시 • 북조선 인민 위원회 결성(1947) : 위원장 김일성

(4) 신탁 통치 문제

① 모스크바 3국 외상 회의와 반탁 운동

모스크바 3국 외상 회의(1945.12)	반탁 운동 전개
• 임시 민주 정부 수립 • 미 · 소 공동위원회 설치 • 5년 간 4개국(미 · 영 · 중 · 소)의 신탁 통치 실시	• 우익 세력 : 반탁 운동 → 반소 · 반공 운동으로 몰아감 • 좌익 세력 : 초기 반탁 운동 → 모스크바 3국 외상 회의 결정 지지 운동 전개

② 미 · 소 공동위원회

구분	제1차 미 · 소 공동위원회(1946.3)	제2차 미 · 소 공동위원회(1947.5)
배경	신탁 통치와 임시정부 수립 문제 해결	임시정부 수립의 협의 대상 문제로 결렬
영향	• 단독정부 수립론(이승만, 1946.6) • 남조선 과도정부 수립(1947~1948.8) • 좌우합작운동 추진(1946.10)	• 미국이 한국 문제를 유엔에 상정(1947.9) • 유엔의 남북한 총선거 결의(1947.11) • 유엔 한국 임시 위원단의 내한(1948.1) : 소련의 거부로 입국조차 실패 • 유엔 소총회의 남한만의 총선거 결의(1948.2)

3 5 · 10 총선거와 대한민국의 수립

(1) 통일정부 수립 노력

구분	좌우합작운동	남북협상 시도
배경	• 좌 · 우익 대립 • 단독정부 수립론 대두(이승만의 정읍 발언)	• 유엔 소총회의 남한만의 총선거 결의(1948.2) • 우익 세력의 분열(한국민주당, 이승만 ↔ 한국독립당)
과정	• 좌우합작위원회(김규식+여운형 등) • 좌우합작7원칙 발표(1946.10) • 미군정의 남조선 과도정부 설치	• 남북협상(김구 · 김규식, 김일성 · 김두봉, 1948.4) • 통일독립촉진회 결성(1948)
영향	한국민주당 · 이승만 · 김구 · 조선공산당의 불참, 미국 지원 철회 → 여운형 암살로 실패(1947.7)	김구의 암살(1949.6)과 김규식의 납북으로 실패
의의	통일 민족 국가 수립 운동의 출발점	주체적 평화 통일론에 입각한 통일 국가 수립의 일환

(2) 남북한 정권의 수립

구분	대한민국 정부 수립(1948.8.15)	조선 민주주의 인민 공화국 수립(1948.9.9)
전개	• 5 · 10 총선거(1948) → 제헌 국회 구성 • 제헌 헌법(대통령 중심제, 임기 4년, 단원제 국회) • 국회에서 대통령 선출	• 북조선 임시 인민 위원회 구성(1946, 김일성 등장) • 북조선 인민 위원회 수립(1947.2), 조선 인민군 창설 • 최고 인민 회의 대의원 선거 실시
정부 수립	대통령 – 이승만, 부통령 – 이시영	수상 – 김일성, 부수상 – 박헌영, 홍명희
UN 승인	한반도의 유일한 합법 정부로 '대한민국 정부' 승인(1948.12)	–
경제 정책	• 농지 개혁(유상매입 · 유상분배, 1949) • 자유 경제 체제 지향 • 미국의 경제 원조 도입	• 토지 개혁(무상매입 · 무상분배, 1946) • 주요 산업 국유화 • 남녀 평등법
일제의 잔재 청산	• 반민족행위 처벌법 제정(1948.9) • 반민족행위 특별 조사 위원회 설치 • 반민 특위 습격 사건(1949.6.6)으로 반민법 공소시효 단축 및 반민 특위 해체	일제 잔재 청산

4 6 · 25 전쟁

(1) 건국 초기의 정세

구분	제주도 4 · 3 사건(1948)	여수 · 순천 10 · 19 사건(1948)
주도	사회주의 세력과 주민의 무장 봉기	여수 주둔 군대 내의 사회주의자
배경	남한만의 단독정부 수립 반대와 미군 철수 요구	제주도 4 · 3 사건의 진압 명령 거부와 통일정부 수립 요구
과정	좌익 세력 무장 봉기 → 일부 지역 총선거 무산 → 좌익 세력의 유격전 전개	여수 · 순천 등 점령 → 이승만 정부의 신속한 대응으로 진압
결과	군 · 경의 초토화 작전으로 수많은 주민들이 목숨을 잃음	군 · 민의 막대한 인명 피해, 군대 내의 좌익 세력 숙청

(2) 6 · 25 전쟁과 공산군의 격퇴

① 배경 : 냉전 체제 대립, 주한 미군 철수(1949), 중국의 공산화(1949), 애치슨 선언(1950.1)

② 과정 : 북한의 남침 → 국군의 후퇴(낙동강 전선) → 유엔군의 참전→ 인천상륙작전으로 서울 탈환 → 압록강까지 진격 → 중공군의 개입(1 · 4 후퇴) → 휴전회담 진행 → 반공 포로 석방 → 휴정협정 체결 → 한 · 미 상호 방위 조약 체결

③ 영향 : 인적 · 물적 피해, 분단의 고착화, 미 · 소 냉전의 격화, 남북한의 독재 체제 강화, 촌락 공동체 의식 약화, 이산가족의 발생 등

02 민주주의의 시련과 발전

1 4 · 19 혁명과 민주주의의 성장

(1) 이승만 정부의 독재 체제 강화(제1공화국)

① 이승만 정부의 반공 정책

㉠ 반공 정책 추진 : 북진 통일 주장, 공산군과 휴전 반대, 반공 포로 석방, 자유 우방 국가와 외교 강화 등

㉡ 반공의 통치 이념화 : 정치적 반대 세력 탄압, 독재 체제에 이용, 자유 민주주의 발전 저해

② 정권 연장을 위한 헌법 개정

㉠ 발췌 개헌(1952.7) : 자유당 조직(1951.12) → 대통령 직선제 개헌 → 이승만 대통령의 재선(1952.8)

㉡ 사사오입 개헌(1954.11) : 초대 대통령의 3선 제한 철폐 개헌안 제출 → 사사오입 통과 선언 → 이승만 재집권

③ 반공 독재 정치 강화 : 신국가 보안법 통과, 진보당 사건 조작(1959, 조봉암을 간첩 혐의로 처형), 경향신문 폐간(1959) 등

(2) 4 · 19 혁명(1960)

① 3 · 15 부정 선거와 마산 의거

㉠ 배경 : 자유당의 독재와 부정 부패, 경제난 가중 → 3 · 15 부정 선거

㉡ 과정 : 마산 의거(1960.3.15) → 학생과 시민의 시위가 전국 확산(1960.4.19) → 계엄령 선포 → 대학 교수들의 시국선언 → 이승만 대통령 하야 발표

㉢ 영향 : 학생과 시민들의 민주주의 혁명, 민주주의 발전의 중요한 계기

② 장면 내각의 성립(제2공화국)

㉠ 허정 과도 정부 : 부정 선거의 주범 처리, 제3차 개헌(내각 책임제 · 양원제), 총선거 실시 → 민주당 집권

㉡ 장면 내각 : 독재 정권의 유산 청산, 민주주의의 실현, 경제 재건과 경제 개발, 남북 관계의 개선 노력

㉢ 한계 : 정쟁과 민주당 분당 등 정치적 갈등, 개혁 의지 미흡 → 5 · 16 군사 정변으로 붕괴(1961)

2 5 · 16 군사 정변과 민주주의의 시련

(1) 5 · 16 군사 정변과 박정희 정부(제3공화국)

① 5 · 16 군사 정변(1961)

㉠ 박정희 중심의 일부 군인 세력이 정변을 일으킴(1961) → 전국에 비상 계엄령 선포

㉡ 군사혁명위원회의 정권 장악, 혁명 공약 발표 → 국가재건최고회의 구성, 중앙정보부 설치

② 군정 실시

㉠ 사회 개혁 : 부정 축재자 처벌, 농어촌 고리채 정리와 화폐 개혁 단행, 경제 개발 5개년 계획 추진(1962)

㉡ 사회 통제 : 반공 국시, 정치 활동 정화법 · 반공법 실시 등

㉢ 민주 공화당 창당, 헌법 개정(대통령 중심제 · 단원제) → 5대 대통령 당선(1963.10)

③ 박정희 정부의 정치(제3공화국)

㉠ 국정 지표 : 조국 근대화와 민족 중흥 표방

㉡ 경제 개발 : 경제 개발 5개년 계획 추진, 한 · 일 국교 정상화(1965), 국군 베트남 파견(1964), 6 · 3 항쟁(1964)

㉢ 장기 집권 시도 : 6대 대통령 당선(1967), 3선 개헌안 통과(1969), 7대 대통령 당선(1971), 유신 헌법 제정(1972)

(2) 유신 체제(제4공화국)

① 10월 유신(1972)

㉠ 배경 : 냉전 체제 약화, 세계 경제의 불황 등 → 국가 안보와 경제의 지속적 성장을 위한 정치 안정 명분

㉡ 과정 : 7 · 4 남북공동성명 발표 → 10월 유신 선포(1972.10.17) → 국민 투표로 확정(1972.12.17)

㉢ 내용 : 대통령의 권한 강화(국회 해산권, 국회의원 1/3 지명, 긴급조치권 등), 간선제(통일주체국민회의), 임기 6년, 중임 제한 철폐

㉣ 영향 : 비민주적 · 권위주의적 통치 체제 → 국민의 기본권과 자유 제한

② 유신 체제에 대한 저항

㉠ 유신 반대 운동 : 유신 반대 시위와 헌법 개정 운동 확산(1973), 3 · 1 민주 구국 선언 발표(1976) 등

㉡ 유신 정권의 탄압 : 긴급 조치 발동, 민청학련 사건 조작(1974) 등

㉢ 유신 체제의 붕괴 : 인권 탄압에 대한 비판적 국제 여론 형성, 경제 불황 등 → 부 · 마 항쟁, 10 · 26 사태(1979)

3 민주화 운동과 민주주의의 발전

(1) 1980년대의 민주화 운동

① 신군부 세력의 등장

㉠ 12 · 12 사태(1979) : 신군부 세력(전두환, 노태우)의 군부 장악, 비상 계엄령 유지, 최규하 정부의 무력화

㉡ 서울의 봄 : 학생과 시민들의 민주화 시위 전개 → 유신 헌법 폐지, 비상 계엄 철폐, 전두환 퇴진 등 요구

㉢ 신군부의 대응 : 전국으로 계엄령 확대, 정치 활동 금지, 주요 정치 인사 체포 등

② 전두환 정부 수립(제5공화국, 1980)

㉠ 성립 : 5 · 18 광주 민주화 운동 → 국가 보위 비상 대책 위원회 설치, 정치 활동 통제 → 전두환 정부 수립

㉡ 국정 지표 : 정의 사회 구현, 복지 사회 건설 등 표방

㉢ 권위주의적 강권 통치 : 언론 통폐합, 민주화 운동과 노동 운동 탄압, 인권 유린, 각종 부정과 비리 등

㉣ 유화 정책 : 제적 학생의 복교, 민주화 인사 복권, 통행 금지 해제, 교복 자율화, 해외 여행 자유화 등

㉤ 경제 성장 : 3저 호황으로 인한 경제 성장, 물가 안정으로 수출 증대 → 국제 수지 흑자

㉥ 6월 민주 항쟁(1987) : 박종철 고문치사 사건 → 4 · 13 호헌 조치 → 연세대 학생 이한열 사망 사건 → 민주 헌법 쟁취 국민운동본부의 국민 대회 개최 → 6월 민주 항쟁 → 6 · 29 선언(5년 단임의 대통령 직선제 개헌)

③ 노태우 정부(제6공화국, 1987)

㉠ 성립 : 6월 민주 항쟁 → 야당 후보의 단일화 실패, 지역 감정 심화 등으로 노태우 후보의 대통령 당선

㉡ 국정 지표 : 민족 자존, 민주 화합, 균형 발전, 통일 번영 등 표방

㉢ 민주화 조치 : 부분적 지방 자치제 실시, 언론 기본법 폐지, 노동 운동 활성화

㉣ 외교 활동 : 서울 올림픽 개최(1988), 북방 외교 활성화, 남북한 유엔 동시 가입(1991)

(2) 민주주의의 지속적 발전

① 김영삼 정부(1993)

㉠ 성립 : 5 · 16 군사 정변 이후 민간인 출신 대통령 취임(1993.2)

㉡ 국정 지표 : 깨끗한 정부, 튼튼한 경제, 건강한 사회, 통일된 조국 건설

㉢ 정치 개혁 : 공직자 윤리법 제정, 금융 실명제 실시, 지방 자치제 전면 실시, 역사 바로 세우기 운동 추진

㉣ 경제적 위기 : 권력형 비리 표출, 외환 위기(IMF 사태) 발생(1997)

② 김대중 정부(1998)

㉠ 성립 : 야당의 김대중 후보 당선(1997) → 헌정 사상 최초의 여 · 야의 평화적 정권 교체

㉡ 국정 지표 : 민주주의와 시장 경제의 발전 병행, IMF 관리 체제의 조기 극복 등 천명

㉢ 남북 관계 개선 : 대북 화해 협력(햇볕 정책) 추진(금강산 관광 시작, 1998), 6 · 15 남북공동선언(제1차 남북정상회담, 2000), 외환 위기 극복(2002)

③ 노무현 정부(2003)

㉠ 성립 : 노무현, 이회창의 경합 끝에 16대 대통령으로 노무현이 당선, 참여정부 표방

㉡ 국정 목표 : 국민과 함께하는 민주주의, 더불어 사는 균형 발전 사회, 평화와 번영의 동북아시대

㉢ 대북 정책 : 10 · 4 남북공동선언(제2차 남북정상회담, 2007)

㉣ 경제 정책 : 한 · 미 FTA 체결

④ 이명박 정부(2008)

㉠ 성립 : 이명박, 정동영의 경합 끝에 17대 대통령으로 이명박이 당선

㉡ 국정 목표 : 신 발전체제 구축

㉢ 경제 정책 : 747 성장, 저탄소 녹색 성장, 자원과 에너지 외교, 4대강 사업 등

더 알아보기

대한민국 개헌 과정

1차 개헌 (발췌개헌, 1952)	대통령 직선제, 부통령제, 양원제 국회, 국무위원에 대한 국회의 불신임결의 등
2차 개헌 (사사오입개헌, 1954)	대통령 직선제, 초대 대통령의 중임 제한 철폐, 국민투표제 신설, 부통령의 대통령 지위 승계권 부여 등
3차 개헌 (1960)	내각 책임제, 양원제 국회, 지방자치단체장의 선거제 채택, 경찰의 중립 규정 등
4차 개헌 (1960)	소급 특별법 제정(3 · 15 부정 선거 관련자 및 부정축재자들을 소급하여 처벌)
5차 개헌 (1962)	• 5 · 16 군사 정변 • 대통령 직선제, 단원제 국회
6차 개헌 (3선개헌, 1969)	대통령의 3선 허용, 국회의원 정수 증원, 국회의원의 각료 겸임 등
7차 개헌 (유신헌법, 1972)	대통령 간선제, 6년 임기, 중임 제한 철폐, 대통령 권한 강화, 법률유보조항을 통한 기본권 제한 용이, 통일주체국민위원회 설치
8차 개헌 (1980)	• 12 · 12 사태 • 대통령 간선제, 7년 단임제
9차 개헌 (1987)	• 6월 민주 항쟁 • 대통령 직선제, 5년 단임제, 국군의 정치적 중립 • 대한민국 임시정부의 법통 계승, 4 · 19 민주이념의 계승 명시

4 북한 체제와 북한의 변화

(1) 북한 사회주의 체제의 성립

① 김일성 유일 체제의 확립

㉠ 김일성 권력 강화 : 김일성 · 김두봉 · 박헌영 · 허가이 연립 형태 → 남로당계 · 소련파 · 연안파 숙청(1950)

㉡ 경제 발전 도모 : 협동 농장 조직, 천리마 운동, 3대 혁명 운동, 중공업 우선 정책 등 전개

㉢ 주체 사상 : 정치의 자주화, 경제적 자립, 국방의 자위 주장 → 김일성 중심의 통치 체제

㉣ 사회주의 헌법 공포(1972) : 주석제 도입 → 김일성의 독재 권력 체제 제도화

② 김정일 체제의 출범

㉠ 부자 세습 체제 : 김정일 후계자 내정(1974) → 김정일 후계 체제 공식화(1980) → 김정일 국방 위원장 선출(1993)

㉡ 김정일 정권 : 김일성 사망(1994) 후 유훈 통치, 헌법 개정(1998, 김정일 정권 출범), 사회주의 강성 대국 표방

③ 김정은의 권력 승계

㉠ 김정일의 사망 후 김정은이 권력 승계(2011)

㉡ 국방위원장 및 노동당 제1비서로 추대되어 정권 장악(2012)

(2) 북한의 변화

① 북한의 경제 변화

3개년 계획(1954~1956)	경제를 전쟁 이전의 수준으로 복구, 협동 농장 조직 시작
5개년 경제 계획(1957~1961)	모든 농지의 협동 농장화, 개인 상공업 폐지, 사유제 부정
제1차 7개년 계획(1960년대)	공업 · 기술 · 생활 개선 노력 → 소련의 원조 중단과 군비 증가로 달성 미흡
인민 경제 발전 6개년 계획(1970년대)	현대적 공업화, 생활 향상 모색 → 농업 부진과 생필품 부족
북한의 경제 위기(1980~90년대)	자본 · 기술 부족, 지나친 자립 경제 추구, 계획 경제의 한계, 국방비 과다

② 개방 정책

외국과의 경제 교류 확대	합작 회사 운영법(합영법, 1984), 나진 · 선봉 자유 무역지대 설치 공포(1991), 외국인 투자법 제정(1992), 신의주 경제 특구 설치 결정(2002)
외교적 고립 탈피 추구	남북한 동시 유엔 가입(1991), 제네바 기본 합의서(1994), 금강산 관광 사업 시작(1998), 6 · 15 남북정상회담(2000), 미 · 일과 수교 추진

5 통일 정책과 남북 대화

(1) 남북한의 대치(1950~60년대)

구분	남한의 정책	북한의 정책
이승만 정부	북한 정권 부정, 반공 정책, 북진 통일과 멸공 통일, 평화 통일 주장 세력 탄압	• 평화 통일 위장 공세 강화(1950년대 중반 이후) • 연방제 통일 방안 제시(1960) • 남조선 혁명론에 근거한 대남 혁명 전략 • 북한의 대남 도발로 남북갈등 고조
4·19 혁명 후	통일 논의 활성화 → 북진 통일론 철회, 유엔 감시하 남북한 자유 총선거 주장, 평화통일론, 남북 학생 회담 추진(1961)	
박정희 정부	선건설 후통일론 제시, 반공 태세 강화, 민간의 통일 운동 탄압, 경제 개발에 전념	

(2) 남북 관계의 새로운 진전

과정	배경	통일 정책 추진
1960년대	북한의 대남 도발로 남북 갈등 고조	반공 강조(북한의 무력 도발 억제)
1970년대	70년대 초 긴장 완화, 평화 공존 분위기 → 남북 대화 및 남북 교류 시작	• 8·15 평화통일 구상(1970) : 평화 정착, 남북 교류 협력, 총선거 • 남북적십자회담(1971) : 이산 가족 찾기 운동 제안 • 7·4 남북공동성명(1972) : 자주·평화·민족적 대단결 통일 원칙 → 남북 독재 체제에 이용 • 6·23 평화통일선언(1973) : 유엔 동시 가입 제안, 문호 개방 제시 • 남북한 상호 불가침 협정 체결 제안(1974) : 상호 무력 불사용, 상호 내정 불간섭, 휴전 협정 존속
1980년대		• 민족화합민주통일 방안(1982) : 민족 통일 협의회 구성 • 남북 이산 가족 방문단 및 예술 공연단 교환 방문(1985)
1990년대	민주화 분위기 확산, 통일 열기 고조, 냉전 체제 붕괴 → 남북 관계의 새로운 진전	• 한민족 공동체 통일 방안 제의(1989) : 자주, 평화, 민주 → 민주 공화제 통일 국가 지향 • 남북 고위급 회담 시작(1990) • 남북한 동시 유엔 가입(1991) • 남북기본합의서 채택(1991) : 화해, 불가침, 교류와 협력 → 2체제 2정부 논리 인정 • 한반도 비핵화 선언(1992) • 3단계 3기조 통일 정책(1993) : 화해·협력 → 남북 연합 → 통일 국가 • 민족 공동체 통일 방안 발표(1994) : 한민족 공동체 통일 방안+3단계 3기조 통일 방안 제안 • 남북 경제 교류 지속 : 나진·선봉 지구의 자유시 건설에 참여, 경수로 건설 사업 추진(1995, KEDO)
2000년대	평화와 화해 협력을 통한 남북 관계 개선	• 베를린 선언(2000) : 북한의 경제 회복 지원, 한반도 냉전 종식과 남북한 평화 공존, 이산 가족 문제 해결, 남북한 당국 간의 대화 추진 표명 • 남북 교류 활성화 : 금강산 관광 사업, 이산 가족 문제, 경의선 복구, 개성 공단 설치, 국제경기 남북한 동시 입장 등 • 제1차 남북정상회담(2000) : 6·15 남북공동선언 발표, 남측의 연합제 안과 북측의 연방제 안 사이의 공통성 인정, 경제 협력 • 제2차 남북정상회담(2007) : 10·4 남북공동선언 발표

03 경제 발전과 사회 · 문화의 변화

1 경제 혼란과 전후 복구

(1) 광복 직후의 경제 혼란

① 경제 난관 봉착

㉠ 광복 이전 : 일본의 주요 산업과 기술 독점, 민족 기업의 자유로운 성장 억제, 식민지 공업화 정책

㉡ 국토 분단 : 경제 교류 단절, 북한의 전기 공급 중단, 생산 활동 위축, 실업자 증가, 물가 폭등 등

② 이승만 정부의 경제 정책

㉠ 기본 방향 : 자유 경제 체제 지향, 농 · 공의 균형 발전, 경자 유전의 원칙 확립 등

㉡ 농지개혁법 제정(1949) : 농가당 3정보 제한, 유상 몰수와 유상 분배 → 농민 중심의 토지소유제 확립

㉢ 미국의 경제 원조 : 한 · 미 원조 협정 체결(1948.12) → 경제 안정과 시설 복구 목적 → 한 · 미 경제 원조 협정(1961.2)

㉣ 귀속 재산 처리 : 일본인 소유 재산과 공장 등을 민간인에게 불하

(2) 6 · 25 전쟁과 경제 복구

① 전후 경제 상태 : 생산 시설 42% 파괴, 인플레이션의 가속화, 물자 부족

② 미국의 경제 원조

㉠ 미국의 잉여 농산물 원조 : 부족한 식량 문제 해결 → 국내 농업 기반 파괴

㉡ 소비재 원조 : 소비재 중심 산업 발달 → 삼백 산업 중심의 재벌 형성, 생산재 공업 부진 등 불균형 심화

2 경제 성장과 자본주의의 발전

(1) 경제 개발 5개년 계획의 추진

① 경제 개발 계획 수립

㉠ 이승만 정부(7개년 계획) → 장면 내각(경제 개발 5개년 계획 수립 등)

㉡ 5 · 16 군사 정변으로 중단 → 박정희 정부의 본격적 추진

② 경제 개발 5개년 계획의 추진

㉠ 제1차(1962~1966) : 공업화와 자립 경제 구축 목표, 수출 산업 육성, 사회 간접 자본 확충

㉡ 제2차(1967~1971) : 자립 경제 확립 목표, 경공업 중심의 수출 주도형 공업화 추진, 베트남 특수 → 경부고속도로 건설(1970)

㉢ 제3차(1972~1976) : 중화학 공업 중심의 공업 구조 전환, 새마을운동 병행, 수출 주도형 성장 지속 정책

㉣ 제4차(1977~1981) : 수출과 건설업의 중동 진출로 석유 파동 극복, 수출 100억 달러 달성(1977)

③ 경제 성장 현황과 문제점

㉠ 고도 성장과 수출 증대, 국민의 생활 수준 향상, 아시아의 신흥 공업국으로 부상, 민주화 열망 고조

㉡ 빈부 격차 심화, 미국과 일본에 대한 의존 심화와 외채 증가, 재벌 중심의 경제 구조와 정경 유착 등

더 알아보기

1970년대 경제정책

- 새마을운동의 추진(지역사회 개발운동)
- 통일벼의 전국적인 보급(미곡 생산량 3배 가량 증가)
- 제3 · 4차 경제 개발 계획 : 중화학 공업, 광공업의 비중이 증가

(2) 오늘날의 한국 경제

① 1980년대 이후의 한국 경제

㉠ 1980년대 : 3저 호황(저유가, 저달러, 저금리)으로 무역 흑자 기록, 기술 집약형 산업 성장, 중산층과 근로자의 민주화 요구 고조

㉡ 1990년대 : 선진국형 산업 구조, 세계무역기구 출범(1995), 경제협력개발기구(OECD) 가입(1996)

㉢ 외환 위기 : 사전 준비 부족 상태에서 경제 개방화 · 국제화 → IMF의 긴급 지원과 경제적 간섭(1997)

② 한국 경제의 과제

㉠ 세계 경제 침체에 따른 수출 부진, 국내 경기 침체, 구조 조정에 따른 실업 증가 등

㉡ 정보 통신 기술(IT), 생명 기술(BT), 나노 기술(NT), 문화 기술(CT) 등 → 지식 정보화 시대 대비

㉢ UR와 WTO 기구 출범에 따른 시장 개방, 지역 중심의 경제 블록화 강화 → 국가 경쟁력 강화 요구

3 사회의 변화

(1) 산업화와 도시화, 정보화

구분	산업화와 도시화	정보화
사회 변화	1차 산업 중심에서 2 · 3차 산업 중심으로 변화, 산업화에 따른 인구의 도시 집중 가속화	정보, 통신의 발달 → 정보화 사회의 기반 구축
사회 문제	도시의 주택난, 교통난, 도시 공해, 도시 빈민 문제, 실업 문제 등	사생활 침해, 가치관 혼란, 비인간화 등

(2) 농업 사회의 변화와 농촌 문제

① 농촌 문제 : 공업화 정책, 저곡가 정책 → 도시와 농촌 간의 소득 격차 심화, 농촌 인구 감소

② 농업 정책

㉠ 새마을운동 : 근면 · 자조 · 협동 바탕 → 정부 주도의 지역사회 개발 운동과 농어촌의 소득 증대 운동

㉡ 주곡 자급 정책 : 수리 시설 개선, 비료 농약 개발, 다수확계 벼 종자 도입

㉢ 추곡 수매 : 농촌 경제 안정을 위한 이중 곡가제 실시 → 재정 적자로 저곡가 정책으로 전환

③ 농민 운동

㉠ 1970년대 : 가톨릭 농민회로 개칭(1972) → 추곡 수매 투쟁, 농협 민주화 투쟁 등 농민 운동 활성화

㉡ 1980년대 : 전국농민운동연합 조직 → 농축산물 수입 반대 운동, 농가 부채 해결 운동 전개

㉢ 1990년대 : 우루과이 라운드 협상, 세계무역기구의 출범으로 타격 → 쌀 시장 개방 반대 운동

㉣ 2000년대 : WTO 뉴라운드 출범(2001) → 전면적 쌀 시장 개방에 대비

(3) 노동 운동, 시민 운동, 환경 운동

① 노동 운동

㉠ 1970년대 : 전태일의 항의 분신 자살 계기 → 노동 운동 본격화, 학생 · 지식인 · 종교계의 노동 운동 참여

㉡ 1980년대 : 6월 항쟁 이후 노동자 대투쟁 전개 → 노동 현장의 민주화, 민주적 노동 조합의 결성 요구

㉢ 1990년대 : 외환 위기에 따른 구조 조정의 고통 → 전국 민주 노동자 조합 총연맹, 전국 교직원 노동 조합의 합법화, 노사정 위원회 구성, 주 5일 근무제 도입 추진, 외국인 노동자 문제 발생

② 시민 운동

㉠ 1980년대 후반 이후 사회 민주화 진전, 경제 발전에 따른 중산층 형성 → 삶의 질 중시

㉡ 사회 개혁, 복지, 여성, 환경 문제 등 다양한 분야의 사회 문제 제기 → 국가인권위원회의 발족 등

③ 환경 운동

㉠ 산업화에 따른 환경 오염 문제

㉡ 환경부 설치, 환경 비전 21 수립, 각종 환경 단체들의 활동(환경운동연합, 녹색연합 등)

(4) 사회보장정책과 여성 운동

① 사회보장정책

㉠ 산업화로 소외 계층 발생, 노령화로 노인 문제 대두

㉡ 국민의 기본적 생활 보장 추진, 의료 보험과 국민연금제도 시행, 사회보장기본법 마련(1995)

② 여성 운동

㉠ 출산율 저하, 핵가족화 및 여성의 교육 기회 확대 등 → 여성의 지위 향상

㉡ 남녀고용평등법 제정(1987), 가족법 개정(1989), 여성부 설치(2001), 21세기 남녀 평등 헌장 제정(2001)

(5) 국외 이주 동포

① 활발한 국외 진출

㉠ 1960년대 : 외화 획득 목적 → 독일 등에 간호사와 광부 파견, 브라질 등에 농업 이민 추진

㉡ 1970년대 : 중동 지역에 건설 노동자 파견

㉢ 1990년대 이후 : 이민 목적과 지역의 다양화, 선진 지역으로 이주 → 질 높은 삶에 대한 욕구 등도 이민 동기로 작용

② 국내외 동포의 교류

㉠ 상호 교류를 통하여 국내외 동포들의 노동력 · 자본 · 기술 · 노하우 활용

㉡ 효과적인 네트워크 구축 필요

04 현대 문화의 동향

1 교육과 학술 활동

(1) 교육 활동

광복 이후	미국식 민주주의 이념과 교육 제도의 영향 → 6 · 3 · 3학제 도입
이승만 정부	홍익 인간의 교육 이념, 멸공 통일 교육, 도의 교육, 1인 1기 교육 강조
4 · 19 혁명 이후	교육자치제 확립, 교원노조운동 전개
박정희 정부	• 교원노조 불법화, 교육자치제 폐지 • 중앙 집권적 통제 강화, 국민교육헌장 제정, 중학교 무시험 진학제 • 국사 교육 강조, 새마을 교육 실시, 대학 통제 강화, 고교평준화 제도 도입
1980년대	국민윤리 교육 강화, 과외 전면 금지, 대입 본고사 폐지, 졸업 정원제 실시
1990년대 이후	• 정보화 · 세계화 시대 준비, 대학수학능력시험 도입 • 학교 정보화 추진, 의무 교육 확대, 교육개혁 추진

(2) 학술 · 과학 기술 활동

광복 직후	일제식민지 잔재 청산 → 민족의 자주 독립 국가 수립과 발전에 필요한 정신적 토대와 이념 제시 필요
1950~60년대	• 6 · 25 전쟁으로 학계에 큰 타격, 한글 학회의 「큰사전」 완간(1957) • 서구 사회 과학 이론 수용 탈피 → 민족의 재발견 시작, 한국학 연구의 고조 • 한국과학기술연구원(KIST) 설립
1970년대	• 박정희 정부의 국사 교육 강화, 정신 교육 강화 → 국민정신문화연구원 설립 • 한국과학재단 설립, 대덕 연구 단지 조성(1973)
1980년대 이후	• 한국과학기술원(KAIST) 설립 • 학생들의 체제 변혁 운동 전개, 민중 사학의 등장, 일본의 역사 왜곡 문제 발생

(3) 언론 활동

광복 직후	• 좌 · 우익 언론의 공존, 신문 발행의 허가제 실시 • 조선일보 · 동아일보의 복간, 해방일보(공산당 기관지), 조선 인민보(좌익 성향) 등
이승만 정부	• 반공 정책 홍보 강조, 국가보안법을 통한 언론 통제 • 사상계 문제로 함석헌 구속, 대구 매일신문 테러, 경향신문 폐간
박정희 정부	• 4 · 19 혁명 후의 언론 자유와 개방 → 5 · 16 군사 정변 이후 언론 통폐합 • 반공 · 근대 이데올로기 확산, 유신 체제의 언론 통폐합, 프레스 카드제 실시 • 언론인의 언론 자유 수호 운동 전개
전두환 정부	• 언론 통폐합, 언론인 해직, 언론 기본법 제정, 보도 내용의 통제 • 일부 언론의 거대한 언론 기업화 – 언론과 권력 기관의 유착, 상업주의 경향 확산
1990년대 이후	6월 민주 항쟁 이후 언론 자유 확대, 프레스 카드제 폐지, 언론 노동 조합 연맹 조직, 방송 민주화 운동, 다양한 언론 매체의 등장(인터넷 신문)

2 종교 생활과 문예 활동

(1) 종교 생활

광복 직후	일제 친일 행위에 대한 정화 운동
1950~60년대	양적 팽창에 치중, 정치 권력과 유착
1970~80년대	• 사회 문제에 관심, 민주화 운동에 참여 • 민중 불교 운동, 정의 구현 전국 사제단, 크리스천 아카데미 운동, 산업 선교 활동
1990년대	시민 운동에 참여

(2) 문예 활동

광복 직후	좌 · 우익 간의 문학 사상 논쟁
1950년대	반공 문학과 순수 문학 주류(현대 문학, 사상계)
1960~70년대	• 장르의 다양화, 독자층 확대(창작과 비평, 문학과 지성) • 참여 문학론 – 민족 문학론
1980년대 이후	전통 문화 관심 고조, 민중 예술 활동 활발 – 한국 민족 예술인 총연합회 조직(1988)

(3) 대중문화의 발달

광복 직후	미국 대중문화 유입 – 전통적 가치 규범 파괴
1960년대	대중매체 보급으로 대중문화의 본격화
1970년대	청소년층이 대중문화의 중심으로 등장, 텔레비전이 대중문화의 총아로 됨
1980년대	민주화와 사회 · 경제적 평등 지향의 민중문화가 대중에게 확산
1990년대	대중문화의 다양화, 대중스포츠의 성장, 문화 시장 개방, 문화 산업 등장 등

(4) 체육 활동

1960~70년대	정부 차원에서 스포츠를 적극적으로 지원
1980년대	• 체육진흥법 제정, 사회 체육 권장, 체육 경기 활성화, 프로 야구단 출범 • 제10회 아시아 경기 대회(1986), 제24회 서울 올림픽 개최(1988)
1990년대	• 세계 탁구 선수권 대회에서 남북 단일팀 참가(1991) • 황영조 마라톤 승리(바르셀로나, 1992)
2000년대 이후	• 남북한 선수단의 공동 입장(시드니 올림픽, 2000), 한일 월드컵 대회의 개최(2002) • 두 차례의 아시아 경기 대회 개최(부산, 인천), 평창 동계올림픽 개최(2018)

3 유네스코와 유산

유네스코 세계문화유산	석굴암과 불국사, 해인사 장경판전, 종묘, 창덕궁, 수원화성, 경주 역사유적지구, 고창 · 화순 · 강화의 고인돌 유적, 제주 화산섬과 용암동굴, 조선왕릉, 한국의 역사마을(하회와 양동), 남한산성, 백제 역사유적지구, 산사(한국의 산지승원), 한국의 서원, 한국의 갯벌
유네스코 인류무형문화유산	종묘제례 및 종묘제례악, 판소리, 강릉단오제, 강강술래, 남사당 놀이, 영산재, 제주 칠머리당 영등굿, 처용무, 가곡, 대목장, 매사냥, 택견, 줄타기, 한산 모시짜기, 아리랑, 김장, 농악, 줄다리기, 제주해녀문화, 씨름, 연등회
유네스코 세계기록유산	훈민정음 해례본, 조선왕조실록, 불조직지심체요절 하권, 승정원 일기, 조선왕조의궤, 고려대장경판 및 제경판, 동의보감, 일성록, 5 · 18 광주민주화운동 기록물, 난중일기, 새마을운동 기록물, 한국의 유교책판, KBS 특별생방송 '이산가족을 찾습니다' 기록물, 조선왕실 어보와 어책, 국채보상운동 기록물, 조선통신사에 관한 기록

MEMO

조리직 공무원 한권합격

제3과목

사회

THEME 01 정치와 법

01 민주주의와 헌법

1 정치와 법

(1) 정치의 의미와 기능

① 정치의 의미 : 정치란 가치를 권위적으로 배분하는 활동이다(D. Easton). 현대 사회에서의 정치는 희소한 자원을 둘러싼 사회구성원 간의 갈등을 조정하고 공동체의 목적을 실현하는 과정이며, 이를 위해 다수의 참여를 전제로 한 민주주의를 필연적으로 수반한다.

좁은 의미	국가와 관련된 고유한 현상으로, 정치권력을 획득 · 유지 · 행사하는 활동을 의미
넓은 의미	국가를 포함한 모든 사회 집단에서 나타나는 현상으로, 개인이나 집단 간의 이해관계의 대립이나 갈등을 합리적으로 조정하고 해결하는 활동을 의미

② 정치를 보는 관점

국가현상설	집단현상설
• 정치를 국가만의 고유한 현상으로 파악 • 통치 기구를 중심으로 국가권력과 관련된 일에 한정함 • 국가는 강제력을 독점 • 정치는 소수 정치가들의 행위	• 정치는 모든 집단에서 나타남 • 국가는 여러 사회 집단 중 하나 • 모든 인간 사회에는 지배–피지배 관계가 존재 • 정치는 여러 집단 간의 갈등 해결 행위

③ 정치기능의 시대적 변화

전근대사회	국가가 정치의 주체이며 국가의 갈등조정 · 사회질서 유지 기능 중시
근대사회	시민혁명을 배경으로 한 입헌주의, 대의제, 권력분립제 등을 기반으로 하는 민주 정치가 제도적으로 보장되었으며 투표권과 선거권 등 개인의 자유와 권리를 강조
현대사회	다양한 주체가 정치에 참여하며, 정치는 그러한 다양한 이해관계를 조정 · 집약하여 정책에 반영하는 역할을 함

(2) 법의 의미와 이념

① 법의 의미 : 법이란 대립이나 갈등을 해소하기 위해 국가가 제정한 사회규범이다. 즉, 강제력이 있는 사회 규범으로 위반 시 제재를 가할 수 있다.

② 법의 이념

정의	법이 추구하는 궁극적 이념으로 옳고 그름의 판단 근거
이념	• 합목적성 : 법이 사회가 추구하는 가치나 목적에 구체적으로 합치되는 것 • 법적안정성 : 사회생활이 법에 의해 보호 또는 보장되어 안정된 상태를 이루는 것

(3) 민주주의의 개념과 원리 및 유형

① 민주주의의 의미

어원	민주주의(democracy)는 민중을 의미하는 고대 그리스어 데모스(demos)와 권력 · 지배를 의미하는 크라토스(kratos)의 합성어를 어원으로 함
의미	민주주의란 민중, 즉 주권을 지닌 시민의 의사에 따른 지배가 이루어지는 정치 형태를 의미

② 민주주의의 원리

국민주권의 원리	• 주권 : 국가를 구성하는 요소로서 대내적 최고성과 대외적 독립성을 상징하는 국가권력을 의미 • 국민주권의 원리 : 주권은 국민으로부터 나오고, 국민의 뜻에 따라 행사된다는 것으로 군주나 귀족, 특정 계급이 아닌 사회의 모든 구성원에게 주권이 귀속된다는 원리
입헌주의의 원리	민주적 내용을 가진 헌법에 근거하여 국가권력의 행사나 통치 작용이 이루어진다는 원리
권력분립의 원리	국가권력의 작용을 분리 · 독립시켜 상호 간의 견제와 균형의 원칙을 실현하고 권력남용을 억제하여 국민의 기본권을 보장하려는 제도이자 원리
다수결의 원리	다수의 의견은 소수의 의견보다 비교적 위험성 내지 독단성이 적다는 것을 전제로, 민주 정치를 현실적으로 운영함에 있어 다수의 결정을 합의사항으로 정하는 원리

③ 민주주의의 유형

직접 민주주의	• 모든 국민이 국정을 논의하고 결정하는 형태로, 고대 그리스의 아테네가 대표적 • 주민이 한자리에 모이기 힘든 현대 사회에서는 현실적으로 적용이 불가능
간접 민주주의	국민의 대표를 뽑고 대표들이 모여 정치를 하는 형태로, 국민은 대표자를 통해 정치에 참여하게 되므로 대의 정치라고도 하며, 대표 기관은 의회 또는 국회를 중심으로 활동하므로 의회 정치라고도 함
혼합 민주주의	간접 민주주의를 바탕으로 하되 직접 민주주의 요소를 혼합하는 형태
전자 민주주의	컴퓨터나 통신기술의 발전으로 전자투표나 전자 여론수렴 등의 방법이 가능해짐에 따라 이러한 매체를 통해 의사를 표출 · 집약하는 형태
심의 민주주의	• 시민들과 대표들의 이성적 성찰과 판단에 근거하여 공적인 문제에 대한 해결책을 토의 · 토론 · 심의하는 원리 • 대의제(간접 민주주의)의 한계를 극복하기 위해 제시된 원리로, 정책결정과정에서의 시민 참여, 토론 및 협의를 통한 결정을 중시

(4) 민주주의의 기원과 발전 과정

① 아테네 민주 정치 : 시민의 자격을 성인 남자로 제한하여 여성, 노예, 외국인은 정치 참여가 배제된 제한된 직접 민주 정치로, 다수에 의한 논리에 의해 중우 정치로 전락할 위험성 내재

② 근대 민주 정치

㉠ 사회계약설

구분	홉스	로크	루소
인간의 본성	성악설	환경, 선택에 따라 결정	성선설
자연상태	만인의 만인에 대한 투쟁 상태	극단적 투쟁은 없으나 갈등 상존	자유와 평등 존재
사회계약의 형태	전부 양도설	일부 양도설	양도 불가설
주권이론	군주주권론	국민주권론 (대의제)	국민주권론 (직접 민주주의)

구분	홉스	로크	루소
국가형태	절대군주국 (전제군주 정치)	입헌군주국 (대의 민주 정치)	민주공화국 (직접 민주 정치)
저항권	인정하지 않음	인정	언급 없음

㉡ 3대 시민혁명

구분	경과와 특징	결과
영국 명예혁명 (1688)	• 제임스 2세의 가톨릭 신봉과 전제정치에 반대하여 일어난 무혈 혁명 • 입헌군주제 및 의회 정치의 기반 마련	권리장전
미국 독립혁명 (1775~1783)	• 영국의 식민지였던 북아메리카의 13개 주가 힘을 합쳐 독립 전쟁을 수행 • 세계 최초의 대통령제 정부 형태 탄생, 민주공화정 수립	독립선언서
프랑스혁명 (1789)	• 과중한 세금 부과와 신분적 억압에 반대하여 바스티유 감옥 습격 → 부르주아와 다수의 제3신분이 절대 왕정을 무너뜨리고 국가로부터 자유 확보 • 구시대의 사회적 모순 극복	인권선언

③ 현대 민주 정치의 특징과 발전 방향

현대 민주 정치의 특징	참정권 확대, 복지정책의 확대, 대의제의 일반화
발전 방향	참여 민주주의를 통한 정치적 무관심 극복, 사회의 통합

(5) 법치주의의 의미와 유형

① 법치주의의 의미 : 법치주의는 사람의 지배가 아닌 법의 지배를 근본으로 하여 국가권력의 근거와 국가권력을 제한할 수 있는 근거를 법에 둔다. 즉, 국민의 자유와 권리를 제한하거나 새로운 의무를 부과할 때는 객관적 기준으로서 법에 근거해야 한다는 원칙이다.

② 법치주의의 유형

형식적 법치주의	• 법의 형식적 측면만을 고려하여 법의 형식에 따라 통치가 이루어지면 법의 목적이나 내용은 문제 삼지 않는 경우로 "악법도 법"이라는 논리가 도출 • 통치의 정당성은 고려하지 않고 합법성만을 강조하여 통치 절차가 합법적이기만 하면 독재정치도 정당화될 수 있다는 논리로 악용될 가능성 • 법에 의한 지배(rule by law)
실질적 법치주의	• 법의 형식뿐만 아니라 그 목적과 내용도 정의에 합치되어야 한다는 것으로 "악법은 법이 아니다"는 논리가 도출 • 권력과 통치의 합법성과 함께 정당성도 강조하며, 국민의 자유와 권리 보장이라는 궁극적인 목적을 실현하고자 함 • 법의 지배(rule of law) : 통치자를 비롯한 모든 사람이 법에 종속되어야 함
현대의 법치주의	오늘날의 법치주의는 통치자의 자의적 지배를 배제하고 국민의 의사에 따라 제정된 법에 의해 민주주의 이념을 실현하고자 하는 실질적 법치주의를 의미

③ 민주 정치와 법치주의의 관계

상호보완 관계	민주 정치는 법의 테두리 내에서 합법적으로 행해질 때 정당성이 인정되므로 법치주의와 민주 정치는 상호보완 관계에 있다.
대표의 근거	현대의 민주 정치는 대의제를 기본으로 하며 이는 곧 법에서 정한 선거에 따라 국민으로부터 대표권을 위임받았다는 것을 의미한다. 따라서 국민의 대표는 법치주의하에서 정당하고 합법적인 권한 행사가 가능하다.
권력의 근거	국회는 물론 정부나 법원 등의 공권력기관은 모두 법에 근거를 두고 있다. 따라서 법치주의는 모든 국가권력기관을 구속하며 권력의 근거를 제공한다.

2 헌법의 의의와 기본 원리

(1) 헌법의 의미와 기능

① 헌법의 의미

의미	헌법(憲法)이란 국가 생활 속에서 개인의 지위인 기본권을 규정하고, 공동체를 이끌어가기 위한 입법부, 행정부, 사법부 등의 국가의 통치조직과 통치 작용의 원리, 국민의 의무를 정하고 있는 최고의 법규범을 의미
정치적 의의	• 국가의 창설 : 헌법은 국가라는 공동체를 구성하고 조직하는 목적과 내용을 규정 • 정치 생활 주도 : 헌법은 정치적 의사결정의 기준을 제공 • 사회 통합 실현 : 헌법은 주권자의 합의된 의사로서 사회 통합의 매개체 역할을 함
법적 의의	• 최고 규범 : 모든 법령의 제정 근거인 동시에 법령의 정당성을 평가하는 기준이 되며, 따라서 위헌으로 결정된 법률이나 명령 등은 그 효력이 부정됨 • 조직 수권 규범 : 헌법은 국가 통치 조직에 일정한 권한을 부여하고 있으며, 국가권력 조직의 정당성은 헌법에 근거를 둠 • 권력 제한 규범 : 헌법은 권력분립과 권력기관 간 상호 견제를 통해 권력을 제한하며, 이를 통해 국민의 기본권을 실질적으로 보장

② 헌법의 기능

국가 창설 기능	국가 성립에 필요한 국민의 자격, 영토의 범위, 국가권력의 소재 등을 규정하여 국가를 창설
조직 수권 기능	국가 기관을 구성하고 각 조직에 일정한 권한을 부여
권력 제한 기능	권력의 남용과 자의적 행사를 막아 국민의 기본권을 보장
국민적 합의 기능	사회적 갈등을 해결하여 공동체를 유지하고 사회 통합을 실현
정치 생활 주도 기능	정치적 의사결정의 기준과 문제 해결의 방향과 절차의 기준이 됨

③ 입헌주의의 의미와 변천

㉠ 입헌주의의 의미 : 국민의 자유와 권리, 민주적 통치 원리를 헌법에 규정하고 이에 따라 통치하는 원리를 말한다. 즉, 헌법에 의한 통치를 실현함으로써 국가권력의 남용을 방지하여 국민의 기본권을 보장할 수 있다.

ⓛ 입헌주의의 변천

근대적 입헌주의	• 개인의 자유를 중시하여 자유주의적 입헌 질서 강조 • 절대 권력으로부터 개인의 자유를 보장하는 데 이바지함
현대적 입헌주의	• 국민의 생존권과 인간다운 생활을 보장하기 위한 국가의 적극적인 개입 강조 • 사회 문제에 대한 국가의 적극적 개입과 복지국가로서의 입헌주의 질서가 중시됨

(2) 헌법의 기본 원리

국민 주권주의	• 의미 : 국가의 최고의사를 결정할 수 있는 주권이 국민에게 있다는 것으로 모든 국가권력의 정당성의 근거가 국민에게 있다는 원리 • 실현 방안 : 참정권 보장, 국민투표제, 언론 · 출판 · 집회 · 결사의 자유 보장, 복수정당제 등
자유 민주주의	• 의미 : 개인주의를 바탕으로 한 자유주의와, 국민의 합의를 근거로 하는 민주주의가 결합된 정치 원리 • 실현 방안 : 법치주의, 적법절차의 원리, 권력분립, 사법권의 독립, 복수정당제를 기반으로 한 자유로운 정당 활동, 상향식 의사결정
복지국가의 원리	• 의미 : 국민의 최소한의 인간다운 생활 보장을 위한 국가의 적극적 역할을 강조하고, 사회권을 기본권으로 보장하는 헌법 원리 • 실현 방안 : 사회보험제도, 공공부조제도, 최저임금제, 소득재분배 정책 등
국제 평화주의	• 의미 : 국제사회의 평화 공존을 도모하고, 국제분쟁을 평화적으로 해결하며, 세계평화와 인류 공영에 이바지하기 위한 국가의 노력을 의미 • 실현 방안 : 침략적 전쟁 부인, 조약과 국제 관습법 등 국제법 존중, 상호주의 원칙에 따른 외국인의 지위 보장, 국제 평화유지 활동, 국제기구에의 참여 등
평화통일 지향	• 의미 : 남북한의 통일을 평화적으로 추구하는 원리 • 실현 방안 : 평화통일정책 수립과 실천, 대통령에게 평화통일을 위해 노력할 의무 부과, 민주평화통일자문회의 설치, 남북교류협력 추진 등
문화국가의 원리	• 의미 : 국가로부터 문화의 자유가 보장되고, 국가가 문화의 발전을 도모해야 한다는 원리 • 실현 방안 : 개인의 문화생활에 대한 국가의 부당한 간섭 배제, 문화의 증흥 노력을 국가 의무로 규정 등

3 기본권의 보장과 제한

(1) 기본권의 의의

① 기본권의 의미 : 인간이 태어나면서부터 당연히 누릴 수 있는 헌법상의 권리를 기본권이라 한다.

② 기본권의 성격

자연법 사상 (천부인권설)	• 기본권을 자연법상 권리로 보아 초국가적 불가침의 인권으로 인식하는 사상으로 실질적 법치주의를 옹호 • 헌법 제10조 : 기본권의 불가침을 강조
실정법 사상	• 기본권을 헌법에 따라 보장되는 실정법상의 권리로 인식하며, 형식적 법치주의와 연관 • 헌법 제37조 : 국가의 안전보장, 질서유지, 공공복리를 위해 법률로서 기본권 제한 가능

③ 기본권 보장의 역사

영국	대헌장 (마그나카르타, 1215)	군주와 귀족(등족) 간의 약정서 형태로 귀족의 자유와 권리를 보호하는 데 중점을 두었으나 이후 국민의 자유보장에 대한 과정으로서의 역할을 함
	권리청원(1628)	인신의 자유를 비롯한 의회의 승인 없는 과세를 금지
	인신보호법(1679)	영장제도 도입을 통해 인신의 자유를 보장
	권리장전(1689)	청원권과 언론의 자유, 적법한 형사절차 규정
미국	버지니아 권리장전 (1776.6)	생명권, 자유권, 재산권, 종교의 자유, 신체의 자유, 언론 · 출판의 자유, 저항권을 규정
	독립선언(1776.7)	생명, 자유, 행복추구권을 천부적 권리로 선언
프랑스	인간과 시민의 권리선언(1789)	유럽 최초의 근대적 인권 선언, 인권의 불가침성과 불가양성을 강조
현대	과거에는 국가로부터 자유로울 수 있는 자유권적 기본권에 중점을 두었다면, 현대에는 인간존엄성 및 인간다운 생활을 보장하는 생활권적(생존권적) 기본권이 강조	

(2) 기본권의 종류

① 인간의 존엄과 가치 및 행복추구권(헌법 제10조)

헌법 규정	헌법 제10조의 인간의 존엄성과 행복추구권은 다른 모든 기본권(평등권, 자유권, 사회권, 참정권, 청구권 등)의 전제가 되며, 불가침의 기본적 인권이라고 표현한 것은 천부인권적 성격을 규정한 것이라 해석할 수 있다.
인간의 존엄과 가치	모든 국민은 사회 공동체의 구성원으로서 고유한 인격 또는 개성 신장을 통하여 자주적인 인격체로 살아갈 수 있음을 의미하며, 인간으로 태어난 이상 그 자체로서 존중되어야 한다는 것을 의미한다.
행복추구권	모든 국민은 행복을 추구할 권리를 가지며, 구체적 내용으로는 자기결정권, 일반적 행동 자유권 등이 있다. • 자기결정권 : 국가로부터 간섭을 받지 않고 사적 영역을 스스로 결정할 수 있는 권리 • 일반적 행동 자유권 : 자신이 선택한 모든 행위를 할 자유와 하지 않을 자유를 의미 • 기타 : 개성의 자유 발현권, 평화적 생존권, 휴식권, 수면권, 일조권 등

② 평등권(헌법 제11조)

헌법 규정	**제1항** 모든 국민은 법 앞에 평등하다. 누구든지 성별 · 종교 또는 사회적 신분에 의하여 정치적 · 경제적 · 사회적 · 문화적 생활의 모든 영역에 있어서 차별을 받지 아니한다. **제2항** 사회적 특수계급의 제도는 인정되지 아니하며, 어떠한 형태로도 이를 창설할 수 없다. **제3항** 훈장 등의 영전은 이를 받은 자에게만 효력이 있고, 어떠한 특권도 이에 따르지 아니한다. • 기타 – 근로영역에서의 여성 차별 금지(제32조 제4항) – 혼인과 가족생활에 있어서의 양성 평등(제36조 제1항) – 교육의 기회균등(제31조 제1항) – 평등선거(제41조 제1항, 제67조 제1항) – 경제 질서의 균형(제119조 제2항, 제123조 제2항)
평등권의 법적 성질	• 대국가적 기본권 : 국가에 대한 공권(대국가적 기본권)이므로, 입법부는 법률로 불평등한 법을 제정하면 안 되고 행정부나 사법부 역시 평등권에 위배되는 집행을 하거나 재판을 하여서는 안 되는 구속이 따른다. • 자연권적 기본권 : 사람으로 태어난 이상 보편적으로 부여 받는 권리이다.

적극적 평등 실현 조치	• 개념 : 잠정적 우대조치 또는 우선적 처우라고도 한다. 미국에서 발달한 제도로 과거 사회로부터 차별받아 온 일정 집단의 불이익을 보상해주기 위하여 취업이나 학교 입학 등에 있어서 혜택을 부여하는 제도이다. • 우리나라의 적극적 평등 실현 조치 : 여성과 장애인에 대한 고용할당제 • 쟁점 : 적극적 평등 실현 조치가 과도할 경우 역차별이 문제될 수 있으므로 사회에서 받아들일 수 있는 분위기를 고려하여 점진적으로 실시해야 한다.

③ 자유권

㉠ 의미

- 국민이 자유로운 생활을 영위할 권리이며, 소극적이고 방어적인 공권을 의미한다. 이때, 소극적이고 방어적인 공권은 개인이 국가권력의 간섭이나 침해를 받지 아니하는 권리라는 의미이다.
- 헌법 제37조 제1항에서는 "국민의 자유와 권리는 헌법에 열거되지 아니한 이유로 경시되지 아니한다."라는 규정을 둠으로써 자유권의 다양성과 포괄성을 규정하고 있다.
- 자유권은 크게 정신적 자유, 신체적 자유, 사회 · 경제적 자유로 나눌 수 있다.

㉡ 내용

- 정신적 자유

양심의 자유 (헌법 제19조)	• 양심 형성의 자유 : 외부로부터의 부당한 간섭이나 강제를 받지 않고 개인의 내심 영역에서의 양심을 형성하고 양심상의 결정을 내리는 자유 • 양심 실현의 자유 : 형성된 양심을 외부로 표명할 수 있는 자유로 구체적으로는 양심을 표명하거나 표명하도록 강요받지 아니할 자유, 양심에 반하는 행동을 강요받지 아니할 자유, 양심에 따른 행동을 할 자유를 포함
종교의 자유 (헌법 제20조)	• 신앙의 자유 : 특정 종교를 믿을 자유, 종교를 믿지 않을 무교의 자유 • 종교 행위의 자유 : 예배, 의식 등을 임의로 할 수 있는 종교행사의 자유, 종교교육의 자유, 선교의 자유, 종교적 집회 · 결사의 자유 • 국교부인, 정교분리 : 국가의 특정 종교 지정 · 특혜 부여 금지, 종교단체의 정치적 중립
언론 · 출판의 자유 (헌법 제21조)	• 의사표현의 자유 : 불특정 다수인에게 의사와 사상을 표현하고 전달할 자유 • 알 권리 : 정보원으로부터 정보를 수집하고, 국가나 기업, 언론 등에 정보를 공개해줄 것을 요구할 수 있는 권리(타인의 순수한 사생활, 기밀문서 등은 제외) • 엑세스권 : 언론매체에 접근하여 이용할 수 있는 권리는 물론 자신과 관계되는 보도에 대하여 반론, 해명을 하고, 정정 보도를 요구할 수 있는 권리
집회 · 결사의 자유 (헌법 제21조)	• 집회의 자유 : 집회를 개최 및 진행할 자유, 집회에 참가할 자유, 집회를 개최하지 않고, 참가하지 않을 자유 • 결사의 자유 : 단체결성의 자유, 단체 활동의 자유, 결사의 가입 자유, 결사로부터 탈퇴할 자유, 가입하지 않을 자유
학문과 예술의 자유 (헌법 제22조)	• 학문의 자유 : 연구의 자유, 교수의 자유(강학의 자유), 학문적 집회 · 결사의 자유, 대학의 자치 • 예술의 자유 : 예술창작의 자유, 예술표현의 자유, 예술 집회 · 결사의 자유, 지적 재산권의 보호

• 신체적 자유

생명권	• 헌법에 명시적인 규정은 없으나, 생명이라는 인간 최고의 가치를 보장하는 권리로서 모든 인권 보장의 전제가 됨 • 쟁점 : 자살의 권리 인정 여부, 사형, 인공 임신중절수술, 안락사, 인간복제에 대한 찬반론 등
신체의 자유	• 죄형법정주의 : 법률 없으면 범죄도 없고 형벌도 없다는 것으로, 처벌하고자 하는 행위가 무엇이고, 어떤 형벌이 가해지는지 누구나 예견할 수 있도록 명확히 법에 규정되어 있어야 한다는 의미(헌법 제12조 제1항) • 적법절차의 원칙 : 국가의 작용은 절차상의 적법성을 갖추어야 한다는 원칙으로, 형사절차뿐만 아니라, 행정절차, 입법절차 등 모든 국가 작용에 적용(헌법 제12조 제1항) • 무죄추정의 원칙 : 형사피고인은 유죄의 판결이 확정될 때까지는 무죄로 추정되므로 검사가 유죄를 입증해야 한다는 원칙(헌법 제27조 제4항) • 기타 : 고문을 당하지 않을 권리와 진술거부권(묵비권)(헌법 제12조 제2항), 영장주의(헌법 제12조 제3항), 변호인의 조력을 받을 권리(헌법 제12조 제4항), 체포 · 구속이유 고지 제도(헌법 제12조 제5항), 체포 · 구속 적부 심사제(헌법 제12조 제6항), 자백의 증거능력 및 증명력 제한(헌법 제12조 제7항), 형벌불소급의 원칙(헌법 제13조 제1항)과 일사부재리(이중처벌금지) 원칙(헌법 제13조 제2항), 연좌제 금지(헌법 제13조 제3항) 등

• 사회 · 경제적 자유

사생활의 자유	거주 · 이전의 자유 (헌법 제14조)	• 국내 거주 · 이전의 자유 : 대한민국 내에서 체류지와 거주지를 자유롭게 설정하고 변경할 수 있는 자유(북한지역은 불포함) • 국외 거주 · 이전의 자유 : 출국의 자유, 해외여행의 자유, 국외 이주의 자유(신고사항), 입국의 자유 • 국적선택권, 국적변경의 자유 : 이중국적자가 국적을 선택할 권리는 있지만, 국적을 마음대로 변경할 수 있는 국적변경의 자유에 대해 판례는 인정하지 않음
	주거의 자유 (헌법 제16조)	• 주거란 거주와 활동을 위한 장소로 만들어져 누구에게나 출입할 수 있도록 개방되지 않은 모든 사적 공간을 의미 • 따라서 살림집뿐만 아니라 사무실, 연구실, 회사 등의 일정한 생활공간 전체를 포함
	사생활의 비밀과 자유 (헌법 제17조)	• 사생활의 비밀에 관한 불가침 : 자신의 의사에 반하여 도청, 감시, 비밀 녹음을 당하지 않으며, 초상 · 성명 등을 강제로 공개당하지 않을 권리 • 사생활 자유의 불가침 : 성생활, 의복, 자녀 양육, 교육 등의 사생활의 자율을 침해받지 않을 권리 • 개인정보자기결정권 : 자신에 관한 정보의 공개와 유통을 본인이 결정하고 통제할 수 있는 권리로, 개인정보의 열람 · 정정 · 사용 중지 · 삭제 등을 요구할 수 있음
	통신의 비밀과 자유 (헌법 제18조)	• 통신비밀의 불가침 : (통신공무원도 예외 없이) 열람금지, 공개금지, 도청금지, 누설금지 • 통신비밀보호법에 의한 보호 : 통신 및 대화비밀의 보호, 불법검열에 의한 우편물의 내용과 불법감청에 의한 전기통신 내용의 증거사용 금지, 타인의 대화비밀 침해금지

경제적 자유	직업의 자유 (헌법 제15조)	• 직업결정(선택)의 자유 : 원하는 직업 또는 직종을 자유롭게 선택할 수 있는 자유와 자신이 하기 싫은 일을 선택하지 않을 자유 • 직업수행(행사)의 자유 : 선택한 직업을 영위하면서 경제생활을 형성하는 자유로 영업의 자유, 경쟁의 자유, 직장선택의 자유를 포함 • 직업이탈의 자유 : 현재 수행하고 있는 직업을 자유롭게 포기하고 이직할 수 있는 자유
	재산권 (헌법 제23조)	• 재산권이란 사적 유용성 및 그에 대한 원칙적 처분권을 포함하는 모든 재산가치 있는 구체적 권리를 의미 • 재산권의 제한 및 보상 : 헌법 제23조 제2항에서는 공공복리를 위해 개인의 재산권이 제한될 수 있음을 규정하고 있고, 제3항에서는 공용침해와 보상 의무를 명시하고 있음

④ 사회권

㉠ 의의

• 자유권이 국가의 개입이나 간섭을 받지 않을 권리라면, 사회권은 국가의 적극적인 개입(입법, 정책)과 배려를 통해 실현된다. 그렇기 때문에 국가의 경제적 요건이나 재정능력에 따라 실현 여부와 정도가 결정된다.

• 자본주의 경제의 급속한 성장에 따른 사회 불평등이 심화되면서 모든 사회 구성원들이 최소한의 인간다운 생활을 보장받고 실질적 평등을 누릴 수 있어야 한다는 사회적 기본권이 강조되었다. 1919년 독일의 바이마르 헌법에서 처음으로 규정하였다.

• 사회적 기본권에는 인간다운 생활을 할 권리, 교육을 받을 권리, 근로의 권리와 근로 3권, 환경권, 혼인과 가족생활의 보장, 모성의 보호와 보건권 등이 있다.

㉡ 내용

• 인간다운 생활을 할 권리(헌법 제34조)

개념	인간의 존엄성에 상응하는 최저한도의 건강하고 문화적인 생활을 영위하도록 국가에 요구할 수 있는 권리
내용	• 사회보장권(사회보장 수급권) : 인간의 존엄에 상응하는 최소한의 인간다운 생활을 영위하기 위해 장애, 질병, 노령 등 사회적 위험으로부터 국가에 적극적 구제를 요구할 수 있는 권리 예 사회보험, 공적부조, 사회복지 • 사회보험(공적보험) : 질병, 실직, 장애 등 일정한 사고가 발생한 경우 국가의 개입을 통한 금전적 위험 분산을 통해 안정을 도모하기 위한 제도 예 국민건강보험, 연금보험, 산업재해보상보험, 고용보험 등 • 공적부조 : 노령, 질병 등으로 생활이 불가능하거나 생계유지가 곤란한 사람에게 국가가 최저생활에 필요한 급여를 제공하는 제도 예 대표적 법률 : 국민기초생활 보장법 등 • 사회복지 : 정신적 · 물질적 자립이 곤란한 보호대상자에게 현금이나 현물이 아닌 국가의 공적 서비스(시설 이용 등)를 제공하여 보호대상자를 지원하는 제도 예 대표적인 법률 : 노인복지법, 장애인복지법 등

• 교육을 받을 원리(헌법 제31조)

개념	교육을 받는 데 있어서 국가로부터 방해받지 않을 뿐만 아니라 교육을 받을 수 있도록 국가에 적극적으로 요구할 수 있는 권리

내용	• 능력에 따른 균등한 교육을 받을 권리 : 차별 없이 균등하게 교육을 받을 기회 보장 • 국가의 평생교육 진흥 의무 : 정규교육 이외 성인교육, 직업교육, 청소년 교육 등의 진흥 의무 • 무상의무교육 : 교육기본법은 6년의 초등교육과 3년의 중등교육을 합하여 9년의 의무교육을 명시 • 교육제도 보장 : 교육내용과 교육기구에 대한 국가의 최소한의 간섭(교육의 자주성), 교육정책과 집행은 최대한 교육 전문가가 담당(교육의 전문성), 국가권력이나 정치권에 대한 교육의 중립, 대학의 자치(자율성), 교육제도 · 재정 · 교원지위에 대한 법적 보장(교육 법정주의)

• 근로의 권리(헌법 제32조) : 국민에 대한 근로기회의 제공과 인간다운 근로 조건의 확보는 인간다운 생활을 보장하기 위한 중요한 조건이 된다. 또한 근로자는 사용자에 대하여 사회적 약자로서 강력한 법의 보호가 필요한 지위에 있는 존재이다.

• 혼인과 가족생활의 보장(헌법 제36조 제1항)

개념	혼인에 있어서의 양성평등과 민주적 가족제도를 국가가 보장하는 것을 의미
내용	• 자유로운 혼인관계 형성 : 헌법의 이념을 구현하기 위해 민법에서 더욱 세부적으로 규정하고 있다. 또한, 결혼퇴직제, 혼인자 퇴교처분, 동성동본 금혼제는 헌법에 위반되는 제도라 할 수 있다. • 가족생활에서의 자유 : 국가의 간섭이나 방해를 받지 않고 스스로 가족생활을 형성하고 유지할 수 있는 자유가 있다. • 혼인과 가족제도 보장 : 일부일처제를 원칙으로 하며, 개인의 존엄과 양성의 평등을 기초로 하는 가족제도를 보장한다.

⑤ 정치적 기본권

㉠ 의의

• 정치적 기본권이란 국민이 직접 또는 간접적으로 정치에 참여하고, 국가 기관을 구성하는 권리는 물론, 정당을 설립하고 활동하며 정치를 위한 언론 · 출판 · 집회 · 결사 활동을 하는 포괄적인 권리이다.

• 참정권이란 좁은 의미의 정치적 기본권으로 국민이 정치적 의사형성이나 정책결정에 참여하는 자유, 공무원을 선출할 수 있는 권리와 자신이 선출될 수 있는 권리를 의미한다. 헌법 제24조의 선거권, 제25조의 공무담임권, 제72조와 제130조 제2항의 국민투표권이 있다.

㉡ 내용

• 국민투표권(헌법 제72조, 제130조 제2항)

개념	국민이 국가 의사 결정에 직접 참여하여 주권을 행사할 수 있는 권리
국민투표의 절차	• 대통령의 공고(늦어도 국민투표일 전 18일까지 국민투표일과 국민투표안 공고) • 중앙선거관리위원회의 게시 • 국민투표에 관한 운동(투표일 전일까지 가능) • 중앙선거관리위원회의 집계 · 공표 · 통보 • 대통령의 확정공포

• 선거권(헌법 제24조, 제41조, 제67조)

내용	• 종류 : 선거권에는 대통령 선거권, 국회의원 선거권, 지방의회의원 선거권, 지방자치단체장의 선거권 등 • 행사 : 선거권은 선거일 현재 만 19세 이상의 국민이면 행사

• 공무담임권(헌법 제25조)

개념	• 각종 선거직 공무원을 포함한 모든 국가기관의 공직에 취임할 수 있는 권리를 의미 • 공무담임권에는 피선거권과 공직취임권이 있으며, 피선거권은 선거직 공무원, 공직취임권은 비선거직 공무원이 될 수 있는 권리를 의미
피선거권	• 개념 : 선거에 출마하여 당선되는 선거직 공무원이 될 수 있는 권리 • 종류 : 대통령 피선거권, 국회의원 피선거권, 지방의회의원 피선거권, 지방자치단체장 피선거권 등 • 피선거권 허용 연령 : 대통령의 피선거권은 만 40세 이상, 나머지 피선거권은 만 25세 이상
공직취임권 (공무원 피임명권)	• 개념 : 모든 국민에게 능력과 적성에 따라 공직에 취임할 수 있는 균등한 기회가 보장된다는 것을 의미 • 능력주의 원칙 구현 : 공직자를 선발하는 데 있어서 능력주의를 원칙으로 해야 하며 직무수행 능력과 무관한 성별, 종교, 사회적 신분, 출신지역 등을 이유로 하는 차별은 허용되지 않음

⑥ 청구권

㉠ 의의

• 국민이 국가에 대해 일정한 행위를 적극적으로 청구할 수 있는 권리, 즉 국가로부터 간섭이나 방해를 배제할 수 있는 소극적 권리가 아닌, 특정한 행위를 요구할 수 있는 적극적 권리이다.

• 청구권은 다른 기본권이 침해되었을 때 또는 침해될 우려가 있을 때 이를 구제 또는 보상받을 수 있는 권리이기 때문에 기본권 보장을 위한 기본권 또는 절차적 기본권으로서 수단적 성격이 강하다.

• 청구권의 종류 : 헌법은 청원권, 재판청구권, 국가배상청구권, 형사보상청구권, 범죄피해자구조청구권, 손실보상청구권을 규정하고 있다.

㉡ 내용

• 청원권

개념	국민이 문서로 국가기관에 자신의 의사나 희망을 진술할 수 있는 권리
내용	• 청원권의 기능 : 민주적 정치의사 형성과정에 참여한다는 측면과 아울러, 국가기관을 통제하는 기능을 수행한다. 또한 청원이 수리되고 변화가 나타남으로써 국민에 대한 국가의 신뢰도를 향상시킬 수 있다. • 청원의 요건 : 청원은 반드시 문서(전자문서 가능)로 해야 하며 청원인의 서명이 있어야 한다. 또한 구체적 요구사항을 담고 있어야 한다.

• 재판청구권

개념	국민의 권리가 침해된 경우 재판을 통해 구제받을 수 있는 권리
내용	• 법관에 의한 재판 : 헌법과 법률이 정한 자격과 절차에 의해 임명되고, 독립성이 보장된 법관에 의한 재판을 받을 권리 • 법률에 의한 재판 : 법관의 자의를 배제하고 실체법 및 절차법에 정한 법적절차에 따라 재판을 받을 권리 • 신속한 재판 : 소송 당사자의 신속한 권리구제를 위해 분쟁 해결의 시간적 단축과 효율적인 절차를 운영 • 공개재판 : 국민의 감시 아래 재판의 공정성을 확보하고 소송당사자의 인권침해를 방지하며 재판에 대한 신뢰 확보 • 공정한 재판 : 헌법재판소는 공정한 재판을 받을 권리에 대해 비록 명문의 규정은 없으나, 헌법이 국민의 기본권으로 보장하고 있음을 판시함

• 국가배상청구권

개념	국민이 공무원의 직무상 불법 행위로 피해를 입었을 때에 국가 또는 공공단체에 그 피해에 대한 배상을 청구할 수 있는 권리
내용	헌법은 공무원의 직무상 불법행위로 인한 손해배상만을 규정하고 있지만, 국가배상법은 영조물의 설치나 관리상의 하자로 인한 국가배상까지도 규정하고 있다.

• 형사보상청구권

개념	국가의 형사절차상의 과오로 형사피의자 또는 형사피고인이 입은 정신적 · 물질적 피해를 국가가 보상하는 제도
내용	불기소 처분이란 사건이 죄가 될 성질이 아니거나, 범죄의 증명이 없는 경우 공소를 제기하지 않는 처분을 의미한다.

• 범죄피해자구조청구권

개념	타인의 범죄행위로 생명 · 신체에 피해를 받은 국민이 국가로부터 구조를 받을 수 있는 권리
내용	타인의 범죄행위로 피해가 발생해야 하고, 가해자가 누구인지 모르거나 무자력으로 배상을 받지 못한 경우 지방검찰청 범죄피해자구조심의회의 결정에 따라 보조금을 지급하는 제도이다.

(3) 기본권 제한의 조건과 한계

① 기본권의 제한과 보호

㉠ 기본권 제한(헌법 제37조)

개념	일정한 경우 헌법에 정해진 기본권이라고 하더라도 제한이 따를 수 있다. 기본권의 제한이란 헌법상 규정된 기본권 실현을 불가능하게 하거나 어렵게 하는 모든 행위를 의미한다.
목적	국가안전보장(전쟁 등), 질서유지(폭동진압 등), 공공복리(공공의 이익)를 위해서만 가능하다.
방법	기본권 제한은 법률로써만 가능(법률유보의 원칙)하다. 이때의 법률은 관습법, 조리 같은 불문법으로는 불가능하며 무엇이 금지되고 제한되는지 국민이 명확히 인식할 수 있어야 한다. 또한 과잉금지원칙(목적의 정당성, 수단의 적합성, 피해의 최소성, 법익의 균형성)이 준수되어야 한다.
한계	기본권을 제한하는 경우에도 자유와 권리의 본질적인 내용을 침해할 수는 없다. 본질적 내용을 침해할 수 없다는 것은 침해로 인해 법 규정 자체가 유명무실해지는 경우를 의미한다.

㉡ 기본권의 보호

의의	기본권이 침해될 경우 구제받을 수 있는 절차가 필요하다. 기본권 침해의 대부분은 정부의 법 집행 과정에서 국민에 대한 피해로 나타날 확률이 높기 때문에, 기본권 구제는 정부에 대한 통제에 초점이 맞춰져 있으며 국회, 법원 또는 헌법재판소가 중대한 영향력을 행사하게 된다.
위헌법률 심판 (헌법 제107조)	입법부에 의해 제정된 법률로 기본권이 침해되고 해당 법률이 재판의 전제가 된 경우 위헌법률심판을 제기할 수 있다.
헌법소원	공권력의 행사 또는 불행사로 헌법상 보장된 기본권이 침해된 경우 헌법재판소에서 기본권 침해 여부를 심사를 청구하여 구제받는 제도이다.
국가인권위원회의 시정 권고	국가인권위원회는 인권침해행위, 차별행위에 대한 조사와 구제의 업무를 수행하는 기관으로, 기본권을 침해하는 국회의 입법에 대해서도 시정 권고가 가능하다.

② 저항권

개념	자유민주적 헌법질서를 유지하고 회복하기 위한 목적으로 헌법의 기본질서를 파괴하려는 개인 또는 단체에 대하여, 다른 구제수단이 없는 예외적이고 최후의 수단으로 저항할 수 있는 권리
저항권 인정 여부	• 우리 헌법에는 저항권에 대한 명문의 규정이 없기 때문에 인정 여부에 관하여 논란이 있다. • 대법원 : 현대 자유민주주의 국가의 헌법이론상 자연법에서 우러나온 자연권으로서의 소위 저항권이 헌법 기타 실정법에 규정되어 있든 없든 간에 엄존하는 권리로 인정되어야 한다는 논지가 시인된다 하더라도 그 저항권이 실정법에 근거를 두지 못하고 오직 자연법에만 근거하고 있는 한 법관은 이를 재판규범으로 원용할 수 없다고 할 것인바 …(중략)… 우리나라의 현 단계에서는 저항권 이론을 재판의 근거규범으로 채용 · 적용할 수 없다(대판 1980.5.20. 80도306). • 헌법재판소 : 저항권은 국가권력에 의하여 헌법의 기본원리에 대한 중대한 침해가 행하여지고 그 침해가 헌법의 존재 자체를 부인하는 것으로서 다른 합법적인 구제수단으로는 목적을 달성할 수 없을 때에 국민이 자기의 권리와 자유를 지키기 위하여 실력으로 저항하는 권리이다(헌재 1994.6.30. 92헌가18).
행사 요건	저항권이 실정법상의 권리인지에 대해서는 논란이 있더라도, 저항권을 행사하기 위한 최소한의 요건은 존재한다. 저항권을 행사하기 위해서는 민주적, 법치국가를 위협하는 중대한 헌법침해 상황이 존재해야 하고 객관적으로 명백해야 하며 헌법이나 법률이 규정하는 모든 구제수단에 의해서도 목적을 달성할 수 없는 경우 최후적으로 행사할 수 있는 권리로 보충성이 요구된다.

02 민주 국가와 정부

1 정부 형태와 정치 제도

(1) 정부 형태

정부 형태란 국가권력구조 또는 권력 체계의 구성 형태를 의미하며, 행정부와 입법부의 관계에 따라 대통령제, 의원내각제, 대통령제와 의원내각제가 혼합된 정부 형태 등으로 구분된다.

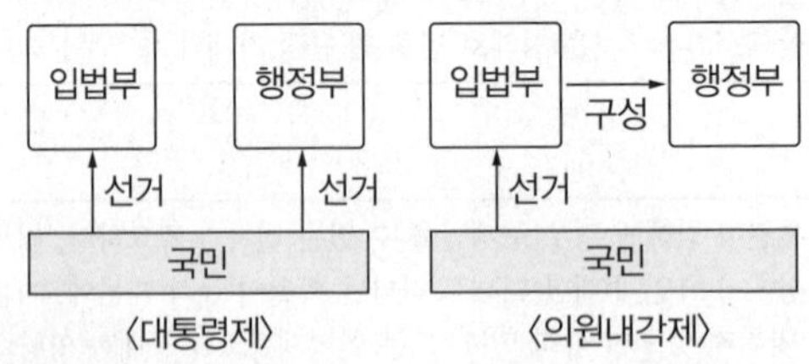

〈대통령제〉 〈의원내각제〉

① 대통령제 : 대통령을 중심으로 정국이 운영되며 엄격한 3권 분립하에 견제와 균형을 충실히 구현하는 형태이다. 즉, 입법부 · 행정부 · 사법부를 분리하여 대등한 관계를 유지시키며 이를 통해 권력의 남용을 억제하고자 한다.

② 의원내각제 : 의회의 다수당 대표가 수상(총리)이 되어 내각을 구성하는 형태로서 입법부 · 행정부가 밀접한 관계를 가진다. 한편 권력융합 형태이면서도 국회의 내각불신임권과 내각의 국회해산권을 통해 분립을 실현하고자 한다.

구분	대통령제(미국)	의원내각제(영국, 일본)
형태	대통령을 중심으로 정국이 운영	내각을 중심으로 정국이 운영
배경	영국으로부터의 독립, 강력한 중앙 정부 요청	절대 군주의 권력을 제한
권력관계	엄격한 권력분립	권력융합에 부분적 권력분립
정부구성	• 대통령은 국민에 의해 선출 • 대통령이 행정부를 구성 • 대통령과 행정부는 국민에게 정치적 책임을 짐	• 국민이 선거를 통해 의회 구성 • 의회 내 과반수 의석 정당대표가 수상이 되어 내각 구성
지위	대통령은 행정부 수반+국가 원수	• 총리 : 행정부 수반(실질적) • 왕, 대통령 : 국가 원수(상징적)
특징	• 정부의 법률안 제출권 없음 • 국회의원의 각료 겸직 불가 • 대통령의 법률안 거부권 있음 • 의회의 법률안 재의결권, 정부 정책에 대한 동의 및 거부권, 탄핵소추권 있음 • 사법부의 의회와 행정부에 대한 위헌심사권 보유	• 정부는 법률안 제출권을 보유 • 수상과 각료는 의원 겸직 가능 • 내각의 의회해산권 보유 • 의회의 내각불신임권 보유
장점	• 대통령 임기 동안 정국 안정 • 의회 다수당의 횡포 견제	• 정치적 책임과 국민적 요구에 민감 • 의회와 내각의 협조로 능률적 행정 가능
단점	• 정치적 책임과 국민적 요구에 민감하지 못함 • 행정부와 입법부 대립 시 해결 곤란 • 대통령의 독재가능성	• 군소정당 난립 시 정국 불안 • 의회 다수당의 횡포

③ 이원집정부제 : 대통령제와 의원내각제적 요소를 혼합한 정부 형태로 현대적 의미에서는 프랑스의 5공화국 정부 형태를 예로 들 수 있다.

선출	대통령과 의회 의원을 국민이 직접 선출
국정운영	• 대통령과 총리의 권한이 법적으로 구분되어 두 개의 중심부가 존재 • 평상시 : 수상(총리) 중심으로 운영되며 대통령은 외교, 국방 문제 등 대외적 상징성을 표상 • 비상시 : 대통령의 비상 권한에 따라 실질적 영향력 행사 • 대통령은 수상임명권과 의회해산권을 보유하고 의회는 내각불신임권은 있지만 대통령에 대한 불신임은 불인정 • 대통령이 소수당에 소속돼 있을 경우 다수당 소속의 총리를 임명함으로써 동거정부 수립 가능

(2) 우리나라의 정부 형태

① 우리나라 정부 형태의 특징 : 대통령제를 원칙으로 하되, 의원내각제적인 요소를 가미

대통령제적 요소	• 입법부와 행정부의 독립 • 대통령은 국가의 원수이자 행정부 수반이라는 지위를 갖고 있고, 국민에 의해 직선 • 대통령은 최고통치권자로서 국가긴급권, 헌법개정안 발의권, 국민투표 회부권, 법률안거부권을 가짐
의원내각제적 요소	• 국무총리제를 두고 있고, 국무회의가 헌법기관 • 정부의 법률안 제안권 • 국회는 대통령의 국무총리임명 동의권, 국무총리 · 국무위원 해임건의권 가짐 • 정부위원이 국회에 출석하여 발언할 수 있고, 국회의원이 국무위원 겸직 가능 • 대통령의 임시국회 소집 요구권 인정

2 우리나라의 국가 기관

(1) 입법부(국회)

① 국회 구성의 원리

양원제	• 의회가 두 개의 합의체로 구성되며 각각 독립하여 결정한 의사가 일치한 경우 의회 의사로 간주 • 장점 : 심의를 두 기관에서 하기 때문에 신중을 기할 수 있으며 양원이 상이하게 운영됨으로써 단원제에서 나타날 수 있는 갈등과 부패를 방지할 수 있음 • 단점 : 중복된 절차로 의결이 지연되고 양원의 구성으로 비용이 증대되며 상호 간의 책임 전가를 하는 경우 책임소재가 불분명
단원제	• 국회의 구성이 하나의 합의체로 구성되는 국회제도 • 장점 : 신속한 국정처리와 의회 운영상의 경비를 절약할 수 있으며 책임소재가 명백 • 단점 : 한 개의 기관에서 심의하기 때문에 경솔해질 수 있고, 국회와 정부 간 충돌 시 중재할 기관이 없음

② 국회의 헌법상 지위

국민의 대표기관	국민에 의해 선출된 대표 기관으로서 대의제를 구현
입법기관	국정 운영의 근간이 되는 법률을 제 · 개정하는 국회의 본질적인 지위
국정통제기관	헌법상 보장된 각종 권한을 통해 행정부, 사법부, 헌법재판소를 통제할 수 있으며 국정을 감시 · 견제하는 역할
예산 · 결산 심의기관	국가의 살림이 되는 예산안과 결산에 관한 심의기관

③ 국회의 운영

국회의 회기	• 정기회(100일 이내) : 매년 9월 1일에 집회하되 그날이 공휴일인 때에는 그 다음날에 집회하며 다음 연도의 예산안을 심의 · 확정, 법률안 및 기타 안건을 처리하고 국정에 관한 교섭단체대표연설 및 대정부질문 등을 실시 • 임시회(30일 이내) : 대통령 또는 국회 재적의원 4분의 1 이상의 요구 시, 재적의원 4분의 1 이상의 국정조사 요구 시 집회하며 주요 현안에 대하여 정부 측 설명을 듣고 대책을 논의, 법률안 및 기타 안건을 처리
의사 원칙	• 일사부재의의 원칙 : 회기 중에 의결한 문제에 대해서 동일 회기에 다시 의안을 제출할 수 없음 • 의사공개의 원칙 : 의사의 진행을 공개하여 국민의 비판과 감시가 가능하도록 하고 알 권리를 보장 • 회기계속의 원칙 : 국회 또는 지방의회에 제출된 법률안 등의 의안이 회기 중에 의결되지 않더라도 그 의안을 폐기하지 않고 다음 회기에 인계하여 계속 심의할 수 있다는 원칙. 단, 국회의원 또는 지방의회 의원의 임기가 만료하거나 국회가 해산된 경우 적용되지 않음

④ 국회의 권한

입법에 관한 권한	• 헌법 개정에 관한 권한 : 국회는 헌법 개정에 관하여 발의권(국회의원 재적 과반수)과 의결권(재적의원 3분의 2 이상의 찬성) 행사 • 법률 제정에 관한 권한 • 국회의 재의결 : 대통령의 재의 요구가 있는 경우, 국회 재석의원 과반수 출석과 출석의원 2/3 이상의 찬성으로 재의결 및 확정
국정통제에 관한 권한	• 대통령, 국무총리, 행정각부의 장, 헌법재판소 재판관, 법관, 중앙선거관리위원회위원, 감사원장, 감사위원 기타 법률이 정하는 공무원 등에 대한 탄핵소추권을 가짐 • 국정감사 · 조사권 • 국무총리 · 국무위원의 해임건의권 • 국무총리 등의 국회출석요구 및 질문권

헌법기관 구성에 관한 권한	• 대통령 선거에서 최고득표자가 2인 이상인 때 대통령 선출권 • 국무총리, 대법원장, 대법관, 감사원장, 헌법재판소장 임명에 대한 동의권 • 헌법재판소 재판관 3인과 중앙선거관리위원회 위원 3인 선출권
재정에 관한 권한	• 예산심의 · 확정권 및 결산심사권 • 정부의 재정행위에 대한 권한 : 예비비 지출에 대한 승인권, 기채동의권, 예산 외의 국가의 부담이 될 계약체결에 대한 동의권, 재정적 부담을 지우는 조약의 체결 · 비준에 대한 동의권
특권	• 면책특권 : 국회의원은 국회에서 직무상 행한 발언과 표결에 관하여 국회 외에서 책임을 지지 않음 • 불체포특권 : 국회의원은 현행범인인 경우를 제외하고는 회기 중 국회의 동의 없이 체포 또는 구금되지 않으며 국회의원이 회기 전에 체포 또는 구금된 때에는 현행범인이 아닌 한 국회의 요구가 있으면 회기 중 석방됨

(2) 행정부

① 대통령

대통령의 헌법상 지위	• 대통령 선거 : 5년 단임의 직선제로 다수표를 획득한 후보가 대통령에 당선되며, 예외적으로 후보자가 1인일 때에는 선거권자 총수의 3분의 1 이상이 득표해야 당선됨. 만약 최고득표자가 2인 이상인 경우에는 국회 재적의원 과반수의 공개회의에서 다수표를 얻은 자가 당선 • 대통령의 임기 : 5년 단임으로 하되, 대통령의 임기연장 또는 중임변경을 위한 헌법개정은 헌법개정 제안 당시의 대통령에 대해서는 효력이 없음 • 대통령의 형사상 특권 : 내란 또는 외환의 죄를 범한 경우를 제외하고는 재직 중 형사상의 소추를 받지 아니하며, 탄핵결정에 의하지 아니하고는 공직으로부터 파면되지 아니함 • 대통령의 의무 : 헌법준수 · 국가보위 · 조국의 평화적 통일 · 민족문화의 창달 등의 직무를 성실히 수행할 의무와 선서의무를 지며, 공 · 사의 직을 겸할 수 없음 • 권한 대행 : 대통령이 궐위되거나 사고로 인하여 직무를 수행할 수 없을 때에는 1차적으로 국무총리가 그 권한을 대행하고, 2차적으로는 법률이 정한 국무위원의 순서에 따라 그 권한을 대행
대통령의 권한	• 일반적 권한 : 국회의 입법과정에서 법률안제출권, 법률안거부권과 행정부 수반으로서 행정입법권, 공무원 임명권, 국군통수권, 사법부에 관하여 재판관 등의 임명권, 사면권 등 보유 • 비상적 권한 : 긴급재정 · 경제처분 및 명령권과 긴급명령권, 계엄선포권 등 • 전직 대통령의 예우 : 전직 대통령의 신분과 예우에 관하여는 법률로써 정함

② 행정부의 조직과 권한

국무회의	• 정부의 권한에 속하는 중요한 정책을 심의하는 헌법상 필수적 최고 정책심의기관이다. • 대통령 · 국무총리와 15명 이상 30명 이하의 국무위원으로 구성되며, 대통령은 국무회의의 의장, 국무총리는 대통령을 보좌, 국무회의의 부의장이 된다.
국무총리	• 대통령의 명을 받아 행정각부를 통할하는 행정부의 제2인자로서, 대통령의 유고 시 대통령의 권한대행자이며, 법률이나 대통령령의 위임 또는 직권으로 총리령을 발할 수 있다. • 대통령의 국법상 행위에 대해서 부서의 의무가 있으며, 국무위원의 임명에 대한 제청권과 국무위원 해임건의권을 가진다.
국무위원	• 국무위원은 국무회의의 구성원이며 국무총리의 제청에 의하여 대통령이 임명한다. • 국무회의에 안건을 제출할 수 있으며, 출석하여 발언하고 심의에 참가하는 권한을 가진다. 또한, 대통령이 문서로써 하는 국법상 행위에 대하여는 부서할 권한과 책임이 있다.
행정각부	• 대통령을 수반으로 하는 정부의 구성단위로서 대통령 또는 국무총리의 지휘 · 통할하에 법률이 정하는 소관사무를 담당하는 중앙행정기관을 말한다. • 행정각부의 장은 법률이 정하는 바에 따라 소관사무를 결정 · 집행할 수 있는 권한을 가지며, 또한 부령을 제정 · 공포하는 권한을 가진다.

감사원	• 국가의 세입 · 세출의 결산, 국가 및 법률이 정한 단체의 회계검사와 행정기관 및 직무에 관한 감찰을 하기 위하여 대통령의 소속하에 설치된 헌법상 필수기관이다. • 감사원장을 포함한 5명 이상 11명 이하의 감사위원(임기 4년)으로 구성되는 독립된 합의제기관이다.

(3) 사법부

① 법원의 헌법상 지위

사법기관으로서의 지위	헌법 제101조 제1항은 사법권은 법관으로 구성된 법원에 속한다고 하여 사법에 관한 권한은 원칙적으로 법원이 행사함을 규정하고 있다.
중립적 권력으로서의 지위	행정권에 의한 자의적 침해와 의회의 다수파에 의한 부당한 입법으로부터 국민의 자유와 권리를 보장하기 위해서는 사법권의 독립이 엄격히 확보되어야 한다.

② 법원의 조직과 기능

대법원	위헌 · 위법한 명령과 규칙 및 처분에 대한 최종 심사(재판의 전제가 된 경우), 위헌법률심판 제청, 선거소송(대통령, 국회의원, 시 · 도지사) 재판, 상고사건
고등법원	지방법원 및 지원의 판결 · 결정 · 명령에 대한 항소 · 항고사건, 위헌법률심판 제청, 선거소송(지역구 시 · 도 의원 선거, 자치구 · 시 · 군의 장 선거) 재판
지방법원 및 지원	1심 관할, 지방법원 및 지원 단독판사의 판결 · 결정에 대한 항소 · 항고사건, 위헌법률심판 제청

③ 사법권의 독립

개념	사법권의 독립이란 법관이 어떠한 외부적 간섭을 받음이 없이 헌법과 법률, 양심에 따라 독립하여 심판하는 재판상 독립과 법원의 독립, 법관의 신분상 독립을 포함한다.
목적	권력분립의 원리를 실천하고 법치국가에 부합한 안정적 법질서를 유지하며 국민의 자유와 권리를 보장하기 위한 것이다.
내용	• 법원의 독립 : 권력분립의 원리에 따라 법원이 조직, 운영, 기능면에서 입법부와 행정부 등의 국가권력기관으로부터 독립하여야 한다는 것을 의미한다. • 법관의 독립 : 법관이 재판을 행함에 있어 자의가 아닌 헌법과 법률, 양심에 따라야 하며 여타의 국가기관이나 정치권으로부터 영향을 받지 않아야 함을 의미한다.

④ 사법제도의 운영

㉠ 재판의 종류 및 형태

재판의 종류	• 민사 재판 : 개인 간 발생하는 다툼이나 분쟁을 대상으로 하는 재판 • 형사 재판 : 범죄의 유무를 가리고 형벌을 부과하는 재판 • 행정 재판 : 행정청의 위법한 처분이나 부작위로 국민의 권리 또는 이익이 침해된 경우 제기하는 재판 • 선거 재판 : 선거의 효력이나 당선의 유 · 무효에 관한 재판 • 가사 재판 : 이혼, 자녀 양육, 재산 분할 등 가족이나 친족 간의 다툼을 해결하는 재판 • 특허 재판 : 특허권이나 상표권 등에 관한 다툼을 해결하는 재판 • 군사 재판 : 군인이나 군무원의 범죄를 다루는 재판
재판의 형태	• 판결 : 당사자를 심문하고, 변론을 하며, 증거를 조사하여 주문과 이유라는 완성된 절차를 거치는 재판을 의미 • 결정, 명령 : 소송 경제를 위해 법에서 정한 일정한 경우 결정과 명령이라는 비교적 간단한 절차로 해결

㉡ 재판의 원칙

공개재판주의	• 개념 : 재판의 심리와 판결을 공개하는 재판 원칙 • 목적 : 국민과 여론의 감시를 통해 재판의 공정성을 확보하고 소송당사자의 인권을 보장하며 재판에 대한 국민의 신뢰도를 확보하고자 함이다. • 내용 : 재판의 심리와 판결은 원칙적으로 공개하되, 심리는 일정한 경우 공개에 대한 예외가 있을 수 있다. 하지만 판결은 반드시 공개해야 한다.
증거재판주의	• 개념 : 재판에서 사실을 확정하고 인정하는 것은 모두 증거에 의해야 한다는 원칙(형사소송법 제307조) • 적용영역 : 민사, 형사, 행정 재판 등 광범위하게 적용되나 특히 피고의 인권보호의 중요성으로 형사소송에서 강조되고 있다.

㉢ 재판 제도

심급제도	• 헌법 제101조 제2항에서 법원은 최고법원인 대법원과 각급 법원으로 조직된다는 규정을 두고 있다. 심급제도는 재판을 몇 번까지 받을 수 있느냐의 문제로 헌법에서는 몇 개 심급으로 한다는 직접적인 규정은 두고 있지 않다. • 3심제의 원칙 : 비록 직접적 규정은 없더라도 법원조직법과 각종의 소송법에서 1심(원심)에 대한 항소와 상고(대법원)를 규정함으로써 3심제를 기본으로 하고 있다. • 3심제의 예외 : 비상계엄하에서의 군사 재판과 대통령, 국회의원, 시 · 도지사의 선거 재판의 경우 신속한 판결이 요구되므로 단심제로 운영하며, 특허법원은 판결에 이의가 있을 경우 대법원에 상고할 수 있도록 함으로써 2심제로 운영하고 있다.
상소제도	• 항소 : 1심(원심, 최초의 재판)에 불복하여 제기하는 2심의 소 • 상고 : 항소에 불복하여 제기하는 3심의 소로, 대법원에서 관할 • 항고 : 법원의 판결이 아닌 결정이나 명령에 불복하여 이의를 제기하는 불복절차 • 재항고 : 항고에 대한 불복 및 항소법원의 결정 · 명령에 대한 불복절차로, 대법원에서 재판
배심제도	• 일반 시민도 재판의 구성원이 되어 사법절차에 참여할 수 있는 제도로서, 영국에서 일찍이 시작되었고, 독일, 프랑스 등의 유럽 국가는 참심제를 시행했으며 현재는 미국에서 가장 발달한 제도이다. • 우리나라의 배심제도(국민참여재판) : 우리나라는 2008.1.1.부터 '국민의 형사재판 참여에 관한 법률'이 제정되어 시행되고 있다. 헌법상의 제도가 아니며 형사사건에만 적용되고, 피고인이 원하지 않을 경우 또는 법원이 배제결정을 하는 경우는 열지 않아도 되는 특징이 있다.

⑤ 법관의 임기와 신분보장

법관의 자격과 임명	• 대법원장 : 국회의 동의를 얻어 대통령이 임명 • 대법관 : 대법원장의 제청으로 국회의 동의를 얻어 대통령이 임명하며, 대법원의 중추 역할을 담당하는 사법부의 최고 수뇌부로서 대법원장을 포함한 14인으로 구성 • 대법관이 아닌 판사 : 대법관 회의의 동의를 얻어 대법원장이 임명
법관의 임기	• 대법원장과 대법관의 임기는 6년이고, 판사의 임기는 10년 • 대법원장은 중임할 수 없으나 대법관과 판사는 연임이 가능
신분보장	• 파면의 제한 : 법관은 탄핵 또는 금고 이상의 형의 선고 이외에는 파면되지 않음 • 불리한 처분의 제한 : 법관은 징계처분에 의하지 않고는 정직, 감봉되거나 불리한 처분을 받지 않음 • 강제퇴직의 제한 : 법관은 중대한 심신상의 장해로 직무를 수행할 수 없을 때에만 강제퇴직할 수 있음 • 강제휴직의 제한 : 병역의무, 법률연수 등의 특정한 경우를 제외하고 법관은 강제로 휴직을 당하지 않음
법관의 의무	• 법관은 국회 또는 지방의회의 의원이 될 수 없고, 정부 공무원이 될 수 없으며, 정치운동에 관여할 수 없음 • 사적인 업무, 기타 단체와 겸임해서는 안 되는 겸직금지 의무가 있음

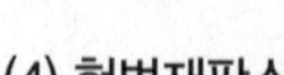

(4) 헌법재판소

① 헌법재판소의 지위, 구성 및 권한

지위	헌법재판소는 헌법에 규정된 헌법재판기관이자, 정치적 사법기관이다. 또한 기본권을 보장하는 역할을 하고, 권력을 통제하는 위치에 있다.
구성	헌법재판소는 법관의 자격을 가진 9인의 재판관으로 구성하며, 국회에서 선출하는 3인과 대통령이 지명하는 3인, 대법원장이 지명하는 3인을 포함하여 9인의 재판관은 대통령이 임명한다. 헌법재판소의 장은 국회의 동의를 얻어 재판관 중에서 대통령이 임명하며, 재판관의 임기는 6년으로 연임할 수 있다.
권한	• 위헌법률심판권, 탄핵심판권, 위헌정당 해산심판권, 권한쟁의심판권, 헌법소원심판권을 보유한다. • 헌법재판소의 심판은 재판관 전원으로 구성되는 재판부에서 관장한다. 재판부의 재판장은 헌법재판소장이 된다. 재판부는 재판관 7인 이상의 출석으로 사건을 심리한다. • 재판부는 재판관의 과반수의 찬성으로 결정을 한다. 다만, 법률의 위헌결정, 탄핵결정, 정당해산결정 또는 헌법소원에 관한 인용결정은 재판관 6인 이상의 찬성이 있어야 한다.

② 위헌법률심판(헌법 제107조 제1항)

개념	입법부에 의해 제정된 법률로 기본권이 침해되고 해당 법률이 재판의 전제가 된 경우 위헌법률심판을 제기할 수 있다.
요건	• 심판의 대상 : 법률이 헌법에 위반되는 여부 • 제청권자 : 국민이 아닌 법원이 헌법재판소에 제청하며 위헌 여부 심판의 제청에 관한 결정에 대하여는 항고할 수 없음 • 재판의 전제성 : 침해하고 있는 법률이 재판 중에 적용되는 법률이어야 하고, 그러한 법률 때문에 다른 내용의 재판을 하게 될 수 있는 경우이어야 함
결정 유형	• 각하결정 : 청구의 요건을 갖추지 못하여 심사를 하지 않는 경우 • 합헌결정 : 헌법재판소 재판관의 위헌의견이 6인을 넘지 못하는 경우 • 위헌결정 : 헌법재판소 재판관 6인 이상이 위헌이라고 판단한 경우 • 헌법불합치결정 : 국회의 입법권을 존중하고 법적 공백상태를 방지하기 위해 특정 시기까지만 효력이 있고 이후에 새로운 법을 제정 또는 개정하라는 입법촉구결정을 함께 함
위헌결정의 효력	헌법재판소법 제47조에 따라 위헌으로 결정된 법률 또는 법률조항은 결정이 있는 날로부터 효력을 상실함

③ 헌법소원심판

개념	공권력의 행사 또는 불행사로 헌법상 보장된 기본권이 침해된 경우 헌법재판소에서 기본권 침해 여부를 심사를 청구하여 구제받는 제도
종류	• 권리구제형 헌법소원 : 공권력의 행사 또는 불행사로 헌법상 보장된 기본권을 침해받은 자는 법원의 재판을 제외하고는 헌법재판소에 헌법소원심판을 청구할 수 있음 • 위헌심사형 헌법소원 : 위헌법률심판의 제청신청이 법원에 기각된 경우 제청신청을 한 당사자가 청구하는 헌법소원
청구 요건	자신의 기본권이 침해당한 경우이어야 하고(직접성), 현재 침해되고 있어야 하며(현재성), 다른 법률에 정한 절차가 있다면 그 절차를 모두 거친 후에만 가능하다(보충성). 또한 변호사를 반드시 선임해야 하는 변호사 강제주의가 적용된다.
결정 유형	• 각하결정 : 헌법소원의 형식적, 절차적 요건에 위배된 경우 내용 심사 거부 • 심판절차 종료선언 : 청구인이 사망하였거나, 청구를 취하하는 경우 종료를 선언 • 기각결정 : 내용을 심사했지만 청구인의 주장이 받아들여지지 않은 경우 • 인용결정 : 청구인의 기본권이 침해되었음을 인정하는 경우
인용결정의 효력	공권력의 행사로 인한 침해에 대해 인용결정이 있는 경우 공권력 행사를 중지하여야 하고, 공권력의 불행사로 인한 침해에 대해 인용결정이 있는 경우 새로운 처분을 해야 한다.

④ 탄핵심판

개념	고위공무원이 직무집행에서 헌법이나 법률을 위반한 이유로 국회의 탄핵소추 의결을 거쳐 헌법재판소에서 심판하는 절차
소추위원	국회 법제사법위원회 위원장
권한 행사	탄핵소추의 의결을 받은 사람은 헌법재판소의 심판이 있을 때까지 그 권한 행사가 정지됨
결정 내용	• 탄핵심판 청구가 이유 있는 경우에는 헌법재판소는 피청구인을 해당 공직에서 파면하는 결정을 선고 • 피청구인이 결정 선고 전에 해당 공직에서 파면되었을 때에는 헌법재판소는 심판청구를 기각
결정의 효력	탄핵결정은 피청구인의 민사상 또는 형사상의 책임을 면제하는 것은 아니며 탄핵결정에 의하여 파면된 사람은 결정 선고가 있은 날부터 5년이 지나지 아니하면 공무원이 될 수 없음

⑤ 정당해산심판 : 정당의 목적이나 활동이 민주적 기본질서에 위배될 경우 정부는 국무회의의 심의를 거쳐 헌법재판소에 정당해산심판을 청구하고 헌법재판소에서 그 해산 여부를 심판한다.

⑥ 권한쟁의심판 : 국가기관 상호 간, 국가기관과 지방자치단체 간 및 지방자치단체 상호 간의 권한 유무 또는 범위에 관하여 다툼이 있을 때 청구하는 심판을 말한다.

3 지방자치

(1) 지방자치의 의미와 유형

① 지방자치의 의미 : 일정한 지역에 거주하는 주민들이 자치단체를 구성해 해당 지역의 정치와 행정을 자율적으로 처리하는 활동을 의미한다.

② 지방자치의 유형

구분	주민자치	단체자치
자치의 의미	정치적 의미(민주주의의 원리)	법률적 의미(지방분권의 원리)
국가	영국 · 미국	독일 · 프랑스
자치권의 인식	자연적 · 천부적 권리	국가에서 전래된 권리
자치권의 범위	광범위함	협소함
자치권의 중점	지방정부와 주민과의 관계 (주민참여에 초점)	중앙정부와 지방정부와의 관계 (국가의 자치단체의 사무배분에 초점)
권한부여방식	개별적 수권주의	포괄적 수권주의
지방정부 구성형태	기관통합형(의회우월형)	기관대립형(집행기관우월형)
사무구분	고유사무와 위임사무 미구분	고유사무와 위임사무 구분
조세제도	독립세(자치단체가 과세주체)	부가세(국가가 과세주체)
중앙과 지방의 관계	기능적 상호협력관계	권력적 감독관계
자치단체의 지위	순수한 자치단체	이중적 지위(자치단체+일선기관)
특별지방행정기관	많음	적음
통제	주민통제(아래로부터의 통제)	중앙통제(위로부터의 통제)
위법통제	입법적 · 사법적 통제	행정적 통제

(2) 우리나라의 지방자치단체

① 지방자치단체 종류

광역자치단체	기초자치단체
• 특별시(1개) • 광역시(6개) • 특별자치시(1개) • 도(8개) • 특별자치도(1개)	• 시 : 도의 관할구역 안에 둠 • 군 : 광역시나 도의 관할구역 안에 둠 • 자치구 : 특별시나 광역시의 관할구역 안에 둠

② 지방자치단체장과 지방의회

지방자치단체장	• 지위 : 지방자치단체의 대표기관, 주민의 대표기관, 국가의 하부기관, 지방자치단체의 집행기관, 정치지도자로서의 지위 • 권한 : 통할 · 대표권(단, 교육 · 학예사무에 관한 통할권은 교육감이 가짐), 사무의 관리 · 집행권, 규칙제정권, 소속직원 임면 및 지휘 · 감독권, 기관 · 시설의 설치권
지방의회	• 지위 : 주민의 대표기관, 의결기관, 입법기관, 집행기관에 대한 감시 · 통제기관 • 권한 : 의결권(조례의 제정 및 개폐, 예산의 심의 · 확정, 결산의 승인 등), 청원수리권, 의견표시권 등

③ 조례와 규칙

구분	조례	규칙
의의	지방의회가 헌법과 법률의 범위 내에서 제정한 자치법규	지방자치단체장 기타 집행기관이 법령 또는 조례가 위임한 범위 내에서 그 권한에 속하는 사무에 관하여 제정하는 자치법규
제정권자	지방의회	지방자치단체장, 기타 집행기관, 교육감(교육 · 학예 분야)
사무범위	• 자치사무, 단체위임사무에 대하여 규정 가능 • 기관위임사무는 원칙적으로 규정 못함(집행기관에게 위임된 사무이므로, 의결기관인 지방의회는 관여할 수 없는 것이 원칙)	자치사무, 단체위임사무, 기관위임사무를 불문하고 지방자치단체의 장의 권한에 속하는 모든 사항에 관하여 제정 가능
제정범위	• 법령의 범위 내에서 • 주민의 권리제한 · 의무부과 : 법률의 위임 시 규정 가능 • 벌칙 : 법률의 위임 시 규정 가능	• 법령과 조례가 위임한 범위 내에서 • 주민의 권리제한 · 의무부과 : 법령 · 조례의 개별적 · 구체적 위임 있으면 규정 가능 • 벌칙 : 규정할 수 없음

④ 주민참여제도

직접 민주정치 요소	• 주민발안제도(조례 제정 및 개폐청구제도) • 주민투표제도 : 주민에게 과도한 부담을 주거나 중대한 영향을 미치는 지방자치단체의 주요결정사항을 주민들의 주민투표를 거쳐 결정 • 주민소환제도 : 선거에 의하여 공직에 취임한 자가 부당한 행위를 저지르거나 직무가 태만하여 주민이 파면을 요구하면 주민투표에 의하여 그 여부를 결정하는 제도
기타	주민감사청구제도, 주민소송제도 등

(3) 우리나라 지방자치의 순기능과 역기능

순기능	중앙정부에 대한 견제 강화, 지역 주민의 참여 확대
역기능	지역 간 불균형 심화, 지역개발사업의 남발과 환경훼손의 심화, 지역이기주의의 심화, 지방자치단체의 자율성 제약(지역의 개별성 · 특수성 무시)

03 정치 과정과 참여

1 정치 과정과 정치 참여

(1) 정치 과정의 의의

① 정치 과정의 의미 : 정치 과정이란, 사회적 쟁점에 대해 사회 구성원들이 제기하는 여러 가지 요구나 지지를 토대로 정책을 결정하고 수행하는 활동을 의미한다.

② 데이비드 이스턴은 정치 과정을 '투입 → 산출 → 환류'로 이어지는 정치체제 모형으로 제시하였다.

투입	국민의 요구와 지지가 정책결정기구에 투입되는 것
산출	정책결정기구가 요구와 지지를 반영하여 정책을 수립하고 집행하는 것
환류	산출된 정책이 사회의 평가를 수정 · 반영하여 재투입되는 것

(2) 정치 과정의 참여 주체

정책결정기구	• 입법부(국회), 사법부(법원, 헌법재판소), 행정부 등 • 정책의 수립 · 집행을 통해 사회문제를 해결하고 갈등 조정 및 사회 질서 유지
기타	• 정당, 이익집단, 언론, 시민단체 등 • 다양한 방법으로 자신의 의견을 표출하면서 정치 과정에 참여

(3) 시민의 정치 참여와 정치문화

① 시민의 정치 참여 유형

개인적 정치 참여	• 선거 및 투표 참여 • 청원 • 서명 운동 • 집회 및 시위 참여
집단적 정치 참여	정당, 이익집단, 시민단체에 가입하여 참여

② 정치문화

개념	정치나 정부에 대해 시민들이 지니고 있는 태도 및 가치관의 총체
알몬드(Almond)와 버바(Verba)의 정치문화 유형	• 향리형 : 전 근대적인 전통사회의 사고방식에서 나타나는 정치문화로, 시민은 자신이 살고 있는 지역이나 부족 이외에는 정치공동체에 대한 명확한 인식이 없고, 정책의 요구와 결정 및 집행 과정 등에 소극적이고 무관심함 • 신민형 : 시민은 국왕에게 귀속된 신하와 마찬가지로 국가에 대한 귀속감과 소속감을 가짐. 하향식 전달 및 명령체계에 길들여져 있으며 자신들의 정책요구에는 특별한 인식이 없는 상태이나 정책결정에는 민감한 반응을 보이는 형태 • 참여형 : 오늘날의 선진 사회에서 나타나는 형태로, 시민은 정치공동체에 대한 명확한 인식을 갖고 정치 과정에서의 투입과 산출 모두에 능동적으로 참여
우리나라의 정치문화	우리나라는 왕조 중심의 폐쇄성에 입각한 정치문화부터 식민지배와 군부집권에 의한 권위주의까지 복합적인 정치문화가 혼재하여, 향리형 · 신민형 · 참여형이 공존하는 형태

2 선거와 선거 제도

(1) 우리나라의 선거 체계

구분	특징		
대통령 선거	전국을 선거구로 하여 상대 다수대표제에 따라 선출		
총선거 (국회의원)	지역구 선거	소선거구제, 상대 다수대표제	
	전국구 선거	정당 명부식 비례대표제	
지방선거	지방자치단체장 선거	광역자치단체장	특별시, 광역시, 도에서 상대 다수대표제에 따라 선출
		기초자치단체장	시, 군, 구에서 상대 다수대표제에 따라 선출
	지방의회의원 선거	광역의원	• 지역 대표 : 소선거구제, 상대 다수대표제 • 비례 대표 : 광역 단위 정당 득표율 적용
		기초의원	• 지역 대표 : 중선거구제, 소수대표제 • 비례 대표 : 기초 단위 정당 득표율 적용
	특별자치제 선거	교육감 선거, 교육의원 선거	

(2) 선거제도의 의의 및 민주선거의 4대 원칙

① 선거제도의 의의 : 선거는 주권행사의 기본적인 방법이며, 사회통합을 실현한다. 또한 정권교체를 통해 책임정치를 구현하고 정치권력에 정당성을 부여한다.

② 민주선거의 4대 원칙

구분	내용	반대개념
보통선거	재산, 학력, 성별, 종교, 인종 등을 이유로 선거권을 제한하지 않고 일정한 나이에 도달한 모든 국민에게 선거권을 부여	제한선거
평등선거	모든 유권자가 동등하게 1표를 행사함으로써, 투표가치에 차등을 두지 않도록 표의 등가성을 실현	차등선거
직접선거	선거인이 대리인을 거치지 않고 직접 스스로 대표자를 선출	대리 · 간접선거
비밀선거	선거인이 누구에게 투표했는지를 알 수 없어야 함	공개선거

(3) 선거구제

구분	소선거구제	중 · 대선거구제
개념	• 한 선거구에서 한명의 대표자 선출 • 다수대표제와 결합	• 한 선거구에서 두 명 이상의 대표자 선출 • 소수대표제와 결합
장점	• 다수당 출현 용이 → 정국 안정 • 지역적으로 협소하여 선거비용 절감 • 선거단속 용이 • 유권자는 인물 파악 용이 • 투표결과 집계 용이	• 전국적 인물 당선 용이 • 신인의 진출 가능 • 사표 감소 • 군소정당 진출 용이 • 지역주의 완화
단점	• 지방세력가에 유리, 전국적 인물에 불리, 신인 진출 곤란 • 사표 증가 • 연고주의 폐단 • 대정당에만 유리 • 선거인의 후보자 선택범위 제한	• 선거비용의 증가 • 후보자의 난립으로 인물 파악 곤란 • 선거단속 어려움 • 전국적 지명도만으로 당선 가능 • 당선자 간의 득표 격차 발생

(4) 대표 결정 방식

구분	특징
다수대표제	• 최다 득표자 한 명을 대표로 선출하는 제도로, 소선구제와 결합 • 과반수를 획득한 후보가 당선되는 절대 다수대표제와 가장 많은 득표를 한 후보가 당선되는 상대 다수대표제로 구분
소수대표제	• 최다 득표자 한 명만이 아니라 소수의 지지를 받은 소수득표자에게도 일정 범위에서 순위에 따라 당선이 가능한 형태로, 대선거구제와 연결 • 다수대표제의 최대결함인 사표를 방지
비례대표제	• 정당 득표율에 비례해서 각 정당의 의석을 배분하는 제도 • 다수대표제와 소수대표제를 보완하는 측면이 있지만 방법과 절차가 다양하고 복잡하며, 정당 득표율의 계산방법 및 후보자 명부를 작성하는 데 있어서 논란이 가중될 수 있음 • 대표적으로 단기이양식과 정당명부식이 있음
직능대표제	직업을 선출의 기본단위로 하여, 직업별 이익을 대변하는 전문가를 대표로 선출하는 제도

(5) 공정한 선거를 위한 제도

① 선거구 법정주의 : 특정 정당이나 인물에게 유리하도록 선거구가 정해지는 것을 방지하기 위해 법률로 선거구를 획정하는 제도이다.

② 선거 공영제 : 국가 기관이 선거 과정을 관리면서 선거 비용의 일부를 국가 또는 지방자치단체에서 부담하는 제도로, 선거 운동 기회를 균등하게 보장하고, 재정이 부족하여 입후보하기 어려운 사람도 후보자로 나설 수 있는 기회를 보장한다.

③ 중앙선거관리위원회

헌법상 지위와 구성	헌법상 필수기관으로, 합의제기관으로 대통령이 임명하는 3인, 국회에서 선출하는 3인, 대법원장이 지명하는 3인의 위원으로 구성하며 위원장은 위원 중에서 호선(互選)한다.
임기와 신분보장	위원의 임기는 6년이며, 연임이 가능하나, 정당에 가입하거나 정치에 관여할 수 없다. 위원은 탄핵 또는 형벌에 의하지 아니하고는 파면되지 아니한다.

권한	법령의 범위 내에서 선거관리 · 국민투표관리 또는 정당 사무에 관한 규칙을 제정할 수 있으며 선거사무와 국민투표사무에 관하여 관계 행정기관에 필요한 지시를 할 수 있다.

3 다양한 정치 주체의 역할과 참여

(1) 정당과 시민 참여

① 정당의 개념 : 정견이 같은 사람들이 정권의 획득 · 유지를 위해 자발적으로 조직한 단체

② 정당의 기능

여론의 형성과 조직화	다양하고 분산된 국민의 이익과 요구를 집약 · 조직화하여 정책을 만들고 이를 정부에 전달한다.
대중에 대한 정치교육	유권자에게 정책을 설명하여 능동적으로 정치 활동에 참가하도록 하는 정치사회화 및 계몽적 기능을 수행한다.
국민과 정부의 매개	선거에서 표명된 국민의 의사를 제도 정치 내로 투입함으로써 정책으로 채택되도록 한다.
정치적 충원	선거에 후보를 공천하여 정치 지도자를 충원하는 기능을 한다.
정부에 대한 견제와 권력의 비판	정부의 독선적 행동을 비판하고 감시하며, 국민들은 선거를 통해 심판함으로써 정권을 교체하기도 한다.

③ 정당제도의 유형

일당제	한 나라에 단일한 정당만 존재하는 형태로, 독재정당 또는 통합적 정당이라 한다.
양당제	• 단독으로 정권을 담당할 수 있는 두 개의 대정당이 존재하는 형태이다. • 장점 : 국정의 책임소재가 명확하고 신속한 국정처리가 가능하다. • 단점 : 다양한 민의 반영이 곤란하고 양당 간 극한 대립이 발생할 수 있다.
다당제	• 3개 이상의 정당들이 정권획득을 위해 경쟁하지만, 특정 정당이 국민의 절대적 지지를 획득하지 못하므로 몇 개의 정당이 연립 또는 연합을 하는 형태이다. • 장점 : 유권자의 선택 범위가 넓어 보다 다양하고 정확한 민의를 반영할 수 있다. 또한 정당 간 대립 시 중재가 용이하다. • 단점 : 일관되고 지속적인 정책 수행이 곤란하다. 또한 군소정당 난립 시 정국의 불안, 정치적 책임소재 불분명 등의 문제를 초래할 수 있다.

④ 정당을 통한 시민 참여

정당에 가입하여 참여	• 정당에 가입하여 당원의 의무를 다하면 그 당의 의사결정과정에 참여 가능 • 경선에 참여 가능
정당에 가입하지 않고 참여	• 선거나 투표에서 특정 정당의 후보나 정당에 투표 • 특정 정당이 주최하는 정책공청회, 토론회에 참가

(2) 이익집단

① 이익집단의 개념 : 특수한 이해관계를 같이하는 사람들이 공동의 이익을 실현하기 위해 만든 단체이다. 자신들의 목표와 특별한 요구를 정책에 제시하고 관철하려 하지만, 선거에 참여하여 공직 진출을 의도하지 않기 때문에 정당과 구별되며 정책을 직접적으로 결정하지 않기 때문에 정부기관과도 구별된다.

② 이익집단의 발생원인

사회의 복잡화, 이해관계의 다원화	사회가 분화되고 이해관계가 다원화됨에 따라 다양한 국민의 의사를 집약하고 정책으로 연결시킬 수 있는 의회의 기능이 약화
정부기능의 확대	정부의 기능이 확대됨에 정책결정의 주도권을 보유한 정부 집단에 로비나 압력을 통해 접촉해야 할 필요성 증가
정당의 한계	정당이 모든 사회 현안과 국민의 이익을 대변하지 못하며 이러한 불충분한 점을 부각시키고 여론을 형성할 집단이 필요

③ 이익집단의 기능

순기능	• 정당이나 정부가 생각하지 못한 국민의 다양한 정치적 의사를 반영하며 대의제의 결점을 보완 가능 • 정부에 대한 견제와 감시 가능
역기능	• 집단이기주의로 공익 저해 • 특수한 이익이 정치권과 결탁하는 경우 정당 정치 발전에 역행할 뿐만 아니라 민주 정치가 퇴보하는 결과를 초래

(3) 시민단체

① 개념 : 공공의 이익을 실현하기 위해 시민의 자발적 참여로 이루어진 단체를 의미한다. 따라서 특수이익을 위해 활동하는 이익집단과 구별되며 정권을 획득하거나 유지하기 위한 정당과도 구별된다.

② 시민단체의 기능

여론 형성	시민단체의 활동목적과 관련하여 공적인 관심사를 집약하고 이를 표출하여 여론을 형성
정부 정책 감시 및 비판	정부의 정책을 감시하며 비판하는 기능을 아울러 수행
정책 제안	개선 및 채택이 필요한 정책을 제안하여 정치 과정에 반영하는 매개체이자 참여자로서 활동

(4) 언론

① 언론의 개념 : 매체를 통하여 어떤 사실이나 새로운 소식을 밝혀 알리거나 어떤 문제에 대하여 여론을 형성하는 활동을 하는 기관

② 언론의 기능

순기능	유익한 정보 제공, 여론 형성, 정부 감시 및 견제, 대중교육, 정책 설정
역기능	정보와 사실의 왜곡, 여론 조작, 언론의 담합

04 개인생활과 법

1 민법의 기초 이해

(1) 민법의 이해

① 민법의 개념

㉠ 실질적 의미의 민법 : 개인 상호 간의 사적 생활관계를 규율하는 사법

㉡ 형식적 의미의 민법 : 1958년 법률 제471호로 제정된 민법이라는 성문법전

㉢ 민법은 공법과는 대응되는 사법이고, 특정한 사람 · 특정한 장소에만 적용되는 특별법에 대응되는 일반법이며, 권리의무의 발생과 변경 · 소멸 및 요건과 효과를 규율하는 실체법으로서의 성격을 갖는다.

② 민법의 구성

총칙	민법 전반에 대한 통칙으로 권리변동, 법률행위와 의사표시, 법률행위의 유효 요건, 법률행위의 당사자, 법률행위의 목적, 법률행위의 대리, 효력, 소멸시효 등을 규정
재산법	• 물권법 : 물권의 종류와 효력, 변동, 점유권과 소유권, 용익물권, 담보물권에 대해 규정 • 채권법 : 채권의 특징과 목적, 효력, 다수당사자의 채권관계, 채권양도와 채무인수, 채권의 소멸, 계약, 사무관리, 부당이득, 불법행위를 규정
가족법	• 친족법 : 친족의 유형, 범위, 가족, 혼인, 부모와 자식 간의 법률관계, 후견, 친족회, 부양에 대해 규정 • 상속법 : 상속인, 상속의 효력, 유언, 유류분에 대해 규정

(2) 근대 민법의 기본원리

① 근대 민법의 배경 : 국민의 힘으로 자유를 쟁취한 시민혁명에 따라 확대된 자유주의 이념 속에서 "인간은 출생과 생존에 있어서 자유와 평등의 권리를 가진다."라는 말이 근대 시민 사회를 지배하게 되었다. 이러한 배경을 바탕으로 개인의 법률관계는 원칙적으로 자발적 의사에 따라 원하는 상대방과 자유롭게 내용을 정할 수 있도록 하는 원칙이 확립되었다.

② 근대 민법의 3대 원칙

사유재산권 존중의 원칙 (소유권 절대의 원칙)	• 개인의 사유재산에 대한 절대적 사적 지배를 인정하고, 국가나 다른 개인은 이에 간섭하거나 제한을 가하지 못하는 것을 의미한다. • 사유재산에 대한 권리에서 가장 강력하고 절대적인 것은 소유권이다. 따라서 사유재산권 존중의 원칙을 다른 말로 소유권 절대의 원칙이라고도 한다.
사적 자치의 원칙 (계약 자유의 원칙)	• 개인의 자유로운 의사에 기초하여 법률관계를 형성할 수 있는 권리를 말한다. • 사적 자치의 원칙을 다른 말로 법률행위 자유의 원칙이라고도 한다. 법률행위가 또한 발현되는 양상의 절대 비중은 계약으로 나타나기 때문에 계약 자유의 원칙이라고도 한다. • 계약 체결의 자유, 상대방 선택의 자유, 계약 내용 결정의 자유, 방식의 자유를 구체적 내용으로 한다.

과실 책임의 원칙 (자기 책임의 원칙)	• 고의 : 자신의 행위로부터 피해 또는 손해라는 결과가 생길 것을 인식하면서도 행위를 하는 것을 의미한다. • 과실 : 결과를 인식하면서 행위를 한 경우 고의가 성립한다면 결과의 발생을 인식했어야 하는데도 부주의로 인식하지 못해 피해 또는 손해가 발생한 경우이다. 주의의무란 타인의 권리나 이익의 침해라는 결과를 예견 또는 회피해야 할 의무를 의미하는데, 결론적으로 과실이란 주의의무를 위반한 것이다. • 과실 책임의 원칙 : 타인에게 끼친 손해에 대해서 가해자에게 고의 혹은 과실이 있을 때에만 책임을 진다는 원칙이다. 바꿔 말하면 자신이 행한 행위에 고의나 과실이 없으면 책임을 지지 않는다는 의미에서 자기 책임의 원칙이라고도 한다.

(3) 현대 민법의 기본원리

① 대두배경 : 자본주의 발전에 따라 양적 측면에서 부는 증가한 반면 부의 불평등 분배로 인한 빈익빈 부익부 현상이 심화되고, 노사 간의 대립이 격화되었다. 이에 따라 자유를 근본으로 하는 근대 민법의 원칙 또한 사회적 약자 보호와 불평등 해소를 위해 수정을 가하게 되었다.

구분	소유권 절대의 원칙	계약 자유의 원칙	과실 책임의 원칙
폐단	경제적 약자에 대한 유산계급의 지배와 횡포	경제적 강자에게 유리한 계약을 약자에게 일방적으로 강요	기술과 자본을 통해 고의·과실이 없음을 증명하여 책임 회피
수정 (현대 민법 원리)	소유권 행사의 공공복리 적합 의무(원칙)	계약공정의 원칙	무과실 책임의 원칙

② 현대 민법의 기본 원리

소유권 행사의 공공복리 적합 의무	• 소유권의 행사는 사회 전체의 이익(공공복리)을 위해서 그 권리의 행사가 제한될 수 있다는 내용이다. 이때의 제한은 일정한 원칙을 두고 반드시 법률로써 제한해야 한다. • 헌법 제23조 제2항은 "재산권의 행사는 공공복리에 적합하도록 하여야 한다."고 함으로써 재산권 행사의 공공복리 적합의무를 일반원칙으로 선언하고 있다. • 민법 제2조 제2항의 권리남용 금지조항과 민법 제211조의 "소유자는 법률의 범위 내에서만 소유물을 사용, 수익, 처분할 수 있다."는 규정은 헌법에서 정한 일반원칙을 구체화하고 있다.
계약 공정의 원칙	• 민법 제104조에서는 "당사자의 궁박, 경솔 또는 무경험으로 인하여 현저하게 공정을 잃은 법률행위는 무효로 한다."라고 하여 불공정한 법률행위를 무효로 규정하고 있다. • 계약 과정에서 경제적 약자에게 일방적으로 불리한 내용의 계약이 체결될 가능성이 줄어들게 되었다.
무과실 책임의 원칙	• 고의 혹은 과실이 없는 경우에도 일정한 상황에서는 관련자에게 책임을 물을 수 있다는 원칙이다. • 책임무능력자의 감독자 책임, 타인을 사용하여 사무에 종사하게 한 자의 책임, 동물 점유자의 책임, 가전제품 등 물건 제조업자의 책임, 의료업자의 책임, 환경을 오염시킨 기업의 책임 등이 있다. • 제조물 책임법의 제정과 입증책임의 완화 : 상품의 하자, 제조자의 과실, 상품의 하자와 손해배상 사이의 원인관계에 대한 입증책임은 원칙적으로 소비자가 지나, 이때에는 엄격한 증명을 필요로 하지 않고 상식적으로 보아 개연성이 높으면 인과관계를 추정하고 있다.

2 재산관계와 법

(1) 계약과 채무불이행

① 계약의 개념과 효력 발생

개념	계약이란 법률 효과의 발생을 목적으로 2인 이상의 당사자의 합의하에 성립하는 법률행위를 의미한다.
효력 발생	계약을 체결한 당사자에게 일정한 권리와 의무가 발생하며, 계약에 따른 의무를 제대로 이행하지 않을 경우 채무자는 채무불이행에 따른 손해배상 책임을 지게 된다.

② 계약의 성립과 효력 발생 요건

성립 시점	계약을 체결하고 싶다는 의사표시인 청약과 이를 받아들이겠다는 의사 표시인 승낙이 합치된 때에 계약이 성립한다.
효력 발생 요건	의사능력 없는 자의 계약은 무효, 제한능력자의 단독적 계약은 취소할 수 있으며 계약 당사자의 자유로운 판단에 따라 의사 표시가 이루어져야 한다. 또한 계약 내용이 실현 가능하고 적법해야 하며, 선량한 풍속 기타 사회 질서에 반하지 않아야 한다.

더 알아보기

법률행위 및 의사능력과 행위능력

• 법률행위

– 목적 : 법률행위는 합당한 목적하에, 기본원리에 위배되지 않는 범위 내에서 적정한 효력이 발생한다. 다시 말하면 법률행위의 목적이 부당하다면 그에 따른 효과가 배제될 수 있다. 실현 불가능한 행위, 강행법규 위반이나 반사회 질서 행위, 불공정행위는 법률행위의 목적에 위배되는 대표적인 경우이다.

– 법률행위의 무효와 취소

무효	• 무효란 법률행위의 효과가 처음부터 발생하지 않는 것을 의미한다. 법률행위는 성립했으나 그에 따른 효과가 생기지 않는 경우이다. • 무효사유 : 강행규정에 위반한 법률행위, 불공정한 법률행위, 실현 불가능한 행위, 의사무능력자의 행위 등이 대표적이다.
취소	• 취소란 일단 유효하게 성립된 법률행위를 취소라는 의사표시를 통해 소급적으로 무효로 만드는 것을 의미한다. • 취소사유 : 제한능력자의 법률행위, 착오에 의한 의사표시, 사기 · 강박에 의한 의사표시는 취소할 수 있다.

• 의사능력과 행위능력

의사능력	• 의사능력이란 자신의 행위와 동기의 결과를 스스로 판별(판단)할 수 있는 정상적인 의사결정 능력이다. • 법률행위를 하기 위해서는 자신이 하고자 하는 행위를 변식하고 예상되는 결과를 판별해 낼 수 있는 의사능력이 필요하다. 예를 들어 정신이상자가 복권에 당첨되어 거액의 자산을 매도하는 경우, 술에 만취한 사람이 부동산 계약을 체결한 경우, 민법에 명문의 규정은 없으나 이들이 한 법률행위는 무효이다.
행위능력	• 행위능력이란 독자적으로 유효하게 법률행위를 할 수 있는 지위를 의미한다. 의사능력과 달리 객관적 · 획일적으로 판단된다. • 민법은 행위능력에 관하여 명문의 규정을 두고 있지 않으나 미성년자, 피한정후견인, 피성년 후견인의 제한능력자에 관한 명문의 규정을 두고 있다. 민법은 독자적으로 유효하게 법률행위를 할 수 있는 자와 없는 자를 나누고 제한능력자가 독자적으로 한 법률행위는 취소할 수 있도록 하고 있다.

③ **채무불이행** : 채무자의 책임 있는 사유로 채무의 내용이 실현되지 않는 것을 의미하며, 채무불이행으로 인한 손해에 채권자의 과실이 있다면 이를 참작하여 액수를 감하게 된다.

이행 지체	• 이행이 가능한 경우인데도 이행하지 않는 경우 • 채무자에게 책임 유무를 불문하고 강제이행 청구 가능, 채무자에게 책임이 있으면 손해배상 청구도 가능
이행 불능	• 파손 등으로 채무이행이 불가능한 경우 • 채무자에게 책임이 없다면 채무 소멸, 채무자에게 책임이 있다면 손해배상 청구 가능
불완전 이행	• 채무를 이행하였으나 내용이 완전하지 못한 경우 • 완전이행 청구 가능, 완전이행이 의미 없을 경우 손해배상 청구 가능

(2) 미성년자의 계약

① 미성년자

의의	민법은 "19세로 성년에 이르게 된다."라고 규정함으로써 19세 미만의 자를 미성년자로 하고 제한능력자로 규정하여 법적으로 보호하고 있다. 미성년자는 나이를 기준으로 객관적 · 획일적으로 정해진다.	
미성년자의 행위능력	원칙 (취소)	• 단독으로 유효한 법률행위를 할 수 없음 • 단독으로 법률행위를 하려면 법정대리인의 동의를 얻어야 함 • 동의를 얻지 않고 한 법률행위는 미성년자나 그 법정대리인이 취소할 수 있음
	예외 (유효)	• 단순히 권리만을 얻거나 의무만을 면하는 행위 : 채무의 면제, 부담 없는 증여 • 범위를 정하여 처분이 허락된 재산의 처분행위 • 영업의 종류를 특정하여 허락한 경우 그 영업에 관한 행위 • 대리행위, 임금청구행위 • 유언행위 : 만 17세에 달한 미성년자는 유효한 유언 가능
법정 대리인	1차적으로 친권자가 되며, 부모가 없거나 부모가 친권을 행사할 수 없는 경우 2차적으로 후견인이 법정대리인이 된다.	
성년의제	미성년자라도 만 18세가 되면 부모의 동의를 얻어 혼인할 수 있다. 혼인을 하면 부모의 친권에서 벗어나 행위능력자가 되어 법정대리인의 동의를 받지 않고 독자적으로 '사법상' 유효한 법률행위를 할 수 있다. 이때의 혼인은 법률혼을 의미하며 사실혼을 의미하지 않는다. 성년으로 의제된 자가 이혼을 한 경우에도 성년의제의 효과는 유지된다.	

② **제한능력자의 상대방 보호** : 제한능력자는 법률행위 시 취소권을 갖고 있으므로 거래한 상대방은 불리한 지위에 놓이게 된다. 따라서 민법은 제한능력자를 보호함과 동시에 제한능력자와 거래한 상대방을 보호하기 위하여 상대방에게 확답을 촉구할 권리, 철회권과 거절권, 속임수에 따른 취소권의 배제를 규정하고 있다.

확답을 촉구할 권리	• 제한능력자의 상대방은 제한능력자가 능력자가 된 후에 그에게 1개월 이상의 기간을 정하여 그 취소할 수 있는 행위를 추인할 것인지 여부의 확답을 촉구할 수 있다. • 능력자로 된 사람이 그 기간 내에 확답을 발송하지 않을 경우 그 행위를 추인한 것으로 본다. • 제한능력자가 아직 능력자가 되지 못한 경우에는 그의 법정대리인에게 촉구할 수 있다. 법정대리인이 기간 내에 확답을 발송하지 않으면 그 행위를 추인한 것으로 본다.
철회권과 거절권	• 제한능력자가 맺은 계약은 추인이 있을 때까지 상대방이 그 의사표시를 철회할 수 있다. 다만, 상대방이 계약 당시에 제한능력자임을 알았을 경우에는 철회할 수 없다. • 제한능력자의 단독행위는 추인이 있을 때까지 상대방이 거절할 수 있다. • 철회와 거절의 의사표시는 제한능력자에게도 할 수 있다.

취소권의 배제	• 제한능력자가 적극적인 속임수로써 자기를 능력자로 믿게 한 경우(미성년자가 신분증을 위조한 경우 등)에는 그 행위를 취소할 수 없다. • 미성년자나 피한정후견인이 속임수로써 법정대리인의 동의가 있는 것으로 믿게 한 경우에도 그 행위를 취소할 수 없다.

(3) 불법행위와 손해배상

① 불법행위와 손해배상의 연관성

㉠ 손해배상 : 일정한 행위로 타인에게 입힌 손해에 대하여 그를 전보하고, 손해가 발생하지 않았을 때와 똑같은 상태로 회복시키기 위한 제도

㉡ 전보 : 손해 또는 피해에 대하여 금전 또는 기타 물질적 가치로 보상하는 것

㉢ 손해배상 책임의 발생원인 : 채무불이행이 있는 경우, 불법행위가 성립하는 경우 등

② 불법행위

개념 및 효과	고의 또는 과실로 위법하게 타인에게 손해를 주는 행위를 불법행위라 하며, 불법행위가 있을 경우 손해배상 책임이 발생
성립요건	• 고의 또는 과실의 존재 : 고의란 자신의 행위로 타인에게 손해가 발생할 것을 인식하고도 감행한 경우이고, 과실이란 피해를 인식할 수 있었음에도 부주의하여 결과를 발생하게 한 것을 의미한다. • 위법성 : 사회 전체의 법질서에 비추어 봤을 때 허용되지 않는 경우를 말하며, 고의나 과실로 타인에게 손해를 발생시켰더라도 정당성이 인정되어 사회적으로 허용된다면 책임이 발생하지 않는다. • 손해의 발생 : 손해의 발생은 현실적으로 나타나야 한다. 이러한 손해는 정신적 손해와 재산적 손해로 분류되는데, 정신적 손해에 대한 배상금을 위자료라 한다. • 인과관계 : 가해행위와 손해발생 사이에 상당한 인과관계가 있어야 한다. 자연현상에 따라 나타난 손해라면 인과관계가 없기 때문에 책임을 물을 수 없다. • 책임능력(불법행위 능력) : 가해자에게 책임능력이 있어야 한다. 책임무능력자는 손해배상의 책임을 지지 않지만, 감독자나 법정대리인 등이 책임을 지게 된다.

③ 특수한 불법행위 : 일반적인 불법행위와 달리, 특정한 경우 책임의 성립요건이 경감되거나 자신의 행위가 아닌 타인의 가해행위에 대해서도 책임을 지는 경우가 있는데, 이러한 형태의 불법행위를 특수한 불법행위라 한다.

책임 무능력자의 감독자 책임	• 책임 능력 없는 미성년자나 심신상실자가 타인에게 손해를 가한 경우 이를 감독할 법적 의무 있는 자가 손해배상 책임을 짐 • 감독 의무를 게을리하지 않았음을 감독자가 스스로 증명하면 책임 면제
사용자 배상책임	• 피용자(종업원)가 사무 집행에 관하여 타인에게 손해를 가한 경우 사용자(고용주)는 피용자의 선임 및 사무 감독상의 과실에 대해 배상책임을 짐 • 사용자 배상책임이 인정되기 위해서는 피용자의 가해행위가 불법행위 요건을 충족해야 함 • 피해자는 피용자에게 직접 손해배상을 요구할 수도 있으며 이때 피용자는 일반 불법행위책임을 짐 • 사용자가 피용자의 선임 및 그 사무 감독에 상당한 주의를 하였음을 증명하면 책임이 면제되나 이를 증명하지 못할 경우 무과실책임 성립 • 사용자가 피용자의 불법행위에 대해 배상한 경우 사용자는 피용자에게 구상권 행사 가능
공작물 등 점유자 · 소유자 책임	• 공작물 등의 설치 또는 보존상의 하자로 타인에게 손해가 발생한 경우 점유자가 1차적 책임을 짐 • 점유자의 책임이 면제되면 공작물 등의 소유자가 배상책임을 짐 • 점유자가 손해 방지를 위한 주의를 다하였음을 증명하면 책임 면제 • 소유자의 책임은 면책이 인정되지 않는 무과실책임

동물의 점유자 책임	• 점유하고 있는 동물이 타인에게 손해를 가한 경우 동물의 점유자가 배상책임을 짐 • 점유자를 대신하여 동물을 보관한 자도 동일 책임 • 점유자가 동물의 종류와 성질에 따라 그 보관에 상당한 주의를 기울였음을 증명하면 책임 면제
공동 불법행위자 책임	• 여러 사람이 공동으로 타인에게 손해를 입힌 경우 연대하여 배상책임을 짐 • 가해자를 정확히 모를 경우에도 연대책임 성립 • 공동의 가해자 중 자신이 가해행위에 가담하지 않았음을 스스로 증명한 경우 책임 면제

④ 손해배상 절차

손해배상 방법	• 금전배상의 원칙 : 재산적 손해는 물론, 정신적 손해도 금전배상을 원칙으로 한다. • 금전배상의 예외 : 예외적인 경우 원상회복청구를 할 수 있는데, 이때는 법률에 규정이 있어야 한다. 민법 제764조에서 명예훼손의 경우에 법원은 피해자의 청구에 의하여 손해배상에 갈음하거나 손해배상과 함께 명예회복에 적당한 처분을 명할 수 있다는 규정을 두고 있다. 예 신문보도로 명예를 훼손당한 경우 정정 보도를 하는 경우
손해배상 청구권자	• 일반적으로 피해자가 청구한다. • 태아 : 불법행위로 인한 손해배상청구에 있어서 태아는 자연인으로 보기 때문에 살아서 출생한다면 손해배상을 청구할 수 있다. • 생명침해로 인한 위자료 : 민법 제752조에 따라 타인의 생명을 해한 자는 피해자의 직계존속, 직계비속 및 배우자에 대하여 재산상의 손해가 없더라도 손해를 배상해야 한다.
과실상계의 적용	채무불이행에서 연관되어 있던 과실상계는 불법행위로 인한 손해배상 시에도 적용된다.
후발손해	판례는 합의 당시에 예측할 수 없던 손해가 나중에 발생하고, 합의된 액수와 현실적으로 발생한 손해 사이에 현저한 차이가 생겼을 때에는 후발손해에 대한 배상을 인정한다고 하여, 후발손해배상의 인정은 합의 이후 당시 예측할 수 없었던 손해와, 합의된 액수와 현실적으로 발생한 손해 사이의 현저한 차이를 그 요건으로 한다는 입장이다.

3 가족관계와 법

(1) 부부간 법률관계

① 혼인

의의	혼인은 가족을 구성하는 동시에 사회적 제도이며, 따라서 적법한 혼인은 법이 규율하는 법률관계를 구성하며 법의 보호를 받는다.
성립요건	• 실질적 요건 : 남녀 당사자의 자유로운 의사의 합치가 있을 것, 혼인 적령에 이르렀을 것, 근친 간 혼인이 아닐 것, 중혼(이중혼)이 아닐 것 • 형식적 요건 : 가족관계등록법이 정하는 혼인신고를 할 것
혼인 적령	• 남 · 여 모두 만 18세가 되면 약혼 및 혼인 가능 • 미성년자는 부모의 동의를 얻어 혼인할 수 있고, 성인은 부모의 동의 없이 혼인 가능

<table>
<tr><td>혼인의 효과</td><td>• 친족관계 발생 및 혼인신고를 통해 가족관계등록부에 혼인사실 기록
• 부부동거, 부양, 협조, 정조를 지킬 의무 발생
• 부부가 낳은 자녀는 혼인 중의 출생자가 되며 부부의 일방이 사망하면 생존 배우자에게 상속권이 발생
• 미성년자가 법정대리인의 동의를 얻어 혼인하면 사법상 성년으로 의제
• 약정 부부재산제와 부부별산제
– 약정 부부재산제 : 혼인 전에 미리 계약을 체결하여 혼인 후에도 별도로 각자의 재산을 운영하는 것
– 부부별산제 : 부부 일방이 혼인 전부터 가진 고유한 재산과 혼인 중 자신의 명의로 취득한 재산을 일방이 관리하는 제도
• 일상가사대리권과 일상가사로 인한 연대 채무</td></tr>
</table>

② 혼인의 해소

<table>
<tr><td>의의</td><td colspan="2">• 부부관계가 소멸하는 일체의 사실을 법률용어로 혼인의 해소라 하며, 소멸의 예로서 사망, 실종선고, 이혼 등이 있다.
• 이혼은 부부의 생존 중 당사자의 합의나 법원의 판결을 통해 인위적으로 부부 관계를 해소시키기 때문에 인위적 해소라고 하며, 사망, 실종선고는 자연적 해소라 한다.
• 사망으로 인한 혼인관계 해소 시 부부관계만 소멸할 뿐 인척관계는 그대로 존속하나, 배우자가 사망한 이후 생존 배우자가 재혼한 경우는 인척관계가 소멸한다.</td></tr>
<tr><td rowspan="3">이혼 유형</td><td>협의상 이혼</td><td>• 이혼 의사에 대한 합의가 필요하며 이유나 원인, 동기는 법적으로 규정되어 있지 않음
• 이혼 숙려기간이 주어짐(1개월, 양육자녀가 있는 경우 3개월)</td></tr>
<tr><td>재판상 이혼</td><td>• 법이 정한 사유(민법 제840조)가 있는 경우 법원의 판결로써 강제로 이루어지는 이혼
• 배우자의 부정행위, 배우자의 악의의 유기, 배우자 또는 직계존속의 심히 부당한 대우, 자기의 직계존속에 대한 배우자의 심히 부당한 대우, 배우자의 생사가 3년 이상 불분명한 경우, 그 밖에 혼인을 계속하기 어려운 중대한 사유
• 조정 및 이혼소송 절차 등을 거침</td></tr>
<tr><td>조정 이혼</td><td>• 가사소송법과 민사소송법에 규정
• 재판상 이혼의 청구를 위해서는 가정법원의 조정을 받아야 하는데, 정식재판까지 가지 않고 조정과정에서 이혼합의가 이루어지면 이혼판결을 받은 것과 동일한 효과</td></tr>
<tr><td>이혼의 효과</td><td colspan="2">• 혼인에 의해 성립한 부부 사이의 모든 권리와 의무는 소멸
• 부부 공동으로 마련한 재산에 대한 분할 청구권 행사 가능
• 이혼 책임 있는 상대방에게 정신상의 손해배상(위자료) 청구 가능
• 자녀를 양육하지 않는 부 또는 모는 자녀에 대한 면접 교섭권이 발생</td></tr>
</table>

(2) 친자관계와 친권

① 친자관계

<table>
<tr><th colspan="2">구분</th><th>특징</th></tr>
<tr><td rowspan="2">친생자</td><td>혼인 중의 출생자</td><td>• 법률혼 부부사이에서 출생한 경우
• 일반적인 부부 사이에서 태어난 생래적 혼인 중의 출생자와 준정에 의한 혼인 중의 출생자가 있음</td></tr>
<tr><td>혼인 외의 출생자</td><td>• 혼인관계가 없는 부모 사이에서 출생한 경우
• 어머니에게서 잉태한 것이 명백한 경우 모자관계는 성립하나, 부자관계가 성립하려면 인지가 필요</td></tr>
</table>

구분	특징
양자	• 입양한 때부터 성립되는 친자관계로 혼인 중 출생자로 인정 • 성립 요건 : 입양을 하고자 하는 당사자 사이에 입양의 합의가 있을 것, 양친은 성년자일 것, 양자가 될 자가 만 13세 미만일 때에는 법정대리인이 입양승낙을 할 것, 배우자가 있는 사람이 입양을 할 경우 부부가 공동으로 할 것, 배우자 있는 사람이 양자가 될 때 또한 배우자의 동의를 얻을 것, 양자가 될 사람이 양친보다 존속 또한 연장자가 아닐 것 • 친양자 제도 – 입양제도의 현실을 반영하고 양자의 복리를 증진시키기 위하여 양친과 양자의 친족관계를 인정하면서 양친의 성과 본을 따르게 하는 것 – 친양자는 부부의 혼인 중 출생자로 보며, 친양자 입양 전의 친족관계는 친양자 입양이 확정된 때에 종료한다. 다만, 부부의 일방이 그 배우자의 친생자를 단독으로 입양한 경우에 있어서의 배우자 및 그 친족과 친생자간의 친족관계는 그러하지 아니하다. – 친양자로 될 사람의 친생(親生)의 아버지 또는 어머니는 자신에게 책임이 없는 사유로 인하여 친양자 입양에 동의를 할 수 없었던 경우에 친양자 입양의 사실을 안 날부터 6개월 안에 가정법원에 친양자 입양의 취소를 청구할 수 있다.

② 친권

개념	• 부모가 미성년인 자녀에게 가지는 법적인 권리와 의무의 일체를 말한다. • 친권은 가부장적 문화에서 파생되어 통제나 복종의 개념으로 시작하였으나 오늘날은 자녀의 보호, 양육, 인격도야를 위한 부모의 의무로 자리 잡았다.
친권자	• 의의 : 민법 제909조에 따라 부모가 친권자가 되며 양자는 양부모가 친권자가 된다. • 의견 불일치 : 부모가 혼인 중인 때에는 공동으로 행사하는 것이 원칙이며, 부모의 의견이 일치하지 않는 경우는 가정법원이 개입하여 친권자를 정한다. • 혼인해소 : 혼인의 취소, 재판상 이혼의 경우 가정법원은 직권으로 친권자를 정한다. • 친권자의 변경 : 가정법원은 자녀의 복리를 위하여 필요한 경우 친권자를 변경할 수 있다.
친권의 내용	• 신상에 관한 내용 : 자녀에 대한 보호와 교양의 권리와 의무(민법 제913조), 거소지정권(민법 제914조) • 재산에 관한 내용 : 자녀의 재산 관리권(민법 제916조), 재산에 관한 대리 및 동의권(민법 제920조)
친권 행사 방법	• 부모 공동 행사 : 친권은 부모가 공동으로 행사하고, 부모의 한쪽이 친권을 행사할 수 없을 때에는 다른 한쪽이 이를 행사하며, 부모의 의견이 일치하지 않을 때에는 당사자의 신청에 의하여 가정법원이 이를 정하게 되어 있다. • 이해상반 행위 : 이해상반 행위(친권자와 자녀 사이에 이익이 충돌되는 경우)를 할 때 친권자는 법원에 특별대리인의 선임을 청구할 수 있다. • 대리권과 관리권 배제 : 민법 제918조에 따라 무상으로 자녀에게 재산을 수여한 제3자가 친권자의 관리에 반대하는 의사를 표시한 때에 친권자는 그 재산을 관리하지 못한다.
친권의 소멸	• 친권상실 : 부모가 친권을 남용하거나 현저한 비행, 기타 친권을 행사할 수 없는 중대한 사유가 있을 때에는 법원은 자녀의 친족 또는 청구나 검사의 청구에 의하여 친권의 상실을 선고할 수 있다. • 친권의 일부상실 : 친권자가 부적당한 관리로 자녀의 재산을 위태롭게 한 때에 법원은 자녀의 친족에 대한 청구로 재산상 행위의 대리권과 재산 관리권만 상실시키는 것이 가능하다. • 친권 사퇴 : 민법 제927조에 따라 법원의 허가를 얻어 재산상의 대리권과 관리권은 사퇴가 가능하다. • 부모 이혼 시 : 부부가 이혼했을 때에는 부모의 협의로 친권을 행사할 자를 정하고, 협의가 되지 않을 경우 가정법원이 결정한다. 자녀를 직접 양육하지 아니하는 부모 중 일방은 면접교섭권을 갖게 된다.

더 알아보기

부양

의의	부양이란 스스로 생활할 수 있는 생활능력이 없는 사람을 돌보는 일체의 행위를 말한다.
유형	• 친자 부양(부모와 자식 간) : 미성년자인 자녀에 대한 부양은 부모의 일방적 부양이라면 반대로 자녀가 성년이라면 상호 간 부양의 의무가 있다. 이때 부모의 기준은 친부모는 물론 양부모도 해당된다. • 부부 부양(혼인한 배우자 간) : 남편이나 아내는 상호 동등한 생활수준을 누릴 수 있는 정도의 생활비를 청구할 수 있다. • 친족 부양(일정 범위의 친족 사이) : 평소에 계속하여 발생하는 것이 아니라 부양받을 자가 자신의 재산, 능력, 수입으로 생활을 유지할 수 없을 때에 발생하는 것이며 동시에 부양의무자가 부양할 능력이나 여력이 있어야 한다.
부양 청구권	부양받을 자의 지위는 단순한 기대나 요청이 아니고 권리이다. 따라서 부양받을 자는 부양의무가 있는 자에게 부양청구권을 행사할 수 있다. 이때 부양받을 자는 자신의 자력 또는 근로에 의하여 생활을 유지할 수 없는 경우여야 한다.
부양자의 범위	• 부양의무는 직계혈족 및 그 배우자 사이, 생계를 같이하는 그 밖의 친족 사이에만 인정된다. • 부양의무자 또는 부양권리자가 여러 사람이 있을 경우 당사자의 협의에 의하여 그 순위를 정하고, 이러한 협의가 불가능할 때에는 당사자의 청구에 의하여 가정법원이 그 순위를 결정하게 된다.

(3) 상속과 유언

① 상속의 의의

개념	상속이란 사람이 사망함으로써 사망한 사람이 가지고 있던 재산에 관한 권리와 의무를 일정 범위의 친족과 배우자에게 포괄적으로 승계해주는 재산의 이전을 의미한다. 이때, 사망자를 피상속인이라고 하며, 상속을 받는 자를 상속인이라고 한다.
상속의 개시	• 상속 원인과 대상 : 상속은 사망이라는 사실에 의해 당연히 개시되며, 상속의 대상은 피상속인의 재산이다. • 재산의 범위 : 동산, 부동산은 물론 채권과 지적재산권 등 모든 재산을 포함하며, 적극적 재산(이익이 되는 재산)과 소극적 재산(채무) 모두를 포괄한다. • 상속 개시 장소와 비용 : 피상속인의 주소가 상속 개시 장소이며, 주소를 알 수 없거나 국내에 주소가 없는 경우 피상속인의 거소가 된다. 상속비용은 상속재산에서 지급한다.
유형	• 신분상속과 재산상속 : 호주제 폐지 전에는 호주승계를 신분상속으로 보았으나, 현행 상속제도는 재산상속만을 의미한다. • 생전상속과 사망상속 : 상속은 사망에 의해서만 개시되며 생전상속은 인정되지 않는다. 생전에는 증여를 통해 재산을 이전할 수 있을 뿐이다. • 단독상속과 공동상속 : 상속은 여러 사람이 공동으로 상속하는 것이 원칙이다. • 강제상속과 임의상속 : 우리나라는 상속포기가 가능하므로 임의상속제도를 두고 있다. • 균등상속과 불균등상속 : 원칙적으로 균등하게 인정하되, 배우자만 5할을 가산한다. • 법정상속과 유언상속 : 유언자의 의사를 존중하여 유언을 통한 상속이 가능하다. 한편, 민법은 상속인이 되는 주체를 법률로 정하는 법정상속제도를 아울러 규정하고 있다.

② 상속인과 상속능력

의의	• 상속능력 : 재산을 물려받을 수 있는 상속인이 될 수 있는 자격으로 민법에서는 권리능력이 있으면 상속능력도 있다고 해석하며, 권리능력자라도 법인에게는 상속능력이 없고 자연인만 갖는다. • 상속인의 범위 : 법정상속을 받을 수 있는 주체는 배우자와 일정 범위의 친족을 말한다. 이때, 배우자는 법률혼의 배우자를 말하며 사실혼의 배우자에게는 원칙적으로 상속이 되지 않는다. • 태아의 지위 : 태아는 상속을 포함한 특정 경우에는 출생한 사람처럼 권리를 인정하기 때문에 상속능력이 있다.
상속순위	• 상속인이 여럿일 경우 법 규정에 따라 순서를 정하며 선순위 상속인이 한 사람이라도 있다면 후순위 상속인은 상속권이 없다. 다만 동순위 상속인이 여럿일 때는 공동상속을 하게 된다. • 피상속인의 직계비속, 피상속인의 직계존속, 피상속인의 형제자매, 피상속인의 4촌 이내의 방계혈족 순으로 상속된다. 동순위 상속인이 수인이라면 최근친을 선순위로 하고 수인이 동친이라면 공동상속한다. 이때, 배우자는 선순위(1순위, 2순위) 상속인과 공동상속을 하되, 선순위 상속인이 없다면 단독상속인이 된다. 배우자가 이들과 공동상속을 하는 경우에는 5할을 가산하되 법률혼의 배우자만을 의미하며 이혼한 배우자는 상속권이 없다.
상속 결격 사유	• 상속인에게 법이 정한 사유가 있을 경우 당연히 상속 자격이 박탈되는 경우로 결격 사유에는 상속과 관련된 인물에 대한 살인 또는 살인미수, 상해치사와 유언에 대한 부정행위가 있다. • 살인 또는 살인미수 : 고의로 직계존속, 피상속인, 그 배우자 또는 상속의 선순위나 동순위에 있는 자를 살해하거나 살해하려고 한 자 • 상해치사 : 고의로 직계존속, 피상속인과 그 배우자에게 상해를 가하여 사망에 이르게 한 자 • 부정행위 : 사기 또는 강박으로 피상속인의 상속에 관한 유언 또는 유언의 철회를 방해한 자, 강박으로 피상속인의 상속에 관한 유언을 하게 한 자, 피상속인의 상속에 관한 유언서를 위조 · 변조 · 파기 또는 은닉한 자
대습상속	상속인이 될 사람이 사망하거나 결격자가 된 경우 직계비속이 사망하거나 결격된 자의 순위로 상속인이 되는 제도로, 상속인이 될 직계비속 또는 형제자매가 사망하거나 결격자가 된 경우 그의 직계비속이 상속인이 된다.
기여분과 유류분	• 기여분 : 공동상속인 중에 피상속인의 재산의 유지 또는 증가에 특별히 기여하거나 피상속인을 특별히 부양한 자가 있을 때 이를 상속분 산정 시 고려하여 가산하는 제도로, 공동상속인의 협의에 의하고 협의가 되지 않을 경우 기여자의 청구에 의하여 가정법원이 결정한다. • 유류분 : 일정한 범위의 상속인에게는 상속재산 중 보장받을 수 있는 비율이 있는데 이러한 권리를 유류분권이라 하며, 피상속인의 직계비속과 배우자는 법정상속분의 2분의 1, 피상속인의 직계존속과 형제자매는 법정상속분의 3분의 1이 보장된다.
특별연고자의 상속재산 분여	상속인이 없는 경우(상속인의 부존재) 검사나, 이해관계인의 청구에 의해 재산관리인을 선임한다. 선임된 재산관리인이 재산을 찾아가라고 공고한 이후에도(상속인 수색 공고) 상속권을 주장하는 자가 없다면 특별연고자(생계를 같이했거나, 최후까지 피상속인을 간호 또는 보호했던 사람)에게 상속이 된다. 특별연고자는 가정법원에 청구하여 상속재산을 분여받을 수 있다.

③ 상속의 승인과 포기

㉠ 상속의 승인에는 채무를 포함하여 일체의 재산을 상속하는 단순승인과, 상속재산과 상속채무를 승계하지만 상속재산의 한도 내에서만 책임을 지는 한정승인(제도)이 있다.

㉡ 상속포기란 재산은 물론 채무 등 일체의 상속재산을 승계하지 않는 경우이다.

④ 유언

개념	• 유언이란 유언자의 사망과 동시에 일정한 법률 효과를 발생시키는 것을 목적으로 하는 단독적 법률 행위이다. • 유언자가 사망하여야 효력이 발생하며(사인행위), 상대방이 없는 단독행위이며, 법에서 정하는 일정한 방식을 갖추어야 유언의 효력이 발생하는 요식행위이다.
유언능력	유언을 할 수 있는 자격으로 만 17세 이상이면 유언이 가능하며 한정치산자도 유언은 가능하다. 단 피성년후견인은 의사능력이 회복되어야 하고 의사가 심신이 회복되었다는 것을 유언서에 기재해야만 가능하다.
유언 방식	• 자필증서에 의한 유언 : 유언자가 전문과 연월일, 주소, 성명을 자서하고 날인하는 형태 • 녹음에 의한 유언 : 유언의 취지, 성명과 연월일을 구술하고 이에 참여한 증인이 유언의 정확함과 성명을 구술해야 함 • 공정증서에 의한 유언 : 유언자가 증인 2인이 참여한 공증인의 면전에서 유언의 취지를 구수하고, 공증인이 필기 낭독하여 유언자와 증인이 정확함을 승인한 후 각자 서명 또는 기명날인함 • 비밀증서에 의한 유언 : 유언자가 필자의 성명을 기입한 증서를 엄봉날인 하고 이를 2인 이상의 증인의 면전에 제출하고 봉서표면에 제출 연월일을 기재 후 유언자와 증인이 각자 서명 또는 기명날인함 • 구수증서에 의한 유언 : 질병 기타 급박한 사유로 앞의 방법이 불가능한 경우 유언자가 2인 이상의 증인의 참여로 그 1인에게 유언의 취지를 구수하고 구수를 받은 자가 필기 낭독하여 유언자와 증인이 정확함을 승인 후 각자 서명 또는 기명날인하는 형태
유언 철회	• 유언 변경 및 철회의 자유 : 유언자가 유언을 한 후라도 사망하기 전까지는 유언의 내용을 변경하거나 철회할 수 있다. • 전후 유언이 저촉되는 경우 : 앞에 한 유언과 뒤에 한 유언이 맞지 않을 경우 저촉된 부분은 철회한 것으로 본다. • 파훼(파괴와 훼손)의 경우 : 유언자가 고의로 유언증서 또는 유증의 목적물을 파훼한 경우 그 부분은 철회한 것으로 본다.
유증	유언자가 유언에 의하여 재산상의 이익을 무상으로 증여하는 행위를 의미한다. 태아도 유증을 받을 수 있다.

05 사회생활과 법

1 형법과 범죄의 성립

(1) 형법의 의의

① 형법의 개념 : 형법은 어떤 행위가 범죄가 되는지를 정하고, 그러한 행위를 했을 때 어떤 처벌을 받는지, 즉 범죄와 형벌에 관한 법규범이라 할 수 있다.

② 형법의 의미

형식적 의미	형법전을 의미
실질적 의미	형식과 명칭을 불문하고 범죄와 그에 대한 법적 효과로서 형벌과 보안처분을 규정한 모든 법규범의 총체를 의미

③ 형법의 기능

㉠ 범죄를 저지르면 형벌이 부과됨을 알려 잠재적 범죄자의 범죄 행위를 억제함으로써 일반 국민을 범죄로부터 보호하는 기능

㉡ 법률로 정한 범죄에만 국가가 형벌권을 행사할 수 있게 함으로써 국가의 자의적인 권력 행사로부터 국민의 피해를 방지하는 보장적 기능

(2) 죄형법정주의

① 죄형법정주의의 의의

개념	죄형법정주의란 어떤 행위가 범죄가 되는지 및 그러한 범죄를 저지르면 어떤 처벌을 받는지가 미리 성문의 법률에 규정되어 있어야 한다는 원칙을 말한다.
의미	• 형식적 의미 : "법률 없으면, 범죄 없고, 형벌도 없다."는 법언으로 표현할 수 있으며, 형식적인 법률에만 규정되어 있으면 법률의 내용은 문제 삼지 않으므로 자의적인 형벌권 남용을 방지하기 어렵다. • 실질적 의미 : "적정한 법률 없으면, 범죄 없고, 형벌도 없다."는 법언으로 표현할 수 있으며, 법률의 내용도 실질적 정의에 합치되어야 함을 강조한다. 법관의 자의적인 판단뿐만 아니라 입법부의 자의로부터 국민의 권리를 보장하는 것을 목적으로 한다. • 현대적 의미 : 오늘날 죄형법정주의는 법률의 내용까지도 정의로워야 한다는 실질적 의미로 이해된다.
기능	국가 형벌권의 확장을 막고 형벌권의 자의적인 행사로부터 국민의 자유와 인권을 보장하기 위한 형법의 최고원리이다.

② 죄형법정주의의 내용

관습형법 금지의 원칙	성문법률주의와 같은 의미로, 법관이 적용할 형벌에 관한 법은 국회에서 제정한 성문의 법률뿐이고 관습법과 같은 불문법에 적용해서는 안 된다는 원칙
명확성의 원칙	법관의 자의적 해석이 적용되지 않도록 형법에 의해 금지하는 행위와 어떤 형벌을 받는지를 구체적으로 명확하게 규정하여 누구나 다 그 내용을 알 수 있어야 한다는 원칙
유추해석 금지의 원칙	형벌과 관련하여 법률에 규정이 없는데도 불구하고 그것과 유사한 성질을 갖는 사항에 적용시켜서는 안 되며 엄격하게 해석하여 해석자인 수사기관, 재판기관이 자의적으로 해석을 하여서는 안 된다는 원칙
형벌불소급의 원칙	형벌 법규는 그 시행 이후에 이루어진 행위에 대해서만 적용되고, 시행 이전의 행위에까지 소급하여 적용할 수 없다는 원칙
적정성의 원칙	범죄행위와 형벌 간에는 적당한 균형이 맞아야 한다는 원칙

(3) 범죄의 의의

① 범죄의 개념 및 성립

㉠ 법에 의하여 보호되는 이익을 침해하고(법익침해성) 사회의 안전과 질서를 문란하게 하는 반사회적 행위로(반사회성) 법에 규정되어 있는 것을 범죄라 하고, 이러한 범죄를 행한 사람을 범죄자라 한다.

㉡ 범죄가 성립하기 위해서는 구성요건 해당성, 위법성, 책임의 요건이 모두 충족되어야 한다.

② 범죄의 성립 요건

㉠ 구성요건 해당성

- 구체적인 행위사실이 추상적인 법조문에 부합하는 성질을 말한다.
- 법률에 정해 놓은 범죄행위의 유형을 범죄의 구성요건이라 하며 범죄가 성립되기 위해서는 어떤 행위가 법률에서 규정하고 있는 구성요건에 해당하여야 한다.

㉡ 위법성

• 의의 : 구성요건에 해당하는 행위가 사회전체의 법질서에 비추어 보았을 때 부정적 행위라고 평가되는 것을 말하며, 위법성 여부를 평가할 때는 구성요건에 해당하는 행위에 정당성이 있었는지를 검토한다. 즉, 위법성 조각사유가 있지 않는 한 구성요건에 해당하는 행위는 정당성이 없는 위법한 행위가 된다.

• 위법성 조각사유

정당행위	• 법령에 의한 행위, 업무로 인한 행위, 기타 사회상규에 위배되지 않는 행위 • 업무로 인한 행위 : 의사의 치료행위, 변호사의 직무행위, 성직자의 직무행위 • 법령에 의한 행위 : 공무원의 직무집행행위(사형집행, 구속 등), 징계행위(학교장의 처벌 등), 일반인의 현행범인 체포, 근로자의 쟁의행위 • 판례는 사회상규에 대해 극히 정상적인 생활형태의 하나로 역사적으로 생성된 사회질서의 범위 안에 있는 의례적 행위라고 판시하였으며 개별적으로 판단함
정당방위	• 자기 또는 타인의 법익에 대한 현재의 부당한 침해를 방지하기 위한 상당한 이유가 있는 행위 • 과잉방위 : 방위행위가 그 정도를 초과한 경우는 정황에 의하여 그 형을 감경 또는 면제하며 이때 야간 기타 불안스러운 상태에서 공포, 경악, 흥분 또는 당황으로 인한 때에는 벌하지 아니함
긴급피난	• 자기 또는 타인의 법익에 대한 현재의 위난을 피하기 위한 행위 • 과잉피난 : 피난행위가 그 정도를 초과한 경우는 정황에 의하여 그 형을 감경 또는 면제하며 이때 야간 기타 불안스러운 상태에서 공포, 경악, 흥분 또는 당황으로 인한 때에는 벌하지 아니함 • 의무의 충돌 : 여러 개의 의무를 동시에 이행할 수 없는 긴급상태에서 그중 한 의무를 이행하고 다른 의무를 불이행한 결과 범죄행위가 되는 경우로 정당한 경우 위법성이 조각됨
자구행위	• 법정절차에 의하여 청구권을 보전하기 불가능한 경우, 상당한 이유가 있는 자력에 의한 권리구제 행위 • 과잉자구행위 : 자구행위가 그 정도를 초과한 경우는 정황에 의하여 그 형을 감경 또는 면제하며 경악, 흥분 등으로 벌하지 않는 경우는 적용되지 않음
피해자의 승낙	• 처분할 수 있는 자의 승낙에 의하여 법익을 훼손한 행위 • 승낙으로 형이 감경되는 경우 : 촉탁 · 승낙살인죄의 감경, 자기소유물 방화죄의 감경 등

㉢ 책임(유책성)

개념	사회규범이 요구하는 방향에 맞게 합법적으로 행동할 수 있었음에도 불구하고 불법을 결의하고 위법하게 행위한 것에 대한 비난가능성
책임주의	책임 없으면 범죄는 성립하지 않고, 형량도 책임의 크기에 따라 결정하여야 한다는 원칙으로, "책임 없으면 형벌 없다."로 표현할 수 있다.
책임능력과 책임조각사유	책임능력이란 행위자가 법의 의미를 이해할 수 있는 판단능력과 이러한 판단에 따라 행동할 수 있는 의지적 능력을 의미한다. 책임을 질 수 없는 사유, 즉 책임조각사유가 있다면 범죄가 성립하지 않거나 형벌을 감경하게 된다.
책임조각 및 감경사유	• 형사미성년자(14세 미만), 심신상실자, 강요된 행위 : 벌하지 않음 • 심신미약자 : 형을 감경할 수 있음 • 청각 및 언어 장애인(농아자) : 형을 감경 • 법률의 착오 : 정당한 이유 있으면 벌하지 않음 • 원인에 있어서 자유로운 행위 : 처벌

(4) 형벌과 보안처분

① 형벌의 의의

㉠ 개념 : 형벌이란 범죄구성 요건을 충족한 자에 대하여 국가가 일정한 절차(형사소송법)에 따라 부과하는 제재를 의미한다.

㉡ 목적 : 범죄자에 대한 응징(일반예방주의) 및 교육(특별예방주의)

② 형법상 형벌의 종류

생명형	사형을 의미하며 범죄자의 생명을 박탈하는 형벌로 사형집행은 교수로서 행한다. 최고로 중한 형이며 그 존폐 여부가 쟁점이 된다.
자유형	신체의 자유를 박탈하는 형벌로 징역, 금고, 구류가 있다. • 징역 또는 금고는 무기 또는 유기로 하고 유기는 1개월 이상 30년 이하로 한다. 단 유기징역 또는 유기금고에 대하여 형을 가중하는 때에는 50년까지로 한다. • 구류는 1일 이상 30일 미만으로 한다. • 징역은 교정시설에 수용하여 집행하며, 정해진 노역(勞役)에 복무하게 한다. • 금고와 구류는 교정시설에 수용하여 집행한다.
재산형	재산의 박탈을 내용으로 하는 형벌로 벌금, 과료, 몰수가 있다. • 벌금은 5만 원 이상으로 한다. 다만, 감경하는 경우에는 5만 원 미만으로 할 수 있다. • 과료는 2천 원 이상 5만 원 미만으로 한다. • 범인 외의 자의 소유에 속하지 아니하거나 범죄 후 범인 외의 자가 사정을 알면서 취득한 다음의 물건은 전부 또는 일부를 몰수할 수 있다. 다음의 물건을 몰수할 수 없을 때에는 그 가액(價額)을 추징한다. – 범죄행위에 제공하였거나 제공하려고 한 물건 – 범죄행위로 인하여 생겼거나 취득한 물건 – 위의 첫 번째 또는 두 번째의 대가로 취득한 물건
명예형	명예 또는 자격을 박탈하는 형벌로 자격상실과 자격정지가 있다. • 사형, 무기징역 또는 무기금고의 판결을 받은 자는 다음에 기재한 자격을 상실한다. – 공무원이 되는 자격 – 공법상의 선거권과 피선거권 – 법률로 요건을 정한 공법상의 업무에 관한 자격 – 법인의 이사, 감사 또는 지배인 기타 법인의 업무에 관한 검사역이나 재산관리인이 되는 자격 • 유기징역 또는 유기금고의 판결을 받은 자는 그 형의 집행이 종료하거나 면제될 때까지 위의 첫 번째부터 세 번째까지 기재된 자격이 정지된다. 다만, 다른 법률에 특별한 규정이 있는 경우에는 그 법률에 따른다.

③ 보안처분 : 범죄인에 대해 형벌을 과하기보다는 재범자가 되는 것을 방지하기 위해 범죄인을 교육하고 개선하며 치료하기 위한 처분

치료감호	심신장애인, 마약 및 알코올 중독자 등을 정신병원 등 일정 시설에 수용하여 이들에게 치료를 위한 조치를 행하는 보안처분
보호관찰	의무사항을 지킬 것을 조건으로 하여 자유로운 생활을 허용하는 대신 보호관찰기관의 지도나 감독을 받도록 함으로써 개선과 사회복귀를 도모하는 보안처분
사회봉사 명령	범인에게 일정 시간 동안 무보수로 사회에 유익한 근로를 하도록 명령하는 것 예 고아원, 노인복지회관 등에서 무보수로 봉사하는 조건으로 형 면제
수강명령	범죄인을 교화시키고 교육시키기 위해 일정한 기관에서 교육을 받도록 명하는 것
소년법상 보호처분	만 10세 이상 19세 미만의 소년이 범죄를 저지른 경우 소년의 건전한 육성을 위하여 보호관찰, 소년원 송치처분을 하는 등 처벌보다는 선도에 초점을 맞추는 것으로, 전과기록을 남기지 않음

더 알아보기

형의 양정(양형)

형법에 규정된 형벌의 종류와 범위 내에서 법관이 선고할 형벌의 종류와 양을 정하는 것으로, 법정형을 검토하고 처단형을 통해 범위를 정하며 선고형으로 구체화된다.

법정형	형법상의 구성요건에 규정되어 있는 형벌, 즉 법전에 규정된 조문
처단형	법정형에 규정된 형벌의 종류가 선택되고 가중이나 감경이 행하여져서 처단의 범위가 구체화된 형
선고형	처단형의 범위가 정해졌기 때문에 범인의 연령, 지능, 피해자와의 관계, 동기, 수단, 범행 후의 정황 등 여러 정상을 참작하여 법관이 선고하는 형

2 형사절차와 인권 보호

(1) 형사소송 개요

① **형사사건과 형사소송법** : 형사사건이란 형법에 규정된 범죄를 적용하고 형벌을 부과하기 위한 사건을 의미하며 이러한 절차를 규율하는 법률이 형사소송법이다.

② **형사소송의 원칙** : 실체적 진실 발견, 공정한 소송절차의 확립, 신속한 재판의 원칙

(2) 형사소송의 절차

① 수사

개념	• 수사 : 수사기관이 형사사건에 관하여 범죄혐의의 유무를 명백히 하여 공소제기 여부를 결정하기 위해 범인을 발견, 확보하고 증거를 수집하는 활동 • 입건 : 수사기관이 스스로 사건을 인지한 후 수사를 개시하는 것	
수사개시 원인	수사기관의 활동	• 현행범 체포 : 범죄 실행 및 실행 직후인 자 • 변사자 검시 : 사망이 범죄로 인한 것인지 여부가 불분명한 시체에 대한 조사 • 불심검문 : 거동이 수상한 자에 대해 질문을 통한 조사 • 기사 : 언론보도를 통한 수사 개시
	타인의 제보, 자수	• 고소 : 피해자 또는 그와 일정한 관계에 있는 고소권자가 범죄 사실을 신고하여 범인의 처벌을 구하는 의사표시를 하는 경우 • 고발 : 누구든지 범죄가 있다고 판단되면 수사기관에 신고할 수 있음 • 자수 : 범인이 자신의 범죄사실을 신고하여 처벌을 희망하는 경우
검찰 송치	경찰에서 검찰로 피의자, 수사 기록 및 증거물을 보내는 것	
수사 종결	검사의 공소제기 또는 불기소 처분에 의해 수사 종결	

② 공소제기(기소)

개념	공소란 형벌부과를 위해 법원의 심판을 요구하는 행위를 의미한다.
공소시효	공소시효란 범죄행위가 종료한 후 공소가 제기되지 않고 일정 기간 경과하면 공소권을 소멸시키는 제도를 말하며 구체적 기간은 다음과 같다. • 사형에 해당하는 범죄 : 25년(사람을 살해한 죄로 사형에 해당하는 범죄는 공소시효가 없다.) • 무기징역 또는 무기금고에 해당하는 범죄 : 15년 • 장기 10년 이상의 징역 또는 금고에 해당하는 범죄 : 10년 • 장기 10년 미만의 징역 또는 금고에 해당하는 범죄 : 7년 • 장기 5년 미만의 징역 또는 금고, 장기 10년 이상의 자격정지 또는 벌금에 해당하는 범죄 : 5년 • 장기 5년 이상의 자격정지에 해당하는 범죄 : 3년 • 장기 5년 미만의 자격정지, 구류 · 과료 또는 몰수에 해당하는 범죄 : 1년
효과	검사의 지배하에서 법원의 관할로 넘어가면 범인은 피의자에서 피고인으로 지위가 변경됨에 따라 방어권자로서 일정한 권리가 부여된다.
불고불리의 원칙	검사의 공소제기가 없다면 법원이 심판할 수 없으며, 공소가 제기되어 심판을 하는 경우에도 검사가 공소제기한 사실에 한정되어야 한다는 원칙

③ 불기소 처분

㉠ 개념 : 검사가 사건을 수사한 결과 재판에 회부하지 않는 것이 상당하다고 판단되는 경우에는 기소를 하지 않고 사건을 종결시키는 것을 말한다.

㉡ 유형

기소유예	죄는 인정되지만 피의자의 연령이나 범행 후의 정황 등을 참작하여 기소를 하지 않는 처분
무혐의 처분	범죄를 인정할만한 증거가 없는 경우 피의자의 무고함을 최종적으로 판단

④ 판결과 형의 집행

㉠ 유죄 판결 : 피고사건에 대하여 범죄의 증명이 있다고 판단되는 경우

실형	법원의 선고를 받아 실제로 집행되는 형벌
집행유예	• 유죄를 인정하여 형을 선고하되 일정한 요건 아래 형의 집행을 유예하고 문제없이 유예기간을 경과한 때에는 형 선고의 효력을 상실시키는 제도 • 3년 이하의 징역 또는 금고 또는 500만 원 이하의 벌금의 형을 선고할 경우여야 하며 정상에 참작할 만한 사유가 있어야 함 • 보호관찰, 사회봉사, 수강명령 부과 가능 • 형 선고의 효력이 상실되기 때문에 형의 집행이 면제됨
선고유예	• 경미한 범죄에 대하여 일정기간 형의 선고를 유예하고 문제없이 기간이 경과하면 면소된 것으로 간주하는 제도 • 1년 이하의 징역이나 금고, 자격정지 또는 벌금의 형을 선고할 경우 • 재범방지를 위해 지도 및 원호가 필요한 때에는 보호관찰을 명할 수 있음 • 형의 선고유예를 받은 날로부터 2년을 경과한 때에는 면소된 것으로 간주

㉡ 무죄 판결 : 피고사건이 범죄를 구성하지 않거나 범죄사실의 증명이 없는 경우

㉢ 상소 : 미확정인 재판에 대하여 상급법원에 불복신청을 하여 구제를 구하는 소송절차로서, 불이익변경 금지의 원칙이 적용

판결	항소	제1심법원의 판결에 대하여 불복이 있는 경우 • 지방법원 단독판사가 선고한 사건 : 지방법원 본원합의부에 항소 • 지방법원 본원합의부가 선고한 사건 : 고등법원에 항소
	상고	제2심판결에 대하여 불복이 있는 경우 대법원에 상고할 수 있으며, 이때 상고는 법령의 해석을 통일하고 오판을 시정하는 데 주목적이 있음
결정 · 명령	항고	결정이나 명령에 대하여 불복이 있는 때 하는 상소
	재항고	항고에 불복하여 제기하는 상소
비약상고		제1심판결에 대하여 항소를 거치지 않고 바로 상고하는 것으로 원심판결이 일정한 사실에 대하여 법령을 적용하지 아니하였거나 법령의 적용에 착오가 있을 때, 원심판결이 있은 후 형의 폐지나 변경 또는 사면이 있는 경우 제기

㉣ 형의 집행과 가석방

형의 집행	선고된 형은 검사의 지휘에 따라 집행
가석방	• 개념 : 자유형을 집행받고 있는 자에게 조건부로 석방하고 문제없이 일정 기간 경과 시 형의 집행을 종료한 것으로 간주하는 것 • 요건 : 징역 또는 금고의 집행 중에 있는 자가 그 행실이 양호하여 개선하려는 노력이 현저한 경우 보안처분 가석방 기간 동안 보호관찰을 받음 • 효과 : 형 집행만 면제하기 때문에 형의 선고나 유죄판결 자체에는 영향이 없음

더 알아보기

특수한 소송절차

약식기소	• 검사가 피의자에 대해 징역형이나 금고형에 처하는 것보다 벌금형에 처함이 상당하다고 생각되는 경우에는 기소와 동시에 법원에 대해 벌금형에 처해 달라는 뜻의 약식명령을 청구할 수 있는데 이를 약식기소라고 한다. • 대상 사건은 벌금 · 과료 또는 몰수형을 내릴 수 있는 사건에 한정된다.
즉결심판	• 관할 경찰서장 또는 해양경찰서장이 경미한 범죄사건을 저지른 피의자에 대해 정식 형사소송절차를 거치지 않고 신속하고 간이하게 법적처분을 내릴 것을 관할법원에 청구하는 약식재판으로, 확정된 때에는 확정판결과 동일한 효력이 있다. • 즉결심판 청구를 요청할 수 있는 경미한 범죄에는 20만 원 이하의 벌금, 구류 또는 과료가 있다. 도로교통법상의 주정차 금지 위반, 예비군 훈련 불참자, 단순도박죄 등에 주로 활용된다.

(3) 국민참여재판과 소년 사건

① 국민참여재판

의의 및 용어의 정의	• 우리나라는 2008.1.1부터 국민의 형사재판 참여에 관한 법률이 제정되어 시행되고 있다. 대상 사건은 특수 공무집행 방해 치사, 뇌물, 특수강도강간, 살인사건 등에 한정한다. • 배심원이란 형사재판에 참여하도록 선정된 사람을 의미하며, 이러한 배심원이 참여하는 재판을 국민참여재판이라 한다.
강제성 및 기속성 여부	• 피고인이 원하지 않을 경우 또는 법원이 배제 결정을 할 경우는 국민참여재판을 하지 않는다. • 배심원의 평결과 의견은 법원을 기속하지 않는다.
절차	배심원 선정 → 배심원대표 선출 → 평의 진행 → 만장일치 평결 확인 → (유 · 무죄 의견이 일치되지 않는 경우) 재판부 의견 청취 → 양형토의 → 판결 선고

② 소년 사건

적용 범위	• 19세 미만자를 소년으로 정의하여 소년이 범죄를 저지른 경우를 규율한다. • 소년은 성인에 비해 심신 성장이 미숙하므로 성인 범죄와 달리 특별히 취급한다.
소년 사건 처리	• 검사는 사건 및 소년에 대한 조사를 하여 가정법원 소년부로 송치하며 선도 조건부 기소유예 처분을 할 수 있다. • 중죄를 지은 경우에는 성인과 마찬가지로 보통의 형사재판을 받게 되나 재판 결과 징역형이 선고되면, 성인들이 수감되는 일반교도소가 아닌 소년교도소에 수감한다. • 중죄를 저지른 경우가 아니라면, 가정법원 소년부에서 보호처분을 내리게 된다. 소년법에 의한 보호처분은 형벌이 아니므로 전과로 남지 않는다.
소년법상 처벌 유형	• 만 10세 미만 : 일체의 처벌(형사처벌, 보호처분) 불가 • 형벌 법령에 저촉되는 행위를 한 만 10세 이상 14세 미만의 소년(촉법소년) : 형사처벌 불가, 보호처분만 가능 • 범죄를 행한 만 14세 이상 19세 미만의 소년(범죄소년) : 형사처벌, 보호처분 가능 • 만 10세 이상 만 19세 미만인 범죄 우려자(우범소년) : 형사처벌 불가, 보호처분만 가능

(4) 형사사건 관련 인권보호제도

① 형사 · 수사절차 단계에서의 인권보호원칙과 제도

적법 절차의 원리	국민의 자유와 권리를 제한할 때에는 적법한 절차와 법률에 근거해야 한다는 원칙으로, 헌법 제12조 제1항에서 "누구든지 법률에 의하지 아니하고는 체포 · 구속 · 압수 · 수색 또는 심문을 받지 아니하며, 법률과 적법한 절차에 의하지 아니하고는 처벌 · 보안 처분 또는 강제 노역을 받지 아니한다."고 규정하고 있다.
무죄 추정의 원칙	형사 피의자와 피고인은 유죄 판결이 확정될 때까지는 무죄로 추정된다는 원칙으로, 유죄의 입증은 수사 기관에서 하며 명확한 증거에 의해서만 유죄 판결을 할 수 있다.
진술 거부권 및 영장 제도	피의자나 피고인은 수사 및 형사재판 절차에서 불리한 진술을 강요당하지 않으며, 체포, 구금, 압수 · 수색을 할 경우 검사의 신청에 의하여 법관이 발부한 영장을 제시해야 한다.
변호인의 조력을 받을 권리	피의자, 피고인의 효율적이고 대등한 방어를 위해 수사 단계에서부터 형사재판 절차에 이르기까지 인정한다. 피의자나 피고인이 스스로 변호인을 구할 수 없는 경우 국가가 국선 변호인을 선임한다.
구속 전 피의자 심문 제도	검사가 구속 영장 발부를 청구한 경우 법관이 피의자를 직접 심문하여 구속 사유가 인정되는지를 판단하는 과정으로 '구속 영장 실질 심사 제도'라고도 한다.
구속 적부 심사 제도	체포 · 구속된 피의자가 체포 또는 구속의 적법성과 필요성을 심사해 줄 것을 법원에 신청하는 제도이다.
보증금 납입 조건부 석방 제도	• 법원은 구속된 피의자에 대하여 구속 적부 심사의 청구가 있는 경우 출석을 보증할 만한 보증금의 납입을 조건으로 피의자의 석방을 명할 수 있다. • 석방 결정을 하는 경우 주거의 제한, 법원 또는 검사가 지정하는 장소에 출석할 의무 기타 적당한 조치를 부가할 수 있다.
판결 전 조사 제도	19세 미만의 소년범의 경우에 적용되는 제도로 법원이 보호관찰이나 사회봉사, 수강을 명령하기 위하여 필요하다고 인정할 때에는 보호관찰관에게 피고인의 범행동기, 직업, 생활환경, 교우관계, 가족상황, 피해회복 여부 등 필요한 사항을 조사해 줄 것을 요청하여 판결에 참작한다.

② 형사 피해자 등의 인권보호제도

범죄 피해자 구조 제도	범죄 행위로 인해 생명 또는 신체의 피해를 당했는데도 가해자로부터 피해의 전부 또는 일부를 보상받지 못하는 경우 국가가 피해자 또는 유족에게 일정 한도의 구조금을 지급하는 제도
형사 보상 제도	피의자로서 미결 구금된 사람이 무죄 취지의 불기소 처분을 받은 경우, 피고인으로서 미결 구금되었던 사람이 무죄 판결이 확정된 경우, 판결이 확정되어 형의 집행을 받거나 받았던 사람이 재심을 통해 무죄 판결이 확정된 경우에 국가가 그로 인한 물질적 · 정신적 피해를 보상하는 제도
명예 회복 제도	무죄 판결 등이 법원에서 확정된 경우, 무죄 재판 사건 등에 대한 재판서를 법무부 홈페이지에 게시해 줄 것을 사건 당사자가 검찰청에 청구할 수 있음
배상 명령 제도	• 형사재판 과정에 민사소송절차를 접목시킨 제도로서 형사사건의 피해자에게 손해가 발생한 경우 법원의 직권 또는 피해자의 신청에 의해 신속하고 간편한 방법으로 피고인에게 민사적 손해배상을 명하는 제도 • 배상명령을 신청할 수 있는 형사사건 : 상해죄, 강도죄, 사기죄 등

더 알아보기

행정구제제도

• 행정구제의 유형

사전적 구제수단	청문, 민원처리, 청원, 입법예고 등
사후적 구제수단	• 행정상 손해전보 : 행정상의 손해배상(국가배상), 행정상의 손실보상 • 행정쟁송 : 행정심판, 행정소송

• 행정상 손해전보

– 국가배상과 손실보상

행정상 손해배상 (국가배상)	• 개념 : 위법한 공무원의 직무집행행위와 공공시설물로 인한 손해 발생 시 국가가 피해자에게 금전으로 배상하는 제도 • 유형 – 공무원의 직무상 불법행위로 손해가 발생한 경우(국가배상법 제2조) – 공공시설물의 설치 또는 관리상의 하자로 손해가 발생한 경우
행정상 손실보상	• 개념 : 국가나 지방자치단체의 적법한 행위로 특정인의 재산권에 희생을 가한 경우 보상을 하는 제도 • 유형 – 재산권에 대한 침해 : 수용, 사용, 제한으로 개인의 사유 재산권에 대한 침해가 있어야 함 – 특별한 희생 : 일반적인 사회적 제약을 넘어 사유재산권에 대한 특별한 희생이 발생해야 함

– 국가배상과 손실보상 비교

구분	국가배상	손실보상
대상	국가의 위법한 행위	국가의 적법한 행위
책임 발생	공무원의 직무상 불법행위, 공공의 영조물의 설치 및 관리상 하자	공공의 필요에 의한 사유 재산권의 특별한 희생
손해	재산상+정신상의 손해	재산상 손실

• 행정쟁송

– 행정심판과 행정소송

행정심판	• 개념 : 행정작용으로 인한 분쟁 발생 시 행정기관이 해당 분쟁을 조사하고 조치를 취하기 위한 결정을 내리는 구제 방법 • 행정심판의 종류 : 취소심판, 무효등확인심판, 의무이행심판 • 재결의 종류 : 각하재결, 기각재결, 인용재결, 사정재결
행정소송	• 개념 : 행정작용 또는 행정법 적용과 관련하여 위법하게 권리가 침해된 경우 법원이 심리, 판단하여 구제하는 제도 • 행정소송의 종류 – 주관적 소송 : 항고소송(취소소송, 무효등확인소송, 부작위위법확인소송), 당사자소송 – 객관적 소송 : 민중소송, 기관소송 • 판결의 종류 : 각하판결, 기각판결, 인용판결, 사정판결

– 행정심판과 행정소송 비교

구분	행정심판	행정소송
대상	위법행위, 부당행위	위법행위
판정기관	행정기관	법원
심리방법 (절차)	서면심리, 구두변론 병행	구두변론주의
적용법률	행정심판법	행정소송법

3 근로자의 권리 보호

(1) 사회법의 의의

① 개념 및 등장 배경

㉠ 사회법이란 사법 영역에 국가가 개입하여 공법적 규제를 가할 수 있도록 제정된 법으로, 공법과 사법의 중간 영역 또는 제3의 법 영역으로 이해된다.

㉡ 근대 자본주의 발달 과정에서 나타난 빈부격차 현상, 노사 간 대립, 독점기업의 폐단 등을 해결하기 위해 사회법이 대두되었다.

② 노동법

㉠ 의의 : 노동자의 생존권 확보와 사회적 지위 향상을 도모하고, 사용자와 노동자 간 대립과 이해관계를 조정하는 법

㉡ 관련 법규 : 근로의 권리와 근로 3권을 규정한 헌법, 근로기준법, 노동조합 및 노동관계조정법

더 알아보기

사회보장법

- 의의 : 모든 국민의 인간다운 생활이 가능하도록 사회복지제도를 확립하고 운영하기 위하여 마련된 법
- 관련 법규 : 사회보장기본법, 국민연금법, 국민건강보험법, 국민기초생활 보장법 등

사회보험 제도	• 국민의 질병이나 재해, 실업, 노력 등 사회적 위험에 대비한 보험 제도 • 국민연금법, 국민건강보험법, 고용보험법, 산업재해보상보험법 등
공공부조 제도	• 생활이 어려운 사람에게 국가가 최저 생활을 보장하고 자립을 지원하는 제도 • 국민기초생활보장법, 기초연금법 등
사회서비스 제도	• 고령자, 장애인 등에게 상담, 재활, 시설 이동 등 공공서비스를 지원하는 제도 • 장애인복지법, 노인복지법 등

(2) 근로자의 권리와 권리 보호

① **근로기본권** : 근로기본권이란 근로자의 개별적 보호차원인 근로의 권리(근로권)와 집단적 활동의 보장을 위한 노동 3권(근로 3권)을 포괄하는 개념으로 1919년 독일의 바이마르 헌법을 효시로 하고 있다.

㉠ 노동권 보호 규정

해고의 제한	근로기준법에 따라 사용자는 근로자에게 정당한 이유 없이 해고, 휴직, 정직, 전직, 감봉, 그 밖의 징벌 등 부당해고를 할 수 없다.
적정임금 및 최저 임금 보장	근로자는 인간으로서의 존엄성을 실현할 수 있는 건강하고 문화적 생활을 영위하는 데 필요한 임금수준을 보장받을 수 있다. 또한 국가는 임금의 최저한도를 정하고 그 이상의 임금을 받을 수 있도록 강제하는 최저임금 제도를 시행하고 있다.
근로기준 법정주의	근로기준은 인간의 존엄성을 보장하도록 법률로 정해야 한다.

㉡ 노동 3권과 쟁의행위

노동 3권	단결권	근로자들이 주체가 되어 단체를 조직하고 가입하며 노동조합을 설립할 수 있는 권리를 포함한다.
	단체교섭권	근로자가 단결권을 기초로 결성한 단체가 사용자 또는 사용자 단체와 자주적으로 교섭하는 권리로 노동조합과 사용자단체가 임금, 근로시간 등 근로조건에 관한 협약의 체결을 위하여 대표자를 통해 집단적으로 합의점을 찾아가는 절차를 말한다.
	단체행동권	단체교섭 등 근로 조건에 관한 근로자 측의 요구와 주장이 제대로 관철되지 못한 경우(노동쟁의가 발생한 경우) 쟁의행위(집단행위)를 할 수 있는 권리이다.
쟁의행위		근로자의 쟁의행위는 헌법에서 보호하는 것이 기본이나 사용자의 쟁의행위는 법률 규정에 따라 방어적인 차원에서 대항행위만 가능하도록 하고 있다.

② 근로자의 권리 보호

근로계약 체결	근로기준법에 따라 임금, 근로 시간, 휴일, 휴가, 업무에 관한 사항은 서면으로 작성하며, 근로계약 사항이 근로기준법에 위배되면 해당 부분은 무효이다.

③ 근로자의 권리 침해 및 구제 절차

㉠ 근로자의 권리 침해

부당해고	정당한 해고 요건 중 하나라도 누락되는 경우 성립하며, 요건은 다음과 같다. • 정당한 사유가 있고, 불가피한 경우에 한함 • 합리적이고 공정한 기준으로 해고 대상자 선정 • 해고의 사유와 그 시기는 반드시 서면으로 통지
부당노동행위	근로자의 노동 3권을 침해하는 사용자의 행위

㉡ 근로자의 권리 침해 시 구제 절차

구제 절차	• 사용자가 근로자에게 부당노동행위 또는 부당해고 등을 하면 근로자는 지방노동위원회에 구제를 신청할 수 있다. • 지방노동위원회의 구제명령이나 기각결정에 불복하는 사용자나 근로자는 구제명령서나 기각결정서를 통지받은 날부터 10일 이내에 중앙노동위원회에 재심을 신청할 수 있다. • 중앙노동위원회의 재심판정에 대하여 사용자나 근로자는 재심판정서를 송달받은 날부터 15일 이내에 행정소송법의 규정에 따라 소송을 제기할 수 있다. • 구제명령서나 기각결정서를 통지받은 날부터 10일 이내에 재심을 신청하지 아니하거나 재심판정서를 송달받은 날부터 15일 이내에 행정소송을 제기하지 아니하면 그 구제명령, 기각결정 또는 재심판정은 확정된다. • 부당해고의 경우 민사소송인 해고 무효확인소송을 통해서도 다툴 수 있다.

(3) 청소년의 근로 보호(근로기준법)

최저 고용 연령	• 15세 미만인 자(중학교에 재학 중인 18세 미만인 자 포함)는 원칙적으로 근로자로 사용하지 못한다. • 다만, 대통령령으로 정하는 기준에 따라 고용노동부장관이 발급한 취직인허증(就職認許證)을 지닌 자는 근로자로 사용할 수 있다.
근로계약 체결권, 임금 청구권	15세가 넘어 정상적인 노동을 할 수 있는 연령이 된 경우에도 자신의 의사와 관계없이 강제노동을 당할 위험이 있다. 타인의 대리계약체결, 임금강취를 막기 위해 미성년자가 법정대리인의 동의하에 직접 근로계약을 체결하고 임금도 받을 수 있도록 하고 있다.
유해노동 사용 금지	18세 미만의 자는 도덕상 또는 보건상 유해, 위험한 노동을 시킬 수 없다.
근로시간 제한	15세 이상 18세 미만인 자의 근로시간은 1일에 7시간, 1주에 35시간을 초과하지 못한다. 다만, 당사자 사이의 합의에 따라 1일에 1시간, 1주에 5시간을 한도로 연장할 수 있다.

더 알아보기

경제질서 유지와 소비자 보호

• 경제질서 유지를 위한 법과 제도

독점규제 및 공정거래에 관한 법률	대량생산에 따른 기업 간의 경쟁우위 확보를 위해 허위 · 과장광고, 부정 · 불량 상품의 증가로 소비자 보호의 필요성이 대두되었다. 이에 따라 기업 간 공정하고 자유로운 경쟁을 촉진하고 소비자를 보호하기 위하여 제정되었다.
공정거래위원회	국무총리 소속의 중앙행정기관으로 독점 및 불공정거래에 관한 사항을 심의 · 의결하기 위해 설립되었다. 독과점 구조의 개선, 경제력 집중 억제, 불공정거래행위 금지 등을 주요 업무로 한다.

• 소비자의 권리

소비자기본법 제4조	• 물품 또는 용역으로 인한 생명 · 신체 또는 재산에 대한 위해로부터 보호받을 권리 • 물품 또는 용역을 선택함에 있어서 필요한 지식 및 정보를 제공받을 권리 • 물품 또는 용역을 사용함에 있어서 거래상대방 · 구입장소 · 가격 및 거래조건 등을 자유로이 선택할 권리 • 소비생활에 영향을 주는 국가 및 지방자치단체의 정책과 사업자의 사업활동 등에 대하여 의견을 반영시킬 권리 • 물품 또는 용역의 사용으로 인하여 입은 피해에 대하여 신속 · 공정한 절차에 따라 적절한 보상을 받을 권리 • 합리적인 소비생활을 위하여 필요한 교육을 받을 권리 • 소비자 스스로의 권익을 증진하기 위하여 단체를 조직하고 이를 통하여 활동할 수 있는 권리 • 안전하고 쾌적한 소비생활 환경에서 소비할 권리
권리 보호를 위한 제도	청약철회, 제조물 책임, 한국소비자원

• 소비자 피해구제 절차

보상 요구	• 해당 사업자에 대한 보상을 요구하여 자율적 합의로 해결 도모 • 소비자분쟁해결기준 활용 가능
구제 의뢰	• 한국소비자원에 피해 구제를 의뢰하여 합의 도출 • 미합의 시 소비자분쟁조정위원회에 조정 신청
조정	• 소비자분쟁조정위원회의 조정 성립 시 재판상 화해와 동일한 효력 • 조정이 성립되지 않을 경우 민사소송 제기 가능
민사소송	• 법원의 판결을 통한 강제적 해결 • 다른 절차를 거치지 않고도 바로 제기 가능

06 국제 관계와 한반도

1 국제관계와 한반도

(1) 국제관계의 의의

① 국제관계의 특징

㉠ 개별 주권 국가들의 영향력 행사 : 국제관계는 여러 주권을 가진 국가들이 상호 교류와 협력, 또는 대립하기 때문에 명령과 통제를 하는 왕과 같은 존재가 없다.

㉡ 통일된 권력기관의 부재 : 통일된 입법기관, 집행기관, 사법기관이 없어 국내 사건처럼 엄격한 법률 및 강제력에 근거한 해결이 불가능한 경우가 많다. 따라서 정치적 영향력과 힘의 논리에 의해 지배된다.

② 국제관계를 바라보는 관점

구분	자유주의(이상주의)	현실주의
사상적 배경	계몽주의	홉스의 인간관
전제	국제관계는 윤리와 도덕규범에 따라 상호의존하고 공존	국제관계는 힘의 논리에 따라 결정
문제 해결	국제법, 국제기구, 국제 여론 등	군사력, 경제력 등
평화유지 및 안보	집단 안보 체제 : 국가의 안전을 군비증강이나 동맹에서 구하지 않고, 국제사회의 다수 국가가 연대·상호의존하는 체제	군사 동맹을 통한 세력 균형 : 국가 간 세력 균형을 유지함으로써 국가 이익을 추구하려는 원리
한계	국제관계에 실재하는 힘의 논리 및 자국의 이익을 우선시하는 현실을 간과	복잡한 국제관계를 정치적 권력관계로 한정하며 국제사회의 상호의존성 경시

(2) 국제관계의 형성과정

① **베스트팔렌 조약과 국제사회의 형성** : 독일의 30년 종교전쟁을 끝마치기 위해 1648년 베스트팔렌 조약이 체결되면서 주권 국가를 단위로 하는 근대 유럽의 정치구조 형성

② **제국주의와 제1차 세계대전**

㉠ 19세기 서양 열강들의 식민지 확보를 위한 침략전쟁 전개로 1914년 제1차 세계대전 발발

㉡ 1919년 제1차 세계대전의 사후처리를 위하여 파리강화회의가 개최되었으며, 윌슨이 민족자결주의 원칙을 포함한 14개조의 평화원칙 제창

㉢ 국제 평화와 안전을 유지하고 경제적 · 사회적 국제협력을 증진시킨다는 목적으로 국제연맹을 창설하였으나 실효를 거두지 못함

③ **전체주의와 제2차 세계대전**

㉠ 전체주의가 등장하면서 1939년 독일의 폴란드 침공, 1941년 태평양 전쟁 등을 거쳐 세계적 규모로 확대된 제2차 세계대전은 1945년 8월 일본의 항복으로 종결

㉡ 1945년 10월 국제연합 헌장이 발효됨으로써 국제연합(UN)이 창설

④ **양극체제**

㉠ 미국 중심의 자유주의 진영과 소련 중심의 공산주의 진영으로 나뉜 냉전체제 성립

㉡ 미국은 트루먼독트린, 마셜계획, 북대서양조약기구(NATO) 설립 등을 통해 봉쇄정책을 추진하였으며, 소련은 바르샤바 조약기구 설립함으로써 이에 대항

⑤ **탈냉전**

㉠ 1969년 닉슨 독트린과, 1972년 닉슨 대통령의 모스크바 · 베이징 방문으로 데탕트의 시기 도래

㉡ 1979년 소련의 아프가니스탄 침공으로 데탕트가 와해되고 1980년대 중반까지 신냉전 구도의 형성

㉢ 소련의 개혁과 개방 : 1985년 고르바초프의 개혁(페레스트로이카; Perestroika), 개방(글라스노스트; Glasnost) 정책 및 1989년 몰타 선언으로 냉전체제를 종식

㉣ 소련의 해체 : 1990년 동 · 서독의 통일 및 1991년 소비에트 연방이 해체되면서 다극체제 성립

⑥ **다극체제** : 유럽연합과 일본, 중국의 경제 대국화 및 제3세계의 꾸준한 성장이 가속화되고 있으며, 이념대결 종식으로 자국의 경제적 실리에 초점을 둔 국제관계 일반화

(3) 국제법의 의미와 종류

① 개념 : 국제법이라는 단일의 법은 없으며 다양한 국제사회 행위주체들의 관계를 규율하고 국제질서를 유지하는 규범이나 원칙을 통틀어 국제법이라 한다.

② 국제법의 종류(법원)

조약	• 개념 : 국가 상호 간, 국제기구와 국가 간, 국제기구 상호 간에 체결하는 법적 구속력을 지닌 문서 형식의 합의 또는 약정 • 조약체결권자 : 대통령 • 대통령의 조약체결권에 대한 제한 : 헌법 제60조 제1항에서 열거한 조약(상호원조 또는 안전보장에 관한 조약, 중요한 국제조직에 관한 조약, 우호통상항해조약, 주권에 제약에 관한 조약, 강화조약, 국가나 국민에게 중대한 재정적 부담을 지우는 조약 또는 입법사항에 관한 조약)의 경우는 국회의 동의를 받아야 한다. • 주요 조약 : 한 · 미상호방위조약, 교토의정서, 생물다양성협약
국제관습법	• 개념 : 국제사회의 반복적 관행이 국제사회에서 묵시적으로 승인되어 법적 효력을 지니게 된 규범 • 효력 : 별도의 체결 절차 없이도 국제사회 모든 국가에 법적 구속력이 발생 • 사례 : 국내문제 불간섭, 외교관의 면책특권, 전쟁포로의 인도적 대우, 민족자결주의 등
법의 일반원칙	• 개념 : 문명국들이 공통으로 승인하여 국내법에서 수용하고 있는 법의 보편적인 원칙 • 효력 : 국제 분쟁 해결 시 관련 법규가 없거나 법규 내용이 명확하지 않을 경우 재판의 준거로 활용 • 사례 : 신의성실의 원칙, 권리남용금지의 원칙, 손해배상책임의 원칙 등

③ 국제법과 국내법의 비교

구분	국제법	국내법
제정 주체	당사국 간의 합의 또는 승인에 의해 제정	권위를 가진 입법부에 의해 제정
적용	다수 국가 사이에 적용되며 국가 상호 관계 또는 국제기구 등을 규율	한 나라의 주권이 미치는 범위 안에서 적용
효력	중앙 정부가 없으므로 강제 집행 곤란, 구속력이 약하고 위반 시 제재에 한계	원칙적으로 국가 내의 모든 국민에게 효력을 미치며 구속력이 강하고 위반 시 제재 가능
국내법과 국제법의 관계	**헌법 제6조 제1항** 헌법에 의하여 체결 · 공포된 조약과 일반적으로 승인된 국제법규는 국내법과 같은 효력을 가진다.	

(4) 국제관계의 행위주체

① 국제사회에서는 국가뿐 아니라 NGO와 같은 초국가적 행위체 및 개인도 행위주체가 된다.

② 국제레짐(International Regime) : 스태픈 크래스너(S. Krasner)는 무정부적인 국제사회에서 국제질서 유지를 위해 국제협력을 추구하는 제도적 틀로서, 합의된 묵시적 또는 명시적 원칙, 규범, 규칙, 정책 결정절차를 포괄하는 개념인 국제레짐을 제시하였다.

2 국제문제와 국제기구

(1) 국제문제

① 국제문제의 개념 및 특징

문제의 양상	• 평화와 안보 위협 : 전쟁, 테러 증가 • 경제문제 : 빈곤문제(국가 간 · 민족 간 경제적 격차 심화), 자원문제 • 환경문제 : 지구온난화, 오존층 파괴 등 환경 파괴 확산 • 기타 : 난민문제, 인권문제 등
발생원인	• 민족 · 인종 · 종교 간의 이해관계 및 신념의 차이가 분쟁 유발 • 지하자원을 둘러싼 국가 간의 갈등, 영토와 관련된 분쟁 등 국가 이익을 둘러싸고 대립 유발
특징	• 국경을 초월하여 발생 • 포괄적인 다수에게 무차별적이고 지속적으로 영향 • 문제 발생의 주체가 모호하고 적절한 보상의 어려움 • 다자 간 공조 · 협력의 필요성

② 해결 방식

외교적 해결	• 분쟁 당사국 간 자율적 해결을 도모하는 것으로, 원칙이나 절차에 합의하고 협상을 진행한다. • 분쟁의 원만한 해결에 도달할 수 있으며 향후 발생할 분쟁의 사전예방 차원에서도 활용한다. • 종교 간 갈등 등 첨예한 대립 상황에서는 해결이 곤란하다는 한계가 있다.
법적 해결	• 국제사법재판소와 같은 국제사법기관에 제소하여 국제법에 따라 해결하는 방법이다. • 공정하고 객관적인 해결안을 도출할 수 있으나 재판 기간이 오래 걸리고, 당사국의 판결 불복 시 제재를 하기 어렵다.
조정	• 독립된 제3자가 분쟁 당사국 간 주장의 조화를 도모하여 국가 간의 분쟁을 해결하는 대안적 해결 방식이다. • 기존 해결 방식에 비해 신속하게 분쟁을 해결할 수 있으나 권고적 성격에 그치므로 구속력에 한계가 있다.

(2) 국제기구

① 국제기구의 유형

지리적 범위	일반적 국제기구	• 세계 여러 나라 포함 • 국제연합, 국제연합 교육과학문화기구(UNESCO), 국제노동기구(ILO) 등
	지역적 국제기구	• 지역적으로 한정 • 북대서양조약기구(NATO), 미주기구(OAS), 유럽연합(EU), 아시아개발은행(ADB) 등
목적 · 임무	종합적 국제기구	국제연합, 미주기구, 아랍연맹, 아프리카통일기구(OAU) 등
	전문적 국제기구	국제연합 교육과학문화기구, 국제노동기구 등

② 국제연합(UN)

㉠ 설립 배경 및 설립 목적

설립 배경	제2차 세계대전 이후 실질적 권한을 갖는 국제기구의 필요성 대두
설립 목적	• 세계적 범위의 항구적 평화 유지 • 국가 간 갈등의 중재 · 조정 및 국가 간 우호와 협력 증진

㉡ 주요 기관

총회	• 모든 회원국이 참여하여 결정하는 최고 의결 기관 • 기능 : 국제협력 기능, 평화유지 기능 등 • 표결 : 1국 1표 원칙 적용
안전보장이사회	• 국제 평화와 안전 유지 목적 • 기능 : 국제 분쟁 조정의 절차 · 방법 권고, 침략국에 대한 외교 · 경제적 제재 및 군사적 개입 • 5개의 상임이사국(미국, 영국, 프랑스, 러시아, 중국)과 10개의 비상임이사국으로 구성
국제사법재판소	• 국제법을 적용하여 국가 간 분쟁을 해결 • 총회와 안전보장이사회에서 선출된 각기 다른 국적의 15명의 판사로 구성 • 원칙적으로 분쟁을 제소하려면 당사국 간 합의가 있어야 가능

㉢ 한계

- 안전보장이사회 상임이사국의 거부권 행사 남용으로 위기 상황에 대한 적절한 대처가 어려움
- 회원국들의 분담금 미납에 따른 재정적 어려움
- 중요한 국제 문제가 강대국의 영향력에 영향을 받음

3 우리나라의 국제관계

(1) 우리나라의 국제문제

안보	북한과의 관계에 따른 한반도 긴장 관계
역사갈등	일본의 역사 왜곡 및 위안부 문제, 중국과의 동북공정
경제	무역경쟁

(2) 우리나라의 외교정책

안보외교	국가 안보 확보 및 평화통일의 기반 조성을 위한 국제사회의 협력
경제외교	자본 · 기술의 확보 및 통상 증대, 해외 시장 개척
문화외교	우리 문화의 세계화를 위한 노력 및 다른 나라의 문화 이해 증진
기타	자주적 외교, 세계화 외교

THEME 02 경제

01 경제생활과 경제 문제

1 경제생활과 합리적 선택

(1) 경제생활

생활에 필요한 재화나 서비스를 획득하여 욕구를 충족하는 모든 과정

(2) 경제활동

① 생산 : 생산요소를 구입 · 결합하여 생활에 필요한 재화나 서비스를 새롭게 창출해 내거나, 기존의 가치를 증대시키는 행위(부가가치 창출)

② 분배 : 생산 활동에 참여하여 생산요소(예 노동력, 자본 등)를 제공하고, 그 제공에 대한 대가를 받는 것(예 임금, 이자, 지대 등)

③ 소비

㉠ 소비 : 생산에 대한 대가로 분배받은 소득으로 재화나 서비스를 구입해서 사용하거나 소모하는 것

㉡ 저축 : 분배된 소득 중 소비되지 않은 것

㉢ 소득 : 소비+저축

㉣ 효용 : 재화나 서비스를 이용을 통한 만족감(소비의 이유)

(3) 경제 문제

① 발생원인 : 자원의 희소성으로 인해 경제주체는 합리적인 선택을 해야 함

② 경제의 근본문제

㉠ 무엇을, 얼마나 생산할 것인가

㉡ 어떻게 생산할 것인가

㉢ 생산물을 누구에게 분배할 것인가

③ 자유재와 경제재

㉠ 자유재 : 희소성과 무관한 재화로 경제적 가치가 없는 재화 예 공기

㉡ 경제재 : 희소성이 있는 재화로 경제적 가치가 있는 재화

2 경제문제의 해결 방식

(1) 경제체제의 분류

① 경제 운용 방식에 따른 분류
- ㉠ 시장경제체제 : 경제문제를 시장의 조절기능에 의해 해결
- ㉡ 계획경제체제 : 경제문제를 국가의 계획에 의해 결정

② 생산수단 소유형태에 따른 분류
- ㉠ 자본주의체제 : 생산수단의 사적 소유 인정
- ㉡ 사회주의체제 : 생산수단의 공유

(2) 시장경제체제

① 발생 배경 : 시민사회 형성과 산업혁명

② 사상적 기초 : 애덤 스미스(A. Smith)의 보이지 않는 손

③ 특징 : 사적 재산권과 이윤추구 활동 보장

④ 문제점 : 물질만능주의, 빈부격차

(3) 계획경제체제

① 발생 배경 : 자본주의 사회가 확산된 후 독점 자본과 빈부 격차 등의 문제점 인식

② 사상적 기초 : 마르크스(K. Marx)의 자본론

③ 특징
- ㉠ 인간의 불평등의 근원을 사유재산의 허용에 있다고 보고 사유재산을 원칙적으로 부정함
- ㉡ 생산 수단을 공유함
- ㉢ 정부에서 자원을 배분하고 가격을 결정함

④ 문제점
- ㉠ 정부가 민간기업의 역할까지 수행함으로써 비능률과 불합리성이 심화됨
- ㉡ 개인의 근로의욕이 저하됨

(4) 혼합경제체제

① 발생 배경 : 시장실패로 인한 세계 대공황

② 사상적 기초 : 케인즈의 수정자본주의

③ 특징 : 시장 만능주의 사상을 깨고 시장에 정부가 개입

(5) 경제문제의 합리적 해결

① 편익
- ㉠ 개념 : 경제 활동으로부터 얻게 되는 포괄적 이득
- ㉡ 소비자 편익 : 소비자가 특정 재화를 소비함으로써 얻는 만족감

② 기회비용
- ㉠ 개념 : 어떤 선택으로 포기한 다른 선택 또는 기회의 가치
- ㉡ 중요성 : 선택의 가치(편익)가 기회비용보다 크면 합리적인 선택

㉢ 유형

• 명시적 비용 : 현금처럼 명시적인 비용

• 묵시적 비용 : 선택하지 않고 포기한 다른 기회의 잠재적 비용

③ 매몰비용 : 지출 후 회수가 불가능한 비용

3 경제 주체의 역할

(1) 다양한 경제 주체

① 가계 : 동일한 소득을 같이 사용하는 경제 집단으로 소비의 주체

② 기업 : 사람들이 필요로 하는 재화와 서비스를 생산하는 주체

③ 정부 : 시장 경제 질서를 유지하는 역할을 하며 개인과 기업으로부터 세금을 거두어 재정활동을 하는 주체

④ 외국 : 개방경제체제에서의 경제 주체

더 알아보기

경기 주체 체계도

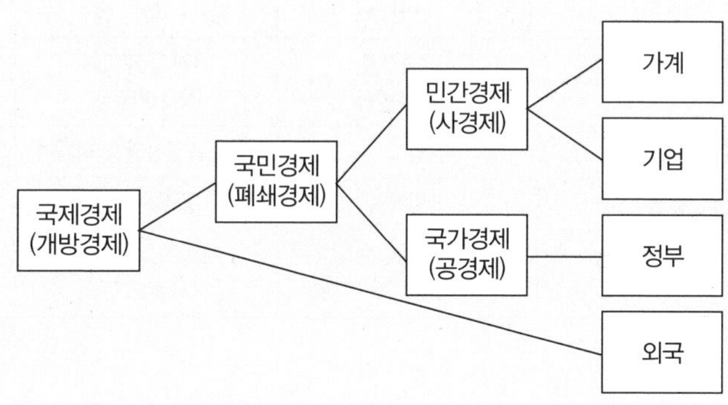

(2) 민간경제의 순환 모형

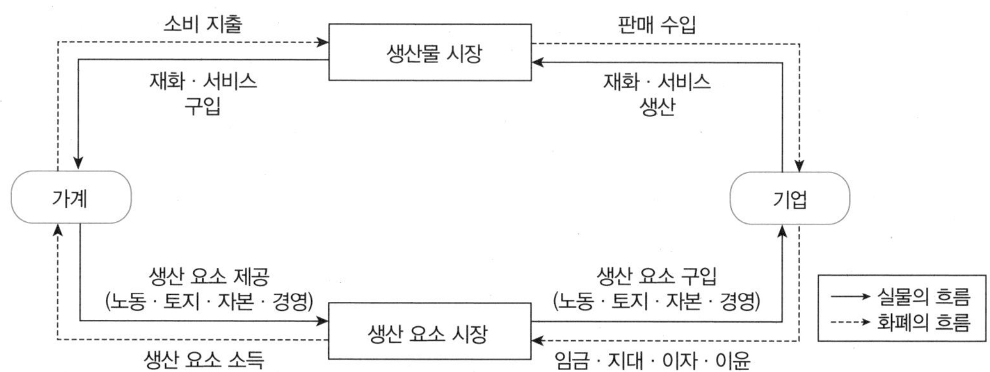

02 시장과 경제활동

1 시장의 수요와 공급

(1) 시장

① 개념 : 구매자와 판매자 사이에 상품과 관련된 정보가 교환되고 협상이 이루어지는 곳

② 시장의 기능

㉠ 거래비용의 감소 : 거래할 상대방 · 거래조건을 찾는 데 필요한 시간 · 비용 등을 절약할 수 있어 거래비용이 감소

㉡ 자원의 효율적 배분 : 필요한 물품을 적시에 공급할 수 있어 자원의 효율적 배분이 가능

㉢ 교환과 특화 : 자유로운 교환을 통해 필요한 물품을 얻을 수 있고, 특정 물품만을 전문적으로 생산할 수 있게 되어 분업과 특화를 촉진(생산성 향상)

(2) 시장의 형태

구분	완전경쟁시장	독점시장	과점시장	독점적 경쟁시장
공급자	다수	1인	소수	다수
특징	가격순응자	가격설정자, 가격차별화	가격의 경직과 상호의존성	상품차별화, 비가격경쟁
판매방법	시장판매, 경쟁	광고	광고, 품질경쟁, 관리가격	상품의 질을 다르게 함
생산물의 질	동질	단일상품	동질 · 이질	이질
대표적 산업	농산물시장, 증권시장 등	홍삼, 전기, 수도, 도로 등	자동차, 통신사, 시멘트 등	미용실, 식당 등

(3) 수요

① **수요법칙** : 상품의 가격이 상승하면 수요량은 감소하고 상품의 가격이 하락하면 수요량이 증가하는 현상, 즉 다른 요인들이 불변일 때 특정 상품의 가격과 그 재화의 수요는 반비례의 관계가 존재

② **수요량 · 수요의 변화**

㉠ 수요량의 변화 : 수요의 결정요인들 중에서 어떤 재화의 가격만이 변하여 수요가 변하는 것(동일한 수요곡선상에서의 수요량의 변화)

㉡ 수요의 변화 : 수요의 결정요인들 중에서 어떤 재화의 가격 이외의 다른 요인이 변하면 모든 가격 수준에서 그 재화의 수요량이 변하게 되는 것(수요곡선 자체가 이동)

더 알아보기

재화의 종류

대체재	어떤 재화에 대한 수요가 다른 재화의 가격상승에 따라 증가하는 경우 예 쌀과 보리, 커피와 홍차 등
보완재	어떤 재화에 대한 수요가 다른 재화의 가격상승에 따라 감소하는 경우 예 설탕과 커피 등
독립재	어떤 재화에 대한 수요가 다른 재화의 가격변화에 크게 영향 받지 않는 경우 예 쌀과 신발 등

(4) 공급

① **공급법칙** : 상품의 가격이 상승하면 공급량은 증가하고 상품의 가격이 하락하면 공급량이 감소하는 현상, 즉 다른 요인들이 불변일 때 특정 재화의 가격과 공급 간에 비례의 관계가 존재

더 알아보기

공급법칙의 예외
- 매석 : 앞으로 가격이 더욱 상승하리라는 예상이 있을 때는 팔기를 꺼려 공급량이 줄어드는 것
- 희귀품 · 특수자원 : 가격의 등락과 관계 없이 공급곡선이 수직에 가까워짐
- 노동의 공급곡선 : 노동자의 임금이 인상되어 생활이 넉넉해지면 임금이 상승해도 노동공급량은 감소

② 공급량 · 공급의 변화

㉠ 공급량의 변화 : 다른 모든 요인들이 불변일 때 그 재화의 가격만 변하여 공급량이 변화하는 것(동일한 공급곡선상에서의 공급량의 변화)

㉡ 공급의 변화 : 특정 재화의 가격 이외의 요인들 중 어떤 하나가 변하면 그 재화의 모든 가격 수준에서 재화의 공급량이 변하게 되는 것(공급곡선 자체가 이동)

2 시장균형과 자원 배분의 효율성

(1) 시장가격의 결정과 변동

① **시장균형** : 시장에서 수요와 공급이 일치하는 때, 즉 수요곡선과 공급곡선이 만나는 경우를 균형 상태라고 한다. 시장균형상태에서의 가격을 균형가격이라 하며 이때의 거래량을 균형거래량이라 한다.

② 시장균형의 원리와 과정

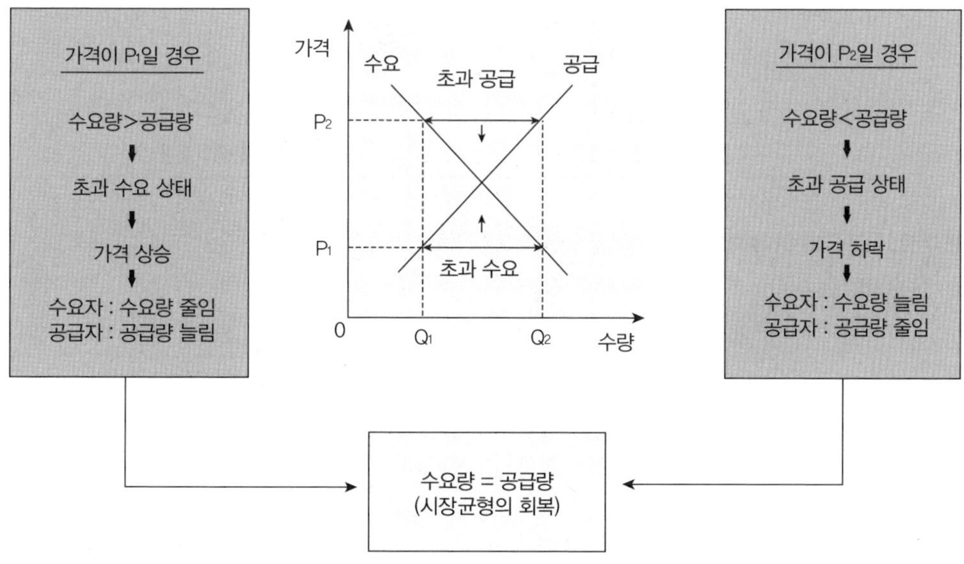

③ 수요와 공급의 변동

시장균형의 변동	균형가격	균형거래량
수요 증가, 공급 증가	불분명	증가
수요 증가, 공급 감소	상승	불분명
수요 감소, 공급 증가	하락	불분명
수요 감소, 공급 감소	불분명	감소

변동	결과	변동	결과
수요 증가 & 공급 증가	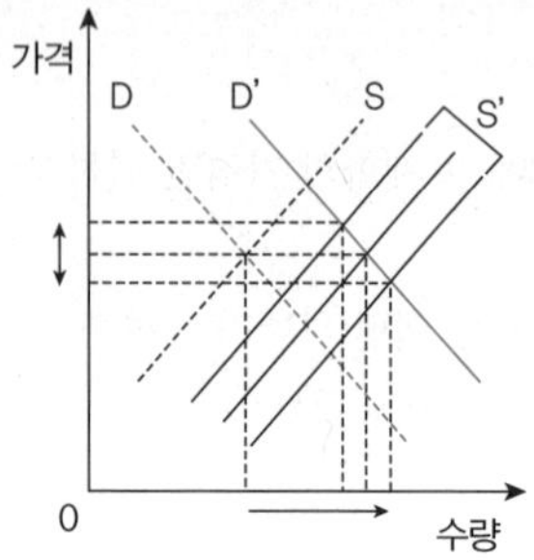 • 균형가격 불분명 • 균형거래량 증가	수요 증가 & 공급 감소	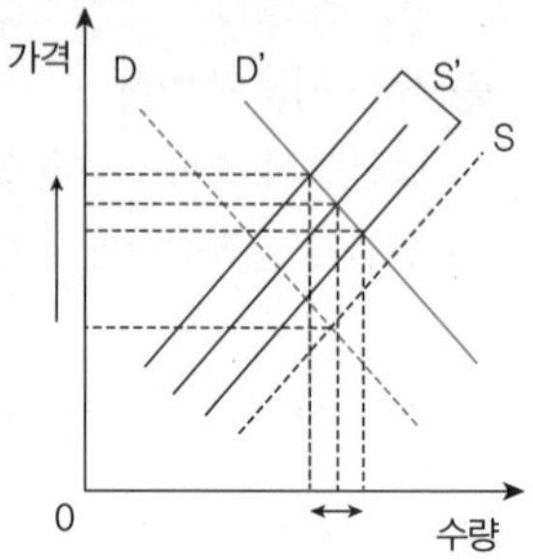 • 균형가격 상승 • 균형거래량 불분명
수요 감소 & 공급 증가	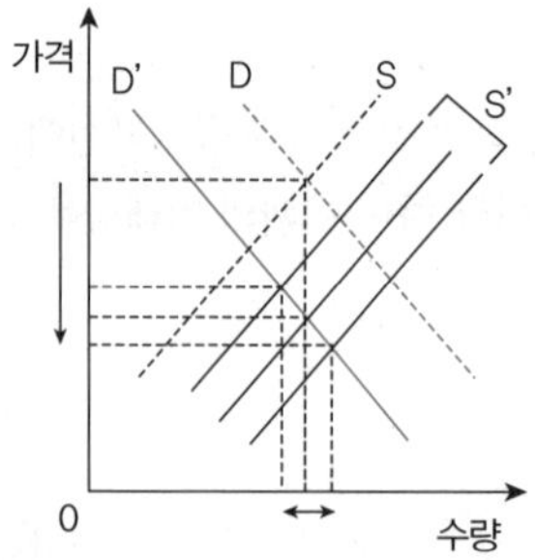 • 균형가격 하락 • 균형거래량 불분명	수요 감소 & 공급 감소	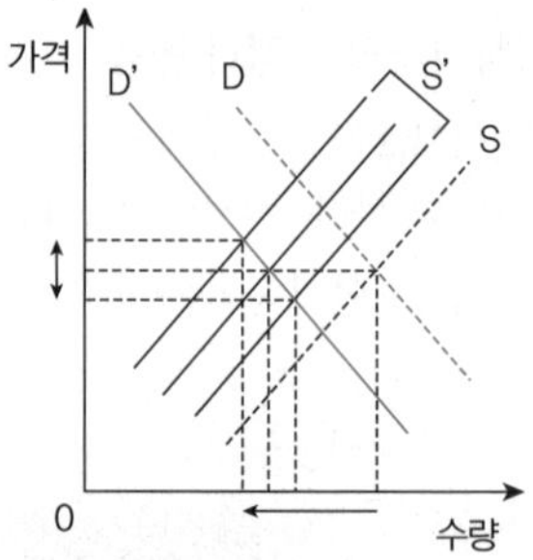 • 균형가격 불분명 • 균형거래량 감소

(2) 수요와 공급의 탄력성

① 수요의 탄력성

㉠ 수요의 가격탄력성 : 가격 변화의 정도에 대응하는 수요량 변화의 정도를 나타내는 척도

$$e_p = \frac{\text{수요량의 변동률}}{\text{가격의 변동률}} = \frac{\text{수요량의 변동분}(\Delta D)}{\text{원래의 수요량}(D)} \div \frac{\text{가격의 변동분}(\Delta P)}{\text{원래의 가격}(P)}$$

㉡ 경제적 효과
- e = 0(완전비탄력적) : 토지, 희소재
- 0<e<1(비탄력적) : 필수품, 농산물
- e = 1(단위탄력적)
- e>1(탄력적) : 사치품, 공산품, 대체재
- e = ∞(완전탄력적) : 완전경쟁상품

㉢ 수요곡선의 이동
- 소득의 증가, 대체재 가격의 상승, 보완재 가격의 하락, 그 상품을 선호할 집단에 유리한 소득의 재분배 → 오른쪽(D_2 : 수요 증가)
- 소득의 감소, 대체재 가격의 하락, 보완재 가격의 상승, 그 상품을 선호할 집단에 불리한 소득의 재분배, 인구의 감소 → 왼쪽(D_3 : 수요 감소)

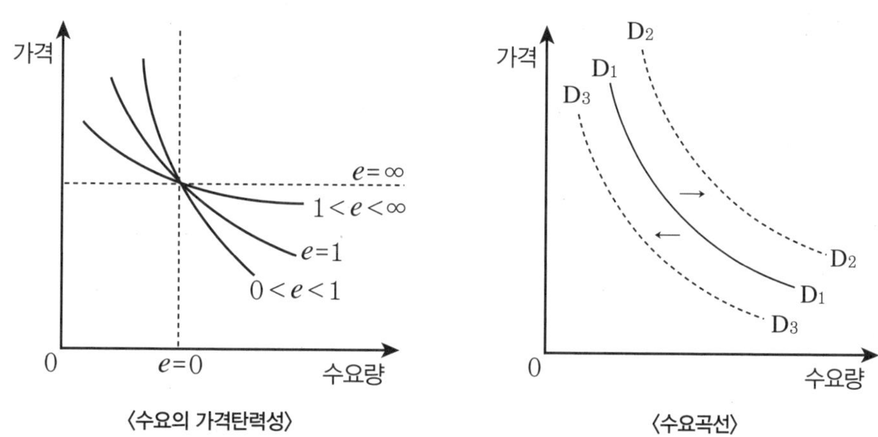

〈수요의 가격탄력성〉 〈수요곡선〉

탄력적	단위탄력적	비탄력적
• 가격 인상 → 판매수입 감소 • 가격 인하 → 판매수입 증가	가격변동과 관계없이 판매수입 일정	• 가격 인상 → 판매수입 증가 • 가격 인하 → 판매수입 감소
가격, P1, P0, b, a, D, 0, Q1, Q0, 수량	가격, P1, P0, b, a, D, 0, Q1, Q0, 수량	가격, D, P1, P0, b, a, 0, Q1, Q0, 수량
a>b	a=b	a<b

② 공급의 탄력성

㉠ 공급의 가격탄력성 : 재화의 가격이 변동할 때 그 재화의 공급량이 얼마나 변할 것인가를 측정하는 척도

$$E_p = \frac{\text{공급량의 변동률}}{\text{가격의 변동률}} = \frac{\text{공급량의 변동분}(\Delta S)}{\text{원래의 공급량}(S)} \div \frac{\text{가격의 변동분}(\Delta P)}{\text{원래의 가격}(P)}$$

㉡ 가격탄력성의 크기

- E = 0(완전비탄력적) : 희소재
- E< 1(비탄력적) : 농산품
- E = 1(단위탄력적)
- E> 1(탄력적) : 공산품
- E = ∞(완전탄력적)

㉢ 공급곡선의 이동

- 기술의 진보, 기업(생산자) 수 증가, 생산요소 가격의 하락 → 오른쪽(S_2 : 공급 증가)
- 가뭄 등 자연재해, 기업(생산자) 수 감소, 생산요소 가격의 상승 → 왼쪽(S_3 : 공급 감소)

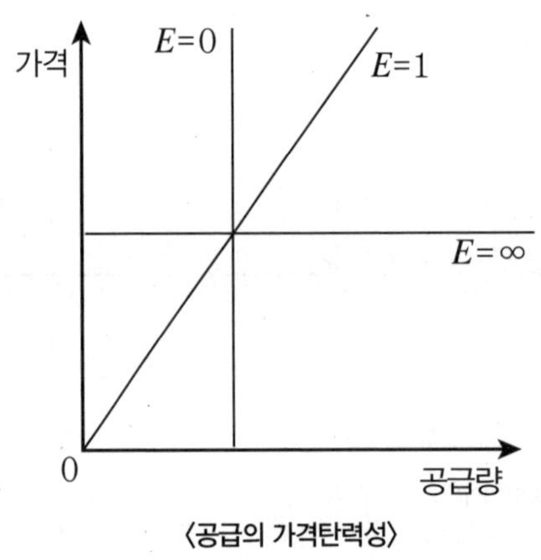

〈공급의 가격탄력성〉

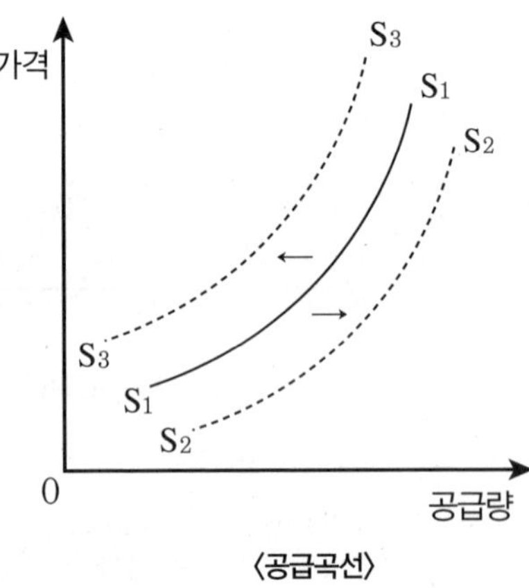

〈공급곡선〉

3 시장실패와 정부의 시장개입

(1) 시장실패

시장이 기능을 제대로 발휘하지 못하여 자원이 효율적으로 배분되지 못하는 현상

(2) 시장실패와 시장개입

① 불완전경쟁에 의한 시장실패

㉠ 의미 : 소수의 기업에 의해 수요자와 공급자가 자유롭게 경쟁하기보다 독점, 과점 등과 같은 불완전한 경쟁이 나타나는 것

㉡ 문제점

- 상품의 공급량이 제한되고 가격이 상승하여 소비자가 피해를 보게 됨
- 독과점을 유지하기 위해 경쟁자의 시장 진입을 방해함
- 특정 기업이나 고용주가 우월한 지위를 이용하여 거래 상대방이나 노동자에게 불리한 거래를 강요할 수 있음

㉢ 해결 방안 : 가격 규제, 불공정행위(담합, 거래 상대방 차별, 경쟁 사업자 배제)에 대한 규제

② 외부효과에 의한 시장실패

㉠ 외부경제

- 의미 : 어떤 경제 활동이 제3자에게 경제적 대가 없이 혜택을 주는 것
- 특징 : 사회 최적 수준보다 과소 공급되어 그에 따른 시장실패가 나타남
- 해결 방안 : 공급을 늘리기 위해서는 보조금 등을 통해 생산을 장려해야 함

㉡ 외부불경제

- 의미 : 어떤 경제활동이 제3자에게 경제적 대가 없이 손해를 주는 것
- 특징 : 사회 적정 수준보다 과다 공급되어 시장실패가 나타남
- 해결 방안 : 외부불경제를 줄이기 위해서는 정부가 세금이나 부담금 등을 통해 규제해야 함

③ 공공재에 의한 시장실패

㉠ 공공재의 의미 : 모든 사람들이 공동으로 소비하기 위해 생산된 재화와 서비스 예 국방

㉡ 특징

- 비배제성 : 비용을 지불하지 않은 소비자도 사용할 수 있는 성질
- 비경합성 : 어떤 특정 공공재를 이용해도 다른 사람들의 소비를 감소시키지 않는 성질

㉢ 문제점

- 비배제성과 비경합성으로 공공재를 생산해도 수익이 발생하지 않으므로 시장에서 공급 불가능
- 공공재에 대한 정확한 시장 수요 조사가 불가능함

㉣ 해결 방안 : 정부에서 공공재를 생산해야 함

④ 정보 비대칭성에 의한 시장실패

㉠ 의미 : 거래 당사자 중 어느 한 당사자가 다른 쪽에 비해 정보를 많이 가지고 있는 것

㉡ 역선택 : 계약 체결 이전 정보의 격차로 인해 불리한 의사결정을 하는 상황

㉢ 도덕적 해이 : 계약 체결 이후 정보의 비대칭성을 이유로 계약 당사자가 의무를 소홀히 하는 경우

(3) 정부실패

① 의미 : 정부의 적극적인 시장 개입이 비효율적인 자원 배분을 초래할 때 정부실패라고 한다. 정부가 시장실패를 보완하기 위해 시장에 개입했다가 오히려 상황을 악화시키거나 새로운 문제를 야기하는 경우를 말한다.

② 원인

㉠ 내부성으로 인한 정부조직의 목표와 공익의 괴리

㉡ 권력과 특혜에 의한 가치배분의 불공평성

㉢ X-비효율성

㉣ 파생적 외부효과

㉤ 비용-편익 괴리로 인한 지출극대화

③ 해결 방안

㉠ 불필요한 규제 축소

㉡ 공기업의 민영화

03 국가와 경제 활동

1 경제성장과 한국 경제

(1) 한국 경제의 변화와 성과

1960년대	• 노동 집약적 경공업 발달 • 경제 개발 계획 추진 • 수출 주도형 성장 우선 정책
1970년대	• 자본 집약적 중화학 공업(철강, 조선 등) 육성 • 두 차례의 석유파동 • 대기업 위주의 성장 정책, 불균형 문제 대두
1980년대	• 기술 경쟁력 강화 노력 • 삼저 호황 → 대규모 무역 흑자 달성
1990년대	• 첨단 산업 발달 • 외환위기 발생
2000년대	• 경기 회복 • 휴대 전화, 반도체, LCD 등 정보 기술 산업 주력 • 칠레와 자유 무역협정(FTA) 발효 • 세계적 금융위기 극복
2010년대	• G20 정상 회의 서울개최 • 무역 규모 1조 달러 돌파

(2) 국민 경제의 순환

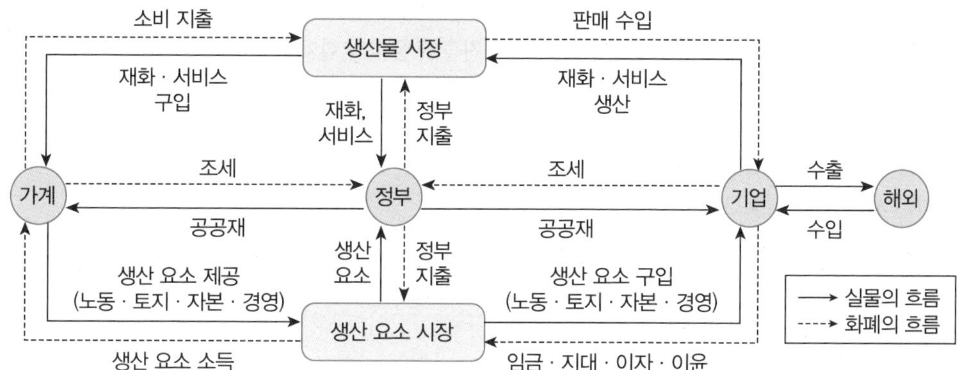

(3) 국민소득의 개념

① **국민총소득(GNI)** : 일정 기간 동안 한 나라의 국민이 소유하고 있는 생산요소를 국내외에 제공한 대가로 벌어들인 소득으로 국민들의 후생 수준을 측정하는 지표

② **국내총생산(GDP)** : 내 · 외국인에 상관없이 어떤 국가의 국경 내에서 일정 기간 동안 새롭게 생산된 최종 생산물의 합계로 한 나라의 경제력을 알려주는 지표

㉠ 중고품과 중간재는 GDP에 포함되지 않음

㉡ 명목 GDP $= P_t \times Q_t$

㉢ 실질 GDP $= P_0 \times Q_t$(P_0 : 기준 연도의 가격)

㉣ GDP 디플레이터 $= \dfrac{\text{명목 GDP}}{\text{실질 GDP}} \times 100$

③ **국민총생산(GNP)** : 일정 기간 동안 한 나라의 국민이 새롭게 생산한 최종 생산물 가치의 합

㉠ 과거에는 소득지표로서 GNP가 사용되었으나 GNP가 교역조건 변화에 따른 실질소득의 변화를 반영하지 못하는 문제점이 있어 GNI로 대체됨

㉡ 실질 GNI = 실질 GNP + 교역조건 변화에 따른 실질무역손익 = 실질 GDP + 국외순수취요소소득 + 교역조건 변화에 따른 실질무역손익

④ **국민순소득(NNI)** : GNI에서 자본재의 감가상각비를 공제한 순수한 부가가치

- NNI = GNI − 감가상각비

⑤ **국민소득(NI)** : 국민의 순수한 소득 총액으로, 생산요소에서 발생한 소득 총액

- NI = NNI − 간접세 + 정부보조금 = 요소소득의 합계

⑥ **개인처분가능소득(PDI)** : 일정 기간 동안 한 개인이 실제로 받은 소득의 총계

- PDI = NI − 법인소득 − 정부의 재산소득 + 순이전소득

(4) 국민소득 삼면등가의 법칙

국민소득은 생산 · 분배 · 지출의 어느 측면에서 측정해도 모두 동일한 가치액으로 표시된다는 법칙

생산국민소득 = 분배국민소득 = 지출국민소득

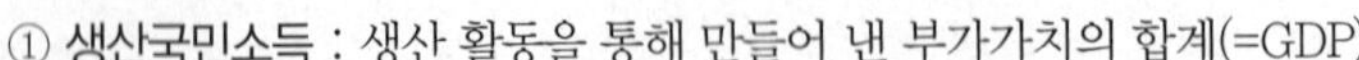

① 생산국민소득 : 생산 활동을 통해 만들어 낸 부가가치의 합계(=GDP)

② 분배국민소득 : 생산요소를 제공한 대가로 받은 소득의 합계

③ 지출국민소득 : 재화와 서비스를 구입한 대가로 지출한 금액의 합계

(5) 물가지수

① 개념 : 일정 시점을 기준으로 그 후의 물가변동을 백분율(%)로 표시한 것으로서, 비교 시의 물가수준을 기준 시의 물가수준으로 환산한 것

$$\text{물가지수} = \frac{\text{비교 시 물가}}{\text{기준 시 물가}} \times 100$$

② 물가지수의 종류

소비자 물가지수	• 가계의 소비생활에 필요한 재화와 용역의 소매가격을 기준으로 환산 • 노동자의 생계비지수 → 통계청 조사
생산자 물가지수	• 기업 간에 대량으로 거래되는 재화의 가격변동을 종합하여 환산 • 경제활동을 나타내는 일반 목적지수 → 한국은행 조사
GDP 디플레이터	• 명목 GDP를 실질 GDP로 환산할 때 사용하는 물가지수 • 명목 GDP를 실질 GDP로 나누어서 측정

2 실업과 인플레이션

(1) 실업

① 의의 : 노동할 의사와 능력을 가지고 있으면서도 취업의 기회를 얻지 못한 상태

② 실업의 종류

㉠ 자발적 실업 : 스스로 일을 하지 않음으로써 발생하는 실업

㉡ 비자발적 실업 : 일할 의사가 있음에도 불구하고 일자리를 구하지 못해 발생하는 실업

자발적 실업	비자발적 실업
마찰적 실업 : 이직 등의 이유로 노동력의 수요와 공급이 일시적으로 불균형 상태를 이루는 현상	• 구조적 실업 : 산업구조의 변화로 발생하는 실업 • 계절적 실업 : 어떤 산업의 생산이 계절적으로 변동해서 생겨난 단기적인 실업 • 경기적 실업 : 경기침체로 인해 유발되는 실업으로, 주로 불경기에 노동력에 대한 총수요의 부족으로 인해 발생

(2) 고용지표

① 인구 구성

<table>
<tr><td colspan="3">전체인구</td></tr>
<tr><td colspan="2">15세 이상 인구(생산가능인구)</td><td>15세 미만 인구</td></tr>
<tr><td>경제활동인구</td><td>비경제활동인구</td><td></td></tr>
<tr><td>취업자 / 실업자</td><td></td><td></td></tr>
</table>

② 고용 관련 지표

실업률	$\frac{\text{실업자수}}{\text{경제활동인구수}} \times 100 = \frac{\text{실업자수}}{\text{실업자수}+\text{취업자수}} \times 100$
취업률	$\frac{\text{취업자수}}{\text{경제활동인구수}} \times 100$
고용률	$\frac{\text{취업자수}}{\text{노동가능인구수}} \times 100$
경제활동참가율	$\frac{\text{경제활동인구수}}{\text{노동가능인구수}} \times 100$

(3) 인플레이션

물가수준의 지속적인 상승현상으로, 물가수준의 변화율이 인플레이션율이다.

① 인플레이션의 종류

㉠ 진행속도에 따라 : 완만성 인플레이션(2~3%), 주행성 인플레이션(수십%), 초인플레이션(100% 이상)

㉡ 발생원인에 따라 : 수요견인 인플레이션, 비용인상 인플레이션

더 알아보기

디플레이션과 스태그플레이션

- 디플레이션 : 인플레이션과 반대로 물가가 지속적으로 하락하는 현상으로 총공급 증가에 의한 것과 총수요 감소로 인한 것이 있다. 총공급 증가는 기술 진보에 의한 것으로 실질소득 증가를 가져오지만, 총수요 감소에 따른 디플레이션은 심각한 경기침체를 초래한다.
- 스태그플레이션 : Stagnation(경기침체)과 Inflation(물가상승)의 합성어로, 경기침체에도 불구하고 물가가 오히려 오르는 현상이다. 1970년대 석유 파동과 같은 공급 충격에 의해 발생한다.

② 인플레이션의 영향

㉠ 소득의 불평등한 재분배 : 실물을 가진 사람보다 화폐를 가진 사람에게 불리하도록 부를 재분배

㉡ 저축의욕의 상실 : 이자율이 물가상승률에 미치지 못하므로 저축 감소

㉢ 투기조장과 경제성장 저해

㉣ 국제수지의 악화 : 수입 촉진, 수출 억제

더 알아보기

인플레이션의 영향

- 실물자산소지자, 수입업자, 산업자본가, 생산자, 금전채무자 → 유리
- 금융자산보유자, 수출업자, 금융자본가, 봉급생활자, 연금수혜자, 소비자, 금전채권자 → 불리

③ 인플레이션 이론

㉠ 수요견인설

- 원인 : 생산물에 대한 전반적인 초과수요
- 대책 : 총수요를 감소시키는 긴축재정

㉡ 비용인상설

- 원인 : 비용면(임금수준 · 이윤율의 인상, 수입물가 상승)
- 대책 : 임금이나 이윤의 과다한 상승을 억제하는 소득정책

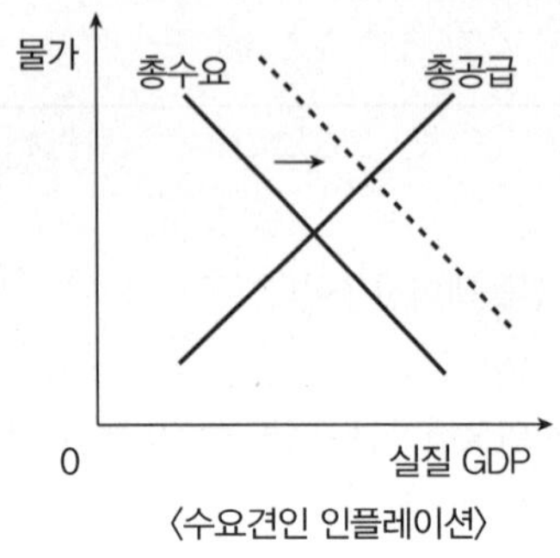

〈수요견인 인플레이션〉

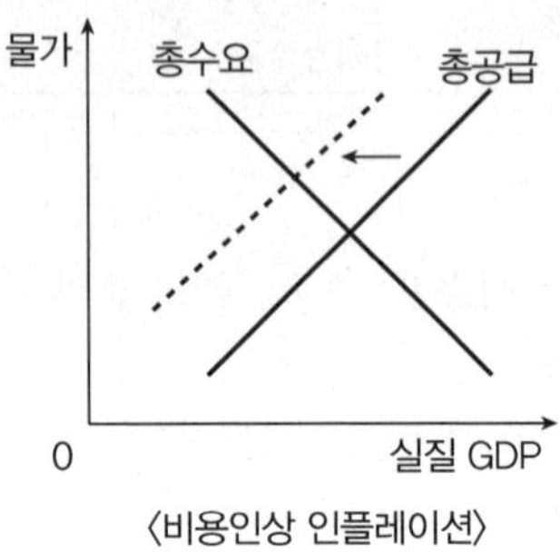

〈비용인상 인플레이션〉

3 경기변동과 경제 안정화 방안

(1) 총수요

① 의미 : 경제 주체들이 구매하고자 하는 재화와 용역의 총량

② 구성 요소 : 총수요 = 소비수요+투자수요+정부지출+순수출

㉠ 소비 : 가계가 소비 목적으로 구입한 재화와 용역으로 총수요 중 가장 큰 비중 차지

㉡ 투자 : 기업이 자본을 늘리기 위해 구매하는 재화와 용역

㉢ 정부지출 : 정부가 구매하려는 재화와 용역

㉣ 순수출 : 수출 − 수입

(2) 총공급

① 의미 : 경제 주체들이 공급하는 재화와 용역의 총량

② 총공급에 영향을 주는 요인

㉠ 단기 : 물가가 오르면 공급량이 늘어나므로 총공급도 증가하고 물가가 내려가면 공급량이 줄어들므로 총공급도 감소함(물가와 총공급은 단기에서 비례 관계)

㉡ 장기 : 장기에서는 물가수준이 변해도 자연산출량이 변하지 않음, 장기 총공급곡선의 우측 이동은 기술진보 또는 자본축적(저축)을 통해 가능

(3) 경기변동

① 개념 : 한 나라의 경제가 주기적으로 일정기간에 걸쳐 변동을 반복하는 것(경기순환)

② 종류

구분	주기	원인
키친 파동	약 40개월을 주기로 하는 단기파동(소순환)	재고 · 금리 변동
주글라 파동	약 9~10년을 주기로 하는 파동(주순환)	설비투자의 변동
쿠즈네츠 파동	약 20년을 주기로 하는 파동	경제성장률 변동
콘드라티에프 파동	약 50~60년을 주기로 하는 장기파동	슘페터(기술혁신)

③ 대책

㉠ 재정정책

- 호경기 때 : 재정긴축정책 → 조세수입 증대, 정부지출 감소
- 불경기 때 : 재정확장정책 → 조세감면, 정부지출 증대

㉡ 금융정책

- 호경기 때 : 재할인율 인상, 지급준비율 인상, 유가증권의 매각
- 불경기 때 : 재할인율 인하, 지급준비율 인하, 유가증권의 매입

④ 경기변동의 4국면

호경기(경제활동 활발) → 후퇴기(경제활동 둔화) → 불경기(기업 도산) → 회복기(설비투자 개시)

(4) 경제성장과 경제발전

① 경제성장 : 경제규모가 양적으로 확대되는 것을 말하며, 경제규모의 지표로서 보통 GDP(국내총생산) 사용

② 실질경제성장률

$$\text{실질경제성장률(\%)} = \frac{\text{금년도 실질 GDP} - \text{전년도 실질 GDP}}{\text{전년도 실질 GDP}} \times 100$$

(5) 경제안정화정책

① 재정정책

㉠ 의미 : 경제안정화를 위해 정부가 조세와 재정지출의 수준 및 배분을 조절하는 것

㉡ 재정정책의 기능

경제안정화	• 국민경제의 고용 수준을 늘리거나 물가를 안정된 상태에 접근하도록 조정하려는 정책 • 경제 침체기일 때에는 정부 지출을 늘리거나, 세율을 낮춤 • 경기가 과열될 때에는 정부 지출을 줄이거나, 세율을 높임
경제발전	기업에 보조금 등을 지원하고 세금 감면 등의 혜택을 주어 투자 활성
소득재분배	부유층에게 많은 세금을 부과하고 저소득층에 혜택을 주어 소득 격차를 완화시킴

② 금융정책

㉠ 의미 : 정부나 중앙은행이 경제안정화나 경제성장을 위해 통화량과 이자율을 조절하는 정책

㉡ 정책 수단

공개시장 조작	• 중앙은행이 국 · 공채를 매입 · 매각하여 통화량이나 이자율을 조정하는 정책 • 국 · 공채를 매입하면 통화량은 증가하고 이자율은 하락함 • 국 · 공채를 매각하면 통화량은 감소하고 이자율은 상승함
지급준비율 정책	• 중앙은행이 지급준비율을 조정하여 통화량이나 이자율을 조정하는 정책 ※ 지급준비율 : 은행이 예금으로 받은 보유자금을 대출하지 않고 남겨두는 비율 • 경기 침체 시 지급준비율이 인하되면 통화량은 증가하고 이자율은 하락함 • 경기 과열 시 지급준비율이 인상되면 통화량은 감소하고 이자율은 상승함
재할인율 조정 정책	• 중앙은행이 시중 은행에 자금을 빌려줄 때 적용하는 대출이자율(재할인율)과 대출 규모를 조정하여 통화량이나 이자율을 조정하는 정책 • 경기 침체 시 재할인율이 인하되면 중앙은행의 대출금이 증가하고 통화량이 증가하고 이자율은 하락함 • 경기 과열 시 재할인율이 인상되면 중앙은행의 대출금이 감소하고 통화량이 감소하고 이자율은 상승함

04 세계 시장과 교역

1 무역 원리와 무역 정책

(1) 무역의 의의와 필요성

① 무역 : 국가 간에 이루어지는 상거래로 수입과 수출을 모두 말함

② 무역의 필요성 : 무역을 통해 자국 내에서 생산되지 않거나 부족한 자원 및 재화와 서비스 등을 거래할 수 있음

(2) 무역의 발생 원리

① 절대우위론(스미스) : 생산비가 절대적으로 적게 드는 재화를 생산하여 교역

② 비교우위론

㉠ 리카도의 비교우위론 : 상대적으로 유리한 상품을 선택적으로 생산하여 교역

㉡ 헥셔-오린의 비교우위론 : 비교생산비 차이의 원인을 규명하여 이론적 근거를 제시

- 요소부존비율 : 나라에 따라 생산요소(자본과 노동)의 상대적 부존량이 다르고 재화에 따라 생산에 필요한 요소의 집약도가 다르기 때문에 각국은 상대적으로 풍부한 생산요소를 보다 많이 사용하는 재화생산에는 특화하고 상대적으로 부족한 생산요소를 사용하는 재화를 수입함으로써 무역상의 이익을 취할 수 있다.
- 요소가격균등화 : 요소부존상태의 차이에 의해 국가 간의 비교생산비 차이가 발생되고 이에 따라 무역이 이뤄지면 국가 간에 생산요소가 실제로 이동하지 않더라도 국가 간 생산요소의 상대가격이 균등화된다.

더 알아보기

생산비 차이의 원인

- 생산의 기술적 조건의 차이
- 국민들의 수요구조의 차이
- 각국 생산요소의 부존량의 차이

(3) 무역 정책

① 의미 : 한 국가가 다른 국가와의 무역에 대하여 어떠한 태도를 취할 것인지를 규정하는 것으로, 자국의 경제적 목적을 추구하기 위하여 실시하는 정책

② **자유 무역 정책** : 국가 간 자유로운 무역을 추구하는 정책

㉠ 자유 무역 정책의 경제적 효과

- 다양한 상품을 낮은 가격에 소비할 수 있다.
- 외국의 기업과 경쟁하기 위해 기업의 생산성이 향상된다.
- 대량 생산에 따른 규모의 경제를 실현할 수 있다.
- 무역을 통해 재화나 서비스가 들어올 때 새로운 기술이 함께 들어오는 기술 이전 효과가 나타나기도 한다.

㉡ 자유 무역 정책의 한계

- 자유 무역에서 발생한 이익은 선진국과 개발 도상국 간, 공업국과 농업국 간에 불균등하게 배분될 수 있다.
- 자유 무역을 통해 무역 당사국들의 이익이 늘어나더라도 이익이 무역 당사국 모두에게 골고루 돌아가는 것은 아니다.
- 자유 무역은 수출과 수입을 모두 증가시켜 국내 시장의 해외 의존도를 높이며 국제 경제 상황의 변화에 큰 영향을 받는다.

③ **보호 무역 정책** : 자국의 이익을 지키기 위해 정부가 무역에 직·간접적으로 개입하는 정책

㉠ 보호 무역 정책의 경제적 효과

- 외국 기업에 비해 경쟁력이 약한 자국의 유치산업을 보호할 수 있다.
- 국내 시장이 위축되어 발생할 수 있는 자국민의 실업을 방지할 수 있다.
- 국가안전보장을 위해 필요한 산업(국방)을 정책적으로 보호할 수 있다.

㉡ 보호 무역 정책의 한계

- 상대국의 보호 무역을 유발하고 국가 간 무역 마찰을 초래할 수 있다.
- 소비자의 다양한 구매기회를 박탈할 수 있다.

㉢ 보호 무역 정책의 수단

- 관세 : 국가 재정의 수입, 국내 산업의 보호·육성을 위해 관세선을 통과하는 화물에 대하여 부과하는 조세
- 수출보조금 : 수출 증가를 위해 수출입자에게 주어지는 직·간접의 지원금 및 장려금으로 자유 무역의 저해가 우려되어 GATT는 이를 금지
- 수입할당제 : 정부가 수입 비자유화품목에 대해 상품의 수량·가격을 기준으로 수입을 할당하는 제도

2 환율

(1) 외환 시장과 환율

① 환율(외환시세) : 자국화폐와 외국화폐의 교환비율로, 외환에 대한 수요곡선과 공급곡선이 교차하는 균형환율에서 결정

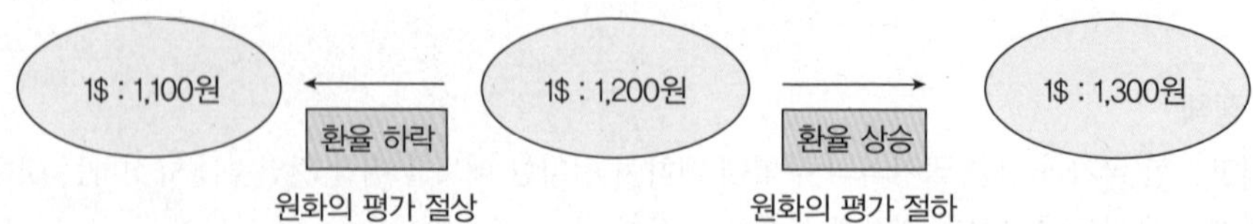

② 환율 제도

구분	고정환율제도	변동환율제도
의미	환율이 정부에 의해 일정 수준에서 고정되어 있는 제도	외화의 수요와 공급에 의해 환율이 시장에서 자유롭게 결정되는 제도
장점	환율변동의 위험이 적어 국제거래 촉진, 수 · 출입 계획 수립이 용이	외환시장 및 경상수지 불균형의 자동 조절
단점	• 환율고정에 따른 부담으로 독자적인 통화 정책이 곤란 • 외환시장 개입에 필요한 외환의 보유에 따른 비용 발생 • 국가 간 무역 갈등 초래할 가능성	• 재정 정책의 무력화 • 환율의 불안정한 변동으로 인해 국내경제의 불안정 초래 • 수 · 출입 계획 수립이 곤란

③ 우리나라의 환율제도

정부수립 이후	고정환율제도
1964	단일변동환율제도
1980	복수통화바스켓방식(유동적)
1992	시장평균환율제도
1997~현재	자유변동환율제도

(2) 환율의 결정과 변동

구분	환율인상	환율인하
원인	• 외환의 수요 > 외환의 공급 • 수출 감소, 수입 증가 • 이자율의 하락으로 인한 국내자본의 유출	• 외환의 수요 < 외환의 공급 • 수출 증가, 수입 감소 • 이자율의 상승으로 인한 외국자본의 유입
효과	• 수출 증가, 수입 감소 • 수출기업의 수익성 상승 • 외채부담 증대 • 원유, 식량 등 원자재 비용 증가 • 교역조건 악화 • 인플레이션 초래	• 수출 감소, 수입 증가 • 수출기업의 수익성 저해 • 외채부담 감소 • 원유, 식량 등 원자재 비용 감소 • 교역조건 개선 • 물가안정

3 국제수지

(1) 국제수지의 의미와 구성

① 국제수지의 의미 : 일정 기간(보통 1년) 동안 한 나라가 국제거래를 통해 수취한 외화와 지급한 외화의 차액

② 국제수지의 구성

㉠ 경상수지 : 국가 간의 거래에서 재화나 서비스 등의 거래를 통해 수취한 외화와 지급한 외화의 차이

구분		내용
경상수지	상품수지	재화의 수출 · 수입에서 발생한 외화의 차이 → 국제수지 중 가장 큰 비중을 차지
	서비스수지	서비스의 거래에서 발생한 외화의 차이 예 운수, 여행, 통신, 보험료, 특허권 사용료 등
	소득수지	생산요소의 제공을 통해 발생한 외화의 차이 예 임금의 국제거래, 주식배당금, 차관이자 등
	경상이전수지	아무런 대가 없이 무상으로 주고받은 외화의 차이 예 해외교포송금, 기부금, 무상원조, 국제기구 출연금 등

㉡ 자본수지 : 국가 간의 자본거래를 통해 수취한 외화와 지급한 외화의 차이

구분		내용
자본수지	투자수지	직접투자, 증권투자, 기타 투자 등을 통해 발생한 외화의 차이
	기타 자본수지	기타 자산거래를 통해 발생한 외화의 차이 예 해외이주자금, 특허권 매매 등

(2) 국제수지의 중요성

① 경제지표로서의 국제수지 : 국제수지표의 분석을 통해 국제 경쟁력, 국가 신인도, 외환사정 등을 파악

② 경상수지가 국민경제에 미치는 영향

㉠ 경상수지 흑자 : 외국으로부터 번 돈>외국에 지불할 돈

- 긍정적 측면 : 국민소득 증가, 국내고용 확대, 국가 신인도 상승, 외국인 투자 증가
- 부정적 측면 : 지속적인 경상수지 흑자는 통화량 증가, 국내물가 상승, 교역상대국과의 무역 마찰 유발
- 자본수지와의 관계 : 벌어들인 외화로 외채를 갚거나 다른 나라에 대출 → 자본수지 적자

㉡ 경상수지 적자 : 외국으로부터 번 돈<외국에 지불할 돈

- 긍정적 측면 : 설비투자에 필요한 자본재의 수입이 증가한 경우
- 부정적 측면 : 경기침체, 외채 증가, 국가 신인도 하락
- 자본수지와의 관계 : 부족한 외화를 조달하기 위해 외채를 빌려 옴 → 자본수지 흑자

③ 국제수지의 균형

㉠ 의미 : 흑자나 적자가 없는 상태

㉡ 의의 : 국제수지의 불균형으로 인한 문제 때문에 중 · 장기적으로 균형을 이루는 것이 바람직

05 경제 생활과 금융

1 금융과 금융 생활

(1) 금융과 금융제도

① 금융의 의미 : 자금을 빌리거나 빌려주는 행위로 자금의 융통을 의미

② 금융거래의 양상

구분	내용
실물거래	• 거래 대상 : 재화와 서비스 • 거래 공간 : 생산물시장, 생산요소시장 • 위험성 : 낮음
금융거래	• 거래 대상 : 금융거래의 증서와 돈 • 거래 공간 : 금융시장 • 위험성 : 높음

③ 금융거래의 유형

구분	내용
직접 금융시장	• 금융기관이 중개하는 금융시장으로 자금의 수요자와 공급자가 직접 거래 • 어떤 자금이 어디로 갔는지 알 수 있음 • 높은 수익률, 높은 위험성
간접 금융시장	• 은행, 보험회사 등의 중개기관을 사이에 두고 자금 공급자와 수요자가 거래 • 공급자와 수요자가 직접 거래하지 않으므로 어떤 자금이 어디로 갔는지 알 수 없음 • 낮은 수익률, 적은 위험성

(2) 금융시장과 금융기관

① 금융시장 : 일정한 질서 속에서 자금의 수요자와 공급자를 효율적으로 연결하는 곳

② 금융기관 : 자금의 수요자와 공급자를 중개하여 돈의 흐름이 원활히 이루어지게 하는 것을 목적으로 하는 기관

(3) 금융 거래 보호

① 금융 거래 보호의 필요성

㉠ 정보 · 통신 기술의 발달로 이전보다 금융 거래가 늘어남에 따라 금융 정보를 탈취하여 돈을 빼가는 금융 사기가 급증

㉡ 금융 상품 거래에 사용되는 약관이 전문용어로 작성되어 있어 전문 지식이 부족한 소비자들이 내용을 정확하게 이해하기 어려움

② 금융 거래 보호의 노력

㉠ 정확한 금융 정보 파악을 위한 금융 지식의 습득

㉡ 공인인증서 암호, 보안카드 및 신용카드 비밀번호 등에 대한 안전한 관리

㉢ 예금자 보호 제도, 전화 금융 사기 피해금 환급 제도, 금융감독원의 금융 소비자 보호처 등을 활용

(4) 금융 생활의 이해

① 수입 : 일정 기간 벌어들인 소득과 부채의 합

㉠ 소득

경상소득	근로소득	사업체에 고용되어 노동을 제공하고 받은 대가 예 임금, 수당 등
	사업소득	자영업자 또는 고용주가 사업을 경영하여 얻은 이윤
	재산소득	가계가 보유한 자본, 토지, 건물 등을 이용하여 얻은 이익 예 부동산 임대료, 주식 배당금, 예금 · 적금 이자
	이전소득	생산에 직접 참여하지 않고 얻은 이익 예 공적 연금, 구호금, 정부지급 보조금 등
비경상소득		비정기적이고 일시적 요인에 의해 발생하는 소득 예 복권 당첨금, 경품, 경조금, 등

㉡ 기타 수입 : 저축에서 인출한 돈, 부채, 수령한 보험금 등

② 지출 : 일정 기간 개인이나 가계에서 사용하는 총 금액

소비 지출	생계유지 및 생활에 필요한 재화나 서비스를 구매하기 위한 지출 예 식료품비, 피복비, 교통비, 의료비, 교육비 등
비소비 지출	소비 지출을 제외하고 법 또는 제도에 의해 의무적으로 발생하는 지출 예 보험료, 대출 이자, 세금 등

③ 저축과 투자

㉠ 저축 : 소득에서 지출을 뺀 나머지, 미래의 소비를 위하여 보유하고 있는 자산

㉡ 투자 : 미래의 가치 증식을 목적으로 금융 자산 또는 실물 자산으로 저축을 전환하는 활동

④ 신용과 신용 거래

㉠ 신용 : 미래의 정해진 시점에 대가를 지급하기로 약속하고 현재 상품을 이용하거나 돈을 빌릴 수 있는 능력(채무 부담 능력)

㉡ 신용 거래 : 현금 및 재화와 서비스 등을 거래할 때 돈을 바로 내지 않고, 정해진 기일에 돈을 지급하기로 약속하고 이루어지는 거래

2 자산 · 부채 관리와 금융 상품

(1) 자산과 부채의 관리

① 자산과 부채

자산	부채
• 개인이나 단체가 보유한 경제적 가치가 있는 유 · 무형의 물품 및 권리 • 금융 자산 : 주로 금융기관을 통하여 거래되는 자산 예 현금, 예금, 보험, 주식, 채권 등 • 실물 자산 : 실물의 형태로 존재하는 자산 예 자동차, 건물, 토지, 귀금속, 지하자원 등	• 과거에 이루어진 거래의 결과로 현재 시점에서 갚아야 할 금전적 · 비금전적 의무 • 단기 부채 : 1년 이내에 갚아야 하는 부채 예 신용카드 대금, 통신비 등 • 장기 부채 : 만기가 1년 이상 남은 부채 예 금융기관 대출금, 자동차 할부금 등

② 자산관리 : 어떤 자산을 얼마나 구입하고 언제 처분할 것인지 등을 합리적으로 선택하는 과정

③ 부채와 신용관리

㉠ 부채를 정해진 기간 내에 갚지 못하면 신용등급이 하락, 경제 활동의 어려움 초래

㉡ 자신의 소득과 비교해서 부채 규모가 적정한지 평가

④ 자산관리의 원칙

안전성	• 투자한 자산의 가치가 줄어들지 않고 안전하게 보호될 수 있는 정도 • 투자 위험의 요소가 많을수록 안전성은 낮음
수익성	• 투자한 금융 상품으로부터 이익을 기대할 수 있는 정도 • 투자 수익이 크면 투자 위험도 커짐
유동성	• 보유 자산을 필요할 때 쉽게 현금으로 바꿀 수 있는 정도(환금성) • 유동성이 낮은 자산을 현금으로 바꿀 때는 어느 정도 손실이 발생할 수도 있음

⑤ 분산투자 : 자산 관리의 위험을 줄이기 위해서는 자산 관리의 목적 및 기간에 따라 포트폴리오를 구성하여 여러 가지 금융 상품에 분산하여 투자하는 것이 바람직함

(2) 금융 상품

① 예 · 적금

㉠ 의미 : 은행 등의 금융기관에 자금을 맡기고 원금과 이자를 받는 금융 상품 예 요구불 예금, 저축성 예금

㉡ 특징 : 원금 손실의 위험이 적어 안전성은 높지만, 다른 금융 상품과 비교하였을 때 이자율이 높지 않아 수익성이 낮음

② 투자 상품

주식	• 주식회사가 경영 자금을 마련하기 위해 투자자로부터 돈을 받고 발행하는 증서 • 회사 경영을 통해 얻은 수익 가운데 일부를 투자 지분에 따라 투자자들에게 배당
채권	• 정부나 공공 기관, 지방 자치 단체, 기업 등이 미래에 일정한 이자를 지급할 것을 약속하고 투자자로부터 돈을 빌린 후 발행하는 증서 • 신용도가 높은 공공기관, 대기업 등이 발행, 채권을 발행한 곳이 파산할 경우 투자금 회수 불가
펀드	• 다수의 투자자로부터 모은 자금을 전문적인 운용 기관이 주식이나 채권, 부동산 등에 투자하여 그 수익을 투자자에게 분배(간접 투자 상품) • 자산 운용 결과에 따라 투자한 원금이 손실될 수 있음

③ 보험과 연금

보험	• 가입자들이 미래에 발생할 수 있는 다양한 위험에 대비하기 위하여 보험 회사에 보험료를 납부하여 기금을 만든 후 사고가 발생하면 약속한 보험금을 지급 • 다른 금융 상품과 달리 일반적으로 위험에 대비하는 기능
연금	• 노후 생활의 안정을 위해 경제 활동 기간에 벌어들인 소득의 일부를 적립하는 제도 • 장기간에 걸쳐 지속적으로 받기 때문에 노후 보장의 효과가 강함

3 금융 생활의 목표와 재무 설계

(1) 생애 주기에 따른 재무 목표 수립

① 생애 주기 : 시간의 흐름에 따라 개인이나 가족의 삶이 어떻게 달라지는지를 몇 가지 단계로 나타낸 것

② 생애 주기에 따른 소득과 소비

유년기 · 청소년기	소득<소비, 부모의 경제력에 의존
청년기	소득≧소비, 취업과 함께 소득이 발생하며 소득과 소비의 비율이 역전
중 · 장년기	소득>소비, 소득과 소비의 규모가 가장 크며 활발하게 경제활동을 하는 시기
노년기	소득≦소비, 은퇴 · 자녀의 독립과 함께 소득과 지출이 대폭 감소, 소득과 소비의 비율이 재역전

(2) 재무 설계

① 의미 : 생애 주기별로 정한 구체적인 재무 목표에 맞추어 자신의 소비와 지출을 계획하고 실행하는 것

② 재무 설계 과정

재무 목표 설정	목표를 달성하기 위해 어느 정도의 금액이 필요한지를 생각하고 단기, 중기, 장기로 나누어 구체적이고 실현 가능한 목표를 설정
재무 상태 분석	수입 및 지출의 규모와 종류, 자산과 부채 현황 등 자신의 재무 상태를 정확히 파악
재무 행동 계획 수립	재무 목표 달성을 위해 필요한 자금을 언제까지, 어떻게 마련할 것인지에 관한 재무 행동 계획을 수립
재무 행동 계획 실행	실행할 수 없는 계획은 성공할 수 없으며, 계획한 대로 실행하는 것이 예상과는 달리 어려울 수도 있음
재무 실행 평가와 수정	목표를 실현할 수 있는지 또는 계획에 따라 목표가 적절하게 실행되고 있는지를 꾸준히 검토하고 결과를 평가. 조정이 필요한 부분을 반영하여 재무 계획을 수정하고 재무 목표를 재설정

THEME 03

사회·문화

01 사회 · 문화 현상의 탐구

1 사회 · 문화 현상의 이해

(1) 자연 현상과 사회 · 문화 현상

자연 현상	사회 · 문화 현상
• 몰가치성(가치중립성), 보편성 • 사실법칙, 존재법칙, 인과법칙, 필연법칙 • 고정성과 불변성 • 규칙성의 발견 및 예측 용이 • 확실성의 원리 • 관찰과 실험	• 가치함축성, 보편 · 특수성 • 규범법칙, 당위법칙, 목적법칙, 확률적 인과법칙 • 유동성과 가변성 • 규칙성 발견 및 예측 곤란 • 확률의 원리(개연성) • 사례연구, 참여관찰, 설문조사 등

(2) 사실과 가치

① 사실과 가치의 구분

사실	가치
• 인간의 주관과 무관하게 존재하는 현상 • 인간의 주관 배제 • 객관화 가능 • '~이 있다/없다', '~이다/아니다'로 진술	• 인간의 주관적 판단(선vs악)에 의한 평가 • 인간의 주관 개입 • 객관화 곤란 • '~해야 한다/안 된다', '~이 옳다/그르다'로 진술

② 가치중립적 태도 : 연구자의 주관이 개입되지 않은 공정한 입장에서 사회 · 문화 현상을 탐구하는 자세

(3) 사회 · 문화 현상을 바라보는 관점

① 거시적 관점 : 사회 · 문화 현상을 이해할 때 사회 구조나 제도, 사회 전체의 경향 등 개개인의 행위를 초월한 사회 체계에 초점을 맞추는 관점 예 기능론, 갈등론

② 미시적 관점 : 일상생활에서 이루어지는 개인 간의 상호 작용이나 개개인의 주관적인 세계에 초점을 맞추는 관점 예 상징적 상호작용론

(4) 기능론, 갈등론, 상징적 상호작용론

① 기능론과 갈등론(거시적 관점)

구분	기능론	갈등론
기본 입장	• 사회구성요소들은 상호의존적이며 사회 유지와 존속에 기여함 • 사회는 유기체와 같이 상호의존하는 부분들의 체계로 구성되어 조화와 균형을 이루고 있음 • 각 요소들의 역할과 기능은 합의에 의한 것임	• 사회구성요소들은 상호갈등적이며, 사회집단들 간의 갈등은 사회 변동의 원동력이 됨 • 모든 사회에는 희소가치를 둘러싼 긴장과 갈등이 존재함 • 각 요소들의 역할과 기능은 강제와 억압에 의한 것임
이론	사회유기체설	계급투쟁설
특징	• 균형과 통합 • 갈등은 일시적 · 병리적 현상 • 안정성과 지속성	• 갈등과 강제 • 갈등은 항상 존재 • 긴장과 변동 가능성
장점	사회 통합에 기여	현재 상태를 변화시켜 사회 발전에 기여
한계	• 균형과 안정을 강조하여 기득권을 옹호하는 보수적 관점 • 갈등 발생의 원인과 영향을 경시 • 급격한 사회 변동을 설명하지 못함	• 사회 변동을 강조하는 급진주의적 관점 • 사회 안정과 질서를 경시 • 합리적 역할 분담을 설명하지 못함

② 상징적 상호작용론(미시적 관점)

기본 입장	개인과 개인의 상호작용과 행위에 중점을 둠
특징	• 해석적 연구방법 • 개인은 사회적 상황을 주관적으로 해석하고 정의함(상황정의)
장점	개인의 행동에 대한 설명에 유용
한계	• 개인의 행위에 영향을 미치는 사회구조의 힘을 과소평가함 • 일반적인 법칙 발견이 곤란함

2 사회 · 문화 현상의 연구 방법

(1) 양적 연구방법과 질적 연구방법

구분	양적 연구(실증적 연구)	질적 연구(해석적 연구)
의미	경험적 자료를 계량화하여 사회현상을 분석하여 일반적인 법칙을 발견하려는 연구방법	연구자의 직관적 통찰로 사회현상을 분석하고 이해하려는 연구방법
목적	사회현상의 일반원칙 발견	사람의 의식과 관련된 의미 파악
분석 방법	• 방법론적 일원론(사회현상 = 자연현상) • 관찰과 실험 • 수리적 · 통계적 분석 • 개념의 조작적 정의 → 수치화 • 연역적 추론	• 방법론적 이원론(사회현상 ≠ 자연현상) • 직관적 통찰과 감정 이입 • 참여 관찰과 면접 • 개념적 정의 • 귀납적 추론
연구 대상	객관적 관찰이 가능한 행위	객관적 관찰이 곤란한 행동 동기와 그 의미

구분	양적 연구(실증적 연구)	질적 연구(해석적 연구)
연구 과정	문제 제기 → 가설 설정 → 연구 설계 → 자료 수집 → 자료 분석 및 통계 처리 → 가설 검증 → 결론도출, 일반화	문제 제기 → 연구 설계 → 자료 수집 → 자료 처리와 해석 → 개념 정립 및 이론화
장점	• 객관적 연구(경험적 · 통계적 연구) 가능 • 가설 검증 및 보편적 법칙 발견 용이	• 개별적인 사회 · 문화 현상에 대한 심층적 이해 가능 • 공식 문서의 이면적 의미와 비공식적 문서 중시
단점	• 계량화가 어려운 영역 연구 곤란 • 사회현상을 인간의 가치 및 동기와 분리하여 연구	• 객관적 법칙 도출 곤란 • 사회 제도적 측면 간과 • 정확성과 정밀성 결여

(2) 연구 절차

① 양적 연구의 과정

㉠ 문제 제기 : 연구 주제 선정(가치 개입)

㉡ 가설 설정 : 개념의 조작적 정의(가치 개입)

㉢ 연구 설계 : 연구 방법과 자료 수집 방법 선택(가치 개입)

㉣ 자료 수집 : 자료 조사(가치 중립)

㉤ 자료 분석 및 통계 처리 : 수집된 자료 분석(가치 개입)

㉥ 가설 검증 : 일반화 또는 법칙 발견(가치 중립)

㉦ 해결책 제시 : 가장 바람직한 대안 모색(가치 개입)

② 질적 연구의 과정

㉠ 문제 제기 : 연구 주제 선정(가치 개입)

㉡ 연구 설계 : 연구 방법과 자료 수집 방법 선택(가치 개입)

㉢ 자료 수집 : 자료 조사(가치 중립)

㉣ 자료 처리와 해석 : 수집된 자료 분석(가치 개입)

3 사회 · 문화 현상의 자료 수집 방법

(1) 자료 수집 방법

① 질문지법

㉠ 의미 : 조사하고자 하는 내용에 관한 질문지를 작성한 후 조사 대상자가 그 질문지에 답하게 하는 방법

㉡ 특징

- 일반적으로 양적 자료를 수집하여 통계 분석할 목적으로 활용
- 구조화 · 표준화된 자료 수집 방법
- 표본을 추출하여 표본조사를 수행하는 경우가 대부분임

㉢ 장점 및 단점

장점	단점
• 시간과 비용 절약 • 정보의 대량 수집 가능 • 자료의 비교 분석 용이 • 객관적인 분석	• 낮은 회수율과 불성실한 응답 • 문맹자에게 실시 곤란 • 질문 내용 오해 가능성 • 대표성을 갖춘 응답 집단의 선정이 어려움

㉣ 질문지 작성 시 유의사항

- 응답 보기 간에 중복된 내용이 없어야 한다.
- 응답 가능한 모든 보기를 제시해야 한다.
- 모호한 표현을 쓰지 않아야 한다.
- 한 문항에는 한 가지 질문만 해야 한다.
- 특정 응답을 유도하는 질문을 하지 않아야 한다.

② 실험법

㉠ 의미 : 가상의 상황을 설정하여 인위적인 자극을 가한 다음 그 효과를 측정하여 자료를 수집하는 방법

㉡ 특징

- 일반적으로 양적 자료를 수집할 목적으로 활용
- 연구 상황을 연구자의 의도에 따라 설계한다는 점에서 가장 엄격한 통제가 가해지는 자료 수집 방법
- 실험 집단과 통제 집단 간에 독립 변인의 처치 여부 이외에 다른 특성이 동일할수록 정확한 실험 결과를 얻을 수 있음

㉢ 실험방법

- 실험 집단 : 인위적인 자극을 가한 집단
- 통제 집단 : 비교 대상이 되는 집단
- 독립 변수 : 인위적인 자극이 된 변수
- 종속 변수 : 독립 변수의 영향을 받는 변수
- 두 개 혹은 여러 개의 집단으로 나눈 뒤 특정 집단에만 인위적인 자극을 가한 후 다른 집단의 결과와 차이를 비교한다.
- 독립 변수와 종속 변수 간의 관계를 명확히 확인하기 위해서는 독립 변수 이외의 다른 변수가 종속 변수에 영향을 미치지 않도록 해야 한다.

㉣ 장점 및 단점

장점	단점
• 인과관계 명확 • 보다 효과적인 가설검증이 가능함 • 집단 간 비교 분석이 용이함	• 윤리성과 관련된 문제 발생 가능성 • 가상적인 상황 조작이 어려움

③ 참여 관찰법

㉠ 의미 : 연구자가 조사 대상자와 함께 생활하거나 조사 대상 집단에 직접 참여하여 현상을 보고 듣고 느끼면서 자료를 수집하는 방법

㉡ 특징

- 가장 전형적인 현지 연구방법
- 일반적으로 질적 자료를 수집할 목적으로 활용
- 가장 전형적인 비구조화 · 비표준화된 자료 수집 방법

㉢ 장점 및 단점

장점	단점
• 언어로 표현하기 어렵거나 의사소통이 어려운 대상의 연구 가능 • 자료의 실제성 높음 • 심층적 자료 수집 가능	• 관찰자의 주관 개입 우려 • 시간과 비용 부담이 큼 • 예상치 못한 변수 통제 곤란

④ 면접법

㉠ 의미 : 조사 대상자와 대면하여 대화를 통해 자유롭게 진술하는 내용을 자료로 수집하는 방법

㉡ 특징

- 일반적으로 질적 자료를 수집할 목적으로 활용
- 비구조화 · 비표준화된 자료 수집 방법
- 신뢰 관계를 기반으로 한 허용적인 분위기 형성이 조사 목적 달성에 중요한 역할을 함

㉢ 장점 및 단점

장점	단점
• 문맹자에게 실시 가능 • 자세한 정보 수집 가능 • 응답률 높음 • 심층적인 자료 수집 가능	• 많은 시간과 비용 소요 • 조사자의 편견 개입 우려 • 시간과 비용 부담이 큼 • 연구자의 주관 개입 우려 • 표본을 많이 확보하지 못함 • 면접자와 정서적 유대감이 없는 경우 정확한 정보 취득이 어려움

⑤ 문헌 연구법

㉠ 의미 : 기존의 연구 결과물이나 통계 자료, 기록물 등의 2차 자료를 수집하는 방법

㉡ 특징

- 다양한 형태의 자료(신문, 인터넷, 논문, 도서, 동영상 등)로 조사할 수 있다.
- 양적 자료와 질적 자료 수집에 모두 활용될 수 있다.
- 2차 자료의 수집용으로 활용

㉢ 장점 및 단점

장점	단점
• 시간과 비용 절약 • 기존 연구 동향 파악 가능 • 양적 · 질적 연구 모두 가능 • 시간과 공간 제약 극복	• 문헌의 신뢰성이 낮을 경우 연구의 신뢰성 떨어짐 • 문헌 해석에 연구자 주관 개입 우려

(2) 자료 수집 방법의 활용

① 연구 목적에 따른 활용방법

㉠ 질적 연구 : 면접법, 참여 관찰법, 문헌 연구법

㉡ 양적 연구 : 질문지법, 실험법, 문헌 연구법

② 자료 수집 방법 선택 시 고려사항

㉠ 연구 대상의 규모, 의사소통 가능성, 비용 및 시간

㉡ 인권 침해의 우려가 없는 자료 수집 방법 선택

③ 복합적 활용 : 두 가지 이상의 자료 수집 방법을 함께 활용함으로써 상호 보완적인 효과 기대

4 사회 · 문화 현상의 연구 태도와 연구 윤리

(1) 사회 · 문화 현상의 연구 태도

① 객관적 태도 : 사회 · 문화 현상을 연구할 때 연구자 자신의 선입견과 주관적 가치, 이해관계 등을 배제하고, 관찰을 통해 경험적으로 얻은 증거에 따라 제삼자의 눈으로 사회 · 문화 현상을 바라봐야 한다.

② 개방적 태도 : 사회 · 문화 현상은 보는 시각에 따라 다양한 견해가 존재할 수 있으므로 자신의 주장과 다른 주장이 존재할 수 있음을 받아들이고, 자신의 연구 결과에 관한 비판과 새로운 주장의 가능성을 항상 허용해야 한다.

③ 상대주의적 태도 : 연구자는 사회 · 문화 현상을 연구할 때 그 현상이 나타나는 사회의 특수성을 인식하고 그 현상이 지닌 고유한 가치와 의미를 그 사회의 맥락에서 이해하는 태도가 필요하다.

④ 성찰적 태도 : 사회 · 문화 현상을 수동적으로 받아들이지 않고 현상의 내면에 담긴 의미나 인과 관계가 무엇인지를 궁금해하며 이를 파악하고자 하는 태도가 필요하다.

(2) 사회 · 문화 현상의 연구 과정과 가치중립

① 연구자의 가치 개입 인정 : 연구 주제 설정, 가설 설정, 연구 설계, 연구 결과의 활용 과정

② 절대적 가치중립 요구 : 자료 수집 및 분석, 가설 검증, 결론 도출 과정

(3) 사회 · 문화 현상의 연구와 연구자 윤리

① 사회 · 문화 현상의 연구는 인간을 대상으로 하기 때문에 엄격한 윤리성이 요구됨

② 연구 대상자의 익명성을 보장해야 하며, 사생활 관련 정보 및 개인 정보를 연구 목적 이외의 용도로 활용해서는 안 됨

③ 의도한 결론을 이끌어내기 위해 자료를 위 · 변조하는 조작을 해서는 안 됨

④ 연구자의 아이디어나 연구물의 일부 또는 전부를 활용하는 경우에는 출처를 밝힘

⑤ 사회적으로 악용되지 않도록 연구 결과에 대해 책임지는 자세를 보여야 함

02 개인과 사회 구조

1 개인과 사회의 관계

(1) 사회 구조

① 의미 : 사회적 관계가 통일적이고 조직적인 총체를 이루고 있는 상태

② 특징

㉠ 지속성 : 구성원이 바뀌어도 사회 구조가 지속됨

㉡ 역사성 : 오랜 시간 동안 형성됨

㉢ 외재성 : 개인의 행동을 규제하고 구속함

㉣ 안정성 : 구성원들이 구조화된 행동을 통해 안정된 사회관계를 유지함

㉤ 변동성 : 구성원들이 구조화된 행동을 거부할 때 사회 구조 자체의 변동을 초래함

(2) 사회 구조를 보는 관점

기능론	갈등론
• 사회구성요소들은 상호의존 관계 • 구조화는 사회적으로 합의된 것 • 균형, 통합, 안정, 지속성, 규범, 협동 • 사회 변동 부정, 사회적 격차 정당화 • 보수주의(현상 유지)	• 사회구성요소들은 갈등 관계 • 구조화는 기득권의 이익을 위한 강제와 억압으로 형성됨 • 갈등, 강제, 개혁, 투쟁, 긴장, 변화가능성 • 사회 통합 경시 • 진보주의(현상 타파)

(3) 사회적 상호작용

① 개인은 사회 속에서 서로 영향을 주고받으며 사회적 행동을 교환

② 종류

협동	• 같은 집단 – 같은 목표 • 공동의 목표를 달성하기 위한 역할 분담과 협력 • 개방적 참여와 공정한 분배가 실현될 때 잘 이루어짐 • 당사자들 간의 합의와 상호의존을 바탕으로 함
경쟁	• 다른 집단 – 같은 목표〈규칙 ○〉 • 동일한 목표를 상대방보다 먼저 달성하기 위해 노력하는 상태 • 공정한 규칙에 따라 정당한 수단 동원 • 목표는 제한적이나 달성하려는 사람들이 많을 때 발생
갈등	• 다른 집단 – 같은 목표〈규칙 ×〉 • 상충된 이해관계로 상대방을 적대시하거나 힘을 사용하여 제거 · 파괴하려는 상태 • 발전과 변화를 위한 기회를 제공하기도 함 • 조정과 타협, 중재로 해소되거나 강제력으로 잠재화

(4) 개인과 사회의 관계

구분	사회실재론	사회명목론
기본 입장	• 사회가 개인의 외부에 실체로서 존재한다고 봄 • 사회는 개인의 총합 이상의 존재로 독자적 특성을 지니고 있다고 봄	• 실재하는 것은 개인뿐임 • 사회는 개인들의 집합체에 붙여진 이름에 불과하다고 봄
주요 내용	• 개인의 사고 및 행위는 실재하는 사회에 의해 규제되고 구속됨 • 사회 현상을 분석할 때 사회 구조나 사회 제도를 중심으로 분석해야 함(개인보다 사회 강조) • 개인은 사회 없이 존재할 수 없으며, 단지 사회 구성 요소의 일부에 불과함 • 사회 문제의 발생 원인은 사회에 있으며, 해결 방안 역시 사회 구조 및 제도적으로 접근해야 함	• 개인은 자유 의지에 따라 사고하고 행위를 하는 자유롭고 독립적인 존재임 • 개인적 특성을 통해 사회의 특성을 파악 가능하다고 봄(개인과 구별되는 사회의 독자적 특성 부정) • 개인은 사회 없이 존재할 수 있으며, 사회는 개개인의 총합에 불과함 • 사회 문제의 발생 원인은 개인에 있으며, 해결방안 역시 개인적 차원에서 접근해야 함
관련 사상	사회 유기체설, 전체주의	사회 계약설, 개인주의
한계	• 사회를 위해 개인의 희생을 정당화할 수 있음(전체주의 우려) • 인간의 자유 의지에 따른 사고나 행위의 결과를 설명하기 어려움	• 개인에 대한 사회 제도 및 구조의 영향력을 간과함 • 개인의 사고나 행위만으로 설명하기 어려운 사회 현상이 존재함

2 인간의 사회화

(1) 사회화

① 의미

㉠ 인간이 평생에 걸쳐 사회적 상호작용을 통해 그 사회의 사고방식, 규범, 가치관 등을 학습하는 과정

㉡ 생물학적 존재 → 사회화 → 사회적 존재

② 사회화의 과정과 종류

㉠ 사회화 과정

- 언어적 상호작용 : 가족, 친구 등 주변 인물과 각종 정보 매체를 통해 이루어지는 학습으로 가장 보편적
- 보상과 처벌 : 행동의 물리적 · 상징적 보상과 처벌을 통해 이루어지는 사회화
- 모방 : 여러 가지 사례를 통해 스스로 깨닫는 사회화

㉡ 사회화 종류

1차적 사회화	영 · 유아기에 이루어지는 원초적 사회화로 개인이 자아 정체성과 인성을 형성하는 데 큰 영향을 줄 뿐만 아니라, 개인이 사회적 존재로 성장하고 생활하는 데 필요한 가장 기초적이고 중요한 것을 습득하는 과정
2차적 사회화	청소년기와 성년기에 들어선 후 영 · 유아기에 익힌 사회화의 내용을 심화하거나 전문화하여 새로운 규범과 문화를 습득
재사회화	사회 변화에 적응하기 위해 새로운 지식, 기술 등을 학습하는 과정 예 노인대상 평생교육
예기 사회화	다가올 미래를 예상하고 그에 맞는 다양한 지식과 생활 방식을 습득 예 대학교 OT

③ 사회화 기관

접근 방식에 따른 분류	1차적 사회화 기관	• 기본적인 사회화를 수행하는 기관 • 가족, 친족, 또래 집단, 지역 사회 등
	2차적 사회화 기관	• 심화된 학습을 담당하는 기관 • 학교, 동료집단, 직장, 대중매체, 정당, 군대 등
목적에 따른 분류	공식적 사회화 기관	• 사회화를 주목적으로 하는 기관 • 유치원, 학교, 학원, 교육훈련기관 등
	비공식적 사회화 기관	• 부수적 사회화를 수행하는 기관 • 가족, 놀이집단, 정당, 대중매체 등

(2) 지위와 역할

① 지위 : 개인이 집단 내에서 차지하는 위치

㉠ 귀속 지위 : 개인의 자질이나 재능에 관계없이 선천적으로 주어지는 지위 예 아들, 딸, 노인, 세습적 지위 등

㉡ 성취 지위 : 개인의 노력에 따라 후천적으로 얻어지는 지위 예 부모, 남편, 사장, 학생 등

② 역할 : 개인에게 주어진 지위에 대해 일반적 · 추상적으로 기대되는 행동 양식

③ 역할 행동

㉠ 역할을 구체적으로 수행하는 방식

㉡ 특정 지위에 대한 역할은 하나이지만 역할 행동은 다양함

㉢ 역할 행동에 따라 보상이 주어지거나 제재를 받게 됨

④ 역할 갈등

㉠ 한 개인이 동시에 여러 개의 지위를 가지게 될 때 역할 간의 충돌이 발생하는 것

㉡ 역할 모순 : 복수 지위에 따라 역할 행동이 서로 상충될 때

㉢ 역할 긴장 : 하나의 지위에 상반되는 역할이 요구될 때

3 사회 집단과 사회 조직

(1) 사회 집단

① 의미 : 두 사람 이상이 소속감과 공동체 의식을 가지고 지속적 상호작용을 하는 결합체

② 종류

분류기준(학자)	분류집단	특징
소속감(섬너)	내집단	• 자신이 소속된 집단 • 강한 소속감과 공동체 의식 → 자아정체감 형성, 애착
	외집단	• 자신이 소속되지 않은 집단 • 경쟁과 투쟁의 대상 → 이질감, 적대적 의식

분류기준(학자)	분류집단	특징
결합의지(퇴니스)	공동 사회	• 구성원의 의지와 무관하게 자연 발생적으로 구성된 집단 • 친밀한 협동 관계로 가입과 탈퇴가 자유롭지 못함 • 애정적, 인격적, 감정적, 영속적, 포괄적, 비공식적 관계 예 가족, 친족, 촌락공동체
	이익 사회	• 구성원의 필요에 의해 의도적으로 관계가 성립된 집단 • 선택에 의한 결합으로 가입 · 탈퇴가 자유로움 • 형식적, 계약적, 합리적, 공식적, 일시적, 현실적, 비인격적 예 회사, 정당, 조합, 협회
접촉방식(쿨리)	1차 집단	• 구성원 간 친밀한 대면 접촉을 통해 자연적으로 이루어진 집단 • 도덕 · 관습 등 비공식적 통제 예 가족, 또래 집단, 촌락 등
	2차 집단	• 간접 접촉을 통해 목적 달성을 위한 수단적 만남에 기초한 집단 규칙 • 법률 등 공식적 통제 예 회사, 학교, 군대 등 1차 집단을 제외한 나머지

(2) 사회 조직

① 의미 : 사회 집단 중 구성원들의 특정한 목표를 달성하기 위해 구성원의 지위와 역할이 명백하며, 엄격한 규범에 의하여 운영되는 사회 집단

② 종류

공식 조직	비공식 조직
• 특정한 목적에 의해 조직된 인위적인 조직 예 학교, 회사, 병원, 군대 등 • 조직의 목표 달성이 가장 중요한 과제로 효율성을 강조 • 강력한 규범체계 • 구성원들의 지위와 역할 분담 및 업무 수행의 절차가 명백함 • 순기능 : 효율적 목표 달성 가능 • 역기능 : 인간을 부속품 취급 → 인간소외현상	• 공식 조직 내 구성원 중 취미, 관심, 성향 등이 유사한 사람들이 모인 자연발생적인 조직 예 사내 동호회, 친목회, 동아리 등 • 공식 조직에 비하여 느슨한 규범체계 • 강한 심리적 애착감, 인격적, 비형식적 • 순기능 : 구성원의 만족감, 조직의 효율성 향상 • 역기능 : 개인의 인간관계가 업무에 부정적 영향을 미칠 수 있음

(3) 자발적 결사체

① 의미 : 공동 목표와 이익 추구를 위해 자발적으로 모인 집단

② 종류

㉠ 친목집단 : 교양, 취미, 친목을 도모하는 집단 예 산악회, 동호회

㉡ 이익집단 : 특정 집단의 이익을 목적으로 하는 집단 예 노동조합, 의사회, 약사회, 변호사회

㉢ 시민단체 : 공익 증진을 목적으로 조직된 집단 예 시민단체, 자원봉사단체

③ 특징

㉠ 가입과 탈퇴가 자유로움

㉡ 자발적 참여와 민주적 조직 운영

㉢ 모든 비공식 조직은 자발적 결사체이지만 모든 자발적 결사체가 비공식 조직은 아님

④ 순기능 : 시민사회 활성화, 다원화, 민주화에 기여

⑤ 역기능 : 배타적 특권 집단화, 집단 이기주의의 가능성

(4) 관료제

① 의미 : 명시적인 규범과 절차를 갖춘 대규모 조직의 운영 원리

② 등장배경 : 복잡한 대규모 사회 조직을 효율적으로 관리하기 위해 등장

③ 특징

㉠ 과업의 전문화(분업)

㉡ 규약과 절차에 따른 업무 수행 예 문서화

㉢ 위계의 서열화(지위 · 역할의 명확한 구별)

㉣ 명확한 책임소재

㉤ 지위 획득의 공평한 기회 보장

㉥ 경력에 따른 보상(연공서열)

④ 순기능

㉠ 과업의 효율적 처리

㉡ 과업의 안정적 처리

㉢ 조직 운영의 예측 가능성

㉣ 업무 수행의 지속 가능성

⑤ 역기능

㉠ 레드 테이프 : 형식과 절차만을 중시하여 복잡하고 불필요한 형식을 강조하는 문서주의

㉡ 피터의 원리 : 연공서열식 승진제도로 무능의 한계 수준까지 승진함

㉢ 파킨슨의 법칙 : 관료 조직은 조직의 효율성과 관련 없이 스스로 비대해짐

㉣ 과두제의 법칙 : 의사결정권이 상위 직급에 지나치게 집중되는 현상

(5) 탈관료제

① 등장배경 : 기술의 발달과 개성과 다양성의 증대로 관료제의 효율성이 저하됨

② 특징

㉠ 개인의 자율성과 창의성 보장

㉡ 수평적 관계 허용

③ 조직 종류

㉠ 팀제 : 빠른 변화에 적응하기 위한 조직으로 일시적인 업무를 위해 신속하게 조직되고 해체됨

㉡ 네트워크형 조직 : 핵심 부서를 중심으로 평등하게 점과 점으로 이어지는 조직으로 지식과 정보를 신속하게 획득할 수 있고 현장 적응 능력이 높아 효율적인 의사결정을 내릴 수 있음

4 일탈 행동의 이해

(1) 일탈

① 의미 : 일반적인 사회 규범이나 기대에서 벗어난 행동, 사회 구성원이 용인할 수 있는 범위를 벗어나는 행동

② 특징 : 상대성

㉠ 일탈 행동에 대한 판단 기준이 시간과 장소에 따라, 가치관의 변화에 따라 다름

㉡ 같은 행동이라도 상황에 따라 일탈 행동으로 판단될 수도 있고, 정상적인 행동으로 판단될 수도 있음

③ 일탈 행동의 영향

㉠ 긍정적 영향

- 사회 변동의 원동력이 될 수 있다.
- 기존 사회 질서나 규범의 모순과 문제점을 표면에 드러내는 역할을 수행할 수 있다.
- 일탈 행동에 대처하는 과정에서 일탈 방지를 위한 사회적 합의나 대안을 마련할 수 있다.

㉡ 부정적 영향

- 사회 구성원으로부터 부정적인 평가를 받는 일탈 행동을 지속하면 사회 부적응에 빠질 우려가 있다.
- 사회적 가치와 규범이 무너져 사회가 무질서 상태에 빠져들 수도 있다.
- 사회 구성원들의 규범 준수 동기나 의지가 약화될 수 있다.

(2) 일탈 행동과 관련된 이론

① 아노미 이론

뒤르켐의 아노미 이론	머튼의 아노미 이론
• 일탈은 사회가 빠르게 변동함에 따라 사회의 지배적 규범 부재, 이를 대체할 만한 규범이 정립되지 않아 사회에 적응하지 못하는 상태에서 발생 • 해결 방안 : 사회 규범의 통제력 회복, 새로운 가치관의 확립 등	• 일탈은 목표는 분명하나 그것을 성취할 만한 적절한 수단이 없을 경우 발생(목표와 수단의 괴리) • 비합법적인 방법으로 목표를 달성하려고 하는 일탈이 발생 • 해결 방안 : 문화적 목표를 이룰 수 있는 적절한 제도적 수단의 제공 등

② 차별적 교제 이론

㉠ 의미 : 문제를 일으키는 집단과의 교류를 통해 일탈적 행위를 학습

㉡ 일탈자의 행동을 긍정(교류○)할 경우 일탈을 학습하고, 부정(교류×)할 경우 일탈을 학습하지 않음

㉢ 한계 : 일탈자와 교류했음에도 일탈 행동을 하지 않는 경우에 대한 설명이 어려움

③ 낙인 이론

㉠ 의미 : 일탈은 사회구성원들에 의해 일탈자로 낙인이 찍힘으로써 발생

㉡ 발생과정 : 1차적(최초) 일탈의 발생 → 1차적 일탈 행위자에 대한 주위 사람들의 부정적 인식 → 일탈 행위자 스스로 일탈자로 인식, 부정적 자아의 형성 → 2차적 일탈의 발생

㉢ 한계 : 1차적 일탈이 발생하는 이유에 대한 설명이 어려움

03 문화와 일상생활

1 문화의 이해

(1) 문화의 의미

좁은 의미의 문화	고급스러운 것, 세련된 것, 편리한 것, 발전된 것, 예술 · 교양 등 특별한 의미를 가진 생활양식
넓은 의미의 문화	사회구성원들이 공유하고 있는 생활양식의 총체

(2) 문화의 속성

① 학습성 : 문화는 후천적으로 학습된 것

② 축적성 : 문화는 언어와 문자 등 상징체계를 통해 전승 · 전달됨

③ 공유성 : 사회구성원에게 공통적으로 나타나는 행동 및 사고방식

④ 전체성(총체성) : 문화는 부분들의 유기적 관계로 하나의 체계를 이룸

⑤ 변동성 : 문화는 시간의 흐름에 따라 계속 변화함

(3) 문화 이해의 관점과 태도

① 문화 이해의 관점

㉠ 총체론적 관점 : 문화의 모든 요소는 유기적으로 연결되어 있다고 보는 관점

㉡ 비교론적 관점 : 어떤 문화를 다른 문화와 비교하여 이해하려는 관점

㉢ 상대론적 관점 : 모든 문화는 고유의 가치와 의미를 지니므로 이를 인정해야 한다는 관점

② 문화 이해의 태도

㉠ 자문화 중심주의 : 자문화의 우수성을 과신하여 타문화를 부정적으로 여기고 업신여기는 태도

㉡ 문화 사대주의 : 타문화를 숭상 · 동경하여 자문화를 평가 절하하는 태도

㉢ 문화 상대주의 : 문화의 다양성 · 상대성을 인정하고 문화를 그 사회의 맥락에서 이해하려는 태도

㉣ 극단적 문화 상대주의 : 문화 상대주의를 극단적으로 주장하며 타문화에 대해서는 어떤 판단도 하지 않고 인정하고 존중해야 한다는 태도

2 현대 사회의 다양한 문화 양상

(1) 하위문화

① 의미 : 한 사회 내에 존재하는 다양한 집단을 단위로 하여 특정 집단에서 나타나는 독특한 문화

② 특징

㉠ 하위문화의 종류가 많을수록 그 사회문화의 다양성이 높아진다.

㉡ 전체 사회의 문화적 다양성을 형성하는 원천으로서 한 사회를 구성하는 지역, 세대, 인종, 민족, 계층 등의 분포를 반영한다.

㉢ 일반적으로 전체 사회가 추구하는 가치에 부합하는 성격을 갖지만, 반문화의 성격을 지닐 수도 있다.

③ 종류 : 청소년문화, 지역문화, 세대문화, 반(反)문화

더 알아보기

전체문화(주류문화)

- 사회의 구성원 대부분이 공유하는 문화로 한 사회 안에서 일반적으로 통용되는 가치관과 행동양식을 말한다.
- 개념상으로 하위문화가 전체문화보다 넓은 범주에 속하는 문화이다.

  예 고개를 숙이는 한국인의 인사법, 합장을 하는 태국인의 인사법, 현재의 유행 등

(2) 반문화

① 의미 : 주류문화를 거부하고 도전하는 집단의 문화

② 특징

㉠ 고립 또는 위협을 통해 나타나거나 공통적인 관심으로 발전함

㉡ 지배 문화 구조의 변동을 유도함으로써 새로운 문화 형성의 계기가 됨

㉢ 시대와 사회에 따라 반문화에 대한 규정이 달라짐

③ 순기능

㉠ 기존 주류문화를 대체하면서 사회 변동을 가져올 수 있음

㉡ 사회문제를 지적하여 사회 발전의 계기가 될 수 있음

④ 역기능 : 기존 주류 문화에 저항하기 때문에 사회혼란을 초래할 수 있음

(3) 대중문화

① 의미 : 대중+매체, 대중 사회가 성립하면서 사회 전체 구성원들이 누리게 된 동질적인 하나의 문화 또는 문화 현상

② 순기능

㉠ 문화민주주의 : 고급문화의 혜택을 다수가 누릴 수 있게 됨

㉡ 보도 및 교육 기능 : 다양한 정보를 제공하고 정치 비판을 활성화시킴

㉢ 문화적 기능 : 대중의 삶에 활력소를 제공함

③ 역기능

㉠ 획일화 : 문화 형태가 기계적으로 대량 생산 · 소비되며 개성과 독창성이 결여된 순종적 · 복종적 인간을 양성함

㉡ 고립화 및 익명화 : 간접적이고 형식적인 인간관계 양성

㉢ 대중 조작 위험성 : 대중매체를 소유하는 국가나 대기업에서 대중매체 장악 · 조작

㉣ 상업성 : 이윤을 추구하는 문화 기업이 대중매체에 개입

(4) 청소년문화

① 의미 : 기성세대와 구분되는 청소년들의 가치관과 행동 양식

② 특징

㉠ 변화 지향적 : 빠른 변화를 선호하고 변화에 잘 적응함

㉡ 저항적 : 기성세대의 문화에 대해 저항적

(5) 지역문화

① 의미 : 특정 지역에서 일어나는 문화 현상으로 지역 사회 특유의 생활 방식

② 기능

㉠ 지역 주민들에게 문화적 정체성 · 일체감 · 자부심 부여

㉡ 전체문화에 대한 문화적 다양성 제공 → 현재는 정보통신의 발달로 문화 동질화 현상이 나타남

3 문화 변동의 이해

(1) 문화 변동의 원인

① 내부적 요인

㉠ 발명 : 이전에 없었던 새로운 문화요소를 만들어 내는 것 예 바퀴, 자동차, 인터넷 등

㉡ 발견 : 이미 존재하고 있지만 아직 알려지지 않은 것을 찾거나 알아냄 예 불, 전기 등

② 외부적 요인

㉠ 직접 전파 : 두 문화의 직접적 접촉을 통한 전파

㉡ 간접 전파 : 매개체를 통한 전파

㉢ 자극 전파 : 외부의 전파에 자극을 받아 새로운 발명이 일어나는 것

(2) 문화 변동의 과정과 양상

① **내재적 변동** : 새롭게 등장한 문화 요소와 기존 요소의 상호작용

② **외재적 변동** : 서로 다른 두 문화가 만나 장기간 접촉하면서 일어나는 문화 변동

㉠ 강제적 문화 접변 : 정복이나 식민 통치

㉡ 자발적 문화 접변 : 스스로의 필요에 따라 수용하는 것

③ 문화 변동의 양상

㉠ 문화 동화 : 접촉한 두 문화 중 한 문화가 다른 문화에 흡수되는 것

㉡ 문화 융합 : 서로 다른 두 문화가 만나 새로운 제3의 문화가 나타나는 것

㉢ 문화 공존 : 새로운 문화와 기존 문화가 함께 존재

(3) 문화 변동 과정에서 일어날 수 있는 문제

① **문화 지체 현상** : 물질 문화의 급속한 변동에 비해 비물질 문화의 완만한 변동으로 발전 속도의 차이가 커지는 부조화 현상

② **아노미 현상** : 급격한 문화 변동으로 기존의 사회 규범이 무너지면서 그를 대체할 새로운 규범이 확립되지 않아 혼란스러운 상태

04 사회 계층과 불평등

1 사회 불평등 현상의 이해

(1) 사회 불평등 현상

① 의미 : 사회 구성원 간에 사회적 자원(학력, 소득, 지위, 권력 등)이 불평등하게 분배되어 있는 현상

② 불평등의 배경

㉠ 개인적 차이 : 출신 배경, 학력

㉡ 사회적 차이 : 불평등한 분배 구조, 사회적 희소가치

③ 특징

㉠ 개인뿐만 아니라 집단 간에도 나타난다.

㉡ 정도의 차이는 있지만 사회 불평등 현상은 어느 사회에서나 나타난다.

㉢ 사회 구성원 간 경쟁을 유발하여 사회적 효율성을 높여 주기도 하지만 갈등을 유발하여 사회 통합을 저해할 수 있다.

④ 형태

㉠ 경제적 불평등 : 소득이나 재산 등 사회적 가치가 차등 분배됨으로써 나타나는 불평등

㉡ 정치적 불평등 : 사회 구성원이 그 사회의 의사 결정에 영향을 미칠 수 있는 권력의 소유와 행사에 있어서의 불평등

㉢ 사회 · 문화적 불평등 : 사회적 위신이나 명예, 건강, 문화 및 여가 생활 등과 같은 사회 · 문화적 자원이 차등적으로 분배됨으로써 나타나는 불평등

(2) 사회 계층화 현상

① 의미 : 사회 불평등 현상에 의해 사회 구성원들이 희소가치의 소유 정도에 따라 서열화되어 있는 현상

② 원인 : 사회적 자원의 희소성, 개인의 능력 및 노력의 차이

③ 특징 : 시대와 사회를 초월하여 일반적으로 나타나는 현상이며, 요인과 양상은 시대와 사회에 따라 다양하게 나타난다.

④ 사회 계층화 현상의 변화

㉠ 전통사회 : 가문, 혈통, 성별 등 선천적 요인에 의해 결정된 개인의 신분이 사회 계층화 현상의 원인이 됨 예 조선시대 신분제도, 인도의 카스트 제도, 중세 유럽의 봉건제도

㉡ 근대 이후의 사회 : 개인의 능력과 업적, 성취 등 후천적 요인에 의해 사회 계층화 현상의 원인이 됨 예 근대 유럽의 산업사회, 현대 자유 민주주의 사회 등

(3) 계급론과 계층론

구분	계급론	계층론
서열화 기준	생산수단의 소유 여부에 따라 지배 계급(자본가)과 피지배 계급(노동자)로 구분 → 일원론	경제적 계급, 사회적 지위, 정치적 권력 소유 여부 등 다양한 사회적 희소가치에 따라 상층, 중층, 하층으로 구분 → 다원론
학자	칼 마르크스(K. Marx)	막스 베버(M. Weber)
특징	• 자본가(유산자)와 노동자(무산자)의 대립 • 사회 이동의 가능성이 매우 제한적 • 같은 계급에 속한 사람들 간 계급의식이 강조 • 계급 간 생산 수단을 둘러싼 갈등 · 대립 관계가 사회 변혁의 원동력이 된다고 봄	• 각 계층의 구분은 단순한 분류의 의미 • 복합적 · 연속적으로 계층을 상층, 중층, 하층으로 구분 • 계급론보다 사회 이동의 가능성이 높음 • 동일 계층에 속한 사람들 간의 계층의식이 낮음 • 현대 사회의 지위불일치 현상을 설명하는 데 적합

(4) 사회 계층화 현상을 보는 관점

구분	기능론적 관점	갈등론적 관점
전제	• 사회의 직업들은 기능적 중요도가 다름 • 차등적 보상 체계에 따라 더 중요한 직업을 수행하는 사람들에게 더 많은 사회적 희소가치가 분배 → 보편적이고 불가피한 차등 분배	• 사회에 존재하는 직업들의 기능적 중요도는 차이가 없음 • 지배집단이 기득권을 유지하기 위해 특정 직업에 더 많은 가치를 부여하고 더 많은 사회적 희소가치를 가져감 → 보편적이지만 불가피하지 않은 차등 분배
희소가치 배분 기준	개인의 자질과 능력에 따른 합법적 절차로 정당하게 배분	권력, 선천적인 가정 배경과 신분에 따라 강제적으로 배분
사회적 기능	계층화는 개인과 사회가 최선의 기능을 다하도록 하여 사회 유지에 기여	계층화는 사회적 박탈감과 집단 간의 갈등을 유발하여 사회 통합과 발전을 저해함

2 사회 계층 구조와 사회 이동

(1) 사회 계층 구조

① 의미 : 한 사회의 희소한 자원이 차등적으로 분배되고 그러한 불평등 관계가 지속하면서 나타나는 정형화된 구조

② 특징

㉠ 구속성 : 사회 구성원의 행동 양식과 사고방식 등에 커다란 영향을 미친다.

㉡ 지속 : 한번 형성되면 제도화된 형태로서 오랜 기간 지속된다.

(2) 사회 계층 구조의 유형

① 계층 이동 가능성에 따른 구분

폐쇄적 계층 구조	개방적 계층 구조
• 개인의 노력과 관계없이 다른 계층으로 상승하거나 하강할 가능성이 극히 제한된 계층 구조 • 타고난 신분이 개인의 계층적 위치를 결정하는 데 큰 영향을 줌(귀속 지위 중심) • 봉건적 신분제 사회의 계층 구조	• 개인의 능력이나 노력에 따라 다른 계층으로 상승하거나 하강할 가능성이 열려 있는 계층 구조 • 개인의 노력이 계층적 위치를 결정하는 데 큰 영향을 줌(성취 지위 중심) • 현대 민주주의 국가의 계층 구조

② 계층 구성원의 비율에 따른 구분

피라미드형	다이아몬드형
• 하층의 비율이 가장 높고, 상층의 비율이 가장 낮은 형태의 계층 구조 • 소수의 상층이 사회적 자원의 대부분을 독점하고 통제 • 불평등이 심하게 나타나 사회적 안정성이 낮음 • 봉건적 신분제 사회에서 주로 나타나는 계층 구조	• 상층이나 하층보다 중층의 비율이 높은 형태 • 산업화로 사회가 더욱 분화되면서 전문직, 관료직, 사무직 등 중간 계층의 비율이 높아져 나타난 구조 • 상대적으로 높은 비율을 차지하는 중층이 상층과 하층 사이에서 완충 역할을 해 사회가 비교적 안정되어 있음 • 근대 이후 산업 사회에서 나타나는 계층 구조

③ 불평등 정도에 따른 구분

㉠ 완전 불평등형(수직 계층 구조) : 사회 구성원의 계층적 지위가 모두 다름, 동일한 계층적 지위를 가진 집단이 존재하지 않음

㉡ 부분 불평등형(피라미드형) : 하층의 비율이 높고, 상층으로 갈수록 계층 구성원의 비율이 낮아지는 계층 구조

㉢ 부분 평등형(다이아몬드형) : 중층의 비율이 상층, 하층보다 높은 계층 구조

㉣ 완전 평등형(수평 계층 구조) : 사회의 모든 구성원들이 하나의 계층을 형성하고 있는 계층 구조

④ 정보 사회의 계층 구조

타원형	모래시계형
• 계층 간 소득 격차가 감소하여 중층이 대다수를 차지하는 계층 구조 • 정보 사회에 대하여 낙관적 입장에서 예측하는 계층 구조 • 사회적 희소가치의 배분 상태에 대한 불만이 작아 사회 안정을 실현하는 데 유리	• 중층이 몰락하여 중층이 비율이 가장 낮고 소수의 상층과 다수의 하층으로 구성되는 계층 구조 • 정보 사회에 대하여 비관적 입장에서 예측하는 계층 구조 • 중층에서 몰락한 사람들의 상대적 박탈감이 증가하고 사회적 희소가치의 배분으로부터 소외되어 왔던 하층의 불만이 표출되며 극심한 사회 혼란 야기

(3) 사회 이동

구분	종류	의미
이동 방향	수직 이동	계층적 위치의 상승 또는 하강 예 사원 → 회장, 회장 → 사원
	수평 이동	동일한 계층 내에서의 위치 변화 예 총무부 과장 → 영업부 과장
이동 범위	세대 간 이동	부모와 자녀 간에 나타나는 계층적 위치 변화 예 가난한 농부의 아들이 의사가 된 경우
	세대 내 이동	한 개인의 생애 동안에 나타나는 계층적 위치 변화 예 신입사원으로 입사하여 회장이 된 경우
이동 원인	개인적 이동	주어진 계층 내에서 개인의 노력이나 능력에 의한 개인의 위치 변화 예 작은 상점의 주인이 노력하여 큰 상점의 주인이 된 경우
	구조적 이동	전쟁 등 사회 변동에 따라 기존의 계층 구조의 변화로 인한 위치 변화 예 장군 → 전쟁포로, 신분제 폐지로 인해 천민에서 벗어난 경우

3 다양한 사회 불평등 양상

(1) 빈곤 문제

① 구분

㉠ 절대적 빈곤 : 기본적인 의식주 해결이 불가능한 빈곤 상태

㉡ 상대적 빈곤 : 빈부격차와 상대적 박탈감

② 빈곤을 바라보는 관점

㉠ 기능론 : 가난한 사람들의 개인적 특성 때문에 빈곤한 것

㉡ 갈등론 : 사회적 희소가치에 대한 차별적 배분으로 희생되는 것

(2) 성 불평등 문제

① 성의 구분

㉠ 생물학적 성 : 신체적 특성

㉡ 사회 · 문화적 성 : 성에 대해 사회가 부여한 가치관과 기대감

② 성 역할 : 사회가 남성으로서 또는 여성으로서 행해야 할 것으로 기대하는 행동

③ 성 불평등 : 특정한 성에 대해 가지는 편견

④ 성 불평등을 바라보는 관점

㉠ 기능론 : 성별 분업은 자연스러운 현상

㉡ 갈등론 : 여성 차별은 가부장적 사회 구조에서 비롯된 것

(3) 사회적 소수자 문제

① 사회적 소수자 : 사회로부터 구분되어 정치 · 경제 · 사회적으로 불평등한 처우를 받는 자

② 성립 요건

㉠ 구별 가능성 : 신체적 또는 문화적 특성 때문에 다른 사람들과 구별

㉡ 권력의 열세 : 정치 · 경제 · 사회적 영향력이 열세

㉢ 사회적 차별 : 소수자 집단의 구성원이라는 이유로 사회로부터 불합리한 차별을 받음

㉣ 집합적 정체성 : 소수자 자신이 소수자 집단에 소속감을 느낌

③ 사회적 소수자를 바라보는 관점

㉠ 기능론 : 사회 제도의 운영 과정에서 일시적으로 발생하는 의도치 않은 결과

㉡ 갈등론 : 지배 집단의 억압과 강제로 인해 구조적으로 발생

4 사회복지와 복지 제도

(1) 삶의 질

① 의미 : 개인의 주관적 만족감 또는 행복감

② 삶의 질을 결정하는 요인

㉠ 객관적 요소 : 1인당 GDP, 경제성장률, 물가상승률, 교육환경, 근로 생활의 질 등

㉡ 주관적 요소 : 대인 관계, 심리적 행복감

(2) 사회복지의 의미

① 사회복지의 의미 : 사회의 구성원들이 행복하고 안락하게 살 수 있도록 돕는 노력

② 복지 사회 발달 과정

구분	내용
태동기	1883년 독일 비스마르크의 사회보험 제도
정착기	1935년 미국 뉴딜정책 및 사회보장법 제정(선별적 복지)
발전기	1942년 베버리지 보고서(보편적 복지)
위기	1970년 석유 파동, 복지국가의 비효율성(신자유주의)
전환기	생산적 복지, 일하는 복지

(3) 사회복지 제도

사회보험	• 의미 : 국민에게 발생하는 사회적 위험을 보험의 방식으로 대처하여 국민의 건강과 소득을 보장하는 제도 • 대상 : 전체 국민 • 종류 : 고용보험, 건강보험, 국민연금, 산업재해보상보험, 노인장기요양보험 • 특징 : 강제 가입, 능력별 비용 부담, 소득재분배 효과가 있음, 사전예방적 성격 • 비용부담 : 개인+기업+국가

공공부조	• 의미 : 생활 유지 능력이 없거나 생활이 어려운 국민의 최저 생활 보장과 자립 지원을 위해 금전적 · 물질적 급여를 제공하는 제도 • 대상 : 국가가 지정한 빈곤층 • 종류 : 기초생활보장제도, 기초노령연금 • 특징 : 선별적 가입, 소득재분배 효과가 가장 큼, 사후 처방의 성격 • 비용부담 : 국가
사회복지 서비스	• 의미 : 도움이 필요한 모든 국민에게 상담, 재활, 관련 시설의 이용 등 비금전적인 지원을 통해 국민의 삶의 질이 향상되도록 지원하는 제도 • 대상 : 국가나 민간 부문의 도움이 필요한 국민 • 종류 : 아동 복지, 노인 복지, 부녀 복지, 가족 복지, 장애인 복지 • 특징 : 비금전적 지원, 국가 외에 민간 부문(기업)도 참여 가능 • 비용부담 : 원칙=수익자부담, 부담 능력이 없을 경우=국가 부담

05 현대의 사회 변동

1 사회 변동과 사회 운동

(1) 사회 변동

① 의미와 원인

㉠ 의미 : 사회 구조가 전체적으로 변하거나 부분적으로 변하는 것

㉡ 원인 : 기술의 발전, 가치관의 변화, 경제적 요인의 변화, 구성원 간의 갈등, 인구 증감

② 사회 변동의 다양한 양상

㉠ 과학과 기술의 발전 예 농업사회 → 산업혁명 → 산업사회

㉡ 집단 간 갈등 예 흑인인종차별 → 인권운동 → 흑인인권신장

㉢ 가치관이나 이념의 변화 예 계몽사상 → 시민혁명 → 봉건사회 붕괴

㉣ 인구 구조의 변동 예 노인 인구 비중 증가 → 실버산업 활성화

㉤ 자연환경의 변화 예 지구온난화 → 친환경 산업 발전

㉥ 새로운 문화 요소 등장 예 문자의 발명 → 지식의 세대 간 전승 및 축적

③ 사회 변동을 바라보는 관점

㉠ 사회 변동의 방향에 대한 관점

사회진화론	• 사회는 일정 방향으로 진보하며, 진보할수록 점점 복잡성이 증가함 • 사회의 발전 방향을 설명하는 데 유용 • 서구 제국주의를 정당화하는 수단으로 악용 • 비판 : 사회는 퇴보 · 멸망할 수 있고, 문화의 상대성을 인정하지 않음
순환론	• 사회는 시간의 흐름에 따라 생성, 성장, 쇠퇴, 소멸의 과정을 반복 • 사회 변동에 대한 운명론적 역사관 • 비판 : 역사를 너무 거시적 입장에서만 파악하여 단기적인 사회 변동 과정을 설명하지 못함

㉡ 사회 변동에 대한 구조적 관점

기능론	• 사회는 여러 부분들이 각각의 기능을 원활하게 수행할 때 균형을 이루고 안정을 유지 • 사회는 불균형이 생기면 균형을 찾고자 변동함 • 비판 : 급진적 사회 변동 설명 못 함
갈등론	• 사회를 사회적 희소가치를 더 많이 획득하려는 구성원들 간의 대립과 투쟁의 장으로 인식 • 사회는 본능적으로 불안정하고, 갈등에 따른 사회 변동은 자연스러운 현상 • 비판 : 혁명 및 투쟁을 정당화하는 근거로 악용될 수 있으며, 사회 질서와 통합, 상호의존성 등을 경시함

(2) 사회 운동

① 의미 : 사회 문제를 해결하거나 사회 구조를 바꾸기 위해 대중이 조직적 · 집단적으로 벌이는 운동

② 사회 변동과의 관계 : 사회 운동은 사회 변동을 유발하지만, 급격한 사회 변화에 대항하기 위한 사회 운동은 사회 변동의 속도를 늦추기도 함

③ 유형

개혁적 사회 운동	• 기존 사회 질서에 만족하지만 개혁이 필요할 때 발생 • 사회 체계의 일부분을 바꾸려는 제한적 목표를 가짐 예 시민 단체의 사형제 폐지 운동, 소비자 주권 향상 운동 등
혁명적 사회 운동	• 기존 사회 질서에 불만을 가지고 급진적인 변동을 추구할 때 발생 • 현재의 사회 문제를 현 체제 내에서 기존의 권력관계를 유지한 상태로는 해결할 수 없다고 인식, 체제 자체를 변화시키려는 운동 예 프랑스 혁명
복고적(반동적) 사회 운동	• 기존 사회에 새로운 이질적인 요소가 개입하면서 기존의 구성원이 위협을 느낄 때 발생 • 기존 질서를 고수하고 급격한 사회 변화에 대항하기 위한 성격의 사회 운동

2 세계화 및 정보화로 인한 사회 변화

(1) 세계화

① 의미 : 국가 간 교류가 확대되면서 국경을 넘어 전 세계가 하나의 공동체로 통합되어 가는 현상

② 배경 : 교통과 통신의 발달, 국가 간 교류의 증대, 세계 무역 기구의 출범, 국제 사회의 다양한 행위 주체 등장 등

③ 영향

㉠ 긍정적 측면

• 더 많은 상품을 선택하고 다양한 문화를 향유할 기회 증가

• 인류의 보편적 가치가 전 세계로 확산

㉡ 부정적 측면

• 선진국과 개발도상국 간 격차 확대

• 선진국 중심의 일방적 문화 전파로 각국의 문화적 정체성 약화

• 국제기구 등의 영향으로 개별 국가의 자율성 침해 등

(2) 정보화

① 의미 : 정보 통신 기술의 급격한 발전으로 사회 전반에서 지식과 정보가 차지하는 비중이 증대되는 현상

② 영향

㉠ 긍정적 측면

- 정치 참여 기회 확대
- 국가 간 · 계층 간 소득 격차 완화
- 업무의 편리성과 효율성 증대
- 문화적 다양성 증대

㉡ 부정적 측면

- 정부의 감시와 통제 강화, 사생활 침해 문제의 우려
- 정보 격차로 인한 사회적 · 경제적 불평등 심화
- 정보의 오남용 문제, 잘못된 정보로 인한 폐해 확산
- 피상적 인간관계의 확산

3 저출산 · 고령화와 다문화적 변화

(1) 저출산

① 의미 : 합계 출산율이 하락하는 현상

② 배경 : 초혼 연령의 상승, 독신 인구 증가, 혼인 · 출산에 대한 가치관 변화, 출산 · 양육에 대한 부담 증가

③ 문제 : 생산 가능 인구 감소 → 국민 경제의 활력 저하, 저성장 등

(2) 고령화

① 의미 : 전체 인구에서 65세 이상 인구의 비율이 증가하는 현상

② 배경 : 의료기술 발달 및 생활 수준 향상에 따른 평균 수명의 증가, 저출산 현상의 심화

③ 문제 : 노년 부양비 증가, 세대 간 갈등 심화, 노인 빈곤문제, 국가 재정 부담 증가

(3) 다문화 사회

① 의미 : 다양한 인종 · 종교 · 문화를 가진 사람들이 공존하는 사회

② 배경 : 국제결혼의 증가, 세계화로 인한 교류 활성화, 노동력의 자유로운 이동 등

③ 영향

㉠ 긍정적 측면 : 문화 다양성 확대

㉡ 부정적 측면 : 집단 간 갈등 증가, 외국인 이주에 대한 편견과 차별

4 전 지구적 수준의 문제와 세계시민

(1) 전 지구적 수준의 문제

환경문제	• 지구온난화, 사막화, 열대 우림의 파괴 등 • 지속 가능한 개발, 국제 사회의 유기적 대응, 개인적 · 사회적 관심과 노력 필요
자원문제	• 에너지 자원 부족, 식량 부족, 자원을 둘러싼 분쟁 • 자원 절약, 청정에너지 개발 및 보급 확대, 국제 사회의 노력 필요
전쟁과 테러	• 전쟁 : 국가나 집단이 전면적으로 참여하여 폭력을 행사하는 행위 • 테러 : 특정 목표를 가진 소규모 집단 또는 개인이 폭력을 행사하는 행위

(2) 지속 가능한 사회

① 의미 : 미래 세대가 자신들의 필요를 충족시키기 위해 갖춰야 할 여건을 저해하지 않으면서, 현재 세대가 필요로 하는 다양한 욕구를 충족시키지 않는 사회

② 지속 가능한 사회의 실현을 위해 지속 가능한 개발의 필요성 증대

(3) 세계시민 의식

① 의미 : 공동체 의식을 바탕으로 다양한 지구촌의 문제에 관심을 가지고 적극적으로 해결하려는 시민의식

② 전 지구적 수준의 문제에 지속적인 관심을 가지고, 국가를 초월한 반성과 참여 및 연대를 할 수 있어야 함

③ 특정한 이해관계를 초월하여 보편적인 가치를 추구하고 그것을 위해 행동하는 시민성을 갖추어야 함

MEMO

조리직 공무원 한권합격

문제편

제1과목 국어

제2과목 한국사

제3과목 사회

제1과목

국어

01 문법

001 〈보기 1〉의 사례와 〈보기 2〉의 언어 특성이 가장 잘못 짝지어진 것은?

〈보기 1〉

(가) '방송(放送)'은 '석방'에서 '보도'로 의미가 변하였다.
(나) '밥'이라는 의미의 말소리 [밥]을 내 마음대로 [법]으로 바꾸면 다른 사람들은 '밥'이라는 의미로 이해할 수 없다.
(다) '종이가 찢어졌어'라는 말을 배운 아이는 '책이 찢어졌어'라는 새로운 문장을 만들어낸다.
(라) '오늘'이라는 의미를 가진 말을 한국어에서는 '오늘[오늘]', 영어에서는 'today(투데이)'라고 한다.

〈보기 2〉

㉠ 규칙성　　㉡ 역사성
㉢ 창조성　　㉣ 사회성

① (가) – ㉡　　② (나) – ㉣
③ (다) – ㉢　　④ (라) – ㉠

해설

④ (라)는 언어에 따라 같은 의미에 대한 기호가 자의적으로 결합되는 사례로 '언어의 자의성'에 해당된다.
① (가)는 시간의 흐름에 따라 어휘가 의미가 변화하는 양상을 보여주므로 ㉡ '언어의 역사성'과 관련이 있다.
② (나)는 사회적 약속을 어기고 대상을 마음대로 다른 기호로 표현하면 사회 구성원들 간에 의사소통이 되지 않는다는 것으로 ㉣ '언어의 사회성'의 예로 볼 수 있다.
③ (다)는 문장의 구조에 대한 이해를 바탕으로 한정된 어휘로 서로 다른 문장을 생성하는 예이므로 ㉢ '언어의 창조성'과 관련이 있다.

정답 ④

002 설명이 옳지 않은 것은?

① 'ㄴ, ㅁ, ㅇ'은 유음이다.
② 'ㅅ, ㅆ, ㅎ'은 마찰음이다.
③ 'ㅡ, ㅓ, ㅏ'는 후설 모음이다.
④ 'ㅟ, ㅚ, ㅗ, ㅜ'는 원순 모음이다.

해설
① 'ㄴ, ㅁ, ㅇ'은 입안의 통로를 막고 코로 공기를 내보내면서 내는 소리인 '비음'이다. 혀끝을 윗잇몸에 댄 채 공기를 양 옆으로 흘려 내보내면서 내는 소리인 '유음'에 해당하는 자음은 'ㄹ'이다.

정답 ①

003 국어의 음운 현상에는 아래의 네 가지 유형이 있다. 〈보기〉의 (가)와 (나)에 해당하는 음운 현상의 유형을 순서대로 고르면?

㉠ XAY → XBY(대치)
㉡ XAY → X∅Y(탈락)
㉢ X∅Y → XAY(첨가)
㉣ XABY → XCY(축약)

〈보 기〉
솥+하고 → [솓하고] → [소타고]
(가) (나)

① ㉠, ㉡ ② ㉠, ㉣
③ ㉡, ㉢ ④ ㉣, ㉡

해설
② (가)의 과정에서 'ㅌ'이 음절의 끝소리 규칙에 따라 대표음 'ㄷ'으로 대치되었으며, (나)의 과정에서 'ㄷ'과 'ㅎ'이 축약되어 'ㅌ'이 되었다.

정답 ②

004 소리 나는 대로 바르게 표기한 것으로 옳은 것은?

① 떫다[떨따], 넓다[널따], 밟도록[발또록]

② 통닭[통닥], 흙과[흑꽈], 묽고[묵꼬]

③ 밭이[바치], 밭을[바틀], 벼훑이[벼훌치]

④ 말재주[말째주], 보름달[보름딸], 등용문[등농문]

해설

① '밟-'은 자음 앞에서 [밥]으로 발음한다. 따라서 [밥또록]으로 발음된다.

② 용언의 어간 말음 'ㄺ'은 'ㄱ' 앞에서 [ㄹ]로 발음한다. 따라서 [물꼬]로 발음된다.

④ [등농문](×) → [등용문](○)

표준어 규정 제4장 제10항

겹받침 'ㄳ', 'ㄵ', 'ㄼ, ㄽ, ㄾ', 'ㅄ'은 어말 또는 자음 앞에서 각각 [ㄱ, ㄴ, ㄹ, ㅂ]으로 발음한다.

넋[넉]	넋과[넉꽈]	앉다[안따]	넓다[널따]
외곬[외골]	핥다[할따]	값[갑]	없다[업:따]

다만, '밟-'은 자음 앞에서 [밥]으로 발음하고, '넓-'은 다음과 같은 경우에 [넙]으로 발음한다.

넓-	+	복합어	→	[넙]

예 밟다[밥따], 밟고[밥꼬]/넓죽하다[넙쭈카다], 넓둥글다[넙뚱글다]

표준어 규정 제4장 제11항

겹받침 'ㄺ, ㄻ, ㄿ'은 어말 또는 자음 앞에서 각각 [ㄱ, ㅁ, ㅂ]으로 발음한다.

닭[닥]	흙과[흑꽈]	맑다[막따]	늙지[늑찌]
삶[삼:]	젊다[점:따]	읊고[읍꼬]	읊다[읍따]

다만, 용언의 어간 말음 'ㄺ'은 'ㄱ' 앞에서 [ㄹ]로 발음한다.

맑게[말께]	묽고[물꼬]	얽거나[얼꺼나]

정답 ③

005 밑줄 친 말의 품사가 같은 것으로만 묶인 것은?

> 개나리꽃이 ㉠ 흐드러지게 핀 교정에서 친구들과 ㉡ 찍은 사진은, 그때 느꼈던 ㉢ 설레는 행복감은 물론, 대기 중에 ㉣ 충만한 봄의 기운, 친구들과의 악의 ㉤ 없는 농지거리, 벌들의 잉잉거림까지 현장에 있는 것과 다름없이 느끼게 해 준다.

① ㉠, ㉢, ㉣
② ㉠, ㉣, ㉤
③ ㉡, ㉢, ㉤
④ ㉢, ㉣, ㉤

해설
② ㉠ 흐드러지게(흐드러지다), ㉣ 충만한(충만하다), ㉤ 없는(없다) → 형용사
㉠ 흐드러지다 : '매우 탐스럽거나 한창 성하다.', '매우 흐뭇하거나 푸지다.'의 의미로 사물의 성질이나 상태를 나타내므로 형용사이다.
㉣ 충만하다 : '한껏 차서 가득하다.'의 의미로 역시 사물의 성질이나 상태를 나타내므로 형용사이다.
㉤ 없다 : '어떤 일이나 현상이나 증상 따위가 생겨 나타나지 않은 상태이다.' 등의 의미로 형용사이다.
㉡ 찍다 : 어떤 대상을 촬영기로 비추어 그 모양을 옮기는 동작을 나타내며 명령형과 청유형이 가능한 동사이다.
㉢ 설레는 : 현재 관형사형 어미 '-는'이 붙었으므로 동사이다.

정답 ②

006 밑줄 친 부분에 해당하는 것은?

> '-ㅁ/-음'은 'ㄹ'을 제외한 받침 있는 용언의 어간이나 어미 '-었-', '-겠-' 뒤에 붙어, 그 말이 명사 구실을 하게 하는 어미로 쓰이는 경우와, 어간 말음이 자음인 용언 어간 뒤에 붙어 명사를 만드는 접미사로 쓰이는 경우가 있다.

① 그는 수줍음이 많은 사람이다.
② 그는 죽음을 각오하고 일에 매달렸다.
③ 태산이 높음을 사람들은 알지 못한다.
④ 나라를 위해 젊음을 바친 사람이 애국자다.

해설
③ '높음'은 형용사이며, 이때 '-음'은 '높다'의 명사형 어미이다.
①·②·④ 모두 명사로, 이때 '-음'은 명사 파생 접미사에 해당한다.

정답 ③

007 다음 〈보기〉에 제시된 단어들과 단어 형성 원리가 같은 것은?

> **〈보 기〉**
> 개살구, 헛웃음, 낚시질, 지우개

① 건어물(乾魚物)
② 금지곡(禁止曲)
③ 한자음(漢字音)
④ 핵폭발(核爆發)

해설
〈보기〉에 제시된 단어들은 파생어로, 개살구(개+살구), 헛웃음(헛+웃음)은 접두파생어이며, 낚시질(낚시+질), 지우개(지우+개)는 접미파생어이다.
① '건어물'은 접두파생어이다.
- 개–살구 : '야생 상태의' 또는 '질이 떨어지는', '흡사하지만 다른'의 뜻을 더하는 접두사이다.
- 헛–웃음 : '이유 없는', '보람 없는'의 뜻을 더하는 접두사이다.
- 낚시–질 : '그 도구를 가지고 하는 일'의 뜻을 더하는 접미사이다.
- 지우–개 : '그러한 행위를 하는 간단한 도구'의 뜻을 더하고 명사를 만드는 접미사이다.

②·③·④ 어근과 어근이 결합된 합성어이다.

정답 ①

008 비통사적 합성어로만 묶인 것은?

① 열쇠, 새빨갛다
② 덮밥, 짙푸르다
③ 감발, 돌아가다
④ 젊은이, 가로막다

해설
② '덮밥'과 '짙푸르다'는 모두 비통사적 합성어이다.
- 덮밥(비통사적 합성어) : 덮–+(–은)+밥
  → 관형사형 어미 '–은'이 생략되고, 바로 어근 '덮–'과 어근 '밥'이 결합하였다.
- 짙푸르다(비통사적 합성어) : 짙–+(–고)+푸르다
  → 연결 어미 '–고'가 생략되고, 바로 어근 '짙–'과 '푸르다'가 결합하였다.

① '열쇠'는 통사적 합성어이고, '새빨갛다'는 파생어이다.
- 열쇠(통사적 합성어) : 열–+ㄹ+쇠
  → 열다의 어근 '열–'에 관형사형 어미 '–ㄹ'이 붙어 어근 '쇠'와 결합하였다.
- 새빨갛다(파생어) : 새+빨갛다
  → 접두사 '새–'와 '빨갛다'가 결합한 형태이다.

③ '감발'은 비통사적 합성어이고, '돌아가다'는 통사적 합성어이다.
- 감발(비통사적 합성어) : 감−+(−은)+발
  → 관형사형 어미 '−은'이 생략된 비통사적 합성어이다.
- 돌아가다(통사적 합성어) : 돌−+−아+가다
  → '돌다'와 '가다'의 연결 어미 '−아'가 붙어 연결된 형태이다.

④ '젊은이'와 '가로막다'는 통사적 합성어이다.
- 젊은이(통사적 합성어) : 젊−+은+이
  → '젊다'는 어근 '젊−'에 어미 '−ㄴ'이 붙어 어근 '이'와 결합한 형태이다.
- 가로막다(통사적 합성어) : 가로+막다
  → 부사 '가로'가 뒤의 용언 '막다'를 수식한 형태이다.

정답 ②

009 단어에 대한 설명으로 옳지 않은 것은?

① '바다', '맑다'는 어근이 하나인 단일어이다.
② '회덮밥'은 파생어 '덮밥'에 새로운 어근 '회'가 결합된 합성어이다.
③ '곁눈질'은 합성어 '곁눈'에 접미사 '−질'이 결합된 파생어이다.
④ '웃음'은 어근 '웃−'에 접미사 '−음'이 붙어 명사가 된 파생어이다.

해설

② '덮밥'은 어근 '덮−'과 어근 '밥'이 결합한 비통사적 합성어이다. 따라서 '회덮밥'은 합성어 '덮밥'에 어근 '회'가 결합된 합성어이다.
① '바다'는 하나의 실질형태소로 된 단일어이고, '맑다'는 실질형태소가 '맑−' 하나인 단일어이다.
③ '곁눈'은 명사 '곁'과 명사 '눈'의 합성어이다. 또한 '곁눈질'은 '곁눈'에 접사 '−질'이 결합한 파생어이다.
④ '웃음'은 어근 '웃−'에 명사 파생 접미사 '−음'이 결합한 파생어이다.

정답 ②

010 밑줄 친 보조사의 의미를 설명한 것으로 옳지 않은 것은?

① 그렇게 천천히 가다가는 지각하겠다.
   − 는 : 어떤 대상이 다른 것과 대조됨을 나타냄
② 웃지만 말고 다른 말을 좀 해 보아라.
   − 만 : 다른 것으로부터 제한하여 어느 것을 한정함을 나타냄
③ 단추는 단추대로 모아 두어야 한다.
   − 대로 : 따로따로 구별됨을 나타냄
④ 비가 오는데 바람조차 부는구나.
   − 조차 : 이미 어떤 것이 포함되고 그 위에 더함을 나타냄

해설

① 밑줄 친 '는'은 (받침 없는 체언이나 부사어, 일부 연결 어미 뒤에 붙어) 강조의 뜻을 나타내는 보조사이다.

- 보조사 '는'이 어떤 대상이 다른 것과 대조됨을 나타내는 경우
  예 사과는 먹어도 배는 먹지 마라. / 산에는 눈 내리고 들에는 비 내린다.

② 보조사 '만'

- 다른 것으로부터 제한하여 어느 것을 한정함을 나타내는 보조사
  예 하루 종일 잠만 잤더니 머리가 띵했다.
- 무엇을 강조하는 뜻을 나타내는 보조사
  예 그를 만나야만 모든 문제가 해결될 수 있다.
- 화자가 기대하는 마지막 선을 나타내는 보조사
  예 열 장의 복권 중에서 하나만 당첨되어도 바랄 것이 없다.
- ('하다', '못하다'와 함께 쓰여) 앞말이 나타내는 대상이나 내용 정도에 달함을 나타내는 보조사
  예 집채만 한 파도가 몰려온다.
- ('-어도', '-으면'의 앞에 쓰여) 어떤 것이 이루어지거나 어떤 상태가 되기 위한 조건을 나타내는 보조사
  예 너무 피곤해서 눈만 감아도 잠이 올 것 같다.

③ 보조사 '대로'

- 따로따로 구별됨을 나타내는 보조사
  예 너는 너대로 나는 나대로 서로 상관 말고 살자.
- 앞에 오는 말에 근거하거나 달라짐이 없음을 나타내는 보조사
  예 처벌하려면 법대로 해라.

④ 보조사 '조차'

(흔히 체언 뒤에 붙어) 이미 어떤 것이 포함되고 그 위에 더함의 뜻을 나타내는 보조사
예 그렇게 공부만 하던 철수조차 시험에 떨어졌다.

정답 ①

011 밑줄 친 부분 중 보조 용언이 결합되지 않은 것은?

① 창문 너머로 날이 밝아 온다.
② 동생이 내 과자를 먹어 버렸다.
③ 우체국에 들러 선배의 편지를 부쳐 주었다.
④ 그는 환갑이 지났지만 40대처럼 젊어 보인다.

해설

④ '젊어 보인다'는 '본동사+본동사' 구조이다. '보이다'는 '대상을 평가하다.'의 의미인 '보다'의 피동 형태이다.
① '밝아 오다'에서 '오다'는 보조동사로 앞의 본동사가 계속 진행됨을 나타낸다.
② '먹어 버렸다'에서 '버렸다'는 보조동사로 본동사의 행동이 이미 끝났음을 나타낸다.
③ '부쳐 주었다'에서 '주다'는 보조동사이며, 다른 사람을 위해 어떤 행동을 함을 나타낸다.

정답 ④

012 "숙희야, 내가 선생님께 꽃다발을 드렸다."의 문장을 다음 규칙에 따라 옳게 표시한 것은?

> 우리말에는 주체 높임, 객체 높임, 상대 높임 등이 있다. 주체 높임과 객체 높임의 경우 높임은 +로, 높임이 아닌 것은 −로 표시하고 상대 높임의 경우 반말체를 −로, 해요체를 +로 표시한다.

① [주체 −], [객체 +], [상대 −]
② [주체 +], [객체 −], [상대 +]
③ [주체 −], [객체 +], [상대 +]
④ [주체 +], [객체 −], [상대 −]

해설

> 숙희야, 내가 선생님께 꽃다발을 드렸다.

- 주체는 '나(내가)'로 나에 대한 높임이 나타나지 않으므로 [주체 −]로 표시한다.
- 객체는 '선생님'으로, '선생님께'에서 '께'라는 객체 높임, '드렸다'에서 '드리다'와 같이 객체를 높이는 특수 어휘가 사용되었다. 그러므로 [객체 +]로 표시한다.
- '드렸다'에서 '−다'라는 반말체(반말 격식 해라체)로 말하고 있으므로 [상대 −]로 표시한다.

정답 ①

013 다음 중 〈보기〉에 대한 이해로 적절하지 않은 것은?

〈보 기〉

주동문	㉠ 아이가 밥을 먹었다. ↓	㉢ 마당이 넓다. ↓
사동문	㉡ 어머니가 아이에게 밥을 먹게 하였다.	㉣ 인부들이 마당을 넓혔다.

① ㉡, ㉣을 보니, 사동문에는 두 가지 유형이 있군.
② ㉡, ㉣을 보니, 주동문의 주어는 사동문에서 다른 문장 성분으로 나타날 수 있군.
③ 〈보기〉를 보니, 동사만 사동화될 수 있군.
④ 〈보기〉를 보니, 주동문을 사동문으로 바꾸면 서술어의 자릿수가 변화할 수 있군.

해설

③ '넓다'는 형용사이고, '넓다'에 사동 접사 '-히-'가 붙은 '넓히다'는 동사이므로 동사만 사동화될 수 있다는 말은 적절하지 않다.

① ⓒ은 '-게 하다'가 결합된 통사적 사동문이고, ⓔ은 '사동 접사'가 결합된 파생적 사동문이다.

② • ⓛ : 주동문(ⓞ)의 주어 '아이가'가 사동문에서는 '아이에게'라는 부사어로 실현된다.
   • ⓔ : 주동문(ⓒ)의 주어 '마당이'가 사동문에서는 '마당을'이라는 목적어로 실현된다.

④ • ⓞ : 두 자리 서술어이다.
   • ⓛ : '누가, 누구에게, 무엇을'이 필요한 세 자리 서술어이다.
   • ⓒ : 한 자리 서술어이다.
   • ⓔ : '누가, 무엇을'이 필요한 두 자리 서술어이다.

정답 ③

014 중의적인 문장이 <u>아닌</u> 것은?

① 아내들은 남편들보다 아이들을 더 사랑한다.
② 사랑하는 조국의 딸들이여!
③ 그는 자기가 맡은 과제를 다 처리하지 못했다.
④ 그것은 아무리 노력해도 소용없는 일이다.

해설

① 비교의 대상이 중의적이다. 남편들이 아이들을 사랑하는 것보다 더 사랑한다는 뜻인지, 남편을 사랑하는 것보다 아이들을 더 사랑한다는 것인지 두 가지 의미가 다 담겨져 있다.
② 수식하는 대상이 중의적이다. 사랑하는 대상이 조국인지 딸들인지 모호하다.
③ 과제를 하나도 처리하지 못했다는 것인지, 맡은 부분의 일부만을 처리했다는 뜻인지 중의적이다.

정답 ④

015 다음은 국어의 부정(否定) 표현에 대한 설명이다. ㉠~㉣의 예시로 적절하지 않은 것은?

> 부정의 의미를 나타내기 위하여 가장 많이 사용하는 방법은 이른바 부정소라고 불리는 ㉠ 부정 부사나 부정 서술어를 사용하는 경우이다. 그러나 이밖에도 ㉡ 부정의 의미를 가지는 접두사를 이용하기도 하고 부정의 뜻을 가지는 어휘를 이용하여 부정의 의미를 나타내기도 한다. 더욱이 우리말에는 ㉢ 부정소를 사용하지 않아도 부정의 의미를 내포하는 경우도 있고 반대로 ㉣ 부정소를 사용하였더라도 의미상으로는 긍정인 경우도 있다.

① ㉠ : 너무 시끄럽게 떠들지 마라.
② ㉡ : 이번 계획은 너무나 비교육적이다.
③ ㉢ : 제가 어찌 그 일을 하지 않을 수 있겠습니까?
④ ㉣ : 그가 이번 일을 그렇게 못 하지는 않았다.

해설
③ ㉢ : 반어적 의문형으로 그 일에 대한 강력한 긍정(저는 그 일을 당연히 할 수밖에 없습니다.)을 내포하고 있다.
① ㉠ : 명령과 청유에 사용하는 '말다' 부정을 사용한 예이다.
② ㉡ : 접두사 '비(非)-'를 활용한 예이다.
④ ㉣ : 그럭저럭 했다는 의미를 가진다.

정답 ③

016 안긴문장이 주성분으로 쓰이지 않은 것은?

① 그 학교는 교정이 넓다.
② 농부들은 비가 오기를 학수고대했다.
③ 아이들이 놀다 간 자리는 항상 어지럽다.
④ 대화가 어디로 튈지 아무도 몰랐다.

해설
③ 안긴문장인 '아이들이 놀다 간'은 주어 '자리'를 수식하는 관형어의 역할을 하는 관형절이다.
① '그 학교는 교정이 넓다.'는 '주어+주어+서술어'의 구조이다. 여기서 '교정이 넓다.'는 서술절로 문장 전체의 서술어 역할을 하므로 주성분이다.
② '농부들은 비가 오기를 학수고대했다.'에서 명사절 '비가 오기를'은 문장의 목적어 역할을 하고 있으므로 주성분이다.
④ '대화가 어디로 튈지 아무도 몰랐다.'에서 '대화가 어디로 튈지'는 안은문장의 서술어 '몰랐다'의 목적어 역할을 하고 있으므로 주성분이다.

정답 ③

017 다음의 밑줄 친 부분이 〈보기〉의 ㉠과 가장 유사한 의미로 쓰인 것은?

> **〈보 기〉**
> 그는 집에 갈 때 자동차를 ㉠ 타지 않고 걸어서 간다.

① 그는 남들과는 다른 비범한 재능을 타고 태어났다.
② 그는 가야금을 발가락으로 탈 줄 아는 재주가 있다.
③ 그는 어릴 적부터 남들 앞에 서면 부끄럼을 잘 탔다.
④ 그는 감시가 소홀한 야밤을 타서 먼 곳으로 갔다.

해설

④ 동음이의어와 다의어의 관계를 묻는 문제이다. ㉠의 '타다'는 '탈것이나 짐승의 등 따위에 몸을 얹다.'라는 가장 기본적인 의미이고, 이 의미에서 '어떤 조건이나 시간, 기회 등을 이용하다.'라는 뜻의 ④의 의미가 파생했다.
① 타다 : 몫으로 주는 돈이나 물건 따위를 받다. 복이나 재주, 운명 등을 선천적으로 지니다.
② 타다 : 악기의 줄을 퉁기거나 건반을 눌러 소리를 내다.
③ 타다 : 부끄럼이나 노여움 등의 감정이나 간지럼 따위의 육체적 느낌을 쉽게 느끼다.

정답 ④

018 밑줄 친 말의 문맥적 의미가 같은 것은?

> 고장 난 시계를 고치다.

① 부엌을 입식으로 고치다.
② 상호를 순우리말로 고치다.
③ 정비소에서 자동차를 고치다.
④ 국민 생활에 불편을 주는 낡은 법을 고치다.

해설

③ 제시문의 밑줄 친 '고치다'는 '고장이 나거나 못 쓰게 된 물건을 손질하여 제대로 되게 하다.'의 의미이다. 이와 문맥적 의미가 같은 것은 '~ 자동차를 고치다.'의 '고치다'이다.
① 본디의 것을 손질하여 다른 것이 되게 하다.
②·④ 이름, 제도 따위를 바꾸다.

정답 ③

019 밑줄 친 부분의 의미 관계가 나머지 셋과 다른 것은?

① 세 시간이 흐르도록 분분했던 의견들이 마침내 하나로 합치하였다.
② 아무리 논리적 사고라 하더라도 거기에는 비판이 따르게 마련이다.
③ 사회적 지위가 높은 사람이 보여주는 겸손은 가끔 오만으로 비칠 수도 있다.
④ 결미에 제시된 결론이 모두에서 진술한 내용과 관련을 맺는다면 좀 더 긴밀한 구성이 될 것이다.

해설

② '사고'와 '비판'은 특별한 의미 관계를 이루지 않는다. '사고'는 '생각하고 궁리함'의 뜻이고, '비판'은 '사물의 옳고 그름을 판단하여 밝히거나 잘못된 점을 지적함'의 뜻을 가진다.
① '분분'과 '합치'는 반의 관계에 있다.
- 분분 : '분분하다'의 어근. 소문, 의견 따위가 많아 갈피를 잡을 수 없음
- 합치 : 의견이나 주장 등이 서로 잘맞아 일치함

③ '겸손'과 '오만'은 반의 관계에 있다.
- 겸손 : 남을 존중하고 자기를 내세우지 않는 태도
- 오만 : 태도나 행동이 건방지거나 거만함

④ '결미'와 '모두'는 반의 관계에 있다.
- 결미 : 글이나 문서 따위의 끝 부분
- 모두 : 말이나 글의 첫머리

정답 ②

020 설명이 옳지 않은 것은?

① 표준어 규정에 의거하여 '넓다'는 [널따], '밝다'는 [박따], '밟고'는 [밥:꼬], '값을'은 [갑쓸]로 발음한다.
② 외래어 표기법에 의거하여 'cake'은 '케잌', 'boat'는 '보우트', 'juice'는 쥬스, 'alcohol'은 '알콜'로 쓴다.
③ 한글 맞춤법에 따르면 'ㄱ'의 이름은 '기역', 'ㄷ'의 이름은 '디귿', 'ㅅ'의 이름은 '시옷', 'ㅌ'의 이름은 '티읕'이다.
④ 로마자 표기법 규정에 의거하여 '광희문'은 'Gwanghuimun', '호법'은 'Hobeop', '종로'(지명)는 'Jongno', '독도'는 'Dokdo'로 적는다.

해설

② 케이크(cake), 보트(boat), 주스(juice), 알코올(alcohol)

무성 파열음 '[p], [t], [k]'(외래어 표기법 제3장 제1절 제1항)

• 짧은 모음 다음의 어말 무성 파열음([p], [t], [k])은 받침으로 적는다.

gap[gæp] 갭	cat[kæt] 캣	book[buk] 북

• 짧은 모음과 유음 · 비음([l], [r], [m], [n]) 이외의 자음 사이에 오는 무성 파열음([p], [t], [k])은 받침으로 적는다.

apt[æpt] 앱트	setback[setbæk] 셋백	act[ækt] 액트

• 위 경우 이외의 어말과 자음 앞의 [p], [t], [k]는 '으'를 붙여 적는다.

stamp[stæmp] 스탬프	cape[keip] 케이프	nest[nest] 네스트
part[pɑːt] 파트	desk[desk] 데스크	make[meik] 메이크
apple[æpl] 애플	mattress[mætris] 매트리스	chipmunk[ʧipmʌŋk] 치프멍크

정답 ②

021 밑줄 친 어휘의 쓰임이 옳은 것만을 모두 고른 것은?

ㄱ. 꼬마들에게는 주사를 맞추기가 힘들다.
ㄴ. 수수께끼에 대한 답을 정확하게 맞추면 상품을 드립니다.
ㄷ. 할아버지는 할머니를 소박을 맞히고 나서 두고두고 후회하셨다.
ㄹ. 여자 친구와 다음 주 일정을 맞춰 보았더니 목요일에만 만날 수 있을 것 같다.

① ㄱ, ㄴ
② ㄱ, ㄷ
③ ㄴ, ㄹ
④ ㄷ, ㄹ

해설

ㄷ. '맞다(어떤 좋지 아니한 일을 당하다)'의 사동사가 쓰였다.
ㄹ. '둘 이상의 일정한 대상들을 나란히 놓고 비교하여 살피다.'라는 뜻의 '맞추다'가 쓰였다.
ㄱ. 맞추기(×) → 맞히기(○) : '맞다(침, 주사 따위로 치료를 받다)'의 사동사
ㄴ. 맞추면(×) → 맞히면(○) : '맞다(문제에 대한 답이 틀리지 아니하다)'의 사동사

정답 ④

022 다음 중 제시된 단어의 표준 발음과 로마자 표기가 모두 옳은 것은?

① 선릉[선능] – Seonneung
② 학여울[항녀울] – Hangnyeoul
③ 낙동강[낙똥강] – Nakddonggang
④ 집현전[지편전] – Jipyeonjeon

해설

② 합성어나 파생어에서 뒤의 첫음이 'ㅣ' 모음이거나 'ㅣ' 선행모음일 경우에는 'ㄴ' 음이 첨가된다. '학여울'은 'ㄴ' 음이 첨가되는 경우로 [항녀울]로 발음한다. 또한 'Hangnyeoul'로 표기한다.
① 선릉[설릉] – Seolleung : 유음화 현상
③ 낙동강[낙똥강] – Nakdonggang : 된소리되기 불인정
④ 집현전[지편전] – Jiphyeonjeon : 체언에서는 'ㅎ' 축약 불인정

정답 ②

023 밑줄 친 부분의 띄어쓰기가 옳은 것은?

① 그 친구의 키는 장대 만큼 크다.
② 그 친구의 집에는 사과, 감, 귤 들이 많이 있다.
③ 그 친구와 연락한 지 세 시간만에 만났다.
④ 그 친구의 대답이 맞는 지 모르겠다.

해설

② 사물을 나열한 뒤에 쓰이면서 '~따위'의 뜻을 갖는 '들'은 의존명사이므로 띄어 쓴다. 다만, 셀 수 있는 명사 뒤에 쓰여 복수를 나타내는 '들'은 접사이므로 붙여 쓴다.
예 사람들, 친구들, 나무들…
① '장대만큼'처럼 붙여 써야 한다. '만큼'이 체언 뒤에서 앞말과 비슷한 정도나 한도임을 나타낼 때는 보조사이므로 붙여 쓴다. 다만 관형어 뒤에 쓰이는 '만큼'은 의존명사이므로 띄어 쓴다.
예 먹을 만큼, 노력한 만큼, 사용한 만큼…
③ '세 시간 만에'처럼 띄어 써야 한다. '만'이 시간의 개념으로 쓰일 때는 의존명사이므로 띄어 쓴다. 다만 체언 뒤에서 오직, 한정, 강조의 뜻으로 쓰이는 '만'은 보조사이므로 붙여 쓴다.
예 내가 너한테만 말하는 거야. 학교에서만 공부한다. 우리만 간다.
④ '맞는지'처럼 붙여 써야 한다. 막연한 의문을 나타내는 '–지'는 어미이므로 붙여 쓴다. 다만 시간의 경과를 나타내는 '지'는 의존명사이므로 띄어 쓴다.
예 서울로 온 지가 3년이 됐다. 고향을 떠난 지도 오래다.

정답 ②

024 어문규정에 어긋난 단어로 묶인 것으로 옳은 것은?

① 까불치다, 엔돌핀(endorphin), Omok-gyo(오목교)
② 섭섭찮다, 카운슬링(counseling), Muko(묵호)
③ 우윳병, 나르시즘(narcissism), Dongjak-gu Office(동작구청)
④ 죽자사자, 트랜스지방(trans지방), Wooljin(울진)

해설

① 까불치다(×) → 까불다(○), 엔돌핀(×) → 엔도르핀(○),
Omok-gyo(×) → Omokgyo(○, 인공 축조물명은 붙임표 없이 써야 함)
② 섭섭찮다(×) → 섭섭하지 않다>섭섭지 않다>섭섭잖다(○),
Muko(×) → Mukho(○)
③ 우윳병(×) → 우유병(牛乳甁, 한자어이기 때문에 사이시옷을 사용하지 않음),
나르시즘(×) → 나르시시즘(○)
④ 죽자살자(×) → 죽자사자(○), Wooljin(×) → Uljin(○)

로마자 표기에 붙임표를 쓰는 경우
- 발음상 혼동의 우려가 있을 때
  예 중앙 Jung-ang, Hae-undae
- 사람 이름의 음절 사이(허용)
  예 한복남 Han Bok-nam, 홍빛나 Hong Bit-na
- '도, 시, 군, 구, 읍, 면, 리, 동'의 행정 구역과 '가'
  예 제주도 Jeju-do, 인왕리 Inwang-ri, 종로 2가 Jongno 2(i)-ga
- 학술 연구 논문 등 특수 분야에서 한글 복원을 전제로 표기할 경우, 음가 없는 'ㅇ'의 표기
  예 굳이 gud-i, 없었습니다 eobs-eoss-seubnida

정답 ①

025 밑줄 친 부분의 표기가 잘못된 것은?

① 나는 그 일을 시답지 않게 생각한다.
② 그에게는 다섯 살배기 딸이 있다.
③ 밖에 있던 그가 금세 뛰어왔다.
④ 건물이 부숴진 지 오래되었다.

해설

④ 비슷한 발음의 몇 형태가 쓰일 경우, 그 의미에 아무런 차이가 없고, 그중 하나가 더 널리 쓰이면, 그 한 형태만을 표준어로 삼으므로(표준어 규정 제17항) '부서지다'와 '부숴지다' 중에서 '부서지다'를 표준어로 삼는다.

① 시답다(實—) : 마음에 차거나 들어서 만족스럽다는 뜻의 형용사이다. 흔히 볼품이 없어 만족스럽지 못하다는 뜻으로 '시덥잖다'를 쓰는데, 이는 '시답잖다'의 잘못된 표현이다.

② 다섯 살배기 : '다섯'은 관형사이고 '살'은 단위를 나타내는 의존명사이므로 '다섯 살'은 띄어 쓴다. 또한 '–배기'는 '그 나이를 먹은 아이'의 뜻을 더하는 접미사이므로 앞말에 붙여 쓴다.

③ 금세 : '금시(今時)에'가 줄어든 부사이며, '금새'는 '물건의 값 또는 물건값의 비싸고 싼 정도'를 뜻하는 명사이다.

정답 ④

026 밑줄 친 용언의 활용이 잘못된 것은?

① 그는 허구헌 날 술만 마신다.
② 네가 시험에 합격했으니 동네 어른들과 잔치라도 벌여야겠구나.
③ 무슨 말을 해도 괜찮으니 내게 서슴지 말고 말해 보아라.
④ 담당자의 서투른 일 처리 때문에 창구에서 큰 혼란이 있었다.

해설

① '날, 세월 따위가 매우 오래다.'라는 뜻의 형용사는 '허구하다(許久—)'이므로 '허구한 날'이 맞다.

② • 벌이다 : 1. 일을 계획하여 시작하거나 펼쳐 놓다. 2. 놀이판이나 노름판 따위를 차려 놓다. 3. 여러 가지 물건을 늘어놓다.
• 벌리다 : 1. 둘 사이를 넓히거나 멀게 하다. 2. 껍질 따위를 열어 젖혀서 속의 것을 드러내다. 3. 우므러진 것을 펴지거나 열리게 하다.

③ '서슴지'는 '결단을 내리지 못하고 머뭇거리며 망설이다.'라는 뜻의 동사 '서슴다'의 어간 '서슴–'에 연결 어미 '–지'가 붙은 말이다.

④ '서투른'은 '서투르다'의 관형형이고, '서툰'은 '서투르다'의 준말인 '서툴다'의 관형형이다. 따라서 '서투른'과 '서툰' 모두 가능하다.

정답 ①

027 다음 중 한글 맞춤법에 따라 바르게 표기된 것은?

① 철수는 우리 반에서 키가 열둘째이다.
② 요즘 재산을 떨어먹는 사람이 많다.
③ 나는 집에 사흘 동안 머무를 예정이다.
④ 숫병아리가 내게로 다가왔다.

해설
③ '동안'은 명사이므로 앞말과 띄어 쓴다.
① '열둘째'는 열두 개째를 뜻하고, '열두째'는 열두 번째를 뜻한다.
② 털어먹다 : 재산이나 돈을 함부로 써서 몽땅 없애다.
④ 수컷을 이르는 접두사는 '수-'로 통일한다. 수캉아지, 수캐, 수컷, 수키와, 수탉, 수탕나귀, 수톨쩌귀, 수퇘지, 수평아리 등은 '수-' 다음에서 나는 거센소리를 인정한다. 또한 숫양, 숫염소, 숫쥐는 '숫-'으로 한다(표준어 규정 제7항).

정답 ③

028 밑줄 친 부분의 표준 발음으로 옳지 않은 것은?

① 길을 떠나기 전에 뱃속을 든든하게 채워 두자.
– [배쏙]
② 시를 읽다 보면 마음이 편안해진다.
– [일따]
③ 외래어를 표기할 때 받침에 'ㄷ'을 쓰지 않는다.
– [디그슬]
④ 우리는 금융 위기를 슬기롭게 극복하였다.
– [금늉]

해설
② 읽다[익따] : 'ㄺ'은 어말 또는 자음 앞에서 [ㄱ]으로 발음되므로 '읽다'는 [익따]로 발음된다.
① 사이시옷은 수의적 현상이므로 [배쏙/밷쏙] 둘 다 가능하다.
③ [디그슬]이 바른 발음이다.
④ [금늉/그뮹] 둘 다 가능하다.

정답 ②

029 다음 중 띄어쓰기가 옳은 것은?

① 그∨녀석∨고마워하기는∨커녕∨알은체도∨않더라.
② 집채∨만한∨파도가∨몰려온다.
③ 한∨번은∨네거리에서∨큰∨사고를∨낼∨뻔했다.
④ 보잘것없는∨수입이지만∨저는∨이∨일이∨좋습니다.

해설
① '커녕'은 조사이므로 앞말과 붙여 쓴다.
② '만'은 조사로 앞말과 붙여 쓰고, '한'은 '하다'의 활용형으로 단어이므로 '집채만 한'과 같이 쓴다.
③ '한번'은 '지난 어느 때나 기회'라는 의미를 지닌 명사이다. '네거리' 역시 표준국어대사전에 등재되어 있다.

정답 ④

030 다음 중 표준어의 개수를 바르게 나타낸 것은?

① 눈엣가시, 석박지, 뒷꿈치, 돌멩이 〈1개〉
② 이쁘다, 마실, 복숭아뼈, 창란젓 〈3개〉
③ 걸판지다, 움츠리다, 마늘쫑, 주구장창 〈3개〉
④ 새치름하다, 누레지다, 삐지다, 개기다 〈3개〉

해설
② 표준어의 개수 3개 : 이쁘다, 마실, 복숭아뼈
- 창란젓 → 창난젓(명태의 창자에 소금, 고춧가루 따위의 양념을 쳐서 담근 젓)

① 표준어의 개수 2개 : 눈엣가시, 돌멩이
- 석박지 → 섞박지(배추와 무 · 오이를 절여 넓적하게 썬 다음, 여러 가지 고명에 젓국을 쳐서 한데 버무려 담은 뒤 조기젓 국물을 약간 부어서 익힌 김치)
- 뒷꿈치 → 뒤꿈치

③ 표준어의 개수 2개 : 움츠리다, 걸판지다
- 마늘쫑 → 마늘종
- 주구장창 → 주야장천

④ 표준어의 개수 4개 : 새치름하다, 누레지다, 삐지다, 개기다

정답 ②

031 다음 한글 맞춤법 제6항에 대한 설명으로 옳지 않은 것은?

> 'ㄷ, ㅌ' 받침 뒤에 종속적 관계를 가진 '–이(–)'나 '–히–'가 올 적에는, 그 'ㄷ, ㅌ'이 'ㅈ, ㅊ'으로 소리 나더라도 'ㄷ, ㅌ'으로 적는다.

① 예시로는 '해돋이, 같이'가 있다.
② 위 조항은 한글 맞춤법 총칙 중 '어법에 맞게 적는다'는 원리를 따른 것이다.
③ 종속적 관계란 체언, 어근, 용언 어간 등에 조사, 접사, 어미 등이 결합하는 관계를 말한다.
④ '잔디, 버티다'는 하나의 형태소에서 'ㄷ, ㅌ'과 'ㅣ'가 만난 것으로서 위 조항의 예에 해당된다.

해설

④ 하나의 형태소 안에서 'ㄷ'과 'ㅣ'가 결합하는 '잔디'나, 하나의 형태소 안에서 'ㅌ'과 'ㅣ'가 결합하는 '버티다'는 구개음화가 일어날 조건을 충족하지 않는다. 구개음화가 일어나려면 'ㄷ, ㅌ' 받침 뒤에 종속적 관계를 가진 '–이(–)'나 '–히–'가 와야 한다. 따라서 '잔디'와 '버티다'가 제시된 조항의 예라는 설명은 적절하지 않다.
① • '해돋이'는 '해돋–' 뒤에 종속적 관계를 갖는 접사 '–이'가 결합한 형태로 [해도지]로 발음하며, 표기는 형태를 밝혀 '해돋이'로 한다.
• '같이'는 '같–' 뒤에 부사 파생 접사 '–이'가 결합한 형태로 [가치]로 발음하나 표기는 형태를 밝혀 '같이'로 한다.
② 구개음화가 일어나더라도 소리 나는 대로가 아니라 형태(원형)를 밝혀 적는다고 했으므로 이는 '어법에 맞게 적는다.'는 표의주의 원리를 따른 것이다.
③ 종속적(從屬的) 관계란 형태소 연결에 있어서 실질형태소인 체언, 어근, 용언의 어간 등에 형식형태소인 조사, 접미사, 어미 등이 결합하는 관계를 말한다. 이때 형식형태소는 실질형태소에 종속되는 요소이다.

정답 ④

032 호칭어와 지칭어의 사용이 적절한 것은?

① (남편의 형에게) 큰아빠, 전화 받으세요.
② (시부모에게 남편을) 오빠는 요즘 무척 바빠요.
③ (남편의 누나에게) 형님, 어떤 것이 좋을까요?
④ (다른 사람에게 자기 배우자를) 이쪽은 제 부인입니다.

해설

① 남편의 형은 '아주버님'으로 불러야 한다.
② 시부모에게 남편을 지칭할 때는 '아범, 아비'로 표현해야 한다.
④ 다른 사람에게 자신의 배우자를 지칭할 때는 '아내, 집사람, 안사람, 어멈, 어미, ㅇㅇ[자녀] 엄마' 등으로 표현해야 한다.

정답 ③

033 표준 언어예절에 어긋난 것은?

① 직장 상사의 아내를 '여사님'이라고 부른다.
② 직장 상사의 남편을 해당 직장 상사에게 '사부님'이라고 지칭한다.
③ 직장 상사(과장)의 아내를 직장 동료에게 '과장님 부인'이라고 지칭한다.
④ 직장 상사(과장)의 남편을 직장 동료에게 '과장님 바깥어른'이라고 지칭한다.

해설

② 선생님의 남편은 '사부(師夫)님'이라고 지칭한다.
직장 상사의 남편을 호칭할 때나 당사자, 해당 상사에게 지칭할 때는 '선생님, O 선생님, OOO 선생님, 과장님(직함이 '과장'일 때), O 과장님, OOO 과장님'을 쓴다. 직장 상사의 남편을 해당 상사에게 '바깥어른'으로 가리킬 수 있다("표준언어예절", 국립국어원).

정답 ②

034 어법에 맞고 자연스러운 문장으로 옳은 것은?

① 한류 열풍을 타고 한국 영화와 드라마가 대만 · 중국 · 하노이 등에서 인기를 끌고 있다.
② 합리적인 노사 관계를 구축하기 위해서는 노사 간의 신뢰 회복과 제도를 정비하는 것이 필요하다.
③ 글을 잘 쓰려면 많은 독서, 꾸준한 글쓰기 연습, 체계적인 지도가 필요하다.
④ 우리 동호회는 정기적으로 만나 정보 교류와 친목을 도모하고 있다.

해설

① 가운뎃점은 대등한 여러 단위를 열거할 때 사용하므로 '한류 열풍을 타고 한국 영화와 드라마가 대만 · 중국 · 베트남 등에서 인기를 끌고 있다.'로 고치는 것이 자연스럽다.
② 구(노사 간의 신뢰 회복)와 절(제도를 정비하는 것)을 대등하게 연결하여 어색한 문장이 되었다[조응규칙의 오류]. 따라서 '합리적인 노사 관계를 구축하기 위해서는 노사 간의 신뢰 회복과 제도 정비가 필요하다.' 또는 '합리적인 노사 관계를 구축하기 위해서는 노사 간의 신뢰를 회복하고 제도를 정비하는 것이 필요하다.'로 고치는 것이 자연스럽다.
④ 구(정보 교류)와 절(친목을 도모하고)을 대등하게 연결하여 어색한 문장이 되었다[조응규칙의 오류]. '우리 동호회는 정기적으로 만나 정보 교류와 친목 도모를 하고 있다.' 또는 '우리 동호회는 정기적으로 만나 정보를 교류하고 친목을 도모하고 있다.'로 고치는 것이 자연스럽다.

정답 ③

035 다음 자료가 간행된 시기에 나타난 국어의 특징으로 가장 옳지 않은 것은?

> 太子ㅣ 道理 일우샤 ᄌᆞ갸 慈悲호라 ᄒᆞ시ᄂᆞ니
>
> –「석보상절」–

① 'ㅚ'와 'ㅟ'가 단모음화된 시기이다.
② 합용 병서와 각자 병서가 쓰였던 시기이다.
③ 주격 조사 '가'가 나타나지 않았던 시기이다.
④ 모음 조화가 현대 국어보다 뚜렷하게 나타났던 시기이다.

해설

① 'ㅚ'와 'ㅟ'는 현대 국어에 와서 단모음이 되었다. 「석보상절」이 간행되었을 당시는 중세(15세기) 국어 시기이므로 관계없는 설명이다. 참고로 제시문의 현대어 해석은 '태자가 도리를 이루시어 자기가 자비하리라 하시나니'이다.
② 합용 병서는 중세 국어부터 근대까지 쓰였다. 병서는 훈민정음에서 초성자 두 글자 또는 세 글자를 가로로 나란히 붙여 쓰는 것으로, 각자 병서(ㄲ, ㄸ – 같은 자음을 나란히 쓰는 것)와 합용 병서(ㄻ, ㅵ – 다른 자음을 나란히 쓰는 것)로 나눌 수 있다.
③ 15세기 주격 조사는 모음 뒤에는 'ㅣ', 받침 뒤에는 '이'가 쓰였다. 지금 쓰이는 주격 조사 '가'는 17세기(임진왜란) 이후 사용되기 시작하였다.
④ 모음 조화는 'ㆍ'의 소실로 많이 파괴되었다. 그러므로 'ㆍ'가 소실되기 이전의 국어인 15세기 국어, 즉 중세 국어에서는 뚜렷하게 나타나고 있다.

정답 ①

036 훈민정음 해례본에 나오는 한글의 제자 원리로 가장 옳은 것은?

① 초성은 발음기관을 본떠 만들었는데 'ㄱ'은 혀가 윗잇몸에 닿는 모양을 본뜬 것이다.
② 'ㄱ, ㄴ, ㅁ, ㅅ, ㅇ' 5개의 기본 문자에 가획의 원리로 'ㅋ, ㄷ, ㅌ, ㄹ, ㅂ, ㅈ, ㅊ, ㅎ' 총 8개의 문자를 만들었다.
③ 문자의 수는 초성 10자, 중성 10자, 종성 8자로 모두 28자이다.
④ 연서(連書)는 'ㅇ'을 이용한 것으로서 예로는 'ㅸ'이 있다.

해설

④ '연서(連書)'란 위아래 글자를 이어 쓰는 방법으로 'ㅸ'과 같은 순경음을 만드는 글자 운용법이다.
① 'ㄱ'은 어금닛소리로 혀뿌리가 목구멍을 막는 모양을 본뜬 것이며, 'ㄴ'은 혓소리로 혀가 윗잇몸에 닿는 모양을 본뜻 것이다.
② 'ㄹ'은 가획의 원리를 따르지 않은 '이체자'이다. 훈민정음의 초성은 5개의 기본 문자(ㄱ, ㄴ, ㅁ, ㅅ, ㅇ)에 가획의 원리로 9개의 가획자(ㅋ, ㄷ, ㅌ, ㅂ, ㅍ, ㅈ, ㅊ, ㆆ, ㅎ)를 만들고 3개의 이체자(ㆁ, ㄹ, ㅿ)를 더해 이루어졌다.
③ 훈민정음 문자의 수는 초성 17자와 중성 11자를 합쳐 모두 28자이며, 종성의 글자는 따로 만들지 않고 '종성부용초성(終聲復用初聲)'의 원리만 제시하였다.

정답 ④

02 문학

037 '시'에 대한 견해 중에서 밑줄 친 칸트의 입장과 부합하는 것은?

> 미적인 것이란 내재적이고 선험적인 예술 작품의 특성을 밝히는 데서 더 나아가 삶의 풍부하고 생동적인 양상과 가치, 목표를 예술 형식으로 변환한 것이다. 미(美)는 어떤 맥락으로부터도 자율적이기도 하지만 타율적이다. 미에 대한 자율적 견해를 지닌 칸트도 일견 타당하지만, 미를 도덕이나 목적론과 연관시킨 톨스토이나 마르크스도 타당하다. 우리가 길을 지나다 이름 모를 곡을 듣고서 아름답다고 느끼는 것처럼 순수미의 영역이 없는 것은 아니다. 하지만 그 곡이 독재자를 열렬히 지지하기 위한 선전곡이었음을 안 다음부터 그 곡을 혐오하듯 미(美) 또한 사회 경제적, 문화적 맥락의 영향을 받기도 한다.

① 시는 정제된 시어와 운율을 통하여 감상해야 한다.
② 시는 사회의 모순을 고발할 수 있고, 개혁의 전망도 제시할 수 있다.
③ 시를 읽으면 시인과의 대화를 통해 정서적 성장을 도모할 수 있다.
④ 시를 감상하기 위해서는 당시의 사회 상황을 알아야 한다.

해설
제시문에서 칸트는 미에 대한 자율적 견해를 주장하였다. 이는 내재적 관점과 관련이 있다. 사회 · 경제적, 문화적 맥락의 영향과 관련 있는 것은 외재적 관점이다. ② · ③ · ④는 외재적 관점이며, ①은 내재적 관점이다.
② 구조론적 방법이다.
③ 효용론적 방법이다.
④ 반영론적 방법이다.

정답 ①

038 다음 시가의 전개 방식으로 옳은 것은?

> 龜何龜何
> 首其現也
> 若不現也
> 燔灼而喫也
>
> –「구지가」–

① 요구 – 위협 – 환기 – 조건
② 환기 – 요구 – 조건 – 위협
③ 위협 – 조건 – 환기 – 요구
④ 조건 – 요구 – 위협 – 환기

해설

② 고대 가요 「구지가」는 4구체 한역 시가로 전한다. 제의에서 처음 신을 부르는 의식을 통해 주의를 환기시킨 후 제의 목적(소망)을 요구하고, '이를 들어주지 않는다면'과 같이 조건을 내걸어 마지막 위협을 가하고 있다. 따라서 시가의 전개 방식은 '환기(1구) – 요구(2구) – 조건(3구) – 위협(4구)'이 적절하다.

정답 ②

039 다음 작품과 가장 유사한 정서를 지니는 것은?

가시리 가시리잇고 나는
ᄇᆞ리고 가시리잇고 나는
위 증즐가 대평셩ᄃᆡ(大平盛代)

날러는 엇디 살라 ᄒᆞ고
ᄇᆞ리고 가시리잇고 나는
위 증즐가 대평셩ᄃᆡ(大平盛代)

잡ᄉᆞ와 두어리마ᄂᆞᄂᆞᆫ
선ᄒᆞ면 아니 올셰라
위 증즐가 대평셩ᄃᆡ(大平盛代)

셜온 님 보내ᄋᆞᆸ노니 나는
가시는 ᄃᆞᆺ 도셔 오쇼셔 나는
위 증즐가 대평셩ᄃᆡ(大平盛代)

① 한용운, 「님의 침묵」
② 김상용, 「남으로 창을 내겠소」
③ 서정주, 「국화 옆에서」
④ 김소월, 「진달래꽃」

해설

④ 작자, 연대 미상의 고려 가요 「가시리」는 이별의 정한(情恨)을 노래한 작품이다. 악곡명은 '귀호곡'으로 불리며, 전통적이고 인고의 정신을 지닌 여성 화자를 설정하여 임을 향한 애절한 사랑을 노래하였다. 이러한 임을 향한 애상적 정서는 김소월의 「진달래꽃」으로 계승되었다.
① 한용운의 「님의 침묵」은 조국 광복을 향한 염원, 불도(佛道)를 깨닫고자 하는 구도(求道) 정신을 표현했다.
② 김상용의 「남으로 창을 내겠소」는 '전원의 삶에 대한 동경'을 노래했다.
③ 서정주의 「국화 옆에서」는 누이의 원숙미, 생명 탄생의 경외(敬畏)를 노래한 작품이다.

정답 ④

040 다음 작품에 대한 설명으로 적절한 것은?

> 생사(生死) 길은
> 예 있으매 머뭇거리고
> 나는 간다는 말도
> 못다 이르고 어찌 갑니까.
> 어느 가을 이른 바람에
> 이에 저에 떨어질 잎처럼
> 한 가지에 나고
> 가는 곳 모르온저.
> 아아, 미타찰(彌陀刹)에서 만날 나
> 도(道) 닦아 기다리겠노라.
>
> – 월명사, 「제망매가(祭亡妹歌)」 –

① 시적 대상과의 재회에 대한 소망을 담고 있다.
② 반어적 표현을 통해 화자의 정서를 부각하고 있다.
③ 세속의 인연에 미련을 두지 않은 구도자의 자세를 드러내고 있다.
④ 상황 인식 – 객관적 서경 묘사 – 종교적 기원의 3단 구성으로 되어 있다.

해설

① 9~10행의 '아아, 미타찰(彌陀刹)에서 만날 나 / 도(道) 닦아 기다리겠노라.'에서 시적 대상인 '누이'를 다시 만나고자 함을 알 수 있다. 미타찰(彌陀刹)은 불교적 이상세계를 의미한다.
② 제시된 작품에서는 반어적 표현은 나타나 있지 않고 비유와 상징의 기법이 드러난다.
③ 세속의 인연인 죽은 누이에 대한 그리움이 드러나고 있으므로 세속의 인연에 미련을 두지 않는다는 내용은 적절하지 않다.
④ '상황 인식(1~4행) – 누이의 죽음에 대한 비유(5~8행) – 종교적 기원(9~10행)'으로 구성되어 있다.

정답 ①

041 다음 글을 읽은 학생의 반응으로 옳지 않은 것은?

> 봄바람이 문득 불어 청명이 가까우니,
> 이슬비는 소리 없이 내려 저물도록 개지 않네.
> 집 모서리 살구꽃은 활짝 피려 하여,
> 두어 가지 이슬 머금은 채 사람을 향해 기울이다.
>
> – 권근, 「춘일성남즉사(春日城南卽事)」 –

① '봄바람'은 계절적 배경을 드러내는 소재야.
② '두어 가지'와 '사람'은 상반된 의미를 지니고 있어.
③ '이슬비'는 정적인 분위기를 조성하고 있는 시어야.
④ '기울이다'에는 '살구꽃'에 관심을 보이는 화자의 태도가 드러나고 있어.

해설

② '두어 가지'와 '사람'은 상반된 의미를 지니지 않는다. 4행에서 확인할 수 있듯이 '두어 가지'는 사람을 향해 다가가려 하기 때문에 서로 호응하는 관계로 보는 것이 옳다.
① '봄바람'과 '청명'은 계절적 배경을 나타낸다.
③ '소리 없이' 내리는 '이슬비'는 시 전반에 정적인 분위기를 조성한다.
④ 현실의 '살구꽃'은 사람을 향해 기울일 수 없으므로, '기울이다'는 '살구꽃'에 관심을 보이는 화자의 태도임을 알 수 있다.

정답 ②

042 ㉠에 들어갈 시조로 적절한 것은?

> 우리말에서 공간적 개념은 흔히 시간적 개념으로 바뀌어 표현되곤 한다. 예컨대 공간 표현인 '뒤'가 시간 표현으로 '나중'을 의미하기도 한다. 한편 문학 작품에서 시간적 개념이 공간적 개념으로 바뀌어 표현되는 경우도 있다. 그 예로 다음 시조를 보자.
>
> 

① 어져 내 일이야 그릴 줄을 모로ᄃᆞ냐
이시랴 ᄒᆞ더면 가랴마ᄂᆞᆫ 제 구ᄐᆞ여
보내고 그리ᄂᆞᆫ 情은 나도 몰라 ᄒᆞ노라

② 靑山은 내 뜻이오 綠水ᄂᆞᆫ 님의 情이
綠水 흘러간들 靑山이야 變ᄒᆞᆯ손가
綠水도 靑山을 못 니져 우러 예어 가ᄂᆞᆫ고

③ 冬至ㅅᄃᆞᆯ 기나긴 밤을 한 허리를 버혀 내여
春風 니불 아ᄅᆡ 서리서리 너헛다가
어론 님 오신 날 밤이여든 구뷔구뷔 펴리라

④ 山은 녯 山이로되 물은 녯 물이 안이로다
晝夜에 흘으니 녯 물이 이실쏜야
人傑도 물과 ᄀᆞᄐᆞ야 가고 안이 오노ᄆᆡ라

해설

③ 황진이의 시조 「冬至ㅅᄃᆞᆯ 기나긴 밤을~」에서는 시간적 개념을 공간적 개념으로 바꾼 표현이 사용되었다.

추상적 · 시간적 개념		공간적 개념
동짓날의 긴 밤	→	• 자르고(한 허리를 버혀 내여) • 보관하고(니불 아ᄅᆡ 서리서리 너헛다가) • 펼칠 수 있음(구뷔구뷔 펴리라)

① 이별의 회한과 임에 대한 그리움을 노래한 황진이의 시조이다.
[현대어 풀이] 아아, 내가 한 일이 후회스럽구나 이렇게도 사무치게 그리울 줄 몰랐단 말인가? / 있으라 했더라면 임이 굳이 떠나시려 했겠느냐마는 내가 굳이 / 보내 놓고 이제 와서 새삼 그리워하는 마음을 나도 모르겠구나

② 임을 향한 변함없는 사랑을 노래한 황진이의 시조이다.
[현대어 풀이] 청산은 내 마음과 같고, 푸른 시냇물은 임의 정과 같다 / 시냇물이야 흘러가 버리지만 청산이 변할 수야 있겠는가 / 흐르는 물도 청산에 대한 정은 못 잊어 울면서 가는구나

④ 임에 대한 그리움과 인생의 무상함에 대하여 노래한 황진이의 시조이다.
[현대어 풀이] 산은 옛날의 산 그대로인데 물은 옛날의 물이 아니구나 / 종일토록 흐르니 옛날의 물이 그대로 있겠는가 / 사람도 물과 같아서 가고 아니 오는구나

정답 ③

043 다음 글의 등장인물에 대한 설명으로 적절하지 않은 것은?

> 양반이라는 말은 선비 족속의 존칭이다. 강원도 정선군에 한 양반이 있었는데, 그는 어질면서도 글 읽기를 좋아하였다. 군수가 새로 부임하면 반드시 그 집에 몸소 나아가서 경의를 표하였다. 그러나 그는 집안이 가난해서 해마다 관가에서 환곡을 빌려 먹다 보니 그 빚이 쌓여서 천 석에 이르렀다. 관찰사가 각 고을을 돌아다니다가 이곳의 환곡 출납을 검열하고는 매우 노하여, "어떤 놈의 양반이 군량을 이렇게 축내었느냐?"라고 하였다. 그리고는 명령을 내려 그 양반을 잡아 가두라고 하였다. 군수는 마음속으로 그 양반이 가난해서 갚을 길이 없는 것을 불쌍히 여겼지만 그렇다고 해서 가두지 않을 수도 없었다.
>
> 그 양반은 밤낮으로 훌쩍거리며 울었지만 별다른 대책도 생각해 낼 수 없었다. 그런 상황에서 그의 아내가 몰아세우기를, "당신은 한평생 글 읽기를 좋아했지만 관가의 환곡을 갚는 데 아무런 도움이 못되는구려. 양반 양반 하더니 양반은 한 푼 가치도 못 되는구려."라고 하였다.
>
> – 박지원, 「양반전」 –

① 양반은 자구책을 마련하지 못하고 있다.
② 군수는 양반에게 측은지심을 느끼고 있다.
③ 관찰사는 공평무사하게 일을 처리하고 있다.
④ 아내는 남편에 대해 외경하는 마음을 지니고 있다.

해설

④ '아내'는 남편의 무능함을 비난하고 있다. 따라서 '외경(畏敬, 공경하면서 두려워함)'과는 거리가 멀다.
① 양반은 밤낮으로 훌쩍거리며 울었지만 별다른 대책도 생각해 낼 수 없었다.
② 군수는 마음속으로 그 양반이 가난해서 갚을 길이 없는 것을 불쌍히 여겼다.
③ 관찰사는 환곡의 출납을 조사하고, 환곡을 축낸 양반을 잡아 가두라고 명령하였다. 이는 관찰사로서 할 일을 공명정대하게 처리한 것으로 볼 수 있다.

정답 ④

044 다음 글에 대한 설명으로 적절하지 않은 것은?

> 부인이 울며 말하기를,
>
> "나는 죽어 귀히 되어 인간 생각 아득하다. 너의 아버지 너를 키워 서로 의지하였다가 너조차 이별하니 너 오던 날 그 모습이 오죽하랴. 내가 너를 보니 반가운 마음이야 너의 아버지 너를 잃은 설움에 다 비길쏘냐? 너의 아버지 가난에 절어 그 모습이 어떠하며 아마도 많이 늙었겠구나. 그간 수십 년에 재혼이나 하였으며, 뒷마을 귀덕 어미 네게 극진하지 않더냐."
>
> 얼굴도 대어 보고 손발도 만져 보며,
>
> "귀와 목이 희니 너의 아버지 같기도 하다. 손과 발이 고운 것은 어찌 아니 내 딸이랴. 내 끼던 옥지환도 네가 지금 가졌으며, '수복강녕', '태평안락' 양 편에 새긴 돈 붉은 주머니 청홍당사 벌매듭도, 애고, 네가 찼구나. 아버지 이별하고 어미를 다시 보니 두 가지 다 온전하기 어려운 건 인간 고락이라. 그러나 오늘 나를 다시 이별하고 너의 아버지를 다시 만날 줄을 네가 어찌 알겠느냐?

① 과거 회상을 통하여 작중 인물 간의 갈등을 표출한다.
② 작중 인물의 말에서 사건의 비현실성이 드러난다.
③ 설의법을 활용하여 내면의 심경을 토로하고 있다.
④ 모녀 관계에 대한 부인의 자기 확신이 분명하게 드러난다.

해설
① 제시된 글은 「심청전」의 한 부분이다. 심청이가 죽은 엄마를 만나는 장면으로 작중 인물의 갈등은 나타나지 않는다.

정답 ①

045 다음 글에 서술된 인물의 성격이나 상황적 행위에 대한 설명으로 옳지 않은 것은?

> 배 비장은 궤에 들어가 몸을 숨기고 남편으로 가장한 방자가 꿈 이야기를 하며 궤를 버려야 한다고 말하고 일부러 바다에 버리는 척 꾸민다. 배 비장이 알몸으로 썩 나서며 그래도 소경 될까 염려하여 두 눈을 잔뜩 감으며 이를 악물고 왈칵 냅다 짚으면서 두 손을 헤우적헤우적하여 갈 제 한 놈이 나서며 이리 헤자, 한참 이 모양으로 헤어갈 제 동헌 대뜰에다 대궁이를 딱 부딪히니 배 비장이 눈에 불이 번쩍 나서 두 눈을 뜨며 살펴보니, 동헌에 사또 앉고 대청에 삼공형(三公兄)이며 전후좌우에 기생들과 육방관속 노령배(奴令輩)가 일시에 두 손으로 입을 막고 참는 것이 웃음이라. 사또 웃으면서 하는 말이, "자네 저것이 웬일인고?" 배 비장 어이없어 고개를 숙일 뿐이더라.

① 작중 인물이 자신의 본성을 찾아가는 과정을 그리고 있다.
② 나머지 사람들은 모두 연극을 하고 있는 셈이고 중심 인물만 진지한 상황이다.
③ 배 비장이 옷을 입지 않은 것은 인물의 본성이 적나라하게 드러남을 상징적으로 보여준다.
④ 다른 사람들이 모두 알고 있는 것을 정작 중심 인물은 깨닫지 못하고 있을 때 상황적 아이러니가 발생함을 보여준다.

해설
제시된 글은 조선 시대의 대표적인 풍자 소설인 「배비장전」의 일부이다. 이 작품은 중류 계급의 위선적이며 호색적인 생활을 풍자하고, 인간 생활의 불합리와 허위의식 등을 비판한 수작이다. 여색을 멀리하는 주인공을 대중 앞에 내세워 노골적인 망신을 주고, 부인과의 동침마저 추하게 여기는 철저한 도덕군자를 기생이 비상한 방법으로 훼절하게 하는 등의 이야기를 담고 있다.
① 제시된 글은 사또와 여러 인물들이 짬짜미하고 주인공 배 비장을 노골적으로 망신 주는 장면이다. 따라서 작중 인물이 자신의 본성을 찾아가는 과정을 그리고 있다는 말은 맞지 않다.
③ 배 비장이 옷을 입지 않은 것은 양반의 체면보다는 살고자 하는 인간의 본성이 적나라하게 드러나는 장면이라고 할 수 있다.

정답 ①

046 ㉠~㉣에 대한 풀이로 옳지 않은 것은?

빌기를 다 함에 지성이면 감천이라 황천인들 무심할까. 단상의 오색구름이 사면에 옹위하고 산중에 ㉠ 백발 신령이 일제히 하강하여 정결케 지은 제물 모두 다 흠향한다. 길조(吉兆)가 여차(如此)하니 귀자(貴子)가 없을쏘냐. 빌기를 다한 후에 만심 고대하던 차에 일일은 한 꿈을 얻으니, ㉡ 천상으로서 오운(五雲)이 영롱하고, 일원(一員) 선관(仙官)이 청룡(靑龍)을 타고 내려와 말하되,

"나는 청룡을 다스리던 선관이더니 익성(翼星)이 무도(無道)한 고로 상제께 아뢰되 익성을 치죄하야 다른 방으로 귀양을 보냈더니 익성이 이걸로 함심(含心)하야 ㉢ 백옥루 잔치 시에 익성과 대전(對戰)한 후로 상제전에 득죄하여 인간에 내치심에 갈 바를 모르더니 남악산 신령들이 부인 댁으로 지시하기로 왔사오니 부인은 애휼(愛恤)하옵소서."

하고 타고 온 청룡을 오운 간(五雲間)에 방송(放送)하며 왈,

"㉣ 일후 풍진(風塵) 중에 너를 다시 찾으리라."

하고 부인 품에 달려들거늘 놀래 깨달으니 일장춘몽이 황홀하다.

정신을 진정하야 정언주부를 청입(請入)하야 몽사를 설화(說話)한대 정언주부가 즐거운 마음 비할 데 없어 부인을 위로하야 춘정(春情)을 부쳐 두고 생남(生男)하기를 만심 고대하더니 과연 그달부터 태기 있어 십 삭이 찬 연후에 옥동자를 탄생할 제, 방안에 향취 있고 문 밖에 서기(瑞氣)가 뻗질러 생광(生光)은 만지(滿地)하고 서채(瑞彩)는 충천하였다.

…(중략)…

이때에 조정에 두 신하가 있으니 하나는 도총대장 정한담이요, 또 하나는 병부상서 최일귀라. 본대 천상 익성으로 자미원 대장성과 백옥루 잔치에 대전한 죄로 상제께 득죄하여 인간 세상에 적강(謫降)하여 대명국 황제의 신하가 되었는지라 본시 천상지인(天上之人)으로 지략이 유여하고 술법이 신묘한 중에 금산사 옥관도사를 데려다가 별당에 거처하게 하고 술법을 배웠으니 만부부당지용(萬夫不當之勇)이 있고 백만군중대장지재(百萬軍中大將之才)라 벼슬이 일품이요 포악이 무쌍이라 일상 마음이 천자를 도모코자 하되 다만 정언주부인 유심의 직간을 꺼려하고 또한 퇴재상(退宰相) 강희주의 상소를 꺼려 주저한 지 오래라.

– 「유충렬전」 –

① ㉠ : 길조(吉兆)가 일어날 것임을 암시한다.
② ㉡ : '부인'이 꾼 꿈의 상황이다.
③ ㉢ : '선관'이 인간 세상에 귀양을 오게 되는 계기이다.
④ ㉣ : '남악산 신령'이 후일 청룡을 타고 천상 세계로 복귀할 것임을 암시한다.

해설

④ ㉣ "일후 풍진(風塵) 중에 너를 다시 찾으리라."는 부인의 꿈속에 나타난 '선관'이 '청룡'을 오운 간(五雲間)에 방송(放送)하며 한 말이다. 따라서 ㉣은 '남악산의 신령'이 아니라 '선관'이 풍진(風塵)에 내려와서 겪게 될 일을 나타내는 것으로 후에 '선관'이 '너(청룡)'를 다시 만나게 될 것임을 암시한다.

- 오운 간(五雲間) : 구름 사이
- 방송(放送) : 풀어 주다
- 풍진(風塵) : 세상에서 일어나는 어지러운 일이나 시련

① ㉠은 부인이 빌기를 다 함에 신령이 하강하여 제물을 모두 받아서 먹었다는 내용이다. 뒤에 이어지는 '길조(吉兆)가 여차(如此)하니 ~'의 내용을 보면, 길조가 일어날 것임을 알 수 있다.

② ㉡ 앞의 '빌기를 다한 후에 만심 고대하던 차에 일일은 한 꿈을 얻으니'라는 부분을 통해 '선관'이 나타난 것이 꿈속의 상황임을 알 수 있다.
③ ㉢ 뒤의 '익성과 대전(對戰 : 서로 맞서서 싸움)한 후로 상제전에 득죄하여 인간에 내치심에'라는 표현으로 알 수 있다.

정답 ④

047 다음 글에 대한 설명으로 적절하지 <u>않은</u> 것은?

> 나는 집이 가난하여 말이 없어서 간혹 남의 말을 빌려 탄다. 노둔하고 여윈 말을 얻게 되면 일이 비록 급하더라도 감히 채찍을 대지 못하고 조심조심 금방 넘어질 듯 여겨서 개울이나 구렁을 지날 때는 말에서 내려 걸어가므로 후회할 일이 적었다. 발굽이 높고 귀가 쫑긋하여 날래고 빠른 말을 얻게 되면 의기양양 마음대로 채찍질하고 고삐를 늦추어 달리니 언덕과 골짜기가 평지처럼 보여 매우 장쾌하지만 말에서 위험하게 떨어지는 근심을 면치 못할 때가 있었다. 아! 사람의 마음이 옮겨지고 바뀌는 것이 이와 같을까? 남의 물건을 빌려서 하루아침의 소용에 쓰는 것도 이와 같은데, 하물며 참으로 자기가 가지고 있는 것이야 어떻겠는가?
>
> – 이곡, 「차마설(借馬說)」 –

① 경험을 통한 통찰력이 돋보인다.
② 우의적 기법을 적절히 활용하고 있다.
③ 대상들 사이의 유사점을 통해 대상의 특성을 설명하고 있다.
④ 일상사와 관련지어 글쓴이의 주장을 설득력 있게 드러내고 있다.

해설

③ 제시문은 대상들 사이의 유사점을 말하지도 않고 특성을 설명하지도 않는다.
① 말을 빌려 탔던 개인적인 경험을 바탕으로 한다.
② '우의적 기법'이란 다른 사물에 의미를 덧붙여 풍자하거나 비유하는 수법으로 표면적인 의미 이면에 본질적인 의미를 가진다. 제시문은 '말'이라는 동물을 통해 주제를 전달하고 있다.
④ 제시문은 글쓴이가 일상에서 말을 빌려 탄 경험을 바탕으로 한 글이다.

정답 ③

048 다음 시에 대한 설명으로 적절하지 않은 것은?

> 老主人의 腸壁에
> 無時로 忍冬 삼긴 물이 나린다.
>
> 자작나무 덩그럭 불이
> 도로 피여 붉고,
>
> 구석에 그늘 지여
> 무가 순 돋아 파릇하고,
>
> 흙냄새 훈훈히 김도 사리다가
> 바깥 風雪 소리에 잠착하다.
>
> 山中에 冊曆도 없이
> 三冬이 하이얗다.
>
> – 정지용, 「忍冬茶」 –

① 산중의 고적한 공간이 배경이다.
② 시각적 대조의 방법이 사용되었다.
③ 한 폭의 그림과 같은 인상을 준다.
④ '잠착하다'는 '여러모로 고려하다'의 의미다.

해설
④ '잠착(潛着)하다'는 '참척하다'의 원말로 '어떤 한 가지 일에만 마음을 골똘하게 쓰다.'라는 의미를 가진 단어이다.
① 마지막 행에 '산중'이라는 단어를 통해 알 수 있다.
② 2연의 붉고 3연의 파릇하고를 통해 시각적 대조의 표현을 찾을 수 있다.
③ 노주인의 삶을 담담하게 표현하고 있다.

정답 ④

049 다음 글에 제시된 '허백련의 작품'과 유사한 방식의 표현으로 옳은 것은?

> 의제 허백련의 작품에서는 강상(江上)의 일엽(一葉) 쪽배에 쪼그리고 앉아 낚시를 드리우고 있는 강태공의 모습을 자주 볼 수 있다. 그런데 사람과 배의 비례가 맞지 않는 모습을 단번에 알아볼 수 있다. 사람이 배보다 훨씬 크게 묘사되어 있는 것이다. 실제가 그렇다면 아마 강태공은 벌써 물속에 잠겼을 것이다. 그럼에도 불구하고 굳이 그 그림에서 데생이 맞지 않는다고 탓하는 사람은 없다. 오히려 이 사리에 맞지 않는 부분에서 동양 특유의 정신세계를 발견하고 의미 있는 미소를 지을 것이다. 즉, 그것은 득의망상(得意忘象)의 경지이기 때문이다. 뜻을 얻었을 때 형상은 잊어도 무관하다는 이 말이 함축하고 있는 의미는 곧 동양회화가 형상보다 뜻이나 정신에 우위를 두어 왔다는 사실을 말하는 것이다.

① 바람에 불리우는 작은 집들이 창을 내리고
갈대밭에 묻히인 돌다리 아래선
작은 시내가 물방울 굴리고

– 김광균, 「외인촌」 –

② 하여 '나'란 나의 생명이란
그 원시의 본연한 자태를 다시 배우지 못하거든
차라리 나는 어느 사구(砂丘)에 회한 없는 백골을 쪼이리라.

– 유치환, 「생명의 서」 –

③ 날카로운 첫 키스의 추억은 나의 운명의 지침을 돌려 놓고, 뒷걸음쳐서 사라졌습니다.
나는 향기로운 님의 말소리에 귀먹고, 꽃다운 님의 얼굴에 눈멀었습니다.

– 한용운, 「님의 침묵」 –

④ 달 밝으면 으레 뜰에 앉아 부는 내 피리의 설운 가락도 너는 못 듣고, 골을 헤치며 산에 올라 아침마다, 푸른 봉우리에 올라 서면, 어어이 어어이 소리 높여 부르는 나의 음성도 너는 못 듣는다.

– 박두진, 「너는 어서 오너라」 –

해설

지문의 핵심내용은 동양회화가 비현실적이고 모순적인 표현을 통해 의미를 강하게 전달한다는 것이다. 이를 시의 시각에서 보면 '모순어법'이라고 할 수 있다. 즉, 논리적으로나 현실적으로 모순을 가지고 있는 표현을 통해서 더욱 절실한 의미를 전달하는 역설적 표현을 찾으면 된다.

③ 표면적으로는 떠나간 님이 남긴 추억으로 인해 귀가 먹고 눈이 멀었다는 뜻으로 보이나 그 속뜻은 님의 말소리와 얼굴에 마음을 다하여 님 외에는 아무것도 듣지도 보지도 못한다는 의미이다. 이는 '임에 대한 나의 영원한 사랑'을 역설적으로 표현한 것이다.

한용운, 「님의 침묵」

- 갈래 : 자유시, 서정시
- 성격 : 상징적, 서정적, 낭만적, 의지적
- 제재 : 임과의 이별
- 구성
  - 1~2행 : 임의 부재
  - 3~6행 : 이별과 슬픔

- 7~8행 : 슬픔 극복(희망)
- 9~10행 : 역설적 결의(사랑)

• 특징
  - 여성적 어조
  - 시각, 후각 등의 감각적 심상 사용
  - 내재율의 율격을 지님
  - 연의 구분이 없는 형태
  - 대상의 다양성(국가, 종교적 우상 등)
  - 3음보의 전통적 민요조 율격
  - 반복, 대구, 영탄, 과장 등의 다양한 표현을 사용하여 감정을 격정적으로 표출

• 주제 : 임에 대한 영원한 사랑

정답 ③

050 다음 작품에서 밑줄 친 ㉠과 ㉡의 문맥적 의미에 대한 이해로 가장 적절한 것은?

> 집을 치면, 정화수(精華水) 잔잔한 위에 아침마다 새로 생기는 ㉠ 물방울의 선선한 우물집이었을레. 또한 윤이 나는 마루의, 그 끝에 평상(平床)의, 갈앉은 뜨락의, 물냄새 창창한 그런 집이었을레. 서방님은 바람 같단들 어느 때고 바람은 어려울 따름. 그 옆에 순순(順順)한 스러지는 ㉡ 물방울의 찬란한 춘향이 마음이 아니었을레.
>
> 하루에 몇 번쯤 푸른 산 언덕들을 눈아래 보았을까나. 그러면 그때마다 일렁여 오는 푸른 그리움에 어울려, 흐느껴 물살짓는 어깨가 얼마쯤 하였을까나. 진실로, 우리가 받들 산신령은 그 어디에 있을까마는 산과 언덕들의 만리(萬里) 같은 물살을 굽어보는, 춘향은 바람에 어울린 수정(水晶) 빛 임자가 아니었을까나.

	㉠	㉡
①	가냘픈 심사	아름답게 빛나는 추억
②	순간의 행복	부서지기 쉬운 내면의 감정
③	순수한 사랑	슬픔과 눈물이 담긴 그리움
④	간절한 소망	자신의 희생이 가져온 결과

해설

제시된 시는 춘향과 이도령의 사랑을 노래한 박재삼의 「수정가」이다. 원래 소설 속 허구의 인물이고 더구나 한참 옛 사람이므로 그들이 살아 있을 리는 없겠지만, 시 속 인물들은 항상 우리 곁에 있는 것으로 그려졌다. 즉, 물이 되고 바람이 되어 우리 곁에 항상 존재한다는 것이다. 춘향과 이도령의 사랑은 물과 바람처럼 너무도 정갈한 것이다. 거기에 정화수가 불러일으키는 그윽한 정성은 우리 민족이 예로부터 가져왔던 고운 정서를 불러일으키고 있다. 결국 이 시는 충만한 사랑을 노래한 것이다. ㉠ (아침마다 새로 생기는) 물방울은 순수한 사랑을, ㉡ 물방울은 바람 같은 서방님을 그리워할 수밖에 없는 슬픈 춘향의 마음을 담고 있다.

정답 ③

051 다음 글의 감상으로 적절하지 않은 것은?

눈이 오는가 북쪽엔
함박눈 쏟아져 내리는가

험한 벼랑을 굽이굽이 돌아간
백무선(白茂線) 철길 위에
느릿느릿 밤새어 달리는
화물차의 검은 지붕에

연달린 산과 산 사이
너를 남기고 온
작은 마을에도 복된 눈 내리는가

잉크병 얼어드는 이러한 밤에
어쩌자고 잠을 깨어
그리운 곳 차마 그리운 곳

눈이 오는가 북쪽엔
함박눈 쏟아져 내리는가

– 이용악, 「그리움」 –

① 수사적 의문을 통해 시상을 환기하며 시상이 전개된다.
② 시적 허용을 통해 화자의 정서가 응축되어 표현이 된다.
③ 잉크병이 얼 정도로 추운 밤이지만 '눈'은 긍정적인 이미지로 나타난다.
④ '눈'과 '화물차의 검은 지붕'은 색채 대비를 이루며 문명에 대한 비판을 드러낸다.

해설

이용악의 「그리움」은 고향에 대한 그리움을 노래하고 있는 작품으로 해방 직후에 지은이가 혼자 상경하여 서울에서 외롭게 생활하다가 함경북도 무산의 처가에 두고 온 가족들에 대한 그리움을 노래하고 있다. 전부 5연으로 이루어졌지만, 의미상으로는 기 · 승 · 전 · 결의 전형적 형식에 수미상관(首尾相關)의 구조를 곁들인 네 단락으로 나눌 수 있다.

④ 표현상 기법으로 색채 대비는 가능하나 이를 통해 문명에 대한 비판을 표현했다는 말은 잘못된 해석이다. '눈'과 '화물차 지붕'은 시적 자아가 고향을 그리워하는 소재로 봐야 한다.
① '내리는가'라는 반복적인 표현을 통해 시상을 환기하며 시상이 전개된다.
② '차마 그리운 곳'에서 부사어 '차마'는 부정어와 호응하는데 시적 허용을 통해 시적 화자의 가족에 대한 그리움이 매우 깊다는 것을 응축하여 표현하고 있다.
③ 시적 화자의 가족들이 있는 곳은 두메산골이다. 시적 화자는 눈을 통하여 가족에 대한 그리움의 마음을 드러내고 있다. 여기서 시적 화자가 '함박눈'을 '복된 눈'으로 보는 것으로 보아, '눈'을 긍정적 이미지로 표현했음을 알 수 있다.

정답 ④

052 다음 시에 대한 감상으로 적절하지 <u>않은</u> 것은?

> 아무도 그에게 수심(水深)을 일러준 일이 없기에
> 흰나비는 도무지 바다가 무섭지 않다.
>
> 청(靑)무우밭인가 해서 내려갔다가는
> 어린 날개가 물결에 절어서
> 공주처럼 지쳐서 돌아온다.
>
> 삼월(三月)달 바다가 꽃이 피지 않아서 서글픈
> 나비 허리에 새파란 초생달이 시리다.
>
> – 김기림, 「바다와 나비」 –

① '청(靑)무우밭'은 '바다'와 대립되는 이미지로 쓰였다.
② '흰나비'는 '바다'의 실체에 대해 정확하게 모르고 있었다.
③ 화자는 '공주처럼' 나약한 나비의 의지 부족과 방관적 태도를 비판한다.
④ '삼월(三月)달 바다'와 '새파란 초생달'은 모두 차가운 이미지로 사용되었다.

해설

③ '공주처럼 지쳐서 돌아온다.'는 순진하고 나약한 나비가 냉혹한 현실인 '바다'를 만나 좌절하고 상처받은 모습을 나타낸다. 화자는 '나비'를 비판하는 것이 아니라 오히려 1930년대 근대화 과정에서 밀려오는 서구 문명에 적응하지 못하고 방황하는 지식인의 모습을 '나비'에 투영하고 있다.
① '청(靑)무우밭'은 나비가 원하는 세계(생명성)이고, '바다'는 나비에게 상처를 주는 냉혹한 현실(비생명성)을 상징한다. 따라서 '청(靑)무우밭'과 '바다'는 대립되는 이미지로 쓰였다.
② '흰나비'는 바다의 수심을 모르는 순진한 존재이다. 이는 1연의 내용을 통해 알 수 있다.
④ '삼월(三月)달 바다'는 당연히 꽃이 피어야 하지만 꽃이 피지 않았고, '새파란 초생달이 시리다.'라는 표현으로 볼 때, '바다'와 '초생달'은 모두 부정적이고 차가운 이미지임을 알 수 있다.

정답 ③

053 밑줄 친 단어가 상징하는 것과 가장 유사한 것은?

> 나 하늘로 돌아가리라.
> 새벽빛 와 닿으면 스러지는
> 이슬 더불어 손에 손을 잡고,
>
> 나 하늘로 돌아가리라.
> 노을빛 함께 단둘이서
> 기슭에서 놀다가 구름 손짓하면은,
>
> 나 하늘로 돌아가리라.
> 아름다운 이 세상 소풍 끝내는 날,
> 가서, 아름다웠더라고 말하리라…….
>
> – 천상병, 「귀천(歸天)」 –

① 어머니는 눈물로 진주를 만드신다.
② 반짝이는 나뭇잎은 어린 아이들의 웃음 같다.
③ 잠을 깨고 나니 고된 인생도 한바탕 꿈처럼 여겨졌다.
④ 얽매인 삶보다는 구름 같은 삶이 훨씬 좋을 때가 있다.

해설
제시된 작품은 천상병의 「귀천」으로 밑줄 친 시어 '이슬'은 영롱한 아름다움을 지니고 있지만 금방 소멸하고마는 '덧없는 것, 순간적인 것' 등을 상징한다. ③의 '꿈' 또한 깨어나면 '금방 사라지는 것'이므로 '이슬'과 그 의미가 가장 유사하다.
① '눈물'은 어머니의 사랑과 희생을 뜻하는 시어이다.
② '나뭇잎'은 아이들의 해맑은 미소를 비유한 것이다.
④ '구름'은 얽매임 없는 모습, 자유로움 등을 상징한다.

정답 ③

※ 다음을 읽고 물음에 답하시오. [054~055]

(가) 모란이 피기까지는,
나는 아직 나의 ㉠ 봄을 기다리고 있을 테요.
모란이 뚝뚝 떨어져 버린 날,
나는 비로소 봄을 여읜 설움에 잠길 테요.
5월 어느 날 그 하루 무덥던 날,
떨어져 누운 꽃잎마저 시들어 버리고는
천지에 모란은 자취도 없어지고,
뻗쳐오르던 내 보람 서운케 무너졌느니,
모란이 지고 말면 그뿐, 내 한 해는 다 가고 말아,
삼백예순 날 하냥 섭섭해 우옵내다.
모란이 피기까지는,
나는 아직 기다리고 있을 테요, 찬란한 슬픔의 봄을.

– 김영랑, 「모란이 피기까지는」 –

(나) 눈은 살아 있다.
떨어진 눈은 살아 있다.
마당 위에 떨어진 눈은 살아 있다.

기침을 하자.
젊은 시인이여 기침을 하자.
눈 위에 대고 기침을 하자.
눈더러 보라고 마음놓고, 마음놓고
기침을 하자.

눈은 살아 있다.
죽음을 잊어버린 영혼과 육체를 위하여
눈은 새벽이 지나도록 살아 있다.

기침을 하자.
젊은 시인이여 기침을 하자.
눈을 바라보며
㉡ 밤새도록 고인 가슴의 가래라도
마음껏 뱉자.

– 김수영, 「눈」 –

054 (가)와 (나)의 공통점으로 가장 적절한 것은?

① 처음과 끝을 상응시켜 시상 전개에 안정감을 부여하고 있다.
② 문장의 구조가 점차 확대되며 의미가 강조되고 있다.
③ 화자가 지향하는 가치를 구체적 행위를 통해 드러내고 있다.
④ 선명한 색채 대비를 통해 시적 분위기를 조성하고 있다.

해설

③ (가)는 모란을 소재로 하여 영원할 수 없는 지상적 아름다움에의 기다림과 비애를 노래한 시로, 지상의 아름다움이란 우리가 그것을 아무리 아끼고 보존하려 해도 영원할 수 없으며 태어난 것은 언젠가 죽어야 하고 피어난 것은 마침내 떨어져야 한다고 표현하고 있다. 태어남과 피어남이 기쁨이라면 죽음과 떨어짐은 슬픔인 것이다. (가)는 산다는 것은 이러한 기쁨과 슬픔을 모두 맛보며 주어진 시간을 누리는 일이라는, 인생 성찰의 시이다.
(나)에서 작품의 중심을 이루는 말은 '눈은 살아 있다.'와 '기침을 하자.'이다. 여기에서 '기침을 하자.'는 마지막 연에서 '가래라도 마음껏 뱉자.'로 변형되어 나타난다. 이러한 반복과 변형은 시적인 운율을 형성함과 동시에, 살아 있는 '눈'을 통해 순수하고 가치 있는 삶에 대한 갈망과 일상적인 삶에 대한 고뇌를 노래한 작자의 주제 의식을 더욱 선명하게 드러내는 역할을 한다.
따라서 (가)는 모란을 기다리는 행위를 통해, (나)는 기침을 하는 행위를 통해 화자가 지향하는 가치를 드러내고 있다고 할 수 있다.

① (가)의 경우 처음과 끝을 상응시키는 수미상관(首尾相關)의 시상 전개 방식을 사용하고 있으나 (나)의 경우 처음과 끝을 상응시켜 시상을 전개하고 있지는 않다.

② (나)에 해당하는 내용이다. 시에서는 같은 시행을 반복하거나 어절을 계속 첨가 변형하여 문장을 확장시키는 방법으로 점층적인 운율의 효과를 얻을 수 있다. 이 경우 반복된 시행이나 첨가된 시구들은 시적 긴장감을 불러일으키면서 원래 진술된 내용의 의미를 강조하는 기능을 한다. 다시 말해서 점층적 효과와 함께 의미의 선명성을 드러내며 동적 리듬을 형성한다.

④ (나)에 해당된다고 볼 수 있으나 '눈'과 '가래'의 색감 대조는 분위기를 조성하는 것이라기보다는 주제를 선명하게 하기 위한 표현으로 봐야 한다.

정답 ③

055 ㉠과 ㉡을 비교하여 이해한 내용으로 가장 적절한 것은?

① ㉠과 ㉡은 부정적인 현실을 상징하는 시간적 배경이다.
② ㉠과 ㉡은 과거를 회상하게 만드는 시간적 배경이다.
③ ㉠은 ㉡과 달리 화자에게 기쁨과 슬픔이 공존하는 시간이다.
④ ㉡은 ㉠과 달리 화자가 소망하는 가치가 실현되는 시간이다.

해설

③ (가)에서 '봄'은 '찬란한 슬픔의 봄'이라고 했으므로 슬픔과 기쁨이 공존하는 시간적 배경으로 볼 수 있고, (나)에서 '밤'은 마음놓고 기침을 할 수 없었던 부정적인 현실을 의미한다.

① 모란이 피는 봄을 기다리고 있어 '봄'은 긍정적 이미지를 나타낸다. 하지만 '밤새도록 고인 가슴의 가래라도 마음껏 뱉자'로 보아 '밤'은 부정적 현실을 의미함을 알 수 있다.

② ㉠ '봄'은 모란이 피기를 기다리는 기쁨의 시간이기도 하지만, 모란이 피고 나서 질 때는 슬픔의 시간이기도 하다.

④ ㉡이 아니라 ㉠ '봄'이 소망하는 모란이 활짝 피는 실현의 시간이라 할 수 있다.

정답 ③

056 밑줄 친 부분의 함축적 의미로 가장 적절한 것은?

> 그는 피아노를 향하여 앉아서 머리를 기울였습니다. 몇 번 손으로 키를 두드려 보다가는 다시 머리를 기울이고 생각하고 하였습니다. 그러나 다섯 번 여섯 번을 다시 하여 보았으나 아무 효과도 없었습니다. 피아노에서 울려 나오는 음향은 규칙 없고 되지 않은 한낱 소음에 지나지 못하였습니다. 야성? 힘? 귀기? 그런 것은 없었습니다. <u>감정의 재</u>뿐이 있었습니다.
>
> "선생님, 잘 안 됩니다."
>
> 그는 부끄러운 듯이 연하여 고개를 기울이며 이렇게 말하였습니다.
>
> "두 시간도 못 되어서 벌써 잊어버린담?"
>
> 나는 그를 밀어 놓고 내가 대신하여 피아노 앞에 앉아서 아까 베낀 그 음보를 펴 놓았습니다. 그리고 내가 베낀 곳부터 다시 시작하였습니다.
>
> 화염! 화염! 빈곤, 주림, 야성적 힘, 기괴한 감금당한 감정! 음보를 보면서 타던 나는 스스로 흥분이 되었습니다.
>
> – 김동인, 「광염 소나타」 –

① 화려한 기교가 없는 연주

② 악보와 일치하지 않는 연주

③ 도저히 이해할 수 없는 연주

④ 기괴한 감정이 느껴지지 않는 연주

해설

④ 제시문에서 밑줄 친 '감정의 재'는 '규칙 없고 되지 않은 한낱 소음', '야성 · 힘 · 귀기를 느낄 수 없는 것'임을 파악할 수 있다. 이를 가장 잘 표현한 것은 '기괴한 감정이 느껴지지 않는 연주'이다.

정답 ④

057 밑줄 친 단어들의 시대적 상징성이 같은 것끼리 묶인 것은?

> "어디 일들 가슈?"
> "아뇨, 고향에 갑니다."
> "고향이 어딘데……."
> "삼포라구 아십니까?"
> "어 알지, 우리 아들놈이 거기서 ㉠ 도자를 끄는데……."
> "삼포에서요? 거 어디 공사 벌일 데나 됩니까? 고작해야 고기잡이나 하구 감자나 매는데요."
> "어허! 몇 년 만에 가는 거요?"
> "십 년."
> 노인은 그렇겠다며 고개를 끄덕였다.
> "말두 말우. 거긴 지금 육지야. 바다에 ㉡ 방둑을 쌓아 놓구, ㉢ 트럭이 수십 대씩 돌을 실어 나른다구."
> "뭘 땜에요?"
> "낸들 아나. 뭐 관광호텔을 여러 채 짓는담서, 복잡하기가 말할 수 없네."
> "동네는 그대루 있을까요?"
> "그대루가 뭐요. 맨 천지에 공사판 사람들에다 장까지 들어섰는걸."
> "그럼 나룻배두 없어졌겠네요."
> "바다 위로 신작로가 났는데, 나룻배는 뭐에 쓰오. 허허, 사람이 많아지니 변고지. 사람이 많아지면 ㉣ 하늘을 잊는 법이거든."
>
> – 황석영, 「삼포 가는 길」 –

① ㉠, ㉡, ㉢
② ㉠, ㉡, ㉣
③ ㉠, ㉢, ㉣
④ ㉡, ㉢, ㉣

해설
황석영의 「삼포 가는 길」은 1970년대에 산업화가 가속화되면서 고향을 잃고 떠도는 사람들의 애환을 담은 작품이다. ㉠ 도자, ㉡ 방둑, ㉢ 트럭은 모두 삼포가 개발되는 시대상을 보여주는 단어들이다.

정답 ①

058 다음 글에 대한 설명으로 적절한 것은?

> "그래 일인들이 죄다 내놓구 가는 것을, 백성들더러 돈을 내구 사라구 마련을 했다면서?"
> "아직 자세힌 모르겠어두, 아마 그렇게 되기가 쉬우리라구들 하드군요."
> 해방 후에 새로 난 구장의 대답이었다.
> "그런 놈의 법이 어딨단 말인가? 그래, 누가 그렇게 마련을 했는구?"
> "나라에서 그랬을 테죠."
> "나라?"
> "우리 조선 나라요."
> "나라가 다 무어 말라비틀어진 거야? 나라 명색이 내게 무얼 해 준 게 있길래, 이번엔 일인이 내놓구 가는 내 땅을 저이가 팔아먹으려구 들어? 그게 나라야?"
> "일인의 재산이 우리 조선 나라 재산이 되는 거야 당연한 일이죠."
> "당연?"
> "그렇죠."
> "흥, 가만 둬두면 저절루 백성의 것이 될 걸 나라 명색은 가만히 앉었다 어디서 툭 튀어나와 가지구, 걸 뺏어서 팔아먹어? 그따위 행사가 어딨다든가?"
> "한 생원은, 그 논이랑 멧갓이랑 길천이한테 돈을 받구 파셨으니깐 임자로 말하면 길천이지 한 생원인가요?"
> "암만 팔았어두, 길천이가 내놓구 쫓겨 갔은깐, 도루 내 것이 돼야 옳지, 무슨 말야. 걸, 무슨 탁에 나라가 뺏을 영으루 들어?"
> "한 생원한테 뺏는 게 아니라, 길천이한테 뺏는 거랍니다."

① 독백과 대화를 혼용하여 이야기를 이끌어가고 있다.
② 서술자가 인물의 성격을 직접적으로 평가하고 있다.
③ 특정한 단어를 활용하여 시대적 배경을 나타내고 있다.
④ 작가는 국민의 도덕성과 국가의 비도덕성을 대조하여 보여준다.

해설

③ '해방'이라는 특정 단어를 통하여 시대적 배경을 짐작해 볼 수 있다.
① 독백은 나타나지 않는다.
② 인물의 성격은 대화를 통하여 간접적으로 나타난다.
④ 국가의 비도덕성은 나타나지만 국민의 도덕성은 찾아볼 수 없다. 한 생원도 자신의 이익만을 추구하고 있다.

정답 ③

059 다음 글의 집필 의도로 옳은 것은?

> 말이란 우호를 맺게도 하고 싸움을 일으키게도 합니다. 자제들과 말할 때는 효를 이야기하고 신하들과 말할 때는 충을 이야기해야 합니다. 만약, 그 지위에 있지 않으면서 국정의 장점과 단점을 논하거나, 그 책임을 지지 않으면서 조정의 잘잘못을 말하며, 심한 자는 공론을 저버리고 자기는 당파를 위해 죽거나, 눈을 부릅뜨고 논란을 하다가 끝내는 임금을 배반하는 죄에 빠지면서, 자신이 세상의 화 때문에 죽는 것을 깨닫지 못하고 있습니다. 이것을 이른바 '경계한다'는 것입니다.
>
> …
>
> 이제 만일 그 '비웃음'을 알아서 반성한다면 장차 조정의 명신이 될 것이며, 그 '경계함'을 알아서 본받는다면 반드시 처세에 능통한 자가 될 것입니다.
>
> …
>
> 나는 그 이야기를 이상하게 여겨 그 물건의 이름을 물었으나, 주인은 입을 가리키며 말을 하지 않았다. 나는 그 의도를 알아차리고 물러나와 이것을 기록하였다.

① 삶의 지혜를 일깨우기 위해서

② 배움의 자세를 깨우치기 위해서

③ 신하의 도리를 일깨우기 위해서

④ 대상의 아름다움을 예찬하기 위해서

해설

① 제시문은 안정복의 「아기설(啞器說)」로, '벙어리' 물건(저금통)의 유래를 통해 해야 할 말과 하지 말아야 할 말을 구별하여 말하는 삶의 지혜를 일깨우고 있다.

안정복, 「아기설(啞器說)」

- 갈래 : 고전 수필, 설(說)
- 성격 : 교훈적, 비판적, 분석적, 풍자적
- 제재 : 아기(啞器, 벙어리 물건)
- 구성 : 2단 구성(사실 제시+의견 진술)
- 특징
  - 고사를 인용하는 등 유교적 가치가 나타남
  - 개인의 일상적 체험을 교훈으로 보편화
  - 우의적 기법을 활용한 문답을 통해 대상의 가치를 탐구
- 주제 : 알맞게 말을 하는 삶의 지혜

정답 ①

060 다음 글의 서술자에 대한 설명으로 가장 적절한 것은?

> 그들은 여전히 이야기를 계속하고 있다.
> "그래 촌에 들어가면 위험하진 않은가요?"
> 조선에 처음 간다는 시골자가 또다시 입을 벌렸다.
> "뭘요, 어델 가든지 조금도 염려 없쉐다. 생번이라 하여도 요보는 온순한 데다가, 가는 곳마다 순사요 헌병인데 손 하나 꼼짝할 수 있나요. 그걸 보면 데라우치 상이 참 손아귀 힘도 세지만 인물은 인물이야!"
> 매우 감격한 모양이다.
> "그래 촌에 들어가서 할 게 뭐예요?"
> "할 것이야 많지요. 어델 가기로 굶어 죽을 염려는 없지만, 요새 돈 몰 것이 똑 하나 있지요. 자본 없이 힘 안 들고……. 하하하."
> 표독한 위인이 충동이는 수작이다.
>
> …(중략)…
>
> 나는 여기까지 듣고 깜짝 놀랐다. 그 불쌍한 조선 노동자들이 속아서 지상의 지옥 같은 일본 각지의 공장과 광산으로 몸이 팔리어 가는 것이 모두 이런 도적놈 같은 협잡 부랑배의 술중(術中)에 빠져서 속아 넘어가는구나 하는 생각을 하며 나는 다시 한 번 그자의 상판대기를 치어다보지 않을 수 없었다.
>
> – 염상섭, 「만세전」 중에서 –

① 작품 밖의 전지적 서술자가 일어난 사건의 전말을 전달하고 있다.
② 작품 속에 등장하는 인물이 다른 인물을 관찰하며 평가하고 있다.
③ 작품 밖에 있는 서술자가 관찰자가 되어 등장인물의 행동을 묘사하고 있다.
④ 작품 속의 서술자가 작품 밖의 서술자와 교차하며 사건을 입체적으로 서술하고 있다.

해설

② '시골자'와 '표독한 위인'의 대화를 듣고, 그들을 평가하는 '나'는 작품 속 등장인물로 작중 상황을 전달하고 있다.
①·③·④ 제시문에서는 3인칭 시점이 드러나 있지 않으므로 적절하지 않은 설명이다.

정답 ②

03 독해

061 다음 글에 대한 설명으로 적절하지 않은 것은?

> 어떤 사회적 현상을 설명할 때, 상징적 행동을 배제하게 되면 남는 것은 실용성과 관련된 설명뿐이다. 그러나 아메리카에서 시가가 유행하는 현상에 대해서는 그런 기능적 설명이 통하지 않는다. 가령, 사람들이 여전히 담배를 피우고 싶어 하기 때문에 그런 현상이 생긴다는 주장을 들어 보자. 일견 수긍되는 점이 있다. 사람들의 흡연욕구가 여전하다는 것은 전혀 틀린 말이 아니기 때문이다. 그러나 그것만으로는 아메리카 사회가 시가를 피우는 사람들에게는 관대하고, 궐련을 피우는 사람들에게는 관대하지 않은 까닭을 설명할 수가 없다.
>
> 궐련을 피우는 사람들은 이제 공공건물 앞의 보도에 한데 모여서 흡연을 해야 하는 신세가 되었다. 그들 사이에 즉각적 연대감을 형성하면서 말이다. 그런 그들에게 더러 경멸의 눈길을 보내는 사람들도 있지만, 대부분의 사람들은 그들에게 관심을 보이지 않는다. 그들이 공공건물 밖에서 흡연을 하는 한, 남에게 해가 될 게 전혀 없다고 생각하기 때문이다. 그런데 시가를 피우는 사람들의 사정은 전혀 다르다. 그들은 저녁 식사가 끝날 즈음에, 또는 파티 도중에 전리품을 자랑하듯이 당당하게 시가를 꺼내어 입에 문다. 그들의 행동에 눈살을 찌푸리는 사람은 아무도 없다.
>
> 어찌하여 이런 차별이 생긴 것일까? 연기를 삼키지 않기 때문에 시가가 몸에 덜 해롭다는, 일반적 주장은 설득력이 없다. 연기를 들이마시지 않고 뱉어 내는 것은 간접흡연의 피해를 줄이기는커녕, 오히려 실내 공기를 더욱 심하게 오염시키기 때문이다. 그렇다면 진짜 이유는 무엇일까? 가장 설득력 있는 설명은 다음과 같다. 먼저 보건 당국에서 국민 건강을 위한 캠페인의 일환으로 궐련과의 투쟁을 선포했다. 그러자 궐련은 죽음의 상징이 되었고, 그 캠페인은 상류층 사람들 사이에 즉각적 반향을 불러일으켰다. 이제 최고급 레스토랑에서는 아무도 궐련을 피우지 않지만, 싸구려 술집에는 여전히 궐련 연기가 자욱하다.

① 자문자답 형식을 사용하여 독자의 흥미를 유발하고 있다.
② 난해한 용어의 정의를 제시하여 독자의 이해를 돕고 있다.
③ 자신과 다른 견해를 일부 인정하면서도 그 한계를 지적하고 있다.
④ 다른 현상과의 비교를 통해 특정 현상에 담긴 의미를 밝히려 한다.

해설

② 난해한 용어에 대한 '정의'는 사용되지 않았으며 대체로 평이한 용어를 사용하고 있다.
① 세 번째 문단에서 '어찌하여 이런 차별이 생긴 것일까?'라는 질문과 '그렇다면 진짜 이유는 무엇일까?'라는 질문 뒤에 그 답변이 이어지고 있는 것을 통해 자문자답 형식을 취하고 있음을 알 수 있다.
③ 첫 번째 문단의 '가령, 사람들이 ~ 일견 수긍되는 점이 있다. ~ 그러나 그것만으로는 아메리카 사회가 시가를 피우는 사람들에게는 관대하고, 궐련을 피우는 사람들에게는 관대하지 않은 까닭을 설명할 수가 없다.'를 통해서 확인할 수 있다.
④ '궐련을 피우는 사람'과 '시가를 피우는 사람'의 경우를 비교하여 특정 현상에 담긴 의미를 설명하고 있다.

정답 ②

062 다음 글의 논증 구조를 옳게 파악한 것은?

> ㉠ 동물들의 행동을 잘 살펴보면 동물들도 우리가 사용하는 말 못지않은 의사소통 수단을 가지고 있는 듯이 보인다. ㉡ 즉, 동물들도 여러 가지 소리를 내거나 몸짓을 함으로써 자신들의 감정과 기분을 나타낼 뿐 아니라 경우에 따라서는 인간과 다를 바 없이 의사를 교환하고 있는 듯하다. ㉢ 그러나 그것은 단지 겉모습의 유사성에 지나지 않을 뿐이고 사람의 말과 동물의 소리에 아주 근본적인 차이가 존재한다는 점을 잊어서는 안 된다. ㉣ 동물들이 사용하는 소리는 단지 배고픔이나 고통 같은 생물학적인 조건에 대한 반응이거나, 두려움이나 분노 같은 본능적인 감정들을 표현하기 위한 것에 지나지 않는다. ㉤ 따라서, 동물들이 내는 소리가 때때로 의사소통의 수단으로 이용된다고 해서 그것을 대화나 토론이나 회의와 같은 언어활동이라고 할 수는 없다.

① ㉠은 논증의 결론으로 주제문이다.
② ㉡은 ㉠의 논리적 결함을 지적한 것이다.
③ ㉢은 ㉠, ㉡을 부정하고 새로운 논점을 제시한 것이다.
④ ㉤은 ㉢, ㉣에 대한 근거이다.

해설
③ ㉠은 도입 문장으로 주제 문장이 아니다. ㉡은 ㉠의 상술 문장이며, ㉤이 주제 문장이다.
㉠ 도입(화제) – ㉡ 상술 – ㉢ 반론(새로운 논점 제시) – ㉣ 상술 – ㉤ 결론
① ㉠은 논증의 결론이 아니라 화제 도입 문장이다.
② ㉡은 ㉠의 내용을 자세하게 설명하는 상술 문장이다.
④ ㉣은 ㉢의 근거이며, ㉢과 ㉣을 근거로 한 결론은 ㉤으로 볼 수 있다.

정답 ③

063 다음 글의 전개 방식에 대한 설명으로 적절한 것은?

> 유럽의 18~19세기는 혁신적 지성의 열기로 가득 찬 시대였다. 혁신적 지성은 정치적, 경제적, 사회적 여건의 성숙과 더불어 서양 근대 사회의 확립에 주도적 역할을 하였다. 수많은 개혁 사상과 혁명 사상의 제공자는 물론이요, 실천면에서도 개혁가와 혁명가는 지성인 출신이었다. 그들은 새로운 미래를 제시하고, 그것을 뒷받침할 이데올로기를 마련하고, 그것을 실현할 구체적인 방안을 제시하는 동시에, 현실의 모순을 과감하게 비판하고 몸소 실천에 뛰어들기도 하였다.
>
> 하지만 20세기에 이르러 사태는 달라지기 시작하였다. 근대 사회 성립에 주도적 역할을 담당했던 혁신적 지성은 그 혁신적 성격과 개혁적 정열을 점차로 상실하고, 직업적이고 기술적인 지성으로 변모하였다. 이는 근대 사회가 완성되고 성숙함에 따른 당연한 귀결일지도 모르며, 오늘날 고도로 발달한 서구 사회에 직업적이고 기술적인 지성이 필요 불가결하기도 하다. 그러나 지성이 고도로 발달한 사회에서 직업적이고 전문적인 지식과 기술을 제공하는 것으로 만족할 것인가의 문제는 다시 한 번 생각해 봄직하다.
>
> 만일 서구 사회가 현재에 안주하고 현상 유지를 계속할 수가 있다면 문제는 다르다. 그러나 그것은 사회의 전면적인 침체를 가지고 올 것이며, 그것은 또한 불길한 몰락의 징조일지도 모른다.
>
> 현재의 모순과 문제를 파헤치고 이를 개혁하여 새로운 미래로 나아가는 구체적 방안을 모색하는 임무는 누가 져야 할 것인가? 그것은 역시 지성의 임무이다. 지성은 거의 영구불변의 기능이라고 할 수 있는 문화 창조의 기능을 가져야 한다. 현대의 지성은 전문 지식과 기술을 제공하는 데 그치지 말고, 현실을 비판하며 실현 가능한 구체적 방안을 모색하여 새로운 미래를 제시하는 혁신적 성격을 상실해서는 안 될 것이다.

① 자신의 주장을 밝히고 이와 상반된 견해를 반박하고 있다.
② 상호 대립된 견해를 제시하고 자신의 입장을 밝히고 있다.
③ 용어에 대한 개념 차이를 밝히며 자신의 주장을 펼치고 있다.
④ 시대적 변천 양상을 살피면서 바람직한 방향을 제시하고 있다.

해설

제시문은 지성의 역할이 시대에 따라 변모하는 양상을 서술하고 현재 사회에서 지성이 나아가야 할 방향을 제시하고 있다.

- 첫 번째 문단 : 18~19세기 지성의 혁신적인 역할
- 두 번째 문단 : 20세기 지성의 직업적이고 기술적인 역할
- 네 번째 문단 : 현대 사회에서 지성의 창조적, 비판적, 혁신적 역할

정답 ④

064 다음 글에 대한 설명으로 적절한 것은?

> 노동 시장은 생산물 시장과 본질적으로 유사하지만, 생산물 시장이나 타 생산요소 시장과 다른 특징을 지니고 있다. 그중 가장 중요한 특징은 인간이 상품의 일부라는 점이다. 생산물 시장에서 일반 재화는 구매자와 판매자 간에 완전한 이전이 가능하고, 수요자와 공급자는 상대방이 누구인가에 대해 전혀 신경 쓸 필요 없이 오로지 재화 그 자체의 가격과 품질을 고려하여 수요 · 공급 의사를 결정한다. 그러나 노동 시장에서 노동이라는 상품은 공급자 자신과 분리될 수 없기 때문에 노동의 수요자와 공급자는 단순히 물건을 사고파는 것 이상의 인간적 관계를 맺게 되고, 수요 · 공급에 있어서 봉급, 부가 급여, 직업의 사회적 명예, 근무 환경, 직장의 평판 등 가격 이외의 비경제적 요소가 많은 영향을 미친다. 따라서 노동 시장은 가격의 변화에 따라 수요 · 공급이 유연성 있게 변화하지 않는 동시에 수요 · 공급의 불균형이 발생해도 가격의 조절 기능이 즉각적으로 작동하지 않는다.

① 여러 이론을 토대로 노동 시장에 대한 다양한 관점을 소개하고 있다.
② 여러 사례를 근거로 삼아 노동 시장에 대한 통념을 비판하고 있다.
③ 대비의 방식을 사용하여 노동 시장이 가지는 특징을 설명하고 있다.
④ 노동 시장에 관한 기존의 논의를 분석하여 새로운 주장을 제시하고 있다.

해설

③ 제시문의 중심 내용은 '노동 시장과 생산물 시장의 다른 특징'이다. 노동 시장은 '인간이 상품의 일부'이기 때문에 '노동이라는 상품은 공급자 자신과 분리될 수 없으므로' 수요 · 공급이 유연성 있게 변화하지 않으며, 가격의 조절 기능이 즉각적으로 작동하지 않는다는 특징을 설명하고 있다.

정답 ③

065 다음 글의 논리적 구조로 가장 옳은 것은?

> 자유란 인간의 특성 중의 하나로서 한 개인이 스스로 판단하고 행동하며 그 결과에 대해 책임질 수 있는 능력을 의미한다. 그러한 능력을 극대화하기 위해서는 개인이 사회적인 여러 제약들, 가령 정치적, 경제적 및 문화적 제도나 권위, 혹은 억압으로부터 어느 정도의 거리를 유지하지 않으면 안 된다. 그러나 그 거리가 확보되면 될수록 개인은 사회로부터 고립되고 소외당하며 동시에 안정성과 소속감을 위협받을 뿐만 아니라 새로운 도전에 적나라하게 노출될 수밖에 없다. 이와 같이 새롭게 나타난 고독감이나 소외감, 무력감이나 불안감으로부터 벗어나기 위해 '자유로부터의 도피'를 감행하게 된다.

① 원인 – 결과
② 보편 – 특수
③ 일반 – 사례
④ 주장 – 근거

해설

제시문의 논지는 '자유로부터의 도피'이며, 제시문은 크게 '사회적 제약으로부터 거리를 확보하면 새로운 도전에 노출된다.'는 원인과 '따라서 도전에서 벗어나기 위해서는 자유로부터의 도피를 감행하게 된다.'는 결과로 구성되었다. 이를 간단히 다시 정리해보면 다음과 같다.

- 자유란 개인이 스스로 판단하고 행동하며 그 결과에 대해 책임질 수 있는 능력이다(정의).
- 사회적인 제약으로부터 거리를 확보할수록 고립, 소외, 안정성과 소속감에 대한 위협, 도전에 대한 노출 등에 적나라하게 노출된다(원인).
- 이러한 문제로부터 벗어나기 위해 '자유로부터의 도피'를 감행한다(결론).

정답 ①

066 다음 글에서 언급되지 않은 내용은?

다른 고전들에 비추면, 『논어』라는 책이름은 이상하다. 동양 고전들은 주로 그 주인공을 책제목으로 삼는다. 예컨대 『맹자』의 주인공은 맹자요, 『장자』의 주인공은 장자다. 한비자가 주인공인 책도 『한비자』요, 순자가 주인공인 책제목은 『순자』다. 이런 관습대로라면 『논어』 역시 『공자』라는 이름을 얻었어야 옳다. 그런데도 『논어』라는 무미건조한 이름을 얻은 데는 필시 까닭이 있으리라.

『논어(論語)』란 '논하고 말하다'라는 뜻이다. 이 책의 이름이 『논어』가 된 까닭은, 물론 그 속에 그 제자들의 일화가 섞여 있기 때문이기도 하지만 좀 더 본질적으로는 '이 책 속에는 고유명사로써 한정지을 수 없는 위대한 진리가 담겨 있다'는 의사를 표명하기 위한 때문으로 보인다. 고유명사로는 진리를 다 담을 수 없다는 막막함에서 그냥 '논어'라는 표현으로 제목을 삼았으리라는 것. 만일 책이름이 『공자』라면 이것은 '공자'라는 특정인이 발설한, 부분적이고 편향적인 말씀이라는 한정을 가질 수밖에 없기 때문이다.

이에 한정되고 불완전한 인간의 한계를 넘어 보편적 진리의 말씀이 담겼다는 뜻을 드러내기 위해, '진리를 논하시고 말씀하신' 책, 즉 『논어』가 된 것이다. 노자가 잘 지적했듯, 원래 '진리는 이름을 갖는다면 참된 진리가 아닌 것이요, 이름을 붙일 수 있다면, 그것은 영원한 이름이 아닌 법'이다. 공자라는 이름의 한정을 벗어난 참된 진리라는 의미가, 『논어』라는 이름 속에 깃들어 있는 것이다.

한편 『논어』는 스무 편으로 구성되어 있다. 제1편은 '학이(學而)', 마지막 제20편은 '요왈(堯曰)'이라는 이름을 달고 있다. '학이'니 '요왈'이니 하는 편명은 깊은 뜻이 있는 것이 아니고 그 장의 머리글자를 따서 그냥 제목으로 삼은 것이다. 예컨대 학이 편 제일 첫 대목이 '학이시습지' 운운하면서 시작되므로, 그 첫머리 '학이'를 똑 떼어 편명으로 삼았을 뿐이다. 또 '요왈'이라고 하여 '요임금의 말씀'에 대한 논설이나 대화라는 뜻도 아니다. 『논어』의 각 편은 '기본적으로' 주제 의식 없이 또 두서없이 공자의 말씀을 모은 집성일 따름이다.

한편 『논어』는 처음부터 딱 스무 편으로 고정되어서 2500년을 그대로 전해져 온 것은 아니다. 『논어』의 전수에는 곡절이 많았다. 2500년이라는 세월이 결코 짧은 시간이 아닐 뿐만 아니라 또 그 와중에 진시황의 분서갱유(焚書坑儒)와 같은 절체절명의 단절 위기도 있었던 것이다. 그러니 『논어』가 지금같이 스무 개의 편장으로 이뤄진 표준형으로 고정된 것은 공자가 죽고 나서 한참 뒤였다.

① 『논어』라는 책 이름이 지어진 이유
② 『논어』의 스무 편에 담긴 각각의 주제
③ 『논어』의 스무 개의 편명이 지어진 배경
④ 『논어』가 스무 편의 표준형으로 고정된 시기

해설

① 두 번째 문단에서 책 이름이 『논어』라고 지어진 이유를 확인할 수 있다.
③ 네 번째 문단에서 『논어』의 편명이 지어진 배경에 대해 설명하고 있다.
④ 마지막 문단에서 『논어』가 언제 표준형으로 고정되게 되었는지에 관해 서술하고 있다.

정답 ②

067 다음 글의 중심 내용으로 옳은 것은?

만일 국제 경쟁력이 낮은 임금과 풍부한 노동력에 의해 결정된다면, 높은 임금과 부족한 노동력 하에서도 높은 경제 발전을 이룩한 독일, 스위스, 스웨덴의 경우는 무엇으로 설명될 것인가? 반대로 엄청나게 풍부한 저임금 노동력을 가진 중국, 인도 등의 나라는 왜 경쟁력이 없는가? 이 같은 예들은 바로 국제 경쟁력이 단순히 노동력에 의해 결정되지 않는다는 것을 입증한다. 게다가 국제 경쟁력이 단순히 노동력에 의해 결정된다 하더라도 국가가 근로자들의 임금을 낮추면서까지 국제 경쟁력을 강화시킨다는 것은 국민 복지 향상 측면에서 진정한 의미의 국제 경쟁력 향상이라고 볼 수 없다. 천연 자원의 경우도 마찬가지이다. 한국을 비롯하여 일본, 독일, 스위스, 이탈리아처럼 자원이 빈약한 국가들이 그동안 꾸준히 경제 성장을 해온 것만 보아도 국제 경쟁력이 단순히 풍부한 부존자원에 의해 결정되는 것이 아님을 알 수 있다.

① 국제 경쟁력과 경제 발전의 상관관계
② 국제 경쟁력의 역사
③ 국제 경쟁력의 개념
④ 국제 경쟁력의 강화 방안

해설

③ 제시된 글은 노동력과 부존자원의 관점을 예시로 들어 국제 경쟁력에 대한 개념을 설명하고 있다.
① 제시된 글의 '국민 복지 향상 측면에서 진정한 의미의 국제 경쟁력 향상이라고 볼 수 없다'에서 확인할 수 있듯이 국제 경쟁력은 경제 발전만으로 설명할 수 없다.
② 국제 경쟁력을 설명하기 위해 여러 나라의 성장 배경을 예시로 들고 있을 뿐 국제 경쟁력의 역사를 설명하고 있다고 볼 수 없다.
④ 국제 경쟁력의 강화에 대한 방안이 제시되어 있지 않다.

도입부의 중심 내용 파악

제시된 글을 논설문으로 본다면, 개념어가 제시되고, 흥미를 유발하고 있다는 점에서 도입부로 보는 것이 적절하다. 개념어가 제시된 도입부에서의 중심 내용은 대개 눈에 잘 띄는 편이지만 그렇지 않은 경우도 있다. 다음의 '국제 경쟁력'이 그러한데, 문제를 접한 입장에서 어색한 용어에 대해 화자가 묻고자 하는 바가 가시적으로 제시되지 않아 혼동이 올 수 있다. 그러나 글 전체의 문맥은 'A로 한정할 수 없고, B로도 한정할 수 없는 단순하지 않은 C(중심 내용)'의 형태로 전개되고 있다는 점에 유의한다면, 중심 내용 파악이 조금 더 수월해진다.

정답 ③

068 다음 글의 필자가 궁극적으로 강조하는 내용으로 가장 적절한 것은?

> 로마는 '마지막으로 보아야 하는 도시'라고 합니다. 장대한 로마 유적을 먼저 보고 나면 다른 관광지의 유적들이 상대적으로 왜소하게 느껴지기 때문일 것입니다. 로마의 자부심이 담긴 말입니다. 그러나 나는 당신에게 제일 먼저 로마를 보라고 권하고 싶습니다. 왜냐하면 로마는 문명이란 무엇인가라는 물음에 대해 가장 진지하게 반성할 수 있는 도시이기 때문입니다. 문명관(文明觀)이란 과거 문명에 대한 관점이 아니라 우리의 가치관과 직결되어 있는 것입니다. 그리고 과거 문명을 바라보는 시각은 그대로 새로운 문명에 대한 전망으로 이어지기 때문입니다.

① 여행할 때는 로마를 가장 먼저 보는 것이 좋다.
② 문명을 반성적으로 볼 수 있는 가치관이 필요하다.
③ 문화 유적에 대한 로마인의 자부심은 본받을 만하다.
④ 과거 문명에서 벗어나 새로운 문명을 창조해야 한다.

해설

글쓴이는 '로마를 마지막으로 보아야 하는 도시'라는 통념을 반박하며, '로마를 가장 먼저 봐야 한다.'고 주장하고 있다. 또한 그 이유로 로마가 문명이란 무엇인가에 대해 가장 진지하게 반성할 수 있는 도시이기 때문이라고 밝히고 있다. 이를 통해 글쓴이가 궁극적으로 강조하는 내용은 ② '문명을 반성적으로 볼 수 있는 가치관이 필요하다.'임을 알 수 있다.

정답 ②

069 다음 글의 내용과 부합하지 않는 것은?

> 글의 기본 단위가 문장이라면 구어를 통한 의사소통의 기본 단위는 발화이다. 담화에서 화자는 발화를 통해 '명령', '요청', '질문', '제안', '약속', '경고', '축하', '위로', '협박', '칭찬', '비난' 등의 의도를 전달한다. 이때 화자의 의도가 직접적으로 표현된 발화를 직접 발화, 암시적으로 혹은 간접적으로 표현된 발화를 간접 발화라고 한다.
>
> 일상 대화에서도 간접 발화는 많이 사용되는데, 그 의미는 맥락에 의존하여 파악된다. '아, 덥다.'라는 발화가 '창문을 열어라.'라는 의미로 파악되는 것이 대표적인 예이다. 방 안이 시원하지 않다는 상황을 고려하여 청자는 창문을 열게 되는 것이다. 이처럼 화자는 상대방이 충분히 그 의미를 파악할 수 있다고 판단될 때 간접 발화를 전략적으로 사용함으로써 의사소통을 원활하게 하기도 한다.
>
> 공손하게 표현하고자 할 때도 간접 발화는 유용하다. 남에게 무언가를 요구하려는 경우 직접 발화보다 청유 형식이나 의문 형식의 간접 발화를 사용하면 공손함이 잘 드러나기도 한다.

① 발화는 구어를 통한 의사소통의 기본 단위이다.
② 간접 발화의 의미는 언어 사용 맥락에 기대어 파악된다.
③ 간접 발화가 직접 발화보다 화자의 의도를 더 잘 전달한다.
④ 요청할 때 청유문이나 의문문을 사용하면 더 공손해 보이기도 한다.

해설

① 첫 번째 단락의 첫 번째 문장을 통해서 알 수 있다.
② 두 번째 단락의 첫 번째 문장에서 알 수 있다.
④ 마지막 단락의 마지막 문장에서 알 수 있다.

정답 ③

070 다음 글의 ㉠에 들어갈 내용으로 가장 적절한 것은?

> 상표 보호와 관련한 이론은 크게 혼동 이론과 희석화 이론 두 가지로 나눌 수 있다. 상표는 특정 상품이나 서비스의 출처를 표시하여, 상표가 부착된 상품과 그렇지 않은 상품을 식별하게 해 주는 기능을 한다. 이에 근거해서 혼동 이론은 타인이 동일하거나 유사한 상표를 사용하여 출처에 대한 혼동을 불러일으키는 경우에 상표권자의 상표가 보호받아야 한다고 보았다. 이 이론에 따르면 소위 '짝퉁'에 해당하는 동종 상품의 경우, 상표의 식별이 어려울 수 있어 상표를 침해하였다고 판단할 수 있다. 그러나 상품의 종류가 달라서 동일하거나 유사한 상표의 사용이 혼동을 일으키지 않는다면, 상표권이 침해받지 않은 것이므로 그 행위를 규제할 수 없다. 예를 들어 '아사달'이라는 상표의 가방이 큰 인기를 끌어 '아사달'이 유명 상표가 되었다고 하자. 이럴 경우 '아사달'이라는 상표는 상품의 인지도를 높여 판매를 촉진함과 동시에 이미지를 제고하게 된다. 그런데 누군가가 '아사달' 구두를 만들어 팔 경우, '아사달' 구두는 '아사달' 가방의 상표를 침해한 것인가? 이러한 경우에 혼동 이론에서는 '아사달' 구두가 '아사달'이라는 상표의 혼동을 일으킨다고 볼 수 없다고 판단한다. 왜냐하면 [㉠] 때문이다.

① '아사달' 구두와 '아사달' 가방은 상표에 차이가 나기
② '아사달' 구두가 '아사달' 가방의 고객을 잠식할 수 있기
③ '아사달' 구두가 '아사달' 가방의 판매율을 떨어뜨릴 수 있기
④ '아사달' 구두와 '아사달' 가방을 동일하거나 유사한 상표로 보지 않기

해설

④ 혼동 이론은 타인이 동일하거나 유사한 상표를 사용하여 출처에 대한 혼동을 불러일으키는 것을 말하는데, 상품의 종류가 달라 혼동을 일으키지 않는다면 혼동할 일이 없기 때문에 상표권의 침해로 보지 않는다.

정답 ④

071 글쓴이의 관점에서 〈보기〉를 이해한 내용으로 적절하지 않은 것은?

> **〈보 기〉**
>
> 소설 '바틀비 이야기'는 미국의 대표적 작가로 꼽히는 허먼 멜빌(Herman Melville, 1819년~1891년)의 소설로 미국 자본주의를 상징하는 뉴욕 월가의 한 법률 사무소를 배경으로 철저히 소외된 삶을 살아가는 필경사 바틀비(Bartleby)의 삶을 통해 산업화, 도시화된 미국 자본주의사회의 물질주의를 비판한 수작이다.
>
> 바틀비가 근무하는 법률 사무소의 사면은 오래되고 그늘져서 검게 변한 높은 벽돌벽에 둘려 있다. 사방이 벽으로 둘러싸인 답답한 사무실은 두 개의 공간으로 나뉘어 한 쪽은 60세 가량의 화자인 변호사가, 다른 한 쪽은 신경성 질환에 시달리는 바틀비를 비롯한 세 명의 필경사가 사용한다.
>
> 60세 가량의 필경사 칠면조(Turkey)는 오전에는 온순하고 일을 빈틈없이 처리하지만 오후만 되면 비정상적으로 변해 혼란스럽고 목표 없는 분주한 활동으로 한시도 가만히 있지를 못한다. 젊은 필경사 니퍼즈(Nippers)는 소화불량 때문에 고통 받으며 일을 할 때 이를 부득부득 갈고 끊임없이 낮은 목소리로 욕설을 내뱉는다. 이들과 달리 바틀비는 침묵하며 돌처럼 굳어 한동안 밤낮으로 열심히 일만 한다. 그러던 바틀비는 갑자기 "하고 싶지 않습니다"라는 말만 되풀이하며 변호사의 작업지시를 거부하다 해고되고 결국 교도소에 수감되고 노동과 음식을 거부하다가 아사하고 만다.

① 자본주의 사회가 야기한, 아무런 의욕도 없는 무감각 상태의 징후를 보여주는 탈진한 인간의 이야기로 해석해야겠군.

② 규율사회의 상징이라고 할 수 있는 벽과 감옥을 모티브로 삼고 있다는 점에서 멜빌은 규율사회를 묘사하였다고 해석해야겠군.

③ 해야 할 유일한 일이라고는 그저 단조로운 필사 작업뿐인 복종적 주체인 바틀비를 병들게 하는 것은 과도한 긍정성 때문은 아니라고 해석해야겠군.

④ 작업지시를 거부하다 해고되기를 선택한 바틀비는 후기 근대사회가 요구하는 과중한 자아 부담을 스스로 거부하는 잠재력을 지닌 위대한 존재로 해석해야겠군.

해설

글의 내용을 바르게 이해하고 그것을 적용할 수 있는가의 문제이다.

④ 〈보기〉에서 '바틀비'는 사방이 벽으로 둘러싸인 답답한 사무실에서 근무한다는 점, 신경성 질환을 가진 자라는 점, 변호사가 시키는 대로 일을 해야 한다는 점을 통해 외적 지배의 영향 아래 일한 복종 주체적 특징을 보인다. 따라서 ④처럼 과중한 자아 부담을 스스로 거부하는 잠재력을 지닌 위대한 존재로 해석하는 것은 적절하지 않다.

① 셋째 단락을 통해 '바틀비'가 아무런 의욕도 없는 무감각 상태의 징후를 보여주는 탈진한 인간임을 알 수 있다.

② 첫 번째 단락에서 찾아볼 수 있으며 규율사회의 상징이라고 할 수 있는 '벽'과 '감옥'을 모티브로 삼고 있다는 점에서 멜빌은 규율사회를 묘사하였다고 할 수 있다.

③ '바틀비'를 병들게 한 것은 규율 사회의 부정성이지 성과 사회의 긍정성은 아니다.

정답 ④

072 밑줄 친 부분과 가장 유사한 속성을 지닌 현대인의 삶의 태도는?

> 근대 이후 인간들은 불안감과 고독감에서 벗어나기 위해 자신에게 주어진 자유로부터 도피하려는 경향을 보인다. 그중 하나가 복종을 전제로 하는 권위주의적 양태이다. 이는 개인적 자아의 독립을 포기하고 자기 이외의 어떤 존재에 종속되고자 하는 것으로, 사라진 제1차적 속박 대신에 새로운 제2차적 속박을 추구하는 양상을 띤다. 이것은 때로 상대방을 자신에게 복종시킴으로써 심리적 안정과 만족을 얻으려는 형태로 나타나기도 한다. 일견 대립적으로 보이는 이 두 형태는 불안감과 고독감으로부터 벗어나기 위한 권위주의적 양상이라는 점에서는 동일한 것이다.

① 소속된 집단의 이익이나 정의보다는 개인의 이익이나 행복만을 추구하는 태도
② 집안에서 어떤 일을 결정할 때 부모나 어른의 의견보다는 아이들의 요구를 먼저 고려하는 태도
③ 어떤 상황에 대해 자신의 견해를 가지기보다는 언론 매체의 의견을 무비판적으로 수용하는 태도
④ 직업을 통해서 얻는 삶의 만족보다는 취미 활동을 통해서 얻는 삶의 즐거움을 더 중시하는 태도

해설

③ 제시문에서는 자유로부터의 도피를 다른 존재에 복종하고자 하는 양상과 다른 존재를 복종시키고자 하는 두 가지 양상으로 구분하고 있다. 밑줄 친 부분(자신에게 주어진 자유로부터 도피하려는 경향)은 전자에 해당하는 것으로 자신의 견해보다도 언론 매체의 의견을 수용하는 ③과 그 태도가 가장 유사하다.
①·②·④ 복종을 전제로 하는 권위주의적 양태와는 관련이 없다.

정답 ③

073 다음 글의 중심 내용을 고려할 때, 글쓴이의 의도에 부합하는 반응으로 가장 옳은 것은?

> 경제의 글로벌화가 진행되는 과정에서 다양성이 증대되었다고 생각하기가 쉽다. 체계적 국제 운송 및 통신 시스템의 도입으로 타 문화권에서 생산된 다양한 상품들과 식품들을 한데 모을 수 있을 것 같아 보이기 때문이다. 그러나 이렇게 다채로운 문화의 경험을 원활하게 만드는 바로 그 시스템이 실제로는 그런 다양성을 깨끗이 지워버리는 한편, 세계 전역에 걸쳐 지역마다의 문화적 특성까지도 말살하고 있다. 링곤베리와 파인애플 주스는 코카콜라에, 모직과 면으로 된 옷들은 청바지에, 고원에서 자라던 토종 소들은 저지 젖소에게 그 자리를 내주었다. 다양성이란 것은 한 회사에서 만든 열 가지의 청바지 중에 어느 것을 고를까 하는 문제가 절대 아니다.

① 지역 특산의 사과 품종을 굳이 보존할 필요가 없겠군.
② 글로벌 경제 시스템은 다양성 보존과는 거리가 있군.
③ 될 수 있으면 다국적 기업의 청바지를 사 입어야겠군.
④ 국제 운송 시스템은 지역 문화의 다양성을 증진시켰군.

해설

② 글쓴이의 의도를 문맥을 통해 확인할 수 있어야 한다. 제시문에서 글쓴이는 경제의 글로벌화가 다양성을 지워버리고 각 지역마다의 문화적 특성도 말살하고 있다고 말하면서 글로벌화를 비판하고 있다. 제시문에서 '경제의 글로벌화로 다양성이 증대된 것이 아니고, 다양성이 말살되고 있다.'고 하였으므로 글로벌 경제 시스템은 다양성 보존과는 거리가 있다고 볼 수 있다.

① 글로벌화가 되면 각 지역의 문화적 특성이 말살되기 때문에 지역 특산 품종을 보존할 필요가 없다는 것을 추론할 수 있다. 하지만 글쓴이는 글로벌 경제가 다양성을 없애버린 것에 비판적이므로, 지역 특산물인 사과 품종을 보존해서 다양성을 지키는 것이 글쓴이의 의도에 부합하는 것이 된다.

③ 글쓴이는 글로벌화가 되는 현실을 비판하고 있다. 다국적 기업의 청바지를 사 입는 것은 다양성의 차원이 아니라고 말했으므로, 글로벌화로 대표되는 다국적 기업의 청바지에 대해서도 부정적 견해를 가지고 있다고 생각할 수 있다. 그러므로 글쓴이는 다국적 기업의 청바지를 사 입지 않을 것이라고 추론할 수 있다.

④ 경제의 글로벌화는 다채로운 문화의 경험을 원활하게 만드는 바로 그 시스템이 실제로는 그런 다양성을 깨끗이 지워버리는 역할을 한다라고 부정적으로 말하는 것을 통해 지역문화의 다양성이 아니라 지역문화의 말살이 올 것이라고 추론할 수 있다.

정답 ②

074 다음 글의 ㉠~㉢에 들어갈 말로 적절한 것은?

> 우리 민족사를 일별하여 문화부흥의 중대한 전환기를 찾으려면 대개 세 시기를 들 수가 있으니, 통일신라와 세종성대와 갑오경장이 그것이다. (㉠) 삼국시대의 불교의 전래라든지 여말의 송유학(宋儒學)의 수입이며 영조 이후 서학 · 북학의 섭취를 비롯한 군소의 전환기가 일대의 문운을 울흥(蔚興)시킨 바 여러 번 있었다 해도, 그는 실상 이 3대 전환기의 바탕을 이루는 역사적 작은 기복이요, 그 뚜렷한 분수령은 아무래도 앞에 든 세 시기에다 조정(措定)하지 않을 수 없을 것이다. (㉡) 이 세 시기는 한결같이 국민 정신 발흥의 정점을 이룬 시기요, 또 다 같이 우리 민족의 어문 운동사에 획기적인 빛을 나타낸 시기이다. (㉢) 어문 운동의 획기적인 대두가 국민 정신 발흥의 시기에 일치한다는 것은 너무도 당연한 일이지만, 우리에게 항상 새로운 시사를 주는 바 있다.

	㉠	㉡	㉢
①	그런데	물론	따라서
②	물론	다시 말하면	그러므로
③	그러나	즉	이와 같이
④	물론	그런데	이와 같이

해설

㉠의 앞 문장에서는 문화부흥의 중대한 전환기를 제시하고, ㉠ 뒤에서는 역사적으로 중요한 것이지 문화적으로는 세 시기에 비해 부족한 사건을 이야기하며 앞의 세 시기가 중요함을 강조하고 있다. 따라서 역접이나 전환의 접속어는 어울리지 않는다.

㉡ 뒤에서는 문화적으로 중요한 세 시기의 공통점이 '어문 운동'이라는 새로운 사실을 밝혔으므로 전환의 '그런데'가 적합하다.

㉢에 '이와 같이'가 들어가 앞에 제시된 세 시기를 예로 들어, '어문 운동'과 '문화'가 밀접한 관련이 있다는 주제를 정리하는 것이 가장 적절하다.

정답 ④

075 다음 글에 〈보기〉의 문장이 들어가기에 옳은 것은?

> **〈보 기〉**
> 나는 또한 여러분이 과거란 그 자체만으로도 흥미 있는 것이라는 사실을 이번 기회에 알아차리기를 바란다.

> 내가 이번 강의에서 주되게 말하고자 하는 것은 지난날의 배경을 더듬어 봄으로써 우리 자신의 문제를 다시 한 번 생각해 보자는 데 있다. (ⓐ) 나는 여러분에게 별 의미가 없는 여러 가지 사실들을 그저 전달만 하는 데 그치려 하지 않는다. (ⓑ) 오히려 나는 여러분에게 우리가 어떻게 해서 현재의 상황에 이르게 되었는가를 보여주고 싶다. (ⓒ) 이 목적을 위해 여러 가지 방대한 자료에서 가치 있는 것을 끌어내게 될 것이다. (ⓓ) 그것은 그 과거가 곧 우리의 과거, 다시 말해서 종교인으로서 또는 신학 하는 사상가로서의 우리가 유래한 과거이기 때문만은 아니다.

① ⓐ

② ⓑ

③ ⓒ

④ ⓓ

해설

④ 〈보기〉를 살펴보면, '나는 또한'을 통해 화자에게는 기존의 목적 이외에 또 다른 목적이 있음을 알 수 있다. 이제 제시된 글의 문맥을 살펴보면, ⓓ 이전에 이미 화자의 목적–목적의 이유–달성을 위한 방법의 구성으로 완전해졌음을 알 수 있다. 따라서 새로운 목적의 이유인 마지막 문장 앞, 즉 〈보기〉가 ⓓ의 위치에 들어갔을 때 자연스러운 구성이 된다.

목적	목적의 이유	달성을 위한 방법	또 다른 목적	목적의 이유
첫 번째 문장 두 번째 문장	세 번째 문장	네 번째 문장	ⓓ	마지막 문장

정답 ④

076 논리 전개에 따른 (가)~(라)의 순서가 가장 적절한 것은?

20세기 한국 지성인의 지적 행위는 그들이 비록 한국인이라는 동양 인종의 피를 받고 있음에도 불구하고 대체적으로 서양이 동양을 해석하는 그러한 틀 속에서 이루어졌다.

(가) 그러나 그 역방향, 즉 동양이 서양을 해석하는 행위는 실제적으로 부재해 왔다. 이러한 부재현상의 근본 원인은 매우 단순한 사실에 기초한다.
(나) 동양이 서양을 해석한다고 할 때에 그 해석학적 행위의 주체는 동양이어야만 한다.
(다) '동양은 동양이다.'라는 토톨러지(tautology)나 '동양은 동양이어야 한다.'라는 당위 명제가 성립하기 위해서는 동양인인 우리가 동양을 알아야 한다.
(라) 그럼에도 우리는 동양을 너무도 몰랐다. 동양이 왜 동양인지, 왜 동양이 되어야만 하는지 아무도 대답을 할 수가 없었다.

동양은 버려야 할 그 무엇으로서만 존재 의미를 지녔다. 즉, 서양의 해석이 부재한 것이 아니라 서양을 해석할 동양이 부재했다.

① (가) – (나) – (다) – (라)
② (나) – (다) – (라) – (가)
③ (다) – (라) – (가) – (나)
④ (라) – (가) – (나) – (다)

해설
도입부에서 한국 지성인의 지적 행위는 대체로 서양이 동양을 해석하는 틀 속에서 이루어졌다는 언급을 하고 있으므로 이어질 내용으로 적절한 것은 동양이 서양을 해석하는 행위가 부재해 왔다는 (가)이다. 이어서 부재현상에 대한 단순한 사실로 해석학적 행위의 주체가 동양이어야 한다는 (나), 명제가 성립하기 위해 동양인인 우리가 동양을 알아야 한다고 말하는 (다), 마지막으로 그러나 우리가 동양을 모르고 있다는 (라)가 순서대로 배치되었을 때 글의 흐름이 자연스럽다.

정답 ①

077 다음 문장들을 미괄식 문단으로 구성하고자 할 때 문맥상 전개 순서로 가장 옳은 것은?

> ㄱ. 숨 쉬고 마시는 공기와 물은 이미 심각한 수준으로 오염된 경우가 많고, 자원의 고갈, 생태계의 파괴는 더 이상 방치할 수 없는 지경에 이르고 있다.
> ㄴ. 현대인들은 과학 기술이 제공하는 물질적 풍요와 생활의 편리함의 혜택 속에서 인류의 미래를 낙관적으로 전망하기도 한다.
> ㄷ. 자연 환경의 파괴뿐만 아니라 다양한 갈등으로 인한 전쟁의 발발 가능성은 도처에서 높아지고 있어서, 핵전쟁이라도 터진다면 인류의 생존은 불가능해질 수도 있다.
> ㄹ. 이런 위기들이 현대 과학 기술과 밀접한 관계가 있다는 사실을 알게 되는 순간, 과학 기술에 대한 지나친 낙관적 전망이 얼마나 위험한 것인가를 깨닫게 된다.
> ㅁ. 오늘날 주변을 돌아보면 낙관적인 미래 전망이 얼마나 가벼운 것인지를 깨닫게 해 주는 심각한 현상들을 쉽게 찾아볼 수 있다.

① ㄱ − ㄷ − ㅁ − ㄹ − ㄴ

② ㄴ − ㄹ − ㅁ − ㄱ − ㄷ

③ ㄴ − ㅁ − ㄱ − ㄷ − ㄹ

④ ㅁ − ㄹ − ㄱ − ㄷ − ㄴ

해설

ㄴ. 인류의 미래에 대한 낙관(도입, 화제를 제시함)
ㅁ. 낙관론의 문제점
ㄱ. ㅁ의 예로서의 자연 파괴 사례
ㄷ. ㅁ의 또 다른 예로서의 전쟁 발발 가능성
ㄹ. 낙관적 전망의 위험성(결론, 논지를 요약함)

정답 ③

078 내용의 전개에 따라 바르게 배열한 것은?

(가) 사물은 저것 아닌 것이 없고, 또 이것 아닌 것이 없다. 이쪽에서 보면 모두가 저것, 저쪽에서 보면 모두가 이것이다.
(나) 그러므로 저것은 이것에서 생겨나고, 이것 또한 저것에서 비롯된다고 한다. 이것과 저것은 저 혜시(惠施)가 말하는 방생(方生)의 설이다.
(다) 그래서 성인(聖人)은 이런 상대적인 방법에 의하지 않고, 그것을 절대적인 자연의 조명(照明)에 비추어 본다. 그리고 커다란 긍정에 의존한다. 거기서는 이것이 저것이고 저것 또한 이것이다. 또 저것도 하나의 시비(是非)이고 이것도 하나의 시비이다. 과연 저것과 이것이 있다는 말인가. 과연 저것과 이것이 없다는 말인가.
(라) 그러나 그, 즉 혜시(惠施)도 말하듯이 삶이 있으면 반드시 죽음이 있고, 죽음이 있으면 반드시 삶이 있다. 역시 된다가 있으면 안 된다가 있고, 안 된다가 있으면 된다가 있다. 옳다에 의거하면 옳지 않다에 기대는 셈이 되고, 옳지 않다에 의거하면 옳다에 의지하는 셈이 된다.

① (가) – (나) – (다) – (라)
② (가) – (나) – (라) – (다)
③ (가) – (다) – (나) – (라)
④ (가) – (라) – (나) – (다)

해설
(가) 이쪽에서 보면 모두가 저것, 저쪽에서 보면 모두가 이것이다. → (나) 그러므로 저것은 이것에서 생겨나고, 이것 또한 저것에서 비롯된다. ~ 혜시(惠施)가 말하는 방생(方生)의 설이다. → (라) 그러나 ~ 혜시(惠施)도 말하듯이 삶이 있으면 반드시 죽음이 있고, 죽음이 있다면 반드시 삶이 있다. ~ 옳다에 의거하면 옳지 않다에 기대는 셈이 되고, 옳지 않다에 의거하면 옳다에 의지하는 셈이 된다. → (다) 그래서 성인(聖人)은 이런 상대적인 방법에 의하지 않고, 그것을 절대적인 자연의 조명(照明)에 비추어 본다.
② 지시어가 제시되지 않은 (가)가 맨 앞에 위치한다. (나)의 '혜시(惠施)가 말하는 방생(方生)의 설'이 (라)의 '즉 혜시(惠施)도 말하듯이'로 연결된다. 그리고 (라)의 '옳다에 의거하면 옳지 않다에 기대는 셈이 되고, 옳지 않다에 의거하면 옳다에 의지하는 셈'이 (다)의 '이런 상대적인 방법'을 의미한다. 따라서 (나) – (라) – (다)로 연결된다.

정답 ②

079 다음을 논리적 순서로 배열한 것은?

ㄱ. 그 덕분에 인류의 문명은 발달될 수 있었다.
ㄴ. 그 대신 사람들은 잠을 빼앗겼고 생물들은 생체 리듬을 잃었다.
ㄷ. 인간은 오랜 세월 태양의 움직임에 따라 신체 조건을 맞추어 왔다.
ㄹ. 그러나 밤에도 빛을 이용해 보겠다는 욕구가 관솔불, 등잔불, 전등을 만들어 냈고, 이에 따라 밤에 이루어지는 인간의 활동이 점점 많아졌다.

① ㄱ – ㄴ – ㄷ – ㄹ
② ㄴ – ㄱ – ㄹ – ㄷ
③ ㄷ – ㄹ – ㄱ – ㄴ
④ ㄹ – ㄷ – ㄴ – ㄱ

해설

ㄷ. 인간은 오랜 세월 태양의 움직임에 따라 신체 조건을 맞추어 왔다.

ㄹ. 그러나 밤에도 빛을 이용해 보겠다는 욕구가 관솔불, 등잔불, 전등을 만들어 냈고, 이에 따라 밤에 이루어지는 인간의 활동이 점점 많아졌다.

ㄱ. 그 덕분에 인류의 문명은 발달될 수 있었다.

ㄴ. 그 대신 인간은 잠을 빼앗겼고 생물들은 생체 리듬을 잃었다.

정답 ③

080 ㉠~㉣의 고쳐 쓰기로 적절하지 않은 것은?

> 봄이면 어김없이 나타나 우리를 괴롭히는 황사가 본래 나쁘기만 한 것은 아니었다. ㉠ 황사의 이동 경로는 매우 다양하다. 황사는 탄산칼슘, 마그네슘, 칼륨 등을 포함하고 있어 봄철의 산성비를 중화시켜 토양의 산성화를 막는 역할을 했다. 또 황사는 무기물을 포함하고 있어 해양 생물에게도 도움을 줬다. ㉡ 그리고 지금의 황사는 생태계에 심각한 해를 끼치는 애물단지가 되어 버렸다. 이처럼 황사가 재앙의 주범이 된 것은 인간의 환경 파괴 ㉢ 덕분이다.
>
> 현대의 황사는 각종 중금속을 포함하고 있는 독성 황사이다. 황사에 포함된 독성 물질 중 대표적인 것으로 다이옥신을 들 수 있다. 다이옥신은 발암 물질이며 기형아 출산을 일으킬 수도 있는 것이다. 이러한 독성 물질을 다수 포함하고 있는 ㉣ 황사를 과거보다 자주 발생하고 정도도 훨씬 심해지고 있어 문제이다.

① ㉠은 글의 논리적인 흐름을 방해하고 있으므로 삭제한다.

② ㉡은 앞뒤 내용을 자연스럽게 연결해 주지 못하므로 '그러므로'로 바꾼다.

③ ㉢은 어휘가 잘못 사용된 것이므로 '때문이다'로 고친다.

④ ㉣은 서술어와 호응하지 않으므로 '황사가'로 고친다.

해설

② ㉡의 앞에서는 황사의 이점에 대해서 언급했지만 ㉡의 뒤에서는 황사가 해를 끼친다는 내용이 나오므로 ㉡에는 역접의 접속어가 들어가야 한다. 따라서 '그러므로'가 아닌 '그러나' 또는 '하지만' 등의 접속어를 쓰는 것이 적절하다.

① 제시문의 중심 내용은 황사가 본래 이점도 있었지만 인간이 환경을 파괴시키면서 심각하게 해를 끼치는 존재가 되었다는 것이다. '황사의 이동 경로의 다양성'은 글 전체의 흐름을 방해하므로 삭제하는 것이 적절하다.

③ '덕분이다'는 어떤 상황에 긍정적인 영향을 준 경우 사용되는 서술어이다. 환경 파괴로 인해 황사가 재앙의 주범이 되는 부정적인 결과가 발생했으므로 '때문이다'를 사용하는 것이 적절하다.

④ 서술어 '발생하다'는 목적어가 요구되지 않는 자동사이므로 주어는 주격 조사를 써서 '황사가'로 쓰는 것이 적절하다.

정답 ②

081 다음 중 고친 문장이 적절하지 않은 것은?

① 그는 창작 활동과 전시회를 열었다.
→ 그는 창작 활동을 하고 전시회를 열었다.

② 그는 천재로 불려졌다.
→ 그는 천재로 불렸다.

③ 그는 마음씨 좋은 할머니의 손자이다.
→ 그는 마음씨가 좋은 할머니의 손자이다.

④ 나는 오늘 아침 나무에게 물을 주었다.
→ 나는 오늘 아침 나무에 물을 주었다.

해설

③ 생략된 주격 조사 '가'가 들어갔으나 문장의 중의성은 해소되지 않았다. 쉼표를 넣어 바로잡을 수도 있으나 대화 상황에서는 쉼표를 말로써 표현하기 어려우므로 어순을 조정하는 것이 바람직하다.
→ 그는 할머니의 마음씨가 좋은 손자이다.
→ 그는 마음씨가 좋은, 할머니의 손자이다(마음씨가 좋은 사람 = 손자).
또한 할머니가 마음씨가 좋다는 뜻을 분명하게 표현하려면 '(그는 할머니의 손자인데) 그의 할머니는 마음씨가 좋다.'가 적절하다.

① '활동 – 하다'와 '전시회 – 열다'에서 목적어와 서술어의 호응이 분명해졌다.

② 파생적 피동사인 '–리–'와 통사적 피동사인 '–어지다'가 함께 쓰인 이중 피동 표현이 해소되었다.

④ 감정을 나타내지 못하는 식물이나 무생물(= 무정명사)에는 조사 '에게'가 아니라 '에'가 붙는다.

정답 ③

082 다음 〈보기〉의 계획에 따라 영화 홍보물을 제작하고자 할 때, 홍보 문구로 옳은 것은?

〈보 기〉

- 예상 관객 : 청소년
- 홍보 목적 : 영화의 내용에 대한 관객들의 관심을 유도한다.
- 홍보 내용 : 청소년들에게 희망을 주기 위한 제작 의도를 반영한다.
- 표현 방법
  1. 청유형의 문장을 사용하여 읽는 이에게 친근감을 느끼도록 한다.
  2. 역설적인 표현을 사용하여 힘든 현실을 이겨낼 수 있는 점을 강조한다.

① 너의 눈 속에 흐르는 물, 웃음꽃이 되어 피어나리.

② 친구야! 저 푸른 창공을 가슴에 품고 힘껏 날아보자꾸나!

③ 실패의 계단 속에 있는 성공의 문을 함께 열어보지 않으련?

④ 절망이란 꽃을 자세히 보면 희망의 씨앗이 들어있음을 알게 되리.

해설

③ '실패의 계단 속에 성공의 문'이란 역설적 표현과 어떤 의사에 대해 받아들일 의향이 있는지 친근하게 물어보는 종결어미 '-으련'이 사용되어 조건을 고려한 홍보 문구로 적절하다.

① 어떤 일에 대한 자신의 의향이나 상대방의 의향을 묻는 어미 '-리'가 사용되었으나 문맥상 혼잣말에 가깝다는 점과 역설적 표현이 사용되지 않았다는 점에서 적절하지 않다.

② 행동을 지시하거나 함께 함을 권유하는 어미 '-자꾸나'가 사용되었으나 역설적 표현이 사용되지 않았다는 점에서 적절하지 않다.

④ '절망이란 꽃'에 오히려 '희망의 씨앗'이 있다는 역설적 표현이 사용되었으나 어미 '-리'가 혼잣말로 사용되었다는 점에서 적절하지 않다.

요구하는 조건이 여러 개일 때

역설법이나 대조법, 의인법 등의 표현 방법은 문맥이나 단어의 의미를 알아야 한다는 점에서 혼동되기 쉬우나, 명령형, 청유형 등의 문장 형태는 대개 종결어미만으로 구분할 수 있다. 문제에서 요구하는 조건이 여러 개라면 먼저 문장 형태를 파악하고 나서 표현 방법을 파악하는 소거법이 문제 풀이에 효율적일 수 있다.

정답 ③

083 다음 글에서 설명한 경우와 같은 표현이 나타나지 않은 문장으로 옳은 것은?

> 'ㅇㅇㅇ'는 자양강장제로는 가장 오래된 제품이다. 이 제품의 광고는 제품의 역사만큼이나 오래 되어서 광고 내용은 많이 바뀌었지만, 광고 문구는 예나 지금이나 '피로 회복에는ㅇㅇㅇ'라는 표현을 쓴다. 우리는 이 말을 아무런 의심을 하지 않고 '이 제품을 마시면 피로가 풀린다.'라는 의미로 받아들이고 있다. 그러나 조금만 주의 깊게 생각을 해보면, 이 광고 문구의 모순을 깨달을 수 있다. 회복이란 말의 사전적 뜻은 '잃어버린 것을 되찾거나 잘못된 것을 되돌이킴'이다. 그러면 '피로 회복'은 무슨 뜻이 될까? 표현 그대로 한다면 '사라져 버린 피로를 되찾는다.'의 뜻이 된다. 돈을 내고 약을 먹어서 피로를 되찾는 셈이니 정말로 희한한 약이 아닐 수 없다. 따라서 '피로 회복에는 ㅇㅇㅇ'가 아니라 '건강 회복에는 ㅇㅇㅇ'나 '피로를 푸는 데는 ㅇㅇㅇ'로 표현을 바꾸어야 한다.

① 그녀는 도둑을 지키기 위해 방범창을 설치했다.

② 우리 회사에는 환경 보호를 위해 정화한 폐수만을 내보낸다.

③ 열차가 도착할 때, 승객들 모두 안전선 밖으로 발을 들여놓고 있었다.

④ 울산시 건설 본부는 올해 말까지 태화 대교를 완공할 계획이라고 한다.

해설

제시된 글은 관습적으로 사용되는 특정 표현이 실상은 의미가 전도되어 사용되고 있는 경우를 말한다.

① '도둑을 지키다'는 '도둑을 보호하다'라는 뜻이 되어, 본래의 의도와 모순되므로 '도둑을 막기 위해' 또는 '도둑에게서 스스로를 지키기 위해'로 고쳐 표현해야 한다.

② '정화한 폐수'는 의미상 모순이므로, '폐수를 정화하여'로 고쳐 표현해야 한다.

③ '들여놓다'는 '밖에서 안으로 가져다 놓다'의 뜻을 가진 말이므로 '안전선 안으로 발을 들여놓고'로 고쳐 표현해야 한다.

정답 ④

084 **토론자들의 주장을 가장 적절하게 분석한 것은?**

> 사회자 : 최근 보이스피싱 범죄가 모든 금융권으로 확산되면서 피해액이 늘어나고 있습니다. 이에 금융 당국이 은행에도 일부 보상 책임을 지게 하는 방안을 검토하는 것으로 알려지고 있습니다. 이에 대해 어떻게 생각하십니까?
> 영수 : 개인들이 자신의 정보를 잘못 관리한 책임까지 은행에서 진다는 것은 문제가 있습니다. 도와드릴 수 있다면 좋겠지만, 은행 입장에서도 한계가 있는 부분이 있어 안타까울 뿐입니다.
> 민수 : 소비자들이 자신의 개인 정보 관리에 다소 부주의함이 있다는 것은 인정합니다. 그러나 개인의 부주의를 얘기하는 것보다는 정부가 근본적인 해결책을 모색하는 것이 더욱 시급합니다.

① 영수와 달리, 민수는 보이스피싱 피해에 대한 책임을 소비자에게만 전가해서는 안 된다고 생각한다.
② 영수와 민수는 보이스피싱 범죄의 확산에 대한 일차적 책임이 은행과 정부에 있다고 생각한다.
③ 영수와 민수는 보이스피싱 범죄로 인한 피해를 방지하기 위해 은행에서 노력하고 있다고 생각한다.
④ 영수는 보이스피싱 범죄를 근본적으로 해결하기 위해 은행의 역할을, 민수는 정부의 역할을 강조한다.

해설

① 영수는 보이스피싱 피해에 대한 책임이 개인에게 있으며, 이를 은행에서 진다는 것은 적절하지 않다고 보는 입장이다. 반면 민수는 보이스피싱에 대한 책임을 개인의 부주의로만 볼 것이 아니라 정부 차원에서 해결책을 찾아야 한다고 보고 있다.
② 영수와 민수 모두 보이스피싱 범죄의 확산에 대한 책임이 개인들이 정보를 잘못 관리한 데 있다고 보고 있다.
③ '은행 차원에서 노력하고 있다.'는 내용은 영수와 민수 모두 언급하지 않았다.
④ 영수는 보이스피싱 범죄에 대한 책임을 은행에서 지는 것에는 문제가 있다고 보는 입장이다.

정답 ①

085 다음 글을 근거로 할 때, 〈보기〉의 대화에서 ㉡의 대답이 갖는 특징으로 적절하지 않은 것은?

> 그라이스(Grice)는 원활한 대화 진행을 위한 요건으로 네 가지의 '협력의 원리'를 제시한 바 있다. 첫째, 주고받는 대화의 목적에 필요한 만큼만 정보를 제공하고 필요 이상의 정보를 제공하지 말라는 양의 격률이다. 둘째, 진실한 정보만을 제공하도록 노력하고 증거가 불충한 것은 말하지 말라는 질의 격률이다. 셋째, 해당 대화 맥락과 관련되는 말을 하라는 관련성의 격률이다. 넷째, 모호하거나 중의적인 표현을 피하고 간결하고 조리 있게 말하라는 태도의 격률이다. 그러나 모종의 효과를 위해 이 네 가지의 격률을 위배하는 일은 일상 대화에서 빈번하게 이루어지는데, 일반적으로 언중들은 그것을 자연스럽게 받아들일 뿐 아니라 때에 따라서는 협력의 원리를 지키는 것이 예의에 어긋난 경우도 많다.

〈보 기〉

대화(1) ㉠ : 체중이 얼마나 되니?
㉡ : 55kg인데 키에 비해 가벼운 편입니다.
대화(2) ㉠ : 얼마 전 시민 운동회가 있었다며?
㉡ : 응. 백 미터 달리기에서 비행기보다 빠른 사람을 봤어.
대화(3) ㉠ : 너 몇 살이니?
㉡ : 형이 열일곱 살이고, 저는 열다섯 살이지요.
대화(4) ㉠ : 점심은 뭐 먹을래?
㉡ : 생각해 보고 마음 내키는 대로요.

① 대화(1) : 관련성의 격률을 위배하였다.
② 대화(2) : 질의 격률을 위배하였다.
③ 대화(3) : 양의 격률을 위배하였다.
④ 대화(4) : 태도의 격률을 위배하였다.

해설

① 대화(1)에서 ㉠은 ㉡에게 체중만 물었으나 ㉡은 체중 외의 정보도 제공하여 '양의 격률'을 위배하였다. 그러나 대화 맥락을 벗어난 말은 하지 않았으므로 '관련성의 격률'을 위배한 것은 아니다.
② ㉡은 '비행기보다 빠른 사람(증거를 댈 수 없는)'이라는 표현을 사용하여 '질의 격률'을 위배하였다.
③ ㉠은 ㉡의 나이만 물었지만 ㉡은 형의 나이까지 말하고 있으므로 '양의 격률'을 위배하였다.
④ ㉡은 점심에 무엇을 먹을지 정확하게 답변하지 않고 있으므로 '태도의 격률'을 위배하였다.

정답 ①

04 어휘

086 문맥을 고려할 때 밑줄 친 어휘가 가장 적절하게 사용된 문장으로 옳은 것은?

① 선진국일수록 평균 수명이 길어 청년층에 비하여 노년층의 비율이 높다.
② 최근 여러 나라에서는 통신 방식을 아날로그에서 디지털 방식으로 대체하기 시작했다.
③ 예술 사진은 단순히 기록만을 남기는 작업이 아니라, 예술로서 또 다른 창조 활동에 속한다.
④ 우리 농업의 생산성이 낮은 것은 그동안 우리 사회가 농업 부분에 대한 투자를 하지 않았기 때문이다.

해설
② 대체 : 다른 것으로 대신함
① 비율 : 다른 수나 양에 대한 어떤 수나 양의 비
→ 비중 : 다른 것과 비교할 때 차지하는 중요도
③ 창조 : 전에 없던 것을 처음으로 만듦
→ 창작 : 예술 작품을 독창적으로 지어냄. 또는 그 예술 작품
④ 부분 : 전체를 이루는 작은 범위. 또는 전체를 몇 개로 나눈 것의 하나
→ 부문 : 일정한 기준에 따라 분류하거나 나누어 놓은 낱낱의 범위나 부분

정답 ②

087 다음 중 고유어의 뜻풀이가 옳지 않은 것은?

① 노느매기 : 물건을 여러 몫으로 나누는 일
② 비나리치다 : 갑자기 내린 비를 피하려고 허둥대다.
③ 가리사니 : 사물을 판단할 수 있는 지각이나 실마리
④ 던적스럽다 : 하는 짓이 보기에 매우 치사하고 더러운 데가 있다.

해설

② '비나리치다'는 남의 환심을 사려고 아첨하는 것을 이르는 말이다.

- 비나리 : 1. 걸립을 직업으로 하는 사람 2. 걸립패가 마지막으로 행하는 마당굿에서 곡식과 돈을 상 위에 받아 놓고 외는 고사 문서. 또는 그것을 외는 사람 3. 남의 환심을 사려고 아첨함
- 걸립 : 동네에 경비를 쓸 일이 있을 때, 여러 사람들이 패를 짜서 각처로 다니면서 풍물을 치고 재주를 부리며 돈이나 곡식을 구하는 일

① 노느매기 : 여러 몫으로 갈라 나누는 일. 또는 그렇게 나누어진 몫

예 송편 보따리를 끌러 두 집이 공평하게 노느매기를 하면서, 작은숙부 내외가 큰숙모의 노고와 솜씨를 찬양하는 소리를 들어야 했다.

③ 가리사니 : 1. 사물을 판단할 만한 지각 2. 사물을 분간하여 판단할 수 있는 실마리

예 가리사니가 서다 / 일이 복잡하게 얽히고설키어 가리사니를 잡을 수 없다.

④ 던적스럽다 : 하는 짓이 보기에 매우 치사하고 더러운 데가 있다.

예 그의 행동은 던적스러워서 괜히 꺼려진다.

정답 ②

088 다음 밑줄 친 단어의 뜻풀이가 옳지 않은 것은?

① 사위스러워서 아무도 입에 올리진 않았지만, 마을 사람들은 만득이가 사지로 가고 있다는 걸 알기 때문에 곱단이를 과부 안 만들려는 그의 깊은 마음을…….

– 사위스럽다 : 마음에 불길한 느낌이 들고 꺼림칙하다.

② 창백한 꽃들은 애잔하게 고개를 쳐들며 혹은 옆게 스치는 바람에 흔들리고…….

– 애잔하다 : 몹시 가냘프고 약하다.

③ 달포 전에 보았을 때보다 아들의 얼굴은 많이 상해 있었다.

– 달포 : 한 달이 조금 넘는 기간

④ 먹던 대궁을 주워 모아 짠지 쪽하고 갖다 주니 감지덕지 받는다.

– 대궁 : 나물의 줄기 한가운데에 있는 연한 심

해설

④ '대궁'은 먹다가 그릇에 남긴 밥을 의미한다.

예 먹던 대궁을 주워 모아 짠지 쪽하고 갖다 주니 감지덕지 받는다.

– 김유정, 「산골나그네」 –

정답 ④

089 다음 글의 ㉠으로 미루어 볼 때, '국어 순화'의 대상으로 옳지 않은 것은?

> 우리는 흔히 국어 순화라는 말로 우리말을 잘 가꾸어 나가자, 또는 좋은 언어로 발전시키자는 국어 사랑의 실천적 의지를 표현한다. 그러나 이희승 편 국어대사전에 보면, ㉠ 순화(醇化)라는 말의 뜻은 "잡스런 것을 떼어 버리고 계통 있고 순수한 것으로 만듦"이라고 되어 있다. 또 국어 순화라는 항목에는 "비속한 말이나 저열한 유행어 등을 삼가게 하고 바르고 아름다운 말을 사용하게 하는 일"이라고 풀이되어 있다. 그러니까 '국어 순화'라는 말은 우리말에서 비속한 말이나 불순한 말들을 줄여 나간다는 뜻을 강하게 지닌다. 실제로 지금까지의 국어 순화 운동은 비속어 쓰지 않기와 순수 우리말 즐겨 쓰기에 치중되어 왔다고 할 수 있다.

① 이거 혼자 하는 소리니까 신경 끄세요.
② 그 여자가 입고 나온 옷은 지대 멋지다.
③ 그녀는 남자 친구에게 강짜를 부리지 않는다.
④ 이 제품은 유통 마진을 줄여 가격이 저렴하다.

해설
③ '강짜' : 비록 '강샘'의 속된 말에 해당하나, '투기(妬忌)'의 국어 순화어에 해당하므로, 국어 순화의 대상으로 보기는 어렵다.
※ 강샘(=강짜) : 부부 사이나 사랑하는 이성(異性) 사이에서 상대되는 이성이 다른 이성을 좋아할 경우에 지나치게 시기함
① '신경 끄세요.' : '관심을 갖지 마세요.'의 의미를 지닌 비속한 말에 해당한다.
② '지대' : '제대로'에서 온 말로, '엄청난, 좋은, 훌륭한, 무척' 등의 의미로 사용되며, 유행어에 해당한다.
④ '마진' : 원가와 판매가의 차액을 뜻하는 영어 단어 'margin'을 가리키며, '중간이윤'으로 순화할 수 있는 외국어이다.

정답 ③

090 단어의 밑줄 친 부분의 음이 다른 것은?

① 否認　② 否定
③ 否決　④ 否運

해설
'否'는 '아닐 부' 또는 '막힐 비'로 쓰인다.
④ 否運(막힐 비, 돌 운) : '막혀서 어려운 처지에 이른 운수' 또는 '불행한 운명'을 이르는 말이다.
① 否認(아닐 부, 알 인) : 어떤 내용 또는 사실을 옳거나 그러하다고 인정하지 아니함을 이르는 말이다.
② 否定(아닐 부, 정할 정) : 그렇지 아니하다고 단정하거나 옳지 아니하다고 반대함을 이르는 말이다.
③ 否決(아닐 부, 결정할 결) : 의논한 안건을 받아들이지 아니하기로 결정함을 이르는 말이다.

정답 ④

091 밑줄 친 한자성어의 쓰임이 적절하지 않은 것은?

① 말이 너무 번드르르해 미덥지 않은 자들은 대부분 口蜜腹劍형의 사람이다.
② 그는 싸움다운 전쟁도 못하고 一敗塗地가 되어 고향으로 달아나고 말았다.
③ 그에게 마땅히 대응했어야 했는데, 그대는 어찌하여 首鼠兩端하다가 시기를 놓쳤소?
④ 요새 신입생들이 선배들에게 예의를 차릴 줄 모르는 걸 보면 참 後生可畏하다는 생각이다.

해설

④ 예의가 없는 후배들에 대하여 말하고 있으므로 '後生可畏(후생가외)'보다는 '眼下無人(안하무인)'을 쓰는 것이 문맥상 적절하다.

- 後生可畏(뒤 후, 날 생, 옳을 가, 두려워할 외) : 젊은 후학들을 두려워할 만하다는 뜻으로, 후진들이 선배들보다 젊고 기력이 좋아, 학문을 닦음에 따라 큰 인물이 될 수 있으므로 가히 두렵다는 말이다.
- 眼下無人(눈 안, 아래 하, 없을 무, 사람 인) : 눈 아래에 사람이 없다는 뜻으로, 방자하고 교만하여 다른 사람을 업신여김을 이르는 말이다.

① 口蜜腹劍(입 구, 꿀 밀, 배 복, 칼 검) : 입에는 꿀이 있고 배 속에는 칼이 있다는 뜻으로, 말로는 친한 듯하나 속으로는 해칠 생각이 있음을 이르는 말이다.
② 一敗塗地(한 일, 패할 패, 더럽힐 도, 땅 지) : 싸움에 한 번 패하여 간과 뇌가 땅바닥에 으깨어진다는 뜻으로, 여지없이 패하여 다시 일어날 수 없게 되는 지경에 이름을 이르는 말이다.
③ 首鼠兩端(머리 수, 쥐 서, 두 양/량, 끝 단) : 구멍에서 머리를 내밀고 나갈까 말까 망설이는 쥐라는 뜻으로, 머뭇거리며 진퇴나 거취를 정하지 못하는 상태를 이르는 말이다.

정답 ④

092 다음 중 밑줄 친 부분을 의미하는 사자성어는?

> 사원 여러분, 이번 중동 진출은 이미 예산이 많이 투입된 대규모 사업입니다. 그래서 하던 일을 중도에서 그만둘 수는 없습니다. 이번 위기를 극복해야만 회사가 삽니다. 어려움과 많은 문제들이 있어 심적으로는 불안하겠지만 조금만 더 참고 끝까지 함께 갑시다.

① 登高自卑
② 角者無齒
③ 騎虎之勢
④ 脣亡齒寒

해설

③ 호랑이를 타고 달리는 형세라는 뜻으로, 이미 시작한 일을 중도에 그만둘 수 없는 형세를 비유적으로 이르는 말인 '騎虎之勢(기호지세)'가 밑줄 친 부분과 의미가 통하는 사자성어이다.

① 登高自卑(오를 등, 높을 고, 스스로 자, 낮을 비) : 1. 높은 곳에 오르려면 낮은 곳에서부터 오른다는 뜻으로, 일을 순서대로 하여야 함을 이르는 말이다. 2. 지위가 높아질수록 자신을 낮춤을 이르는 말이다.

② 角者無齒(뿔 각, 놈 자, 없을 무, 이 치) : 뿔이 있는 짐승은 이가 없다는 뜻으로, 한 사람이 여러 가지 재주나 복을 다 가질 수 없다는 말이다.

④ 脣亡齒寒(입술 순, 망할 망, 이 치, 찰 한) : 입술이 없으면 이가 시리다는 뜻으로, 서로 이해관계가 밀접한 사이에 어느 한쪽이 망하면 다른 한쪽도 그 영향을 받아 온전하기 어려움을 이르는 말이다.

정답 ③

093 다음 글의 ㉠에 들어갈 한자 성어로 옳은 것은?

복잡한 것은 빛깔만이 아니었다. 산의 용모는 더욱 다기(多岐)하다. 혹은 깎은 듯이 준초(峻峭)하고, 혹은 그린 듯이 온후(溫厚)하고, 혹은 막잡아 빚은 듯이 험상궂고, 혹은 틀에 박은 듯이 단정하고……. 용모, 풍취(風趣)가 형형색색인 품이 이미 범속(凡俗)이 아니다.

산의 품평회를 연다면, 여기서 더 호화로울 수 있을까? 문자 그대로 (㉠)이다. 장안사 맞은편 산에 울울창창(鬱鬱蒼蒼) 우거진 것은 모두 잣나무뿐인데, 모두 이등변삼각형으로 가지를 늘어뜨리고 섰는 품이, 한 그루 한 그루의 나무가 흡사히 괴어 놓은 차례탑(茶禮塔) 같다. 부처님은 예불상(禮佛床)만으로는 미흡해서, 이렇게 자연의 진수성찬을 베풀어 놓으신 것일까? 얼른 듣기에 부처님이 무엇을 탐낸다는 것이 천만부당한 말 같지만, 탐내는 그것이 물욕 저편의 존재인 자연이고 보면, 자연을 맘껏 탐낸다는 것이 이미 불심(佛心)이 아니고 무엇이랴.

– 정비석, 「산정무한(山情無限)」 –

① 무궁무진(無窮無盡)

② 물아일체(物我一體)

③ 오리무중(五里霧中)

④ 우공이산(愚公移山)

해설

① 산의 '용모, 풍취가 형형색색', '호화로울 수 있을까?', '울울창창', '자연의 진수성찬'이라는 표현으로 미루어, '끝이 없고 다함이 없음'의 의미를 지녀 형태와 색의 다양성을 드러낼 수 있는 '무궁무진(無窮無盡)'이 ㉠으로 적합하다.

② 물아일체(物我一體) : 자연물과 자아가 하나가 된 상태

③ 오리무중(五里霧中) : '오 리나 되는 안개 속에 있다'는 뜻으로, '무슨 일에 대하여 방향이나 갈피를 잡을 수 없음'을 이르는 말

④ 우공이산(愚公移山) : '우공이 산을 옮긴다'는 말로, '어떠한 큰일이라도 끊임없이 노력하면 반드시 이루어짐'을 비유하여 이르는 말

정비석, 「산정무한(山情無限)」

- 갈래 : 경수필, 기행 수필
- 성격 : 낭만적, 서정적, 기교적, 회고적
- 제재 : 금강산의 아름다운 풍경
- 구성 : 여정에 따른 추보식 구성
  - 구분 1 : 산의 모습
  - 구분 2 : 장안사 일대의 경치
  - 구분 3 : 명경대 전설과 감회
  - 구분 4 : 황천 계곡의 아름다움
  - 구분 5 : 망군대에서의 조망
  - 구분 6 : 마하연 여사의 풍경과 감회
  - 구분 7 : 비로봉의 모습
  - 구분 8 : 비로봉 정상에서의 조망
  - 구분 9 : 마의 태자 무덤에서의 감회
- 특징
  - 기행문(여정–견문–감상)의 특성을 보임
  - 주로 현재 시제로 문장을 진술
  - 다양한 수사법과 화려한 문체의 구사
  - 여정과 견문에 따른 감상
  - 서경과 서정의 조화
  - 대상의 모습을 감각적으로 형상화
  - 자연에 대한 감탄
  - 지명에 얽힌 일화 · 전설에 따른 정서를 주요 내용으로 다룸
- 주제 : 금강산의 아름다운 풍경과 감회

정답 ①

094 다음 중 밑줄 친 부분의 한자 표기가 옳지 않은 것은?

① 구석구석엔 불만과 불평이 퇴적(堆積)돼 있는 듯한 분위기였다.
② 그 선수는 스카우트 파문(波紋)에 휩싸여 대회에 출전하지 못했다.
③ 도전자는 통쾌한 KO승을 거두겠다고 기염(氣陷)을 토하고 있다.
④ 명나라 군사를 움직여서 왜적을 소탕(掃蕩)하였다.

해설
③ 氣陷(기운 기, 빠질 함) : 기력이 없어서 가라앉음 → 氣焰(기운 기, 불꽃 염) : 불꽃처럼 대단한 기세
① 堆積(쌓을 퇴, 쌓을 적)
② 波紋(물결 파, 무늬 문)
④ 掃蕩(쓸 소, 쓸어버릴 탕)

정답 ③

095 ㉠~㉣의 한자가 모두 바르게 표기된 것은?

글의 진술 방식에는 ㉠ 설명, ㉡ 묘사, ㉢ 서사, ㉣ 논증 등 네 가지 방식이 있다.

	㉠	㉡	㉢	㉣
①	說明	描寫	敍事	論證
②	設明	描寫	敍事	論症
③	說明	猫鯊	徐事	論症
④	設明	猫鯊	徐事	論證

해설
㉠ 說明(말씀 설, 밝을 명) : 어떤 일이나 대상의 내용을 상대편이 잘 알 수 있도록 밝혀 말함
㉡ 描寫(그릴 묘, 베낄 사) : 어떤 대상이나 사물, 현상 따위를 언어로 서술하거나 그림을 그려서 표현함
㉢ 敍事(펼 서, 일 사) : 사실을 있는 그대로 적음
㉣ 論證(논할 논, 증거 증) : 옳고 그름을 이유를 들어 밝힘

정답 ①

096 밑줄 친 사자성어의 쓰임이 적절하지 않은 것은?

① 그는 결단력이 없어 좌고우면(左顧右眄)하다가 적절한 대응 시기를 놓쳐 버렸다.
② 다수의 기업이 새로운 투자보다 변화에 대한 암중모색(暗中摸索)을 시도하고 있다.
③ 그 친구는 침소봉대(針小棒大)하는 경향이 있어서 하는 말을 곧이곧대로 믿기 어렵다.
④ 그 사람이 경제적으로 매우 어려운 상황에서 성공한 것은 연목구어(緣木求魚)나 마찬가지이다.

해설

④ 연목구어(緣木求魚) : 나무에 올라가 물고기를 얻으려 한다(불가능한 일을 함)는 뜻이다.
① 좌고우면(左顧右眄) : 어떤 일에 대한 고려가 지나쳐서 결단을 내리지 못하고 망설이는 태도를 비유하는 말이다.
② 암중모색(暗中摸索) : 어둠 속에서 손으로 더듬어 찾는다는 뜻으로 어림짐작으로 찾는다는 말이다.
③ 침소봉대(針小棒大) : 작은 일을 크게 불리어 떠벌림을 이르는 말이다.

정답 ④

097 다음 글의 ㉠에 해당하는 '말'로 쓰인 문장으로 옳은 것은?

> 인간만이 ㉠ 말을 한다는 주장을 인간 중심의 사고로 보는 견해가 있다. 벌이 춤으로 꿀에 대한 정보를 비교적 정확히 알려 주듯이, 인간 이외에도 의사소통 수단을 가진 동물이 있기 때문이다. 이러한 동물의 의사소통 수단과 인간 언어의 차이를 알기 위해 인간 언어의 특질 몇 가지를 알아보기로 한다.

① 제가 먼저 말을 꺼냈습니다.
② 말은 생각을 표현하는 수단입니다.
③ 감정이 격해지니까 말도 거칠어지는데요.
④ 벌써 말이 퍼져서 이 일은 포기해야 하겠어요.

해설

② ㉠의 '말'은 '사람의 생각이나 느낌 따위를 표현하고 전달하는 데 쓰는 음성기호'의 의미로 쓰였다.
① 일정한 주제나 줄거리를 가진 이야기
③ 관습적 표현으로, '말투'를 의미
④ 소문이나 풍문 따위

정답 ②

098 다음 〈보기〉의 속담과 가장 관련이 깊은 말은?

<보 기>

㉠ 가물에 도랑 친다
㉡ 까마귀 미역 감듯

① 헛수고
② 분주함
③ 성급함
④ 뒷고생

해설

㉠ 가물에 도랑 친다 : 한창 가물 때 애쓰며 도랑을 치느라고 분주하게 군다는 뜻으로, 아무 보람도 없는 헛된 일을 하느라고 부산스레 굶을 비유적으로 이르는 말이다.
㉡ 까마귀 미역 감듯 : 까마귀는 미역을 감아도 그냥 검다는 데서, 일한 자취나 보람이 드러나지 않음을 비유적으로 이르는 말로, 일을 처리함에 있어 세밀하지 못하고 거친 것을 비유적으로 이르는 말이다.
따라서 두 속담과 가장 관련이 깊은 말은 ① '헛수고'이다.

정답 ①

099 다음에 제시된 의미와 가장 가까운 속담은?

가난한 사람이 남에게 업신여김을 당하기 싫어서 허세를 부리려는 심리를 비유적으로 이르는 말

① 가난한 집 신주 굶듯
② 가난한 집에 자식이 많다
③ 가난할수록 기와집 짓는다
④ 가난한 집 제사 돌아오듯

해설

③ 가난할수록 기와집 짓는다 : 1. 당장 먹을 것이나 입을 것이 넉넉지 못한 가난한 살림일수록 기와집을 짓는다는 뜻으로, 실상은 가난한 사람이 남에게 업신여김을 당하기 싫어서 허세를 부리려는 심리를 비유적으로 이르는 말이다. 2. 가난하다고 주저앉고 마는 것이 아니라 어떻게든 잘살아 보려고 용단을 내어 큰일을 벌인다는 말이다.
① 가난한 집 신주 굶듯 : 가난한 집에서는 산 사람도 배를 곯는 형편이므로 신주까지도 제사 음식을 제대로 받아 보지 못하게 된다는 뜻으로, 줄곧 굶기만 한다는 말이다.
② 가난한 집에 자식이 많다 : 가난한 집은 먹고 살아 나갈 걱정이 큰데 자식까지 많다는 뜻으로, 이래저래 부담되는 것이 많음을 이르는 말이다.
④ 가난한 집 제사 돌아오듯 : 살아가기도 어려운 가난한 집에 제삿날이 자꾸 돌아와서 그것을 치르느라 매우 어려움을 겪는다는 뜻으로, 힘든 일이 자주 닥쳐옴을 비유적으로 이르는 말이다.

정답 ③

100 다음 중 <보기>의 뜻으로 옳은 것은?

> **<보 기>**
> 털을 뽑아 신을 삼는다.

① 힘든 일을 억지로 함
② 자신의 온 정성을 다하여 은혜를 꼭 갚음
③ 모든 물건은 순리대로 가꾸고 다루어야 함
④ 사리를 돌보지 아니하고 남의 것을 통으로 먹으려 함

해설
② 온몸에 있는 털을 뽑아 신을 만들어 바친다는 의미로, 자신의 온 정성을 다하여 은혜를 반드시 갚겠다는 뜻이다.
① 쥐구멍으로 소 몰려 한다.
③ 털도 내리쓸어야 빛이 난다.
④ 털도 안 뜯고 먹겠다 한다.

정답 ②

조리직 공무원 한권합격

제2과목

한국사

01 역사의 이해

001 다음 글을 근거로 할 때, 사료를 탐구하는 자세로 옳지 않은 것은?

> 역사라는 말은 사람에 따라 다양한 뜻으로 사용되고 있지만, 일반적으로 '과거에 있었던 사실'과 '조사되어 기록된 과거'라는 두 가지 뜻을 지니고 있다. 즉, 역사는 '사실로서의 역사'와 '기록으로서의 역사'라는 두 측면이 있다. 전자가 객관적 의미의 역사라면, 후자는 주관적 의미의 역사라 할 수 있다. 우리가 역사를 배운다고 할 때, 이것은 역사가들이 선정하여 연구한 '기록으로서의 역사'를 배우는 것이다.

① 사료는 '과거에 있었던 사실'이므로 그대로 '사실로서의 역사'라고 판단한다.
② 사료를 이해하기 위해 그 사료가 기록된 당시의 전반적인 시대 상황을 살펴본다.
③ 사료 또한 사람에 의해 '기록된 과거'이므로, 기록한 역사가의 가치관을 분석한다.
④ 동일한 사건 또는 같은 시대를 다루고 있는 여러 다른 사료와 비교 · 검토해 본다.

해설
① 사료(史料)는 과거에 있었던 사실들 중에서도 역사가의 취사선택에 의하여 기록된 역사이며, 같은 사건이라도 역사가의 생각에 따라 다르게 적힐 수 있으므로 사실로서의 역사가 아닌 주관적 의미의 역사에 해당한다.

정답 ①

002 역사(歷史)에 대한 설명으로 옳지 않은 것은?

① '기록으로서의 역사'에는 역사가의 주관이 개입되면 안 된다.
② 역사를 통하여 현재를 살아가는 데 필요한 삶의 지혜와 교훈을 얻을 수 있다.
③ 사료와 역사적 진실이 반드시 일치하는 것은 아니므로 사료 비판이 필요하다.
④ '사실로서의 역사'란 과거에 존재했던 모든 사실과 사건을 의미한다.

해설
① '기록으로서의 역사'는 과거의 사실을 토대로 역사가가 주관적으로 역사를 재구성한 것이다. 역사가의 주관을 배재하고 객관적으로 역사를 설명하려고 하는 것은 '사실로서의 역사'이다.

정답 ①

02 선사시대와 국가의 형성

003 고조선을 주제로 한 학술 대회를 개최할 경우, 언급될 내용으로 가장 적절하지 않은 것은?

① 위만의 이동과 집권 과정
② 진대법과 빈민 구제
③ 범금 8조(8조법)에 나타난 사회상
④ 비파형 동검 문화권과 국가의 성립

해설
② 진대법은 빈민 구제를 목적으로 하는 곡물 대여 제도로, 고구려 고국천왕과 관련된 내용이다.
① 위만의 이동과 집권 과정은 위만의 집권 이후인 후기 고조선과 관련된 내용이다. 중국의 진 · 한 교체기에 위만은 1,000여 명의 유이민을 이끌고 고조선에 이주하였는데, 고조선의 준왕의 신임을 받아 서쪽 변경을 수비하는 임무를 맡게 되었다. 이후 위만은 이를 기반으로 준왕을 몰아내고 왕위를 차지하였다(기원전 194).
③ 고조선은 관습법인 8조법을 통해 그 사회상을 알 수 있다. 8조법은 「한서」 지리지에 3개 조목만 전하고 있다.
④ 고조선의 영역과 일치하는 유물로 거친무늬 거울, 미송리식 토기, 탁자식 고인돌, 비파형 동검이 있다.

정답 ②

004 밑줄 친 '이 토기'가 주로 사용되었던 시대에 대한 설명으로 옳은 것은?

> 이 토기는 팽이처럼 밑이 뾰족하거나 둥글고, 표면에 빗살처럼 생긴 무늬가 새겨져 있다. 곡식을 담는데 많이 이용된 이 토기는 전국 각지에서 출토되고 있는데, 대표적 유적지는 서울 암사동, 봉산 지탑리 등이다.

① 농경과 정착 생활이 이루어졌다.
② 고인돌이나 돌널무덤을 만들었다.
③ 빈부의 격차가 나타나고 계급이 발생하였다.
④ 군장이 부족의 풍요와 안녕을 기원하는 제사를 지냈다.

해설
① 밑줄 친 '이 토기'는 신석기시대의 대표적인 토기인 빗살무늬토기이다. 신석기시대부터 인류는 농경 활동을 시작하게 되었고, 그 결과 점차 정착생활을 하게 되었다. 인류가 신석기시대에 농경 활동을 시작하면서 정착생활을 하게 된 것을 '신석기 혁명'이라고도 한다.
② · ③ · ④ 청동기시대에 해당하는 설명이다.

정답 ①

005 다음의 유적지에 대한 설명으로 가장 옳은 것은?

① 사천 늑도 유적에서 반량이라는 글자가 새겨진 청동 화폐가 출토되었다.
② 부산 동삼동 패총에서는 주춧돌을 사용한 지상가옥이 발견되었다.
③ 단양 수양개에서 발견된 아이의 뼈를 '흥수아이'라 부른다.
④ 울주 반구대에는 사각형 또는 방패 모양의 그림이 주로 새겨져 있다.

해설

① 사천 늑도 유적은 청동기시대 말기의 집터 및 무덤 유적으로 가락바퀴 · 그물추, 돌낫 · 간석촉 · 반달돌칼, 독무덤, 여러 토기 등이 발견되었고, 반량전, 오수전 등의 화폐와 거울 등의 유물이 출토되었다.
② 부산 동삼동 패총은 신석기시대의 유적이다. 직사각형의 바닥으로 주춧돌의 사용은 청동기시대 이후 움집의 형태이다.
③ 단양 수양개는 다양한 구석기시대의 유물이 출토된 후기 구석기시대 석기문화의 정수를 보여주는 유적지이다. 흥수아이의 인골이 발견된 장소는 청원 두루봉 동굴이다.
④ 울주 반구대 바위그림에는 거북, 사슴, 호랑이, 새 등의 동물 등이 새겨져 있다. 동심원, 십자형, 삼각형 등의 기하학 무늬가 새겨져 있는 것은 고령 양전동 장기리 바위그림이다.

정답 ①

006 다음 문화유산이 만들어진 시기의 사회 모습으로 옳은 것은?

① 정치 권력을 가진 군장이 출현하였다.
② 율령이 반포되어 통치체제가 정비되었다.
③ 사람들은 주로 동굴이나 강가의 막집에 살았다.
④ 빗살무늬 토기를 사용하여 음식물을 저장하였다.

해설

고인돌(북방식)과 손잡이가 달린 것이 특징인 미송리식 토기가 제시되어 있다. 두 유물은 청동기시대를 대표하는 유물에 해당한다.

① 청동기시대에 이르러 계급의 분화가 발생하였으며, 정치 권력을 가진 군장이 출현하였다. 또한 이 시대의 군장은 종교적 제사장의 역할을 병행하기도 하였다.

② 삼국시대의 일이다. 삼국은 중앙집권화를 하는 과정에서 율령을 반포하였는데, 백제의 고이왕(3세기)과 고구려의 소수림왕(4세기), 그리고 신라의 법흥왕(6세기)이 각각 율령을 반포하였다.

③ 동굴 또는 강가의 막집에서 주거를 했던 것은 구석기시대의 사회 모습이다. 청동기시대에는 점차 직사각형 형태를 띠는 움집에서 주거하였다.

④ 빗살무늬 토기는 신석기시대의 가장 대표적인 토기이다.

정답 ①

007 다음 유물들을 통해 알 수 있는 사실로 가장 옳은 것은?

① 계급의 분화가 시작되었다.

② 농경을 처음으로 시작하였다.

③ 중국과 활발하게 교류하였다.

④ 철제 농기구의 사용이 보편화되었다.

해설

제시문의 유물은 순서대로 명도전, 반량전, 창원 다호리 붓으로 초기 철기시대의 것이다.

③ 명도전, 반량전, 다호리 출토 붓은 중국과 활발하게 교류했음을 의미한다.

① 계급의 분화는 청동기시대이다.

② 농경을 처음으로 시작한 것은 신석기시대이다.

④ 초기 철기시대에 철제 농기구의 사용이 나타나기는 하나 보편화된 것은 삼국시대에 들어와서부터이다.

정답 ③

008 (가), (나) 사이의 시기에 고조선에서 있었던 사실로 가장 옳은 것은?

> (가) 노관이 한을 배반하고 흉노로 도망한 뒤, 연나라 사람 위만도 망명하여 오랑캐 복장을 하고 동쪽으로 패수를 건너 준에게 항복하였다.
>
> －「위략」－
>
> (나) 원봉 3년 여름(B.C. 108), 니계상 삼이 사람을 시켜서 조선왕 우거를 죽이고 항복했다. …… 이로써 드디어 조선을 평정하고 사군을 삼았다.
>
> －「사기」 조선전 －

① 비파형 동검이 제작되기 시작하였다.
② 중국 연(燕)의 침략으로 요서 지역을 잃었다.
③ 8조에 불과하던 법 조항이 60여 조로 늘어났다.
④ 중국의 한과 한반도 남부의 진국 사이에서 중계무역을 하였다.

해설

(가)는 위만이 고조선으로 망명한 사건이며, (나)는 고조선의 멸망에 대한 기록이다.
④ 위만조선은 중국의 한(漢)과 한반도 남쪽의 진(辰) 사이에서 중계 무역을 하면서 번성하였다.
① 위만조선 시기는 철기 문화가 유입되던 시기이며, 비파형 동검과는 다른 형식의 세형 동검을 이용했던 시기(기원전 4세기 이후)이다. 비파형 동검이 제작되기 시작하던 시대는 청동기시대이며 단군조선 시기의 모습에 가깝다.
② 「위략」에 따르면 연(燕)의 소왕 때에 진개의 침공으로 고조선의 서쪽 영토를 상실하였다고 기록되어 있다. 소왕은 기원전 311년부터 기원전 279년까지 집권한 인물로 고조선의 영토 상실은 위만이 망명하기 이전의 사건이다.
③ 고조선의 8조 금법이 60여 개의 조항으로 늘어나게 된 것은 고조선 멸망 이후의 일이다.

정답 ④

009 밑줄 친 '이 나라'에 대한 설명으로 옳지 않은 것은?

> 이 나라에는 백성들에게 금하는 법 8조가 있었다. 사람을 죽인 자는 즉시 죽이고, 남에게 상처를 입힌 자는 곡식으로 갚는다. 도둑질을 한 자는 노비로 삼는다. 용서받고자 한 자는 한 사람마다 50만 전을 내야 한다.
>
> －「한서」－

① 부왕, 준왕 같은 강력한 왕이 등장하여 왕위를 세습하였다.
② 건국에 관련된 기록이 「삼국유사」와 「제왕운기」 등에 실려 있다.
③ 요서 지방을 경계로 대립했던 연나라의 잇단 공격으로 멸망하였다.
④ 요령 지방과 대동강 유역을 중심으로 독자적인 문화를 이루며 발전하였다.

해설

밑줄 친 '이 나라'는 고조선이다. 제시문은 고조선의 8조 금법에 대한 내용이다.

③ 고조선은 기원전 108년 중국 한나라 무제(武帝)의 공격으로 멸망하였다.

① 기원전 3세기경 부왕과 준왕 등 강력한 왕이 등장하여 왕위 세습이 이루어졌으며, 상 · 대부 · 대신 · 장군 등의 중앙 관제가 마련되었다.

② 단군 신화가 기록된 문헌은 「삼국유사」, 「제왕운기」, 「세종실록」 지리지, 「응제시주」, 「동국여지승람」, 「신증동국여지승람」 등이 있다.

정답 ③

010 다음 중 〈보기〉에서 삼한에 대한 설명으로 가장 옳은 것을 모두 고른 것은?

〈보 기〉

ㄱ. 저수지가 축조되고 벼농사가 발달하였다.
ㄴ. 제정일치의 사회였다.
ㄷ. 삼한은 후에 백제, 신라, 가야로 발전하게 되었다.
ㄹ. 마한은 철이 풍부하게 생산되어 철을 화폐처럼 이용하였다.

① ㄱ, ㄷ
② ㄱ, ㄹ
③ ㄴ, ㄹ
④ ㄷ, ㄹ

해설

ㄱ. 삼한 사회는 철기를 바탕으로 하는 벼농사 중심의 농경사회였다.
ㄷ. 마한은 백제, 변한은 가야, 진한은 신라로 발전하게 되었다.
ㄴ. 삼한은 제정분리의 사회였다.
ㄹ. 철이 풍부하게 생산되어 중계무역을 하였던 곳은 변한이다.

정답 ①

011 (가), (나)의 나라에 대한 설명으로 옳은 것만을 <보기>에서 모두 고르면?

> (가) 살인자는 사형에 처하고 그 가족은 노비로 삼았다. 도둑질을 하면 12배로 변상케 했다. 남녀 간에 음란한 짓을 하거나 부인이 투기하면 모두 죽였다. 투기하는 것을 더욱 미워하여, 죽이고 나서 시체를 산 위에 버려서 썩게 했다. 친정에서 시체를 가져가려면 소와 말을 바쳐야 했다.
> (나) 귀신을 믿기 때문에 국읍에 각각 한 사람씩 세워 천신에 대한 제사를 주관하게 했다. 이를 천군이라 했다. 여러 국(國)에는 각각 소도라고 하는 별읍이 있었다. 큰 나무를 세우고 방울과 북을 매달아 놓고 귀신을 섬겼다. 다른 지역에서 거기로 도망쳐 온 사람은 누구든 돌려보내지 않았다.
>
> -「삼국지」-

<보 기>

ㄱ. (가) - 왕 아래에는 상가, 고추가 등의 대가가 있었다.
ㄴ. (가) - 농사가 흉년이 들면 국왕을 바꾸거나 죽이기도 하였다.
ㄷ. (나) - 제천행사는 5월과 10월의 계절제로 구성되어 있었다.
ㄹ. (나) - 동이(東夷) 지역에서 가장 넓고 평탄한 곳이라 기록되어 있었다.

① ㄱ, ㄴ ② ㄱ, ㄹ
③ ㄴ, ㄷ ④ ㄷ, ㄹ

해설

(가) 부여의 형벌제도에 관한 내용이다. 1책 12법과 음란죄, 투기죄를 처벌했다는 내용을 통해 파악할 수 있다.
(나) 삼한에 관한 설명이다. '소도', '별읍'이라는 키워드로 파악할 수 있다. 제정분리가 특징인 삼한에는 제사장인 천군이 다스리는 '소도'라는 '별읍'이 있었다.
ㄴ. 연맹왕국인 부여에서는 흉년이 들면 제가들이 그 책임을 왕에게 물어 왕을 바꾸거나 죽였다.
ㄷ. 삼한의 제천행사는 5월 수릿날과 10월 계절제이다.
ㄱ. 왕 아래 상가, 고추가 등의 대가가 있는 나라는 고구려이다. 부여의 대가들 명칭은 마가, 우가, 저가, 구가이다.
ㄹ. 동이 지역에서 가장 넓고 평탄한 곳이라 기록되어 있는 곳은 부여이다.

정답 ③

012 다음과 같은 풍속이 행해진 국가의 사회모습에 대한 설명으로 옳지 않은 것은?

> 그 풍속에 혼인을 할 때 구두로 이미 정해지면 여자의 집에는 대옥(大屋) 뒤에 소옥(小屋)을 만드는데, 이를 서옥(壻屋)이라고 한다. 저녁에 사위가 여자의 집에 이르러 문 밖에서 자신의 이름을 말하고 꿇어 앉아 절하면서 여자와 동숙하게 해줄 것을 애걸한다. 이렇게 두세 차례 하면 여자의 부모가 듣고는 소옥에 나아가 자게 한다. 그리고 옆에는 전백(錢帛)을 놓아둔다.
>
> – 「삼국지」 동이전 –

① 고국천왕 사후, 왕비인 우씨와 왕의 동생인 산상왕과의 결합은 취수혼의 실례를 보여준다.
② 계루부 고씨의 왕위계승권이 확립된 이후 연나부 명림씨 출신의 왕비를 맞이하는 관례가 있었다.
③ 관나부인(貫那夫人)이 왕비를 모함하여 죽이려다가 도리어 자기가 질투죄로 사형을 받았다.
④ 김흠운의 딸을 왕비로 맞이하는 과정은 국왕이 중국식 혼인제도를 수용했다는 사실을 알려주고 있다.

해설
'서옥'이라는 키워드를 통해 제시문이 고구려의 서옥제에 대한 설명임을 알 수 있다.
④ 김흠운은 신라 제31대 왕 신문왕의 장인으로 통일신라시대에 대한 설명이다.
① 고구려의 형사취수제에 관한 설명이다.
② 고구려의 계루부 고씨 왕위세습에 관한 설명이다.
③ 고구려의 관나부인이 질투죄로 처벌된 설화에 관한 내용이다.

정답 ④

013 다음 자료에 나타난 나라에 대한 설명으로 옳은 것은?

> 해마다 10월이면 하늘에 제사를 지내는데, 밤낮으로 술을 마시고 노래 부르며 춤을 추니 이를 무천이라 한다. 또 호랑이를 신(神)으로 여겨 제사 지낸다. 읍락을 함부로 침범하면 노비와 소, 말로 변상하는데, 이를 책화라 한다.

① 후 · 읍군 · 삼로 등이 하호를 통치하였다.
② 국읍마다 천신에 대한 제사를 주관하는 천군이 있었다.
③ 사람이 죽으면 가매장한 다음 뼈만 추려 목곽에 안치하였다.
④ 아이가 출생하면 돌로 머리를 눌러 납작하게 하는 풍습이 있었다.

해설

제시된 자료에서 '무천'과 '책화'를 통해 해당 국가가 동예임을 알 수 있어야 한다. 동예는 매년 10월에 무천이라는 제천 행사를 성대하게 열었으며, 족외혼이 엄격하게 이루어졌다. 부족적 성격이 강하였기 때문에 부족의 영역을 침범하지 못하게 하는 책화라는 제도가 있었는데, 만약 다른 부족을 침범하게 되면 노비 또는 소나 말로 변상하게 하였다. 어물과 소금 등의 해산물이 풍부하였고 토지가 비옥하여 농경이 발달하였으며, 명주와 삼베 짜는 방직 기술이 매우 발달하였다. 특산품으로는 단궁이라는 활과 과하마, 그리고 바다표범의 가죽인 반어피가 특히 유명하였다.

① 동예의 군장(읍군 · 삼로)은 각기 자기 부족을 다스릴 뿐 통합된 큰 정치 세력은 형성하지 못하였다.

② 국읍마다 천신에 대한 제사를 주관하는 천군이 있었던 국가는 삼한이다. 삼한은 정치적인 군장인 신지 · 읍차 등이 있었으며, 제사장인 천군이 별도로 있었던 제정분리 사회였다. 삼한에는 신성 지역인 소도가 존재하였는데, 군장 세력의 영향이 미치지 못하는 지역으로 종교의식을 주관하였다. 소도는 신 · 구문화의 완충지대 역할을 하였던 곳으로 제사장인 천군이 따로 지배하였다.

③ 옥저의 골장제는 가족이 죽으면 가매장한 후 나중에 뼈를 추려 커다란 목곽에 매장하였던 장례 풍습으로 목곽 입구에는 죽은 자의 양식으로 쌀을 담은 항아리를 매달아 놓기도 하였다.

④ 「삼국지」 위서 동이전에 따르면 변한과 진한에서는 어린아이가 출생하면 곧 돌로 머리를 눌러 납작하게 만드는 편두를 하였다고 한다.

정답 ①

014 ㉠~㉣에 대한 설명이 바르게 연결된 것은?

> ㉠ 농경이 발달하였고, 어물과 소금 등 해산물이 풍부하였다.
> ㉡ 도둑질을 하면 물건 값의 12배를 변상하게 하였다.
> ㉢ 산과 내마다 각기 구분이 있어서 함부로 들어가지 못하였다.
> ㉣ 국읍에 각각 한 사람씩 세워 천신의 제사를 주관하게 하였다.

① ㉠ – 10월에 동맹이라는 제천 행사를 실시하였다.
② ㉡ – 형이 죽으면 형수를 아내로 삼는 풍습이 있었다.
③ ㉢ – 족내혼과 함께 민며느리제라는 혼인 풍속이 있었다.
④ ㉣ – 상가, 고추가 등이 제가회의를 열어 국가 대사를 결정하였다.

해설

㉠ 옥저는 어물과 소금 등 해산물이 풍부하였고, 토지가 비옥하여 농경이 발달하였으나, 고구려의 압박으로 공물을 납부하였다. 풍속으로는 가족 공동묘와 민며느리제가 있었다.

㉡ 부여와 고구려는 남의 물건을 훔쳤을 때에는 물건 값의 12배를 배상하게 하는 1책 12법이 있었다.

㉢ 동예는 부족적 성격이 강하였기 때문에 부족의 영역을 침범하지 못하게 하는 책화라는 제도가 있었는데, 만약 다른 부족을 침범하게 되면 노비 또는 소나 말로 변상하게 하였다.

㉣ 삼한의 소도는 군장세력이 미치지 못하는 신성 지역으로 제사장인 천군이 따로 지배하였다.

② 부여와 고구려는 노동력의 확보를 목적으로 형이 죽으면 동생이 형수를 부인으로 맞이하는 형사취수의 풍습이 있었다.

① 고구려는 매년 10월에 동맹이라는 제천 행사를 국동대혈(수혈)에서 지냈다.

③ 족외혼을 엄격하게 지켰던 국가는 동예이지만 민며느리제는 옥저의 혼인 풍습이다.

④ 고구려는 중대한 범죄자에 대하여는 제가회의를 통하여 사형에 처하고 그 가족을 노비로 삼기도 하였다.

정답 ②

03 고대 사회의 발전

015 밑줄 친 '왕' 때의 사실로 옳은 것은?

> • 왕 재위 2년에 전진 국왕 부견이 사신과 승려 순도를 보내며 불상과 경문을 전해왔다. (이에 우리) 왕께서 사신을 보내 사례하며 토산물을 보냈다.
> • 왕 재위 5년에 비로소 초문사를 창건하고 순도를 머물게 하였다. 또 이불란사를 창건하고 아도를 머물게 하였다. 이것이 해동 불법(佛法)의 시작이었다.
>
> –「삼국사기」–

① 역사서인「신집」을 편찬하였다.
② 진휼제도로 진대법을 도입하였다.
③ 유학 교육기관인 태학을 설치하였다.
④ 왜에 종이와 먹의 제작 방법을 전해 주었다.

해설
제시문에서 밑줄 친 '왕'은 고구려의 소수림왕이다. 소수림왕은 중국의 전진에서 파견한 승려 순도를 통하여 불교를 수용하였다(372). 그리고 375년에는 초문사와 이불란사를 창건하였다.
③ 372년, 소수림왕은 유교 교육기관인 태학을 건립하였다. 태학은 수도에 설치되었던 국립 교육기관으로 유교 경전과 무예 등을 교육하였다.
① 태학박사 이문진에게 명하여 역사서인「신집」을 편찬하게 한 인물은 영양왕이다.
② 대표적인 춘대추납제도인 진대법을 시행한 인물은 고국천왕이다. 고국천왕은 을파소를 국상으로 등용하여 진대법을 시행하여 백성을 구휼하였다.
④ 왜에 종이와 먹의 제조법을 전수한 인물은 고구려 영양왕 때의 승려 담징이다. 담징은 일본에 건너가 불법(佛法)을 강론하고 종이와 먹, 맷돌 등의 제조법을 전수하였으며, 호류사에 금당벽화를 그린 것으로 알려져 있다.

정답 ③

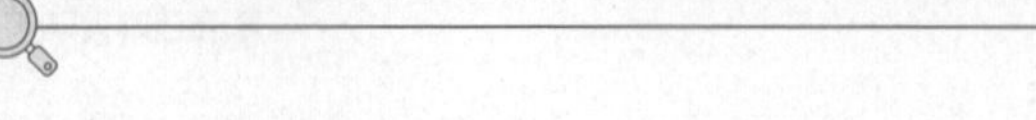

016 다음의 군사 활동과 관련하여 나타난 변화로 가장 적절한 것은?

> 영락 9년 백제가 서약을 어기고 왜와 화통하므로 왕은 평양으로 남순(南巡)해 내려갔다. 이때 신라가 사신을 보내 왕에게 아뢰기를 "왜인들이 우리 국경에 가득 차 성을 파괴하고 있습니다. 노객은 백성된 자로서 왕에게 귀의하여 분부를 청하옵니다."라고 하였다. …(중략)… 영락 10년에 보병과 기병 5만을 보내 낙동강 유역에서 왜를 격퇴하였다.

① 백제가 웅진으로 천도하였다.
② 신라가 한강 유역으로 진출하였다.
③ 고구려가 한반도 남부 전체를 실질적으로 지배하였다.
④ 금관가야는 전기 가야연맹의 주도권을 상실하였다.

해설
'영락'은 광개토대왕 때의 연호이다. 이를 통해 제시문의 내용이 고구려 광개토대왕이 신라의 요청으로 신라를 공격한 백제, 가야, 왜의 연합군을 격퇴한 내용임을 유추할 수 있다. 이 제시문의 내용은 광개토대왕릉비에 기록되어 있다.
④ 광개토대왕이 전쟁에 참여함으로써 금관가야는 전기 가야연맹의 주도권을 상실하였다.
① 백제의 개로왕이 장수왕에게 죽임을 당하자 문주왕은 도읍을 웅진으로 천도하였다(475).
② 신라는 진흥왕 때 백제 성왕과 나제동맹을 맺어 한강 유역을 차지했다. 진흥왕은 551년 백제와 함께 고구려를 공격하여 한강 상류를, 553년 백제를 공격하며 백제가 차지한 한강 하류까지 확보하였다.
③ 신라가 광개토대왕의 도움 이후에 고구려의 영향권 안에서 간섭을 받은 것은 사실이지만 실질적으로 지배를 당한 것은 아니다.

정답 ④

017 다음은 삼국 시대의 역사적 사실들을 순서대로 나열한 것이다. ㉡에 들어갈 수 있는 역사적 사실은?

> ㉠ 10월에 백제왕이 병력 3만을 거느리고 평양성을 공격해왔다. 왕이 군대를 내어 막다가 흐르는 화살에 맞아 이달 23일에 서거하였다.
>
> – 「삼국사기」 고구려본기 –

↓

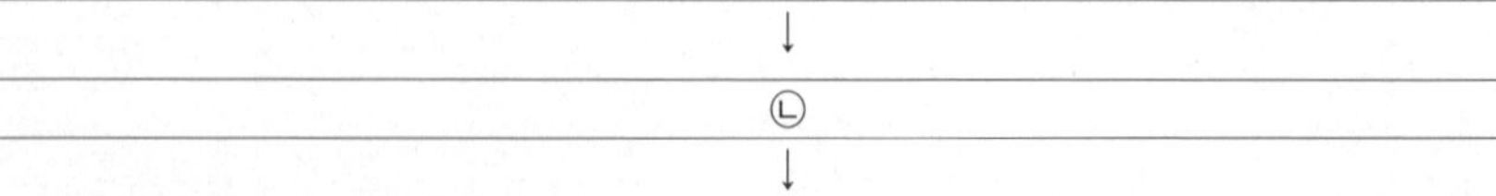

㉡

↓

> ㉢ 백제의 성왕이 관산성을 공격하였다. … 신주의 군주인 김무력이 주의 군사를 이끌고 나아가 교전하였는데, … 급히 쳐서 백제왕을 죽였다. 이에 모든 군사가 승리의 기세를 타고 크게 이겨서 … 한 마리의 말도 돌아간 것이 없었다.
>
> – 「삼국사기」 신라본기 –

① 고구려에서 천리장성이 축조되었다.
② 고구려가 동쪽의 옥저를 복속시켰다.
③ 신라는 지방의 행정구역으로 9주를 설치했다.
④ 신라가 왜의 침입을 막기 위해 고구려에 원군을 청했다.

해설

㉠ 근초고왕이 평양성에서 고국원왕을 전사시킨 내용이다(371).
㉢ 관산성 전투에 대한 내용이다. 성왕은 고구려의 내정이 불안한 틈을 타서 신라와 연합하여 공격하였고, 한강 유역을 일시적으로 수복하였으나(551), 신라 진흥왕이 동맹을 파기하고 백제를 공격함으로써 한강 유역을 빼앗기게 되었다(553). 이에 백제는 일본 및 대가야와 연합하여 신라를 공격하였으나 패하였고, 관산성(충북 옥천) 전투에서 성왕은 전사하였다(554).
④ 고구려 광개토대왕 때의 일이다(399).
① 수의 뒤를 이은 당 역시 고구려를 침략할 기회를 찾고 있었고, 고구려는 당의 침략에 대비하여 천리장성을 631년 착공하여 647년(보장왕 6)에 완성하였다. 그 길이가 북쪽으로는 부여성(농안)에서 남쪽으로는 비사성(대련)까지 이른다.
② 고구려 태조왕은 옥저와 동예를 복속시켰다.
③ 신문왕 때 전국을 9주 5소경으로 나누어 지방 행정구역을 정비하였다(685).

정답 ④

018 다음은 「삼국사기」의 내용을 시기순으로 재구성한 것이다. (가)에 들어갈 수 있는 내용으로 적절한 것은?

> 왕 재위 3년에 순장을 금지하는 명령을 내렸다. 3월에는 주와 군의 수령에게 명하여 농사를 권장케 하였다. 처음으로 소를 부려서 논밭을 갈았다.
>
> ↓
>
> (가)
>
> ↓
>
> 왕 재위 14년에 백제의 동북쪽 변두리를 빼앗아 신주(新州)를 설치하고 무력을 군주로 삼았다. 다음 해에 백제왕이 분하게 여겨 가야 군대를 이끌고 와서 관산성을 공격하였다.

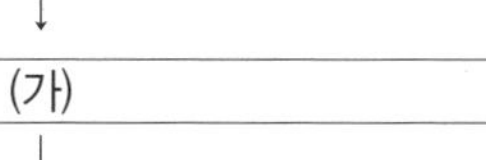

① 부여가 고구려에 복속하였다.
② 금관가야가 신라에 항복하였다.
③ 고구려가 낙랑군을 축출하였다.
④ 백제가 신라의 대야성을 함락하였다.

해설

(가) 이전의 상황에서 순장을 금지하고, 우경(牛耕)을 실시한 것으로 보아 6세기 초 신라 지증왕 시기임을 알 수 있다. (가) 이후의 상황에서 백제의 영토를 빼앗아 신주(新州)를 설치하였으며, 백제왕이 관산성을 공격하였다는 것을 통해 6세기 중반 신라 진흥왕 시기라는 것을 알 수 있다. 따라서 (가)는 이 사이에 있었던 내용을 고르는 문제이다.

② 532년, 신라 법흥왕 때에 금관가야의 마지막 왕인 김구해가 신라에 항복하였다. 참고로 (가) 다음에 등장하는 '무력'은 김무력으로 금관가야의 왕족 출신 장군이다. 김무력의 손자는 삼국통일의 중추적 역할을 한 김유신이다.

① 부여가 완전히 고구려에 복속된 것은 5세기 말(494) 문자왕 때의 일이다.

③ 고구려가 낙랑군을 축출한 것은 313년 미천왕 때의 일이다.

④ 백제가 신라의 대야성을 함락한 것은 7세기(642) 의자왕 때의 일이다.

정답 ②

019 고대 국가들에 대한 설명 중 옳지 않은 것을 모두 고른 것은?

> ㉠ 2세기 고구려 고국천왕 때에는 왕위계승이 형제상속에서 부자상속으로 바뀌었으며, 부족적인 전통을 지녀온 5부에서 수도와 그 주변지역의 행정단위를 의미하는 5부로 개편되었다.
> ㉡ 5세기 백제 동성왕은 고구려를 피해 남쪽 금강 유역의 웅진으로 도읍을 옮겼다.
> ㉢ 신라 법흥왕은 병부의 설치와 상대등의 설치 등을 통하여 통치 질서를 확립하였다.
> ㉣ 고구려 태조왕은 계루부 고씨의 왕위세습권을 확립하였으며, 옥저를 복속시켰다.
> ㉤ 백제 성왕 때에는 수도를 사비로 천도하고 국호를 '남부여'로 바꾸었으며, 아직기가 일본에 건너가서 태자에게 한자를 가르쳤다.
> ㉥ 3세기 고구려 동천왕은 서안평을 공격하였다.

① ㉠, ㉡　　② ㉢, ㉤
③ ㉡, ㉤　　④ ㉣, ㉤, ㉥

해설

㉡ 백제 문주왕은 고구려의 한성 침입으로 인하여 웅진(공주)으로 천도하였고(475), 동성왕은 신라의 소지 마립간과 결혼동맹을 체결하였다(493).

㉤ 백제 성왕은 대외 진출이 수월한 사비(부여)로 천도하고 국호를 남부여로 개칭하였다(538). 아직기를 일본에 보내 선진 문물을 전파한 것은 4세기 근초고왕 때의 일이다.

㉠ 고구려의 고국천왕(179~197)은 행정적 성격의 5부로 개편하고 형제상속으로 되어 있었던 왕위 계승도 부자상속으로 변경하며 왕권을 강화하려 노력하였다.

㉢ 신라 법흥왕(514~540)은 병부를 설치하여 군사권을 장악하였고, 신라 최고 관직인 상대등을 설치하여 화백회의를 주관하게 하였다.

㉣ 고구려 태조왕(53~146) 때 옥저를 복속하는 등 활발한 정복 활동으로 왕권은 안정되어 가고 계루부 고씨가 왕위를 독점하여 세습하는 등 국가의 통치 기반이 마련되었다.

㉥ 고구려 동천왕(227~248)은 중국과 낙랑의 연결을 차단하기 위하여 서안평을 공격하였으나 위나라 관구검의 침입을 받아 수도가 함락되는 등 요하 동쪽으로 세력이 위축되었다.

정답 ③

020 삼국 통일 과정의 역사적 사실들을 일어난 순서대로 바르게 나열한 것은?

ㄱ. 나 · 당 연합군의 공격으로 사비성이 함락되자 웅진에 있던 의자왕이 항복하였다.
ㄴ. 나 · 당 연합군의 공격으로 평양성을 지키던 연개소문의 아들인 남산이 항복하였다.
ㄷ. 신라는 사비성을 탈환하고 웅진도독부를 대신하여 소부리주를 설치하였다.
ㄹ. 신라군이 당나라 군대 20만 명을 매소성에서 크게 물리쳤다.

① ㄱ → ㄴ → ㄷ → ㄹ
② ㄱ → ㄷ → ㄴ → ㄹ
③ ㄴ → ㄱ → ㄹ → ㄷ
④ ㄴ → ㄹ → ㄱ → ㄷ

해설
ㄱ. 나 · 당 연합군의 공격으로 사비성이 함락되고 웅진에 있던 의자왕이 항복함으로써 백제가 멸망하였다(660).
ㄴ. 나 · 당 연합군의 공격으로 평양성을 지키던 연개소문의 아들인 남산이 항복하면서 고구려가 멸망하였다(668).
ㄷ. 신라는 671년 사비성을 탈환하고 웅진도독부를 대신하여 소부리주를 설치하였다.
ㄹ. 신라군은 675년 당나라 군대 20만 명을 매소성에서 크게 격파하여 나 · 당 전쟁에서 승기를 잡았다.

정답 ①

021 다음 '왕'에 관한 설명 중 가장 옳은 것은?

'왕'은 놀라고 기뻐하여 오색 비단과 금과 옥으로 보답하고 사자를 시켜 대나무를 베어서 바다에서 나오자, 산과 용은 갑자기 사라져 나타나지 않았다. '왕'이 행차에서 돌아와 그 대나무로 피리를 만들었는데, 이 피리를 불면, 적병이 물러가고 병이 나으며, 가뭄에는 비가 오고 장마는 개며, 바람이 잦아들고 물결이 평온해졌다.

– 「삼국유사」 –

① 백성들에게 정전을 지급하였다.
② 김흠돌의 반란을 진압하고 왕권을 강화하였다.
③ 당의 세력을 몰아내고 삼국 통일을 완수하였다.
④ 독서삼품과를 실시하여 유교 교육을 진흥시켰다.

해설

제시된 자료는 「삼국유사」에 수록된 신라의 '만파식적'에 대한 설화이다. 만파식적 설화는 신문왕 때를 배경으로 하고 있다. 따라서 신문왕 시기의 사건을 고르는 문제이다.

② 고구려 정벌에 큰 공을 세운 장군인 김흠돌은 신문왕의 장인이었다. 그러나 681년에 모반을 꾀하다가 숙청당하였다. 신문왕은 김흠돌의 모반을 처리하는 과정에서 관련된 가담자들을 모두 숙청하였고, 이 사건을 통해 전제 왕권을 강화하였다.

① 백성들에게 정전을 처음 지급한 것은 722년 성덕왕 때이다.

③ 나 · 당 전쟁에서 승리하여 완전한 삼국 통일을 이룬 것은 신문왕의 아버지인 문무왕이다.

④ 독서삼품과를 실시하여 유교 교육을 진흥한 것은 788년 원성왕 때이다. 골품제의 한계에서 벗어나 국학 출신의 진출을 활성화시키는 효과가 있었다. 그러나 점차 도당유학생 출신들이 관직에 진출하면서 독서삼품과는 쇠퇴하였다.

정답 ②

022 빈칸에 들어갈 왕의 재임 시기에 일어난 사실로 가장 옳은 것은?

> 발해와 당은 발해 건국 과정에서부터 대립적이었으며 발해의 고구려 영토 회복 정책으로 양국의 대립은 더욱 노골화되었다. 당은 발해를 견제하기 위해 흑수말갈 지역에 흑수주를 설치하고 통치관을 파견하였다. 이러한 당과 흑수말갈의 접근을 막기 위하여 발해의 [   ]은 흑수말갈에 대한 정복을 추진하였다. 이 계획을 둘러싼 갈등이 비화되어 발해는 산둥 지방의 덩저우에 수군을 보내 공격하였다. 이에 대응하여 당은 발해를 공격하는 한편, 남쪽의 신라를 끌어들여 발해를 제어하려고 하였다.

① 3성 6부를 비롯한 중앙 관서를 정비하였다.

② 융성한 발해는 '해동성국'이라는 칭호를 얻었다.

③ 왕을 '황상(皇上)'이라고 칭하여 황제국을 표방하였다.

④ 일본에 보낸 외교문서에서 고구려 계승 의식을 천명하였다.

해설

장문휴를 보내 당의 덩저우(등주)를 공격하게 한 것은 발해의 두 번째 왕인 무왕이다. 따라서 빈칸에 들어갈 왕은 발해의 무왕(대무예)이다.

④ 무왕은 당과의 충돌에 대비하기 위하여 일본에 사신을 보내어 국교를 맺었다. 727년에 무왕이 일본에 보낸 국서에 발해가 고구려를 계승하였음을 밝히는 문장이 기록되어 있었다.

① · ③ 발해의 세 번째 왕인 문왕(대흠무)에 대한 설명이다. 문왕은 당의 문물을 수용하면서 제도를 정비하고 내치에 힘썼는데, 대표적인 것이 당의 관제를 수용한 것이다. 중앙 관제인 3성 6부를 정비하고, 교육 기관인 주자감을 설치하였다.

② 발해가 '해동성국'이라는 칭호를 가지게 된 시기는 9세기 초 선왕 때의 상황이다.

정답 ④

023 발해의 통치 체제에 대한 설명으로 옳은 것은?

① 사정부를 두어 관리를 감찰하였다.
② 중앙의 핵심 군단으로 9서당이 있었다.
③ 정당성 아래에 있는 6부가 정책을 집행하였다.
④ 중앙과 지방에 각각 6부와 9주를 두어 다스렸다.

해설
① 사정부는 통일신라의 감찰 기관이다. 발해의 감찰 기관은 중정대이다.
② 9서당은 통일신라의 중앙군이고, 발해는 중앙군으로 10위를 두었다.
④ 통일신라의 지방 행정 제도의 특징이다. 발해의 지방 행정 제도는 5경 15부 62주로 조직되었다[5경 – 15부(도독) – 62주(자사) – 현(현승) – 촌(촌장 : 토착세력 – 말갈인)].

정답 ③

024 다음은 삼국시대 어느 나라 수취제도에 대한 설명이다. 이 나라와 관련된 내용으로 옳은 것은?

> • 세(稅)는 포목, 명주실과 삼, 쌀을 내었는데, 풍흉에 따라 차등을 두어 받았다.
> – 「주서」 –
> • 한수(漢水) 동북 여러 부락인 가운데 15세 이상된 자를 징발하여 위례성을 수리하였다.
> – 「삼국사기」 –

① 남중국 및 왜와 무역을 활발하게 전개하였다.
② 한강 유역을 차지한 뒤에야 당항성을 통하여 중국과 직접 교역할 수 있게 되었다.
③ 승려 혜자는 쇼토쿠 태자의 스승이 되었다.
④ 관료전과 정전을 지급하여 토지개혁을 시도하였다.

해설
제시문은 백제의 수취제도에 관한 기록이다. 이는 '위례성'이라는 단어를 통하여 유추할 수 있다.
① 백제는 정치적으로 남중국 및 왜와 밀접한 관련을 맺고 활발한 무역활동을 하였다.
② 한강 유역을 차지한 후 당항성을 통하여 중국과 직접 교역하였던 것은 신라이다.
③ 일본 쇼토쿠 태자의 스승이 된 승려 혜자는 고구려 사람이다.
④ 통일신라의 신문왕은 관료전을 지급하고 녹읍을 폐지하였으며, 성덕왕은 백성들에게 정전을 지급하였다.

정답 ①

025 다음과 같은 문서가 작성되었던 시대에 대한 설명으로 옳지 않은 것은?

> 토지는 논, 밭, 촌주위답, 내시령답 등 토지의 종류와 면적을 기록하고, 사람들은 인구, 가호, 노비의 수와 3년 동안의 사망, 이동 등 변동 내용을 기록하였다. 그 밖에 소와 말의 수, 뽕나무, 잣나무, 호두나무의 수까지 기록하였다.

① 관료에게는 관료전을, 백성에게는 정전을 지급하였다.
② 인구는 남녀 모두 연령에 따라 6등급으로 나누어 파악하였다.
③ 전국을 9주로 나누고, 주 아래에는 군이나 현을 두어 지방관을 파견하였다.
④ 국가에 봉사하는 대가로 관료에게 토지를 나누어 주는 전시과제도를 운영하였다.

해설
제시된 문서는 남북국시대 통일신라에서 작성되었던 촌락문서(민정문서)이다. 현존하는 민정문서는 서원경(청주) 인근의 촌락의 정보가 기록되어 있다. 토지의 종류와 면적, 가호와 인구의 수, 성별 · 연령별 인구수, 노비의 수, 가축의 수와 뽕나무, 잣나무, 호두나무와 같은 유실수(有實樹)의 수 등이 기재되어 있어 당시의 촌락에 대한 구체적인 모습을 볼 수 있는 귀중한 사료이다.
④ 전시과제도는 통일신라가 아닌 고려시대에 시행된 토지제도이다.

정답 ④

026 다음 자료에 나타난 시기에 대한 설명으로 옳은 것은?

> 곳곳에서 도적이 벌 떼같이 일어났다. 이에, 원종, 애노 등이 사벌주(상주)에 의거하여 반란을 일으키니, 왕이 나마 벼슬의 영기에게 명하여 잡게 하였다.

① 지방에서는 호족 세력이 성장하였다.
② 신진 사대부가 대두하여 권문세족을 비판하였다.
③ 농민들은 전정, 군정, 환곡 등 삼정의 문란으로 고통을 받았다.
④ 봄에 곡식을 빌려 주었다가 가을에 추수한 것으로 갚게 하는 진대법을 실시하였다.

해설
자료에 나타난 것은 신라 말 진성여왕 때에 있었던 원종 · 애노의 난에 대한 설명이다. 따라서 신라 말에 대한 설명을 고르는 문제이다.
① 신라 말 진골귀족들의 권력 다툼 등으로 인하여 중앙정부의 통제력이 약화되면서, 점차 지방의 독자적인 호족 세력이 성장하기 시작하였다. 호족 세력은 기반이 되는 지역에서 군사력을 보유하면서 영향력을 행사하였다. 또한 사상적으로는 선종 불교와 풍수지리설 등을 수용하기도 하였다.
② 신진 사대부가 대두하여 권문세족을 비판하던 것은 고려 말의 상황이다.
③ 삼정의 문란으로 농민들이 고통을 받았던 것은 조선 후기의 세도정치기의 상황이다. 이것이 원인이 되어 극단적으로 표출된 사건에는 임술 농민 봉기가 있다.
④ 진대법의 실시는 고구려 고국천왕 때의 일이다.

정답 ①

027 밑줄 친 '대왕'이 재위하던 시기의 사실로 옳은 것은?

> 우리 왕후께서는 좌평 사택적덕의 따님으로 …(중략)… 기해년 정월 29일에 사리를 받들어 맞이하셨다. 원하오니, 우리 대왕의 수명을 산악과 같이 견고하게 하시고 치세는 천지와 함께 영구하게 하소서.

① 사비의 왕흥사가 낙성되었다.
② 22담로에 왕족을 보냈다.
③ 박사 고흥이 「서기」를 편찬하였다.
④ 노리사치계가 왜에 불상과 불경을 전하였다.

해설
자료에 나타나는 사택적덕은 백제 제30대 무왕(600~641)의 장인으로 좌평을 역임하였다. 기존에 백제 무왕의 왕후로는 신라 출신의 선화공주만이 밝혀져 있었는데, 2009년에 익산 미륵사지 석탑의 해체 작업 당시에 금제사리봉안기가 발견되면서 사택적덕의 딸인 사택왕후의 존재가 알려지게 되었다. 또한 사택왕후가 미륵사의 창건을 지원한 것으로 기록되어 있으면서 새로운 관심을 받게 되었다.
① 「삼국사기」에 따르면 왕흥사가 낙성된 것은 무왕 35년인 634년이다.
② 6세기 백제의 무령왕은 지방에 대한 통제를 강화하기 위하여 지방에 22담로를 설치하여 왕족을 파견하는 등 통치 체제를 정비하여 백제 중흥의 발판을 마련하였다.
③ 4세기 백제의 근초고왕은 박사 고흥으로 하여금 「서기」를 편찬하게 하여 역사를 정리하였다.
④ 6세기 백제 성왕은 사비로 천도(遷都)하고, 노리사치계를 일본에 보내 불교를 전파하였다.

정답 ①

028 다음 중 〈보기〉와 같은 모습이 있었던 국가의 사회모습에 대한 설명으로 가장 옳지 않은 것은?

> **〈보 기〉**
> • 처음으로 소를 이용한 밭갈이가 시작되었다.
> • 국호를 한자식 표현인 신라로 바꾸었다.

① 수도에 동시(東市)라는 시장이 설치되어 상업이 발달하였다.
② 형이 죽은 뒤 동생이 형을 대신하여 형수와 부부생활을 계속하는 풍습이 있었다.
③ 불교가 토착신앙의 영향으로 다른 국가보다 늦은 시기에 공인되었다.
④ 개인의 혈통에 따라 정치적인 출세는 물론 사회생활 전반에 걸쳐 특권과 제약이 있었다.

해설

〈보기〉는 신라 지증왕에 대한 설명이다. 6C 지증왕은 국호를 신라로 고치고 왕호를 사용하였으며, 우산국을 복속하였고, 우경을 실시하였다.

② 고구려의 형사취수제(兄死娶嫂制)에 대한 내용이다. 「삼국사기」에는 고국천왕이 죽은 뒤 왕비인 우씨(于氏)가 막내 동생인 연우와 혼인하여 연우가 산상왕이 되었다는 내용이 기록되어 있다.

① 지증왕 때에 수도인 금성(경주)에 동시라는 시장을 설치하고, 감독기관으로 동시전을 설치하였다.

③ 법흥왕은 불교를 신라의 국교로 삼아 왕권을 강화하려 하였으나, 재래의 토착신앙을 신봉하던 기존 세력의 반대로 그 뜻을 이루지 못하였다. 그러나 이차돈의 순교로 인하여 527년 불교는 신라의 국교로 공인된다.

④ 신라의 골품제(骨品制)는 혈통에 따라 개인의 정치활동과 사회생활을 결정하고 제약하는 신분제였다.

정답 ②

04 중세 사회의 발전

029 다음 밑줄 친 '왕'에 대한 설명으로 옳은 것은?

> 왕의 이름은 소(昭)다. 치세 초반에는 신하에게 예를 갖추어 대우하고 송사를 처리하는 데 현명하였다. 빈민을 구휼하고, 유학을 중히 여기며, 노비를 조사하여 풀어 주었다. 밤낮으로 부지런하여 거의 태평의 정치를 이루었다. 중반 이후로는 신하를 많이 죽이고, 불법(佛法)을 지나치게 좋아하며 절도가 없이 사치스러웠다.
>
> –「고려사절요」–

① 쌍기의 건의로 과거제를 실시하였다.
② 12목을 설치하고 지방관을 파견하였다.
③ 호족을 견제하기 위해 사심관과 기인제도를 마련하였다.
④ 승려인 신돈을 등용하여 전민변정도감을 설치하였다.

해설

제시문은 최승로의 '5조정적평'으로 광종의 업적에 대해 설명하고 있다.

① 광종은 쌍기의 건의로 과거제를 실시하였다.
② 12목을 설치하고 지방관을 파견한 것은 성종 때이다.
③ 사심관과 기인제도는 태조의 업적이다.
④ 신돈을 등용하여 전민변정도감을 설치한 것은 공민왕 때이다.

정답 ①

030 다음 사실과 관련 있는 고려시대 국왕의 정책을 〈보기〉에서 모두 고른 것은?

그는 고구려의 옛 수도였던 평양을 서경으로 승격시키고, 발해의 유민들을 동족으로 간주하여 따뜻하게 맞이하였다. 특히 발해 세자 대광현에게는 '왕계'라는 성명을 주고 선조에 대한 제사를 받들게 하였다.

〈보 기〉

ㄱ. 취민유도(取民有度)를 내세워 농민의 조세 부담을 가볍게 하였다.
ㄴ. 의창, 상평창을 설치하여 백성들을 구휼하였다.
ㄷ. 거란에 대비하여 서경에 광군사를 설치하였다.
ㄹ. 청천강에서 영흥까지 영토를 확장하였다.

① ㄱ, ㄹ
② ㄴ, ㄷ
③ ㄱ, ㄴ, ㄷ
④ ㄷ, ㄹ

해설
제시문은 고려 태조의 정책이다.
ㄴ. 고려 성종 때이다.
ㄷ. 고려 정종 때이다.

정답 ①

031 다음의 글을 쓴 인물이 활동하던 시기에 대한 설명으로 옳은 것을 〈보기〉에서 모두 고르면?

신라 · 고구려 · 백제가 나라를 세우고 솥발처럼 대립하면서 예를 갖추어 중국과 교통하였으므로, 범엽(范曄)의 「한서(漢書)」나 송기(宋祁)의 「당서(唐書)」에 모두 열전(列傳)을 두었는데, 중국의 일만을 자세히 기록하고 외국의 일은 간략히 하여 갖추어 싣지 않았습니다. 또한 그 고기(古記)라는 것은 글이 거칠고 졸렬하며 사적(事跡)이 누락되어 있어서, 임금된 이의 선함과 악함, 신하된 이의 충성과 사특함, 나라의 평안과 위기, 백성들의 다스려짐과 혼란스러움 등을 모두 드러내어 경계로 삼도록 하지 못하였습니다.

〈보 기〉

ㄱ. 윤관이 북방의 거란족을 몰아내고 동북 지역에 9성을 세웠다.
ㄴ. 이자겸의 난이 진압된 후 15개조의 유신령이 발표되었다.
ㄷ. 분청사기가 유행할 정도로 화려한 문벌귀족 문화를 꽃피웠다.
ㄹ. 예종과 인종은 관학 부흥에 힘쓰고 유학 진흥을 위해 노력하였다.

① ㄱ, ㄴ
② ㄱ, ㄷ
③ ㄴ, ㄹ
④ ㄷ, ㄹ

해설

제시된 글은 고려 인종 때인 1145년에 김부식이 「삼국사기」를 진헌하면서 올렸던 '진삼국사기표'의 내용이다. 따라서 12세기 무신정변 발생 이전의 문벌귀족 사회에 대한 내용을 묻는 문제이다.

ㄴ. 이자겸의 난을 진압한 후 인종은 서경을 순행하면서 15개 조항의 유신정교(유신령)를 선포하였는데, 국가의 안녕과 태평성대를 도모하는 것이 주된 내용이었다.

ㄹ. 고려 예종과 인종은 관학의 부흥에 힘썼는데, 예종은 국자감에 전문교육강좌인 7재를 설치하였으며, 장학재단인 양현고를 설치하였다. 인종은 형부(刑部)에 속해 있던 율학을 국자감으로 이관하여 경사6학을 설치하였다.

ㄱ. 윤관은 고려 숙종에서 예종 때까지 여진정벌에 나섰으며, 별무반을 조직하여 1107년에는 천리장성 외곽의 동북 지역에 동북 9성을 축조하였다.

ㄷ. 분청사기는 15세기 조선 전기 때 유행하던 도자기이다. 12세기 중엽에는 청자 중에서 특히 상감청자가 유행하였다.

정답 ③

032 다음 밑줄 친 '병란'을 일으킨 세력에 대한 설명으로 가장 옳은 것은?

> 임술일에 왕이 다음과 같은 조서를 내렸다. "…… 나에게 불평을 품은 나머지 당돌하게 <u>병란</u>을 일으켜 관원들을 잡아 가두었으며 천개(天開)라는 연호를 표방하고 군호(軍號)를 충의(忠義)라고 하였으며 공공연히 병졸들을 규합하여 서울을 침범하려 한다. 사변이 뜻밖에 발생하여 그 세력을 막을 도리가 없다."
>
> –「고려사」–

① 중방을 중심으로 권력을 행사하였다.
② 웅천주를 기반으로 반란을 일으켰다.
③ 칭제건원과 금국 정벌을 주장하였다.
④ 왕의 측근 세력을 제거하고 인종을 감금하였다.

해설

자료는 서경 천도 운동(1135)을 나타내고 있다. 인종 때 개혁방향을 놓고 중앙 귀족의 보수 세력(개경파)과 지방의 신진 개혁 세력(서경파) 사이의 대립이 극심하였는데, 김부식 중심의 개경 세력은 사대적 유교 정치사상을 중시하는 개혁을 주장하였다. 이에 반대하는 묘청 세력은 서경에서 국호를 대위국, 연호를 천개, 군대를 천견충의군라고 칭하며 반란을 일으켰으나, 김부식의 관군에 의해 약 1년 만에 진압되었다.

③ 묘청은 칭제건원과 금국정벌론을 내세워 서경 천도 운동을 전개하였다.
① 정중부는 무신정변 이후 중방을 중심으로 권력을 행사하였다.
② 웅천주 도독 김헌창이 아버지인 김주원이 왕위를 계승하지 못한 데 불만을 품고 국호를 장안, 연호를 경운이라고 하여 반란을 일으켰으나 실패하였다(822, 김헌창의 난).
④ 인종 때 이자겸은 반대파를 제거하고 척준경과 함께 난을 일으켰고, 십팔자위왕(十八字爲王)을 유포하여 왕위찬탈을 시도하였다(1126).

정답 ③

033 다음 사건을 일어난 순서대로 바르게 나열한 것은?

(가) 김보당의 난 발생
(나) 이의민의 권력 장악
(다) 김사미와 효심의 난 발생
(라) 교정도감의 설치

① (가) – (나) – (다) – (라)
② (가) – (나) – (라) – (다)
③ (나) – (가) – (다) – (라)
④ (나) – (가) – (라) – (다)

해설

(가) 무신정변이 일어난 지 3년 뒤인 1173년에 문신(文臣) 출신인 동북면 병마사 김보당이 무신 정권에 반대하여 난을 일으켰다.
(나) 천민 출신이었던 이의민은 경대승이 병사(病死)하게 되자 명종의 부름을 받아 1183년부터 권력을 장악하였다.
(다) 김사미와 효심의 봉기는 1193년에 경상도 지방에서 발생하였다.
(라) 최충헌은 자신에 대한 암살을 모의한 세력을 수색하고 처벌하기 위하여 1209년에 교정도감을 임시기구로 설치하였다. 그러나 이후에도 교정도감은 존속하면서 무신정권의 최고 권력기구로 자리 잡았다.

정답 ①

034 다음 괄호 안에 들어갈 국왕과 관련되는 내용은?

(　　)이 원나라의 제도를 따라 변발(辮髮)을 하고 호복(胡服)을 입고 전상(殿上)에 앉아 있었다. 이연종이 간하려고 문밖에서 기다리고 있었더니, 왕이 사람을 시켜 물었다. …(중략)… 답하기를 "변발과 호복은 선왕의 제도가 아니오니, 원컨대 전하께서는 본받지 마소서."라고 하니, 왕이 기뻐하면서 즉시 변발을 풀어 버리고 그에게 옷과 요를 하사하였다.

– 「고려사」 –

① 노비와 관련된 문제를 처리하는 장례원을 설치하였다.
② 정동행성 이문소를 폐지하고 요동 지방을 공략하였다.
③ 「동국병감」과 같은 병서를 간행하여 원나라의 침략에 대비하였다.
④ 권문세족의 경제기반을 무너뜨리기 위해서 과전법을 시행하였다.

해설

'왕이 기뻐하면서 즉시 변발을 풀어 버리고 그에게 옷과 요를 하사하였다.'를 통해 제시문의 왕은 반원 자주 정책을 폈던 공민왕임을 알 수 있다.

② 공민왕은 반원 자주 정책을 표방하여 변발과 호복 등 원나라 풍속을 없애려 노력하였고, 원의 내정간섭기구인 정동행성 이문소를 폐지하였다. 또한 요동 지방을 공격하고, 쌍성총관부를 탈환하였다.

① 노비소송을 담당하는 장례원은 조선 세조 때 설치되었다.

③ 「동국병감」은 조선 문종 때 편찬된 병서이다.

④ 과전법은 고려 말에 신진 사대부의 경제적 기반을 마련하기 위해 시행된 제도이다.

정답 ②

035 **고려의 대외 항쟁에 대한 설명으로 가장 적절한 것은?**

① 거란의 1차 침입 때 서희의 담판으로 압록강 동쪽의 9성을 확보하였다.

② 고려는 국경 지대에 나성과 천리장성을 쌓아 거란과 여진의 침략에 대비하였다.

③ 거란은 강조의 정변을 구실로 두 번째 침입을 하였다가 현종의 입조를 조건으로 물러갔다.

④ 삼별초는 배중손의 지휘 아래 제주도로 근거지를 옮겨 끝까지 대몽 항쟁을 벌였다.

해설

③ 강조의 정변을 구실로 거란이 2차 침입을 하여 한때 개경이 함락되기도 했지만, 양규의 선전으로 거란군은 현종의 친조(親朝) 약속을 받고 퇴각하였다.

① 거란의 1차 침입 때 서희의 담판으로 압록강 동쪽의 강동 6주를 획득하여 영토를 확장하였다. 동북 9성은 윤관의 별무반이 예종 때 여진족을 북방으로 몰아내고 쌓은 것이나 1109년에 반환되었다.

② 고려는 강감찬의 건의로 개경에 나성을 쌓아 도성의 수비를 강화하였고 북쪽 국경의 일대에 천리장성을 쌓아 거란과 여진의 침략을 대비하였다.

④ 삼별초는 몽골의 간섭으로 고려 정부가 개경으로 환도하자 이를 반대하며 배중손이 지휘하여 진도로 근거지를 옮기며 대몽 항쟁을 이끌었고, 이후 김통정의 지휘 아래 제주도로 근거지를 옮겨 끝까지 대몽 항쟁을 벌였다.

정답 ③

036 고려의 정치와 사회에 대한 설명으로 가장 옳지 않은 것은?

① 정치제도는 당과 송의 제도를 참고하여 2성 6부제로 정비하였다.
② 지방제도는 5도 양계 및 경기로 구성되었고 태조 때부터 12목을 설치하였다.
③ 관리 등용 제도로는 과거와 음서 등이 있었으며 무과는 거의 실시되지 않았다.
④ 성종 대에 최승로는 시무 28조를 건의하는 등 유교정치 이념의 토대를 닦았다.

해설

② 고려의 지방행정구역은 개경 주변의 경기와 3경, 5도, 그리도 양계가 있었다. 이후 성종 때인 983년에 지방의 중요한 지역에 12목을 설치하고, 목사(牧使)를 파견하였다. 따라서 태조 때부터 12목이 설치되었다는 말은 옳지 않다.
① 고려의 중앙 정치기구인 2성 6부는 당의 3성 6부제를 참고하여 조직된 것이다. 고려 성종 때에 정비되기 시작하였는데, 당시에는 내사문하성이라는 명칭을 가지고 있었다. 이후 문종 때에 중서문하성으로 개칭하였다. 이는 당의 3성 6부제를 참고한 것이지만, 중서성과 문하성을 통합한 것은 고려의 독자적인 면이다. 또한 중추원과 삼사는 송제(宋制)를 채용한 것이다.
③ 고려의 기본적인 관리 등용은 과거제를 통해 이루어졌다. 후주 출신의 귀화인 쌍기에 의해 광종 때부터 과거제가 도입되었다. 또한 특별채용제도인 음서제가 있었는데, 5품 이상 관리의 자손을 무시험으로 등용한 제도이다. 일반적으로 고려의 과거에는 무과가 없는 것으로 알려져 있으나, 실제로는 예종 때에 일시적으로 시행된 적이 있었다(강예재). 그러나 문관들의 반발로 사라졌고, 공양왕 때가 되어서야 무과에 대한 논의가 있었다.
④ 최승로는 성종에게 태조에서 경종에 이르는 다섯 왕에 대한 5조치적평과 함께 시무28조를 올렸다. 시무28조에는 다양한 내용이 담겨 있는데 현재는 22개조만 전해지고 있다. 최승로는 국가체제의 정비와 함께 유교적 정치이념을 바탕으로 한 통치방향을 제시하여 성종의 정책에 영향을 주었다.

정답 ②

037 고려시대 토지제도에 대한 설명으로 옳은 것은?

① 6품 이상의 관리는 전시과 이외에도 공음전을 받아 자손에게 물려줄 수 있었다.
② 전시과에서는 문무관리, 군인, 향리 등을 9등급으로 나누어 토지를 주었다.
③ 후삼국을 통일한 태조 왕건은 공신, 군인 등을 대상으로 그들의 공로에 따라 차등을 두어 역분전을 지급하였다.
④ 국가는 왕실 경비를 마련하기 위해서 공해전을 지급하였다.

해설

③ 고려 태조 때 지급한 역분전은 공신전으로 후삼국을 통일하는 건국 과정에서 공을 세운 사람들에게 경기에 한하여 인품과 공로를 기준으로 지급한 토지로서 논공행상적 성격이 강했다.

① 공음전은 5품 이상의 관료에게 지급되는 토지로 세습이 가능했기 때문에 음서제와 함께 고려 귀족의 지위를 유지해 나갈 수 있는 기반이 되었다.

② 고려는 국가에 봉사하는 대가로 관료에게 토지를 나누어 주는 전시과 제도를 운영하였다. 국가는 문무 관리로부터 군인, 한인에 이르기까지 18등급으로 나누어 곡물을 수취할 수 있는 전지와 땔감을 얻을 수 있는 시지를 주었는데 지급된 토지는 수조권만 지급했던 토지였다.

④ 고려시대 전시과 체제하에서는 왕실의 경비를 충당하기 위하여 내장전을 지급하였고, 중앙과 지방 관청의 경비를 충당하기 위해 공해전을 두었다.

정답 ③

038 전시과 제도의 변천 과정을 나타낸 것이다. (가) 제도에 대한 〈보기〉의 설명으로 옳은 것만을 모두 고른 것은?

시정전시과 (경종 1년, 976)	→	개정전시과 (목종 1년, 998)	→	(가) (문종 30년, 1076)

〈보 기〉

ㄱ. 4색 공복을 기준으로 등급을 나누었다.
ㄴ. 산직(散職)이 전시의 지급 대상에서 배제되었다.
ㄷ. 등급별 전시의 지급 액수가 전보다 감소하였다.
ㄹ. 무반과 일반 군인에 대한 대우가 전반적으로 향상되었다.

① ㄱ, ㄴ

② ㄷ, ㄹ

③ ㄱ, ㄴ, ㄷ

④ ㄴ, ㄷ, ㄹ

해설

(가)는 고려 문종 때 변경된 경정전시과에 해당한다.

ㄴ. 경정전시과에서는 산직(산관)이 분급 대상에서 완전히 제외되었다. 산직은 일정한 직임이 없는 관직을 말한다.
ㄷ. 전시과가 변화하면서 점차 토지 분급액이 감소하였는데, 특히 시지의 분급이 현격히 감소한 것이 특징적이다.
ㄹ. 경정전시과에서는 무관에 대한 차별이 완화되었으며, 군인에 대한 대우도 이전보다 나아진 모습을 보이고 있다.
ㄱ. 4색 공복을 기준으로 등급을 나눈 것은 시정전시과에 해당한다.

정답 ④

039 다음 연표의 (가)~(라) 시기에 대한 설명으로 가장 옳지 않은 것은?

676		780		936		1170		1270
	(가)		(나)		(다)		(라)	
삼국 통일		선덕왕 즉위		후삼국 통일		무신 정변		삼별초 항쟁

① (가) – 의상에 의해 부석사에서 화엄종이 개창되었다.
② (나) – 선문 9산이 지방사회를 중심으로 발전하였다.
③ (다) – 왕실과 귀족을 중심으로 화엄종과 법상종이 발전하였다.
④ (라) – 국청사를 중심으로 해동 천태종이 발전하였다.

해설

④ (라)는 무신정권기로 지눌에 의해 수선사를 중심으로 개혁운동이 전개되었다. 해동 천태종이 발전한 것은 고려 중기로 (다) 시기에 해당된다.

정답 ④

040 다음 자료를 통해 알 수 있는 내용으로 가장 적절한 것은?

- 삼사에서 말하기를 "지난 해 밀성 관내의 뇌산부곡 등 세 곳은 홍수로 논, 밭, 작물이 피해를 보았으므로 청컨대 1년 치 조세를 면제하십시오."라고 하니, 이를 따랐다.
- 향, 부곡, 악공, 잡류의 자손은 과거에 응시하는 것을 허락하지 않는다.
- 익안폐현은 충주의 다인철소인데, 주민들이 몽고의 침입을 막는데 공이 있어 현으로 삼아 충주의 속현이 되었다.

–「고려사」–

① 소의 주민은 주로 농사를 지었다.
② 부곡민은 조세를 부담하지 않았다.
③ 부곡민은 과거에 응시하여 관리가 될 수 있었다.
④ 소의 주민이 공을 세우면 소가 현으로 승격될 수 있었다.

해설

제시문은 향 · 소 · 부곡에 대한 사료이다. 향 · 소 · 부곡민은 일반 양인과 달리 차별대우를 받았다.

④ 제시문에서 알 수 있듯이 소의 주민이 공을 세우면 소를 현으로 승격시켜 주기도 하였다.

① 소의 주민은 주로 수공업에 종사하였다.

② 향 · 소 · 부곡민은 일반 양인에 비해 더 많은 세금을 부담하였다.

③ 제시문에서 알 수 있듯이 향 · 소 · 부곡 등의 자손은 과거에 응시할 수 없었다.

정답 ④

041 다음 중 고려 후기 농민 봉기에 대한 설명으로 가장 옳지 않은 것은?

① 공주 명학소는 망이 · 망소이 봉기로 인해 충순현으로 승격되었다.

② 서경에서 최광수는 고구려 부흥을 주장하였다.

③ 개경에서 만적은 노비의 신분해방을 주장하였다.

④ 담양에서 김사미와 효심은 백제 부흥을 주장하였다.

해설

④ 김사미와 효심은 경상도 운문 · 초전에서 신라 부흥을 주장하였다. 전라도 담양에서 봉기한 것은 백제 부흥을 주장한 이연년 형제이다.

고려의 농민 봉기

망이 · 망소이 난	공주 명학소에서 봉기(1176)
만적의 난	최충헌의 사노비로 개경에서 노비신분을 규합하여 신분해방과 정권장악까지 기도(1198)
김사미 · 효심의 난	경상도 운문과 초전 → 신라 부흥 표방
최광수의 난	서경 → 고구려 부흥 표방
이연년의 난	담양 → 백제 부흥 표방

정답 ④

042 (가)와 (나)의 인물에 대한 〈보기〉의 설명으로 옳은 것은?

> (가)는 "교(敎)를 배우는 이는 대개 안의 마음을 버리고 외면에서 구하고, 선(禪)을 익히는 이는 인연을 잊고 안의 마음을 밝히기를 좋아하니, 모두 한쪽에 치우친 것으로 두 극단에 모두 막힌 것이다."라고 주장하였다.
> (나)는 "정(定)은 본체이고 혜(慧)는 작용이다. 작용은 본체를 바탕으로 존재하므로 혜가 정을 떠나지 않고, 본체가 작용을 가져오게 하므로 정은 혜를 떠나지 않는다."라고 주장하였다.

〈보 기〉

ㄱ. (가)와 (나)는 서로 다른 방법으로 교종과 선종의 통합을 시도하였다.
ㄴ. (가)와 (나)는 지방 호족과 연합하여 신라 정부의 권위를 약화시켰다.
ㄷ. (가)는 불교와 유교 모두 도를 추구한다는 점에서 같다는 유 · 불 일치설을 주장하였다.
ㄹ. (나)는 수선사 결성을 제창하여 불교계의 개혁을 추진하였다.

① ㄱ, ㄴ
② ㄱ, ㄹ
③ ㄴ, ㄷ
④ ㄴ, ㄹ

해설

(가) 제시문의 인물은 의천이다. 11세기에 활동한 의천은 흥왕사를 근거지로 삼아 화엄종을 중심으로 교종을 통합하려 하였으며, 선종을 통합하기 위하여 국청사를 창건하여 천태종을 창시하였다. 교종 중심에서 선종을 통합하려 노력하였고, 이를 뒷받침할 사상적 바탕으로 이론의 연마와 실천의 양면 모두를 강조하는 교관겸수를 제창하였다.

(나) 제시문의 인물은 지눌이다. 12세기에 활동한 지눌은 선과 교학이 근본에 있어 둘이 아니라는 사상 체계인 정혜쌍수를 사상적 바탕으로 철저한 수행을 선도하였다. 지눌은 내가 곧 부처라는 깨달음을 위한 노력과 함께, 꾸준한 수행으로 깨달음의 확인을 아울러 강조한 돈오점수를 주장하였다.

ㄱ. (가) 의천과 (나) 지눌은 서로 다른 방법으로 교종과 선종의 통합을 시도하였다.
ㄹ. (나) 지눌은 송광사를 중심으로 수선사 결사를 제창하였다.
ㄴ. 지방 호족과 연합하여 신라 정부의 권위를 약화시킨 것은 신라 하대의 선종 승려들이었다.
ㄷ. 혜심은 유 · 불일치설을 주장하였고, 심성의 도야를 강조하여 성리학 수용의 사상적 토대를 마련하였다.

정답 ②

05 근세 사회의 발전

043 다음 주장을 한 국왕이 추진한 정책으로 가장 옳은 것은?

> 내가 일찍이 송도에 있을 때 의정부를 없애자는 의논이 있었으나, 지금까지 겨를이 없었다. 지난 겨울에 대간에서 작은 허물로 인하여 의정부를 없앨 것을 청하였으나 윤허하지 않았었다. 지난번에 좌정승이 말하기를 "중국에도 승상부가 없으니 의정부를 폐지해야 한다."라고 하였다. 내가 골똘히 생각해보니 모든 일이 내 한 몸에 모이면 결재하기가 힘은 들겠지만, 임금인 내가 어찌 고생스러움을 피하겠는가.

① 경연을 폐지하였다.
② 집현전을 설치하였다.
③ 호패법을 실시하였다.
④ 「경국대전」을 편찬하였다.

해설

자료는 태종 때 시행한 6조 직계제에 대한 내용이다. 6조 직계제는 6조에서 의정부를 거치지 않고 곧바로 사안을 국왕에게 올려 재가를 받아 시행하는 제도로서 태종은 6조 직계제를 실시하여 국왕 중심의 정치를 추구하였다.

③ 태종은 양전 사업과 호구 파악에 노력을 기울였고 호패법을 실시하였다.
① 세조는 경연을 주관하던 집현전을 폐지하고 왕과 신하들의 학문 토론의 장이었던 경연도 열지 않으려 했다.
② 세종은 궁중 안에 정책 연구 기관으로 집현전을 설치하여 유교 정치를 실현하려 하였는데, 집현전 학사는 학문, 제도, 문물, 역사에 대한 연구와 편찬 사업을 전개하였고, 아울러 경연에 참여하여 국왕의 통치를 자문하였다.
④ 성종은 건국 이후의 문물제도 정비를 완비하였으며 「경국대전」의 편찬을 마무리하여 반포함으로써 조선왕조의 통치 체제를 확립시켰다.

정답 ③

044 〈보기〉는 조선 전기 왕의 정책과 관련된 설명이다. 다음 중 시대순으로 가장 바르게 나열한 것을 고르면?

> **〈보 기〉**
> ㄱ. 백성의 억울한 사정을 해소하기 위하여 신문고를 설치하였다.
> ㄴ. 한양에 도성(都城)을 건설하여 새 왕조의 기반을 마련하였다.
> ㄷ. 사군과 육진을 개척하면서 압록강과 두만강 이남을 확보하였다.
> ㄹ. 경연과 집현전을 폐지하여 왕권을 강화하였다.

① ㄴ－ㄱ－ㄷ－ㄹ

② ㄴ－ㄱ－ㄹ－ㄷ

③ ㄴ－ㄷ－ㄱ－ㄹ

④ ㄴ－ㄷ－ㄹ－ㄱ

해설

ㄴ. 태조는 한양에 도성(都城)을 건설하여 새 왕조의 기반을 마련하였다.
ㄱ. 태종 1년(1401)에 태종은 신문고를 설치하여 백성들의 억울한 일을 접수하여 처리하도록 하였다. 그러나 본래 취지와 달리 실제로 실제 활용은 미약하였다. 연산군 때에 이르러 폐지되었다가 영조가 다시 부활시켰다.
ㄷ. 세종은 김종서를 북방으로 보내어 4군과 6진을 개척하게 하였다. 이때 확보한 영토는 오늘날까지 유지되고 있다.
ㄹ. 세조는 집현전을 폐지하였는데 그 이유는 성삼문, 박팽년 등 집현전 학자들이 단종 복위운동에 가담하여 자신의 왕권을 위협하였기 때문이다.

정답 ①

045 밑줄 친 '왕'에 대한 설명으로 옳은 것은?

> 왕은 왕권 강화를 위해 중앙집권체제를 강화하고, 변방 중심에서 전국적인 지역 중심 방어체제로 바꾸는 등 국방을 강화하였다. 또 국가재정을 안정시키기 위해 과전을 현직 관료에게만 지급하기 시작하였다.

① 「경국대전」의 편찬을 마무리하여 반포하였다.

② 간경도감을 두어 「월인석보」를 언해하여 간행하였다.

③ 6조 직계제를 채택하고 사간원을 독립시켜 대신을 견제하였다.

④ 대마도주와 계해약조를 맺어 무역선을 1년에 50척으로 제한하였다.

해설

자료에서 과전을 현직 관료에게만 지급한다는 내용을 통해 밑줄 친 '왕'이 직전법을 시행한 세조임을 파악할 수 있다. 세조는 강력한 왕권 강화를 추구하여 왕명의 출납을 대행하는 승정원의 기능을 강화시켰으며 경연을 주관하던 집현전을 폐지하고 왕과 신하들의 학문 토론의 장이었던 경연도 폐지했다. 또한, 지방군제인 군익도체제를 수정하여 진관체제를 실시하였다.

② 세조는 간경도감을 설치하여 「석보상절」과 「월인천강지곡」을 합본하여 「월인석보」를 출간하였고, 불교 경전을 한글로 번역하여 간행하고 보급하는 등 적극적인 불교 진흥책을 펼쳐 일시적으로 불교가 중흥되기도 하였다.

① 조선의 대법전인 「경국대전」(1485)은 세조 때 편찬하기 시작하여, 성종 때 완성 · 반포되었다.

③ 태종은 왕권을 강화하고 국왕 중심의 통치 체제를 강화하기 위하여 6조 직계제를 실시하였으며, 언론 기관인 사간원을 독립시켜 대신들을 견제하였다.

④ 세종 때 무역량을 제한하는 조치를 취하였는데, 세견선은 1년에 50척, 세사미두는 쌀과 콩을 합하여 200석으로 제한하였다(1443, 계해약조).

정답 ②

046 다음 가상 대본과 관련된 사건에 대한 설명으로 가장 옳은 것은?

> 이극돈 : (능청맞게) 여보게, 계운(김일손의 호) 자네가 이번 사초에 내가 정희왕후 국상 중에 관기를 불러 주연을 베푼 사실을 썼다던데, 그것 좀 빼주면 안되겠나?
> 김일손 : (단호한 어조로) 그건 불가하오.

① 명종 대에 일어났다.
② 폐비 윤씨 사건과 연관이 있다.
③ 위훈 삭제에 반발하여 일어났다.
④ 김종직의 제자들이 피해를 입었다.

해설

자료에 등장하는 이극돈은 훈구파이며, 김일손은 김종직의 문하에 있던 인물로 사림파의 인물이다. 이들과 연관이 있는 사건은 첫 번째로 발생하였던 사화인 무오사화이다. 훈구파의 유자광과 이극돈은 사림파의 김종직과 김일손에게 원한을 가지고 있었는데, 훈구파는 김종직의 조의제문을 트집잡아 사화를 일으켰다. 연산군은 이를 계기로 김종직을 부관참시하고, 김일손 등의 사림을 숙청하였다.

④ 당시 김종직의 문인들이 사림의 주류를 이루고 있었는데, 무오사화로 인하여 상당한 피해를 입게 되었다. 이미 사망하였던 김종직은 부관참시 당하기도 하였다.

① 명종 때 발생하였던 사화는 대윤과 소윤의 정쟁이 배경이 되었던 을사사화이다.

② 연산군의 생모인 폐비 윤씨와 관련된 사화는 갑자사화이다.

③ 중종 때 조광조의 개혁정치에 반발한 훈구파가 일으켰던 사화는 기묘사화이다.

정답 ④

047 다음 중 고려시대 신분제도와 사회변화에 대한 설명으로 가장 옳지 않은 것은?

① 잡류, 남반, 향리 등은 직역을 세습하고 그에 상응하는 토지를 국가에서 받았다.
② 공노비에는 궁중과 중앙관청이나 지방 관아에서 잡역에 종사하면서 급료를 받고 생활하는 외거노비가 있었다.
③ 무신들의 가혹한 수탈에 저항하여 서경유수 조위총의 반란에 많은 농민들이 가세하였다.
④ 원 간섭기 이후에는 전공을 세우거나 몽골 귀족과 혼인을 통해서 하층 신분에서 신분 상승하는 사람이 많았다.

해설
② 공노비 중에서 궁중과 중앙관청이나 지방 관아에서 잡역에 종사하면서 급료를 받고 생활하는 노비는 입역노비였다. 외거노비는 독립된 생활을 하면서 농업에 종사하고 농경을 통해 얻은 수입 중에서 규정된 액수를 관청에 납부하였다.
정답 ②

048 (가)~(다) 통치 기구에 관한 설명으로 가장 옳지 않은 것은?

(가) 시정을 논하여 바르게 이끌고, 모든 관원을 살피며, 풍속을 바로잡고, 원통하고 억울한 일을 밝히며, 건방지고 거짓된 행위를 금하는 등의 일을 맡는다.
(나) 임금에게 간언하고, 정사의 잘못을 논박하는 직무를 관장한다.
(다) 궁궐 안에 있는 경적(經籍)을 관리하고, 문서를 처리하며, 왕의 자문에 대비한다. 모두 경연(經筵)을 겸임한다.

–「경국대전」–

① (가)는 발해의 중정대와 비슷한 기능을 수행하였다.
② (나)가 하였던 일을 고려시대에 담당한 기관은 삼사였다.
③ (다)는 집현전을 계승하여 설치하였으며 옥당으로 일컬어졌다.
④ (가), (나), (다)는 왕권의 독주와 권신의 대두를 막는 역할을 하였다.

해설
먼저 제시문이 기록되어 있는 문헌이 「경국대전」이므로 조선시대에 관한 기록임을 알 수 있다. (가)는 감찰 기능을 수행한 사헌부, (나)는 간쟁 기능을 수행한 사간원, (다)는 자문과 경연을 담당했던 홍문관이다.
② 고려시대의 삼사는 화폐와 곡식의 출납에 대한 회계만 맡았으며, (나) 사간원의 역할은 고려 중서문하성의 낭사가 담당하였다.
정답 ②

049 고려와 조선의 토지제도에 대한 설명으로 옳지 않은 것은?

① 고려는 국초에 역분전을 지급하였고, 경종 때 처음으로 전시과제도를 시행하였다.
② 전시과 체제하의 민전은 사유지이지만, 수조권의 귀속을 기준으로 하면 공전인 경우도 있다.
③ 과전법에서는 문무 관료들에게 경기지방의 토지에 한해서 과전의 수조권을 지급하였고, 군인들에게는 군전을 지급하였다.
④ 과전법에서는 토지 수확량의 1/10을 기준으로 1결마다 30말을 거두었으나, 답험손실법을 적용하여 손실에 비례하여 공제해 주도록 하였다.

해설
③ 과전법에서 경기 지역의 토지에 한하여 수조권을 지급한 것은 사실이지만, 군인들에게 군전을 지급하지는 않았다. 조선의 과전법에서 군전은 한량(閑良)에게 지급되었다.
① 역분전은 고려 태조 때 지급한 공신전으로 인품에 따라 경기에 한하여 지급하였고, 전시과제도는 경종 때(976년) 처음으로 시행되었다.
② 고려시대 전시과 체제하에서는 소유권을 기준으로 공전과 민전, 수조권을 기준으로 공전과 사전으로 나누었다. 개인 소유의 민전은 이 토지에 대해 국가가 직접 수조권을 가지고 있을 경우에는 공전에 속하기도 하였다.
④ 과전법에서는 답험손실법에 따라 매년 풍흉을 조사하여 손실에 비례하여 공제해 주도록 하였다.

정답 ③

050 밑줄 친 '농서'가 편찬된 왕대의 경제생활로 옳은 것은?

> 각 지역의 풍토가 달라 곡식을 심고 가꾸는 법이 옛글과 다 같을 수 없습니다. 이에 여러 도의 감사들이 주현의 늙은 농부를 방문하여 실제 농사경험을 들었습니다. 저희 정초 등은 이를 참고하여 농서를 편찬하였습니다.

① 칠패 시장에서 어물을 판매하였다.
② 녹비법을 활용하여 지력을 회복하였다.
③ 고구마 · 감자를 구황작물로 활용하였다.
④ 시전에서 남초를 거래하였다.

해설
조선 세종 때 정초와 변효문 등이 왕명에 의하여 편찬한 「농사직설」은 우리나라 풍토에 맞는 씨앗의 저장법, 토질의 개량법, 모내기법 등 농민의 실제 경험을 종합한 농서이다(1429).
② 「농사직설」에는 땅이 척박한 곳에서 지력을 높이기 위해 녹두 · 참깨 등을 심었다가 어느 정도 자라면 갈아엎는 녹비법이 정리되어 있다.
① 18세기 이후 사상의 활동은 주로 이현(동대문), 칠패(남대문), 송파 등 도성 주변에서 이루어졌다.

③ 18세기 영조 때 일본에서 고구마가, 19세기 헌종 때 청에서 감자가 전래되어 재배하기 시작하였다.
④ 남초는 일본에서 도입된 담배를 나타내는 것으로 왜초라고도 하는데, 광해군 이후 상인들에 의해 수입된 것으로 추측하고 있다.

정답 ②

051 다음 제도를 시행한 목적에 해당하는 것만을 〈보기〉에서 모두 고른 것은?

- 무릇 민호(民戸)는 그 이웃과 더불어 모으되, 가족 숫자의 다과(多寡)와 재산의 빈부에 관계없이 다섯 집마다 한 통(統)을 만들고, 통 안에 한 사람을 골라서 통수(統帥)로 삼아 통 안의 일을 맡게 한다.
- 1리(里) 마다 5통 이상에서 10통까지는 소리(小里)를 삼고, …(중략)… 리(里) 안에서 또 이정(里正)을 임명한다.

–「비변사등록」–

〈보 기〉

ㄱ. 농민들의 도망과 이탈 방지
ㄴ. 부세와 군역의 안정적인 확보
ㄷ. 재지사족 중심의 향촌 자치 활성화
ㄹ. 향권을 둘러싼 구향과 신향 간의 향전 억제

① ㄱ, ㄴ　　② ㄱ, ㄹ
③ ㄴ, ㄷ　　④ ㄷ, ㄹ

해설
제시된 자료는 오가작통제에 대한 사료이다. 조선은 군 · 현 아래에 면 · 리 · 통을 두었는데, 다섯 집을 하나의 통으로 편성하였다(1485).
ㄱ. 조선 정부는 오가작통법을 강화하여 농민의 유망을 막고 통제를 더욱 강화하였다.
ㄴ. 농민의 향촌 이탈이 가속화되면서 정부의 재정이 악화되었고, 이를 통제하기 위해 호패법, 오가작통제 등을 시행하였다.
ㄷ. 재지사족 중심의 향촌 자치 활성화를 목적으로 시행된 것은 유향소, 향약 등이다. 유향소는 지방 자치 기구로, 조선 후기에는 향청으로 변모하였다. 향약은 재지사족이 주도하는 향촌 자치 규약이다. 16세기 중반 조광조에 의해 처음으로 보급된 향약은 향촌에서의 양반의 지위를 더욱 강화하였으나 농민을 수탈하는 빌미를 제공하기도 하였고, 향약 간부들 사이의 대립으로 풍속과 질서를 해하기도 했다.
ㄹ. 조선 후기 향촌 사회에서는 종래까지 영향력을 행사하였던 구향들이 새로 성장한 신향들의 도전을 계속 받았다. 경제력을 갖춘 신향들은 수령을 중심으로 한 관권과 결탁하는 등 향촌 사회에서 영향력을 발휘하려 하였다.

정답 ①

052 조선 전기(15~16세기) 사림의 향촌을 주도하기 위한 동향으로 옳지 않은 것은?

① 도덕과 의례의 기본 서적인 「소학」을 보급하였다.
② 향사례(鄕射禮), 향음주례(鄕飮酒禮)의 실시를 주장하였다.
③ 향회를 통해서 자신들의 결속을 다지고, 향촌을 교화하였다.
④ 촌락 단위의 동약을 실시하고, 문중 중심으로 서원과 사우를 많이 세웠다.

해설
④ 촌락 단위의 동약 실시와 문중 중심의 서원과 사우를 많이 세운 것은 조선 후기 양반사족이 향촌질서를 유지하기 위해서 한 것이므로, 사림의 향촌주도가 아니다.

정답 ④

053 다음은 사단칠정에 대한 어느 유학자의 견해이다. 〈보기〉에서 이 유학자에 대한 설명으로 옳은 것을 모두 고른 것은?

• 사단의 발은 순리이므로 선하지 않음이 없고, 칠정의 발은 이기를 겸하였기 때문에 선악이 있다.
• 사단은 이가 발함에 기가 따른 것이고, 칠정은 기가 발함에 이가 탄 것이다(理乘之).

– 논사단칠정서 –

<보 기>

ㄱ. 이는 무형(無形)하지만 기는 유형하므로 이통기국(理通氣局)이라 주장하였다.
ㄴ. 간략한 해석을 곁들인 10개의 도형으로 성리학의 핵심 내용을 집성하여 왕에게 바쳤다.
ㄷ. 형이하의 현실 세계를 기의 능동성으로 파악하여 경세적으로는 경장(更張)을 강조하였다.
ㄹ. 도덕적 행위의 근거로서 인간의 심성을 중시하고 근본적이며 이상주의적인 성격이 강하였다.

① ㄱ, ㄷ　　② ㄱ, ㄹ
③ ㄴ, ㄷ　　④ ㄴ, ㄹ

해설
'사단은 이가 발함에 기가 따른 것이고, 칠정은 기가 발함에 이가 탄 것이다(理乘之)'를 통해 제시문이 이황의 이기호발설에 대한 기록임을 알 수 있다.
ㄴ. 이황은 군주 스스로가 성학을 따를 것을 주장하는 「성학십도」를 저술하였다.
ㄹ. 이황은 도덕적 행위의 근거로서 인간의 심성을 중시하고, 도덕적 · 이상주의적 성향을 가지고 있었다.
ㄱ. 이이는 이통기국론을 주장하였다.
ㄷ. 이이는 경험적인 현실 세계를 중시하며 사회경장론을 주장하였다.

정답 ④

054 밑줄 친 '이것'이 제작된 시기의 문화에 대한 설명으로 옳은 것은?

> 이것을 혜정교와 종묘 앞에 처음으로 설치하여 해 그림자를 관측하였다. 집현전 직제학 김돈이 명을 짓기를, '… 구리를 부어서 그릇을 만들었는데, 모양이 가마솥과 같다. 지름에는 둥근 송곳을 설치하여 북에서 남으로 마주 대하게 했고, 움푹 파인 곳에서 (선이) 휘어서 돌게 했으며, 점을 깨알같이 찍었는데, 그 속에 도(度)를 새겨서 반주천(半周天)을 그렸다. … 길가에 설치한 것은 보는 사람이 모이기 때문이다. 이로부터 백성도 이것을 만들 줄 알게 되었다.'라고 하였다.

① 의학백과사전인 「의방유취」를 편찬하였다.
② 100리척을 사용한 동국지도를 제작하였다.
③ 상감법을 개발하여 자기 제작에 활용하였다.
④ 역대 문물을 정리한 「동국문헌비고」를 편찬하였다.

해설
제시문에서 밑줄 친 '이것'은 세종 때(1434) 장영실에 의해 만들어진 앙부일구(해시계)이다.
① 「의방유취」는 세종의 명을 받아 제작된 의학백과사전이다.
② 동국지도는 영조 때 정상기가 제작하였다. 100리척을 사용한 것으로 유명하다. 조선 전기 세조 때 양성지가 만든 동국지도는 인지의, 규형 등의 과학기구를 이용한 최초의 실측지도이다.
③ 상감법은 12세기 중엽에 발명되었다.
④ 「동국문헌비고」는 영조 때 왕명을 받아 편찬된 백과사전이다.

정답 ①

06 근대 태동기 사회의 발전

055 다음 두 사건에 대한 설명이 가장 옳은 것은?

> (가) 효종이 승하한 후 효종의 계모(繼母)인 자의대비의 복상 문제로 서인과 남인들 사이에 논쟁이 벌어졌다.
> (나) 숙종 14년 소의 장씨가 아들을 낳자 숙종은 이듬해 이 아들을 원자로 삼아 정호할 것을 명하였으나 송시열이 이에 대해 강력하게 반대하였다.

① (가) – 서인들은 자의대비의 복상을 9개월로 정하였다.
② (가) – 남인들은 자의대비가 둘째 아들의 복상을 입어야 한다고 주장했다.
③ (나) – 서인의 몰락과 남인의 집권으로 이어졌다.
④ (나) – 서인이 노론과 소론으로 분화되는 결과를 초래하였다.

해설

(가)는 예송에 대한 설명이며, 두 차례의 예송 중에서 첫 번째 예송인 기해예송(1659)에 대한 내용이다.

(나)는 환국에 대한 설명이며, 환국 중에서 숙종 때 소의 장씨의 희빈 승격과 장씨의 소생을 원자로 책봉하는 문제로 서인과 남인 간에 갈등하였던 기사환국(1689)에 대한 내용이다.

③ 기사환국 당시 서인은 장씨를 희빈으로 승격하는 것을 반대하고, 장씨 소생을 원자로 책봉하는 것을 반대하였다. 반면 남인은 숙종의 결정을 지지하였다. 결국 장씨는 소의에서 희빈으로 승격되었고, 원자 책봉이 이루어졌다. 결정이 끝난 이후에도 송시열을 중심으로 서인이 반대 상소를 올리자 숙종은 송시열을 귀양보냈다가 사사시켰으며, 이를 계기로 남인의 공세가 이어지면서 서인이 실각하게 되었다.

①·② 기해예송 당시에 남인은 효종이 차자(次子, 둘째 아들)이지만 임금이므로 장자에 적용하는 3년설을 주장하였으며, 서인은 차자에게 적용하는 1년설을 주장하였다. 당시에는 서인의 1년설이 채택되었다. 이후 효종비에 대한 상복 문제인 갑인예송(1674) 때에는 서인은 9개월(대공복)을 주장하였고, 남인은 1년(기년복)을 주장하였다. 갑인예송에서는 현종이 남인의 주장을 채택하였다.

④ 서인이 노론과 소론으로 분화된 계기는 경신환국의 사후 처리에 대한 것이다. 당시 경신환국으로 인하여 남인이 대거 숙청된 상황에서 노장파를 중심으로 강력한 탄압이 이루어졌다. 반면 소장파는 노장파의 강경한 탄압에 반대하면서 노론과 소론으로 분화된 것이다.

정답 ③

056 밑줄 친 '왕'의 업적으로 옳은 것은?

> 경연에서 신하들이 "붕당(朋黨)이 나누어지는 것은 전랑(銓郞)으로부터 비롯되었으므로 그 권한을 없애야 합니다."라고 하였다. 왕도 역시 이를 인정하여 이조 낭관(郎官)과 한림(翰林)들이 자신의 후임을 자천(自薦)하는 제도를 폐지하도록 명하였다. 그 결과 이조 전랑의 인사 권한이 축소되었다.

① 「속대전」, 「속오례의」 등을 편찬하였다.
② 주자소를 설치하고 계미자를 주조하였다.
③ 초계문신제를 시행하여 관리들을 재교육하였다.
④ 호포제를 실시하여 양반들에게도 군포를 징수하였다.

해설
밑줄 친 '왕'은 영조이며, 자료는 영조의 정치 개혁 중 하나인 이조 전랑의 후임 추천권을 혁파하는 것에 대한 내용이다.
① 영조는 1744년에 「속오례의」를, 1746년에는 「속대전」을 편찬하였다. 그 외에도 영조 때에는 「속병장도설」, 「동국문헌비고」 등의 서적이 편찬되었다.
② 주자소를 설치하고 계미자를 주조한 것은 태종 때의 일이다.
③ 초계문신제를 시행하여 당하관들을 규장각에서 재교육시킨 것은 정조의 업적이다.
④ 호포제를 실시하여 양반에게 군포를 징수한 것은 흥선대원군의 개혁 중 하나이다.

정답 ①

057 밑줄 친 '국왕'이 실시한 정책으로 옳은 것은?

> 국왕은 행차 때면 길에 나온 백성들을 불러 직접 의견을 들었다. 또한 척신 세력을 제거하여 정치의 기강을 바로잡았고, 당색을 가리지 않고 어진 이들을 모아 학문을 장려하였다. 침전에는 '탕탕평평실(蕩蕩平平室)'이라는 편액을 달았으며, "하나의 달빛이 땅 위의 모든 강물에 비치니 강물은 세상 사람들이요, 달은 태극이며 그 태극은 바로 나다."라고 하였다.

① 병권 장악을 위해 금위영을 설치하였다.
② 명에 대한 의리를 지켜 청에 복수하자는 북벌을 추진하였다.
③ 육의전을 제외한 시전상인의 특권을 폐지하였다.
④ 백성의 여론을 정치에 반영하기 위해 신문고 제도를 부활하였다.

해설

자료의 밑줄 친 '국왕'은 자신의 호를 '만천명월주인옹'이라 하였던 정조이다.

③ 정조는 신해통공을 행하여 육의전을 제외한 시전상인들의 금난전권을 폐지하였다.

① 숙종 때 금위영이 설치되어 5군영 체제가 갖추어졌다.

② 효종 때 명에 대한 의지를 지켜 청에 복수하자는 북벌을 추진하였다.

④ 영조는 신문고 제도를 부활시켜 백성의 여론을 정치에 반영하고자 하였다.

정답 ③

058 (가)와 (나) 사건 사이에 있었던 사실로 옳은 것은?

> (가) 평서대원수는 급히 격문을 띄우노니 관서의 부로자제와 공 · 사천민은 모두 이 격문을 들으라. …(중략)… 조정에서 관서를 버림이 분토와 다름없다. 심지어 권세가의 노비도 서토의 사람을 보면 반드시 '평한(平漢)'이라고 말한다.
> (나) 백성들이 소동을 일으킨 것은 우병사 백낙신이 탐욕을 부려 침학하였기 때문입니다. 환포와 도결 6만 냥을 가호(家戶)에 배정하여 백징(白徵)하였으므로 백성들이 봉기했던 것입니다.

① 정약용이 유배 중 「목민심서」를 저술하였다.

② 흥선대원군이 경복궁을 중건하였다.

③ 이승훈이 사행 중 천주교 세례를 받고 돌아왔다.

④ 양헌수가 정족산성에서 프랑스군을 격퇴하였다.

해설

(가) '평서대원수', '관서', '서토'라는 단어를 통해 해당 자료가 홍경래의 난(1811)이라는 것을 추정할 수 있다.

(나) 우병사 백낙신이 등장하는 것을 통하여 임술 농민 봉기(1862)라는 것을 알 수 있다. 임술년 진주에서 시작하여 전국으로 확산되었던 농민 봉기이다. 참고로 자료에 나오는 '환포'란 지방관리가 환곡의 수납 과정에서 부정하게 이익을 취하는 것을 말하며, '도결'은 지방관리가 징수한 세금을 사적으로 착복하여 이를 채우기 위해 정액 이상으로 결세를 받아내는 것을 말한다.

① 정약용의 「목민심서」는 지방관(목민관)의 정치적 도리를 저술한 것으로 1818년에 완성되었다.

② 고종 때 집권한 흥선대원군(1863~1873)은 왕실의 존엄성을 회복하기 위해 경복궁을 중건하였다.

③ 이승훈은 1784년 북경에서 그라몽(Gramont) 신부로부터 베드로라는 이름으로 세례를 받고 한국인 최초의 영세자가 되었다.

④ 프랑스의 7척의 군함은 강화읍을 점령하고 서울로 진격하려 하였으나, 정족산성의 양헌수 부대가 프랑스군을 격퇴시켰다(1866, 병인양요).

정답 ①

059 밑줄 친 내용과 관련된 사실로 가장 옳지 않은 것은?

> 전일 ㉠ 세자가 심양에 있을 때 집을 지어 고운 빨간 빛의 흙을 발라서 단장하고, 또 ㉡ 포로로 잡혀간 조선 사람들을 모집하여 둔전을 경작해서 곡식을 쌓아 두고는 그것으로 진기한 물품과 무역을 하느라 ㉢ 관소의 문이 마치 시장 같았으므로, ㉣ 임금이 그 사실을 듣고 불평스럽게 여겼다.

① ㉠ 세자 – 북경에서 아담 샬과 만나 교류하였다.
② ㉡ 포로 – 귀국한 여성 중에는 가족들의 천대와 멸시를 받는 이도 있었다.
③ ㉢ 관소 – 심양관은 외교적 기능을 담당하기도 하였다.
④ ㉣ 임금 – 전쟁의 치욕을 벗기 위해 북벌론을 적극 추진하였다.

해설

자료는 병자호란 이후 「인조실록」의 일부이다(1645). ㉠ 소현세자가 청나라에 억류되어 있을 때 ㉡ 포로로 잡혀간 조선 사람들을 모집해 둔전(屯田)을 경작해서 곡식을 쌓아 두고는 그것으로 진기한 물품과 무역을 한 것을 ㉣ 인조(1623~1649)는 못마땅하게 여겼다.

④ 효종(1649~1659) 때에는 소중화사상이 팽배해져 명에 대한 의리를 지키고 청사상을 배척하며 청을 벌해야 한다는 북벌운동이 전개되었다.

① 소현세자는 베이징에 있을 때 독일 예수회 선교사이자 천문학자인 아담 샬과 교류하며 천구의와 천문서, 천주상 등을 선물로 받기도 하였다.

② 병자호란 직후 청나라로 끌려갔다 돌아온 여인을 환향녀(還鄕女)라 하였는데 대부분 정조를 잃었다 생각하여 가족들의 천대와 멸시를 받기도 하였다.

③ 심양관은 1637년 4월부터 1644년 12월까지 청나라의 수도 심양에 인질로 잡혀갔던 소현세자와 봉림대군 등이 거주하였던 관소(館所)를 말하는 것으로 실질적으로는 조선과 청의 연락을 담당하였고 외교 업무도 수행하였다.

정답 ④

060 다음 글을 쓴 사람의 대외인식에 대한 설명으로 옳은 것은?

> **<보 기>**
>
> 주화 두 글자가 신의 일평생에 허물이 될 줄 압니다. 그러나 신은 아직도 오늘날 화친하려는 일이 그르다고 생각하지 않습니다. …(중략)… 자가의 힘을 헤아리지 아니하고 경망하게 큰소리를 쳐서 오랑캐의 노여움을 사고 끝내 백성을 도탄에 빠뜨리며 종묘와 사직에 제사 지내지 못하게 된다면 그 허물이 이보다 클 수 있겠습니까?
>
> –「지천집」–

① 대동법 시행에 앞장섰다.
② 서인세력은 모두 이 사람과 같은 대외인식을 드러냈다.
③ 양명학에 깊은 식견을 갖고 있던 학자였다.
④ 대의명분을 중시하는 사림의 의식이 반영되어 있다.

해설

제시된 자료는 병자호란 때 최명길(호 지천)의 주화론이다. 주전파들은 명에 대한 의리를 지키기 위해서도 청과 싸워야 한다는 점을 내세운 데 반해, 주화파는 화의로서 나라를 보전한 다음이라야 복수도 할 수 있다고 주장하였다.

③ 최명길은 현실을 중시하는 양명학을 깊이 연구한 학자다.

정답 ③

061 다음의 자료에 보이는 시기의 경제 상황에 대한 설명으로 옳지 않은 것은?

> 황해도 관찰사의 보고에 따르면, 수안군에는 본래 금광이 다섯 곳이 있었다. 올해 여름에 새로 39개소의 금혈을 뚫었는데, 550여 명의 광꾼들이 모여들었다. 도내의 무뢰배들이 농사를 짓지 않고 다투어 모여들 뿐만 아니라 다른 지방에서 이익을 좇는 무리들도 소문을 듣고 몰려온다. …(중략)… 금점을 설치한 지 이미 여러 해가 된 곳에는 촌락이 즐비하고 상인들이 물품을 유통시켜 큰 도회지를 이루고 있다.

① 밭농사에서는 견종법이 보급되었다.
② 면화, 담배 등 상품 작물을 재배하였다.
③ 일부 지방에서 도조법으로 지대를 납부하였다.
④ 개간을 장려하기 위해 사패전을 부농층에 분급하였다.

해설

제시된 자료는 조선 후기 광산의 발전을 나타내고 있다. 조선 후기에는 청과의 무역으로 은의 수요가 늘어나면서 은광의 개발이 활기를 띠었다. 그리하여 17세기 말에는 거의 70개소의 은광이 개발되었고, 18세기 말에는 상업 자본이 채굴과 제련이 쉬운 사금 채굴에 몰리면서 금광의 개발도 활발해졌다.

④ 사패전은 왕이 국가나 왕실에 공훈을 세운 신하들에게 특별히 하사하였던 수조권으로서 지급된 고려시대 토지이다.

① 조선 후기에는 밭고랑에 씨를 뿌리는 견종법이 보급되어 벼와 보리의 생산량이 증가하였다.

② 조선 후기 일부 농민은 인삼 · 담배 · 쌀 · 목화 · 채소 · 약재 등과 같은 상품 작물을 재배해 높은 수익을 올렸는데, 특히 쌀의 상품화가 활발하였다.

③ 조선 후기에는 소작료(지대)의 형태가 바뀌었다. 일정 비율로 소작료를 내는 방식의 타조법이 점차 일정 액수를 소작료로 내는 방식인 도조법으로 바뀌어 갔다.

정답 ④

062 **(가), (나) 주장에 따라 시행된 제도에 대한 설명으로 옳지 않은 것은?**

> (가) 8도 군포는 수량이 90만 필(疋)에 지나지 않는데, 절반인 45만 필의 돈을 내어놓고 군포 1필을 감해 준다면, 2필을 바치던 무리들이 반드시 힘을 펼 수 있을 것입니다.
> (나) 호역(戶役)으로써 군역(軍役)을 대신하고 … 호수(戶數)에 따라 귀천(貴賤)과 존비(尊卑)를 물론하고 일체로 부역(賦役)을 균평하게 한다면 내는 자는 심히 가볍고 거두는 자도 손실이 없을 것입니다.

① (가)는 방납의 폐단을 해결하기 위한 방책이었다.
② (나)는 성리학적 명분론을 바탕으로 양반의 반발이 심하였다.
③ (가)는 영조, (나)는 흥선대원군 때 법제화되었다.
④ (가), (나) 모두 과세 대상이 확대되는 계기가 되었다.

해설
(가) 균역법에 대한 기록이다. 균역법은 영조 때에 시행된 것으로 농민의 부담을 감경하기 위해 군역을 2필에서 1필로 감하는 제도이다. 균역법의 시행으로 감소한 재정은 결작, 선무군관포, 어염세 등으로 보충하였다.
(나) 호포제에 대한 기록이다. 호포제는 흥선대원군 때에 시행된 것으로 양반에게도 군포를 징수한 제도이다.
① 방납의 폐단은 공납에서 발생하던 것으로 이를 개선하기 위해 대동법이 실시되었다.

정답 ①

063 **다음 자료에 나타난 시기의 사회 모습에 대한 설명으로 옳은 것은?**

> 옷차림은 신분의 귀천을 나타내는 것이다. 그런데 어찌된 까닭인지 근래 이것이 문란해져 상민 · 천민들이 갓을 쓰고 도포를 입는 것을 마치 조정의 관리나 선비와 같이 한다. 진실로 한심스럽기 짝이 없다. 심지어 시전 상인들이나 군역을 지는 상민들까지도 서로 양반이라 부른다.

① 불교의 신앙 조직인 향도가 널리 확산되었다.
② 서얼의 청요직 진출이 부분적으로 허용되었다.
③ 양민의 대다수를 차지한 농민을 백정(白丁)이라고 하였다.
④ 선현 봉사(奉祀)와 교육을 위한 서원이 설립되기 시작하였다.

해설

자료에서 상민 · 천민이 양반과 같은 옷차림을 하였으며, 상민들이 서로를 양반이라 부르는 사회상을 비판하는 논조로 쓰여 있는 것을 볼 수 있다. 이러한 것으로 보아 신분제가 흔들리고 있던 사회상을 볼 수 있으며, 조선 후기의 상황이라는 것을 알 수 있다.

② 서얼은 조선 초에 제정된 서얼금고법에 의하여 사회적 차별을 받았고 문과에 응시하는 것이 금지되었다. 그러나 조선 후기에 들어서면서 점차 관직 진출에 대한 제한이 완화되기 시작했는데, 이것을 '허통(許通)'이라고 한다. 특히 정조 때에 큰 진전을 보이게 되었는데, 1777년(정조 1)에 정유절목을 제정하여 서얼이 진출할 수 있는 길을 넓혔다. 또한 1779년에는 규장각에 검서관제도를 도입하여 서얼들을 등용하기도 하였다. 그러나 이러한 조치는 모든 고위직으로의 진출을 허용한 것은 아니며, 일정한 상한선이 있었다.

① 향도는 조선시대에도 존재하였으나, 불교의 신앙공동체 성격을 가진 향도 조직이 성행한 것은 고려시대의 상황이다.

③ 일반적인 양민을 백정(白丁)이라고 불렀던 것은 고려시대 때이다. 조선시대의 백정은 도살업과 육류 판매 등에 종사하였던 천민을 말한다.

④ 조선 후기에도 서원이 설립되기는 하였으나, 서원이 설립되기 시작하였던 시기는 조선 전기인 16세기경이다.

정답 ②

064 다음 상황이 벌어지던 시기의 사회 모습으로 옳지 않은 것은?

- 근래 사족들이 향교에 모여 의논하여 수령을 쫓아내는 것이 고질적인 폐단입니다.
- 영덕의 구향(舊鄕)은 사족이며, 소위 신향(新鄕)은 모두 향리와 서리의 자식입니다. 근래 신향들이 향교를 주관하면서 구향들과 서로 마찰을 빚고 있습니다.

① 부농층이 성장하여 향임직에 진출하였다.
② 농촌 공동체 생활을 주도하는 향도가 등장하였다.
③ 수령이 세금을 부과할 때 향회가 자문 역할을 하였다.
④ 촌락 단위의 동약이 실시되고 동족 마을이 만들어졌다.

해설

구향과 신향의 갈등으로 보아 제시문은 조선 후기 상황에 대한 글임을 알 수 있다.

② 농촌 공동체 생활을 주도하는 향도가 등장한 것은 고려 때의 일이다.

정답 ②

065 **다음 밑줄 친 (가), (나) 학파의 사상에 대한 설명으로 가장 적절한 것은?**

> 18세기 전반에 농업 중심의 개혁론을 제시한 실학자들을 (가) 학파라고도 하는데, 이 학파는 공통적으로 농민 생활의 안정을 위한 토지제도의 개혁을 중요하게 생각하였다. 이에 비하여 18세기 후반에 청나라 문물을 적극적으로 수용하여 이용후생에 힘쓰자고 주장한 이들을 (나) 학파라고도 한다.

① (가) 학파의 선구적인 인물은 유수원으로, 「반계수록」을 저술하였다.
② (나) 학파의 이익은 나라를 좀먹는 여섯 가지 폐단을 지적하였다.
③ (나) 학파의 홍대용은 「의산문답」에서 지전설을 주장하였다.
④ (나) 학파의 박지원은 생산과 소비의 관계를 우물물에 비유하여 절약보다 소비를 권장해야 한다고 주장하였다.

해설

제시문에서 (가)는 중농학파(경세치용학파), (나)는 중상학파(이용후생학파)이다. (가) 중농학파의 실학자는 유형원, 이익, 정약용이고, (나) 중상학파의 실학자는 유수원, 홍대용, 박지원, 박제가 등이다.

③ 중상학파의 홍대용은 「의산문답」에서 지전설을 주장하였다.

① 중농학파의 선구적인 인물은 유형원으로 「반계수록」을 저술하였다. 유수원은 중상학파의 선구적인 인물로 「우서」를 저술하였다.

② 이익은 중농학파 실학자로 나라를 좀먹는 여섯 가지 폐단을 지적하였다.

④ 생산과 소비의 관계를 우물물에 비유하여 절약보다 소비를 권장해야 한다고 주장한 사람은 중상학파인 박제가이다.

정답 ③

066 **다음은 조선 후기 집필된 역사서의 일부이다. 이 책에 대한 설명으로 옳은 것은?**

> 삼국사에서 신라를 으뜸으로 한 것은 신라가 가장 먼저 건국했고, 뒤에 고구려와 백제를 통합하였으며, 또 고려는 신라를 계승하였으므로 편찬한 것이 모두 신라의 남은 문적(文籍)을 근거로 했기 때문이다. …(중략)… 고구려의 강대하고 현저함은 백제에 비할 바가 아니며, 신라가 차지한 땅은 남쪽의 일부에 불과할 뿐이다. 그러므로 김씨는 신라사에 쓰여진 고구려 땅을 근거로 했을 뿐이다.

① 우리 역사의 독자적 정통론을 세워 이를 체계화하였다.
② 단군–부여–고구려의 흐름에 중점을 두어 만주 수복을 희구하였다.
③ 중국 및 일본의 자료를 망라한 기전체 사서로 민족사 인식의 폭을 넓혔다.
④ 여러 영역을 항목별로 나눈 백과사전적 서술로 문화 인식의 폭을 확대하였다.

해설

제시문은 안정복의 「동사강목」으로 고조선부터 고려 말까지를 다루고 있다. 안정복은 「동사강목」에서 고증사학의 중요성을 강조하였는데 그 과정에서 김부식의 「삼국사기」를 비판하였다.

① 「동사강목」은 편년체에 강목체를 가미하여 서술된 역사서로, 우리 역사의 독자적 정통론을 세워 이를 체계화하였고, 삼한정통론을 주장하였다.

② 이종휘의 「동사」에 대한 내용이다. 이종휘는 단군-부여-고구려의 역사 흐름에 중점을 두어 고대사 연구의 시야를 한반도 중심의 협소한 사관에서 벗어나 만주 지방까지 넓혔다.

③ 한치윤의 「해동역사」에 대한 설명이다. 「해동역사」는 다양한 외국 자료를 망라하여 민족사 인식의 폭을 넓히는데 이바지하였다.

④ 안정복의 「동사강목」은 백과사전류의 성격과는 거리가 멀다. 「동사강목」은 편년체의 서술방식에 강목체를 가미하였다.

정답 ①

07 근대 사회의 발전

067 밑줄 친 '그'의 활동에 대한 설명으로 옳은 것은?

> 그는 만동묘와 폐단이 큰 서원을 철폐하도록 명령을 내렸다. 선비들 수만 명이 대궐 앞에 모여 만동묘와 서원을 다시 설립할 것을 청하니, 그가 크게 노하여 병졸로 하여금 한강 밖으로 몰아내도록 하였다.

① 갑오개혁 당시 군국기무처의 총재관으로 활동하였다.
② 갑신정변 당시 청군의 원조를 요청하였다.
③ 임오군란 직후 통리기무아문을 폐지하였다.
④ 강화도 조약 체결 직전 화서학파의 적극적인 지지를 받았다.

해설

흥선대원군은 세도정치의 폐해를 타파하기 위하여 왕권을 강화하고, 민생을 안정시키기 위한 개혁 정책을 시행하였다. 흥선대원군은 붕당의 온상으로 인식되어 온 전국 600여 개소의 서원 가운데 47개소만 남긴 채 모두 철폐하였다. 이러한 시책은 서원에 딸린 토지와 노비를 몰수하여 국가 재정을 확충하기 위한 것으로, 백성에 대한 양반과 유생들의 횡포를 막기 위한 조치였다.

③ 흥선대원군은 임오군란 당시에 재집권하여 별기군과 통리기무아문을 폐지하고 5군영과 삼군부를 부활시켰다.

① 김홍집은 군국기무처가 신설되자 군국기무처 총재관에 임명되었다.

② 갑신정변 당시 청군의 원조를 요청하였던 것은 민씨 정권이다. 흥선대원군은 임오군란 직후 청에 피랍되어 1885년 8월에 귀국하였으므로 당시 조선에 없었다.

④ 1860년대 흥선대원군은 이항로를 비조로 하는 화서학파 등 위정척사파의 지지를 받았다. 강화도 조약 체결 직전인 1870년대 화서학파의 지지를 받은 사실과는 관련이 없다.

정답 ③

068 〈보기 1〉은 일본의 식민 사학자들의 주장이다. 위의 주장을 반박할 수 있는 근거로 적절한 것을 〈보기 2〉에서 모두 고르면?

> **〈보기 1〉**
> • 한반도의 역사는 세계사적 발전 과정이 결여되어 근대 초기까지도 고대 사회적인 수준에 머물러 있었다.
> • 한반도 지역의 역사는 한민족의 자발적인 노력에 의해서 발전된 것이 아니라 중국, 일본 등 주변 민족의 자극과 지배에 의해서만 유지되어 왔다.

> **〈보기 2〉**
> ㉠ 고대에서 조선 시대까지 인구 구성에서는 농민이 다수였다.
> ㉡ 고려 청자는 송의 영향을 받았으나, 상감 기법은 독자적 기술이었다.
> ㉢ 임진왜란은 명(明)의 세력이 약화되었기 때문에 일어났다.
> ㉣ 조선 후기에 나타난 농업 생산력과 상업, 수공업의 발달은 사회 변동을 촉진하였다.

① ㉠, ㉡
② ㉠, ㉢
③ ㉠, ㉣
④ ㉡, ㉣

해설
〈보기 1〉은 일제강점기 정체성론과 타율성론을 기조로 한 식민사관을 설명한 것이다.
㉡ 상감 기법은 고려의 독창적 예술 양식으로 타율성론을 반박할 수 있는 근거이다.
㉣ 서양 사회와 같이 조선 후기에는 산업화를 바탕으로 자본주의의 싹이 나타났다. 이는 정체성론에 대한 반박 자료가 될 수 있다.

정답 ④

069 밑줄 친 '사건'에 대한 설명으로 옳은 것은?

> 4~5명의 개화당이 사건을 일으켜서 나라를 위태롭게 한 다음 청나라 사람의 억압과 능멸이 대단하였다. …(중략)… 종전에는 개화가 이롭다고 말하면 그다지 싫어하지 않았으나 이 <u>사건</u> 이후 조야(朝野) 모두 '개화당은 충의를 모르고 외인과 연결하여 매국배종(賣國背宗)하였다'고 하였다.
>
> – 「윤치호일기」 –

① 정동구락부 세력이 주도하였다.
② 일본군과 함께 경복궁을 침범하였다.
③ 차관 도입을 위한 수신사 파견의 계기가 되었다.
④ 일본 공사관이 불타고 일본군이 청군에 패퇴하였다.

해설

제시문의 밑줄 친 '사건'은 바로 1884년에 개화당(급진 개화파)이 주도한 갑신정변이다. 김옥균, 박영효, 홍영식 등의 개화당 세력은 1882년부터 청의 간섭이 강화되어 조선에 대한 속방화가 강해지자 일본을 통하여 청을 몰아내고 개혁을 하기 위해, 1884년 우정총국의 축하연 때에 갑신정변을 실행하였다. 14개조의 개혁 정강을 발표하였으나, 청군에 의하여 3일 만에 끝나고 말았다.

④ 갑신정변 당시 일본은 전세가 불리해지자 일본군을 철수시켰다. 그리고 당시 일본 공사관이 불탔으며, 일본은 이에 대하여 배상책임을 요구하여 한성조약을 체결하였다.

① 정동구락부는 1894년 사교와 친목 등 비정치적 성격을 표방하며 설립된 사교 단체이다. 여기에는 조선의 개화파 인사들과 유럽과 미국 등의 외교관, 선교사 등이 참여하였다. 대표적인 조선인 회원으로 민영환, 윤치호, 서재필, 이완용 등이 있으며, 외국인으로는 미국공사 실, 프랑스영사 플랑시, 선교사 언더우드와 아펜젤러 등이 있다. 정동구락부 세력은 1895년 춘생문사건과 1896년 아관파천을 주도하였다.

② 1894년 6월에 있었던 이른바 경복궁 쿠데타 사건이다. 일본군은 톈진 조약에 의하여 조선으로 들어온 뒤, 친청적인 민씨 정권을 붕괴시키고 친일 정권을 출범시켰다.

③ 임오군란 이후 제물포조약에 따라 조선 정부는 박영효, 김옥균 등을 제3차 수신사로 파견하여 일본 정부에 사죄할 것을 요구하는 조항을 이행하였다. 이때 수신사 일행은 일본에 체류하면서 17만원의 차관을 얻고 귀국하였다.

정답 ④

070 밑줄 친 '적'이 요구한 내용으로 옳은 것을 〈보기〉에서 모두 고른 것은?

> 적은 모두 천민 노예이므로 양반, 사족을 가장 증오하였다. 길에서 갓을 쓴 자를 만나면 곧바로 꾸짖으며 말하였다. "너도 양반인가?" 갓을 빼앗아 찢어버리거나 자기가 쓰고 거리를 돌아다니면서 양반을 욕 주었다. 무릇 집안 노비로서 적을 따르는 자는 물론이요, 비록 적을 따르지 않는 자라 할지라도 모두 적을 끌어다 대며 주인을 협박하여 노비 문서를 불사르고 면천해줄 것을 강요하였다. …(중략)… 때로 양반 가운데 주인과 노비가 함께 적을 따른 경우도 있었다. 이들은 서로를 '접장'이라 부르면서 적의 법도를 따랐다. 백정이나 재민들도 평민이나 양반과 평등한 예를 하였으므로 사람들은 더욱 치를 떨었다.
>
> -「오하기문」-

〈보 기〉

㉠ 무명잡세를 폐지할 것
㉡ 조혼(早婚)을 금지할 것
㉢ 각 도의 환곡을 영구히 폐지할 것
㉣ 관리 채용에는 지벌을 타파하고, 인재를 등용할 것

① ㉠, ㉡
② ㉠, ㉣
③ ㉡, ㉢
④ ㉢, ㉣

해설

제시된 사료에서 '적'은 '동학 농민'을 말한다. 제시문은 황현의 「오하기문」 중 일부로 집강소 시기의 동학 농민군에 대해 서술하고 있다.

② 동학 농민군의 폐정개혁안 12개조에 해당하는 것은 ㉠, ㉣이다.

㉡ 1차 갑오개혁 때, 조혼 금지와 과부의 재가를 허용하였다.

㉢ 갑신정변 때의 14개조 혁신요강의 내용 중 하나이다.

정답 ②

071 다음은 홍범 14조의 조항 일부이다. 이 발표에 따라 추진된 것만을 〈보기〉에서 모두 고른 것은?

- 청에 의존하는 생각을 버리고, 자주독립의 기초를 세운다.
- 종실, 외척의 정치 간섭을 용납하지 않는다.
- 조세의 징수와 경비 지출은 모두 탁지아문의 관할에 속한다.
- 문벌을 가리지 않고 인재 등용의 길을 넓힌다.

〈보 기〉

ㄱ. 재판소를 설치하여 사법권을 행정부로부터 독립시켰다.
ㄴ. 지방의 군현제를 폐지하고 전국을 23부로 나누었다.
ㄷ. 은본위제도와 조세금납화를 실시하였다.
ㄹ. 지방의 영세상인인 보부상을 지원하기 위하여 상무사를 조직하여 상업 특권을 부여하였다.

① ㄱ, ㄴ, ㄷ
② ㄴ, ㄷ
③ ㄱ, ㄴ
④ ㄴ, ㄷ, ㄹ

해설

제2차 갑오개혁(1894.11~1895.6) 때 홍범 14조가 반포되었다. 홍범 14조는 우리나라 최초의 헌법이라고도 할 수 있다.
ㄱ. 행정권에서 사법권을 분리하면서 재판소도 따로 설치하였다. 1심 재판소로는 지방재판소와 개항장재판소, 2심 재판소로는 순회재판소와 고등재판소가 있다.
ㄴ. 지방의 군현제를 폐지하고, 전국을 23부 337군으로 나누었다.
ㄷ. 조세금납화는 제1차 갑오개혁 때 시행되었다.
ㄹ. 상무사는 보부상을 다스리던 기관으로 대한제국 시기인 1899년에 조직되었다.

정답 ③

072 밑줄 친 '비밀 결사'의 활동으로 옳은 것은?

피고 유동열은 윤치호, 안창호 등과 함께 국권 회복 후 공화 정치를 수립하기로 했다. 그들은 목적을 달성하고자 비밀 결사를 조직하고 그 단체가 뽑은 조선 13도의 대표가 되었다. 피고는 이 단체에 속한 주요 인물과 모의하여 총독이 압록강 철교 개통식에 참석할 때 그를 암살하기로 계획했다. 피고는 이 사실을 극구 부인하고 있지만, 우리는 그가 유죄라고 생각한다.

– 조선 총독부 경무총감부 –

① 국한문 혼용체의 황성신문을 발행하였다.
② 13도 창의군을 조직해 서울진공작전을 펼쳤다.
③ 평양과 대구 등의 지역에 태극서관을 설립하였다.
④ 일제의 황무지 개척권 요구에 반대하는 운동을 전개하였다.

해설

'국권 회복 후 공화 정치'와 '비밀 결사'라는 점을 통해 이 단체가 신민회라는 것을 알 수 있다. 자료의 상황은 1910년 안명근(안중근 의사의 사촌)이 데라우치 총독 암살을 시도하다가 미수된 일을 계기로 다음 해인 1911년에 일제는 민족 지도자 600여 명을 검거하여, 그중 105명이 유죄판결을 받은 이른바 105인 사건에 대한 상황을 보여주고 있다. 105인 사건으로 신민회의 조직이 와해되어 해체되었다.

③ 신민회는 여러 교육기관을 설립하고 계몽강연 활동을 하였다. 그리고 태극서관을 설립하여 출판물 보급과 사업 연락의 장소로 활용하였다.

① 황성신문은 1898년 남궁억이 발행하였다.

② 13도 창의군을 조직하여 서울진공작전을 펼친 것은 정미의병 때이다.

④ 보안회는 1904년에 조직되어 일제의 황무지 개척권 요구에 반대하는 운동을 전개하였다.

정답 ③

073 (가), (나) 시기에 있었던 사실에 대한 설명으로 옳은 것은?

	(가)	(나)	

러일 전쟁 발발 — 고종 강제 퇴위 — 대동단결선언 발표

① (가) – 독립협회가 개최한 관민공동회에서 헌의 6조가 결의되었다.

② (가) – 독도를 울릉군 관할로 한다는 내용의 대한제국 칙령 제41호가 공포되었다.

③ (나) – 일제가 '105인 사건'을 일으켜 윤치호 등을 체포하였다.

④ (나) – 일본인 메가타가 재정 고문으로 부임하여 화폐 정리 사업을 시작하였다.

해설

러일 전쟁 발발(1904.2), 고종 강제 퇴위(1907.7), 대동단결선언 발표(1917)이므로 (가) 1904.2~1907.7, (나) 1907.7~1917이다.

③ 105인 사건은 1911년에 있었던 신민회 해체의 계기가 된 사건이므로 (나)에 해당한다.

① 관민공동회의 헌의 6조 결의(1898.10, 종로)는 (가) 이전의 일이다.

② 대한제국은 1900년에 칙령 제41호를 제정하여 울릉도를 울릉군으로 승격시키고 독도를 관할 구역으로 포함하였다. 따라서 (가) 이전의 일이다.

④ 메가타가 재정 고문으로 부임한 것은 제1차 한일 협약(1904.8)이고 화폐 정리 사업은 1905년에 시행되었으므로 (가)에 해당한다.

정답 ③

074 다음 각 조약에 대한 설명으로 가장 적절하지 않은 것은?

> ㉠ 우리나라 최초의 근대적 조약으로 치외 법권과 해안 측량권 등을 내주었다.
> ㉡ 조선이 서양 국가와 맺은 최초의 조약으로 치외 법권과 최혜국 대우를 규정하고 있다.
> ㉢ 북경과 한성, 양화진에서 양국 상인의 무역을 허용하고, 지방관이 발행한 여행 허가증이 있으면 내지 행상도 할 수 있다고 규정하고 있다.

① ㉠으로 부산에 이어 인천, 원산 순으로 개항되었다.
② ㉡은 ㉠과 달리 관세 조항이 들어있었다.
③ ㉢ 체결 이후 청과 일본의 상권 경쟁이 치열해졌다.
④ ㉠, ㉡, ㉢ 모두 조선에 불평등한 조약이었다.

해설
㉠ 강화도 조약(1876)은 우리나라 최초의 근대적 조약으로서 부산, 원산, 인천 3개 항구의 개항이 이루어졌으며, 치외 법권과 해안 측량권 등을 규정한 불평등 조약이었다.
㉡ 조 · 미 수호통상조약(1882)은 서양과 맺은 최초의 조약으로 불평등 조약이었으며 거중 조정 규정과 영사 재판에 의한 치외 법권을 규정하였다. 또한, 최혜국 대우를 규정하였고, 관세에 대한 내용도 체결하였다.
㉢ 조 · 청 상민수륙무역장정(1882)은 청이 임오군란을 평정하고 체결하였다. 이후 청 상인들은 개항장을 벗어나 내륙까지 진출하여 직접 무역할 수 있는 통상 특권을 허용받았고, 조선의 지위는 격하되어 경제적 침략을 받게 되었다.
① 강화도 조약으로 인하여 부산(1876), 원산(1880), 인천(1883) 순으로 개항되었다.

정답 ①

075 다음 법령을 읽고 대한제국에 대하여 추론한 내용으로 가장 적절한 것은?

> **제1조** 대한국은 세계 만국에 공인된 자주 독립 제국이니라.
> **제2조** 대한국의 정치는 만세 불변할 전제 정치이니라.
> **제3조** 대한국 대황제께서는 무한한 군권을 향유하시느니라.
> **제5조** 대한국 대황제께서는 육 · 해군을 통솔하시고 계엄 · 해엄을 명하시느니라.
>
> – 대한제국에서 1899년 제정한 대한국 국제 –

① 원수부를 설치해 황제가 군대를 통솔하였다.
② 양전 사업을 실시해 지주 전호제를 폐지하였다.
③ 헌법을 제정해 '주권재민'의 원칙을 실현하려 하였다.
④ 입헌 군주제의 도입을 시도해 민주주의를 발전시켰다.

해설

제시문은 1899년 대한제국이 제정 · 공포한 대한국 국제의 내용이다. 주요 내용으로는 대한제국이 자주 독립국가이며, 만세 불변의 전제 정치와 강력한 황제권을 가지고 있다는 것을 천명하고 있다는 것이다. 또한 대한국 국제를 통해 당시 대한제국 내에서 만국공법(국제법)에 대한 인식이 있었다는 것을 알 수 있다.

① 대한국 국제의 제5조에는 대한제국의 황제가 군사 통수권을 가지고 있음을 규정하고 있다. 이를 실현하기 위하여 황제 직속의 최고 군사기관인 원수부를 1899년에 설치하였다. 황제는 대원수가 되며, 황태자는 원수의 지위를 가지고 있었다.

② 대한제국이 양지아문을 설치하여 양전 사업을 실시한 것은 사실이지만, 대한국 국제에는 양전 사업과 관련된 조항은 없으며, 양전 사업을 통해 지주 전호제가 폐지되지는 않았다.

③ 대한국 국제는 헌법적 성격을 가지고 있지만, 내용적으로 국민의 민권신장과 관련된 내용이 없고 황제권에 대해서만 다루고 있다. 따라서 주권재민의 원칙을 실현하기 위한 목적이라고 보기는 어렵다.

④ 독립협회가 중추원 개편을 주장하여 근대적 의회를 수립하고 입헌 군주제를 도입하고자 하였으나, 결국 정부는 독립협회의 활동을 저지하면서 입헌 군주제를 도입하는 것을 거부하였다.

정답 ①

076 다음의 경제적 구국운동에 대한 설명으로 옳은 것은?

> 남자는 담배를 끊고 부녀자들은 비녀 · 가락지 등을 팔아서 민족 언론 기관에 다양한 액수의 돈을 보내며 호응했다. 이는 정부가 일본으로부터 빌린 차관 1,300만 원이라는 액수를 상환하여 경제적 독립을 이룩하기 위한 것이었다.

① 보안회가 주도하였다.

② 총독부의 탄압과 방해로 실패하였다.

③ 대구에서 시작되어 전국적으로 확대되었다.

④ '내 살림 내 것으로', ' 조선 사람 조선 것' 등의 표어를 내걸었다.

해설

자료에서 언급된 경제적 구국운동은 국채보상운동이다(1907~1908).

③ 국채보상운동은 1907년 2월 대구의 광문사를 통해 시작되었으며, 대한매일신보를 통해 알려지면서 전국적으로 확산되었다.

① 보안회는 일제의 황무지 개간권 획득을 저지하는 운동을 주도하였다(1904).

② 국채보상운동은 통감부의 탄압과 방해로 실패하였다.

④ 1920년대 초반에 있었던 물산장려운동에 대한 설명이다.

정답 ③

077 다음 자료의 교육 기관에 대한 설명으로 가장 옳은 것은?

> 문 · 무관, 유생 중에 어리고 총명한 자 40명을 뽑아 입학시키고 벙커와 길모어 등을 교사로 초빙하여 서양 문자를 가르쳤다. 문관으로는 김승규와 신대균 등 여러 명이 있고, 유사로는 이만재와 서상훈 등 여러 명이 있었다. 사색당파를 골고루 배정하여 당대 명문 집안에서 선발하였다.
>
> –「매천야록」–

① 관민이 합심하여 설립하였다.
② 경성제국대학으로 계승되었다.
③ 좌원과 우원의 두 반으로 편성되었다.
④ 근대식 사관 양성을 목적으로 하였다.

해설
자료는 1886년에 정부가 설립하여 1894년까지 존속한 최초의 근대 교육 기관이었던 육영공원에 대한 설명이다. 육영공원은 미국인 교사 헐버트와 길모어를 초빙하여 상류층 자제를 대상으로 영어, 수학, 정치학 등의 근대 교육을 실시하였다.
③ 육영공원은 좌원과 우원으로 나누어 입학시켰는데, 좌원에는 현직 관리를 학생으로 받았고, 우원에는 관직에 나아가지 않은 명문가 자제를 받았다.
① 원산학사(1883)는 덕원 주민들이 개화파 인물들의 권유에 따라 설립한 우리나라 최초의 근대적 사립학교였으며 외국어, 자연과학, 국제법 등 근대 학문과 무술을 가르쳤다.
② 경성제국대학은 1920년대 민립대학 설립운동을 저지하기 위하여 일제가 서울에 설립하였다.
④ 우리나라 최초의 근대식 사관 양성 학교는 1888년 설치된 연무공원(鍊武公院)이다.

정답 ③

078 다음 각 시기의 사회모습에 대한 설명으로 가장 옳은 것은?

1876		1882		1894		1897		1905
	(가)		(나)		(다)		(라)	
강화도 조약		임오 군란		갑오 개혁		대한 제국		을사 늑약

① (가) – 박문국을 설치하여 한성순보를 발간하였다.
② (나) – 최초의 근대식 병원인 광혜원이 설립되었다.
③ (다) – 함경도 덕원주민들이 원산학사를 세웠다.
④ (라) – 영국이 불법적으로 거문도를 점령하였다.

해설

② 광혜원은 우리나라 최초의 근대식 병원으로 알렌과 조선 정부와의 공동 출자로 1885년 개원하였다. (나) 시기가 맞다.

① 조선의 관보로서 최초의 신문인 한성순보(1883~1884)는 박영효 등 개화파의 영향으로 박문국에서 10일에 한 번 발행하였다. 한성순보는 정부 관료를 대상으로 하였던 순 한문 신문으로 개화 정책의 취지를 설명하였고, 국내외 정세를 소개하는 데 힘썼다. (나) 시기가 맞다.

③ 원산학사(1883)는 덕원 주민들이 개화파 인물들의 권유에 따라 설립한 우리나라 최초의 근대적 사립학교였으며 외국어, 자연과학, 국제법 등 근대 학문과 무술을 가르쳤다. (나) 시기가 맞다.

④ 갑신정변(1884)을 진압한 청이 조선의 간섭을 강화하자 왕비 민씨는 청을 견제하기 위해 러시아에 접근하였다. 이에 러시아의 한반도 남하를 견제한다는 구실로 영국은 거문도를 해밀턴 항이라 명명하고 불법 점령한 후 포대를 설치하였다(1885~1887). (나) 시기가 맞다.

정답 ②

08 민족의 독립운동

079 다음 법령이 시행되던 시기에 볼 수 있는 모습으로 옳은 것은?

> **제1조** 3개월 이하의 징역 또는 구류에 처하여야 할 자는 그 정상에 따라 태형에 처할 수 있다.
> **제6조** 태형은 태로써 볼기를 치는 방법으로 집행한다.
> **제13조** 본령은 조선인에 한하여 적용한다.

① 회사령 공포를 듣고 있는 상인
② 경의선 철도 개통식을 보는 학생
③ 동양척식 주식회사의 설립식에 참석한 기자
④ 대한광복군정부의 군사 훈련에 참여한 청년

해설

제시문에 나타난 법령은 1912년 제정되어 공포된 조선태형령이다. 조선태형령은 조선인에게만 태형을 실시하던 차별적인 법령이며, 무단통치기의 대표적인 정책이다. 1920년까지 유지되었다. 즉, 1910년대의 모습을 고르는 문제이다.

④ 대한광복군정부는 1914년 러시아의 블라디보스토크에 설립된 망명 정부이며, 권업회의 중심 회원이었던 이상설과 이동휘 등이 주축이 되었다. 연해주 지역에 분포하던 독립운동 단체를 결집하여 군사력을 확보하였다. 그러나 같은 해에 제1차 세계대전이 발생하고, 당시 일본과 공동방위체제를 확립한 러시아 정부에 의해 러시아 내에서 독립운동을 하는 것이 금지되었다. 그리고 대한광복군정부의 모체인 권업회가 해산당하면서 1년도 지나지 않아 해체되었다.

① 이 문제의 함정이 되는 보기이다. '회사령'을 보고 해당 보기를 답으로 고를 수도 있으나, 회사령이 공포된 것은 조선태형령이 시행되기 이전인 1910년이다. 따라서 회사령 공포를 듣고 있는 상인은 조선태형령이 시행되던 시기에는 볼 수 없는 모습이다.

② 경의선 철도는 일제강점기 이전인 1906년에 개통되었다.

③ 동양척식 주식회사는 일제강점기 이전인 1908년에 설립되었다.

정답 ④

080 다음 법령이 실시되었던 시기에 일제가 실시한 정책을 〈보기〉에서 고른 것은?

> **제1조** 국가총동원이란 전시에 국방 목적을 달성하기 위해 국가의 전력을 가장 유효하게 발휘하도록 인적 및 물적 자원을 운용하는 것이다.
> **제4조** 정부는 전시에 국가총동원상 필요할 때에는 칙령이 정하는 바에 따라 제국 신민을 징용하여 총동원 업무에 종사하게 할 수 있다.
> **제8조** 정부는 전시에 국가총동원상 필요할 때에는 칙령이 정하는 바에 따라 물자의 생산, 수리, 배급, 양도, 기타의 처분, 사용, 소비, 소지 및 이동에 관하여 필요한 명령을 내릴 수 있다.

〈보 기〉

ㄱ. 한글을 사용하는 신문과 잡지를 강제 폐간시켰다.
ㄴ. 소학교 대신 국민학교라는 명칭을 사용토록 하였다.
ㄷ. 조선태형령과 경찰범 처벌 규칙을 만들어 시행하였다.
ㄹ. 사회주의자들을 탄압하기 위해 치안유지법을 만들었다.

① ㄱ, ㄴ　② ㄱ, ㄹ
③ ㄴ, ㄷ　④ ㄷ, ㄹ

해설

제시된 자료는 일제의 국가총동원령(1938)의 내용이다. 국가총동원령은 전쟁 수행에 필요한 인적 · 물적 자원을 총동원하는 것을 골자로 하고 있으며, 나아가 한민족의 생존과 문화까지 말살하는 정책이었다.

ㄱ. 1937년 조선중앙일보, 1940년 조선일보와 동아일보 등이 폐간되었다.
ㄴ. 일제의 황국신민화 정책에 따라 1938년 조선교육령 개정으로 우리말과 글, 역사를 배우는 것이 금지되었고, 황국신민서사 암송, 궁성요배, 신사참배 등이 강요되었다. 또한 성씨와 이름을 일본식으로 고치는 창씨개명이 있었으며, 1941년에는 소학교의 명칭을 국민학교로 변경하였다. 국민학교는 '황국신민의 학교'라는 의미가 내포되어 있다(1996년 초등학교로 명칭 변경).
ㄷ. 조선태형령과 경찰범 처벌 규칙은 1912년에 실시되었다.
ㄹ. 치안유지법은 1920년대 사회주의 운동에 대응하여 1925년 일제가 이를 탄압하기 위해 제정 · 공포한 법령이다.

정답 ①

081 대한민국 임시정부에 대한 설명으로 옳지 <u>않은</u> 것은?

① 국내 항일 세력들과 연락하기 위해 연통제를 운영하였다.
② 국외 거주 동포에게 독립 공채를 발행하였다.
③ 만주 지역의 무장 투쟁 세력들도 참여하였다.
④ 임시정부 수립 직후 임시 의정원을 구성하였다.

해설

④ 3 · 1 운동 직후 중국 상하이에서 활동하던 민족 운동가들이 임시 의정원을 먼저 구성하였고, 임시 의정원 회의를 통해 이승만을 국무총리로 하는 민주 공화제의 대한민국 임시정부를 수립하였다. 대한민국 임시정부는 입법 기관인 임시 의정원, 사법 기관인 법원, 행정 기관인 국무원의 3권 분립적 헌정 체제를 갖춘 우리나라 최초의 민주 공화제 정부였다. 임시 의정원 구성 이후 임시정부가 수립된 것이 맞다.

① 대한민국 임시정부 초기에는 연통제와 교통국을 통하여 독립자금을 모금하였다.

② 대한민국 임시정부는 독립공채를 발행하여 자금을 모으기도 하였고, 1인당 1원씩의 인구세를 징수, 국민 의연금을 모으기도 하였다.

③ 임시정부 수립 당시 만주 지역의 무장 투쟁 세력들도 함께 참여하였으며, 임시정부 산하에 만주 지역의 여러 독립군 부대를 산하로 두었다.

정답 ④

082 다음 발의로 개최된 ㉠에 대한 설명으로 옳은 것은?

> 베이징 방면의 인사는 분열을 통탄하며 통일을 촉진하는 단체를 출현시키고 상하이 일대의 인사는 이를 고려하여 개혁을 제창하고 있다. …(중략)… 근본적 대해결로써 통일적 재조를 꾀하여 독립운동의 신국면을 타개하려고 함에는 다만 민의뿐이므로 이에 [㉠]의 소집을 제창한다.

① 창조파와 개조파 등의 주장이 대립되었다.
② 한국국민당을 통한 정당정치 실시가 결정되었다.
③ 삼균주의를 바탕으로 한 건국강령이 채택되었다.
④ 파리강화회의에 김규식을 파견하는 것이 논의되었다.

해설

제시된 자료는 박은식, 김창숙 등이 국민대표회의의 소집을 제창한 '아 동포에게 고함'(1921) 선언 중 일부이다. 임시정부에 비판적이었던 신채호, 박용만 등은 독립운동 전선의 통일과 독립운동의 방향 전환을 위해 국민대표회의를 열 것을 주장하였다. 국민대표회의는 1923년 1월에 개최되었다.

① 1923년 1월부터 6월 사이에 열린 국민대표회의에는 국내외 여러 독립 운동 단체의 대표들이 참석하였으며, 임시정부의 조직만 바꾸자는 개조파와 임시정부를 해체하고 새로운 정부를 수립하자는 창조파 및 현행 임시정부를 유지하자는 현상유지파로 분열되었다. 결국 분열만을 남기고 회의는 종결되었으며 창조파는 임시정부를 떠나 독자적인 노선을 추구하였고, 개조파는 임시정부 초대 대통령인 이승만을 탄핵시키고 박은식을 다음 대통령으로 선출하여 개조 작업을 진행하였다.

② 김구를 중심으로 한 대한민국 임시정부의 핵심 인사들이 한국국민당을 창당하였다(1935). 한국국민당은 창당 당시 조소앙의 삼균주의를 주장하였으며, 이는 이후 임시정부의 건국강령에도 그대로 계승되었다.

③ 대한민국 임시정부는 조소앙의 삼균주의에 기초한 건국강령을 발표하였는데(1941), 보통선거 · 의무교육 · 토지국유화 · 토지분배 · 생산 기관의 국유화 등을 건국 목표로 세웠다.

④ 신한청년당은 김규식을 파리강화회의에 민족대표로 파견하여 한국인의 독립 열의를 전달하고, 국제적인 협조를 요청하였다(1919).

정답 ①

083 다음 선언문을 강령으로 했던 단체의 활동으로 옳지 않은 것은?

> 우리는 일본 강도 정치 즉 이족 통치가 우리 조선 민족 생존의 적임을 선언하는 동시에, 우리는 혁명수단으로 우리 생존의 적인 강도 일본을 살벌함이 곧 우리의 정당한 수단임을 선언하노라.

① 민족혁명당 창당에 가담하였다.
② 경성 부민관에 폭탄을 투척하였다.
③ 일본 제국의회와 황궁을 공격할 계획을 세웠다.
④ 임시정부 요인과 제휴한 투탄 계획을 추진하였다.

해설

제시된 선언문은 신채호가 1923년 작성한 '조선혁명선언'으로 이는 의열단의 이념적 바탕을 정립한 문서이다. 의열단은 1919년 만주에서 결성되어 일제의 요인 암살, 주요기관 폭파 등의 무장투쟁운동을 전개하였다.

② 경성 부민관 투탄 의거는 1945년 7월에 비밀결사인 대한애국청년당의 활동이다. 당시 친일단체인 대의당이 개최한 대회에 참석한 일제 고위간부와 친일인사를 한꺼번에 폭사시키기 위해 계획된 의거였다.
① 민족혁명당은 1935년 한국독립당 · 의열단 · 신한독립당 · 조선혁명당 · 미주대한인독립당 등 5당 대표가 난징에서 결성한 독립운동 조직이다.
③ 의열단원인 김지섭은 1924년 도쿄에서 열릴 제국의회에 폭탄을 투척하려 했으나, 제국의회가 휴회 중이라는 소식을 듣고 계획을 변경하여 궁성에 폭탄을 투척하였다.
④ 의열단은 창단 초기에 상해 임시정부의 별동대인 구국모험단의 단장인 김성근으로부터 폭탄제조술을 습득하였다.

정답 ②

084 다음 〈보기〉의 내용과 가장 관련이 없는 것은?

> 〈보 기〉
> • 우리는 단결을 공고히 하는 것을 목적으로 한다.
> • 우리는 기회주의를 일체 배격한다.
> • 우리는 정치적 · 경제적 각성을 촉진한다.

① 여운형의 건국동맹
② 김구의 남북협상
③ 이승만의 구미위원회
④ 김두봉의 조선독립동맹

해설

〈보기〉는 신간회의 강령이다.

③ 이승만의 구미위원회는 미국에서의 외교독립노선과 관련된 단체이다.

①·②·④ 신간회와 같이 좌우합작을 추구하는 단체이다.

정답 ③

085 (가)에 대한 설명으로 가장 옳은 것은?

> 1932년 3월 12일, [(가)]과(와) 중국 의용군의 한·중 연합군은 영릉가 뒷산에 대기하고 있다가 일본군을 요격하여 수 시간의 격전을 벌였다. 적은 마침내 30여 명의 사상자를 내고 일몰과 함께 패퇴하고 말았다.

① 양세봉을 총사령으로 하여 남만주 지역에서 활동하였다.

② 지청천의 지휘 아래 북만주와 간도 일대에서 주로 활약하였다.

③ 김두봉을 위원장으로 한 조선독립동맹의 산하 무장 단체로 조직되었다.

④ 대한민국 임시정부가 창설한 군대로, 연합군과 함께 대일전에 참전하였다.

해설

'중국 의용군', '영릉가 전투' 등을 통해 (가)는 '조선혁명군'임을 알 수 있다.

① 양세봉을 총사령관으로 하는 조선혁명군은 남만주 일대에서 중국 의용군과 연합 작전을 전개하여 영릉가 전투(1932), 흥경성 전투(1933)를 승리로 이끌었다.

② 한국독립군에 대한 설명이다. 지청천을 총사령관으로 하는 한국독립군은 북만주 일대에서 중국 호로군과 연합작전을 전개하여 쌍성보 전투(1932) 등에서 일본군을 격파하였다.

③ 조선독립동맹 산하의 조선의용군에 대한 설명이다. 김두봉, 김무정, 박효삼, 최창익 등이 주축으로 호가장 전투에서 활약하였으며, 해방 이후 북한으로 들어가 인민군에 편입되었다(연안파).

④ 1940년 창설한 한국광복군에 대한 설명이다. 한국광복군은 중국 국민당의 지원을 받아 선전·초모 활동을 벌이다가 1943년 영국과 군사협정을 통해 인도와 미얀마 전선에 일부 군대를 파견하였으며, 일부 병력은 OSS(미국전략정보처)와 협력하며, 국내 진공을 준비하였다. 한국광복군에는 김원봉이 이끄는 조선의용대가 1942년 편입되면서 군사 면에서 좌우통일이 이루어졌다.

정답 ①

086 다음 자료와 관련된 사업에 대한 설명으로 가장 옳지 않은 것은?

> 만약 지주가 정해진 기한 내에 조사국 혹은 조사국 출장소원에게 신고 제출을 게을리 하거나 신고를 제출하지 아니하는 때는 당국에서 이 토지에 대해 지주의 소유권 유무 등을 심사하여 만약 소유자로 인정하지 못할 경우에는 이 토지를 지주가 없는 것으로 간주하여 당연히 국유지로 편입하는 수단을 집행할 것이니, 일반 토지 소유자는 고시에 의한 신고 제출을 게을리 하지 말도록 하였더라.
>
> – 매일신보 –

① 소유권 분쟁을 인정하지 않아 분쟁은 발생하지 않았다.
② 명의상의 주인을 내세우기 어려운 동중 · 문중토지의 상당 부분이 조선총독부의 소유가 되었다.
③ 한 · 일 병합 조약이 체결된 직후 신속하게 사업이 시작되었다.
④ 사업의 결과 조선총독부의 재정 수입이 크게 증가하였다.

해설

제시문은 토지조사사업에 대한 매일신보의 기사이다. 토지조사사업은 신고 절차가 복잡하고 기한이 짧았다. 이 사업으로 토지를 신고하지 않은 자영농과 소작농이 몰락하게 되었다.

① 일제의 토지조사사업 당시 소유권에 대한 분쟁이 상당히 많았는데, 특히 국유지에 대한 소유권 여부에 대한 분쟁이 많았다. 조선 후기에 들어오면서 역둔토는 사실상 경작하던 농민들의 민전이 되었으며, 관청에서는 수조권만을 행사하고 있었다. 그러나 토지조사사업이 실시되면서 역둔토를 국유지로 편입하여 실제 경작하던 농민들의 소유권을 인정하지 않았다. 때문에 역둔토의 소유권을 놓고 분쟁이 발생하였다. 일제는 분쟁지심사위원회를 통해 자체적으로 심사하였는데 대다수가 국유지로 판정되면서 많은 농민들이 총독부에 의해 토지를 빼앗기는 상황이 발생하였다.
③ 일제는 한 · 일 병합 이전부터 우리나라의 국토를 점유하기 위하여 일련의 조사를 시행하였다. 특히 1907년부터 1908년 사이에 왕실의 재산을 정리한다는 명목 아래 역둔토 및 궁장토 등을 모두 역둔토에 포함시켜 국유지로 분류하였다. 한 · 일 병합 이후 조사하였던 국유지를 빠르게 총독부의 토지로 전환하였으며, 국유지의 점유가 대부분 완료된 이후에 민유지에 대한 점유를 실시하였다.
④ 토지조사사업의 결과 조선총독부는 전 국토의 40%를 차지하게 되었고, 총독부의 세수(稅收)는 약 2배 가량 증가하면서 식민 통치의 기반이 되었다.

정답 ①

087 다음 ㉠의 추진 결과 나타난 현상으로 옳지 않은 것은?

> 일본은 1910년대 이후 자본주의 경제가 급속하게 발전하면서 농민들이 도시에 몰려 식량 조달에 큰 차질이 빚어졌다. 이를 해결하기 위해 [㉠]을 추진하였는데, 이는 토지 개량과 농사 개량을 통해 식량 생산을 대폭 늘려 일본으로 더 많은 쌀을 가져가고 우리나라 농민 생활도 안정시킨다는 목표로 추진되었다.

① 쌀 생산량의 증가보다 일본으로의 수출량 증가가 두드러졌다.
② 만주로부터 조, 수수, 콩 등의 잡곡 수입이 증가하였다.
③ 한국인의 1인당 연간 쌀 소비량이 이전보다 줄어들었다.
④ 많은 수의 소작농이 이를 통해 자작농으로 바뀌었다.

해설
자료는 산미증식계획에 대한 설명이다.
④ 산미증식계획에 필요한 자금을 농민들에게 부담시켜 농민들은 소작농으로 전락하였다.
① 일본은 목표한 증산량을 채우지 못해도 수탈량을 증가시켜 쌀을 가져갔다.
② 수탈량의 증가로 먹을 것이 부족해진 조선 농민들은 만주로부터 잡곡을 수입하여 배고픔을 달랬다.
③ 일본의 쌀 수탈량의 증가로 조선인들의 쌀 소비량이 줄었다.

정답 ④

088 다음 선언으로 결성된 단체에 대한 설명으로 옳은 것은?

> 민족주의적 세력에 대하여는 그 부르주아 민주주의적 성질을 분명히 인식함과 동시에 과정상의 동맹자적 성질도 충분히 승인하여, 그것이 타락하지 않는 한 적극적으로 제휴하여 대중의 이익을 위해서도 종래의 소극적인 태도를 버리고 싸워야 할 것이다.

① 조선인 본위의 교육제도 실시를 주장하였고, 원산 노동자 총파업을 지원하였다.
② 민중의 직접폭력혁명으로 강도 일본을 무너뜨리는 목표를 설정하였다.
③ 언론을 통한 국민 계몽과 문맹퇴치운동, 민립대학 설립운동 등을 추진하였다.
④ 민족자본의 육성을 위해 자급자족, 토산품 애용 등을 주장하며 물산장려운동을 벌였다.

해설

제시문은 1926년에 사회주의와 민족주의 연대를 천명한 정우회 선언의 내용이다. 사회주의 계열 학생들과 민족주의 계열 학생들의 연대로 준비되었던 6 · 10 만세운동 직후인 1926년에 조선 민흥회가 창립되고, 정우회 선언이 발표되었다. 이듬해인 1927년 민족 유일당인 신간회가 창설되었다.

① 신간회는 학생운동을 지원하며 조선인 본위의 교육제도 실시를 주장하였고 광주학생 항일운동이 발생하자 진상조사단을 파견하였다. 또한 원산 노동자 총파업(1929년)을 지원하는 등 노동운동을 적극적으로 전개하였다.
② 신채호가 김원봉의 요청으로 작성한 의열단 강령인 '조선혁명선언(1923)'에 관한 설명이다.
③ 국민 계몽과 문맹퇴치운동은 주로 언론(신문)사가 주도하여 이루어졌는데, 조선일보의 문자 보급 운동(1929)과 동아일보의 브나로드 운동(1931)이 가장 대표적이다. 민립대학 설립운동(1923, 이상재)은 민립대학기성회와 조선교육회가 주도하여 이루어졌으나 일제가 경성제국대학을 설립하는 등(1924)의 방해로 실패하게 되었다.
④ 1920년대 전개된 물산장려운동은 평양에서 시작되어 서울을 걸쳐 전국적으로 확산되었다. 민족자본의 육성을 위해 토산품 애용, 생활개선, 금주, 금연 등을 주장하였다.

정답 ①

089 (가), (나) 자료와 관련된 운동에 대한 설명으로 가장 옳지 않은 것은?

> (가) 비록 우리 재화가 남의 재화보다 품질상 또는 가격상으로 개인 경제상 다소 불이익이 있다 할지라도 민족 경제의 이익에 유의하여 이를 애호하며 장려하여 수요하며 구매하지 아니치 못할지라.
> (나) 민중의 보편적 지식은 보통 교육으로 능히 수여할 수 있으나 심원한 지식과 심오한 학리는 고등교육에 기대하지 아니하면 불가할 것은 설명할 필요도 없거니와 사회 최고의 비판을 구하며 유능한 인물을 양성하려면 최고 학부의 존재가 가장 필요하도다.

① (가)는 사회주의자 주도로 전개되었다.
② (나)는 전국적인 모금 운동의 형태로 전개되었다.
③ (가)는 조만식, (나)는 이상재를 지도자로 전개되었다.
④ (가)와 (나)는 민족의 실력양성을 목표로 전개되었다.

해설

(가)는 물산장려운동, (나)는 민립대학 설립운동으로 실력양성운동의 일환이었는데, 이는 실력양성론자들에 의해 주도되었다.

① 사회주의자가 아닌 민족 자본가에 의해 주도되었다. 사회주의자들은 실력양성운동에 부정적이었다.
② 조선교육회를 중심으로 민립대학기성회가 결성되어(1923) 모금 운동을 전개하였다.
③ 물산장려운동은 1920년 조만식 등 민족 자본가를 중심으로 평양에서 처음 시작되었으며, 1923년 조선물산장려회의 조직으로 활기를 띄었다. 민립대학 설립운동은 이상재를 중심으로 민립대학기성회가 조직되고(1923), 운동을 전개하였다.
④ 실력양성론자들은 '선 실력 후 독립'을 목적으로 하여 실력양성운동을 주도하였다.

정답 ①

090 다음 자료를 쓴 역사가의 활동으로 옳은 것은?

> 역사란 무엇이뇨. 인류 사회의 아와 비아의 투쟁이 시간부터 발전하며 공간부터 확대하는 심적 활동의 상태의 기록이니, 세계사라 하면 세계 인류의 그리되어 온 상태의 기록이며, 조선사라 하면 조선 민족의 그리되어 온 상태의 기록이니라.

① 「여유당전서」를 발간하여 조선 후기 실학자들을 재평가하였다.
② 을지문덕, 최영, 이순신 등 애국명장의 전기를 써서 애국심을 고취하였다.
③ 「조선사회경제사」를 저술하여 세계사적 보편성 속에서 한국사를 해석하였다.
④ 「5천 년간 조선의 얼」이라는 글을 동아일보에 연재하여 민족 정신을 고취하였다.

해설

자료는 신채호의 「조선상고사」이다. 신채호는 화랑도의 낭가사상을 중시하였으며, 민족주의 사학자로서 독립운동의 일환으로써의 역사를 연구하였다. 신채호는 주로 고대사 연구에 치중하여 「조선상고사」, 「조선사연구초」 등을 저술하여 주체적으로 한국사를 정리함으로써 민족주의 역사학의 기반을 확립하였다.

② 신채호는 을지문덕, 최영, 이순신 등 애국명장의 전기를 편찬하여 애국심을 고취하였고, 대한매일신보에 민족주의 사관에 입각해 서술한 최초의 한국 고대사 연구서인 「독사신론」을 연재하여 근대 민족주의 역사학의 방향을 제시하였다.
① 정인보, 문일평, 안재홍 등은 1934년 정약용의 「여유당전서」 간행에 참여하였으며 이를 계기로 조선학 운동을 전개하였다.
③ 백남운은 「조선사회경제사」, 「조선봉건사회경제사」 등을 저술하여 일제 식민 사관을 비판하였다.
④ 정인보는 「5천 년간 조선의 얼」을 동아일보에 연재하였으며, 「조선사연구」 등의 저술을 통해 일제 식민 사관에 대항하였다.

정답 ②

09 현대 사회의 발전

091 다음 선언문을 발표한 회담과 관련한 설명으로 옳은 것은?

> 우리 동맹국은 일본이 제1차 세계대전 이후에 탈취하거나 점령한 태평양의 도서 일체를 박탈할 것과 만주, 팽호도와 같이 일본이 청국에게서 빼앗은 지역을 모두 중화민국에 반환할 것을 목표로 한다. …(중략) … 그리고 우리 세 나라는 현재 한국 국민이 노예 상태하에 있음을 유의하여 적당한 시기에 한국을 자주 · 독립국가로 할 결의를 가지고 있다.

① 회담 당사국은 미국, 영국, 소련이었다.
② 4개국에 의한 최장 5개년의 한반도 신탁통치를 결정하였다.
③ 회담의 영향으로 임시정부가 건국강령을 발표하였다.
④ 제2차 세계대전 중 최초로 한국의 독립을 국제적으로 보장하였다.

해설
'한국 국민이 노예 상태하에 있음을 유의하여 적당한 시기에 한국을 자주 · 독립국가로 할 결의를 가지고 있다.'를 통해 카이로 회담(1943.11)임을 알 수 있다.
④ 미국(루스벨트), 영국(처칠), 중국(장제스) 3국은 이집트의 카이로에서 회담을 가졌는데(1943.11), "한국 인민의 노예 상태에 유의하여 적당한 시기에 적당한 방법으로 한국을 자유롭게 독립시킬 것을 결의한다."라고 선언하여 최초로 한국의 독립을 약속하였다.
① 카이로 회담은 미국(루스벨트), 영국(처칠), 중국(장제스) 3국이 회담 당사국이었다. 미국(루스벨트), 영국(처칠), 소련(스탈린)이 회담 당사국이었던 것은 얄타 회담(1945.2)이다.
② 모스크바 3국 외상회의(1945.12)에서는 한국에 임시 민주 정부를 수립하기 위하여 미 · 소 공동위원회를 설치하고, 최고 5년간 한반도를 미 · 영 · 중 · 소 4개국에 의한 신탁 통치하에 두기로 결정하였다.
③ 1941년 대한민국 임시정부는 조소앙의 삼균주의에 바탕을 둔 건국강령을 발표하였다.

정답 ④

092 다음은 광복 이후 발표된 글이다. 밑줄 친 '7원칙'의 내용으로 옳은 것은?

> 조선의 좌우합작은 민주 독립의 단계요, 남북통일의 관건인 점에서 3천만 민족의 지상 명령이며, 국제 민주화의 필연적 요청이었음에도 불구하고 저간의 복잡다단한 내외 정세로 오랫동안 파란곡절을 거듭해 오던 바, 10월 4일 좌우 대표가 회담한 결과 좌측의 5원칙과 우측의 8원칙을 절충하여 <u>7원칙</u>을 결정하였다.

① 미 · 소 공동위원회의 속개를 요청하는 공동성명 발표
② 신탁통치 반대와 남북한에서 외국 군대의 철수
③ 토지의 유상 분배 및 중요 산업 사유화
④ 유엔 감시하의 남북한 총선거 실시

해설

'조선의 좌우합작은 민주 독립의 단계요' 등을 통해 밑줄 친 '7원칙'이 좌우합작 7원칙임을 알 수 있다. 제시된 자료는 좌우합작 7원칙의 서문이다.

① 좌우합작위원회의 7원칙에는 좌우합작으로 민주주의의 임시정부 수립, 미 · 소 공동위원회의 속개를 요청하는 공동 성명 발표, 토지개혁을 통하여 농민에게 토지 무상분배, 친일파 등을 처벌할 조례 제정의 촉구, 입법기구의 설치와 관련된 사항, 언론 · 집회 · 결사 등의 자유를 보장하는 등의 내용을 명시하고 있다.

정답 ①

093 다음 (가) 시기에 있었던 일로 옳지 않은 것은?

			(가)		

모스크바 3국 외상 회의	1차 미 · 소 공동 위원회	좌우합작 7원칙 합의	제헌 국회 개원	여수 · 순천 10 · 19 사건

① 이승만이 '정읍발언'을 발표하였다.
② 제주에서 4 · 3사건이 발생하였다.
③ 남한에서 5 · 10 총선거가 실시되었다.
④ 2차 미 · 소 공동위원회가 개최되었다.

해설

• 이승만이 정읍에서 남한만의 단독정부 수립을 주장한 발언에 반대하여 중도우파 김규식과 중도좌파 여운형은 좌우합작위원회를 결성(1946.7)하여 합작운동을 추진하였고, 좌우합작 7원칙을 발표하였다(1946.10).
• 1948년 5 · 10 총선거를 통하여 198명의 초대 국회의원이 선출되었고 5월 31일 제헌국회가 개원하였다(1대 국회의원, 임기 2년).

① 제1차 미 · 소 공동위원회가 결렬된 후 이승만은 정읍발언을 통해 남한만의 정부 수립을 주장하였다.
② 1948년 5 · 10 총선거에 반대하여 제주도에서 4 · 3사건이 발생하였다.
③ 1948년 5월 10일 김구의 한국독립당, 김규식 등의 중도파, 공산주의자들이 선거를 불참한 상태에서 유엔의 결의에 따른 남한 단독 선거가 실시되었고, 무소속이 가장 많이 당선되었으나 이승만의 독립 촉성 계열과 한민당 계열이 압승을 거두었다.
④ 제2차 미 · 소 공동위원회는 1947년 5월에 개최되었다.

정답 ①

094 다음 법을 시행하기 이전 상황에 대한 설명으로 옳은 것은?

> **제1조** 본법은 헌법에 의거하여 농지를 농민에게 적절히 분배함으로써 농가경제의 자립과 농업 생산력의 증진으로 인한 농민생활의 향상 내지 국민경제의 균형과 발전을 기함을 목적으로 한다.
> **제17조** 일체의 농지는 소작, 임대차 또는 위탁경영 등 행위를 금지한다.

① 반민족행위 처벌법의 시효가 단축되었다.
② 제2대 국회의원 총선거가 실시되었다.
③ 미국의 공법480호(PL480)에 따른 잉여농산물이 도입되었다.
④ 국민방위군사건이 일어났다.

해설
제시문은 1946년 6월에 제정되어 1950년 3월에 시행된 농지개혁법에 대한 내용이다. 농지개혁법은 유상 매수 · 유상 분배, 경자유전의 원칙, 3정보 크기 제한 등의 내용을 담고 있다.
① 반민족행위 처벌법은 1948년 9월 제정되었으나, 국회프락치 사건(1949.5)으로 반민 특위가 해체되고, 공소시효가 1950년 6월 20일에서 1949년 8월 말일로 줄어들었다. 그리하여 친일파 청산에는 실패하였다.
② 제2대 국회의원 총선거는 1950년 5월 30일에 시행되었다.
③ 미국의 공법480호에 따라 잉여농산물을 도입한 것은 1955년의 일이다.
④ 국민방위군사건은 1951년 1월에 발생하였다.

정답 ①

095 연표의 (가)~(라) 시기에 있었던 사실로 옳은 것은?

광복	모스크바 3국 외상회의	5 · 10 총선거	대한민국 정부 수립	6 · 25 전쟁 발발
↓	↓	↓	↓	↓

(가)	(나)	(다)	(라)

① (가) – 대한민국 임시정부에서 건국 강령을 제정하였다.
② (나) – 북한 정부가 수립되었다.
③ (다) – 김구 · 김규식이 남북협상을 위해 북한을 방문하였다.
④ (라) – 국회에서 반민족행위 처벌법을 제정하였다.

해설

연표에서 광복은 1945년 8월 15일, 모스크바 3국 외상회의는 1945년 12월, 5 · 10 총선거는 1948년 5월, 대한민국 정부 수립은 1948년 8월, 6 · 25 전쟁은 1950년 6월에 발발하였다.

④ 반민족행위 처벌법은 대한민국 정부 수립 이후 1948년 9월에 제정되었다.

① 임시정부는 조소앙의 삼균주의를 바탕으로 1941년에 건국강령을 제정하였다. 따라서 (가) 이전의 시기에 해당한다.

② 북한은 1948년 9월 9일 김일성이 내각 수상에 취임하여 조선민주주의 인민공화국의 수립을 선포함으로 정부가 수립되었다. 따라서 (라) 시기에 해당한다.

③ 김구 · 김규식의 남북협상은 1948년 4월로 5 · 10 총선거 직전이다. 따라서 (나) 시기에 해당한다.

정답 ④

096 다음 (가), (나) 운동에 대한 설명으로 가장 옳은 것은?

> (가) 마산, 서울 기타 각지의 데모는 주권을 빼앗긴 국민의 울분을 대신하여 궐기한 학생들의 순수한 정의감의 발로이며 부정과 불의에 항거하는 민족 정기의 표현이다. …… 3 · 15선거는 불법 선거이다. 공명선거에 의하여 정 · 부통령 선거를 다시 실시하라.
>
> (나) 국가의 미래요 소망인 꽃다운 젊은이를 야만적인 고문으로 죽여놓고 …… 현 정권에게 국민의 분노가 무엇인지를 분명히 보여 주고, 국민적 여망인 개헌을 일방적으로 파기한 4 · 13 호헌 조치를 철회시키기 위한 민주 장정을 시작한다.

① (가)는 유신 체제에 대한 저항이었다.

② (가)로 인해 신군부가 권력을 장악하게 되었다.

③ (나)는 대통령이 하야하는 계기가 되었다.

④ (가), (나)의 결과로 헌법이 개정되었다.

해설

(가) 4 · 19 혁명에 대한 설명이다. 4 · 19 혁명은 이승만 독재 정권에 대항하였던 민주화 운동이다. 이승만 정부는 부정과 부패, 장기 집권으로 민심을 잃은 상태에서 이승만과 이기붕을 각각 대통령, 부통령으로 당선시키고자 1960년 3월 15일 대대적인 부정선거를 자행하게 되었고, 이에 대항하여 학생과 시민들이 중심이 되어 민주화 운동이 전개되었다. 이승만 정부는 계속해서 확산되는 시위를 해산시키기 위해 계엄령을 선포하고 군대를 동원하였으나, 계엄령 아래에서도 서울 시내 대학 교수들이 이승만 대통령의 하야를 요구하는 시국 선언문을 채택 · 발표하며 국회 앞까지 행진하였고, 결국 이승만 정부는 무너지게 되었다.

(나) 6월 민주항쟁에 대한 설명이다. 1987년에는 박종철 고문치사 사건이 발생하여 반정부 국민여론이 활성화되었고, 대통령 직선제 개헌을 요구하는 전국적인 민주화 운동이 시작되었다. 이에 대해 전두환 정부는 4 · 13 호헌 조치를 발표하였고, 야당과 재야의 연합 기구인 '민주 헌법 쟁취 국민운동본부'가 박종철 고문치사 규탄과 호헌 철폐를 위한 국민 대회를 전국 주요 도시에서 개최하였다. 이러한 시위는 범국민적 반독재 민주화 투쟁으로 발전하게 되었다(6월 민주항쟁).

④ (가) 4 · 19 혁명 이후 제3차 개헌에서는 대통령 중심제에서 내각책임제로 헌법을 개정하였고(1960), (나) 6월 민주항쟁 이후 대통령 직선제와 5년 단임제의 내용을 골자로 한 개헌이 있었다(1987).

① 1972년 유신 헌법 아래에서는 통일주체국민회의에서 대통령을 간접선거로 선출하였으며, 임기 6년에 중임제한을 폐지하여 대통령 장기 집권의 발판을 마련하였다(제4공화국, 1972~1979).

② 1980년 전두환의 신군부는 비상계엄을 전국으로 확대하였고(5.17), 광주 지역에서는 비상계엄 철회 및 민주화를 열망하는 시민들의 요구가 5 · 18 민주화 운동으로 이어졌다(1980).
③ (가) 4 · 19 혁명의 결과 이승만은 하야하였다.

정답 ④

097 다음 (가)~(라)를 내용으로 하는 헌법이 적용되던 시기에 일어난 사건으로 바르게 연결한 것은?

(가) 대통령의 임기는 7년이며 중임할 수 없다.
(나) 대통령과 부통령은 국회에서 무기명 투표로 각각 선거한다.
(다) 대통령과 부통령의 임기는 4년으로 하며, 1차 중임할 수 있다. 단, 이 헌법 공포 당시의 대통령에 대하여 중임 제한을 적용하지 아니한다.
(라) 6년 임기의 대통령은 통일주체국민회의에서 선출한다.

① (가) – 남한과 북한은 함께 유엔에 가입하였다.
② (나) – 판문점에서 휴전 협정이 체결되었다.
③ (다) – 평화통일론을 주장한 진보당의 정당등록이 취소되었다.
④ (라) – 민족 통일을 위한 남북공동성명이 발표되었다.

해설
(가) 제8차 개헌(1980.10)에 대한 내용이다. 1980년 통일주체국민회의의 간선으로 전두환이 대통령에 선출되었고(1980.9) 그해 10월 개헌을 추진하여 7년 단임의 대통령을 간접 선거로 선출하는 헌법을 공포하였다.
(나) 제헌 헌법(1948.7)에 대한 내용이다. '대통령과 부통령은 국회에서 무기명 투표로 각각 선거한다.'는 내용은 제헌 헌법(1948)의 내용으로 대통령의 임기는 4년, 1회 중임이 가능하였다.
(다) 제2차 개헌(사사오입 개헌, 1954.11)에 대한 내용이다. 초대 대통령에 한하여 중임 제한을 철폐하는 내용의 개헌은 사사오입 개헌이다. 또한, 대통령 유고시 부통령에게 지위 승계권과 국무총리제도의 폐지 등도 개헌안에 포함되었다.
(라) 제7차 개헌(유신 헌법, 1972.12)에 대한 내용이다. 중임 제한의 폐지, 통일주체국민회의에서 간선제로 선출하는 임기 6년의 대통령을 내용으로 담고 있다.
③ 평화통일론을 주장한 진보당의 정당등록이 취소된 것은 1958년이다. (다) 제2차 헌법이 적용되었던 시기에 있었던 사건이다.
① 노태우 정부에서 남북한이 유엔에 동시 가입하였으며(1991) 제9차 헌법이 적용되던 시기이다. 유엔 가입국은 자동으로 국제노동기구(ILO)에 가입되었다(1991).
② 이승만 정권 당시 1953년 7월 27일에 판문점에서 국제연합군 총사령관 클라크와 북한군 최고 사령관 김일성, 중공 인민 지원군 사령관 펑더화이가 최종적으로 서명함으로써 휴전협정이 체결되었다.
④ 박정희 정권 당시 1972년 7월 4일 오전 10시에 남북이 공동으로 발표한 7 · 4 남북공동성명은 자주 · 평화 · 민족적 대단결이라는 통일 원칙에 합의한다는 것으로 이를 실천하기 위해 남북조절위원회를 설치하였다. 제6차 헌법이 적용되던 시기이다.

정답 ③

098 (가)가 발표된 시점과 (나)가 발표된 시점 사이에 있었던 사실로 가장 적절하지 않은 것은?

> (가) 첫째, 통일은 외세에 의존하거나 외세의 간섭을 받음이 없이 자주적으로 해결하여야 한다.
> 둘째, 통일은 서로 상대방을 반대하는 무력행사에 의거하지 않고 평화적인 방법으로 실현하여야 한다.
> 셋째, 사상과 이념, 제도의 차이를 초월하여 우선 하나의 민족으로서 민족적 대단결을 도모하여야 한다.
>
> (나) **제1조** 남과 북은 서로 상대방의 체제를 인정하고 존중한다.
> **제4조** 남과 북은 상대방을 파괴 · 전복하려는 일체 행위를 하지 아니한다.
> **제15조** 남과 북은 민족 경제의 통일적이며 균형적인 발전과 민족 전체의 복리 향상을 도모하기 위하여 자원의 공동 개발, 민족 내부 교류로서의 물자 교류, 합작 투자 등 경제 교류와 협력을 실시한다.

① 6 · 23 평화통일 외교정책선언이 발표되었다.
② 통일을 위한 남측의 연합제안과 북측의 낮은 단계의 연방제안의 공통성을 인정하는 선언을 발표하였다.
③ 남북한이 동시에 유엔에 가입하였다.
④ 분단 이후 최초로 남북한 이산가족의 상봉이 실현되었다.

해설
제시문의 (가)는 7 · 4 남북공동성명(1972)이고, (나)는 남북기본합의서(1991.12)이다.
② 통일을 위한 남측의 연합제안과 북측의 낮은 단계의 연방제안의 공통성을 인정한 것은 6 · 15 남북공동선언(2000)이다.
① 6 · 23 평화통일 외교정책선언은 1973년에 발표되었다.
③ 남북한이 동시에 유엔에 가입한 때는 1991년 9월이다.
④ 분단 이후 최초로 남북한 이산가족의 상봉이 실현된 때는 1985년이다.

정답 ②

099 다음 사실들을 시기순으로 바르게 나열한 것은?

> ㄱ. 남북이 유엔에 동시 가입하였다.
> ㄴ. 분단 후 처음으로 금강산 관광 사업이 실현되었다.
> ㄷ. '남북 사이의 화해와 불가침 및 교류 · 협력에 관한 합의서'가 체결되었다.
> ㄹ. 북한 핵시설 동결과 경수로 발전소 건설 지원 등을 명시한 '북 · 미 제네바 기본 합의서'가 채택되었다.

① ㄱ → ㄴ → ㄷ → ㄹ
② ㄱ → ㄷ → ㄹ → ㄴ
③ ㄷ → ㄱ → ㄹ → ㄴ
④ ㄷ → ㄹ → ㄱ → ㄴ

해설

ㄱ. 남북 유엔 동시 가입(1991.9) → ㄷ. 남북 사이의 화해와 불가침 및 교류 · 협력에 관한 합의서(남북기본합의서) 체결(1991.12) → ㄹ. 북 · 미 제네바 기본 합의서 채택(1994.10) → ㄴ. 금강산 관광 사업 실현(1998.11)

정답 ②

100 밑줄 친 '시기'에 있었던 사실에 대한 설명으로 옳은 것은?

> 제1차 경제 개발 5개년 계획을 시행할 무렵에 우리나라 정부는 국내에서 산업 개발 자금을 확보하려 하였다. 이에 통화 개혁을 실시했으나 목적을 달성하지 못했고, 결국 외국 차관을 들여왔다. 이러한 배경 속에서 섬유 · 가발 등의 수출 산업이 육성되었다. 제2차 경제 개발 5개년 계획이 적용된 때에는 화학, 철강 산업에 대한 투자도 이루어졌다. 이 두 차례의 경제 개발 계획이 시행된 시기에 수출주도 성장 전략이 자리를 잡았다.

① 경부 고속 국도가 건설되었다.
② 금융 실명제가 전격적으로 실시되었다.
③ 경제 협력 개발 기구(OECD)에 가입하였다.
④ 연간 수출 총액이 늘어나 100억 달러를 돌파하였다.

해설

제시문에서 '이 두 차례의 경제 개발 계획이 시행된'을 통해 제1차와 제2차 경제 개발 계획이 시행되던 시기를 알 수 있으며, 이 시기는 제3공화국 시절인 유신 이전 박정희 정부 시기임을 알 수 있다. 제1차 경제 개발 계획은 1962~1966년, 제2차 경제 개발 계획은 1967~1971년까지 시행되었다.

① 제2차 경제 개발 시기인 1970년 8월에 경부 고속 국도가 개통되었다.
② 금융 실명제는 1993년 김영삼 정부 때 실시되었다.
③ 우리나라는 1996년 김영삼 정부 때 경제 협력 개발 기구(OECD)에 가입하였다.
④ 유신 체제의 박정희 정부 때 수출 100억 달러를 돌파하였다(1977).

정답 ①

MEMO

제3과목

사회

사회 예상문제

01 정치와 법

001 다음은 근대 정치사상가 갑과 을의 주장이다. 이들의 견해에 대한 진술로 옳은 것은?

> 갑 : 인간은 자유롭게 태어났지만 어디에서나 쇠사슬에 얽매여 있다. 따라서 인간은 자유와 평등을 제도적으로 보장받기 위하여 계약을 통해 일반의지에 입각한 국가를 구성한다.
> 을 : 자연상태에서 인간은 만인에 대한 만인의 투쟁으로 인하여 야수적이며 단명하는 삶을 영위한다. 이러한 상태에서 벗어나기 위하여 인간은 자신의 권리를 양도하는 계약을 맺고 국가를 수립한다.

① 갑 : 일반의지는 소수의 이익을 대변한다.
② 갑 : 이상적인 정치형태는 입헌군주정이다.
③ 을 : 국가는 수단이 아니라 목적이다.
④ 을 : 정치권력의 정당성은 구성원의 동의에 근거한다.

해설
갑은 루소, 을은 홉스의 사회계약설에 대한 내용이다.
④ 사회계약설은 국가의 정치권력의 정당성이 구성원의 동의에 근거한다고 주장한다.
① 루소가 말하는 일반의지는 공동체의 이익을 대변하는 것이다.
② 루소는 직접민주정치를 주장하였다.
③ 사회계약설은 국가를 기본권 실현의 수단으로 본다.

정답 ④

더 알아보기

사회계약설

구분	홉스	로크	루소
인간의 본성	성악설	환경, 선택에 따라 결정	성선설
자연상태	만인의 만인에 대한 투쟁 상태	극단적 투쟁은 없으나 갈등 상존	자유와 평등 존재
사회계약의 형태	전부 양도설	일부 양도설	양도 불가설
주권이론	군주주권론	국민주권론 (대의제)	국민주권론 (직접 민주주의)
국가형태	절대군주국 (전제군주 정치)	입헌군주국 (대의 민주 정치)	민주공화국 (직접 민주 정치)
저항권	인정하지 않음	인정	언급 없음

002 다음 문서에 대한 설명으로 옳은 것은?

- 국왕은 의회의 동의를 받지 않고 왕권으로 법의 효력을 정지하거나 법의 집행을 정지할 수 있는 권력이 있다는 주장은 위법하다.
- 국왕에게 청원을 하는 것은 국민의 권리이므로 청원을 했다고 해서 구금하거나 박해를 가하는 것은 위법이다.
- 의원 선거는 자유롭게 이루어져야 한다.

① 프랑스 인권 선언의 영향을 받았다.
② 봉건제의 모순을 극복하고 신분제 타파의 계기가 되었다.
③ 전제군주제에서 입헌군주제로 변화하는 기틀을 마련하였다.
④ 보통선거와 평등선거의 원칙을 제시하였다.

해설

제시문은 영국의 명예혁명의 결과물인 권리장전이다.
③ 명예혁명으로 인해 영국은 입헌군주제 및 의회 정치의 기반을 다지게 되었다.
① 명예혁명(1688년)이 프랑스 혁명(1789년)보다 먼저 발생하였다. 따라서 프랑스 인권 선언의 영향을 받을 수 없다.
② 영국의 명예혁명으로 신분제가 타파된 것은 아니다.
④ 영국의 보통선거는 5차 선거법 개정이 이루어진 1928년에 이루어진다.

정답 ③

003 다음 표는 시대별 민주 정치의 일반적인 특징을 나타낸 것이다. (가)~(다)에 대한 설명으로 옳은 것은? (단, (가)~(다)는 각각 고대 아테네, 근대, 현대 민주 정치 중 하나이다)

질문	답변		
	(가)	(나)	(다)
보통 선거권이 보장되는가?	아니요	아니요	예
대의제를 바탕으로 정치가 이루어지는가?	예	아니요	예

① (가)에서는 공직자를 추첨이나 윤번제 등으로 충원하였다.
② (나)에서는 입헌주의와 직접 민주주의가 시행되었다.
③ 영국의 차티스트 운동은 (나)에서 (가)로 발전하는 데 기여하였다.
④ (다)에서는 (가)에서와 달리 여성의 참정권을 인정하였다.

해설
(가)는 근대 민주 정치, (나)는 고대 아테네, (다)는 현대 민주 정치이다.
④ 여성 참정권은 (다) 현대 민주 정치에서 인정되었다.
① 공직자를 추첨이나 윤번제 등으로 충원하는 것은 (나) 고대 아테네 민주 정치이다.
② (나) 고대 아테네는 직접 민주주의이다. 하지만 입헌주의는 시민 혁명 이후에 나타났다.
③ 영국의 차티스트 운동은 (가) 근대 민주 정치에서 (다) 현대 민주 정치로 발전하는 데 기여하였다.
정답 ④

004 (가)와 (나)는 서로 다른 유형의 법치주의이다. 이에 대한 설명으로 옳은 것은?

(가) 법을 통치자의 의사를 실현하는 도구나 수단으로 사용할 수 있다는 점에서 진정한 의미의 법치주의라고 볼 수 없다. 절대 왕정 시대의 법은 곧 왕의 의지를 의미하였고 중국의 법가 사상은 법을 전제 군주의 통치 수단으로 보았다.
(나) 누구도 법과 동등한 권위를 지닐 수 없고, 통치자를 비롯한 모든 사람이 법에 종속된다는 의미를 지니므로 진정한 의미의 법치주의에 해당한다. 여기서 법은 국민의 대표 기관인 의회를 통해 법률로 구체화되므로, 법은 곧 국민의 뜻으로 보았다.

① (가)의 논리는 독재 정부의 지배를 정당화할 수 있다.
② (나)의 논리는 '악법도 법이다.'라는 주장을 지지한다.
③ (가)는 자연법 사상, (나)는 실정법 사상에 입각한 것이다.
④ (가)와 (나)는 모두 정치권력의 합법성과 정당성을 강조한다.

해설

(가)는 형식적 법치주의, (나)는 실질적 법치주의이다.

① (가) 형식적 법치주의는 통치의 합법성만을 강조하는 것으로 독재 정치를 정당화할 수 있다.

② "악법도 법이다."는 법의 제정만 적법하다면 그 내용을 문제 삼지 않는다는 것으로 (가) 형식적 법치주의에 해당한다.

③ 정의에 부합하는 (나) 실질적 법치주의가 자연법 사상에 입각한 것이다.

④ (가) 형식적 법치주의와 (나) 실질적 법치주의 모두 정치권력의 합법성을 강조한다. 하지만 정당성을 강조하는 것은 (나) 실질적 법치주의이다.

정답 ①

005 다음에 제시된 자료와 관련된 설명으로 가장 옳은 것은?

제1조 라이히 법률은 라이히 헌법이 규정하고 있는 절차에 의하는 외에, 라이히 정부에 의해서도 의결될 수 있다.

제2조 라이히 정부가 의결하는 법률에는 라이히 헌법과는 다른 규정을 둘 수 있다.

– 1933년 3월 24일, 국민 및 국가의 위기 극복에 관한 법률 –

① 실질적 법치주의에 대한 설명이다.

② 국민의 자유와 권리 보장이 목적이었다.

③ 사법권의 독립, 탄핵 심판 제도 등은 위 법률과 관계 깊은 제도이다.

④ 통치의 합법성만을 강조하였고, 독재자의 전제를 견제할 수 없었다.

해설

④ 형식적 법치주의는 통치의 합법성, 즉 의회에서의 법률 통과라는 절차만을 강조하고 법의 내용 및 입법 취지 등은 고려하지 않는 것으로 합법적 독재를 가능하게 한다. 이에 히틀러가 이끌던 독일 나치 정권처럼 통치가 합법적이기만 하면 독재 정치도 정당화될 수 있다는 논리로 악용될 수 있다.

① 수권법은 통치 절차가 법률에 근거하여 합법적이기만 하면 그 법의 목적이나 내용에 관계없이 정당화될 수 있다는 형식적 법치주의의 대표적인 예에 해당한다.

② 형식적 법치주의는 국민의 자유와 권리가 침해될 가능성이 높으며, 합법적 독재를 가능하게 한다.

③ 사법권의 독립과 탄핵 심판 제도, 위헌법률심판 등은 실질적 법치주의의 내용이다.

정답 ④

006 다음 법치주의와 민주 정치의 관계에 대한 설명으로 가장 적절한 것은?

> 민주 국가에서 권력 행사의 근거가 되는 법률은 국민의 대표로 구성된 입법부에서 제정하므로 국민의 의사는 입법부를 통해 법률로 구체화된다. 따라서 국민의 의사인 법률에 의거한 지배는 국민의 지배이므로 법치주의는 민주 정치를 실현하는 구체적 방식이다.

① 민주 정치와 법치주의는 상호 보완적인 관계에 있다.
② 법치주의는 민주 정치 이념보다 우선하는 가치이다.
③ 민주 정치를 통해서만 법치주의의 실현이 가능하다.
④ 민주 정치의 이념은 법을 통해서만 보장받을 수 있다.

해설
① 민주 국가에서 권력 행사의 근거가 되는 법률은 국민의 대표로 구성된 입법부에서 제정하므로 국민의 의사는 입법부를 통해 법률로 구체화된다. 따라서 국민의 의사인 법률에 의거한 지배는 국민의 지배이므로 법치주의는 민주 정치를 실현하는 구체적 방식이다. 즉 민주 정치와 법치주의는 상호 보완적인 관계로, 민주 정치의 발전 과정이 곧 법치주의의 확립 과정이다.
② 법치주의는 민주 정치의 이념보다 우선하는 것이 아니라 민주 정치 이념을 실현하기 위한 수단이 된다.
③ 법치주의는 합법적이라는 명분으로 독재를 정당화할 수도 있으므로 민주 정치를 통해서만 실현되는 것은 아니다.
④ 형식적 법치주의의 경우 합법적 독재를 가능하게 하여 민주주의의 이념을 보장받지 못하는 경우가 나타나기도 한다.

정답 ①

007 알몬드(Gabriel Almond)와 버바(Sidney Verba)의 정치문화에 대한 설명으로 옳은 것은?

① 향리형 혹은 신민형 정치문화에서는 시민들이 정책 결정 과정에 참여하려는 의지가 약하다.
② 향리형 정치문화에서는 시민들이 지역뿐만 아니라, 지역을 초월한 국가의 정치 체제를 인식할 수 있다.
③ 신민형 정치문화에서는 시민들이 정부의 권위에 쉽게 복종하지 않는 새로운 유형의 민주적 정치문화가 나타난다.
④ 참여형 정치문화에서는 시민들이 정치 과정의 투입에 활발하게 참여하지만, 정치적 대상에 대한 비판과 지지가 불분명한 경우가 많다.

해설
① 향리형과 신민형 정치문화는 모두 정치 과정의 투입 기능에 대한 인식이 약하다.
② 향리형 정치문화는 정치 체제에 대한 인식이 약하다.
③ 신민형 정치문화는 정치 체제와 산출에 대한 인식이 있으며 권위주의 체제에서 흔히 발견된다.
④ 참여형 정치문화는 시민들이 정치 주체로서의 인식이 강하며, 정치적 대상에 대한 요구와 지지가 분명한 경우가 많다.

정답 ①

008 다음의 자료는 갑(甲)국의 t기와 t+1기의 선거 결과를 나타낸 것이다. 이에 대한 분석 및 추론으로 가장 옳은 것은?(단, 갑국은 전형적인 대통령제 국가이다)

구분	t기	t+1기
A당	40%	60%
B당	32%	37%
C당	25%	2%
기타	3%	1%

※ 두 시기 모두 행정부 수반은 A당 소속임

① t기에 비해 t+1기에는 다수당의 횡포가 감소할 것이다.
② t+1기와 달리 t기에는 연립 정부가 구성되었을 것이다.
③ t기에 비해 t+1기에는 행정부 수반의 법적 권한이 많아졌을 것이다.
④ t+1기에 비해 t기에는 국민의 다양한 의견이 국정에 반영될 가능성이 클 것이다.

해설
전형적인 대통령제 국가라는 전제에서 t기는 A당이 다수당이나 과반수를 넘지 못했으므로 일종의 여소야대 상태로 볼 수 있다.
④ t기는 t+1기와 달리 A당이 과반수를 확보하지 못한 상태이다. 때문에 다른 당과의 협의를 통해서 법률안 등을 만들어야 하는데 이 경우 각 정당에서 모인 국민의 다양한 의견이 국정에 반영될 가능성이 크다.
① t+1기는 A당이 과반수 이상의 의석을 확보했기 때문에 법률안 제정과 개정을 단독으로 진행할 수 있는 상태가 되었다. 따라서 다수당의 횡포가 t기에 비해 증가할 것이다.
② 만약 갑국이 의원내각제였다면 제시된 표의 t기는 과반수를 확보한 정당이 없으므로 연립 정부가 구성되었을 것이다. 그러나 전제로 설정된 전형적인 대통령제 국가에서는 연립 정부가 구성되지 않는다.
③ 대통령제에서 행정부 수반의 권한은 대통령에게 있고, 법적 권한의 범위는 헌법이 정하고 있다. 따라서 대통령이 속한 정당인 A의 의석 비율이 늘어났다고 해서 대통령의 법적 권한이 늘어나지는 않는다.

정답 ④

009 다음의 국가들은 전형적인 대통령제와 의원내각제를 각각 채택하고 있다. 이에 대한 설명으로 옳지 않은 것은?

> 갑국 : 국민의 직접선거로 선출된 행정부 수반인 A가 행정부 각료를 임명하였다.
> 을국 : B가 수반으로 있는 내각이 의회의 불신임의결로 총사퇴하였다.

① A는 국가원수로서의 지위를 가진다.
② B는 의회에서 통과된 법률안에 대한 거부권이 있다.
③ 갑국과 달리 을국의 의회 의원은 내각의 각료를 겸할 수 있다.
④ 갑국의 정부 형태는 권력 분립형이고 을국은 권력 융합형이다.

해설

갑국은 대통령제, 을국은 의원내각제이다.

② 법률안 거부권은 대통령제에 해당한다. 의원내각제의 경우 법률안 거부권이 없고, 내각의 법률안 제출권이 있다.

① 대통령제의 대통령은 행정부 수반이자 국가원수이다.

③ 의원과 각료의 겸직이 가능한 것은 의원내각제이다.

④ 대통령제는 권력 분립형 정부 형태이고, 의원내각제는 권력 융합형 정부 형태이다.

정답 ②

010 표는 대표 선출 방식 A~C를 나타낸 것이다. 이에 대한 설명으로 옳은 것은?(단, A~C는 각각 다수대표제, 소수대표제, 비례대표제 중 하나이다)

질문 \ 대표 선출 방식	A	B	C
각 정당의 유효 득표 비율에 따라 의석을 배분하는가?	예	아니요	아니요
소수당의 의회 진출 가능성을 높일 수 있는가?	예	아니요	예

① A는 B에 비해 선거 절차와 방법이 복잡하다.

② B는 A에 비해 정당 득표율과 의석률 간의 차이가 적다.

③ B는 C와 달리 다당제를 촉진한다.

④ C는 B에 비해 사표가 많이 발생한다.

해설

A는 비례대표제, B는 다수대표제, C는 소수대표제이다.

① 비례대표제는 선거구의 규모, 입후보 방식, 선거인의 투표 방법, 유효 투표의 의석 배분 등에 따라 다양한 방식이 존재한다. 이에 절차가 복잡하여 당선인의 결정까지 어려움이 있다. 반면 다수대표제는 한 선거구에서 최다 득표자 한 명만이 당선되기 때문에 선거 절차와 방법이 간단하다. 따라서 일반적으로 비례대표제(A)가 다수대표제(B)에 비해 선거 절차와 방법이 복잡하다.

② 득표율과 의석률 간의 차이가 적은 것, 즉 비례성이 높은 제도는 비례대표제(A)이다.

③ 소수대표제(C)는 최다 득표를 하지 않더라도 당선의 가능성이 있으므로 상대적으로 소수파의 의회 진출에 유리하여 다당제를 촉진하게 된다. 다수대표제(B)는 한 선거구에서 최다 득표를 해야 당선이 될 수 있으므로 상대적으로 거대 정당에게 유리하여 양당제를 촉진하는 경향이 있다.

④ 다수대표제는 최다 득표를 한 후보 이외의 후보에게 투표한 유권자의 표는 모두 사표가 된다. 반면, 소수대표제는 한 선거구에서 복수의 후보가 당선되므로 최다 득표를 한 후보 이외의 후보에게 투표한 유권자의 표도 당선에 기여할 수 있는 가능성이 있기 때문에 사표가 상대적으로 적게 발생한다. 따라서 사표가 많이 발생하는 것은 다수대표제(B)의 특징이다.

정답 ①

011 다음 표는 1인 2표제를 시행하고 있는 A국의 의원 선거 결과이다. A국의 선거 및 정당제도에 대한 일반적인 추론으로 옳은 것은?(단, 지역구는 단순 다수대표제에 의해, 비례대표는 정당의 총 득표수에 비례해서 당선자가 결정된다)

구분	지역구		비례 대표	
전국	선거구 수	의원 정수	선거구 수	의원 정수
	500	500	1	50

① 지역구 선거에서는 현직 의원보다 정치 신인의 당선 가능성이 더 높다.

② 정당별 총 의석수가 정당 득표율만으로 결정된다.

③ 다당제보다 양당제일 가능성이 더 높다.

④ 지역구 의원은 결선 투표로 선출된다.

해설

③ 단순 다수대표제는 양당제 형성을 촉진한다.

① 지역구 선거는 단순 다수대표제이다. 단순 다수대표제는 정치 신인에게 불리하다.

② 정당별 총 의석은 지역구 의석과 비례대표 의석으로 구성된다.

④ 단순 다수대표제는 한 표라도 더 많은 1위 후보자가 당선되는 것이다. 결선 투표는 절대 다수대표제이다.

정답 ③

012 다음은 갑국의 2017년 국회의원선거 결과이다. 이에 대한 설명으로 옳지 않은 것은?

〈지역구 당선자 수 및 정당 득표율〉

정당	지역구 당선자 수(명)	정당 득표율(%)
A	98	43
B	42	32
C	24	15
D	36	10

<조 건>

- A, B, C, D 소속 후보들만 국회의원선거에 참가하였다.
- 1인 2표제를 통하여 지역구 의원 200명과 비례대표 의원 100명을 선출하였다.
- 지역구별로 최소 2명에서 최대 4명까지 득표가 많은 순으로 당선자를 확정하였다.
- 정당 득표율에 비례하여 비례대표 의석을 배분하였으며, 정당 득표율은 소수점 첫째 자리에서 반올림하여 산정하였다.

① 2017년 갑국의 지역구 국회의원선거 선거구제는 2014년 우리나라 지역구 기초의회선거 선거구제와 동일하다.

② 2017년 갑국의 지역구 국회의원선거 선거구제는 2016년 우리나라 지역구 국회의원선거 선거구제에 비해 군소정당이 의석을 확보하는 데 더 유리하다.

③ 2017년 갑국의 국회의원선거에서 A~D 중 어느 정당도 과반수 의석을 차지하지 못하였다.

④ 2017년 갑국의 국회의원선거에서 B와 D의 지역구 의석 점유율 합은 B와 D의 정당 득표율 합보다 더 크다.

해설

④ 2017년 갑국의 국회의원선거에서 B당의 지역구의 의석 점유율은 21%(200석 중 42석), D당의 지역구 의석 점유율은 18%(200석 중 36석)이고, 이들의 합은 39%이다. 따라서 B당과 D당의 정당 득표율의 합인 42%보다 작다.

① 세 번째 조건에서 갑국의 지역구 국회의원선거 선거구제는 중선거구제임을 알 수 있고, 이는 2014년 우리나라 지역구 기초의회선거 선거구제와 동일하다.

② 2017년 갑국은 중선거구제이고, 2016년 우리나라 지역구 국회의원선거 선거구는 소선거구제이다. 중선거구제는 소선거구제보다 군소정당이 의석수를 확보하는 데 유리하다.

③ A~D 중 의석수를 가장 많이 확보한 A당은 지역구 98석, 정당 득표율에 따른 43석을 합한 141석을 차지했고 이는 과반수에 미치지 못한다.

정답 ④

013 선거구 제도에 대한 설명으로 옳지 않은 것은?

① 소선거구제는 대표 결정 방식 중 다수대표제와 결합하여 시행되는 것이 일반적이다.
② 우리나라는 국회의원 지역구 선거, 지방자치단체장 및 기초의회의원 선거에서 소선거구제를 적용하고 있다.
③ 소선거구제는 중 · 대선거구제에 비해 선거 비용이 적게 들고, 인기가 높은 후보나 주요 정당 후보에게 유리할 수 있다.
④ 소선거구제는 중 · 대선거구제에 비해 사표(死票)가 많이 발생할 수 있으며, 정당 득표율과 정당 의석률의 불일치가 심화될 수 있다.

해설
② 우리나라는 국회의원 지역구 선거, 지방자치단체장, 광역의회의원 선거에서 소선거구제를 적용하고 있다. 기초의회의원 선거는 2~4명을 선출하는 중선거구제를 적용하고 있다.
① 일반적으로 소선거구제는 다수대표제와 결합하여 시행된다.
③ 소선거구제는 선거 비용이 적게 들고, 인기가 높은 후보나 기존 대정당 후보에게 유리할 수 있다.
④ 소선거구제는 사표(死票)가 가장 많이 발생하는 선거 제도로, 정당 득표율과 정당 의석률의 불일치가 심화되는, 즉 비례성이 낮은 선거구 제도이다.

정답 ②

014 밑줄 친 (가), (나)에 대한 설명으로 가장 옳은 것은?

영국 총선이 단독 과반을 얻은 보수당의 압승으로 끝난 가운데 영국의 군소 정당들이 선거 제도 개혁을 촉구하였다. 대부분의 유럽 국가들은 (가) 비례대표 선거 제도를 채택하고 있지만, 영국의 선거 제도는 (나) 각 지역구에서 1표라도 더 많은 표를 획득한 후보가 당선되는 시스템이다. 영국의 군소 정당 중 하나인 UKIP(영국 독립당)는 지난 7일 치러진 총선에서 전국적으로 400만 표(13%의 득표율)를 얻어 보수당과 노동당에 이어 3위를 차지했지만, 전체 650개 의석 중 단 1석을 얻는 데 그쳤다.

① (가)를 통해 우리나라 국회의원, 광역지방자치단체의 장이 선출된다.
② (가)는 군소 정당들의 국회 진출에 부정적 영향을 미친다.
③ (나)는 사회의 다원적인 정치적 의사를 충분히 반영한다.
④ (가)보다 (나)에서 사표 발생 가능성이 더 높다.

해설

(가)는 비례대표제, (나)는 상대 다수대표제이다.

④ 사표 발생의 가능성이 높은 것은 상대 다수대표제이다.

① 우리나라 국회의원은 지역구 소선거구제 · 상대 다수대표제와 전국구 비례대표제로 선출되며, 광역지방자치단체장은 상대 다수대표제로 선출된다.

② 비례대표제는 군소 정당들의 국회 진출에 유리한 선거 제도이다.

③ 1표라도 많은 표를 획득한 후보가 당선되는 시스템은 상대 다수대표제이다. 상대 다수대표제는 사회의 다양한 의사를 반영하는 데 어려움이 있다.

정답 ④

015 다음은 2010년 우리나라 어느 선거구의 기초의원 선거 개표 결과이다. 이 표에 나타난 선거구제에 대한 설명으로 옳은 것은?

선거인 수	투표 수	결과	당선	당선	3등	4등	5등
		후보자	송OO	김OO	김OO	나OO	박OO
39,899	22,375	득표수	6,451	5,383	4,810	3,099	1,348
		득표율(%)	28.83	24.06	21.50	13.85	6.02

※ 6등 이하는 생략함

① 정당에 대한 투표율과 의석 비율이 일치하도록 만든 제도이다.

② 국회의원 선거도 동일한 선거구제를 운용하고 있다.

③ 광역의원 선거보다 사표(死票)가 줄어든다.

④ 절대 다수대표제와 연결된 선거구제이다.

해설

우리나라의 기초의원 선거는 중선거구제이다.

③ 광역의원 선거의 경우 소선거구제이다. 일반적으로 소선거구제가 중선거구제에 비해 사표가 많이 발생한다.

① 정당에 대한 투표율과 의석 비율이 일치하도록 만든 제도는 비례대표 제도이다.

② 국회의원 선거는 정당 명부식 비례대표제를 통한 전국구와 소선거구제를 통한 지역구로 구성된다.

④ 중선거구제는 소수대표제이다.

정답 ③

016 우리나라 선거 제도에 대한 설명으로 옳지 않은 것은?

① 헌법에 선거 공영제를 명시적으로 규정하고 있다.
② 국회의원 선거구는 법률로 정해야 하고, 이를 중립적으로 획정하기 위해 국회에 선거구 획정위원회를 두고 있다.
③ 국회의원 선거에서는 소선거구 다수대표제 이외에 소수 의견을 존중하기 위해 정당명부식 비례대표제를 병행하여 1인 2표제를 시행하고 있다.
④ 19세 이상의 국민에게 대통령 및 국회의원의 선거권을 부여하여 보통선거 제도를 보장하고 있다.

해설
② 선거구 획정위원회의 경우 과거 국회에 두는 것이 맞으나 2015년 6월부터는 중앙선거관리위원회에 선거구 획정위원회를 두는 것으로 변경되었다.
① 대한민국 헌법 제7장 선거 관리(제114조~제116조)는 대한민국 헌법에서 선거 관리에 대해 기술하고 있는 장이다. 즉 헌법은 선거 관리에 대해 규정하고 있다.
③ 우리나라 총선은 소선거구 다수대표제의 지역구와 정당명부식 비례대표의 전국구 선거로 구성되며 1인 2표제이다.
④ 성별, 재산, 인종, 종교 등의 차별 없이 일정 연령 이상의 모든 국민에게 선거권을 부여하는 것을 보통선거라 한다.

정답 ②

017 우리나라 국회의원 선거에서의 표 등가성 원리에 대한 설명으로 옳은 것만을 모두 고른 것은?

<보 기>

ㄱ. 평등선거 원칙에 따라 일정 연령 이상의 모든 국민에게 선거권을 부여한다.
ㄴ. 게리맨더링이란 용어는 1812년 미국 매사추세츠 주지사 게리가 표 등가성 원리에 위배된 선거구를 획정한 데에서 나왔다.
ㄷ. 소선거구제에서 인구수가 선거구 간에 크게 다르다면 표 등가성 원리에 어긋날 수 있다.
ㄹ. 현행 국회의원 선출 방식에서 한 유권자가 행사하는 지역구 1표의 가치는 그가 행사하는 비례대표 1표의 가치보다 작다.
ㅁ. 표 등가성 원리에 어긋난 선거구는 헌법재판소가 다시 획정한다.

① ㄷ
② ㄷ, ㄹ
③ ㄱ, ㄷ, ㄹ
④ ㄴ, ㄷ, ㅁ

해설

표의 등가성이란 1표의 투표 가치가 대표자 선정이라는 선거의 결과에 대하여 기여한 정도에 있어서 평등해야 함을 의미한다.

ㄷ. 선거구 간 인구수 편차를 고려하는 것은 평등선거와 관련된다. 우리나라 헌법재판소는 "지역구별 인구 편차는 2대1을 넘지 않게 변경하는 것이 타당하다."라고 밝혔다.

ㄱ. 일정 연령 이상의 모든 국민에게 선거권을 부여하는 것은 보통선거의 원칙에 관한 내용이다.

ㄴ. 특정 정당이나 특정 인물에 유리하도록 자의적으로 선거구를 획정하는 것을 가리켜 게리맨더링이라고 한다. 1812년 미국의 매사추세츠 주지사였던 게리(E. Gerry)가 자기 소속 정당인 공화당에 유리하게 의원 선거구를 조정하였는데, 그리스 신화에 나온 '샐러맨더'와 같은 모양의 기형적인 선거구가 만들어진 것을 풍자하여 게리맨더링이라는 이름이 붙게 되었다. 이후 게리맨더링을 극복하기 위해 법률로 선거구를 획정하는 선거구 법정주의가 등장하였다.

ㄹ. 우리나라 비례대표는 전국을 단위로 투표하며 47명의 국회의원이 선출된다. 이에 비해 지역구는 253개의 선거구에서 253명의 국회의원이 선출된다. 따라서 현행 국회의원 선출 방식에서 한 유권자가 행사하는 지역구 1표의 가치는 그가 행사하는 비례대표 1표의 가치보다 크다.

ㅁ. 우리나라 국회의원 선거구 획정은 중앙선거관리위원회 산하 국회의원 선거구 획정위원회에서 이루어진다.

정답 ①

018 우리나라의 정당 제도에 대한 설명으로 옳지 않은 것은?

① 정당은 공직 선거에 참여하거나 여론을 형성하고 주도하는 등 국민의 정치적 의사 형성에 참여할 수 있다.

② 정당의 목적이나 활동이 민주적 기본 질서에 위배될 때에는 국회는 헌법재판소에 정당의 해산을 제소할 수 있다.

③ 정당은 법률이 정하는 바에 의하여 그 운영에 필요한 자금을 국가로부터 보조받을 수 있다.

④ 정당의 설립은 자유이고, 복수 정당제는 헌법에서도 보장된다.

해설

② 헌법재판소에 정당의 해산을 제소할 수 있는 기관은 정부이다.

① 정당은 후보자 공천 등을 통해 공직 선거에 참여하고, 여론 형성을 통해 국민의 정치적 의사 형성에 참여할 수 있다.

③ 「정치자금법」 제25조에 따라 국가는 정당에 대한 보조금으로 최근 실시한 임기 만료에 의한 국회의원 선거의 선거권자 총수에 보조금 계상 단가를 곱한 금액을 매년 예산에 계상하여야 한다. 이 경우 임기 만료에 의한 국회의원 선거의 실시로 선거권자 총수에 변경이 있는 때에는 당해 선거가 종료된 이후에 지급되는 보조금은 변경된 선거권자 총수를 기준으로 계상하여야 한다.

④ 헌법 제8조 제1항에 따르면 정당의 설립은 자유이며, 복수 정당제는 보장된다.

정답 ②

019 다음의 헌법 조항에 나타난 헌법의 기본원리를 실현하기 위한 방안에 해당하는 것만을 〈보기〉에서 모두 고른 것은?

> 제1조
> ① 대한민국은 민주 공화국이다.
> ② 대한민국의 주권은 국민에게 있고, 모든 권력은 국민으로부터 나온다.

> **〈보 기〉**
> ㄱ. 선거권과 공무담임권의 보장
> ㄴ. 언론 · 출판 · 집회 · 결사의 자유 보장
> ㄷ. 대의제의 채택
> ㄹ. 최저임금제의 실시

① ㄱ, ㄴ
② ㄷ, ㄹ
③ ㄱ, ㄴ, ㄷ
④ ㄴ, ㄷ, ㄹ

해설
제시문에 나타난 헌법의 기본원리는 국민 주권주의이다.
ㄱ. 선거권과 공무담임권의 보장은 국민 주권을 실현하기 위한 제도이다.
ㄴ. 언론 · 출판 · 집회 · 결사의 자유는 국민 주권을 실현하기 위한 제도이다.
ㄷ. 대의제의 채택은 국민 주권주의를 실현하기 위한 제도이다.
ㄹ. 최저임금제 실시는 복지 국가의 원리를 실현하기 위한 제도이다.

정답 ③

020 다음 법률 조항에서 강조되는 우리나라 헌법의 기본원리에 대한 설명으로 옳은 것은?

> • 이 법은 환경 보전에 관한 국민의 권리 · 의무와 국가의 책무를 명확히 하고 환경 정책의 기본 사항을 정하여 환경오염과 환경 훼손을 예방하고 환경을 적정하고 지속 가능하게 관리 · 보전함으로써 모든 국민이 건강하고 쾌적한 삶을 누릴 수 있도록 함을 목적으로 한다.
>
> – 환경 정책 기본법 제1조 –
>
> • 이 법은 헌법에 의한 근로자의 단결권 · 단체 교섭권 및 단체 행동권을 보장하여 근로 조건의 유지 · 개선과 근로자의 경제적 · 사회적 지위의 향상을 도모하고, 노동관계를 공정하게 조정하여 노동 쟁의를 예방 · 해결함으로써 산업 평화의 유지와 국민 경제의 발전에 이바지함을 목적으로 한다.
>
> – 노동조합 및 노동관계 조정법 제1조 –

① 국가로부터의 자유를 실현하기 위한 원리이다.
② 실질적 평등보다 형식적 평등을 실현하기 위한 것이다.
③ 국가가 문화 활동의 자유를 보장해야 한다는 원리이다.
④ 모든 국민의 인간다운 생활을 보장하기 위한 국가의 적극적인 역할을 강조한다.

해설

제시된 글에 나타난 헌법의 기본원리는 복지 국가의 원리이다.
④ 국민의 인간다운 생활을 보장하기 위해 국가의 적극적인 역할을 강조하는 것은 복지 국가의 원리에 해당한다.
① 국가로부터의 자유는 자유권을 의미한다.
② 복지 국가의 원리는 실질적 평등을 실현하기 위한 것이다.
③ 국가가 문화 활동의 자유를 보장해야 한다는 원리는 문화 국가의 원리이다.

정답 ④

021 기본권에 대한 설명 중 가장 적절한 것은?

① 평등권이란 선천적 · 후천적 차이를 인정하는 상대적 · 비례적 평등을 보장받을 권리이다.
② 자유권은 가장 역사가 오래된 기본권으로, 국가에 대해 구체적인 것을 요구하는 적극적 성격의 권리이다.
③ 참정권은 다른 기본권과는 달리 국가 의사 결정에 참여할 수는 있지만 국가 기관의 구성에는 참여할 수 없는 수단적 권리이다.
④ 사회권은 사회 내에서 인간의 존엄을 지키기 위해 최소한의 생활 유지에 필요한 조건을 요구할 수 있는 소극적 권리이다.

해설

① 평등권은 국가에 대하여 합리적인 이유 없이 불평등한 대우를 받지 않고, 정의의 관점에서 평등한 대우를 요구할 수 있는 권리이다. 평등이란 일체의 차별적 대우를 부정하는 절대적 · 형식적 평등이 아니라, 각 사람이 처한 상황이나 여건이 다르면 그 차이에 따라 적절하게 대우해 주는 상대적 · 실질적 평등을 의미한다. 즉, 평등권은 무조건적 평등이 아닌 선천적 · 후천적 차이를 인정하는 상대적 · 비례적 평등을 보장받을 권리이다.
② 자유권은 역사적으로 가장 오래된 기본권이지만 소극적 · 방어적 성격의 권리이다. 자유권은 국가에 대해 무엇인가를 적극 요구하는 것이 아니라 국가 권력이 행사되지 않음으로써 보장되는 소극적 권리이다.
③ 참정권은 국민이 국가의 정치 과정에 참여할 수 있는 능동적 권리이다. 수단적 권리는 국가나 개인에 의하여 기본권이 침해당했을 때, 이를 구제받을 수 있도록 하는 기본권으로, 기본권 보장을 위한 기본권인 청구권을 의미한다.
④ 사회권은 모든 사회 구성원들에게 최소한의 인간다운 생활을 보장하고 실질적 평등을 누릴 수 있도록 하는 기본권이다. 이는 국가에 적극적으로 요구할 수 있는 권리이다.

정답 ①

022 **헌법상 기본권에 대한 설명으로 옳지 않은 것은?**

① 국민의 기본권을 제한하는 경우에도 기본권의 본질적인 내용을 침해할 수 없다.
② 과잉금지의 원칙에서 수단의 적합성을 충족하지 못하더라도 침해의 최소성과 법익의 균형성을 충족한 국가작용은 합헌적인 국가작용이다.
③ 국민의 자유와 권리는 헌법에 열거되지 아니한 이유로 경시되지 아니한다.
④ 참정권은 국정에 참여할 수 있는 능동적 권리로 선거권, 공무담임권 등이 이에 속한다.

해설

② 헌법 제37조 제2항에서 기본권 제한의 수단으로 비례원칙을 규정하고 있으며, 헌법재판소는 비례원칙의 내용으로 목적의 정당성, 방법의 적정성, 침해(피해)의 최소성, 법익의 균형성을 들고 있다. 헌법재판소는 단계적 심사를 하며, 수단의 적합성을 충족하지 못한 경우에는 침해의 최소성과 법익의 균형성을 충족한다고 하더라도 위헌적인 국가작용에 해당한다.
① 국민의 모든 자유와 권리는 국가안전보장 · 질서유지 또는 공공복리를 위하여 필요한 경우에 한하여 법률로써 제한할 수 있으며, 제한하는 경우에도 자유와 권리의 본질적인 내용을 침해할 수 없다.
③ 국민의 자유와 권리는 헌법에 열거되지 아니한 이유로 경시되지 아니한다.
④ 참정권은 능동적인 성격을 지니며, 이에는 선거권과 피선거권(공무담임권) 등이 있다.

정답 ②

023 **다음은 어떤 기본권에 대한 설명이다. 이에 대한 옳은 설명을 〈보기〉에서 고른 것은?**

타인의 범죄 행위로 말미암아 생명을 잃거나 신체상의 피해를 입은 국민이나 그 유족이 가해자로부터 충분한 피해 보상을 받지 못한 경우에 국가에 대하여 일정한 보상을 청구할 수 있는 권리이다. 이를 정하는 이유는 국가가 범죄로부터 국민을 보호할 의무를 다하지 못하였다는 점과 그 범죄피해자들에 대한 최소한의 구제가 필요하다는 데 있다.

〈보 기〉

ㄱ. 소극적이고 방어적인 특성이 있다.
ㄴ. 명예 회복에 필요한 조치도 함께 요청할 수 있는 권리이다.
ㄷ. 실체적 권리를 실현하는 적극적 권리이다.
ㄹ. 다른 기본권이 그 자체가 목적인 것과는 달리 이 기본권은 수단적 권리이다.

① ㄱ, ㄴ ② ㄱ, ㄹ
③ ㄴ, ㄷ ④ ㄷ, ㄹ

해설

범죄피해자구조 청구권으로 청구권에 해당한다.

ㄷ. 청구권은 국민이 국가에 대하여 적극적으로 일정한 행위(작위 또는 부작위)를 청구할 수 있는 적극적 권리이다.

ㄹ. 청구권은 다른 기본권 보장을 위한 수단적 권리이다.

ㄱ. 소극적이고 방어적인 특성을 가지는 것은 자유권이다.

ㄴ. 청구권의 내용과는 관련이 없다.

정답 ④

024 (가)~(다)와 이에 해당하는 구체적인 권리가 옳게 짝지어진 것은?

> (가) 국민이 국가 권력에 의한 간섭을 받지 않을 소극적 방어권
> (나) 국민이 국가의 정치 과정에 적극적으로 참여할 수 있는 권리
> (다) 국민이 인간다운 생활을 누리기 위해 필요한 조건을 국가에 요구할 수 있는 권리

	(가)	(나)	(다)
①	집회 · 결사의 자유	손실보상 청구권	환경권
②	양심의 자유	국민투표권	교육을 받을 권리
③	언론 · 출판의 자유	근로자의 단결권	선거권
④	재판청구권	공무담임권	재산권

해설

(가)는 자유권, (나)는 참정권, (다)는 사회권에 해당한다.

② 양심의 자유는 정신적 자유로 자유권에 해당한다. 국민투표권은 참정권이며, 교육을 받을 권리는 사회권에 해당한다.

① 집회 · 결사의 자유는 자유권에 해당하며, 환경권은 사회권에 해당한다. 하지만 손실보상 청구권은 청구권이다.

③ 언론 · 출판의 자유는 자유권이다. 하지만 근로자의 단결권은 사회권이며, 선거권은 참정권의 내용이다.

④ 공무담임권은 참정권이다. 재판청구권은 청구권이며, 재산권은 자유권에 해당한다.

정답 ②

025 표는 현재 우리나라 정치에서 발생할 수 있는 정치적 쟁점에 대한 A, B 정당의 입장을 정리한 것이다. 이에 대한 설명으로 옳은 것은?

쟁점	A당 입장	B당 입장
헌법 개정 논의	시기상조이므로 반대	㉠ 개헌안 발의
㉡ OO 정책에 대한 국민투표	찬성	반대
㉢ OO법 개정안 재의	㉣ 본회의 표결 처리	국민적 합의 필요

① ㉠은 국회 재적 의원 10명 이상이 동의하면 가능하다.
② ㉡은 국회 재적 의원 2/3 이상의 찬성으로 실시 가능하다.
③ ㉢은 국회에서 부결된 법안을 대상으로 한다.
④ ㉢이 ㉣을 통과하여 이송되면 대통령은 지체 없이 공포해야 한다.

해설

④ 대통령은 국회의 재의에 의하여 확정된 법률을 지체 없이 공포하여야 한다. 하지만 국회에서 재의결되어 확정된 법률이 정부에 이송된 후 5일 이내에 대통령이 공포하지 아니할 때에는 국회의장이 이를 공포한다.
① 국회의 개헌안 발의는 재적 의원 과반수의 찬성이 있어야 한다.
② 대통령은 필요하다고 인정할 때에는 외교 · 국방 · 통일 기타 국가 안위에 관한 중요 정책을 국민투표에 붙일 수 있다. 이는 임의적 국민투표이다. 국회 재적 의원 2/3 이상의 찬성과는 무관하다.
③ 국회에서 부결된 안건은 동일 회기 중 다시 발의 또는 제출되지 못한다. 재의결은 대통령의 거부권 행사에 따른 것이다.

정답 ④

026 〈보기〉는 헌법 개정 절차이다. 밑줄 친 ㉠~㉣에 대한 설명으로 가장 옳은 것은?

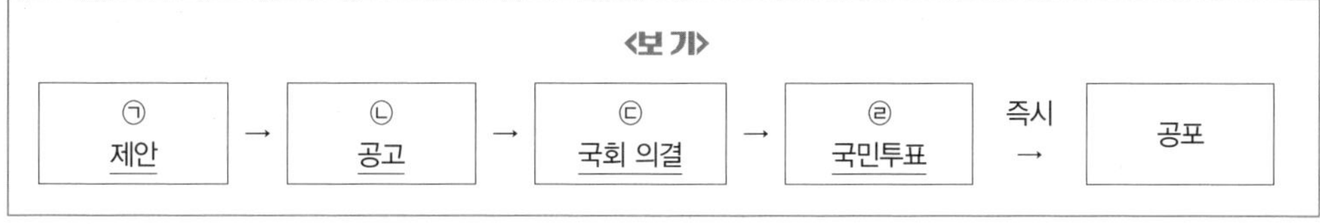

① 국회에서 ㉠을 하기 위해서는 국회 재적 의원 과반수의 찬성을 얻고, 국무회의 심의를 거쳐야 한다.
② ㉡은 20일 이상의 기간 동안 국회의장이 한다.
③ ㉢은 헌법 개정안이 공고된 날로부터 90일 이내에 이루어져야 하며, 국회 재적 의원 2/3 이상의 찬성을 얻어야 한다.
④ ㉣은 헌법 개정안을 국회가 의결한 후 30일 이내에 이루어져야 하며, 국회의원선거권자 과반수의 투표와 투표자 과반수의 찬성을 얻으면 헌법 개정안은 확정된다.

해설

④ 헌법 개정안은 국회가 의결한 후 30일 이내에 국민투표에 붙여 국회의원선거권자 과반수의 투표와 투표자 과반수의 찬성을 얻어야 한다.

① 헌법 개정은 국회 재적 의원 과반수 또는 대통령의 발의로 제안된다. 따라서 국무회의의 심의는 필요하지 않다.

② 제안된 헌법 개정안은 대통령이 20일 이상의 기간 동안 공고하여야 한다.

③ 국회는 헌법 개정안이 공고된 날로부터 60일 이내에 의결하여야 하며, 국회의 의결은 재적 의원 3분의 2 이상의 찬성을 얻어야 한다.

정답 ④

더 알아보기

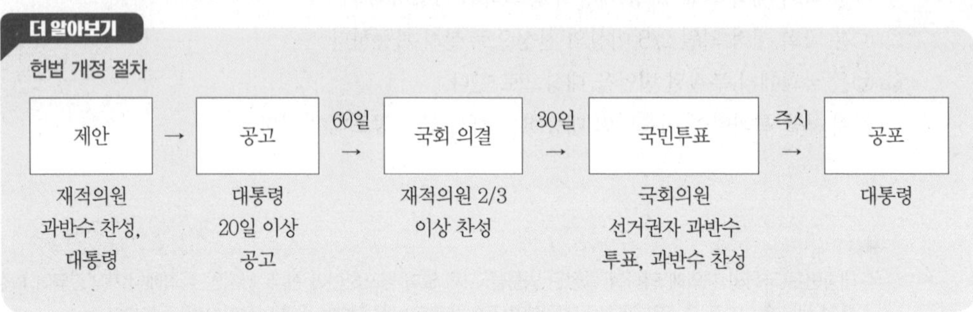

027 학교 폭력 예방 및 대책에 관한 법률이라는 법률 제정 및 개정 절차이다. 이에 대한 설명으로 가장 적절하지 <u>않은</u> 것은?

	구분	내용
①	법률안 발의	2011년 6월 국회의원 OOO 외 12명이 법률안을 제안함
		▼
②	위원회 심사	2011년 12월 특별 위원회(외교 통일 위원회)에 회부, 제출자의 제안 설명과 찬반 토론을 거쳐 원안을 가결함
		▼
		…(중략)…
		▼
③	본회의 상정 및 가결	2011년 12월 국회 재적 의원 과반수 출석과 출석 의원 과반수 찬성으로 원안을 가결함
		▼
④	공포	국회에서 의결된 법률안은 정부로 이송되어 15일 이내에 대통령이 공포함

해설

② 법률안은 관련 상임 위원회에서 심사한다. 외교 통일 위원회는 외교 통일 관련 상임 위원회에 해당한다.
① 법률안 발의는 국회의원 10명 이상으로 이루어진다.
③ 법률안의 가결은 재적 의원 과반수 출석과 출석 의원 과반수 찬성으로 가결한다.
④ 국회에서 의결된 법률안은 정부 이송 후 15일 이내에 대통령이 공포한다.

정답 ②

028 우리나라 국회에 대한 설명으로 옳지 않은 것은?

① 국회의원의 수는 법률로 정하되, 200인 이상으로 한다.
② 국회는 대통령의 일반 사면에 대한 동의권을 갖지만, 특별 사면에 대하여는 동의권을 갖지 않는다.
③ 국회는 의사 결정의 효율화를 위하여 위원회 제도와 교섭 단체 제도를 두고 있다.
④ 휴회 중인 경우 대통령의 요구로 재개되지 않지만, 국회 재적 의원 4분의 1 이상의 요구로는 재개된다.

해설

④ 대통령의 요구로도 가능하다. 대통령 또는 국회 재적 의원 4분의 1 이상 요구 시, 국회의 회의를 재개한다.
① 국회의원의 수는 법률로 정하되, 200인 이상으로 한다. 국회의원의 헌법상 정수는 200인 이상이고, 공직선거법상 정수는 300명이며 임기는 4년이다.
② 대통령의 사면권에 대한 국회 동의는 일반 사면에 한한다. 특별 사면은 대통령의 고유 권한이다.
③ 위원회 제도와 교섭 단체는 국회 운영의 원활화와 관련된다. 교섭 단체는 국회에서 일정한 정당 또는 원내 단체에 소속하는 의원들의 의사를 사전에 통합 · 조정하여 정파 간 교섭의 창구 역할을 하도록 함으로써 국회의 의사를 원활하게 운영하려는 데 있다.

정답 ④

029 국회의원의 면책 특권과 불체포 특권에 대한 설명으로 옳지 않은 것은?

① 국회의원이 직무상 행한 표결은 면책 특권의 대상이 되지 않는다.
② 국회의원이 국회에서 직무상 행한 발언에 대해 국회 내에서의 책임이 면제되는 것은 아니다.
③ 헌법은 국회의 회기 중에 한하여 불체포 특권을 인정하고 있다.
④ 현행 범인인 경우에는 국회의원의 불체포 특권이 인정되지 않는다.

해설

① 국회의원이 직무상 행한 표결과 발언은 면책의 대상이다.
② 국회의원의 면책 특권은 법률적 책임의 면책으로 민사상 손해 배상의 책임과 형사상 소추가 되지 않는 것이다. 이때 정치적 책임은 면책의 대상이 되지 않는다.
③ 국회의원은 회기 중 국회의 동의 없이 체포 또는 구금되지 않는다고 할 때 회기 중이란 집회일로부터 폐회일까지를 말한다.
④ 현행 범인인 경우에는 불체포 특권이 적용되지 않는다.

정답 ①

030 우리나라 대통령과 행정부에 대한 설명으로 옳은 것끼리 묶인 것은?

ㄱ. 행정 각부의 장은 국무위원 중에서 국무총리의 제청으로 대통령이 임명한다.
ㄴ. 감사원장은 국회의 동의를 얻어 대통령이 임명하고 그 임기는 4년이다.
ㄷ. 대통령은 긴급 재정 · 경제 처분 및 명령을 발포 후 국회에 보고하여 동의를 얻어야 한다.
ㄹ. 국무회의는 정부의 권한에 속하는 중요한 정책을 의결한다.

① ㄱ, ㄴ
② ㄱ, ㄷ
③ ㄴ, ㄷ
④ ㄴ, ㄹ

해설

ㄱ. 행정 각부의 장은 국무위원 중에서 국무총리의 제청으로 대통령이 임명한다.
ㄴ. (감사)원장은 국회의 동의를 얻어 대통령이 임명하고, 그 임기는 4년으로 하며, 1차에 한하여 중임할 수 있다.
ㄷ. • 대통령은 내우 · 외환 · 천재 · 지변 또는 중대한 재정 · 경제상의 위기에 있어서 국가의 안전보장 또는 공공의 안녕 질서를 유지하기 위하여 긴급한 조치가 필요하고 국회의 집회를 기다릴 여유가 없을 때에 한하여 최소한으로 필요한 재정 · 경제상의 처분을 하거나 이에 관하여 법률의 효력을 가지는 명령을 발할 수 있다.
• 대통령은 국가의 안위에 관계되는 중대한 교전 상태에 있어서 국가를 보위하기 위하여 긴급한 조치가 필요하고 국회의 집회가 불가능한 때에 한하여 법률의 효력을 가지는 명령을 발할 수 있다.
• 대통령은 위의 처분 또는 명령을 한 때에는 지체 없이 국회에 보고하여 그 승인을 얻어야 한다.
ㄹ. 국무회의는 정부의 권한에 속하는 중요한 정책을 결정하는 것이 아니라 심의한다.

정답 ①

031 헌법 기관 (A)에 대한 설명으로 옳은 것은?

> 과거에는 '개인의 성과 본관이 같은 사람끼리 결혼을 할 수 없다.'는 민법 조항으로 인해 동성동본(同姓同本) 사이에 혼인을 할 수 없었다. 이에 대해 (A)은/는 동성동본 혼인을 일괄적으로 금지하는 민법 조항에 대해 '인간으로서의 존엄과 가치 및 행복 추구권'을 정한 헌법의 이념과 평등의 원칙에 어긋난다며 헌법에 합치하지 않는다는 결정을 내렸다.

① 사법부의 최고 기관이다.
② 위헌법률심판 제청권을 가진다.
③ 국가 기관 상호 간의 권한에 대한 다툼을 심판한다.
④ 법률이 정한 공무원에 대한 탄핵 소추를 의결한다.

해설

자료에서 설명하고 있는 (A)는 헌법재판소이다.

③ 국가 기관 상호 간의 권한에 대한 다툼을 심판하는 것은 권한쟁의 심판으로 헌법재판소에 해당한다.
① 사법부의 최고 기관은 대법원이다.
② 위헌법률심판 제청권을 가지는 것은 법원이다. 헌법재판소는 법원의 위헌법률심판 제청이 있을 경우 이를 심판할 수 있는 권한인 위헌법률심판권을 가진다.
④ 탄핵 소추를 의결하는 기관은 국회이다. 헌법재판소는 국회에서 탄핵 소추를 의결하면 이에 대하여 심판할 수 있는 권한인 탄핵심판권을 가진다.

정답 ③

032 헌법재판소의 심판 절차에 대한 설명으로 옳지 않은 것은?

① 지방자치단체인 자치구도 권한쟁의심판을 청구할 수 있다.
② 권리구제형 헌법소원심판은 다른 법률에 구제 절차가 있는 경우 그 절차를 모두 거친 후가 아니면 청구할 수 없다.
③ 법률이 헌법에 위반되는지 여부가 재판의 전제가 된 경우에는 당해 사건의 당사자는 헌법재판소에 위헌법률심판을 제청할 수 있다.
④ 정당의 목적이나 활동이 민주적 기본 질서에 위배될 때에는 정부는 국무회의의 심의를 거쳐 정당해산심판을 청구할 수 있다.

해설

③ 재판의 당사자는 법원을 상대로 헌법재판소에 위헌법률심판의 제청을 해줄 것을 신청할 수 있을 뿐이며, 위헌법률심판의 제청은 법원이 헌법재판소에 하는 것이다. 즉, 당해 사건의 당사자가 직접 헌법재판소에 위헌법률심판의 제청을 할 수는 없다.
① 권한쟁의심판은 국가 기관 상호 간의 권한쟁의심판, 국가 기관과 지방자치단체 간의 권한쟁의심판, 지방자치단체 상호 간의 권한쟁의심판 등이 있다. 이러한 다툼이 있는 국가 기관 또는 지방자치단체는 헌법재판소에 권한쟁의심판을 청구할 수 있다.
② 공권력의 행사 또는 불행사로 인하여 헌법상 보장된 기본권을 침해받은 자는 법원의 재판을 제외하고는 헌법재판소에 헌법소원심판을 청구할 수 있다. 다만, 다른 법률에 구제 절차가 있는 경우에는 그 절차를 모두 거친 후가 아니면 청구할 수 없다.
④ 정당의 목적이나 활동이 민주적 기본 질서에 위배될 때에는 정부는 국무회의의 심의를 거쳐 헌법재판소에 정당해산심판을 청구할 수 있다. 정당해산심판 청구에는 해산을 요구하는 정당의 표시와 청구의 이유를 기재한 청구서를 헌법재판소에 제출하여야 한다. 헌법재판소가 정당해산심판의 청구를 받은 때에는 그 사실을 국회와 중앙선거관리위원회에 통지하고 그 청구서의 등본을 피청구인에게 송달하여야 한다.

정답 ③

033 다음은 간통죄에 대한 헌법재판소 결정문의 일부분이다. 밑줄 친 (가)~(라)에 대한 법적 분석으로 옳지 않은 것은?

- 사건 : 2014헌바53 · 464(병합)
- 사건 개요

  청구인들은 간통하였다는 범죄 사실로 기소되어 해당 사건이 진행되던 중 형법 제241조가 위헌이라며 (가) 위헌법률심판 제청 신청을 하였으나 그 신청이 기각되자 (나) 헌법소원심판을 청구하였다. 〈이하 생략〉
- 위헌 여부에 대한 판단

  헌법 제10조에서 보장하는 인격권과 (다) 은(는) 개인의 자기 운명 결정권을 전제로 한다. 이 자기 운명 결정권에는 성적 자기 결정권이 포함되어 있으므로, 심판대상 조항은 개인의 성적 자기 결정권을 제한한다. 또한, 심판 대상 조항은 개인의 성생활이라는 내밀한 사적 생활 영역에서의 행위를 제한하므로 헌법 제17조가 보장하는 (라) 사생활의 비밀과 자유 역시 제한한다. 〈이하 생략〉

① (가)의 권한은 법원에 있다.
② (나)는 위헌심사형 헌법소원이다.
③ (다)에 해당하는 기본권은 행복 추구권이다.
④ (라)는 국가에 의한 자유를 주된 내용으로 하는 기본권이다.

해설

④ (라) 사생활의 비밀과 자유는 자유권에 해당하며, 자유권은 국가로부터의 자유이다. 국가에 의한 자유를 주된 내용으로 하는 기본권은 사회권이다.
① (가) 위헌법률심판 제청은 법원의 권한이다.
② (가) 위헌법률심판 제청을 신청하였으나 기각되었으므로 청구인은 헌법재판소에 위헌심사형 헌법소원을 제기할 수 있다.
③ 헌법 제10조는 개인의 인격권과 행복 추구권을 보장하고 있고, 인격권과 행복 추구권은 개인의 자기 운명 결정권을 전제로 한다.

정답 ④

034 지방자치의 두 요소인 주민자치와 단체자치에 대한 설명으로 가장 옳은 것은?

① 주민자치의 원리는 주로 영국과 미국에서 발달하였으며, 단체자치의 원리는 주로 독일과 프랑스에서 발달하였다.
② 주민자치가 지방자치의 형식적 · 법제적 요소라고 한다면, 단체자치는 지방자치를 실현하기 위한 내용적 · 본질적 요소라고 할 수 있다.
③ 단체자치에서는 법률에 의해 권한이 명시적 · 한시적으로 규정되어 사무를 자주적으로 처리할 수 있는 재량의 범위가 크다.
④ 단체자치에서는 입법통제와 사법통제가 주된 통제방식이다.

해설

① 주민자치는 영국과 미국에서 발달하였고, 단체자치는 프랑스와 독일 등의 대륙계 국가에서 발전하였다.
② 반대로 설명되어 있다. 단체자치가 지방자치의 형식적 · 법제적 요소라고 한다면, 주민자치는 지방자치를 실현하기 위한 내용적 · 본질적 요소라고 할 수 있다.
③ 주민자치에서는 법률에 의해 권한이 명시적 · 한시적으로 규정되어 사무를 자주적으로 처리할 수 있는 재량의 범위가 크다.
④ 주민자치에서는 입법통제와 사법통제가 주된 통제방식이며, 단체자치는 행정통제가 주된 통제장치이다.

정답 ①

035 주민참여제도에 대한 설명으로 옳지 않은 것은?

① 주민참여제도에는 주민투표, 주민소환, 주민소송 등이 있다.
② 지방자치법에서는 주민소송에 관한 사항을 명시하고 있다.
③ 지역구지방의회의원에 대한 주민소환투표는 당해 지방의회의원의 지역선거구를 대상으로 한다.
④ 지방자치단체가 조례를 제정하면 해당 지역에 거주하는 17세 이상의 외국인에게도 주민투표권이 부여된다.

해설

④ 18세 이상의 주민 중 투표인명부 작성기준일 현재 그 지방자치단체의 관할 구역에 주민등록이 되어 있는 사람 및 출입국관리 관계 법령에 따라 대한민국에 계속 거주할 수 있는 자격(체류자격변경허가 또는 체류기간연장허가를 통하여 계속 거주할 수 있는 경우를 포함한다)을 갖춘 외국인으로서 지방자치단체의 조례로 정한 사람에게는 주민투표권이 있다. 다만, 「공직선거법」에 따라 선거권이 없는 사람에게는 주민투표권이 없다(주민투표법 제5조 제1항).
② 지방자치법에서는 주민감사청구, 조례제정개폐청구, 주민투표, 주민소송, 주민소환에 관한 사항을 명시하고 있다.

정답 ④

036 다음 (가)~(다)는 근대 민법의 3대 원칙에 대한 설명이다. 이에 대해 옳은 설명을 〈보기〉에서 고른 것은?

(가) 개인은 자율적인 판단에 기초하여 법률관계를 형성해 나갈 수 있다.
(나) 자신의 고의나 과실에 따른 행위로 타인에게 손해를 끼친 경우에만 책임을 진다.
(다) 개인이 소유하는 재산에 대해 국가나 다른 개인은 이를 함부로 간섭하거나 침해할 수 없다.

〈보 기〉

ㄱ. (가)는 현대 사회에서 계약 자유의 원칙으로 수정되었다.
ㄴ. (나)의 원칙은 무과실 책임의 원칙이라는 예외를 인정하게 되었다.
ㄷ. (가)와 (다)의 원칙은 다수의 경제적 약자들을 지배하는 수단으로 악용되기도 하였다.
ㄹ. 근대 민법의 원칙이었던 (가), (나), (다)는 현대 자본주의의 문제점을 경험하면서 모두 폐기되고 각각 새로운 원칙으로 대체되었다.

① ㄱ, ㄴ　　② ㄴ, ㄷ
③ ㄴ, ㄹ　　④ ㄷ, ㄹ

해설

(가)는 사적 자치의 원칙(계약 자유의 원칙), (나)는 자기 책임의 원칙(과실 책임의 원칙), (다)는 사유 재산권 존중의 원칙(소유권 절대의 원칙)에 해당한다.

ㄴ. 현대 민법은 과실 책임에 대한 보완으로 자신에게 직접적인 고의나 과실이 없는 경우에도 일정한 요건에 따라 배상 책임을 질 수 있는 무과실 책임을 인정하고 있다.

ㄷ. 근대 민법은 자본주의의 발달로 빈부 격차, 대기업의 독점 등의 경제적 불평등이 법률관계에서도 계속되는 문제점을 안고 있다.

ㄱ. 현대 사회에서는 계약 공정의 원칙으로 수정되었다.

ㄹ. 현대 민법은 근대 민법 원칙을 기본으로 하며, 예외적 상황에 수정 원칙들이 적용되는 것이다.

정답 ②

037 다음은 민법상의 제한 능력자 중 하나를 나타낸 것이다. 갑의 법률 행위에 대한 설명으로 옳은 것은?

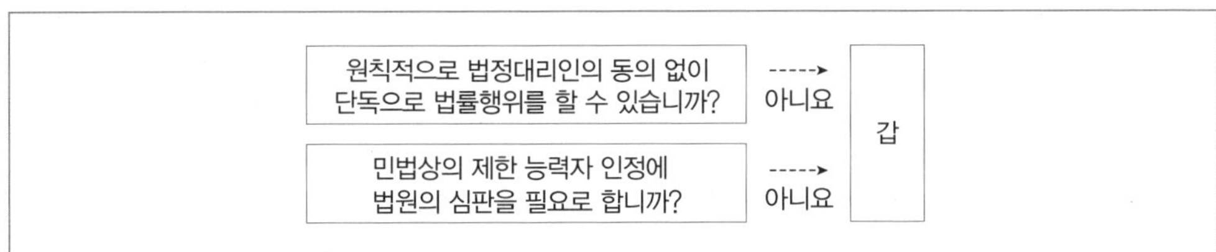

① 갑이 단독으로 한 행위는 처음부터 무효이다.

② 갑이 속임수로써 법정대리인의 동의가 있었던 것처럼 꾸며서 계약을 한 때에는, 법정대리인이 그 계약을 취소할 수 있다.

③ 권리만 얻는 행위는 갑이 법정대리인의 동의 없이 단독으로 할 수 있지만, 의무만 면하는 행위는 할 수 없다.

④ 갑이 단독으로 거래한 상대방은 갑의 법정대리인에게 그 거래 행위를 추인할 것인지 여부의 확답을 촉구할 권리가 있다.

해설

갑은 미성년자이다.

④ 미성년자와 거래한 상대방은 미성년자의 법정대리인에게 계약을 취소할 것인지 아닌지를 확정하도록 요구할 수 있다.

① 원칙적으로 무효인 법률행위는 의사 무능력자에 해당한다.

② 미성년자가 거짓말을 하거나 속임수를 써서 자신이 행위 능력자인 것처럼 속이거나 법정대리인의 동의를 받은 것처럼 속인 경우에는 취소권이 배제된다.

③ 단순히 권리만을 얻거나 의무만을 면하는 행위는 미성년자 단독으로 할 수 있다.

정답 ④

038 다음 사례에서 甲에 관련된 설명으로 옳은 것은?

장래 희망이 대통령인 甲은 현재 만 18세이다. 甲은 양가 부모의 동의를 얻어 동갑내기와 결혼하고 혼인 신고를 하였으나 결혼 6개월 만에 이혼하였다. 이혼한 甲은 결혼할 때 甲의 부모가 甲 명의로 사준 주택에 살면서 乙이 운영하는 편의점에서 아르바이트를 하며 지내고 있다. 甲은 지난달에 길에서 어깨를 부딪친 행인을 폭행하여 재판을 받을 처지에 있다. 甲은 급히 합의금을 마련하려고 甲의 부모의 동의 없이 甲 명의의 주택을 처분하려고 한다.

① 甲은 차기 대통령 선거에서 피선거권을 가질 수 있다.
② 甲은 乙에게 독자적으로 임금을 청구할 수 있다.
③ 甲은 형사 미성년자이기 때문에 가정법원 소년부에서 재판을 받을 수 있다.
④ 甲이 甲의 부모의 동의 없이 甲 명의의 주택을 처분한다면 甲의 부모는 이를 취소할 수 있다.

해설
② 임금은 독자적으로 청구할 수 있다.
① 성년 의제는 민법 영역에서만 적용된다. 대통령의 피선거권은 선거일 현재 40세에 달하여야 한다.
③ 갑은 18세이다. 형사 미성년자는 만 14세 미만의 자이다.
④ 성년 의제는 이혼 후에도 그 효과가 유지된다. 따라서 부모는 이를 취소할 수 없다.

정답 ②

039 다음 사례에 대한 법적 판단으로 옳은 것은?

A씨는 온라인에서 온수매트를 구입하였고 사용 설명서에 기재된 내용에 따라 정상적으로 온수매트를 사용하고 있었다. 그런데 온수 조절 밸브의 고장으로 인하여 물이 새어나와 거실의 원목마루가 들뜨고 뒤틀리는 피해를 입게 되었다. 그는 제조사를 상대로 손해배상을 요구했지만 제조사는 사용상의 잘못이 있었을 것이라며 손해배상을 거부하고 있다.

ㄱ. 제조사가 당시 기술적 수준으로 결함의 존재를 발견할 수 없었어도 제조사에게 책임을 물을 수 있다.
ㄴ. 제조물 책임법에 의하면 소비자가 제조업자의 과실을 입증하지 않고도 피해를 보상받을 수 있다.
ㄷ. 손해를 배상받기 위해 피해자는 피해 사실 및 손해배상 책임자를 알게 된 때로부터 3년 이내에 청구해야 한다.
ㄹ. 제조사에게 있어 배상 의무의 범위에는 제조물 자체 및 피해자의 손해가 해당된다.

① ㄱ, ㄴ ② ㄱ, ㄷ
③ ㄴ, ㄷ ④ ㄴ, ㄹ

해설

ㄴ. 현대 과학기술의 발달에 따라 소비자가 제조업자의 과실을 입증하는 것이 쉽지 않으므로 제조물 책임법이 제정되었다. 입증책임을 전환시킴으로써 소비자가 제조업자의 과실을 입증하지 않고도 피해를 보상받을 수 있다.

ㄷ. 손해를 배상받기 위해 피해자는 피해 사실 및 손해배상 책임자를 알게 된 때로부터 3년 이내에 청구해야 한다.

ㄱ. 「제조물 책임법」 제4조에 따라 제조업자가 해당 제조물을 공급한 당시의 과학 · 기술 수준으로는 결함의 존재를 발견할 수 없었다는 사실을 입증하면 면책된다.

ㄹ. 「제조물 책임법」 제3조 제1항에서 제조업자는 제조물의 결함으로 생명 · 신체 또는 재산에 손해(그 제조물에 대하여만 발생한 손해는 제외한다)를 입은 자에게 그 손해를 배상하여야 한다고 명시되어 있으므로 제조물 자체는 배상의무의 범위에서 제외된다. 즉, 생명, 신체, 재산에 관한 손해에 국한된다.

정답 ③

040 다음 사례에 대한 법적 판단으로 옳은 것은?

- 갑이 운영하는 커피 전문점에서 아르바이트를 하던 을은 실수로 뜨거운 음료를 쏟아 손님에게 화상을 입혔다.
- 병 소유의 상가를 빌려 피자 가게를 운영하던 정의 가게 간판이 떨어져 행인이 크게 다쳤다.

① 을의 행위에 고의가 없었으므로 불법행위가 성립하지 않는다.
② 갑의 불법행위 책임이 인정되더라도 을은 불법행위 책임을 진다.
③ 병과 정은 공동 불법행위 책임을 진다.
④ 을과 정의 불법행위에 대하여 갑과 병은 과실 책임을 진다.

해설

② 을은 사무 집행에 관하여 제3자에게 과실로 손해를 가한 것으로서 일반 불법행위 책임이 인정된다. 이때 피용자(직원)인 을이 업무와 관련하여 타인에게 손해를 가한 경우 사용자(업주)인 갑은 피용자의 선임 및 사무 감독상의 과실에 대해 배상 책임을 지게 된다. 이를 사용자 배상 책임이라 한다. 따라서 갑은 사용자 배상 책임, 을은 일반 불법행위에 따른 책임이 있다.

① 고의란 일정한 결과가 발생할 것을 알면서도 행하는 것을, 과실이란 부주의로 이를 알지 못하고 행하는 것을 의미한다. 가해 행위는 고의만을 따지는 것이 아니라 과실 역시 성립 요건이 된다. 을은 실수(과실)로 뜨거운 음료를 쏟아 손님에게 화상을 입히는 손해를 발생시켰으므로 불법행위가 성립할 수 있다.

③ 병은 건물의 소유자, 정은 건물의 점유자이다. 따라서 병과 정은 공동 불법행위의 책임이 아니라 공작물 등의 점유자 및 소유자 책임에 해당한다. 공작물의 설치 또는 보존의 하자로 인하여 타인에게 손해를 가한 때에는 공작물 점유자가 손해를 배상할 책임이 있다. 그러나 점유자가 손해 방지를 위한 주의를 다하였음을 증명하면 책임이 면제된다. 점유자의 책임이 면제되는 경우 공작물 등의 소유자가 배상 책임을 지게 된다.

④ 갑은 사용자 배상 책임, 병은 공작물 소유자 책임을 진다. 공작물 소유자 책임은 면책이 인정되지 않는 무과실 책임이다.

정답 ②

041 다음 사례에 대한 설명으로 옳지 않은 것은?

> • 갑은 만 18세이다. 갑에게는 할아버지로부터 증여받은 3억 원 상당의 주택이 있다. 갑은 ㉠ 부모의 동의를 얻어 만 21세의 을과 결혼식을 올린 후 혼인 신고를 마쳤으나, 같이 살고 있지는 않다.
> • 병과 정은 모두 만 32세이다. 병에게는 그동안 회사 생활을 하면서 모아둔 돈으로 마련한 ㉡ 2억 원 상당의 주택이 있다. 혼인 의사가 있는 병과 정은 ㉢ 결혼식을 올리고 ㉣ 공동생활을 하고 있지만, 아직 혼인 신고는 하지 않았다.

① 갑은 ㉠ 없이 을과 이혼할 수 있다.

② 병이 사망한 경우에도 정은 ㉡에 대한 상속권을 취득하지 못한다.

③ ㉢과 ㉣에도 불구하고 ㉡은 병과 정의 공동 재산으로 추정되지 않는다.

④ 병이 정의 이혼 요구에 동의하지 않는 경우, 병은 법원의 판결을 통해 이혼할 수 있다.

해설

혼인(법률혼)이 성립하기 위해서는 혼인 의사의 합치, 혼인 적령(만 18세 이상)의 충족, 혼인이 금지되는 근친혼이 아닐 것, 중혼이 아닐 것과 같은 실질적 요건과 혼인 신고라는 형식적 요건을 충족해야 한다.

④ 병과 정은 사실혼 관계에 있으므로 이혼이 성립되지 않는다. 사실혼 관계는 법률혼과 달리 일방적 의사 표시로 파기가 가능하며, 별도로 법원의 판결이 필요한 것이 아니다.

① 결혼을 하려면 혼인 적령인 만 18세에 이르러야 하며(민법 제807조), 혼인 적령에 이르렀다 하더라도 미성년자(만 19세)가 결혼하려면 부모 또는 미성년 후견인의 동의를 받아야 한다(민법 제808조 제1항). 갑은 만 18세로 혼인 적령의 요건은 충족하였으나 미성년자이므로 부모의 동의를 받아 성년 의제가 된다. 미성년자가 혼인할 경우에는 부모 또는 후견인의 동의가 있어야 하지만, 혼인하면 성년으로 간주되므로(민법 제826조의2) 이혼할 경우 부모 등의 동의(㉠) 없이 자유롭게 할 수 있다.

② 법률혼이란 결혼의 실질적 요건과 형식적 요건을 모두 갖추어 법에 의해 인정된 결혼을 말한다. 반면, 사실혼이란 결혼의 형식적 요건을 갖추지 않고, 즉 혼인 신고를 하지 않고 부부 공동생활을 하는 것을 말한다. 우리나라는 혼인 신고라는 명시적인 방법에 의해 부부관계를 인정하는 법률혼주의를 채택하고 있어(민법 제812조 제1항), 사실혼 상태의 부부에게는 법률혼에서 인정되는 권리와 의무가 일부 제한된다. 병과 정은 사실혼 상태로 친족 관계가 발생하지 않으므로 사실혼 상태의 배우자가 사망하더라도 상속권이 발생하지 않는다. 따라서 정은 병의 재산(㉡ 2억 원 상당의 주택)에 대한 상속권이 인정되지 않는다.

③ 결혼식을 올리고(㉢) 공동생활을 하고(㉣) 있더라도 혼인 신고를 하지 않으면 사실혼의 상태에 해당한다. 따라서 2억 원 상당의 주택(㉡)은 공동 재산으로 추정되지 않는다.

정답 ④

042 밑줄 친 ㉠~㉣에 대한 설명으로 옳은 것은?

> 갑과 을은 결혼을 하였으나 ㉠ 갑이 딸 A를 출산한 뒤 이혼을 하였고 A는 갑이 양육하기로 하였다. 이후 갑은 병과 재혼을 한 뒤 병과의 사이에서 아들 B를 출산하였고 ㉡ 병은 A를 친양자로 입양하였다. 병의 어머니 C는 시골에 홀로 살고 계신다. 어느 날 ㉢ 병은 교통사고로 사망하게 되었고, 자신의 재산 절반을 장학 재단에 기부하겠다는 ㉣ 병의 유언장이 발견되었다. 사망 당시 병의 재산은 채무 없이 부동산과 예금 7억이 있었다.

① ㉠에 의해 A는 행위능력을 취득하였다.
② ㉡으로 인해 갑과 A와의 법률관계는 소멸된다.
③ ㉢으로 인해 법정 상속이 이루어진다면 상속인은 갑, A, B, C가 된다.
④ ㉣이 유효하다면 갑은 1억 5천만 원을 상속받는다.

해설
④ 상속 재산 3억 5천만 원을 갑과 A, B가 3 : 2 : 2의 비율로 상속받는다. 따라서 1억 5천만 원 : 1억 원 : 1억 원으로 상속받는다.
① A는 출생과 더불어 권리능력을 갖는다.
② A는 어머니 갑과의 관계가 변경되지 않았다.
③ 법정 상속이 이루어진다면 상속인은 배우자 갑, 아들 B, A가 된다.

정답 ④

043 상속법과 관련된 다음 사례에 대한 법적 판단으로 가장 적절한 것은?

> 불치병에 걸린 甲은 두 명의 증인과 공증인이 참석한 자리에서 잔여 재산 10억 원 전액을 전처에게 남긴다는 유언을 하고, 공증인이 이를 필기 · 낭독하였다. 甲과 증인들은 그 정확함을 승인한 후 각자 이름을 쓰고 도장을 찍었다. 甲은 그로부터 수일 후 사망하였다. 현재 甲과 일정한 신분 관계에 있는 가족으로는 재혼한 아내인 乙(丙의 친 생모), 丙(甲의 친 양자), 丁(甲의 어머니)이 있다.

① 甲의 유언이 유효하다면 丙이 甲의 전처에게 청구할 수 있는 유류분이 乙이 청구할 수 있는 유류분보다 적다.
② 甲의 유언이 유효하다면 丁은 甲의 전처에게 유류분을 청구할 수 있다.
③ 甲의 유언이 무효라면 丁과 乙은 같은 비율로 상속받을 수 있다.
④ 甲의 유언이 무효라면 丙은 3억 원을 상속받을 수 있다.

해설

① 병과 을의 유류분은 법정 상속분의 1/2이다. 따라서 배우자인 을의 유류분이 더 많다.
② 정은 법정 상속의 대상이 아니기 때문에 유류분을 청구할 수 없다.
③ 유언이 무효라도 정은 상속을 받을 수 없다. 상속은 을과 병이 받는다.
④ 유언이 무효일 경우 병과 을이 상속을 받는다. 상속분은 병 : 을 = 2 : 3이므로 병은 4억 원, 을은 6억 원을 상속받게 된다.

정답 ①

044 다음의 범죄 성립 요건에 대한 설명으로 옳지 않은 것은?

> 범죄의 성립 요건에는 A, B, C가 있다. 우선, A를 충족하는지 여부를 검토한 후 B가 조각되는지를 확인한다. 만약, B가 조각되지 않으면 마지막 단계로서 C가 조각되는지를 확인하고, C가 조각되지 않을 경우에 범죄가 성립된다.

① A는 구성 요건 해당성, B는 위법성, C는 책임이다.
② A를 충족하면 B가 있다고 추정된다.
③ 경찰관이 영장 없이 현행범을 체포하는 행위는 B가 조각된다.
④ 강요된 행위와 정당방위는 모두 C가 조각되어 범죄가 성립되지 않는다.

해설

④ 강요된 행위는 책임(C)이 조각된다. 하지만 정당방위는 위법성(B)이 조각된다.
① A는 구성 요건 해당성, B는 위법성, C는 책임이다.
② 구성 요건 해당성(A)을 충족하면 위법성(B)이 추정된다.
③ 현행범을 영장 없이 체포한 경찰관의 행위는 정당행위로 위법성(B)이 조각된다.

정답 ④

045 다음 사례에 대한 설명으로 옳은 것은?

- 갑은 불법 체포를 면하기 위해 반항하는 과정에서 경찰관에게 상해를 입혔다.
- 산부인과 의사인 을은 임산부의 생명을 구하기 위해 낙태 수술 행위를 하였다.
- 채권자 병은 자신의 채무를 변제하지 않고 외국으로 도주하는 채무자를 발견하고 붙잡아 출국을 못 하게 하였다.

① 갑, 을, 병의 행위는 구성 요건에 해당하지 않는다.
② 갑, 을, 병의 행위는 위법성 조각 사유에 해당한다.
③ 갑, 을, 병의 행위는 책임 조각 사유에 해당한다.
④ 갑, 을, 병의 행위는 범죄가 되지만 처벌되지 않는다.

해설

- 갑의 행위는 불법 체포라는 현재의 부당한 침해를 방위하기 위한 상당한 이유가 있는 행위이므로 정당방위에 해당하여 위법성이 조각된다.
- 을의 행위(의사의 치료행위)는 정당행위와 피해자의 승낙 등에 해당하여 위법성이 조각된다.
- 병의 행위는 국가 기관의 법정 절차에 의하여서는 권리 보전이 불가능한 경우에 자력에 의하여 그 권리를 구제 · 보전하는 행위로서 자구행위에 해당하여 위법성이 조각된다.

② 갑은 정당방위, 을은 정당행위, 병은 자구행위로 위법성이 조각된다.
① 갑, 을, 병의 행위는 구성 요건에 해당한다. 위법성 조각 사유에 해당하기 위해서는 구성 요건 해당성이 인정됨을 전제로 한다. 갑의 행위는 상해죄의 구성 요건에 해당하지만, 정당방위에 해당하여 위법성이 조각되고, 을의 행위는 상해죄의 구성 요건에 해당하지만, 정당행위 등에 해당하여 위법성이 조각되는 것이며, 병의 행위는 체포죄의 구성 요건에 해당하지만, 자구행위에 해당하여 위법성이 조각되는 것이다.
③ 갑, 을, 병의 행위는 위법성 조각 사유에 해당한다.
④ 범죄가 성립하기 위해서는 구성 요건 해당성, 위법성, 책임이 인정되어야 한다. 이 가운데 어느 하나라도 충족하지 못할 경우 범죄는 성립하지 않는다. 갑, 을, 병의 행위는 구성 요건에는 해당하지만, 위법성이 조각되어 범죄가 성립되지 않는다.

정답 ②

046 그림은 형사절차를 나타낸 것이다. 이에 대한 설명으로 가장 옳은 것은?

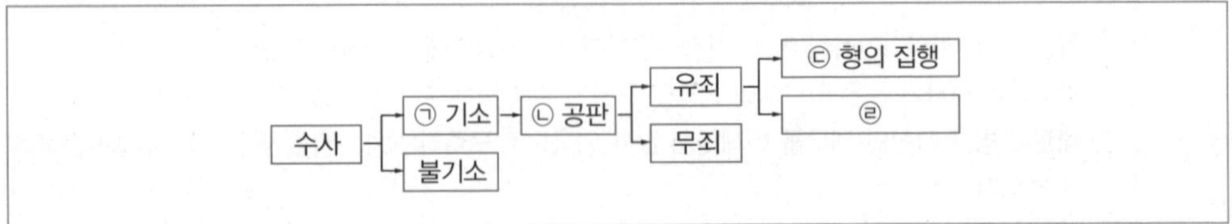

① ㉠은 수사관이 할 수 있다.
② ㉡부터 변호인의 도움을 받을 권리를 갖기 시작한다.
③ ㉢ 단계에서의 지휘권은 판사가 갖는다.
④ ㉣에 해당하는 제도로는 집행 유예가 있다.

해설

④ ㉣에 해당하는 제도로 집행 유예, 선고 유예 등이 있다.
① 기소(㉠)는 검사만이 할 수 있다.
② 누구든지 체포 또는 구속을 당한 때에는 즉시 변호인의 도움을 받을 권리를 가진다.
③ 형의 집행(㉢)은 검사가 담당한다.

정답 ④

047 국민의 형사재판 참여에 관한 법률상 국민참여재판에 대한 내용 중 옳은 것을 고른 것은?

ㄱ. 법정형이 사형 · 무기징역 또는 무기금고에 해당하는 대상사건에 대한 국민참여재판에는 특별한 사정이 없는 한 7인의 배심원이 참여한다.
ㄴ. 배심원은 국민참여재판을 하는 사건에 관하여 사실의 인정, 법령의 적용 및 형의 양정에 관한 의견을 제시할 권한이 있다.
ㄷ. 국민참여재판에 관하여 변호인이 없는 때에는 법원은 직권으로 변호인을 선정하여야 한다.
ㄹ. 배심원은 만 20세 이상의 대한민국 국민은 누구나 선정될 수 있으므로, 변호사 · 경찰공무원도 배심원이 될 수 있다.
ㅁ. 배심원의 평결과 의견은 법원을 기속한다.

① ㄱ, ㄴ
② ㄷ, ㄹ
③ ㄴ, ㅁ
④ ㄴ, ㄷ

해설

ㄴ. 배심원은 국민참여재판을 하는 사건에 관하여 사실의 인정, 법령의 적용 및 형의 양정에 관한 의견을 제시할 권한이 있다(국민참여재판법 제12조 제1항).

ㄷ. 국민참여재판에 관하여 변호인이 없는 때에는 법원은 직권으로 변호인을 선정하여야 한다(국민참여재판법 제7조).

ㄱ. 법정형이 사형 · 무기징역 또는 무기금고에 해당하는 대상사건에 대한 국민참여재판에는 9인의 배심원이 참여하고, 그 외의 대상사건에 대한 국민참여재판에는 7인의 배심원이 참여한다. 다만, 법원은 피고인 또는 변호인이 공판준비절차에서 공소사실의 주요 내용을 인정한 때에는 5인의 배심원이 참여하게 할 수 있다(국민참여재판법 제13조 제1항).

ㄹ. 배심원은 만 20세 이상의 대한민국 국민으로 하되, 변호사, 경찰 등은 배심원으로 선정하여서는 아니 된다(국민참여재판법 제16조 · 제18조).

ㅁ. 평결과 의견은 법원을 기속하지 아니한다(국민참여재판법 제46조 제5항).

정답 ④

048 밑줄 친 ㉠~㉣에 대한 설명으로 옳지 않은 것은?

> 노동조합 전임자에 대한 근로 시간의 면제 종료를 일방적으로 통보한 ㉠ A 회사의 행위가 노동조합의 기본적인 활동을 방해하는 행위라는 ㉡ 판정이 ㉢ 재심에서 내려졌다. 이 판정은 ㉣ 초심인 ○○ 지방노동위원회의 판정을 취소하고 A 회사의 노동조합의 주장을 받아들인 것이다.

① ㉢은 ㉣의 판정에 불복하는 경우에 중앙노동위원회에서 담당한다.
② ㉠은 ㉢에서 부당 노동행위로 인정되었다.
③ ㉢은 A 회사의 노동조합이 신청하였다.
④ A 회사는 ㉡의 취소를 구하는 소송을 제기할 수 없다.

해설

④ A 회사는 중앙노동위원회 위원장을 피고로 하여 판정(㉡)의 취소를 구하는 소송을 제기할 수 있다.
① 지방노동위원회의 판정에 불복할 경우 재심(㉢)은 중앙노동위원회에서 담당한다.
② 중앙노동위원회는 A 회사의 행위(㉠)를 부당 노동행위로 인정하고 있다.
③ 재심(㉢)의 판정은 지방노동위원회의 판정에 대하여 취소를 요구한 노동조합의 주장을 받아들인 결과라는 것을 통해 A 회사 노동조합이 신청했음을 알 수 있다.

정답 ④

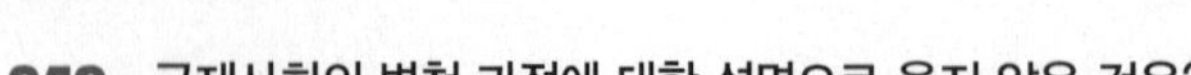

049 국제사회의 변천 과정에 대한 설명으로 옳지 않은 것은?

① 30년 전쟁을 종결하기 위해 체결된 베스트팔렌 조약으로 민족 단위의 주권 국가가 국제 사회의 주체로 떠올랐다.

② 제1차 세계대전 이후 국제 평화와 안전 및 협력 증진을 위해 국제 연맹이 창설되었으나 실질적인 효과를 거두지 못하였다.

③ 트루먼 독트린은 제국주의와 식민주의의 확산 방지를 위해 미국이 동맹국에 군사 · 경제 원조를 약속한 것으로, 냉전 체제 성립의 계기가 되었다.

④ 지중해의 몰타에서 미 · 소 정상이 만나 동서 대결의 종식을 선언한 후 탈냉전 시기가 도래하였다.

해설

③ 트루먼 독트린은 공산주의의 확산을 방지하기 위한 것이다.

① 1648년 베스트팔렌 조약을 계기로 영토, 주권, 국민을 3요소로 하는 근대 국가가 등장하였다.

② 제1차 세계대전 이후 성립한 국제 연맹은 실효를 거두지 못하고 사라졌다.

④ 1989년 몰타 선언은 냉전의 종결을 선언한 것이다.

정답 ③

050 국제연합(UN)에 대한 설명으로 옳은 것은?

① 총회는 모든 안건에 대해 출석 투표국 과반수의 찬성으로 의결한다.

② 사무총장은 국제 평화와 안전에 위협이 된다고 판단한 문제에 대해 안전보장이사회의 주의를 환기할 수 있다.

③ 절차 사항에 관한 안전보장이사회의 결정에서 5개 상임이사국의 거부권이 인정된다.

④ 국제사법재판소는 당사국의 의사와 관계없이 강제적 관할권을 갖는다.

해설

② 사무총장은 국제 평화와 안전의 유지를 위협한다고 그 자신이 인정하는 어떠한 사항에도 안전보장이사회의 주의를 환기할 수 있다.

① 중요 문제에 관한 총회의 결정은 출석하여 투표하는 구성국의 2/3의 다수로 한다. 또한 기타 문제에 관한 결정은 2/3의 다수로 결정될 문제의 추가적 부문의 결정을 포함하여 출석하여 투표하는 구성국의 과반수로 한다.

③ 상임이사국의 거부권이 인정되는 사항은 국제연합의 실질적 문제이고, 절차 사항은 이사국의 3분의 2의 찬성으로 결정된다.

④ 국제사법재판소는 당사국의 신청으로 임의적 관할권을 갖는다.

정답 ②

02 경제

051 다음 민간 경제의 순환에 대한 설명으로 옳은 것은?

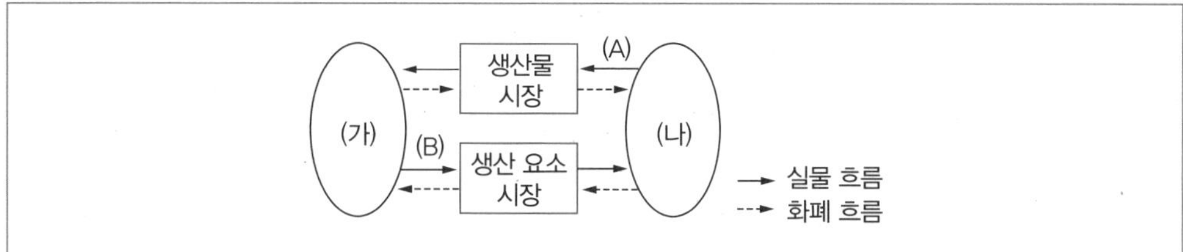

① (가)는 생산 활동의 주체이다.

② (나)는 효용의 극대화를 목적으로 한다.

③ 재화와 서비스는 (A)에 해당된다.

④ (B)에는 국방, 치안, 기상 정보 등이 해당된다.

해설

생산 요소 시장에 실물[(B) 생산 요소 : 노동, 토지, 자본, 경영]을 제공하는 (가)는 가계이고, 생산물 시장에 실물[(A) 생산물 : 재화, 서비스]을 제공하는 (나)는 기업이다.

③ (나) 기업이 생산물 시장에 제공하는 실물인 (A)는 생산물, 즉 재화와 서비스이다.

① (가) 가계는 소비 활동의 주체이다. 생산 활동의 주체는 (나) 기업이다.

② (나) 기업은 이윤의 극대화를 목적으로 한다. 소비를 통해 효용의 극대화를 목적으로 하는 경제 주체는 (가) 가계이다.

④ (가) 가계가 생산 요소 시장에 제공하는 실물인 (B)는 생산 요소, 즉 노동, 토지, 자본, 경영이다. 국방, 치안, 기상 정보 등은 정부가 제공하는 서비스로, (A)와 (B) 중 어디에도 해당되지 않는다. 정부는 조세 수입을 바탕으로 공공재(사회 간접 자본+공공 서비스)를 생산하는 경제 주체이다.

정답 ③

052 다음 자료에 대한 설명으로 옳은 것은?

> 갑은 ㉠ 연봉 6천만 원을 받으며 회사에 근무하고 있다. 그런데 갑은 평소 한식 요리에 관심이 있어 요리 학원에 ㉡ 수강료 1백만 원을 내고 요리를 배워서 한식 조리사 자격증을 취득하였다. 이에 갑은 회사를 사직하고 한식 전문 요리점을 차리려고 한다. 갑이 알아본 결과 1년 간 한식 전문 요리점을 운영할 경우, 매출 1억 5천만 원, 인건비 3천만 원, 시설 보수비 1천만 원, 재료비 7천만 원이 발생한다.

① ㉠은 갑이 한식 전문 요리점을 운영하는 데 들어가는 명시적 비용이다.
② ㉡은 갑이 경제적으로 합리적 선택을 하기 위해 고려해야 하는 매몰비용이다.
③ 갑이 한식 전문 요리점을 운영하는 것에 대한 기회비용은 1억 1천만 원이다.
④ 갑이 한식 전문 요리점을 운영하지 않는 것이 경제적으로 합리적인 선택이다.

해설

④ 갑이 한식 전문 요리점을 운영할 경우의 수입, 명시적 비용, 암묵적 비용, 매몰비용을 정리하면 다음과 같다.

수입	매출 1억 5천만 원	
기회비용	명시적 비용	• 인건비 : 3천만 원 • 시설보수비 : 1천만 원 • 재료비 : 7천만 원
	암묵적 비용	연봉 6천만 원
	명시적 비용(1억 1천만 원)+암묵적 비용(6천만 원)=1억 7천만 원	
매몰비용	수강료 1백만 원	

합리적 선택은 수입(편익)과 기회비용을 비교하여 비용보다 편익이 크거나 같으면 선택하는 것을 의미한다. 갑이 한식 전문 요리점을 운영할 경우 수입은 1억 5천만 원이고, 기회비용은 1억 7천만 원이므로 이 경우 갑은 한식 전문 요리점을 운영하지 않는 것이 합리적인 선택이다.

① 명시적 비용은 대안을 선택함으로써 실제로 지출된 비용을 의미하고, 암묵적 비용은 다른 대안을 선택함에 따라 얻을 수 있었으나 포기한 경제적 이익을 의미한다. 연봉 6천만 원(㉠)은 갑이 한식 전문 요리점을 운영하는 것을 선택하기 위해 실제로 지출한 비용(명시적 비용)이 아니라, 갑이 한식 전문 요리점을 운영하기 위해 포기해야 하는 수입(암묵적 비용)에 해당한다.

② 매몰비용은 이미 지출하여 회수할 수 없는 비용을 말한다. 수강료 1백만 원(㉡)은 갑이 회사에 계속 근무할 것인지, 한식 전문 요리 전문점을 운영할 것인지의 선택 상황과는 무관하게 이미 지출하여 회수할 수 없는 비용이므로 매몰비용에 해당한다. 매몰비용은 어떤 선택을 하더라도 회수할 수 없으므로 합리적 선택을 위해서는 고려하면 안 된다.

③ 기회비용은 '명시적 비용+암묵적 비용'이다. 따라서 갑이 한식 전문 요리점을 운영하는 것에 대한 기회비용은 1억 7천만 원(명시적 비용 1억 1천만 원+암묵적 비용 6천만 원)이다.

정답 ④

053 다음 지문은 경제 정책에 대한 상반된 주장이다. 이에 대한 분석으로 가장 적절한 것을 〈보기〉에서 고른 것은?

> 사회자 : 경기 침체를 벗어나려면 어떻게 해야 할까요?
> 갑 : 그야 당연히 가계가 저축을 줄이고 소비를 늘려야죠. 만일 그게 안 되면 정부가 빚을 얻어서라도 적극적으로 돈을 풀어야 합니다.
> 을 : 그런 정책은 당장은 효과가 있을지 모르지만, 장기적으로는 물가만 인상시킬 뿐 효과가 없습니다. 정부마저 빚을 얻어 지출을 늘리다간 나중에 더 큰 문제가 생깁니다. 정부는 개입을 자제하고 시장이 알아서 문제를 해결하도록 놓아두어야 합니다.

<보 기>

ㄱ. 을이 갑보다 수정 자본주의에 부합한다.
ㄴ. 갑이 을보다 경제적 약자를 배려한다.
ㄷ. 을이 갑보다 시장의 조절 기능을 더 신뢰한다.
ㄹ. 갑이 을보다 사람들의 성취 의욕과 기술 개발을 자극한다.

① ㄱ, ㄴ　　② ㄱ, ㄹ
③ ㄴ, ㄷ　　④ ㄷ, ㄹ

해설

갑은 정부의 시장 개입이 긍정적인 영향(개입주의, 큰 정부)을 준다고 보는 반면, 을은 부정적인 영향(비개입주의, 작은 정부)을 준다고 본다.
ㄴ. 갑은 정부의 적극적 개입으로 경제적 약자를 보호하는 정책, 즉 형평성을 추구한다.
ㄷ. 을은 갑보다 시장의 자기 조절 기능을 더 신뢰한다.
ㄱ. 갑이 을보다 수정 자본주의(큰 정부)에 부합한다.
ㄹ. 을은 사람들의 성취 의욕과 기술 개발을 자극한다.

정답 ③

054 다음 밑줄 친 ㉠~㉣에 대한 옳은 설명을 〈보기〉에서 있는 대로 고른 것은?

> ㉠ 대리운전을 하는 ㉡ 甲은 ㉢ 대리운전 요금이 지나치게 높게 나왔다는 고객 ㉣ 乙과 실랑이를 하였다. 말다툼을 벌이던 중 乙이 화를 참지 못하고 甲이 착용하던 안경을 파손하였다. 결국 경찰서까지 가서야 甲과 乙은 대리운전 요금을 적정한 수준에서 합의하였고, 乙은 甲의 손해에 대해서 배상금을 지불하기로 하였다.

> **〈보 기〉**
> (가) ㉠은 부가가치의 창출을 위해 사용되는 유형의 생산물이다.
> (나) ㉡은 노동을 투입한 대가로 소득을 얻는 경제 활동의 주체이다.
> (다) ㉢은 ㉡이 ㉣에게 생산 요소를 제공한 대가에 해당한다.
> (라) ㉣은 ㉠을 소비하는 경제 활동의 주체이다.

① (가), (나)　　② (나), (다)
③ (나), (라)　　④ (다), (라)

해설
(나) 甲은 노동을 투입한 대가로 소득을 얻는 경제 활동의 주체이다.
(라) 乙은 대리운전을 소비하는 경제 활동의 주체이다.
(가) 대리운전은 무형의 생산물이다.
(다) 대리운전 요금은 甲이 乙에게 서비스를 제공한 대가이다.

정답 ③

055 표는 한 기업의 X재 생산량 증가에 따른 추가 수입과 추가 비용을 나타낸 것이다. 이에 대한 분석으로 옳은 것은?

(단위 : 만 원)

생산량	1개	2개	3개	4개	5개	6개
추가 수입	10	10	10	10	10	10
추가 비용	7	6	6	7	11	13

① 총이윤은 생산량이 2개일 때와 3개일 때 같다.
② 생산량이 1개씩 증가할 때마다 평균 비용은 증가한다.
③ 평균 비용이 가장 작을 때 이윤은 최대가 된다.
④ 위의 사례에서 최대로 얻을 수 있는 총이윤은 14만 원이다.

해설

④ X재 생산량 증가에 따른 추가 수입과 추가 비용은 각각 한계 수입과 한계 비용을 말한다. 한계 수입은 재화 한 단위를 판매함으로써 발생하는 총수입의 변화분을 의미하며, 한계 비용은 재화 한 단위를 생산함으로써 발생하는 총비용의 변화분을 의미한다. 주어진 자료에 따라 평균 비용, 총수입, 총비용, 총이윤을 계산하면 다음과 같다.

생산량(개)	1	2	3	4	5	6
한계 수입(만 원)	10	10	10	10	10	10
한계 비용(만 원)	7	6	6	7	11	13
총수입(만 원)	10	20	30	40	50	60
총비용(만 원)	7	13	19	26	37	50
평균 비용(만 원)	7	6.5	약 6.3	6.5	7.4	약 8.3
총이윤(만 원)	3	7	11	14	13	10

주어진 사례에서 최대로 얻을 수 있는 총이윤은 14만 원(생산량 4개)이다.

① 총이윤은 '총수입 – 총비용'으로 구할 수 있다. 생산량이 2개일 때 총이윤은 7만 원, 3개일 때 총이윤은 11만 원으로 다르다.

② 평균 비용은 '총비용 ÷ 생산량'으로 구할 수 있다. 평균 비용은 생산량이 증가함에 따라 감소했다가 다시 증가하고 있다(7 → 6.5 → 약 6.3 → 6.5 → 7.4 → 약 8.3).

③ 평균 비용이 가장 작을 때의 생산량은 3개이다. 그러나 이윤이 최대가 되는 생산량은 4개이다.

정답 ④

056 다음 갑, 을, 병, 정의 대화 내용에 대한 설명으로 가장 적절한 것은?(단, 발언은 갑, 을, 병, 정의 순서로 이루어졌다)

> 갑 : 증세 없이 복지를 확충해야 한다고 생각해.
> 을 : 내 생각은 달라. 우리나라의 조세 부담률은 선진국에 비해서 낮은 편이기 때문에 증세가 반드시 필요하다고 생각해.
> 병 : 맞아. 복지 재정 확충을 위해서는 부가가치세율과 개별소비세율을 높여야 해.
> 정 : 내 생각에는 부가가치세율과 개별소비세율보다는 소득세율과 법인세율을 먼저 높여야 한다고 봐.

① 갑은 복지가 경제 성장을 저해한다고 보고 있다.
② 을은 조세 부담의 증가를 우려하고 있다.
③ 병은 소득 재분배 효과가 큰 조세 정책이 필요하다고 보고 있다.
④ 정은 소득 양극화를 완화할 수 있는 조세 정책이 필요하다고 보고 있다.

해설

④ 정이 주장한 소득세율과 법인세율의 인상은 소득 재분배 효과가 크고, 소득 양극화를 완화할 수 있는 조세 정책을 의미한다. 소득세와 법인세는 직접세에 해당하며 누진세가 적용되는 조세이다. 누진세는 고소득자에게 더 높은 세율을 적용하기 때문에 빈부 격차 해소에 기여한다.

① 갑은 복지의 확충을 강조하였지만, 복지가 경제 성장을 저해한다고 주장하지는 않았다. 복지가 경제 성장을 저해한다고 보고 있는지의 여부는 제시된 대화 내용을 통해서는 알 수 없다.

② 을은 우리나라의 조세 부담률이 선진국에 비해 낮은 편이기 때문에 증세가 반드시 필요하다고 주장하므로, 조세 부담의 증가를 우려하고 있지 않다.

③ 병이 주장한 부가가치세율과 개별소비세율의 인상은 소득 재분배 효과가 적은 조세 정책을 의미한다. 부가가치세와 개별소비세는 간접세에 해당하며 비례세가 적용되는 조세이다. 비례세는 역진성이 있기 때문에 빈부 격차를 심화시키는 문제가 발생한다.

정답 ④

057 그래프는 양배추 시장의 균형점 변동을 나타낸 것이다. 이러한 변동을 초래할 수 있는 조합을 〈보기〉에서 고르면?(단, 양배추는 모든 사람에게 열등재이고, 수요 · 공급 법칙을 따르며, 양배추 시장은 완전경쟁 시장이다)

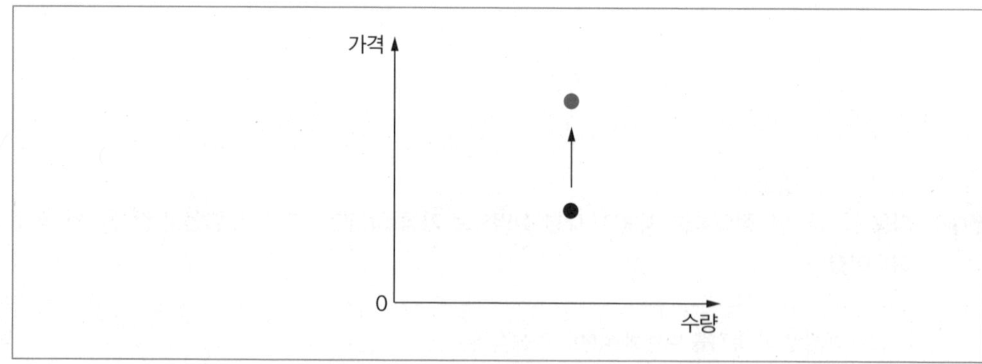

〈보 기〉

ㄱ. 이상 고온 현상으로 양배추 수확이 급감하였다.
ㄴ. 사람들의 실질 소득이 증가하였다.
ㄷ. 채식 붐이 일어나 양배추를 끓는 물에 데쳐 쌈으로 먹는 사람이 늘었다.
ㄹ. 양배추가 갑상선 질환을 유발한다는 뉴스가 대대적으로 보도되었다.

① ㄱ, ㄷ
② ㄱ, ㄹ
③ ㄴ, ㄷ
④ ㄴ, ㄹ

해설

양배추 시장의 균형 거래량은 변하지 않고 균형 가격만 상승하였다. 따라서 동일한 폭으로 수요는 증가하고, 공급은 감소해야 한다.

ㄱ. 이상 고온 현상으로 양배추 수확이 급감하면 양배추의 공급이 감소한다.

ㄷ. 채식 붐이 일어나 양배추를 끓는 물에 데쳐 쌈으로 먹는 사람이 늘어나는 것은 양배추의 수요를 증가시키는 요인이다.

ㄴ. 열등재는 소득이 증가하면 소비가 감소하고, 소득이 감소하면 소비가 증가하는 재화를 말한다. 양배추는 열등재라고 하였으므로, 사람들의 실질 소득이 증가하면 양배추에 대한 수요가 감소할 것이다.

ㄹ. 양배추가 갑상선 질환을 유발한다는 뉴스가 대대적으로 보도될 경우 양배추에 대한 선호가 줄어들어 양배추의 수요가 감소할 것이다.

정답 ①

058 다음에서 설명하고 있는 소형 주택 시장에 생긴 변화를 적절하게 분석한 것은?

> 갑국에서는 소형 주택에 대한 선호가 높아져서 소형 주택 가격이 상승하였고, 이와 같은 소형 주택의 가격 상승에 따라 건설사들은 공급량을 늘리고 있다.

① 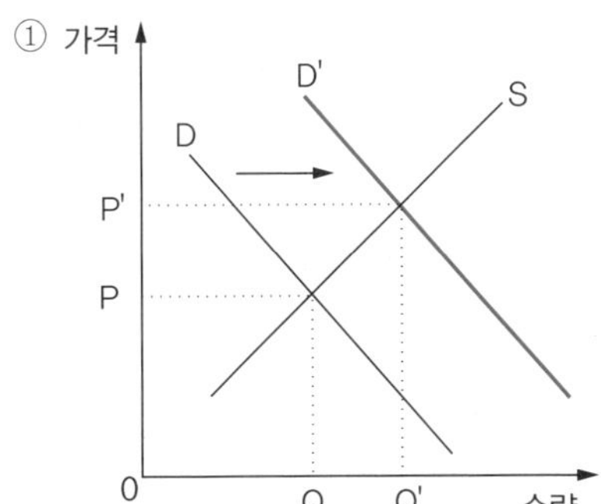

② 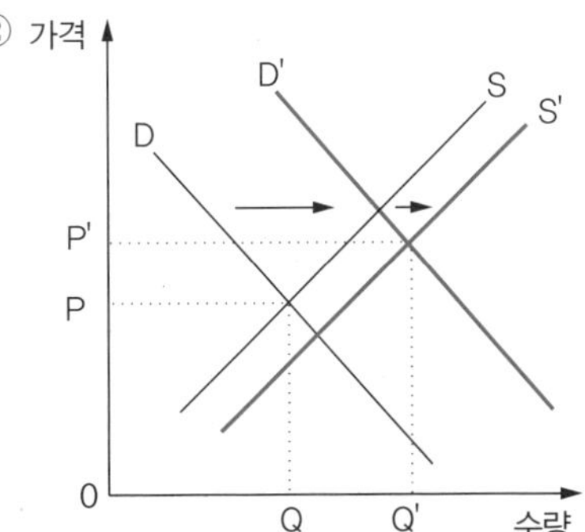

③ 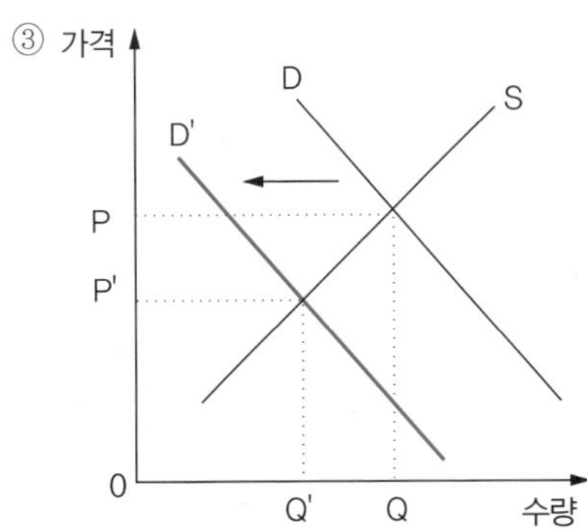

④ 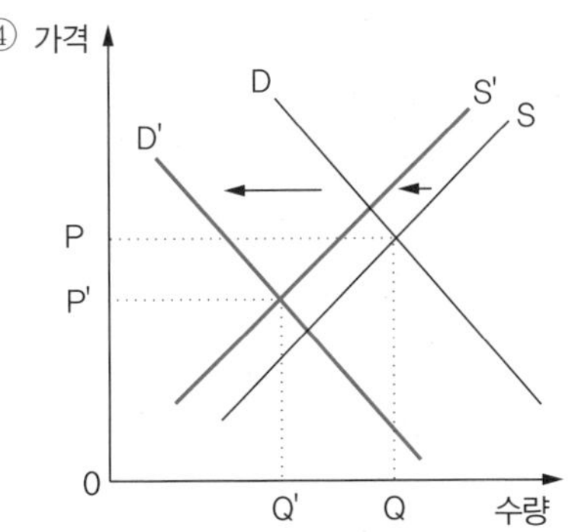

해설

갑국에서 소형 주택에 대한 선호가 높아졌다고 하였으므로 소형 주택에 대한 수요가 증가할 것이다. 수요가 증가할 경우 수요 곡선은 오른쪽으로 이동한다. 수요가 증가하고 공급이 불변일 때 균형 가격은 상승(P → P')하고, 균형 거래량은 증가(Q → Q')한다.

① 소형 주택 시장에 생긴 변화는 수요의 증가이다. 수요의 증가로 인한 소형 주택의 가격 상승에 따라 건설사(생산자)들은 공급량을 증가시키고, 수요자들은 수요량을 감소시킬 것이므로 수요량과 공급량이 일치하는 새로운 균형이 달성된다.

② 소형 주택의 가격 상승에 따른 공급량의 증가를 공급의 증가로 해석하지 않도록 주의해야 한다. 공급량은 해당 재화의 가격 변동에 따라 공급량이 변동하는 것이고, 공급은 해당 재화의 가격 변동 이외의 다른 요인으로 변동하는 것이다.

정답 ①

059 메모리 반도체 시장의 수요 함수가 Q_D=3,200−250P이고, 공급 함수가 Q_S=1,600+150P이라고 할 때 균형 거래량(Q)과 가격(P)을 각각 구하면?

① Q=2,200, P=2

② Q=1,600, P=4

③ Q=2,200, P=4

④ Q=1,600, P=2

해설

③ 시장의 균형에서 수요와 공급은 일치하므로 $Q_D=Q_S$가 성립한다.

- 균형 가격(P)
  균형에서 수요량과 공급량이 같으므로,
  $Q_D=Q_S$에서
  3,200−250P=1,600+150P
  400P=1,600
  P=4
  따라서 균형 가격(P)은 4이다.
- 균형 거래량(Q)은 P=4이므로,
  Q_D=3,200−250P에서
  3,200−(250×4)=2,200
  Q_S=1,600+150P에서
  1,600+(150×4)=2,200
  따라서 균형 거래량(Q)은 2,200이다.

정답 ③

060 다음 표는 A~D재의 가격이 현재 수준에서 1% 인상될 경우 수요량의 변화율을 나타낸다. 이에 대한 분석으로 옳은 것은?

재화	A재	B재	C재	D재
수요량 변화율(%)	−0.5	0	−1	1

① A재의 수요는 가격에 대해 탄력적이다.
② B재의 판매량이 변하지 않는다.
③ C재의 수요는 가격에 대해 완전 탄력적이다.
④ D재는 판매 수입이 변하지 않는다.

해설
수요의 가격 탄력성의 공식은 '|수요량의 변동률(%) ÷ 가격의 변동률(%)|'이다. 각 재화를 분석한 결과는 다음과 같다.

구분	가격의 변동률	수요량의 변동률	계산	수요의 가격 탄력성
A재	1% 인상	−0.5%	$\left\lvert\frac{-0.5}{1}\right\rvert=0.5$	비탄력적(0<Ed<1) 가격의 변동률>수요량의 변동률
B재	1% 인상	0%	$\left\lvert\frac{0}{1}\right\rvert=0$	완전 비탄력적(Ed=0) 가격이 변동해도 수요량은 변동없음
C재	1% 인상	−1%	$\left\lvert\frac{-1}{1}\right\rvert=1$	단위 탄력적(Ed=1) 가격의 변동률=수요량의 변동률

② B재의 수요는 가격에 대해 완전 비탄력적이다. B재는 가격이 상승해도 수요량이 변화하지 않으므로, B재의 판매량은 변하지 않는다.
① A재의 수요는 가격에 대해 비탄력적이다.
③ C재의 수요는 가격에 대해 단위 탄력적이다.
④ D재는 가격과 수요량이 정(+)의 관계에 있으므로 수요 법칙이 적용되지 않는 재화이다. D재는 가격이 상승할 때 수요량이 증가하므로 판매 수입이 증가한다.

정답 ②

061 그림은 동질의 상품을 생산하는 기업의 진입 가능성 여부에 따라 시장을 구분한 것이다. A와 B시장에 대한 설명으로 옳은 것만을 〈보기〉에서 모두 고른 것은?

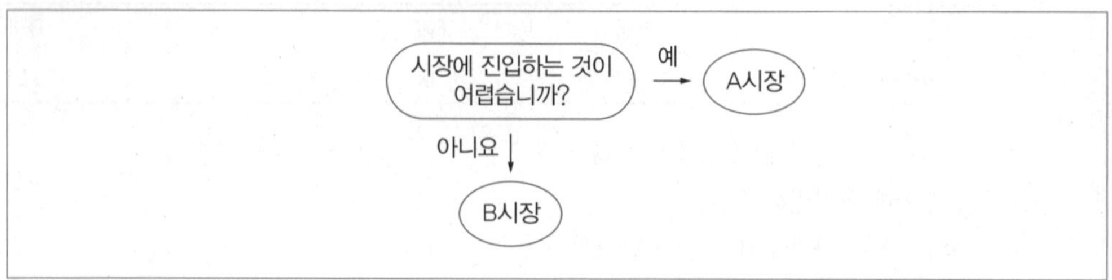

〈보 기〉

ㄱ. 자원 배분의 비효율성은 B시장보다 A시장이 높다.
ㄴ. 기업의 시장 지배력은 B시장보다 A시장이 낮다.
ㄷ. 기업 간 담합 발생 가능성은 A시장보다 B시장이 높다.
ㄹ. 시장 참여자가 가격 수용자가 될 가능성은 A시장보다 B시장이 높다.

① ㄱ, ㄴ　② ㄱ, ㄹ
③ ㄴ, ㄷ　④ ㄷ, ㄹ

해설

동질의 상품을 생산하는 시장은 완전경쟁시장과 독점시장이다. 이를 기업의 진입 가능성 여부에 따라 구분하면 진입 장벽이 자유로운 완전경쟁시장(B시장)과 진입 장벽이 매우 높은 독점시장(A시장)으로 나눌 수 있다.

ㄱ. 완전경쟁시장은 경제학에서 가정하는 가장 이상적인 시장으로 사회의 희소한 자원이 가장 효율적으로 배분되나 독점시장은 생산자 간에 경쟁이 전혀 없기 때문에 자원이 비효율적으로 배분된다. 따라서 자원 배분의 비효율성은 완전경쟁시장(B)보다 독점시장(A)이 높다.
ㄹ. 시장 참여자가 가격 수용자(순응자)가 될 가능성이 높은 시장은 완전경쟁시장(B)이다. 완전경쟁시장은 정보의 완전성으로 인해 시장 지배력이 없기 때문에 개별 공급자는 가격 수용자(순응자)가 된다.
ㄴ. 기업의 시장 지배력이 높은 시장은 독점시장(A)이다. 독점시장은 하나의 공급자가 동질의 상품을 생산하므로 독점적 지위로 인해 시장 지배력이 높고, 완전경쟁시장은 정보의 완전성으로 인해 시장 지배력이 없다.
ㄷ. 기업 간 담합 발생 가능성이 큰 시장은 기업 간 영향력(의존도)이 커서 가격 경쟁을 할 경우 출혈이 심한 과점 시장이다. 독점시장은 담합을 할 다른 기업이 없고, 완전경쟁시장은 담합이 불가능하다.

정답 ②

062 (가), (나)는 시장 실패의 원인에 대한 그래프이다. 이에 대한 설명으로 옳은 것은?

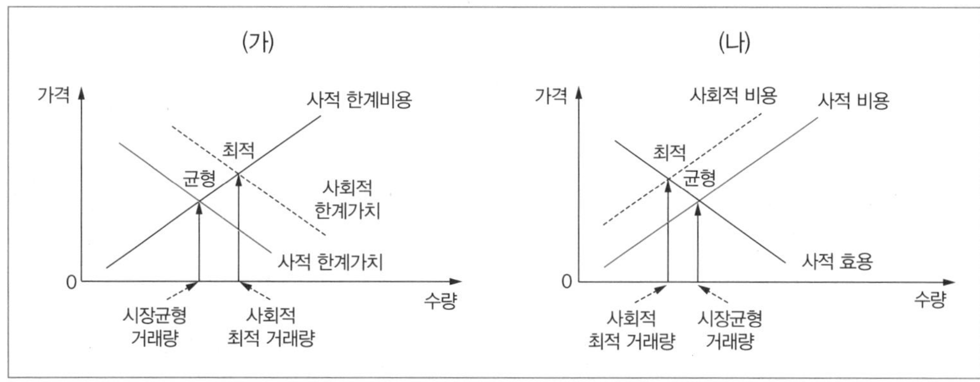

① (가)는 외부 불경제, (나)는 외부 경제에 해당한다.
② 공공재 부족은 (나)보다는 (가)에 해당한다.
③ 공장 가동으로 인한 환경 오염은 (가)보다 (나)에 해당한다.
④ '누이 좋고, 매부 좋다.'라는 속담은 (가)보다 (나)에 해당한다.

해설
③ 공장 가동으로 인한 환경 오염은 생산의 외부 불경제에 해당하는 사례로 (나)에 해당한다.
① (가)는 사회적 편익(사회적 한계 가치)이 사적 편익(사적 한계 가치)에 비해 크게 나타나는 소비의 외부 경제, (나)는 사회적 비용이 사적 비용에 비해 크게 나타나는 생산의 외부 불경제에 해당한다.
② (가)와 (나)는 외부 효과의 그래프로 공공재 부족과는 관련이 없다.
④ '누이 좋고, 매부 좋다.'라는 속담은 서로에게 이익이 발생하는 현상을 의미하므로, 외부 경제에 해당하는 속담에 해당한다. 따라서 (나)보다 (가)에 해당한다.

정답 ③

063 그림은 정부의 가격 규제 정책을 나타낸 것이다. 이에 대한 설명으로 옳지 않은 것은?

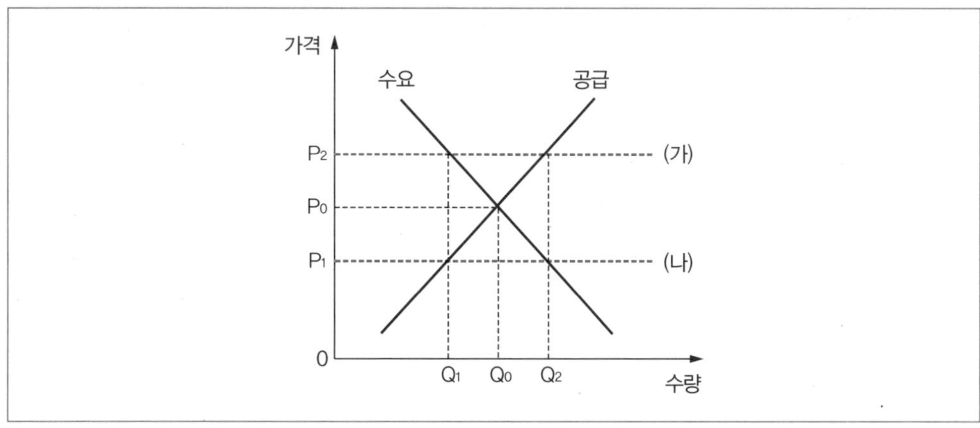

① (가)에서 가격 규제를 시행하면 Q_1~Q_2만큼의 초과 수요가 발생할 것이다.

② (나)에서 가격 규제를 시행하면 암시장이 형성될 수 있다.

③ 분양가 상한 제도는 (가)보다 (나)에 해당한다.

④ 공급자를 보호하기 위한 가격 규제 제도는 (나)보다 (가)에 해당한다.

해설

(가)는 최저 가격제, (나)는 최고 가격제이다.

① (가) 최저 가격제에서 가격 규제를 시행하면 수요량은 Q_1, 공급량은 Q_2로 시장 균형 가격보다 높은 최저 가격으로 인해 Q_1~Q_2만큼의 초과 공급이 발생한다.

② (나) 최고 가격제에서 가격 규제를 시행하면 Q_1~Q_2만큼의 초과 수요가 발생하게 된다. 초과 수요가 지속되면 최고 가격보다 높은 가격을 지불하고서라도 상품을 구입하고자 하는 수요자와 최고 가격보다 높은 가격으로 판매하고자 하는 공급자로 인해 암시장이 발생할 수 있다. 생산량이 Q_1일 때 암시장 최고 가격은 P_2이다.

③ 분양가 상한 제도는 공동 주택의 분양가를 산정할 때 일정한 표준 건축비에 택지비를 더하여 분양가를 산정하고, 그 가격을 초과하는 가격으로 분양하지 못하도록 규제하는 제도이다. 이는 최고 가격제의 사례로 (나)에 해당한다.

④ 공급자를 보호하기 위한 가격 규제 제도는 (가) 최저 가격제이다.

정답 ①

064 다음 그림은 총수요 곡선이 우하향하고, 총공급 곡선이 우상향하는 경우의 물가와 실업률 간의 관계를 나타낸다. 균형점 E의 이동에 대한 설명으로 옳지 <u>않은</u> 것은?(단, 균형점의 이동은 단기적 변동만 고려한다)

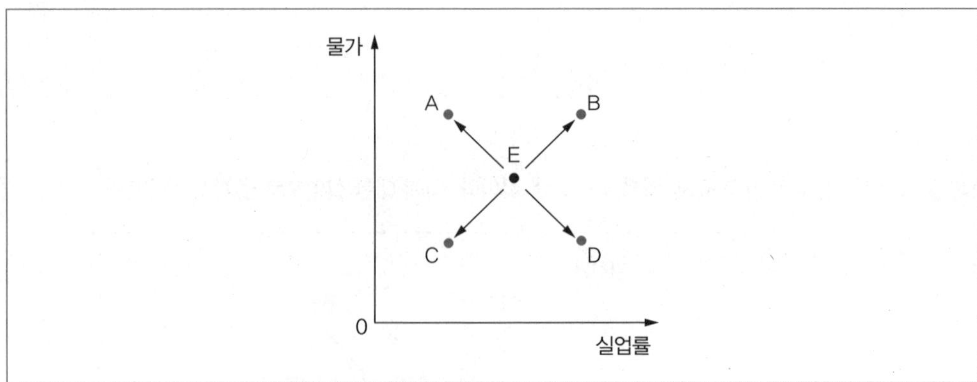

① 민간 소비 및 투자가 증가한다면 E에서 A로 이동할 것이다.

② 확대 재정 정책을 시행한다면 E에서 C로 이동할 것이다.

③ 생산성 향상으로 각 물가 수준에서 공급할 수 있는 총 생산물의 양이 증가한다면 E에서 C로 이동할 것이다.

④ 생산 비용 증가로 각 물가 수준에서 공급할 수 있는 총 생산물의 양이 감소한다면 E에서 B로 이동할 것이다.

해설

제시된 그래프는 y축은 물가의 변동을, x축은 실업률의 변동을 나타내고 있다.

② 확대 재정 정책을 시행하면 총수요가 증가하여, 물가가 상승하고 국민 소득이 증가(실업률 감소)한다. 따라서 확대 재정 정책을 시행한다면 E에서 A로 이동한다.

① 민간 소비와 민간 투자가 증가하면 총수요가 증가하여, 물가가 상승하고 국민 소득이 증가(실업률 감소)한다. 따라서 민간 소비 및 투자가 증가하면 E에서 A로 이동한다.

③ 생산성 향상으로 각 물가 수준에서 공급할 수 있는 총 생산물의 양이 증가, 즉 총공급이 증가한다면 물가는 하락하고 국민 소득은 증가(실업률 감소)한다. 따라서 E에서 C로 이동한다.

④ 생산 비용 증가로 각 물가 수준에서 공급할 수 있는 총 생산물의 양이 감소, 즉 총공급이 감소한다면 물가는 상승하고 국민 소득은 감소(실업률 증가)한다. 따라서 E에서 B로 이동한다.

정답 ②

065 다음 로렌츠 곡선에 대한 설명으로 옳은 것은?

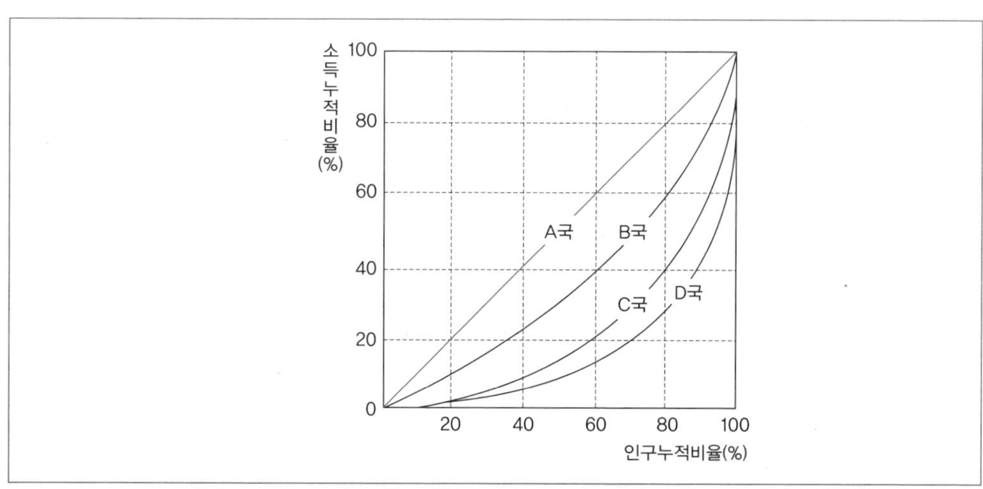

① 4개 국가 중 A국의 소득 분배가 가장 불균등하다.

② B국은 하위 소득 인구의 40%가 약 60%의 소득 누적 비율을 차지한다.

③ C국은 상위 소득 인구의 40%가 약 80%의 소득 점유율을 보인다.

④ 4개 국가 중 D국의 지니 계수 값이 가장 작다.

해설

로렌츠 곡선은 인구 누적 비율과 소득 누적 점유율을 통해 불평등의 정도를 알아보는 지표로 대각선에 가까울수록 평등, 수직선에 가까울수록 불평등하다.

③ C국은 상위 소득 인구 40%가 약 80%의 소득 점유율을 보인다.

① A국의 로렌츠 곡선은 완전 평등선을 나타내므로 소득 분배가 가장 균등하다. 따라서, 4개 국가 중 A국의 소득 분배가 가장 평등하다.

② B국은 하위 소득 인구의 40%가 전체 소득 중 20%가 약간 넘는 소득 누적 비율을 차지하고 있다.

④ 지니 계수는 대각선과 수직선 사이의 면적에서 로렌츠 곡선과 대각선이 차지하는 크기의 비율을 구하는 지표이다. 대각선에 가까울수록 0에 가까운 값, 수직선에 가까울수록 1에 가까운 값이 나온다. 즉, 지니 계수의 값이 작을수록 소득 분배가 평등함을 나타낸다. 따라서 4개의 국가 중 지니 계수가 가장 작은 국가는 A, 가장 큰 국가는 D이다.

정답 ③

066 다음 표에서 기준 연도인 T년 대비 (T+1)년의 GDP 디플레이터 변화에 대한 설명으로 옳은 것은? (단, A국은 X와 Y 두 상품만 생산한다)

상품	T년		(T+1)년	
	생산량(개)	시장 가격(원)	생산량(개)	시장 가격(원)
X	50	200	60	250
Y	70	100	80	90

① 11.0% 상승　　② 11.0% 하락
③ 9.9% 상승　　④ 9.9% 하락

해설

상품	명목 GDP [(T+1)년의 생산량×(T+1)년의 시장가격]		실질 GDP [(T+1)년의 생산량×T년의 시장가격]		물가 지수 (GDP 디플레이터)
X재	60×250=15,000	22,200	60×200=12,000	20,000	$\frac{22,200}{20,000}\times 100=111$
Y재	80×90=7,200		80×100=8,000		

① 물가 지수(GDP 디플레이터)는 111이다. 물가 지수가 111이라는 것은 기준 연도(T년)에 비해 물가가 11% 상승했음을 의미한다.

정답 ①

067 표는 쌀과 닭고기 두 가지 재화만 생산하는 어느 국가의 경제 활동 결과를 나타낸 것이다. 표에 대한 설명으로 옳은 것은?(단, 기준 연도는 2013년이며, 물가 지수는 GDP 디플레이터로, 경제 성장률은 실질 GDP 증가율로 각각 측정한다)

구분 \ 연도		2013	2014	2015
쌀	kg당 가격($)	10	15	17
	생산량(kg)	100	80	100
닭고기	kg당 가격($)	5	10	15
	생산량(kg)	40	40	60

※ GDP 디플레이터=(명목 GDP/실질 GDP)×100

① 2014년의 물가 지수는 150이다.
② 2014년의 경제 성장률은 −20%이다.
③ 2015년의 물가 지수는 200이다.
④ 2015년의 경제 성장률은 20%이다.

해설

명목 GDP는 당해 연도의 가격과 당해 연도의 생산량으로 계산하고, 실질 GDP는 기준 연도의 가격과 당해 연도의 생산량으로 계산한다.

③ GDP 디플레이터는 '명목 GDP/실질 GDP×100'으로 구할 수 있다. 2015년의 명목 GDP는 2,600달러이고, 2015년의 실질 GDP는 1,300달러이다. 따라서 2015년의 GDP 디플레이터(물가지수)는 200[명목 GDP(2,600)/실질 GDP(1,300)×100]이다.

① GDP 디플레이터는 '명목 GDP/실질 GDP×100'으로 구할 수 있다. 2014년의 명목 GDP는 1,600달러이고, 2014년의 실질 GDP는 1,000달러이다. 따라서 2014년의 GDP 디플레이터(물가지수)는 160[명목 GDP(1,600)/실질 GDP(1,000)×100]이다.

② 경제 성장률은 '(금년도 실질 GDP−전년도 실질 GDP)/전년도 실질 GDP×100'으로 구할 수 있다. 2013년의 실질 GDP는 1,200달러이고, 2014년의 실질 GDP는 1,000달러이다. 따라서 2014년의 경제 성장률은 약 −16.67%[{금년도 실질 GDP(1,000)−전년도 실질 GDP(1,200)}/전년도 실질 GDP(1,200)×100]이다.

④ 2014년의 실질 GDP는 1,000달러이고, 2015년의 실질 GDP는 1,300달러이다. 따라서 2015년의 경제 성장률은 30%[{금년도 실질 GDP(1,300)−전년도 실질 GDP(1,000)}/전년도 실질 GDP(1,000)×100]이다.

정답 ③

068 다음은 갑국의 고용 관련 상황이다. 갑국 정부의 정책 시행 결과 고용 지표 관련 인구 중 감소한 것은?

> 갑국의 실업률은 매우 양호하지만, 고용률은 상대적으로 좋지 않았다. 갑국 정부는 고용률을 높이기 위한 여러 정책을 강도 높게 추진하였다. 그 결과 고용률은 상승했지만, 취업률은 오히려 하락한 상황이 되었다. 다만, 15세 이상 인구는 변함이 없었다.

① 취업자 수　　② 실업자 수
③ 경제활동인구　　④ 비경제활동인구

해설

④ 15세 이상 인구는 '경제활동인구+비경제활동인구'이다. 15세 이상 인구는 변함없이 일정하다고 하였는데 경제활동인구는 증가하고 있으므로, 비경제활동인구는 감소할 것이다.

① 고용률은 '(취업자 수/15세 이상 인구)×100'으로 구할 수 있다. 15세 이상 인구는 변함이 없었는데 고용률은 높아졌으므로, 취업자 수는 증가했다는 것을 알 수 있다.

②·③ 취업자 수는 증가(① 해설)했는데, 취업률은 낮아지고 있다고 하였으므로 경제활동인구는 취업자 수가 증가한 비율보다 더 크게 증가하고 있음을 알 수 있다. 한편 취업률과 실업률의 합은 항상 100%이므로, 취업률이 낮아지면 실업률은 높아진다. 실업률은 '(실업자 수/경제활동인구)×100'으로 구할 수 있다. 경제활동인구가 증가하는 상황에서 실업률이 높아진다는 것은 실업자 수도 증가하고 있다는 것을 의미한다.

정답 ④

069 그림에서 2015년 대비 2016년에 나타난 변화에 대한 분석으로 옳은 것은?(단, 갑국의 15세 이상 인구는 일정하다)

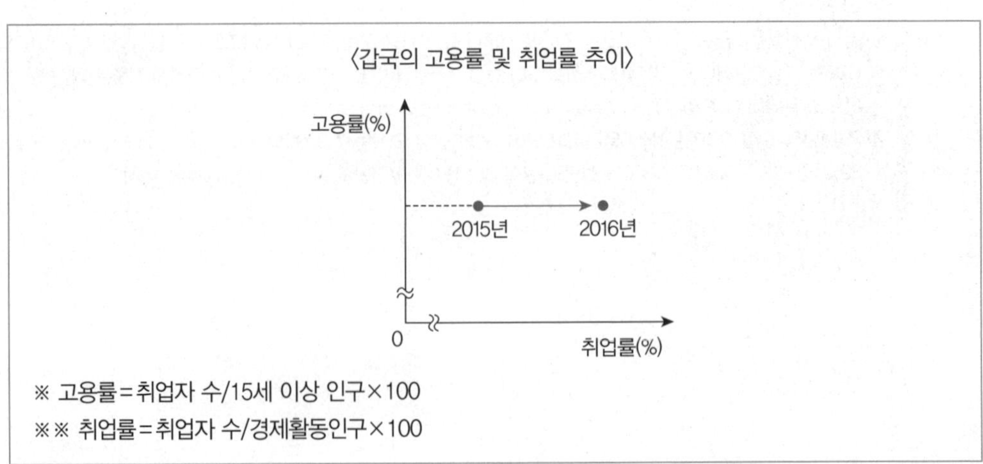

① 실업률이 증가하였다.
② 취업자 수가 증가하였다.
③ 경제활동참가율이 증가하였다.
④ 비경제활동인구가 증가하였다.

해설

주어진 그림에서 고용률은 변함없이 일정하지만, 취업률이 높아지고 있다는 것을 알 수 있다.

④ 15세 이상 인구는 경제활동인구와 비경제활동인구의 합이다. 15세 이상 인구는 변함없이 일정한데 경제활동인구는 감소하고 있으므로, 비경제활동인구는 증가할 것이다.

① 취업률은 경제활동인구에서 차지하는 취업자의 비중이고, 실업률은 경제활동인구에서 차지하는 실업자의 비중이기 때문에 취업률과 실업률의 합은 항상 100%이다. 따라서 취업률이 증가하면, 실업률은 감소한다.

② 고용률은 '(취업자 수/15세 이상 인구)×100'으로 구할 수 있다. 15세 이상 인구가 일정한 상황에서 고용률이 일정하게 유지되고 있으므로 취업자 수도 일정하다.

③ 취업률은 '(취업자 수/경제활동인구)×100'으로 구할 수 있다. 취업자 수가 일정한데 취업률은 높아지고 있으므로 경제활동인구가 감소한다는 것을 알 수 있다. 경제활동참가율은 15세 이상 인구에서 경제활동인구가 차지하는 비율을 의미하므로, 15세 이상 인구가 일정한 상황에서 경제활동인구가 감소한다면 경제활동참가율은 감소한다.

정답 ④

070 밑줄 친 정책에 대한 설명으로 옳지 않은 것은?

> 2007~2009년의 금융 위기 이후 미국은 불황에 빠졌으며, 경기 부양책에도 불구하고 다시 경기가 침체에 빠지는 더블 딥(double-dip) 가능성이 제기되었다. 그렇다고 경기 부양을 위해 추가적으로 재정 지출을 하는 것은 부담스러운 상황이었다. 이미 막대한 재정 적자가 누적되어 있었기 때문이다. 이에 따라 미국 연방 준비 제도(Federal Reserve System)는 양적 완화(quantitative easing) 정책을 펴왔다.

① 이는 재할인율 인하와 같은 취지의 정책이다.

② 미국 연방 준비 제도의 대규모 국채 매입은 이 정책에 포함된다.

③ 이 정책의 효과가 지나치면 실질 이자율이 증가한다.

④ 이 정책으로 환율의 변화가 일어난다면 미국 달러의 구매력이 낮아진다.

해설

양적 완화 정책은 일종의 금융 확장 정책이다.

③ 양적 완화 정책의 효과로 통화량이 증가하면 물가가 상승하므로 실질 이자율(명목 이자율－물가 상승률)은 감소한다.

① 재할인이란 기업이 발행한 어음을 은행이 할인하고, 이를 다시 중앙은행이 할인하는 것이다. 즉, 재할인율은 중앙은행이 예금 은행에 대하여 적용하는 이자율이라고 할 수 있다. 재할인율을 인하하면 통화량이 증가하면서 수요 및 투자가 증가하여 경기가 부양된다. 양적 완화 정책은 재할인율 인하와 같은 취지의 정책이다.

② 국 · 공채는 국가나 지방자치단체 혹은 기업이 부족한 자금을 마련하기 위해 발행하는 채권이다. 중앙은행이 국 · 공채를 매입하면 시중의 통화량이 늘어 경기를 활성화시킨다. 미국 연방 준비 제도의 대규모 국채 매입은 이 정책에 포함된다.

④ 양적 완화 정책으로 달러의 양이 많아지므로 달러 가치가 하락하여 달러의 구매력이 낮아진다.

정답 ③

071 표는 대표적인 증권 상품 (가), (나)를 비교한 것이다. 이에 대한 설명으로 적절한 것을 〈보기〉에서 모두 고른 것은?

구분	(가)	(나)
자본 조달 방법	자기 자본	타인 자본
소유자 권리	의결권	확정 이자 수취
수익의 형태	배당금	이자

〈보 기〉

ㄱ. (나)보다 (가)의 안정성이 낮다.
ㄴ. (나)는 회사만 발행할 수 있다.
ㄷ. (가)의 소유자는 자신의 의사에 반하여 주주의 지위를 상실할 수 없다.
ㄹ. (가)는 증권의 존속 기간이 정해져 있지만, (나)는 존속 기간이 정해져 있지 않다.

① ㄱ, ㄷ
② ㄱ, ㄹ
③ ㄴ, ㄷ
④ ㄷ, ㄹ

해설

소유자가 의결권의 권리를 가지는 (가)는 주식, 소유자가 확정 이자 수취라는 권리를 가지는 (나)는 채권이다.

ㄱ. (나) 채권은 채권 발행 기관에서 약속한 이자 수익을 얻거나 다른 사람에게 되팔 수 있기 때문에 안전성과 유동성이 높다. 반면 주식은 높은 투자 수익을 기대할 수 있지만, 주식 가격 변동에 따라 원금 손실이 발생할 수 있으므로 채권에 비해 상대적으로 위험하다.

ㄷ. (가) 주식은 원칙적으로 경영 참여권을 가지게 되고 주주의 지위를 가지게 된다. 주주의 의사에 반하여 주주의 지위를 상실할 수 없다.

ㄴ. (나) 채권은 정부, 지방자치단체, 특수 법인, 금융 기관, 주식회사 등에서 발행할 수 있다. 주식회사에서만 발행이 가능한 것은 (가) 주식이다. 채권은 발행 주체에 따라 국채(정부), 공채(지방자치단체 및 공공 기관), 금융채(금융 기관), 회사채(회사) 등으로 구분된다.

ㄹ. (가) 주식은 증권의 존속 기간이 정해져 있지 않지만(무기한, 만기 없음), (나) 채권은 존속 기간이 정해져 있다(영구채권 제외).

정답 ①

072 다음 표는 A 기업과 B 기업이 동일한 생산 요소로 최대한 생산할 수 있는 각 재화의 양을 나타낸다. 이에 대한 분석으로 가장 적절한 것은?(단, A 기업과 B 기업이 생산하는 제품은 동질적이며 시장에서 상품 1단위를 판매하기 위해서는 스마트폰 1개에 스마트폰 전용 이어폰 1개가 함께 포장되어야 한다)

(단위 : 개)

구분	스마트폰	스마트폰 전용 이어폰
A 기업	100	300
B 기업	10	100

① 스마트폰과 스마트폰 전용 이어폰 모두 A 기업이 비교 우위를 갖는다.

② B 기업이 독자적으로 생산하여 시장에서 판매할 수 있는 상품은 최대 10단위이다.

③ 특화 후 교환한다면, A 기업이 제시하는 거래 조건은 스마트폰 1개에 스마트폰 전용 이어폰 3개 이상이다.

④ 특화 후 스마트폰 10개를 스마트폰 전용 이어폰 90개와 교환한다면, B 기업은 교환의 이익을 누릴 수 없다.

해설

주어진 표를 통해 A 기업과 B 기업의 스마트폰과 스마트폰 전용 이어폰의 기회비용을 계산하면 다음과 같다.

구분	스마트폰 생산에 따른 기회비용	스마트폰 전용 이어폰 생산에 따른 기회비용
A 기업	스마트폰 전용 이어폰 3개(=300/100)	스마트폰 1/3개(=100/300)
B 기업	스마트폰 전용 이어폰 10개(=100/10)	스마트폰 1/10개(=10/100)

③ A 기업은 스마트폰 생산에 비교 우위가 있으므로 B 기업에게 스마트폰을 제공하면서 스마트폰 1개 생산의 기회비용인 스마트폰 전용 이어폰 3개보다 더 많이 받는 조건을 요구할 것이다. A 기업은 B 기업과 거래를 하지 않더라도 스마트폰 1개는 스마트폰 전용 이어폰 3개의 가치를 가지고 있으므로 만약 특화 후 B 기업과 교환한다면 스마트폰 1개에 스마트폰 전용 이어폰 3개 이상과 바꾸어야 이득이 된다.

① 스마트폰과 스마트폰 전용 이어폰 모두 A 기업이 절대 우위를 갖는다. 하지만 생산의 기회비용이 작을수록 해당 재화의 생산에 비교 우위를 가지므로 A 기업은 스마트폰 생산에, B 기업은 스마트폰 전용 이어폰 생산에 비교 우위를 갖는다.

② B 기업이 독자적으로 생산하여 시장에 판매할 수 있는 상품을 계산하기 위해(스마트폰, 스마트폰 전용 이어폰)의 순서쌍을 생각해 보면, (0, 100), (1, 90), (2, 80) … (7, 30), (8, 20), (9, 10), (10, 0)이다. 상품 1단위가 되기 위해서는 스마트폰과 스마트폰 전용 이어폰이 1 : 1 대응이 되어야 하므로 최대 9개까지 판매할 수 있다.

④ A 기업과 B 기업의 거래 조건은 '스마트폰 전용 이어폰 3개<스마트폰 1개<스마트폰 전용 이어폰 10개'이므로 스마트폰 10개와 이어폰 90개를 교환한다면 B 기업은 교환의 이익을 누릴 수 있다.

정답 ③

073 다음 자료에 나타난 변화의 영향에 대한 분석 및 추론으로 옳은 것은?

> (가) 최근 미국 중앙은행이 금리 인상을 시사하면서 외국 자본의 이동에 귀추가 주목되고 있다.
> (나) 경기 침체에 대한 우려가 세계적으로 확산되면서 안전 자산이 선호됨에 따라 미국 국채에 대한 수요가 증가했다.

① (가)는 우리나라에 외국 자본이 유입되는 요인이다.
② (나)는 외환 시장에서 원/달러 환율이 하락하는 요인이다.
③ (가)에 의한 환율 변화는 우리나라의 대미 수출이 감소하는 요인이다.
④ (나)에 의한 환율 변화는 우리나라 국민의 미국 여행 경비 부담이 증가하는 요인이다.

해설

④ 원/달러 환율이 상승하면 우리나라 국민의 미국 여행 경비 부담이 증가하여 미국 여행이 감소한다. 예를 들어 미국을 여행하는 데 1달러가 필요한데 원/달러 환율이 1달러당 1,000원에서 1달러당 2,000원으로 상승한다면, 미국 여행에 필요한 금액은 1,000원에서 2,000원으로 증가한다.

① 미국 금리가 인상되면 미국 금융 상품의 수익률이 상승하여 미국 금융 상품에 대한 투자가 증가한다. 이는 우리나라로부터 외국 자본이 유출되는 요인이다. 예를 들어 우리나라 금융 상품과 미국 금융 상품의 금리가 동일하게 5%인데, 미국 금리가 상승하여 미국 금융 상품의 금리가 10%가 된다면, 미국 금융 상품에 대한 수요가 증가하여 우리나라의 외국 자본이 미국으로 유출된다.

② 미국 국채를 구입하기 위해서는 달러화(외화)가 필요하다. 따라서 미국 국채에 대한 수요가 증가하면, 외환 시장에서 외화(달러화)에 대한 수요도 증가한다. 외화 수요의 증가는 원/달러 환율을 상승시키는 요인으로 작용한다.

③ 원/달러 환율이 상승하면 우리나라 수출품의 달러 표시 가격이 하락하여 우리나라의 대미 수출이 증가한다. 예를 들어 수출품의 가격이 2,000원인데 원/달러 환율이 1달러당 1,000원에서 1달러당 2,000원으로 상승한다면, 수출품의 달러 표시 가격은 2달러에서 1달러로 하락하여 수출이 증가한다.

정답 ④

074 다음은 환율의 변동을 표로 정리한 것이다. (가)~(라)의 영향으로 옳은 것을 〈보기〉에서 모두 고르면? (단, 환율 이외의 다른 요건은 고려하지 않는다)

구분		원/달러 환율	
		상승	하락
원/유로 환율	상승	(가)	(나)
	하락	(다)	(라)

〈보 기〉

ㄱ. (가) – 미국과 EU에 대한 한국 기업들의 수출이 증가한다.
ㄴ. (나) – 미국 부품을 수입하여 완제품을 EU에 수출하는 한국 기업들은 불리해진다.
ㄷ. (다) – 한국 시장에서 미국산 자동차보다 EU산 자동차의 가격 경쟁력이 높아진다.
ㄹ. (라) – 미국 회사나 EU 회사의 주식에 대한 배당금의 원화 환산 금액이 증가한다.

① ㄱ, ㄴ
② ㄱ, ㄷ
③ ㄴ, ㄷ
④ ㄱ, ㄷ, ㄹ

해설

ㄱ. 원/달러 환율이 상승하면 수출품의 달러 표시 가격 하락으로 수출품의 가격 경쟁력이 높아져 미국에 대한 한국 기업들의 수출이 증가하고, 원/유로 환율이 상승하면 수출품의 유로화 표시 가격이 하락하여 수출품의 가격 경쟁력이 높아져 EU에 대한 한국 기업들의 수출이 증가한다. 따라서 미국과 EU에 대한 한국 기업들의 수출이 증가한다.
ㄷ. 원/달러 환율이 상승하면 미국 수입품의 원화 표시 가격이 높아지고, 원/유로 환율이 하락하면 EU 수입품의 원화 표시 가격이 낮아진다. 따라서 한국 시장에서 미국산 자동차보다 EU산 자동차의 가격 경쟁력이 높아진다.
ㄴ. 원/달러 환율이 하락하면 수입품의 원화 표시 가격 하락으로 수입이 증가하여 미국 부품을 수입하는 한국 기업들은 유리해진다. 또, 원/유로 환율이 상승하면 수출품의 유로화 표시 가격이 하락하여 수출품의 가격 경쟁력이 높아져 EU에 대한 한국 기업들의 수출이 유리해진다. 따라서 미국 부품을 수입하여 완제품을 EU에 수출하는 한국 기업들은 유리해진다.
ㄹ. 원/달러 환율과 원/유로 환율이 하락하면 미국 회사나 EU 회사의 주식에 대한 배당금의 원화 환산 금액은 감소한다.

정답 ②

075 다음 표와 같이 환율 변동이 발생했다면, 이에 따른 효과 중에서 옳은 내용을 〈보기〉에서 있는 대로 고른 것은?

구분	원/달러	엔/달러
과거	1,050	100
현재	1,100	110

〈보 기〉

ㄱ. 달러 표시 외채를 가진 한국 기업의 상환 부담이 감소하였다.
ㄴ. 부품을 한국에서 수입하는 일본 기업의 생산비가 상승하였다.
ㄷ. 한국에 수출하는 미국 제품의 가격 경쟁력이 하락하였다.
ㄹ. 미국에 수출하는 일본 제품의 달러 표시 가격이 상승하였다.

① ㄱ, ㄹ
② ㄴ, ㄷ
③ ㄴ, ㄹ
④ ㄷ, ㄹ

해설

ㄴ. 원/엔 환율을 구해보면, 과거의 원/엔 환율은 '(원/달러)/(엔/달러)=1,050/100'으로 10.5원/엔이다. 현재의 원/엔 환율은 '(원/달러)/(엔/달러)=1,100/110'으로 10원/엔이다. 결국 원/엔 환율은 10.5원/엔에서 10원/엔으로 하락하였다. 이 경우 10.5를 원하던 부품이 있다면 과거에는 1엔에서 현재에는 1엔보다는 조금 더 크기 때문에 일본 기업의 생산비는 상승한다. 즉, 원화 가치 하락보다 엔화 가치 하락이 더 크므로(엔화에 비해 원화의 가치가 상승한 것이므로) 부품을 한국에서 수입하는 일본 기업의 생산비가 상승하게 된다.

ㄷ. 원/달러 환율이 상승했으므로 한국에 수출하는 미국 제품의 가격 경쟁력은 하락한다. 예를 들어 1달러짜리의 미국 제품이 있다면 과거에는 1,050원이면 살 수 있었는데 현재에는 1,100원으로 상승하므로 가격 경쟁력이 하락하기 때문이다. 즉, 달러 가치가 올랐으므로 한국에 수출하는 미국 제품의 원화 표시 가격이 상승하게 되어 미국 제품의 가격 경쟁력이 하락하였다.

ㄱ. 원/달러 환율이 상승하였으므로 달러 표시 외채를 가진 한국 기업의 상환 부담이 증가하였다. 예를 들어 1달러의 외채가 있었다면 1,050원이면 상환할 수 있었는데 1,100원으로 50원의 부담이 증가하기 때문이다.

ㄹ. 엔/달러 환율이 100엔/달러에서 110엔/달러로 상승하였다. 이 경우 미국에 수출하는 일본 제품의 달러 가격은 하락한다. 예를 들면 100엔짜리 일본 제품은 1달러인데 환율이 110엔/달러의 경우 0.9달러로 하락하게 된다. 즉, 엔/달러 환율이 상승하였으므로 미국에 수출하는 일본 제품의 달러 표시 가격이 하락하였다.

정답 ②

03 사회 · 문화

076 다음 연구에 대한 설명으로 옳지 않은 것은?

> 연구자 갑은 우리나라 노인들의 '인간관계 밀도'와 '삶의 만족도'의 관련성을 밝히는 연구를 수행하였다. 연구 문제와 관련하여 가설을 설정하고, 이를 검증하기 위하여 서울에 거주하는 70세 이상의 남자와 여자를 임의로 300명씩 선정하여 설문 조사를 실시하였다. 자료의 통계 분석 결과, 노인의 인간관계 밀도가 높을수록 삶의 만족도가 높은 것으로 나타났다.

① 추상적 개념을 측정 가능한 지표로 설정하는 과정이 필요하다.
② 다수를 대상으로 대량의 자료를 수집할 수 있는 방법이 활용되었다.
③ 표본의 대표성이 없어 분석 결과를 모집단 전체에 일반화할 수 없다.
④ 자료의 분석 과정에서 감정 이입과 직관적 통찰을 통한 이해를 중시한다.

해설

④ 제시된 연구는 양적 연구 방법이다. 자료의 분석 과정에서 감정 이입과 직관적 통찰을 통한 이해를 중시하는 것은 질적 연구 방법이다.
① 연구자 갑은 '인간관계 밀도'와 '삶의 만족도'의 관련성을 밝히는 연구를 수행하고자 한다. 이를 위해 '인간관계 밀도'와 '삶의 만족도'라는 추상적인 개념을 측정 가능한 지표로 수치화하는 개념의 조작적 정의의 과정이 필요하다.
② 다수를 대상으로 대량의 자료를 수집할 수 있는 자료 수집 방법은 질문지법이다. "서울에 거주하는 70세 이상의 남자와 여자를 임의로 300명씩 선정하여 설문 조사를 실시"하였다는 부분에서 질문지법이 사용되었음을 알 수 있다.
③ 연구는 우리나라 노인들을 모집단으로 하고 있는데, 자료는 서울에 거주하는 70세 이상의 남자와 여자를 대상으로 하였기 때문에 표본의 대표성이 결여되었다.

정답 ④

077 다음 (가), (나)에 사용된 연구 방법의 일반적인 특징으로 가장 적절한 것은?

(가)
- 연구 주제 : ㅇㅇ지역 사회에서 발생하는 폭력의 종류와 빈도
- 연구 대상 : ㅇㅇ지역 주민을 대표하는 표본 350명
- 연구 시기 : 2015. 2. 14. 10 : 00 ~ 11 : 00
- 자료 수집 : 일정한 시간과 장소에서 연구 대상을 설문 조사함

(나)
- 연구 주제 : ㅇㅇ지역 사회에서 발생하는 폭력의 의미
- 연구 대상 : ㅇㅇ지역의 우범자 5명
- 연구 시기 : 2014. 2. 14. ~ 2015. 2. 14.
- 자료 수집 : 연구자가 연구 대상과 같이 생활하며 행동을 관찰하고 기록함

① (가)는 귀납적 과정을 통해 통찰적으로 자료를 해석한다.
② (가)는 연구자와 연구 대상자 간 정서적 교감을 중시한다.
③ (나)는 사회 · 문화 현상을 심층적으로 이해한다.
④ (나)는 사회 현상은 자연 현상과 본질적으로 동일하다고 가정한다.

해설

(가)는 표본을 추출하여 질문지를 통해 자료를 수집함으로써 폭력의 종류와 빈도를 찾아내고 있으므로 양적 연구 방법에 해당하며, (나)는 참여 관찰을 통해 폭력의 의미를 밝혀내고자 하기 때문에 질적 연구 방법에 해당한다.
③ (나) 질적 연구 방법은 사회 · 문화 현상을 심층적으로 이해하려 한다.
① 귀납적 과정을 통해 통찰적으로 자료를 해석하는 것은 (나) 질적 연구 방법에 해당하다.
② 연구자와 연구 대상자 간 정서적 교감을 중시하는 것은 (나) 질적 연구 방법에 해당한다.
④ 사회 현상과 자연 현상이 본질적으로 동일하다는 방법론적 일원론은 (가) 양적 연구 방법에 해당한다.

정답 ③

078 다음은 자원봉사 활동과 시민 의식 간의 관련성에 대한 연구 과정을 순서 없이 나열한 것이다. 이에 대한 설명으로 옳지 않은 것은?

> (가) 시민 의식 함양에 영향을 주는 요인을 알아보고자 하였다.
> (나) 시민 의식 함양을 위해 청소년의 자원봉사 활동 시간을 늘릴 것을 교육청에 건의하였다.
> (다) 조사 자료를 분석한 결과를 토대로 청소년의 자원봉사 활동이 시민 의식 함양에 영향을 준다는 결론을 내렸다.
> (라) 선행 연구 검토 후, 자원봉사 활동이 시민 의식 함양에 영향을 준다는 가설을 설정하였다.
> (마) ○○시의 청소년을 무작위로 추출하여 설문 조사를 실시하였다.

① 위 연구 과정에서는 개념의 조작적 정의가 필요하지 않다.
② (가)와 (나)의 단계에서는 연구자의 가치가 개입될 수 있다.
③ (다)의 분석 결과는 ○○시의 청소년으로 일반화될 수 있다.
④ 일반적으로 연구 과정은 (가), (라), (마), (다), (나) 순으로 진행된다.

해설
(가)는 문제 제기, (나)는 대안 제시, (다)는 결론, (라)는 가설 설정, (마)는 자료 수집에 해당한다.
① 제시문에 나타난 연구 방법은 양적 연구 방법에 해당하며, 자료 수집으로 질문지법을 사용하였다. 따라서 개념의 조작적 정의가 필요하다. 예컨대 '시민 의식'을 측정할 수 있는 지표로 바꾸는 과정이 필요할 것이다.
② (가) 문제 제기, (나) 대안 제시 단계는 연구자의 가치가 개입될 수 있다.
③ 연구의 모집단은 ○○시의 청소년이다. 연구 결과는 청소년의 자원봉사 활동이 시민 의식 함양에 영향을 준다는 것이다. 따라서 ○○시의 청소년에게 연구 결과를 일반화할 수 있다. 다만 전체 청소년에게 일반화하기는 어려울 것이다.
④ 일반적 연구 과정은 (가) 문제 제기, (라) 가설 설정, (마) 자료 수집, (다) 결론, (나) 대안 제시의 순서로 진행된다.

정답 ①

079 다음의 자료 수집 방법 A~D에 대한 설명으로 가장 옳은 것은?(단, A~D는 질문지법, 실험법, 참여관찰법, 문헌연구법 중 하나이다)

항목	자료 수집 방법
질적 자료를 수집할 목적으로 사용된다.	A
실험 집단과 통제 집단을 필요로 한다.	B
낮은 수거율과 무성의한 응답이 나타날 수 있다.	C
양적 연구와 질적 연구에서 모두 활용 가능하다.	D

① A는 통제의 정도가 가장 높아 신뢰도가 높은 연구 방법이다.
② B는 방법론적 이원론에 기초한 연구 방법으로 활용도가 높다.
③ C는 문맹자에게도 실시하기 용이한 자료 수집법이다.
④ D는 연구자의 주관적 가치가 자료 해석 과정에서 개입될 우려가 있다.

해설

질적 자료를 수집할 목적으로 사용되는 것은 면접법과 참여관찰법이다. 실험 집단과 통제 집단을 필요로 하는 것은 실험법이며, 낮은 수거율과 무성의한 응답이 나타날 위험성이 있는 것은 질문지법이다. 양적 연구와 질적 연구에서 모두 활용 가능한 것은 문헌 연구법이다. 따라서 A는 참여관찰법, B는 실험법, C는 질문지법, D는 문헌연구법이다.

④ 문헌연구법(D)은 연구자의 주관적 가치가 개입될 우려가 높은 자료 수집 방법이다.

① 통제의 정도가 가장 높아 신뢰도가 높은 연구 방법은 실험법(B)이다. 참여관찰법(A)은 통제의 정도가 가장 낮다.

② 방법론적 이원론에 기초한 연구 방법은 질적 연구 방법이다. 실험법(B)은 양적 연구 방법에 주로 사용된다.

③ 질문지법(C)은 문맹자에게 실시하기 어려운 자료 수집 방법이다.

정답 ④

080 교사 甲은 (가)의 연구를 일반적인 실험 설계 형태인 (나)로 재구성하였다. 이에 대한 설명으로 옳은 것만을 〈보기〉에서 모두 고른 것은?

(가) 교사 甲은 "㉠ 교사의 학생에 대한 기대가 학생들의 학업 성취에 긍정적인 영향을 미친다."라는 가설을 세웠다. 이를 검증하기 위해 甲이 근무하는 ○○고등학교 1학년 학생을 대상으로 1학기 초에 학업 성취도 평가를 시행한 후, 1학년 모든 반에서 무작위로 20%의 학생을 선정하였다. 그 명단을 각 반 담임교사에게 주면서 성적 하위 20% 학생들의 명단이라고 말하였고, 담임교사는 이들을 지속적으로 격려하였다. 한 학기가 지난 후 동일한 학생을 대상으로 동일한 난이도의 학업 성취도 평가를 실시하였다.

(나)

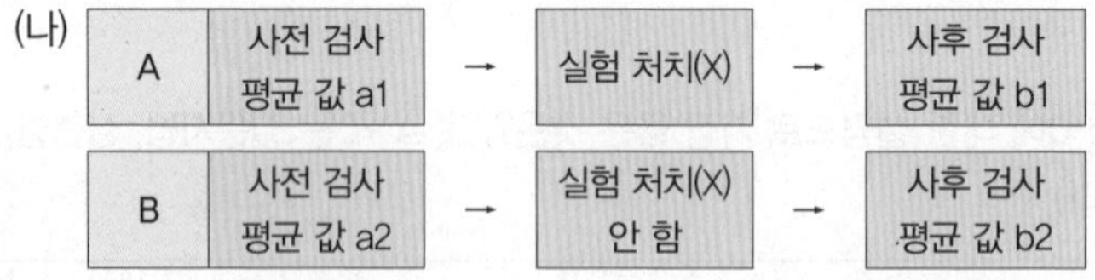

※ X 이외 다른 변수의 효과는 모두 통제된 것으로 간주함

〈보 기〉

ㄱ. ㉠은 독립 변수이며, (나)에서는 X에 해당된다.
ㄴ. A는 통제 집단, B는 실험 집단이다.
ㄷ. (나)에서 만약 a1, a2, b2가 같고, b1이 통계학적으로 의미 있는 수준에서 b2보다 크면 가설은 채택된다.
ㄹ. (가)의 연구 결과는 표본의 대표성을 확보하였으므로 일반화가 가능하다.

① ㄱ, ㄷ ② ㄴ, ㄷ
③ ㄴ, ㄹ ④ ㄷ, ㄹ

해설

갑의 연구는 실험법을 사용한 양적 연구 방법이다.

ㄱ. 교사의 학생에 대한 기대(㉠)는 독립 변수, 학생들의 학업 성취에 긍정적 영향은 종속 변수이다. 실험 처치(X)는 독립 변수를 처치하는 것이다.

ㄷ. 가설의 채택은 'a1≒a2, b2<b1'일 경우 이루어진다. 즉 실험 집단의 사후 검사 값이 실험 집단의 사전 검사 값 및 통제 집단의 사전 검사와 사후 검사 값보다 클 때 독립 변수의 효과가 인정된다.

ㄴ. A는 실험 처치가 이루어졌으므로 실험 집단이며, B는 통제 집단이다.

ㄹ. 해당 연구는 ○○고등학교 1학년만을 대상으로 하였기 때문에 전체 학생을 대표할 수 없고, 대표성이 없는 표본을 사용한 연구이므로 일반화할 수 없다.

정답 ①

081 사회 · 문화 현상을 바라보는 관점 (가), (나)에 대한 설명으로 옳은 것은?

> (가) 학교의 전체 조회는 훈화를 통해 사회적 합의가 반영된 가치관과 행동 양식 등을 학생들에게 내면화시켜 사회 질서 유지에 기여한다.
> (나) 학교의 전체 조회는 훈화를 통해 기득권층의 지배적 논리와 가치를 학생들에게 내면화시켜 불평등한 사회적 계급의 재생산에 기여한다.

① (가)의 관점은 규범을 지키지 않는 행위를 사회 질서를 깨뜨리는 위험한 행위로 여긴다.
② (나)의 관점은 일상생활에서 사람들이 주관적인 의미 해석을 주고받는 과정에 초점을 둔다.
③ (가)의 관점은 (나)의 관점과 달리 개인의 행위를 구속하는 사회 구조의 측면에 주목한다.
④ (나)의 관점은 (가)의 관점과 달리 급격한 사회 변동을 설명하는 데 한계가 있다.

해설

(가)는 기능론, (나)는 갈등론이다.

① (가) 기능론에서 규범은 사회 구성원 전체의 합의에 의해 만들어진 것으로 규범을 지키지 않는 행위는 사회 질서와 안정을 위협하는 위험한 행위로 간주된다.

② 일상생활에서 사람들이 주관적인 의미 해석을 주고받는 과정에 초점을 두는 관점은 상징적 상호작용론이다.

③ (가) 기능론과 (나) 갈등론 모두 거시적 관점으로 개인의 행위를 구속하는 사회 구조를 강조한다.

④ (나) 갈등론은 사회 변동의 원동력이 사회에 내재되어 있다는 관점으로 급격한 사회 변동의 원인을 설명하는 데 적합하다. 급격한 사회 변동과 이를 통한 사회 발전을 설명하지 못한다는 한계를 가지고 있는 것은 (가) 기능론이다.

정답 ①

082 **다음은 교육의 기능에 대해 서로 다른 관점을 갖고 있는 갑과 을의 대화이다. 갑과 을에 대한 설명으로 가장 적절한 것은?**

> 갑 : 학교에서 학생들에게 가르치는 내용은 주로 기득권층의 이익에 부합되는 것입니다. 교육 제도는 지배 계급의 지배를 정당화하기 위한 수단으로서의 기능을 수행하고 있습니다. 또한 교육 제도는 개인들의 사회적 지위를 고착화시키는 데 기여하고 있습니다.
> 을 : 그렇지 않습니다. 교육 제도는 개인들에게 사회 계층 이동의 기회를 제공하는 역할을 수행하고 있습니다. 또한, 교육 제도는 구성원들로 하여금 사회적 규범과 가치관을 내면화하도록 하고, 사회적 역할에 필요한 지식과 기술을 습득하도록 합니다.

① 갑은 교육 제도가 기존의 사회적 불평등을 재생산하는 수단으로 작용한다고 본다.
② 을은 개인의 능력보다 가정의 배경을 중시하는 입장을 취한다.
③ 갑은 을에 비해 교육을 통해 사회 구성원이 적재적소에 재배치된다고 본다.
④ 갑과 을은 모두 미시적 관점에서 교육 제도를 바라보고 있다.

해설
(가)는 갈등론, (나)는 기능론의 관점에서 교육을 바라보고 있다.
① 갑은 갈등론의 입장으로 "교육 제도는 지배 계급의 지배를 정당화하기 위한 수단으로서의 기능을 수행"하며, "개인들의 사회적 지위를 고착화시키는 역할"을 한다고 주장한다. 이는 교육 제도가 기존의 사회적 불평등을 재생산하는 수단이라는 것이다.
② 개인의 능력보다 가정의 배경을 중시하는 입장은 갈등론으로 갑의 주장에 해당한다.
③ 사회 구성원이 교육을 통해 적재적소에 재배치된다는 입장은 기능론으로 을의 주장에 해당한다.
④ 갑과 을은 모두 거시적 관점에서 교육 제도를 바라보고 있다.

정답 ①

083 **(가), (나)는 사회 불평등 현상을 설명하는 개념이다. 이에 대한 설명으로 옳은 것은?**

> (가) 경제적 문제를 중심으로 생산 수단의 소유 여부를 둘러싸고 나타나는 불평등 구조에서 공통의 위치를 차지하는 사람들의 집합체이다.
> (나) 경제적 요인뿐만 아니라 권력, 위신 등의 다차원적 요인에 따라 구분한 사람들의 집합체이다.

① (가)는 불평등 구조를 일원론적 입장에서 지배와 피지배의 관계로 본다.
② (나)는 경제적 불평등을 사회 · 정치적 불평등의 하위 개념으로 파악한다.
③ (가)는 (나)보다 지위 불일치 현상을 설명하는 데 적합하다.
④ (나)는 (가)보다 내부 구성원 간의 소속감이 더 강하게 나타난다.

해설

(가)는 계급, (나)는 계층이다.

① (가) 계급은 생산 수단의 소유 여부, 즉 경제 일원론으로 지배와 피지배의 관계를 설명한다.

② (나) 계층은 경제적 불평등을 사회 · 경제적 불평등의 하위 개념으로 파악하는 것이 아니다. 경제적, 사회적, 정치적 요인 등 다양한 원인으로 사회 계층화가 이루어짐을 설명한다.

③ 지위 불일치 현상을 설명하는 데 적합한 이론은 (나) 계층이다.

④ 내부 구성원 간의 강한 소속감, 즉 강한 귀속 의식을 설명하는 것은 (가) 계급이다.

정답 ①

084 다음 계급과 계층에 관한 설명 중 적절하지 않은 것은?

① 계급은 생산 수단 소유 여부에 따라 나눠지지만 계층은 경제적 자원, 정치적 권력, 사회적 지위 등 다양한 요인들로 결정된다.

② 계급은 명료하게 둘로 나눠지고 소속감 또한 강하지만 계층은 구분도 명확하지 않고 소속감도 약한 경우가 많다.

③ 두 계급 간의 관계는 대립적이지만 다양한 계층 간의 관계는 반드시 적대적이지는 않다.

④ 계급은 구조화된 불평등을 설명하는 개념이지만 계층은 사회 내 다양한 집단 간의 평등한 관계를 설명하는 개념이다.

해설

④ 계층과 계급 모두 사회 계층화 현상을 설명하는 이론이다. 사회 계층화란 사회 구성원 간 불평등이 일정한 요인에 따라 범주화되고, 범주화된 사람들 간에 구조적 서열이 존재하는 현상으로, 사회 불평등 현상이 일정한 틀이나 체계를 갖추어 나타나는 현상을 의미한다.

① 계급은 생산 수단을 소유하고 있는 자본가 계급과 생산 수단을 소유하고 있지 않은 노동자 계급으로 구분하고, 경제적 요인이 나머지 요인을 결정한다고 보는 일원론이다. 반면, 계층은 경제적 계급, 사회적 위신, 정치적 권력 등 다양한 요인에 따라 계층을 상류층, 중류층, 하류층으로 구분하고, 경제적 요인과 더불어 다양한 요인에 따라 결정된다고 보는 다원론이다.

② 계급은 지배 집단과 피지배 집단으로 명확하게 구분되므로 계급 내의 구성원들은 계급에 대한 소속감(귀속 의식), 즉 계급 의식을 갖게 된다. 이에 비해 계층은 연속적이고 복합적인 개념으로 동일 계층 내의 구성원들의 계층에 대한 소속 의식이 약하고 다른 계층에 대한 적대감도 약하다.

③ 서로 다른 계급 간 관계는 대립과 갈등을 기본으로 하지만, 서로 다른 계층 간 관계는 반드시 적대적이지 않다.

정답 ④

085 다음 표는 갑, 을, 병 세 나라의 자녀와 부모 계층의 일치 여부에 대한 것이다. 이에 대한 해석으로 옳은 것은?

〈자녀와 부모 계층의 일치 및 불일치 비율〉

(단위 : %)

자녀의 계층	갑국		을국		병국	
	부모와 일치	부모와 불일치	부모와 일치	부모와 불일치	부모와 일치	부모와 불일치
상층	7	3	18	2	12	8
중층	24	6	4	6	42	18
하층	54	6	56	14	16	4
합	100		100		100	

① 갑국의 자녀 세대는 다이아몬드형 계층 구조이다.
② 을국에서 세대 간 상승 이동한 자녀의 수는 세대 간 하강 이동한 자녀의 수보다 적다.
③ 병국에서 부모와 계층이 일치하는 자녀의 수는 상층과 하층을 합하면 중층보다 많다.
④ 세 나라 모두 세대 간 계층 대물림은 부모가 상층일 때 가장 많다.

해설

② 을국의 세대 간 하강 이동은 (14+α)%, 세대 간 상승 이동은 (2+α)%이다. 중층에서 부모와의 불일치 비율이 6%인데 이들이 모두 세대 간 상승 이동이라 해도 세대 간 상승 이동의 최대치는 8%이다. 따라서 세대 간 상승 이동한 자녀의 수가 세대 간 하강 이동한 자녀의 수보다 적다.

① 갑국의 자녀 세대는 상층 : 중층 : 하층의 비율이 10%(7%+3%) : 30%(24%+6%) : 60%(54%+6%)이다. 따라서 갑국의 자녀 세대는 '상층<중층<하층'의 구성 비율을 보이는 피라미드형 계층 구조이다.

③ 병국에서 부모와 계층이 일치하는 자녀의 비율은 상층 12%, 중층 42%, 하층 16%이다. 상층과 하층의 일치 비율을 합하면 28%로 중층(42%)이 더 많다.

④ 세대 간 계층 대물림의 비율은 갑국(54%)과 을국(56%)에서는 하층이 가장 많고, 병국(42%)은 중층이 가장 많다.

정답 ②

086 다음은 어떤 사회의 세대 간 이동에 따른 계층 구성 비율을 나타낸 것이다. 이에 대한 분석으로 가장 옳은 것은?(단, 부모와 자녀의 총 인구는 동일하다)

(단위 : %)

구분		부모의 계층		
		상	중	하
자녀의 계층	상	3	5	2
	중	4	11	35
	하	3	24	13

① 부모의 계층이 대물림된 비율은 상층이 가장 높다.
② 부모와 자녀 모두 피라미드형 계층 구조가 나타난다.
③ 부모의 하층 인구수와 자녀의 하층 인구수는 동일하다.
④ 세대 간 상승 이동한 자녀보다 세대 간 하강 이동한 자녀가 더 많다.

해설

① 부모의 계층이 대물림된 비율은 상층 30%(3/10), 중층 27.5%(11/40), 하층 26%(13/50)로 상층이 가장 높다.
② 부모의 계층 구성 비율은 상층 : 중층 : 하층의 비율이 10 : 40 : 50으로 피라이드형이며, 자녀의 계층 구성 비율은 상층 : 중층 : 하층의 비율이 10 : 50 : 40으로 다이아몬드형이다.
③ 부모와 자녀의 총 인구는 동일한 가운데 부모의 하층 비율은 50%이고, 자녀의 하층 비율은 40%이다. 따라서 부모의 하층 인구수가 더 많다.
④ 세대 간 상승 이동은 42%(5%+2%+35%)이고, 세대 간 하강 이동은 31%(4%+3%+24%)이다. 따라서 세대 간 상승 이동한 자녀보다 세대 간 하강 이동한 자녀가 더 적다.

정답 ①

087 (가), (나)에 나타난 일탈 이론에 대한 설명으로 옳은 것은?

(가) 비행 청소년들을 상담한 결과, 주변에 이들의 비행과 일탈을 부추기는 사람들이 존재하였다는 점이 발견되었다. 이런 사람들과의 잦은 접촉으로 인해 비행 청소년들은 자신의 일탈 행위를 쉽게 정당화하며 일탈 행위에 대한 죄의식도 낮아지게 되었다.
(나) 인터넷 공간은 매우 빠른 속도로 진화하고 있기 때문에 이를 규율하는 사회적 규범이 제대로 마련되지 않아 각종 사이버 범죄가 발생하고 있다. 인터넷 공간에는 현실 세계의 규범이 적용되기 어려우며 새로운 규범이 미처 확립되지 않아 이른바 규범의 진공 상태가 발생하게 된다.

① (가)는 목표와 수단 간의 괴리를 일탈 행위의 원인으로 파악한다.
② (가)는 인간의 상호 작용을 통한 문화와 행동의 학습을 강조한다.
③ (나)는 특정 행위를 일탈 행위로 규정하는 사회적 반응에 주목한다.
④ (나)는 일탈 행위의 원인으로 정보 사회의 불평등 구조를 강조한다.

해설
(가)는 차별적 교제 이론, (나)는 뒤르켐의 아노미론에 해당한다.
② 차별적 교제 이론은 일탈자와의 접촉을 통한 일탈의 학습을 강조한다.
① 목표와 수단의 괴리로 일탈을 설명하는 것은 머튼의 아노미론이다.
③ 특정 행위를 사회적으로 일탈행위라 규정함을 주장하는 것은 낙인 이론이다.
④ 사회 불평등 구조를 일탈의 원인으로 강조하는 것은 갈등론에 해당한다.

정답 ②

088 다음은 자신의 일탈행동에 대해 언급하고 있는 진술이다. 이러한 관점과 부합하는 주장으로 옳은 설명만을 〈보기〉에서 고른 것은?

> 제가 구속된 것은 부당하다고 생각합니다. 저는 아무런 힘도 없는 노점상들의 생존권을 위해 싸운 것밖에는 없습니다. 그 사람들은 법의 보호를 받지 못한 채 거리로 쫓겨나고 있었습니다. 법은 그저 돈 있고 힘 있는 사람들만 보호하고 있지 않나요?

〈보 기〉

ㄱ. 일탈은 사람들이 자신들의 규칙으로 특정인을 낙인찍었기 때문에 생겨나는 것이다.
ㄴ. 지배 집단은 피지배 집단을 일탈로 몰아가고 있다.
ㄷ. 특정 집단의 일탈행동을 부추기는 사회 구조적 모순이 일탈의 진정한 원인이다.
ㄹ. 일탈은 접촉과 학습을 통해 이루어지는 것이다.

① ㄱ, ㄴ
② ㄱ, ㄹ
③ ㄴ, ㄷ
④ ㄷ, ㄹ

해설
제시문은 갈등론의 입장에서 일탈행동을 파악하고 있다.
ㄴ. 갈등론은 지배 집단에게 유리한 체계를 형성해 놓고 이에 어긋나는 행동을 일탈행동으로 간주함으로써 발생하며, 해결을 위해서는 사회 불평등 구조를 완화해야 한다고 본다.
ㄷ. 갈등론은 지배 집단에 유리한 사회 구조적 모순이 일탈의 근본 원인임을 주장한다.
ㄱ. 낙인 이론은 일탈을 규정하는 객관적인 기준은 없고, 사람들이 일탈행동을 하는 이유는 사회적으로 특정한 행위를 일탈로 규정하고 이러한 행위를 한 사람을 일탈자로 낙인찍기 때문이라고 본다.
ㄹ. 일탈자와의 접촉과 학습을 강조하는 것은 차별적 교제 이론에 해당한다. 차별적 교제 이론은 일탈행동을 하는 다른 사람과의 학습 작용을 통해 학습되며, 일탈 문화가 지배적으로 나타나는 집단과의 접촉이 일탈행동을 유발한다고 본다.

정답 ③

089 **다음 사례를 통해 파악할 수 있는 문화의 속성에 대한 설명으로 옳은 것은?**

> 우리나라에서는 흰색 리본 핀을 꼽거나 양복에 흰색 리본을 단 사람을 보면 그 사람의 가족이 상(喪)을 당했다는 것을 알게 되고 그에 대한 위로의 인사를 한다.

① 문화는 계속해서 변동한다.
② 문화는 구성원들 사이의 원활한 사회생활을 가능하게 해준다.
③ 한 부분의 문화 요소가 변동하면 연쇄적인 변동이 나타난다.
④ 문화가 세대로 이어지면서 그 내용이 풍부해진다.

해설
동일 문화권(우리나라)의 구성원은 동일한 문화(흰색 리본을 보고 상을 당했음을 알게 됨)를 사용하고 있다는 내용으로 문화의 공유성에 해당한다.
② 공유성은 구성원들 사이의 원활한 사회생활을 가능하게 해준다.
① 문화가 계속해서 변동하는 것은 변동성에 대한 설명이다.
③ 한 부분의 문화 요소가 변동하면 연쇄적 변동이 나타난다는 것은 전체성에 대한 설명이다.
④ 세대 간 전승을 통해 문화의 내용이 풍부해지는 것은 축적성에 대한 설명이다.

정답 ②

090 **A~C에 나타난 문화의 사례에 대한 적절한 설명을 〈보기〉에서 모두 고른 것은?(단, A~C는 각각 자문화 중심주의, 문화 사대주의, 문화 상대주의 중 하나이다)**

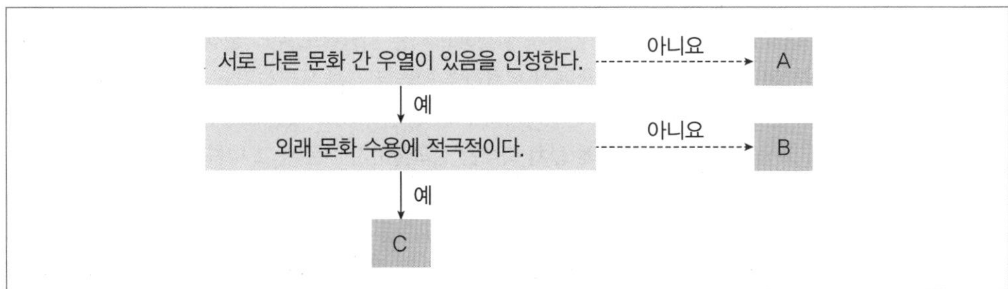

〈보 기〉

ㄱ. A에 비해 B나 C는 문화 다양성 유지에 용이하다.
ㄴ. A에 비해 B나 C는 문화에 대한 비판적 사고가 학습된다.
ㄷ. A나 C에 비해 B는 문화 간 갈등을 초래하기도 한다.
ㄹ. B나 C에 비해 A는 사회적 맥락으로 문화를 이해한다.
ㅁ. A나 C에 비해 B는 고유문화가 소멸할 수 있다.

① ㄱ, ㄴ
② ㄴ, ㄹ
③ ㄷ, ㄹ
④ ㄹ, ㅁ

해설

A는 문화 상대주의, B는 자문화 중심주의, C는 문화 사대주의에 해당한다.

ㄷ. 자문화 중심주의(B)는 자국 문화에 대한 우월성만을 주장하기 때문에 타문화 간 갈등을 초래하기도 한다.

ㄹ. 문화 상대주의(A)는 문화를 향유하고 있는 국가의 환경적, 역사적 맥락으로 문화를 이해하는 관점이다.

ㄱ. 문화 다양성 유지에 용이한 것은 문화 상대주의(A)이다.

ㄴ. 자문화 중심주의(B)와 문화 사대주의(C)는 문화 절대주의로 비판적 사고와는 관련이 없다.

ㅁ. 고유문화가 소멸할 수 있는 것은 문화 사대주의(C)에 해당한다.

정답 ③

091 다음은 문화에 대한 관점이다. 그에 따른 특징으로 〈보기〉에서 선택한 것이 가장 적절한 것은?

우리는 자신의 윤리, 도덕, 가치 등을 인간 모두가 공유하는 보편적인 것이라고 믿는다. 그렇기 때문에 그에 따라 사고하고 행동하는 것을 당연하게 생각하고 다른 사람들도 우리 방식대로 세상을 바라보며 살고 있다고 확신하며 심지어 다른 사람들에게 우리처럼 행동할 것을 요구하기도 한다. 하지만 문화의 내용은 누구나 공유하는 보편적인 것이 아니며 각각의 인간 집단이 처해 있는 특수한 환경과 상황, 또는 주변의 다른 집단과 교류하면서 오랜 기간에 걸쳐 축적된 결과물이기 때문에 그 나름대로의 가치를 지니고 있다. 따라서 어떤 문화를 제대로 이해하고 해석한다는 것은 그 문화가 생겨난 특수한 사회적 상황이나 배경, 그리고 그 안에서 살아가는 사람들의 특수한 역사적 경험을 그 맥락 속에서 이해하는 것이다.

– 한국 문화 인류학회, 「낯선 곳에서 나를 만나다」

〈보 기〉

ㄱ. 문화의 장단점을 객관적으로 이해한다.

ㄴ. 인류의 보편적 가치보다 문화의 특수성을 존중한다.

ㄷ. 국가 간 문화적 마찰을 감소시킨다.

ㄹ. 문화적 다양성이 보존되는 기능을 한다.

ㅁ. 문화의 양적 발전보다 질적 발전을 강조한다.

① ㄱ, ㄴ
② ㄱ, ㄷ
③ ㄴ, ㅁ
④ ㄷ, ㄹ

해설

제시문은 문화 상대주의에 관한 내용이다. 문화 상대주의는 문화를 우열 평가가 아닌 이해의 대상으로 간주하며, 각 문화가 해당 사회의 맥락에서 갖는 고유한 의미를 존중하려는 태도이다.

ㄷ. 타국 문화에 대한 상대주의적 이해는 국가 간 문화적 마찰을 감소시킨다.

ㄹ. 문화 상대주의는 문화의 이해를 전제로 하기 때문에 문화적 다양성을 보존하는 데 기여한다.

ㄱ. 상대주의는 문화의 장단점을 파악하는 것이 아니라 문화를 역사적, 환경적 맥락 속에서 이해하고자 하는 것이다.

ㄴ. 문화 상대주의는 인류 보편적 가치를 위배한 문화 요소까지 이해하려 하지는 않는다.

ㅁ. 문화 상대주의가 문화의 양적 또는 질적 발전을 강조하는 것은 아니며, 다양한 문화를 이해하는 데 도움을 주는 관점이다.

정답 ④

092 인간의 문화를 연구할 때, 문화를 이해하는 태도에는 여러 가지가 있다. 아래의 표에서 문화의 이해 태도인 A~C에 대한 옳은 진술을 〈보기〉에서 모두 고르면?(단, A, B, C는 각각 문화 사대주의, 문화 상대주의, 자문화 중심주의 중의 하나이다)

질문 \ 태도	A	B	C
문화의 주체성을 상실할 가능성이 있는가?	예	아니요	아니요
자기 문화를 기준으로 다른 문화를 평가하는가?	아니요	예	아니요
문화의 우열을 가리는 기준이 존재한다고 보는가?	예	예	아니요

〈보 기〉

ㄱ. A는 선진 문물의 수용에 기여할 수 있고, 자기 문화의 낙후성을 개선할 수 있다.

ㄴ. B는 19세기 서구 열강들의 서구 중심적 가치관으로 문화적 마찰 발생 가능성이 있다.

ㄷ. C는 타문화를 올바로 이해함으로써 문화 다양성을 보존하는 데 기여할 수 있다.

ㄹ. 문화 이해 태도로 A관점은 C관점을 가진 사람에게는 부정적으로 인식되는 문화가 존재한다.

① ㄱ, ㄴ
② ㄱ, ㄴ, ㄷ
③ ㄱ, ㄴ, ㄷ, ㄹ
④ ㄴ, ㄷ, ㄹ

해설

A는 문화 사대주의, B는 자문화 중심주의, C는 문화 상대주의이다.

ㄱ. 문화 사대주의(A)는 선진 문물의 수용에 적극적이므로, 자기 문화의 기술적 진보를 가능하게 한다는 장점이 있다.

ㄴ. 자문화 중심주의(B)는 19세기 서구 제국주의 국가에 일반적으로 발견되었으며. 타문화와의 문화적 마찰을 가져오는 단점이 있다.

ㄷ. 문화 상대주의(C)는 타문화에 대한 이해를 전제로 하고 있기 때문에 문화의 다양성을 보존하는 데 기여한다.

ㄹ. 문화 상대주의(C)는 문화를 평가의 대상이 아닌 이해의 대상으로 본다. 따라서 인류 보편적 가치를 위배하는 문화가 아닌 한 문화를 역사적, 환경적 맥락에서 이해하려 한다. 문화 사대주의(A)가 인류 보편적 가치를 위배하는 것을 내용으로 하는 것이 아니므로 문화 상대주의(C) 관점을 가진 사람에게 부정적으로 인식되는 문화가 존재한다고 단정할 수 없다.

정답 ②

093 문화 변동에 대한 설명 중 가장 적절한 것은?

① 문화 변동은 한 사회의 문화가 구성원의 삶에 작은 영향을 미치는 변화까지 다 포함하는 넓은 개념이다.

② 자극 전파는 포르노그래피나 폭력물과 같이 자극적인 내용을 가진 것이 일으키는 문화 변동의 내적 요인이다.

③ 문화 접변은 문화 변동의 한 형태로, 문화 동화, 문화 공존, 문화 융합과 같은 요인에 의해 일어난다.

④ 물질문화의 변동 속도를 비물질 문화가 따라가지 못하는 결과, 문화 지체 현상이 생겨날 수 있다.

해설

④ 문화 지체는 물질문화의 빠른 변동 속도를 비물질 문화의 변동 속도가 따라가지 못하여 나타나는 문화 요소 간의 부조화 현상을 의미한다.

① 문화 변동은 새로운 문화 요소의 등장이나 다른 문화 체계와의 접촉을 통해 한 사회의 문화체계에 변화가 나타나는 현상을 말한다. 한 사회 내에서 발명, 발견이 일어나거나 다른 사회의 문화 요소가 사회 구성원들에게 널리 받아들여지면 사회의 생활양식이 바뀌게 되어 문화 변동이 일어난다.

② 자극 전파는 서로 다른 문화 체계 간에 문화 요소와 관련된 추상적인 개념이나 아이디어가 전파되어 새로운 문화 요소의 등장을 자극하는 현상으로 문화 변동의 외재적 요인에 해당한다.

③ 문화 동화, 문화 공존, 문화 융합 등은 문화 접변의 결과에 해당한다.

정답 ④

094 다음 사례를 읽고 옳은 설명만을 <보기>에서 모두 고른 것은?

> (가) A 사회와 B 사회의 접촉 과정에서 A 사회의 의복 문화가 B 사회의 의복 문화로 대체되었다.
> (나) C 사회에서 발생하여 번성했던 ○○ 종교가 선교사들에 의해 D 사회로 전파되었다. 그런데 D 사회에서는 C 사회의 종교에 D 사회의 토속 신앙이 결합하여 □□ 종교로 정착되었다.

> **<보 기>**
> ㄱ. (가)는 문화 동화의 사례에 해당된다.
> ㄴ. (나)에서 □□ 종교는 문화 융합의 사례에 해당된다.
> ㄷ. (가), (나)는 문화의 반동과 복고 현상의 사례에 해당된다.
> ㄹ. (가), (나)는 내재적 요인에 의해서 발생한 문화 접변 사례에 해당된다.

① ㄱ
② ㄱ, ㄴ
③ ㄱ, ㄴ, ㄷ
④ ㄴ, ㄷ, ㄹ

해설
ㄱ. (가)의 경우 A 사회의 의복 문화가 B 사회의 의복 문화로 대체되었다는 것을 통해 A 사회에서 문화 동화가 나타났음을 알 수 있다.
ㄴ. ○○ 종교가 토속 신앙과 결합하여 새로운 □□ 종교로 정착된 것은 문화 융합의 사례이다.
ㄷ. 문화의 반동과 복고는 강제적 문화 접변의 결과로 나타날 수 있는 것으로 문화 변동이 일어나기 이전으로 돌아감을 주장하는 것이다. 제시문에는 이러한 상황이 나타나 있지 않다.
ㄹ. (가), (나) 사례 모두 문화의 접촉적 변동의 결과이며 외재적 요인에 의한 것이다. 내재적 변동은 발명과 발견에 의해 발생한다.

정답 ②

095 밑줄 친 ㉠~㉤에 대한 설명으로 옳은 것은?

> 갑은 ㉠ 아버지의 권유로 ㉡ 경영대학에 진학하였다. 평소 연극을 좋아하여 ㉢ 연극 동아리에 가입하였고, 동아리 활동을 하면서 연기에 소질이 있다는 평가를 받아 ㉣ 동아리 부장을 하게 되었다. 그래서 대학 연극 축제에 참가하여 심사위원들로부터 최고 점수를 받아 ㉤ 대상을 수상하였다.

① ㉠은 귀속 지위이고, ㉣은 성취 지위이다.
② ㉡은 1차적 사회화 기관이면서 공식적 사회화 기관이다.
③ ㉢은 이익 사회이며, 가입과 탈퇴가 자유로운 집단이다.
④ ㉤은 갑의 역할에 대한 보상이다.

해설

③ 연극 동아리(ⓒ)는 이익 사회이며, 가입과 탈퇴가 자유롭다.
① 아버지(㉠)는 성취 지위에 해당하며, 동아리 부장(㉣) 역시 성취 지위에 해당한다.
② 경영대학(㉡)은 2차적 사회화 기관이며, 공식적 사회화 기관이다.
④ 역할에 대한 보상은 없다. 대상(㉤)은 역할 행동에 대한 보상이다.

정답 ③

096 밑줄 친 ㉠~㉣에 대한 설명으로 옳은 것은?

> 甲은 현재 ㉠ A 회사 해외 지사에 근무하고 있다. 처음에는 해외 생활에 적응하기 위해 회사 내 ㉡ 자원봉사 동아리에도 가입하여 적극 활동하였으나, 오랫동안 ㉢ 승진도 안 되고 ㉣ 가족과 떨어져 외로워하고 있다.

① ㉠은 이익 사회이다.
② ㉡은 공동 사회이다.
③ ㉢은 甲의 역할에 대한 평가 결과이다.
④ ㉣은 현재 외집단이다.

해설

① 회사(㉠)는 공식 조직이며, 이익 사회에 해당한다.
② 자원봉사 동아리(㉡)는 자발적 결사체이자 비공식 조직이며, 이익 사회에 해당한다.
③ 승진이 되지 않은 것(ⓒ)은 갑의 역할에 대한 평가 결과가 아니라 역할 행동에 대한 평가 결과이다.
④ 가족(㉣)은 갑의 내집단이다.

정답 ①

097 표는 연도별 한부모 가구 수와 한부모 가구가 전체 가구에서 차지하는 비율을 나타낸 것이다. 표에 대한 옳은 분석은?(단, 전체 가구는 매년 증가하고 있으며, 한부모 가구는 표에 나타난 두 가지 유형만 있다)

(단위 : 1,000가구, %)

구분	2000년		2005년		2010년	
	가구 수	비율	가구 수	비율	가구 수	비율
한부모 가구	871	6.09	1,042	6.56	1,181	6.81
부+미혼 자녀	162	1.13	233	1.40	253	1.46
모+미혼 자녀	709	4.96	819	5.16	928	5.35

※ 비율은 전체 가구 수에서 차지하는 %를 의미함

① 한부모 가구에 속한 총인구는 계속 증가하고 있다.
② 2000년과 2010년을 비교했을 때, 전체 가구 수보다 한부모 가구 수가 더 큰 비율로 증가하였다.
③ 표의 모든 연도에서 '모+미혼 자녀' 가구 수는 '부+미혼 자녀' 가구 수의 4배 이상이다.
④ 2000년의 한부모 가구는 모두 2010년의 한부모 가구에 포함된다.

해설

② 전체 가구가 매년 증가하고 있는 상태에서 2000년(6.09%)에 비해 2010년(6.81%) 한부모 가구 비율이 증가하였으므로 한부모 가구 수의 증가 비율이 전체 가구 증가 비율보다 크다.
① 한부모 가구 수는 증가하고 있으나 자녀의 수를 알 수 없으므로 총인구가 증가하는 지를 판단할 수 없다.
③ 2000년의 '모+미혼 자녀' 가구 수는 709,000가구로 '부+미혼 자녀' 가구 수 162,000가구보다 4배 이상이다. 그러나 2005년과 2010년은 4배 이하이므로 모든 연도에서 '모+미혼 자녀' 가구수는 '부+미혼 자녀' 가구 수의 4배 이상인 것이 아니다.
④ 2000년에 한부모 가구였다고 해서 2010년에도 한부모 가구라고 단정 지을 수 없다. 따라서 2000년의 한부모 가구는 모두 2010년의 한부모 가구에 포함되지 않는다.

정답 ②

098 다음 표는 질문 (가), (나)를 활용하여 사회 변동을 바라보는 관점 A, B를 구분한 것이다. 이에 대한 설명으로 옳은 것은?(단, A, B는 각각 진화론과 순환론 중 하나이다)

질문 / 관점	(가)	(나)
A	아니요	예
B	예	아니요

① A가 순환론이면 (가)에는 "서구 중심적 사고라고 비판을 받는가?"가 적절하다.
② B가 진화론이면 (나)에는 "사회 변동은 특정한 방향성을 가지고 있는가?"가 적절하다.
③ (가)가 "제국주의를 정당화하는 근거로 사용되는가?"이면 A는 진화론이다.
④ (나)가 "사회 변동 과정에서 문명이 퇴보할 수 있는가?"이면 B는 순환론이다.

해설

① A가 순환론이면, B는 진화론이다. 진화론은 서구 사회가 비서구 사회를 지배하고 착취하는 것을 정당화하는 데 이론적 배경을 제공한다. 따라서 "서구 중심적 사고라는 비판을 받는가?"의 질문에 순환론(A)은 "아니요", 진화론(B)은 "예"라고 답해야 한다.

② B가 진화론이면, A는 순환론이다. 진화론은 사회가 일정한 방향으로 진보 또는 발전해 간다는 입장이다. 따라서 "사회 변동은 특정한 방향성을 가지고 있는가?"의 질문에 순환론(A)은 "아니요", 진화론(B)은 "예"라고 답해야 한다.

③ 제국주의를 정당화하는 근거로 사용되는 것은 진화론이다. 따라서 "제국주의를 정당화하는 근거로 사용되는가?"라는 질문에 대해 "아니요"라고 답한 A는 순환론이다.

④ 순환론은 사회나 문명도 생명체처럼 탄생, 성장, 쇠퇴, 해체를 되풀이한다고 보는 입장이다. 즉, 사회 변동 과정에서 문명이 퇴보할 수 있음을 제시하는 것은 순환론이다. 따라서 "사회 변동 과정에서 문명이 퇴보할 수 있는가?"라는 질문에 대해 "아니요"라고 답한 B는 진화론이다.

정답 ①

099 **다음 빈칸에 들어갈 이론에 대한 평가로 옳은 것을 〈보기〉에서 모두 고르면?**

> 1960년대 중남미 학자들은, 중남미 국가들이 근대화론에 입각하여 산업화와 근대화를 추진하였음에도 불구하고 서구 선진 사회와의 격차가 좁혀지지 않는 상황을 보고 의문을 제기하였다. 이처럼 근대화론에 대한 비판이 제기되면서 등장한 이론이 (   )이다.

> **〈보 기〉**
>
> ㄱ. 사회 발전을 국제적인 힘의 관계 속에서 조명한다.
> ㄴ. 신흥 공업 국가들의 경제 발전을 합리적으로 설명할 수 있다.
> ㄷ. 후진국의 경제적 문제에 영향을 미치는 국내 요인에 주목한다.
> ㄹ. 선진국과의 종속 관계에서 벗어난 주체적인 경제 발전을 강조한다.

① ㄱ, ㄴ　　② ㄱ, ㄹ
③ ㄴ, ㄷ　　④ ㄷ, ㄹ

해설

제시문은 종속 이론에 관한 내용이다.

ㄱ. 종속 이론은 국제적인 힘의 관계, 즉 중심부 국가와 주변부 국가로 형성된 국제 질서 속에서 저개발국의 발전을 설명한다.

ㄹ. 종속 이론은 주변부 국가의 발전을 위해서는 중심부 국가, 즉 선진국과의 종속 관계 탈피를 주장한다.

ㄴ. 종속 이론은 주변부 국가와 중심부 국가의 변경 가능성을 인정하지 않는 이론으로 아시아 신흥 공업 국가의 발전을 설명하는 데 한계가 있다.

ㄷ. 종속 이론은 중심부 국가의 주변부 국가에 대한 착취 구조를 주목한다.

정답 ②

100 다음은 A국의 빈곤율 변화를 나타내고 있다. 이에 대한 설명으로 옳은 것은?(단, A국의 모든 가구의 구성원 수는 동일하다)

〈A국의 빈곤율〉

(단위 : %)

구분 \ 연도	2000년	2005년	2010년	2015년
절대적 빈곤율	7.2	7.0	6.8	6.5
상대적 빈곤율	6.9	7.0	10.2	11.6

※ 절대적 빈곤율 : 전체 가구 중 가구 소득이 ㉠ 최저 생계비 미만인 가구의 비율
※※ 상대적 빈곤율 : 전체 가구 중 가구 소득이 ㉡ 중위 소득의 50% 미만인 가구의 비율

① ㉡은 전체 가구 소득의 평균값이다.
② 2005년에는 ㉠과 ㉡의 값이 같다.
③ 절대적 빈곤 가구 수가 감소하는 추세를 보인다.
④ 2000년에는 상대적 빈곤 가구가 모두 절대적 빈곤 가구에 포함된다.

해설

④ 2000년에는 절대적 빈곤율이 7.2%로 상대적 빈곤율 6.9%보다 높다. 이는 최저 생계비 미만의 소득을 얻는 가구가 중위 소득의 50% 미만의 소득을 얻는 가구보다 더 많다는 의미이다. 즉, 최저 생계비가 중위 소득 50%보다 더 높다는 것으로, 상대적 빈곤 가구가 모두 절대적 빈곤 가구에 포함된다.
① 중위 소득은 인구를 소득 순으로 나열했을 때 한 가운데 위치한 사람의 소득을 의미한다. 전체 가구 소득의 평균 값은 평균 소득에 해당한다. 평균 소득이 한 나라의 전체 소득을 가구 수로 나눈 것이라면, 중위 소득은 소득 상위 가구부터 하위 가구까지를 한 줄로 세운 다음, 그 줄의 맨 중간에 해당하는 가구의 소득을 의미한다.
② 상대적 빈곤율은 전체 가구 중 가구 소득이 중위 소득의 50% 미만인 가구의 비율이다. 2005년 절대적 빈곤율과 상대적 빈곤율이 같다는 것이 중위 소득과 최저 생계비가 같은 것을 의미하지 않는다.
③ 전체 가구 수가 제시되어 있지 않으므로 절대적 빈곤 가구 수가 감소하는 지의 여부는 알 수 없다.

정답 ④

MEMO

9급 공무원

조리직

전과목 한권합격

위생관계법규

2024 9급 공무원

조리직

위생관계법규

편저 SD 공무원시험연구소

전과목 **한권합격**

테마별 이론을 통한 핵심정리

최신 개정법령 완벽 반영

출제 가능성이 높은 예상문제로 실전대비

SINCE 2019
독자의 선택
누적판매 2.5만 부
공무원 한권으로 다잡기 시리즈 전체, 2023년 상반기 기준

▲합격의 모든 것

SD에듀
(주)시대고시기획

SD에듀
www.sdedu.co.kr

목차

책속의 책 위생관계법규

이론편

문제편

꼭 알아두어야 할 위생관계법규 별표 정리

교육이란 사람이 학교에서 배운 것을
잊어버린 후에 남은 것을 말한다.

-알버트 아인슈타인-

조리직 공무원 한권합격

이론편

위생관계법규

식품위생법

[시행 2023.1.1.] [법률 제18445호, 2021.8.17., 타법개정]

01 총칙

제1조(목적)

이 법은 식품으로 인하여 생기는 위생상의 위해(危害)를 방지하고 식품영양의 질적 향상을 도모하며 식품에 관한 올바른 정보를 제공함으로써 국민 건강의 보호 · 증진에 이바지함을 목적으로 한다.

제2조(정의)

이 법에서 사용하는 용어의 뜻은 다음과 같다.

1. "식품"이란 모든 음식물(의약으로 섭취하는 것은 제외한다)을 말한다.
2. "식품첨가물"이란 식품을 제조 · 가공 · 조리 또는 보존하는 과정에서 감미(甘味), 착색(着色), 표백(漂白) 또는 산화방지 등을 목적으로 식품에 사용되는 물질을 말한다. 이 경우 기구(器具) · 용기 · 포장을 살균 · 소독하는 데에 사용되어 간접적으로 식품으로 옮아갈 수 있는 물질을 포함한다.
3. "화학적 합성품"이란 화학적 수단으로 원소(元素) 또는 화합물에 분해 반응 외의 화학 반응을 일으켜서 얻은 물질을 말한다.
4. "기구"란 다음 각 목의 어느 하나에 해당하는 것으로서 식품 또는 식품첨가물에 직접 닿는 기계 · 기구나 그 밖의 물건(농업과 수산업에서 식품을 채취하는 데에 쓰는 기계 · 기구나 그 밖의 물건 및 「위생용품 관리법」 제2조 제1호에 따른 위생용품은 제외한다)을 말한다.
   가. 음식을 먹을 때 사용하거나 담는 것
   나. 식품 또는 식품첨가물을 채취 · 제조 · 가공 · 조리 · 저장 · 소분[(小分) : 완제품을 나누어 유통을 목적으로 재포장하는 것을 말한다. 이하 같다] · 운반 · 진열할 때 사용하는 것
5. "용기 · 포장"이란 식품 또는 식품첨가물을 넣거나 싸는 것으로서 식품 또는 식품첨가물을 주고받을 때 함께 건네는 물품을 말한다.

5의2. "공유주방"이란 식품의 제조 · 가공 · 조리 · 저장 · 소분 · 운반에 필요한 시설 또는 기계 · 기구 등을 여러 영업자가 함께 사용하거나, 동일한 영업자가 여러 종류의 영업에 사용할 수 있는 시설 또는 기계 · 기구 등이 갖춰진 장소를 말한다.

6. "위해"란 식품, 식품첨가물, 기구 또는 용기 · 포장에 존재하는 위험요소로서 인체의 건강을 해치거나 해칠 우려가 있는 것을 말한다.
7. 삭제
8. 삭제
9. "영업"이란 식품 또는 식품첨가물을 채취 · 제조 · 가공 · 조리 · 저장 · 소분 · 운반 또는 판매하거나 기구 또는 용기 · 포장을 제조 · 운반 · 판매하는 업(농업과 수산업에 속하는 식품 채취업은 제외한다. 이하 이 호에서 "식품제조업 등"이라 한다)을 말한다. 이 경우 공유주방을 운영하는 업과 공유주방에서 식품제조업 등을 영위하는 업을 포함한다.

10. "영업자"란 제37조 제1항에 따라 영업허가를 받은 자나 같은 조 제4항에 따라 영업신고를 한 자 또는 같은 조 제5항에 따라 영업등록을 한 자를 말한다.
11. "식품위생"이란 식품, 식품첨가물, 기구 또는 용기 · 포장을 대상으로 하는 음식에 관한 위생을 말한다.
12. "집단급식소"란 영리를 목적으로 하지 아니하면서 특정 다수인에게 계속하여 음식물을 공급하는 다음 각 목의 어느 하나에 해당하는 곳의 급식시설로서 대통령령으로 정하는 시설을 말한다.
    가. 기숙사
    나. 학교, 유치원, 어린이집
    다. 병원
    라. 「사회복지사업법」 제2조 제4호의 사회복지시설
    마. 산업체
    바. 국가, 지방자치단체 및 「공공기관의 운영에 관한 법률」 제4조 제1항에 따른 공공기관
    사. 그 밖의 후생기관 등
13. "식품이력추적관리"란 식품을 제조 · 가공단계부터 판매단계까지 각 단계별로 정보를 기록 · 관리하여 그 식품의 안전성 등에 문제가 발생할 경우 그 식품을 추적하여 원인을 규명하고 필요한 조치를 할 수 있도록 관리하는 것을 말한다.
14. "식중독"이란 식품 섭취로 인하여 인체에 유해한 미생물 또는 유독물질에 의하여 발생하였거나 발생한 것으로 판단되는 감염성 질환 또는 독소형 질환을 말한다.
15. "집단급식소에서의 식단"이란 급식대상 집단의 영양섭취기준에 따라 음식명, 식재료, 영양성분, 조리방법, 조리인력 등을 고려하여 작성한 급식계획서를 말한다.

식품위생법 시행령

제2조(집단급식소의 범위)

「식품위생법」(이하 "법"이라 한다) 제2조 제12호에 따른 집단급식소는 1회 50명 이상에게 식사를 제공하는 급식소를 말한다.

제3조(식품 등의 취급)

① 누구든지 판매(판매 외의 불특정 다수인에 대한 제공을 포함한다. 이하 같다)를 목적으로 식품 또는 식품첨가물을 채취 · 제조 · 가공 · 사용 · 조리 · 저장 · 소분 · 운반 또는 진열을 할 때에는 깨끗하고 위생적으로 하여야 한다.

② 영업에 사용하는 기구 및 용기 · 포장은 깨끗하고 위생적으로 다루어야 한다.

③ 제1항 및 제2항에 따른 식품, 식품첨가물, 기구 또는 용기 · 포장(이하 "식품 등"이라 한다)의 위생적인 취급에 관한 기준은 총리령으로 정한다.

식품위생법 시행규칙

식품 등의 위생적인 취급에 관한 기준(별표 1)

1. 식품 또는 식품첨가물을 제조 · 가공 · 사용 · 조리 · 저장 · 소분 · 운반 또는 진열할 때에는 이물이 혼입되거나 병원성 미생물 등으로 오염되지 않도록 위생적으로 취급해야 한다.
2. 식품 등을 취급하는 원료보관실 · 제조가공실 · 조리실 · 포장실 등의 내부는 항상 청결하게 관리하여야 한다.
3. 식품 등의 원료 및 제품 중 부패 · 변질이 되기 쉬운 것은 냉동 · 냉장시설에 보관 · 관리하여야 한다.
4. 식품 등의 보관 · 운반 · 진열 시에는 식품 등의 기준 및 규격이 정하고 있는 보존 및 유통기준에 적합하도록 관리하여야 하고, 이 경우 냉동 · 냉장시설 및 운반시설은 항상 정상적으로 작동시켜야 한다.

5. 식품 등의 제조 · 가공 · 조리 또는 포장에 직접 종사하는 사람은 위생모 및 마스크를 착용하는 등 개인위생관리를 철저히 하여야 한다.
6. 제조 · 가공(수입품을 포함한다)하여 최소판매 단위로 포장(위생상 위해가 발생할 우려가 없도록 포장되고, 제품의 용기 · 포장에 「식품 등의 표시 · 광고에 관한 법률」 제4조 제1항에 적합한 표시가 되어 있는 것을 말한다)된 식품 또는 식품첨가물을 허가를 받지 아니하거나 신고를 하지 아니하고 판매의 목적으로 포장을 뜯어 분할하여 판매하여서는 아니 된다. 다만, 컵라면, 일회용 다류, 그 밖의 음식류에 뜨거운 물을 부어주거나, 호빵 등을 따뜻하게 데워 판매하기 위하여 분할하는 경우는 제외한다.
7. 식품 등의 제조 · 가공 · 조리에 직접 사용되는 기계 · 기구 및 음식기는 사용 후에 세척 · 살균하는 등 항상 청결하게 유지 · 관리하여야 하며, 어류 · 육류 · 채소류를 취급하는 칼 · 도마는 각각 구분하여 사용하여야 한다.
8. 소비기한이 경과된 식품 등을 판매하거나 판매의 목적으로 진열 · 보관하여서는 아니 된다.

02 식품과 식품첨가물

제4조(위해식품 등의 판매 등 금지)

누구든지 다음 각 호의 어느 하나에 해당하는 식품 등을 판매하거나 판매할 목적으로 채취 · 제조 · 수입 · 가공 · 사용 · 조리 · 저장 · 소분 · 운반 또는 진열하여서는 아니 된다.

1. 썩거나 상하거나 설익어서 인체의 건강을 해칠 우려가 있는 것
2. 유독 · 유해물질이 들어 있거나 묻어 있는 것 또는 그러할 염려가 있는 것. 다만, 식품의약품안전처장이 인체의 건강을 해칠 우려가 없다고 인정하는 것은 제외한다.
3. 병(病)을 일으키는 미생물에 오염되었거나 그러할 염려가 있어 인체의 건강을 해칠 우려가 있는 것
4. 불결하거나 다른 물질이 섞이거나 첨가(添加)된 것 또는 그 밖의 사유로 인체의 건강을 해칠 우려가 있는 것
5. 제18조에 따른 안전성 심사 대상인 농 · 축 · 수산물 등 가운데 안전성 심사를 받지 아니하였거나 안전성 심사에서 식용(食用)으로 부적합하다고 인정된 것
6. 수입이 금지된 것 또는 「수입식품안전관리 특별법」 제20조 제1항에 따른 수입신고를 하지 아니하고 수입한 것
7. 영업자가 아닌 자가 제조 · 가공 · 소분한 것

제5조(병든 동물 고기 등의 판매 등 금지)

누구든지 총리령으로 정하는 질병에 걸렸거나 걸렸을 염려가 있는 동물이나 그 질병에 걸려 죽은 동물의 고기 · 뼈 · 젖 · 장기 또는 혈액을 식품으로 판매하거나 판매할 목적으로 채취 · 수입 · 가공 · 사용 · 조리 · 저장 · 소분 또는 운반하거나 진열하여서는 아니 된다.

제6조(기준 · 규격이 정하여지지 아니한 화학적 합성품 등의 판매 등 금지)

누구든지 다음 각 호의 어느 하나에 해당하는 행위를 하여서는 아니 된다. 다만, 식품의약품안전처장이 제57조에 따른 식품위생심의위원회(이하 "심의위원회"라 한다)의 심의를 거쳐 인체의 건강을 해칠 우려가 없다고 인정하는 경우에는 그러하지 아니하다.

1. 제7조[식품 또는 식품첨가물에 관한 기준 및 규격] 제1항 및 제2항에 따라 기준 · 규격이 정하여지지 아니한 화학적 합성품인 첨가물과 이를 함유한 물질을 식품첨가물로 사용하는 행위
2. 제1호에 따른 식품첨가물이 함유된 식품을 판매하거나 판매할 목적으로 제조 · 수입 · 가공 · 사용 · 조리 · 저장 · 소분 · 운반 또는 진열하는 행위

제7조(식품 또는 식품첨가물에 관한 기준 및 규격)

① 식품의약품안전처장은 국민 건강을 보호 · 증진하기 위하여 필요하면 판매를 목적으로 하는 식품 또는 식품첨가물에 관한 다음 각 호의 사항을 정하여 고시한다.
  1. 제조 · 가공 · 사용 · 조리 · 보존 방법에 관한 기준
  2. 성분에 관한 규격

② 식품의약품안전처장은 제1항에 따라 기준과 규격이 고시되지 아니한 식품 또는 식품첨가물의 기준과 규격을 인정받으려는 자에게 제1항 각 호의 사항을 제출하게 하여 「식품 · 의약품분야 시험 · 검사 등에 관한 법률」 제6조 제3항 제1호에 따라 식품의약품안전처장이 지정한 식품전문 시험 · 검사기관 또는 같은 조 제4항 단서에 따라 총리령으로 정하는 시험 · 검사기관의 검토를 거쳐 제1항에 따른 기준과 규격이 고시될 때까지 그 식품 또는 식품첨가물의 기준과 규격으로 인정할 수 있다.

③ 수출할 식품 또는 식품첨가물의 기준과 규격은 제1항 및 제2항에도 불구하고 수입자가 요구하는 기준과 규격을 따를 수 있다.

④ 제1항 및 제2항에 따라 기준과 규격이 정하여진 식품 또는 식품첨가물은 그 기준에 따라 제조 · 수입 · 가공 · 사용 · 조리 · 보존하여야 하며, 그 기준과 규격에 맞지 아니하는 식품 또는 식품첨가물은 판매하거나 판매할 목적으로 제조 · 수입 · 가공 · 사용 · 조리 · 저장 · 소분 · 운반 · 보존 또는 진열하여서는 아니 된다.

제7조의2(권장규격)

① 식품의약품안전처장은 판매를 목적으로 하는 제7조[식품 또는 식품첨가물에 관한 기준 및 규격] 및 제9조[기구 및 용기 · 포장에 관한 기준 및 규격]에 따른 기준 및 규격이 설정되지 아니한 식품 등이 국민건강에 위해를 미칠 우려가 있어 예방조치가 필요하다고 인정하는 경우에는 그 기준 및 규격이 설정될 때까지 위해 우려가 있는 성분 등의 안전관리를 권장하기 위한 규격(이하 "권장규격"이라 한다)을 정할 수 있다.

② 식품의약품안전처장은 제1항에 따라 권장규격을 정할 때에는 국제식품규격위원회 및 외국의 규격 또는 다른 식품 등에 이미 규격이 신설되어 있는 유사한 성분 등을 고려하여야 하고 심의위원회의 심의를 거쳐야 한다.

③ 식품의약품안전처장은 영업자가 제1항에 따른 권장규격을 준수하도록 요청할 수 있으며 이행하지 아니한 경우 그 사실을 공개할 수 있다.

제7조의3(농약 등의 잔류허용기준 설정 요청 등)

① 식품에 잔류하는 「농약관리법」에 따른 농약, 「약사법」에 따른 동물용 의약품의 잔류허용기준 설정이 필요한 자는 식품의약품안전처장에게 신청하여야 한다.

② 수입식품에 대한 농약 및 동물용 의약품의 잔류허용기준 설정을 원하는 자는 식품의약품안전처장에게 관련 자료를 제출하여 기준 설정을 요청할 수 있다.

③ 식품의약품안전처장은 제1항의 신청에 따라 잔류허용기준을 설정하는 경우 관계 행정기관의 장에게 자료제공 등의 협조를 요청할 수 있다. 이 경우 요청을 받은 관계 행정기관의 장은 특별한 사유가 없으면 이에 따라야 한다.

④ 제1항 및 제2항에 따른 신청 절차 · 방법 및 자료제출의 범위 등 세부사항은 총리령으로 정한다.

제7조의4(식품 등의 기준 및 규격 관리계획 등)

① 식품의약품안전처장은 관계 중앙행정기관의 장과의 협의 및 심의위원회의 심의를 거쳐 식품 등의 기준 및 규격 관리 기본계획(이하 "관리계획"이라 한다)을 5년마다 수립 · 추진할 수 있다.

② 관리계획에는 다음 각 호의 사항이 포함되어야 한다.

1. 식품 등의 기준 및 규격 관리의 기본 목표 및 추진방향
2. 식품 등의 유해물질 노출량 평가
3. 식품 등의 유해물질의 총 노출량 적정관리 방안
4. 식품 등의 기준 및 규격의 재평가에 관한 사항
5. 그 밖에 식품 등의 기준 및 규격 관리에 필요한 사항

③ 식품의약품안전처장은 관리계획을 시행하기 위하여 해마다 관계 중앙행정기관의 장과 협의하여 식품 등의 기준 및 규격 관리 시행계획(이하 "시행계획"이라 한다)을 수립하여야 한다.

④ 식품의약품안전처장은 관리계획 및 시행계획을 수립 · 시행하기 위하여 필요한 때에는 관계 중앙행정기관의 장 및 지방자치단체의 장에게 협조를 요청할 수 있다. 이 경우 협조를 요청받은 관계 중앙행정기관의 장 등은 특별한 사유가 없으면 이에 따라야 한다.

⑤ 관리계획에 포함되는 노출량 평가 · 관리의 대상이 되는 유해물질의 종류, 관리계획 및 시행계획의 수립 · 시행 등에 필요한 사항은 총리령으로 정한다.

제7조의5(식품 등의 기준 및 규격의 재평가 등)

① 식품의약품안전처장은 관리계획에 따라 식품 등에 관한 기준 및 규격을 주기적으로 재평가하여야 한다.

② 제1항에 따른 재평가 대상, 방법 및 절차 등에 필요한 사항은 총리령으로 정한다.

식품 등의 표시 · 광고에 관한 법률

제4조(표시의 기준)

① 식품 등에는 다음 각 호의 구분에 따른 사항을 표시하여야 한다. 다만, 총리령으로 정하는 경우에는 그 일부만을 표시할 수 있다.

1. 식품, 식품첨가물 또는 축산물
   가. 제품명, 내용량 및 원재료명
   나. 영업소 명칭 및 소재지
   다. 소비자 안전을 위한 주의사항
   라. 제조연월일, 소비기한 또는 품질유지기한
   마. 그 밖에 소비자에게 해당 식품, 식품첨가물 또는 축산물에 관한 정보를 제공하기 위하여 필요한 사항으로서 총리령으로 정하는 사항
2. 기구 또는 용기 · 포장
   가. 재질
   나. 영업소 명칭 및 소재지
   다. 소비자 안전을 위한 주의사항
   라. 그 밖에 소비자에게 해당 기구 또는 용기 · 포장에 관한 정보를 제공하기 위하여 필요한 사항으로서 총리령으로 정하는 사항

3. 건강기능식품
   가. 제품명, 내용량 및 원료명
   나. 영업소 명칭 및 소재지
   다. 소비기한 및 보관방법
   라. 섭취량, 섭취방법 및 섭취 시 주의사항
   마. 건강기능식품이라는 문자 또는 건강기능식품임을 나타내는 도안
   바. 질병의 예방 및 치료를 위한 의약품이 아니라는 내용의 표현
   사. 「건강기능식품에 관한 법률」 제3조 제2호에 따른 기능성에 관한 정보 및 원료 중에 해당 기능성을 나타내는 성분 등의 함유량
   아. 그 밖에 소비자에게 해당 건강기능식품에 관한 정보를 제공하기 위하여 필요한 사항으로서 총리령으로 정하는 사항

② 제1항에 따른 표시의무자, 표시사항 및 글씨크기 · 표시장소 등 표시방법에 관하여는 총리령으로 정한다.
③ 제1항에 따른 표시가 없거나 제2항에 따른 표시방법을 위반한 식품 등은 판매하거나 판매할 목적으로 제조 · 가공 · 소분[(小分) : 완제품을 나누어 유통을 목적으로 재포장하는 것을 말한다. 이하 같다] · 수입 · 포장 · 보관 · 진열 또는 운반하거나 영업에 사용해서는 아니 된다.

제4조의2(시각 · 청각장애인을 위한 점자 및 음성 · 수어영상변환용 코드의 표시)
① 식품 등을 제조 · 가공 · 소분하거나 수입하는 자는 식품 등에 시각 · 청각장애인이 활용할 수 있는 점자 및 음성 · 수어영상변환용 코드의 표시를 할 수 있다.
② 식품의약품안전처장은 시각 · 청각장애인을 위한 점자 및 음성 · 수어영상변환용 코드의 표시 대상 · 기준 및 방법 등에 관하여 가이드라인을 마련하여야 한다.
③ 식품의약품안전처장은 제1항에 따른 표시에 필요한 경우 행정적 지원을 할 수 있다

제5조(영양표시)
① 식품 등(기구 및 용기 · 포장은 제외한다. 이하 이 조에서 같다)을 제조 · 가공 · 소분하거나 수입하는 자는 총리령으로 정하는 식품 등에 영양표시를 하여야 한다.
② 제1항에 따른 영양성분 및 표시방법 등에 관하여 필요한 사항은 총리령으로 정한다.
③ 제1항에 따른 영양표시가 없거나 제2항에 따른 표시방법을 위반한 식품 등은 판매하거나 판매할 목적으로 제조 · 가공 · 소분 · 수입 · 포장 · 보관 · 진열 또는 운반하거나 영업에 사용해서는 아니 된다.

제6조(나트륨 함량 비교 표시)
① 식품을 제조 · 가공 · 소분하거나 수입하는 자는 총리령으로 정하는 식품에 나트륨 함량 비교 표시를 하여야 한다.
② 제1항에 따른 나트륨 함량 비교 표시의 기준 및 표시방법 등에 관하여 필요한 사항은 총리령으로 정한다.
③ 제1항에 따른 나트륨 함량 비교 표시가 없거나 제2항에 따른 표시방법을 위반한 식품은 판매하거나 판매할 목적으로 제조 · 가공 · 소분 · 수입 · 포장 · 보관 · 진열 또는 운반하거나 영업에 사용해서는 아니 된다.

제8조(부당한 표시 또는 광고행위의 금지)
① 누구든지 식품 등의 명칭 · 제조방법 · 성분 등 대통령령으로 정하는 사항에 관하여 다음 각 호의 어느 하나에 해당하는 표시 또는 광고를 하여서는 아니 된다.
1. 질병의 예방 · 치료에 효능이 있는 것으로 인식할 우려가 있는 표시 또는 광고
2. 식품 등을 의약품으로 인식할 우려가 있는 표시 또는 광고
3. 건강기능식품이 아닌 것을 건강기능식품으로 인식할 우려가 있는 표시 또는 광고
4. 거짓 · 과장된 표시 또는 광고
5. 소비자를 기만하는 표시 또는 광고
6. 다른 업체나 다른 업체의 제품을 비방하는 표시 또는 광고
7. 객관적인 근거 없이 자기 또는 자기의 식품 등을 다른 영업자나 다른 영업자의 식품 등과 부당하게 비교하는 표시 또는 광고
8. 사행심을 조장하거나 음란한 표현을 사용하여 공중도덕이나 사회윤리를 현저하게 침해하는 표시 또는 광고
9. 총리령으로 정하는 식품 등이 아닌 물품의 상호, 상표 또는 용기 · 포장 등과 동일하거나 유사한 것을 사용하여 해당 물품으로 오인 · 혼동할 수 있는 표시 또는 광고
10. 제10조 제1항에 따라 심의를 받지 아니하거나 같은 조 제4항을 위반하여 심의 결과에 따르지 아니한 표시 또는 광고

② 제1항 각 호의 표시 또는 광고의 구체적인 내용과 그 밖에 필요한 사항은 대통령령으로 정한다.

03 기구와 용기 · 포장

제8조(유독기구 등의 판매 · 사용 금지)

유독 · 유해물질이 들어 있거나 묻어 있어 인체의 건강을 해칠 우려가 있는 기구 및 용기 · 포장과 식품 또는 식품첨가물에 직접 닿으면 해로운 영향을 끼쳐 인체의 건강을 해칠 우려가 있는 기구 및 용기 · 포장을 판매하거나 판매할 목적으로 제조 · 수입 · 저장 · 운반 · 진열하거나 영업에 사용하여서는 아니 된다.

제9조(기구 및 용기 · 포장에 관한 기준 및 규격)

① 식품의약품안전처장은 국민보건을 위하여 필요한 경우에는 판매하거나 영업에 사용하는 기구 및 용기 · 포장에 관하여 다음 각 호의 사항을 정하여 고시한다.

1. 제조 방법에 관한 기준
2. 기구 및 용기 · 포장과 그 원재료에 관한 규격

② 식품의약품안전처장은 제1항에 따라 기준과 규격이 고시되지 아니한 기구 및 용기 · 포장의 기준과 규격을 인정받으려는 자에게 제1항 각 호의 사항을 제출하게 하여 「식품 · 의약품분야 시험 · 검사 등에 관한 법률」 제6조 제3항 제1호에 따라 식품의약품안전처장이 지정한 식품전문 시험 · 검사기관 또는 같은 조 제4항 단서에 따라 총리령으로 정하는 시험 · 검사기관의 검토를 거쳐 제1항에 따라 기준과 규격이 고시될 때까지 해당 기구 및 용기 · 포장의 기준과 규격으로 인정할 수 있다.

③ 수출할 기구 및 용기 · 포장과 그 원재료에 관한 기준과 규격은 제1항 및 제2항에도 불구하고 수입자가 요구하는 기준과 규격을 따를 수 있다.

④ 제1항 및 제2항에 따라 기준과 규격이 정하여진 기구 및 용기 · 포장은 그 기준에 따라 제조하여야 하며, 그 기준과 규격에 맞지 아니한 기구 및 용기 · 포장은 판매하거나 판매할 목적으로 제조 · 수입 · 저장 · 운반 · 진열하거나 영업에 사용하여서는 아니 된다.

제9조의2(기구 및 용기 · 포장에 사용하는 재생원료에 관한 인정)

① 식품의약품안전처장은 기구 및 용기 · 포장을 제조할 때 원재료로 사용하기에 적합한 재생원료(이미 사용한 기구 및 용기 · 포장을 다시 사용할 수 있도록 처리한 원료물질을 말한다. 이하 같다)의 기준을 정하여 고시한다.

② 기구 및 용기 · 포장의 원재료로 사용할 재생원료를 제조하려는 자는 해당 재생원료가 제1항에 따른 기준에 적합한지에 관하여 식품의약품안전처장의 인정을 받아야 한다. 다만, 가열 · 화학반응 등에 의해 분해 · 정제 · 중합하는 등 총리령으로 정하는 공정을 거친 재생원료의 경우에는 그러하지 아니하다.

③ 제2항에 따라 인정을 받으려는 자는 총리령으로 정하는 서류를 첨부하여 식품의약품안전처장에게 신청하여야 한다.

④ 제3항에 따라 신청을 받은 식품의약품안전처장은 인정을 신청한 자에게 재생원료의 안전성 확인 등 인정에 필요한 자료를 제출하게 할 수 있다.

⑤ 식품의약품안전처장은 제3항에 따라 인정을 신청한 재생원료가 제1항에 따른 기준에 적합하면 제2항에 따라 재생원료에 관한 인정을 하고, 총리령으로 정하는 바에 따라 인정서를 발급하여야 한다.

⑥ 제1항부터 제5항까지에서 규정한 사항 외에 재생원료의 인정 절차, 인정서 발급 절차 등에 필요한 세부사항은 총리령으로 정한다.

제9조의3(인정받지 않은 재생원료의 기구 및 용기 · 포장에의 사용 등 금지)
누구든지 제9조의2 제2항에 따른 인정을 받지 아니한 재생원료를 사용한 기구 및 용기 · 포장을 판매하거나 판매할 목적으로 제조 · 수입 · 저장 · 운반 · 진열하거나 영업에 사용하여서는 아니 된다.

04 표 시

제12조의2(유전자변형식품 등의 표시)
① 다음 각 호의 어느 하나에 해당하는 생명공학기술을 활용하여 재배 · 육성된 농산물 · 축산물 · 수산물 등을 원재료로 하여 제조 · 가공한 식품 또는 식품첨가물(이하 "유전자변형식품 등"이라 한다)은 유전자변형식품임을 표시하여야 한다. 다만, 제조 · 가공 후에 유전자변형 디엔에이(DNA, Deoxyribonucleic acid) 또는 유전자변형 단백질이 남아 있는 유전자변형식품 등에 한정한다.
  1. 인위적으로 유전자를 재조합하거나 유전자를 구성하는 핵산을 세포 또는 세포 내 소기관으로 직접 주입하는 기술
  2. 분류학에 따른 과(科)의 범위를 넘는 세포융합기술
② 제1항에 따라 표시하여야 하는 유전자변형식품 등은 표시가 없으면 판매하거나 판매할 목적으로 수입 · 진열 · 운반하거나 영업에 사용하여서는 아니 된다.
③ 제1항에 따른 표시의무자, 표시대상 및 표시방법 등에 필요한 사항은 식품의약품안전처장이 정한다.

05 식품 등의 공전(公典)

제14조(식품 등의 공전)
식품의약품안전처장은 다음 각 호의 기준 등을 실은 식품 등의 공전을 작성 · 보급하여야 한다.
1. 제7조 제1항에 따라 정하여진 식품 또는 식품첨가물의 기준과 규격
2. 제9조 제1항에 따라 정하여진 기구 및 용기 · 포장의 기준과 규격
3. 삭제

06 검사 등

제15조(위해평가)
① 식품의약품안전처장은 국내외에서 유해물질이 함유된 것으로 알려지는 등 위해의 우려가 제기되는 식품 등이 제4조[위해식품 등의 판매 등 금지] 또는 제8조[유독기구 등의 판매 · 사용 금지]에 따른 식품

등에 해당한다고 의심되는 경우에는 그 식품 등의 위해요소를 신속히 평가하여 그것이 위해식품 등인지를 결정하여야 한다.

② 식품의약품안전처장은 제1항에 따른 위해평가가 끝나기 전까지 국민건강을 위하여 예방조치가 필요한 식품 등에 대하여는 판매하거나 판매할 목적으로 채취 · 제조 · 수입 · 가공 · 사용 · 조리 · 저장 · 소분 · 운반 또는 진열하는 것을 일시적으로 금지할 수 있다. 다만, 국민건강에 급박한 위해가 발생하였거나 발생할 우려가 있다고 식품의약품안전처장이 인정하는 경우에는 그 금지조치를 하여야 한다.

③ 식품의약품안전처장은 제2항에 따른 일시적 금지조치를 하려면 미리 심의위원회의 심의 · 의결을 거쳐야 한다. 다만, 국민건강을 급박하게 위해할 우려가 있어서 신속히 금지조치를 하여야 할 필요가 있는 경우에는 먼저 일시적 금지조치를 한 뒤 지체 없이 심의위원회의 심의 · 의결을 거칠 수 있다.

④ 심의위원회는 제3항 본문 및 단서에 따라 심의하는 경우 대통령령으로 정하는 이해관계인의 의견을 들어야 한다.

⑤ 식품의약품안전처장은 제1항에 따른 위해평가나 제3항 단서에 따른 사후 심의위원회의 심의 · 의결에서 위해가 없다고 인정된 식품 등에 대하여는 지체 없이 제2항에 따른 일시적 금지조치를 해제하여야 한다.

⑥ 제1항에 따른 위해평가의 대상, 방법 및 절차, 그 밖에 필요한 사항은 대통령령으로 정한다.

식품위생법 시행령

제4조(위해평가의 대상 등)

① 법 제15조 제1항에 따른 식품, 식품첨가물, 기구 또는 용기 · 포장(이하 "식품 등"이라 한다)의 위해평가(이하 "위해평가"라 한다) 대상은 다음 각 호로 한다.

1. 국제식품규격위원회 등 국제기구 또는 외국 정부가 인체의 건강을 해칠 우려가 있다고 인정하여 판매하거나 판매할 목적으로 채취 · 제조 · 수입 · 가공 · 사용 · 조리 · 저장 · 소분(小分 : 완제품을 나누어 유통을 목적으로 재포장하는 것을 말한다. 이하 같다) · 운반 또는 진열을 금지하거나 제한한 식품 등
2. 국내외의 연구 · 검사기관에서 인체의 건강을 해칠 우려가 있는 원료 또는 성분 등이 검출된 식품 등
3. 「소비자기본법」 제29조에 따라 등록한 소비자단체 또는 식품 관련 학회가 위해평가를 요청한 식품 등으로서 법 제57조에 따른 식품위생심의위원회(이하 "심의위원회"라 한다)가 인체의 건강을 해칠 우려가 있다고 인정한 식품 등
4. 새로운 원료 · 성분 또는 기술을 사용하여 생산 · 제조 · 조합되거나 안전성에 대한 기준 및 규격이 정하여지지 아니하여 인체의 건강을 해칠 우려가 있는 식품 등

② 위해평가에서 평가하여야 할 위해요소는 다음 각 호의 요인으로 한다.

1. 잔류농약, 중금속, 식품첨가물, 잔류 동물용 의약품, 환경오염물질 및 제조 · 가공 · 조리과정에서 생성되는 물질 등 화학적 요인
2. 식품 등의 형태 및 이물 등 물리적 요인
3. 식중독 유발 세균 등 미생물적 요인

③ 위해평가는 다음 각 호의 과정을 순서대로 거친다. 다만, 식품의약품안전처장이 현재의 기술수준이나 위해요소의 특성에 따라 따로 방법을 정한 경우에는 그에 따를 수 있다.

1. 위해요소의 인체 내 독성을 확인하는 위험성 확인과정
2. 위해요소의 인체노출 허용량을 산출하는 위험성 결정과정
3. 위해요소가 인체에 노출된 양을 산출하는 노출평가과정
4. 위험성 확인과정, 위험성 결정과정 및 노출평가과정의 결과를 종합하여 해당 식품 등이 건강에 미치는 영향을 판단하는 위해도(危害度) 결정과정

④ 심의위원회는 제3항 각 호에 따른 각 과정별 결과 등에 대하여 심의 · 의결하여야 한다. 다만, 해당 식품 등에 대하여 국제식품규격위원회 등 국제기구 또는 국내외의 연구 · 검사기관에서 이미 위해평가를 실시하였거나 위해요소에 대한 과학적 시험 · 분석 자료가 있는 경우에는 심의 · 의결을 한 것으로 본다.

⑤ 삭제
⑥ 제1항부터 제4항까지의 규정에 따른 위해평가의 방법, 기준 및 절차 등에 관한 세부 사항은 식품의약품안전처장이 정하여 고시한다.

제5조(위해평가에 관한 이해관계인의 범위)
법 제15조 제4항에서 "대통령령으로 정하는 이해관계인"이란 법 제15조 제2항에 따른 일시적 금지조치로 인하여 영업상의 불이익을 받았거나 받게 되는 영업자를 말한다.

제15조의2(위해평가 결과 등에 관한 공표)

① 식품의약품안전처장은 제15조에 따른 위해평가 결과에 관한 사항을 공표할 수 있다.
② 중앙행정기관의 장, 특별시장 · 광역시장 · 특별자치시장 · 도지사 · 특별자치도지사(이하 "시 · 도지사"라 한다), 시장 · 군수 · 구청장(자치구의 구청장을 말한다. 이하 같다) 또는 대통령령으로 정하는 공공기관의 장은 식품의 위해 여부가 의심되는 경우나 위해와 관련된 사실을 공표하려는 경우로서 제15조에 따른 위해평가가 필요한 경우에는 반드시 식품의약품안전처장에게 그 사실을 미리 알리고 협의하여야 한다.
③ 제1항에 따른 공표방법 등 공표에 필요한 사항은 대통령령으로 정한다.

식품위생법 시행령

제5조의2(위해평가 결과의 공표)
① 식품의약품안전처장은 법 제15조의2 제1항에 따라 위해평가의 결과를 인터넷 홈페이지, 신문, 방송 등을 통하여 공표할 수 있다.
② 법 제15조의2 제2항에서 "대통령령으로 정하는 공공기관"이란 「공공기관의 운영에 관한 법률」 제4조에 따른 공공기관을 말한다.

제16조(소비자 등의 위생검사 등 요청)

① 식품의약품안전처장(대통령령으로 정하는 그 소속 기관의 장을 포함한다. 이하 이 조에서 같다), 시 · 도지사 또는 시장 · 군수 · 구청장은 대통령령으로 정하는 일정 수 이상의 소비자, 소비자단체 또는 「식품 · 의약품분야 시험 · 검사 등에 관한 법률」 제6조에 따른 시험 · 검사기관 중 총리령으로 정하는 시험 · 검사기관이 식품 등 또는 영업시설 등에 대하여 제22조에 따른 출입 · 검사 · 수거 등(이하 이 조에서 "위생검사 등"이라 한다)을 요청하는 경우에는 이에 따라야 한다. 다만, 다음 각 호의 어느 하나에 해당하는 경우에는 그러하지 아니하다.
   1. 같은 소비자, 소비자단체 또는 시험 · 검사기관이 특정 영업자의 영업을 방해할 목적으로 같은 내용의 위생검사 등을 반복적으로 요청하는 경우
   2. 식품의약품안전처장, 시 · 도지사 또는 시장 · 군수 · 구청장이 기술 또는 시설, 재원(財源) 등의 사유로 위생검사 등을 할 수 없다고 인정하는 경우
② 식품의약품안전처장, 시 · 도지사 또는 시장 · 군수 · 구청장은 제1항에 따라 위생검사 등의 요청에 따르는 경우 14일 이내에 위생검사 등을 하고 그 결과를 대통령령으로 정하는 바에 따라 위생검사 등의 요청을 한 소비자, 소비자단체 또는 시험 · 검사기관에 알리고 인터넷 홈페이지에 게시하여야 한다.
③ 위생검사 등의 요청 요건 및 절차, 그 밖에 필요한 사항은 대통령령으로 정한다.

식품위생법 시행령

제6조(소비자 등의 위생검사 등 요청)

① 법 제16조 제1항 각 호 외의 부분 본문에서 "대통령령으로 정하는 그 소속 기관의 장"이란 지방식품의약품안전청장을 말하고, "대통령령으로 정하는 일정 수 이상의 소비자"란 같은 영업소에 의하여 같은 피해를 입은 5명 이상의 소비자를 말한다.

② 법 제16조 제1항에 따라 법 제22조에 따른 출입 · 검사 · 수거 등(이하 이 조에서 "위생검사 등"이라 한다)을 요청하려는 자는 총리령으로 정하는 요청서를 식품의약품안전처장(지방식품의약품안전청장을 포함한다. 이하 이 조에서 같다), 특별시장 · 광역시장 · 특별자치시장 · 도지사 · 특별자치도지사(이하 "시 · 도지사"라 한다) 또는 시장 · 군수 · 구청장(자치구의 구청장을 말한다. 이하 같다)에게 제출하되, 소비자의 대표자, 「소비자기본법」 제29조에 따른 소비자단체의 장 또는 「식품 · 의약품분야 시험 · 검사 등에 관한 법률」 제6조에 따른 시험 · 검사기관의 장을 통하여 제출하여야 한다.

③ 식품의약품안전처장, 시 · 도지사 또는 시장 · 군수 · 구청장은 법 제16조 제2항에 따라 위생검사 등의 결과를 알리는 경우에는 소비자의 대표자, 소비자단체의 장 또는 시험 · 검사기관의 장이 요청하는 방법으로 하되, 따로 정하지 아니한 경우에는 문서로 한다.

제17조(위해식품 등에 대한 긴급대응)

① 식품의약품안전처장은 판매하거나 판매할 목적으로 채취 · 제조 · 수입 · 가공 · 조리 · 저장 · 소분 또는 운반(이하 이 조에서 "제조 · 판매 등"이라 한다)되고 있는 식품 등이 다음 각 호의 어느 하나에 해당하는 경우에는 긴급대응방안을 마련하고 필요한 조치를 하여야 한다.

1. 국내외에서 식품 등 위해발생 우려가 총리령으로 정하는 과학적 근거에 따라 제기되었거나 제기된 경우
2. 그 밖에 식품 등으로 인하여 국민건강에 중대한 위해가 발생하거나 발생할 우려가 있는 경우로서 대통령령으로 정하는 경우

식품위생법 시행규칙

제10조(긴급대응의 대상 등)

법 제17조 제1항 제1호에 따른 "국내외에서 식품 등 위해발생 우려가 총리령으로 정하는 과학적 근거에 따라 제기되었거나 제기된 경우"란 식품위생심의위원회가 과학적 시험 및 분석자료 등을 바탕으로 조사 · 심의하여 인체의 건강을 해칠 우려가 있다고 인정한 경우를 말한다.

식품위생법 시행령

제7조(위해식품 등에 대한 긴급대응)

① 법 제17조 제1항 제2호에서 "대통령령으로 정하는 경우"란 다음 각 호의 어느 하나에 해당하는 경우를 말한다.

1. 국내외에서 위해식품 등의 섭취로 인하여 사상자가 발생한 경우
2. 국내외의 연구 · 검사기관에서 인체의 건강을 해칠 심각한 우려가 있는 원료 또는 성분이 식품 등에서 검출된 경우
3. 법 제93조 제1항에 따른 질병에 걸린 동물을 사용하였거나 같은 조 제2항에 따른 원료 또는 성분 등을 사용하여 제조 · 가공 또는 조리한 식품 등이 발견된 경우

② 제1항에 따른 긴급대응방안은 다음 각 호의 사항이 포함되어야 한다.

1. 해당 식품 등의 종류
2. 해당 식품 등으로 인하여 인체에 미치는 위해의 종류 및 정도
3. 제3항에 따른 제조 · 판매 등의 금지가 필요한 경우 이에 관한 사항
4. 소비자에 대한 긴급대응요령 등의 교육 · 홍보에 관한 사항
5. 그 밖에 식품 등의 위해 방지 및 확산을 막기 위하여 필요한 사항

③ 식품의약품안전처장은 제1항에 따른 긴급대응이 필요하다고 판단되는 식품 등에 대하여는 그 위해 여부가 확인되기 전까지 해당 식품 등의 제조 · 판매 등을 금지하여야 한다.

④ 영업자는 제3항에 따른 식품 등에 대하여는 제조 · 판매 등을 하여서는 아니 된다.

⑤ 식품의약품안전처장은 제3항에 따라 제조 · 판매 등을 금지하려면 미리 대통령령으로 정하는 이해관계인의 의견을 들어야 한다.

⑥ 영업자는 제3항에 따른 금지조치에 대하여 이의가 있는 경우에는 대통령령으로 정하는 바에 따라 식품의약품안전처장에게 해당 금지의 전부 또는 일부의 해제를 요청할 수 있다.

⑦ 식품의약품안전처장은 식품 등으로 인하여 국민건강에 위해가 발생하지 아니하였거나 발생할 우려가 없어졌다고 인정하는 경우에는 제3항에 따른 금지의 전부 또는 일부를 해제하여야 한다.

⑧ 식품의약품안전처장은 국민건강에 급박한 위해가 발생하거나 발생할 우려가 있다고 인정되는 위해식품에 관한 정보를 국민에게 긴급하게 전달하여야 하는 경우로서 대통령령으로 정하는 요건에 해당하는 경우에는 「방송법」 제2조 제3호에 따른 방송사업자 중 대통령령으로 정하는 방송사업자에 대하여 이를 신속하게 방송하도록 요청하거나 「전기통신사업법」 제5조에 따른 기간통신사업자 중 대통령령으로 정하는 기간통신사업자에 대하여 이를 신속하게 문자 또는 음성으로 송신하도록 요청할 수 있다.

⑨ 제8항에 따라 요청을 받은 방송사업자 및 기간통신사업자는 특별한 사유가 없는 한 이에 응하여야 한다.

제18조(유전자변형식품 등의 안전성 심사 등)

① 유전자변형식품 등을 식용(食用)으로 수입 · 개발 · 생산하는 자는 최초로 유전자변형식품 등을 수입하는 경우 등 대통령령으로 정하는 경우에는 식품의약품안전처장에게 해당 식품 등에 대한 안전성 심사를 받아야 한다.

② 식품의약품안전처장은 제1항에 따른 유전자변형식품 등의 안전성 심사를 위하여 식품의약품안전처에 유전자변형식품 등 안전성심사위원회(이하 "안전성심사위원회"라 한다)를 둔다.

③ 안전성심사위원회는 위원장 1명을 포함한 20명 이내의 위원으로 구성한다. 이 경우 공무원이 아닌 위원이 전체 위원의 과반수가 되도록 하여야 한다.

④ 안전성심사위원회의 위원은 유전자변형식품 등에 관한 학식과 경험이 풍부한 사람으로서 다음 각 호의 어느 하나에 해당하는 사람 중에서 식품의약품안전처장이 위촉하거나 임명한다.

1. 유전자변형식품 관련 학회 또는 「고등교육법」 제2조 제1호 및 제2호에 따른 대학 또는 산업대학의 추천을 받은 사람
2. 「비영리민간단체 지원법」 제2조에 따른 비영리민간단체의 추천을 받은 사람
3. 식품위생 관계 공무원

⑤ 안전성심사위원회의 위원장은 위원 중에서 호선한다.

⑥ 위원의 임기는 2년으로 한다. 다만, 공무원인 위원의 임기는 해당 직(職)에 재직하는 기간으로 한다.

⑦ 그 밖에 안전성심사위원회의 구성 · 기능 · 운영에 필요한 사항은 대통령령으로 정한다.

⑧ 제1항에 따른 안전성 심사의 대상, 안전성 심사를 위한 자료제출의 범위 및 심사절차 등에 관하여는 식품의약품안전처장이 정하여 고시한다.

제19조의4(검사명령 등)

① 식품의약품안전처장은 다음 각 호의 어느 하나에 해당하는 식품 등을 채취 · 제조 · 가공 · 사용 · 조리 · 저장 · 소분 · 운반 또는 진열하는 영업자에 대하여 「식품 · 의약품분야 시험 · 검사 등에 관한 법률」 제6조 제3항 제1호에 따른 식품전문 시험 · 검사기관 또는 같은 법 제8조에 따른 국외시험 · 검사기관에서 검사를 받을 것을 명(이하 "검사명령"이라 한다)할 수 있다. 다만, 검사로써 위해성분을 확인할 수 없다고 식품의약품안전처장이 인정하는 경우에는 관계 자료 등으로 갈음할 수 있다.

1. 국내외에서 유해물질이 검출된 식품 등
2. 삭제
3. 그 밖에 국내외에서 위해발생의 우려가 제기되었거나 제기된 식품 등

② 검사명령을 받은 영업자는 총리령으로 정하는 검사기한 내에 검사를 받거나 관련 자료 등을 제출하여야 한다.

③ 제1항 및 제2항에 따른 검사명령 대상 식품 등의 범위, 제출 자료 등 세부사항은 식품의약품안전처장이 정하여 고시한다.

제22조(출입 · 검사 · 수거 등)

① 식품의약품안전처장(대통령령으로 정하는 그 소속 기관의 장을 포함한다. 이하 이 조에서 같다), 시 · 도지사 또는 시장 · 군수 · 구청장은 식품 등의 위해방지 · 위생관리와 영업질서의 유지를 위하여 필요하면 다음 각 호의 구분에 따른 조치를 할 수 있다.

1. 영업자나 그 밖의 관계인에게 필요한 서류나 그 밖의 자료의 제출 요구
2. 관계 공무원으로 하여금 다음 각 목에 해당하는 출입 · 검사 · 수거 등의 조치
   가. 영업소(사무소, 창고, 제조소, 저장소, 판매소, 그 밖에 이와 유사한 장소를 포함한다)에 출입하여 판매를 목적으로 하거나 영업에 사용하는 식품 등 또는 영업시설 등에 대하여 하는 검사
   나. 가목에 따른 검사에 필요한 최소량의 식품 등의 무상 수거
   다. 영업에 관계되는 장부 또는 서류의 열람

② 식품의약품안전처장은 시 · 도지사 또는 시장 · 군수 · 구청장이 제1항에 따른 출입 · 검사 · 수거 등의 업무를 수행하면서 식품 등으로 인하여 발생하는 위생 관련 위해방지 업무를 효율적으로 하기 위하여 필요한 경우에는 관계 행정기관의 장, 다른 시 · 도지사 또는 시장 · 군수 · 구청장에게 행정응원(行政應援)을 하도록 요청할 수 있다. 이 경우 행정응원을 요청받은 관계 행정기관의 장, 시 · 도지사 또는 시장 · 군수 · 구청장은 특별한 사유가 없으면 이에 따라야 한다.

③ 제1항 및 제2항의 경우에 출입 · 검사 · 수거 또는 열람하려는 공무원은 그 권한을 표시하는 증표 및 조사기간, 조사범위, 조사담당자, 관계 법령 등 대통령령으로 정하는 사항이 기재된 서류를 지니고 이를 관계인에게 내보여야 한다.

④ 제2항에 따른 행정응원의 절차, 비용 부담 방법, 그 밖에 필요한 사항은 대통령령으로 정한다.

식품위생법 시행령

제13조의2(출입 · 검사 · 수거 등의 조치 시 제시하는 서류의 기재사항)

법 제22조 제3항에서 "조사기간, 조사범위, 조사담당자, 관계 법령 등 대통령령으로 정하는 사항"이란 다음 각 호의 사항을 말한다.

1. 조사목적
2. 조사기간 및 대상
3. 조사의 범위 및 내용
4. 조사담당자의 성명 및 소속
5. 제출자료의 목록
6. 조사 관계 법령
7. 그 밖에 해당 조사에 필요한 사항

식품위생법 시행규칙

제19조(출입 · 검사 · 수거 등)

① 법 제22조에 따른 출입 · 검사 · 수거 등은 국민의 보건위생을 위하여 필요하다고 판단되는 경우에는 수시로 실시한다.

② 제1항에도 불구하고 제89조[행정처분의 기준]에 따라 행정처분을 받은 업소에 대한 출입 · 검사 · 수거 등은 그 처분일부터 6개월 이내에 1회 이상 실시하여야 한다. 다만, 행정처분을 받은 영업자가 그 처분의 이행 결과를 보고하는 경우에는 그러하지 아니하다.

제23조(식품 등의 재검사)

① 식품의약품안전처장(대통령령으로 정하는 그 소속 기관의 장을 포함한다. 이하 이 조에서 같다), 시 · 도지사 또는 시장 · 군수 · 구청장은 제22조[출입 · 검사 · 수거 등], 「수입식품안전관리 특별법」 제21조[수입검사 등] 또는 제25조[출입 · 검사 · 수거 등]에 따라 식품 등을 검사한 결과 해당 식품 등이 제7조[식품 또는 식품첨가물에 관한 기준 및 규격] 또는 제9조[기구 및 용기 · 포장에 관한 기준 및 규격]에 따른 식품 등의 기준이나 규격에 맞지 아니하면 대통령령으로 정하는 바에 따라 해당 영업자에게 그 검사 결과를 통보하여야 한다.

② 제1항에 따른 통보를 받은 영업자가 그 검사 결과에 이의가 있으면 검사한 제품과 같은 제품(같은 날에 같은 영업시설에서 같은 제조 공정을 통하여 제조 · 생산된 제품에 한정한다)을 식품의약품안전처장이 인정하는 국내외 검사기관 2곳 이상에서 같은 검사 항목에 대하여 검사를 받아 그 결과가 제1항에 따라 통보받은 검사 결과와 다를 때에는 그 검사기관의 검사성적서 또는 검사증명서를 첨부하여 식품의약품안전처장, 시 · 도지사 또는 시장 · 군수 · 구청장에게 재검사를 요청할 수 있다. 다만, 시간이 경과함에 따라 검사 결과가 달라질 수 있는 검사항목 등 총리령으로 정하는 검사항목은 재검사 대상에서 제외한다.

③ 제2항에 따른 재검사 요청을 받은 식품의약품안전처장, 시 · 도지사 또는 시장 · 군수 · 구청장은 영업자가 제출한 검사 결과가 제1항에 따른 검사 결과와 다르다고 확인되거나 같은 항의 검사에 따른 검체(檢體)의 채취 · 취급방법, 검사방법 · 검사과정 등이 제7조[식품 또는 식품첨가물에 관한 기준 및 규격] 제1항 또는 제9조[기구 및 용기 · 포장에 관한 기준 및 규격] 제1항에 따른 식품 등의 기준 및 규격에 위반된다고 인정되는 때에는 지체 없이 재검사하고 해당 영업자에게 재검사 결과를 통보하여야 한다. 이 경우 재검사 수수료와 보세창고료 등 재검사에 드는 비용은 영업자가 부담한다.

④ 제2항 및 제3항에 따른 재검사 요청 절차, 재검사 방법 및 결과 통보 등에 필요한 사항은 총리령으로 정한다.

제31조(자가품질검사 의무)

① 식품 등을 제조 · 가공하는 영업자는 총리령으로 정하는 바에 따라 제조 · 가공하는 식품 등이 제7조[식품 또는 식품첨가물에 관한 기준 및 규격] 또는 제9조[기구 및 용기 · 포장에 관한 기준 및 규격]에 따른 기준과 규격에 맞는지를 검사하여야 한다.

② 식품 등을 제조 · 가공하는 영업자는 제1항에 따른 검사를 「식품 · 의약품분야 시험 · 검사 등에 관한 법률」 제6조 제3항 제2호에 따른 자가품질위탁 시험 · 검사기관에 위탁하여 실시할 수 있다.

③ 제1항에 따른 검사를 직접 행하는 영업자는 제1항에 따른 검사 결과 해당 식품 등이 제4조[위해식품 등의 판매 등 금지] · 제5조[병든 동물 고기 등의 판매 등 금지] · 제6조[기준 · 규격이 정하여지지 아니한 화학적 합성품 등의 판매 등 금지], 제7조[식품 또는 식품첨가물에 관한 기준 및 규격] 제4항, 제8조[유독기구 등의 판매 · 사용 금지], 제9조[기구 및 용기 · 포장에 관한 기준 및 규격] 제4항 또는 제9조의3[인정받지 않은 재생원료의 기구 및 용기 · 포장에의 사용 등 금지]을 위반하여 국민 건강에 위해가 발생하거나 발생할 우려가 있는 경우에는 지체 없이 식품의약품안전처장에게 보고하여야 한다.

④ 제1항에 따른 검사의 항목 · 절차, 그 밖에 검사에 필요한 사항은 총리령으로 정한다.

제31조의2(자가품질검사의무의 면제)

식품의약품안전처장 또는 시 · 도지사는 제48조[식품안전관리인증기준] 제3항에 따른 식품안전관리인증기준적용업소가 다음 각 호에 해당하는 경우에는 제31조[자가품질검사 의무] 제1항에도 불구하고 총리령으로 정하는 바에 따라 자가품질검사를 면제할 수 있다.

1. 제48조 제3항에 따른 식품안전관리인증기준적용업소가 제31조 제1항에 따른 검사가 포함된 식품안전관리인증기준을 지키는 경우
2. 제48조 제8항에 따른 조사 · 평가 결과 그 결과가 우수하다고 총리령으로 정하는 바에 따라 식품의약품안전처장이 인정하는 경우

제31조의3(자가품질검사의 확인검사)

① 제31조 제2항에 따라 자가품질검사를 위탁하여 실시한 영업자가 「식품 · 의약품분야 시험 · 검사 등에 관한 법률」 제11조 제3항에 따라 부적합으로 통보받은 검사 결과에 이의가 있으면 자가품질검사를 실시한 제품과 같은 제품(같은 날에 같은 영업시설에서 같은 제조 공정을 통하여 제조 · 생산된 제품에 한정한다. 이하 이 조에서 같다)에 대한 확인검사를 2곳 이상의 다른 「식품 · 의약품분야 시험 · 검사 등에 관한 법률」 제6조 제2항 제1호에 따른 식품 등 시험 · 검사기관에 요청할 수 있다. 이 경우 영업자는 식품의약품안전처장, 시 · 도지사 또는 시장 · 군수 · 구청장에게 확인검사 요청 사실을 지체 없이 보고하여야 한다.

② 제1항에 따라 확인검사를 요청받은 식품 등 시험 · 검사기관은 자가품질검사를 실시한 제품과 같은 제품에 대하여 같은 검사 항목, 기준 및 방법에 따라 확인검사를 실시한 후 영업자에게 시험 · 검사성적서를 발급하여야 한다. 다만, 시간이 경과함에 따라 검사 결과가 달라질 수 있는 검사항목 등 총리령으로 정하는 검사항목은 확인검사 대상에서 제외한다.

③ 제2항에 따라 시험 · 검사성적서를 발급받은 영업자는 해당 시험 · 검사의 결과가 모두 적합인 경우에는 관할 지방식품의약품안전청장에게 그 시험 · 검사성적서를 첨부하여 최종 확인검사를 요청할 수 있다. 이 경우 확인검사에 드는 비용은 영업자가 부담한다.

④ 제3항에 따라 최종 확인검사를 요청받은 지방식품의약품안전청장은 제2항에 따른 검사 항목, 기준 및 방법에 따라 검사를 실시하고 영업자에게 시험 · 검사성적서를 발급하여야 한다.

⑤ 식품의약품안전처장, 시 · 도지사 또는 시장 · 군수 · 구청장은 제1항에 따른 확인검사를 요청한 영업자가 제4항에 따른 검사 결과 적합으로 판정된 시험 · 검사성적서를 제출하는 경우에는 제45조에 따른 회수조치, 제73조 제1항에 따른 공표 명령을 철회하는 등 지체없이 필요한 조치를 하여야 한다.

⑥ 제1항에 따른 확인검사 요청 · 보고 절차, 제2항에 따른 시험검사성적서의 발급, 제3항에 따른 최종 확인검사의 요청 및 제4항에 따른 지방식품의약품안전청장의 시험 · 검사성적서 발급 등에 필요한 사항은 총리령으로 정한다.

제32조(식품위생감시원)

① 제22조[출입 · 검사 · 수거 등] 제1항에 따른 관계 공무원의 직무와 그 밖에 식품위생에 관한 지도 등을 하기 위하여 식품의약품안전처(대통령령으로 정하는 그 소속 기관을 포함한다), 특별시 · 광역시 · 특별자치시 · 도 · 특별자치도(이하 "시 · 도"라 한다) 또는 시 · 군 · 구(자치구를 말한다. 이하 같다)에 식품위생감시원을 둔다.

② 제1항에 따른 식품위생감시원의 자격 · 임명 · 직무범위, 그 밖에 필요한 사항은 대통령령으로 정한다.

식품위생법 시행령

제16조(식품위생감시원의 자격 및 임명)

① 법 제32조 제1항에서 "대통령령으로 정하는 그 소속 기관"이란 지방식품의약품안전청을 말한다.

② 법 제32조 제1항에 따른 식품위생감시원(이하 "식품위생감시원"이라 한다)은 식품의약품안전처장(지방식품의약품안전청장을 포함한다), 시 · 도지사 또는 시장 · 군수 · 구청장이 다음 각 호의 어느 하나에 해당하는 소속 공무원 중에서 임명한다.

1. 위생사, 식품제조기사(식품기술사 · 식품기사 · 식품산업기사 · 수산제조기술사 · 수산제조기사 및 수산제조산업기사를 말한다. 이하 같다) 또는 영양사
2. 「고등교육법」 제2조 제1호 및 제4호에 따른 대학 또는 전문대학에서 의학 · 한의학 · 약학 · 한약학 · 수의학 · 축산학 · 축산가공학 · 수산제조학 · 농산제조학 · 농화학 · 화학 · 화학공학 · 식품가공학 · 식품화학 · 식품제조학 · 식품공학 · 식품과학 · 식품영양학 · 위생학 · 발효공학 · 미생물학 · 조리학 · 생물학 분야의 학과 또는 학부를 졸업한 사람 또는 이와 같은 수준 이상의 자격이 있는 사람
3. 외국에서 위생사 또는 식품제조기사의 면허를 받거나 제2호와 같은 과정을 졸업한 것으로 식품의약품안전처장이 인정하는 사람
4. 1년 이상 식품위생행정에 관한 사무에 종사한 경험이 있는 사람

③ 식품의약품안전처장(지방식품의약품안전청장을 포함한다), 시 · 도지사 또는 시장 · 군수 · 구청장은 제2항 각 호의 요건에 해당하는 사람만으로는 식품위생감시원의 인력 확보가 곤란하다고 인정될 경우에는 식품위생행정에 종사하는 사람 중 소정의 교육을 2주 이상 받은 사람에 대하여 그 식품위생행정에 종사하는 기간 동안 식품위생감시원의 자격을 인정할 수 있다.

제17조(식품위생감시원의 직무)

식품위생감시원의 직무는 다음 각 호와 같다.

1. 식품 등의 위생적인 취급에 관한 기준의 이행 지도
2. 수입 · 판매 또는 사용 등이 금지된 식품 등의 취급 여부에 관한 단속
3. 「식품 등의 표시 · 광고에 관한 법률」 제4조부터 제8조까지의 규정에 따른 표시 또는 광고기준의 위반 여부에 관한 단속
4. 출입 · 검사 및 검사에 필요한 식품 등의 수거
5. 시설기준의 적합 여부의 확인 · 검사
6. 영업자 및 종업원의 건강진단 및 위생교육의 이행 여부의 확인 · 지도
7. 조리사 및 영양사의 법령 준수사항 이행 여부의 확인 · 지도
8. 행정처분의 이행 여부 확인
9. 식품 등의 압류 · 폐기 등
10. 영업소의 폐쇄를 위한 간판 제거 등의 조치
11. 그 밖에 영업자의 법령 이행 여부에 관한 확인 · 지도

제33조(소비자식품위생감시원)

① 식품의약품안전처장(대통령령으로 정하는 그 소속 기관의 장을 포함한다. 이하 이 조에서 같다), 시·도지사 또는 시장·군수·구청장은 식품위생관리를 위하여 「소비자기본법」 제29조에 따라 등록한 소비자단체의 임직원 중 해당 단체의 장이 추천한 자나 식품위생에 관한 지식이 있는 자를 소비자식품위생감시원으로 위촉할 수 있다.

② 제1항에 따라 위촉된 소비자식품위생감시원(이하 "소비자식품위생감시원"이라 한다)의 직무는 다음 각 호와 같다.

1. 제36조 제1항 제3호에 따른 식품접객업을 하는 자(이하 "식품접객영업자"라 한다)에 대한 위생관리 상태 점검
2. 유통 중인 식품 등이 「식품 등의 표시·광고에 관한 법률」 제4조부터 제7조까지에 따른 표시·광고의 기준에 맞지 아니하거나 같은 법 제8조에 따른 부당한 표시 또는 광고행위의 금지 규정을 위반한 경우 관할 행정관청에 신고하거나 그에 관한 자료 제공
3. 제32조에 따른 식품위생감시원이 하는 식품 등에 대한 수거 및 검사 지원
4. 그 밖에 식품위생에 관한 사항으로서 대통령령으로 정하는 사항

③ 소비자식품위생감시원은 제2항 각 호의 직무를 수행하는 경우 그 권한을 남용하여서는 아니 된다.

④ 제1항에 따라 소비자식품위생감시원을 위촉한 식품의약품안전처장, 시·도지사 또는 시장·군수·구청장은 소비자식품위생감시원에게 직무 수행에 필요한 교육을 하여야 한다.

⑤ 식품의약품안전처장, 시·도지사 또는 시장·군수·구청장은 소비자식품위생감시원이 다음 각 호의 어느 하나에 해당하면 그 소비자식품위생감시원을 해촉(解囑)하여야 한다.

1. 추천한 소비자단체에서 퇴직하거나 해임된 경우
2. 제2항 각 호의 직무와 관련하여 부정한 행위를 하거나 권한을 남용한 경우
3. 질병이나 부상 등의 사유로 직무 수행이 어렵게 된 경우

⑥ 소비자식품위생감시원이 제2항 제1호의 직무를 수행하기 위하여 식품접객영업자의 영업소에 단독으로 출입하려면 미리 식품의약품안전처장, 시·도지사 또는 시장·군수·구청장의 승인을 받아야 한다.

⑦ 소비자식품위생감시원이 제6항에 따른 승인을 받아 식품접객영업자의 영업소에 단독으로 출입하는 경우에는 승인서와 신분을 표시하는 증표 및 조사기간, 조사범위, 조사담당자, 관계 법령 등 대통령령으로 정하는 사항이 기재된 서류를 지니고 이를 관계인에게 내보여야 한다.

⑧ 소비자식품위생감시원의 자격, 직무 범위 및 교육, 그 밖에 필요한 사항은 대통령령으로 정한다.

제35조(소비자 위생점검 참여 등)

① 대통령령으로 정하는 영업자는 식품위생에 관한 전문적인 지식이 있는 자 또는 「소비자기본법」 제29조에 따라 등록한 소비자단체의 장이 추천한 자로서 식품의약품안전처장이 정하는 자에게 위생관리 상태를 점검받을 수 있다.

② 제1항에 따른 점검 결과 식품의약품안전처장이 정하는 기준에 적합하여 합격한 경우 해당 영업자는 그 합격사실을 총리령으로 정하는 바에 따라 해당 영업소에서 제조·가공한 식품 등에 표시하거나 광고할 수 있다.

③ 식품의약품안전처장(대통령령으로 정하는 그 소속 기관의 장을 포함한다. 이하 이 조에서 같다), 시·도지사 또는 시장·군수·구청장은 제1항에 따라 위생점검을 받은 영업소 중 식품의약품안전처장이 정하는 기준에 따른 우수 등급의 영업소에 대하여는 관계 공무원으로 하여금 총리령으로 정하는 일정 기간 동안 제22조에 따른 출입·검사·수거 등을 하지 아니하게 할 수 있다.

④ 식품의약품안전처장, 시 · 도지사 또는 시장 · 군수 · 구청장은 제22조 제1항에 따른 출입 · 검사 · 수거 등에 참여를 희망하는 소비자를 참여하게 하여 위생 상태를 점검할 수 있다.
⑤ 제1항에 따른 위생점검의 시기 등은 대통령령으로 정한다.

07 영 업

제36조(시설기준)
① 다음의 영업을 하려는 자는 총리령으로 정하는 시설기준에 맞는 시설을 갖추어야 한다.
1. 식품 또는 식품첨가물의 제조업, 가공업, 운반업, 판매업 및 보존업
2. 기구 또는 용기 · 포장의 제조업
3. 식품접객업
4. 공유주방 운영업(제2조 제5호의2에 따라 여러 영업자가 함께 사용하는 공유주방을 운영하는 경우로 한정한다. 이하 같다)

② 제1항에 따른 시설은 영업을 하려는 자별로 구분되어야 한다. 다만, 공유주방을 운영하는 경우에는 그러하지 아니하다.
③ 제1항 각 호에 따른 영업의 세부 종류와 그 범위는 대통령령으로 정한다.

식품위생법 시행령

제21조(영업의 종류)

법 제36조 제3항에 따른 영업의 세부 종류와 그 범위는 다음 각 호와 같다.
1. 식품제조 · 가공업 : 식품을 제조 · 가공하는 영업
2. 즉석판매제조 · 가공업 : 총리령으로 정하는 식품을 제조 · 가공업소에서 직접 최종소비자에게 판매하는 영업
3. 식품첨가물제조업
   가. 감미료 · 착색료 · 표백제 등의 화학적 합성품을 제조 · 가공하는 영업
   나. 천연 물질로부터 유용한 성분을 추출하는 등의 방법으로 얻은 물질을 제조 · 가공하는 영업
   다. 식품첨가물의 혼합제재를 제조 · 가공하는 영업
   라. 기구 및 용기 · 포장을 살균 · 소독할 목적으로 사용되어 간접적으로 식품에 이행(移行)될 수 있는 물질을 제조 · 가공하는 영업
4. 식품운반업 : 직접 마실 수 있는 유산균음료(살균유산균음료를 포함한다)나 어류 · 조개류 및 그 가공품 등 부패 · 변질되기 쉬운 식품을 전문적으로 운반하는 영업. 다만, 해당 영업자의 영업소에서 판매할 목적으로 식품을 운반하는 경우와 해당 영업자가 제조 · 가공한 식품을 운반하는 경우는 제외한다.
5. 식품소분 · 판매업
   가. 식품소분업 : 총리령으로 정하는 식품 또는 식품첨가물의 완제품을 나누어 유통할 목적으로 재포장 · 판매하는 영업
   나. 식품판매업
      1) 식용얼음판매업 : 식용얼음을 전문적으로 판매하는 영업
      2) 식품자동판매기영업 : 식품을 자동판매기에 넣어 판매하는 영업. 다만, 소비기한이 1개월 이상인 완제품만을 자동판매기에 넣어 판매하는 경우는 제외한다.
      3) 유통전문판매업 : 식품 또는 식품첨가물을 스스로 제조 · 가공하지 아니하고 제1호의 식품제조 · 가공업자 또는 제3호의 식품첨가물제조업자에게 의뢰하여 제조 · 가공한 식품 또는 식품첨가물을 자신의 상표로 유통 · 판매하는 영업

4) 집단급식소 식품판매업 : 집단급식소에 식품을 판매하는 영업

5) 삭제

6) 기타 식품판매업 : 1)부터 4)까지를 제외한 영업으로서 총리령으로 정하는 일정 규모 이상의 백화점, 슈퍼마켓, 연쇄점 등에서 식품을 판매하는 영업

6. 식품보존업

가. 식품조사처리업 : 방사선을 쬐어 식품의 보존성을 물리적으로 높이는 것을 업(業)으로 하는 영업

나. 식품냉동 · 냉장업 : 식품을 얼리거나 차게 하여 보존하는 영업. 다만, 수산물의 냉동 · 냉장은 제외한다.

7. 용기 · 포장류제조업

가. 용기 · 포장지제조업 : 식품 또는 식품첨가물을 넣거나 싸는 물품으로서 식품 또는 식품첨가물에 직접 접촉되는 용기(옹기류는 제외한다) · 포장지를 제조하는 영업

나. 옹기류제조업 : 식품을 제조 · 조리 · 저장할 목적으로 사용되는 독, 항아리, 뚝배기 등을 제조하는 영업

8. 식품접객업

가. 휴게음식점영업 : 주로 다류(茶類), 아이스크림류 등을 조리 · 판매하거나 패스트푸드점, 분식점 형태의 영업 등 음식류를 조리 · 판매하는 영업으로서 음주행위가 허용되지 아니하는 영업. 다만, 편의점, 슈퍼마켓, 휴게소, 그 밖에 음식류를 판매하는 장소(만화가게 및 「게임산업진흥에 관한 법률」 제2조 제7호에 따른 인터넷컴퓨터게임시설제공업을 하는 영업소 등 음식류를 부수적으로 판매하는 장소를 포함한다)에서 컵라면, 일회용 다류 또는 그 밖의 음식류에 물을 부어 주는 경우는 제외한다.

나. 일반음식점영업 : 음식류를 조리 · 판매하는 영업으로서 식사와 함께 부수적으로 음주행위가 허용되는 영업

다. 단란주점영업 : 주로 주류를 조리 · 판매하는 영업으로서 손님이 노래를 부르는 행위가 허용되는 영업

라. 유흥주점영업 : 주로 주류를 조리 · 판매하는 영업으로서 유흥종사자를 두거나 유흥시설을 설치할 수 있고 손님이 노래를 부르거나 춤을 추는 행위가 허용되는 영업

마. 위탁급식영업 : 집단급식소를 설치 · 운영하는 자와의 계약에 따라 그 집단급식소에서 음식류를 조리하여 제공하는 영업

바. 제과점영업 : 주로 빵, 떡, 과자 등을 제조 · 판매하는 영업으로서 음주행위가 허용되지 아니하는 영업

9. 공유주방 운영업 : 여러 영업자가 함께 사용하는 공유주방을 운영하는 영업

제37조(영업허가 등)

① 제36조 제1항 각 호에 따른 영업[식품 또는 식품첨가물의 제조업, 가공업, 운반업, 판매업 및 보존업, 기구 또는 용기 · 포장의 제조업, 식품접객업, 공유주방 운영업] 중 대통령령으로 정하는 영업을 하려는 자는 대통령령으로 정하는 바에 따라 영업 종류별 또는 영업소별로 식품의약품안전처장 또는 특별자치시장 · 특별자치도지사 · 시장 · 군수 · 구청장의 허가를 받아야 한다. 허가받은 사항 중 대통령령으로 정하는 중요한 사항을 변경할 때에도 또한 같다.

② 식품의약품안전처장 또는 특별자치시장 · 특별자치도지사 · 시장 · 군수 · 구청장은 제1항에 따른 영업허가를 하는 때에는 필요한 조건을 붙일 수 있다.

③ 제1항에 따라 영업허가를 받은 자가 폐업하거나 허가받은 사항 중 같은 항 후단의 중요한 사항을 제외한 경미한 사항을 변경할 때에는 식품의약품안전처장 또는 특별자치시장 · 특별자치도지사 · 시장 · 군수 · 구청장에게 신고하여야 한다.

④ 제36조 제1항 각 호에 따른 영업 중 대통령령으로 정하는 영업을 하려는 자는 대통령령으로 정하는 바에 따라 영업 종류별 또는 영업소별로 식품의약품안전처장 또는 특별자치시장 · 특별자치도지사 · 시장 · 군수 · 구청장에게 신고하여야 한다. 신고한 사항 중 대통령령으로 정하는 중요한 사항을 변경하거나 폐업할 때에도 또한 같다.

⑤ 제36조 제1항 각 호에 따른 영업 중 대통령령으로 정하는 영업을 하려는 자는 대통령령으로 정하는 바에 따라 영업 종류별 또는 영업소별로 식품의약품안전처장 또는 특별자치시장 · 특별자치도지사 · 시장 · 군수 · 구청장에게 등록하여야 하며, 등록한 사항 중 대통령령으로 정하는 중요한 사항을 변경할 때에도 또한 같다. 다만, 폐업하거나 대통령령으로 정하는 중요한 사항을 제외한 경미한 사항을 변경할 때에는 식품의약품안전처장 또는 특별자치시장 · 특별자치도지사 · 시장 · 군수 · 구청장에게 신고하여야 한다.

⑥ 제1항, 제4항 또는 제5항에 따라 식품 또는 식품첨가물의 제조업 · 가공업(공유주방에서 식품을 제조 · 가공하는 영업을 포함한다)의 허가를 받거나 신고 또는 등록을 한 자가 식품 또는 식품첨가물을 제조 · 가공하는 경우에는 총리령으로 정하는 바에 따라 식품의약품안전처장 또는 특별자치시장 · 특별자치도지사 · 시장 · 군수 · 구청장에게 그 사실을 보고하여야 한다. 보고한 사항 중 총리령으로 정하는 중요한 사항을 변경하는 경우에도 또한 같다.

⑦ 식품의약품안전처장 또는 특별자치시장 · 특별자치도지사 · 시장 · 군수 · 구청장은 영업자(제4항에 따른 영업신고 또는 제5항에 따른 영업등록을 한 자만 해당한다)가 「부가가치세법」 제8조에 따라 관할세무서장에게 폐업신고를 하거나 관할세무서장이 사업자등록을 말소한 경우에는 신고 또는 등록 사항을 직권으로 말소할 수 있다.

⑧ 제3항부터 제5항까지의 규정에 따라 폐업하고자 하는 자는 제71조부터 제76조까지의 규정에 따른 영업정지 등 행정 제재처분기간과 그 처분을 위한 절차가 진행 중인 기간(「행정절차법」 제21조에 따른 처분의 사전 통지 시점부터 처분이 확정되기 전까지의 기간을 말한다) 중에는 폐업신고를 할 수 없다.

⑨ 식품의약품안전처장 또는 특별자치시장 · 특별자치도지사 · 시장 · 군수 · 구청장은 제7항의 직권말소를 위하여 필요한 경우 관할 세무서장에게 영업자의 폐업여부에 대한 정보 제공을 요청할 수 있다. 이 경우 요청을 받은 관할 세무서장은 「전자정부법」 제39조에 따라 영업자의 폐업여부에 대한 정보를 제공한다.

⑩ 식품의약품안전처장 또는 특별자치시장 · 특별자치도지사 · 시장 · 군수 · 구청장은 제1항에 따른 허가 또는 변경허가의 신청을 받은 날부터 총리령으로 정하는 기간 내에 허가 여부를 신청인에게 통지하여야 한다.

⑪ 식품의약품안전처장 또는 특별자치시장 · 특별자치도지사 · 시장 · 군수 · 구청장이 제10항에서 정한 기간 내에 허가 여부 또는 민원 처리 관련 법령에 따른 처리기간의 연장을 신청인에게 통지하지 아니하면 그 기간(민원 처리 관련 법령에 따라 처리기간이 연장 또는 재연장된 경우에는 해당 처리기간을 말한다)이 끝난 날의 다음 날에 허가를 한 것으로 본다.

⑫ 식품의약품안전처장 또는 특별자치시장 · 특별자치도지사 · 시장 · 군수 · 구청장은 다음 각 호의 어느 하나에 해당하는 신고 또는 등록의 신청을 받은 날부터 3일 이내에 신고수리 여부 또는 등록 여부를 신고인 또는 신청인에게 통지하여야 한다.

1. 제3항에 따른 변경신고
2. 제4항에 따른 영업신고 또는 변경신고
3. 제5항에 따른 영업의 등록 · 변경등록 또는 변경신고

⑬ 식품의약품안전처장 또는 특별자치시장 · 특별자치도지사 · 시장 · 군수 · 구청장이 제12항에서 정한 기간 내에 신고수리 여부, 등록 여부 또는 민원 처리 관련 법령에 따른 처리기간의 연장을 신고인이나 신청인에게 통지하지 아니하면 그 기간(민원 처리 관련 법령에 따라 처리기간이 연장 또는 재연장된 경우에는 해당 처리기간을 말한다)이 끝난 날의 다음 날에 신고를 수리하거나 등록을 한 것으로 본다.

제38조(영업허가 등의 제한)

① 다음 각 호의 어느 하나에 해당하면 제37조 제1항에 따른 영업허가를 하여서는 아니 된다.

1. 해당 영업 시설이 제36조에 따른 시설기준에 맞지 아니한 경우
2. 제75조 제1항 또는 제2항에 따라 영업허가가 취소(제44조 제2항 제1호를 위반하여 영업허가가 취소된 경우와 제75조 제1항 제19호에 따라 영업허가가 취소된 경우는 제외한다)되거나 「식품 등의 표시 · 광고에 관한 법률」 제16조 제1항 · 제2항에 따라 영업허가가 취소되고 6개월이 지나기 전에 같은 장소에서 같은 종류의 영업을 하려는 경우. 다만, 영업시설 전부를 철거하여 영업허가가 취소된 경우에는 그러하지 아니하다.
3. 제44조 제2항 제1호를 위반하여 영업허가가 취소되거나 제75조 제1항 제19호에 따라 영업허가가 취소되고 2년이 지나기 전에 같은 장소에서 제36조 제1항 제3호에 따른 식품접객업을 하려는 경우
4. 제75조 제1항 또는 제2항에 따라 영업허가가 취소(제4조부터 제6조까지, 제8조 또는 제44조 제2항 제1호를 위반하여 영업허가가 취소된 경우와 제75조 제1항 제19호에 따라 영업허가가 취소된 경우는 제외한다)되거나 「식품 등의 표시 · 광고에 관한 법률」 제16조 제1항 · 제2항에 따라 영업허가가 취소되고 2년이 지나기 전에 같은 자(법인인 경우에는 그 대표자를 포함한다)가 취소된 영업과 같은 종류의 영업을 하려는 경우. 다만, 영업시설 전부를 철거(행정 제재처분을 회피하기 위하여 영업시설을 철거한 경우는 제외한다)하여 영업허가가 취소된 경우에는 그러하지 아니하다.
5. 제44조 제2항 제1호를 위반하여 영업허가가 취소되거나 제75조 제1항 제19호에 따라 영업허가가 취소된 후 3년이 지나기 전에 같은 자(법인인 경우에는 그 대표자를 포함한다)가 제36조 제1항 제3호에 따른 식품접객업을 하려는 경우
6. 제4조부터 제6조까지 또는 제8조를 위반하여 영업허가가 취소되고 5년이 지나기 전에 같은 자(법인인 경우에는 그 대표자를 포함한다)가 취소된 영업과 같은 종류의 영업을 하려는 경우
7. 제36조 제1항 제3호에 따른 식품접객업 중 국민의 보건위생을 위하여 허가를 제한할 필요가 뚜렷하다고 인정되어 시 · 도지사가 지정하여 고시하는 영업에 해당하는 경우
8. 영업허가를 받으려는 자가 피성년후견인이거나 파산선고를 받고 복권되지 아니한 자인 경우

② 다음 각 호의 어느 하나에 해당하는 경우에는 제37조 제4항에 따른 영업신고 또는 같은 조 제5항에 따른 영업등록을 할 수 없다.

1. 제75조 제1항 또는 제2항에 따른 등록취소 또는 영업소 폐쇄명령(제44조 제2항 제1호를 위반하여 영업소 폐쇄명령을 받은 경우와 제75조 제1항 제19호에 따라 영업소 폐쇄명령을 받은 경우는 제외한다)이나 「식품 등의 표시 · 광고에 관한 법률」 제16조 제1항부터 제4항까지에 따른 등록취소 또는 영업소 폐쇄명령을 받고 6개월이 지나기 전에 같은 장소에서 같은 종류의 영업을 하려는 경우. 다만, 영업시설 전부를 철거하여 등록취소 또는 영업소 폐쇄명령을 받은 경우에는 그러하지 아니하다.
2. 제44조 제2항 제1호를 위반하여 영업소 폐쇄명령을 받거나 제75조 제1항 제19호에 따라 영업소 폐쇄명령을 받은 후 1년이 지나기 전에 같은 장소에서 제36조 제1항 제3호에 따른 식품접객업을 하려는 경우
3. 제75조 제1항 또는 제2항에 따른 등록취소 또는 영업소 폐쇄명령(제4조부터 제6조까지, 제8조 또는 제44조 제2항 제1호를 위반하여 등록취소 또는 영업소 폐쇄명령을 받은 경우와 제75조 제1항 제19호에 따라 영업소 폐쇄명령을 받은 경우는 제외한다)이나 「식품 등의 표시 · 광고에 관한 법률」 제16조 제1항부터 제4항까지에 따른 등록취소 또는 영업소 폐쇄명령을 받고 2년이 지나기 전에 같은 자(법인인 경우에는 그 대표자를 포함한다)가 등록취소 또는 폐쇄명령을 받은 영업과 같은 종류

의 영업을 하려는 경우. 다만, 영업시설 전부를 철거(행정 제재처분을 회피하기 위하여 영업시설을 철거한 경우는 제외한다)하여 등록취소 또는 영업소 폐쇄명령을 받은 경우에는 그러하지 아니하다.

4. 제44조 제2항 제1호를 위반하여 영업소 폐쇄명령을 받거나 제75조 제1항 제19호에 따라 영업소 폐쇄명령을 받고 2년이 지나기 전에 같은 자(법인인 경우에는 그 대표자를 포함한다)가 제36조 제1항 제3호에 따른 식품접객업을 하려는 경우
5. 제4조부터 제6조까지 또는 제8조를 위반하여 등록취소 또는 영업소 폐쇄명령을 받고 5년이 지나지 아니한 자(법인인 경우에는 그 대표자를 포함한다)가 등록취소 또는 폐쇄명령을 받은 영업과 같은 종류의 영업을 하려는 경우

제39조(영업 승계)

① 영업자가 영업을 양도하거나 사망한 경우 또는 법인이 합병한 경우에는 그 양수인 · 상속인 또는 합병 후 존속하는 법인이나 합병에 따라 설립되는 법인은 그 영업자의 지위를 승계한다.

② 다음 각 호의 어느 하나에 해당하는 절차에 따라 영업 시설의 전부를 인수한 자는 그 영업자의 지위를 승계한다. 이 경우 종전의 영업자에 대한 영업 허가 · 등록 또는 그가 한 신고는 그 효력을 잃는다.

1. 「민사집행법」에 따른 경매
2. 「채무자 회생 및 파산에 관한 법률」에 따른 환가(換價)
3. 「국세징수법」, 「관세법」 또는 「지방세징수법」에 따른 압류재산의 매각
4. 그 밖에 제1호부터 제3호까지의 절차에 준하는 절차

③ 제1항 또는 제2항에 따라 그 영업자의 지위를 승계한 자는 총리령으로 정하는 바에 따라 1개월 이내에 그 사실을 식품의약품안전처장 또는 특별자치시장 · 특별자치도지사 · 시장 · 군수 · 구청장에게 신고하여야 한다.

④ 식품의약품안전처장 또는 특별자치시장 · 특별자치도지사 · 시장 · 군수 · 구청장은 제3항에 따른 신고를 받은 날부터 3일 이내에 신고수리 여부를 신고인에게 통지하여야 한다.

⑤ 식품의약품안전처장 또는 특별자치시장 · 특별자치도지사 · 시장 · 군수 · 구청장이 제4항에서 정한 기간 내에 신고수리 여부 또는 민원 처리 관련 법령에 따른 처리기간의 연장을 신고인에게 통지하지 아니하면 그 기간(민원 처리 관련 법령에 따라 처리기간이 연장 또는 재연장된 경우에는 해당 처리기간을 말한다)이 끝난 날의 다음 날에 신고를 수리한 것으로 본다.

⑥ 제1항 및 제2항에 따른 승계에 관하여는 제38조[영업허가 등의 제한]를 준용한다. 다만, 상속인이 제38조 제1항 제8호[영업허가를 받으려는 자가 피성년후견인이거나 파산선고를 받고 복권되지 아니한 자인 경우]에 해당하면 상속받은 날부터 3개월 동안은 그러하지 아니하다.

제40조(건강진단)

① 총리령으로 정하는 영업자 및 그 종업원은 건강진단을 받아야 한다. 다만, 다른 법령에 따라 같은 내용의 건강진단을 받는 경우에는 이 법에 따른 건강진단을 받은 것으로 본다.

② 제1항에 따라 건강진단을 받은 결과 타인에게 위해를 끼칠 우려가 있는 질병이 있다고 인정된 자는 그 영업에 종사하지 못한다.

③ 영업자는 제1항을 위반하여 건강진단을 받지 아니한 자나 제2항에 따른 건강진단 결과 타인에게 위해를 끼칠 우려가 있는 질병이 있는 자를 그 영업에 종사시키지 못한다.

④ 제1항에 따른 건강진단의 실시방법 등과 제2항 및 제3항에 따른 타인에게 위해를 끼칠 우려가 있는 질병의 종류는 총리령으로 정한다.

식품위생법 시행규칙

제49조(건강진단 대상자)

① 법 제40조 제1항 본문에 따라 건강진단을 받아야 하는 사람은 식품 또는 식품첨가물(화학적 합성품 또는 기구 등의 살균 · 소독제는 제외한다)을 채취 · 제조 · 가공 · 조리 · 저장 · 운반 또는 판매하는 일에 직접 종사하는 영업자 및 종업원으로 한다. 다만, 완전 포장된 식품 또는 식품첨가물을 운반하거나 판매하는 일에 종사하는 사람은 제외한다.

② 제1항에 따라 건강진단을 받아야 하는 영업자 및 그 종업원은 영업 시작 전 또는 영업에 종사하기 전에 미리 건강진단을 받아야 한다.

③ 제1항에 따른 건강진단은 「식품위생 분야 종사자의 건강진단 규칙」에서 정하는 바에 따른다.

제50조(영업에 종사하지 못하는 질병의 종류)

법 제40조 제4항에 따라 영업에 종사하지 못하는 사람은 다음의 질병에 걸린 사람으로 한다.

1. 「감염병의 예방 및 관리에 관한 법률」 제2조 제3호 가목에 따른 결핵(비감염성인 경우는 제외한다)
2. 「감염병의 예방 및 관리에 관한 법률 시행규칙」 제33조 제1항 각 호[콜레라, 장티푸스, 파라티푸스, 세균성이질, 장출혈성대장균감염증, A형간염]의 어느 하나에 해당하는 감염병
3. 피부병 또는 그 밖의 고름형성(화농성) 질환
4. 후천성면역결핍증(「감염병의 예방 및 관리에 관한 법률」 제19조에 따라 성매개감염병에 관한 건강진단을 받아야 하는 영업에 종사하는 사람만 해당한다)

제41조(식품위생교육)

① 대통령령으로 정하는 영업자 및 유흥종사자를 둘 수 있는 식품접객업 영업자의 종업원은 매년 식품위생에 관한 교육(이하 "식품위생교육"이라 한다)을 받아야 한다.

② 제36조 제1항 각 호[식품 또는 식품첨가물의 제조업, 가공업, 운반업, 판매업 및 보존업, 기구 또는 용기 · 포장의 제조업, 식품접객업, 공유주방 운영업]에 따른 영업을 하려는 자는 미리 식품위생교육을 받아야 한다. 다만, 부득이한 사유로 미리 식품위생교육을 받을 수 없는 경우에는 영업을 시작한 뒤에 식품의약품안전처장이 정하는 바에 따라 식품위생교육을 받을 수 있다.

③ 제1항 및 제2항에 따라 교육을 받아야 하는 자가 영업에 직접 종사하지 아니하거나 두 곳 이상의 장소에서 영업을 하는 경우에는 종업원 중에서 식품위생에 관한 책임자를 지정하여 영업자 대신 교육을 받게 할 수 있다. 다만, 집단급식소에 종사하는 조리사 및 영양사(「국민영양관리법」 제15조에 따라 영양사 면허를 받은 사람을 말한다. 이하 같다)가 식품위생에 관한 책임자로 지정되어 제56조 제1항 단서[집단급식소에 종사하는 조리사와 영양사는 1년마다 교육을 받아야 한다]에 따라 교육을 받은 경우에는 제1항 및 제2항에 따른 해당 연도의 식품위생교육을 받은 것으로 본다.

④ 제2항에도 불구하고 다음 각 호의 어느 하나에 해당하는 면허를 받은 자가 제36조 제1항 제3호에 따른 식품접객업을 하려는 경우에는 식품위생교육을 받지 아니하여도 된다.

1. 제53조에 따른 조리사 면허
2. 「국민영양관리법」 제15조에 따른 영양사 면허
3. 「공중위생관리법」 제6조의2에 따른 위생사 면허

⑤ 영업자는 특별한 사유가 없는 한 식품위생교육을 받지 아니한 자를 그 영업에 종사하게 하여서는 아니 된다.

⑥ 식품위생교육은 집합교육 또는 정보통신매체를 이용한 원격교육으로 실시한다. 다만, 제2항(제88조 제3항에서 준용하는 경우를 포함한다)에 따라 영업을 하려는 자가 미리 받아야 하는 식품위생교육은 집합교육으로 실시한다.

⑦ 제6항에도 불구하고 식품위생교육을 받기 어려운 도서 · 벽지 등의 영업자 및 종업원인 경우 또는 식품의약품안전처장이 「감염병의 예방 및 관리에 관한 법률」 제2조에 따른 감염병이 유행하여 국민건강을 해칠 우려가 있다고 인정하는 경우 등 불가피한 사유가 있는 경우에는 총리령으로 정하는 바에 따라 식품위생교육을 실시할 수 있다.

⑧ 제1항 및 제2항에 따른 교육의 내용, 교육비 및 교육 실시 기관 등에 관하여 필요한 사항은 총리령으로 정한다.

제41조의2(위생관리책임자)

① 제36조 제1항에 따라 공유주방 운영업을 하려는 자는 대통령령으로 정하는 자격기준을 갖춘 위생관리책임자(이하 "위생관리책임자"라 한다)를 두어야 한다. 다만, 공유주방 운영업을 하려는 자가 위생관리책임자의 자격기준을 갖추고 해당 직무를 수행하는 경우에는 그러하지 아니하다.

② 위생관리책임자는 공유주방에서 상시적으로 다음 각 호의 직무를 수행한다.

1. 공유주방의 위생적 관리 및 유지
2. 공유주방 사용에 관한 기록 및 유지
3. 식중독 등 식품사고의 원인 조사 및 피해 예방 조치에 관한 지원
4. 공유주방 이용자에 대한 위생관리 지도 및 교육

③ 공유주방을 운영 또는 이용하는 자는 위생관리책임자의 업무를 방해하여서는 아니 되며, 그로부터 업무 수행에 필요한 요청을 받았을 때에는 정당한 사유가 없으면 요청에 따라야 한다.

④ 제1항에 따라 공유주방 운영업을 하는 자가 위생관리책임자를 선임하거나 해임할 때에는 총리령으로 정하는 바에 따라 식품의약품안전처장에게 신고하여야 한다.

⑤ 식품의약품안전처장은 제4항에 따른 신고를 받은 날부터 3일 이내에 신고수리 여부를 신고인에게 통지하여야 한다.

⑥ 식품의약품안전처장이 제5항에서 정한 기간 내에 신고수리 여부나 민원 처리 관련 법령에 따른 처리기간의 연장을 신고인에게 통지하지 아니하면 그 기간(민원 처리 관련 법령에 따라 처리기간이 연장 또는 재연장된 경우에는 해당 처리기간을 말한다)이 끝난 날의 다음 날에 신고를 수리한 것으로 본다.

⑦ 위생관리책임자는 제2항에 따른 직무 수행내역 등을 총리령으로 정하는 바에 따라 기록 · 보관하여야 한다.

⑧ 위생관리책임자는 매년 식품위생에 관한 교육을 받아야 한다.

⑨ 제8항에 따른 교육의 내용, 시간, 교육 실시 기관 등에 관하여 필요한 사항은 총리령으로 정한다.

식품위생법 시행규칙

제52조(교육시간)

① 법 제41조 제1항(제88조 제3항에 따라 준용되는 경우를 포함한다)에 따라 영업자와 종업원이 받아야 하는 식품위생교육 시간은 다음 각 호와 같다.

1. 영 제21조 제1호부터 제9호까지의 영업자[같은 조 제5호 나목1)의 식용얼음판매업자와 같은 목 2)의 식품자동판매기영업자는 제외한다] : 3시간
2. 영 제21조 제8호 라목에 따른 유흥주점영업의 유흥종사자 : 2시간
3. 법 제88조 제2항에 따라 집단급식소를 설치 · 운영하는 자 : 3시간

② 법 제41조 제2항(법 제88조 제3항에 따라 준용되는 경우를 포함한다)에 따라 영업을 하려는 자가 받아야 하는 식품위생 교육 시간은 다음 각 호와 같다.
  1. 영 제21조 제1호, 제3호 및 제9호의 영업을 하려는 자 : 8시간
  2. 영 제21조 제4호부터 제7호까지의 영업을 하려는 자 : 4시간
  3. 영 제21조 제2호 및 제8호의 영업을 하려는 자 : 6시간
  4. 법 제88조 제1항에 따라 집단급식소를 설치 · 운영하려는 자 : 6시간

③ 제1항 및 제2항에 따라 식품위생교육을 받은 자가 다음 각 호의 어느 하나에 해당하는 경우에는 해당 영업에 대한 신규 식품위생교육을 받은 것으로 본다.
  1. 신규 식품위생교육을 받은 날부터 2년이 지나지 않은 자 또는 제1항에 따른 교육을 받은 날부터 1년이 지나지 아니한 자가 교육받은 업종과 같은 업종으로 영업을 하려는 경우
  2. 신규 식품위생교육을 받은 날부터 2년이 지나지 않은 자 또는 제1항에 따른 교육을 받은 날부터 1년이 지나지 아니한 자가 다음 각 목의 어느 하나에 해당하는 업종 중에서 같은 목의 다른 업종으로 영업을 하려는 경우
    가. 영 제21조 제1호의 식품제조 · 가공업, 같은 조 제2호의 즉석판매제조 · 가공업 및 같은 조 제3호의 식품첨가물제조업
    나. 영 제21조 제5호 가목의 식품소분업, 같은 호 나목의 식용얼음판매업, 유통전문판매업, 집단급식소 식품판매업 및 기타 식품판매업
    다. 영 제21조 제8호 가목의 휴게음식점영업, 같은 호 나목의 일반음식점영업 및 같은 호 바목의 제과점영업
    라. 영 제21조 제8호 다목의 단란주점영업 및 같은 호 라목의 유흥주점영업
  3. 영 제21조 제1호부터 제3호까지의 어느 하나에 해당하는 영업에서 같은 조 제4호부터 제7호까지의 어느 하나에 해당하는 영업으로 업종을 변경하거나 그 업종을 함께하려는 경우
  4. 영 제21조 제1호부터 제8호까지의 어느 하나에 해당하는 영업을 하는 자가 영 제21조 제5호 나목2)의 식품자동판매기영업으로 업종을 변경하거나 그 업종을 함께 하려는 경우

④ 제1항에 따라 식품위생교육을 받은 자가 다음 각 호의 어느 하나에 해당하는 경우에는 해당 영업에 대하여 제1항에 따른 식품위생교육을 받은 것으로 본다.
  1. 해당 연도에 제1항에 따른 교육을 받은 자가 기존 영업의 영업소가 속한 특별시 · 광역시 · 특별자치시 · 도 · 특별자치도의 관할 구역에서 교육받은 업종과 같은 업종으로 영업을 하고 있는 경우
  2. 해당 연도에 제1항에 따른 교육을 받은 자가 기존 영업의 허가관청 · 신고관청 · 등록관청과 같은 관할 구역에서 다음 각 목의 어느 하나에 해당하는 업종 중에서 같은 목의 다른 업종으로 영업을 하고 있는 경우
    가. 영 제21조 제1호에 따른 식품제조 · 가공업, 같은 조 제2호에 따른 즉석판매제조 · 가공업 및 같은 조 제3호에 따른 식품첨가물제조업
    나. 영 제21조 제5호 가목의 식품소분업, 같은 호 나목의 유통전문판매업, 집단급식소 식품판매업 및 기타 식품판매업
    다. 영 제21조 제8호 가목에 따른 휴게음식점영업, 같은 호 나목에 따른 일반음식점영업 및 같은 호 바목에 따른 제과점영업
    라. 영 제21조 제8호 다목에 따른 단란주점영업 및 같은 호 라목에 따른 유흥주점영업

⑤ 법 제41조 제1항에 따른 식품위생교육 대상자가 「부가가치세법」 제8조 제8항에 따른 휴업신고로 해당 연도 전체 기간 동안 휴업한 경우에는 해당 연도의 식품위생교육을 받지 않을 수 있다.

제42조(실적보고)

① 삭제

② 식품 또는 식품첨가물을 제조 · 가공하는 영업자는 총리령으로 정하는 바에 따라 식품 및 식품첨가물을 생산한 실적 등을 식품의약품안전처장 또는 시 · 도지사에게 보고하여야 한다.

제43조(영업 제한)

① 특별자치시장 · 특별자치도지사 · 시장 · 군수 · 구청장은 영업 질서와 선량한 풍속을 유지하는 데에 필요한 경우에는 영업자 중 식품접객영업자와 그 종업원에 대하여 영업시간 및 영업행위를 제한할 수 있다.

② 제1항에 따른 제한 사항은 대통령령으로 정하는 범위에서 해당 특별자치시 · 특별자치도 · 시 · 군 · 구의 조례로 정한다.

제44조(영업자 등의 준수사항)

① 제36조 제1항 각 호[식품 또는 식품첨가물의 제조업, 가공업, 운반업, 판매업 및 보존업, 기구 또는 용기 · 포장의 제조업, 식품접객업, 공유주방 운영업]의 영업을 하는 자 중 대통령령으로 정하는 영업자와 그 종업원은 영업의 위생관리와 질서유지, 국민의 보건위생 증진을 위하여 영업의 종류에 따라 다음 각 호에 해당하는 사항을 지켜야 한다.

1. 「축산물 위생관리법」 제12조에 따른 검사를 받지 아니한 축산물 또는 실험 등의 용도로 사용한 동물은 운반 · 보관 · 진열 · 판매하거나 식품의 제조 · 가공에 사용하지 말 것
2. 「야생생물 보호 및 관리에 관한 법률」을 위반하여 포획 · 채취한 야생생물은 이를 식품의 제조 · 가공에 사용하거나 판매하지 말 것
3. 소비기한이 경과된 제품 · 식품 또는 그 원재료를 제조 · 가공 · 조리 · 판매의 목적으로 소분 · 운반 · 진열 · 보관하거나 이를 판매 또는 식품의 제조 · 가공 · 조리에 사용하지 말 것
4. 수돗물이 아닌 지하수 등을 먹는 물 또는 식품의 조리 · 세척 등에 사용하는 경우에는 「먹는물관리법」 제43조에 따른 먹는물 수질검사기관에서 총리령으로 정하는 바에 따라 검사를 받아 마시기에 적합하다고 인정된 물을 사용할 것. 다만, 둘 이상의 업소가 같은 건물에서 같은 수원(水源)을 사용하는 경우에는 하나의 업소에 대한 시험결과로 나머지 업소에 대한 검사를 갈음할 수 있다.
5. 제15조 제2항에 따라 위해평가가 완료되기 전까지 일시적으로 금지된 식품 등을 제조 · 가공 · 판매 · 수입 · 사용 및 운반하지 말 것
6. 식중독 발생 시 보관 또는 사용 중인 식품은 역학조사가 완료될 때까지 폐기하거나 소독 등으로 현장을 훼손하여서는 아니 되고 원상태로 보존하여야 하며, 식중독 원인규명을 위한 행위를 방해하지 말 것
7. 손님을 꾀어서 끌어들이는 행위를 하지 말 것
8. 그 밖에 영업의 원료관리, 제조공정 및 위생관리와 질서유지, 국민의 보건위생 증진 등을 위하여 총리령으로 정하는 사항

② 식품접객영업자는 「청소년 보호법」 제2조에 따른 청소년(이하 이 항에서 "청소년"이라 한다)에게 다음 각 호의 어느 하나에 해당하는 행위를 하여서는 아니 된다.

1. 청소년을 유흥접객원으로 고용하여 유흥행위를 하게 하는 행위
2. 「청소년 보호법」 제2조 제5호 가목 3)에 따른 청소년출입 · 고용 금지업소에 청소년을 출입시키거나 고용하는 행위
3. 「청소년 보호법」 제2조 제5호 나목 3)에 따른 청소년고용금지업소에 청소년을 고용하는 행위
4. 청소년에게 주류(酒類)를 제공하는 행위

③ 누구든지 영리를 목적으로 제36조 제1항 제3호의 식품접객업을 하는 장소(유흥종사자를 둘 수 있도록 대통령령으로 정하는 영업을 하는 장소는 제외한다)에서 손님과 함께 술을 마시거나 노래 또는 춤으로 손님의 유흥을 돋우는 접객행위(공연을 목적으로 하는 가수, 악사, 댄서, 무용수 등이 하는 행위는 제외한다)를 하거나 다른 사람에게 그 행위를 알선하여서는 아니 된다.

④ 제3항에 따른 식품접객영업자는 유흥종사자를 고용 · 알선하거나 호객행위를 하여서는 아니 된다.

⑤ 삭제

제44조의2(보험 가입)

① 제36조 제1항에 따라 공유주방 운영업을 하는 자는 식품 등의 위해로 인하여 소비자에게 발생할 수 있는 손해를 배상하기 위하여 책임보험에 가입하여야 한다.

② 제1항에 따른 책임보험의 종류 등 보험 가입에 필요한 사항은 대통령령으로 정한다.

제45조(위해식품 등의 회수)

① 판매의 목적으로 식품 등을 제조 · 가공 · 소분 · 수입 또는 판매한 영업자(「수입식품안전관리 특별법」 제15조에 따라 등록한 수입식품 등 수입 · 판매업자를 포함한다. 이하 이 조에서 같다)는 해당 식품 등이 제4조[위해식품 등의 판매 등 금지] · 제5조[병든 동물 고기 등의 판매 등 금지] · 제6조[기준 · 규격이 정하여지지 아니한 화학적 합성품 등의 판매 등 금지], 제7조[식품 또는 식품첨가물에 관한 기준 및 규격] 제4항, 제8조[유독기구 등의 판매 · 사용 금지], 제9조[기구 및 용기 · 포장에 관한 기준 및 규격] 제4항, 제9조의3[인정받지 않은 재생원료의 기구 및 용기 · 포장에의 사용 등 금지] 또는 제12조의2[유전자변형식품 등의 표시] 제2항을 위반한 사실(식품 등의 위해와 관련이 없는 위반사항을 제외한다)을 알게 된 경우에는 지체 없이 유통 중인 해당 식품 등을 회수하거나 회수하는 데에 필요한 조치를 하여야 한다. 이 경우 영업자는 회수계획을 식품의약품안전처장, 시 · 도지사 또는 시장 · 군수 · 구청장에게 미리 보고하여야 하며, 회수결과를 보고받은 시 · 도지사 또는 시장 · 군수 · 구청장은 이를 지체 없이 식품의약품안전처장에게 보고하여야 한다. 다만, 해당 식품 등이 「수입식품안전관리 특별법」에 따라 수입한 식품 등이고, 보고의무자가 해당 식품 등을 수입한 자인 경우에는 식품의약품안전처장에게 보고하여야 한다.

② 식품의약품안전처장, 시 · 도지사 또는 시장 · 군수 · 구청장은 제1항에 따른 회수에 필요한 조치를 성실히 이행한 영업자에 대하여 해당 식품 등으로 인하여 받게 되는 제75조[허가취소 등] 또는 제76조[품목 제조정지 등]에 따른 행정처분을 대통령령으로 정하는 바에 따라 감면할 수 있다.

③ 제1항에 따른 회수대상 식품 등 · 회수계획 · 회수절차 및 회수결과 보고 등에 관하여 필요한 사항은 총리령으로 정한다.

제47조(위생등급)

① 식품의약품안전처장 또는 특별자치시장 · 특별자치도지사 · 시장 · 군수 · 구청장은 총리령으로 정하는 위생등급 기준에 따라 위생관리 상태 등이 우수한 식품 등의 제조 · 가공업소(공유주방에서 제조 · 가공하는 업소를 포함한다), 식품접객업소(공유주방에서 조리 · 판매하는 업소를 포함한다) 또는 집단급식소를 우수업소 또는 모범업소로 지정할 수 있다.

② 식품의약품안전처장(대통령령으로 정하는 그 소속 기관의 장을 포함한다), 시 · 도지사 또는 시장 · 군수 · 구청장은 제1항에 따라 지정한 우수업소 또는 모범업소에 대하여 관계 공무원으로 하여금 총리령으로 정하는 일정 기간 동안 제22조에 따른 출입 · 검사 · 수거 등을 하지 아니하게 할 수 있으며, 시 · 도지사 또는 시장 · 군수 · 구청장은 제89조 제3항 제1호에 따른 영업자의 위생관리시설 및 위생설비시설 개선을 위한 융자 사업과 같은 항 제6호에 따른 음식문화 개선과 좋은 식단 실천을 위한 사업에 대하여 우선 지원 등을 할 수 있다.

③ 식품의약품안전처장 또는 특별자치시장 · 특별자치도지사 · 시장 · 군수 · 구청장은 제1항에 따라 우수업소 또는 모범업소로 지정된 업소가 그 지정기준에 미치지 못하거나 영업정지 이상의 행정처분을 받게 되면 지체 없이 그 지정을 취소하여야 한다.

④ 제1항 및 제3항에 따른 우수업소 또는 모범업소의 지정 및 그 취소에 관한 사항은 총리령으로 정한다.

식품위생법 시행규칙

우수업소 · 모범업소의 지정기준(별표 19)

1. 우수업소
   가. 건물의 주변환경은 식품위생환경에 나쁜 영향을 주지 아니하여야 하며, 항상 청결하게 관리되어야 한다.
   나. 건물은 작업에 필요한 공간을 확보하여야 하며, 환기가 잘 되어야 한다.
   다. 원료처리실 · 제조가공실 · 포장실 등 작업장은 분리 · 구획되어야 한다.
   라. 작업장의 바닥 · 내벽 및 천장은 내수처리를 하여야 하며, 항상 청결하게 관리되어야 한다.
   마. 작업장의 바닥은 적절한 경사를 유지하도록 하여 배수가 잘 되도록 하여야 한다.
   바. 작업장의 출입구와 창은 완전히 꼭 닫힐 수 있어야 하며, 방충시설과 쥐 막이 시설이 설치되어야 한다.
   사. 제조하려는 식품 등의 특성에 맞는 기계 · 기구류를 갖추어야 하며, 기계 · 기구류는 세척이 용이하고 부식되지 아니하는 재질이어야 한다.
   아. 원료 및 제품은 항상 위생적으로 보관 · 관리되어야 한다.
   자. 작업장 · 냉장시설 · 냉동시설 등에는 온도를 측정할 수 있는 계기가 알아보기 쉬운 곳에 설치되어야 한다.
   차. 오염되기 쉬운 작업장의 출입구에는 탈의실 · 작업화 또는 손 등을 세척 · 살균할 수 있는 시설을 갖추어야 한다.
   카. 급수시설은 식품의 특성별로 설치하여야 하며, 지하수 등을 사용하는 경우 취수원은 오염지역으로부터 20미터 이상 떨어진 곳에 위치하여야 한다.
   타. 하수나 폐수를 적절하게 처리할 수 있는 하수 · 폐수이동 및 처리시설을 갖추어야 한다.
   파. 화장실은 정화조를 갖춘 수세식 화장실로서 내수처리 되어야 한다.
   하. 식품 등을 직접 취급하는 종사자는 위생적인 작업복 · 신발 등을 착용하여야 하며, 손은 항상 청결히 유지하여야 한다.
   거. 그 밖에 우수업소의 지정기준 등과 관련한 세부사항은 식품의약품안전처장이 정하는 바에 따른다.
2. 모범업소
   가. 집단급식소
      1) 법 제48조 제3항에 따른 식품안전관리인증기준(HACCP)적용업소로 인증받아야 한다.
      2) 최근 3년간 식중독 발생하지 아니하여야 한다.
      3) 조리사 및 영양사를 두어야 한다.
      4) 그 밖에 나목의 일반음식점이 갖추어야 하는 기준을 모두 갖추어야 한다.
   나. 일반음식점
      1) 건물의 구조 및 환경
         가) 청결을 유지할 수 있는 환경을 갖추고 내구력이 있는 건물이어야 한다.
         나) 마시기에 적합한 물이 공급되며, 배수가 잘 되어야 한다.
         다) 업소 안에는 방충시설 · 쥐 막이 시설 및 환기시설을 갖추고 있어야 한다.
      2) 주방
         가) 주방은 공개되어야 한다.
         나) 입식조리대가 설치되어 있어야 한다.
         다) 냉장시설 · 냉동시설이 정상적으로 가동되어야 한다.
         라) 항상 청결을 유지하여야 하며, 식품의 원료 등을 보관할 수 있는 창고가 있어야 한다.
         마) 식기 등을 소독할 수 있는 설비가 있어야 한다.
      3) 객실 및 객석
         가) 손님이 이용하기에 불편하지 아니한 구조 및 넓이여야 한다.
         나) 항상 청결을 유지하여야 한다.
      4) 화장실
         가) 정화조를 갖춘 수세식이어야 한다.
         나) 손 씻는 시설이 설치되어야 한다.
         다) 벽 및 바닥은 타일 등으로 내수 처리되어 있어야 한다.
         라) 1회용 위생종이 또는 에어타월이 비치되어 있어야 한다.

5) 종업원

가) 청결한 위생복을 입고 있어야 한다.

나) 개인위생을 지키고 있어야 한다.

다) 친절하고 예의바른 태도를 가져야 한다.

6) 그 밖의 사항

가) 1회용 물 컵, 1회용 숟가락, 1회용 젓가락 등을 사용하지 아니하여야 한다.

나) 그 밖에 모범업소의 지정기준 등과 관련한 세부사항은 식품의약품안전처장이 정하는 바에 따른다.

제48조(식품안전관리인증기준)

① 식품의약품안전처장은 식품의 원료관리 및 제조 · 가공 · 조리 · 소분 · 유통의 모든 과정에서 위해한 물질이 식품에 섞이거나 식품이 오염되는 것을 방지하기 위하여 각 과정의 위해요소를 확인 · 평가하여 중점적으로 관리하는 기준(이하 "식품안전관리인증기준"이라 한다)을 식품별로 정하여 고시할 수 있다.

② 총리령으로 정하는 식품을 제조 · 가공 · 조리 · 소분 · 유통하는 영업자는 제1항에 따라 식품의약품안전처장이 식품별로 고시한 식품안전관리인증기준을 지켜야 한다.

③ 식품의약품안전처장은 제2항에 따라 식품안전관리인증기준을 지켜야 하는 영업자와 그 밖에 식품안전관리인증기준을 지키기 원하는 영업자의 업소를 식품별 식품안전관리인증기준적용업소(이하 "식품안전관리인증기준적용업소"라 한다)로 인증할 수 있다. 이 경우 식품안전관리인증기준적용업소로 인증을 받은 영업자가 그 인증을 받은 사항 중 총리령으로 정하는 사항을 변경하려는 경우에는 식품의약품안전처장의 변경 인증을 받아야 한다.

④ 식품의약품안전처장은 식품안전관리인증기준적용업소로 인증받은 영업자에게 총리령으로 정하는 바에 따라 그 인증 사실을 증명하는 서류를 발급하여야 한다. 제3항 후단에 따라 변경 인증을 받은 경우에도 또한 같다.

⑤ 식품안전관리인증기준적용업소의 영업자와 종업원은 총리령으로 정하는 교육훈련을 받아야 한다.

⑥ 식품의약품안전처장은 제3항에 따라 식품안전관리인증기준적용업소의 인증을 받거나 받으려는 영업자에게 위해요소중점관리에 필요한 기술적 · 경제적 지원을 할 수 있다.

⑦ 식품안전관리인증기준적용업소의 인증요건 · 인증절차 및 제6항에 따른 기술적 · 경제적 지원에 필요한 사항은 총리령으로 정한다.

⑧ 식품의약품안전처장은 식품안전관리인증기준적용업소의 효율적 운영을 위하여 총리령으로 정하는 식품안전관리인증기준의 준수 여부 등에 관한 조사 · 평가를 할 수 있으며, 그 결과 식품안전관리인증기준적용업소가 다음 각 호의 어느 하나에 해당하면 그 인증을 취소하거나 시정을 명할 수 있다. 다만, 식품안전관리인증기준적용업소가 제1호의2 및 제2호에 해당할 경우 인증을 취소하여야 한다.

1. 식품안전관리인증기준을 지키지 아니한 경우

1의2. 거짓이나 그 밖의 부정한 방법으로 인증을 받은 경우

2. 제75조[허가취소 등] 또는 「식품 등의 표시 · 광고에 관한 법률」 제16조[영업정지 등] 제1항 · 제3항에 따라 영업정지 2개월 이상의 행정처분을 받은 경우

3. 영업자와 그 종업원이 제5항에 따른 교육훈련을 받지 아니한 경우

4. 그 밖에 제1호부터 제3호까지에 준하는 사항으로서 총리령으로 정하는 사항을 지키지 아니한 경우

⑨ 식품안전관리인증기준적용업소가 아닌 업소의 영업자는 식품안전관리인증기준적용업소라는 명칭을 사용하지 못한다.

⑩ 식품안전관리인증기준적용업소의 영업자는 인증받은 식품을 다른 업소에 위탁하여 제조 · 가공하여서는 아니 된다. 다만, 위탁하려는 식품과 동일한 식품에 대하여 식품안전관리인증기준적용업소로 인증된 업소에 위탁하여 제조 · 가공하려는 경우 등 대통령령으로 정하는 경우에는 그러하지 아니하다.

⑪ 식품의약품안전처장(대통령령으로 정하는 그 소속 기관의 장을 포함한다), 시 · 도지사 또는 시장 · 군수 · 구청장은 식품안전관리인증기준적용업소에 대하여 관계 공무원으로 하여금 총리령으로 정하는 일정 기간 동안 제22조에 따른 출입 · 검사 · 수거 등을 하지 아니하게 할 수 있으며, 시 · 도지사 또는 시장 · 군수 · 구청장은 제89조 제3항 제1호에 따른 영업자의 위생관리시설 및 위생설비시설 개선을 위한 융자 사업에 대하여 우선 지원 등을 할 수 있다.

⑫ 식품의약품안전처장은 식품안전관리인증기준적용업소의 공정별 · 품목별 위해요소의 분석, 기술지원 및 인증 등의 업무를 「한국식품안전관리인증원의 설립 및 운영에 관한 법률」에 따른 한국식품안전관리인증원 등 대통령령으로 정하는 기관에 위탁할 수 있다.

⑬ 식품의약품안전처장은 제12항에 따른 위탁기관에 대하여 예산의 범위에서 사용경비의 전부 또는 일부를 보조할 수 있다.

⑭ 제12항에 따른 위탁기관의 업무 등에 필요한 사항은 대통령령으로 정한다.

식품위생법 시행규칙

제64조(식품안전관리인증기준적용업소의 영업자 및 종업원에 대한 교육훈련)

① 법 제48조 제5항에 따라 식품안전관리인증기준적용업소의 영업자 및 종업원이 받아야 하는 교육훈련의 종류는 다음 각 호와 같다. 다만, 법 제48조 제8항 및 이 규칙 제66조에 따른 조사 · 평가 결과 만점의 95퍼센트 이상을 받은 식품안전관리인증기준적용업소의 종업원에 대하여는 그 다음 연도의 제2호에 따른 정기교육훈련을 면제한다.
1. 영업자 및 종업원에 대한 신규 교육훈련
2. 종업원에 대하여 매년 1회(인증받은 연도는 제외한다) 이상 실시하는 정기교육훈련
3. 그 밖에 식품의약품안전처장이 식품위해사고의 발생 및 확산이 우려되어 영업자 및 종업원에게 명하는 교육훈련

② 삭제

③ 제1항에 따른 교육훈련의 시간은 다음 각 호와 같다.
1. 신규 교육훈련 : 영업자의 경우 2시간 이내, 종업원의 경우 16시간 이내
2. 정기교육훈련 : 4시간 이내
3. 제1항 제3호에 따른 교육훈련 : 8시간 이내

④ 삭제

⑤ 삭제

⑥ 제1항 및 제3항에서 규정한 사항 외에 교육훈련 대상별 교육시간 등에 관한 세부적인 사항은 식품의약품안전처장이 정하여 고시한다.

제48조의2(인증 유효기간)

① 제48조 제3항에 따른 인증의 유효기간은 인증을 받은 날부터 3년으로 하며, 같은 항 후단에 따른 변경 인증의 유효기간은 당초 인증 유효기간의 남은 기간으로 한다.

② 제1항에 따른 인증 유효기간을 연장하려는 자는 총리령으로 정하는 바에 따라 식품의약품안전처장에게 연장신청을 하여야 한다.

③ 식품의약품안전처장은 제2항에 따른 연장신청을 받았을 때에는 안전관리인증기준에 적합하다고 인정하는 경우 3년의 범위에서 그 기간을 연장할 수 있다.

제48조의3(식품안전관리인증기준적용업소에 대한 조사 · 평가 등)

① 식품의약품안전처장은 식품안전관리인증기준적용업소로 인증받은 업소에 대하여 식품안전관리인증기준의 준수 여부와 제48조 제5항에 따른 교육훈련 수료 여부를 연 1회 이상 조사 · 평가하여야 한다.

② 식품의약품안전처장은 제1항에 따른 조사 · 평가 결과 그 결과가 우수한 식품안전관리인증기준적용업소에 대해서는 제1항에 따른 조사 · 평가를 면제하는 등 행정적 · 재정적 지원을 할 수 있다. 다만, 식품안전관리인증기준적용업소가 제48조의2 제1항에 따른 인증 유효기간 내에 이 법을 위반하여 영업의 정지, 허가 취소 등 행정처분을 받은 경우에는 제1항에 따른 조사 · 평가를 면제하여서는 아니 된다.

③ 그 밖에 조사 · 평가의 방법 및 절차 등에 필요한 사항은 총리령으로 정한다.

제48조의4(식품안전관리인증기준의 교육훈련기관 지정 등)

① 식품의약품안전처장은 제48조 제5항에 따른 교육훈련을 전문적으로 수행하기 위하여 식품안전관리인증기준 교육훈련기관(이하 "교육훈련기관"이라 한다)을 지정하여 교육훈련의 실시를 위탁할 수 있다.

② 제1항에 따라 교육훈련기관으로 지정받으려는 자는 총리령으로 정하는 지정기준을 갖추어 식품의약품안전처장에게 신청하여야 한다.

③ 제1항에 따라 교육훈련기관으로 지정받은 자는 지정된 내용 중 총리령으로 정하는 사항이 변경된 경우에는 변경사유가 발생한 날부터 1개월 이내에 식품의약품안전처장에게 신고하여야 한다.

④ 교육훈련기관은 제48조 제5항에 따른 교육훈련을 수료한 사람에게 교육훈련수료증을 발급하여야 한다.

⑤ 교육훈련기관은 교육훈련에 관한 자료의 보관 등 총리령으로 정하는 사항을 준수하여야 한다.

⑥ 식품의약품안전처장은 지정된 교육훈련기관의 인력 · 시설 · 설비 보유현황 및 활용도, 교육 · 훈련과정 운영실태 및 교육서비스의 적절성 · 충실성 등을 평가하여 그 평가 내용을 공표할 수 있다.

⑦ 식품의약품안전처장은 제6항에 따른 평가를 위하여 필요한 경우에는 교육훈련기관에 관련 자료의 제출을 요구할 수 있다.

⑧ 식품의약품안전처장은 교육훈련기관이 다음 각 호의 어느 하나에 해당하는 경우에는 기간을 정하여 시정을 명할 수 있다.

1. 제3항에 따른 변경신고를 하지 아니한 경우
2. 제5항에 따른 교육훈련기관의 준수사항을 위반한 경우

⑨ 제1항부터 제8항까지에서 규정한 사항 외에 교육훈련기관의 지정 절차, 교육 내용 · 시기 · 방법, 실시 비용 등에 필요한 사항은 총리령으로 정한다.

제48조의5(교육훈련기관의 지정취소 등)

① 식품의약품안전처장은 교육훈련기관이 다음 각 호의 어느 하나에 해당하는 경우에는 그 지정을 취소하거나 1년 이내의 범위에서 기간을 정하여 업무의 전부 또는 일부를 정지할 수 있다. 다만, 제1호 및 제4호의 경우에는 그 지정을 취소하여야 한다.

1. 거짓 또는 그 밖의 부정한 방법으로 교육훈련기관의 지정을 받은 경우
2. 정당한 사유 없이 1년 이상 계속하여 교육훈련과정을 운영하지 아니하는 경우
3. 제48조의4 제2항에 따른 지정기준에 적합하지 아니하게 된 경우
4. 제48조의4 제4항에 따른 교육훈련수료증을 거짓 또는 그 밖의 부정한 방법으로 발급한 경우
5. 제48조의4 제6항에 따른 평가를 실시한 결과 교육훈련실적 및 교육훈련내용이 매우 부실하여 지정목적을 달성할 수 없다고 인정되는 경우

6. 제48조의4 제8항에 따른 시정명령을 받고도 정당한 사유 없이 정해진 기간 내에 이를 시정하지 아니하는 경우

② 식품의약품안전처장은 제1항에 따라 교육훈련기관의 지정이 취소된 자(법인인 경우 그 대표자를 포함한다)에 대해서는 지정이 취소된 날부터 3년 이내에 교육훈련기관으로 지정해서는 아니 된다.

③ 제1항에 따른 지정취소 및 업무정지 처분의 세부기준은 그 위반 행위의 유형과 위반 정도 등을 고려하여 총리령으로 정한다.

제49조(식품이력추적관리 등록기준 등)

① 식품을 제조ㆍ가공 또는 판매하는 자 중 식품이력추적관리를 하려는 자는 총리령으로 정하는 등록기준을 갖추어 해당 식품을 식품의약품안전처장에게 등록할 수 있다. 다만, 영유아식 제조ㆍ가공업자, 일정 매출액ㆍ매장면적 이상의 식품판매업자 등 총리령으로 정하는 자는 식품의약품안전처장에게 등록하여야 한다.

② 제1항에 따라 등록한 식품을 제조ㆍ가공 또는 판매하는 자는 식품이력추적관리에 필요한 기록의 작성ㆍ보관 및 관리 등에 관하여 식품의약품안전처장이 정하여 고시하는 기준(이하 "식품이력추적관리기준"이라 한다)을 지켜야 한다.

③ 제1항에 따라 등록을 한 자는 등록사항이 변경된 경우 변경사유가 발생한 날부터 1개월 이내에 식품의약품안전처장에게 신고하여야 한다.

④ 제1항에 따라 등록한 식품에는 식품의약품안전처장이 정하여 고시하는 바에 따라 식품이력추적관리의 표시를 할 수 있다.

⑤ 식품의약품안전처장은 제1항에 따라 등록한 식품을 제조ㆍ가공 또는 판매하는 자에 대하여 식품이력추적관리기준의 준수 여부 등을 3년마다 조사ㆍ평가하여야 한다. 다만, 제1항 단서에 따라 등록한 식품을 제조ㆍ가공 또는 판매하는 자에 대하여는 2년마다 조사ㆍ평가하여야 한다.

⑥ 식품의약품안전처장은 제1항에 따라 등록을 한 자에게 예산의 범위에서 식품이력추적관리에 필요한 자금을 지원할 수 있다.

⑦ 식품의약품안전처장은 제1항에 따라 등록을 한 자가 식품이력추적관리기준을 지키지 아니하면 그 등록을 취소하거나 시정을 명할 수 있다.

⑧ 식품의약품안전처장은 제1항에 따른 등록의 신청을 받은 날부터 40일 이내에, 제3항에 따른 변경신고를 받은 날부터 15일 이내에 등록 여부 또는 신고수리 여부를 신청인 또는 신고인에게 통지하여야 한다.

⑨ 식품의약품안전처장이 제8항에서 정한 기간 내에 등록 여부, 신고수리 여부 또는 민원 처리 관련 법령에 따른 처리기간의 연장을 신청인 또는 신고인에게 통지하지 아니하면 그 기간(민원 처리 관련 법령에 따라 처리기간이 연장 또는 재연장된 경우에는 해당 처리기간을 말한다)이 끝난 날의 다음 날에 등록을 하거나 신고를 수리한 것으로 본다.

⑩ 식품이력추적관리의 등록절차, 등록사항, 등록취소 등의 기준 및 조사ㆍ평가, 그 밖에 등록에 필요한 사항은 총리령으로 정한다.

08 조리사 등

제51조(조리사)

① 집단급식소 운영자와 대통령령으로 정하는 식품접객업자는 조리사(調理士)를 두어야 한다. 다만, 다음 각 호의 어느 하나에 해당하는 경우에는 조리사를 두지 아니하여도 된다.

1. 집단급식소 운영자 또는 식품접객영업자 자신이 조리사로서 직접 음식물을 조리하는 경우
2. 1회 급식인원 100명 미만의 산업체인 경우
3. 제52조 제1항에 따른 영양사가 조리사의 면허를 받은 경우

② 집단급식소에 근무하는 조리사는 다음 각 호의 직무를 수행한다.

1. 집단급식소에서의 식단에 따른 조리업무[식재료의 전(前)처리에서부터 조리, 배식 등의 전 과정을 말한다]
2. 구매식품의 검수 지원
3. 급식설비 및 기구의 위생 · 안전 실무
4. 그 밖에 조리실무에 관한 사항

제52조(영양사)

① 집단급식소 운영자는 영양사(營養士)를 두어야 한다. 다만, 다음 각 호의 어느 하나에 해당하는 경우에는 영양사를 두지 아니하여도 된다.

1. 집단급식소 운영자 자신이 영양사로서 직접 영양 지도를 하는 경우
2. 1회 급식인원 100명 미만의 산업체인 경우
3. 제51조 제1항에 따른 조리사가 영양사의 면허를 받은 경우

② 집단급식소에 근무하는 영양사는 다음 각 호의 직무를 수행한다.

1. 집단급식소에서의 식단 작성, 검식(檢食) 및 배식관리
2. 구매식품의 검수(檢受) 및 관리
3. 급식시설의 위생적 관리
4. 집단급식소의 운영일지 작성
5. 종업원에 대한 영양 지도 및 식품위생교육

제53조(조리사의 면허)

① 조리사가 되려는 자는 「국가기술자격법」에 따라 해당 기능분야의 자격을 얻은 후 특별자치시장 · 특별자치도지사 · 시장 · 군수 · 구청장의 면허를 받아야 한다.

② 제1항에 따른 조리사의 면허 등에 관하여 필요한 사항은 총리령으로 정한다.

③ 삭제

④ 삭제

제54조(결격사유)

다음 각 호의 어느 하나에 해당하는 자는 조리사 면허를 받을 수 없다.

1. 「정신건강증진 및 정신질환자 복지서비스 지원에 관한 법률」 제3조 제1호에 따른 정신질환자. 다만, 전문의가 조리사로서 적합하다고 인정하는 자는 그러하지 아니하다.

2. 「감염병의 예방 및 관리에 관한 법률」 제2조 제13호에 따른 감염병환자. 다만, 같은 조 제4호 나목에 따른 B형간염환자는 제외한다.
3. 「마약류관리에 관한 법률」 제2조 제2호에 따른 마약이나 그 밖의 약물 중독자
4. 조리사 면허의 취소처분을 받고 그 취소된 날부터 1년이 지나지 아니한 자

제56조(교육)

① 식품의약품안전처장은 식품위생 수준 및 자질의 향상을 위하여 필요한 경우 조리사와 영양사에게 교육(조리사의 경우 보수교육을 포함한다. 이하 이 조에서 같다)을 받을 것을 명할 수 있다. 다만, 집단급식소에 종사하는 조리사와 영양사는 1년마다 교육을 받아야 한다.
② 제1항에 따른 교육의 대상자 · 실시기관 · 내용 및 방법 등에 관하여 필요한 사항은 총리령으로 정한다.
③ 식품의약품안전처장은 제1항에 따른 교육 등 업무의 일부를 대통령령으로 정하는 바에 따라 관계 전문기관이나 단체에 위탁할 수 있다.

09 식품위생심의위원회

제57조(식품위생심의위원회의 설치 등)

식품의약품안전처장의 자문에 응하여 다음 각 호의 사항을 조사 · 심의하기 위하여 식품의약품안전처에 식품위생심의위원회를 둔다.

1. 식중독 방지에 관한 사항
2. 농약 · 중금속 등 유독 · 유해물질 잔류 허용 기준에 관한 사항
3. 식품 등의 기준과 규격에 관한 사항
4. 그 밖에 식품위생에 관한 중요 사항

제58조(심의위원회의 조직과 운영)

① 심의위원회는 위원장 1명과 부위원장 2명을 포함한 100명 이내의 위원으로 구성한다.
② 심의위원회의 위원은 다음 각 호의 어느 하나에 해당하는 사람 중에서 식품의약품안전처장이 임명하거나 위촉한다. 다만, 제3호의 사람을 전체 위원의 3분의 1 이상 위촉하고, 제2호와 제4호의 사람을 합하여 전체 위원의 3분의 1 이상 위촉하여야 한다.
   1. 식품위생 관계 공무원
   2. 식품 등에 관한 영업에 종사하는 사람
   3. 시민단체의 추천을 받은 사람
   4. 제59조에 따른 동업자조합 또는 제64조에 따른 한국식품산업협회(이하 "식품위생단체"라 한다)의 추천을 받은 사람
   5. 식품위생에 관한 학식과 경험이 풍부한 사람
③ 심의위원회 위원의 임기는 2년으로 하되, 공무원인 위원은 그 직위에 재직하는 기간 동안 재임한다. 다만, 위원이 궐위된 경우 그 보궐위원의 임기는 전임위원 임기의 남은 기간으로 한다.
④ 심의위원회에 식품 등의 국제 기준 및 규격을 조사 · 연구할 연구위원을 둘 수 있다.

⑤ 제4항에 따른 연구위원의 업무는 다음 각 호와 같다. 다만, 다른 법령에 따라 수행하는 관련 업무는 제외한다.
1. 국제식품규격위원회에서 제시한 기준 · 규격 조사 · 연구
2. 국제식품규격의 조사 · 연구에 필요한 외국정부, 관련 소비자단체 및 국제기구와 상호협력
3. 외국의 식품의 기준 · 규격에 관한 정보 및 자료 등의 조사 · 연구
4. 그 밖에 제1호부터 제3호까지에 준하는 사항으로서 대통령령으로 정하는 사항

⑥ 이 법에서 정한 것 외에 심의위원회의 조직 및 운영에 필요한 사항은 대통령령으로 정한다.

10 식품위생단체 등

제70조의7(건강 위해가능 영양성분 관리)

① 국가 및 지방자치단체는 식품의 나트륨, 당류, 트랜스지방 등 영양성분(이하 "건강 위해가능 영양성분"이라 한다)의 과잉섭취로 인하여 국민 건강에 발생할 수 있는 위해를 예방하기 위하여 노력하여야 한다.

② 식품의약품안전처장은 관계 중앙행정기관의 장과 협의하여 건강 위해가능 영양성분 관리 기술의 개발 · 보급, 적정섭취를 위한 실천방법의 교육 · 홍보 등을 실시하여야 한다.

③ 건강 위해가능 영양성분의 종류는 대통령령으로 정한다.

제70조의8(건강 위해가능 영양성분 관리 주관기관 설립 · 지정)

① 식품의약품안전처장은 건강 위해가능 영양성분 관리를 위하여 다음 각 호의 사업을 주관하여 수행할 기관(이하 "주관기관"이라 한다)을 설립하거나 건강 위해가능 영양성분 관리와 관련된 사업을 하는 기관 · 단체 또는 법인을 주관기관으로 지정할 수 있다.
1. 건강 위해가능 영양성분 적정섭취 실천방법 교육 · 홍보 및 국민 참여 유도
2. 건강 위해가능 영양성분 함량 모니터링 및 정보제공
3. 건강 위해가능 영양성분을 줄인 급식과 외식, 가공식품 생산 및 구매 활성화
4. 건강 위해가능 영양성분 관리 실천사업장 운영 지원
5. 그 밖에 식품의약품안전처장이 필요하다고 인정하는 건강 위해가능 영양성분 관리사업

② 식품의약품안전처장은 주관기관에 대하여 예산의 범위에서 설립 · 운영 및 제1항 각 호의 사업을 수행하는 데 필요한 경비의 전부 또는 일부를 지원할 수 있다.

③ 제1항에 따라 설립되는 주관기관은 법인으로 한다.

④ 제1항에 따라 설립되는 주관기관에 관하여 이 법에서 규정된 것을 제외하고는 「민법」 중 재단법인에 관한 규정을 준용한다.

⑤ 식품의약품안전처장은 제1항에 따라 지정된 주관기관이 다음 각 호의 어느 하나에 해당하는 경우 지정을 취소할 수 있다. 다만, 제1호에 해당하는 경우에는 지정을 취소하여야 한다.
1. 거짓이나 그 밖의 부정한 방법으로 지정을 받은 경우
2. 제6항에 따른 지정기준에 적합하지 아니하게 된 경우

⑥ 주관기관의 설립, 지정 및 지정 취소의 기준 · 절차 등에 필요한 사항은 대통령령으로 정한다.

제70조의9(사업계획서 등의 제출)

주관기관은 총리령으로 정하는 바에 따라 전년도의 사업 실적보고서와 해당 연도의 사업계획서를 작성하여 식품의약품안전처장에게 제출하여야 한다. 다만, 제70조의8 제1항에 따라 지정된 주관기관의 경우 같은 항 각 호의 사업 수행과 관련된 사항으로 한정한다.

제70조의10(지도 · 감독 등)

① 식품의약품안전처장은 주관기관에 대하여 감독상 필요한 때에는 그 업무에 관한 사항을 보고하게 하거나 자료의 제출, 그 밖에 필요한 명령을 할 수 있다. 다만, 제70조의8 제1항에 따라 지정된 주관기관에 대한 지도 · 감독은 같은 항 각 호의 사업 수행과 관련된 사항으로 한정한다.

② 주관기관에 대한 지도 · 감독에 관하여 그 밖에 필요한 사항은 총리령으로 정한다.

11 시정명령과 허가취소 등 행정 제재

제71조(시정명령)

① 식품의약품안전처장, 시 · 도지사 또는 시장 · 군수 · 구청장은 제3조에 따른 식품 등의 위생적 취급에 관한 기준에 맞지 아니하게 영업하는 자와 이 법을 지키지 아니하는 자에게는 필요한 시정을 명하여야 한다.

② 식품의약품안전처장, 시 · 도지사 또는 시장 · 군수 · 구청장은 제1항의 시정명령을 한 경우에는 그 영업을 관할하는 관서의 장에게 그 내용을 통보하여 시정명령이 이행되도록 협조를 요청할 수 있다.

③ 제2항에 따라 요청을 받은 관계 기관의 장은 정당한 사유가 없으면 이에 응하여야 하며, 그 조치결과를 지체 없이 요청한 기관의 장에게 통보하여야 한다.

제72조(폐기처분 등)

① 식품의약품안전처장, 시 · 도지사 또는 시장 · 군수 · 구청장은 영업자(「수입식품안전관리 특별법」 제15조에 따라 등록한 수입식품 등 수입 · 판매업자를 포함한다. 이하 이 조에서 같다)가 제4조[위해식품 등의 판매 등 금지] · 제5조[병든 동물 고기 등의 판매 등 금지] · 제6조[기준 · 규격이 정하여지지 아니한 화학적 합성품 등의 판매 등 금지], 제7조[식품 또는 식품첨가물에 관한 기준 및 규격] 제4항, 제8조[유독기구 등의 판매 · 사용 금지] 또는 제9조[기구 및 용기 · 포장에 관한 기준 및 규격] 제4항, 제9조의3[인정받지 않은 재생원료의 기구 및 용기 · 포장에의 사용 등 금지], 제12조의2[유전자변형식품 등의 표시] 제2항 또는 제44조 제1항 제3호[소비기한이 경과된 제품 · 식품 또는 그 원재료를 제조 · 가공 · 조리 · 판매의 목적으로 소분 · 운반 · 진열 · 보관하거나 이를 판매 또는 식품의 제조 · 가공 · 조리에 사용하지 말 것]를 위반한 경우에는 관계 공무원에게 그 식품 등을 압류 또는 폐기하게 하거나 용도 · 처리방법 등을 정하여 영업자에게 위해를 없애는 조치를 하도록 명하여야 한다.

② 식품의약품안전처장, 시 · 도지사 또는 시장 · 군수 · 구청장은 제37조[영업허가 등] 제1항, 제4항 또는 제5항을 위반하여 허가받지 아니하거나 신고 또는 등록하지 아니하고 제조 · 가공 · 조리한 식품 또는 식품첨가물이나 여기에 사용한 기구 또는 용기 · 포장 등을 관계 공무원에게 압류하거나 폐기하게 할 수 있다.

③ 식품의약품안전처장, 시 · 도지사 또는 시장 · 군수 · 구청장은 식품위생상의 위해가 발생하였거나 발생할 우려가 있는 경우에는 영업자에게 유통 중인 해당 식품 등을 회수 · 폐기하게 하거나 해당 식품 등의 원료, 제조 방법, 성분 또는 그 배합 비율을 변경할 것을 명할 수 있다.

④ 제1항 및 제2항에 따른 압류나 폐기를 하는 공무원은 그 권한을 표시하는 증표 및 조사기간, 조사범위, 조사담당자, 관계 법령 등 대통령령으로 정하는 사항이 기재된 서류를 지니고 이를 관계인에게 내보여야 한다.

⑤ 제1항 및 제2항에 따른 압류 또는 폐기에 필요한 사항과 제3항에 따른 회수 · 폐기 대상 식품 등의 기준 등은 총리령으로 정한다.

⑥ 식품의약품안전처장, 시 · 도지사 및 시장 · 군수 · 구청장은 제1항에 따라 폐기처분명령을 받은 자가 그 명령을 이행하지 아니하는 경우에는 「행정대집행법」에 따라 대집행을 하고 그 비용을 명령위반자로부터 징수할 수 있다.

제73조(위해식품 등의 공표)

① 식품의약품안전처장, 시 · 도지사 또는 시장 · 군수 · 구청장은 다음 각 호의 어느 하나에 해당되는 경우에는 해당 영업자에 대하여 그 사실의 공표를 명할 수 있다. 다만, 식품위생에 관한 위해가 발생한 경우에는 공표를 명하여야 한다.

1. 제4조[위해식품 등의 판매 등 금지] · 제5조[병든 동물 고기 등의 판매 등 금지] · 제6조[기준 · 규격이 정하여지지 아니한 화학적 합성품 등의 판매 등 금지], 제7조[식품 또는 식품첨가물에 관한 기준 및 규격] 제4항, 제8조[유독기구 등의 판매 · 사용 금지], 제9조[기구 및 용기 · 포장에 관한 기준 및 규격] 제4항 또는 제9조의3[인정받지 않은 재생원료의 기구 및 용기 · 포장에의 사용 등 금지] 등을 위반하여 식품위생에 관한 위해가 발생하였다고 인정되는 때
2. 제45조[위해식품 등의 회수] 제1항 또는 「식품 등의 표시 · 광고에 관한 법률」 제15조[위해 식품 등의 회수 및 폐기처분 등] 제2항에 따른 회수계획을 보고받은 때

② 제1항에 따른 공표방법 등 공표에 관하여 필요한 사항은 대통령령으로 정한다.

제75조(허가취소 등)

① 식품의약품안전처장 또는 특별자치시장 · 특별자치도지사 · 시장 · 군수 · 구청장은 영업자가 다음 각 호의 어느 하나에 해당하는 경우에는 대통령령으로 정하는 바에 따라 영업허가 또는 등록을 취소하거나 6개월 이내의 기간을 정하여 그 영업의 전부 또는 일부를 정지하거나 영업소 폐쇄(제37조 제4항에 따라 신고한 영업만 해당한다. 이하 이 조에서 같다)를 명할 수 있다. 다만, 식품접객영업자가 제13호(제44조 제2항에 관한 부분만 해당한다)를 위반한 경우로서 청소년의 신분증 위조 · 변조 또는 도용으로 식품접객영업자가 청소년인 사실을 알지 못하였거나 폭행 또는 협박으로 청소년임을 확인하지 못한 사정이 인정되는 경우에는 대통령령으로 정하는 바에 따라 해당 행정처분을 면제할 수 있다.

1. 제4조[위해식품 등의 판매 등 금지] · 제5조[병든 동물 고기 등의 판매 등 금지] · 제6조[기준 · 규격이 정하여지지 아니한 화학적 합성품 등의 판매 등 금지], 제7조[식품 또는 식품첨가물에 관한 기준 및 규격] 제4항, 제8조[유독기구 등의 판매 · 사용 금지] 또는 제9조[기구 및 용기 · 포장에 관한 기준 및 규격] 제4항, 제9조의3[인정받지 않은 재생원료의 기구 및 용기 · 포장에의 사용 등 금지] 또는 제12조의2[유전자변형식품 등의 표시] 제2항을 위반한 경우
2. 삭제
3. 제17조 제4항[위해식품 등에 대한 긴급대응에 따른 제조 · 판매 등의 금지]을 위반한 경우

4. 제22조 제1항에 따른 출입 · 검사 · 수거를 거부 · 방해 · 기피한 경우
4의2. 삭제
5. 제31조[자가품질검사 의무] 제1항 및 제3항을 위반한 경우
6. 제36조[시설기준]를 위반한 경우
7. 제37조[영업허가 등] 제1항 후단, 제3항, 제4항 후단을 위반하거나 같은 조 제2항에 따른 조건을 위반한 경우
7의2. 제37조[영업허가 등] 제5항에 따른 변경 등록을 하지 아니하거나 같은 항 단서를 위반한 경우
8. 제38조 제1항 제8호[영업허가를 받으려는 자가 피성년후견인이거나 파산선고를 받고 복권되지 아니한 자인 경우]에 해당하는 경우
9. 제40조 제3항[건강진단을 받지 아니한 자나 건강진단 결과 타인에게 위해를 끼칠 우려가 있는 질병이 있는 자의 영업 금지]을 위반한 경우
10. 제41조 제5항[식품위생교육을 받지 아니한 자의 영업 금지]을 위반한 경우
10의2. 제41조의2 제1항[공유주방 운영업을 하려는 자의 위생관리책임자 선임 규정]을 위반한 경우
11. 삭제
12. 제43조에 따른 영업 제한을 위반한 경우
13. 제44조 제1항[영업자 등의 준수사항] · 제2항[청소년 사역 금지 행위] 및 제4항[유흥종사자 고용 · 알선 및 호객행위 금지]을 위반한 경우
14. 제45조[위해식품 등의 회수] 제1항 전단에 따른 회수 조치를 하지 아니한 경우
14의2. 제45조[위해식품 등의 회수] 제1항 후단에 따른 회수계획을 보고하지 아니하거나 거짓으로 보고한 경우
15. 제48조 제2항에 따른 식품안전관리인증기준을 지키지 아니한 경우
15의2. 제49조 제1항 단서에 따른 식품이력추적관리를 등록하지 아니한 경우
16. 제51조 제1항[조리사를 두어야 하는 경우]을 위반한 경우
17. 제71조[시정명령] 제1항, 제72조[폐기처분 등] 제1항 · 제3항, 제73조[위해식품 등의 공표] 제1항 또는 제74조[시설 개수명령 등] 제1항(제88조[집단급식소]에 따라 준용되는 제71조 제1항, 제72조 제1항 · 제3항 또는 제74조 제1항을 포함한다)에 따른 명령을 위반한 경우
18. 제72조[폐기처분 등] 제1항 · 제2항에 따른 압류 · 폐기를 거부 · 방해 · 기피한 경우
19. 「성매매알선 등 행위의 처벌에 관한 법률」 제4조에 따른 금지행위를 한 경우

② 식품의약품안전처장 또는 특별자치시장 · 특별자치도지사 · 시장 · 군수 · 구청장은 영업자가 제1항에 따른 영업정지 명령을 위반하여 영업을 계속하면 영업허가 또는 등록을 취소하거나 영업소 폐쇄를 명할 수 있다.

③ 식품의약품안전처장 또는 특별자치시장 · 특별자치도지사 · 시장 · 군수 · 구청장은 다음 각 호의 어느 하나에 해당하는 경우에는 영업허가 또는 등록을 취소하거나 영업소 폐쇄를 명할 수 있다.
1. 영업자가 정당한 사유 없이 6개월 이상 계속 휴업하는 경우
2. 영업자(제37조 제1항에 따라 영업허가를 받은 자만 해당한다)가 사실상 폐업하여 「부가가치세법」 제8조에 따라 관할세무서장에게 폐업신고를 하거나 관할세무서장이 사업자등록을 말소한 경우

④ 식품의약품안전처장 또는 특별자치시장 · 특별자치도지사 · 시장 · 군수 · 구청장은 제3항 제2호의 사유로 영업허가를 취소하기 위하여 필요한 경우 관할 세무서장에게 영업자의 폐업여부에 대한 정보 제공을 요청할 수 있다. 이 경우 요청을 받은 관할 세무서장은 「전자정부법」 제39조에 따라 영업자의 폐업여부에 대한 정보를 제공한다.

⑤ 제1항 및 제2항에 따른 행정처분의 세부기준은 그 위반 행위의 유형과 위반 정도 등을 고려하여 총리령으로 정한다.

제76조(품목 제조정지 등)

① 식품의약품안전처장 또는 특별자치시장 · 특별자치도지사 · 시장 · 군수 · 구청장은 영업자가 다음 각 호의 어느 하나에 해당하면 대통령령으로 정하는 바에 따라 해당 품목 또는 품목류(제7조[식품 또는 식품첨가물에 관한 기준 및 규격] 또는 제9조[기구 및 용기 · 포장에 관한 기준 및 규격]에 따라 정하여진 식품 등의 기준 및 규격 중 동일한 기준 및 규격을 적용받아 제조 · 가공되는 모든 품목을 말한다. 이하 같다)에 대하여 기간을 정하여 6개월 이내의 제조정지를 명할 수 있다.

1. 제7조[식품 또는 식품첨가물에 관한 기준 및 규격] 제4항을 위반한 경우
2. 제9조[기구 및 용기 · 포장에 관한 기준 및 규격] 제4항을 위반한 경우
3. 삭제

3의2. 제12조의2[유전자변형식품 등의 표시] 제2항을 위반한 경우

4. 삭제
5. 제31조[자가품질검사 의무] 제1항을 위반한 경우

② 제1항에 따른 행정처분의 세부기준은 그 위반 행위의 유형과 위반 정도 등을 고려하여 총리령으로 정한다.

제77조(영업허가 등의 취소 요청)

① 식품의약품안전처장은 「축산물위생관리법」, 「수산업법」 또는 「양식산업발전법」 또는 「주류 면허 등에 관한 법률」에 따라 허가 또는 면허를 받은 자가 제4조[위해식품 등의 판매 등 금지] · 제5조[병든 동물 고기 등의 판매 등 금지] · 제6조[기준 · 규격이 정하여지지 아니한 화학적 합성품 등의 판매 등 금지] 또는 제7조[식품 또는 식품첨가물에 관한 기준 및 규격] 제4항을 위반한 경우에는 해당 허가 또는 면허 업무를 관할하는 중앙행정기관의 장에게 다음 각 호의 조치를 하도록 요청할 수 있다. 다만, 주류(酒類)는 「보건범죄단속에 관한 특별조치법」 제8조에 따른 유해 등의 기준에 해당하는 경우로 한정한다.

1. 허가 또는 면허의 전부 또는 일부 취소
2. 일정 기간의 영업정지
3. 그 밖에 위생상 필요한 조치

② 제1항에 따라 영업허가 등의 취소 요청을 받은 관계 중앙행정기관의 장은 정당한 사유가 없으면 이에 따라야 하며, 그 조치결과를 지체 없이 식품의약품안전처장에게 통보하여야 한다.

제79조(폐쇄조치 등)

① 식품의약품안전처장, 시 · 도지사 또는 시장 · 군수 · 구청장은 제37조[영업허가 등] 제1항, 제4항 또는 제5항을 위반하여 허가받지 아니하거나 신고 또는 등록하지 아니하고 영업을 하는 경우 또는 제75조[허가취소 등] 제1항 또는 제2항에 따라 허가 또는 등록이 취소되거나 영업소 폐쇄명령을 받은 후에도 계속하여 영업을 하는 경우에는 해당 영업소를 폐쇄하기 위하여 관계 공무원에게 다음 각 호의 조치를 하게 할 수 있다.

1. 해당 영업소의 간판 등 영업 표지물의 제거나 삭제
2. 해당 영업소가 적법한 영업소가 아님을 알리는 게시문 등의 부착
3. 해당 영업소의 시설물과 영업에 사용하는 기구 등을 사용할 수 없게 하는 봉인(封印)

② 식품의약품안전처장, 시 · 도지사 또는 시장 · 군수 · 구청장은 제1항 제3호에 따라 봉인한 후 봉인을 계속할 필요가 없거나 해당 영업을 하는 자 또는 그 대리인이 해당 영업소 폐쇄를 약속하거나 그 밖의 정당한 사유를 들어 봉인의 해제를 요청하는 경우에는 봉인을 해제할 수 있다. 제1항 제2호에 따른 게시문 등의 경우에도 또한 같다.
③ 식품의약품안전처장, 시 · 도지사 또는 시장 · 군수 · 구청장은 제1항에 따른 조치를 하려면 해당 영업을 하는 자 또는 그 대리인에게 문서로 미리 알려야 한다. 다만, 급박한 사유가 있으면 그러하지 아니하다.
④ 제1항에 따른 조치는 그 영업을 할 수 없게 하는 데에 필요한 최소한의 범위에 그쳐야 한다.
⑤ 제1항의 경우에 관계 공무원은 그 권한을 표시하는 증표 및 조사기간, 조사범위, 조사담당자, 관계 법령 등 대통령령으로 정하는 사항이 기재된 서류를 지니고 이를 관계인에게 내보여야 한다.

제80조(면허취소 등)

① 식품의약품안전처장 또는 특별자치시장 · 특별자치도지사 · 시장 · 군수 · 구청장은 조리사가 다음 각 호의 어느 하나에 해당하면 그 면허를 취소하거나 6개월 이내의 기간을 정하여 업무정지를 명할 수 있다. 다만, 조리사가 제1호 또는 제5호에 해당할 경우 면허를 취소하여야 한다.
  1. 제54조[결격사유] 각 호의 어느 하나에 해당하게 된 경우
  2. 제56조에 따른 교육을 받지 아니한 경우
  3. 식중독이나 그 밖에 위생과 관련한 중대한 사고 발생에 직무상의 책임이 있는 경우
  4. 면허를 타인에게 대여하여 사용하게 한 경우
  5. 업무정지기간 중에 조리사의 업무를 하는 경우
② 제1항에 따른 행정처분의 세부기준은 그 위반 행위의 유형과 위반 정도 등을 고려하여 총리령으로 정한다.

제81조(청문)

식품의약품안전처장, 시 · 도지사 또는 시장 · 군수 · 구청장은 다음 각 호의 어느 하나에 해당하는 처분을 하려면 청문을 하여야 한다.
1. 삭제
1의2. 삭제
2. 제48조 제8항에 따른 식품안전관리인증기준적용업소의 인증취소
2의2. 제48조의5 제1항에 따른 교육훈련기관의 지정취소
3. 제75조 제1항부터 제3항까지의 규정에 따른 영업허가 또는 등록의 취소나 영업소의 폐쇄명령
4. 제80조 제1항에 따른 면허의 취소

제82조(영업정지 등의 처분에 갈음하여 부과하는 과징금 처분)

① 식품의약품안전처장, 시 · 도지사 또는 시장 · 군수 · 구청장은 영업자가 제75조[허가취소 등] 제1항 각 호 또는 제76조[품목 제조정지 등] 제1항 각 호의 어느 하나에 해당하는 경우에는 대통령령으로 정하는 바에 따라 영업정지, 품목 제조정지 또는 품목류 제조정지 처분을 갈음하여 10억 원 이하의 과징금을 부과할 수 있다. 다만, 제6조[기준 · 규격이 정하여지지 아니한 화학적 합성품 등의 판매 등 금지]를 위반하여 제75조[허가취소 등] 제1항에 해당하는 경우와 제4조[위해식품 등의 판매 등 금지], 제5조[병든 동물 고기 등의 판매 등 금지], 제7조[식품 또는 식품첨가물에 관한 기준 및 규격], 제12조의2[유전자변형식품 등의 표시], 제37조[영업허가 등], 제43조[영업 제한] 및 제44조[영업자 등의 준수사항]를 위반하여 제75조[허가취소 등] 제1항 또는 제76조[품목 제조정지 등] 제1항에 해당하는 중대한 사항으로서 총리령으로 정하는 경우는 제외한다.

② 제1항에 따른 과징금을 부과하는 위반 행위의 종류 · 정도 등에 따른 과징금의 금액과 그 밖에 필요한 사항은 대통령령으로 정한다.

③ 식품의약품안전처장, 시 · 도지사 또는 시장 · 군수 · 구청장은 과징금을 징수하기 위하여 필요한 경우에는 다음 각 호의 사항을 적은 문서로 관할 세무관서의 장에게 과세 정보 제공을 요청할 수 있다.

1. 납세자의 인적 사항
2. 사용 목적
3. 과징금 부과기준이 되는 매출금액

④ 식품의약품안전처장, 시 · 도지사 또는 시장 · 군수 · 구청장은 제1항에 따른 과징금을 기한 내에 납부하지 아니하는 때에는 대통령령으로 정하는 바에 따라 제1항에 따른 과징금 부과처분을 취소하고 제75조 제1항 또는 제76조 제1항에 따른 영업정지 또는 제조정지 처분을 하거나 국세 체납처분의 예 또는 「지방행정제재 · 부과금의 징수 등에 관한 법률」에 따라 징수한다. 다만, 다음 각 호의 어느 하나에 해당하는 경우에는 국세 체납처분의 예 또는 「지방행정제재 · 부과금의 징수 등에 관한 법률」에 따라 징수한다.

1. 삭제
2. 제37조 제3항, 제4항 및 제5항에 따른 폐업 등으로 제75조 제1항 또는 제76조 제1항에 따른 영업정지 또는 제조정지 처분을 할 수 없는 경우

⑤ 제1항 및 제4항 단서에 따라 징수한 과징금 중 식품의약품안전처장이 부과 · 징수한 과징금은 국가에 귀속되고, 시 · 도지사가 부과 · 징수한 과징금은 시 · 도의 식품진흥기금(제89조에 따른 식품진흥기금을 말한다. 이하 이 항에서 같다)에 귀속되며, 시장 · 군수 · 구청장이 부과 · 징수한 과징금은 시 · 도와 시 · 군 · 구의 식품진흥기금에 귀속된다. 이 경우 시 · 도 및 시 · 군 · 구에 귀속시키는 방법 등은 대통령령으로 정한다.

⑥ 시 · 도지사는 제91조[권한의 위임]에 따라 제1항에 따른 과징금을 부과 · 징수할 권한을 시장 · 군수 · 구청장에게 위임한 경우에는 그에 필요한 경비를 대통령령으로 정하는 바에 따라 시장 · 군수 · 구청장에게 교부할 수 있다.

⑦ 식품의약품안전처장, 시 · 도지사 또는 시장 · 군수 · 구청장은 제4항에 따라 체납된 과징금의 징수를 위하여 다음 각 호의 어느 하나에 해당하는 자료 또는 정보를 해당 각 호의 자에게 각각 요청할 수 있다. 이 경우 요청을 받은 자는 정당한 사유가 없으면 그 요청에 따라야 한다.

1. 「건축법」 제38조에 따른 건축물대장 등본 : 국토교통부장관
2. 「공간정보의 구축 및 관리 등에 관한 법률」 제71조에 따른 토지대장 등본 : 국토교통부장관
3. 「자동차관리법」 제7조에 따른 자동차등록원부 등본 : 시 · 도지사

제83조(위해식품 등의 판매 등에 따른 과징금 부과 등)

① 식품의약품안전처장, 시 · 도지사 또는 시장 · 군수 · 구청장은 위해식품 등의 판매 등 금지에 관한 제4조부터 제6조까지의 규정 또는 제8조를 위반한 경우 다음 각 호의 어느 하나에 해당하는 자에 대하여 그가 판매한 해당 식품 등의 판매금액을 과징금으로 부과한다.

1. 제4조 제2호 · 제3호 및 제5호부터 제7호까지의 규정을 위반하여 제75조에 따라 영업정지 2개월 이상의 처분, 영업허가 및 등록의 취소 또는 영업소의 폐쇄명령을 받은 자
2. 제5조, 제6조 또는 제8조를 위반하여 제75조에 따라 영업허가 및 등록의 취소 또는 영업소의 폐쇄명령을 받은 자
3. 삭제

② 제1항에 따른 과징금의 산출금액은 대통령령으로 정하는 바에 따라 결정하여 부과한다.

③ 제2항에 따라 부과된 과징금을 기한 내에 납부하지 아니하는 경우 또는 제37조 제3항, 제4항 및 제5항에 따라 폐업한 경우에는 국세 체납처분의 예 또는 「지방행정제재 · 부과금의 징수 등에 관한 법률」에 따라 징수한다.

④ 제1항에 따른 과징금 및 체납 과징금의 징수를 위한 정보 · 자료의 제공 요청, 부과 · 징수한 과징금의 귀속 및 귀속 비율과 징수 절차 등에 관하여는 제82조 제3항 및 제5항부터 제7항까지의 규정을 준용한다.

12 보 칙

제85조(국고 보조)

식품의약품안전처장은 예산의 범위에서 다음 경비의 전부 또는 일부를 보조할 수 있다.

1. 제22조 제1항(제88조[집단급식소]에서 준용하는 경우를 포함한다)에 따른 수거에 드는 경비
2. 삭제
3. 조합에서 실시하는 교육훈련에 드는 경비
4. 제32조 제1항에 따른 식품위생감시원과 제33조에 따른 소비자식품위생감시원 운영에 드는 경비
5. 정보원의 설립 · 운영에 드는 경비
6. 제60조 제6호[식품의약품안전처장이 위탁하는 조사 · 연구 사업]에 따른 조사 · 연구 사업에 드는 경비
7. 제63조 제1항(제66조에서 준용하는 경우를 포함한다)에 따른 조합 또는 협회의 자율지도원 운영에 드는 경비
8. 제72조(제88조[집단급식소]에서 준용하는 경우를 포함한다)에 따른 폐기에 드는 경비

제86조(식중독에 관한 조사 보고)

① 다음 각 호의 어느 하나에 해당하는 자는 지체 없이 관할 특별자치시장 · 시장(「제주특별자치도 설치 및 국제자유도시 조성을 위한 특별법」에 따른 행정시장을 포함한다. 이하 이 조에서 같다) · 군수 · 구청장에게 보고하여야 한다. 이 경우 의사나 한의사는 대통령령으로 정하는 바에 따라 식중독 환자나 식중독이 의심되는 자의 혈액 또는 배설물을 보관하는 데에 필요한 조치를 하여야 한다.

1. 식중독 환자나 식중독이 의심되는 자를 진단하였거나 그 사체를 검안(檢案)한 의사 또는 한의사
2. 집단급식소에서 제공한 식품 등으로 인하여 식중독 환자나 식중독으로 의심되는 증세를 보이는 자를 발견한 집단급식소의 설치 · 운영자

② 특별자치시장 · 시장 · 군수 · 구청장은 제1항에 따른 보고를 받은 때에는 지체 없이 그 사실을 식품의약품안전처장 및 시 · 도지사(특별자치시장은 제외한다)에게 보고하고, 대통령령으로 정하는 바에 따라 원인을 조사하여 그 결과를 보고하여야 한다.

③ 식품의약품안전처장은 제2항에 따른 보고의 내용이 국민 건강상 중대하다고 인정하는 경우에는 해당 시 · 도지사 또는 시장 · 군수 · 구청장과 합동으로 원인을 조사할 수 있다.

④ 식품의약품안전처장은 식중독 발생의 원인을 규명하기 위하여 식중독 의심환자가 발생한 원인시설 등에 대한 조사절차와 시험 · 검사 등에 필요한 사항을 정할 수 있다.

제88조(집단급식소)

① 집단급식소를 설치 · 운영하려는 자는 총리령으로 정하는 바에 따라 특별자치시장 · 특별자치도지사 · 시장 · 군수 · 구청장에게 신고하여야 한다. 신고한 사항 중 총리령으로 정하는 사항을 변경하려는 경우에도 또한 같다.

② 집단급식소를 설치 · 운영하는 자는 집단급식소 시설의 유지 · 관리 등 급식을 위생적으로 관리하기 위하여 다음 각 호의 사항을 지켜야 한다.

1. 식중독 환자가 발생하지 아니하도록 위생관리를 철저히 할 것
2. 조리 · 제공한 식품의 매회 1인분 분량을 총리령으로 정하는 바에 따라 144시간 이상 보관할 것
3. 영양사를 두고 있는 경우 그 업무를 방해하지 아니할 것
4. 영양사를 두고 있는 경우 영양사가 집단급식소의 위생관리를 위하여 요청하는 사항에 대하여는 정당한 사유가 없으면 따를 것
5. 「축산물 위생관리법」 제12조에 따라 검사를 받지 아니한 축산물 또는 실험 등의 용도로 사용한 동물을 음식물의 조리에 사용하지 말 것
6. 「야생생물 보호 및 관리에 관한 법률」을 위반하여 포획 · 채취한 야생생물을 음식물의 조리에 사용하지 말 것
7. 소비기한이 경과한 원재료 또는 완제품을 조리할 목적으로 보관하거나 이를 음식물의 조리에 사용하지 말 것
8. 수돗물이 아닌 지하수 등을 먹는 물 또는 식품의 조리 · 세척 등에 사용하는 경우에는 「먹는물관리법」 제43조에 따른 먹는물 수질검사기관에서 총리령으로 정하는 바에 따라 검사를 받아 마시기에 적합하다고 인정된 물을 사용할 것. 다만, 둘 이상의 업소가 같은 건물에서 같은 수원(水源)을 사용하는 경우에는 하나의 업소에 대한 시험결과로 나머지 업소에 대한 검사를 갈음할 수 있다.
9. 제15조 제2항에 따라 위해평가가 완료되기 전까지 일시적으로 금지된 식품 등을 사용 · 조리하지 말 것
10. 식중독 발생 시 보관 또는 사용 중인 식품은 역학조사가 완료될 때까지 폐기하거나 소독 등으로 현장을 훼손하여서는 아니 되고 원상태로 보존하여야 하며, 식중독 원인규명을 위한 행위를 방해하지 말 것
11. 그 밖에 식품 등의 위생적 관리를 위하여 필요하다고 총리령으로 정하는 사항을 지킬 것

③ 집단급식소에 관하여는 제3조부터 제6조까지, 제7조 제4항, 제8조, 제9조 제4항, 제9조의3, 제22조, 제37조 제7항 · 제9항, 제39조, 제40조, 제41조, 제48조, 제71조, 제72조 및 제74조를 준용한다.
④ 특별자치시장 · 특별자치도지사 · 시장 · 군수 · 구청장은 제1항에 따른 신고 또는 변경신고를 받은 날부터 3일 이내에 신고수리 여부를 신고인에게 통지하여야 한다.
⑤ 특별자치시장 · 특별자치도지사 · 시장 · 군수 · 구청장이 제4항에서 정한 기간 내에 신고수리 여부 또는 민원 처리 관련 법령에 따른 처리기간의 연장을 신고인에게 통지하지 아니하면 그 기간(민원 처리 관련 법령에 따라 처리기간이 연장 또는 재연장된 경우에는 해당 처리기간을 말한다)이 끝난 날의 다음 날에 신고를 수리한 것으로 본다.
⑥ 제1항에 따라 신고한 자가 집단급식소 운영을 종료하려는 경우에는 특별자치시장 · 특별자치도지사 · 시장 · 군수 · 구청장에게 신고하여야 한다.
⑦ 집단급식소의 시설기준과 그 밖의 운영에 관한 사항은 총리령으로 정한다.

제89조의2(영업자 등에 대한 행정적 · 기술적 지원)
국가와 지방자치단체는 식품안전에 대한 영업자 등의 관리능력을 향상하기 위한 기반조성 및 역량 강화에 필요한 시책을 수립 · 시행하여야 하며, 이를 위한 재원을 마련하고 기술개발, 조사 · 연구 사업, 해외정보의 제공 및 국제협력체계의 구축 등에 필요한 행정적 · 기술적 지원을 할 수 있다.

13 벌 칙

제93조(벌칙)
① 다음 각 호의 어느 하나에 해당하는 질병에 걸린 동물을 사용하여 판매할 목적으로 식품 또는 식품첨가물을 제조 · 가공 · 수입 또는 조리한 자는 3년 이상의 징역에 처한다.
1. 소해면상뇌증(狂牛病)
2. 탄저병
3. 가금 인플루엔자
② 다음 각 호의 어느 하나에 해당하는 원료 또는 성분 등을 사용하여 판매할 목적으로 식품 또는 식품첨가물을 제조 · 가공 · 수입 또는 조리한 자는 1년 이상의 징역에 처한다.
1. 마황(麻黃)
2. 부자(附子)
3. 천오(川烏)
4. 초오(草烏)
5. 백부자(白附子)
6. 섬수(蟾수)
7. 백선피(白鮮皮)
8. 사리풀

③ 제1항 및 제2항의 경우 제조 · 가공 · 수입 · 조리한 식품 또는 식품첨가물을 판매하였을 때에는 그 판매금액의 2배 이상 5배 이하에 해당하는 벌금을 병과(併科)한다.

④ 제1항 또는 제2항의 죄로 형을 선고받고 그 형이 확정된 후 5년 이내에 다시 제1항 또는 제2항의 죄를 범한 자가 제3항에 해당하는 경우 제3항에서 정한 형의 2배까지 가중한다.

제94조(벌칙)

① 다음 각 호의 어느 하나에 해당하는 자는 10년 이하의 징역 또는 1억원 이하의 벌금에 처하거나 이를 병과할 수 있다.

1. 제4조[위해식품 등의 판매 등 금지] · 제5조[병든 동물 고기 등의 판매 등 금지] · 제6조[기준 · 규격이 정하여지지 아니한 화학적 합성품 등의 판매 등 금지](제88조[집단급식소]에서 준용하는 경우를 포함하고, 제93조 제1항 및 제3항에 해당하는 경우는 제외한다)를 위반한 자
2. 제8조(제88조[집단급식소 등]에서 준용하는 경우를 포함한다)를 위반한 자

2의2. 삭제

3. 제37조[영업허가 등] 제1항을 위반한 자

② 제1항의 죄로 금고 이상의 형을 선고받고 그 형이 확정된 후 5년 이내에 다시 제1항의 죄를 범한 자는 1년 이상 10년 이하의 징역에 처한다.

③ 제2항의 경우 그 해당 식품 또는 식품첨가물을 판매한 때에는 그 판매금액의 4배 이상 10배 이하에 해당하는 벌금을 병과한다.

제95조(벌칙)

다음 각 호의 어느 하나에 해당하는 자는 5년 이하의 징역 또는 5천만원 이하의 벌금에 처하거나 이를 병과할 수 있다.

1. 제7조[식품 또는 식품첨가물에 관한 기준 및 규격] 제4항(제88조[집단급식소]에서 준용하는 경우를 포함한다), 제9조[기구 및 용기 · 포장에 관한 기준 및 규격] 제4항(제88조[집단급식소]에서 준용하는 경우를 포함한다) 또는 제9조의3(제88조[집단급식소]에서 준용하는 경우를 포함한다)을 위반한 자
2. 삭제

2의2. 제37조[영업허가 등] 제5항을 위반한 자

3. 제43조에 따른 영업 제한을 위반한 자

3의2. 제45조[위해식품 등의 회수] 제1항 전단을 위반한 자

4. 제72조[폐기처분 등] 제1항 · 제3항(제88조[집단급식소]에서 준용하는 경우를 포함한다) 또는 제73조[위해식품 등의 공표] 제1항에 따른 명령을 위반한 자
5. 제75조[허가취소 등] 제1항에 따른 영업정지 명령을 위반하여 영업을 계속한 자(제37조 제1항에 따른 영업허가를 받은 자만 해당한다)

제96조(벌칙)

제51조[조리사] 또는 제52조[영양사]를 위반한 자는 3년 이하의 징역 또는 3천만원 이하의 벌금에 처하거나 이를 병과할 수 있다.

제97조(벌칙)

다음 각 호의 어느 하나에 해당하는 자는 3년 이하의 징역 또는 3천만원 이하의 벌금에 처한다.

1. 제12조의2[유전자변형식품 등의 표시] 제2항, 제17조[위해식품 등에 대한 긴급대응] 제4항, 제31조[자가품질검사 의무] 제1항 · 제3항, 제37조[영업허가 등] 제3항 · 제4항, 제39조[영업 승계] 제3항, 제48조[식품안전관리인증기준] 제2항 · 제10항, 제49조[식품이력추적관리 등록기준 등] 제1항 단서 또는 제55조[조리사 아닌 자의 조리사 명칭 사용 금지]를 위반한 자
2. 제22조[출입 · 검사 · 수거 등] 제1항(제88조[집단급식소]에서 준용하는 경우를 포함한다) 또는 제72조[폐기처분 등] 제1항 · 제2항(제88조[집단급식소]에서 준용하는 경우를 포함한다)에 따른 검사 · 출입 · 수거 · 압류 · 폐기를 거부 · 방해 또는 기피한 자
3. 삭제
4. 제36조에 따른 시설기준을 갖추지 못한 영업자
5. 제37조[영업허가 등] 제2항에 따른 조건을 갖추지 못한 영업자
6. 제44조 제1항에 따라 영업자가 지켜야 할 사항을 지키지 아니한 자. 다만, 총리령으로 정하는 경미한 사항을 위반한 자는 제외한다.
7. 제75조[허가취소 등] 제1항에 따른 영업정지 명령을 위반하여 계속 영업한 자(제37조 제4항 또는 제5항에 따라 영업신고 또는 등록을 한 자만 해당한다) 또는 같은 조 제1항 및 제2항에 따른 영업소 폐쇄명령을 위반하여 영업을 계속한 자
8. 제76조[품목 제조정지 등] 제1항에 따른 제조정지 명령을 위반한 자
9. 제79조[폐쇄조치 등] 제1항에 따라 관계 공무원이 부착한 봉인 또는 게시문 등을 함부로 제거하거나 손상시킨 자
10. 제86조 제2항 · 제3항에 따른 식중독 원인조사를 거부 · 방해 또는 기피한 자

제98조(벌칙)

다음 각 호의 어느 하나에 해당하는 자는 1년 이하의 징역 또는 1천만원 이하의 벌금에 처한다.

1. 제44조 제3항을 위반하여 접객행위를 하거나 다른 사람에게 그 행위를 알선한 자
2. 제46조 제1항을 위반하여 소비자로부터 이물 발견의 신고를 접수하고 이를 거짓으로 보고한 자
3. 이물의 발견을 거짓으로 신고한 자
4. 제45조[위해식품 등의 회수] 제1항 후단을 위반하여 보고를 하지 아니하거나 거짓으로 보고한 자

제101조(과태료)

① 다음 각 호의 어느 하나에 해당하는 자에게는 1천만원 이하의 과태료를 부과한다.

1. 제86조 제1항을 위반한 자
2. 제88조 제1항 전단을 위반하여 신고하지 아니하거나 허위의 신고를 한 자
3. 제88조 제2항을 위반한 자. 다만, 총리령으로 정하는 경미한 사항을 위반한 자는 제외한다.

② 다음 각 호의 어느 하나에 해당하는 자에게는 500만원 이하의 과태료를 부과한다.

1. 제3조를 위반한 자

1의2. 삭제

1의3. 제19조의4 제2항을 위반하여 검사기한 내에 검사를 받지 아니하거나 자료 등을 제출하지 아니한 영업자

1의4. 삭제

2. 삭제
3. 제37조 제6항을 위반하여 보고를 하지 아니하거나 허위의 보고를 한 자
4. 삭제
5. 삭제
5의2. 제46조 제1항을 위반하여 소비자로부터 이물 발견신고를 받고 보고하지 아니한 자
6. 제48조 제9항(제88조에서 준용하는 경우를 포함한다)을 위반한 자
7. 삭제
8. 제74조 제1항(제88조에서 준용하는 경우를 포함한다)에 따른 명령에 위반한 자
9. 삭제
10. 삭제

③ 다음 각 호의 어느 하나에 해당하는 자에게는 300만원 이하의 과태료를 부과한다.
1. 제40조 제1항 및 제3항(제88조에서 준용하는 경우를 포함한다)을 위반한 자
1의2. 제41조의2 제3항을 위반하여 위생관리책임자의 업무를 방해한 자
1의3. 제41조의2 제4항에 따른 위생관리책임자 선임 · 해임 신고를 하지 아니한 자
1의4. 제41조의2 제7항을 위반하여 직무 수행내역 등을 기록 · 보관하지 아니하거나 거짓으로 기록 · 보관한 자
1의5. 제41조의2 제8항에 따른 교육을 받지 아니한 자
2. 삭제
2의2. 제44조의2 제1항을 위반하여 책임보험에 가입하지 아니한 자
3. 삭제
4. 제49조 제3항을 위반하여 식품이력추적관리 등록사항이 변경된 경우 변경사유가 발생한 날부터 1개월 이내에 신고하지 아니한 자
5. 제49조의3 제4항을 위반하여 식품이력추적관리정보를 목적 외에 사용한 자
6. 제88조 제2항에 따라 집단급식소를 설치 · 운영하는 자가 지켜야 할 사항 중 총리령으로 정하는 경미한 사항을 지키지 아니한 자

④ 다음 각 호의 어느 하나에 해당하는 자에게는 100만원 이하의 과태료를 부과한다.
1. 제41조 제1항 및 제5항(제88조에서 준용하는 경우를 포함한다)을 위반한 자
2. 제42조 제2항을 위반하여 보고를 하지 아니하거나 허위의 보고를 한 자
3. 제44조 제1항에 따라 영업자가 지켜야 할 사항 중 총리령으로 정하는 경미한 사항을 지키지 아니한 자
4. 제56조 제1항을 위반하여 교육을 받지 아니한 자

⑤ 제1항부터 제4항까지의 규정에 따른 과태료는 대통령령으로 정하는 바에 따라 식품의약품안전처장, 시 · 도지사 또는 시장 · 군수 · 구청장이 부과 · 징수한다.

제102조(과태료에 관한 규정 적용의 특례)

제101조의 과태료에 관한 규정을 적용하는 경우 제82조에 따라 과징금을 부과한 행위에 대하여는 과태료를 부과할 수 없다. 다만, 제82조 제4항 본문에 따라 과징금 부과처분을 취소하고 영업정지 또는 제조정지 처분을 한 경우에는 그러하지 아니하다.

THEME 02

국민건강증진법

[시행 2023.12.22.] [법률 제18606호, 2021.12.21., 일부개정]

01 총 칙

제1조(목적)

이 법은 국민에게 건강에 대한 가치와 책임의식을 함양하도록 건강에 관한 바른 지식을 보급하고 스스로 건강생활을 실천할 수 있는 여건을 조성함으로써 국민의 건강을 증진함을 목적으로 한다.

제2조(정의)

이 법에서 사용하는 용어의 정의는 다음과 같다.

1. "국민건강증진사업"이라 함은 보건교육, 질병예방, 영양개선, 신체활동장려, 건강관리 및 건강생활의 실천 등을 통하여 국민의 건강을 증진시키는 사업을 말한다.
2. "보건교육"이라 함은 개인 또는 집단으로 하여금 건강에 유익한 행위를 자발적으로 수행하도록 하는 교육을 말한다.
3. "영양개선"이라 함은 개인 또는 집단이 균형된 식생활을 통하여 건강을 개선시키는 것을 말한다.
4. "신체활동장려"란 개인 또는 집단이 일상생활 중 신체의 근육을 활용하여 에너지를 소비하는 모든 활동을 자발적으로 적극 수행하도록 장려하는 것을 말한다.
5. "건강관리"란 개인 또는 집단이 건강에 유익한 행위를 지속적으로 수행함으로써 건강한 상태를 유지하는 것을 말한다.
6. "건강친화제도"란 근로자의 건강증진을 위하여 직장 내 문화 및 환경을 건강친화적으로 조성하고, 근로자가 자신의 건강관리를 적극적으로 수행할 수 있도록 교육, 상담 프로그램 등을 지원하는 것을 말한다.

제3조(책임)

① 국가 및 지방자치단체는 건강에 관한 국민의 관심을 높이고 국민건강을 증진할 책임을 진다.

② 모든 국민은 자신 및 가족의 건강을 증진하도록 노력하여야 하며, 타인의 건강에 해를 끼치는 행위를 하여서는 아니 된다.

제3조의2(보건의 날)

① 보건에 대한 국민의 이해와 관심을 높이기 위하여 매년 4월 7일을 보건의 날로 정하며, 보건의 날부터 1주간을 건강주간으로 한다.

② 국가와 지방자치단체는 보건의 날의 취지에 맞는 행사 등 사업을 시행하도록 노력하여야 한다.

제4조(국민건강증진종합계획의 수립)

① 보건복지부장관은 제5조의 규정에 따른 국민건강증진정책심의위원회의 심의를 거쳐 국민건강증진종합계획(이하 "종합계획"이라 한다)을 5년마다 수립하여야 한다. 이 경우 미리 관계중앙행정기관의 장과 협의를 거쳐야 한다.

② 종합계획에 포함되어야 할 사항은 다음과 같다.
  1. 국민건강증진의 기본목표 및 추진방향
  2. 국민건강증진을 위한 주요 추진과제 및 추진방법
  3. 국민건강증진에 관한 인력의 관리 및 소요재원의 조달방안
  4. 제22조의 규정에 따른 국민건강증진기금의 운용방안
  4의2. 아동 · 여성 · 노인 · 장애인 등 건강취약 집단이나 계층에 대한 건강증진 지원방안
  5. 국민건강증진 관련 통계 및 정보의 관리 방안
  6. 그 밖에 국민건강증진을 위하여 필요한 사항

제4조의2(실행계획의 수립 등)

① 보건복지부장관, 관계중앙행정기관의 장, 특별시장 · 광역시장 · 특별자치시장 · 도지사 · 특별자치도지사(이하 "시 · 도지사"라 한다) 및 시장 · 군수 · 구청장(자치구의 구청장에 한한다. 이하 같다)은 종합계획을 기초로 하여 소관 주요시책의 실행계획(이하 "실행계획"이라 한다)을 매년 수립 · 시행하여야 한다.
② 국가는 실행계획의 시행에 필요한 비용의 전부 또는 일부를 지방자치단체에 보조할 수 있다.

제4조의3(계획수립의 협조)

① 보건복지부장관, 관계중앙행정기관의 장, 시 · 도지사 및 시장 · 군수 · 구청장은 종합계획과 실행계획의 수립 · 시행을 위하여 필요한 때에는 관계 기관 · 단체 등에 대하여 자료 제공 등의 협조를 요청할 수 있다.
② 제1항의 규정에 따른 협조요청을 받은 관계 기관 · 단체 등은 특별한 사유가 없는 한 이에 응하여야 한다.

제5조(국민건강증진정책심의위원회)

① 국민건강증진에 관한 주요사항을 심의하기 위하여 보건복지부에 국민건강증진정책심의위원회(이하 "위원회"라 한다)를 둔다.
② 위원회는 다음 각 호의 사항을 심의한다.
  1. 종합계획
  2. 제22조의 규정에 따른 국민건강증진기금의 연도별 운용계획안 · 결산 및 평가
  3. 2 이상의 중앙행정기관이 관련되는 주요 국민건강증진시책에 관한 사항으로서 관계중앙행정기관의 장이 심의를 요청하는 사항
  4. 「국민영양관리법」 제9조[국민영양정책 등의 심의]에 따른 심의사항
  5. 다른 법령에서 위원회의 심의를 받도록 한 사항
  6. 그 밖에 위원장이 심의에 부치는 사항

제5조의2(위원회의 구성과 운영)

① 위원회는 위원장 1인 및 부위원장 1인을 포함한 15인 이내의 위원으로 구성한다.
② 위원장은 보건복지부차관이 되고, 부위원장은 위원장이 공무원이 아닌 위원 중에서 지명한 자가 된다.
③ 위원은 국민건강증진 · 질병관리에 관한 학식과 경험이 풍부한 자, 「소비자기본법」에 따른 소비자단체 및 「비영리민간단체 지원법」에 따른 비영리민간단체가 추천하는 자, 관계공무원 중에서 보건복지부장관이 위촉 또는 지명한다.
④ 그 밖에 위원회의 구성 · 운영 등에 관하여 필요한 사항은 대통령령으로 정한다.

제5조의3(한국건강증진개발원의 설립 및 운영)

① 보건복지부장관은 제22조에 따른 국민건강증진기금의 효율적인 운영과 국민건강증진사업의 원활한 추진을 위하여 필요한 정책 수립의 지원과 사업평가 등의 업무를 수행할 수 있도록 한국건강증진개발원(이하 이 조에서 "개발원"이라 한다)을 설립한다.

② 개발원은 다음 각 호의 업무를 수행한다.

1. 국민건강증진 정책수립을 위한 자료개발 및 정책분석
2. 종합계획 수립의 지원
3. 위원회의 운영지원
4. 제24조에 따른 기금의 관리 · 운용의 지원 업무
5. 제25조[기금의 사용 등] 제1항 제1호부터 제10호까지의 사업에 관한 업무
6. 국민건강증진사업의 관리, 기술 지원 및 평가
7. 「지역보건법」 제7조부터 제9조까지에 따른 지역보건의료계획에 대한 기술 지원
8. 「지역보건법」 제24조에 따른 보건소의 설치와 운영에 필요한 비용의 보조
9. 국민건강증진과 관련된 연구과제의 기획 및 평가
10. 「농어촌 등 보건의료를 위한 특별조치법」 제2조의 공중보건의사의 효율적 활용을 위한 지원
11. 지역보건사업의 원활한 추진을 위한 지원
12. 그 밖에 국민건강증진과 관련하여 보건복지부장관이 필요하다고 인정한 업무

③ 개발원은 법인으로 하고, 주된 사무소의 소재지에 설립등기를 함으로써 성립한다.

④ 개발원은 다음 각 호를 재원으로 한다.

1. 제22조에 따른 기금
2. 정부출연금
3. 기부금
4. 그 밖의 수입금

⑤ 정부는 개발원의 운영에 필요한 예산을 지급할 수 있다.

⑥ 개발원에 관하여 이 법과 「공공기관의 운영에 관한 법률」에서 정한 사항 외에는 「민법」 중 재단법인에 관한 규정을 준용한다.

02 국민건강의 관리

제6조(건강친화 환경 조성 및 건강생활의 지원 등)

① 국가 및 지방자치단체는 건강친화 환경을 조성하고, 국민이 건강생활을 실천할 수 있도록 지원하여야 한다.

② 국가는 혼인과 가정생활을 보호하기 위하여 혼인 전에 혼인 당사자의 건강을 확인하도록 권장하여야 한다.

③ 제2항의 규정에 의한 건강 확인의 내용 및 절차에 관하여 필요한 사항은 보건복지부령으로 정한다.

제6조의2(건강친화기업 인증)

① 보건복지부장관은 건강친화 환경의 조성을 촉진하기 위하여 건강친화제도를 모범적으로 운영하고 있는 기업에 대하여 건강친화인증(이하 "인증"이라 한다)을 할 수 있다.

② 인증을 받고자 하는 자는 대통령령으로 정하는 바에 따라 보건복지부장관에게 신청하여야 한다.

③ 인증을 받은 기업은 보건복지부령으로 정하는 바에 따라 인증의 표시를 할 수 있다.

④ 인증을 받지 아니한 기업은 인증표시 또는 이와 유사한 표시를 하여서는 아니 된다.

⑤ 국가 및 지방자치단체는 인증을 받은 기업에 대하여 대통령령으로 정하는 바에 따라 행정적 · 재정적 지원을 할 수 있다.

⑥ 인증의 기준 및 절차는 대통령령으로 정한다.

제6조의3(인증의 유효기간)

① 인증의 유효기간은 인증을 받은 날부터 3년으로 하되, 대통령령으로 정하는 바에 따라 그 기간을 연장할 수 있다.

② 제1항에 따른 인증의 연장신청에 필요한 사항은 보건복지부령으로 정한다.

제6조의4(인증의 취소)

① 보건복지부장관은 인증을 받은 기업이 다음 각 호의 어느 하나에 해당하면 보건복지부령으로 정하는 바에 따라 그 인증을 취소할 수 있다. 다만, 제1호에 해당하는 경우에는 인증을 취소하여야 한다.

1. 거짓이나 그 밖의 부정한 방법으로 인증을 받은 경우
2. 제6조의2 제6항에 따른 인증기준에 적합하지 아니하게 된 경우

② 보건복지부장관은 제1항 제1호에 따라 인증이 취소된 기업에 대해서는 그 취소된 날부터 3년이 지나지 아니한 경우에는 인증을 하여서는 아니 된다.

③ 보건복지부장관은 제1항에 따라 인증을 취소하고자 하는 경우에는 청문을 실시하여야 한다.

제6조의5(건강도시의 조성 등)

① 국가와 지방자치단체는 지역사회 구성원들의 건강을 실현하도록 시민의 건강을 증진하고 도시의 물리적 · 사회적 환경을 지속적으로 조성 · 개선하는 도시(이하 "건강도시"라 한다)를 이루도록 노력하여야 한다.

② 보건복지부장관은 지방자치단체가 건강도시를 구현할 수 있도록 건강도시지표를 작성하여 보급하여야 한다.

③ 보건복지부장관은 건강도시 조성 활성화를 위하여 지방자치단체에 행정적 · 재정적 지원을 할 수 있다.

④ 그 밖에 건강도시지표의 작성 및 보급 등에 관하여 필요한 사항은 보건복지부령으로 정한다.

제7조(광고의 금지 등)

① 보건복지부장관은 국민건강의식을 잘못 이끄는 광고를 한 자에 대하여 그 내용의 변경 등 시정을 요구하거나 금지를 명할 수 있다.

② 제1항의 규정에 따라 보건복지부장관이 광고내용의 변경 또는 광고의 금지를 명할 수 있는 광고는 다음 각 호와 같다.

1. 삭제
2. 의학 또는 과학적으로 검증되지 아니한 건강비법 또는 심령술의 광고

3. 그 밖에 건강에 관한 잘못된 정보를 전하는 광고로서 대통령령이 정하는 광고

③ 삭제

④ 제1항의 규정에 의한 광고내용의 기준, 변경 또는 금지절차 기타 필요한 사항은 대통령령으로 정한다.

제8조(금연 및 절주운동 등)

① 국가 및 지방자치단체는 국민에게 담배의 직접흡연 또는 간접흡연과 과다한 음주가 국민건강에 해롭다는 것을 교육 · 홍보하여야 한다.

② 국가 및 지방자치단체는 금연 및 절주에 관한 조사 · 연구를 하는 법인 또는 단체를 지원할 수 있다.

③ 삭제

④ 「주류 면허 등에 관한 법률」에 의하여 주류제조의 면허를 받은 자 또는 주류를 수입하여 판매하는 자는 대통령령이 정하는 주류의 판매용 용기에 과다한 음주는 건강에 해롭다는 내용과 임신 중 음주는 태아의 건강을 해칠 수 있다는 내용의 경고문구를 표기하여야 한다.

⑤ 삭제

⑥ 제4항에 따른 경고문구의 표시내용, 방법 등에 관하여 필요한 사항은 보건복지부령으로 정한다.

국민건강증진법 시행령

제13조(경고문구의 표기대상 주류)

법 제8조 제4항에 따라 그 판매용 용기에 과다한 음주는 건강에 해롭다는 내용의 경고문구를 표기해야 하는 주류는 국내에 판매되는 「주세법」에 따른 주류 중 알코올분 1도 이상의 음료를 말한다.

제8조의2(주류광고의 제한 · 금지 특례)

① 「주류 면허 등에 관한 법률」에 따라 주류 제조면허나 주류 판매업면허를 받은 자 및 주류를 수입하는 자를 제외하고는 주류에 관한 광고를 하여서는 아니 된다.

② 제1항에 따른 광고 또는 그에 사용되는 광고물은 다음 각 호의 사항을 준수하여야 한다.

1. 음주자에게 주류의 품명 · 종류 및 특징을 알리는 것 외에 주류의 판매촉진을 위하여 경품 및 금품을 제공한다는 내용을 표시하지 아니할 것
2. 직접적 또는 간접적으로 음주를 권장 또는 유도하거나 임산부 또는 미성년자의 인물, 목소리 혹은 음주하는 행위를 묘사하지 아니할 것
3. 운전이나 작업 중에 음주하는 행위를 묘사하지 아니할 것
4. 제8조 제4항에 따른 경고문구를 광고와 주류의 용기에 표기하여 광고할 것. 다만, 경고문구가 표기되어 있지 아니한 부분을 이용하여 광고를 하고자 할 때에는 경고문구를 주류의 용기하단에 별도로 표기하여야 한다.
5. 음주가 체력 또는 운동 능력을 향상시킨다거나 질병의 치료 또는 정신건강에 도움이 된다는 표현 등 국민의 건강과 관련하여 검증되지 아니한 내용을 주류광고에 표시하지 아니할 것
6. 그 밖에 대통령령으로 정하는 광고의 기준에 관한 사항

③ 보건복지부장관은 「주세법」에 따른 주류의 광고가 제2항 각 호의 기준을 위반한 경우 그 내용의 변경 등 시정을 요구하거나 금지를 명할 수 있다.

제8조의3(절주문화 조성 및 알코올 남용 · 의존 관리)

① 국가 및 지방자치단체는 절주문화 조성 및 알코올 남용 · 의존의 예방 및 치료를 위하여 노력하여야 하며, 이를 위한 조사 · 연구 또는 사업을 추진할 수 있다.

② 다음 각 호의 사항에 대한 자문을 위하여 보건복지부장관 소속으로 음주폐해예방위원회를 두며, 그 구성 및 운영 등에 필요한 사항은 보건복지부령으로 정한다.

1. 절주문화 조성을 위한 정책 수립
2. 주류의 광고기준 마련에 관한 사항
3. 알코올 남용 · 의존의 예방 및 관리를 위한 사항
4. 그 밖에 음주폐해 감소를 위하여 필요한 사항

③ 보건복지부장관은 5년마다 「정신건강증진 및 정신질환자 복지서비스 지원에 관한 법률」 제10조에 따른 실태조사와 연계하여 알코올 남용 · 의존 실태조사를 실시하여야 한다.

제8조의4(금주구역 지정)

① 지방자치단체는 음주폐해 예방과 주민의 건강증진을 위하여 필요하다고 인정하는 경우 조례로 다수인이 모이거나 오고가는 관할구역 안의 일정한 장소를 금주구역으로 지정할 수 있다.

② 제1항에 따라 지정된 금주구역에서는 음주를 하여서는 아니 된다.

③ 특별자치시장 · 특별자치도지사 · 시장 · 군수 · 구청장은 제1항에 따라 지정된 금주구역을 알리는 안내표지를 설치하여야 한다. 이 경우 금주구역 안내표지의 설치 방법 등에 필요한 사항은 보건복지부령으로 정한다.

제9조(금연을 위한 조치)

① 삭제

② 「담배사업법」에 의한 지정소매인 기타 담배를 판매하는 자는 대통령령이 정하는 장소 외에서 담배자동판매기를 설치하여 담배를 판매하여서는 아니 된다.

③ 제2항의 규정에 따라 대통령령이 정하는 장소에 담배자동판매기를 설치하여 담배를 판매하는 자는 보건복지부령이 정하는 바에 따라 성인인증장치를 부착하여야 한다.

④ 다음 각 호의 공중이 이용하는 시설의 소유자 · 점유자 또는 관리자는 해당 시설의 전체를 금연구역으로 지정하고 금연구역을 알리는 표지를 설치하여야 한다. 이 경우 흡연자를 위한 흡연실을 설치할 수 있으며, 금연구역을 알리는 표지와 흡연실을 설치하는 기준 · 방법 등은 보건복지부령으로 정한다.

1. 국회의 청사
2. 정부 및 지방자치단체의 청사
3. 「법원조직법」에 따른 법원과 그 소속 기관의 청사
4. 「공공기관의 운영에 관한 법률」에 따른 공공기관의 청사
5. 「지방공기업법」에 따른 지방공기업의 청사
6. 「유아교육법」 · 「초 · 중등교육법」에 따른 학교[교사(校舍)와 운동장 등 모든 구역을 포함한다]
7. 「고등교육법」에 따른 학교의 교사
8. 「의료법」에 따른 의료기관, 「지역보건법」에 따른 보건소 · 보건의료원 · 보건지소
9. 「영유아보육법」에 따른 어린이집
10. 「청소년활동 진흥법」에 따른 청소년수련관, 청소년수련원, 청소년문화의집, 청소년특화시설, 청소년야영장, 유스호스텔, 청소년이용시설 등 청소년활동시설

11. 「도서관법」에 따른 도서관
12. 「어린이놀이시설 안전관리법」에 따른 어린이놀이시설
13. 「학원의 설립 · 운영 및 과외교습에 관한 법률」에 따른 학원 중 학교교과교습학원과 연면적 1천제곱미터 이상의 학원
14. 공항 · 여객부두 · 철도역 · 여객자동차터미널 등 교통 관련 시설의 대기실 · 승강장, 지하보도 및 16인승 이상의 교통수단으로서 여객 또는 화물을 유상으로 운송하는 것
15. 「자동차관리법」에 따른 어린이운송용 승합자동차
16. 연면적 1천제곱미터 이상의 사무용건축물, 공장 및 복합용도의 건축물
17. 「공연법」에 따른 공연장으로서 객석 수 300석 이상의 공연장
18. 「유통산업발전법」에 따라 개설등록된 대규모점포와 같은 법에 따른 상점가 중 지하도에 있는 상점가
19. 「관광진흥법」에 따른 관광숙박업소
20. 「체육시설의 설치 · 이용에 관한 법률」에 따른 체육시설로서 1천 명 이상의 관객을 수용할 수 있는 체육시설과 같은 법 제10조에 따른 체육시설업에 해당하는 체육시설로서 실내에 설치된 체육시설
21. 「사회복지사업법」에 따른 사회복지시설
22. 「공중위생관리법」에 따른 목욕장
23. 「게임산업진흥에 관한 법률」에 따른 청소년게임제공업소, 일반게임제공업소, 인터넷컴퓨터게임시설제공업소 및 복합유통게임제공업소
24. 「식품위생법」에 따른 식품접객업 중 영업장의 넓이가 보건복지부령으로 정하는 넓이 이상인 휴게음식점영업소, 일반음식점영업소 및 제과점영업소와 같은 법에 따른 식품소분 · 판매업 중 보건복지부령으로 정하는 넓이 이상인 실내 휴게공간을 마련하여 운영하는 식품자동판매기 영업소
25. 「청소년보호법」에 따른 만화대여업소
26. 그 밖에 보건복지부령으로 정하는 시설 또는 기관

⑤ 특별자치시장 · 특별자치도지사 · 시장 · 군수 · 구청장은 「주택법」 제2조 제3호에 따른 공동주택의 거주 세대 중 2분의 1 이상이 그 공동주택의 복도, 계단, 엘리베이터 및 지하주차장의 전부 또는 일부를 금연구역으로 지정하여 줄 것을 신청하면 그 구역을 금연구역으로 지정하고, 금연구역임을 알리는 안내표지를 설치하여야 한다. 이 경우 금연구역 지정 절차 및 금연구역 안내표지 설치 방법 등은 보건복지부령으로 정한다.

⑥ 특별자치시장 · 특별자치도지사 · 시장 · 군수 · 구청장은 흡연으로 인한 피해 방지와 주민의 건강 증진을 위하여 다음 각 호에 해당하는 장소를 금연구역으로 지정하고, 금연구역임을 알리는 안내표지를 설치하여야 한다. 이 경우 금연구역 안내표지 설치 방법 등에 필요한 사항은 보건복지부령으로 정한다.

1. 「유아교육법」에 따른 유치원 시설의 경계선으로부터 10미터 이내의 구역(일반 공중의 통행 · 이용 등에 제공된 구역을 말한다)
2. 「영유아보육법」에 따른 어린이집 시설의 경계선으로부터 10미터 이내의 구역(일반 공중의 통행 · 이용 등에 제공된 구역을 말한다)

⑦ 지방자치단체는 흡연으로 인한 피해 방지와 주민의 건강 증진을 위하여 필요하다고 인정하는 경우 조례로 다수인이 모이거나 오고가는 관할 구역 안의 일정한 장소를 금연구역으로 지정할 수 있다.

⑧ 누구든지 제4항부터 제7항까지의 규정에 따라 지정된 금연구역에서 흡연하여서는 아니 된다.

⑨ 특별자치시장 · 특별자치도지사 · 시장 · 군수 · 구청장은 제4항 각 호에 따른 시설의 소유자 · 점유자 또는 관리자가 다음 각 호의 어느 하나에 해당하면 일정한 기간을 정하여 그 시정을 명할 수 있다.

1. 제4항 전단을 위반하여 금연구역을 지정하지 아니하거나 금연구역을 알리는 표지를 설치하지 아니한 경우
2. 제4항 후단에 따른 금연구역을 알리는 표지 또는 흡연실의 설치 기준 · 방법 등을 위반한 경우

제9조의2(담배에 관한 경고문구 등 표시)

① 「담배사업법」에 따른 담배의 제조자 또는 수입판매업자(이하 "제조자 등"이라 한다)는 담배갑포장지 앞면 · 뒷면 · 옆면 및 대통령령으로 정하는 광고(판매촉진 활동을 포함한다. 이하 같다)에 다음 각 호의 내용을 인쇄하여 표기하여야 한다. 다만, 제1호의 표기는 담배갑포장지에 한정하되 앞면과 뒷면에 하여야 한다.

1. 흡연의 폐해를 나타내는 내용의 경고그림(사진을 포함한다. 이하 같다)
2. 흡연이 폐암 등 질병의 원인이 될 수 있다는 내용 및 다른 사람의 건강을 위협할 수 있다는 내용의 경고문구
3. 타르 흡입량은 흡연자의 흡연습관에 따라 다르다는 내용의 경고문구
4. 담배에 포함된 다음 각 목의 발암성물질
   가. 나프틸아민
   나. 니켈
   다. 벤젠
   라. 비닐 크롤라이드
   마. 비소
   바. 카드뮴
5. 보건복지부령으로 정하는 금연상담전화의 전화번호

② 제1항에 따른 경고그림과 경고문구는 담배갑포장지의 경우 그 넓이의 100분의 50 이상에 해당하는 크기로 표기하여야 한다. 이 경우 경고그림은 담배갑포장지 앞면, 뒷면 각각의 넓이의 100분의 30 이상에 해당하는 크기로 하여야 한다.

③ 제1항 및 제2항에서 정한 사항 외의 경고그림 및 경고문구 등의 내용과 표기 방법 · 형태 등의 구체적인 사항은 대통령령으로 정한다. 다만, 경고그림은 사실적 근거를 바탕으로 하고, 지나치게 혐오감을 주지 아니하여야 한다.

④ 제1항부터 제3항까지의 규정에도 불구하고 전자담배 등 대통령령으로 정하는 담배에 제조자 등이 표기하여야 할 경고그림 및 경고문구 등의 내용과 그 표기 방법 · 형태 등은 대통령령으로 따로 정한다.

제9조의3(가향물질 함유 표시 제한)

제조자 등은 담배에 연초 외의 식품이나 향기가 나는 물질(이하 "가향물질"이라 한다)을 포함하는 경우 이를 표시하는 문구나 그림 · 사진을 제품의 포장이나 광고에 사용하여서는 아니 된다.

제9조의4(담배에 관한 광고의 금지 또는 제한)

① 담배에 관한 광고는 다음 각 호의 방법에 한하여 할 수 있다.

1. 지정소매인의 영업소 내부에서 보건복지부령으로 정하는 광고물을 전시(展示) 또는 부착하는 행위. 다만, 영업소 외부에 그 광고내용이 보이게 전시 또는 부착하는 경우에는 그러하지 아니하다.
2. 품종군별로 연간 10회 이내(1회당 2쪽 이내)에서 잡지[「잡지 등 정기간행물의 진흥에 관한 법률」에 따라 등록 또는 신고되어 주 1회 이하 정기적으로 발행되는 제책(製冊)된 정기간행물 및 「신문 등의

진흥에 관한 법률」에 따라 등록된 주 1회 이하 정기적으로 발행되는 신문과 「출판문화산업 진흥법」에 따른 외국간행물로서 동일한 제호로 연 1회 이상 정기적으로 발행되는 것(이하 "외국정기간행물"이라 한다)을 말하며, 여성 또는 청소년을 대상으로 하는 것은 제외한다]에 광고를 게재하는 행위. 다만, 보건복지부령으로 정하는 판매부수 이하로 국내에서 판매되는 외국정기간행물로서 외국문자로만 쓰여져 있는 잡지인 경우에는 광고게재의 제한을 받지 아니한다.

3. 사회 · 문화 · 음악 · 체육 등의 행사(여성 또는 청소년을 대상으로 하는 행사는 제외한다)를 후원하는 행위. 이 경우 후원하는 자의 명칭을 사용하는 외에 제품광고를 하여서는 아니 된다.
4. 국제선의 항공기 및 여객선, 그 밖에 보건복지부령으로 정하는 장소 안에서 하는 광고

② 제조자 등은 제1항에 따른 광고를 「담배사업법」에 따른 도매업자 또는 지정소매인으로 하여금 하게 할 수 있다. 이 경우 도매업자 또는 지정소매인이 한 광고는 제조자 등이 한 광고로 본다.

③ 제1항에 따른 광고 또는 그에 사용되는 광고물은 다음 각 호의 사항을 준수하여야 한다.

1. 흡연자에게 담배의 품명 · 종류 및 특징을 알리는 정도를 넘지 아니할 것
2. 비흡연자에게 직접적 또는 간접적으로 흡연을 권장 또는 유도하거나 여성 또는 청소년의 인물을 묘사하지 아니할 것
3. 제9조의2에 따라 표기하는 흡연 경고문구의 내용 및 취지에 반하는 내용 또는 형태가 아닐 것
4. 국민의 건강과 관련하여 검증되지 아니한 내용을 표시하지 아니할 것. 이 경우 광고내용의 사실 여부에 대한 검증 방법 · 절차 등 필요한 사항은 대통령령으로 정한다.

④ 제조자 등은 담배에 관한 광고가 제1항 및 제3항에 위배되지 아니하도록 자율적으로 규제하여야 한다.

⑤ 보건복지부장관은 문화체육관광부장관에게 제1항 또는 제3항을 위반한 광고가 게재된 외국정기간행물의 수입업자에 대하여 시정조치 등을 할 것을 요청할 수 있다.

제10조(건강생활실천협의회)

① 시 · 도지사 및 시장 · 군수 · 구청장은 건강생활의 실천운동을 추진하기 위하여 지역사회의 주민 · 단체 또는 공공기관이 참여하는 건강생활실천협의회를 구성하여야 한다.

② 제1항의 규정에 의한 건강생활실천협의회의 조직 및 운영에 관하여 필요한 사항은 지방자치단체의 조례로 정한다.

제11조(보건교육의 관장)

보건복지부장관은 국민의 보건교육에 관하여 관계중앙행정기관의 장과 협의하여 이를 총괄한다.

제12조(보건교육의 실시 등)

① 국가 및 지방자치단체는 모든 국민이 올바른 보건의료의 이용과 건강한 생활습관을 실천할 수 있도록 그 대상이 되는 개인 또는 집단의 특성 · 건강상태 · 건강의식 수준 등에 따라 적절한 보건교육을 실시한다.

② 국가 또는 지방자치단체는 국민건강증진사업관련 법인 또는 단체 등이 보건교육을 실시할 경우 이에 필요한 지원을 할 수 있다.

③ 보건복지부장관, 시 · 도지사 및 시장 · 군수 · 구청장은 제2항의 규정에 의하여 보건교육을 실시하는 국민건강증진사업관련 법인 또는 단체 등에 대하여 보건교육의 계획 및 그 결과에 관한 자료를 요청할 수 있다.

④ 제1항의 규정에 의한 보건교육의 내용은 대통령령으로 정한다.

국민건강증진법 시행령

제17조(보건교육의 내용)

법 제12조에 따른 보건교육에는 다음 각 호의 사항이 포함되어야 한다.

1. 금연 · 절주 등 건강생활의 실천에 관한 사항
2. 만성퇴행성질환 등 질병의 예방에 관한 사항
3. 영양 및 식생활에 관한 사항
4. 구강건강에 관한 사항
5. 공중위생에 관한 사항
6. 건강증진을 위한 체육활동에 관한 사항
7. 그 밖에 건강증진사업에 관한 사항

제12조의2(보건교육사자격증의 교부 등)

① 보건복지부장관은 국민건강증진 및 보건교육에 관한 전문지식을 가진 자에게 보건교육사의 자격증을 교부할 수 있다.

② 다음 각 호의 1에 해당하는 자는 보건교육사가 될 수 없다.

1. 피성년후견인
2. 삭제
3. 금고 이상의 실형의 선고를 받고 그 집행이 종료되지 아니하거나 그 집행을 받지 아니하기로 확정되지 아니한 자
4. 법률 또는 법원의 판결에 의하여 자격이 상실 또는 정지된 자

③ 제1항의 규정에 의한 보건교육사의 등급은 1급 내지 3급으로 하고, 등급별 자격기준 및 자격증의 교부절차 등에 관하여 필요한 사항은 대통령령으로 정한다.

④ 보건교육사 1급의 자격증을 교부받고자 하는 자는 국가시험에 합격하여야 한다.

⑤ 보건복지부장관은 제1항의 규정에 의하여 보건교육사의 자격증을 교부하는 때에는 보건복지부령이 정하는 바에 의하여 수수료를 징수할 수 있다.

⑥ 제1항에 따라 자격증을 교부받은 사람은 다른 사람에게 그 자격증을 빌려주어서는 아니 되고, 누구든지 그 자격증을 빌려서는 아니 된다.

⑦ 누구든지 제6항에 따라 금지된 행위를 알선하여서는 아니 된다.

제12조의3(국가시험)

① 제12조의2[보건교육사자격증의 교부 등] 제4항의 규정에 의한 국가시험은 보건복지부장관이 시행한다. 다만, 보건복지부장관은 국가시험의 관리를 대통령령이 정하는 바에 의하여 「한국보건의료인국가시험원법」에 따른 한국보건의료인국가시험원에 위탁할 수 있다.

② 보건복지부장관은 제1항 단서의 규정에 의하여 국가시험의 관리를 위탁한 때에는 그에 소요되는 비용을 예산의 범위 안에서 보조할 수 있다.

③ 보건복지부장관(제1항 단서의 규정에 의하여 국가시험의 관리를 위탁받은 기관을 포함한다)은 보건복지부령이 정하는 금액을 응시수수료로 징수할 수 있다.

④ 시험과목 · 응시자격 등 자격시험의 실시에 관하여 필요한 사항은 대통령령으로 정한다.

제12조의4(보건교육사의 채용)
국가 및 지방자치단체는 대통령령이 정하는 국민건강증진사업관련 법인 또는 단체 등에 대하여 보건교육사를 그 종사자로 채용하도록 권장하여야 한다.

제13조(보건교육의 평가)
① 보건복지부장관은 정기적으로 국민의 보건교육의 성과에 관하여 평가를 하여야 한다.
② 제1항의 규정에 의한 평가의 방법 및 내용은 보건복지부령으로 정한다.

제14조(보건교육의 개발 등)
보건복지부장관은 「정부출연연구기관 등의 설립 · 운영 및 육성에 관한 법률」에 의한 한국보건사회연구원으로 하여금 보건교육에 관한 정보 · 자료의 수집 · 개발 및 조사, 그 교육의 평가 기타 필요한 업무를 행하게 할 수 있다.

제15조(영양개선)
① 국가 및 지방자치단체는 국민의 영양상태를 조사하여 국민의 영양개선방안을 강구하고 영양에 관한 지도를 실시하여야 한다.
② 국가 및 지방자치단체는 국민의 영양개선을 위하여 다음 각 호의 사업을 행한다.
1. 영양교육사업
2. 영양개선에 관한 조사 · 연구사업
3. 기타 영양개선에 관하여 보건복지부령이 정하는 사업

제16조(국민건강영양조사 등)
① 질병관리청장은 보건복지부장관과 협의하여 국민의 건강상태 · 식품섭취 · 식생활조사 등 국민의 건강과 영양에 관한 조사(이하 "국민건강영양조사"라 한다)를 정기적으로 실시한다.
② 특별시 · 광역시 및 도에는 국민건강영양조사와 영양에 관한 지도업무를 행하게 하기 위한 공무원을 두어야 한다.
③ 국민건강영양조사를 행하는 공무원은 그 권한을 나타내는 증표를 관계인에게 내보여야 한다.
④ 국민건강영양조사의 내용 및 방법, 그 밖에 국민건강영양조사와 영양에 관한 지도에 관하여 필요한 사항은 대통령령으로 정한다.

제16조의2(신체활동장려사업의 계획 수립 · 시행)
국가 및 지방자치단체는 신체활동장려에 관한 사업 계획을 수립 · 시행하여야 한다.

제16조의3(신체활동장려사업)
① 국가 및 지방자치단체는 국민의 건강증진을 위하여 신체활동을 장려할 수 있도록 다음 각 호의 사업을 한다.
1. 신체활동장려에 관한 교육사업
2. 신체활동장려에 관한 조사 · 연구사업
3. 그 밖에 신체활동장려를 위하여 대통령령으로 정하는 사업
② 제1항 각 호의 사업 내용 · 기준 및 방법은 보건복지부령으로 정한다.

국민건강증진법 시행령

제19조(국민영양조사의 주기)

법 제16조 제1항에 따른 국민영양조사(이하 "영양조사"라 한다)는 매년 실시한다.

제21조(조사항목)

① 영양조사는 건강상태조사 · 식품섭취조사 및 식생활조사로 구분하여 행한다.

② 건강상태조사는 다음 각 호의 사항에 대하여 행한다.

1. 신체상태
2. 영양관계 증후
3. 그 밖에 건강상태에 관한 사항

③ 식품섭취조사는 다음 각 호의 사항에 대하여 행한다.

1. 조사가구의 일반사항
2. 일정한 기간의 식사상황
3. 일정한 기간의 식품섭취상황

④ 식생활조사는 다음 각 호의 사항에 대하여 행한다.

1. 가구원의 식사 일반사항
2. 조사가구의 조리시설과 환경
3. 일정한 기간에 사용한 식품의 가격 및 조달방법

⑤ 제2항부터 제4항까지의 규정에 따른 조사사항의 세부내용은 보건복지부령으로 정한다.

제22조(영양조사원 및 영양지도원)

① 영양조사를 담당하는 자(이하 "영양조사원"이라 한다)는 질병관리청장 또는 시 · 도지사가 다음 각 호의 어느 하나에 해당하는 사람 중에서 임명 또는 위촉한다.

1. 의사 · 치과의사(구강상태에 대한 조사만 해당한다) · 영양사 또는 간호사의 자격을 가진 사람
2. 전문대학이상의 학교에서 식품학 또는 영양학의 과정을 이수한 사람

② 특별자치시장 · 특별자치도지사 · 시장 · 군수 · 구청장은 법 제15조 및 법 제16조의 영양개선사업을 수행하기 위한 국민영양지도를 담당하는 사람(이하 "영양지도원"이라 한다)을 두어야 하며 그 영양지도원은 영양사의 자격을 가진 사람으로 임명한다. 다만, 영양사의 자격을 가진 사람이 없는 경우에는 의사 또는 간호사의 자격을 가진 사람 중에서 임명할 수 있다.

③ 영양조사원 및 영양지도원의 직무에 관하여 필요한 사항은 보건복지부령으로 정한다.

④ 질병관리청장, 시 · 도지사 또는 시장 · 군수 · 구청장은 영양조사원 또는 영양지도원의 원활한 업무 수행을 위하여 필요하다고 인정하는 경우에는 그 업무 지원을 위한 구체적 조치를 마련 · 시행할 수 있다.

국민건강증진법 시행규칙

제12조(조사내용)

영 제21조 제5항의 규정에 의한 조사사항의 세부내용은 다음 각 호와 같다.

1. 건강상태조사 : 급성 또는 만성질환을 앓거나 앓았는지 여부에 관한 사항, 질병 · 사고 등으로 인한 활동제한의 정도에 관한 사항, 혈압 등 신체계측에 관한 사항, 흡연 · 음주 등 건강과 관련된 생활태도에 관한 사항 기타 질병관리청장이 정하여 고시하는 사항
2. 식품섭취조사 : 식품의 섭취횟수 및 섭취량에 관한 사항, 식품의 재료에 관한 사항 기타 질병관리청장이 정하여 고시하는 사항
3. 식생활조사 : 규칙적인 식사여부에 관한 사항, 식품섭취의 과다여부에 관한 사항, 외식의 횟수에 관한 사항, 2세 이하 영유아의 수유기간 및 이유보충식의 종류에 관한 사항 기타 질병관리청장이 정하여 고시하는 사항

제13조(영양조사원)

① 영 제22조 제1항에 따른 영양조사원(이하 "영양조사원"이라 한다)은 건강상태조사원 · 식품섭취조사원 및 식생활조사원으로 구분하되, 각 조사원의 직무는 다음 각 호와 같다. 다만, 질병관리청장 또는 시 · 도지사는 필요하다고 인정할 때에는 식품섭취조사원으로 하여금 식생활조사원의 직무를 행하게 할 수 있다.

1. 건강상태조사원 : 제12조 제1호의 규정에 의한 건강상태에 관한 조사사항의 조사 · 기록
2. 식품섭취조사원 : 제12조 제2호의 규정에 의한 식품섭취에 관한 조사사항의 조사 · 기록
3. 식생활조사원 : 제12조 제3호의 규정에 의한 식생활에 관한 조사사항의 조사 · 기록

② 삭제

제17조(영양지도원)

영 제22조 제2항에 따른 영양지도원의 업무는 다음 각 호와 같다.

1. 영양지도의 기획 · 분석 및 평가
2. 지역주민에 대한 영양상담 · 영양교육 및 영양평가
3. 지역주민의 건상상태 및 식생활 개선을 위한 세부 방안 마련
4. 집단급식시설에 대한 현황 파악 및 급식업무 지도
5. 영양교육자료의 개발 · 보급 및 홍보
6. 그 밖에 제1호부터 제5호까지의 규정에 준하는 업무로써 지역주민의 영양관리 및 영양개선을 위하여 특히 필요한 업무

제17조(구강건강사업의 계획수립 · 시행)

국가 및 지방자치단체는 구강건강에 관한 사업의 계획을 수립 · 시행하여야 한다.

제18조(구강건강사업)

① 국가 및 지방자치단체는 국민의 구강질환의 예방과 구강건강의 증진을 위하여 다음 각 호의 사업을 행한다.

1. 구강건강에 관한 교육사업
2. 수돗물 불소 농도 조정사업
3. 구강건강에 관한 조사 · 연구사업
4. 기타 구강건강의 증진을 위하여 대통령령이 정하는 사업

② 제1항 각 호의 사업내용 · 기준 및 방법은 보건복지부령으로 정한다.

제19조(건강증진사업 등)

① 국가 및 지방자치단체는 국민건강증진사업에 필요한 요원 및 시설을 확보하고, 그 시설의 이용에 필요한 시책을 강구하여야 한다.

② 특별자치시장 · 특별자치도지사 · 시장 · 군수 · 구청장은 지역주민의 건강증진을 위하여 보건복지부령이 정하는 바에 의하여 보건소장으로 하여금 다음 각 호의 사업을 하게 할 수 있다.

1. 보건교육 및 건강상담
2. 영양관리
3. 신체활동장려
4. 구강건강의 관리
5. 질병의 조기발견을 위한 검진 및 처방
6. 지역사회의 보건문제에 관한 조사 · 연구
7. 기타 건강교실의 운영 등 건강증진사업에 관한 사항

③ 보건소장이 제2항의 규정에 의하여 제2항 제1호 내지 제5호의 업무를 행한 때에는 이용자의 개인별 건강상태를 기록하여 유지 · 관리하여야 한다.

④ 건강증진사업에 필요한 시설 · 운영에 관하여는 보건복지부령으로 정한다.

제19조의2(시 · 도건강증진사업지원단 설치 및 운영 등)

① 시 · 도지사는 실행계획의 수립 및 제19조에 따른 건강증진사업의 효율적인 업무 수행을 지원하기 위하여 시 · 도건강증진사업지원단(이하 "지원단"이라 한다)을 설치 · 운영할 수 있다.

② 시 · 도지사는 제1항에 따른 지원단 운영을 건강증진사업에 관한 전문성이 있다고 인정하는 법인 또는 단체에 위탁할 수 있다. 이 경우 시 · 도지사는 그 운영에 필요한 경비의 전부 또는 일부를 지원할 수 있다.
③ 제1항 및 제2항에서 규정한 사항 외에 지원단의 설치 · 운영 및 위탁 등에 관하여 필요한 사항은 보건복지부령으로 정한다.

제20조(검진)
국가는 건강증진을 위하여 필요한 경우에 보건복지부령이 정하는 바에 의하여 국민에 대하여 건강검진을 실시할 수 있다.

제21조(검진결과의 공개금지)
제20조의 규정에 의하여 건강검진을 한 자 또는 검진기관에 근무하는 자는 국민의 건강증진사업의 수행을 위하여 불가피한 경우를 제외하고는 정당한 사유 없이 검진결과를 공개하여서는 아니 된다.

03 국민건강증진기금

제22조(기금의 설치 등)
① 보건복지부장관은 국민건강증진사업의 원활한 추진에 필요한 재원을 확보하기 위하여 국민건강증진기금(이하 "기금"이라 한다)을 설치한다.
② 기금은 다음 각 호의 재원으로 조성한다.
1. 제23조 제1항의 규정에 의한 부담금
2. 기금의 운용 수익금

제23조(국민건강증진부담금의 부과 · 징수 등)
① 보건복지부장관은 「지방세법」 제47조 제4호 및 제6호에 따른 제조자 및 수입판매업자가 판매하는 같은 조 제1호에 따른 담배(같은 법 제54조에 따라 담배소비세가 면제되는 것, 같은 법 제63조 제1항 제1호 및 제2호에 따라 담배소비세액이 공제 또는 환급되는 것은 제외한다. 이하 이 조 및 제23조의2에서 같다)에 다음 각 호의 구분에 따른 부담금(이하 "부담금"이라 한다)을 부과 · 징수한다.
1. 궐련 : 20개비당 841원
2. 전자담배
가. 니코틴 용액을 사용하는 경우 : 1밀리리터당 525원
나. 연초 및 연초 고형물을 사용하는 경우 :
1) 궐련형 : 20개비당 750원
2) 기타 유형 : 1그램당 73원
3. 파이프담배 : 1그램당 30.2원
4. 엽궐련(葉卷煙) : 1그램당 85.8원
5. 각련(刻煙) : 1그램당 30.2원

6. 씹는 담배 : 1그램당 34.4원
7. 냄새 맡는 담배 : 1그램당 21.4원
8. 물담배 : 1그램당 1050.1원
9. 머금는 담배 : 1그램당 534.5원

② 제1항에 따른 제조자 및 수입판매업자는 매월 1일부터 말일까지 제조장 또는 보세구역에서 반출된 담배의 수량과 산출된 부담금의 내역에 관한 자료를 다음 달 15일까지 보건복지부장관에게 제출하여야 한다.

③ 보건복지부장관은 제2항에 따른 자료를 제출 받은 때에는 그 날부터 5일 이내에 부담금의 금액과 납부기한 등을 명시하여 해당 제조자 및 수입판매업자에게 납부고지를 하여야 한다.

④ 제1항에 따른 제조자 및 수입판매업자는 제3항에 따른 납부고지를 받은 때에는 납부고지를 받은 달의 말일까지 이를 납부하여야 한다.

⑤ 보건복지부장관은 부담금을 납부하여야 할 자가 제4항의 규정에 의한 납부기한 이내에 부담금을 내지 아니하는 경우 납부기한이 지난 후 10일 이내에 30일 이상의 기간을 정하여 독촉장을 발부하여야 하며, 체납된 부담금에 대해서는 「국세기본법」 제47조의4를 준용하여 가산금을 징수한다.

⑥ 보건복지부장관은 제5항의 규정에 의하여 독촉을 받은 자가 그 기간 이내에 부담금과 가산금을 납부하지 아니한 때에는 국세체납처분의 예에 의하여 이를 징수한다.

⑦ 제1항에 따른 담배의 구분에 관하여는 담배의 성질과 모양, 제조과정 등을 기준으로 하여 대통령령으로 정한다.

제23조의2(부담금의 납부담보)

① 보건복지부장관은 부담금의 납부 보전을 위하여 대통령령이 정하는 바에 따라 제23조 제1항에 따른 제조자 및 수입판매업자에게 담보의 제공을 요구할 수 있다.

② 보건복지부장관은 제1항에 따라 담보제공의 요구를 받은 제조자 및 수입판매업자가 담보를 제공하지 아니하거나 요구분의 일부만을 제공한 경우 특별시장 · 광역시장 · 특별자치시장 · 특별자치도지사 · 시장 · 군수 및 세관장에게 담배의 반출금지를 요구할 수 있다.

③ 제2항에 따라 담배의 반출금지 요구를 받은 특별시장 · 광역시장 · 특별자치시장 · 특별자치도지사 · 시장 · 군수 및 세관장은 이에 응하여야 한다.

제23조의3(부담금 부과 · 징수의 협조)

① 보건복지부장관은 부담금의 부과 · 징수와 관련하여 필요한 경우에는 중앙행정기관 · 지방자치단체 그 밖의 관계 기관 · 단체 등에 대하여 자료제출 등의 협조를 요청할 수 있다.

② 제1항의 규정에 따른 협조요청을 받은 중앙행정기관 · 지방자치단체 그 밖의 관계 기관 · 단체 등은 특별한 사유가 없는 한 이에 응하여야 한다.

③ 제1항 및 제2항의 규정에 따라 보건복지부장관에게 제출되는 자료에 대하여는 사용료 · 수수료 등을 면제한다.

제24조(기금의 관리 · 운용)

① 기금은 보건복지부장관이 관리 · 운용한다.

② 보건복지부장관은 기금의 운용성과 및 재정상태를 명확히 하기 위하여 대통령령이 정하는 바에 의하여 회계처리하여야 한다.

③ 기금의 관리 · 운용 기타 필요한 사항은 대통령령으로 정한다.

제25조(기금의 사용 등)

① 기금은 다음 각 호의 사업에 사용한다.

1. 금연교육 및 광고, 흡연피해 예방 및 흡연피해자 지원 등 국민건강관리사업
2. 건강생활의 지원사업
3. 보건교육 및 그 자료의 개발
4. 보건통계의 작성 · 보급과 보건의료관련 조사 · 연구 및 개발에 관한 사업
5. 질병의 예방 · 검진 · 관리 및 암의 치료를 위한 사업
6. 국민영양관리사업
7. 신체활동장려사업
8. 구강건강관리사업
9. 시 · 도지사 및 시장 · 군수 · 구청장이 행하는 건강증진사업
10. 공공보건의료 및 건강증진을 위한 시설 · 장비의 확충
11. 기금의 관리 · 운용에 필요한 경비
12. 그 밖에 국민건강증진사업에 소요되는 경비로서 대통령령이 정하는 사업

② 보건복지부장관은 기금을 제1항 각 호의 사업에 사용함에 있어서 아동 · 청소년 · 여성 · 노인 · 장애인 등에 대하여 특별히 배려 · 지원할 수 있다.

③ 보건복지부장관은 기금을 제1항 각 호의 사업에 사용함에 있어서 필요한 경우에는 보조금으로 교부할 수 있다.

04 보칙

제26조(비용의 보조)

국가 또는 지방자치단체는 매 회계연도마다 예산의 범위 안에서 건강증진사업의 수행에 필요한 비용의 일부를 부담하거나 이를 수행하는 법인 또는 단체에 보조할 수 있다.

제27조(지도 · 훈련)

① 보건복지부장관 또는 질병관리청장은 보건교육을 담당하거나 국민건강영양조사 및 영양에 관한 지도를 담당하는 공무원 또는 보건복지부령으로 정하는 단체 및 공공기관에 종사하는 담당자의 자질향상을 위하여 필요한 지도와 훈련을 할 수 있다.

② 제1항에 따른 훈련에 관하여 필요한 사항은 보건복지부령으로 정한다.

제28조(보고 · 검사)

① 보건복지부장관, 시 · 도지사 및 시장 · 군수 · 구청장은 필요하다고 인정하는 때에는 제7조 제1항, 제8조 제4항, 제8조의2, 제9조 제2항부터 제4항까지, 제9조의2, 제9조의4 또는 제23조 제1항의 규정에 해당하는 자에 대하여 당해업무에 관한 보고를 명하거나 관계공무원으로 하여금 그의 사업소 또는 사업장에 출입하여 장부 · 서류 기타의 물건을 검사하게 할 수 있다.

② 제1항의 규정에 의하여 검사를 하는 공무원은 그 권한을 나타내는 증표를 관계인에게 내보여야 한다.

제29조(권한의 위임 · 위탁)

① 이 법에 따른 보건복지부장관의 권한은 대통령령으로 정하는 바에 따라 그 일부를 시 · 도지사에게 위임할 수 있다.

② 보건복지부장관은 이 법에 따른 업무의 일부를 대통령령으로 정하는 바에 따라 건강증진사업을 행하는 법인 또는 단체에 위탁할 수 있다.

③ 이 법에 따른 질병관리청장의 권한은 대통령령으로 정하는 바에 따라 그 일부를 소속기관의 장에게 위임할 수 있다.

제30조(수수료)

① 지방자치단체의 장은 건강증진사업에 소요되는 경비 중 일부에 대하여 그 이용자로부터 조례가 정하는 바에 의하여 수수료를 징수할 수 있다.

② 제1항의 규정에 의하여 수수료를 징수하는 경우 지방자치단체의 장은 노인, 장애인, 「생활보호법」에 의한 생활보호대상자 등에 대하여 수수료를 감면하여야 한다.

05 벌 칙

제31조(벌칙)

제21조[검진결과의 공개금지]를 위반하여 정당한 사유 없이 건강검진의 결과를 공개한 자는 3년 이하의 징역 또는 3천만원 이하의 벌금에 처한다.

제31조의2(벌칙)

다음 각 호의 어느 하나에 해당하는 자는 1년 이하의 징역 또는 1천만원 이하의 벌금에 처한다.

1. 정당한 사유 없이 제8조의2 제3항에 따른 광고내용의 변경 등 명령이나 광고의 금지 명령을 이행하지 아니한 자
2. 제8조 제4항을 위반하여 경고문구를 표기하지 아니하거나 이와 다른 경고문구를 표기한 자
3. 제9조의2를 위반하여 경고그림 · 경고문구 · 발암성물질 · 금연상담전화번호를 표기하지 아니하거나 이와 다른 경고그림 · 경고문구 · 발암성물질 · 금연상담전화번호를 표기한 자
4. 제9조의4를 위반하여 담배에 관한 광고를 한 자
5. 제12조의2 제6항을 위반하여 다른 사람에게 자격증을 빌려주거나 빌린 자
6. 제12조의2 제7항을 위반하여 자격증을 빌려주거나 빌리는 것을 알선한 자

제32조(벌칙)

제7조[광고의 금지 등] 제1항의 규정에 위반하여 정당한 사유 없이 광고의 내용변경 또는 금지의 명령을 이행하지 아니한 자는 100만원 이하의 벌금에 처한다.

제33조(양벌규정)

법인의 대표자나 법인 또는 개인의 대리인, 사용인 그 밖의 종업원이 그 법인 또는 개인의 업무에 관하여 제31조, 제31조의2 또는 제32조의 위반행위를 하면 그 행위자를 벌하는 외에 그 법인 또는 개인에게도 해당 조문의 벌금형을 과(科)한다. 다만, 법인 또는 개인이 그 위반행위를 방지하기 위하여 해당 업무에 관하여 상당한 주의와 감독을 게을리하지 아니한 경우에는 그러하지 아니하다.

제34조(과태료)

① 다음 각 호의 어느 하나에 해당하는 자에게는 500만원 이하의 과태료를 부과한다.

1. 거짓이나 그 밖의 부정한 방법으로 제6조의2 제1항에 따른 인증을 받은 자

1의2. 제6조의2 제4항을 위반하여 인증표시 또는 이와 유사한 표시를 한 자

1의3. 제9조 제2항의 규정에 위반하여 담배자동판매기를 설치하여 담배를 판매한 자

2. 제9조 제9항에 따른 시정명령을 따르지 아니한 자
3. 제9조의3을 위반하여 가향물질을 표시하는 문구나 그림 · 사진을 제품의 포장이나 광고에 사용한 자
4. 제23조 제2항의 규정에 위반하여 자료를 제출하지 아니하거나 허위의 자료를 제출한 자

② 다음 각 호의 1에 해당하는 자는 300만원 이하의 과태료에 처한다.

1. 제9조 제3항의 규정에 위반하여 성인인증장치가 부착되지 아니한 담배자동판매기를 설치하여 담배를 판매한 자
2. 삭제
3. 제28조의 규정에 의한 보고를 하지 아니하거나 허위로 보고한 자와 관계공무원의 검사를 거부 · 방해 또는 기피한 자

③ 다음 각 호의 어느 하나에 해당하는 자에게는 10만원 이하의 과태료를 부과한다.

1. 제8조의4 제2항을 위반하여 금주구역에서 음주를 한 사람
2. 제9조 제8항을 위반하여 금연구역에서 흡연을 한 사람

④ 제1항부터 제3항까지의 규정에 따른 과태료는 대통령령으로 정하는 바에 따라 보건복지부장관, 시 · 도지사 또는 시장 · 군수 · 구청장이 부과 · 징수한다.

⑤ 제3항에도 불구하고 과태료 납부 대상자가 대통령령으로 정하는 바에 따라 일정 교육 또는 금연지원 서비스를 받은 경우 시 · 도지사 또는 시장 · 군수 · 구청장은 과태료를 감면할 수 있다.

THEME 03

국민영양관리법

[시행 2020.9.12.] [법률 제17472호, 2020.8.11., 타법개정]

01 총 칙

제1조(목적)

이 법은 국민의 식생활에 대한 과학적인 조사 · 연구를 바탕으로 체계적인 국가영양정책을 수립 · 시행함으로써 국민의 영양 및 건강 증진을 도모하고 삶의 질 향상에 이바지하는 것을 목적으로 한다.

제2조(정의)

이 법에서 사용하는 용어의 정의는 다음과 같다.

1. "식생활"이란 식문화, 식습관, 식품의 선택 및 소비 등 식품의 섭취와 관련된 모든 양식화된 행위를 말한다.
2. "영양관리"란 적절한 영양의 공급과 올바른 식생활 개선을 통하여 국민이 질병을 예방하고 건강한 상태를 유지하도록 하는 것을 말한다.
3. "영양관리사업"이란 국민의 영양관리를 위하여 생애주기 등 영양관리 특성을 고려하여 실시하는 교육 · 상담 등의 사업을 말한다.

제3조(국가 및 지방자치단체의 의무)

① 국가 및 지방자치단체는 올바른 식생활 및 영양관리에 관한 정보를 국민에게 제공하여야 한다.

② 국가 및 지방자치단체는 국민의 영양관리를 위하여 필요한 대책을 수립하고 시행하여야 한다.

③ 지방자치단체는 영양관리사업을 시행하기 위한 공무원을 둘 수 있다.

제4조(영양사 등의 책임)

① 영양사는 지속적으로 영양지식과 기술의 습득으로 전문능력을 향상시켜 국민영양개선 및 건강증진을 위하여 노력하여야 한다.

② 식품 · 영양 및 식생활 관련 단체와 그 종사자, 영양관리사업 참여자는 자발적 참여와 연대를 통하여 국민의 건강증진을 위하여 노력하여야 한다.

제5조(국민의 권리 등)

① 누구든지 영양관리사업을 통하여 건강을 증진할 권리를 가지며 성별, 연령, 종교, 사회적 신분 또는 경제적 사정 등을 이유로 이에 대한 권리를 침해받지 아니한다.

② 모든 국민은 올바른 영양관리를 통하여 자신과 가족의 건강을 보호 · 증진하기 위하여 노력하여야 한다.

제6조(다른 법률과의 관계)

국민의 영양관리에 대하여 다른 법률에 특별한 규정이 있는 경우를 제외하고는 이 법에서 정하는 바에 따른다.

02 국민영양관리기본계획 등

제7조(국민영양관리기본계획)

① 보건복지부장관은 관계 중앙행정기관의 장과 협의하고 「국민건강증진법」 제5조에 따른 국민건강증진정책심의위원회(이하 "위원회"라 한다)의 심의를 거쳐 국민영양관리기본계획(이하 "기본계획"이라 한다)을 5년마다 수립하여야 한다.

② 기본계획에는 다음 각 호의 사항이 포함되어야 한다.

1. 기본계획의 중장기적 목표와 추진방향
2. 다음 각 목의 영양관리사업 추진계획
   가. 제10조에 따른 영양 · 식생활 교육사업
   나. 제11조에 따른 영양취약계층 등의 영양관리사업
   다. 제13조에 따른 영양관리를 위한 영양 및 식생활 조사
   라. 그 밖에 대통령령으로 정하는 영양관리사업
3. 연도별 주요 추진과제와 그 추진방법
4. 필요한 재원의 규모와 조달 및 관리 방안
5. 그 밖에 영양관리정책수립에 필요한 사항

③ 보건복지부장관은 제1항에 따라 기본계획을 수립한 경우에는 관계 중앙행정기관의 장, 특별시장 · 광역시장 · 도지사 · 특별자치도지사(이하 "시 · 도지사"라 한다) 및 시장 · 군수 · 구청장(자치구의 구청장을 말한다. 이하 같다)에게 통보하여야 한다.

④ 제1항의 기본계획 수립에 따른 협의절차, 제3항의 통보방법 등에 관하여 필요한 사항은 보건복지부령으로 정한다.

국민영양관리법 시행령

제2조(영양관리사업의 유형)

「국민영양관리법」(이하 "법"이라 한다) 제7조 제2항 제2호 라목에 따른 영양관리사업은 다음 각 호와 같다.

1. 법 제14조에 따른 영양소 섭취기준 및 식생활 지침의 제정 · 개정 · 보급 사업
2. 영양취약계층을 조기에 발견하여 관리할 수 있는 국가영양관리감시체계 구축 사업
3. 국민의 영양 및 식생활 관리를 위한 홍보 사업
4. 고위험군 · 만성질환자 등에게 영양관리식 등을 제공하는 영양관리서비스산업의 육성을 위한 사업
5. 그 밖에 국민의 영양관리를 위하여 보건복지부장관이 필요하다고 인정하는 사업

제8조(국민영양관리시행계획)

① 시장 · 군수 · 구청장은 기본계획에 따라 매년 국민영양관리시행계획(이하 "시행계획"이라 한다)을 수립 · 시행하여야 하며 그 시행계획 및 추진실적을 시 · 도지사를 거쳐 보건복지부장관에게 제출하여야 한다.

② 보건복지부장관은 시 · 도지사로부터 제출된 시행계획 및 추진실적에 관하여 보건복지부령으로 정하는 방법에 따라 평가하여야 한다.

③ 시행계획의 수립 및 추진 등에 필요한 사항은 보건복지부령으로 정하는 기준에 따라 해당 지방자치단체의 조례로 정한다.

제9조(국민영양정책 등의 심의)

위원회는 국민의 영양관리를 위하여 다음 각 호의 사항을 심의한다.

1. 국민영양정책의 목표와 추진방향에 관한 사항
2. 기본계획의 수립에 관한 사항
3. 그 밖에 영양관리를 위하여 위원장이 필요하다고 인정한 사항

03 영양관리사업

제10조(영양 · 식생활 교육사업)

① 국가 및 지방자치단체는 국민의 건강을 위하여 영양 · 식생활 교육을 실시하여야 하며 영양 · 식생활 교육에 필요한 프로그램 및 자료를 개발하여 보급하여야 한다.

② 제1항에 따른 영양 · 식생활 교육의 대상 · 내용 · 방법 등에 필요한 사항은 보건복지부령으로 정한다.

국민영양관리법 시행규칙

제5조(영양 · 식생활 교육의 대상 · 내용 · 방법 등)

① 보건복지부장관, 시 · 도지사 및 시장 · 군수 · 구청장은 국민 또는 지역 주민에게 영양 · 식생활 교육을 실시하여야 하며, 이 경우 생애주기 등 영양관리 특성을 고려하여야 한다.

② 영양 · 식생활 교육의 내용은 다음 각 호와 같다.

1. 생애주기별 올바른 식습관 형성 · 실천에 관한 사항
2. 식생활 지침 및 영양소 섭취기준
3. 질병 예방 및 관리
4. 비만 및 저체중 예방 · 관리
5. 바람직한 식생활문화 정립
6. 식품의 영양과 안전
7. 영양 및 건강을 고려한 음식 만들기
8. 그 밖에 보건복지부장관, 시 · 도지사 및 시장 · 군수 · 구청장이 국민 또는 지역 주민의 영양관리 및 영양개선을 위하여 필요하다고 인정하는 사항

제11조(영양취약계층 등의 영양관리사업)

국가 및 지방자치단체는 다음 각 호의 영양관리사업을 실시할 수 있다.

1. 영유아, 임산부, 아동, 노인, 노숙인 및 사회복지시설 수용자 등 영양취약계층을 위한 영양관리사업
2. 어린이집, 유치원, 학교, 집단급식소, 의료기관 및 사회복지시설 등 시설 및 단체에 대한 영양관리사업
3. 생활습관질병 등 질병예방을 위한 영양관리사업

제12조(통계 · 정보)

① 질병관리청장은 보건복지부장관과 협의하여 영양정책 및 영양관리사업 등에 활용할 수 있도록 식품 및 영양에 관한 통계 및 정보를 수집 · 관리하여야 한다.

② 질병관리청장은 제1항에 따른 통계 및 정보를 수집 · 관리하기 위하여 필요한 경우 관련 기관 또는 단체에 자료를 요청할 수 있다.

③ 제2항에 따라 자료를 요청받은 기관 또는 단체는 이에 성실히 응하여야 한다.

제13조(영양관리를 위한 영양 및 식생활 조사)

① 국가 및 지방자치단체는 지역사회의 영양문제에 관한 연구를 위하여 다음 각 호의 조사를 실시할 수 있다.

1. 식품 및 영양소 섭취조사
2. 식생활 행태 조사
3. 영양상태 조사
4. 그 밖에 영양문제에 필요한 조사로서 대통령령으로 정하는 사항

② 질병관리청장은 보건복지부장관과 협의하여 국민의 식품섭취 · 식생활 등에 관한 국민 영양 및 식생활 조사를 매년 실시하고 그 결과를 공표하여야 한다.

③ 질병관리청장은 제2항에 따른 조사를 위하여 관련 기관 · 법인 또는 단체의 장에게 필요한 자료의 제출 또는 의견의 진술을 요청할 수 있다. 이 경우 요청을 받은 자는 정당한 사유가 없으면 이에 협조하여야 한다.

④ 제1항 및 제2항에 따른 조사의 방법과 그 밖에 필요한 사항은 대통령령으로 정한다.

> 국민영양관리법 시행령
>
> **제3조(영양 및 식생활 조사의 유형)**
>
> 법 제13조 제1항 제4호에 따른 영양문제에 필요한 조사는 다음 각 호와 같다.
>
> 1. 식품의 영양성분 실태조사
> 2. 당 · 나트륨 · 트랜스지방 등 건강 위해가능 영양성분의 실태조사
> 3. 음식별 식품재료량 조사
> 4. 그 밖에 국민의 영양관리와 관련하여 보건복지부장관, 질병관리청장 또는 지방자치단체의 장이 필요하다고 인정하는 조사

제14조(영양소 섭취기준 및 식생활 지침의 제정 및 보급)

① 보건복지부장관은 국민건강증진에 필요한 영양소 섭취기준을 제정하고 정기적으로 개정하여 학계 · 산업계 및 관련 기관 등에 체계적으로 보급하여야 한다.

② 보건복지부장관은 관계 중앙행정기관의 장과 협의하여 다음 각 호의 분야에서 제1항에 따른 영양소 섭취기준을 적극 활용할 수 있도록 하여야 한다.

1. 「국민건강증진법」 제2조 제1호에 따른 국민건강증진사업
2. 「학교급식법」 제11조에 따른 학교급식의 영양관리
3. 「식품위생법」 제2조 제12호에 따른 집단급식소의 영양관리
4. 「식품 등의 표시 · 광고에 관한 법률」 제5조에 따른 식품 등의 영양표시
5. 「식생활교육지원법」 제2조 제2호에 따른 식생활 교육
6. 그 밖에 영양관리를 위하여 대통령령으로 정하는 분야

③ 보건복지부장관은 국민건강증진과 삶의 질 향상을 위하여 질병별 · 생애주기별 특성 등을 고려한 식생활 지침을 제정하고 정기적으로 개정 · 보급하여야 한다.

④ 제1항에 따른 영양소 섭취기준 및 제3항에 따른 식생활 지침의 주요 내용 및 발간 주기 등 세부적인 사항은 보건복지부령으로 정한다.

영양사의 면허 및 교육 등

제15조(영양사의 면허)

① 영양사가 되고자 하는 사람은 다음 각 호의 어느 하나에 해당하는 사람으로서 영양사 국가시험에 합격한 후 보건복지부장관의 면허를 받아야 한다.

1. 「고등교육법」에 따른 대학, 산업대학, 전문대학 또는 방송통신대학에서 식품학 또는 영양학을 전공한 자로서 교과목 및 학점이수 등에 관하여 보건복지부령으로 정하는 요건을 갖춘 사람
2. 외국에서 영양사면허(보건복지부장관이 정하여 고시하는 인정기준에 해당하는 면허를 말한다)를 받은 사람
3. 외국의 영양사 양성학교(보건복지부장관이 정하여 고시하는 인정기준에 해당하는 학교를 말한다)를 졸업한 사람

② 보건복지부장관은 제1항에 따른 국가시험의 관리를 보건복지부령으로 정하는 바에 따라 시험 관리능력이 있다고 인정되는 관계 전문기관에 위탁할 수 있다.

③ 영양사 면허와 국가시험 등에 필요한 사항은 보건복지부령으로 정한다.

국민영양관리법 시행규칙

제9조(영양사 국가시험 과목 등)

① 영양사 국가시험의 과목은 다음 각 호와 같다.

1. 영양학 및 생화학(기초영양학 · 고급영양학 · 생애주기영양학 등을 포함한다)
2. 영양교육, 식사요법 및 생리학(임상영양학 · 영양상담 · 영양판정 및 지역사회영양학을 포함한다)
3. 식품학 및 조리원리(식품화학 · 식품미생물학 · 실험조리 · 식품가공 및 저장학을 포함한다)
4. 급식, 위생 및 관계 법규(단체급식관리 · 급식경영학 · 식생활관리 · 식품위생학 · 공중보건학과 영양 · 보건의료 · 식품위생 관계 법규를 포함한다)

② 영양사 국가시험은 필기시험으로 한다.

③ 영양사 국가시험의 합격자는 전 과목 총점의 60퍼센트 이상, 매 과목 만점의 40퍼센트 이상을 득점하여야 한다.

④ 영양사 국가시험의 출제방법, 배점비율, 그 밖에 시험 시행에 필요한 사항은 영양사 국가시험관리기관의 장이 정한다.

제15조의2(응시자격의 제한 등)

① 부정한 방법으로 영양사 국가시험에 응시한 사람이나 영양사 국가시험에서 부정행위를 한 사람에 대해서는 그 수험을 정지시키거나 합격을 무효로 한다.

② 보건복지부장관은 제1항에 따라 수험이 정지되거나 합격이 무효가 된 사람에 대하여 처분의 사유와 위반 정도 등을 고려하여 보건복지부령으로 정하는 바에 따라 3회의 범위에서 영양사 국가시험 응시를 제한할 수 있다.

제16조(결격사유)

다음 각 호의 어느 하나에 해당하는 사람은 영양사의 면허를 받을 수 없다.

1. 「정신건강증진 및 정신질환자 복지서비스 지원에 관한 법률」에 따른 정신질환자. 다만, 전문의가 영양사로서 적합하다고 인정하는 사람은 그러하지 아니하다.
2. 「감염병의 예방 및 관리에 관한 법률」에 따른 감염병환자 중 보건복지부령으로 정하는 사람
3. 마약 · 대마 또는 향정신성의약품 중독자
4. 영양사 면허의 취소처분을 받고 그 취소된 날부터 1년이 지나지 아니한 사람

제17조(영양사의 업무)

영양사는 다음 각 호의 업무를 수행한다.

1. 건강증진 및 환자를 위한 영양 · 식생활 교육 및 상담
2. 식품영양정보의 제공
3. 식단작성, 검식(檢食) 및 배식관리
4. 구매식품의 검수 및 관리
5. 급식시설의 위생적 관리
6. 집단급식소의 운영일지 작성
7. 종업원에 대한 영양지도 및 위생교육

제18조(면허의 등록)

① 보건복지부장관은 영양사의 면허를 부여할 때에는 영양사 면허대장에 그 면허에 관한 사항을 등록하고 면허증을 교부하여야 한다. 다만, 면허증 교부 신청일 기준으로 제16조에 따른 결격사유에 해당하는 자에게는 면허 등록 및 면허증 교부를 하여서는 아니 된다.

② 제1항에 따라 면허증을 교부받은 사람은 다른 사람에게 그 면허증을 빌려주어서는 아니 되고, 누구든지 그 면허증을 빌려서는 아니 된다.

③ 누구든지 제2항에 따라 금지된 행위를 알선하여서는 아니 된다.

④ 제1항에 따른 면허의 등록 및 면허증의 교부 등에 관하여 필요한 사항은 보건복지부령으로 정한다.

제19조(명칭사용의 금지)

제15조에 따라 영양사 면허를 받지 아니한 사람은 영양사 명칭을 사용할 수 없다.

제20조(보수교육)

① 보건기관 · 의료기관 · 집단급식소 등에서 각각 그 업무에 종사하는 영양사는 영양관리수준 및 자질 향상을 위하여 보수교육을 받아야 한다.

② 제1항에 따른 보수교육의 시기 · 대상 · 비용 및 방법 등에 관하여 필요한 사항은 보건복지부령으로 정한다.

국민영양관리법 시행규칙

제18조(보수교육의 시기 · 대상 · 비용 · 방법 등)

① 법 제20조에 따른 보수교육은 법 제22조에 따른 영양사협회(이하 "협회"라 한다)에 위탁한다.

② 협회의 장은 다음 각 호의 사항에 관한 보수교육을 2년마다 6시간 이상 실시해야 한다.

1. 직업윤리에 관한 사항
2. 업무 전문성 향상 및 업무 개선에 관한 사항
3. 국민영양 관계 법령의 준수에 관한 사항
4. 선진 영양관리 동향 및 추세에 관한 사항
5. 그 밖에 보건복지부장관이 영양사의 전문성 향상에 필요하다고 인정하는 사항

③ 보수교육의 대상자는 다음 각 호와 같다.

1. 「지역보건법」 제10조 및 제13조에 따른 보건소 · 보건지소, 「의료법」 제3조에 따른 의료기관 및 「식품위생법」 제2조 제12호에 따른 집단급식소에 종사하는 영양사
2. 「영유아보육법」 제7조에 따른 육아종합지원센터에 종사하는 영양사
3. 「어린이 식생활안전관리 특별법」 제21조에 따른 어린이급식관리지원센터에 종사하는 영양사
4. 「건강기능식품에 관한 법률」 제4조 제1항 제3호에 따른 건강기능식품판매업소에 종사하는 영양사

④ 제3항에 따른 보수교육 대상자 중 다음 각 호의 어느 하나에 해당하는 사람은 해당 연도의 보수교육을 면제한다. 이 경우 보수교육이 면제되는 사람은 해당 보수교육이 실시되기 전에 별지 제5호 서식의 보수교육 면제신청서에 면제 대상자임을 인정할 수 있는 서류를 첨부하여 협회의 장에게 제출해야 한다.
 1. 군복무 중인 사람
 2. 본인의 질병 또는 그 밖의 불가피한 사유로 보수교육을 받기 어렵다고 보건복지부장관이 인정하는 사람
⑤ 보수교육은 집합교육, 온라인 교육 등 다양한 방법으로 실시해야 한다.
⑥ 보수교육의 교과과정, 비용과 그 밖에 보수교육을 실시하는데 필요한 사항은 보건복지부장관의 승인을 받아 협회의 장이 정한다.

제20조의2(실태 등의 신고)
① 영양사는 대통령령으로 정하는 바에 따라 최초로 면허를 받은 후부터 3년마다 그 실태와 취업상황 등을 보건복지부장관에게 신고하여야 한다.
② 보건복지부장관은 제20조 제1항의 보수교육을 이수하지 아니한 영양사에 대하여 제1항에 따른 신고를 반려할 수 있다.
③ 보건복지부장관은 제1항에 따른 신고 수리 업무를 대통령령으로 정하는 바에 따라 관련 단체 등에 위탁할 수 있다.

제21조(면허취소 등)
① 보건복지부장관은 영양사가 다음 각 호의 어느 하나에 해당하는 경우 그 면허를 취소할 수 있다. 다만, 제1호에 해당하는 경우 면허를 취소하여야 한다.
 1. 제16조[결격사유] 제1호부터 제3호까지의 어느 하나에 해당하는 경우
 2. 제2항에 따른 면허정지처분 기간 중에 영양사의 업무를 하는 경우
 3. 제2항에 따라 3회 이상 면허정지처분을 받은 경우
② 보건복지부장관은 영양사가 다음 각 호의 어느 하나에 해당하는 경우 6개월 이내의 기간을 정하여 그 면허의 정지를 명할 수 있다.
 1. 영양사가 그 업무를 행함에 있어서 식중독이나 그 밖에 위생과 관련한 중대한 사고 발생에 직무상의 책임이 있는 경우
 2. 면허를 타인에게 대여하여 이를 사용하게 한 경우
③ 제1항, 제2항 및 제5항에 따른 행정처분의 세부적인 기준은 그 위반행위의 유형과 위반의 정도 등을 참작하여 대통령령으로 정한다.
④ 보건복지부장관은 제1항의 면허취소처분 또는 제2항의 면허정지처분을 하고자 하는 경우에는 청문을 실시하여야 한다.
⑤ 보건복지부장관은 영양사가 제20조의2에 따른 신고를 하지 아니한 경우에는 신고할 때까지 면허의 효력을 정지할 수 있다.

제22조(영양사협회)
① 영양사는 영양에 관한 연구, 영양사의 윤리 확립 및 영양사의 권익증진 및 자질향상을 위하여 대통령령으로 정하는 바에 따라 영양사협회(이하 "협회"라 한다)를 설립할 수 있다.
② 협회는 법인으로 한다.
③ 협회에 관하여 이 법에 규정되지 아니한 사항은 「민법」 중 사단법인에 관한 규정을 준용한다.

05 보칙

제23조(임상영양사)

① 보건복지부장관은 건강관리를 위하여 영양판정, 영양상담, 영양소 모니터링 및 평가 등의 업무를 수행하는 영양사에게 영양사 면허 외에 임상영양사 자격을 인정할 수 있다.

② 제1항에 따른 임상영양사의 업무, 자격기준, 자격증 교부 등에 관하여 필요한 사항은 보건복지부령으로 정한다.

국민영양관리법 시행규칙

제22조(임상영양사의 업무)

법 제23조에 따른 임상영양사(이하 "임상영양사"라 한다)는 질병의 예방과 관리를 위하여 질병별로 전문화된 다음 각 호의 업무를 수행한다.

1. 영양문제 수집 · 분석 및 영양요구량 산정 등의 영양판정
2. 영양상담 및 교육
3. 영양관리상태 점검을 위한 영양모니터링 및 평가
4. 영양불량상태 개선을 위한 영양관리
5. 임상영양 자문 및 연구
6. 그 밖에 임상영양과 관련된 업무

제23조(임상영양사의 자격기준)

임상영양사가 되려는 사람은 다음 각 호의 어느 하나에 해당하는 사람으로서 보건복지부장관이 실시하는 임상영양사 자격시험에 합격하여야 한다.

1. 제24조에 따른 임상영양사 교육과정 수료와 보건소 · 보건지소, 의료기관, 집단급식소 등 보건복지부장관이 정하는 기관에서 1년 이상 영양사로서의 실무경력을 충족한 사람
2. 외국의 임상영양사 자격이 있는 사람 중 보건복지부장관이 인정하는 사람

제24조(임상영양사의 교육과정)

① 임상영양사의 교육은 보건복지부장관이 지정하는 임상영양사 교육기관이 실시하고 그 교육기간은 2년 이상으로 한다.

② 임상영양사 교육을 신청할 수 있는 사람은 영양사 면허를 가진 사람으로 한다.

제25조(임상영양사 교육기관의 지정 기준 및 절차)

① 제24조 제1항에 따른 임상영양사 교육기관으로 지정받을 수 있는 기관은 다음 각 호의 어느 하나의 기관으로서 별표 2의 임상영양사 교육기관 지정기준에 맞아야 한다.

1. 영양학, 식품영양학 또는 임상영양학 전공이 있는 「고등교육법」 제29조의2에 따른 일반대학원, 특수대학원 또는 전문대학원
2. 임상영양사 교육과 관련하여 전문 인력과 능력을 갖춘 비영리법인

[별표 2] 임상영양사 교육기관 지정기준

교수요원		실습협약기관 (각 호의 요건을 모두 갖추어야 한다)
전공전임 교수	실습지도 겸임교수	
학생 10명당 1명 이상	학생 5명당 1명 이상	1. 보건소 · 보건지소, 의료기관, 그 밖에 보건복지부장관이 인정하는 시설을 실습협약기관으로 지정해야 한다. 이 경우 의료기관은 실습협약기관에 반드시 포함되어야 한다. 2. 실습협약기관에는 임상영양사 1명 이상을 배치하여야 한다. 3. 실습협약기관에는 임상영양사 실습을 위한 별도의 교육훈련 프로그램을 갖추어야 한다.

② 제1항에 따른 임상영양사 교육기관으로 지정받으려는 자는 별지 제10호 서식의 임상영양사 교육기관 지정신청서에 다음 각 호의 서류를 첨부하여 보건복지부장관에게 제출하여야 한다.

1. 교수요원의 성명과 이력이 적혀 있는 서류
2. 실습협약기관 현황 및 협약 약정서
3. 교육계획서 및 교과과정표
4. 해당 임상영양사 교육과정에 사용되는 시설 및 장비 현황

③ 보건복지부장관은 제2항에 따른 신청이 제1항의 지정기준에 맞다고 인정하면 임상영양사 교육기관으로 지정하고, 별지 제11호 서식의 임상영양사 교육기관 지정서를 발급하여야 한다.

제26조(임상영양사 교육생 정원)

① 보건복지부장관은 제25조 제3항에 따라 임상영양사 교육기관을 지정하는 경우에는 교육생 정원을 포함하여 지정하여야 한다.

② 임상영양사 교육기관의 장은 제1항에 따라 정해진 교육생 정원을 변경하려는 경우에는 별지 제12호 서식의 임상영양사 과정 교육생 정원 변경신청서에 제25조 제2항 각 호의 서류를 첨부하여 보건복지부장관에게 제출하여야 한다.

③ 보건복지부장관은 제2항에 따른 정원 변경신청이 제25조 제1항의 지정기준에 맞으면 정원 변경을 승인하고 지정서를 재발급하여야 한다.

제27조(임상영양사 교육과정의 과목 및 수료증 발급)

① 임상영양사 교육과정의 과목은 이론과목과 실습과목으로 구분하고, 과목별 이수학점 기준은 별표 3과 같다.

[별표 3] 임상영양사 교육과정의 과목별 이수학점 기준

구분	과목명	학점
이론과목	고급영양이론	3
	병태생리학	3
	임상영양치료	6
	고급영양상담 및 교육	2
	임상영양연구	2
실습과목	임상영양실습	8
계		24

비고

1. 이론과목에 대해서는 수업학기당 15시간을 1학점으로 인정하고, 실습과목에 대해서는 60시간을 1학점으로 인정한다.
2. 실습은 일주일에 40시간까지 인정하며, 최소 4학점 이상은 실습협약기관으로 지정된 의료기관에서 실습해야 한다.

② 임상영양사 교육기관의 장은 임상영양사 교육과정을 마친 사람에게 별지 제13호 서식의 임상영양사 교육과정 수료증을 발급하여야 한다.

제28조(임상영양사 자격시험의 시행과 공고)

① 보건복지부장관은 매년 1회 이상 임상영양사 자격시험을 시행하여야 한다. 다만, 영양사 인력 수급(需給) 등을 고려하여 시험을 시행하는 것이 적절하지 않다고 인정하는 경우에는 임상영양사 자격시험을 시행하지 않을 수 있다.

② 보건복지부장관은 임상영양사 자격시험의 관리를 다음 각 호의 요건을 갖춘 관계 전문기관(이하 "임상영양사 자격시험관리기관"이라 한다)으로 하여금 하도록 한다.

1. 정부가 설립 · 운영비용의 일부를 출연한 비영리법인
2. 자격시험에 관한 전문적인 능력을 갖춘 비영리법인

③ 제2항에 따라 임상영양사 자격시험을 실시하는 임상영양사 자격시험관리기관의 장은 보건복지부장관의 승인을 받아 임상영양사 자격시험의 일시, 시험장소, 시험과목, 시험방법, 응시원서 및 서류 접수, 응시 수수료의 금액 및 납부방법, 그 밖에 시험 시행에 필요한 사항을 정하여 시험 실시 30일 전까지 공고하여야 한다.

제29조(임상영양사 자격시험의 응시자격 및 응시절차)

① 임상영양사 자격시험에 응시할 수 있는 사람은 제23조[임상영양사의 자격기준] 각 호의 어느 하나에 해당하는 사람으로 한다.

② 임상영양사 자격시험에 응시하려는 사람은 별지 제14호 서식의 임상영양사 자격시험 응시원서를 임상영양사 자격시험 관리기관의 장에게 제출하여야 한다.

제30조(임상영양사 자격시험의 시험방법 등)

① 임상영양사 자격시험은 필기시험으로 한다.

② 임상영양사 자격시험의 합격자는 총점의 60퍼센트 이상을 득점한 사람으로 한다.

③ 임상영양사 자격시험의 시험과목, 출제방법, 배점비율, 그 밖에 시험 시행에 필요한 사항은 임상영양사 자격시험관리기관의 장이 정한다.

제31조(임상영양사 합격자 발표 등)

① 임상영양사 자격시험관리기관의 장은 임상영양사 자격시험을 실시한 후 합격자를 결정하여 발표한다.

② 제1항의 합격자는 다음 각 호의 서류를 합격자 발표일로부터 10일 이내에 임상영양사 자격시험관리기관의 장에게 제출하여야 한다.

1. 제27조 제2항에 따른 수료증 사본 또는 외국의 임상영양사 자격증 사본
2. 영양사 면허증 사본
3. 사진 3장

③ 임상영양사 자격시험관리기관의 장은 합격자 발표 후 15일 이내에 다음 각 호의 서류를 보건복지부장관에게 제출하여야 한다.

1. 합격자의 성명, 주민등록번호, 영양사 면허번호 및 면허 연월일, 수험번호 등이 적혀 있는 합격자 대장
2. 제27조 제2항에 따른 수료증 사본 또는 외국의 임상영양사 자격증 사본
3. 사진 1장

제32조(임상영양사 자격증 발급 등)

① 보건복지부장관은 제31조 제3항에 따라 임상영양사 자격시험관리기관의 장으로부터 서류를 제출받은 경우에는 임상영양사 자격인정대장에 다음 각 호의 사항을 적고, 합격자에게 별지 제15호 서식의 임상영양사 자격증을 발급해야 한다.

1. 성명 및 생년월일
2. 임상영양사 자격인정번호 및 자격인정 연월일
3. 임상영양사 자격시험 합격 연월일
4. 영양사 면허번호 및 면허 연월일

② 임상영양사의 자격증의 재발급에 관하여는 제16조[면허증의 재발급]를 준용한다. 이 경우 "영양사"는 "임상영양사"로, "면허증"은 "자격증"으로 본다.

제24조(비용의 보조)

국가나 지방자치단체는 회계연도마다 예산의 범위에서 영양관리사업의 수행에 필요한 비용의 일부를 부담하거나 사업을 수행하는 법인 또는 단체에 보조할 수 있다.

제25조(권한의 위임 · 위탁)

① 이 법에 따른 보건복지부장관의 권한은 대통령령으로 정하는 바에 따라 그 일부를 시 · 도지사에게 위임할 수 있다.

② 이 법에 따른 보건복지부장관의 업무는 대통령령으로 정하는 바에 따라 그 일부를 관계 전문기관에 위탁할 수 있다.

제26조(수수료)

① 지방자치단체의 장은 영양관리사업에 드는 경비 중 일부에 대하여 그 이용자로부터 조례로 정하는 바에 따라 수수료를 징수할 수 있다.

② 제1항에 따라 수수료를 징수하는 경우 지방자치단체의 장은 노인, 장애인, 「국민기초생활 보장법」에 따른 수급권자 등의 수수료를 감면하여야 한다.

③ 영양사의 면허를 받거나 면허증을 재교부받으려는 사람 또는 국가시험에 응시하려는 사람은 보건복지부령으로 정하는 바에 따라 수수료를 내야 한다.

④ 제15조 제2항에 따라 영양사 국가시험 관리를 위탁받은 「한국보건의료인국가시험원법」에 따른 한국보건의료인국가시험원은 국가시험의 응시수수료를 보건복지부장관의 승인을 받아 시험 관리에 필요한 경비에 직접 충당할 수 있다.

제27조(벌칙 적용에서의 공무원 의제)

제15조 제2항에 따라 위탁받은 업무에 종사하는 전문기관의 임직원은 「형법」 제129조부터 제132조까지의 규정에 따른 벌칙의 적용에서는 공무원으로 본다.

06 벌칙

제28조(벌칙)

① 다음 각 호의 어느 하나에 해당하는 자는 1년 이하의 징역 또는 1천만원 이하의 벌금에 처한다.

1. 제18조 제2항 또는 제23조 제3항을 위반하여 다른 사람에게 영양사의 면허증 또는 임상영양사의 자격증을 빌려주거나 빌린 자
2. 제18조 제3항 또는 제23조 제4항을 위반하여 영양사의 면허증 또는 임상영양사의 자격증을 빌려주거나 빌리는 것을 알선한 자

② 제19조를 위반하여 영양사라는 명칭을 사용한 사람은 300만원 이하의 벌금에 처한다.

THEME 04

학교급식법

[시행 2022.6.29.] [법률 제18639호, 2021.12.28., 일부개정]

01 총 칙

제1조(목적)

이 법은 학교급식 등에 관한 사항을 규정함으로써 학교급식의 질을 향상시키고 학생의 건전한 심신의 발달과 국민 식생활 개선에 기여함을 목적으로 한다.

제2조(정의)

이 법에서 사용하는 용어의 정의는 다음과 같다.

1. "학교급식"이라 함은 제1조의 목적을 달성하기 위하여 제4조의 규정에 따른 학교 또는 학급의 학생을 대상으로 학교의 장이 실시하는 급식을 말한다.
2. "학교급식공급업자"라 함은 제15조의 규정에 따라 학교의 장과 계약에 의하여 학교급식에 관한 업무를 위탁받아 행하는 자를 말한다.
3. "급식에 관한 경비"라 함은 학교급식을 위한 식품비, 급식운영비 및 급식시설 · 설비비를 말한다.

제3조(국가 · 지방자치단체의 임무)

① 국가와 지방자치단체는 양질의 학교급식이 안전하게 제공될 수 있도록 행정적 · 재정적으로 지원하여야 하며, 영양교육을 통한 학생의 올바른 식생활 관리능력 배양과 전통 식문화의 계승 · 발전을 위하여 필요한 시책을 강구하여야 한다.

② 특별시 · 광역시 · 도 · 특별자치도의 교육감(이하 "교육감"이라 한다)은 매년 학교급식에 관한 계획을 수립 · 시행하여야 한다.

제4조(학교급식 대상)

학교급식은 대통령령으로 정하는 바에 따라 다음 각 호의 어느 하나에 해당하는 학교 또는 학급에 재학하는 학생을 대상으로 실시한다.

1. 「유아교육법」 제2조 제2호에 따른 유치원. 다만, 대통령령으로 정하는 규모 이하의 유치원은 제외한다.
2. 「초 · 중등교육법」 제2조 제1호부터 제4호까지의 어느 하나에 해당하는 학교
3. 「초 · 중등교육법」 제52조의 규정에 따른 근로청소년을 위한 특별학급 및 산업체부설 중 · 고등학교
4. 「초 · 중등교육법」 제60조의3에 따른 대안학교
5. 그 밖에 교육감이 필요하다고 인정하는 학교

제5조(학교급식위원회 등)

① 교육감은 학교급식에 관한 다음 각 호의 사항을 심의하기 위하여 그 소속하에 학교급식위원회를 둔다.

1. 제3조 제2항의 규정에 따른 학교급식에 관한 계획
2. 제9조의 규정에 따른 급식에 관한 경비 및 식재료 등의 지원
3. 그 밖에 학교급식의 운영 및 지원에 관한 사항으로서 교육감이 필요하다고 인정하는 사항

② 제1항의 규정에 따른 학교급식위원회의 구성 · 운영 등에 관하여 필요한 사항은 대통령령으로 정한다.
③ 특별시장 · 광역시장 · 도지사 · 특별자치도지사 및 시장 · 군수 · 자치구의 구청장은 제8조 제4항의 규정에 따른 학교급식 지원에 관한 중요사항을 심의하기 위하여 그 소속하에 학교급식지원심의위원회를 둘 수 있다.
④ 특별자치도지사 · 시장 · 군수 · 자치구의 구청장은 우수한 식자재 공급 등 학교급식을 지원하기 위하여 그 소속하에 학교급식지원센터를 설치 · 운영할 수 있다.
⑤ 제3항의 규정에 따른 학교급식지원심의위원회의 구성 · 운영과 제4항의 규정에 따른 학교급식지원센터의 설치 · 운영에 관하여 필요한 사항은 해당 지방자치단체의 조례로 정한다.

02 학교급식 시설 · 설비 기준 등

제6조(급식시설 · 설비)

① 학교급식을 실시할 학교는 학교급식을 위하여 필요한 시설과 설비를 갖추어야 한다. 다만, 둘 이상의 학교가 인접하여 있는 경우에는 학교급식을 위한 시설과 설비를 공동으로 할 수 있다.
② 제1항의 규정에 따른 시설 · 설비의 종류와 기준은 대통령령으로 정한다.

학교급식법 시행령

제7조(시설 · 설비의 종류와 기준)

① 법 제6조 제2항에 따라 학교급식시설에서 갖추어야 할 시설 · 설비의 종류와 기준은 다음 각 호와 같다.

1. 조리장 : 교실과 떨어지거나 차단되어 학생의 학습에 지장을 주지 않는 시설로 하되, 식품의 운반과 배식이 편리한 곳에 두어야 하며, 능률적이고 안전한 조리기기, 냉장 · 냉동시설, 세척 · 소독시설 등을 갖추어야 한다.
2. 식품보관실 : 환기 · 방습이 용이하며, 식품과 식재료를 위생적으로 보관하는 데 적합한 위치에 두되, 방충 및 쥐막기 시설을 갖추어야 한다.
3. 급식관리실 : 조리장과 인접한 위치에 두되, 컴퓨터 등 사무장비를 갖추어야 한다.
4. 편의시설 : 조리장과 인접한 위치에 두되, 조리종사자의 수에 따라 필요한 옷장과 샤워시설 등을 갖추어야 한다.

② 제1항에 따른 시설에서 갖추어야 할 시설과 그 부대시설의 세부적인 기준은 교육부령으로 정한다.

제7조(영양교사의 배치 등)

① 제6조의 규정에 따라 학교급식을 위한 시설과 설비를 갖춘 학교는 「초 · 중등교육법」 제21조 제2항의 규정에 따른 영양교사와 「식품위생법」 제53조 제1항에 따른 조리사를 둔다. 다만, 제4조 제1호에 따른 유치원에 두는 영양교사의 배치기준 등에 관하여 필요한 사항은 대통령령으로 정한다.
② 교육감은 학교급식에 관한 업무를 전담하게 하기 위하여 그 소속하에 학교급식에 관한 전문지식이 있는 직원을 둘 수 있다.
③ 교육감은 제1항 단서의 영양교사의 배치기준 등에 따른 유치원 중 일정 규모 이하 유치원에 대한 급식관리를 지원하기 위하여 특별시 · 광역시 · 특별자치시 · 도 및 특별자치도의 교육청 또는 「지방교육자치에 관한 법률」 제34조 및 「제주특별자치도 설치 및 국제자유도시 조성을 위한 특별법」 제80조에 따른 교육지원청에 영양교사를 둘 수 있다.

④ 제3항에 따라 영양교사가 급식관리를 지원하는 유치원의 규모 및 지원의 범위 등에 필요한 사항은 대통령령으로 정한다.

제8조(경비부담 등)

① 학교급식의 실시에 필요한 급식시설 · 설비비는 해당 학교의 설립 · 경영자가 부담하되, 국가 또는 지방자치단체가 지원할 수 있다.

② 급식운영비는 해당 학교의 설립 · 경영자가 부담하는 것을 원칙으로 하되, 대통령령으로 정하는 바에 따라 보호자(친권자, 후견인 그 밖에 법률에 따라 학생을 부양할 의무가 있는 자를 말한다. 이하 같다)가 그 경비의 일부를 부담할 수 있다.

③ 학교급식을 위한 식품비는 보호자가 부담하는 것을 원칙으로 한다.

④ 특별시장 · 광역시장 · 도지사 · 특별자치도지사 및 시장 · 군수 · 자치구의 구청장은 학교급식에 품질이 우수한 농수산물 사용 등 급식의 질 향상과 급식시설 · 설비의 확충을 위하여 식품비 및 시설 · 설비비 등 급식에 관한 경비를 지원할 수 있다.

제9조(급식에 관한 경비의 지원)

① 국가 또는 지방자치단체는 제8조의 규정에 따라 보호자가 부담할 경비의 전부 또는 일부를 지원할 수 있다.

② 제1항의 규정에 따라 보호자가 부담할 경비를 지원하는 경우에는 다음 각 호의 어느 하나에 해당하는 학생을 우선적으로 지원한다.

1. 학생 또는 그 보호자가 「국민기초생활 보장법」 제2조에 따른 수급권자이거나 차상위계층에 속하는 학생, 「한부모가족지원법」 제5조의 규정에 따른 보호대상자인 학생
2. 「도서 · 벽지 교육진흥법」 제2조의 규정에 따른 도서벽지에 있는 학교와 그에 준하는 지역으로서 대통령령으로 정하는 지역의 학교에 재학하는 학생
3. 「농어업인 삶의 질 향상 및 농어촌지역 개발촉진에 관한 특별법」 제3조 제4호에 따른 농어촌학교와 그에 준하는 지역으로서 대통령령으로 정하는 지역의 학교에 재학하는 학생
4. 그 밖에 교육감이 필요하다고 인정하는 학생

③ 교육감은 「재난 및 안전관리 기본법」 제3조 제1호에 따른 재난이 발생하여 학교급식이 어려운 경우에는 제5조 제1항에 따른 학교급식위원회의 심의를 거쳐 대통령령으로 정하는 바에 따라 학생의 가정에 식재료 등을 지원할 수 있다. 이 경우 지원 범위는 제8조 제4항 및 제9조 제1항에 따라 국가 또는 지방자치단체가 지원한 급식에 관한 경비에 한정한다.

03 학교급식 관리 · 운영

제10조(식재료)

① 학교급식에는 품질이 우수하고 안전한 식재료를 사용하여야 한다.

② 식재료의 품질관리기준 그 밖에 식재료에 관하여 필요한 사항은 교육부령으로 정한다.

제11조(영양관리)

① 학교급식은 학생의 발육과 건강에 필요한 영양을 충족하고, 올바른 식생활습관 형성에 도움을 줄 수 있도록 다양한 식품으로 구성되어야 한다.

② 학교급식의 영양관리기준은 교육부령으로 정하고, 식품구성기준은 필요한 경우 교육감이 정한다.

제12조(위생 · 안전관리)

① 학교급식은 식단작성, 식재료 구매 · 검수 · 보관 · 세척 · 조리, 운반, 배식, 급식기구 세척 및 소독 등 모든 과정에서 위해한 물질이 식품에 혼입되거나 식품이 오염되지 아니하도록 위생과 안전관리를 철저히 하여야 한다.

② 학교급식의 위생 · 안전관리기준은 교육부령으로 정한다.

제13조(식생활 지도 등)

학교의 장은 올바른 식생활습관의 형성, 식량생산 및 소비에 관한 이해 증진 및 전통 식문화의 계승 · 발전을 위하여 학생에게 식생활 관련 교육 및 지도를 하며, 보호자에게는 관련 정보를 제공한다.

제14조(영양상담)

학교의 장은 식생활에서 기인하는 영양불균형을 시정하고 질병을 사전에 예방하기 위하여 저체중 및 성장부진, 빈혈, 과체중 및 비만학생 등을 대상으로 영양상담과 필요한 지도를 실시한다.

제15조(학교급식의 운영방식)

① 학교의 장은 학교급식을 직접 관리 · 운영하되, 「유아교육법」 제19조의3에 따른 유치원운영위원회 및 「초 · 중등교육법」 제31조에 따른 학교운영위원회의 심의 · 자문을 거쳐 일정한 요건을 갖춘 자에게 학교급식에 관한 업무를 위탁하여 이를 행하게 할 수 있다. 다만, 식재료의 선정 및 구매 · 검수에 관한 업무는 학교급식 여건상 불가피한 경우를 제외하고는 위탁하지 아니한다.

② 제1항의 규정에 따라 의무교육기관에서 업무위탁을 하고자 하는 경우에는 미리 관할청의 승인을 얻어야 한다.

③ 제1항의 규정에 따른 학교급식에 관한 업무위탁의 범위, 학교급식공급업자가 갖추어야 할 요건 그 밖에 업무위탁에 관하여 필요한 사항은 대통령령으로 정한다.

제16조(품질 및 안전을 위한 준수사항)

① 학교의 장과 그 학교의 학교급식 관련 업무를 담당하는 관계 교직원(이하 "학교급식관계교직원"이라 한다) 및 학교급식공급업자는 학교급식의 품질 및 안전을 위하여 다음 각 호의 어느 하나에 해당하는 식재료를 사용하여서는 아니 된다.

1. 「농수산물의 원산지 표시 등에 관한 법률」 제5조 제1항에 따른 원산지 표시를 거짓으로 적은 식재료
2. 「농수산물 품질관리법」 제56조에 따른 유전자변형농수산물의 표시를 거짓으로 적은 식재료
3. 「축산법」 제40조의 규정에 따른 축산물의 등급을 거짓으로 기재한 식재료
4. 「농수산물 품질관리법」 제5조 제2항에 따른 표준규격품의 표시, 같은 법 제14조 제3항에 따른 품질인증의 표시 및 같은 법 제34조 제3항에 따른 지리적 표시를 거짓으로 적은 식재료

② 학교의 장과 그 소속 학교급식관계교직원 및 학교급식공급업자는 다음 사항을 지켜야 한다.
1. 제10조 제2항의 규정에 따른 식재료의 품질관리기준, 제11조 제2항의 규정에 따른 영양관리기준 및 제12조 제2항의 규정에 따른 위생 · 안전관리기준
2. 그 밖에 학교급식의 품질 및 안전을 위하여 필요한 사항으로서 교육부령으로 정하는 사항

③ 학교의 장과 그 소속 학교급식관계교직원 및 학교급식공급업자는 학교급식에 알레르기를 유발할 수 있는 식재료가 사용되는 경우에는 이 사실을 급식 전에 급식 대상 학생에게 알리고, 급식 시에 표시하여야 한다.

④ 알레르기를 유발할 수 있는 식재료의 종류 등 제3항에 따른 공지 및 표시와 관련하여 필요한 사항은 교육부령으로 정한다.

제17조(생산품의 직접사용 등)

학교에서 작물재배 · 동물사육 그 밖에 각종 생산활동으로 얻은 생산품이나 그 생산품의 매각대금은 다른 법률의 규정에도 불구하고 학교급식을 위하여 직접 사용할 수 있다.

04 보 칙

제18조(학교급식 운영평가)

① 교육부장관 또는 교육감은 학교급식 운영의 내실화와 질적 향상을 위하여 학교급식의 운영에 관한 평가를 실시할 수 있다.

② 제1항의 규정에 따른 평가의 방법 · 기준 그 밖에 학교급식 운영평가에 관하여 필요한 사항은 대통령령으로 정한다.

제19조(출입 · 검사 · 수거 등)

① 교육부장관 또는 교육감은 필요하다고 인정하는 때에는 식품위생 또는 학교급식 관계공무원으로 하여금 학교급식 관련 시설에 출입하여 식품 · 시설 · 서류 또는 작업상황 등을 검사 또는 열람을 하게 할 수 있으며, 검사에 필요한 최소량의 식품을 무상으로 수거하게 할 수 있다.

② 제1항의 규정에 따라 출입 · 검사 · 열람 또는 수거를 하고자 하는 공무원은 그 권한을 표시하는 증표를 지니고, 이를 관계인에게 내보여야 한다.

③ 제1항의 규정에 따른 검사 등의 결과 제16조[품질 및 안전을 위한 준수사항] 제2항 제1호 · 제2호 또는 같은 조 제3항의 규정을 위반한 때에는 교육부장관 또는 교육감은 해당학교의 장 또는 학교급식공급업자에게 시정을 명할 수 있다.

학교급식법 시행령

제14조(출입 · 검사 · 수거 등 대상시설)

법 제19조 제1항에 따른 학교급식관련 시설은 다음 각 호와 같다.
1. 학교 안에 설치된 학교급식시설
2. 학교급식에 식재료 또는 제조 · 가공한 식품을 공급하는 업체의 제조 · 가공시설

학교급식법 시행규칙

제8조(출입 · 검사 등)

① 영 제14조 제1호의 시설에 대한 출입 · 검사 등은 다음 각 호와 같이 실시하되, 교육부장관 또는 교육감이 필요하다고 인정하는 경우에는 연간 실시 횟수를 조정할 수 있다.

1. 제4조 제1항에 따른 식재료 품질관리기준, 제5조 제1항에 따른 영양관리기준 및 제7조에 따른 준수사항 이행여부의 확인 · 지도 : 연 1회 이상 실시하되, 제2호의 확인 · 지도 시 함께 실시할 수 있음
2. 제6조 제1항에 따른 위생 · 안전관리기준 이행여부의 확인 · 지도 : 연 2회 이상

② 영 제14조 제2호의 시설에 대한 출입 · 검사 등을 효율적으로 시행하기 위하여 필요하다고 인정하는 경우 교육부장관, 교육감 또는 교육장은 식품의약품안전처장, 특별시장 · 광역시장 · 특별자치시장 · 도지사 · 특별자치도지사 또는 시장 · 군수 · 구청장(자치구의 구청장을 말한다)에게 행정응원을 요청할 수 있다.

③ 제1항 및 제2항에 따른 출입 · 검사를 실시한 관계공무원은 해당 학교급식관련 시설에 비치된 별지 제3호 서식의 출입 · 검사 등 기록부에 그 결과를 기록하여야 한다.

제20조(권한의 위임)

이 법에 의한 교육부장관 또는 교육감의 권한은 그 일부를 대통령령으로 정하는 바에 따라 교육감 또는 교육장에게 위임할 수 있다.

제21조(행정처분 등의 요청)

① 교육부장관 또는 교육감은 「식품위생법」 · 「농수산물 품질관리법」 · 「축산법」 · 「축산물위생관리법」의 규정에 따라 허가 및 신고 · 지정 또는 인증을 받은 자가 제19조[출입 · 검사 · 수거 등]의 규정에 따른 검사 등의 결과 각 해당법령을 위반한 경우에는 관계행정기관의 장에게 행정처분 등의 필요한 조치를 할 것을 요청할 수 있다.

② 제1항의 규정에 따라 요청을 받은 관계행정기관의 장은 특별한 사유가 없으면 그 요청을 따라야 하며, 그 조치결과를 교육부장관 또는 해당 교육감에게 알려야 한다.

제22조(징계)

학교급식의 적정한 운영과 안전성 확보를 위하여 징계의결 요구권자는 관할학교의 장 또는 그 소속 교직원 중 다음 각 호의 어느 하나에 해당하는 자에 대하여 해당 징계사건을 관할하는 징계위원회에 그 징계를 요구하여야 한다.

1. 고의 또는 과실로 식중독 등 위생 · 안전상의 사고를 발생하게 한 자
2. 학교급식 관련 계약상의 계약해지 사유가 발생하였음에도 불구하고 정당한 사유 없이 계약해지를 하지 아니한 자
3. 제19조 제3항의 규정에 따라 교육부장관 또는 교육감으로부터 시정명령을 받았음에도 불구하고 정당한 사유 없이 이를 이행하지 아니한 자
4. 학교급식과 관련하여 비리가 적발된 자

05 벌칙

제23조(벌칙)

① 제16조[품질 및 안전을 위한 준수사항] 제1항 제1호 또는 제2호의 규정을 위반한 학교급식공급업자는 7년 이하의 징역 또는 1억원 이하의 벌금에 처한다.

② 제16조[품질 및 안전을 위한 준수사항] 제1항 제3호의 규정을 위반한 학교급식공급업자는 5년 이하의 징역 또는 5천만원 이하의 벌금에 처한다.

③ 다음 각 호의 어느 하나에 해당하는 자는 3년 이하의 징역 또는 3천만원 이하의 벌금에 처한다.

1. 제16조[품질 및 안전을 위한 준수사항] 제1항 제4호의 규정을 위반한 학교급식공급업자
2. 제19조 제1항의 규정에 따른 출입 · 검사 · 열람 또는 수거를 정당한 사유 없이 거부하거나 방해 또는 기피한 자

제24조(양벌규정)

법인의 대표자나 법인 또는 개인의 대리인, 사용인, 그 밖의 종업원이 그 법인 또는 개인의 업무에 관하여 제23조의 위반행위를 하면 그 행위자를 벌하는 외에 그 법인 또는 개인에게도 해당 조문의 벌금형을 과(科)한다. 다만, 법인 또는 개인이 그 위반행위를 방지하기 위하여 해당 업무에 관하여 상당한 주의와 감독을 게을리하지 아니한 경우에는 그러하지 아니하다.

제25조(과태료)

① 제16조[품질 및 안전을 위한 준수사항] 제2항 제1호의 규정을 위반하여 제19조[출입 · 검사 · 수거 등] 제3항의 규정에 따른 시정명령을 받았음에도 불구하고 정당한 사유 없이 이를 이행하지 아니한 학교급식공급업자에게는 500만원 이하의 과태료를 부과한다.

② 제16조[품질 및 안전을 위한 준수사항] 제2항 제2호 또는 같은 조 제3항의 규정을 위반하여 제19조[출입 · 검사 · 수거 등] 제3항의 규정에 따른 시정명령을 받았음에도 불구하고 정당한 사유 없이 이를 이행하지 아니한 학교급식공급업자에게는 300만원 이하의 과태료를 부과한다.

③ 제1항 및 제2항의 규정에 따른 과태료는 대통령령으로 정하는 바에 따라 교육부장관 또는 교육감이 부과 · 징수한다.

④ 삭제

⑤ 삭제

⑥ 삭제

THEME 05

학교보건법

[시행 2022.6.29.] [법률 제18640호, 2021.12.28., 일부개정]

제1조(목적)

이 법은 학교의 보건관리에 필요한 사항을 규정하여 학생과 교직원의 건강을 보호 · 증진함을 목적으로 한다.

제2조(정의)

이 법에서 사용하는 용어의 뜻은 다음과 같다.

1. “건강검사”란 신체의 발달상황 및 능력, 정신건강 상태, 생활습관, 질병의 유무 등에 대하여 조사하거나 검사하는 것을 말한다.
2. “학교”란 「유아교육법」 제2조 제2호, 「초 · 중등교육법」 제2조 및 「고등교육법」 제2조에 따른 각 학교를 말한다.
3. “관할청”이란 다음 각 목의 구분에 따른 지도 · 감독기관을 말한다.
   가. 「유아교육법」 제7조 제1호에 따른 국립유치원 및 「초 · 중등교육법」 제3조 제1호에 따른 국립학교 : 교육부장관
   나. 「유아교육법」 제7조 제2호 · 제3호에 따른 공립유치원 · 사립유치원 및 「초 · 중등교육법」 제3조 제2호 · 제3호에 따른 공립학교 · 사립학교 : 교육감
   다. 「고등교육법」 제2조에 따른 학교 : 교육부장관

제2조의2(국가와 지방자치단체의 의무)

국가와 지방자치단체는 학생과 교직원의 건강을 보호 · 증진하기 위한 기본계획을 수립 · 시행하고, 이에 필요한 시책을 마련하여야 한다.

제2조의3(학생건강증진 기본계획의 수립 · 시행)

① 교육부장관은 5년마다 학생의 신체 및 정신건강 증진을 위한 기본계획(이하 “기본계획”이라 한다)을 수립 · 시행하여야 한다.

② 기본계획에는 다음 각 호의 사항이 포함되어야 한다.

1. 학생의 건강증진을 위한 기본방향 및 목표
2. 학생의 건강증진을 위한 주요 추진과제 및 추진방법
3. 그 밖에 학생의 건강증진을 위하여 필요한 사항

③ 교육부장관은 기본계획의 수립 · 시행에 필요한 자료의 제공 등을 관계 중앙행정기관의 장 및 그 밖의 기관 · 단체의 장에게 요청할 수 있다. 이 경우 자료의 제공 등을 요청받은 관계 중앙행정기관의 장 및 그 밖의 기관 · 단체의 장은 특별한 사유가 없으면 이에 따라야 한다.

④ 그 밖에 기본계획의 수립 · 시행에 필요한 사항은 대통령령으로 정한다.

제3조(보건시설 등)

학교의 설립자 · 경영자는 대통령령으로 정하는 바에 따라 보건실을 설치하고 학교보건에 필요한 시설과 기구(器具) 및 용품을 갖추어야 한다.

학교보건법 시행령

제2조(보건실의 설치기준 등)

① 법 제3조에 따른 보건실의 설치기준은 다음 각 호와 같다.

1. 위치 : 학생과 교직원의 응급처치 등이 신속히 이루어질 수 있도록 이용하기 쉽고 통풍과 채광이 잘 되는 장소일 것
2. 면적 : 66제곱미터 이상. 다만, 교육부장관(「대학설립 · 운영 규정」 제1조에 따른 대학만 해당된다) 또는 교육감(「고등학교 이하 각급 학교 설립 · 운영 규정」 제2조에 따른 각급 학교만 해당된다)은 학생수 등을 고려하여 학생과 교직원의 건강관리에 지장이 없는 범위에서 그 면적을 완화할 수 있다.

② 제1항에 따른 보건실에는 학교보건에 필요한 다음 각 호의 시설 및 기구(器具) 및 용품을 갖추어야 한다.

1. 학생과 교직원의 건강관리와 응급처치 등에 필요한 시설과 기구 및 용품
2. 학교환경위생 및 식품위생검사에 필요한 기구

③ 제2항에 따라 보건실에 갖추어야 하는 시설과 기구 및 용품의 구체적인 기준은 「초 · 중등교육법」 제3조에 따른 국립학교와 「고등교육법」 제2조 각 호에 따른 학교의 경우에는 교육부령으로 정하고, 「초 · 중등교육법」 제3조에 따른 공립학교 및 사립학교의 경우에는 시 · 도 교육규칙으로 정한다.

제4조(학교의 환경위생 및 식품위생)

① 학교의 장은 교육부령으로 정하는 바에 따라 학교시설[교사대지(校舍垈地) · 체육장, 교사 · 체육관 · 기숙사 및 급식시설, 교사대지 또는 체육장 안에 설치되는 강당 등을 말한다. 이하 같다]에서의 환기 · 채광 · 조명 · 온도 · 습도의 조절과 유해중금속 등 유해물질의 예방 및 관리, 상하수도 · 화장실의 설치 및 관리, 오염공기 · 석면 · 폐기물 · 소음 · 휘발성유기화합물 · 세균 · 먼지 등의 예방 및 처리 등 환경위생과 식기 · 식품 · 먹는 물의 관리 등 식품위생을 적절히 유지 · 관리하여야 한다.

② 학교의 장은 제1항에 따라 학교시설에서의 환경위생 및 식품위생을 적절히 유지 · 관리하기 위하여 교육부령으로 정하는 바에 따라 연 2회 이상 점검하고, 그 결과를 기록 · 보존 및 보고하여야 한다. 이 경우 환경위생 점검을 위한 공기 질 점검 시 학교운영위원회 위원 또는 학부모가 참관을 요청하는 경우에는 이를 허용하여야 한다.

③ 학교의 장은 제2항에 따른 점검에 관한 업무를 교육부령으로 정하는 바에 따라 「환경분야 시험 · 검사 등에 관한 법률」 제16조에 따른 측정대행업자에게 위탁하거나 교육감에게 전문인력 등의 지원을 요청하여 수행할 수 있다.

④ 학교의 장은 제2항과 제3항에 따른 점검 결과가 교육부령으로 정하는 기준에 맞지 아니한 경우에는 지체 없이 시설의 보완 등 필요한 조치를 하고 이를 교육부장관 및 교육감에게 보고하여야 한다.

⑤ 교육부장관이나 교육감은 제1항에 따른 환경위생과 식품위생을 적절히 유지 · 관리하기 위하여 필요하다고 인정하면 관계 공무원에게 학교에 출입하여 제2항에 따른 점검을 하거나 점검 결과의 기록 등을 확인하게 할 수 있으며, 개선이 필요한 경우에는 행정적 · 재정적 지원을 할 수 있다.

⑥ 학교의 장은 제2항 및 제4항에 따른 환경위생 및 식품위생 점검 결과 및 보완 조치를 학교의 인터넷 홈페이지 또는 교육부장관이 운영하는 공시 관련 홈페이지를 통하여 공개하여야 한다. 이 경우 측정된 수치는 최초측정과 재측정 이력을 포함하여야 한다.

⑦ 학교의 장은 제2항에 따른 학교시설의 환경위생 점검을 실시하여 심각한 유해물질의 지속적 발생의 가능성이 확인된 경우 관할 교육감에게 특별점검을 요청하여야 하고, 교육감은 이에 특별점검을 실시하고 대책을 수립 · 실행하여야 한다.

제4조의2(공기 질의 유지 · 관리 특례)

① 학교의 장은 제4조 제2항에 따른 공기 질의 위생점검을 상 · 하반기에 각각 1회 이상 실시하여야 한다.
② 학교의 장은 제4조 제2항 및 제3항에 따라 교사 안에서의 공기 질을 측정하는 장비에 대하여 교육부령으로 정하는 바에 따라 매년 2회 이상 정기적으로 점검을 실시하여야 한다.

제4조의3(공기정화설비 등 설치)

학교(「고등교육법」 제2조에 따른 학교는 제외한다)의 장은 교사 안에서의 공기 질 관리를 위하여 교육부령으로 정하는 바에 따라 각 교실에 공기를 정화하는 설비 및 미세먼지를 측정하는 기기를 설치하여야 한다.

제5조(대기오염대응매뉴얼의 작성 등)

① 교육부장관은 대기오염에 효과적으로 대응하기 위하여 환경부장관과의 협의를 거쳐 「대기환경보전법」 제7조의2의 대기오염도 예측결과에 따른 대응 매뉴얼(이하 "대기오염대응매뉴얼"이라 한다)을 작성 · 배포하여야 한다.
② 대기오염대응매뉴얼에는 대응 단계별 전파요령, 실외수업에 대한 점검 및 조치, 실내 공기질 관리를 위한 조치사항 등 대통령령으로 정하는 내용이 포함되어야 한다.
③ 학교의 장은 대기오염대응매뉴얼에 따라 학생 및 교직원의 세부 행동요령을 수립하고 학생 및 교직원에게 세부 행동요령에 관한 교육을 실시하여야 한다.
④ 그 밖에 대기오염대응매뉴얼의 작성 · 배포, 세부 행동요령의 수립에 필요한 사항은 대통령령으로 정한다.

제7조(건강검사 등)

① 학교의 장은 학생과 교직원에 대하여 건강검사를 하여야 한다. 다만, 교직원에 대한 건강검사는 「국민건강보험법」 제52조에 따른 건강검진으로 갈음할 수 있다.
② 학교의 장은 제1항에 따라 건강검사를 할 때에 질병의 유무 등을 조사하거나 검사하기 위하여 다음 각 호의 어느 하나에 해당하는 학생에 대하여는 「국민건강보험법」 제52조에 따른 건강검진 실시 기관에 의뢰하여 교육부령으로 정하는 사항에 대한 건강검사를 한다.
   1. 「초 · 중등교육법」 제2조 제1호의 학교와 이에 준하는 특수학교 · 각종학교의 1학년 및 4학년 학생. 다만, 구강검진은 전 학년에 대하여 실시하되, 그 방법과 비용 등에 관한 사항은 지역실정에 따라 교육감이 정한다.
   2. 「초 · 중등교육법」 제2조 제2호 · 제3호의 학교와 이에 준하는 특수학교 · 각종학교의 1학년 학생
   3. 그 밖에 건강을 보호 · 증진하기 위하여 교육부령으로 정하는 학생
③ 학교의 장은 제2항에 따른 건강검사 외에 학생의 건강을 보호 · 증진하기 위하여 필요하다고 인정하면 교육부령으로 정하는 바에 따라 그 학생을 별도로 검사할 수 있다.
④ 학교의 장은 제1항과 제2항에도 불구하고 천재지변 등 부득이한 사유로 관할 교육감 또는 교육장의 승인을 받은 경우에는 교육부령으로 정하는 바에 따라 건강검사를 연기하거나 건강검사의 전부 또는 일부를 생략할 수 있다.

⑤ 제2항에 따라 건강검사를 한 검진기관은 교육부령으로 정하는 바에 따라 그 검사결과를 해당 학생 또는 학부모와 해당 학교의 장에게 알려야 한다.

⑥ 학교의 장은 제2조 제1호의 정신건강 상태 검사를 실시할 때 필요한 경우에는 학부모의 동의 없이 실시할 수 있다. 이 경우 학교의 장은 지체 없이 해당 학부모에게 검사 사실을 통보하여야 한다.

⑦ 제1항과 제2항에 따른 건강검사의 시기, 방법, 검사항목 및 절차 등에 관하여 필요한 사항은 교육부령으로 정한다.

제7조의2(학생건강증진 시행계획의 수립 · 시행 등)

① 교육감은 기본계획에 따라 매년 지역의 여건 및 특색을 고려하여 학생의 신체 및 정신건강 증진을 위한 학생건강증진 시행계획을 수립 · 시행하여야 한다.

② 제1항에 따른 계획에는 제11조에 따른 학교의 장의 조치를 행정적 또는 재정적으로 지원하는 방안을 포함하여야 한다.

③ 학교의 장은 제7조에 따른 건강검사의 결과를 평가하여 이를 바탕으로 학생건강증진계획을 수립 · 시행하여야 한다.

④ 학교의 장은 제3항에 따라 건강검사의 결과를 평가하고, 학생정신건강증진계획을 수립하기 위하여 제15조 제1항에 따른 학교의사 또는 학교약사에게 자문을 할 수 있다.

제7조의3(건강검사기록)

① 학교의 장은 제7조에 따라 건강검사를 하였을 때에는 그 결과를 교육부령으로 정하는 기준에 따라 작성 · 관리하여야 한다.

② 학교의 장이 제1항에 따라 건강검사 결과를 작성 · 관리할 때에 「초 · 중등교육법」 제30조의4에 따른 교육정보시스템을 이용하여 처리하여야 하는 자료는 다음과 같다.

1. 인적사항
2. 신체의 발달상황 및 능력
3. 그 밖에 교육목적을 이루기 위하여 필요한 범위에서 교육부령으로 정하는 사항

③ 학교의 장은 소속 학교의 학생이 전출하거나 고등학교까지의 상급학교에 진학할 때에는 그 학교의 장에게 제1항에 따른 자료를 넘겨주어야 한다.

제8조(등교 중지)

① 학교의 장은 제7조에 따른 건강검사의 결과나 의사의 진단 결과 감염병에 감염되었거나 감염된 것으로 의심되거나 감염될 우려가 있는 학생 또는 교직원에 대하여 대통령령으로 정하는 바에 따라 등교를 중지시킬 수 있다.

② 교육부장관은 감염병으로 인하여 「재난 및 안전관리 기본법」 제38조 제2항에 따른 주의 이상의 위기경보가 발령되는 경우 다음 각 호의 어느 하나에 해당하는 학생 또는 교직원에 대하여 질병관리청장과 협의하여 등교를 중지시킬 것을 학교의 장에게 명할 수 있다. 이 경우 해당 학교의 관할청을 경유하여야 한다.

1. 「검역법」 제2조 제7호에 따른 검역관리지역 또는 같은 조 제8호에 따른 중점검역관리지역에 체류하거나 그 지역을 경유한 사람으로서 같은 조 제1호에 따른 검역감염병의 감염이 우려되는 사람
2. 감염병 발생지역에 거주하는 사람 또는 그 지역에 출입하는 사람으로서 감염병에 감염되었을 것으로 의심되는 사람

3. 「감염병의 예방 및 관리에 관한 법률」 제42조 제2항 제1호에 따라 자가(自家) 또는 시설에 격리된 사람의 가족 또는 그 동거인
4. 그 밖에 학교 내 감염병의 차단과 확산 방지 등을 위하여 등교 중지가 필요하다고 인정되는 사람

③ 제2항에 따른 명을 받은 학교의 장은 해당 학생 또는 교직원에 대하여 지체 없이 등교를 중지시켜야 한다.

제8조의2(등교 중지를 위한 개인정보의 처리 등)

교육부장관, 관계 중앙행정기관(그 소속기관을 포함한다)의 장, 교육감 및 학교의 장은 제8조 제2항에 따른 등교 중지를 위하여 필요한 경우 「개인정보 보호법」 제24조에 따른 고유식별정보를 처리할 수 있다. 이 경우 개인정보의 보호에 관한 사항은 「개인정보 보호법」에 따른다.

학교보건법 시행령

제22조(등교 등의 중지)

① 학교의 장은 법 제8조에 따라 학생과 교직원 중 다음 각 호의 어느 하나에 해당하는 사람에 대하여 등교중지를 명할 수 있다.
1. 「감염병의 예방 및 관리에 관한 법률」 제2조에 따른 감염병환자, 감염병의사환자 및 병원체보유자(이하 "감염병환자 등"이라 한다). 다만, 의사가 다른 사람에게 감염될 우려가 없다고 진단한 사람은 제외한다.
2. 제1호 외의 환자로서 의사가 감염성이 강한 질환에 감염되었다고 진단한 사람

② 학교의 장이 제1항에 따라 등교중지를 명할 때에는 그 사유와 기간을 구체적으로 밝혀야 한다. 다만, 질환증세 또는 질병유행의 양상에 따라 필요한 경우에는 그 기간을 단축하거나 연장할 수 있다.

제9조(학생의 보건관리)

학교의 장은 학생의 신체발달 및 체력증진, 질병의 치료와 예방, 음주 · 흡연과 마약류를 포함한 약물 오용(誤用) · 남용(濫用)의 예방, 성교육, 이동통신단말장치 등 전자기기의 과의존 예방, 도박 중독의 예방 및 정신건강 증진 등을 위하여 보건교육을 실시하고 필요한 조치를 하여야 한다.

제9조의2(보건교육 등)

① 교육부장관은 「유아교육법」 제2조 제2호에 따른 유치원 및 「초 · 중등교육법」 제2조에 따른 학교에서 모든 학생들을 대상으로 심폐소생술 등 응급처치에 관한 교육을 포함한 보건교육을 체계적으로 실시하여야 한다. 이 경우 보건교육의 실시 시간, 도서 등 그 운영에 필요한 사항은 교육부장관이 정한다.

② 「유아교육법」 제2조 제2호에 따른 유치원의 장 및 「초 · 중등교육법」 제2조에 따른 학교의 장은 교육부령으로 정하는 바에 따라 매년 교직원을 대상으로 심폐소생술 등 응급처치에 관한 교육을 실시하여야 한다.

③ 「유아교육법」 제2조 제2호에 따른 유치원의 장 및 「초 · 중등교육법」 제2조에 따른 학교의 장은 제2항에 따른 응급처치에 관한 교육과 연관된 프로그램의 운영 등을 관련 전문기관 · 단체 또는 전문가에게 위탁할 수 있다.

학교보건법 시행규칙

제10조(응급처치교육 등)

① 학교의 장이 법 제9조의2 제2항에 따라 교직원을 대상으로 심폐소생술 등 응급처치에 관한 교육(이하 "응급처치교육"이라 한다)을 실시하는 경우 응급처치교육의 계획 · 내용 및 시간 등은 별표 9와 같다.

② 학교의 장은 응급처치교육을 실시한 후 해당 학년도의 교육 결과를 다음 학년도가 시작되기 30일 전까지 교육감에게 제출하여야 한다.

③ 학교의 장은 공공기관, 「고등교육법」 제2조에 따른 학교, 「교원 등의 연수에 관한 규정」 제2조 제2항의 연수원 중 교육감이 설치한 연수원 또는 의료기관에서 교직원으로 하여금 응급처치교육을 받게 할 수 있다. 이 경우 예산의 범위에서 소정의 비용을 지원할 수 있다.

[별표 9] 응급처치교육의 계획 · 내용 및 시간 등

1. 응급처치교육의 계획 수립 및 주기
   가. 학교의 장은 매 학년도 3월 31일까지 응급처치교육의 대상 · 내용 · 방법 및 그 밖에 필요한 사항을 포함하여 해당 학년도의 응급처치교육 계획을 수립해야 한다.
   나. 학교의 장은 교육계획을 수립하는 경우에는 모든 교직원이 매 학년도 교육을 받을 수 있도록 해야 한다. 다만, 해당 학년도에 다른 법령에 따라 심폐소생술 등 응급처치와 관련된 내용이 포함된 교육을 받은 교직원에 대해서는 응급처치교육을 면제할 수 있다.
2. 응급처치교육의 내용 · 시간 및 강사

내용		시간	강사
가. 이론교육	1) 응급상황 대처요령 2) 심폐소생술 등 응급처치 시 주의사항 3) 응급의료 관련 법령	2시간	가) 의사(응급의학과 전문의를 우선 고려해야 한다) 나) 간호사(심폐소생술 등 응급처치와 관련된 자격을 가진 사람으로 한정한다) 다) 「응급의료에 관한 법률」 제36조에 따른 응급구조사 자격을 가진 사람으로서 응급의료 또는 구조 · 구급 관련 분야(응급처치교육 강사 경력을 포함한다)에서 5년 이상 종사하고 있는 사람
나. 실습교육	심폐소생술 등 응급처치	2시간	

비고
1. 교육 여건 등을 고려하여 응급처치교육의 내용 · 시간을 조정할 수 있으나 실습교육 2시간을 포함하여 최소 3시간 이상을 실시해야 한다.
2. 심폐소생술에 대한 전문지식을 갖춘 사람을 실습교육을 위한 보조강사로 할 수 있다.

제10조(예방접종 완료 여부의 검사)

① 초등학교와 중학교의 장은 학생이 새로 입학한 날부터 90일 이내에 시장 · 군수 또는 구청장(자치구의 구청장을 말한다. 이하 같다)에게 「감염병의 예방 및 관리에 관한 법률」 제27조에 따른 예방접종증명서를 발급받아 같은 법 제24조 및 제25조에 따른 예방접종을 모두 받았는지를 검사한 후 이를 교육정보시스템에 기록하여야 한다.

② 초등학교와 중학교의 장은 제1항에 따른 검사결과 예방접종을 모두 받지 못한 입학생에게는 필요한 예방접종을 받도록 지도하여야 하며, 필요하면 관할 보건소장에게 예방접종 지원 등의 협조를 요청할 수 있다.

제11조(치료 및 예방조치 등)

① 학교의 장은 제7조에 따른 건강검사의 결과 질병에 감염되었거나 감염될 우려가 있는 학생에 대하여 질병의 치료 및 예방에 필요한 조치를 하여야 한다.

② 학교의 장은 제7조 제1항에 따라 학생에 대하여 제2조 제1호의 정신건강 상태를 검사한 결과 필요하면 학생 정신건강 증진을 위한 다음 각 호의 조치를 하여야 한다.

1. 학생 · 학부모 · 교직원에 대한 정신건강 증진 및 이해 교육
2. 해당 학생에 대한 상담 및 관리
3. 해당 학생에 대한 전문상담기관 또는 의료기관 연계
4. 그 밖에 학생 정신건강 증진을 위하여 필요한 조치

③ 교육감은 검사비, 치료비 등 제2항 각 호의 조치에 필요한 비용을 지원할 수 있다.

④ 학교의 장은 제1항 및 제2항의 조치를 위하여 필요하면 보건소장에게 협조를 요청할 수 있으며 보건소장은 정당한 이유 없이 이를 거부할 수 없다.

제12조(학생의 안전관리)

학교의 장은 학생의 안전사고를 예방하기 위하여 학교의 시설 · 장비의 점검 및 개선, 학생에 대한 안전교육, 그 밖에 필요한 조치를 하여야 한다.

제13조(교직원의 보건관리)

학교의 장은 제7조[건강검사 등] 제1항에 따른 건강검사 결과 필요하거나 건강검사를 갈음하는 건강검진의 결과 필요하면 교직원에 대하여 질병 치료와 근무여건 개선 등 필요한 조치를 하여야 한다.

제14조(질병의 예방)

① 학교의 장은 감염병 예방과 학교의 보건에 필요하면 휴업을 할 수 있다.

② 관할청은 감염병 예방과 학교의 보건에 필요하면 해당 학교에 대하여 다음 각 호의 어느 하나에 해당하는 조치를 명할 수 있다. 다만, 교육부장관은 제2조 제3호 가목의 학교의 경우에는 그 권한을 교육감에게 위임할 수 있다.

1. 학년 또는 학교 전체에 대한 휴업 또는 등교수업일 조정
2. 휴교(휴원을 포함한다)

③ 제1항 및 제2항에도 불구하고 감염병으로 인하여 「재난 및 안전관리 기본법」 제38조 제2항에 따른 주의 이상의 위기경보가 발령되어 제1항 또는 제2항에 따른 조치를 하는 경우 학교의 장은 관할청의 동의를, 교육감은 교육부장관의 동의를 받아야 한다.

제14조의2(감염병 예방접종의 시행)

시장 · 군수 또는 구청장이 「감염병의 예방 및 관리에 관한 법률」 제24조[필수예방접종] 및 제25조[임시예방접종]에 따라 학교의 학생 또는 교직원에게 감염병의 필수 또는 임시예방접종을 할 때에는 그 학교의 학교의사 또는 보건교사(간호사 면허를 가진 보건교사로 한정한다. 이하 같다)를 접종요원으로 위촉하여 그들로 하여금 접종하게 할 수 있다. 이 경우 보건교사에 대하여는 「의료법」 제27조[무면허 의료행위 등 금지] 제1항을 적용하지 아니 한다.

제14조의3(감염병예방대책의 마련 등)

① 교육부장관은 감염병으로부터 학생과 교직원을 보호하기 위하여 다음 각 호의 사항이 포함된 대책(이하 "감염병예방대책"이라 한다)을 마련하여야 한다. 이 경우 행정안전부장관 및 질병관리청장과 협의하여야 한다.

1. 감염병의 예방 · 관리 및 후속조치에 관한 사항
2. 감염병 대응 관련 매뉴얼에 관한 사항
3. 감염병과 관련한 학교의 보건 · 위생에 관한 사항
4. 그 밖에 감염병과 관련하여 대통령령으로 정하는 사항

② 교육부장관은 제1항에 따라 감염병예방대책을 마련한 때에는 특별시장 · 광역시장 · 특별자치시장 · 도지사 · 특별자치도지사, 교육감 및 학교에 알려야 한다.

③ 교육감은 교육부장관의 감염병예방대책을 토대로 지역 실정에 맞는 감염병 예방 세부 대책을 마련하여야 한다.

④ 교육부장관과 질병관리청장은 학교에서 감염병을 예방하기 위하여 긴밀한 협력 체계를 구축하고 감염병 발생 현황에 관한 정보 등 대통령령으로 정하는 정보(이하 "감염병정보"라 한다)를 공유하여야 한다.

⑤ 학교의 장은 해당 학교에 감염병에 걸렸거나 의심이 되는 학생 및 교직원이 있는 경우 즉시 교육감을 거쳐 교육부장관에게 보고하여야 한다.

⑥ 교육부장관은 제4항에 따른 공유를 하였거나 제5항에 따른 보고를 받은 경우 감염병의 확산을 방지하기 위하여 감염병정보를 신속히 공개하여야 한다.

⑦ 제4항부터 제6항까지에 따른 공유, 보고 및 공개의 방법과 절차는 교육부령으로 정한다.

학교보건법 시행령

제22조의2(감염병예방대책의 마련 등)

① 법 제14조의3 제1항 제4호에서 "대통령령으로 정하는 사항"이란 다음 각 호의 사항을 말한다.

1. 감염병 예방 · 관리에 필요한 교육에 관한 사항
2. 감염병 대응 능력 강화를 위한 가상연습 등 실제 상황 대비 훈련에 관한 사항
3. 감염병 방역에 필요한 물품의 비축 및 시설의 구비에 관한 사항
4. 그 밖에 감염병의 예방 · 관리를 위하여 교육부장관이 필요하다고 인정하는 사항

② 법 제14조의3 제4항에서 "감염병 발생 현황에 관한 정보 등 대통령령으로 정하는 정보"란 「감염병의 예방 및 관리에 관한 법률」에 따른 제1급감염병이 국내에서 새롭게 발생하였거나 국내에 유입된 경우 또는 같은 법 제41조 제1항에 따라 질병관리청장이 고시한 감염병에 대하여 「재난 및 안전관리 기본법」 제38조 제2항에 따른 주의 이상의 위기경보가 발령된 경우 해당 감염병에 관한 다음 각 호의 정보를 말한다.

1. 감염병명
2. 감염병의 발생 현황 또는 유입 경로
3. 감염병환자 등(학생 및 교직원에 한정한다)의 발병일 · 진단일 · 이동경로 · 이동수단 및 접촉자 현황
4. 그 밖에 교육부장관 또는 질병관리청장이 감염병의 예방 및 확산을 방지하기 위하여 필요하다고 인정하는 정보

학교보건법 시행규칙

제10조의2(감염병 정보의 공유 등)

① 교육부장관과 보건복지부장관은 법 제14조의3 제4항에 따라 영 제22조의2 제2항에 따른 감염병 정보를 지체 없이 구두, 전화(문자메시지 등을 포함한다), 팩스, 서면(전자문서를 포함한다) 등의 방법 중 가장 신속하고 적합한 방법으로 공유하여야 한다.

② 교육부장관은 학교에서 감염병을 예방하기 위하여 법 제14조의3 제4항에 따라 보건복지부장관과 공유한 정보를 교육감 및 학교의 장에게 제공할 수 있다.

③ 제2항에 따라 정보를 제공받은 교육감 및 학교의 장은 법 제8조[등교중지] 및 제14조[질병의 예방]에 따른 감염병 관련 업무 이외의 목적으로 해당 정보를 활용할 수 없다.

④ 학교에 감염병에 걸렸거나 걸린 것으로 의심이 되는 학생 및 교직원이 있는 경우 법 제14조의3 제5항에 따라 해당 학교의 장이 교육감을 경유하여 교육부장관에게 보고하여야 할 사항은 다음 각 호와 같다.

1. 해당 학생 및 교직원의 감염병명 및 감염병의 발병일 · 진단일
2. 해당 학생 및 교직원의 소속
3. 해당 학생 및 교직원에 대한 조치 사항

⑤ 제4항에 따른 보고는 서면(전자문서를 포함한다)으로 하되, 「초 · 중등교육법」 제2조에 따른 학교의 경우에는 같은 법 제30조의4에 따른 교육정보시스템을 통하여 할 수 있다.

⑥ 교육부장관은 법 제14조의3 제6항에 따라 감염병 정보를 공개할 때에는 「정보통신망 이용촉진 및 정보보호 등에 관한 법률」 제2조 제1항 제1호에 따른 정보통신망에 게재하거나 보도자료를 배포하는 등의 방법으로 하여야 한다.

⑦ 제6항에 따른 정보의 당사자는 공개된 사항 중 사실과 다르거나 의견이 있는 경우 교육부장관에게 구두, 서면 등의 방법으로 이의신청을 할 수 있으며, 교육부장관은 이에 따라 공개된 정보의 정정 등 필요한 조치를 하여야 한다.

제14조의4(감염병대응매뉴얼의 작성 등)

① 교육부장관은 학교에서 감염병에 효과적으로 대응하기 위하여 질병관리청장과의 협의를 거쳐 감염병 유형에 따른 대응 매뉴얼(이하 "감염병대응매뉴얼"이라 한다)을 작성 · 배포하여야 한다.

② 감염병대응매뉴얼의 작성 · 배포 등에 필요한 사항은 대통령령으로 정한다.

학교보건법 시행령

제22조의3(감염병대응매뉴얼의 작성 및 배포 등)

① 법 제14조의4 제1항에 따라 작성 · 배포하여야 하는 감염병 유형에 따른 대응 매뉴얼(이하 "감염병대응매뉴얼"이라 한다)에는 다음 각 호의 사항이 포함되어야 한다.

1. 감염병 유형에 따른 학생 및 교직원의 행동 요령에 관한 사항
2. 감염병 유형에 따른 예방 · 대비 · 대응 및 복구 단계별 조치에 관한 사항

② 교육부장관은 감염병대응매뉴얼을 배포하는 경우에는 전자적 파일이나 인쇄물의 형태로 배포할 수 있다.

③ 교육감 및 학교의 장은 감염병의 예방 · 대비 · 대응 및 복구 조치에 관한 업무를 추진할 때 감염병대응매뉴얼을 활용하여야 한다.

④ 교육감 및 학교의 장은 각 지역 또는 학교의 특성을 반영한 내용을 감염병대응매뉴얼에 추가 · 보완할 수 있다.

제15조(학교에 두는 의료인 · 약사 및 보건교사)

① 학교에는 대통령령으로 정하는 바에 따라 학생과 교직원의 건강관리를 지원하는 「의료법」 제2조 제1항에 따른 의료인과 「약사법」 제2조 제2호에 따른 약사를 둘 수 있다.

② 학교(「고등교육법」 제2조 각 호에 따른 학교는 제외한다. 이하 이 조 및 제15조의2에서 같다)에 제9조의2에 따른 보건교육과 학생들의 건강관리를 담당하는 보건교사를 두어야 한다. 다만, 대통령령으로 정하는 일정 규모 이하의 학교에는 순회 보건교사를 둘 수 있다.

③ 제2항에 따라 보건교사를 두는 경우 대통령령으로 정하는 일정 규모 이상의 학교에는 2명 이상의 보건교사를 두어야 한다.

학교보건법 시행령

제23조(학교에 두는 의료인 · 약사 및 보건교사)

① 삭제

② 법 제15조 제1항에 따라 학교에 두는 의료인 · 약사는 학교장이 위촉하거나 채용한다.

③ 법 제15조 제3항에서 "대통령령으로 정하는 일정 규모 이상의 학교"란 36학급 이상의 학교를 말한다.

④ 법 제15조 제1항에 따라 학교에 두는 의사(치과의사 및 한의사를 포함하며, 이하 "학교의사"라 한다) 및 학교에 두는 약사(이하 "학교약사"라 한다)와 같은 조 제2항 · 제3항에 따른 보건교사의 직무는 다음 각 호와 같다.

1. 학교의사의 직무
   가. 학교보건계획의 수립에 관한 자문
   나. 학교 환경위생의 유지 · 관리 및 개선에 관한 자문
   다. 학생과 교직원의 건강진단과 건강평가
   라. 각종 질병의 예방처치 및 보건지도
   마. 학생과 교직원의 건강상담
   바. 그 밖에 학교보건관리에 관한 지도
2. 학교약사의 직무
   가. 학교보건계획의 수립에 관한 자문
   나. 학교환경위생의 유지관리 및 개선에 관한 자문
   다. 학교에서 사용하는 의약품과 독극물의 관리에 관한 자문
   라. 학교에서 사용하는 의약품 및 독극물의 실험 · 검사
   마. 그 밖에 학교보건관리에 관한 지도
3. 보건교사의 직무
   가. 학교보건계획의 수립
   나. 학교 환경위생의 유지 · 관리 및 개선에 관한 사항
   다. 학생과 교직원에 대한 건강진단의 준비와 실시에 관한 협조
   라. 각종 질병의 예방처치 및 보건지도
   마. 학생과 교직원의 건강관찰과 학교의사의 건강상담, 건강평가 등의 실시에 관한 협조
   바. 신체가 허약한 학생에 대한 보건지도
   사. 보건지도를 위한 학생가정 방문
   아. 교사의 보건교육 협조와 필요시의 보건교육
   자. 보건실의 시설 · 설비 및 약품 등의 관리
   차. 보건교육자료의 수집 · 관리
   카. 학생건강기록부의 관리
   타. 다음의 의료행위(간호사 면허를 가진 사람만 해당한다)
      1) 외상 등 흔히 볼 수 있는 환자의 치료
      2) 응급을 요하는 자에 대한 응급처치
      3) 부상과 질병의 악화를 방지하기 위한 처치
      4) 건강진단결과 발견된 질병자의 요양지도 및 관리
      5) 1)부터 4)까지의 의료행위에 따르는 의약품 투여
   파. 그 밖에 학교의 보건관리

제15조의2(응급처치 등)

① 학교의 장은 사전에 학부모의 동의와 전문의약품을 처방한 의사의 자문을 받아 제15조 제2항 및 제3항에 따른 보건교사 또는 순회 보건교사(이하 이 조에서 "보건교사 등"이라 한다)로 하여금 제1형 당뇨로 인한 저혈당쇼크 또는 아나필락시스 쇼크로 인하여 생명이 위급한 학생에게 투약행위 등 응급처치를 제공하게 할 수 있다. 이 경우 보건교사 등에 대하여는 「의료법」 제27조 제1항을 적용하지 아니한다.

② 보건교사 등이 제1항에 따라 생명이 위급한 학생에게 응급처치를 제공하여 발생한 재산상 손해와 사상(死傷)에 대하여 고의 또는 중대한 과실이 없는 경우 해당 보건교사 등은 민사책임과 상해(傷害)에 대한 형사책임을 지지 아니하며 사망에 대한 형사책임은 감경하거나 면제할 수 있다.

③ 학교의 장은 질병이나 장애로 인하여 특별히 관리 · 보호가 필요한 학생을 위하여 보조인력을 둘 수 있다. 이 경우 보조인력의 역할, 요건 등에 관하여는 교육부령으로 정한다.

학교보건법 시행규칙

제11조(보조인력의 역할 등)

① 법 제15조의2 제3항에 따른 보조인력(이하 "보조인력"이라 한다)은 같은 조 제1항에 따른 보건교사 등(이하 "보건교사 등"이라 한다)의 지시를 받아 질병이나 장애로 인하여 특별히 관리 · 보호가 필요한 학생에 대해서 보건교사 등이 행하는 다음 각 호의 활동을 보조한다.

1. 법 제15조의2 제1항에 따른 투약행위 등 응급처치
2. 각종 질병의 예방처치, 건강관찰 및 건강상담 협조 등의 보건활동

② 보조인력은 「의료법」 제7조에 따른 간호사 면허가 있어야 한다.

제16조(보건기구의 설치 등)

교육감 및 교육장 소속으로 대통령령으로 정하는 바에 따라 학교의 보건 관리에 필요한 기구(機構)와 공무원을 둘 수 있다.

제16조의2(학생건강증진 전문기관의 설립 등)

① 교육부장관은 교육감과 협의하여 학생의 신체 및 정신건강 증진을 지원하기 위하여 다음 각 호의 업무를 수행하기 위한 전문기관(이하 "학생건강증진 전문기관"이라 한다)을 설립하거나 지정할 수 있다.

1. 기본계획 수립의 지원
2. 국내외 학생의 신체 및 정신건강에 관한 정보 · 자료의 수집 · 분석, 통계 작성 및 간행물 발간
3. 학생의 신체 및 정신건강에 대한 교육자료 개발
4. 학생의 신체 및 정신건강을 위한 교직원 및 관계자, 학부모 등에 대한 교육훈련 및 지원
5. 학생의 건강증진과 관련한 정보시스템 구축 · 운영
6. 그 밖에 학생의 건강증진을 위하여 교육부장관이 필요하다고 인정한 업무

② 교육감은 다음 각 호의 업무를 수행하기 위하여 관할 지역에 학생건강증진센터를 설치 · 운영할 수 있다.

1. 학생의 신체발달 상황 및 생활습관, 정신건강 상태 등의 실태조사
2. 학생의 건강증진 개선을 위한 프로그램의 개발 · 운영
3. 학생의 신체 및 정신건강 증진을 위한 상담
4. 건강이 취약한 학생에 대한 지원
5. 그 밖에 학생의 건강증진을 위하여 교육감이 필요하다고 정하는 사항

③ 국가 또는 지방자치단체는 예산의 범위에서 학생건강증진 전문기관과 학생건강증진센터의 설립 · 운영 등에 필요한 경비를 출연할 수 있다.

④ 학생건강증진 전문기관과 학생건강증진센터의 설립 · 지정 및 운영 등에 필요한 사항은 대통령령으로 정한다.

제17조(학교보건위원회)

① 제2조의2에 따른 기본계획 및 학교보건의 중요시책을 심의하기 위하여 교육감 소속으로 시 · 도학교보건위원회를 둔다.

② 시 · 도학교보건위원회는 학교의 보건에 경험이 있는 15명 이내의 위원으로 구성한다.

③ 시 · 도학교보건위원회의 기능 · 운영과 그 밖에 필요한 사항은 대통령령으로 정한다.

학교보건법 시행령

제24조(보건위원회의 기능)

① 삭제

② 법 제17조 제1항에 따른 시 · 도학교보건위원회(이하 "보건위원회"라 한다)는 다음 각 호의 사항을 심의한다.

1. 학생과 교직원의 건강증진에 관한 시 · 도의 중 · 장기 기본계획
2. 학교보건과 관련되는 시 · 도의 조례 또는 교육규칙의 제정 · 개정안
3. 교육감이 회의에 부치는 학교보건정책 등에 관한 사항
4. 삭제

제25조(보건위원회의 구성)

① 보건위원회에는 위원장과 부위원장 각 1명을 두되, 위원장과 부위원장은 위원 중에서 호선한다.

② 삭제

③ 보건위원회 위원은 해당 교육청의 국장급 공무원 및 학교보건에 관하여 학식이 있거나 경험이 있는 사람 중에서 교육감이 임명하거나 위촉한다.

④ 제3항에 따라 위촉한 위원의 임기는 2년으로 하되, 연임할 수 있다. 다만, 보궐위원의 임기는 전임자 임기의 남은 기간으로 한다.

제26조(위원장 등의 직무)

① 보건위원회의 위원장은 보건위원회를 대표하고, 회의에 관한 사무를 총괄한다.

② 보건위원회의 위원장이 부득이한 사유로 직무를 수행할 수 없을 때에는 부위원장이 그 직무를 대행한다.

제27조(회의)

① 보건위원회의 위원장은 다음 각 호의 어느 하나에 해당하는 경우에 회의를 소집하고, 그 의장이 된다.

1. 교육감이 요청하는 경우
2. 재적위원 3분의 1 이상이 요구하는 경우
3. 그 밖에 학생과 교직원의 건강을 보호 · 증진하기 위한 사항을 심의하기 위하여 위원장이 필요하다고 인정하는 경우

② 회의는 재적위원 과반수의 출석으로 개의하고, 출석위원 과반수의 찬성으로 의결한다.

제28조(분과위원회)

① 보건위원회에 전문분야별로 분과위원회를 둘 수 있다.

② 분과위원회는 보건위원회의 심의사항 중 보건위원회에서 위임한 사항을 심의한다.

③ 보건위원회 위원의 분과위원회 배속은 교육감이 정한다.

④ 분과위원회에 분과위원장 1명을 두되, 분과위원장은 분과위원회 위원 중에서 호선한다.

⑤ 분과위원회의 회의에 관하여는 제27조를 준용한다.

제29조(간사와 서기)

① 보건위원회에 간사 1명과 서기 약간 명을 둔다.

② 보건위원회의 간사와 서기는 교육감이 소속 공무원 중에서 임명한다.

③ 간사는 위원장의 명을 받아 위원회의 사무를 처리하고, 서기는 간사를 보조한다.

제31조(전문가 등의 의견청취 등)
① 보건위원회와 분과위원회는 필요하면 관계 전문가의 의견을 들을 수 있다.
② 보건위원회와 분과위원회는 필요하면 관계 공무원에게 관련 자료를 제출하거나 출석하여 답변할 것을 요청할 수 있으며, 그 관계 공무원은 특별한 사유가 없으면 보호위원회 또는 분과위원회의 요청에 따라야 한다.

제18조(경비 보조)
국가나 지방자치단체는 제3조[보건시설 등]에 따른 시설과 기구 및 용품 구매, 제4조의3에 따른 공기를 정화하는 설비 및 미세먼지를 측정하는 기기 설치, 제7조 제1항에 따른 건강검사에 드는 경비의 전부 또는 일부를 보조한다.

제18조의2(비밀누설금지 등)
이 법에 따라 교직원 및 학생에 대한 건강검사와 관련된 업무를 수행하거나 수행하였던 사람은 그 직무상 알게 된 비밀을 다른 사람에게 누설하거나 직무상 목적 외의 용도로 이용하여서는 아니 된다.

제19조(벌칙)
① 제18조의2를 위반하여 직무상 알게 된 비밀을 다른 사람에게 누설하거나 직무상 목적 외의 용도로 이용한 사람은 3년 이하의 징역 또는 3천만원 이하의 벌금에 처한다.
② 삭제

MEMO

조리직 공무원 한권합격

문제편

위생관계법규

01 식품위생법

001 다음 중 식품의약품안전처에서 소관하는 법률이 아닌 것은?

① 「식생활교육지원법」
② 「어린이 식생활 안전관리 특별법」
③ 「축산물 위생관리법」
④ 「건강기능식품에 관한 법률」

해설
① 「식생활교육지원법」은 농림축산식품부 소관 법률이다.

정답 ①

002 다음 중 「식품위생법」의 목적이 아닌 것은?

① 국민 건강의 보호 · 증진에 이바지
② 식품영양의 질적 향상 도모
③ 식품에 관한 올바른 정보 제공
④ 위생업무에 종사하는 위생사의 자격에 관한 필요한 사항 규정

해설
「식품위생법」의 목적(법 제1조)
- 식품으로 인하여 생기는 위생상의 위해 방지
- 식품영양의 질적 향상 도모
- 식품에 관한 올바른 정보 제공
- 국민 건강의 보호 · 증진에 이바지

정답 ④

003 다음 중 「식품위생법」상 용어의 정의로 옳지 않은 것은?

① 식품위생이란 식품, 식품첨가물, 기구 또는 용기 · 포장을 대상으로 하는 음식에 관한 위생을 말한다.
② 식품첨가물이란 식품을 제조 · 가공 · 조리 또는 보존하는 과정에서 감미(甘味), 착색(着色), 표백(漂白) 또는 산화방지 등을 목적으로 식품에 사용되는 물질을 말하며, 이 경우 기구(器具) · 용기 · 포장을 살균 · 소독하는 데에 사용되어 간접적으로 식품으로 옮아갈 수 있는 물질을 포함한다.
③ 용기 · 포장은 식품 또는 식품첨가물을 담아서 파는 그릇을 말한다.
④ 위해란 식품, 식품첨가물, 기구 또는 용기 · 포장에 존재하는 위험요소로서 인체의 건강을 해치거나 해칠 우려가 있는 것을 말한다.

해설
용기 · 포장이란 식품 또는 식품첨가물을 넣거나 싸는 것으로서 식품 또는 식품첨가물을 주고 받을 때 함께 건네는 물품을 말한다(법 제2조 제5호).

정답 ③

더 알아보기

「식품위생법」상 용어의 정의(법 제2조)

식품	모든 음식물(의약으로 섭취하는 것은 제외한다)을 말한다.
식품첨가물	식품을 제조 · 가공 · 조리 또는 보존하는 과정에서 감미(甘味), 착색(着色), 표백(漂白) 또는 산화방지 등을 목적으로 식품에 사용되는 물질을 말한다. 이 경우 기구(器具) · 용기 · 포장을 살균 · 소독하는 데에 사용되어 간접적으로 식품으로 옮아갈 수 있는 물질을 포함한다.
화학적 합성품	화학적 수단으로 원소(元素) 또는 화합물에 분해 반응 외의 화학 반응을 일으켜서 얻은 물질을 말한다.
기구	다음의 어느 하나에 해당하는 것으로서 식품 또는 식품첨가물에 직접 닿는 기계 · 기구나 그 밖의 물건(농업과 수산업에서 식품을 채취하는 데에 쓰는 기계 · 기구나 그 밖의 물건 및 「위생용품 관리법」 제2조 제1호에 따른 위생용품은 제외한다)을 말한다. • 음식을 먹을 때 사용하거나 담는 것 • 식품 또는 식품첨가물을 채취 · 제조 · 가공 · 조리 · 저장 · 소분[(小分) : 완제품을 나누어 유통을 목적으로 재포장하는 것을 말한다. 이하 같다] · 운반 · 진열할 때 사용하는 것
용기 · 포장	식품 또는 식품첨가물을 넣거나 싸는 것으로서 식품 또는 식품첨가물을 주고받을 때 함께 건네는 물품을 말한다.
공유주방	식품의 제조 · 가공 · 조리 · 저장 · 소분 · 운반에 필요한 시설 또는 기계 · 기구 등을 여러 영업자가 함께 사용하거나, 동일한 영업자가 여러 종류의 영업에 사용할 수 있는 시설 또는 기계 · 기구 등이 갖춰진 장소를 말한다.
위해	식품, 식품첨가물, 기구 또는 용기 · 포장에 존재하는 위험요소로서 인체의 건강을 해치거나 해칠 우려가 있는 것을 말한다.
영업	식품 또는 식품첨가물을 채취 · 제조 · 가공 · 조리 · 저장 · 소분 · 운반 또는 판매하거나 기구 또는 용기 · 포장을 제조 · 운반 · 판매하는 업(농업과 수산업에 속하는 식품 채취업은 제외한다. 이하 이 호에서 "식품제조업 등"이라 한다)을 말한다. 이 경우 공유주방을 운영하는 업과 공유주방에서 식품제조업 등을 영위하는 업을 포함한다.

영업자	제37조 제1항에 따라 영업허가를 받은 자나 같은 조 제4항에 따라 영업신고를 한 자 또는 같은 조 제5항에 따라 영업등록을 한 자를 말한다.
식품위생	식품, 식품첨가물, 기구 또는 용기 · 포장을 대상으로 하는 음식에 관한 위생을 말한다.
집단급식소	영리를 목적으로 하지 아니하면서 특정 다수인에게 계속하여 음식물을 공급하는 다음의 어느 하나에 해당하는 곳의 급식시설로서 대통령령으로 정하는 시설을 말한다. • 기숙사 • 학교, 유치원, 어린이집 • 병원 • 「사회복지사업법」 제2조 제4호의 사회복지시설 • 산업체 • 국가, 지방자치단체 및 「공공기관의 운영에 관한 법률」 제4조 제1항에 따른 공공기관 • 그 밖의 후생기관 등
식품이력추적관리	식품을 제조 · 가공단계부터 판매단계까지 각 단계별로 정보를 기록 · 관리하여 그 식품의 안전성 등에 문제가 발생할 경우 그 식품을 추적하여 원인을 규명하고 필요한 조치를 할 수 있도록 관리하는 것을 말한다.
식중독	식품 섭취로 인하여 인체에 유해한 미생물 또는 유독물질에 의하여 발생하였거나 발생한 것으로 판단되는 감염성 질환 또는 독소형 질환을 말한다.
집단급식소에서의 식단	급식대상 집단의 영양섭취기준에 따라 음식명, 식재료, 영양성분, 조리방법, 조리인력 등을 고려하여 작성한 급식계획서를 말한다.

004 다음 중 위해평가 과정에 대한 설명으로 옳지 않은 것은?

① 위해요소의 인체 내 독성을 확인하는 위험성 확인과정
② 위해요소의 인체노출 허용 빈도를 산출하는 위험성 결정과정
③ 위해요소가 인체에 노출된 양을 산출하는 노출평가과정
④ 위험성 확인과정, 위험성 결정과정 및 노출평가과정의 결과를 종합하여 해당 식품 등이 건강에 미치는 영향을 판단하는 위해도 결정과정

해설

② 위험성 결정과정은 위해요소의 인체노출 허용 빈도를 산출하는 것이 아니라 위해요소의 인체노출 허용량을 산출하는 과정이다(시행령 제4조 제3항).

정답 ②

005 집단급식소가 되기 위한 조건을 모두 고르면?

가. 영리를 목적으로 하지 않는다.
나. 계속적으로 급식한다.
다. 병원, 기숙사, 학교, 후생기관 등의 급식시설을 말한다.
라. 불특정 다수인을 대상으로 한다.

① 가, 나, 다
② 가, 다, 라
③ 나, 다, 라
④ 가, 나, 다, 라

해설
집단급식소란 영리를 목적으로 하지 아니하면서 특정 다수인에게 계속하여 음식물을 공급하는 기숙사 · 학교 · 유치원 · 어린이집 · 병원, 사회복지시설, 산업체, 국가 · 지방자치단체 및 공공기관, 그 밖의 후생기관 등의 급식시설로서 대통령령이 정하는 시설을 말한다(법 제2조 제12호).

정답 ①

006 「식품위생법」의 벌칙에 해당되어 처벌할 때의 규정은?

① 행위자만 처벌한다.
② 회사의 대표자만 처벌한다.
③ 행위자와 법인, 개인까지도 처벌한다.
④ 시설의 관리인만 처벌한다.

해설
양벌규정(법 제100조)
법인의 대표자나 법인 또는 개인의 대리인, 사용인, 그 밖의 종업원이 그 법인 또는 개인의 업무에 관하여 제93조 제3항 또는 제94조부터 제97조까지의 어느 하나에 해당하는 위반행위를 하면 그 행위자를 벌하는 외에 그 법인 또는 개인에게도 해당 조문의 벌금형을 과(科)하고, 제93조 제1항의 위반행위를 하면 그 법인 또는 개인에 대하여도 1억5천만원 이하의 벌금에 처하며, 제93조 제2항의 위반행위를 하면 그 법인 또는 개인에 대하여도 5천만원 이하의 벌금에 처한다. 다만, 법인 또는 개인이 그 위반행위를 방지하기 위하여 해당 업무에 관하여 상당한 주의와 감독을 게을리하지 아니한 경우에는 그러하지 아니하다.

정답 ③

007 다음 식품 및 첨가물의 판매 금지에 관한 사항 중 옳지 않은 것은?

① 수입신고를 하지 아니하고 수입한 것
② 병을 일으키는 미생물에 오염되었거나 그 염려가 있어 인체의 건강을 해칠 우려가 있는 것
③ 영업자가 아닌 자가 제조 · 가공 · 소분한 것
④ 기준과 규격이 정하여지지 아니한 것으로 유해의 정도가 인체의 건강을 해할 우려가 없는 것

해설
식품 등의 기준 및 규격이 정하여지지 아니한 것으로써 식품의약품안전처장이 식품위생심의위원회의 심의를 거쳐 유해의 정도가 인체의 건강을 해칠 우려가 없는 것으로 인정한 것은 판매가 허용된다(법 제6조).

정답 ④

008 병든 동물 고기 등의 판매 금지에 관한 설명으로 옳지 않은 것은?

① 강제로 물을 먹였거나 먹였다고 믿을 만한 역학조사 · 정밀검사 결과나 임상증상이 있는 가축의 고기는 판매할 수 없다.
② 우역, 우폐역, 구제역, 탄저, 결핵병에 걸린 고기는 판매할 수 없다.
③ 리스테리아병, 살모넬라병, 파스튜렐라병 등에 걸린 가축의 고기는 판매할 수 없다.
④ 대통령령이 정하는 질병에 걸려 죽은 동물의 고기는 판매할 목적으로 채취 · 수입 · 가공 · 사용 · 조리 · 저장 또는 운반하거나 진열하지 못한다.

해설
누구든지 총리령으로 정하는 질병에 걸렸거나 걸렸을 염려가 있는 동물이나 그 질병에 걸려 죽은 동물의 고기 · 뼈 · 젖 · 장기 또는 혈액을 식품으로 판매하거나 판매할 목적으로 채취 · 수입 · 가공 · 사용 · 조리 · 저장 · 소분 또는 운반하거나 진열하여서는 아니 된다(법 제5조).

정답 ④

009 판매의 목적으로 식품 등을 제조 · 가공 · 소분 · 수입 또는 판매한 영업자가 해당 식품이 식품 등의 위해와 관련이 있는 규정을 위반하여 유통 중인 해당 식품 등을 회수하고자 할 때 회수계획을 보고해야 하는 대상이 아닌 것은?

① 시 · 도지사
② 식품의약품안전처장
③ 보건소장
④ 시장 · 군수 · 구청장

해설

위해식품 등의 회수(법 제45조)

판매의 목적으로 식품 등을 제조 · 가공 · 소분 · 수입 또는 판매한 영업자(「수입식품안전관리 특별법」 제15조에 따라 등록한 수입식품 등 수입 · 판매업자를 포함한다)는 해당 식품 등이 제4조부터 제6조까지, 제7조 제4항, 제8조, 제9조 제4항, 제9조의3 또는 제12조의2 제2항을 위반한 사실(식품 등의 위해와 관련이 없는 위반사항을 제외한다)을 알게 된 경우에는 지체 없이 유통 중인 해당 식품 등을 회수하거나 회수하는 데에 필요한 조치를 하여야 한다. 이 경우 영업자는 회수계획을 식품의약품안전처장, 시 · 도지사 또는 시장 · 군수 · 구청장에게 미리 보고하여야 하며, 회수결과를 보고받은 시 · 도지사 또는 시장 · 군수 · 구청장은 이를 지체 없이 식품의약품안전처장에게 보고하여야 한다. 다만, 해당 식품 등이 「수입식품안전관리 특별법」에 따라 수입한 식품 등이고, 보고의무자가 해당 식품 등을 수입한 자인 경우에는 식품의약품안전처장에게 보고하여야 한다.

정답 ③

010 수출을 목적으로 하는 식품 또는 식품첨가물의 기준과 규격은?

① 수입자가 요구하는 기준과 규격
② 국립검역소장이 정하여 고시한 기준과 규칙
③ FDA의 기준과 규격
④ 규정에 의한 식품 등의 제조 · 가공 등에 관한 기준 및 성분의 규격에 적합한 것

해설

수출할 식품 또는 식품첨가물의 기준과 규격은 수입자가 요구하는 기준과 규격을 따를 수 있다(법 제7조 제3항).

정답 ①

011 다음 중 위해식품에 대한 긴급대응방안을 마련하고 필요한 조치를 해야 하는 경우가 아닌 것은?

① 국내외에서 위해식품 등의 섭취로 인하여 사상자가 발생한 경우
② 국내외의 연구 · 검사기관에서 인체의 건강을 해칠 심각한 우려가 있는 원료 또는 성분이 식품 등에서 검출된 경우
③ 구제역에 걸린 동물을 사용하여 제조 · 가공 또는 조리한 식품 등이 발견된 경우
④ 국내외에서 식품 등 위해발생 우려가 총리령으로 정하는 과학적 근거에 따라 제기되었거나 제기된 경우

해설

③ 소해면상뇌증(狂牛病), 탄저병, 가금 인플루엔자에 걸린 동물을 사용하여 제조 · 가공 또는 조리한 식품 등이 발견된 경우 긴급대응방안을 마련하여 조치를 하여야 한다.

정답 ③

더 알아보기

위해식품 등에 대한 긴급대응(「식품위생법」 제17조 · 시행령 제7조)

식품의약품안전처장은 판매하거나 판매할 목적으로 채취 · 제조 · 수입 · 가공 · 조리 · 저장 · 소분 또는 운반되고 있는 식품 등이 다음의 어느 하나에 해당하는 경우에는 긴급대응방안을 마련하고 필요한 조치를 하여야 한다.

- 국내외에서 식품 등 위해발생 우려가 총리령으로 정하는 과학적 근거에 따라 제기되었거나 제기된 경우
- 그 밖에 식품 등으로 인하여 국민건강에 중대한 위해가 발생하거나 발생할 우려가 있는 경우로서 대통령령으로 정하는 경우
  - 국내외에서 위해식품 등의 섭취로 인하여 사상자가 발생한 경우
  - 국내외의 연구 · 검사기관에서 인체의 건강을 해칠 심각한 우려가 있는 원료 또는 성분이 식품 등에서 검출된 경우
  - 법 제93조 제1항에 따른 질병에 걸린 동물을 사용하였거나 같은 조 제2항에 따른 원료 또는 성분 등을 사용하여 제조 · 가공 또는 조리한 식품 등이 발견된 경우

벌칙(「식품위생법」 제93조)

다음의 어느 하나에 해당하는 질병에 걸린 동물을 사용하여 판매할 목적으로 식품 또는 식품첨가물을 제조 · 가공 · 수입 또는 조리한 자는 3년 이상의 징역에 처한다.

- 소해면상뇌증(狂牛病)
- 탄저병
- 가금 인플루엔자

012 식품, 식품첨가물 등의 공전은 누가 작성하여 보급하여야 하는가?

① 시 · 도지사
② 총리
③ 국립보건원장
④ 식품의약품안전처장

해설

식품 등의 공전(법 제14조)

식품의약품안전처장은 다음의 기준 등을 실은 식품 등의 공전을 작성 · 보급하여야 한다.

- 제7조 제1항에 따라 정하여진 식품 또는 식품첨가물의 기준과 규격
- 제9조 제1항에 따라 정하여진 기구 및 용기 · 포장의 기준과 규격

정답 ④

013 「식품위생법」상 식품 또는 식품첨가물의 기준 및 규격에 명시된 것과 관계 없는 것은?

① 식품의 보존 방법에 관한 사항
② 식품가공시험의 기준에 관한 사항
③ 식품의 제조 방법에 관한 사항
④ 식품과 식품첨가물의 성분 규격에 관한 사항

해설

식품 또는 식품첨가물에 관한 기준 및 규격(법 제7조 제1항)

식품의약품안전처장은 국민 건강을 보호 · 증진하기 위하여 필요하면 판매를 목적으로 하는 식품 또는 식품첨가물에 관한 다음의 사항을 정하여 고시한다.

- 제조 · 가공 · 사용 · 조리 · 보존 방법에 관한 기준
- 성분에 관한 규격

정답 ②

014 다음 중 「식품위생법」에서 명시하는 '기구'의 정의에 대한 설명으로 옳은 것은?

가. 식품 섭취에 사용되는 기구
나. 식품 또는 식품첨가물에 직접 접촉되는 기구
다. 식품 운반에 사용되는 기구
라. 농업에서 식품을 채취할 때 사용하는 기구

① 가, 나, 다
② 가, 다
③ 나, 라
④ 가, 나, 다, 라

해설

기구의 정의(법 제2조 제4호)

기구란 다음의 어느 하나에 해당하는 것으로서 식품 또는 식품첨가물에 직접 닿는 기계 · 기구나 그 밖의 물건(농업과 수산업에서 식품을 채취하는 데에 쓰는 기계 · 기구나 그 밖의 물건 및 「위생용품 관리법」 제2조 제1호에 따른 위생용품은 제외한다)을 말한다.

- 음식을 먹을 때 사용하거나 담는 것
- 식품 또는 식품첨가물을 채취 · 제조 · 가공 · 조리 · 저장 · 소분(완제품을 나누어 유통을 목적으로 재포장하는 것을 말한다) · 운반 · 진열할 때 사용하는 것

정답 ①

015 조리사 면허의 필요적 취소 사유에 해당하는 것은?

① 식중독이나 그 밖에 위생과 관련한 중대한 사고 발생에 직무상의 책임이 있는 경우
② 면허를 타인에게 대여하여 사용하게 한 경우
③ 업무정지기간 중에 조리사의 업무를 하는 경우
④ 조리사가 교육을 받지 아니한 경우

해설

필요적 면허취소 사유(법 제80조)

- 「정신건강증진 및 정신질환자 복지서비스 지원에 관한 법률」에 따른 정신질환자. 다만, 전문의가 조리사로서 적합하다고 인정하는 자는 그러하지 아니하다.
- 「감염병의 예방 및 관리에 관한 법률」에 따른 감염병 환자. 다만, B형간염환자는 제외한다.
- 「마약류관리에 관한 법률」에 따른 마약이나 그 밖의 약물 중독자
- 조리사 면허의 취소처분을 받고 그 취소된 날부터 1년이 지나지 아니한 자
- 업무정지기간 중에 조리사의 업무를 하는 경우

정답 ③

016 「식품위생법」상 식품 등의 위생적인 취급에 관한 기준이 아닌 것은?

① 식품 등을 취급하는 원료보관실 · 제조가공실 · 조리실 · 포장실 등의 내부는 항상 청결하게 관리하여야 한다.
② 식품 등의 원료 및 제품 중 부패 · 변질되기 쉬운 것은 냉동 · 냉장시설에 보관 · 관리하여야 한다.
③ 소비기한이 경과된 식품 등을 판매하거나 판매의 목적으로 진열 · 보관하여서는 아니 된다.
④ 컵라면, 일회용 다류, 그 밖의 음식류에 뜨거운 물을 부어주거나, 호빵 등을 따뜻하게 데워 판매하는 경우 포장을 뜯어 분할하여 판매하여서는 아니 된다.

해설

식품 등의 위생적인 취급에 관한 기준(시행규칙 별표 1)

- 식품 또는 식품첨가물을 제조 · 가공 · 사용 · 조리 · 저장 · 소분 · 운반 또는 진열할 때에는 이물이 혼입되거나 병원성 미생물 등으로 오염되지 않도록 위생적으로 취급해야 한다.
- 식품 등을 취급하는 원료보관실 · 제조가공실 · 조리실 · 포장실 등의 내부는 항상 청결하게 관리하여야 한다.
- 식품 등의 원료 및 제품 중 부패 · 변질이 되기 쉬운 것은 냉동 · 냉장시설에 보관 · 관리하여야 한다.
- 식품 등의 보관 · 운반 · 진열 시에는 식품 등의 기준 및 규격이 정하고 있는 보존 및 유통기준에 적합하도록 관리하여야 하고, 이 경우 냉동 · 냉장시설 및 운반시설은 항상 정상적으로 작동시켜야 한다.
- 식품 등의 제조 · 가공 · 조리 또는 포장에 직접 종사하는 사람은 위생모 및 마스크를 착용하는 등 개인위생관리를 철저히 하여야 한다.
- 제조 · 가공(수입품을 포함한다)하여 최소판매 단위로 포장(위생상 위해가 발생할 우려가 없도록 포장되고, 제품의 용기 · 포장에 「식품 등의 표시 · 광고에 관한 법률」 제4조 제1항에 적합한 표시가 되어 있는 것을 말한다)된 식품 또는 식품첨가물을 허가를 받지 아니하거나 신고를 하지 아니하고 판매의 목적으로 포장을 뜯어 분할하여 판매하여서는 아니 된다. 다만, 컵라면, 일회용 다류, 그 밖의 음식류에 뜨거운 물을 부어주거나, 호빵 등을 따뜻하게 데워 판매하기 위하여 분할하는 경우는 제외한다.
- 식품 등의 제조 · 가공 · 조리에 직접 사용되는 기계 · 기구 및 음식기는 사용 후에 세척 · 살균하는 등 항상 청결하게 유지 · 관리하여야 하며, 어류 · 육류 · 채소류를 취급하는 칼 · 도마는 각각 구분하여 사용하여야 한다.
- 소비기한이 경과된 식품 등을 판매하거나 판매의 목적으로 진열 · 보관하여서는 아니 된다.

정답 ④

017 「식품위생법」상 영업을 하려는 자 중 집단급식소를 설치 · 운영하려는 자의 교육시간으로 옳은 것은?

① 2시간
② 4시간
③ 6시간
④ 8시간

해설

영업을 하려는 자가 받아야 하는 식품위생 교육시간(시행규칙 제52조 제2항)

- 8시간 : 식품제조 · 가공업, 식품첨가물제조업, 공유주방 운영업
- 6시간 : 즉석판매제조 · 가공업, 식품접객업(휴게음식점영업, 일반음식점영업, 단란주점영업, 유흥주점영업, 위탁급식영업, 제과점영업), 집단급식소를 설치 · 운영하려는 자
- 4시간 : 식품운반업, 식품소분업, 식품판매업(식용얼음판매업, 식품자동판매기영업, 유통전문판매업, 집단급식소 식품판매업, 기타 식품판매업), 식품보존업(식품조사처리업, 식품냉동 · 냉장업), 용기 · 포장류제조업(용기 · 포장지제조업, 옹기류제조업)

정답 ③

018 다음 중 영양표시 대상 식품이 아닌 것은?

① 레토르트식품
② 빵류 또는 떡류
③ 식육가공품 중 햄류, 소시지류
④ 즉석판매제조 · 가공영업자가 제조 · 가공하는 식품

해설

영양표시 대상 식품 등(「식품 등의 표시 · 광고에 관한 법률」 시행규칙 별표 4)

영양표시 대상 식품 등	• 레토르트식품(조리가공한 식품을 특수한 주머니에 넣어 밀봉한 후 고열로 가열 살균한 가공식품을 말하며, 축산물은 제외한다) • 과자류, 빵류 또는 떡류 : 과자, 캔디류, 빵류 및 떡류 • 빙과류 : 아이스크림류 및 빙과 • 코코아 가공품류 또는 초콜릿류 • 당류 : 당류가공품 • 잼류 • 두부류 또는 묵류 • 식용유지류 : 식물성유지류 및 식용유지가공품(모조치즈 및 기타 식용유지가공품은 제외한다) • 면류 • 음료류 : 다류(침출차 · 고형차는 제외한다), 커피(볶은 커피 · 인스턴트커피는 제외한다), 과일 · 채소류 음료, 탄산음료류, 두유류, 발효음료류, 인삼 · 홍삼 음료 및 기타 음료 • 특수영양식품 • 특수의료용도식품 • 장류 : 개량메주, 한식간장(한식메주를 이용한 한식간장은 제외한다), 양조간장, 산분해간장, 효소분해간장, 혼합간장, 된장, 고추장, 춘장, 혼합장 및 기타 장류 • 조미식품 : 식초(발효식초만 해당한다), 소스류, 카레(카레만 해당한다) 및 향신료가공품(향신료 조제품만 해당한다) • 절임류 또는 조림류 : 김치류(김치는 배추김치만 해당한다), 절임류(절임식품 중 절임배추는 제외한다) 및 조림류 • 농산가공식품류 : 전분류, 밀가루류, 땅콩 또는 견과류 가공품류, 시리얼류 및 기타 농산가공품류 • 식육가공품 : 햄류, 소시지류, 베이컨류, 건조저장육류, 양념육류(양념육 · 분쇄가공육 제품만 해당한다), 식육추출가공품 및 식육함유가공품 • 알가공품류(알 내용물 100퍼센트 제품은 제외한다) • 유가공품 : 우유류, 가공유류, 산양유, 발효유류, 치즈류 및 분유류 • 수산가공식품류(수산물 100퍼센트 제품은 제외한다) : 어육가공품류, 젓갈류, 건포류, 조미김 및 기타 수산물가공품 • 즉석식품류 : 즉석섭취 · 편의식품류(즉석섭취식품 · 즉석조리식품만 해당한다) 및 만두류 • 건강기능식품 • 위의 규정에 해당하지 않는 식품 및 축산물로서 영업자가 스스로 영양표시를 하는 식품 및 축산물
영양표시 대상 제외 식품 등	•「식품위생법」 시행령에 따른 즉석판매제조 · 가공업 영업자가 제조 · 가공하거나 덜어서 판매하는 식품 •「축산물 위생관리법」 시행령에 따른 식육즉석판매가공업 영업자가 만들거나 다시 나누어 판매하는 식육가공품 • 식품, 축산물 및 건강기능식품의 원료로 사용되어 그 자체로는 최종 소비자에게 제공되지 않는 식품, 축산물 및 건강기능식품 • 포장 또는 용기의 주표시면 면적이 30제곱센티미터 이하인 식품 및 축산물 • 농산물 · 임산물 · 수산물, 식육 및 알류

정답 ④

019 조리사 면허의 취소처분을 받고 그 취소된 날부터 얼마의 기간이 경과되어야 면허를 받을 수 있는가?

① 1개월
② 3개월
③ 6개월
④ 1년

해설
조리사 면허의 취소처분을 받고 그 취소된 날부터 1년이 지나지 아니한 자는 조리사 면허를 받을 수 없다(법 제54조 제4호).

정답 ④

020 집단급식소에 근무하는 조리사의 직무에 해당하지 않는 것은?

① 구매식품의 검수 및 관리
② 급식설비 및 기구의 위생 · 안전 실무
③ 구매식품의 검수 지원
④ 집단급식소에서의 식단에 따른 조리업무

해설
① 구매식품의 검수 및 관리는 집단급식소에서 근무하는 영양사의 직무이다.

정답 ①

더 알아보기

집단급식소에서 근무하는 조리사와 영양사의 직무(「식품위생법」 제51조 및 제52조)

조리사의 직무	영양사의 직무
• 집단급식소에서의 식단에 따른 조리업무[식재료의 전(前)처리에서부터 조리, 배식 등의 전 과정을 말한다] • 구매식품의 검수 지원 • 급식설비 및 기구의 위생 · 안전 실무 • 그 밖에 조리실무에 관한 사항	• 집단급식소에서의 식단 작성, 검식(檢食) 및 배식 관리 • 구매식품의 검수(檢受) 및 관리 • 급식시설의 위생적 관리 • 집단급식소의 운영일지 작성 • 종업원에 대한 영양 지도 및 식품위생교육

021 「식품위생법」상 출입 · 검사 · 수거에 대한 설명으로 옳지 않은 것은?

① 관계 공무원은 영업소에 출입하여 영업에 사용하는 식품 등 또는 영업시설 등에 대하여 검사를 실시할 수 있다.
② 관계 공무원은 영업상 사용하는 식품 등을 검사를 위하여 필요한 최소량이라 하더라도 무상으로 수거할 수 없다.
③ 관계 공무원은 필요에 따라 영업에 관계되는 장부 또는 서류를 열람할 수 있다.
④ 출입 · 검사 · 수거 또는 열람하려는 공무원은 그 권한을 표시하는 증표 및 조사기간, 조사범위, 조사담당자, 관계법령 등 대통령령으로 정하는 사항이 기재된 서류를 지니고 이를 관계인에게 내보여야 한다.

해설
관계 공무원은 영업에 사용하는 식품 등에 대하여 하는 검사에 필요한 최소량의 식품 등의 무상 수거 조치를 할 수 있다(법 제22조 제1항 제2호).

정답 ②

022 식품위생수준 및 자질의 향상을 위하여 필요한 경우 조리사와 영양사에게 교육을 받을 것을 명할 수 있는 자로 옳은 것은?

① 총리
② 식품의약품안전처장
③ 대통령
④ 보건복지부장관

해설
식품의약품안전처장은 식품위생수준 및 자질의 향상을 위하여 필요한 경우 조리사와 영양사에게 교육을 받을 것을 명할 수 있다. 다만, 집단급식소에 종사하는 조리사와 영양사는 1년마다 교육을 받아야 한다(법 제56조 제1항).

정답 ②

023 영양사와 조리사 면허의 교부권자로 옳은 것은?

① 영양사 – 대통령, 조리사 – 대통령
② 영양사 – 보건복지부장관, 조리사 – 보건복지부장관
③ 영양사 – 보건복지부장관, 조리사 – 특별자치시장 · 특별자치도지사 · 시장 · 군수 · 구청장
④ 영양사 – 식품의약품안전처장, 조리사 – 식품의약품안전처장

해설

- 영양사가 되고자 하는 사람은 영양사 국가시험에 합격한 후 보건복지부장관의 면허를 받아야 한다(「국민영양관리법」 제15조 제1항).
- 조리사가 되려는 자는 「국가기술자격법」에 따라 해당 기능 분야의 자격을 얻은 후 특별자치시장 · 특별자치도지사 · 시장 · 군수 · 구청장의 면허를 받아야 한다(법 제53조 제1항).

정답 ③

024 다음 중 건강진단을 받아야 하는 자로 옳은 것은?

① 완전포장된 식품 운반업자
② 식품운반업자
③ 완전포장된 식품 판매업자
④ 기구 살균 · 소독용품 판매업자

해설

건강진단을 받아야 하는 사람은 식품 또는 식품첨가물(화학적 합성품 또는 기구 등의 살균 · 소독제는 제외한다)을 채취 · 제조 · 가공 · 조리 · 저장 · 운반 또는 판매하는 일에 직접 종사하는 영업자 및 종업원으로 한다. 다만, 완전포장된 식품 또는 식품첨가물을 운반하거나 판매하는 일에 종사하는 사람은 제외한다(시행규칙 제49조 제1항).

정답 ②

025 「식품위생법」상 규정한 식중독 대책 협의기구의 유관기관에 해당하지 않는 것은?

① 농림축산식품부
② 해양수산부
③ 교육부
④ 행정안전부

해설

식품의약품안전처장은 식중독 발생의 효율적인 예방 및 확산 방지를 위하여 교육부, 농림축산식품부, 보건복지부, 환경부, 해양수산부, 식품의약품안전처, 질병관리청, 시 · 도 등 유관기관으로 구성된 식중독 대책 협의기구를 설치 · 운영하여야 한다(법 제87조 제1항).

정답 ④

026 다음 중 자가품질검사에 관한 설명으로 옳지 않은 것은?

① 식품 등에 대한 자가품질검사는 판매를 목적으로 제조 · 가공하는 품목별로 실시해야 한다.

② 영업자가 다른 영업자에게 식품 등을 제조하게 하는 경우에는 식품 등을 제조하게 하는 자 또는 직접 그 식품 등을 제조하는 자가 자가품질검사를 실시하여야 한다.

③ 즉석판매제조 · 가공업에 있어서 빵류, 식육함유가공품, 두부류 또는 묵류, 식용유지류(압착식용유만 해당), 빙과류 등은 6개월마다 1회 이상 실시하여야 한다.

④ 식품제조 · 가공업에 있어서 과자류, 코코아가공품류, 초콜릿류, 잼류 등은 3개월마다 1회 이상 실시해야 한다.

해설

즉석판매제조 · 가공업에 있어서 과자, 빵류, 당류, 식육함유가공품, 어육가공품류, 두부류 또는 묵류, 식용유지류, 특수용도식품, 소스, 음료류, 동물성가공식품류(추출가공식품만 해당), 빙과류, 즉석섭취식품, 즉석조리식품, 신선편의식품, 간편조리세트, 유가공품, 식육가공품 및 알가공품은 9개월마다 1회 이상 실시하여야 한다(시행규칙 별표12).

자가품질검사의 의무(법 제31조)

- 식품 등을 제조 · 가공하는 영업자는 총리령으로 정하는 바에 따라 제조 · 가공하는 식품 등이 기준과 규격에 맞는지를 검사하여야 한다.
- 식품 등을 제조 · 가공하는 영업자는 자가품질검사를 자가품질위탁 시험 · 검사기관에 위탁하여 실시할 수 있다.
- 검사를 직접 행하는 영업자는 검사 결과 해당 식품 등이 제4조부터 제6조까지, 제7조 제4항, 제8조, 제9조 제4항 또는 제9조의3을 위반하여 국민건강에 위해가 발생하거나 발생할 우려가 있는 경우에는 지체 없이 식품의약품안전처장에게 보고하여야 한다.
- 검사의 항목 · 절차, 그 밖에 검사에 필요한 사항은 총리령으로 정한다.

정답 ③

027 10년 이하의 징역 또는 1억원 이하의 벌금형(병과 가능)에 해당하지 않는 것은?

① 식품 또는 식품첨가물에 관한 기준 및 규격 규정을 위반한 자

② 위해식품 등의 판매 등 금지 규정을 위반한 자

③ 병든 동물 고기 등의 판매 등 금지 규정을 위반한 자

④ 기준 · 규격이 정하여지지 아니한 화학적 합성품 등의 판매 등 금지 규정을 위반한 자

해설

식품 또는 식품첨가물에 관한 기준 및 규격 규정을 위반한 자는 5년 이하의 징역 또는 5천만원 이하의 벌금에 처한다(법 제95조 제1호).

정답 ①

028 다음 중 식품위생감시원의 직무에 해당되지 않는 것은?

① 표시 또는 광고기준의 위반 여부에 관한 단속
② 시설기준의 적합 여부의 확인 · 검사
③ 행정처분의 이행 여부 확인
④ 원료검사 및 제품출입검사

해설

식품위생감시원의 직무(시행령 제17조)

- 식품 등의 위생적인 취급에 관한 기준의 이행 지도
- 수입 · 판매 또는 사용 등이 금지된 식품 등의 취급 여부에 관한 단속
- 「식품 등의 표시 · 광고에 관한 법률」에 따른 표시 또는 광고기준의 위반 여부에 관한 단속
- 출입 · 검사 및 검사에 필요한 식품 등의 수거
- 시설기준의 적합 여부의 확인 · 검사
- 영업자 및 종업원의 건강진단 및 위생교육의 이행 여부의 확인 · 지도
- 조리사 및 영양사의 법령 준수사항 이행 여부의 확인 · 지도
- 행정처분의 이행 여부 확인
- 식품 등의 압류 · 폐기 등
- 영업소의 폐쇄를 위한 간판 제거 등의 조치
- 그 밖에 영업자의 법령 이행 여부에 관한 확인 · 지도

정답 ④

029 다음 중 식품위생감시원의 자격과 거리가 먼 것은?

① 수산제조기술사
② 식품산업기사
③ 외국에서 위생사의 면허를 받은 자
④ 6개월 이상 식품위생행정에 관한 사무에 종사한 경험이 있는 자

해설

식품위생감시원의 자격 및 임명(시행령 제16조 제2항)

식품위생감시원은 식품의약품안전처장(지방식품의약품안전청장을 포함한다), 시 · 도지사 또는 시장 · 군수 · 구청장이 다음의 어느 하나에 해당하는 소속공무원 중에서 임명한다.

① 위생사, 식품제조기사(식품기술사 · 식품기사 · 식품산업기사 · 수산제조기술사 · 수산제조기사 및 수산제조산업기사) 또는 영양사

② 「고등교육법」에 따른 대학 또는 전문대학에서 의학 · 한의학 · 약학 · 한약학 · 수의학 · 축산학 · 축산가공학 · 수산제조학 · 농산제조학 · 농화학 · 화학 · 화학공학 · 식품가공학 · 식품화학 · 식품제조학 · 식품공학 · 식품과학 · 식품영양학 · 위생학 · 발효공학 · 미생물학 · 조리학 · 생물학 분야의 학과 또는 학부를 졸업한 사람 또는 이와 같은 수준 이상의 자격이 있는 사람

③ 외국에서 위생사 또는 식품제조기사의 면허를 받거나 ②와 같은 과정을 졸업한 것으로 식품의약품안전처장이 인정하는 사람

④ 1년 이상 식품위생행정에 관한 사무에 종사한 경험이 있는 사람

정답 ④

030 「식품위생법」상 영업에 해당하는 것으로 옳은 것을 모두 고르면?

> 가. 즉석판매제조 · 가공업
> 나. 식육판매업
> 다. 용기 · 포장류제조업
> 라. 음용수제조업

① 가, 나, 다
② 가, 다
③ 나, 라
④ 가, 나, 다, 라

해설

영업의 종류(시행령 제21조)

- 식품제조 · 가공업
- 즉석판매제조 · 가공업
- 식품첨가물제조업
- 식품운반업
- 식품소분 · 판매업
  - 식품소분업
  - 식품판매업(식용얼음판매업, 식품자동판매기영업, 유통전문판매업, 집단급식소 식품판매업, 기타 식품판매업)
- 식품보존업(식품조사처리업, 식품냉동 · 냉장업)
- 용기 · 포장류제조업(용기 · 포장지제조업, 옹기류제조업)
- 식품접객업(휴게음식점영업, 일반음식점영업, 단란주점영업, 유흥주점영업, 위탁급식영업, 제과점영업)
- 공유주방 운영업

정답 ②

031 다음 중 영업신고를 해야 하는 업종으로 묶인 것은?

가. 단란주점영업
나. 식품운반업
다. 유흥주점영업
라. 식품소분 · 판매업
마. 양곡가공업 중 도정업

① 가, 나, 마
② 가, 다
③ 나, 라
④ 나, 라, 마

해설

영업신고를 하여야 하는 업종(시행령 제25조 제1항)

규정에 의하여 특별자치시장 · 특별자치도지사 또는 시장 · 군수 · 구청장에게 신고를 하여야 하는 영업은 다음과 같다.

- 즉석판매제조 · 가공업
- 식품운반업
- 식품소분 · 판매업
- 식품냉동 · 냉장업
- 용기 · 포장류제조업(자신의 제품을 포장하기 위하여 용기 · 포장류를 제조하는 경우를 제외한다)
- 휴게음식점영업, 일반음식점영업, 위탁급식영업, 제과점영업

정답 ③

032 「식품위생법」 규정에 의해 신고를 하여야 하는 변경사항에 해당하지 않는 것은?

① 즉석판매제조 · 가공업을 하는 자가 즉석판매제조 · 가공 대상 식품 중 식품의 유형을 달리하여 새로운 식품을 제조 · 가공하려는 경우
② 식품자동판매기영업을 하는 자가 같은 특별자치시 · 시 · 군 · 구에서 식품자동판매기의 설치 대수를 증감하려는 경우
③ 식품첨가물이나 다른 원료를 사용하지 아니한 농 · 임 · 수산물 단순가공품의 건조 방법을 달리하려는 경우
④ 식품운반업을 하는 자가 냉장 · 냉동차량을 증감하려는 경우

해설

신고를 하여야 하는 변경사항(시행령 제26조)

- 영업자의 성명(법인인 경우에는 그 대표자의 성명을 말한다)
- 영업소의 명칭 또는 상호
- 영업소의 소재지
- 영업장의 면적
- 즉석판매제조 · 가공업을 하는 자가 즉석판매제조 · 가공 대상 식품 중 식품의 유형을 달리하여 새로운 식품을 제조 · 가공하려는 경우(변경 전 식품의 유형 또는 변경하려는 식품의 유형이 자가품질검사 대상인 경우만 해당)
- 식품운반업을 하는 자가 냉장 · 냉동차량을 증감하려는 경우
- 식품자동판매기영업을 하는 자가 같은 특별자치시 · 시 · 군 · 구에서 식품자동판매기의 설치 대수를 증감하려는 경우

정답 ③

033 영업의 허가를 받은 자가 사망하였을 때 상속인의 법적지위는?

① 영업허가 재취득 필요
② 조건부로 1년 승계하고 1년 후 재취득
③ 영업자 지위 승계
④ 유언에 승계가 명시되어 있는 경우 승계 가능

해설

영업자가 영업을 양도하거나 사망한 경우 또는 법인이 합병한 경우에는 그 양수인 · 상속인 또는 합병 후 존속하는 법인이나 합병에 따라 설립되는 법인은 그 영업자의 지위를 승계한다(법 제39조 제1항).

정답 ③

034 영업허가에 대한 설명 중 옳지 않은 것은?

① 식품의약품안전처장 또는 특별자치시장 · 특별자치도지사 · 시장 · 군수 · 구청장은 허가 또는 변경허가의 신청을 받은 날부터 대통령령으로 정하는 기간 내에 허가 여부를 신청인에게 통지할 수 있다.
② 영업의 종류별, 영업소별로 식품의약품안전처장 또는 특별자치시장 · 특별자치도지사 · 시장 · 군수 또는 구청장의 허가를 받아야 한다.
③ 허가받은 사항 중 경미한 사항을 변경하고자 할 때는 식품의약품안전처장 또는 특별자치시장 · 특별자치도지사 · 시장 · 군수 또는 구청장에게 신고하여야 한다.
④ 식품의약품안전처장 또는 특별자치시장 · 특별자치도지사 · 시장 · 군수 · 구청장은 영업허가를 하는 때에는 필요한 조건을 붙일 수 있다.

해설

식품의약품안전처장 또는 특별자치시장 · 특별자치도지사 · 시장 · 군수 · 구청장은 제1항에 따른 허가 또는 변경허가의 신청을 받은 날부터 총리령으로 정하는 기간 내에 허가 여부를 신청인에게 통지하여야 한다(법 제37조 제10항).

정답 ①

035 「식품위생법」상 영업에 종사하지 못하는 질병의 종류가 아닌 것은?

① 비감염성 결핵
② 세균성이질
③ 장티푸스
④ 화농성 질환

해설

① 비감염성 결핵은 「식품위생법」상 영업에 종사하지 못하는 질병의 종류에 해당하지 않는다.

정답 ①

더 알아보기

영업에 종사하지 못하는 질병의 종류(「식품위생법」 시행규칙 제50조)

법 제40조 제4항에 따라 영업에 종사하지 못하는 사람은 다음의 질병에 걸린 사람으로 한다.

- 결핵(비감염성인 경우는 제외)
- 콜레라, 장티푸스, 파라티푸스, 세균성이질, 장출혈성대장균감염증, A형간염에 해당하는 감염병
- 피부병 또는 그 밖의 고름형성(화농성) 질환
- 후천성면역결핍증(성매개감염병에 관한 건강진단을 받아야 하는 영업에 종사하는 사람만 해당)

제1급감염병(「감염병의 예방 및 관리에 관한 법률」 제2조 제2호)

"제1급감염병"이란 생물테러감염병 또는 치명률이 높거나 집단 발생의 우려가 커서 발생 또는 유행 즉시 신고하여야 하고, 음압격리와 같은 높은 수준의 격리가 필요한 감염병으로서 다음 각 목의 감염병을 말한다. 다만, 갑작스러운 국내 유입 또는 유행이 예견되어 긴급한 예방 · 관리가 필요하여 질병관리청장이 보건복지부장관과 협의하여 지정하는 감염병을 포함한다.

- 에볼라바이러스병
- 마버그열
- 라싸열
- 크리미안콩고출혈열
- 남아메리카출혈열
- 리프트밸리열
- 두창
- 페스트
- 탄저
- 보툴리눔독소증
- 야토병
- 신종감염병증후군
- 중증급성호흡기증후군(SARS)

- 중동호흡기증후군(MERS)
- 동물인플루엔자 인체감염증
- 신종인플루엔자
- 디프테리아

036 집단급식소를 설치 · 운영하고자 하는 자는 누구에게 신고해야 하는가?

① 시 · 도지사
② 시장 · 군수 · 구청장
③ 보건복지부장관
④ 식품의약품안전처장

해설
집단급식소를 설치 · 운영하려는 자는 총리령으로 정하는 바에 따라 특별자치시장 · 특별자치도지사 · 시장 · 군수 · 구청장에게 신고하여야 한다(법 제88조 제1항).

정답 ②

037 식품 등의 위생적 취급에 관한 기준을 위반하는 영업자와 「식품위생법」을 위반하는 자에 대해 시정을 명할 권한이 있는 자는?

가. 식품의약품안전처장
나. 시 · 도지사
다. 시장 · 군수 또는 구청장
라. 보건복지부장관

① 가, 나, 다
② 가, 다, 라
③ 나, 다, 라
④ 가, 나, 다, 라

해설
식품의약품안전처장, 시 · 도지사 또는 시장 · 군수 · 구청장은 법 제3조에 따른 식품 등의 위생적 취급에 관한 기준에 맞지 아니하게 영업하는 자와 「식품위생법」을 지키지 아니하는 자에게는 필요한 시정을 명하여야 한다(법 제71조 제1항).

정답 ①

038 다음 중 식품위생교육의 대상에 해당하지 않는 것은?

① 식품제조 · 가공업자
② 식품자동판매기영업자
③ 용기 · 포장류제조업자
④ 즉석판매제조 · 가공업자

해설

식품위생교육(법 제41조 제1항)

대통령령으로 정하는 영업자 및 유흥종사자를 둘 수 있는 식품접객업 영업자의 종업원은 매년 식품위생에 관한 교육을 받아야 한다.

식품위생교육의 대상(시행령 제27조)

법 제41조 제1항에서 "대통령령으로 정하는 영업자"란 다음의 영업자를 말한다.

- 식품제조 · 가공업자
- 즉석판매제조 · 가공업자
- 식품첨가물제조업자
- 식품운반업자
- 식품소분 · 판매업자(식용얼음판매업자 및 식품자동판매기영업자는 제외한다)
- 식품보존업자
- 용기 · 포장류제조업자
- 식품접객업자
- 공유주방 운영업자

정답 ②

039 「식품위생법」상 집단급식소는 상시 1회 몇 명에게 식사를 제공하는 급식소인가?

① 20명 이상
② 40명 이상
③ 50명 이상
④ 100명 이상

해설

집단급식소는 1회 50명 이상에게 식사를 제공하는 급식소를 말한다(시행령 제2조).

정답 ③

040 다음 중 식품위생심의위원회에서 조사 · 심의하는 사항으로 옳은 것을 모두 고르면?

> 가. 식중독 방지에 관한 사항
> 나. 농약 · 중금속 등 유독 · 유해물질 잔류 허용 기준에 관한 사항
> 다. 식품 등의 기준과 규격에 관한 사항
> 라. 식품위생감시원의 자격 및 임명에 관한 사항

① 가, 나, 다
② 가, 다
③ 나, 라
④ 가, 나, 다, 라

해설

식품위생심의위원회의 설치 등(법 제57조)

식품의약품안전처장의 자문에 응하여 다음의 사항을 조사 · 심의하기 위하여 식품의약품안전처에 식품위생심의위원회를 둔다.

- 식중독 방지에 관한 사항
- 농약 · 중금속 등 유독 · 유해물질 잔류 허용 기준에 관한 사항
- 식품 등의 기준과 규격에 관한 사항
- 그 밖에 식품위생에 관한 중요 사항

정답 ①

041 「식품위생법」상 식중독 환자를 진단한 의사가 1차적으로 보고하여야 할 자는?

① 관할 읍 · 면 · 동장
② 관할 보건소장
③ 관할 경찰서장
④ 관할 특별자치시장 · 시장 · 군수 · 구청장

해설

식중독에 관한 조사 보고(법 제86조 제1항)

다음의 어느 하나에 해당하는 자는 지체 없이 관할 특별자치시장 · 시장(「제주특별자치도 설치 및 국제자유도시 조성을 위한 특별법」에 따른 행정시장을 포함한다) · 군수 · 구청장에게 보고하여야 한다. 이 경우 의사나 한의사는 대통령령으로 정하는 바에 따라 식중독 환자나 식중독이 의심되는 자의 혈액 또는 배설물을 보관하는 데에 필요한 조치를 하여야 한다.

- 식중독 환자나 식중독이 의심되는 자를 진단하였거나 그 사체를 검안한 의사 또는 한의사
- 집단급식소에서 제공한 식품 등으로 인하여 식중독 환자나 식중독으로 의심되는 증세를 보이는 자를 발견한 집단급식소의 설치 · 운영자

정답 ④

042 다음 중 식품진흥기금 지원사업에 대한 내용으로 옳은 것을 모두 고르면?

가. 영업자의 수입 증대 및 운영을 위한 사업
나. 식품사고 예방 및 사후관리를 위한 사업
다. 환경오염 방지사업
라. 식품산업진흥을 위한 전산화사업 및 식품의 재활용을 위한 사업

① 가, 나, 다
② 가, 다
③ 나, 라
④ 가, 나, 다, 라

해설

식품진흥기금사업(시행령 제61조 제1항)

규정에 따라 기금을 사용할 수 있는 사업은 다음의 사업으로 한다.

- 식품의 안전성과 식품산업진흥에 대한 조사 · 연구사업
- 식품사고 예방과 사후관리를 위한 사업
- 식중독 예방과 원인 조사, 위생관리 및 식중독 관련 홍보사업
- 식품의 재활용을 위한 사업
- 식품위생과 식품산업진흥을 위한 전산화사업
- 식품산업진흥사업
- 시 · 도지사가 식품위생과 주민영양을 개선하기 위하여 민간단체에 연구를 위탁한 사업
- 남은 음식 재사용 안하기 활동에 대한 지원
- 소비자식품위생감시원 활동을 지원하기 위한 수당 등의 지급
- 자가품질위탁시험 · 검사기관의 시험 · 검사실 설치 지원
- 우수업소와 모범업소에 대한 지원
- 식품안전관리인증기준을 지키는 영업자와 이를 지키기 위하여 관련 시설 등을 설치하려는 영업자에 대한 지원
- 자율지도원의 활동 지원
- 「건강기능식품에 관한 법률」에 따른 우수건강기능식품 제조기준을 지키는 영업자와 이를 지키기 위하여 관련 시설 등을 설치하려는 영업자에 대한 지원
- 「어린이 식생활안전관리 특별법」에 따른 어린이기호식품 전담관리원의 지정 및 운영
- 「어린이 식생활안전관리 특별법」에 따른 어린이기호식품 우수판매업소에 대한 보조 또는 융자
- 「어린이 식생활안전관리 특별법」에 따른 어린이급식관리지원센터 설치 및 운영비용 보조
- 그 밖에 위의 규정에 따른 사업에 준하는 것으로서 식품위생, 영양관리 또는 식품산업진흥 등을 위해 식품의약품안전처장이 필요하다고 인정하여 고시하는 사업

정답 ③

02 국민건강증진법

043 국민건강증진종합계획에 포함되어야 할 사항으로 옳지 않은 것은?

① 국민건강증진을 위한 주요 추진과제 및 추진방법
② 건강생활실천협의회 운영에 관한 사항
③ 건강취약 집단에 대한 건강증진 지원방안
④ 국민건강증진 관련 통계 및 정보의 관리 방안

해설

국민건강증진종합계획의 수립 시 포함되어야 할 사항(법 제4조 제2항)

- 국민건강증진의 기본목표 및 추진방향
- 국민건강증진을 위한 주요 추진과제 및 추진방법
- 국민건강증진에 관한 인력의 관리 및 소요재원의 조달방안
- 국민건강증진기금의 운용방안
- 아동 · 여성 · 노인 · 장애인 등 건강취약 집단이나 계층에 대한 건강증진 지원방안
- 국민건강증진 관련 통계 및 정보의 관리 방안
- 그 밖에 국민건강증진을 위하여 필요한 사항

정답 ②

044 다음 중 영양지도원이 될 수 있는 사람은?

가. 조리사
나. 식품기사
다. 임상병리사
라. 영양사

① 가, 나, 다　　② 가, 다
③ 나, 라　　④ 라

해설

영양조사원 및 영양지도원(시행령 제22조 제2항)

특별자치시장 · 특별자치도지사 · 시장 · 군수 · 구청장은 영양개선사업을 수행하기 위한 국민영양지도를 담당하는 사람(영양지도원)을 두어야 하며 그 영양지도원은 영양사의 자격을 가진 사람으로 임명한다. 다만, 영양사의 자격을 가진 사람이 없는 경우에는 의사 또는 간호사의 자격을 가진 사람 중에서 임명할 수 있다.

정답 ④

045 다음 중 영양지도원의 업무에 대한 내용으로 옳은 것을 모두 고르면?

가. 영양지도의 기획 · 분석 및 평가
나. 지역주민에 대한 영양상담 · 영양교육 및 영양평가
다. 식품섭취에 관한 조사사항의 조사 · 기록
라. 집단급식시설에 대한 현황 파악 및 급식업무 지도

① 나, 다, 라
② 가, 나, 다
③ 가, 나, 라
④ 가, 다, 라

해설

다. 식품섭취에 관한 조사사항의 조사 · 기록은 영양조사원의 업무이다.

영양지도원(시행규칙 제17조)

영양지도원의 업무는 다음과 같다.

- 영양지도의 기획 · 분석 및 평가
- 지역주민에 대한 영양상담 · 영양교육 및 영양평가
- 지역주민의 건강상태 및 식생활 개선을 위한 세부 방안 마련
- 집단급식시설에 대한 현황 파악 및 급식업무 지도
- 영양교육자료의 개발 · 보급 및 홍보
- 그 밖에 위의 규정에 준하는 업무로서 지역주민의 영양관리 및 영양개선을 위하여 특히 필요한 업무

정답 ③

046 「국민건강증진법」의 규정에 의하여 담배자동판매기의 설치가 허용되는 장소로 올바르게 묶인 것은?

가. 미성년자 등을 보호하는 법령에서 19세 미만인 자의 출입이 금지되어 있는 장소
나. 지정소매인, 기타 담배를 판매하는 자가 운영하는 점포
다. 담배자동판매기를 설치하는 자가 19세 미만의 자에게 담배자동판매기를 이용하지 못하게 할 수 있는 흡연실
라. 지정소매인, 기타 담배를 판매하는 자가 운영하는 영업장의 내부

① 가, 나, 다
② 가, 다
③ 라
④ 가, 나, 다, 라

해설

담배자동판매기의 설치장소(시행령 제15조 제1항)

- 미성년자 등을 보호하는 법령에서 19세 미만인 자의 출입이 금지되어 있는 장소
- 지정소매인, 기타 담배를 판매하는 자가 운영하는 점포 및 영업장의 내부
- 공중이 이용하는 시설 중 흡연자를 위해 설치한 흡연실. 다만, 담배자동판매기를 설치하는 자가 19세 미만의 자에게 담배자동판매기를 이용하지 못하게 할 수 있는 흡연실로 한정한다.

정답 ④

047 국민건강영양조사의 실시 주체(㉠)와 시기(㉡)를 올바르게 짝지은 것은?

	㉠	㉡
①	시 · 도지사	매년
②	시 · 도지사	2년
③	질병관리청장(보건복지부장관과 협의)	정기적
④	질병관리청장(보건복지부장관과 협의)	분기별

해설

질병관리청장은 보건복지부장관과 협의하여 국민의 건강상태 · 식품섭취 · 식생활조사 등 국민의 건강과 영양에 관한 조사(국민건강영양조사)를 정기적으로 실시한다(제16조 제1항).

정답 ③

048 「국민건강증진법」상 보건교육에 대한 설명으로 옳지 않은 것은?

① 보건복지부장관은 국민의 보건교육에 관하여 관계중앙행정기관의 장과 협의하여 보건교육을 총괄한다.

② 국가 및 지방자치단체는 모든 국민이 올바른 보건의료의 이용과 건강한 생활습관을 실천할 수 있도록 그 대상이 되는 개인 또는 집단의 특성 · 건강상태 · 건강의식 수준 등에 따라 적절한 보건교육을 실시한다.

③ 국가 또는 지방자치단체는 국민건강증진사업관련 법인 또는 단체 등이 보건교육을 실시할 경우 이에 필요한 지원을 할 수 있다.

④ 보건교육의 내용은 보건복지부령으로 정한다.

해설

④ 보건교육의 내용은 대통령령으로 정한다(법 제12조 제4항).

① 법 제11조

② 법 제12조 제1항

③ 법 제12조 제2항

정답 ④

049 국민건강영양조사에 대한 설명으로 옳은 것은?

① 국민건강영양조사는 보건복지부장관이 실시하는 조사로, 국민의 건강상태 · 식품섭취 · 식생활조사 등 국민의 건강과 영양에 관해 조사하며 6개월에 한 번씩 실시한다.
② 질병관리청장은 관계중앙행정기관의 장과 협의하여 노인 · 임산부 등 특히 영양개선이 필요하다고 판단되는 사람에 대해서는 따로 조사기간을 정하여 영양조사를 실시해야 한다.
③ 영양조사는 건강상태조사 · 식품섭취조사 및 식생활조사로 구분하여 행한다.
④ 영양조사원은 영양사의 자격을 가진 사람으로 임명하며, 영양사의 자격을 가진 사람이 없는 경우에는 의사 또는 간호사의 자격을 가진 사람 중에서 임명할 수 있다.

해설

① 국민영양조사는 매년 실시한다(시행령 제19조).
② 질병관리청장은 보건복지부장관과 협의하여 노인 · 임산부 등 특히 영양개선이 필요하다고 판단되는 사람에 대해서는 따로 조사기간을 정하여 영양조사를 실시할 수 있다(시행령 제20조 제2항).
④ 영양지도원에 대한 설명이다. 영양조사원은 질병관리청장 또는 시 · 도지사가 의사 · 치과의사(구강상태에 대한 조사만 해당) · 영양사 또는 간호사의 자격을 가진 사람이나 전문대학 이상의 학교에서 식품학 또는 영양학의 과정을 이수한 사람 중에서 임명 또는 위촉한다(시행령 제22조 제1항).

정답 ③

050 국민건강증진종합계획을 수립하는 자(㉠)와 수립 시기(㉡)를 올바르게 짝지은 것은?

	㉠	㉡
①	보건복지부장관	3년
②	보건복지부장관	5년
③	총리	5년
④	총리	3년

해설

보건복지부장관은 국민건강증진정책심의위원회의 심의를 거쳐 국민건강증진종합계획을 5년마다 수립하여야 한다. 이 경우 미리 관계중앙행정기관의 장과 협의를 거쳐야 한다(법 제4조 제1항).

정답 ②

051 국민영양조사 중 식품섭취조사에 해당하는 내용을 모두 고르면?

가. 급성 또는 만성질환의 여부
나. 식품의 섭취횟수 및 섭취량
다. 건강과 관련된 생활태도
라. 규칙적인 식사여부
마. 식품의 재료
바. 외식의 횟수

① 가, 라
② 나, 다
③ 나, 마
④ 라, 바

해설

조사내용(시행규칙 제12조)

건강상태조사	• 급성 또는 만성질환을 앓거나 앓았는지 여부에 관한 사항 • 질병 · 사고 등으로 인한 활동제한의 정도에 관한 사항 • 혈압 등 신체계측에 관한 사항 • 흡연 · 음주 등 건강과 관련된 생활태도에 관한 사항 • 기타 질병관리청장이 정하여 고시하는 사항
식품섭취조사	• 식품의 섭취횟수 및 섭취량에 관한 사항 • 식품의 재료에 관한 사항 • 기타 질병관리청장이 정하여 고시하는 사항
식생활조사	• 규칙적인 식사여부에 관한 사항 • 식품섭취의 과다여부에 관한 사항 • 외식의 횟수에 관한 사항 • 2세 이하 영유아의 수유기간 및 이유보충식의 종류에 관한 사항 • 기타 질병관리청장이 정하여 고시하는 사항

정답 ③

03 국민영양관리법

052 다음 중 「국민영양관리법」상 용어에 대한 설명으로 옳은 것으로만 묶인 것은?

> 가. 식생활 – 식품의 섭취와 관련된 모든 양식화된 행위
> 나. 영양관리 – 개인 또는 집단이 균형된 식생활을 통하여 건강을 개선시키는 것
> 다. 영양관리사업 – 국민의 영양관리를 위하여 생애주기 등 영양관리 특성을 고려하여 실시하는 교육 · 상담 등의 사업

① 가, 다　　② 나, 다
③ 가, 나　　④ 가, 나, 다

해설
영양관리란 적절한 영양의 공급과 올바른 식생활 개선을 통하여 국민이 질병을 예방하고 건강한 상태를 유지하도록 하는 것을 말한다(법 제2조 제2호). 개인 또는 집단이 균형된 식생활을 통하여 건강을 개선시키는 것은 「국민건강증진법」상 '영양개선'에 대한 설명이다.

정답 ①

053 다음 중 국민영양관리기본계획에 포함되지 않는 사업은?

① 영양 · 식생활 교육사업
② 영양취약계층 등의 영양관리사업
③ 영양관리를 위한 영양 및 식생활 조사
④ 감염병치료사업

해설
국민영양관리기본계획에 포함되어야 하는 영양관리사업 추진계획(법 제7조 제2항 제2호)
- 영양 · 식생활 교육사업
- 영양취약계층 등의 영양관리사업
- 영양관리를 위한 영양 및 식생활 조사
- 그 밖에 대통령령으로 정하는 영양관리사업
  - 법 제14조에 따른 영양소 섭취기준 및 식생활 지침의 제정 · 개정 · 보급 사업
  - 영양취약계층을 조기에 발견하여 관리할 수 있는 국가영양관리감시체계 구축 사업
  - 국민의 영양 및 식생활 관리를 위한 홍보 사업
  - 고위험군 · 만성질환자 등에게 영양관리식 등을 제공하는 영양관리서비스산업의 육성을 위한 사업
  - 그 밖에 국민의 영양관리를 위하여 보건복지부장관이 필요하다고 인정하는 사업

정답 ④

054 영양취약계층 등의 영양관리사업을 실시할 수 있는 기관으로만 묶인 것은?

가. 어린이집
나. 집단급식소
다. 의료기관 및 사회복지시설
라. 유치원

① 가, 다
② 나, 라
③ 라
④ 가, 나, 다, 라

해설

영양취약계층 등의 영양관리사업(법 제11조)

- 영유아, 임산부, 아동, 노인, 노숙인 및 사회복지시설 수용자 등 영양취약계층을 위한 영양관리사업
- 어린이집, 유치원, 학교, 집단급식소, 의료기관 및 사회복지시설 등 시설 및 단체에 대한 영양관리사업
- 생활습관질병 등 질병 예방을 위한 영양관리사업

정답 ④

055 다음 중 영양소 섭취기준 및 식생활 지침의 제정 및 보급에 대한 설명으로 옳지 않은 것은?

① 보건복지부장관은 국민건강증진과 삶의 질 향상을 위하여 질병별 · 생애주기별 특성 등을 고려한 식생활 지침을 제정하고 정기적으로 개정 · 보급하여야 한다.
② 보건복지부장관은 국민건강증진에 필요한 영양소 섭취기준을 제정하고 정기적으로 개정하여 학계 · 산업계 및 관련 기관 등에 체계적으로 보급하여야 한다.
③ 영양소 섭취기준 및 식생활 지침의 발간 주기는 3년으로 하되, 필요한 경우 그 주기를 조정할 수 있다.
④ 보건복지부장관은 관계 중앙행정기관의 장과 협의하여 국민건강증진사업, 학교급식의 영양관리, 집단급식소의 영양관리, 식품 등의 영양표시, 식생활 교육 등의 분야에서 영양소 섭취기준을 적극 활용할 수 있도록 하여야 한다.

해설

③ 영양소 섭취기준 및 식생활 지침의 발간 주기는 5년으로 하되, 필요한 경우 그 주기를 조정할 수 있다(시행규칙 제6조 제3항).
① 법 제14조 제3항
② 법 제14조 제1항
④ 법 제14조 제2항

정답 ③

056 다음 중 영양 · 식생활 교육의 내용에 대한 설명으로 옳은 것을 모두 고르면?

가. 생애주기별 올바른 식습관 형성 · 실천에 관한 사항
나. 식생활 지침 및 영양소 섭취기준
다. 영양 및 식생활에 관한 사항
라. 비만 및 저체중 예방 · 관리
마. 만성퇴행성질환 등 질병의 예방에 관한 사항

① 가, 다, 라
② 가, 나, 라
③ 가, 나, 마
④ 나, 다, 라

해설

영양 · 식생활 교육과 보건교육의 내용 비교

영양 · 식생활 교육의 내용 (「국민영양관리법」 시행규칙 제5조)	보건교육의 내용 (「국민건강증진법」 시행령 제17조)
• 생애주기별 올바른 식습관 형성 · 실천에 관한 사항 • 식생활 지침 및 영양소 섭취기준 • 질병 예방 및 관리 • 비만 및 저체중 예방 · 관리 • 바람직한 식생활문화 정립 • 식품의 영양과 안전 • 영양 및 건강을 고려한 음식만들기 • 그 밖에 보건복지부장관, 시 · 도지사 및 시장 · 군수 · 구청장이 국민 또는 지역 주민의 영양관리 및 영양개선을 위하여 필요하다고 인정하는 사항	• 금연 · 절주 등 건강생활의 실천에 관한 사항 • 만성퇴행성질환 등 질병의 예방에 관한 사항 • 영양 및 식생활에 관한 사항 • 구강건강에 관한 사항 • 공중위생에 관한 사항 • 건강증진을 위한 체육활동에 관한 사항 • 그 밖에 건강증진사업에 관한 사항

정답 ②

057 영양사 면허를 받을 수 없는 사유에 해당하지 않는 자는?

① 영양사 면허의 취소처분을 받고 그 취소된 날부터 1년이 지나지 아니한 사람
② 감염병환자 중 보건복지부령으로 정하는 사람
③ 마약 · 대마 또는 향정신성의약품 중독자
④ 식중독에 걸린 사람

해설

결격사유(법 제16조)

- 「정신건강증진 및 정신질환자 복지서비스 지원에 관한 법률」에 따른 정신질환자. 다만, 전문의가 영양사로서 적합하다고 인정하는 사람은 그러하지 아니하다.
- 「감염병의 예방 및 관리에 관한 법률」에 따른 감염병환자 중 보건복지부령으로 정하는 사람
- 마약 · 대마 또는 향정신성의약품 중독자
- 영양사 면허의 취소처분을 받고 그 취소된 날부터 1년이 지나지 아니한 사람

정답 ④

058 다음 중 영양사의 업무로만 묶인 것은?

가. 식품영양정보의 제공
나. 급식시설의 위생적 관리
다. 집단급식소의 운영일지 작성
라. 종업원에 대한 영양지도 및 위생교육

① 가, 나, 다
② 가, 다
③ 나, 라
④ 가, 나, 다, 라

해설

영양사의 업무(법 제17조)

- 건강증진 및 환자를 위한 영양 · 식생활 교육 및 상담
- 식품영양정보의 제공
- 식단작성, 검식(檢食) 및 배식관리
- 구매식품의 검수 및 관리
- 급식시설의 위생적 관리
- 집단급식소의 운영일지 작성
- 종업원에 대한 영양지도 및 위생교육

정답 ④

059 **다음 중 영양문제에 필요한 영양 및 식생활조사의 유형이 아닌 것은?**

① 식품의 영양성분 실태조사
② 국민의 영양관리와 관련하여 대통령이 필요하다고 인정하는 조사
③ 음식별 식품재료량 조사
④ 당 · 나트륨 · 트랜스지방 등 건강 위해가능 영양성분의 실태조사

해설

영양 및 식생활조사의 유형(시행령 제3조)

- 식품의 영양성분 실태조사
- 당 · 나트륨 · 트랜스지방 등 건강 위해가능 영양성분의 실태조사
- 음식별 식품재료량 조사
- 그 밖에 국민의 영양관리와 관련하여 보건복지부장관, 질병관리청장 또는 지방자치단체의 장이 필요하다고 인정하는 조사

정답 ②

060 **면허정지처분 기간 중에 영양사의 업무를 하는 경우 1차 위반 시의 행정처분 기준은?**

① 면허정지 1개월
② 면허정지 2개월
③ 면허정지 3개월
④ 면허취소

해설

행정처분기준(시행령 별표)

위반행위	근거 법령	행정처분 기준		
		1차 위반	2차 위반	3차 이상 위반
영양사 결격사유(법 제16조 제1호~제3호)	법 제21조 제1항 제1호	면허취소		
면허정지처분 기간 중에 영양사의 업무를 하는 경우	법 제21조 제1항 제2호	면허취소		
영양사가 그 업무를 행함에 있어서 식중독이나 그 밖에 위생과 관련한 중대한 사고 발생에 직무상의 책임이 있는 경우	법 제21조 제2항 제1호	면허정지 1개월	면허정지 2개월	면허취소
면허를 타인에게 대여하여 사용하게 한 경우	법 제21조 제2항 제2호	면허정지 2개월	면허정지 3개월	면허취소

정답 ④

061 영양사 면허증을 다른 사람에게 대여한 경우 처하는 벌칙으로 옳은 것은?

① 1년 이하의 징역 또는 1천만원 이하의 벌금
② 2년 이하의 징역 또는 2천만원 이하의 벌금
③ 300만원 이하의 벌금
④ 500만원 이하의 벌금

해설
다른 사람에게 영양사 면허증을 빌려주거나 빌린 자는 1년 이하의 징역 또는 1천만원 이하의 벌금에 처한다(법 제28조 제1항).

정답 ①

04 학교급식법

062 학교급식에 따른 급식운영비에 해당하지 않는 것은?

① 연료비
② 급식종사자의 인건비
③ 급식시설 · 설비의 유지비
④ 급식운영에 참고할 자료구입비

해설
급식운영비(시행령 제9조 제1항)
• 급식시설 · 설비의 유지비
• 종사자의 인건비
• 연료비, 소모품비 등의 경비

정답 ④

063 다음 중 영양교사의 직무로 옳은 것을 모두 고르면?

> 가. 식단 작성, 식재료의 선정 및 검수
> 나. 위생 · 안전 · 작업관리 및 검식
> 다. 식생활 지도, 정보 제공 및 영양상담
> 라. 급식시설의 위생적 관리

① 가, 나, 다
② 가, 다, 라
③ 나, 라
④ 가, 나, 다, 라

해설

영양교사의 직무(시행령 제8조)

- 식단 작성, 식재료의 선정 및 검수
- 위생 · 안전 · 작업관리 및 검식
- 식생활 지도, 정보 제공 및 영양상담
- 조리실 종사자의 지도 · 감독
- 그 밖에 학교급식에 관한 사항

정답 ①

064 학교급식을 실시하는 학교에서 갖추어야 할 시설 및 설비기준으로 옳지 않은 것은?

① 조리장은 학생의 학습에 지장을 주지 아니하여야 한다.
② 식품보관실은 환기 · 방습이 용이하며, 식품과 식재료를 위생적으로 보관하는 데 적합한 위치에 두되, 방충 및 쥐막기 시설을 갖추어야 한다.
③ 조리장은 급식설비 · 기구의 배치와 작업자의 동선(動線) 등을 고려하여 작업과 청결유지에 필요한 적정한 면적이 확보되어야 한다.
④ 급식관리실, 휴게실은 조리실을 통하여 출입할 수 있도록 하며, 외부로 통하는 환기시설을 갖추어야 한다.

해설

급식관리실, 휴게실은 외부로부터 조리실을 통하지 않고 출입이 가능하여야 하며, 외부로 통하는 환기시설을 갖추어야 한다(시행규칙 별표 1).

시설 · 설비의 종류와 기준(시행령 제7조)

- 조리장 : 교실과 떨어지거나 차단되어 학생의 학습에 지장을 주지 않는 시설로 하되, 식품의 운반과 배식이 편리한 곳에 두어야 하며, 능률적이고 안전한 조리기기, 냉장 · 냉동시설, 세척 · 소독시설 등을 갖추어야 한다.
- 식품보관실 : 환기 · 방습이 용이하며, 식품과 식재료를 위생적으로 보관하는 데 적합한 위치에 두되, 방충 및 쥐막이 시설을 갖추어야 한다.
- 급식관리실 : 조리장과 인접한 위치에 두되, 컴퓨터 등 사무장비를 갖추어야 한다.

• 편의시설 : 조리장과 인접한 위치에 두되, 조리종사자의 수에 따라 필요한 옷장과 샤워시설 등을 갖추어야 한다.

정답 ④

065 학교급식의 영양관리기준에 따라 식단작성을 할 때 고려하여야 할 사항으로 옳지 않은 것은?

① 전통 식문화의 계승 · 발전을 고려할 것
② 다양한 종류의 식품을 사용할 것
③ 다양한 조리방법을 활용할 것
④ 염분 · 유지류 등을 사용한 조리방법을 활용할 것

해설

식단작성 시 고려하여야 할 사항(시행규칙 제5조 제2항)

• 전통 식문화(食文化)의 계승 · 발전을 고려할 것
• 곡류 및 전분류, 채소류 및 과일류, 어육류 및 콩류, 우유 및 유제품 등 다양한 종류의 식품을 사용할 것
• 염분 · 유지류 · 단순당류 또는 식품첨가물 등을 과다하게 사용하지 않을 것
• 가급적 자연식품과 계절식품을 사용할 것
• 다양한 조리방법을 활용할 것

정답 ④

066 「학교급식법」상 경비부담에 대한 설명으로 옳지 않은 것은?

① 학교급식을 위한 식품비는 국가나 지방자치단체가 부담하는 것을 원칙으로 한다.
② 학교급식의 실시에 필요한 급식시설 · 설비비는 해당 학교의 설립 · 경영자가 부담하되, 국가 또는 지방자치단체가 지원할 수 있다.
③ 급식운영비는 해당 학교의 설립 · 경영자가 부담하는 것을 원칙으로 한다.
④ 특별시장 · 광역시장 · 도지사 · 특별자치도지사 및 시장 · 군수 · 자치구의 구청장은 학교급식에 품질이 우수한 농수산물 사용 등 급식의 질 향상과 급식시설 · 설비의 확충을 위하여 식품비 및 시설 · 설비비 등 급식에 관한 경비를 지원할 수 있다.

해설

① 학교급식을 위한 식품비는 보호자가 부담하는 것을 원칙으로 한다(제8조 제3항).
② 법 제8조 제1항
③ 법 제8조 제2항
④ 법 제8조 제4항

정답 ①

067 다음 중 「학교급식법」상 7년 이하의 징역 또는 1억원 이하의 벌금에 처하는 것으로 옳은 것은?

① 축산물의 등급을 거짓으로 기재한 식재료를 사용한 자
② 농수산물의 원산지 표시를 거짓으로 적은 식재료를 사용한 자
③ 표준규격품의 표시를 거짓으로 적은 식재료를 사용한 자
④ 품질인증의 표시를 거짓으로 적은 식재료를 사용한 자

해설

벌칙(법 제23조)

7년 이하의 징역 또는 1억원 이하의 벌금	5년 이하의 징역 또는 5천만원 이하의 벌금
• 「농수산물의 원산지 표시 등에 관한 법률」 제5조 제1항에 따른 원산지 표시를 거짓으로 적은 식재료를 사용한 자 • 「농수산물 품질관리법」 제56조에 따른 유전자변형농수산물의 표시를 거짓으로 적은 식재료를 사용한 자	「축산법」 제40조의 규정에 따른 축산물의 등급을 거짓으로 기재한 식재료를 사용한 자

정답 ②

068 품질 및 안전을 위한 준수사항으로 옳지 않은 것은?

① 유전자변형농수산물의 표시를 거짓으로 기재한 식재료는 사용하지 말 것
② 식재료의 품질관리 기준, 영양관리 기준 및 위생 · 안전관리 기준을 지킬 것
③ 식재료 검수일지 및 거래명세표의 비치 및 보관은 2년간 할 것
④ 알레르기를 유발할 수 있는 식재료가 표시된 주간 식단표를 식당 및 교실에 게시할 것

해설

품질 및 안전을 위한 준수사항(시행규칙 제7조)

- 매 학기별 보호자 부담 급식비 중 식품비 사용비율의 공개
- 학교급식관련 서류의 비치 및 보관(보존연한은 3년)
  - 급식인원, 식단, 영양 공급량 등이 기재된 학교급식일지
  - 식재료 검수일지 및 거래명세표
- 알레르기 유발물질 표시 대상이 되는 식품을 사용하는 경우
  - 공지방법 : 알레르기를 유발할 수 있는 식재료가 표시된 월간 식단표를 가정통신문으로 안내하고 학교 인터넷 홈페이지에 게재할 것
  - 표시방법 : 알레르기를 유발할 수 있는 식재료가 표시된 주간 식단표를 식당 및 교실에 게시할 것

정답 ③

069 학교급식 식재료의 품질관리기준 중 축산물에 대한 기준으로 옳지 않은 것은?

① 쇠고기 – 3등급 이상인 한우 및 육우
② 돼지고기 – 2등급 이상
③ 닭고기 – 2등급 이상
④ 오리고기 – 1등급 이상

해설
③ 닭고기는 등급판정의 결과 1등급 이상을 사용한다(시행규칙 별표 2).

정답 ③

070 학교급식 운영평가기준으로 옳지 않은 것은?

① 급식예산의 편성 및 운용
② 학생 식생활 지도 및 영양상담
③ 학교급식에 대한 수요자의 만족도
④ 식재료 공급업체의 운용

해설
학교급식 운영평가기준(시행령 제13조 제2항)
- 학교급식 위생 · 영양 · 경영 등 급식운영관리
- 학생 식생활 지도 및 영양상담
- 학교급식에 대한 수요자의 만족도
- 급식예산의 편성 및 운용
- 그 밖에 평가기준으로 필요하다고 인정하는 사항

정답 ④

071 「학교급식법」의 규정에 의해 과태료를 부과할 수 있는 사람은?

① 교육부장관
② 대통령
③ 식품의약품안전처장
④ 시 · 군 · 구청장

해설

과태료는 대통령령으로 정하는 바에 따라 교육부장관 또는 교육감이 부과 · 징수한다(법 제25조 제3항).

정답 ①

072 학교 안에 설치된 학교급식시설의 위생 · 안전관리기준 이행여부의 확인은 연 몇 회 이상 실시해야 하는가?

① 1회
② 2회
③ 3회
④ 4회

해설

학교 안에 설치된 학교급식시설에 대한 출입 · 검사(시행규칙 제8조 제1항)

- 식재료 품질관리기준, 영양관리기준 및 준수사항 이행여부의 확인 · 지도 : 연 1회 이상 실시하되, 위생 · 안전관리기준 이행여부의 확인 · 지도 시 함께 실시할 수 있음
- 위생 · 안전관리기준 이행여부의 확인 · 지도 : 연 2회 이상

정답 ②

073 학교급식의 위생 · 안전관리기준 중 개인위생 및 작업위생에 대한 설명으로 옳지 않은 것은?

① 식품 취급 등의 작업은 바닥으로부터 60cm 이상의 높이에서 실시하여 식품의 오염이 방지되어야 한다.
② 해동은 냉장해동(10℃ 이하), 전자레인지 해동 또는 흐르는 물(21℃ 이하)에서 실시하여야 한다.
③ 가열조리 식품은 중심부가 60℃(패류는 80℃) 이상에서 1분 이상으로 가열되고 있는지 온도계로 확인하고, 그 온도를 기록 · 유지하여야 한다.
④ 식품 취급 및 조리작업자는 6개월에 1회 건강진단을 실시하고, 그 기록을 2년간 보관하여야 한다.

해설

③ 가열조리 식품은 중심부가 75℃(패류는 85℃) 이상에서 1분 이상으로 가열되고 있는지 온도계로 확인하고, 그 온도를 기록 · 유지하여야 한다(시행규칙 별표 4).

정답 ③

더 알아보기

학교급식의 위생 · 안전관리기준(시행규칙 별표 4)

시설관리	• 급식시설 · 설비, 기구 등에 대한 청소 및 소독계획을 수립 · 시행하여 항상 청결하게 관리하여야 한다. • 냉장 · 냉동고의 온도, 식기세척기의 최종 헹굼수 온도 또는 식기소독보관고의 온도를 기록 · 관리하여야 한다. • 급식용수로 수돗물이 아닌 지하수를 사용하는 경우 소독 또는 살균하여 사용하여야 한다.
개인위생	• 식품 취급 및 조리작업자는 6개월에 1회 건강진단을 실시하고, 그 기록을 2년간 보관하여야 한다. 다만, 폐결핵검사는 연 1회 실시할 수 있다. • 손을 잘 씻어 손에 의한 오염이 일어나지 않도록 하여야 한다. 다만, 손 소독은 필요시 실시할 수 있다.
식재료 관리	• 잠재적으로 위험한 식품 여부를 고려하여 식단을 계획하고, 공정관리를 철저히 하여야 한다. • 식재료 검수 시 「학교급식 식재료의 품질관리기준」에 적합한 품질 및 신선도와 수량, 위생상태 등을 확인하여 기록하여야 한다.
작업위생	• 칼과 도마, 고무장갑 등 조리기구 및 용기는 원료나 조리과정에서 교차오염을 방지하기 위하여 용도별로 구분하여 사용하고 수시로 세척 · 소독하여야 한다. • 식품 취급 등의 작업은 바닥으로부터 60cm 이상의 높이에서 실시하여 식품의 오염이 방지되어야 한다. • 조리가 완료된 식품과 세척 · 소독된 배식기구 · 용기 등은 교차오염의 우려가 있는 기구 · 용기 또는 원재료 등과 접촉에 의해 오염되지 않도록 관리하여야 한다. • 해동은 냉장해동(10℃ 이하), 전자레인지 해동 또는 흐르는 물(21℃ 이하)에서 실시하여야 한다. • 해동된 식품은 즉시 사용하여야 한다. • 날로 먹는 채소류, 과일류는 충분히 세척 · 소독하여야 한다. • 가열조리 식품은 중심부가 75℃(패류는 85℃) 이상에서 1분 이상으로 가열되고 있는지 온도계로 확인하고, 그 온도를 기록 · 유지하여야 한다. • 조리가 완료된 식품은 온도와 시간관리를 통하여 미생물 증식이나 독소 생성을 억제하여야 한다.
배식 및 검식	• 조리된 음식은 안전한 급식을 위하여 운반 및 배식기구 등을 청결히 관리하여야 하며, 배식 중에 운반 및 배식기구 등으로 인하여 오염이 일어나지 않도록 조치하여야 한다. • 급식실 외의 장소로 운반하여 배식하는 경우 배식용 운반기구 및 운송차량 등을 청결히 관리하여 배식 시까지 식품이 오염되지 않도록 하여야 한다. • 조리된 식품에 대하여 배식하기 직전에 음식의 맛, 온도, 조화(영양적인 균형, 재료의 균형), 이물(異物), 불쾌한 냄새, 조리상태 등을 확인하기 위한 검식을 실시하여야 한다. • 급식시설에서 조리한 식품은 온도관리를 하지 아니하는 경우에는 조리 후 2시간 이내에 배식을 마쳐야 한다. • 조리된 식품은 매회 1인분 분량을 섭씨 영하 18도 이하에서 144시간 이상 보관해야 한다.
세척 및 소독 등	• 식기구는 세척 · 소독 후 배식 전까지 위생적으로 보관 · 관리하여야 한다. • 「감염병의 예방 및 관리에 관한 법률」 시행령 제24조에 따라 급식시설에 대하여 소독을 실시하고 소독필증을 비치하여야 한다.
안전관리	• 관계 규정에 따른 정기안전검사[가스 · 소방 · 전기안전, 보일러 · 압력용기 · 덤웨이터(dumbwaiter)검사 등]를 실시하여야 한다. • 조리기계 · 기구의 안전사고 예방을 위하여 안전작동방법을 게시하고 교육을 실시하며, 관리책임자를 지정, 그 표시를 부착하고 철저히 관리하여야 한다. • 조리장 바닥은 안전사고 방지를 위하여 미끄럽지 않게 관리하여야 한다.
기타	이 기준에서 정하지 않은 사항에 대해서는 식품위생법령의 위생 · 안전관련 기준에 따른다.

05 학교보건법

074 「학교보건법」 시행령상 보건교사의 직무내용으로 보기 어려운 것은?

① 신체가 허약한 학생에 대한 보건지도
② 학교환경위생의 유지 · 관리 및 개선에 관한 사항
③ 학생 및 교직원의 건강진단과 건강평가
④ 각종 질병의 예방처치 및 보건지도

해설

학생 및 교직원의 건강진단과 건강평가는 '학교의사'의 직무이다.

보건교사의 직무(시행령 제23조 제4항 제3호)

① 학교보건계획의 수립
② 학교환경위생의 유지 · 관리 및 개선에 관한 사항
③ 학생과 교직원에 대한 건강진단의 준비와 실시에 관한 협조
④ 각종 질병의 예방처치 및 보건지도
⑤ 학생과 교직원의 건강관찰과 학교의사의 건강상담, 건강평가 등의 실시에 관한 협조
⑥ 신체가 허약한 학생에 대한 보건지도
⑦ 보건지도를 위한 학생 가정 방문
⑧ 교사의 보건교육 협조와 필요시의 보건교육
⑨ 보건실의 시설 · 설비 및 약품 등의 관리
⑩ 보건교육자료의 수집 · 관리
⑪ 학생건강기록부의 관리
⑫ 다음의 의료행위(간호사 면허를 가진 사람만 해당)
  ㉠ 외상 등 흔히 볼 수 있는 환자의 치료
  ㉡ 응급을 요하는 자에 대한 응급처치
  ㉢ 부상과 질병의 악화를 방지하기 위한 처치
  ㉣ 건강진단 결과 발견된 질병자의 요양지도 및 관리
  ㉤ ㉠~㉣의 의료행위에 따르는 의약품 투여
⑬ 그 밖에 학교의 보건 관리

정답 ③

075 학교 시설에서의 공기 질 등의 유지기준으로 옳지 않은 것은?

① 이산화탄소 – 교사 및 급식시설 – 1,000ppm
② 라돈 – 기숙사(건축 후 3년이 지나지 않은 기숙사로 한정), 1층 및 지하의 교사 – 148Bq/m^3
③ 오존 – 교무실 및 행정실 – 0.05ppm
④ 진드기 – 보건실 – 100마리/m^2

해설

공기 질 등의 유지 · 관리기준(시행규칙 별표 4의2)

오염물질 항목	기준(이하)	적용 시설	비고
미세먼지	35㎍/m^3	교사 및 급식시설	직경 2.5㎛ 이하 먼지
	75㎍/m^3	교사 및 급식시설	직경 10㎛ 이하 먼지
	150㎍/m^3	체육관 및 강당	직경 10㎛ 이하 먼지
이산화탄소	1,000ppm	교사 및 급식시설	해당 교사 및 급식시설이 기계 환기장치를 이용하여 주된 환기를 하는 경우 1,500ppm 이하
폼알데하이드	80㎍/m^3	교사, 기숙사(건축 후 3년이 지나지 않은 기숙사로 한정한다) 및 급식시설	건축에는 증축 및 개축 포함
총부유세균	800CFU/m^3	교사 및 급식시설	
낙하세균	10CFU/실	보건실 및 급식시설	
일산화탄소	10ppm	개별 난방 교실 및 도로변 교실	난방 교실은 직접 연소 방식의 난방 교실로 한정
이산화질소	0.05ppm	개별 난방 교실 및 도로변 교실	난방 교실은 직접 연소 방식의 난방 교실로 한정
라돈	148Bq/m^3	기숙사(건축 후 3년이 지나지 않은 기숙사로 한정한다), 1층 및 지하의 교사	건축에는 증축 및 개축 포함
총휘발성유기화합물	400㎍/m^3	건축한 때부터 3년이 경과되지 아니한 학교	건축에는 증축 및 개축 포함
석면	0.01개/cc	「석면안전관리법」 제22조 제1항 후단에 따른 석면건축물에 해당하는 학교	
오존	0.06ppm	교무실 및 행정실	적용 시설 내에 오존을 발생시키는 사무기기(복사기 등)가 있는 경우로 한정
진드기	100마리/m^2	보건실	
벤젠	30㎍/m^3	건축 후 3년이 지나지 않은 기숙사	건축에는 증축 및 개축 포함
톨루엔	1,000㎍/m^3	건축 후 3년이 지나지 않은 기숙사	건축에는 증축 및 개축 포함
에틸벤젠	360㎍/m^3	건축 후 3년이 지나지 않은 기숙사	건축에는 증축 및 개축 포함
자일렌	700㎍/m^3	건축 후 3년이 지나지 않은 기숙사	건축에는 증축 및 개축 포함
스티렌	300㎍/m^3	건축 후 3년이 지나지 않은 기숙사	건축에는 증축 및 개축 포함

정답 ③

076 **학교보건에 대한 설명으로 옳지 않은 것은?**

① 절대보호구역은 학교출입문으로부터 직선거리로 50m까지를 말한다.
② 학교의 장은 건강검사의 결과나 의사의 진단 결과 감염병에 감염되었거나 감염된 것으로 의심되거나 감염될 우려가 있는 학생 및 교직원에 대하여 대통령령으로 정하는 바에 따라 등교를 중지시킬 수 있다.
③ 교실의 조명도는 책상면을 기준으로 300lx 이상이 되어야 하고, 최대조도와 최소조도의 비율이 3:1을 넘지 않도록 해야 한다.
④ 교사 내 소음은 65dB(A) 이하가 되어야 한다.

해설

④ 교사 내의 소음은 55dB(A) 이하로 해야 한다(시행규칙 별표 4).
①「교육환경 보호에 관한 법률」 제8조 제1항 제1호
②「학교보건법」 제8조 제1항
③「학교보건법」 시행규칙 별표 2

정답 ④

077 **학교보건에 관한 설명으로 옳지 않은 것은?**

① 학교의 장은 감염병 환자에 대하여 등교중지를 명할 수 있다.
② 학교의 장이 등교중지를 명할 때에는 그 사유와 기간을 구체적으로 밝혀야 하며, 그 기간을 단축할 수는 없다.
③ 보건교사가 간호사 면허를 가진 경우에는 그 보건교사로 하여금 학생들에게 예방접종을 하게 할 수 있다.
④ 초등학교의 장은 학생들이 새로 입학한 날부터 90일 이내에 학생들의 예방접종 완료여부를 확인하여야 한다.

해설

② 학교의 장이 등교중지를 명할 때에는 그 사유와 기간을 구체적으로 밝혀야 한다. 다만, 질환증세 또는 질병유행의 양상에 따라 필요한 경우에는 그 기간을 단축하거나 연장할 수 있다(시행령 제22조 제2항).

① 학교의 장은 건강검사의 결과나 의사의 진단 결과 감염병에 감염되었거나 감염된 것으로 의심되거나 감염될 우려가 있는 학생 및 교직원에 대하여 대통령령으로 정하는 바에 따라 등교를 중지시킬 수 있다(법 제8조 제1항).

③ 시장 · 군수 또는 구청장이 「감염병의 예방 및 관리에 관한 법률」에 따라 학교의 학생 또는 교직원에게 감염병의 필수 또는 임시 예방접종을 할 때에는 그 학교의 학교의사 또는 보건교사(간호사 면허를 가진 보건교사로 한정)를 접종요원으로 위촉하여 그들로 하여금 접종하게 할 수 있다(법 제14조의2).

④ 초등학교와 중학교의 장은 학생이 새로 입학한 날부터 90일 이내에 시장 · 군수 또는 구청장에게 「감염병의 예방 및 관리에 관한 법률」에 따른 예방접종증명서를 발급받아 같은 법에 따른 예방접종을 모두 받았는지를 검사한 후 이를 교육정보시스템에 기록하여야 한다(법 제10조 제1항).

정답 ②

078 학교환경 위생관리에 대한 설명 중 옳은 것은?

① 화장실의 내부 및 외부는 주 2회 이상 소독을 실시해야 한다.

② 실내온도는 18℃ 이상 28℃ 이하로 하되, 난방온도는 18℃ 이상 20℃ 이하, 냉방온도는 26℃ 이상 28℃ 이하로 한다. 또한 비교습도는 50% 이상 70% 이하로 한다.

③ 체육장 등의 학교시설에 설치하는 인조잔디 및 탄성포장재는 「산업표준화법」에 따른 인증을 받은 제품을 사용해야 한다.

④ 환기용 창 등을 수시로 개방하거나 기계식 환기설비를 수시로 가동하여 1인당 환기량이 시간당 21.8m^3 이상이 되도록 해야 한다.

해설

③ 유해중금속 등 유해물질의 예방 및 관리기준(시행규칙 별표 2의2)

① 악취의 발산과 쥐 및 파리 · 모기 등 해로운 벌레의 발생 · 번식을 방지하도록 화장실의 내부 및 외부를 4월부터 9월까지는 주 3회 이상, 10월부터 다음 해 3월까지는 주 1회 이상 소독을 실시해야 한다(시행규칙 별표 3).

② 실내온도는 18℃ 이상 28℃ 이하로 하되, 난방온도는 18℃ 이상 20℃ 이하, 냉방온도는 26℃ 이상 28℃ 이하로 한다. 또한 비교습도는 30% 이상 80% 이하로 한다(시행규칙 별표 2).

④ 환기용 창 등을 수시로 개방하거나 기계식 환기설비를 수시로 가동하여 1인당 환기량이 시간당 21.6m^3 이상이 되도록 해야 한다(시행규칙 별표2).

정답 ③

079 다음 중 「학교보건법」의 내용으로 틀린 것은?

① 기본계획 및 학교보건의 중요시책을 심의하기 위하여 교육감 소속으로 시 · 도학교보건위원회를 둔다.

② 시 · 도학교보건위원회는 학교의 보건에 경험이 있는 10명 이내의 위원으로 구성한다.

③ 보건교사를 두는 경우 대통령령으로 정하는 일정 규모 이상의 학교에는 2명 이상의 보건교사를 두어야 한다.

④ 보건교사 등이 생명이 위급한 학생에게 응급처치를 제공하여 발생한 재산상 손해와 사상(死傷)에 대하여 고의 또는 중대한 과실이 없는 경우 해당 보건교사 등은 민사책임과 상해(傷害)에 대한 형사책임을 지지 아니하며 사망에 대한 형사책임은 감경하거나 면제할 수 있다.

해설

② 시 · 도학교보건위원회는 학교의 보건에 경험이 있는 15명 이내의 위원으로 구성한다(법 제17조 제2항).
① 법 제17조 제1항
③ 법 제15조 제3항
④ 법 제15조의2 제2항

정답 ②

080 「학교보건법」상 먹는 물의 관리 등 식품위생에 관한 기준에 대한 설명으로 옳지 않은 것은?

① 급수설비 및 급수관은 소독 등 위생조치, 수질검사 및 세척 등 조치를 실시하여야 한다.

② 상수도 또는 마을상수도에 의하여 먹는 물을 공급하는 경우에는 저수조를 경유하고 직접 수도꼭지에 연결하여 공급하여야 한다.

③ 지하수 등에 의하여 먹는 물을 공급하는 경우에는 저수조 등의 시설을 경유하여야 한다.

④ 지하수 등을 먹는 물로 사용하는 경우에는 원수의 수질 안정성 확보를 위하여 필요시 정수 또는 소독 등의 조치를 하여야 한다.

해설

② 상수도 또는 마을상수도에 의하여 먹는 물을 공급하는 경우에는 저수조를 경유하지 아니하고 직접 수도꼭지에 연결하여 공급하여야 한다. 다만, 직접 수도꼭지에 연결하기가 곤란한 경우에는 제외한다(시행규칙 별표 5).

정답 ②

조리직 공무원 한권합격

별표 정리

꼭 알아두어야 할 위생관계법규

01 식품위생법 [별표 1, 14, 17, 19, 24]

02 국민건강증진법 [별표 1의2]

03 학교급식법 [별표 1, 2, 3, 4]

04 학교보건법 [별표 2, 3, 4, 4의2, 5, 6, 9]

다음은 위생관계법규 시험에 자주 출제되는 시행규칙의 [별표]를 선별하여 수록한 것입니다. 관련 조항의 내용과 함께 반복하여 이해 · 정리하시기 바랍니다.

01 식품위생법 시행규칙 [별표 1] 〈개정 2022.7.28.〉

식품 등의 위생적인 취급에 관한 기준(시행규칙 제2조 관련)

1. 식품 또는 식품첨가물을 제조 · 가공 · 사용 · 조리 · 저장 · 소분 · 운반 또는 진열할 때에는 이물이 혼입되거나 병원성 미생물 등으로 오염되지 않도록 위생적으로 취급해야 한다.
2. 식품 등을 취급하는 원료보관실 · 제조가공실 · 조리실 · 포장실 등의 내부는 항상 청결하게 관리하여야 한다.
3. 식품 등의 원료 및 제품 중 부패 · 변질이 되기 쉬운 것은 냉동 · 냉장시설에 보관 · 관리하여야 한다.
4. 식품 등의 보관 · 운반 · 진열 시에는 식품 등의 기준 및 규격이 정하고 있는 보존 및 유통기준에 적합하도록 관리하여야 하고, 이 경우 냉동 · 냉장시설 및 운반시설은 항상 정상적으로 작동시켜야 한다.
5. 식품 등의 제조 · 가공 · 조리 또는 포장에 직접 종사하는 사람은 위생모 및 마스크를 착용하는 등 개인위생관리를 철저히 하여야 한다.
6. 제조 · 가공(수입품을 포함한다)하여 최소판매 단위로 포장(위생상 위해가 발생할 우려가 없도록 포장되고, 제품의 용기 · 포장에 「식품 등의 표시 · 광고에 관한 법률」 제4조 제1항에 적합한 표시가 되어 있는 것을 말한다)된 식품 또는 식품첨가물을 허가를 받지 아니하거나 신고를 하지 아니하고 판매의 목적으로 포장을 뜯어 분할하여 판매하여서는 아니 된다. 다만, 컵라면, 일회용 다류, 그 밖의 음식류에 뜨거운 물을 부어주거나, 호빵 등을 따뜻하게 데워 판매하기 위하여 분할하는 경우는 제외한다.
7. 식품 등의 제조 · 가공 · 조리에 직접 사용되는 기계 · 기구 및 음식기는 사용 후에 세척 · 살균하는 등 항상 청결하게 유지 · 관리하여야 하며, 어류 · 육류 · 채소류를 취급하는 칼 · 도마는 각각 구분하여 사용하여야 한다.
8. 소비기한이 경과된 식품 등을 판매하거나 판매의 목적으로 진열 · 보관하여서는 아니 된다.

02 식품위생법 시행규칙 [별표 14] 〈개정 2023.5.19.〉

업종별 시설기준(시행규칙 제36조 관련)

1. 식품제조 · 가공업의 시설기준
   - 가. 식품의 제조시설과 원료 및 제품의 보관시설 등이 설비된 건축물(이하 "건물"이라 한다)의 위치 등
     - 1) 건물의 위치는 축산폐수 · 화학물질, 그 밖에 오염물질의 발생시설로부터 식품에 나쁜 영향을 주지 아니하는 거리를 두어야 한다.
     - 2) 건물의 구조는 제조하려는 식품의 특성에 따라 적정한 온도가 유지될 수 있고, 환기가 잘 될 수 있어야 한다.

3) 건물의 자재는 식품에 나쁜 영향을 주지 아니하고 식품을 오염시키지 아니하는 것이어야 한다.

나. 작업장

1) 작업장은 독립된 건물이거나 식품제조 · 가공 외의 용도로 사용되는 시설과 분리(별도의 방을 분리함에 있어 벽이나 층 등으로 구분하는 경우를 말한다. 이하 같다)되어야 한다.

2) 작업장은 원료처리실 · 제조가공실 · 포장실 및 그 밖에 식품의 제조 · 가공에 필요한 작업실을 말하며, 각각의 시설은 분리 또는 구획(칸막이 · 커튼 등으로 구분하는 경우를 말한다. 이하 같다)되어야 한다. 다만, 제조공정의 자동화 또는 시설 · 제품의 특수성으로 인하여 분리 또는 구획할 필요가 없다고 인정되는 경우로서 각각의 시설이 서로 구분(선 · 줄 등으로 구분하는 경우를 말한다. 이하 같다)될 수 있는 경우에는 그러하지 아니하다.

3) 작업장의 바닥 · 내벽 및 천장 등은 다음과 같은 구조로 설비되어야 한다.

가) 바닥은 콘크리트 등으로 내수처리를 하여야 하며, 배수가 잘 되도록 하여야 한다.

나) 내벽은 바닥으로부터 1.5미터까지 밝은 색의 내수성으로 설비하거나 세균방지용 페인트로 도색하여야 한다. 다만, 물을 사용하지 않고 위생상 위해발생의 우려가 없는 경우에는 그러하지 아니하다.

다) 작업장의 내부 구조물, 벽, 바닥, 천장, 출입문, 창문 등은 내구성, 내부식성 등을 가지고, 세척 · 소독이 용이하여야 한다.

4) 작업장 안에서 발생하는 악취 · 유해가스 · 매연 · 증기 등을 환기시키기에 충분한 환기시설을 갖추어야 한다.

5) 작업장은 외부의 오염물질이나 해충, 설치류, 빗물 등의 유입을 차단할 수 있는 구조이어야 한다.

6) 작업장은 폐기물 · 폐수 처리시설과 격리된 장소에 설치하여야 한다.

다. 식품취급시설 등

1) 식품을 제조 · 가공하는데 필요한 기계 · 기구류 등 식품취급시설은 식품의 특성에 따라 식품의약품안전처장이 고시하는 식품 등의 기준 및 규격(이하 "식품 등의 기준 및 규격"이라 한다)에서 정하고 있는 제조 · 가공기준에 적합한 것이어야 한다.

2) 식품취급시설 중 식품과 직접 접촉하는 부분은 위생적인 내수성재질[스테인레스 · 알루미늄 · 강화플라스틱(FRP) · 테프론 등 물을 흡수하지 아니하는 것을 말한다. 이하 같다]로서 씻기 쉬운 것이거나 위생적인 목재로서 씻는 것이 가능한 것이어야 하며, 열탕 · 증기 · 살균제 등으로 소독 · 살균이 가능한 것이어야 한다.

3) 냉동 · 냉장시설 및 가열처리시설에는 온도계 또는 온도를 측정할 수 있는 계기를 설치하여야 한다.

라. 급수시설

1) 수돗물이나 「먹는물관리법」 제5조에 따른 먹는 물의 수질기준에 적합한 지하수 등을 공급할 수 있는 시설을 갖추어야 한다.

2) 지하수 등을 사용하는 경우 취수원은 화장실 · 폐기물처리시설 · 동물사육장, 그 밖에 지하수가 오염될 우려가 있는 장소로부터 영향을 받지 아니하는 곳에 위치하여야 한다.

3) 먹기에 적합하지 않은 용수는 교차 또는 합류되지 않아야 한다.

마. 화장실

1) 작업장에 영향을 미치지 아니하는 곳에 정화조를 갖춘 수세식화장실을 설치하여야 한다. 다만, 인근에 사용하기 편리한 화장실이 있는 경우에는 화장실을 따로 설치하지 아니할 수 있다.

2) 화장실은 콘크리트 등으로 내수처리를 하여야 하고, 바닥과 내벽(바닥으로부터 1.5미터까지)에는 타일을 붙이거나 방수페인트로 색칠하여야 한다.

바. 창고 등의 시설

1) 원료와 제품을 위생적으로 보관 · 관리할 수 있는 창고를 갖춰야 한다. 다만, 다음의 어느 하나에 해당하는 경우에는 창고를 갖추지 않을 수 있다.

가) 창고에 갈음할 수 있는 냉동 · 냉장시설을 따로 갖춘 경우

나) 같은 영업자가 다음의 어느 하나에 해당하는 영업을 하면서 해당 영업소의 창고 등 시설을 공동으로 이용하는 경우

(1) 영 제21조 제3호에 따른 식품첨가물제조업

(2)「약사법」제31조 제1항에 따른 의약품제조업 또는 같은 조 제4항에 따른 의약외품제조업

(3)「축산물 위생관리법」제21조 제1항 제3호에 따른 축산물가공업

(4)「건강기능식품에 관한 법률 시행령」제2조 제1호 가목에 따른 건강기능식품전문제조업

2) 창고의 바닥에는 양탄자를 설치하여서는 아니 된다.

사. 검사실

1) 식품 등의 기준 및 규격을 검사할 수 있는 검사실을 갖추어야 한다. 다만, 다음 각 호의 어느 하나에 해당하는 경우에는 이를 갖추지 아니할 수 있다.

가) 법 제31조 제2항에 따라「식품 · 의약품분야 시험 · 검사 등에 관한 법률」제6조 제3항 제2호에 따른 자가품질위탁 시험 · 검사기관 등에 위탁하여 자가품질검사를 하려는 경우

나) 같은 영업자가 다른 장소에 영업신고한 같은 업종의 영업소에 검사실을 갖추고 그 검사실에서 법 제31조 제1항에 따른 자가품질검사를 하려는 경우

다) 같은 영업자가 설립한 식품 관련 연구 · 검사기관에서 자사 제품에 대하여 법 제31조 제1항에 따른 자가품질검사를 하려는 경우

라)「독점규제 및 공정거래에 관한 법률」제2조 제2호에 따른 기업집단에 속하는 식품관련 연구 · 검사기관 또는 같은 조 제3호에 따른 계열회사가 영업신고한 같은 업종의 영업소의 검사실에서 법 제31조 제1항에 따른 자가품질검사를 하려는 경우

마) 같은 영업자, 동일한 기업집단(「독점규제 및 공정거래에 관한 법률」제2조 제2호에 따른 기업집단을 말한다)에 속하는 식품관련 연구 · 검사기관 또는 영업자의 계열회사(같은 법 제2조 제3호에 따른 계열회사를 말한다)가 영 제21조 제3호에 따른 식품첨가물제조업,「축산물 위생관리법」제21조 제1항 제3호에 따른 축산물가공업,「건강기능식품에 관한 법률 시행령」제2조 제1호 가목에 따른 건강기능식품전문제조업,「약사법」제2조 제4호 · 제7호에 따른 의약품 · 의약외품의 제조업,「화장품법」제2조 제10호에 따른 화장품제조업,「위생용품 관리법」제2조 제2호에 따른 위생용품제조업을 하면서 해당 영업소에 검사실 또는 시험실을 갖추고 법 제31조 제1항에 따른 자가품질검사를 하려는 경우

2) 검사실을 갖추는 경우에는 자가품질검사에 필요한 기계 · 기구 및 시약류를 갖추어야 한다.

아. 운반시설

식품을 운반하기 위한 차량, 운반도구 및 용기를 갖춘 경우 식품과 직접 접촉하는 부분의 재질은 인체에 무해하며 내수성 · 내부식성을 갖추어야 한다.

자. 시설기준 적용의 특례

1) 선박에서 수산물을 제조 · 가공하는 경우에는 다음의 시설만 설비할 수 있다.

가) 작업장

작업장에서 발생하는 악취 · 유해가스 · 매연 · 증기 등을 환기시키는 시설을 갖추어야 한다.

나) 창고 등의 시설 등

냉동 · 냉장시설을 갖추어야 한다.

다) 화장실

수세식 화장실을 두어야 한다.

2) 식품제조 · 가공업자가 제조 · 가공시설 등이 부족한 경우에는 다음의 어느 하나에 해당하는 영업자에게 위탁하여 식품을 제조 · 가공할 수 있다.

가) 영 제21조 제1호에 따른 식품제조 · 가공업의 영업자

나) 영 제21조 제2호에 따른 즉석판매제조 · 가공업의 영업자

다) 영 제21조 제3호에 따른 식품첨가물제조업의 영업자

라) 「축산물 위생관리법」 제21조 제1항 제3호에 따른 축산물가공업의 영업자

마) 「건강기능식품에 관한 법률 시행령」 제2조 제1호 가목에 따른 건강기능식품전문제조업의 영업자

3) 하나의 업소가 둘 이상의 업종의 영업을 할 경우 또는 둘 이상의 식품을 제조 · 가공하고자 할 경우로서 각각의 제품이 전부 또는 일부의 동일한 공정을 거쳐 생산되는 경우에는 그 공정에 사용되는 시설 및 작업장을 함께 쓸 수 있다. 이 경우 「축산물 위생관리법」 제22조에 따라 축산물가공업의 허가를 받은 업소, 「먹는물관리법」 제21조에 따라 먹는샘물제조업의 허가를 받은 업소, 「주세법」 제6조에 따라 주류제조의 면허를 받아 주류를 제조하는 업소 및 「건강기능식품에 관한 법률」 제5조에 따라 건강기능식품제조업의 허가를 받은 업소 및 「양곡관리법」 제19조에 따라 양곡가공업 등록을 한 업소의 시설 및 작업장도 또한 같다.

4) 「농업 · 농촌 및 식품산업 기본법」 제3조 제2호에 따른 농업인, 같은 조 제4호에 따른 생산자단체, 「수산업 · 어촌 발전 기본법」 제3조 제2호에 따른 수산인, 같은 조 제3호에 따른 어업인, 같은 조 제5호에 따른 생산자단체, 「농어업경영체 육성 및 지원에 관한 법률」 제16조에 따른 영농조합법인 · 영어조합법인 또는 같은 법 제19조에 따른 농업회사법인 · 어업회사법인이 국내산 농산물과 수산물을 주된 원료로 식품을 직접 제조 · 가공하는 영업과 「전통시장 및 상점가 육성을 위한 특별법」 제2조 제1호에 따른 전통시장에서 식품을 제조 · 가공하는 영업에 대해서는 특별자치도지사 · 시장 · 군수 · 구청장은 그 시설기준을 따로 정할 수 있다.

5) 식품제조 · 가공업을 함께 영위하려는 의약품제조업자 또는 의약외품제조업자는 제조하는 의약품 또는 의약외품 중 내복용 제제가 식품에 전이될 우려가 없다고 식품의약품안전처장이 인정하는 경우에는 해당 의약품 또는 의약외품 제조시설을 식품제조 · 가공시설로 이용할 수 있다. 이 경우 식품제조 · 가공시설로 이용할 수 있는 기준 및 방법 등 세부사항은 식품의약품안전처장이 정하여 고시한다.

6) 「곤충산업의 육성 및 지원에 관한 법률」 제2조 제3호에 따른 곤충농가가 곤충을 주된 원료로 하여 식품을 제조 · 가공하는 영업을 하려는 경우 특별자치시장 · 특별자치도지사 · 시장 · 군수 · 구청장은 그 시설기준을 따로 정할 수 있다.

7) 식품제조 · 가공업자가 바목1)에 따른 창고의 용량이 부족하여 생산한 반제품을 보관할 수 없는 경우에는 영업등록을 한 영업소의 소재지와 다른 곳에 설치하거나 임차한 창고에 일시적으로 보관할 수 있다.

8) 공유주방 운영업의 시설을 사용하는 경우에는 제10호의 공유주방 운영업의 시설기준에 따른다.

2. 즉석판매제조 · 가공업의 시설기준

가. 건물의 위치 등

1) 독립된 건물이거나 즉석판매제조 · 가공 외의 용도로 사용되는 시설과 분리 또는 구획되어야 한다. 다만, 백화점 등 식품을 전문으로 취급하는 일정 장소(식당가 · 식품매장 등을 말한다) 또는 일반음식점 · 휴게음식점 · 제과점 영업장과 직접 접한 장소에서 즉석판매제조 · 가공업의 영업을 하려는 경우, 「축산물 위생관리법」 제21조 제7호 가목에 따른 식육판매업소에서 식육을 이용하여 즉석판매제조 · 가공업의 영업을 하려는 경우 및 「건강기능식품에 관한 법률 시행령」 제2조 제3호 가목에 따른 건강기능식품일반판매업소에서 즉석판매제조 · 가공업의 영업을 하려는 경우로서 식품위생상 위해발생의 우려가 없다고 인정되는 경우에는 그러하지 아니하다.

2) 건물의 위치 · 구조 및 자재에 관하여는 1. 식품제조 · 가공업의 시설기준 중 가. 건물의 위치 등의 관련 규정을 준용한다.

나. 작업장

1) 식품을 제조 · 가공할 수 있는 기계 · 기구류 등이 설치된 제조 · 가공실을 두어야 한다. 다만, 식품제조 · 가공업 영업자가 제조 · 가공한 식품 또는 「수입식품안전관리 특별법」 제15조 제1항에 따라 등록한 수입식품 등 수입 · 판매업 영업자가 수입 · 판매한 식품을 소비자가 원하는 만큼 덜어서 판매하는 것만 하고, 식품의 제조 · 가공은 하지 아니하는 영업자인 경우에는 제조 · 가공실을 두지 아니할 수 있다.

2) 제조가공실의 시설 등에 관하여는 1. 식품제조 · 가공업의 시설기준 중 나. 작업장의 관련규정을 준용한다.

다. 식품취급시설 등

식품취급시설 등에 관하여는 1. 식품제조 · 가공업의 시설기준 중 다. 식품취급시설 등의 관련규정을 준용한다.

라. 급수시설

급수시설은 1. 식품제조 · 가공업의 시설기준 중 라. 급수시설의 관련 규정을 준용한다. 다만, 인근에 수돗물이나 「먹는물관리법」 제5조에 따른 먹는물 수질기준에 적합한 지하수 등을 공급할 수 있는 시설이 있는 경우에는 이를 설치하지 아니할 수 있다.

마. 판매시설

식품을 위생적으로 유지 · 보관할 수 있는 진열 · 판매시설을 갖추어야 한다. 다만, 신고관청은 즉석판매제조 · 가공업의 영업자가 제조 · 가공하는 식품의 형태 및 판매 방식 등을 고려해 진열 · 판매의 필요성 및 식품위생에의 위해성이 모두 없다고 인정하는 경우에는 진열 · 판매시설의 설치를 생략하게 할 수 있다.

바. 화장실

1) 화장실을 작업장에 영향을 미치지 아니하는 곳에 설치하여야 한다.

2) 정화조를 갖춘 수세식 화장실을 설치하여야 한다. 다만, 상 · 하수도가 설치되지 아니한 지역에서는 수세식이 아닌 화장실을 설치할 수 있다.

3) 2)단서에 따라 수세식이 아닌 화장실을 설치하는 경우에는 변기의 뚜껑과 환기시설을 갖추어야 한다.

4) 공동화장실이 설치된 건물 안에 있는 업소 및 인근에 사용이 편리한 화장실이 있는 경우에는 따로 설치하지 아니할 수 있다.

사. 시설기준 적용의 특례

1) 「전통시장 및 상점가 육성을 위한 특별법」 제2조 제1호에 따른 전통시장 또는 「관광진흥법 시행령」 제2조 제1항 제5호 가목에 따른 종합유원시설업의 시설 안에서 이동판매형태의 즉석판매제조 · 가공업을 하려는 경우에는 특별자치시장 · 특별자치도지사 · 시장 · 군수 · 구청장이 그 시설기준을 따로 정할 수 있다.

2) 「도시와 농어촌 간의 교류촉진에 관한 법률」 제10조에 따라 농어촌체험 · 휴양마을사업자가 지역 농 · 수 · 축산물을 주재료로 이용한 식품을 제조 · 판매 · 가공하는 경우에는 특별자치시장 · 특별자치도지사 · 시장 · 군수 · 구청장이 그 시설기준을 따로 정할 수 있다.

3) 지방자치단체의 장이 주최 · 주관 또는 후원하는 지역행사 등에서 즉석판매제조 · 가공업을 하려는 경우에는 특별자치시장 · 특별자치도지사 · 시장 · 군수 · 구청장이 그 시설기준을 따로 정할 수 있다.

4) 지방자치단체 및 농림축산식품부장관이 인정한 생산자단체 등에서 국내산 농 · 수 · 축산물을 주재료로 이용한 식품을 제조 · 판매 · 가공하는 경우에는 특별자치시장 · 특별자치도지사 · 시장 · 군수 · 구청장이 그 시설기준을 따로 정할 수 있다.

5) 「전시산업발전법」 제2조 제4호에 따른 전시시설 또는 「국제회의산업 육성에 관한 법률」 제2조 제3호에 따른 국제회의시설에서 즉석판매제조 · 가공업을 하려는 경우에는 특별자치시장 · 특별자치도지사 · 시장 · 군수 · 구청장이 그 시설기준을 따로 정할 수 있다.

6) 그 밖에 특별자치시장 · 특별자치도지사 · 시장 · 군수 · 구청장이 별도로 지정하는 장소에서 즉석판매제조 · 가공업을 하려는 경우에는 특별자치시장 · 특별자치도지사 · 시장 · 군수 · 구청장이 그 시설기준을 따로 정할 수 있다.

7) 공유주방 운영업의 시설을 사용하는 경우에는 제10호의 공유주방 운영업의 시설기준에 따른다.

아. 삭제 〈2017.12.29.〉

자. 삭제 〈2017.12.29.〉

3. 식품첨가물제조업의 시설기준

식품제조 · 가공업의 시설기준을 준용한다. 다만, 건물의 위치 · 구조 및 작업장에 대하여는 신고관청이 위생상 위해발생의 우려가 없다고 인정하는 경우에는 그러하지 아니하다.

4. 식품운반업의 시설기준

가. 운반시설

1) 냉동 또는 냉장시설을 갖춘 적재고(積載庫)가 설치된 운반 차량 또는 선박이 있어야 한다. 다만, 다음의 어느 하나에 해당하는 경우에는 냉동 또는 냉장시설을 갖춘 적재고를 갖추지 않을 수 있다.

가) 어패류에 식용얼음을 넣어 운반하는 경우

나) 냉동 또는 냉장시설이 필요 없는 식품만을 취급하는 경우

다) 염수로 냉동된 통조림제조용 어류를 식품 등의 기준 및 규격에서 정하고 있는 보존 및 유통 기준에 따라 운반하는 경우

라) 식품운반업자가 「축산물 위생관리법 시행령」 제21조 제6호에 따른 축산물운반업을 함께 하면서 해당 영업소의 적재고를 공동으로 이용하여 밀봉 포장된 식품과 밀봉 포장된 축산물(「축산물 위생관리법」에 따른 축산물을 말한다. 이하 같다)을 섞이지 않게 구별하여 보관·운반하는 경우

2) 냉동 또는 냉장시설로 된 적재고의 내부는 식품 등의 기준 및 규격 중 운반식품의 보존 및 유통 기준에 적합한 온도를 유지하여야 하며, 시설외부에서 내부의 온도를 알 수 있도록 온도계를 설치하여야 한다. 이 경우 온도계의 온도를 식품 등의 기준 및 규격에서 정한 기준에 적합하게 보이도록 조작(造作)할 수 있는 장치를 설치해서는 안 된다.

3) 적재고는 혈액 등이 누출되지 아니하고 냄새를 방지할 수 있는 구조이어야 한다.

나. 세차시설

세차장은 「수질환경보전법」에 적합하게 전용세차장을 설치하여야 한다. 다만, 동일 영업자가 공동으로 세차장을 설치하거나 타인의 세차장을 사용계약한 경우에는 그러하지 아니하다.

다. 차고

식품운반용 차량을 주차시킬 수 있는 전용차고를 두어야 한다. 다만, 타인의 차고를 사용계약한 경우와 「화물자동차 운수사업법」 제55조에 따른 사용신고 대상이 아닌 자가용 화물자동차의 경우에는 그러하지 아니하다.

라. 사무소

영업활동을 위한 사무소를 두어야 한다. 다만, 영업활동에 지장이 없는 경우에는 다른 사무소를 함께 사용할 수 있고, 「화물자동차 운수사업법」 제3조 제1항 제2호에 따른 개인화물자동차 운송사업의 영업자가 식품운반업을 하려는 경우에는 사무소를 두지 않을 수 있다.

5. 식품소분·판매업의 시설기준

가. 공통시설기준

1) 작업장 또는 판매장(식품자동판매기영업 및 유통전문판매업을 제외한다)

가) 건물은 독립된 건물이거나 주거장소 또는 식품소분·판매업 외의 용도로 사용되는 시설과 분리 또는 구획되어야 한다.

나) 식품소분업의 소분실은 1. 식품제조·가공업의 시설기준 중 나. 작업장의 관련규정을 준용한다.

2) 급수시설(식품소분업 등 물을 사용하지 아니하는 경우를 제외한다)

수돗물이나 「먹는물관리법」 제5조에 따른 먹는 물의 수질기준에 적합한 지하수 등을 공급할 수 있는 시설을 갖추어야 한다.

3) 화장실(식품자동판매기영업을 제외한다)

가) 화장실은 작업장 및 판매장에 영향을 미치지 아니하는 곳에 설치하여야 한다.

나) 정화조를 갖춘 수세식 화장실을 설치하여야 한다. 다만, 상·하수도가 설치되지 아니한 지역에서는 수세식이 아닌 화장실을 설치할 수 있다.

다) 나)단서에 따라 수세식이 아닌 화장실을 설치한 경우에는 변기의 뚜껑과 환기시설을 갖추어야 한다.

라) 공동화장실이 설치된 건물 안에 있는 업소 및 인근에 사용이 편리한 화장실이 있는 경우에는 따로 화장실을 설치하지 아니할 수 있다.

4) 공통시설기준의 적용특례

가) 지방자치단체 및 농림축산식품부장관이 인정한 생산자단체 등에서 국내산 농 · 수 · 축산물의 판매촉진 및 소비홍보 등을 위하여 14일 이내의 기간에 한하여 특정 장소에서 농 · 수 · 축산물의 판매행위를 하려는 경우에는 공통시설기준에 불구하고 특별자치도지사 · 시장 · 군수 · 구청장(시 · 도에서 농 · 수 · 축산물의 판매행위를 하는 경우에는 시 · 도지사)이 시설기준을 따로 정할 수 있다.

나) 공유주방 운영업의 시설을 사용하여 식품소분업을 하는 경우에는 제10호의 공유주방 운영업의 시설기준에 따른다.

나. 업종별 시설기준

1) 식품소분업

가) 식품 등을 소분 · 포장할 수 있는 시설을 설치하여야 한다.

나) 소분 · 포장하려는 제품과 소분 · 포장한 제품을 보관할 수 있는 창고를 설치하여야 한다.

2) 식용얼음판매업

가) 판매장은 얼음을 저장하는 창고와 취급실이 구획되어야 한다.

나) 취급실의 바닥은 타일 · 콘크리트 또는 두꺼운 목판자 등으로 설비하여야 하고, 배수가 잘 되어야 한다.

다) 판매장의 주변은 배수가 잘 되어야 한다.

라) 배수로에는 덮개를 설치하여야 한다.

마) 얼음을 저장하는 창고에는 보기 쉬운 곳에 온도계를 비치하여야 한다.

바) 소비자에게 배달판매를 하려는 경우에는 위생적인 용기가 있어야 한다.

3) 식품자동판매기영업

가) 식품자동판매기(이하 "자판기"라 한다)는 위생적인 장소에 설치하여야 하며, 옥외에 설치하는 경우에는 비 · 눈 · 직사광선으로부터 보호되는 구조이어야 한다.

나) 더운 물을 필요로 하는 제품의 경우에는 제품의 음용온도는 68℃ 이상이 되도록 하여야 하고, 자판기 내부에는 살균등(더운 물을 필요로 하는 경우를 제외한다) · 정수기 및 온도계가 부착되어야 한다. 다만, 물을 사용하지 않는 경우는 제외한다.

다) 자판기 안의 물탱크는 내부청소가 쉽도록 뚜껑을 설치하고 녹이 슬지 아니하는 재질을 사용하여야 한다.

라) 삭제 〈2011.8.19.〉

4) 유통전문판매업

가) 영업활동을 위한 독립된 사무소가 있어야 한다. 다만, 영업활동에 지장이 없는 경우에는 다른 사무소를 함께 사용할 수 있으며, 「방문판매 등에 관한 법률」 제2조 제1호 · 제3호 · 제5호에 따른 방문판매 · 전화권유판매 · 다단계판매 및 「전자상거래 등에서의 소비자보호에 관한 법률」 제2조 제1호 · 제2호에 따른 전자상거래 · 통신판매 형태의 영업으로서 구매자가 직접 영업활동을 위한 사무소를 방문하지 않는 경우에는 「건축법」에 따른 주택 용도의 건축물을 사무소로 사용할 수 있다.

나) 식품을 위생적으로 보관할 수 있는 창고를 갖추어야 한다. 이 경우 보관창고는 영업신고를 한 영업소의 소재지와 다른 곳에 설치하거나 임차하여 사용할 수 있다.

다) 나)에 따른 창고를 전용으로 갖출 수 없거나 전용 창고만으로는 그 용량이 부족할 경우에는 다음의 어느 하나에 해당하는 시설을 구분하여 사용할 수 있다.

(1) 같은 영업자가 식품제조 · 가공업 또는 식품첨가물제조업을 하는 경우 해당 영업에 사용되는 창고 등 시설

(2) 식품 또는 식품첨가물의 제조 · 가공을 의뢰받은 식품제조 · 가공업 또는 식품첨가물제조업을 하는 자와 창고 등 시설 사용에 관한 계약을 체결한 경우 해당 영업에 사용되는 창고 등 시설

(3) 같은 영업자가 「먹는물관리법」 제21조 제4항에 따라 유통전문판매업을 하는 경우 해당 영업에 사용되는 「먹는물관리법 시행규칙」 별표 3 제3호 나목에 따른 보관시설

라) 상시 운영하는 반품 · 교환품의 보관시설을 두어야 한다.

5) 집단급식소 식품판매업

가) 사무소

영업활동을 위한 독립된 사무소가 있어야 한다. 다만, 영업활동에 지장이 없는 경우에는 다른 사무소를 함께 사용할 수 있다.

나) 작업장

(1) 식품을 선별 · 분류하는 작업은 항상 찬 곳(0~18℃)에서 할 수 있도록 하여야 한다.

(2) 작업장은 식품을 위생적으로 보관하거나 선별 등의 작업을 할 수 있도록 독립된 건물이거나 다른 용도로 사용되는 시설과 분리되어야 한다.

(3) 작업장 바닥은 콘크리트 등으로 내수처리를 하여야 하고, 물이 고이거나 습기가 차지 아니하게 하여야 한다.

(4) 작업장에는 쥐, 바퀴 등 해충이 들어오지 못하게 하여야 한다.

(5) 작업장에서 사용하는 칼, 도마 등 조리기구는 육류용과 채소용 등 용도별로 구분하여 그 용도로만 사용하여야 한다.

(6) 신고관청은 집단급식소 식품판매업의 영업자가 판매하는 식품 형태 및 판매 방식 등을 고려해 작업장의 필요성과 식품위생에의 위해성이 모두 없다고 인정하는 경우에는 작업장의 설치를 생략하게 할 수 있다.

다) 창고 등 보관시설

(1) 식품 등을 위생적으로 보관할 수 있는 창고를 갖추어야 한다. 이 경우 창고는 영업신고를 한 소재지와 다른 곳에 설치하거나 임차하여 사용할 수 있다.

(2) 창고에는 식품의약품안전처장이 정하는 보존 및 유통기준에 적합한 온도에서 보관할 수 있도록 냉장시설 및 냉동시설을 갖추어야 한다. 다만, 창고에서 냉장처리나 냉동처리가 필요하지 아니한 식품을 처리하는 경우에는 냉장시설 또는 냉동시설을 갖추지 아니하여도 된다.

(3) 서로 오염원이 될 수 있는 식품을 보관 · 운반하는 경우 구분하여 보관 · 운반하여야 한다.

라) 운반차량

(1) 식품을 위생적으로 운반하기 위하여 냉동시설이나 냉장시설을 갖춘 적재고가 설치된 운반차량을 1대 이상 갖추어야 한다. 다만, 법 제37조에 따라 허가, 신고 또는 등록한 영업자와 계약을 체결하여 냉동 또는 냉장시설을 갖춘 운반차량을 이용하는 경우에는 운반차량을 갖추지 아니하여도 된다.

(2) (1)의 규정에도 불구하고 냉동 또는 냉장시설이 필요 없는 식품만을 취급하는 경우에는 운반차량에 냉동시설이나 냉장시설을 갖춘 적재고를 설치하지 아니하여도 된다.

6) 삭제 〈2016.2.4.〉

7) 기타식품판매업

가) 냉동시설 또는 냉장고 · 진열대 및 판매대를 설치하여야 한다. 다만, 냉장 · 냉동 보관 및 유통을 필요로 하지 않는 제품을 취급하는 경우는 제외한다.

나) 삭제 〈2012.1.17.〉

6. 식품보존업의 시설기준

가. 식품조사처리업

원자력관계법령에서 정한 시설기준에 적합하여야 한다.

나. 식품냉동 · 냉장업

1) 작업장은 독립된 건물이거나 다른 용도로 사용되는 시설과 분리되어야 한다. 다만, 다음 각 호의 어느 하나에 해당하는 경우에는 그러하지 아니할 수 있다.

가) 밀봉 포장된 식품과 밀봉 포장된 축산물을 같은 작업장에 보관하는 경우

나) 「수입식품안전관리 특별법」 제15조 제1항에 따라 등록한 수입식품 등 보관업의 시설과 함께 사용하는 작업장의 경우

2) 작업장에는 적하실(積下室) · 냉동예비실 · 냉동실 및 냉장실이 있어야 하고, 각각의 시설은 분리 또는 구획되어야 한다. 다만, 냉동을 하지 아니할 경우에는 냉동예비실과 냉동실을 두지 아니할 수 있다.

3) 작업장의 바닥은 콘크리트 등으로 내수처리를 하여야 하고, 물이 고이거나 습기가 차지 아니하도록 하여야 한다.

4) 냉동예비실 · 냉동실 및 냉장실에는 보기 쉬운 곳에 온도계를 비치하여야 한다.

5) 작업장에는 작업장 안에서 발생하는 악취 · 유해가스 · 매연 · 증기 등을 배출시키기 위한 환기시설을 갖추어야 한다.

6) 작업장에는 쥐 · 바퀴 등 해충이 들어오지 못하도록 하여야 한다.

7) 상호오염원이 될 수 있는 식품을 보관하는 경우에는 서로 구별할 수 있도록 하여야 한다.

8) 작업장 안에서 사용하는 기구 및 용기 · 포장 중 식품에 직접 접촉하는 부분은 씻기 쉬우며, 살균소독이 가능한 것이어야 한다.

9) 수돗물이나 「먹는물관리법」 제5조에 따른 먹는 물의 수질기준에 적합한 지하수 등을 공급할 수 있는 시설을 갖추어야 한다.

10) 화장실을 설치하여야 하며, 화장실의 시설은 2. 즉석판매제조 · 가공업의 시설기준 중 바. 화장실의 관련규정을 준용한다.

7. 용기 · 포장류 제조업의 시설기준

식품제조 · 가공업의 시설기준을 준용한다. 다만, 신고관청이 위생상 위해발생의 우려가 없다고 인정하는 경우에는 그러하지 아니하다.

8. 식품접객업의 시설기준

가. 공통시설기준

1) 영업장

가) 독립된 건물이거나 식품접객업의 영업허가를 받거나 영업신고를 한 업종 외의 용도로 사용되는 시설과 분리, 구획 또는 구분되어야 한다(일반음식점에서 「축산물위생관리법 시행령」 제21조 제7호 가목의 식육판매업을 하려는 경우, 휴게음식점에서 「음악산업진흥에 관한 법률」 제2조 제10호에 따른 음반 · 음악영상물판매업을 하는 경우 및 관할 세무서장의 의제 주류판매 면허를 받고 제과점에서 영업을 하는 경우는 제외한다). 다만, 다음의 어느 하나에 해당하는 경우에는 분리되어야 한다.

(1) 식품접객업의 영업허가를 받거나 영업신고를 한 업종과 다른 식품접객업의 영업을 하려는 경우. 다만, 휴게음식점에서 일반음식점영업 또는 제과점영업을 하는 경우, 일반음식점에서 휴게음식점영업 또는 제과점영업을 하는 경우 또는 제과점에서 휴게음식점영업 또는 일반음식점영업을 하는 경우는 제외한다.

(2) 「음악산업진흥에 관한 법률」 제2조 제13호의 노래연습장업을 하려는 경우

(3) 「다중이용업소의 안전관리에 관한 특별법 시행규칙」 제2조 제3호의 콜라텍업을 하려는 경우

(4) 「체육시설의 설치 · 이용에 관한 법률」 제10조 제1항 제2호에 따른 무도학원업 또는 무도장업을 하려는 경우

(5) 「동물보호법」 제2조 제1호에 따른 동물의 출입, 전시 또는 사육이 수반되는 영업을 하려는 경우

나) 영업장은 연기 · 유해가스등의 환기가 잘 되도록 하여야 한다.

다) 음향 및 반주시설을 설치하는 영업자는 「소음 · 진동관리법」 제21조에 따른 생활소음 · 진동이 규제기준에 적합한 방음장치 등을 갖추어야 한다.

라) 공연을 하려는 휴게음식점 · 일반음식점 및 단란주점의 영업자는 무대시설을 영업장 안에 객석과 구분되게 설치하되, 객실 안에 설치하여서는 아니 된다.

마) 「동물보호법」 제2조 제1호에 따른 동물의 출입, 전시 또는 사육이 수반되는 시설과 직접 접한 영업장의 출입구에는 손을 소독할 수 있는 장치, 용품 등을 갖추어야 한다.

2) 조리장

가) 조리장은 손님이 그 내부를 볼 수 있는 구조로 되어 있어야 한다. 다만, 영 제21조 제8호 바목에 따른 제과점영업소로서 같은 건물 안에 조리장을 설치하는 경우와 「관광진흥법 시행령」 제2조 제1항 제2호 가목 및 같은 항 제3호 마목에 따른 관광호텔업 및 관광공연장업의 조리장의 경우에는 그러하지 아니하다.

나) 조리장 바닥에 배수구가 있는 경우에는 덮개를 설치하여야 한다.

다) 조리장 안에는 취급하는 음식을 위생적으로 조리하기 위하여 필요한 조리시설 · 세척시설 · 폐기물용기 및 손 씻는 시설을 각각 설치하여야 하고, 폐기물용기는 오물 · 악취 등이 누출되지 아니하도록 뚜껑이 있고 내수성 재질로 된 것이어야 한다.

라) 1명의 영업자가 하나의 조리장을 둘 이상의 영업에 공동으로 사용할 수 있는 경우는 다음과 같다.

(1) 같은 건물 내에서 휴게음식점, 제과점, 일반음식점 및 즉석판매제조 · 가공업의 영업 중 둘 이상의 영업을 하려는 경우

(2) 「관광진흥법 시행령」에 따른 전문휴양업, 종합휴양업 및 유원시설업 시설 안의 같은 장소에서 휴게음식점 · 제과점영업 또는 일반음식점영업 중 둘 이상의 영업을 하려는 경우

(3) 삭제 〈2017.12.29.〉

(4) 제과점 영업자가 식품제조 · 가공업 또는 즉석판매제조 · 가공업의 제과 · 제빵류 품목 등을 제조 · 가공하려는 경우

(5) 제과점영업자가 다음의 구분에 따라 둘 이상의 제과점영업을 하는 경우

(가) 기존 제과점의 영업신고관청과 같은 관할 구역에서 제과점영업을 하는 경우

(나) 기존 제과점의 영업신고관청과 다른 관할 구역에서 제과점영업을 하는 경우로서 제과점 간 거리가 5킬로미터 이내인 경우

마) 조리장에는 주방용 식기류를 소독하기 위한 자외선 또는 전기살균소독기를 설치하거나 열탕세척소독시설(식중독을 일으키는 병원성 미생물 등이 살균될 수 있는 시설이어야 한다. 이하 같다)을 갖추어야 한다. 다만, 주방용 식기류를 기구 등의 살균 · 소독제로만 소독하는 경우에는 그러하지 아니하다.

바) 충분한 환기를 시킬 수 있는 시설을 갖추어야 한다. 다만, 자연적으로 통풍이 가능한 구조의 경우에는 그러하지 아니하다.

사) 식품 등의 기준 및 규격 중 식품별 보존 및 유통기준에 적합한 온도가 유지될 수 있는 냉장시설 또는 냉동시설을 갖추어야 한다.

아) 조리장 내부에는 쥐, 바퀴 등 설치류 또는 위생해충 등이 들어오지 못하게 해야 한다.

3) 급수시설

가) 수돗물이나 「먹는물관리법」 제5조에 따른 먹는 물의 수질기준에 적합한 지하수 등을 공급할 수 있는 시설을 갖추어야 한다.

나) 지하수를 사용하는 경우 취수원은 화장실 · 폐기물처리시설 · 동물사육장, 그 밖에 지하수가 오염될 우려가 있는 장소로부터 영향을 받지 아니하는 곳에 위치하여야 한다.

4) 화장실

가) 화장실은 콘크리트 등으로 내수처리를 하여야 한다. 다만, 공중화장실이 설치되어 있는 역 · 터미널 · 유원지 등에 위치하는 업소, 공동화장실이 설치된 건물 안에 있는 업소 및 인근에 사용하기 편리한 화장실이 있는 경우에는 따로 화장실을 설치하지 아니할 수 있다.

나) 화장실은 조리장에 영향을 미치지 아니하는 장소에 설치하여야 한다.

다) 정화조를 갖춘 수세식 화장실을 설치하여야 한다. 다만, 상 · 하수도가 설치되지 아니한 지역에서는 수세식이 아닌 화장실을 설치할 수 있다.

라) 다)단서에 따라 수세식이 아닌 화장실을 설치하는 경우에는 변기의 뚜껑과 환기시설을 갖추어야 한다.

마) 화장실에는 손을 씻는 시설을 갖추어야 한다.

5) 공통시설기준의 적용특례

가) 공통시설기준에도 불구하고 다음의 경우에는 특별자치시장 · 특별자치도지사 · 시장 · 군수 · 구청장(시 · 도에서 음식물의 조리 · 판매행위를 하는 경우에는 시 · 도지사)이 시설기준을 따로 정할 수 있다.

(1) 「전통시장 및 상점가 육성을 위한 특별법」 제2조 제1호에 따른 전통시장에서 음식점영업을 하는 경우

(2) 해수욕장 등에서 계절적으로 음식점영업을 하는 경우

(3) 고속도로 · 자동차전용도로 · 공원 · 유원시설 등의 휴게장소에서 영업을 하는 경우

(4) 건설공사현장에서 영업을 하는 경우

(5) 지방자치단체 및 농림축산식품부장관이 인정한 생산자단체 등에서 국내산 농 · 수 · 축산물의 판매촉진 및 소비홍보 등을 위하여 특정장소에서 음식물의 조리 · 판매행위를 하려는 경우

(6) 「전시산업발전법」 제2조 제4호에 따른 전시시설에서 휴게음식점영업, 일반음식점영업 또는 제과점영업을 하는 경우

(7) 지방자치단체의 장이 주최, 주관 또는 후원하는 지역행사 등에서 휴게음식점영업, 일반음식점영업 또는 제과점영업을 하는 경우

(8) 「국제회의산업 육성에 관한 법률」 제2조 제3호에 따른 국제회의시설에서 휴게음식점, 일반음식점, 제과점 영업을 하려는 경우

(9) 그 밖에 특별자치시장 · 특별자치도지사 · 시장 · 군수 · 구청장이 별도로 지정하는 장소에서 휴게음식점, 일반음식점, 제과점 영업을 하려는 경우

나) 「도시와 농어촌 간의 교류촉진에 관한 법률」 제10조에 따라 농어촌체험 · 휴양마을사업자가 농어촌체험 · 휴양프로그램에 부수하여 음식을 제공하는 경우로서 그 영업시설기준을 따로 정한 경우에는 그 시설기준에 따른다.

다) 백화점, 슈퍼마켓 등에서 휴게음식점영업 또는 제과점영업을 하려는 경우와 음식물을 전문으로 조리하여 판매하는 백화점 등의 일정장소(식당가를 말한다)에서 휴게음식점영업 · 일반음식점영업 또는 제과점영업을 하려는 경우로서 위생상 위해발생의 우려가 없다고 인정되는 경우에는 각 영업소와 영업소 사이를 분리 또는 구획하는 별도의 차단벽이나 칸막이 등을 설치하지 아니할 수 있다.

라) 공유주방 운영업의 시설을 사용하여 영 제21조 제8호 가목의 휴게음식점영업, 같은 호 나목의 일반음식점영업 및 같은 호 바목의 제과점영업을 하는 경우에는 제10호의 공유주방 운영업의 시설기준에 따른다.

마) 삭제 〈2020.12.31.〉

나. 업종별시설기준

1) 휴게음식점영업 · 일반음식점영업 및 제과점영업

가) 일반음식점에 객실(투명한 칸막이 또는 투명한 차단벽을 설치하여 내부가 전체적으로 보이는 경우는 제외한다)을 설치하는 경우 객실에는 잠금장치, 침대(침대 형태로 변형 가능한 소파 등의 가구를 포함한다. 이하 같다) 또는 욕실을 설치할 수 없다.

나) 휴게음식점 또는 제과점에는 객실(투명한 칸막이 또는 투명한 차단벽을 설치하여 내부가 전체적으로 보이는 경우는 제외한다)을 둘 수 없으며, 객석을 설치하는 경우 객석에는 높이

1.5미터 미만의 칸막이(이동식 또는 고정식)를 설치할 수 있다. 이 경우 2면 이상을 완전히 차단하지 아니하여야 하고, 다른 객석에서 내부가 서로 보이도록 하여야 한다.

다) 기차 · 자동차 · 선박 또는 수상구조물로 된 유선장(遊船場) · 도선장(渡船場) 또는 수상레저 사업장을 이용하는 경우 다음 시설을 갖추어야 한다.

(1) 1일의 영업시간에 사용할 수 있는 충분한 양의 물을 저장할 수 있는 내구성이 있는 식수 탱크

(2) 1일의 영업시간에 발생할 수 있는 음식물 찌꺼기 등을 처리하기에 충분한 크기의 오물통 및 폐수탱크

(3) 음식물의 재료(원료)를 위생적으로 보관할 수 있는 시설

라) 영업장으로 사용하는 바닥면적(「건축법 시행령」 제119조 제1항 제3호에 따라 산정한 면적을 말한다)의 합계가 100제곱미터(영업장이 지하층에 설치된 경우에는 그 영업장의 바닥면적 합계가 66제곱미터) 이상인 경우에는 「다중이용업소의 안전관리에 관한 특별법」 제9조 제1항에 따른 소방시설 등 및 영업장 내부 피난통로 그 밖의 안전시설을 갖추어야 한다. 다만, 영업장(내부계단으로 연결된 복층구조의 영업장을 제외한다)이 지상 1층 또는 지상과 직접 접하는 층에 설치되고 그 영업장의 주된 출입구가 건축물 외부의 지면과 직접 연결되는 곳에서 하는 영업을 제외한다.

마) 휴게음식점 · 일반음식점 또는 제과점의 영업장에는 손님이 이용할 수 있는 자막용 영상장치 또는 자동반주장치를 설치하여서는 아니 된다. 다만, 연회석을 보유한 일반음식점에서 회갑연, 칠순연 등 가정의 의례로서 행하는 경우에는 그러하지 아니하다.

바) 일반음식점의 객실 안에는 무대장치, 음향 및 반주시설, 우주볼 등의 특수조명시설을 설치하여서는 아니 된다.

사) 건물의 외부에 있는 영업장에는 손님의 안전을 확보하기 위해 「건축법」 등 관계 법령에서 정하는 바에 따라 필요한 시설 · 설비 또는 기구 등을 설치해야 한다.

2) 단란주점영업

가) 영업장 안에 객실이나 칸막이를 설치하려는 경우에는 다음 기준에 적합하여야 한다.

(1) 객실을 설치하는 경우 주된 객장의 중앙에서 객실 내부가 전체적으로 보일 수 있도록 설비하여야 하며, 통로형태 또는 복도형태로 설비하여서는 아니 된다.

(2) 객실로 설치할 수 있는 면적은 객석면적의 2분의 1을 초과할 수 없다.

(3) 주된 객장 안에서는 높이 1.5미터 미만의 칸막이(이동식 또는 고정식)를 설치할 수 있다. 이 경우 2면 이상을 완전히 차단하지 아니하여야 하고, 다른 객석에서 내부가 서로 보이도록 하여야 한다.

나) 객실에는 잠금장치를 설치할 수 없다.

다) 「다중이용업소의 안전관리에 관한 특별법」 제9조 제1항에 따른 소방시설등 및 영업장 내부 피난통로 그 밖의 안전시설을 갖추어야 한다.

3) 유흥주점영업

가) 객실에는 잠금장치를 설치할 수 없다.

나) 「다중이용업소의 안전관리에 관한 특별법」 제9조 제1항에 따른 소방시설등 및 영업장 내부 피난통로 그 밖의 안전시설을 갖추어야 한다.

9. 위탁급식영업의 시설기준

가) 사무소

영업활동을 위한 독립된 사무소가 있어야 한다. 다만, 영업활동에 지장이 없는 경우에는 다른 사무소를 함께 사용할 수 있다.

나) 창고 등 보관시설

(1) 식품 등을 위생적으로 보관할 수 있는 창고를 갖추어야 한다. 이 경우 창고는 영업신고를 한 소재지와 다른 곳에 설치하거나 임차하여 사용할 수 있다.

(2) 창고에는 식품 등을 법 제7조 제1항에 따른 식품 등의 기준 및 규격에서 정하고 있는 보존 및 유통기준에 적합한 온도에서 보관할 수 있도록 냉장 · 냉동시설을 갖추어야 한다.

다) 운반시설

(1) 식품을 위생적으로 운반하기 위하여 냉동시설이나 냉장시설을 갖춘 적재고가 설치된 운반차량을 1대 이상 갖추어야 한다. 다만, 법 제37조에 따라 허가 또는 신고한 영업자와 계약을 체결하여 냉동 또는 냉장시설을 갖춘 운반차량을 이용하는 경우에는 운반차량을 갖추지 아니하여도 된다.

(2) (1)의 규정에도 불구하고 냉동 또는 냉장시설이 필요 없는 식품만을 취급하는 경우에는 운반차량에 냉동시설이나 냉장시설을 갖춘 적재고를 설치하지 아니하여도 된다.

라) 식재료 처리시설

식품첨가물이나 다른 원료를 사용하지 아니하고 농 · 임 · 수산물을 단순히 자르거나 껍질을 벗기거나 말리거나 소금에 절이거나 숙성하거나 가열(살균의 목적 또는 성분의 현격한 변화를 유발하기 위한 목적의 경우를 제외한다)하는 등의 가공과정 중 위생상 위해발생의 우려가 없고 식품의 상태를 관능검사[인간의 오감(五感)에 의하여 평가하는 제품검사]로 확인할 수 있도록 가공하는 경우 그 재료처리시설의 기준은 제1호 나목부터 마목까지의 규정을 준용한다.

마) 나)부터 라)까지의 시설기준에도 불구하고 집단급식소의 창고 등 보관시설 및 식재료 처리시설을 이용하는 경우에는 창고 등 보관시설과 식재료 처리시설을 설치하지 아니할 수 있으며, 위탁급식업자가 식품을 직접 운반하지 않는 경우에는 운반시설을 갖추지 아니할 수 있다.

10. 공유주방 운영업의 시설기준

가. 건물의 위치 등

1) 독립된 건물이거나 식품의 제조 · 가공 · 조리 등 용도 외에 사용되는 시설과 분리 또는 구획되어야 한다.

2) 건물의 위치는 축산폐수 · 화학물질, 그 밖에 오염물질의 발생시설로부터 식품에 나쁜 영향을 주지 아니하는 거리를 두어야 한다.

3) 건물의 구조는 제조하려는 식품의 특성에 따라 적정한 온도가 유지될 수 있고, 환기가 잘 될 수 있어야 한다.

4) 건물의 자재는 식품에 나쁜 영향을 주지 아니하고 식품을 오염시키지 아니하는 것이어야 한다.

나. 작업장 등

1) 영 제21조 제1호의 식품제조 · 가공업, 같은 조 제2호의 즉석판매제조 · 가공업, 같은 조 제3호의 식품첨가물제조업, 같은 조 제5호 가목의 식품소분업의 영업자가 사용하는 공유주방의 작업장은 제1호 나목의 요건을 갖춰야 한다.

2) 영 제21조 제8호 가목의 휴게음식점영업, 같은 호 나목의 일반음식점영업 및 같은 호 바목의 제과점영업의 영업자가 사용하는 공유주방의 영업장, 조리장은 제8호 가목1) · 2) 요건을 갖춰야 한다.

다. 식품취급시설 등

1) 여러 영업자가 함께 사용할 수 있는 시설 또는 기계 · 기구 등은 공용 사용임을 표시해야 한다.

2) 여러 영업자가 함께 사용하는 시설 또는 기계 · 기구 등은 모든 공유시설 사용자들이 사용할 수 있도록 충분히 구비해야 한다.

3) 영 제21조 제1호의 식품제조 · 가공업, 같은 조 제2호의 즉석판매제조 · 가공업, 같은 조 제3호의 식품첨가물제조업, 같은 조 제5호 가목의 식품소분업의 영업자가 사용하는 공유주방의 식품취급시설 등은 제1호 다목의 요건을 갖추어야 한다.

라. 급수시설

1) 수돗물이나 「먹는물관리법」 제5조에 따른 먹는 물의 수질기준에 적합한 지하수 등을 공급할 수 있는 시설을 갖춰야 한다.

2) 지하수 등을 사용하는 경우 취수원은 화장실 · 폐기물처리시설 · 동물사육장, 그 밖에 지하수가 오염될 우려가 있는 장소로부터 영향을 받지 않는 곳에 위치해야 한다.

3) 먹기에 적합하지 않은 용수는 교차 또는 합류되지 않아야 한다.

마. 화장실

화장실은 제1호 마목의 요건을 갖춰야 한다.

바. 창고 등의 시설

영업자별로 식품 등을 위생적으로 구분 보관 · 관리할 수 있는 창고를 갖춰야 한다. 다만, 영업자별로 구분하여 보관 · 관리할 수 있도록 창고를 대신할 수 있는 냉동 · 냉장시설을 따로 갖춘 경우 이를 설치하지 않을 수 있다.

사. 검사실

영 제21조 제1호의 식품제조 · 가공업, 같은 조 제2호의 즉석판매제조 · 가공업, 같은 조 제3호의 식품첨가물제조업의 영업자가 사용하는 공유주방의 검사실은 제1호 사목의 요건을 갖추어야 한다.

아. 시설기준 적용의 특례

공유주방의 작업장을 사용하는 영 제21조 제1호의 식품제조 · 가공업, 같은 조 제2호의 즉석판매제조 · 가공업, 같은 조 제3호의 식품첨가물제조업, 같은 조 제5호 가목의 식품소분업, 같은 조 제8호 가목의 휴게음식점영업, 같은 호 나목의 일반음식점영업 및 같은 호 바목의 제과점영업은 영업자별로 시설의 분리, 구획 또는 구분 없이 작업장 등을 함께 사용할 수 있다.

03 식품위생법 시행규칙 [별표 17] 〈개정 2023.5.19.〉

식품접객업영업자 등의 준수사항(시행규칙 제57조 관련)

1. 식품제조 · 가공업자 및 식품첨가물제조업자와 그 종업원의 준수사항
   가. 생산 및 작업기록에 관한 서류와 원료의 입고 · 출고 · 사용에 대한 원료출납 관계 서류를 작성하되 이를 거짓으로 작성해서는 안 된다. 이 경우 해당 서류는 최종 기재일부터 3년간 보관하여야 한다.
   나. 식품제조 · 가공업자는 제품의 거래기록을 작성하여야 하고, 최종 기재일부터 2년간 보관하여야 한다.
   다. 소비기한이 경과된 제품 · 식품 또는 그 원재료를 제조 · 가공 · 판매의 목적으로 운반 · 진열 · 보관(대리점으로 하여금 진열 · 보관하게 하는 경우를 포함한다)하거나 이를 판매(대리점으로 하여금 판매하게 하는 경우를 포함한다) 또는 식품의 제조 · 가공에 사용해서는 안 되며, 해당 제품 · 식품 또는 그 원재료를 진열 · 보관할 때에는 폐기용 또는 교육용이라는 표시를 명확하게 해야 한다.
   라. 삭제 〈2019.4.25.〉
   마. 식품제조 · 가공업자는 장난감 등을 식품과 함께 포장하여 판매하는 경우 장난감 등이 식품의 보관 · 섭취에 사용되는 경우를 제외하고는 식품과 구분하여 별도로 포장하여야 한다. 이 경우 장난감 등은 「전기용품 및 생활용품 안전관리법」 제5조 제3항 본문에 따른 제품시험의 안전기준에 적합한 것이어야 한다.
   바. 식품제조 · 가공업자 또는 식품첨가물제조업자는 별표 14 제1호 자목2) 또는 제3호에 따라 식품제조 · 가공업 또는 식품첨가물제조업의 영업등록을 한 자에게 위탁하여 식품 또는 식품첨가물을 제조 · 가공하는 경우에는 위탁한 그 제조 · 가공업자에 대하여 반기별 1회 이상 위생관리상태 등을 점검하여야 한다. 다만, 위탁하려는 식품과 동일한 식품에 대하여 법 제48조에 따라 식품안전관리인증기준적용업소로 인증받거나 「어린이 식생활안전관리 특별법」 제14조에 따라 품질인증을 받은 영업자에게 위탁하는 경우는 제외한다.
   사. 식품제조 · 가공업자 및 식품첨가물제조업자는 이물이 검출되지 아니하도록 필요한 조치를 하여야 하고, 소비자로부터 이물 검출 등 불만사례 등을 신고 받은 경우 그 내용을 기록하여 2년간 보관하여야 하며, 이 경우 소비자가 제시한 이물과 증거품(사진, 해당 식품 등을 말한다)은 6개월간 보관하여야 한다. 다만, 부패하거나 변질될 우려가 있는 이물 또는 증거품은 2개월간 보관할 수 있다.
   아. 식품제조 · 가공업자는 「식품 등의 표시 · 광고에 관한 법률」 제4조 및 제5조에 따른 표시사항을 모두 표시하지 않은 축산물, 「축산물 위생관리법」 제7조 제1항을 위반하여 허가받지 않은 작업장에서 도축 · 집유 · 가공 · 포장 또는 보관된 축산물, 같은 법 제12조 제1항 · 제2항에 따른 검사를 받지 않은 축산물, 같은 법 제22조에 따른 영업 허가를 받지 아니한 자가 도축 · 집유 · 가공 · 포장 또는 보관된 축산물 또는 같은 법 제33조 제1항에 따른 축산물 또는 실험 등의 용도로 사용한 동물을 식품의 제조 또는 가공에 사용하여서는 아니 된다.
   자. 수돗물이 아닌 지하수 등을 먹는 물 또는 식품의 제조 · 가공 등에 사용하는 경우에는 「먹는물관리법」 제43조에 따른 먹는 물 수질검사기관에서 1년(음료류 등 마시는 용도의 식품인 경우에는 6개월)마다 「먹는물관리법」 제5조에 따른 먹는 물의 수질기준에 따라 검사를 받아 마시기에 적합하다고 인정된 물을 사용하여야 한다.
   차. 삭제 〈2019.4.25.〉

카. 법 제15조 제2항에 따라 위해평가가 완료되기 전까지 일시적으로 금지된 제품에 대하여는 이를 제조 · 가공 · 유통 · 판매하여서는 아니 된다.

타. 식품제조 · 가공업자가 자신의 제품을 만들기 위하여 수입한 반가공 원료 식품 및 용기 · 포장과 「대외무역법」에 따른 외화획득용 원료로 수입한 식품 등을 부패하거나 변질되어 또는 소비기한이 경과하여 폐기한 경우에는 이를 증명하는 자료를 작성하고, 최종 작성일부터 2년간 보관하여야 한다.

파. 법 제47조 제1항에 따라 우수업소로 지정받은 자 외의 자는 우수업소로 오인 · 혼동할 우려가 있는 표시를 하여서는 아니 된다.

하. 법 제31조 제1항에 따라 자가품질검사를 하는 식품제조 · 가공업자 또는 식품첨가물제조업자는 검사설비에 검사 결과의 변경 시 그 변경내용이 기록 · 저장되는 시스템을 설치 · 운영하여야 한다.

거. 초산($C_2H_4O_2$) 함량비율이 99% 이상인 빙초산을 제조하는 식품첨가물제조업자는 빙초산에 「전기용품 및 생활용품 안전관리법」 제2조 제14호에 따른 어린이보호포장을 하여야 한다.

너. 식품제조 · 가공업자가 제조 · 가공 과정에서 생산한 반제품을 별표 14 제1호 자목7)에 따라 일시적으로 보관하려는 때에는 그 반제품을 사용하여 제조 · 가공하려는 제품의 명칭, 보관조건, 보관조건에서 설정한 보관기한, 제조 및 반입일자를 표시하여 보관해야 한다. 이 경우 해당 제품의 입고 · 출고에 대한 기록을 작성하고, 최종 기재일부터 3년간 보관해야 한다.

더. 공유주방 운영업자와의 계약을 통해 공유주방을 사용하는 영업자는 다음 각 호의 사항을 준수해야 한다.

1) 영업자 간 원재료 및 제품을 공동으로 사용하지 말 것

2) 위생관리책임자가 실시하는 위생교육을 매월 1시간 이상 받을 것

2. 즉석판매제조 · 가공업자와 그 종업원의 준수사항

가. 제조 · 가공한 식품을 유통 · 판매를 목적으로 하는 자에게 판매해서는 안 된다. 제조 · 가공한 빵류 · 과자류 및 떡류를 휴게음식점영업자 · 일반음식점영업자 · 위탁급식영업자 또는 집단급식소 설치 · 운영자에게 제조 · 가공한 당일 판매하는 경우는 제외한다.

나. 가목 단서에 따라 제조 · 가공한 빵류 · 과자류 및 떡류를 제조 · 가공 당일 판매하는 경우에는 이를 확인할 수 있는 증명서(제품명, 제조일자 및 판매량 등이 포함된 거래명세서나 영수증 등을 말한다)를 6개월간 보관해야 한다.

다. 제조 · 가공한 식품을 영업장 외의 장소에서 판매해서는 안 된다. 다만, 다음의 어느 하나에 해당하는 방법으로 배달하는 경우는 제외한다.

1) 영업자나 그 종업원이 최종소비자에게 직접 배달

2) 식품의약품안전처장이 정하여 고시하는 기준에 따라 우편 또는 택배 등의 방법으로 최종소비자에게 배달

라. 손님이 보기 쉬운 곳에 가격표를 붙여야 하며, 가격표대로 요금을 받아야 한다.

마. 영업신고증을 업소 안에 보관하여야 한다.

바. 「식품 등의 표시 · 광고에 관한 법률」 제4조 및 제5조에 따른 표시사항을 모두 표시하지 않은 축산물, 「축산물 위생관리법」 제7조 제1항을 위반하여 허가받지 않은 작업장에서 도축 · 집유 · 가공 · 포장 또는 보관된 축산물, 같은 법 제12조 제1항 · 제2항에 따른 검사를 받지 않은 축산물, 같은 법 제22조에 따른 영업 허가를 받지 아니한 자가 도축 · 집유 · 가공 · 포장 또는 보관된 축산물 또는 같은 법 제33조 제1항에 따른 축산물 또는 실험 등의 용도로 사용한 동물은 식품의 제조 · 가공에 사용해서는 안 된다. 다만, 자신이 직접 생산한 원유(原乳)를 원료로 하여 제조 · 가공하는 경우

로서 「축산물 위생관리법 시행규칙」 제12조 및 별표 4 제1호에 따른 검사에서 적합으로 판정된 원유는 식품의 제조 · 가공에 사용할 수 있다.

사. 「야생생물 보호 및 관리에 관한 법률」을 위반하여 포획한 야생동물은 이를 식품의 제조 · 가공에 사용하여서는 아니 된다.

아. 소비기한이 경과된 제품 · 식품 또는 그 원재료를 제조 · 가공 · 판매의 목적으로 운반 · 진열 · 보관하거나 이를 판매 또는 식품의 제조 · 가공에 사용해서는 안 되며, 해당 제품 · 식품 또는 그 원재료를 진열 · 보관할 때에는 폐기용 또는 교육용이라는 표시를 명확하게 해야 한다.

자. 수돗물이 아닌 지하수 등을 먹는 물 또는 식품의 조리 · 세척 등에 사용하는 경우에는 「먹는물관리법」 제43조에 따른 먹는 물 수질검사기관에서 다음의 검사를 받아 마시기에 적합하다고 인정된 물을 사용하여야 한다. 다만, 둘 이상의 업소가 같은 건물에서 같은 수원(水原)을 사용하는 경우에는 하나의 업소에 대한 시험결과로 해당 업소에 대한 검사에 갈음할 수 있다.

1) 일부 항목 검사 : 1년마다(모든 항목 검사를 하는 연도의 경우는 제외한다) 「먹는물 수질기준 및 검사 등에 관한 규칙」 제4조 제1항 제2호에 따른 마을상수도의 검사기준에 따른 검사(잔류염소 검사를 제외한다). 다만, 시 · 도지사가 오염의 염려가 있다고 판단하여 지정한 지역에서는 같은 규칙 제2조에 따른 먹는 물의 수질기준에 따른 검사를 하여야 한다.

2) 모든 항목 검사 : 2년마다 「먹는물 수질기준 및 검사 등에 관한 규칙」 제2조에 따른 먹는 물의 수질기준에 따른 검사

차. 법 제15조 제2항에 따라 위해평가가 완료되기 전까지 일시적으로 금지된 식품 등을 제조 · 가공 · 판매하여서는 아니 된다.

카. 공유주방 운영업자와의 계약을 통해 공유주방을 사용하는 영업자는 다음 각 호의 사항을 준수해야 한다.

1) 영업자 간 원재료 및 제품을 공동으로 사용하지 말 것

2) 위생관리책임자가 실시하는 위생교육을 매월 1시간 이상 받을 것

3. 식품소분 · 판매(식품자동판매기영업 및 집단급식소 식품판매업은 제외한다) · 운반업자와 그 종업원의 준수사항

가. 영업자 간의 거래에 관하여 식품의 거래기록(전자문서를 포함한다)을 작성하고, 최종 기재일부터 2년 동안 이를 보관하여야 한다.

나. 영업허가증 또는 신고증을 영업소 안에 보관하여야 한다.

다. 수돗물이 아닌 지하수 등을 먹는 물 또는 식품의 조리 · 세척 등에 사용하는 경우에는 「먹는물관리법」 제43조에 따른 먹는 물 수질검사기관에서 다음의 구분에 따라 검사를 받아 마시기에 적합하다고 인정된 물을 사용하여야 한다. 다만, 같은 건물에서 같은 수원을 사용하는 경우에는 하나의 업소에 대한 시험결과로 갈음할 수 있다.

1) 일부 항목 검사 : 1년마다(모든 항목 검사를 하는 연도의 경우를 제외한다) 「먹는물 수질기준 및 검사 등에 관한 규칙」 제4조 제1항 제2호에 따른 마을 상수도의 검사기준에 따른 검사(잔류염소 검사를 제외한다). 다만, 시 · 도지사가 오염의 염려가 있다고 판단하여 지정한 지역에서는 같은 규칙 제2조에 따른 먹는 물의 수질기준에 따른 검사를 하여야 한다.

2) 모든 항목 검사 : 2년마다 「먹는물 수질기준 및 검사 등에 관한 규칙」 제2조에 따른 먹는 물의 수질기준에 따른 검사

라. 삭제 〈2019.4.25.〉

마. 식품판매업자는 제1호 마목을 위반한 식품을 판매하여서는 아니 된다.
바. 삭제 〈2016.2.4.〉
사. 식품운반업자는 운반차량을 이용하여 살아있는 동물을 운반하여서는 아니 되며, 운반목적 외에 운반차량을 사용하여서는 아니 된다.
아. 「식품 등의 표시 · 광고에 관한 법률」 제4조 및 제5조에 따른 표시사항을 모두 표시하지 않은 축산물, 「축산물 위생관리법」 제7조 제1항을 위반하여 허가받지 않은 작업장에서 도축 · 집유 · 가공 · 포장 또는 보관된 축산물, 같은 법 제12조 제1항 · 제2항에 따른 검사를 받지 않은 축산물, 같은 법 제22조에 따른 영업 허가를 받지 아니한 자가 도축 · 집유 · 가공 · 포장 또는 보관된 축산물 또는 같은 법 제33조 제1항에 따른 축산물 또는 실험 등의 용도로 사용한 동물은 운반 · 보관 · 진열 또는 판매하여서는 아니 된다.
자. 소비기한이 경과된 제품 · 식품 또는 그 원재료를 판매의 목적으로 소분 · 운반 · 진열 · 보관하거나 이를 판매해서는 안 되며, 해당 제품 · 식품 또는 그 원재료를 진열 · 보관할 때에는 폐기용 또는 교육용이라는 표시를 명확하게 해야 한다.
차. 식품판매영업자는 즉석판매제조 · 가공영업자가 제조 · 가공한 식품을 진열 · 판매하여서는 아니 된다.
카. 삭제 〈2019.4.25.〉
타. 삭제 〈2016.2.4.〉
파. 식품소분 · 판매업자는 법 제15조 제2항에 따라 위해평가가 완료되기 전까지 일시적으로 금지된 식품 등에 대하여는 이를 수입 · 가공 · 사용 · 운반 등을 하여서는 아니 된다.
하. 식품소분업자 및 유통전문판매업자는 소비자로부터 이물 검출 등 불만사례 등을 신고 받은 경우에는 그 내용을 2년간 기록 · 보관하여야 하며, 소비자가 제시한 이물과 증거품(사진, 해당 식품 등을 말한다)은 6개월간 보관하여야 한다. 다만, 부패하거나 변질될 우려가 있는 이물 또는 증거품은 2개월간 보관할 수 있다.
거. 유통전문판매업자는 제조 · 가공을 위탁한 제조 · 가공업자에 대하여 반기마다 1회 이상 위생관리 상태를 점검하여야 한다. 다만, 위탁받은 제조 · 가공업자가 위탁받은 식품과 동일한 식품에 대하여 법 제48조에 따른 식품안전관리인증기준적용업소인 경우 또는 위탁받은 식품과 동일한 식품에 대하여 「어린이 식생활안전관리 특별법」 제14조에 따라 품질인증을 받은 자인 경우는 제외한다.
너. 공유주방 운영업자와의 계약을 통해 공유주방을 사용하는 식품소분업자는 다음 각 호의 사항을 준수해야 한다.
   1) 영업자 간 원재료 및 제품을 공동으로 사용하지 말 것
   2) 위생관리책임자가 실시하는 위생교육을 매월 1시간 이상 받을 것

4. 식품자동판매기영업자와 그 종업원의 준수사항
가. 자판기용 제품은 적법하게 가공된 것을 사용해야 하며, 소비기한이 경과된 제품 · 식품 또는 그 원재료를 판매의 목적으로 진열 · 보관하거나 이를 판매해서는 안 되며, 해당 제품 · 식품 또는 그 원재료를 진열 · 보관할 때에는 폐기용 또는 교육용이라는 표시를 명확하게 해야 한다.
나. 자판기 내부의 정수기 또는 살균장치 등이 낡거나 닳아 없어진 경우에는 즉시 바꾸어야 하고, 그 기능이 떨어진 경우에는 즉시 그 기능을 보강하여야 한다.
다. 자판기 내부(재료혼합기, 급수통, 급수호스 등)는 하루 1회 이상 세척 또는 소독하여 청결히 하여야 하고, 그 기능이 떨어진 경우에는 즉시 교체하여야 한다.

라. 자판기 설치장소 주변은 항상 청결하게 하고, 뚜껑이 있는 쓰레기통 또는 종이컵 수거대(종이컵을 사용하는 자판기만 해당한다)를 비치하여야 하며, 쥐 · 바퀴 등 해충이 자판기 내부에 침입하지 아니하도록 하여야 한다.

마. 매일 위생상태 및 고장여부를 점검하여야 하고, 그 내용을 다음과 같은 점검표에 기록하여 보기 쉬운 곳에 항상 비치하여야 한다.

점검일시	점검자	점검결과		비고
		내부청결상태	정상가동여부	

바. 자판기에는 영업신고번호, 자판기별 일련관리번호(제42조 제7항에 따라 2대 이상을 일괄신고한 경우에 한한다), 제품의 명칭 및 고장시의 연락전화번호를 12포인트 이상의 글씨로 판매기 앞면의 보기 쉬운 곳에 표시하여야 한다.

5. 집단급식소 식품판매업자와 그 종업원의 준수사항

가. 영업자는 식품의 구매 · 운반 · 보관 · 판매 등의 과정에 대한 거래내역을 2년간 보관하여야 한다.

나. 「식품 등의 표시 · 광고에 관한 법률」 제4조 및 제5조에 따른 표시사항을 모두 표시하지 않은 축산물, 「축산물 위생관리법」 제7조 제1항을 위반하여 허가받지 않은 작업장에서 도축 · 집유 · 가공 · 포장 또는 보관된 축산물, 같은 법 제12조 제1항 · 제2항에 따른 검사를 받지 않은 축산물, 같은 법 제22조에 따른 영업 허가를 받지 아니한 자가 도축 · 집유 · 가공 · 포장 또는 보관된 축산물 또는 같은 법 제33조 제1항에 따른 축산물, 실험 등의 용도로 사용한 동물 또는 「야생동 · 식물보호법」을 위반하여 포획한 야생동물은 판매하여서는 아니 된다.

다. 냉동식품을 공급할 때에 해당 집단급식소의 영양사 및 조리사가 해동(解凍)을 요청할 경우 해동을 위한 별도의 보관 장치를 이용하거나 냉장운반을 할 수 있다. 이 경우 해당 제품이 해동 중이라는 표시, 해동을 요청한 자, 해동 시작시간, 해동한 자 등 해동에 관한 내용을 표시하여야 한다.

라. 작업장에서 사용하는 기구, 용기 및 포장은 사용 전, 사용 후 및 정기적으로 살균 · 소독하여야 하며, 동물 · 수산물의 내장 등 세균의 오염원이 될 수 있는 식품 부산물을 처리한 경우에는 사용한 기구에 따른 오염을 방지하여야 한다.

마. 소비기한이 경과된 제품 · 식품 또는 그 원재료를 판매의 목적으로 운반 · 진열 · 보관하거나 이를 판매해서는 안 되며, 해당 제품 · 식품 또는 그 원재료를 진열 · 보관할 때에는 폐기용 또는 교육용이라는 표시를 명확하게 해야 한다.

바. 수돗물이 아닌 지하수 등을 먹는 물 또는 식품의 조리 · 세척 등에 사용하는 경우에는 「먹는물관리법」 제43조에 따른 먹는 물 수질검사기관에서 다음의 검사를 받아 마시기에 적합하다고 인정된 물을 사용하여야 한다. 다만, 둘 이상의 업소가 같은 건물에서 같은 수원을 사용하는 경우에는 하나의 업소에 대한 시험결과로 해당 업소에 대한 검사에 갈음할 수 있다.

1) 일부 항목 검사 : 1년(모든 항목 검사를 하는 연도는 제외한다)마다 「먹는물 수질기준 및 검사 등에 관한 규칙」 제4조에 따른 마을상수도의 검사기준에 따른 검사(잔류염소검사는 제외한다)를 하여야 한다. 다만, 시 · 도지사가 오염의 염려가 있다고 판단하여 지정한 지역에서는 같은 규칙 제2조에 따른 먹는 물의 수질기준에 따른 검사를 하여야 한다.

2) 모든 항목 검사 : 2년마다 「먹는물 수질기준 및 검사 등에 관한 규칙」 제2조에 따른 먹는 물의 수질기준에 따른 검사

사. 법 제15조에 따른 위해평가가 완료되기 전까지 일시적으로 금지된 식품 등을 사용하여서는 아니 된다.

아. 식중독 발생 시 보관 또는 사용 중인 식품은 역학조사가 완료될 때까지 폐기하거나 소독 등으로 현장을 훼손하여서는 아니 되고 원상태로 보존하여야 하며, 식중독 원인규명을 위한 행위를 방해하여서는 아니 된다.

6. 식품조사처리업자 및 그 종업원의 준수사항

조사연월일 및 시간, 조사대상식품명칭 및 무게 또는 수량, 조사선량 및 선량보증, 조사목적에 관한 서류를 작성하여야 하고, 최종 기재일부터 3년간 보관하여야 한다.

7. 식품접객업자(위탁급식영업자는 제외한다)와 그 종업원의 준수사항

가. 물수건, 숟가락, 젓가락, 식기, 찬기, 도마, 칼, 행주, 그 밖의 주방용구는 기구 등의 살균 · 소독제, 열탕, 자외선살균 또는 전기살균의 방법으로 소독한 것을 사용하여야 한다.

나. 「식품 등의 표시 · 광고에 관한 법률」 제4조 및 제5조에 따른 표시사항을 모두 표시하지 않은 축산물, 「축산물 위생관리법」 제7조 제1항을 위반하여 허가받지 않은 작업장에서 도축 · 집유 · 가공 · 포장 또는 보관된 축산물, 같은 법 제12조 제1항 · 제2항에 따른 검사를 받지 않은 축산물, 같은 법 제22조에 따른 영업 허가를 받지 아니한 자가 도축 · 집유 · 가공 · 포장 또는 보관된 축산물 또는 같은 법 제33조 제1항에 따른 축산물 또는 실험 등의 용도로 사용한 동물은 음식물의 조리에 사용하여서는 아니 된다.

다. 업소 안에서는 도박이나 그 밖의 사행행위 또는 풍기문란행위를 방지하여야 하며, 배달판매 등의 영업행위 중 종업원의 이러한 행위를 조장하거나 묵인하여서는 아니 된다.

라. 삭제 〈2011.8.19.〉

마. 삭제 〈2011.8.19.〉

바. 제과점영업자가 별표 14 제8호 가목2) 라) (5)에 따라 조리장을 공동 사용하는 경우 빵류를 실제 제조한 업소명과 소재지를 소비자가 알아볼 수 있도록 별도로 표시하여야 한다. 이 경우 게시판, 팻말 등 다양한 방법으로 표시할 수 있다.

사. 간판에는 영 제21조에 따른 해당 업종명과 허가를 받거나 신고한 상호를 표시하여야 한다. 이 경우 상호와 함께 외국어를 병행하여 표시할 수 있으나 업종구분에 혼동을 줄 수 있는 사항은 표시하여서는 아니 된다.

아. 손님이 보기 쉽도록 영업소의 외부 또는 내부에 가격표(부가가치세 등이 포함된 것으로서 손님이 실제로 내야 하는 가격이 표시된 가격표를 말한다)를 붙이거나 게시하되, 신고한 영업장 면적이 150제곱미터 이상인 휴게음식점 및 일반음식점은 영업소의 외부와 내부에 가격표를 붙이거나 게시하여야 하고, 가격표대로 요금을 받아야 한다.

자. 영업허가증 · 영업신고증 · 조리사면허증(조리사를 두어야 하는 영업에만 해당한다)을 영업소 안에 보관하고, 허가관청 또는 신고관청이 식품위생 · 식생활개선 등을 위하여 게시할 것을 요청하는 사항을 손님이 보기 쉬운 곳에 게시하여야 한다.

차. 식품의약품안전처장 또는 시 · 도지사가 국민에게 혐오감을 준다고 인정하는 식품을 조리 · 판매하여서는 아니 되며, 「멸종위기에 처한 야생동식물종의 국제거래에 관한 협약」에 위반하여 포획 · 채취한 야생동물 · 식물을 사용하여 조리 · 판매하여서는 아니 된다.

카. 소비기한이 경과된 제품 · 식품 또는 그 원재료를 조리 · 판매의 목적으로 운반 · 진열 · 보관하거나 이를 판매 또는 식품의 조리에 사용해서는 안 되며, 해당 제품 · 식품 또는 그 원재료를 진열 · 보관할 때에는 폐기용 또는 교육용이라는 표시를 명확하게 해야 한다.

타. 허가를 받거나 신고한 영업 외의 다른 영업시설을 설치하거나 다음에 해당하는 영업행위를 하여서는 아니 된다.

1) 휴게음식점영업자 · 일반음식점영업자 또는 단란주점영업자가 유흥접객원을 고용하여 유흥접객행위를 하게 하거나 종업원의 이러한 행위를 조장하거나 묵인하는 행위
2) 휴게음식점영업자 · 일반음식점영업자가 음향 및 반주시설을 갖추고 손님이 노래를 부르도록 허용하는 행위. 다만, 연회석을 보유한 일반음식점에서 회갑연, 칠순연 등 가정의 의례로서 행하는 경우에는 그러하지 아니하다.
3) 일반음식점영업자가 주류만을 판매하거나 주로 다류를 조리 · 판매하는 다방형태의 영업을 하는 행위
4) 휴게음식점영업자가 손님에게 음주를 허용하는 행위
5) 식품접객업소의 영업자 또는 종업원이 영업장을 벗어나 시간적 소요의 대가로 금품을 수수하거나, 영업자가 종업원의 이러한 행위를 조장하거나 묵인하는 행위
6) 휴게음식점영업 중 주로 다류 등을 조리 · 판매하는 영업소에서 「청소년보호법」 제2조 제1호에 따른 청소년인 종업원에게 영업소를 벗어나 다류 등을 배달하게 하여 판매하는 행위
7) 휴게음식점영업자 · 일반음식점영업자가 음향시설을 갖추고 손님이 춤을 추는 것을 허용하는 행위. 다만, 특별자치도 · 시 · 군 · 구의 조례로 별도의 안전기준, 시간 등을 정하여 별도의 춤을 추는 공간이 아닌 객석에서 춤을 추는 것을 허용하는 경우는 제외한다.

파. 유흥주점영업자는 성명, 주민등록번호, 취업일, 이직일, 종사분야를 기록한 종업원(유흥접객원만 해당한다)명부를 비치하여 기록 · 관리하여야 한다.

하. 손님을 꾀어서 끌어들이는 행위를 하여서는 아니 된다.

거. 업소 안에서 선량한 미풍양속을 해치는 공연, 영화, 비디오 또는 음반을 상영하거나 사용하여서는 아니 된다.

너. 수돗물이 아닌 지하수 등을 먹는 물 또는 식품의 조리 · 세척 등에 사용하는 경우에는 「먹는물관리법」 제43조에 따른 먹는 물 수질검사기관에서 다음의 검사를 받아 마시기에 적합하다고 인정된 물을 사용하여야 한다. 다만, 둘 이상의 업소가 같은 건물에서 같은 수원을 사용하는 경우에는 하나의 업소에 대한 시험결과로 해당 업소에 대한 검사에 갈음할 수 있다.
1) 일부 항목 검사 : 1년(모든 항목 검사를 하는 연도는 제외한다)마다 「먹는물 수질기준 및 검사 등에 관한 규칙」 제4조에 따른 마을상수도의 검사기준에 따른 검사(잔류염소검사는 제외한다)를 하여야 한다. 다만, 시 · 도지사가 오염의 염려가 있다고 판단하여 지정한 지역에서는 같은 규칙 제2조에 따른 먹는 물의 수질기준에 따른 검사를 하여야 한다.
2) 모든 항목 검사 : 2년마다 「먹는물 수질기준 및 검사 등에 관한 규칙」 제2조에 따른 먹는 물의 수질기준에 따른 검사

더. 동물의 내장을 조리한 경우에는 이에 사용한 기계 · 기구류 등을 세척하여 살균하여야 한다.

러. 식품접객업영업자는 손님이 먹고 남긴 음식물이나 먹을 수 있게 진열 또는 제공한 음식물에 대해서는 다시 사용 · 조리 또는 보관(폐기용이라는 표시를 명확하게 하여 보관하는 경우는 제외한다)해서는 안 된다. 다만, 식품의약품안전처장이 인터넷 홈페이지에 별도로 정하여 게시한 음식물에 대해서는 다시 사용 · 조리 또는 보관할 수 있다.

머. 식품접객업자는 공통찬통, 소형 · 복합 찬기, 국 · 찌개 · 반찬 등을 덜어 먹을 수 있는 기구 또는 1인 반상을 사용하거나, 손님이 남은 음식물을 싸서 가지고 갈 수 있도록 포장용기를 비치하고 이를 손님에게 알리는 등 음식문화개선과 「감염병의 예방 및 관리에 관한 법률」 제49조에 따른 감염병의 예방 조치사항 준수를 위해 노력해야 한다.

버. 휴게음식점영업자 · 일반음식점영업자 또는 단란주점영업자는 영업장 안에 설치된 무대시설 외의 장소에서 공연을 하거나 공연을 하는 행위를 조장 · 묵인하여서는 아니 된다. 다만, 일반음식점영업자가 손님의 요구에 따라 회갑연, 칠순연 등 가정의 의례로서 행하는 경우에는 그러하지 아니하다.

서. 「야생생물 보호 및 관리에 관한 법률」을 위반하여 포획한 야생동물을 사용한 식품을 조리 · 판매하여서는 아니 된다.

어. 법 제15조 제2항에 따른 위해평가가 완료되기 전까지 일시적으로 금지된 식품 등을 사용 · 조리하여서는 아니 된다.

저. 식품접객업자는 조리 · 제조한 식품을 주문한 손님에게 판매해야 하며, 유통 · 판매를 목적으로 하는 자에게 판매하거나 다른 식품접객업자가 조리 · 제조한 식품을 자신의 영업에 사용해서는 안 된다. 다만, 다음의 경우는 제외한다.

1) 제과점영업자가 당일 제조한 빵류 · 과자류 및 떡류를 휴게음식점영업자 · 일반음식점영업자 · 위탁급식영업자 또는 집단급식소 설치 · 운영자에게 당일 판매하는 경우

2) 휴게음식점영업자 · 일반음식점영업자가 제과점영업자 또는 즉석판매제조 · 가공업자로부터 당일 제조 · 가공한 빵류 · 과자류 및 떡류를 구입하여 구입 당일 판매하는 경우

처. 저목1) 및 2)에 따라 당일 제조 · 가공한 빵류 · 과자류 및 떡류를 당일 판매하는 경우 이를 확인할 수 있는 증명서(제품명, 제조일자 및 판매량 등이 포함된 거래명세서나 영수증 등을 말한다)를 6개월간 보관해야 한다.

커. 법 제47조 제1항에 따른 모범업소가 아닌 업소의 영업자는 모범업소로 오인 · 혼동할 우려가 있는 표시를 하여서는 아니 된다.

터. 손님에게 조리하여 제공하는 식품의 주재료, 중량 등이 아목에 따른 가격표에 표시된 내용과 달라서는 아니 된다.

퍼. 아목에 따른 가격표에는 불고기, 갈비 등 식육의 가격을 100그램당 가격으로 표시하여야 하며, 조리하여 제공하는 경우에는 조리하기 이전의 중량을 표시할 수 있다. 100그램당 가격과 함께 1인분의 가격도 표시하려는 경우에는 다음의 예와 같이 1인분의 중량과 가격을 함께 표시하여야 한다.

예 불고기 100그램 ○○원(1인분 120그램 △△원), 갈비 100그램 ○○원(1인분 150그램 △△원)

허. 음식판매자동차를 사용하는 휴게음식점영업자 및 제과점영업자는 신고한 장소가 아닌 장소에서 그 음식판매자동차로 휴게음식점영업 및 제과점영업을 하여서는 아니 된다.

고. 법 제47조의2 제1항에 따라 위생등급을 지정받지 아니한 식품접객업소의 영업자는 위생등급 지정업소로 오인 · 혼동할 우려가 있는 표시를 해서는 아니 된다.

노. 식품접객영업자는 「재난 및 안전관리 기본법」 제38조 제2항 본문에 따라 경계 또는 심각의 위기경보(「감염병의 예방 및 관리에 관한 법률」에 따른 감염병 확산의 경우만 해당한다)가 발령된 경우에는 손님의 보건위생을 위해 해당 영업장에 손을 소독할 수 있는 용품이나 장치를 갖춰 두어야 한다.

도. 휴게음식점영업자 · 일반음식점영업자 또는 제과점영업자는 건물 외부에 있는 영업장에서는 건물 내부에서 조리 · 제조한 음식류 등만을 제공해야 한다. 다만, 주거지역과 인접하지 않아 환경 위해 우려가 적은 장소 · 지역으로서 특별자치시 · 특별자치도 · 시 · 군 · 구의 조례로 별도의 기준을 정한 경우는 건물 외부에서 조리 · 제조한 음식류 등을 제공할 수 있다.

1) 삭제 〈2023.5.19.〉

2) 삭제 〈2023.5.19.〉

로. 손님에게 조리 · 제공할 목적으로 이미 양념에 재운 불고기, 갈비 등을 새로이 조리한 것처럼 보이도록 세척하는 등 재처리하여 사용 · 조리 또는 보관해서는 안 된다.

모. 공유주방 운영업자와의 계약을 통해 공유주방을 사용하는 휴게음식점영업자 · 일반음식점영업자 또는 제과점영업자는 다음 각 호의 사항을 준수해야 한다.

1) 영업자 간 원재료 및 제품을 공동으로 사용하지 말 것

2) 위생관리책임자가 실시하는 위생교육을 매월 1시간 이상 받을 것

8. 위탁급식영업자와 그 종업원의 준수사항

가. 집단급식소를 설치 · 운영하는 자와 위탁 계약한 사항 외의 영업행위를 하여서는 아니 된다.

나. 물수건, 숟가락, 젓가락, 식기, 찬기, 도마, 칼, 행주 그 밖에 주방용구는 기구 등의 살균 · 소독제, 열탕, 자외선살균 또는 전기살균의 방법으로 소독한 것을 사용하여야 한다.

다. 「식품 등의 표시 · 광고에 관한 법률」 제4조 및 제5조에 따른 표시사항을 모두 표시하지 않은 축산물, 「축산물 위생관리법」 제7조 제1항을 위반하여 허가받지 않은 작업장에서 도축 · 집유 · 가공 · 포장 또는 보관된 축산물, 같은 법 제12조 제1항 · 제2항에 따른 검사를 받지 않은 축산물, 같은 법 제22조에 따른 영업 허가를 받지 아니한 자가 도축 · 집유 · 가공 · 포장 또는 보관된 축산물 또는 같은 법 제33조 제1항에 따른 축산물 또는 실험 등의 용도로 사용한 동물을 음식물의 조리에 사용하여서는 아니 되며, 「야생생물 보호 및 관리에 관한 법률」에 위반하여 포획한 야생동물을 사용하여 조리하여서는 아니 된다.

라. 소비기한이 경과된 제품 · 식품 또는 그 원재료를 조리의 목적으로 진열 · 보관하거나 이를 판매 또는 식품의 조리에 사용해서는 안 되며, 해당 제품 · 식품 또는 그 원재료를 진열 · 보관할 때에는 폐기용 또는 교육용이라는 표시를 명확하게 해야 한다

마. 수돗물이 아닌 지하수 등을 먹는 물 또는 식품의 조리 · 세척 등에 사용하는 경우에는 「먹는물관리법」 제43조에 따른 먹는 물 수질검사기관에서 다음의 구분에 따라 검사를 받아 마시기에 적합하다고 인정된 물을 사용하여야 한다. 다만, 같은 건물에서 같은 수원을 사용하는 경우에는 하나의 업소에 대한 시험결과로 갈음할 수 있다.

1) 일부 항목 검사 : 1년마다(모든 항목 검사를 하는 연도의 경우를 제외한다) 「먹는물 수질기준 및 검사 등에 관한 규칙」 제4조 제1항 제2호에 따른 마을상수도의 검사기준에 따른 검사(잔류염소 검사를 제외한다). 다만, 시 · 도지사가 오염의 염려가 있다고 판단하여 지정한 지역에서는 같은 규칙 제2조에 따른 먹는 물의 수질기준에 따른 검사를 하여야 한다.

2) 모든 항목 검사 : 2년마다 「먹는물 수질기준 및 검사 등에 관한 규칙」 제2조에 따른 먹는 물의 수질기준에 따른 검사

바. 동물의 내장을 조리한 경우에는 이에 사용한 기계 · 기구류 등을 세척하고 살균하여야 한다.

사. 조리 · 제공한 식품(법 제2조 제12호 다목에 따른 병원의 경우에는 일반식만 해당한다)을 보관할 때에는 매회 1인분 분량을 섭씨 영하 18도 이하에서 144시간 이상 보관해야 한다.

아. 사목에도 불구하고 완제품 형태로 제공한 가공식품은 소비기한 내에서 해당 식품의 제조업자가 정한 보관방법에 따라 보관할 수 있다. 다만, 완제품 형태로 제공하는 식품 중 식품의약품안전처장이 정하여 고시하는 가공식품을 완제품 형태로 제공한 경우에는 해당 제품의 제품명, 제조업소명, 제조일자 또는 소비기한 등 제품을 확인 · 추적할 수 있는 정보를 기록 · 보관함으로써 해당 가공식품의 보관을 갈음할 수 있다.

자. 삭제 〈2011.8.19.〉

차. 법 제15조 제2항에 따라 위해평가가 완료되기 전까지 일시적으로 금지된 식품 등에 대하여는 이를 사용 · 조리하여서는 아니 된다.

카. 식중독 발생 시 보관 또는 사용 중인 보존식이나 식재료는 역학조사가 완료될 때까지 폐기하거나 소독 등으로 현장을 훼손하여서는 아니 되고 원상태로 보존하여야 하며, 원인규명을 위한 행위를 방해하여서는 아니 된다.

타. 법 제47조 제1항에 따른 모범업소가 아닌 업소의 영업자는 모범업소로 오인 · 혼동할 우려가 있는 표시를 하여서는 아니 된다.

파. 배식하고 남은 음식물을 다시 사용 · 조리 또는 보관(폐기용이라는 표시를 명확하게 하여 보관하는 경우는 제외한다)해서는 안 된다.

하. 식재료의 검수 및 조리 등에 대해서는 식품의약품안전처장이 정하여 고시하는 바에 따라 위생관리 사항의 점검 결과를 사실대로 기록해야 한다. 이 경우 그 기록에 관한 서류는 해당 기록을 한 날부터 3개월간 보관해야 한다.

거. 제과점영업자 또는 즉석판매제조 · 가공업자로부터 당일 제조 · 가공한 빵류 · 과자류 및 떡류를 구입하여 구입 당일 급식자에게 제공하는 경우 이를 확인할 수 있는 증명서(제품명, 제조일자 및 판매량 등이 포함된 거래명세서나 영수증 등을 말한다)를 6개월간 보관해야 한다.

9. 공유주방 운영업자와 그 종업원의 준수사항

가. 공유주방 운영업자는 식품의 제조 · 가공 · 소분 · 조리 등의 과정에서 보건위생상 위해가 없도록 제조 · 가공 · 소분 · 조리시설 및 기구 등을 위생적으로 관리해야 한다.

나. 영업등록증 및 공유주방을 사용하는 영업자와의 계약서류를 영업기간 동안 보관해야 한다.

다. 공유주방을 사용하는 영업자의 출입 및 시설 사용에 대해 기록하고, 그 기록을 6개월간 보관해야 한다.

라. 공유주방 운영업에 종사하는 종업원은 위생관리책임자가 실시하는 위생교육을 매월 1시간 이상 받아야 한다.

04 식품위생법 시행규칙 [별표 19] 〈개정 2015.8.18.〉

우수업소 · 모범업소의 지정기준(시행규칙 제61조 제2항 관련)

1. 우수업소

가. 건물의 주변환경은 식품위생환경에 나쁜 영향을 주지 아니하여야 하며, 항상 청결하게 관리되어야 한다.

나. 건물은 작업에 필요한 공간을 확보하여야 하며, 환기가 잘 되어야 한다.

다. 원료처리실 · 제조가공실 · 포장실 등 작업장은 분리 · 구획되어야 한다.

라. 작업장의 바닥 · 내벽 및 천장은 내수처리를 하여야 하며, 항상 청결하게 관리되어야 한다.

마. 작업장의 바닥은 적절한 경사를 유지하도록 하여 배수가 잘 되도록 하여야 한다.

바. 작업장의 출입구와 창은 완전히 꼭 닫힐 수 있어야 하며, 방충시설과 쥐 막이 시설이 설치되어야 한다.

사. 제조하려는 식품 등의 특성에 맞는 기계 · 기구류를 갖추어야 하며, 기계 · 기구류는 세척이 용이하고 부식되지 아니하는 재질이어야 한다.

아. 원료 및 제품은 항상 위생적으로 보관 · 관리되어야 한다.

자. 작업장 · 냉장시설 · 냉동시설 등에는 온도를 측정할 수 있는 계기가 알아보기 쉬운 곳에 설치되어야 한다.

차. 오염되기 쉬운 작업장의 출입구에는 탈의실 · 작업화 또는 손 등을 세척 · 살균할 수 있는 시설을 갖추어야 한다.

카. 급수시설은 식품의 특성별로 설치하여야 하며, 지하수 등을 사용하는 경우 취수원은 오염지역으로부터 20미터 이상 떨어진 곳에 위치하여야 한다.

타. 하수나 폐수를 적절하게 처리할 수 있는 하수 · 폐수이동 및 처리시설을 갖추어야 한다.

파. 화장실은 정화조를 갖춘 수세식 화장실로서 내수처리 되어야 한다.

하. 식품 등을 직접 취급하는 종사자는 위생적인 작업복 · 신발 등을 착용하여야 하며, 손은 항상 청결히 유지하여야 한다.

거. 그 밖에 우수업소의 지정기준 등과 관련한 세부사항은 식품의약품안전처장이 정하는 바에 따른다.

2. 모범업소

가. 집단급식소

1) 법 제48조 제3항에 따른 식품안전관리인증기준(HACCP)적용업소로 인증받아야 한다.

2) 최근 3년간 식중독 발생하지 아니하여야 한다.

3) 조리사 및 영양사를 두어야 한다.

4) 그 밖에 나목의 일반음식점이 갖추어야 하는 기준을 모두 갖추어야 한다.

나. 일반음식점

1) 건물의 구조 및 환경

가) 청결을 유지할 수 있는 환경을 갖추고 내구력이 있는 건물이어야 한다.

나) 마시기에 적합한 물이 공급되며, 배수가 잘 되어야 한다.

다) 업소 안에는 방충시설 · 쥐 막이 시설 및 환기시설을 갖추고 있어야 한다.

2) 주방

가) 주방은 공개되어야 한다.

나) 입식조리대가 설치되어 있어야 한다.

다) 냉장시설 · 냉동시설이 정상적으로 가동되어야 한다.

라) 항상 청결을 유지하여야 하며, 식품의 원료 등을 보관할 수 있는 창고가 있어야 한다.

마) 식기 등을 소독할 수 있는 설비가 있어야 한다.

3) 객실 및 객석

가) 손님이 이용하기에 불편하지 아니한 구조 및 넓이여야 한다.

나) 항상 청결을 유지하여야 한다.

4) 화장실

가) 정화조를 갖춘 수세식이어야 한다.

나) 손 씻는 시설이 설치되어야 한다.

다) 벽 및 바닥은 타일 등으로 내수 처리되어 있어야 한다.

라) 1회용 위생종이 또는 에어타월이 비치되어 있어야 한다.

5) 종업원

가) 청결한 위생복을 입고 있어야 한다.

나) 개인위생을 지키고 있어야 한다.

다) 친절하고 예의바른 태도를 가져야 한다.

6) 그 밖의 사항

가) 1회용 물 컵, 1회용 숟가락, 1회용 젓가락 등을 사용하지 아니하여야 한다.

나) 그 밖에 모범업소의 지정기준 등과 관련한 세부사항은 식품의약품안전처장이 정하는 바에 따른다.

05 식품위생법 시행규칙 [별표 24] 〈개정 2023.5.19.〉

집단급식소의 설치 · 운영자 준수사항(시행규칙 제95조 제3항 관련)

1. 물수건, 숟가락, 젓가락, 식기, 찬기, 도마, 칼, 행주 및 그 밖의 주방용구는 기구 등의 살균 · 소독제, 열탕, 자외선 살균 또는 전기살균의 방법으로 소독한 것을 사용해야 한다.
2. 배식하고 남은 음식물을 다시 사용 · 조리 또는 보관(폐기용이라는 표시를 명확하게 하여 보관하는 경우는 제외한다)해서는 안 된다.
3. 식재료의 검수 및 조리 등에 대해서는 식품의약품안전처장이 정하여 고시하는 위생관리 사항의 점검결과를 사실대로 기록해야 한다. 이 경우 그 기록에 관한 서류는 해당 기록을 한 날부터 3개월간 보관해야 한다.
4. 법 제88조 제2항 제8호에 따라 수돗물이 아닌 지하수 등을 먹는물 또는 식품의 조리 · 세척 등에 사용하는 경우에는 「먹는물관리법」 제43조에 따른 먹는물 수질검사기관에서 다음의 구분에 따른 검사를 받아야 한다.
   가. 일부 항목 검사 : 1년마다(모든 항목 검사를 하는 연도의 경우를 제외한다) 「먹는물 수질기준 및 검사 등에 관한 규칙」 제4조 제1항 제2호에 따른 마을상수도의 검사기준에 따른 검사(잔류염소에 관한 검사를 제외한다). 다만, 시 · 도지사가 오염의 우려가 있다고 판단하여 지정한 지역에서는 같은 규칙 제2조에 따른 먹는물의 수질기준에 따른 검사를 해야 한다.
   나. 모든 항목 검사 : 2년마다 「먹는물 수질기준 및 검사 등에 관한 규칙」 제2조에 따른 먹는물의 수질기준에 따른 검사
5. 동물의 내장을 조리하면서 사용한 기계 · 기구류 등을 세척하고 살균해야 한다.
6. 법 제47조 제1항에 따라 모범업소로 지정받은 자 외의 자는 모범업소임을 알리는 지정증, 표지판, 현판 등의 어떠한 표시도 해서는 안 된다.
7. 제과점영업자 또는 즉석판매제조 · 가공업자로부터 당일 제조 · 가공한 빵류 · 과자류 및 떡류를 구입하여 구입 당일 급식자에게 제공하는 경우 이를 확인할 수 있는 증명서(제품명, 제조일자 및 판매량 등이 포함된 거래명세서나 영수증 등을 말한다)를 6개월간 보관해야 한다.

01 국민건강증진법 시행규칙 [별표 1의2] 〈개정 2021.12.3.〉

과음에 대한 경고문구의 표시방법(시행규칙 제4조 제2항 관련)

1. 표기방법

   경고문구는 사각형의 선 안에 한글로 "경고 : "라고 표시하고, 보건복지부장관이 정하는 경고문구 중 하나를 선택하여 기재하여야 한다.

2. 글자의 크기 등

   가. 경고문구는 판매용 용기에 부착되거나 새겨진 상표 또는 경고문구가 표시된 스티커에 상표면적의 10분의 1 이상에 해당하는 면적의 크기로 표기하여야 한다.

   나. 글자의 크기는 상표에 사용된 활자의 크기로 하되, 그 최소크기는 다음과 같다.

      (1) 용기의 용량이 300밀리리터 미만인 경우 : 7포인트 이상

      (2) 용기의 용량이 300밀리리터 이상인 경우 : 9포인트 이상

3. 색상

   경고문구의 색상은 상표도안의 색상과 보색관계에 있는 색상으로서 선명하여야 한다.

4. 글자체

   고딕체

5. 표시위치

   상표에 표기하는 경우에는 상표의 하단에 표기하여야 하며, 스티커를 사용하는 경우에는 상표 밑의 잘 보이는 곳에 표기하여야 한다.

THEME 03

학교급식법

01 학교급식법 시행규칙 [별표 1] 〈개정 2021.1.29.〉

급식시설의 세부기준(시행규칙 제3조 제1항 관련)

1. 조리장

가. 시설 · 설비

1) 조리장은 침수될 우려가 없고, 먼지 등의 오염원으로부터 차단될 수 있는 등 주변 환경이 위생적이며 쾌적한 곳에 위치하여야 하고, 조리장의 소음 · 냄새 등으로 인하여 학생의 학습에 지장을 주지 않도록 해야 한다.

2) 조리장은 작업과정에서 교차오염이 발생되지 않도록 전처리실(前處理室), 조리실 및 식기구세척실 등을 벽과 문으로 구획하여 일반작업구역과 청결작업구역으로 분리한다. 다만, 이러한 구획이 적절하지 않을 경우에는 교차오염을 방지할 수 있는 다른 조치를 취하여야 한다.

3) 조리장은 급식설비 · 기구의 배치와 작업자의 동선(動線) 등을 고려하여 작업과 청결유지에 필요한 적정한 면적이 확보되어야 한다.

4) 내부벽은 내구성, 내수성(耐水性)이 있는 표면이 매끈한 재질이어야 한다.

5) 바닥은 내구성, 내수성이 있는 재질로 하되, 미끄럽지 않아야 한다.

6) 천장은 내수성 및 내화성(耐火性)이 있고 청소가 용이한 재질로 한다.

7) 바닥에는 적당한 위치에 상당한 크기의 배수구 및 덮개를 설치하되 청소하기 쉽게 설치한다.

8) 출입구와 창문에는 해충 및 쥐의 침입을 막을 수 있는 방충망 등 적절한 설비를 갖추어야 한다.

9) 조리장 출입구에는 신발소독 설비를 갖추어야 한다.

10) 조리장 내의 증기, 불쾌한 냄새 등을 신속히 배출할 수 있도록 환기시설을 설치하여야 한다.

11) 조리장의 조명은 220럭스(lx) 이상이 되도록 한다. 다만, 검수구역은 540럭스(lx) 이상이 되도록 한다.

12) 조리장에는 필요한 위치에 손 씻는 시설을 설치하여야 한다.

13) 조리장에는 온도 및 습도관리를 위하여 적정 용량의 급배기시설, 냉 · 난방시설 또는 공기조화시설(空氣調和施設) 등을 갖추도록 한다.

나. 설비 · 기구

1) 밥솥, 국솥, 가스테이블 등의 조리기기는 화재, 폭발 등의 위험성이 없는 제품을 선정하되, 재질의 안전성과 기기의 내구성, 경제성 등을 고려하여 능률적인 기기를 설치하여야 한다.

2) 냉장고(냉장실)와 냉동고는 식재료의 보관, 냉동 식재료의 해동(解凍), 가열조리된 식품의 냉각 등에 충분한 용량과 온도(냉장고 5℃ 이하, 냉동고 −18℃ 이하)를 유지하여야 한다.

3) 조리, 배식 등의 작업을 위생적으로 하기 위하여 식품 세척시설, 조리시설, 식기구 세척시설, 식기구 보관장, 덮개가 있는 폐기물 용기 등을 갖추어야 하며, 식품과 접촉하는 부분은 내수성 및 내부식성 재질로 씻기 쉽고 소독 · 살균이 가능한 것이어야 한다.

4) 식기세척기는 세척, 헹굼 기능이 자동적으로 이루어지는 것이어야 한다.

5) 식기구를 소독하기 위하여 전기살균소독기, 자외선소독기 또는 열탕소독시설을 갖추거나 충분히 세척 · 소독할 수 있는 세정대(洗淨臺)를 설치하여야 한다.
6) 급식기구 및 배식도구 등을 안전하고 위생적으로 세척할 수 있도록 온수공급 설비를 갖추어야 한다.

2. 식품보관실 등
가. 식품보관실과 소모품보관실을 별도로 설치하여야 한다. 다만, 부득이하게 별도로 설치하지 못할 경우에는 공간구획 등으로 구분하여야 한다.
나. 바닥의 재질은 물청소가 쉽고 미끄럽지 않으며, 배수가 잘 되어야 한다.
다. 환기시설과 충분한 보관선반 등이 설치되어야 하며, 보관선반은 청소 및 통풍이 쉬운 구조이어야 한다.

3. 급식관리실, 편의시설
가. 급식관리실, 휴게실은 외부로부터 조리실을 통하지 않고 출입이 가능하여야 하며, 외부로 통하는 환기시설을 갖추어야 한다. 다만, 시설 구조상 외부로의 출입문 설치가 어려운 경우에는 출입시에 조리실 오염이 일어나지 않도록 필요한 조치를 취하여야 한다.
나. 휴게실은 외출복장으로 인하여 위생복장이 오염되지 않도록 외출복장과 위생복장을 구분하여 보관할 수 있는 옷장을 두어야 한다.
다. 샤워실을 설치하는 경우 외부로 통하는 환기시설을 설치하여 조리실 오염이 일어나지 않도록 하여야 한다.

4. 식당 : 안전하고 위생적인 공간에서 식사를 할 수 있도록 급식인원 수를 고려한 크기의 식당을 갖추어야 한다. 다만, 공간이 부족한 경우 등 식당을 따로 갖추기 곤란한 학교는 교실배식에 필요한 운반기구와 위생적인 배식도구를 갖추어야 한다.

5. 이 기준에서 정하지 않은 사항에 대하여는 식품위생법령의 집단급식소 시설기준에 따른다.

02 학교급식법 시행규칙 [별표 2] 〈개정 2021.1.29.〉

학교급식 식재료의 품질관리기준(시행규칙 제4조 제1항 관련)

1. 농산물
가. 「농수산물의 원산지 표시에 관한 법률」 제5조 및 「대외무역법」 제33조에 따라 원산지가 표시된 농산물을 사용한다. 다만, 원산지 표시 대상 식재료가 아닌 농산물은 그러하지 아니하다.
나. 다음의 농산물에 해당하는 것 중 하나를 사용한다.
1) 「친환경농어업 육성 및 유기식품 등의 관리 · 지원에 관한 법률」 제19조 및 제34조에 따라 인증받은 유기식품 등 및 무농약농산물
2) 「농수산물 품질관리법」 제5조에 따른 표준규격품 중 농산물표준규격이 "상" 등급 이상인 농산물. 다만, 표준규격이 정해져 있지 아니한 농산물은 상품가치가 "상" 이상에 해당하는 것을 사용한다.

3) 「농수산물 품질관리법」 제6조에 따른 우수관리인증농산물

4) 「농수산물 품질관리법」 제24조에 따른 이력추적관리농산물

5) 「농수산물 품질관리법」 제32조에 따라 지리적표시의 등록을 받은 농산물

다. 쌀은 수확연도부터 1년 이내의 것을 사용한다.

라. 부득이하게 전처리(前處理)농산물(수확 후 세척, 선별, 박피 및 절단 등의 가공을 통하여 즉시 조리에 이용할 수 있는 형태로 처리된 식재료)을 사용할 경우에는 나목과 다목에 해당되는 품목으로 다음 사항이 표시된 것으로 한다.

1) 제품명(내용물의 명칭 또는 품목)

2) 업소명(생산자 또는 생산자단체명)

3) 제조연월일(전처리작업일 및 포장일)

4) 전처리 전 식재료의 품질(원산지, 품질등급, 생산연도)

5) 내용량

6) 보관 및 취급방법

마. 수입농산물은 「대외무역법」, 「식품위생법」 등 관계 법령에 적합하고, 나목부터 라목까지의 규정에 상당하는 품질을 갖춘 것을 사용한다.

2. 축산물

가. 공통 기준은 다음과 같다. 다만, 「축산물위생관리법」 제2조 제6호에 따른 식용란(食用卵)은 공통 기준을 적용하지 아니한다.

1) 「축산물위생관리법」 제9조 제2항에 따라 위해요소중점관리기준을 적용하는 도축장에서 처리된 식육을 사용한다.

2) 「축산물위생관리법」 제9조 제3항에 따라 위해요소중점관리기준 적용 작업장으로 지정받은 축산물가공장 또는 식육포장처리장에서 처리된 축산물(수입축산물을 국내에서 가공 또는 포장처리하는 경우에도 동일하게 적용)을 사용한다.

나. 개별기준은 다음과 같다. 다만, 닭고기, 계란 및 오리고기의 경우에는 등급제도 전면 시행 전까지는 권장사항으로 한다.

1) 쇠고기 : 「축산법」 제35조에 따른 등급판정의 결과 3등급 이상인 한우 및 육우를 사용한다.

2) 돼지고기 : 「축산법」 제35조에 따른 등급판정의 결과 2등급 이상을 사용한다.

3) 닭고기 : 「축산법」 제35조에 따른 등급판정의 결과 1등급 이상을 사용한다.

4) 계란 : 「축산법」 제35조에 따른 등급판정의 결과 2등급 이상을 사용한다.

5) 오리고기 : 「축산법」 제35조에 따른 등급판정의 결과 1등급 이상을 사용한다.

6) 수입축산물 : 「대외무역법」, 「식품위생법」, 「축산물위생관리법」 등 관련법령에 적합하며, 1)부터 5)까지에 상당하는 품질을 갖춘 것을 사용한다.

3. 수산물

가. 「농수산물의 원산지 표시에 관한 법률」 제5조 및 「대외무역법」 제33조에 따른 원산지가 표시된 수산물을 사용한다.

나. 「농수산물 품질관리법」 제14조에 따른 품질인증품, 같은 법 제32조에 따라 지리적표시의 등록을 받은 수산물 또는 상품가치가 "상" 이상에 해당하는 것을 사용한다.

다. 전처리수산물

1) 전처리수산물(세척, 선별, 절단 등의 가공을 통해 즉시 조리에 이용할 수 있는 형태로 처리된 식재료를 말한다. 이하 같다)을 사용할 경우 나목에 해당되는 품목으로서 다음 시설 또는 영업소에서 가공 처리(수입수산물을 국내에서 가공 처리하는 경우에도 동일하게 적용한다)된 것으로 한다.

가) 「농수산물 품질관리법」 제74조에 따라 위해요소중점관리기준을 이행하는 시설로서 해양수산부장관에게 등록한 생산 · 가공시설

나) 「식품위생법」 제48조 제1항에 따른 식품안전관리인증기준을 적용하는 업소로서 「식품위생법 시행규칙」 제62조 제1항 제2호에 따른 냉동수산식품 중 어류 · 연체류 식품제조 · 가공업소

2) 전처리수산물을 사용할 경우 다음 사항이 표시된 것으로 한다.

가) 제품명(내용물의 명칭 또는 품목)

나) 업소명(생산자 또는 생산자단체명)

다) 제조연월일(전처리작업일 및 포장일)

라) 전처리 전 식재료의 품질(원산지, 품질등급, 생산연도)

마) 내용량

바) 보관 및 취급방법

라) 수입수산물은 「대외무역법」, 「식품위생법」 등 관련법령에 적합하고 나목 및 다목에 상당하는 품질을 갖춘 것을 사용한다.

4. 가공식품 및 기타

가. 다음에 해당하는 것 중 하나를 사용한다.

1) 「식품산업진흥법」 제22조에 따라 품질인증을 받은 전통식품

2) 「산업표준화법」 제15조에 따라 산업표준 적합 인증을 받은 농축수산물 가공품

3) 「농수산물 품질관리법」 제32조에 따라 지리적표시의 등록을 받은 식품

4) 「농수산물 품질관리법」 제14조에 따른 품질인증품

5) 「식품위생법」 제48조 제1항에 따른 식품안전관리인증기준을 적용하는 업소에서 생산된 가공식품

6) 「식품위생법」 제37조에 따라 영업 등록된 식품제조 · 가공업소에서 생산된 가공식품

7) 「축산물위생관리법」 제9조에 따라 위해요소중점관리기준을 적용하는 업소에서 가공 또는 처리된 축산물가공품

8) 「축산물위생관리법」 제6조 제1항에 따른 표시기준에 따라 제조업소, 유통기한 등이 표시된 축산물 가공품

나. 김치 완제품은 「식품위생법」 제48조 제1항에 따른 식품안전관리인증기준을 적용하는 업소에서 생산된 제품을 사용한다.

다. 수입 가공식품은 「대외무역법」, 「식품위생법」 등 관련법령에 적합하고 가목에 상당하는 품질을 갖춘 것을 사용한다.

라. 위에서 명시되지 아니한 식품 및 식품첨가물은 식품위생법령에 적합한 것을 사용한다.

5. 예외

가. 수해, 가뭄, 천재지변 등으로 식품수급이 원활하지 않은 경우에는 품질관리기준을 적용하지 않을 수 있다.

나. 이 표에서 정하지 않는 식재료, 도서(島嶼) · 벽지(僻地) 및 소규모학교 또는 지역 여건상 학교급식 식재료의 품질관리기준 적용이 곤란하다고 인정되는 경우에는, 교육감이 학교급식위원회의 심의를 거쳐 별도의 품질관리기준을 정하여 시행할 수 있다.

03 학교급식법 시행규칙 [별표 3] 〈개정 2021.1.29.〉

학교급식의 영양관리기준(시행규칙 제5조 제1항 관련)

성별	구분		에너지 (kcal)	단백질 (g)	비타민A (μg RAE)		티아민 (비타민B_1) (mg)		리보플라빈 (비타민B_2) (mg)		비타민C (mg)		칼슘 (mg)		철 (mg)	
					평균 필요량	권장 섭취량	평균 필요량	권장 섭취량	평균 필요량	권장 섭취량	평균 필요량	권장 섭취량	평균 필요량	권장 섭취량	평균 필요량	권장 섭취량
유치원생			400	7.1	66	85	0.12	0.15	0.15	0.17	10.0	12.8	142	170	1.5	2.0
남	초등학생	1~3학년	570	11.7	104	150	0.17	0.24	0.24	0.30	13.4	16.7	200	234	2.4	3.0
		4~6학년	670	16.7	137	200	0.24	0.30	0.30	0.37	18.4	23.4	217	267	2.7	3.7
	중학생		840	20.0	177	250	0.30	0.37	0.40	0.50	23.4	30.0	267	334	3.7	4.7
	고등학생		900	21.7	207	284	0.37	0.44	0.47	0.57	26.7	33.4	250	300	3.7	4.7
여	초등학생	1~3학년	500	11.7	97	134	0.20	0.24	0.20	0.27	13.4	16.7	200	234	2.4	3.0
		4~6학년	600	15.0	130	184	0.27	0.30	0.27	0.34	18.4	23.4	217	267	2.7	3.4
	중학생		670	18.4	160	217	0.30	0.37	0.34	0.40	23.4	30.0	250	300	4.0	5.4
	고등학생		670	18.4	150	217	0.30	0.37	0.34	0.40	26.7	33.4	234	267	3.7	4.7

비고 : 유치원생의 경우 제공되는 간식을 제외하고 산출된 수치임.

1. 학교급식의 영양관리기준은 한 끼의 기준량을 제시한 것으로 학생 집단의 성장 및 건강상태, 활동정도, 지역적 상황 등을 고려하여 탄력적으로 적용할 수 있다.
2. 영양관리기준은 계절별로 연속 5일씩 1인당 평균영양공급량을 평가하되, 준수범위는 다음과 같다.
   가. 에너지는 학교급식의 영양관리기준 에너지의 ±10%로 하되, 탄수화물 : 단백질 : 지방의 에너지 비율이 각각 55~65% : 7~20% : 15~30%가 되도록 한다.
   나. 단백질은 학교급식 영양관리기준의 단백질량 이상으로 공급하되, 총공급에너지 중 단백질 에너지가 차지하는 비율이 20%를 넘지 않도록 한다.
   다. 비타민A, 티아민, 리보플라빈, 비타민C, 칼슘, 철은 학교급식 영양관리기준의 권장섭취량 이상으로 공급하는 것을 원칙으로 하되, 최소한 평균필요량 이상이어야 한다.

04 학교급식법 시행규칙 [별표 4] 〈개정 2021.1.29.〉

학교급식의 위생 · 안전관리기준(시행규칙 제6조 제1항 관련)

1. 시설관리
   가. 급식시설 · 설비, 기구 등에 대한 청소 및 소독계획을 수립 · 시행하여 항상 청결하게 관리하여야 한다.
   나. 냉장 · 냉동고의 온도, 식기세척기의 최종 헹굼수 온도 또는 식기소독보관고의 온도를 기록 · 관리하여야 한다.
   다. 급식용수로 수돗물이 아닌 지하수를 사용하는 경우 소독 또는 살균하여 사용하여야 한다.
2. 개인위생
   가. 식품취급 및 조리작업자는 6개월에 1회 건강진단을 실시하고, 그 기록을 2년간 보관하여야 한다. 다만, 폐결핵검사는 연 1회 실시할 수 있다.
   나. 손을 잘 씻어 손에 의한 오염이 일어나지 않도록 하여야 한다. 다만, 손 소독은 필요시 실시할 수 있다.
3. 식재료 관리
   가. 잠재적으로 위험한 식품 여부를 고려하여 식단을 계획하고, 공정관리를 철저히 하여야 한다.
   나. 식재료 검수 시 「학교급식 식재료의 품질관리기준」에 적합한 품질 및 신선도와 수량, 위생상태 등을 확인하여 기록하여야 한다.
4. 작업위생
   가. 칼과 도마, 고무장갑 등 조리기구 및 용기는 원료나 조리과정에서 교차오염을 방지하기 위하여 용도별로 구분하여 사용하고 수시로 세척 · 소독하여야 한다.
   나. 식품 취급 등의 작업은 바닥으로부터 60cm 이상의 높이에서 실시하여 식품의 오염이 방지되어야 한다.
   다. 조리가 완료된 식품과 세척 · 소독된 배식기구 · 용기 등은 교차오염의 우려가 있는 기구 · 용기 또는 원재료 등과 접촉에 의해 오염되지 않도록 관리하여야 한다.
   라. 해동은 냉장해동(10℃ 이하), 전자레인지 해동 또는 흐르는 물(21℃ 이하)에서 실시하여야 한다.
   마. 해동된 식품은 즉시 사용하여야 한다.
   바. 날로 먹는 채소류, 과일류는 충분히 세척 · 소독하여야 한다.
   사. 가열조리 식품은 중심부가 75℃(패류는 85℃) 이상에서 1분 이상으로 가열되고 있는지 온도계로 확인하고, 그 온도를 기록 · 유지하여야 한다.
   아. 조리가 완료된 식품은 온도와 시간관리를 통하여 미생물 증식이나 독소 생성을 억제하여야 한다.
5. 배식 및 검식
   가. 조리된 음식은 안전한 급식을 위하여 운반 및 배식기구 등을 청결히 관리하여야 하며, 배식 중에 운반 및 배식기구 등으로 인하여 오염이 일어나지 않도록 조치하여야 한다.
   나. 급식실 외의 장소로 운반하여 배식하는 경우 배식용 운반기구 및 운송차량 등을 청결히 관리하여 배식시까지 식품이 오염되지 않도록 하여야 한다.
   다. 조리된 식품에 대하여 배식하기 직전에 음식의 맛, 온도, 조화(영양적인 균형, 재료의 균형), 이물(異物), 불쾌한 냄새, 조리상태 등을 확인하기 위한 검식을 실시하여야 한다.

라. 급식시설에서 조리한 식품은 온도관리를 하지 아니하는 경우에는 조리 후 2시간 이내에 배식을 마쳐야 한다.

마. 조리된 식품은 매회 1인분 분량을 섭씨 영하 18도 이하에서 144시간 이상 보관해야 한다.

6. 세척 및 소독 등

가. 식기구는 세척 · 소독 후 배식 전까지 위생적으로 보관 · 관리하여야 한다.

나. 「감염병의 예방 및 관리에 관한 법률 시행령」 제24조에 따라 급식시설에 대하여 소독을 실시하고 소독필증을 비치하여야 한다.

7. 안전관리

가. 관계규정에 따른 정기안전검사[가스 · 소방 · 전기안전, 보일러 · 압력용기 · 덤웨이터(dumbwaiter)검사 등]를 실시하여야 한다.

나. 조리기계 · 기구의 안전사고 예방을 위하여 안전작동방법을 게시하고 교육을 실시하며, 관리책임자를 지정, 그 표시를 부착하고 철저히 관리하여야 한다.

다. 조리장 바닥은 안전사고 방지를 위하여 미끄럽지 않게 관리하여야 한다.

8. 기타 : 이 기준에서 정하지 않은 사항에 대해서는 식품위생법령의 위생 · 안전관련 기준에 따른다.

THEME 04 학교보건법

01 학교보건법 시행규칙 [별표 2] 〈개정 2019.9.17.〉

환기 · 채광 · 조명 · 온습도의 조절기준과 환기설비의 구조 및 설치기준(시행규칙 제3조 제1항 제1호 관련)

1. 환기
   가. 환기의 조절기준
   환기용 창 등을 수시로 개방하거나 기계식 환기설비를 수시로 가동하여 1인당 환기량이 시간당 21.6세제곱미터 이상이 되도록 할 것
   나. 환기설비의 구조 및 설치기준(환기설비의 구조 및 설치기준을 두는 경우에 한한다)
   1) 환기설비는 교사 안에서의 공기의 질의 유지기준을 충족할 수 있도록 충분한 외부공기를 유입하고 내부공기를 배출할 수 있는 용량으로 설치할 것
   2) 교사의 환기설비에 대한 용량의 기준은 환기의 조절기준에 적합한 용량으로 할 것
   3) 교사 안으로 들어오는 공기의 분포를 균등하게 하여 실내공기의 순환이 골고루 이루어지도록 할 것
   4) 중앙관리방식의 환기설비를 계획할 경우 환기닥트는 공기를 오염시키지 아니하는 재료로 만들 것
2. 채광(자연조명)
   가. 직사광선을 포함하지 아니하는 천공광에 의한 옥외 수평조도와 실내조도와의 비가 평균 5퍼센트 이상으로 하되, 최소 2퍼센트 미만이 되지 아니하도록 할 것
   나. 최대조도와 최소조도의 비율이 10대 1을 넘지 아니하도록 할 것
   다. 교실 바깥의 반사물로부터 눈부심이 발생되지 아니하도록 할 것
3. 조도(인공조명)
   가. 교실의 조명도는 책상면을 기준으로 300럭스 이상이 되도록 할 것
   나. 최대조도와 최소조도의 비율이 3대 1을 넘지 아니하도록 할 것
   다. 인공조명에 의한 눈부심이 발생되지 아니하도록 할 것
4. 실내온도 및 습도
   가. 실내온도는 섭씨 18도 이상 28도 이하로 하되, 난방온도는 섭씨 18도 이상 20도 이하, 냉방온도는 섭씨 26도 이상 28도 이하로 할 것
   나. 비교습도는 30퍼센트 이상 80퍼센트 이하로 할 것

02 학교보건법 시행규칙 [별표 3] 〈개정 2005.11.14.〉

상하수도 · 화장실의 설치 및 관리기준(시행규칙 제3조 제1항 제2호 관련)

1. 상 · 하수도의 설치 및 관리기준

「수도법」 및 「하수도법」의 관련규정에 의하여 설치 · 관리할 것

2. 화장실의 설치 및 관리기준

가. 화장실의 설치기준

(1) 화장실은 남자용과 여자용으로 구분하여 설치하되, 학생 및 교직원이 쉽고 편리하게 이용할 수 있도록 필요한 면적과 변기수를 확보할 것

(2) 대변기 및 소변기는 수세식으로 할 것(상 · 하수도시설의 미비 또는 수질오염 등의 이유로 인하여 수세식화장실을 설치하기 어려운 경우에는 제외한다)

(3) 출입구는 남자용과 여자용이 구분되도록 따로 설치할 것

(4) 대변기의 칸막이 안에는 소지품을 두거나 옷을 걸 수 있는 설비를 할 것

(5) 화장실 안에는 손 씻는 시설과 소독시설 등을 갖출 것

나. 화장실의 유지 · 관리기준

(1) 항상 청결이 유지되도록 청소하고 위생적으로 관리할 것

(2) 악취의 발산과 쥐 및 파리 · 모기 등 해로운 벌레의 발생 · 번식을 방지하도록 화장실의 내부 및 외부를 4월부터 9월까지는 주 3회 이상, 10월부터 다음해 3월까지는 주 1회 이상 소독을 실시할 것

03 학교보건법 시행규칙 [별표 4] 〈개정 2005.11.14.〉

폐기물 및 소음의 예방 및 처리기준(시행규칙 제3조 제1항 제3호 관련)

1. 삭제

2. 폐기물의 예방 및 처리기준

가. 교지 및 교사는 청결히 유지하여 하며, 폐기물의 재활용 조치 등 폐기물의 발생을 예방하거나 감량화에 노력할 것

나. 학교 내에는 「폐기물 관리법 시행규칙」 제20조의2의 규정에 의한 폐기물소각시설을 설치 · 운영하지 아니하도록 할 것

다. 폐기물을 배출할 때에는 그 종류 및 성상에 따라 분리하여 배출할 것

3. 소음의 기준

교사 내의 소음은 55dB(A) 이하로 할 것

04 학교보건법 시행규칙 [별표 4의2] 〈개정 2019.10.24.〉

공기 질 등의 유지 · 관리기준(시행규칙 제3조 제1항 제3호의2 관련)

1. 유지기준

오염물질 항목	기준(이하)	적용 시설	비고
가. 미세먼지	35μg/m³	교사 및 급식시설	직경 2.5μm 이하 먼지
	75μg/m³	교사 및 급식시설	직경 10μm 이하 먼지
	150μg/m³	체육관 및 강당	직경 10μm 이하 먼지
나. 이산화탄소	1,000ppm	교사 및 급식시설	해당 교사 및 급식시설이 기계 환기장치를 이용하여 주된 환기를 하는 경우 1,500ppm 이하
다. 폼알데하이드	80μg/m³	교사, 기숙사(건축 후 3년이 지나지 않은 기숙사로 한정한다) 및 급식시설	건축에는 증축 및 개축 포함
라. 총부유세균	800CFU/m³	교사 및 급식시설	
마. 낙하세균	10CFU/실	보건실 및 급식시설	
바. 일산화탄소	10ppm	개별 난방 교실 및 도로변 교실	난방 교실은 직접 연소 방식의 난방 교실로 한정
사. 이산화질소	0.05ppm	개별 난방 교실 및 도로변 교실	난방 교실은 직접 연소 방식의 난방 교실로 한정
아. 라돈	148Bq/m³	기숙사(건축 후 3년이 지나지 않은 기숙사로 한정한다), 1층 및 지하의 교사	건축에는 증축 및 개축 포함
자. 총휘발성 유기화합물	400μg/m³	건축한 때부터 3년이 경과되지 아니한 학교	건축에는 증축 및 개축 포함
차. 석면	0.01개/cc	「석면안전관리법」 제22조 제1항 후단에 따른 석면건축물에 해당하는 학교	
카. 오존	0.06ppm	교무실 및 행정실	적용 시설 내에 오존을 발생시키는 사무기기(복사기 등)가 있는 경우로 한정
타. 진드기	100마리/m³	보건실	
파. 벤젠	30μg/m³	건축 후 3년이 지나지 않은 기숙사	건축에는 증축 및 개축 포함
하. 톨루엔	1,000μg/m³	건축 후 3년이 지나지 않은 기숙사	건축에는 증축 및 개축 포함
거. 에틸벤젠	360μg/m³	건축 후 3년이 지나지 않은 기숙사	건축에는 증축 및 개축 포함
너. 자일렌	700μg/m³	건축 후 3년이 지나지 않은 기숙사	건축에는 증축 및 개축 포함
더. 스티렌	300μg/m³	건축 후 3년이 지나지 않은 기숙사	건축에는 증축 및 개축 포함

2. 관리기준

대상 시설	중점관리기준
가. 신축 학교	1) 「실내공기질 관리법」 제11조 제1항에 따라 오염물질 방출 건축자재를 사용하지 않을 것 2) 교사 안에서의 원활한 환기를 위하여 환기시설을 설치할 것 3) 책상 · 의자 및 상판 등 학교의 비품은 「산업표준화법」 제15조에 따라 한국산업표준 인증을 받은 제품을 사용할 것 4) 교사 안에서의 폼알데하이드 및 휘발성유기화합물이 유지기준에 적합하도록 필요한 조치를 강구하고 사용할 것
나. 개교 후 3년 이내인 학교	폼알데하이드 및 휘발성유기화합물 등이 유지기준에 적합하도록 중점적으로 관리할 것
다. 개교 후 10년 이상 경과한 학교	1) 미세먼지 및 부유세균이 유지기준에 적합하도록 중점 관리할 것 2) 기존 시설을 개수 또는 보수하는 경우 「실내공기질 관리법」 제11조 제1항에 따라 오염물질 방출 건축자재를 사용하지 않을 것 3) 책상 · 의자 및 상판 등 학교의 비품은 「산업표준화법」 제15조에 따라 한국산업표준 인증을 받은 제품을 사용할 것
라. 「석면안전관리법」 제22조 제1항 후단에 따른 석면건축물에 해당하는 학교	석면이 유지기준에 적합하도록 중점적으로 관리할 것
마. 개별 난방(직접 연소 방식의 난방으로 한정한다) 교실 및 도로변 교실	일산화탄소 및 이산화질소가 유지기준에 적합하도록 중점적으로 관리할 것
바. 급식시설	미세먼지, 이산화탄소, 폼알데하이드, 총부유세균 및 낙하세균이 유지기준에 적합하도록 중점적으로 관리할 것
사. 보건실	낙하세균과 진드기가 유지기준에 적합하도록 중점적으로 관리할 것

05 학교보건법 시행규칙 [별표 5] 〈개정 2014.7.7.〉

식기 · 식품 및 먹는 물의 관리 등 식품위생에 관한 사항(시행규칙 제3조 제1항 제4호 관련)

1. 식기 · 식품의 관리기준

가. 식품 등을 취급하는 재료보관실 · 조리실 등의 내부는 항상 청결하게 관리하여야 한다.

나. 식품 등의 원료 및 제품중 부패 · 변질이 되기 쉬운 것은 냉동 · 냉장시설에 보관 · 관리하여야 한다.

다. 식품 등의 보관 · 운반 · 진열시에는 식품 등의 기준 및 규격이 정하고 있는 보존 및 보관기준에 적합하도록 관리하여야 하고, 이 경우 냉동 · 냉장시설 및 운반시설은 항상 정상적으로 작동시켜야 한다.

라. 식품 등의 제조 · 조리 · 가공 등에 직접 종사하는 자는 위생복 · 위생모를 착용하는 등 개인위생을 철저히 관리하여야 한다.

마. 식품 등의 제조 · 조리 · 가공에 직접 사용되는 기계 · 기구 및 음식기는 사용후에 세척 · 살균하는 등 항상 청결하게 유지 · 관리하여야 한다.

바. 유통기한이 경과된 식품 등을 제공하거나 제공할 목적으로 진열 · 보관하여서는 아니 된다.

2. 먹는 물의 관리기준

가. 급수시설 설치

(1) 상수도 또는 마을상수도에 의하여 먹는 물을 공급하는 경우에는 저수조를 경유하지 아니하고 직접 수도꼭지에 연결하여 공급하여야 한다. 다만, 직접 수도꼭지에 연결하기가 곤란한 경우에는 제외한다.

(2) 지하수 등에 의하여 먹는 물을 공급하는 경우에는 저수조 등의 시설을 경유하여야 한다.

나. 급수시설관리

(1) 급수시설 · 설비는 항상 위생적으로 관리하여야 하며, 급수시설에서 사용중인 저수조는 「수도법 시행규칙」 제22조의3에 따른 청소 및 위생상태 점검을 실시하고, 외부인이 출입할 수 없도록 잠금장치 등의 조치를 하여야 한다.

(2) 지하수 등을 먹는 물로 사용하는 경우에는 원수의 수질 안정성 확보를 위하여 필요 시 정수 또는 소독 등의 조치를 하여야 한다.

(3) 급수설비 및 급수관은 「수도법」 제33조 제2항 및 제3항에 따라 소독 등 위생조치, 수질검사 및 세척 등 조치를 실시하여야 한다.

다. 먹는 물의 공급 등

학생 및 교직원에게 공급하는 먹는 물은 「먹는 물 관리법」 제5조에 따른 수질기준에 적합한 물을 제공하여야 한다.

라. 수질검사

(1) 저수조를 사용하는 학교의 경우「수도법 시행규칙」 제22조의3 제4항에 따라 수질검사를 실시하여야 한다.

(2) 지하수는 「먹는 물 수질기준 및 검사 등에 관한 규칙」 제4조 제2항에 따라 수질검사를 실시하여야 한다.

마. 나목 및 라목에도 불구하고, 학교의 장은 학교의 규모 및 급수시설의 노후도 등을 고려하여 급수시설의 청소 및 위생상태 점검주기와 수질검사(수질검사 대상이 아닌 학교에서 실시하는 수질검사를 포함한다) 주기를 단축할 수 있다.

06 학교보건법 시행규칙 [별표 6] 〈개정 2022.6.29.〉

학교시설에서의 환경위생 및 식품위생에 대한 점검의 종류 및 시기(시행규칙 제3조 제3항 관련)

점검종류	점검시기
일상점검	• 매 수업일
정기점검	• 매 학년 : 2회 이상. 다만, 제3조 제1항 각 호의 기준에서 점검횟수를 3회 이상으로 정한 경우에는 그 기준을 따른다.
특별점검	• 전염병 등에 의하여 집단적으로 환자가 발생할 우려가 있거나 발생한 때 • 풍수해 등으로 환경이 불결하게 되거나 오염된 때 • 학교를 신축 · 개축 · 개수 등을 하거나, 책상 · 의자 · 컴퓨터 등 새로운 비품을 학교시설로 반입하여 폼알데하이드 및 휘발성유기화합물이 발생할 우려가 있을 때 • 그 밖에 학교의 장이 필요하다고 인정하는 때

비고

별표 4의2에 따른 오염물질 중 라돈에 대한 정기점검의 경우 최초 실시 학년도 및 그 다음 학년도의 점검결과가 각각 유지기준의 50퍼센트 미만에 해당하는 기숙사(건축 후 3년이 지나지 않은 기숙사로 한정한다) 및 1층 교사에 대해서는 교육부장관이 정하는 바에 따라 정기점검의 주기를 늘릴 수 있다.

07 학교보건법 시행규칙 [별표 9] 〈개정 2016.9.1.〉

응급처치교육의 계획 · 내용 및 시간 등(시행규칙 제10조 제1항 관련)

1. 응급처치교육의 계획 수립 및 주기
   가. 학교의 장은 매 학년도 3월 31일까지 응급처치교육의 대상 · 내용 · 방법 및 그 밖에 필요한 사항을 포함하여 해당 학년도의 응급처치교육 계획을 수립해야 한다.
   나. 학교의 장은 교육계획을 수립하는 경우에는 모든 교직원이 매 학년도 교육을 받을 수 있도록 해야 한다. 다만, 해당 학년도에 다른 법령에 따라 심폐소생술 등 응급처치와 관련된 내용이 포함된 교육을 받은 교직원에 대해서는 응급처치교육을 면제할 수 있다.
2. 응급처치교육의 내용 · 시간 및 강사

내용		시간	강사
가. 이론교육	1) 응급상황 대처요령 2) 심폐소생술 등 응급처치 시 주의사항 3) 응급의료 관련 법령	2시간	가) 의사(응급의학과 전문의를 우선 고려해야 한다) 나) 간호사(심폐소생술 등 응급처치와 관련된 자격을 가진 사람으로 한정한다) 다) 「응급의료에 관한 법률」 제36조에 따른 응급구조사 자격을 가진 사람으로서 응급의료 또는 구조 · 구급 관련 분야(응급처치교육 강사 경력을 포함한다)에서 5년 이상 종사하고 있는 사람
나. 실습교육	심폐소생술 등 응급처치	2시간	

비고

1. 교육 여건 등을 고려하여 응급처치교육의 내용 · 시간을 조정할 수 있으나 실습교육 2시간을 포함하여 최소 3시간 이상을 실시해야 한다.
2. 심폐소생술에 대한 전문지식을 갖춘 사람을 실습교육을 위한 보조강사로 할 수 있다.

MEMO

MEMO

조리직 공무원 전과목 한권합격

개정5판1쇄 발행	2024년 01월 05일 (인쇄 2023년 07월 21일)
초 판 발 행	2019년 03월 05일 (인쇄 2019년 01월 15일)
발 행 인	박영일
책 임 편 집	이해욱
저 자	SD 공무원시험연구소
편 집 진 행	윤진영 · 김미애
표지디자인	권은경 · 길전홍선
편집디자인	권은경 · 길전홍선
발 행 처	(주)시대고시기획
출 판 등 록	제10-1521호
주 소	서울시 마포구 큰우물로 75 [도화동 538 성지 B/D] 9F
전 화	1600-3600
홈 페 이 지	www.sdedu.co.kr

I S B N	979-11-383-5627-5 (13350)
정 가	36,000원

SD에듀
www.sdedu.co.kr

2024 9급 공무원

조리직

위생관계법규

전과목 한권합격

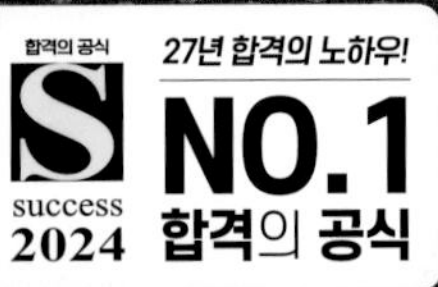

발행일 2024년 1월 5일(초판인쇄일 2019 · 1 · 15)
발행인 박영일
책임편집 이해욱
편저 SD 공무원시험연구소
발행처 (주)시대고시기획
등록번호 제10-1521호
주소 서울시 마포구 큰우물로 75 [도화동 538 성지B/D] 9F
대표전화 1600-3600
팩스 (02)701-8823
학습문의 www.sdedu.co.kr

9급 공무원

조리직

전과목 한권합격

위생관계법규